“中小企业 阳光呵护”

——中国光大银行“阳光呵护计划”

中国光大银行在中小企业融资服务方面，具有一定的市场美誉度，积累了丰富的实践经验。中国光大银行针对中小企业推出的“阳光呵护计划”，获得了“2006年首届中国中小企业最佳融资服务方案奖”。其核心内容有三个方面：

——全面创新的中小企业金融理念。中国光大银行提出了中小企业金融的“系统观、风险观和效益观”，认为中小企业金融是银行信贷体系中重要的一环，在整个信贷体系中具有承上启下的作用。中小企业信贷风险相对容易识别、评估和控制，可以通过交叉销售和增值服务提高银行收益。不主张单纯提高利差收入，增加中小企业的财务负担。

——模式营销，集约授信。根据中小企业生存和发展的特点，中国光大银行设计、开发了“五大营销平台”，对其中的“重点区域、核心企业和风险共担”三大平台设计了专门的授信管理模式。主张通过平台模式营销，批量化集约授信，降低中小企业授信风险和经营成本。

——6种12款阳光套餐，提供无尽关爱。阳光套餐分别针对中小企业申贷效率、担保问题、理财策划和行业特点等诉求研发，体现了中国光大银行对中小企业融资的人文理念，对中小企业具有一定的吸引力。

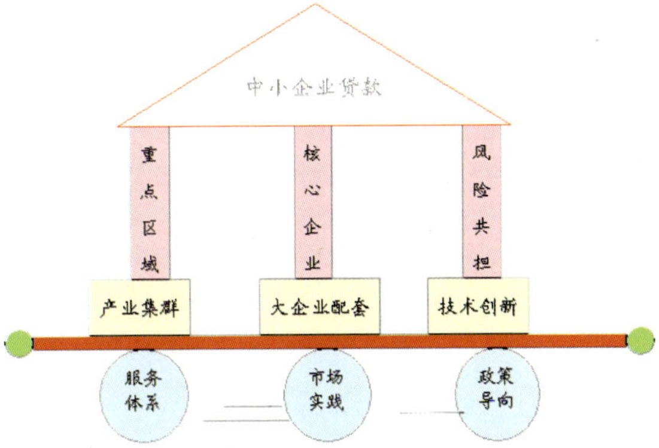

中国光大银行根据中小企业生存和发展特点形成的“中小企业贷款”经营模式，通过“重点区域、核心企业和风险共担”三大平台实施授信管理。市场实践表明，它是符合国家政策导向，成为推动中小企业融资的有效途径。

中国光大银行在“第三届中博会”上，被监管部门指定参加全国范围内的“小企业贷款成果展”。该行推动小企业金融服务工作受到了社会的广泛认可。

中国光大银行推出的“阳光呵护计划”，荣获“最佳中小企业融资服务方案”，论坛主席亲自为该行颁奖。

中国中小企业国际合作协会
中小企业法律保障服务中心

中国中小企业国际合作协会中小企业法律保障服务中心（以下简称服务中心）是由中国中小企业国际合作协会、国家发展和改革委员会中小企业对外合作协调中心共同发起，并联合相关政府部门、行业中介组织及业界权威专家共同参与、面向全国各类中小企业提供综合法律服务的专门机构。服务中心由中国中小企业国际合作协会直接领导管理，是中国中小企业国际合作协会的内设非法人机构。服务中心今后将在中国中小企业国际合作协会的大力领导和指导下，依托相关政府单位、社会团体及专业机构，通过它们强大的资源优势、管理经验、专业知识背景等为广大中小企业服务。

业务领域：

服务中心面向全国各类中小企业提供广泛的法律服务。为我国中小企业提供公司设立、产权重组、境内外项目融投资、境内外并购、知识产权保护、调解与仲裁、企业法律顾问、企业破产管理、财税筹划、反倾销与反垄断、涉外仲裁与诉讼等领域进行高效和专业的指导；协助中国中小企业国际合作协会举办“中国中小企业大讲堂”的有关法律的培训工作；组织我国法律、管理等领域的专家就中小企业发展中遇到的法律、管理问题进行专家论证并为中小企业提供专家意见；对我国中小企业中高层管理人员进行有关法律法规知识的培训等。

www.law-care.com

团队资源：

服务中心以国家发展和改革委员会中小企业对外合作协调中心、中国中小企业国际合作协会强大的政府资源背景为支持；以全国范围内众多大型律师事务所、会计师事务所、资产评估事务所等专业机构参与的高效、稳定、持续、便捷、专业的法律保障为服务平台；并根据中小企业法律保障服务的特点组建成立专家团，专家团由国内各领域知名专家、学者组成。服务中心将根据各地经济发展和企业需求，适时引进各类专业人才及机构。

服务理念：

服务中心以“专业、专注”为服务宗旨，以“共享、共赢”为服务理念，通过寻找法律服务和中小企业成长的最佳结合点，整合一切有利于中小企业发展的社会资源，创新服务手段为我国中小企业的发展提供全程法律服务。

发展方向：

服务中心将依托中国中小企业国际合作协会与国家发展和改革委员会中小企业对外合作协调中心两大政府资源，围绕我国中小企业在国际化进程中遇见的法律问题、涉外民商事纠纷、反倾销与反垄断、海外融投资、跨境并购及海外知识产权保护等涉外民商事活动提供专业的法律支持。（网址：www.law-care.com）

中国中小企业国际合作协会中小企业法律保障服务中心
地 址：北京市朝阳区亮马桥路 32 号高斓大厦 501-506 室
邮 编：100016
网 址：www.law-care.com
电 话：010-51261643　010-51660365
传 真：010-51660365
邮 箱：smelps@law-care.com

杭州华三通信技术有限公司（简称H3C），致力于IP技术与产品的研究、开发、生产、销售及服务。2006年，H3C销售收入7.12亿美元，连续三年保持70%左右的同比增长。H3C不但拥有全线路由器和以太网交换机产品，还在网络安全、IP存储、IP监控、语音视讯、WLAN、SOHO及软件管理系统等领域稳健成长。

作为企业网络市场的领导者，中小企业市场一直是H3C公司的市场重点之一。H3C公司深刻的理解，中小企业市场的信息化建设，绝不是通过采购便宜的产品，加上简单的打包就能够实现的。只有实现业务与信息技术的深度融合才是提升中小企业价值的催化剂！

中小企业网络建设分析

随着市场竞争日益激烈，中小企业如何及时、准确地获取第一手信息，如何提高公司运作效率，如何有效降低公司运营成本已经越来越被中小企业客户所认识。中小企业迫切需要提高公司竞争力，需要实现公司信息化，而网络无疑为他们提供了一个很好的解决手段。中小企业一定要建网，主要出于以下三方面因素的要求：

- "大环境"要求中小企业上网。
- "人数少"要求中小企业上网。
- "高效率"要求中小企业上网。

H3C面向中小企业的网络建设策略

作为企业网络市场的领导者，H3C 公司针对中小企业IT 信息化的建设特点，隆重推出了IT On IP 整体解决方案，从IP 网络到基于IP 的通信、再到基于IP 的存储和统一的IT 资源管理，提供一揽子解决方案，从而实现IT 技术的全面融合。在这种架构基础之上，最大化的降低企业IT 系统的总体建设成本，并提高其IT 系统的总体使用效率。

- 根据您的实际需求规划最合理的信息化"高速公路"
- 给您的"高速公路"设计承载最合理的业务，不浪费也不超载
- 帮您培养合格的"高速公路"维护人员
- 为您提供全方位的安全措施

H3C面向中小企业的网络解决方案——传递网络价值

网络价值传递之路—基础

网络最基本的价值在于帮助企业找到有效的方式来实现与其员工、客户和供应商之间的交流，改善部门间的信息共享。此时，企业需要建立一个网络基础平台来实现高效的信息共享和信息交换，既要保障自身的信息安全，又能为客户提供更好的服务。总结企业的基础网络需求就是需要安全、简单、高效的信息网络平台。

◆ H3C安全基础网络解决方案

利用基于H3C交换机和路由器的集成式易扩展的智能弹性网络基础，可以经济高效地为员工提供各种应用和服务。

H3C S5510系列三层全千兆多协议以太网交换机，主要面向企业网、城域网汇聚或接入层的需求，支持IPv4/IPv6双协议栈，可为客户提供丰富的业务特性和路由功能。

H3C S3100系列千兆二层线速可网管以太网交换机，具有千兆上行、可堆叠、无风扇静音设计、完备的安全和Qos 控制策略等特点，满足企业用户多业务融合、高安全、可扩展、易管理的建网需求，适合用于行业和企业网络的接入交换机。

◆ H3C安全无线网络解决方案

有效提高网络接入率和员工的移动性。

H3C WA1208E是新一代企业级无线接入点系列设备。对于企业网用户、热点和小区网络用户以及移动网络用户，借助WA1208E拥有的可运营、可管理、易安装、易维护的特点，可以构建理想的无线局域网。

杭州华三通信技术有限公司 http://www.h3c.com.cn
客户服务热线 400-810-0504 800-810-0504
杭州基地 杭州市高新技术产业开发区之江科技工业园六和路 310 号 邮编：310053 电话：0571-86760000 传真：0571-86760001 北京分部 北京市宣武门外大街 10 号庄胜广场中央办公楼南翼 16 层 邮编：100052 电话：010-63108666 传真：010-6310

网络价值传递之路 — 增值

网络作为企业一项重要的基础设施投资，提高其利用率等同于帮助企业盈利，通过深入挖掘基础网络的附加价值就能提高企业网络利用率。当企业员工和分支机构不断增加，企业逐渐跨入扩张阶段，企业的管理成本及信息交换成本也在大幅增加的情况下，降低成本并提高企业范围内沟通的效率和质量成为当务之急。

◆ H3C企业广域网互连解决方案

实现分支机构的VPN连接与分支网点的智能管理。

H3C MSR（Multiple Services Router）多业务开放路由器是H3C公司专门面向中小企业推出的新一代网络产品。MSR先进的软件结构与硬件平台，能够在最小的投资范围内为企业网络提供一体化解决方案。MSR集数据安全、语音通信、视频交互、业务定制等功能于一体，能够在企业网络应用不断丰富的形势下将多元业务方便的部署于同一节点，不仅能够最大程度的避免网络中多设备繁杂异构问题，而且极大降低了企业网络建设的初期投资与长期运维成本。

◆ H3C企业通讯系统解决方案

为企业用户提供全新的多媒体通信手段，降低内部通信成本，丰富内部沟通方式，提升企业效率。

NBX网络电话系统是新一代企业统一网络通讯系统，为企业提供高质量的语音服务和现代商务所需的各类先进的电话应用功能。NBX V3000定位于话机数量在1000门以下的客户，行业涉及企业、政府、金融、医疗、教育等。

ME 5000 多媒体服务器是一款为行业用户定制的视讯会议产品，是视讯系统的核心部件，实现多媒体信号合成和会议控制等关键功能。性能卓越，稳定，满足视频会议实时、稳定、安全的要求，适用于政府、企业、教育、医疗等行业客户的视讯系统建设需求。

MG6030多媒体网关集视频群组终端、普通语音电话、IP语音电话三大功能于一身，并可扩展数据功能，功能丰富。采用分体式设计，具备高性价比，是视讯系统建设的首选产品。

网络价值传递之路 — 优化

当企业网络的利用率提升后，特别是企业网络规模增大时，企业的业务应用也日趋复杂、日趋广泛，此时的网络面临着重大的应用压力和外界威胁。建立在Internet之上的企业广域网面临着众多的网络威胁，企业组织众多导致企业数据分散，企业员工的增多无力保障客户的满意度……此时的网络急待优化，企业管理急待优化。企业会将重点放在通过优化客户、供应商和员工之间的互动来差异化自己的竞争优势；企业会考虑实施客户关系管理、销售自动化管理和部署呼叫中心，从而改善企业与客户和供应商之间的信息共享情况。

◆ H3C自防御基础网络解决方案

与基础网络深度融合，提供将多种安全防护手段有机结合的协同、立体安全防护新一代产品与解决方案。

H3C SecPath F100系列防火墙：F100-A/E/S是面向大中型企业用户开发的新一代专业防火墙设备，SecPath F100-C主要面向SOHO、小企业或分支机构用户；可提供市场领先的安全防护功能、专业灵活的VPN服务、智能网络集成及QoS保证，具备电信级设备高可靠性以及智能图形化的管理。

◆ H3C企业数据安全存储解决方案

提供标准化IP存储交换平台，使得各种数据管理功能更加高效地进行部署应用，并可与已有的局域网和广域网等基础设施兼容。

H3C Neocean EX系列存储产品面向中型以及中小型用户的SAN/NAS一体化数据存储，适用于WEB、EMAIL、数据库存储、VOD、多用户文件共享服务、网络硬盘等应用系统，可实现海量数据集中管理、D2D数据备份、Windows系统保护等解决方案。易部署、易管理，具备高品质和良好的备件服务。

◆ H3C呼叫中心解决方案

不但真正实现了语音、数据两网合一，而且极大降低了总体建设和运维成本，提高了可扩展性，简化管理，更使得早前难以实现的多种分布式呼叫中心部署模式变得简单易行。

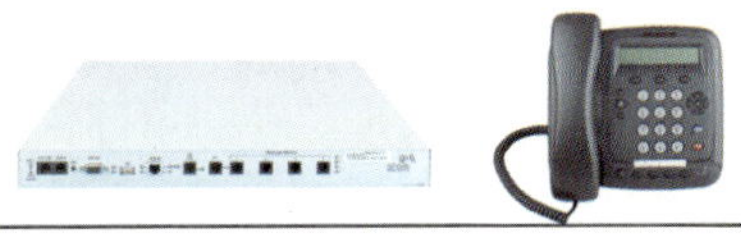

3101基本型IP电话是为企业、行业、小型办公室和家庭办公室开发的IP电话终端，提供了出色的集成化商业特征和融合通信，拥有多种高效语音压缩编码能力，可以将模拟语音直接转换为IP数据包在IP网络上发送，提供与PSTN相当的通话质量。

联想扬天掀起中小企业春季采购潮

元宵一过，商户恢复营业，企业正式上班，谋划着独立创业的人们也都开始摩拳擦掌，着手进行新一年的宏图规划……开春之初的中小企业信息化采购高潮再次成为市场中的重头戏。瞅准这一时机，各大厂商纷纷将拼技术、讲稳定、重服务的商用产品摆上了卖场最显眼的地方，将这个春天的输赢胜败押在了中小企业市场，用大幅投入，大力回馈促销徐徐拉开新一年营销活动的序幕。

最早提出春季促销概念，并且连续两年领跑春促市场的联想扬天在今年的春季促销市场中依然拿出了大手笔，动作抢眼——3月12日，主题为〝联想扬天Vista电脑 双重安全助力企业新年新发展〞的大规模用户回馈活动正式启动。此次联想扬天春季促销机型以预装Windows Vista™ Premium版本的高性能产品为主。在扬天春季促销期间，凡一次性购买联想扬天预装vista机型（即：联想扬天A系列全线、扬天M6000、M5700和E6000）任意三台的用户，就可获得价值千元以上的飞利浦超级水洗3D立体三刀头电须刀一把。

今年春促，联想扬天携手重量级合作伙伴微软，强强联手为中小企业量身定制了可以实现〝双重信息安全〞的扬天Vista电脑，让用户以合理优惠的价格买到〝好用适用 省时省心〞的商用产品。此次促销的联想扬天Vista电脑是联想在今年春天刚刚推出的面向中小企业的最新产品。通过今年春季促销，扬天预计将会有数十万计的中小企业受益，通过应用扬天的创新技术，抢先一步，在这个春天抓住更多事业上的〝春机〞。

应用决定价值 扬天 Vista电脑实现信息真安全

联想扬天系列产品不同于其它的商用PC产品，它不追求单纯配置，而是以帮助用户保护业务信息安全，通过技术应用帮助用户创造更大的价值决胜市场。此次促销的联想扬天电脑均采用了基于联想LTT(Lenovo Trust Technology)安全技术所独有的内核修复、底层杀毒、安全密钥等功能，并结合了Windows Vista™系统升级的安全防护体系，打造了〝双重安全〞的解决方案。切合用户需求的安全买点使其很快成为春促中的最大亮点。

〝双重安全〞的联想扬天电脑，可以防止企业信息丢失，恶意删除文件等信息安全事件的发生,大幅提升企业信息的安全级别，实现企业真正安全的信息管理。LTT安全技术是联想产品独有的信息保障技术体系，基于此项保障体系，联想扬天电脑独有的安全密钥具备128位加密特性，具有不可复制性，安全级别相当或高于人脸识别、指纹识别等安全方案。在一个相对开放、一机多用户(最多5个)或有保密需求的使用环境里，安全密钥是中小企业可靠的信息安全管家。除了优良的安全表现之外，扬天系列产品还具有设计周到的硬盘防震设计和一键恢复、一键杀毒等系统防护措施。

PC行业迎春机 中小企业引导IT第三次腾飞

从2005年算起，2007年是联想扬天的第三次春促。据权威市场调研显示，在拥有明确电脑购买计划的中小企业中，49.52%的中小企业选择在每年3－4月购置、升级其电脑设备，以享受春节后电脑淡季的优惠价格，并为新年业务的发展做准备。各项数据表明，中小企业正在成为电脑市场的又一位明星。根据赛迪顾问的相关数据，2006年1-10月份，中国台式PC市场销量增速相对去年同期下降4个百分点，保持了12.8%的增长水平，而2006年前三个季度，中小企业PC市场则增长了20.5%，远远高于市场平均水平。IDC的分析显示，中小企业对亚太地区PC贡献率将在2008年增加到31%。汤捷说道：〝如果把上世纪90年代初到1997年的政府采购期作为PC行业的第一个春天，1998年到2003年的个人消费电脑采购期作为PC行业的第二个春天，那么由中小企业主导的第三个春天已经悄然到来。〞

广告代理
出版合作
会议服务
公关策划
文化交流
设计制作
真诚合作
服务双赢
北京同和兴文化交流有限公司
电话：(010)62012391 82253181 E-mail:tonghexing2008@sina.com tonghx123@sina.com

中国中小企业发展年鉴

YEARBOOK OF CHINA SMALL AND MEDIUM ENTERPRISES

（2006）

《中国中小企业发展年鉴》编委会　编

中 国 大 地 出 版 社

·北 京·

ISBN 978-7-80097-946-0

9 787800 979460 >

图书在版编目（CIP）数据

中国中小企业发展年鉴. 2006/《中国中小企业发展年鉴》编委会编. —北京：中国大地出版社，2007.4
ISBN 978-7-80097-946-0

I.中… II.中… III.中小企业—经济发展—中国—2006—年鉴 IV.F279.243-54

中国版本图书馆 CIP 数据核字（2007）第 057901 号

责任编辑：杨 云 赵 芳 赵 辉
出版发行：中国大地出版社
社址邮编：北京市海淀区学院路 31 号 100083
电 话：010-82329127（发行部） 010-82329120（编辑部）
传 真：010-82329024
网 址：www.chinalandpress.com 或 www.中国大地出版社.中国
印 刷：北京聚源德印刷有限公司
开 本：889mm×1194mm 1/16
印 张：38.75
彩 插：24 页
字 数：1200 千字
版 次：2007 年 4 月第 1 版
印 次：2007 年 4 月第 1 次印刷
书 号：ISBN 978-7-80097-946-0/F·207
定 价：360.00 元

中国中小企业发展年鉴（2006）

中国中小企业发展年鉴（2006）

欧阳仲健　浙江工业大学中小企业发展研究所副教授
欧新黔　国家发展改革委副主任
罗晓芹　厦门市中小企业管理办公室主任
苟先进　北京同和兴文化交流有限公司总经理
郑李亭　福建省经济贸易委员会副主任
郑　昕　国家发展改革委中小企业司助理巡视员
赵继会　黑龙江省中小企业局副局长
秦志辉　国家发展改革委中小企业对外合作协调中心副主任
耿　勤　国家统计局工交统计司副司长
袁　普　国家发展改革委中小企业对外合作协调中心主任
郭俊峰　北京市发展改革委中小企业处处长
顾宏伟　深圳市中小企业服务中心主任
顾　强　国家发展改革委中小企业司非国有经济处处长
高烈卿　新疆维吾尔自治区经贸委副主任（正厅）
常启斌　安徽省经济委员会中小企业发展局副局长
梁治辉　四川省中小企业局副局长
梁　彦　国家发展改革委中小企业司副司长
隋秀琴　国家统计局工交统计司综合处副处长
黄泰岩　中国人民大学中国民营企业研究中心主任，教授
黄殿文　国家发展改革委中小企业对外合作协调中心国际合作二处处长
傅仲保　新疆生产建设兵团发展和改革委员会主任
傅新华　上海市经济委员会副主任
景　江　甘肃省中小企业局局长
蒋志方　湖南省经济委员会副主任
谢卫东　重庆市中小企业发展指导局副局长
谢碧联　江西省中小企业局局长
韩　健　中国中小企业国际合作协会会员部部长
解孟林　宁夏回族自治区经济委员会主任
管炳六　广西壮族自治区经济委员会（中小企业局）副主任
薄　云　天津市经济委员会副主任

联络员（按姓氏笔画排序）

丁树宝　吉林省中小企业发展局政策法规处副处长
马　健　江苏省中小企业局主任科员
马　莉　宁夏回族自治区经济委员会中小企业处科员
王　丰　福建省经贸委中小企业处主任科员
王　壮　北京市发展改革委中小企业处副主任科员
王菁华　青海省经委中小企业指导局主任科员
尼　玛　西藏自治区发展改革委中小企业处主任科员
左选举　陕西省工交办中小企业处调研员
任伟军　河南省中小企业局办公室副主任
刘　亢　天津市经济委员会主任科员
刘凤春　辽宁省中小企业厅统计信息处调研员
吐尔逊　新疆生产建设兵团发展和改革委员会副主任科员
安　定　山西省中小企业局办公室
齐　晓　安徽省中小企业发展局

吴　平　　青岛市中小企业发展局规划发展处处长
宋晓辉　　上海市促进小企业发展协调办公室部长
宋　莉　　四川省中小企业企业局副主任科员
张志勇　　山东省中小企业办公室中小企业处副处长
张晓丽　　内蒙古工业园区促进会秘书长
张朝进　　厦门中小在线信息股份有限公司董事长
李　方　　国家发展改革委中小企业对外合作协调中心信息调研处副主任科员
杜丽艳　　黑龙江省中小企业局主任科员
陈文泉　　广东省中小企业局主任科员
周　航　　贵州省经贸委中小企业局中小企业发展处处长
周意纯　　深圳市中小企业服务中心
胡晓林　　甘肃省中小企业局办公室主任
赵仁春　　浙江省中小企业局调研员
赵玉山　　河北省中小企业局政策法规处处长
唐　明　　海南省发展与改革厅经济运行处副处长
夏志敏　　云南省经济委员会中小企业处主任科员
徐长义　　大连市经委中小企业局中小企业处副处长
涂赞洁　　江西省中小企业局办公室副主任
梅训安　　湖北经委中小企业发展局办公室主任
黄　加　　广西壮族自治区中小企业局副调研员
游　炜　　新疆自治区经贸委企业改革处副调研员
董其岳　　宁波市经济委员会调研员
谢应钦　　湖南省经贸委中小企业发展处副处长
廖　冰　　重庆市中小企业发展指导局办公室副主任

编辑说明

一、《中国中小企业发展年鉴》（2006）收录内容为2005年1月1日至12月31日间的相关文献、资料，记述了这一阶段我国中小企业改革与发展的重大事件和取得的主要成就。

二、经编委会研究决定，从2006年开始，本《年鉴》收录范围为除中国香港、澳门、台湾三地外全国31个省、自治区、直辖市，5个计划单列市以及新疆生产建设兵团。各地相关资料按最新发布的全国行政区划顺序编排。

三、本《年鉴》以工具书形式编排，分成重要文献、综述、国家扶持中小企业政策与措施、中小企业统计资料、各省市中小企业改革与发展、政策法规、调查研究、实践探索、年度推荐企业和附录等11篇。

四、2004、2005年中小企业主要经济指标由国家统计局特别提供，包括除中国香港、澳门、台湾三地外全国规模以上中小工业企业的主要经济指标。地方统计数据由各地中小企业主管部门提供或协助提供。

五、2006年8月，在国家发展改革委中小企业司和宁夏自治区经委的大力支持下，本书编委会在宁夏银川召开了《中国中小企业发展年鉴》工作会议。各省市参会代表认真讨论了《年鉴》编辑大纲，提出了许多重要修改意见和建议。这些意见建议大多已被采纳，对提高《年鉴》的质量和水平作出了积极贡献。

六、本书的编辑出版得到了国家发展改革委有关领导的重视，得到中小企业司的大力支持，也得到各省市中小企业主管部门和服务机构的大力配合和支持。稿件质量的提高使本书能够比较全面地反映和宣传各省市中小企业工作情况和取得的成就。在此我们向支持、参与本书工作的所有同志致以深深的谢意。

七、《年鉴》2006版第一次在建立中小企业统计体系方面进行了有益的尝试，并将在今后继续努力推进中小企业统计体系建立和完善。

八、《年鉴》始终将引导推动中小企业基础性研究作为重要工作目标，努力成为全面反映我国中小企业发展成就，指导全国中小企业工作的权威出版物。

九、对于本书存在的不足、疏漏与错误请大家批评指正。让我们共同努力，不断提高《年鉴》的质量和水平，为我国中小企业事业的发展作出贡献。

《中国中小企业发展年鉴》编委会

2006年12月28日

第一届中－西中小企业日合作研讨会在西班牙马德里召开

2005年1月9日，由中国国家发展改革委中小企业对外合作协调中心与西班牙外贸协会、西班牙商会最高理事会、西班牙AFFIRMA商务咨询公司联合举办的第一届中－西中小企业日合作研讨会在西班牙马德里召开。中西两国政府部门负责中小企业发展的官员和两国中小企业家100多人出席研讨会。中国中小企业代表团访西期间，还参加了第一届中西工商企业峰会。中共中央总书记、国家主席胡锦涛在峰会上作了重要讲话并亲切接见中国中小企业代表团。

国务院出台《国务院关于鼓励支持和引导非公有制经济发展的若干意见》

2005年1月12日，国务院总理温家宝主持召开国务院常务会议，讨论并原则通过《国务院关于鼓励支持和引导非公有制经济发展的若干意见》和《北京城市总体规划（2004～2020年）》。

第一届东亚促进中小企业发展与投资高层研讨会在北京举行

2005年10月27日至28日，第一届东亚促进中小企业发展与投资高层研讨会在中国北京举行，这是落实第八次东盟和中日韩领导人会上提出的合作倡议的具体行动。会议在促进东盟和中日韩各国中小企业交流与合作，改善东亚地区中小企业投融资环境，探索建立多层次、宽领域中小企业投融资体系及互动机制，推动东亚经贸与投资合作等方面进行了沟通和交流，并有实质性的推动作用。会议通过了《北京宣言》。

中共中央政治局委员、国务院副总理曾培炎在研讨会上致辞

中国国家发展改革委主任马凯发表演讲

中国国家发展改革委副主任欧新黔发表演讲

10月25日，中国国家发展改革委在北京召开第一届东亚促进中小企业发展与投资高层研讨会的新闻发布会。中国国家发展改革委中小企业司司长王远枝在新闻发布会上讲话并与中国外交部有关部门领导共同回答中外记者提问

第二届中国中小企业博览会暨中法中小企业博览会在广州国际会议展览中心举办

2005r 年 9 月 12 日至 15 日，中国国家发展改革委、财政部、商务部、国家工商总局、广东省人民政府与法国经济财政和工业部联合主办的第二届中国中小企业博览会暨中法中小企业博览会在广州国际会议展览中心举办。第二届中博会共有 3520 家国内外中小企业参展，吸引了国内外 19.8 万人次前来参观、洽谈和采购，总成交额达 426 亿元。第二届中博会的成功举办，得到中央及有关部委的充分肯定。

第二届中国中小企业博览会暨中法中小企业博览会开幕式

中共中央政治局委员、广东省委书记张德江宣布中博会开幕

中国国家发展改革委副主任欧新黔宣读中共中央政治局委员、国务院副总理曾培炎的贺电

中国国家发展改革委中小企业司司长王远枝参观中国中小企业信息网展会直播现场并接受采访

中国国家发展改革委副主任欧新黔在中法中小企业高峰论坛上发表讲话

法国中小企业部部长杜特雷先生在开幕式上致辞

9 月 15 日，第二届中博会成果发布会召开。

贯彻落实《国务院关于鼓励支持和引导个体私营等非公有制经济发展的若干意见》部门工作座谈会召开

2005年3月24日上午，国家发展改革委召开贯彻落实《国务院关于鼓励支持和引导个体私营等非公有制经济发展的若干意见》部门工作座谈会，来自37个部门和单位的代表以及中小企业司的相关同志参加了会议。会议就贯彻落实《若干意见》重要举措分工方案进行了讨论。各部门和单位代表分别提出了意见和建议。

与会代表们认真研究讨论分工方案

国家发展改革委副主任欧新黔最后做总结发言

中韩签署《中华人民共和国国家发展和改革委员会和大韩民国中小企业厅关于中小企业合作谅解备忘录》

2005年3月29日上午，中国国家发展改革委副主任欧新黔与来访的韩国中小企业厅厅长金成珍会谈并共同签署了《中华人民共和国国家发展和改革委员会和大韩民国中小企业厅关于中小企业合作谅解备忘录》。中韩中小企业合作在强化工作机制、拓宽合作领域方面又迈出了实质性的一步。

中国国家发展改革委副主任欧新黔与来访的韩国中小企业厅厅长金成珍分别介绍近期各自中小企业政策实施情况

会谈后中韩双方共同签署《中华人民共和国国家发展和改革委员会和大韩民国中小企业厅关于中小企业合作谅解备忘录》

2005年全国中小企业和非公有制经济工作座谈会在北京召开

2005年12月25～26日，2005年全国中小企业和非公有制经济工作座谈会在北京召开。座谈会由国家发展改革委中小企业司王远枝司长主持，来自全国各省、自治区、直辖市、计划单列市和试点城市发展改革委、经委（经贸委）、中小企业局（办、厅），以及财政部、农业部、劳动和社会保障部、商务部、国家工商总局等国家有关部门共182名代表参加了会议。

国家发展改革委副主任欧新黔作重要报告，对“十五”时期和2005年的工作作了全面系统的总结，对“十一五”时期和2006年的工作做了全面的安排部署

国家发展改革委中小企业司司长王远枝作总结讲话

“中国中小企业网上百日招聘高校毕业生”活动正式启动

2005年3月1日“中国中小企业网上百日招聘高校毕业生”活动正式启动，活动期间，招聘信息与求职信息在中国中小企业信息网和中国高校毕业生就业服务信息网上免费发布，供中小企业与高校毕业生浏览查询和在线联系。

新闻发布会现场（从左向右依次为：国家发展改革委中小司副司长陈燕海、国家发展改革委副主任欧新黔、教育部副部长赵沁平、高等教育司副司长刘大为）

国家发展改革委副主任欧新黔在会上做重要讲话

国家发展改革委副主任欧新黔和教育部副部长赵沁平为百日招聘活动点击开通

“第一次中法中小企业合作洽谈会”隆重举行

2005年5月3日，“第一次中法中小企业合作洽谈会”依托第16届中法经贸混委会这个官方活动平台举行。中国商务部部长薄熙来和法国外贸部部长级代表洛斯分别率领中法中小企业代表团参会。中国31家中小企业和法国250家中小企业共300多人参加了合作洽谈会。

中国商务部部长薄熙来在会上发表演讲

火热的洽谈会场景

法国外贸部部长级代表洛斯发表演讲

中国商务部外贸发展事务局副局长贯国勇介绍第二届“中博会”情况

欧新黔副主任考察河南中小企业

2005年5月31日，中国国家发展改革委欧新黔副主任在河南省郑州市召开全国产业政策工作会议期间，考察了河南省中小企业。并听取了河南省中小企业服务局李庆贵局长做的有关河南省中小企业工作情况的专题汇报。

欧新黔副主任在河南省政府领导和有关部门负责人陪同下，考察河南省"四位一体"沼气应用情况

中国国家发展改革委中小企业司副司长陈燕海（右二）、产业政策司副司长夏农（右三）、河南省中小企业局副局长张新芳（右一）陪同欧新黔副主任考察

中国中小企业发展年鉴工作会议在厦门市召开

2005年5月20日，中国中小企业发展年鉴工作会议在厦门市隆重召开，来自国家发展改革委中小企业司、中小企业对外合作协调中心以及全国各地发展改革委、经委（经贸委）、中小企业局（办、厅）的编委和联络员参加了会议。

“国家中小企业发展专项资金项目申报工作培训班”在贵阳举行

2005年7月13日上午，国家发展改革委中小企业司主办的“国家中小企业发展专项资金项目申报工作培训班”在贵阳举行。此次培训为做好2005年国家中小企业发展专项资金项目的审批工作打下了良好的基础。到会的近百名代表分别来自全国37个省、自治区、直辖市、计划单列市发展改革委、经贸委（经委）、中小企业局（厅、办），以及新疆生产建设兵团发展改革委。

国家发改展革委中小企业司副司长陈燕海（左2），贵州省经贸委副主任、党委书记金隆昆（右2），国家发展改革委中小企业司助理巡视员郑昕（右1），贵州省中小企业局局长、省非公有制经济办公室主任龙超亚（左1）等领导出席会议。

分组讨论会场

国家中小企业信息化
推进工程实施工作协调会在京召开

2005年8月25日国家发展改革委中小企业司和信息产业部信息化推进司于北京召开了国家中小企业信息化推进工程实施工作协调会。国家发展改革委中小企业司助理巡视员郑昕在会上作了重要讲话。中国中小企业信息化联盟成员代表及媒体代表参加了会议。

中国中小企业大讲堂－长三角无锡行

中国中小企业大讲堂－长三角无锡行于2005年10月23日在无锡隆重召开。国家发展改革委中小企业司助理巡视员王黎明，国家发展改革委中小企业对外合作协调中心主任袁普等有关领导和嘉宾出席会议。

国家发展和改革委中小司助理巡视员王黎明发表讲话

电视直播中国中小企业大讲堂实况

“中国中小企业经济发展指数”发布会在京召开

2005年7月26日中国中小企业国际合作协会在北京召开“中国中小企业经济发展指数”发布会。中国中小企业经济发展指数（SMEI）是中国中小企业国际合作协会承接国家发展改革委和财政部的重点课题项目，得到项目委托部门的充分肯定，并建立了年度发布制度。

中国中小企业创新发展高级研讨会在宁波举行

2005年11月10日至11日，国家发展改革委中小企业司和科技部高新技术发展及产业化司共同主办的中国中小企业创新发展高级研讨会，在浙江省宁波市举行。国家发展改革委副主任欧新黔、科技部副部长马颂德出席会议并做重要讲话。大会开幕式由国家发展改革委中小企业司助理巡视员郑昕主持。

目 录

第四篇 各地中小企业改革与发展

第五篇 中小企业统计

第六篇 政策法规

【相关法律、法规、部门规章及规范性文件】

第七篇 调查研究

第八篇 实践探索

第九篇 年度推荐企业

附录

【企业展示】

【企业案例推介】

认真贯彻落实党的十六届五中全会精神　全面实施“中小企业成长工程”

——国家发展改革委副主任欧新黔在2005年全国中小企业和非公有制经济发展工作座谈会上的讲话

（2005年12月25日）

这次座谈会的主要任务是贯彻党的十六届五中全会、中央经济工作会议及全国发展和改革工作会议精神，总结通报《国务院关于鼓励支持和引导个体私营等非公有制经济发展的若干意见》下发后，各地结合实际贯彻执行、制定有关政策的工作情况；总结交流中小企业和非公有制经济发展工作经验；研讨中小企业和非公有制经济发展工作思路和工作重点；部署实施“中小企业成长工程”。今天上午，北京、浙江、吉林、湖北、贵州、新疆等省、市、自治区及国家发展改革委中小企业司进行了大会交流，并对今后的工作提出了很好的意见和建议，很有启发性。中小企业司经认真研究提出了在“十一五”规划期间实施中小企业成长工程，此建议已得到国家发展改革委主任办公会通过，并列入了“十一五”规划纲要。下面我围绕贯彻落实党的十六届五中全会精神、全面实施“中小企业成长工程”，开创中小企业和非公有制经济“十一五”规划工作新局面讲几点意见。

一、认真学习贯彻党的十六届五中全会精神，推动中小企业和非公有制经济发展

今年是“十五”计划的最后一年，全国人民在党中央的正确领导下，聚精会神搞建设、一心一意谋发展，不断推进改革开放，我国经济社会发展取得了巨大成就，经济实力、综合国力和国际地位显著提高。预计2005年国内生产总值将超过16万亿，增长预计达到9.4%，整个“十五”计划期间年均增长达到了8.8%；财政收入达到3万亿元左右，比2000年增长2.3倍；进出口总额达到1.4万亿美元，比2000年的4743亿美元增长近2倍，居世界第3位；外商直接投资和国家外汇储备居世界第2位。

“十五”计划期间，我国正式加入世界贸易组织，进一步拓展了对外开放的发展空间，国内产业经受了初步的竞争和考验，获得了比较好的发展。“十五”计划期间，尤其是近两年来，针对我国经济发展中的突出问题，国家及时加强和改善了宏观调控，有效地抑制了经济运行中的不稳定、不健康的因素，避免了可能出现的大起大落。

在取得成绩的同时，我们也要清醒地看到存在的问题，当前经济发展的困难，主要不在于增长速度上不去，而在于要采取措施，优化经济结构，转变经济增长方式，提高经济增长质量，这是当前经济发展中的主要课题。我国经济和社会经过改革开放26年的快速发展，特别是2003年以来9%以上的GDP的高速增长，使得一部分行业，如钢铁、建材、电解铝、铜、铁合金、电池、焦炭等一些行业出现了生产能力严重过剩。同时，资源的瓶颈制约和环境的压力也在不断加大，可持续发展问题日益突出，高投入、高消耗、高污染、低效率的粗放型增长已经难以为继。从目前来看，我国人均耕地占有量只是世界平均水平的40%左右，2004年人均占有土地1.41亩，人均淡水资源的占有量仅是世界平均水平的1/4。目前，全国600多个城市中，已有400多城市缺水，其中110个城市严重缺水。据最新资料，我国人均占有的石油储量为世界平均水平的10%，天然气人均储量是世界平均水平的4.5%，煤的人均储量是世界平均水平的79%，即我国能源资源按储量来说都低于世界平均水平，其中45种矿产资源人均占有量不到世界平均水平的一半，铁、铜、铝的人均储量分别为世界平均水平的1/6、1/6、1/9，主要矿产资源的对外依存度已经从1990年的5%上升到目前的50%以上。2004年，中国石油消费是2.92亿吨，进口1.23亿吨，对外依存度达到42.1%。2004年，我国进口了铁矿石2.08亿吨，对外依存度占40%。2005年，我国进口了铁矿石2.4亿吨，占世界自由贸易量的50%以上，铜金矿和氧化铝消费的进口依存度都在50%以上。

一方面我国资源有限、紧缺，另一方面我国的资源利用率却非常低下。从投入和产出来看，2004年我国GDP只占世界GDP的4%，却消耗了全球8%的石油、10%的电力、19%的铝、20%的铜和31%的煤，我们用大量的能源、资源的支撑才完成了世界GDP总量的4%。目前，钢铁、有色金属、电力、化工等8个高能耗行业，单位产品能耗比世界先进水平高出40%以上，单位建筑面积采暖、能耗相当于气候相近发达国家的2~3倍。我国工业用水的重复利用率比国外的先进水平低20%~35%，城市用水的回收率仅有30%。与此同时，我国矿产资源的总回收率也只有30%，比国外的先进水平低20%。

我们一方面大量地浪费资源，另一方面又严重污染了环境，这种粗放式的经济增长方式对环境污染十分严重，几乎接近了极限。2003年，我国工业和生活废水排放总量680亿吨，二氧化硫排放量2159万吨，二者均居世界第一，二氧化碳排放量居世界第二。全国十大水系38%的断面属于5类及略5类的水质，也就是说属于最次的水质，不可饮用。90%流经城市的河段被严重污染。农村目前有近3亿人喝不上标准饮用水，世界十大污

染城市我国占了6个。2005年初，瑞士达沃斯世界经济论坛公布了最新的全球144个国家及地区的环境可持续指数评价，我国排在第133位。污染对我国经济发展的压力越来越大。

我国生态问题也十分严重，目前全国水土流失面积达356万平方公里，占国土面积的37%，沙化面积176万平方公里，而且仍有扩大的趋势，退化的草原面积亦占草原总面积的90%。据国家气象局局长秦大河介绍，大气、生态、环境等因素对我国经济、社会、政治、外交等的影响都十分严峻。

前一段时期，国家发展改革委产业政策司对一些重要行业进行了一些调研，如焦炭、电池、铁合金等，没有达到行业准入标准的，生产中污染严重、消耗高的企业多数是中小企业。以焦炭生产为例，调研组下去后，当地的老百姓主动来找调研组，提出小焦炭、土焦炭决不能再搞下去了，因为生产排出的有毒废弃物进入地下水、农田后，不仅对当地人的饮水、生活有影响，也造成土质被破坏，导致颗粒无收，情况十分严重。因此，我们在引导中小企业发展的过程中，应该更多地朝着资源消耗少、环境污染少，有一定科技含量，有市场需求，受群众欢迎的产品方向发展。

石油、天然气是国家一级稀缺资源，属国家所有，未经国务院批准，绝对没有开采权，有一些中小企业认为这不公平，有违国务院关于促进非公有制经济发展的若干意见。但大家可以仔细看一下，在《国务院关于鼓励支持和引导个体私营等非公有制经济发展的若干意见》中明确指出，要打破垄断，大型国有企业可以引入民间资本，资本可以进入，但应达到一定的资质条件。石油开采是一个高科技、高投入、高风险的行业，涉及到很多方面的科学技术知识和经验积累，风险和投入很大，还要具有一定的开采能力。在目前情况下，有一些民营企业是在国有企业完成勘探的情况下违法进行开采，按《中华人民共和国宪法》和《中华人民共和国矿产资源法》的规定，稀缺的战略物资资源属国家所有，任何个人和组织不得侵权开采。

现在国土资源部正在制定准入资质标准，达到资质的民营企业可以进入，达不到的，即使是国有企业也不能进入。今后必须在完善法律法规、完善准入条件的情况下公平对待各种所有制企业的进入。目前，民营资本可以以资本进入，民间资本的投入也要科学、规范地进行，不能再做粗放型的、污染环境的、破坏资源的事情。有些地方对煤矿的开采也在进行清理整顿，应尽快按国务院的要求做好这方面的工作。有些地方的中小企业发展是很健康的，如技术创新、品牌创新、知识产权的发展势头很好，我们应向这样一个方向去努力。

我讲这些是让大家看到在我们取得高速发展的同时，一定要保持冷静，一定要看到问题所在，一定要立足于解决这些不利于可持续发展的问题。如果我们不转变经济增长方式，不进行结构调整，而是按粗放型增长方式的思路继续下去，我们的能源、资源等各方面的条件都是无法支撑的，不利于我们落实科学发展观，实现全面建设小康社会的目标。针对这一严峻形势，党的十六届五中全会提出了“十一五”规划的发展目标，其主要目标是在优化结构、提高效益、降低消耗的基础上，2010年实现国民生产总值比2000年翻一番，资源利用效率要显著提高，单位国内生产总值的能源消耗要比“十五”计划期末降低20%左右。“十一五”规划期间的发展目标有别于其他五年计划，没有简单地提出速度要求，而是提出人均国内生产总值的数值关系，强调了资源利用效率要显著提高、能源消耗明显降低，这体现了中央转变经济方式、调整结构、坚持以人为本、全面协调可持续发展的决心，这是“十一五”规划发展的目标与以前的五年计划的明显不同之处。因此，我们在学习、贯彻、落实党的十六届五中全会精神，实现“十一五”规划发展目标上，要牢牢抓住转变经济增长方式这个重要环节来推动中小企业的发展。

“十一五”规划提出的另一个发展目标是要形成一批拥有自主知识产权和知名品牌、国际竞争力较强的优势企业，同时要促进社会主义经济体制更加完善，国际收支要基本平衡，要普及和巩固9年义务教育，城镇就业岗位要持续增加，社会保障体系要不断健全，贫困人口要继续减少，城乡居民收入水平和生活质量要普遍提高，价格总水平要基本稳定，居住、交通、教育、文化、卫生和环境等方面的条件要有较大的改善，民主法制建设和精神文明建设要取得新的进展，社会治安和安全生产状况要有进一步好转，要在构建和谐社会当中取得新的进步。

“十一五”规划的目标确定后，要求我们全党和全国人民都要朝这个目标去努力，包括推进和促进中小企业和非公有制经济发展。我们一定要保持清醒的头脑，决不能像过去那样，一提出要发展，就不管什么产业、什么产品、质量如何、是否过剩、是否污染环境、是否浪费资源、有没有安全保障，只要市场需要就开发，是矿就采，那种粗放型的经营模式决不能再继续下去，特别是对中小企业的发展一定要进行认真研究，扭转这种粗放型的、只顾速度、只顾眼前，不顾其他、不立足长远的发展方式。

“十一五”规划中提出要形成一批拥有自主知识产权和知名品牌、国际竞争力较强的优势企业，这些企业不仅指国有企业，也包括中小企业和非公有制企业，中小企业的工作空间和发展空间是很大的。从目前来看，我国自主知识产权的65%是中小企业创造的，所以“十一五”规划期间应该加大这方面的发展力度。

千方百计扩大就业是“十一五”规划的另一个重要目标，在这个领域中小企业大有可为。从目前来看，国有大型企业大部分都在减员增效，中小企业的蓬勃发展创造了全国75%的城镇就业岗位，贡献很大；在解决城乡就业中，中小企业确实起着不可替代的作用。中小企业和非公有制经济的健康发展对于吸纳和新增就业人员，启动和引导民间投资，优化经济结构，提高自主创新能力，加快生产力的发展，确保国民经济持续稳定地增长，深化经济体制改革，提高对外开放的水平，进一步坚持和完善社会主义初级阶段基本经济制度具有十分重要的现实意义。

最近，为促进结构调整，转变经济增长方式，经国务院常务会审议通过，颁布了《国务院关于发布实施〈促进产业结构调整暂行规定〉的决定》，希望各省、区、市的中小企业管理部门要加强这方面的学习。2006年要按地区进行培训，培训内容一是《促进产业结构调整的暂行规定》（以下简称《暂行规定》），二是配套的以国家发展改革委令颁布的《产业结构调整指导目录（2005年本）》（以下简称《目录》），以及其他相配套的金融贷款政策、土地方面的政策、进口商品不予免税的政策等，这些文件是根据我国产业结构的实际情况，为促进结构调整发布的一整套指导性文件。《目录》主要分为三大类共1128条，其中鼓励类539条，限制类190条，淘汰类399条，不属于这三类的为发挥市场作用的允许类，这一类量大面广。《暂行规定》可以执行较长时间，配套的产业结构调整目录要一年调整一次，今后在分片培训中还要进行详细的讲解。因此，我们要为中小企业做好服务工作，就要掌握这些产业政策的规定和有关法律法规方面的知识，以便引导企业健康地投资和发展，这是我们要抓的一项重要工作。

促进服务业的发展是我国“十一五”规划期间发展的重要内容。从前几年看，我国服务业的比例一直在35%左右徘徊，据国家统计局最近经济普查确定，我国服务业的比例现在为40.7%，但与发达国家相比还有差距，如美国服务业占75%以上，所以我们要进行结构调整，第三产业的发展空间很大。现在我们正在组织力量制定《关于促进服务业加快发展的若干意见》，该文件经过充分的调研，国务院做了很多协调工作，各部门正在会签，文件下发后我们也要进行宣传、培训和贯彻落实。

2004年7月，国家发展改革委组织了若干个调研小组，对11个行业产能过剩的情况进行了调研（这11个行业包括：钢铁、电解铝、铜、纺织、铁合金、焦炭、电池、汽车、船舶、煤炭、水泥），并提出了控制产能过剩和进行结构调整的若干意见。这些文件将按行业单项下发，并将提出一个总体的产能控制报告。这些文件下发后，我们中小企业管理部门的同志要认真学习，只有把法律法规、产业政策和有关行业的准入标准都了解了，才能对产业结构调整心里有数，才能正确引导量大面广的中小企业的投资方向，才能更好地做好这方面的协调和促进工作。

根据我国经济工作的总体要求，中央确定的2006年经济社会发展主要预期目标是：国内生产总值增长8%左右；全社会固定资产投资增长18%；社会消费品零售总额增长12%；居民消费价格总水平上涨3%；城镇新增就业900万人，城镇登记失业率控制在4.6%；外贸进出口总额增长15%，贸易顺差有所缩小，国际收支保持基本平衡；单位国内生产总值能耗降低4%左右。而要完成上述目标，则要靠各地区、各部门和各方面的共同努力。中小企业量大面广，其发展关系到国家经济社会的发展，关系到我国经济社会发展预期目标能否实现。我们从事中小企业工作的同志只有认清经济发展的趋势，把握国家发展的大局，熟悉相关的法律法规，了解国家的宏观政策、产业政策，才能对中小企业和非公有制经济的发展方向有一个清醒的认识，从而为促进中小企业的发展，为落实科学发展观，构建和谐社会作出我们的努力。

二、“十五”计划期间
中小企业和非公有制经济工作情况

“十五”计划期间，党中央、国务院高度重视中小企业和非公有制经济的发展，不仅把促进中小企业和非公有制经济的发展放在更加突出的位置，而且还出台了一系列的法律法规，由此使中小企业和非公有制经济迎来了历史上发展的最好时期。中小企业和非公有制经济工作部门按照党中央的统一部署，在国务院有关部门和地方政府部门、中介机构的大力支持与配合下，认真履行职能，扎实工作，既着重创造公平发展环境和促进建立中小企业社会化服务体系，又充分利用各种社会资源，支持和引导中小企业和非公有制经济持续健康协调发展，并做了大量卓有成效的工作。

（一）中小企业和非公有制经济继续保持良好的发展势头

截至2005年10月底，我国中小企业和非公有制企业数已达到4242万户，占全国企业总数的99.6%，经工商部门注册的中小企业数量达到320多万户，个体经营户达到3921.6万户，其中第二产业588.7万户，第三产业3332.9万户。中小企业和非公有制企业创造的最终产品和服务的价值占国内生产总值的58.7%，生产的商品占社会销售额的59.1%，上缴税收占48.6%。目前，中小企业发明的专利和研发的新产品分别占66%和82%，中小企业已成为技术与机制创新的主体。

2005年，我国就业形势依然十分严峻，而中小企业和非公有制经济的快速发展，形成了巨大劳动力需求，吸纳了绝大部分劳动力的增量和存量转移，缓解了就业压力。2005年，个体私营等非公有制企业新增800多万个工作岗位，占城镇新增就业岗位的3/4以上；在第二、第三产业的就业人数增长到3.49亿人；城镇非公有制经济的就业人数增长到2.07亿人，有效地缓解了我国严峻的就业压力。

“十五”计划期间，我国个体和私营等非公有制经2005年个体私营等非公有制企业新增800多万个工作岗位，占城镇新增就业岗位的3/4以上；在第二、第三产业的就业人数增长到3.49亿人；城镇非公有制经济的就业人数增长到2.07亿人，有效地缓解了我国严峻的就业压力。

“十五”计划期间，我国个体和私营等非公有制经济增长率高于全国GDP的平均增长率，非公有制经济占GDP的比重已达到1/3。

2005年1～10月，非公有制企业（不含外资）出口总额达902.8亿美元，同比增长68.24%，较全国商品出口增幅高37.14个百分点。浙江省非公有制经济出口已占全省出口的近40%，超过国有及外商投资企业，成为出口第一军团。目前，一批有实力的中小企业和非公有制企业已走出国门，成为实施“走出去”战略的新生力量。

总之，中小企业和非公有制企业已经成为我国经济发展、市场繁荣和扩大就业的生力军。

（二）认真宣传贯彻落实《中华人民共和国中小企业促进法》和《国务院关于鼓励支持和引导个体私营等非公有制经济发展的若干意见》

2003年1月1日开始实施的《中华人民共和国中小企业促进法》（以下简称《中小企业促进法》）是我国第一部关于中小企业的专门法律，标志着我国促进中小企业发展开始走上规范化和法制化轨道。法律实施近3年来，各地区、各部门认真宣传贯彻《中小企业促进法》，把中小企业的改革与发展工作纳入法制化的轨道，制定配套政策，依法开展工作，努力改善中小企业经营环境，促进了各类所有制中小企业的创立和发展，取得了初步成效。

2005年2月，国务院颁布了《国务院关于鼓励支持和引导个体私营等非公有制经济发展的若干意见》（国发［2005］3号，以下简称《若干意见》）；这是新中国成立以来第一部全面支持发展非公有制经济的国务院文件。国家发展改革委积极推动《若干意见》的宣传贯彻落实：不仅制定了《若干意见》学习、宣传和贯彻整体方案，以国家发展改革委和国务院研究室负责同志名义撰写了政策解读专题文章；而且还明确了56个相关部门和单位的工作任务和完成时限及要求，利用《中小企业》简报等形式及时通报贯彻落实进展情况；并且参与了研究起草和制定若干配套措施。

各地区、各部门高度重视《若干意见》的贯彻落实工作。截至2005年10月底，已有10多个国务院部门和单位相继出台了17个配套文件和具体措施。31个省区市已累计出台促进非公有制经济发展的法规政策性文件200多件，其中地方性法规30多件。22个省市设立了“促进非公有制经济发展领导小组”或“部门联席会议”，以加强对非公有制经济发展的领导；并进一步开展非公有制企业治乱减负工作，截至2005年，取消涉及非公有制企业不合理收费2385项，查处“三乱”案件1885件。

（三）积极推进社会化服务体系的建立和完善，进一步改善发展环境

⑴ 逐步完善社会化服务体系。各级政府都把服务体系建设作为促进中小企业发展的一项重要工作，按照社会化、专业化、市场化的原则，充分发挥行业协会、商会、大专院校、科研机构的作用，鼓励培训、信用担保、技术支持、信息服务、管理咨询、市场开拓、国际合作等社会化服务机构的发展。中央和地方政府安排专项资金，重点支持中小企业的专业知识培训、创业辅导、信用信息征集、技术创新、国际市场开拓、公共服务采购和服务体系建设。到2004年底，各类中小企业综合服务机构已达246家；建设开通了中国中小企业信息网和省、地市级分网，为几十万户中小企业免费提供政策、市场信息。目前，中小企业信息网日均点击量为20多万次，在全国各政府网中排名第四；建设创业基地，为新创办的4万多家小企业提供了创业辅导和代理服务。2003～2005年国家发展改革委和教育部联合举办了3届全国中小企业网上招聘高校毕业生活动，全国共有2万多家中小企业上网发布了招聘信息，提供就业岗位20多万个；对20多万户中小企业开展了信用等级评价和信用信息征集；实施“国家中小企业银河培训工程”，先后对12万多名中小企业经营者进行了国家产业政策、工商管理、创业技能、信息化技术、安全生产、环境保护等免费培训。

⑵ 努力缓解中小企业发展的资金瓶颈。在间接融资方面，扩大了利率浮动范围，改进了信贷考核办法和奖惩机制，并在商业银行中设立中小企业信贷部门，提高了小企业的贷款比重。国家开发银行依托地方商业银行和担保机构，开展以中小企业为服务对象的转贷款、担保贷款等业务，2005年用于中小企业的信贷规模突破100亿元，比去年增加了1倍。目前，全国已设立中小企业担保机构2188家，累计受保企业达19万家，累计担保金额约3000多亿元。此外，直接融资方面，在证券市场上推出了中小企业板块，加快创业板市场建设，完善证券公司代办股份转让系统，规范发展产权交易市场；鼓励中小企业以股权融资、项目融资等方式筹集资金，允许符合条件的企业发行债券；支持创业投资企业和中小企业投资公司的发展；同时，改进保险机构的服务方式，开展面向中小企业的产品和服务创新。

⑶加大企业技术创新支持。鼓励中小企业自主开发新产品、新技术，填补市场空白；支持中小企业积极采用先进技术、先进生产工艺和设备，提高产品质量。从1999年开始，国家设立了“科技型中小企业技术创新基金”，扶持了5000多家具有自主知识产权的高技术企业；鼓励中小企业与大企业建立协作配套关系，促进中小企业专业化发展；积极培育各类专业技术服务机构，逐步建立中小企业公共技术支持平台。2004和2005年，中央财政预算安排了中小企业发展专项资金，共支持了481户中小企业的技术进步项目，带动了约88亿元的社会投资；实施了“国家中小企业信息化推进工程”，推动建立了中小企业信息化推进联盟，启动了“百万中小企业上网”，全面推进了中小企业信息化，提高了中小

企业的技术创新能力和信息技术应用水平。

(4)引导企业提高管理水平。鼓励企业借鉴、吸收国内外先进的管理经验，加强内部管理，促进中小企业由“传统家族制企业”向“现代企业”转变。2005年10月底，在全国私营中小企业中，有限责任公司已超过180万户，占私营企业总数的65%；引导中小企业完善符合现代企业制度要求的规章制度，建立安全、环保、卫生、劳动保护等方面的责任制；强化劳动合同管理，依法维护中小企业职工和经营者的合法权益；继续推动开展中小企业管理咨询服务，2005年20个省市的62个咨询服务机构为593个小企业开展了管理咨询服务，对改进企业管理提出了切实可行的方案，有的企业已经开始按照咨询意见组织实施，取得了明显效果。

(5)增进国际合作和交流。开展了中法、中德、中意、中英、中美、中韩等多个国家和国际组织间的技术交流与合作。2005年是国家发展改革委中小企业司成立以来，我国政府与国外政府和国际组织间的合作交流最频繁和成果最多的一年。中国国家发展改革委分别与美国商务部、大韩民国中小企业厅、克罗地亚经济劳动和企业部、法国中小企业部等签署了中小企业合作协议。我国政府还积极参加APEC和OECD中小企业部长会议，牵头成立了APEC中小企业服务联盟；成功举办两届APEC中小企业技术交流暨展览会和两届中小企业博览会。2005年的“第二届中国中小企业博览会暨中法中小企业博览会”吸引了中外企业5000多家，共签订贸易、合作、投资协议2.3万个，总签约金额426亿元。2004年和2005年还分别成功举办了“首届中美中小企业与创业投资论坛”，“首届东亚促进中小企业发展与投资高层研讨会”和“中国中小企业创新发展高级研讨会”。

（四）中小企业和非公有制经济发展中面临的主要问题

当前，中小企业和非公有制经济发展中仍然存在着一些问题。

(1)《中小企业促进法》配套法规体系有待完善。目前，除《中小企业标准暂行规定》已经国务院同意实施外，法律规定的《中小企业发展基金管理办法》、《中小企业信用担保管理办法》尚未出台，还需抓紧制定。

(2)对发展中小企业和非公有制经济的重要性还有待进一步统一思想，提高认识。有的地区和部门的同志在鼓励、支持和引导中小企业和非公有制经济发展时仍然有顾虑。有的地方政府和投资者对《若干意见》具体条款片面理解，出现了石油等领域市场准入秩序混乱的情况。

(3)贯彻落实《若干意见》工作进展还不平衡。目前，中宣部、商务部、铁道部、国家工商总局、国防科工委、中国银监会、民航总局等部门相继出台了配套文件，部分省市也制订了贯彻落实的实施意见。在分工方案明确的34项分工中，已出台了14个配套文件，还有几项正在抓紧研究制定过程中，但还有不少项分工进展不快。

(4)对中小企业发展的政策扶持力度需要进一步加大。近3年来，各级财政部门根据《中小企业促进法》的规定，增加了扶持中小企业发展的预算资金，效果是明显的，但财政资金无论是资金额度，还是对中小企业的扶持力度，难于满足中小企业的发展需求。另外，法律规定对残疾、失业等人员创办中小企业，应给予一定的税收优惠，但有些优惠政策还没有完全落实。

(5)服务机构不健全，服务体系建设滞后。对各类社会化服务机构开展为中小企业服务活动的政策措施尚不完善，一些地方尚缺乏为中小企业提供信息、融资、技术、管理、培训、人才等方面服务的相关机构，已有的社会化服务机构由于受观念、认识的影响，服务功能不能满足中小企业的需求，保证服务体系可持续发展的激励和约束机制尚未形成。

(6)消除制约中小企业和非公有制发展的体制性障碍，是一项较为长期的任务。制约中小企业和非公有制经济发展的体制性、政策性障碍依然存在；市场准入还存在不公平的限制；企业融资渠道窄，贷款难；企业和职工权益保护的法律法规还不够完善；社会服务体系不健全，政府管理还不到位等。同时，部分中小企业和非公有制企业行为不规范，自身素质也有待提高。

三、实施“中小企业成长工程”的基本内容

鉴于中小企业和非公有制经济在我国国民经济和社会发展中居于重要地位，发展中面临的困难和问题较多，“十一五”规划期间中小企业和非公有制经济工作要紧紧围绕党的十六届五中全会确定的经济社会发展的指导方针、奋斗目标、主要任务和重要举措，以科学发展观统领中小企业和非公有制经济发展全局，坚持发展是硬道理，把增强自主创新能力作为中小企业和非公有制经济调整结构、转变经济增长方式的中心环节，实施“中小企业成长工程”，进一步开创中小企业、非公有制经济工作的新局面。

中小企业成长工程概括起来有九大方面的内容，它包括法规建设、服务体系、技术创新、结构调整、企业管理、教育培训、融资担保、开拓市场、监测分析。

（一）推进政策法规体系建设

根据《中小企业促进法》和《国务院关于鼓励支持和引导个体私营等非公有制经济发展的若干意见》，研究制定相关政策。

(1)抓紧出台《若干意见》配套措施，尽快出台《贯彻落实<国务院关于鼓励支持和引导个体私营等非公有制经济发展的若干意见>重要举措分工方案》中尚没有完成的配套措施和具体办法，抓紧与国务院法制办共同研究起草《关于清理限制非公有资本市场准入及非公有制经济发展规定的通知》，经国务院同意后下发各地和各部门。

⑵研究制定《关于加强中小企业管理的意见》，加强企业管理，规范企业经营。

⑶研究提出《关于"十一五"中小企业结构调整的指导意见》、《关于促进中小企业产业集群发展的指导意见》，推进经济结构调整；研究提出《"十一五"中小企业服务体系建设指导意见》，促进中小企业社会化服务体系建设。

⑷修改完善《关于鼓励"创办小企业、开发新岗位"的指导意见》，鼓励创业；修改完善《中小企业信用担保管理办法》，起草《中小企业投资公司管理办法》，完善中小企业信用担保体系和信用体系建设的政策；修改完善《国家中小企业发展专项资金项目管理办法》，加强对专项资金支持项目的管理，提高资金使用效率；起草《进一步加强中小企业技术创新工作的指导意见》，鼓励技术创新和技术进步；修改完善《关于加强中小企业培训工作的意见》，提高中小企业素质，促进人才培养；起草《关于加快推进中小企业信息化建设的意见》，推进中小企业信息化；起草《鼓励中小企业"走出去"，扩大对外开放的指导意见》，鼓励出口，加强中小企业国际合作与交流的政策等。

（二）培育中小企业社会化服务体系

⑴坚持社会化、专业化、市场化以及突出服务性的原则，重点围绕知识培训、信用担保、投资融资、创业辅导、技术支持、信息服务、管理咨询、市场开拓、经营管理、国际合作等领域培育中小企业社会化服务体系。鼓励综合服务组织和专业服务组织的发展，充分发挥行业协会、商会、大专院校、科研机构的作用。引导各类服务机构转变观念、改进服务作风，提高为中小企业服务的质量。

⑵要增强"中国中小企业信息网"的系统功能和服务能力，将中小企业信息网络建成覆盖全国的上下互动的大型信息网络和服务平台，改善中小企业的信息利用条件，推动中小企业信息化建设。

（三）提高企业自主创新能力

⑴坚持以企业为主体，以市场为导向，以提高中小企业自主创新能力为目标，以建立健全产学研相结合的中小企业创新支持体系，引导中小企业向"专、精、特、新"方向发展为重点，推动中小企业自主创新、联合创新、引进消化吸收再创新和信息化，增强企业竞争力，促进中小企业健康快速发展；积极实施品牌战略，加快产品结构调整；大力节约资源、能源，加强污染治理和环境保护，加快推进循环经济发展；促进中小企业、非公有制经济初步建立起资源消耗低、环境污染少、经济效益好的现代工业格局。2006年重点推动中小企业公共技术支持平台建设，在有条件的产业集群区域和机械、纺织、电子信息等行业，支持建立示范平台；鼓励大学、科研院所、大企业开放科研基础设施，为小企业提供技术研发、试验、检测等支持和服务。

⑵继续组织实施"国家中小企业信息化推进工程"，在开展调研、组织培训、举办展览和论坛等各项活动中，推动20万户中小企业上网，初步实现信息化，提高中小企业计算机技术和网络技术的应用水平。

（四）推动中小企业产业结构、产品结构和组织结构调整

中小企业结构调整是整个国民经济结构调整的重要组成部分。2005年我国宏观调控的实践告诉我们，经济结构不合理、增长方式粗放，是造成投资盲目扩张、煤电油运紧张等问题的深层次重要原因，也是实现全面协调可持续发展的重大障碍，加快经济结构调整、转变经济增长方式已刻不容缓。

⑴要按照走新型工业化道路的要求，大力推进经济结构的战略性调整和经济增长方式的根本性转变，实现既快又好的发展；充分发挥市场的引导作用，积极发展就业容量大的劳动密集型产业、服务业和各类所有制的中小企业；大力发展主导产业、优势特色产业、农畜产品加工业和高新技术产业；淘汰、禁止、限制发展污染严重、低水平、浪费资源的中小企业；充分发挥欠发达地区人力和资源优势，推进产业转移，促进欠发达地区中小企业发展，提高欠发达地区自我积累、自我发展能力，推动区域经济协调发展。

⑵要提高企业集聚度，优化生产要素和资源配置，加强对产业集群发展的引导和规划，推广产业集群产业升级示范区建设经验，促进形成一批有特色、有规模、体系完整、科学的中小企业产业集群，提升区域综合竞争力。并且开展成长型产业集群评价工作，建立重点产业集群联系制度，加强公共服务平台建设，推进区域国际品牌工作试点。

⑶要加快服务业类中小企业的发展，大力发展咨询、法律服务、科技服务、信息服务、现代物流等中介服务，依靠科技进步和技术创新促进中小企业快速发展和结构调整。

（五）深化企业改革，提高企业管理水平

⑴鼓励和支持非公有制经济参与国有企业改革，进入金融服务、公用事业、基础设施等领域。

⑵引导中小企业、非公有制经济的制度创新，加强和改进对中小企业、非公有制经济的服务和监管。

⑶引导和监督企业依法经营、诚实守信。

⑷鼓励和支持企业借鉴、吸收国内外先进的管理经验，加强内部管理，实现企业管理思想、管理体系、管理方式和管理手段的科学化和现代化。

⑸引导中小企业建立和健全安全、劳动、财务等各项规章制度。

⑹依法维护企业和职工的合法权益，增强社会责任意识。

⑺坚持逐步推进，分类指导，积极开展中小企业、非公有制企业管理上等级活动。

（六）加强培训，提高中小企业素质

⑴充分发挥政府公共财政的引导作用，统筹规划，整合社会资源，开展多层次，多类别的专业培训和继续教育，切实提高中小企业素质。

⑵在2006年加大“国家中小企业银河培训工程”的实施力度，要把培养大批高水平的技术工人作为银河培训工程的重要内容。

⑶探索与清华大学等高等院校、科研机构和中介服务机构建立适合国情的中小企业学院和职业经理人培训体系，进一步提高培训工作的质量。

（七）着力解决中小企业融资难问题

⑴引导和鼓励各金融机构开发适宜中小企业特点的金融产品，加大信贷支持力度。

⑵鼓励符合条件的中小企业到境内外上市，扩大直接融资渠道。

⑶规范和发展产权交易市场，建立健全创业投资机制，支持中小投资公司设立和发展。

⑷建立和完善信用担保的行业准入、风险控制和补偿机制，推进中小企业信用担保体系建设。

⑸2006年要落实温家宝总理批示，起草担保业的监管意见和再担保模式方案；尽快明确担保机构设立与变更审批程序与管理办法；与国家税务总局联合下发第五批对担保机构实行免税名单，名单要向全社会公布，加强监督和管理，免税担保机构要有进有出。

（八）鼓励和支持中小企业“走出去”、“请进来”

⑴加强东部地区与中西部地区中小企业之间的合作交流；鼓励东部地区有实力的中小企业积极参与西部大开发，东北老工业基地振兴和中部地区崛起，通过收购、兼并、重组等形式，带动和帮助中西部地区中小企业提高市场竞争力。

⑵推动中小企业对外经济技术合作，加快中小企业出口产品由初级工业制品为主，向高技术含量、高附加值、深加工制成品转变，培养和扶持一批品牌出口产品；鼓励企业在境外建立资源开发型、技术开发型、贸易型实体以及技术研发机构，带动和扩大国内设备、技术和产品出口；多渠道、多形式吸收外商资金，把引进资金、引进技术、引进智力紧密结合起来，提高企业招商引资水平。

⑶加强与国外政府和国际组织间的合作交流：要积极探索和开展我国与欧盟、亚太经合组织国家和地区的中小企业合作，在建立政府合作机制、信息共享、人才培训等方面取得实质性进展；落实CEPA协议，做好内地与港澳中小企业合作各项工作。

⑷支持中小企业参与国内外展览、展销活动，在总结前两届中国中小企业博览会经验的基础上，要进一步坚定办好中博会的信心和决心，不断探索、不断完善、不断提高，把第3届中国国际中小企业博览会办出水平、办出特色、办出成效、办出品牌。

（九）加强对中小企业生产经营状况的监测与分析

⑴健全中小企业、非公有制经济统计监测系统，及时掌握中小企业、非公有制经济生产经营状况和发展趋势，协调解决企业生产经营中的困难和问题；治理向中小企业、非公有制经济的乱收费、乱罚款、乱摊派，切实减轻中小企业负担。

⑵2006年主要任务是：及时跟踪非公有制经济和中小企业经济运行动态，定期发布统计信息，做好统计监测和生产经营分析的基础工作。

总之，2006年通过实施“中小企业成长工程”，为“十一五”规划期间实现“初步形成发展环境明显改善、布局结构相对合理、管理和技术水平明显提高、市场竞争能力持续增强、吸收就业能力不断扩大的具有中国特色的中小企业群体”的目标，开好局、起好步。

四、实施“中小企业成长工程”需要把握的几个问题

（一）从大局出发，落实科学发展观

我们开展中小企业和非公有制经济工作要把科学发展观作为“一条红线”贯穿始终，发展目标的确定必须体现科学发展的要求，引导各方面转变发展观念、创新发展模式、提高发展质量，真正把科学发展观的要求体现在中小企业和非公有制经济发展的各个方面和各项具体工作中。并努力做到“五个突出”：

⑴按照以人为本的要求，突出人文的、社会的目标。

⑵按照统筹城乡、区域发展的要求，突出城乡和区域协调发展的目标。

⑶按照转变经济增长方式的要求，突出结构和效益的目标。

⑷按照可持续发展的要求，突出提高资源利用效率、保护生态环境的目标。

⑸按照构建社会主义和谐社会的要求，突出公共事业和公共服务的目标。

（二）以市场为导向，坚持以企业为主体

中小企业是市场竞争的主体之一，与市场经济有着天然的联系，已经成为支撑国民经济增长和保持社会协调发展的重要力量，故在经济结构的战略性调整和经济增长方式的根本性转变的进程中，中小企业具有无可替代的重要作用。所以我们要发挥市场在配置资源中的主导作用，激发各类企业特别是中小企业的创新活力，鼓励技术革新和发明创造，形成以企业为主体的自主创新的基本体系架构。

（三）依法行政，加强干部队伍建设

我们必须遵循社会主义市场经济客观规律，坚持依法行政，推进各级政府中小企业管理部门的职能转变；认真学习贯彻《中华人民共和国公务员法》，认真履行公务员的权力和义务；此外要加强党的执政能力建设和先进性建设，落实保持共产党先进性教育整改措施，坚定理想信念，牢记党的宗旨，增强机遇意识、发展意识、大局意识、责任意识、忧患意识，坚持讲政治、讲党性、讲大局，继续推进“三个转变”，不断提高领导中小企业和非公有制经济发展的水平。

（四）提高认识，加强领导

各级中小企业行政管理部门一定要充分认识实施“中小企业成长工程”的重要性、紧迫性和艰巨性，统一思想，转变观念，抓住机遇，开拓进取，增强责任感，切实抓紧抓好中小企业成长工作。同时，还要切实加强领导，坚持从实际出发，按经济规律办事，制定适合本地实际的具体扶持政策和措施，进一步创造中小企业成长的良好政策环境。

（五）加强调查研究，搞好工作协调配合

中小企业和非公有制经济工作政策性强、涉及面广、头绪多、任务重、意义重大，所以我们不仅要增强责任感、使命感，加强调查研究，加强学习，及时发现中小企业和非公有制经济中出现的重大的倾向性问题，提高解决问题的能力。而且要加强发展改革、科技、财政、银行、税务、工商管理等部门的协调配合，积极争取各级财政预算资金和国债资金的支持,共同推动中小企业和非公有制经济的发展；并要充分调动和发挥中央和地方两个积极性，集思广益，上下联动，加强政策、规划等重大问题的交流与沟通，逐步建立中央、地方上下贯通、各司其职、高效透明、有效监督的管理体系。

同志们，我国“十一五”大政方针已定，关键在于落实。因此我们一定要根据党的十六届五中全会、中央经济工作会议精神和全国发展改革工作会议的部署，精心安排明年的工作。同时，还要进一步转变观念，把思想和行动统一到树立和落实科学发展观上来，增强市场经济、依法行政和大局意识，开拓创新，扎实做好促进中小企业和非公有制经济发展工作，为实现全面建设小康社会的宏伟目标作出应有的贡献。

第一篇

重要文献

大力推进东亚中小企业合作与发展

——中共中央政治局委员、国务院副总理曾培炎在第一届东亚促进中小企业发展与投资高层研讨会上的致辞

(2005年10月27日)

今天，来自东盟和中日韩的政府官员、金融机构负责人、专家学者和企业家们会聚一堂，共同探讨促进中小企业发展与投资的方略，这在东亚区域经济合作中还是第一次。在此，我谨代表中国政府对会议的召开表示热烈的祝贺！向各位来宾表示诚挚的欢迎！

借这个机会，我愿首先向大家介绍一下中国的经济形势和今后发展方向。近年来，中国政府通过加强和改善宏观调控，国民经济保持了良好的发展势头，呈现出增长速度比较快、通货膨胀率比较低、经济效益比较好的特点。今年前3季度，国内生产总值同比增长9.4%，居民消费价格涨幅保持在2%的较低水平，城镇就业持续增加，财政收入、居民收入和企业利润提高较快，预计全年经济增长率可以保持在9%以上。

刚刚闭幕的中国共产党十六届五中全会，通过了第十一个“五年规划”的建议，明确了2006~2010年中国经济社会发展的总体思路。未来5年，中国将按照立足科学发展、着力自主创新、完善体制机制、促进社会和谐的总体要求，大力推进产业结构优化升级，加快建设资源节约型、环境友好型社会，加快社会主义新农村的建设步伐。到2010年，中国的人均GDP将实现比2000年翻一番，同时，在深化改革、扩大开放、普及教育、提高就业、消除贫困、增加收入、稳定价格、民主法制建设和精神文明建设等方面都会取得较大的进展。

改革开放以来，中国的中小企业发展很快，目前已经占到全部企业数量的99%，吸纳了全社会75%的就业人员，提供了全国近70%的进出口额和大约一半的税收收入，创造了全国70%的新增工业产值和近60%的国内生产总值。毋庸置疑，中小企业是给中国经济带来活力的重要源泉。在东亚、在全世界，数量众多的中小企业，也已经成为各国带动经济增长、促进市场繁荣、扩大社会就业的重要力量。

去年，温家宝总理在第八次东盟与中日韩(10+3)领导人会议上率先倡议，加强东亚中小企业合作，召开高层研讨会，研究合作的具体途径和办法。这一倡议符合东亚国家的共同利益，得到了广泛的欢迎和积极的响应。

当前，东亚经济持续增长，加强中小企业合作，有着巨大的潜力和广阔的前景。中日韩与东盟各国加在一起，有超过20亿消费者，每年有近8万亿美元的国内生产总值和近4万亿美元的进出口额，市场容量十分巨大。东亚各国地缘相接，文化相近，经济互补性强，贸易联系紧密，又同为市场经济国家，由此为中小企业开展合作创造了良好的条件。同时，各国家之间资源禀赋、技术水平、劳动力成本差异较大，也有利于企业发挥比较优势，开展跨国投资和贸易交往。

但是，我们也注意到，东亚国家中小企业合作的潜力还远未得到开发，各国中小企业都不同程度地存在着融资困难、人才短缺、技术进步难度较大等相似的问题。故只要我们本着优势互补、互利共赢、共同发展的原则，加强交流，完善机制，就一定会使中小企业合作取得丰硕的成果。在此，我提出以下几点建议。

(1)积极开展各种形式的交流对话。东亚各国应定期举办高层研讨会，交流和分享中小企业发展的经验，并逐步建立不同形式、不同层次的对话机制。通过协商对话，探索合作方式，解决存在的问题，为中小企业提供公平竞争的市场环境和有效的法律保障。

(2)促进贸易和投资自由化、便利化。东亚各国应大力改善投资贸易环境，鼓励中小企业开展跨国投资经营，并为它们提供必要的条件，促进人员、商品、资本、服务和技术等生产要素的自由流动。

(3)加大金融支持力度。东亚各国应鼓励和引导金融机构，为区域内中小企业投资贸易合作提供金融服务，包括加强信贷支持，拓宽直接融资渠道，建立健全信用担保体系等。

(4)不断完善服务协调机制。东亚各国政府应进一步在信息共享、技术创新、知识产权保护、人力资源开发等方面为中小企业提供服务。同时，应妥善解决投资贸易壁垒，减少不合理限制；并加强各国中小企业服务机构的联系，推动中小企业间直接交流与沟通，协助它们建立长期、稳定的合作关系。

近年来，在各方共同努力下，东盟与中日韩(10+3)合作保持了良好的发展势头，合作成果丰富，合作机制日益完善，国际影响不断扩大。作为一个发展中的、负责任的大国，中国的进步离不开亚洲国家。亚洲的振兴也需要中国。我们将继续实施互利共赢的对外开放战略，高举和平、发展、合作的旗帜。我相信，在本次研讨会的推动下，东亚各国中小企业合作一定会取得新的发展，也必将为本地区区域经济合作增添新的内容、注入新的活力。

最后，祝研讨会圆满成功！谢谢大家！

中共中央政治局委员、国务院副总理曾培炎给第2届中国中小企业博览会的贺信

（2005年9月12日）

改革开放以来，我国中小企业不断成长壮大，在推动经济增长、扩大就业和促进社会发展方面发挥着越来越重要的作用。举办博览会为企业开展合作、树立形象、交流信息、开拓市场建立一个良好的平台，希望参展厂商抓住机遇,积极开展多领域、多层次的合作与交流，也希望有关部门加强为中小企业的服务,努力使更多的企业建立起长期、稳定的合作伙伴关系。

法国中小企业技术先进、创新能力较强，中国中小企业成长迅速、经营机制灵活，双边合作领域十分广阔。希望两国有关部门积极扶持中小企业的合作，为推动两国经贸投资交流作出新的贡献。

“非公经济36条”落实得不尽如人意

——全国人大常委会副委员长成思危在2005年中国非公有制经济发展论坛上的讲话

（2005年10月14日）

本届非公有制经济论坛的中心论题是这样的，民建作为一个联系经济界人士的参政党，要做好非公有制经济的工作，促进非公有制经济的健康发展。民建中央从2003年开始，每年都举办一届非公经济论坛，今年的论坛是由中国民主建国会中央委员会、国家发展和改革委员会及安徽省人民政府举办的，主要是落实非公经济新环境、新发展。本次论坛是高品位的，同时也是有广泛影响的。现在看来，我们正在逐步地提高和改善，从这一届开始，国家发展改革委作为主办单位，和地方省政府合作，这样，三家主办单位既有中央的部委，也有地方的省政府，还有我们民建作为参政党，三方面联合来促进非公有制经济的发展。

这次论坛的中心就是落实非公经济36条。从前两届的论坛来看，我们这次论坛不仅起到了研讨政策，大家共同提出建议这样的一个作用，同时也在民营企业家之间架设了一个交流和互动、合作的一个平台，所以我觉得这对论坛的成功也是具有很重要的意义的。对非公经济36条出台的背景，我想简单地提两件事。

2002年，中共十六大提出：必须毫不动摇地鼓励、支持和引导非公有制经济的发展。

2004年2月，温家宝总理在全国政协的建议上批示：促进非公有制经济发展似应有一个通盘考虑，要着手研究一些重大的政策性问题，形成一个指导性文件。

2004年7月24~25日，国务院在青岛召开促进非公经济发展座谈会，2004年8月23日，温家宝总理到浙江调研。2005年1月12日，国务院常务会议原则通过了《国务院关于鼓励支持和引导个体私营等非公有制经济发展的若干意见》，即“非公经济36条”，2月24日正式公布实施，25日晚上中央电视台的专题节目，也请我讲了一下对36条的理解。

政策公布了，要落实“非公经济36条”还需要我们作更大的努力。根据我的调查了解，尽管现在非公经济36条公布已有8个月的时间了，但从对它的贯彻落实的情况来看，还不尽如人意，

（一）影响非“公经济36条”进一步贯彻落实的原因

1.它对建设中国特色社会主义的作用还不强

尽管中央一再强调非公有制经济是社会主义市场经济的重要组成部分，同时又提出了两个毫不动摇。但是，我们还是有一些同志在观念上对非公有制经济的认识存在着偏差，我就收到过一些来信，如痛告“非公经济36条”违宪，要人大出面去纠正，等等。这实际上还是老的一套观念，总认为非公经济和公有制经济是不可调和的矛盾，所以强调发展非公经济应实行准入，特别是对一视同仁准入，尤其是对其进入以前不准进入的领域，有不同的意见。

我觉得他们一个很大的问题，就是没有理解中央关于构建社会主义和谐社会这样一个非常重要的战略思想，昨天《人民日报》发表了我关于构建社会主义和谐社会的文章，其实非公经济和公有制经济是有差异和矛盾的，但是它们在我们社会主义社会中是统一体，既有相互矛盾的地方，又有相互促进的地方，我们要理解这个问题。

2.歧视非公经济的观念还有待转变

我们要看到非公经济的发展主流是好的，非公经济里面的少数人，确实存在着不依法经营、逃税甚至是行贿等行为。但是，我觉得在社会发展的过程中，出现了这种现象也是不足为奇的，而且我们确实看到了，我国政府也是严肃地对待这些问题的，并且在不断地加大管理力度，因为这个问题和政府官员的腐败是相互联系的。所以我们对这个问题，既要看到它的出现确实是存在的，也要看到它的比例究竟有多大，如果说把个别的事例代替全局，这就不合适了。我在美国和CNN说过，我说你们拍的这个电视片有偏见，他

们说没有偏见，说的都是事实。我说你拍深圳的一个电视片10分钟就有3分钟拍深圳的乞丐，我说我不否认深圳有乞丐，但是深圳的乞丐绝对没有30%，你拍了3分钟深圳的乞丐，再拍7分钟的深圳市容，给人感觉就是深圳的乞丐很多，你说的虽然都是事实，但是在编辑导向上还是有偏见的。因此，我们对非公经济的偏见和歧视确实有待转变，应该看到非公经济在我国的经济社会中发挥了很大的作用。

3．各级政府依法行政的自觉性还有待加强

我们说要想使非公经济36条落到实处，非常重要的就是各级政府要依法行政。

4．对有关的政策措施还需要进一步细化和深化

我们现在政策是有了，但政策里面提出的一些措施，如果不细化和深化的话，还是很难兑现的。

5．非公经济企业和人士还应当进一步提高自身的素质

非公经济在宏观调控里遭遇的问题，固然有宏观调控的问题，但也有企业盲目地过度扩张，即被成绩冲昏了头脑，一旦环境发生了变化，它们就会出现各方面的问题。

在企业的经营管理和企业的发展战略上，应该说我们有一些非公经济企业还是有一些问题的，上次在昆明我们就专门讲了这个问题，上次的题目是《攀登战略、人本管理》，就是希望我们企业提高自身的素质。

（二）简略的回顾

1.放宽非公经济市场准入，允许非公有资本进入法律法规未禁入的基础设施、公用事业及其他行业和领域，以及允许外资进入的领域，并放宽不全比例限制等条件

去年有30多个产业对非公经济还是有一定的限制，根据广东省的调查，大概总共是有80多个产业，其中允许外资进入的是60多个，但是允许非公经济就是民间资本进入的只有40多个，在这里看来，就有一个比较大的差距。所以我们说36条的很重要精神，就是一视同仁、平等对待，既然对外资可以，为什么反而要限制我们自己的内资呢？

文件是明确的，但是文件明确不等于就是公平地实现市场准入。根据诺贝尔经济学奖获得者斯帝格勒提出的公平的市场准入有4个条件。

⑴要取消政府补贴，现在政府的补贴当然是比较少的，但是在某些场合下，补贴还是存在的，这样的话非公有制就很难准入。油价就是这样的，进口的油贵，我们的汽油比较便宜，当然这是从国家的角度考虑，为了保护企业和消费者，从这点看非公有制经济就很难解决。

⑵要减少行政许可。因为行政许可特别是审批制，有的时候很难说了，有的人说审批制的特点就是“说你行，你就行，不行也行；说你不行，你就不行，行也不行”，横批是“不服不行”。要从审批制到核准制再到备案制，核准制就是在一定的时间内，说核准还是不核准，不核准你有一定的理由可以提出行政复议或者诉讼。备案就更松了，你只要备案就可以准入，但是如果你违规就要受到严重处罚。所以我们说如果有行政许可的话，很难实现公平的市场准入。

⑶配套条件要公平。比如说，以前不同的企业用的煤有不同的价格，国家统配是一个价格，市场价又是一个价格，在这种情况下很难做到公平，因为企业本身的成本支出就不一样。

⑷要取消价格的管制。如果有价格的管制就不容易让新进入市场的企业有竞争力，新进入市场的企业要花比较多的成本去打开市场，所以不能够有价格的管制。

市场准入不能没有门槛，门槛是必要的，任何一个产业都有一定的经济规模、环保、安全等方面的要求，市场准入并不是说随便都能进，但是进的门槛必须是公平的，不管你是什么类型的企业，只要符合条件，就可以准入。我们现在存在着一些“变心板”的现象，就像大家挤公共汽车的时候，没挤上去的时候售票员说上面还有位置，但是你一旦踩上踏板以后，他就说上不来了，等下一辆吧。市场也是这样，说不能进了，已经饱和了，我们尽量要用市场的手段解决重复建设的问题。这要从两个角度看，第一是如果重复建设本身具有更高的工艺技术，进来以后会淘汰掉那些落后的技术，不能禁止；第二，我们要防止低水平的重复建设，防止在技术、经济指标上还低于现有企业的人进入市场，这种情况的重复建设，这就是市场准入要解决的问题。

2.加大对非公经济的财税金融支持

⑴要为非公经济提供融资的便利。非公有制经济企业上市这个问题正在逐步解决，特别是在深圳设立了中小企业板块上市以后，中小企业的比例越来越大，尤其是科技型企业的比重占到了60%以上。

⑵发行企业债券，它是直接融资的重要手段。通过企业发行债券融资，给的利息比银行的利息高而融资成本比从银行贷款成本低，所以企业债券的发行应该进一步扩大。但发行企业债券有一个安全性的问题，我认为应该针对怎样防止风险作一些相关规定。

另外，企业票据主要是为了保障企业有流动资金。我们知道，任何一个企业都需要流动资金，产品卖出去以后，货款还没收回来，企业就要买原材料，这里有一个怎么能保证它的资金供应的问题。像国外的企业票据发展比较完善，企业开出一个票据，承诺到什么时候能够付多少钱，可以从银行进行贴现等等。现在我国这个方面还不发达，我们现在只有银行票据。企业票据对企业的融资非常重要，特别是商品已经卖出去了，已经收到对方的确认了，企业应该就可以拿这个到银行去贴现、贷款买原材料。当然，刚才也提到了，银行要改善管理，要能够为中小企业、民营企业服务，这些方面跟我们利率的市场化有关系。贷款给民营企业确实存在着两个问

题，一个是风险比较大，民营企业特别是一些科技型的民营企业，担保本身达不到要求；有一些民营企业财务制度不规范，有的是做三本账，自己一本账，税务局一本账，银行一本账，银行对企业经营状况不了解，贷款风险较大。第二是给民营企业和中小企业的贷款第一批不会太大，我贷2亿的款办一次手续，贷一笔200万的款也是办一次手续，这不能用行政命令解决，需要用利率市场化的方法解决。

(3)建立信用评级体系，发展信用担保业务。我们专门到上海做了调研，发现担保对民营企业来说还是有比较大的作用的。我们现在的担保可以做到1：4~1：5，国外达到1：8~1：10。还要建立全国的信用评级体系，现在个人信用信息在联网，企业的信用信息也在联网。信用体系中信息的收集和共享是第一步，信息的加工是第二步，信息的加工变成一种信息的评级成果出来，就是信息的评级。国外的一些评级是权威性的，我们国内也要发展这个。通过信息加工出来的信息产品要能被社会公认，被银行使用，一看你信息评级不行，你就没话说了。

(4)减轻税费负担，平衡税负，依法征税，努力减少不合理的收费，按照WTO的精神对所有企业一视同仁。内、外资企业税负不等，需要平衡税负，这个问题我想中央是在下决心这样做了。再就是依法征税，不能征过头税，也不能采取特殊手段来征税，我们以前到一些省，政府把税务、银行都找来，让银行贷款给企业，同时企业把税交了，这种做法不行。另外，要努力减少不合理的收费。我看到工商联的报道，现在民营企业除税以外交的费，据他们报告里的数字是66.2%，这个数字就比较高了，意味着缴税如果是100万的话，其他的各种费用支出还有66.2万。当然这是工商联的调查，实际税后的比例差不多是1:1了。这是需要我们注意的，民营企业的税费负担确实是比较重的。

3．完善对非公经济的社会服务

(1)对土地的使用，要在保护基本农田、节约用地的前提下，依法审批。

(2)中国缺乏职业经理人，这个问题是值得警惕的。我们的经济发展很快，但职业经理人市场基本上没有形成，国有企业的管理人员是准国家干部，他们也是有一定级别的，而民营企业多半是私企，没有职业的经理人。民营企业从家族形式开始发展是正常的，但是从发展的角度看，培养职业的经理人是非常重要的。

(3)防止地方保护和行业保护，在对外贸易中要给予私营企业进出口权，在配额、展示摊位等资源分配上要一视同仁，对外投资上要鼓励非公企业走出去。

4．要维护非公企业和职工的合法权益

(1)政府要依法行政，不能滥用行政强制手段对非公企业进行检查和处罚。银行要依法运营，不应违反合同法随意提前收回贷款。

(2)法院要依法审判，不得偏袒关系户或者国有单位，拒绝一切行政干预。我国有的法院确实存在这样的问题，领导批条子、干预案子，这些是不允许的，在法制改革上要予以强调。

(3)我们民营企业自己要遵纪守法，这点也非常重要。去年我针对《中华人民共和国工会法》在外资企业和民营企业的实施情况，带领执法监察组到上海和浙江进行了调查，浙江是民营企业最多的地方，上海是外资企业最多的地方，从《中华人民共和国工会法》贯彻落实的角度来看，我们还是存在着一些问题。特别是在外资企业和民营企业，集体劳动合同还没有大量地推广，大家知道集体劳动合同是非常重要的，因为不签劳动合同的话往往职工权益无法保障，老板怎么说就怎么样。还有《中华人民共和国工会法》规定工人有成立工会的权利，我们在涉及职工切身利益的一些问题上要做决定的话，要听取工会的意见，这一点也没有做到。再有，一些地方企业发展了，但工人的工资并没有提高，和10年前相比，每月还是500、600元，工人的生活条件也比较差。所以，我在这里提出这样的希望，就是我们的民营企业家要保障劳动者的合法权益，希望你们积极支持成立工会，积极贯彻《中华人民共和国工会法》和《中华人民共和国劳动法》。在这里，我恳切地希望大家重视这个问题，因为这是建设社会主义和谐社会的非常重要的方面。企业要诚实守信，遵纪守法，保障职工的合法权益。

5．积极引导非公企业提高自身素质

首先应该提高思想政治素质。我认为非公企业要增强对社会主义市场经济的信念、对建设中国特色社会主义事业的信心和对中国共产党执政地位的信赖，这一点是非常重要的。有的民营企业家是心怀疑虑，因为经过“文化大革命”，存在几种现象：一个是“洗手”现象，有一些企业家赚够钱了，下半辈子够花了，就不干了；有一些人把自己的资金转到国外去；还有就是“变脸现象”，就是把老婆、孩子放到国外，自己拿两本护照，一有风吹草动就要跑到国外。我们都是为了建设中国特色社会主义，为了中华民族的伟大复兴而奋斗，海外的同胞都回国进行投资，我们自己都没有信心，怎么能搞好企业？

搞好企业第二要以诚信为本；第三要依法经营，照章纳税；第四要努力学习，科学决策。战略决策对于企业是生死攸关的事情，有的企业本来搞得很好，一个决策错误，就可能整个赔了。巨人集团大家都知道，本来搞得挺好的，后来搞房地产垮了，但是最后搞的脑白金又起来了。企业不可能一直成功，每天都要考虑下一步要干什么。企业家要有战略眼光，要考虑好自己往哪个方向走。

6．改进对非公经济的监管

要尽量减少审批事项，扩大核准制和登记制的范围，严格依法监管。要注意权力和责任的平衡，就是要求相对人要尽什么义务，同时必须告诉他享有什么权利，你运用权利出现问题，就要担负相应的责任。再者要提高管理部门的办事效率，如有些地方提出了一条龙办公，提高了效率；最后，要加强法律监督和民主监督。

7. 加强指导和政策协调

⑴政府有关部门应建立网站，定期发布宏观经济信息，实现公共信息的共享。这个很重要，企业每天都需要信息，而有的部门把公共信息当作部门的私有信息，这样不行。我们提出要建立公共信息网，公共信息必须是共享的，像天气预报这样的公共信息都是共享的。有一些经济信息也是要共享的，让企业知道什么产品多了，什么产品少了，什么产品价格上去了，这样才能影响非公经济，让它往哪个方向发展。

⑵要发挥行业协会的作用，在信息交流、行业自律、对外谈判、反倾销等方面加强协调，向政府反映行业的意见及建议。这点也非常重要，因为我们的外贸发展很快，外贸依存度已达到70%，外贸的问题是很大的问题。如果我们自己互相压价，没有做好协调，最后利益都让人家抓住了。我们出口国外的纺织品、电器利润都是很低的，美国一般的老百姓每天都离不开中国的产品，从早上起床，闹钟是中国制造的，刷牙的高露洁是中国产的，耐克鞋是中国产的。过去10年里，美国人因为买中国的廉价产品节约了6000亿美元。我们的产品出口确实是不错，现在出国经常是这样的情况，买回来的东西都是made in china。但是，在价格和市场方面我们缺乏协调。另外，行业协会的作用非常重要，它们代表行业向政府反映行业的意见及建议。但是行业协会的领导人不能由政府退下来官员担任，而应该由一线企业的负责人轮流担任，这样一来，行业协会反映行业的意见就会更加合适一点。

8. 要加强对非公经济的调研和政策研究

现在民建中央也在不断开展这方面的工作，最近根据中央精神，财政部又给民建中央增加了调研经费，我们今年主要调研社区银行和中小企业的外贸体系。我们想今后对非公经济要多做一些案例的研究，要研究非公经济成长发展中遇到哪些问题和困惑，怎么样从政策方面提出建议。我曾经倡议要搞非公经济年鉴，有关的政策、数据、统计，有关的国外的情况，有关的论文，像我们这次会议，每篇论文的水平还是相当高的，我们可以把它做成年鉴。

“非公经济36条”体现了中共中央和国家坚决贯彻落实中共十六大精神，毫不动摇地鼓励、支持和引导非公有制经济发展的决心，但由于认识不足和利益冲突等原因，政策的落实需要一个较长的过程。今后要按照股权多元化的原则，促进国有经济与非公有制经济的融合，以“国改民进”实现公有制为主题，促进多种经济成分共同发展。国有企业要进行股份制改革，要改革它的经营机制；民营企业要进入以前不能进入的领域。两者很好地结合起来，最终实现以公有制为主体，多种经济成分共同发展。

我希望大家要认清历史大势，贯彻以人为本，全面协调可持续的科学发展观，为构建社会主义和谐社会而努力奋斗。我希望我们的论坛一年比一年办得更好，使得参加的人感到确有收获，这既是对本届论坛的希望，也是对今后每届论坛的希望。

加强中小企业交流与合作促进东亚地区共同繁荣与发展

——国家发展改革委主任马凯在东亚促进中小企业发展与投资高层研讨会上的演讲

（2005年10月27日）

今天，由中国政府主办的“第一届东亚促进中小企业发展与投资高层研讨会”召开了，这是东盟和中日韩各国中小企业界的一次盛会，对于交流经验，增进共识，更有力地促进中小企业发展，推动东盟和中日韩的合作都将产生积极影响。首先，我代表国家发展改革委和会议筹办方向来自各国的政府官员、专家学者、企业家和关心支持中小企业发展的各界人士表示热烈欢迎。借此机会，我向大家介绍一下中国中小企业的发展情况，并就促进东亚地区中小企业的交流与合作谈一些看法。

近年来，中小企业的发展越来越受到国际社会的广泛关注，东亚各国都把促进中小企业发展作为一项重要战略，相继推出了许多促进中小企业发展的政策措施，中小企业发展的环境不断改善，地位不断提高。据亚太经合组织中小企业部长会议统计，中小企业的数量占亚太各国企业总数的97%～99.7%，创造的GDP达GDP总量的50%以上，出口占出口总额的40%～60%。中小企业已成为世界各国拉动经济增长的重要力量，在增加就业、促进技术进步、保持社会稳定和提高国民生活水平等方面都发挥了日益重要的作用。

（一）我国政府促进中小企业发展的措施

长期以来，中国政府高度重视中小企业的发展，特别是1978年实行改革开放政策以来，把促进中小企业的发展放在更加突出的位置，在学习借鉴各国经验的基础上，结合本国实际，采取了一系列积极有效的措施，也取得了积极成效。概括起来讲，主要体现在以下几个方面。

⑴加强政策法规体系建设。2002年，中国全

国人大颁布实施了《中小企业促进法》，把中小企业的改革与发展工作纳入法制化的轨道，此后，出台了一系列相关配套法规政策文件；2003年，又制定了有关中小企业的划型标准，这些都为促进中小企业发展、有效开展工作提供了法律依据；2005年2月，中国政府制定了《关于鼓励支持和引导个体私营等非公有制经济发展的若干意见》。这一意见大部分内容适用于广大中小企业，目前，相应的配套措施正在抓紧制定。可以说，促进中小企业发展的法律框架和政策体系已经初步形成。比如，在财税政策方面，按照WTO规则的要求以及中央和地方政府的财力，安排专项资金，重点支持中小企业的技术创新、国际市场开拓、公共服务采购和服务体系建设。在创业扶持政策方面，降低公司设立门槛，建设创业基地，对新建小企业实行税收优惠政策，开展创业辅导和代理服务。2003年以来，中央政府为新创办的上万家小企业提供了创业代理服务。在市场准入方面，统一准入条件，放宽准入限制，简化准入程序，为中小企业进入市场提供了便利条件。

⑵逐步完善社会化服务体系。各级政府都把服务体系建设作为促进中小企业发展的一项重要工作，坚持社会化、专业化、市场化的原则，鼓励信用担保、技术支持、信息服务、管理咨询、市场开拓、国际合作等社会化服务机构的发展，并充分发挥行业协会、商会、大专院校、科研机构的作用。到2004年年底，各类中小企业综合服务机构已达246家。先后建设开通了中国中小企业信息网和省级、地市级分网。对18.5万户中小企业开展了信用等级评价和信用信息征集。实施“国家中小企业银河培训工程”，先后对8万多名小企业经营者进行了免费培训。

⑶突出缓解融资瓶颈。融资难、贷款难是制约中国中小企业发展的突出问题，也是各国中小企业面临的普遍性难题。中国各级政府相继采取了一系列有效措施，努力缓解中小企业发展的资金瓶颈。在间接融资方面，通过扩大利率浮动范围，改进信贷考核办法和奖惩机制，并在商业银行中设立中小企业信贷部门，提高小企业的贷款比重。国家开发银行依托地方商业银行和担保机构，开展以中小企业为服务对象的转贷款、担保贷款等业务，2005年用于中小企业的信贷规模突破100亿元，比去年增加了1倍。目前，全国已设立中小企业担保机构2188家，累计受保企业达19万户，累计担保金额约3000多亿元。在直接融资方面，2004年推出了中小企业板块，加快创业板市场建设，完善证券公司代办股份转让系统，规范发展产权交易市场；鼓励中小企业以股权融资、项目融资等方式筹集资金，允许符合条件的企业发行债券；支持创业投资企业和中小企业投资公司的发展。同时，还改进保险机构的服务方式和手段，开展面向中小企业的产品和服务创新。

⑷加大企业技术创新支持。鼓励中小企业自主开发新产品、新技术，填补市场空白；支持中小企业积极采用先进技术、先进生产工艺和设备，提高产品质量。从1999年开始，中国政府设立了“科技型中小企业技术创新基金”，扶持了5000多家具有自主知识产权的高新技术企业。鼓励中小企业与大企业建立协作配套关系，促进中小企业专业化发展；积极培育各类专业技术服务机构，逐步建立中小企业公共技术支持平台，启动了“国家中小企业信息化推进工程”。

⑸引导企业提高管理水平。鼓励企业借鉴、吸收国内外先进的管理经验，加强内部管理，促进中小企业由“传统家族制企业”向“现代企业”转变。2004年，在全国私营中小企业中，有限责任公司已达到174万户，占私营企业总数的64%。建立了中小企业信息化推进联盟，实施“百万中小企业上网工程”。引导中小企业完善符合现代企业制度要求的规章制度，建立安全、环保、卫生、劳动保护等方面的责任制。强化劳动合同管理，依法维护中小企业职工和经营者的合法权益。

⑹增进国际合作和交流。中国政府积极支持中小企业参与国内外展览和展销活动，我们已成功举办两届中小企业博览会，今年的博览会吸引了中外企业5000多家。中国政府积极参加APEC和OECD中小企业部长会议，牵头成立了APEC中小企业服务联盟，开展了中法、中德、中意、中英、中美等多个国家和国际组织间的技术交流与合作。

在政府着力推动、社会广泛支持及企业积极努力下，中小企业日益成为促进中国现代化建设的重要力量。截至2004年底，我国经工商部门注册的中小企业数量已占全国企业总数的99.6%。中小企业创造的最终产品和服务的价值占国内生产总值的58.5%，吸纳了75%以上的城镇就业人员，社会销售额占58.9%，进出口额占68%左右，上缴税收占48.2%。目前，中小企业发明的专利和研发的新产品分别占66%和82%。中小企业已经成为中国经济发展、市场繁荣和就业扩大的生力军，并以灵活的运行机制和市场适应能力，成为中国经济体制改革的重要推动力量。

前不久，刚刚闭幕的中国共产党十六届五中全会描绘了今后五年中国经济社会发展的宏伟蓝图，提出了“十一五”规划时期经济社会发展的主要目标，强调要立足科学发展，着力自主创新，完善体制机制，促进社会和谐，开创中国特色社会主义事业的新局面。为充分发挥中小企业在全面建设小康社会进程中的重要作用，中国政府将进一步加大支持力度，完善政策法规，创造公平环境，健全服务体系，促进对外合作，为中小企业的发展创造良好的环境，不断提高中小企业的整体素质和市场竞争力，使中小企业的发展再上一个新台阶。

（二）加强东亚地区中小企业交流与合作

在东亚各国的共同努力下，东盟—中日韩（10+3）的经济技术合作保持了良好势头，合作成果丰硕，合作领域拓宽，影响不断扩大，已成为亚洲地区潜力巨大、最有活力的合作机制。当前世界，经济全球化的趋势加速发展，科技进步日新月异。我们拥有难得的发展机遇，也面临着许多挑战。在这机遇和挑战并存的新世纪，携手共创未来、推动合作共赢，是世界各国人民的共同心愿和国际社会的广泛共识，对于我们文化相近、地域相连、经济互补性强、贸易联系紧密的东亚地区，更具有特殊重要的意义。中小企业在区域合作中扮演着重要角色，是促进东亚各国对外投资和经贸合作的一支重要力量。为此，中方建议采取以下几个方面措施，进一步加强东盟和中日韩各国中小企业的多层次、宽领域的合作。

(1)建立交流平台。以这次会议为起点，定期召开东亚地区促进中小企业发展与投资高层研讨会，探讨解决中小企业发展中的共性问题，加强东盟和中日韩各国中小企业的沟通与合作。设立东亚促进中小企业发展与投资的工作机构，实现统计数据、政策信息的共享。

(2)促进投资便利。按照WTO规则的要求，本着“统一税法、公平税负”的原则，建立有利于中小企业创业的税收政策体系和相应制度安排。为中小企业参与市场竞争营造公平有序的贸易环境和投资环境，鼓励中小企业开展跨国经营。

(3)加强重点合作。选择技术、贸易、融资、管理培训等重点领域，探索合作的有效途径，充实合作内涵，丰富合作形式，完善合作模式。积极组织高新技术中小企业开展技术交流，促进技术成果转化和以技术为资本的合作；联合举办贸易交流和商品交易，促进多双边贸易规模的扩大；开展东盟与中日韩中小投资机构、融资服务机构的专项合作，促进融资互信机制的建立；开展对各国中小企业管理人员和专业人才的交流培训，促进中小企业人力资源开发和能力建设。

共享各国中小企业发展的成功经验和有益做法，有利于促进中小企业开展国际间的合作与交流，也有利于促进东亚地区的繁荣与发展。本次论坛为东亚各国中小企业开展相互交流搭建了一个新的平台，预示着东亚各国中小企业的合作进入一个新的时期。让我们携起手来，增进相互信任，加强交流合作，共创东亚地区的美好未来。

以科学发展观引领管理创新

——国家发展改革委副主任欧新黔在2005年全国企业管理创新大会上的讲话

（2005年3月26日）

很高兴参加2005年全国企业管理创新大会，并向来自全国各地的企业家、企业管理工作者和嘉宾朋友们表示热烈欢迎。中国企业管理科学基金会隆重推出了中国企业管理科学领域的最高奖项——袁宝华企业管理金奖，这是中国企业界的一件大事，它的设立对于我国企业进一步提升管理水平和推动管理创新，具有重要的历史意义和现实意义。在此，向获得袁宝华企业管理金奖的谢企华、鲁冠球、常德传三位同志表示衷心的祝贺！

这次大会的主题是“科学发展观引领管理创新”，这一主题对企业管理有着很强的指导意义，也有着很积极的现实意义。管理是企业永恒的主题，创新是企业发展的动力，运用科学发展观，引领管理创新，这既为各种所有制企业管理创新指明了方向，也对其提出了更高的要求，对于我国近年来蓬勃发展、量大面广的非公有制企业而言，也是一个十分重要的课题。

坚持以人为本，树立全面、协调、可持续的科学发展观，是党中央从新世纪、新阶段的实际出发，适应我国现代化建设的需要，着眼于丰富发展内涵、创新发展观念、开拓发展思路、破解发展难题提出来的，这是我们党对社会主义市场经济条件下经济社会发展规律再认识上的重要提高。

坚持科学的发展观，同样是企业管理中必须坚持的，企业管理以什么样的发展观为指导，在很大程度上决定了企业的发展方向、发展道路、发展模式和发展战略。广大企业都真正依据科学发展观，指导企业生产经营管理活动，整个社会经济的科学发展才能有坚实的基础。

以科学发展观引领管理创新，就是要求企业管理坚持以人为本。以人为本是科学发展观的核心，在企业管理创新中，坚持以人为本尤为重要。尤其在今天，人力资源是很重要的资本，是企业管理中最重要的生产要素和保持竞争优势最重要的资源，现代企业竞争的实质是人才竞争，谁拥有了人才，谁就拥有未来，因此必须把关心人、爱护人、尊重人作为管理创新的重中之重。突出以人为本，就是要创新人才管理机制，提高人力资本运营的效率；就是要培育企业精神，树立企业形象，创造一种尊重劳动、尊重人才、尊重知识、尊重创造、崇尚科学的人际氛围和工作环境，不断激发员工的主动性和创造性；就是要大力推进企业文化建设，用精神凝聚人，用机制激励人，用环境培育人，提升员工的思想境界，提高员工的忠诚度、归属感和自律能力，实现员工价值升华与企业蓬勃发展的有机统一。对企业管理而言，以人为本中的人，还应该包括用户和客户。所以，突出以人为本，还要求企业对外提供优质商品和优质服务，满足用户的需求，赢得社会的信任，实现报效社会、回报股东和关爱员工与消费者的和谐一致。

以科学发展观引领管理创新，就是要求企业走协调可持续发展之路，企业能否健康成长和发展，不仅要看企业规模、企业效益、企业素质以及企业制度成长和企业家成长是否协调，同时还要看企业的发展、资源、环境要素利用是否协调，成长发展的可持续性已经成为现代企业所面临的一个比管理效率更为重要的课题。企业缺乏可持续发展意识，可能就会在单纯经济利益的驱动下掠夺式地开采资源，结果造成资源浪费、环境污染和生态平衡的破坏，因此科学发展观要求企业既要追求利润最大化，更要追求企业可持续发展，改变过去传统的粗放型管理方式和经济增长方式，大力发展循环经济，推行清洁生产，建立资源节约型企业，变高投入、高消费、低产出、低效益的发展为资源节约、质量效益优先、科技先导的发展，推进企业走可持续发展之路。

以科学发展观引领管理创新，就是要求企业积极主动承担社会责任。企业是社会经济的主体，是社会财富的创造者，企业在经济发展中的作用增大，意味着企业和企业家地位的上升，同时意味着其社会责任的加大。因此，企业在生产产品创造利润，对股东利益负责的同时，还应该积极主动地承担起对环境、社会和利益相关者的社会责任，这是企业管理进步的重要标志。这样做企业会在社会上享有良好的信誉，赢得广大消费者的信赖，从而使企业不断做大做强，得到有力的支持。

增强企业的社会责任意识，使其能自觉履行社会责任，是转轨时期社会经济发展对广大企业提出的客观要求，也是企业自身生存发展的需要，更是建设和谐社会的需要。对企业社会责任的关注也是当前企业管理的新趋势，1997年社会责任国际发起并联合发达国家、跨国公司和其他国际组织，制定了包括环境保护、公益事业、健康安全、差别待遇、工作时间和劳动报酬等在内的企业社会责任标准，也就是SA8000，并建立了认证制度，SA8000已经成为通往国际市场特别是进入跨国公司全球采购体系的通行证。我看到一份材料，2004年5月，在全球获得SA8000认证的400多家企业之中，我国企业有53家，居世界第2位。我国企业管理要与国际接轨，就要不断创新和提升管理水平，就要注意研究采用国际上通行的一些国际标准，同时更要注意在立足本国实际的基础上，不断创造、创新，洋主管有时未必都能够服水土。在我国正处于工业化、市场化、国际化和信息化程度不断提高的新阶段，企业的发展离不开管理的持续提升和创新，我希望中国的企业家们，积极吸收国外管理的精华，勇于在中国企业管理理论和实践上大胆创新，按照“以我为主、博采众长、融合提炼、自成一家”的16字方针，努力打造自己的企业经营管理体系，能够涌现出更多更好的优秀管理者和管理理论，促进生产力的发展。

中国企业联合会、国务院发展研究中心、清华大学近几年产学研结合起来，致力于中国式企业管理科学的研究与探索，运用科学发展观推动企业管理的创新与实质性深化企业管理内容，立足国内创新管理方式，启动了建设有中国特色的有助于促进生产力发展和企业管理理论发展的研究工作，这对于提升中国企业管理水平有着积极的意义，衷心地预祝你们的工作取得硕果，也祝愿更多的企业家获得袁宝华企业管理金奖。

完善中小企业融资体系 促进中小企业快速发展

——国家发展改革委副主任欧新黔在APEC金融机构中小企业融资研讨会上的演讲

（2005年7月22日）

很高兴应中国国家开发银行之邀参加APEC金融机构中小企业融资研讨会。我谨代表中国国家发展和改革委员会向会议的召开表示热烈的祝贺，向前来与会的各成员体政府官员、专家学者、金融界和企业界代表表示热烈的欢迎和诚挚的问候！向主办方中国国家开发银行多年来对中小企业的支持表示衷心的感谢！

众所周知，当今中小企业发展越来越受到国际社会的普遍关注，世界上大多数国家和地区都把促进中小企业发展作为一项重要的经济政策。APEC成员体金融机构举办这次会议，充分说明了对中小企业融资工作的重视。如果说大企业体现着国家经济发展的实力，中小企业则体现着经济发展的活力，中小企业机制灵活，发展潜力大，已经成为拉动经济增长的重要力量和吸纳社会就业的主要载体。据统计，APEC成员体的21个国家和地区，中小企业户数占各自企业总数的97%～99.7%，GDP比重占50%以上，出口总数占40%～60%。中国的中小企业数量已经占到企业总户数的99.3%，GDP的55.6%，工业新增产值的74.7%，社会销售额的58.9%，税收的46.2%，出口总额的62.3%，就业岗位的75%以上，在国民经济和社会发展中发挥着越来越重要的作用。

为促进中小企业发展，近年来中国政府及各金融机构出台了一系列政策措施，特别是高度重视并积极推进中小企业融资体系建设，取得了明显成效。

一是加大公共财政支持力度。中央财政预算设立了中小企业科目，先后建立了国家科技型中小企业创新基金、市场开拓资金、中小企业服务体系专项补助资金和中小企业发展专项资金。国家中小企业发展基金正在建立之中。

二是创新对中小企业的金融服务。国家积极引导金融机构进行金融产品创新和服务创新，鼓励政策性银行和商业性银行加大对中小企业的信贷投入。国家开发银行充分发挥其政策性银行的作用，在全国32家分行全面推开中小企业贷款业务，截至2005年6月底，累计发放贷款88.5亿元，其中上半年40.5亿元；累计支持中小企业1970家，创造就业岗位17万个，在引导其他金融机构加大对中小企业贷款方面做了大量探索性的工作，发挥了积极的示范带头作用。

三是拓宽中小企业直接融资渠道。在鼓励中小企业到境外创业板上市融资的同时，去年在深圳交易所开通了中小企业板块，一批符合条件的成长性中小企业获得了上市融资机会。截至2005年5月底，中小企业板已有50家公司发行，融资总额120亿元。

四是多层次构建中小企业信用担保体系。到2004年年底全国已设立各类中小企业信用担保机构2188家，筹集担保资金657.2亿元，累计担保企业18.8万户，担保贷款36.6万笔、3237亿元。通过担保业务，受保企业新增销售收入1905亿元，利税150亿元，新增就业103.6万人。积极推进中小企业信用制度建设，引导中小企业诚信经营，提高银行贷款安全性，有力促进了银行与企业之间的良好合作。

同时，我们也看到，中小企业发展中也面临许多亟待解决的问题，尤其是融资难已成为制约中小企业发展的瓶颈。对于中国这样一个人口众多的发展中国家，扩大内需，提高第三产业比重和增加就业，都要求我们高度重视中小企业发展。为解决中小企业融资难的问题，我希望APEC各成员体金融机构携起手来，加快推进和完善中小企业融资服务体系建设，帮助中小企业提高创新能力和融资水平，以促进中小企业更快地发展。在此我提两点建议：

1. 建立交流平台，促进政府及金融机构间的沟通。APEC各成员体经济上有很强的互补性，政府及金融机构间的合作能为中小企业发展提供有力的支持。希望不断探索多边或双边交流与合作的有效方式，搭建有利于金融机构合作交流的平台，不断探讨中小企业融资的好经验、好做法，相互学习借鉴，取长补短，共同把中小企业融资合作与交流推向深入。

2. 建立服务平台，促进各成员体中小企业合作共赢。各成员体要为中小企业发展创造良好的环境，积极推进各成员体中小企业间的合资合作，促进生产要素的流动和优化重组，积极探讨和建立中小企业政策扶持体系和法律框架。各金融机构要发挥企业融资主渠道的作用，建立有效的和多样的合作形式，不断开发适应中小企业发展需求的金融产品，拓宽服务领域，简化服务程序，提高服务效率，促进APEC区域内中小企业的共同发展。

我相信，通过大家的集思广益，在探索和完善中小企业融资服务体系方面一定会取得更大的进展，必将对促进APEC区域内中小企业的发展产生积极而深远的影响。

在中国中小企业信息化联盟新闻发布会上的讲话

国家发展改革委副主任　欧新黔

（2005年8月8日）

首先，我代表国家发展和改革委员会祝贺中国中小企业信息化联盟成立。

信息技术是当今世界科技、经济和社会发展的重要驱动力，信息技术、网络技术和通讯技术的发展，促进了世界范围内技术、资金、人才等生产要素之间的激烈竞争，改变了人类的生产和生活方式，加快了世界经济全球化的进程。信息化水平已经成为衡量一个国家和地区的综合竞争力、生产力发展水平和发展潜力的重要标志。加快发展信息产业，积极推广和应用信息技术是顺应当今世界经济和社会发展趋势的要求，是贯彻、落实科学发展观，实现我国产业结构优化升级和实现工业化、现代化的关键环节，是中小企业走新型工业化道路不可逾越的过程。

党的十六大把“大力推进信息化”作为本世纪前20年经济建设和改革开放的主要任务之一，提出“以信息化带动工业化，以工业化促进信息化，走新型工业化道路”的指导方针。中小企业是推动国民经济和社会发展的重要力量，在经济社会发展中发挥着重要作用。据有关部门统计，中国GDP的55%，工业新增加值的74.7%，销售额的59%，税收的46%和出口总额的62%是由中小企业创造的；专利技术的65%是中小企业完成的；中小企业提供的就业岗位已占到75%。为推动中小企业和非公有制经济的发展，我国政府先后颁布了《中华人民共和国中小企业促进法》和《国务院关于鼓励支持和引导个体私营等非公有制经济发展的若干意见》，形成了以《中华人民共和国中小企业促进法》为核心，相关配套文件为支撑的促进中小企业和非公有制经济发展的法律、法规和政策框架体系，为中小企业发展提供良好的外部环境打下了基础。但从总体上看，我国中小企业技术设备还比较落后，信息化水平与发达国家相比差距较大。截至2004年上半年，国内近63%的中小企业还未建立自己的网站，利用互联网进行交易的中小企业仅占企业总数的11%，85%的企业对网站的应用局限于宣传企业形象和信息查询。因此，积极引导和大力推进中小企业信息化建设，既是企业发展和提高市场竞争力的迫切要求，也是实现产业技术升级和企业技术进步的基本条件，更是各级政府部门的重要职责。

为进一步推进中小企业信息化建设，国家发展改革委与信息产业部将在国务院信息办的指导下，共同组织实施“中小企业信息化推进工程”，其主要思路是，由政府搭建平台，充分发挥市场配置资源的基础性作用，组织协调社会中介机构、大型 IT 企业和新闻媒体，为中小企业信息化建设提供技术支持和信息服务。该工程包括中小企业信息化应用与需求调查、万家中小企业免费培训、百万中小企业上网、信息化典型案例示范以及展览、会议等系列内容。

今天，我们非常高兴地看到，中国中小企业信息化联盟成立了，这是由中国电信集团、中国惠普有限公司、联想集团、思科系统（中国）网络技术有限公司、神州数码控股有限公司、微软（中国）有限公司、中兴通讯股份有限公司、北京点击科技有限公司、用友软件股份有限公司等 9 家国内外知名企业，积极响应政府有关部门实施“中小企业信息化推进工程”倡议的具体行动，对于促进中小企业信息化建设，不断提高中小企业的整体素质，提高企业管理水平和市场竞争力将发挥积极的作用。

我希望联盟成立后，各成员充分发挥各自优势，实现资源共享和优化配置，共同促进中小企业信息化建设，不断取得新的进步。

积极引导和促进中小企业健康发展

——国家发展改革委副主任欧新黔在中法中小企业高峰论坛上的演讲

（2005 年 9 月 12 日）

继 2004 年 10 月首届中国中小企业博览会在广州成功举办之后，时隔一年时间，第二届中国中小企业博览会暨中法中小企业博览会再次在广州举办，这是中国和法国中小企业界的一次盛会，是两国中小企业发展进程中一项很有意义的活动，也是中法两国政府为促进中小企业发展做的一件实事。借此论坛，我就引导和促进中小企业健康发展等问题向大家作一介绍。

一、中法中小企业合作意义重大，影响深远

中小企业是促进经济发展的一支重要而活跃的力量。世界各国经济发展的历史表明，中小企业不仅在解决社会就业问题上发挥着不可替代的作用，而且以其富有生机的创新活力，为经济增长提供了重要的源动力。法国是对世界经济发展有着重要影响的大国，在促进中小企业发展等方面，具有较为成功的做法和经验，可供包括中国在内的许多国家借鉴和参考。中法两国政府高度重视两国中小企业的合作与交流，在中法建交 40 周年之际，中国国家主席胡锦涛和法国总统希拉克于 2004 年 1 月 25 日在法国首都巴黎签署的《中法联合声明》中强调：“为中法两国中小企业参与双边贸易提供便利。为此，双方将努力帮助中小企业获得更多信息，并发展两国中小企业间的伙伴关系。”2004 年 10 月 10 日，在希拉克总统对我国进行国事访问期间发表的《中法联合新闻公报》中再次指出：“双方还将继续支持两国中小企业合作，并决定将 2005 年召开的中法经济研讨会主题定为‘中小企业：中法合作的新动力’。”这次博览会的召开正是贯彻两国元首意志、促进两国中小企业合作的一项重要活动。加强中法中小企业合作，有利于统筹国内发展和对外开放，提升我国中小企业发展的总体水平，有利于巩固和发展中法良好的经贸合作关系，深化中法全面战略合作伙伴关系，有利于增进两国中小企业间的相互了解与沟通，加强合作与交流，促进贸易往来与投资。因此，我希望与会各方充分利用中小企业博览会这个“展示、交易、交流、合作”的平台，共同推动中法两国中小企业合作，促进中小企业健康发展。

二、引导和促进中小企业健康发展是中国一项必须长期坚持的重要政策

改革开放以来，中国现代化建设取得了令人瞩目的成就，中小企业在这一进程中发挥了重要的作用。25 年来，中国经济平均增长速度达到 9.4%，2004 年 GDP 已超过 13 万亿元，人均 GDP 超过 1000 美元。中国的市场经济体制已经基本建立，全方位、多层次、宽领域对外开放的格局基本形成。与此同时，中小企业也得到了长足的发展。2004 年底，我国经工商行政管理部门注册的中小企业已超过 360 万家，个体工商户 2800 万家，共占全国企业总数的 99.6%。中小企业创造的最终产品和服务的价值占国内生产总值的 58.5%，工业新增产值占 74.7%，社会销售额占 58.9%，出口额占 68.3%,进口额占 69%，上缴税收占 48.2%。目前，我国专利的 66% 是由中小企业发明的，74% 以上的技术创新是由中小企业完成的，82% 以上的新产品是由中小企业开发的，中小企业已经成为技术与机制创新的主体。中小企业还是吸纳就业的主渠道，提供了 75% 以上的城镇就业机会，是社会稳定的强大后盾。中小企业已经成为中国经济发展、市场繁荣和就业扩大的重要基础，并以其灵活的运行机制和市场适应能力，成为中国经济体制改革的重要推动力量。

引导和促进中小企业健康发展是中国一项必须长期坚持的重要政策。中小企业贴近市场，贴近用户，长期活跃在市场竞争最激烈的领域，是繁荣市场、搞活流通的主要力量。中小企业对市场反应敏捷，经营方式机动灵活，能满足多样化、

个性化的市场需求，充分体现了市场对资源配置的基础性作用。中小企业的发展，促进了各类所有制企业的沟通与融合，加快了多种经济成分协调发展的改革步伐。同时还促进了专业化分工和社会化协作的开展，为经济结构的战略性调整提供了运作条件。中小企业的健康发展，已经成为建立与完善社会主义市场经济体制的重要基础和前提。

引导和促进中小企业健康发展，首先要转变观念，从战略高度重视中小企业的发展问题。要彻底摒弃发展中小企业不过是权宜之计、与大企业相比中小企业在国民经济中只能起到拾遗补缺作用等不正确的思想观念。要坚持发展大企业大集团与扶持中小企业并举的方针，将大企业大集团和中小企业置于市场经济的大环境下，统一研究解决其改革与发展问题，创造有利于大中小企业共同发展的良好政策环境、市场环境和社会环境，促进不同所有制和不同规模的企业公平竞争、自主发展。其次，要切实转变政府职能和管理经济的方式，实现政企职责分开，坚持依法行政，搞好宏观调控。要加强部门间的协调与配合，完善公共服务功能，提高办事效率；要加大公共财政对中小企业的扶持力度，合理调减中小企业税负，引导直接投资，拓宽融资渠道，促进民间投资增长，推进中小企业信用担保体系建设，切实满足中小企业对发展资金的需求。第三，要推进中小企业社会化服务体系建设，构建多成分、多形式、多层次、全方位的中小企业服务网络。积极推进各类服务机构共同发展，加大对公益性服务机构的支持力度；培养中小企业管理咨询队伍；积极开展创业培训、职业培训和专业培训，提高中小企业经营管理者的综合素质和管理水平；加快中小企业信息化建设，增强“中国中小企业信息网”的系统功能和服务能力，改善企业的信息利用条件；加强中小企业的国际交流与合作，鼓励中小企业“走出去”，引进来，开展境外投资，参加国际展览和展销活动，努力开拓国际市场。

三、采取积极措施，努力促进中小企业健康发展

国家发展和改革委员会作为国务院负责中小企业工作的部门，肩负着对中小企业发展进行宏观指导和扶持等方面的任务。贯彻实施《中华人民共和国中小企业促进法》，鼓励、支持、引导中小企业健康发展，是我们义不容辞的职责。我们将会同国务院有关部门，围绕《中华人民共和国中小企业促进法》的贯彻实施，采取积极措施，进一步做好中小企业发展的促进工作。

(1)推进政策体系建设。根据《中华人民共和国中小企业促进法》和《国务院关于鼓励支持和引导个体私营等非公有制经济发展的若干意见》，研究制定相关政策。主要是：促进中小企业发展的财政、税收、金融政策；促进中小企业社会化服务体系建设政策；鼓励创业政策；便利融资，鼓励投资，完善中小企业信用担保体系和信用体系建设政策；推进经济结构调整，加强企业管理，规范企业经营政策；鼓励技术创新和技术进步政策；促进人才培养政策；推进企业信息化政策；鼓励出口，加强中小企业国际合作与交流政策等。

(2)建立和完善中小企业社会化服务体系。坚持社会化、专业化、市场化以及突出服务性的原则，重点在信用担保、投资融资、创业辅导、技术支持、信息服务、管理咨询、市场开拓、经营管理、国际合作等领域培育中小企业社会化服务体系；鼓励综合服务组织和专业服务组织的发展，充分发挥行业协会、商会、大专院校、科研机构的作用；引导各类服务机构转变观念，改进服务作风。

(3)推动产业结构和组织结构调整。大力发展主导产业、优势特色产业和具有一定技术含量的劳动密集型产业、农副产品加工业，加快发展服务业，积极发展高新技术产业，淘汰、禁止、限制发展污染严重、浪费资源的小企业；发挥欠发达地区人力和资源优势，推进产业转移，促进欠发达地区技术转移和新技术产业化，推动中小企业加快产品结构调整，发展循环经济。培育各类技术服务机构，逐步建立和完善中小企业公共技术支持平台，形成一批以区域小企业为主要服务对象，以培育、提高小企业自主创新能力和竞争力为主要目标的公共技术服务实体。

(4)继续深化企业改革，提高企业管理水平。大力发展国有资本、集体资本和非公有资本等参股的混合所有制经济；鼓励非公有制企业通过并购和控股、参股等多种形式，参与国有企业和集体企业的改组改制改造；加快建立和形成多层次的产权（股权）交易平台，依法规范企业资产（股份）的合理流动和交易；鼓励企业借鉴、吸收国内外先进的管理经验，加强内部管理，实现企业管理思想、管理模式、管理体系、管理内容、管理方式、管理方法和管理手段的科学化和现代化；推动管理创新，引导中小企业加强内部管理，完善决策机制和公司治理结构，全面提高企业整体素质和市场竞争力；引导中小企业建立和完善各项规章制度，建立安全、环保、卫生、劳动保护等责任制度；完善劳动合同制度，依法维护职工、企业及其经营者的合法权益。

(5)加强国际合作和交流。推动中小企业对外经济技术合作，加快中小企业出口产品由初级工业制成品为主向高技术含量、高附加值、深加工制成品转变，鼓励企业在境外建立资源开发型、技术开发型、贸易型实体及技术研发机构，带动和扩大国内设备、技术和产品出口；多渠道、多形式吸收外资，把引进资金、引进技术、引进智力紧密结合起来，提高企业招商引资水平；支持中小企业参与国内外展览、展销活动；加强与国外政府和国际组织间的合作与交流。

(6)转变政府部门职能，完善服务手段。遵循社会主义市场经济的客观规律，坚持依法行政，推进各级政府中小企业管理部门的职能转变；加强部门间协调与配合，积极争取各级财政预算资金和国债资金对中小企业的支持；加强对中小企业生产经营状况的监测与分析，协调解决企业生产经营中的困难和问题；重视并充分发挥社会团体、行业协会、商会和中介机构的作用；认真贯彻《中华人民共和国行政许可法》，提高政府行政效率和服务水平，依法减轻企业负担。

中小企业在完善我国社会主义市场经济体制的进程中具有无可替代的重要作用。从一定意义上讲，中小企业的发育程度直接关系到我国市场经济的成熟程度，依法引导和促进中小企业健康发展是完善社会主义市场经济体制的重要内容之一。国家发展和改革委员会将在党的十六大、十六届三中全会精神和"三个代表"重要思想指导下，牢固树立和落实科学发展观，认真贯彻实施《中小企业促进法》，搞好中小企业法律和政策的宣传引导，坚持依法行政，健全配套法规，加强政策指导，完善服务体系，进一步做好中小企业发展的促进工作。

预祝第二届中国中小企业博览会暨中法中小企业博览会和中法中小企业高峰论坛圆满成功！

促进创新型中小企业的网络与集群发展

——国家发展改革委副主任欧新黔在第12届APEC中小企业部长会议上的发言

（2005年9月1日）

很高兴与大家讨论"创新型中小企业的网络与集群"的问题。

一、中国产业集群发展的现状和主要特点

改革开放20多年以来，中国产业集群发展迅速，在区域经济和产业发展中日益显示出勃勃生机。

（一）发展现状

(1)从区域分布来看，中国的产业集群主要集中于东南部地区。目前，中国的中部地区和西部地区的部分省市产业集群也在加速发展。

(2)从行业特征来看，中国的产业集群已经覆盖到纺织、服装、皮革、家用电器、汽摩配件、五金制品、工艺美术等传统行业。目前，产业集群在信息技术、生物工程、新材料等高技术和新兴领域也开始迅速发展。

(3)从企业组织结构来看，中国产业集群以中小生产企业和服务型企业为主体，一批著名品牌和创新型企业依托产业集群的发展环境，在市场竞争中正在做强做大。

（二）主要特点

中国迅速发展的产业集群有5个突出特征。

(1)"小产品，大市场"。产品虽小，如纽扣、皮鞋、打火机等，但占据了较大的市场份额。以我国浙江省温州市的打火机产业集群为例，其生产的金属打火机占全球总量的50%。

(2)"小企业，大合作"。单个企业不一定很大，但其生产方式是社会化大协作，其结果表现为较大的总体经济规模。

(3)"小区域，大作为"。在产业集群内制造业发展的同时，相关服务业也得到迅速发展。

(4)"小产品，大产业"，如汽车配件、电脑配件等都形成了大的产业。

(5)中国产业集群的发展加快了农村地区的工业化进程和城市产业结构的优化升级。

从中国的实际情况看，大部分中小企业缺乏技术创新和产品研发能力，对技术创新的投入严重不足，这是造成企业产品创新能力和市场竞争力不强的主要原因之一。另外一个主要原因就是社会化的服务体系还很不完善。产业集群的发展深化了企业间的专业分工与协作，促进中小企业向"专、精、特、新"方向发展，在一定程度上增强了中小企业的创新能力和市场竞争能力。同时，产业集群的发展可以促进中小企业在空间集聚，实现中小企业网络式和集群式创新。

二、中国促进创新型中小企业网络与集群发展的政策措施

中国政府十分重视产业集群发展工作。今年2月，颁布了《关于鼓励支持和引导个体私营等非公有制经济发展的若干意见》，该项政策中特别提出要"促进以中小企业集聚为特征的产业集群健康发展"。针对创新型中小企业网络和集群发展中的薄弱环节和制约因素，中国政府有关部门将在以下几个方面采取相关措施。

(1)将产业集群作为促进中小企业发展的优先战略。加强对创新型中小企业的网络和产业集群的研究，及时制定引导中小企业集聚和促进产业集群发展的政策措施和行动计划，逐步加大公共财政对中小企业的网络和集群创新的支持力度。

(2)积极营造区域创新网络和区域创新环境。各级政府相关部门都要为产业集群发展营造良好环境。加强产业集群基础设施建设，增强企业之间的技术交流与合作，大力支持会展、金融、工业设计等支撑性产业发展。塑造有特色的区域文化，注重知识产权保护，培育公平的市场竞争环境。

(3)建立健全产业集群的公共服务体系。积极拓展产业集群的综合服务功能，努力探索促进产业集群发展的有效途径。支持建立公共技术服务平台和研发支撑网络，为企业提供产品检测、共

性技术和关键技术研发等公共服务，增强企业配套能力、创新能力和竞争能力。建立满足中小企业产业集群需求的信息支持网络，推进产业集群和集群内中小企业的信息化建设。建立专业培训机构和培训支持网络。完善担保和融资支持网络，发展信用担保机构，为中小企业提供金融服务。建立创业辅导支持网络，鼓励各类中介机构提供创业辅导、信息咨询等方面的服务。鼓励建立行业性自律组织，发挥其在营造公平竞争的市场环境和行业自律等方面的积极作用。

中国与亚太地区中小企业集群互补性很强，中国政府愿意继续加强与亚太地区的中小企业和集群的广泛合作交流，以求实现优势互补，为区域内中小企业的健康发展与经济繁荣而共同努力。

在全国中小企业网上百日招聘高校毕业生活动新闻发布会上的讲话

教育部副部长　赵沁平

（2005 年 3 月 1 日）

近几年来，在党中央国务院的正确领导下，通过有关部门、各地方、各高校的共同努力，高校毕业生就业工作取得了显著进展和成效，初步形成了比较完整的政策体系、有效的管理体制和市场导向的就业机制，毕业生就业工作呈现出前所未有的良好局面。

2005 年，在社会总体就业形势严峻的情况下，高校毕业生就业压力仍然比较突出。做好高校毕业生就业工作，认真解决人民群众关注的难点问题，是教育部 2005 年的工作重点之一。在综合考虑国家宏观经济和就业状况等各种需要和可能情况的基础上，年底前，高校毕业生就业工作部际联席会议十个部门经过专门研究，明确提出了 2005 年全国普通高校毕业生就业率不低于去年同期水平的工作目标。教育部和有关部门正以高度负责的态度，积极采取多种对策，标本兼治，开拓创新，全力推进高校毕业生就业工作。

进一步完善就业市场和服务体系是切实做好毕业生就业工作的重要内容。随着现代信息技术的高速发展，网络正以其方便、快捷、跨地域、低成本的特点在就业服务工作中显示出无可比拟的优越性和良好的发展势头，并日益成为做好毕业生就业工作的重要载体和平台。2004 年，全国高校毕业生就业信息网建设步伐加快，30 个省、市已建网，90% 以上的本科院校已经开通就业网，全国范围内网上招聘活动十分活跃，就业服务信息化建设突飞猛进。同时，无形市场与有形市场有效结合、相得益彰，大大方便了学生和用人单位，降低了求职成本，取得了良好的社会效益。下一步，教育部将进一步加快就业网络建设，并且充分发挥网络的作用，不断丰富网络内容、提高网络带宽、扩充网络功能，力争实现信息共享、政策发布、网上招聘、远程面试、指导咨询“五位一体”，为毕业生求职提供高效、便捷的信息服务。

中小企业是全面建设小康社会的重要力量，也是推动我国国民经济发展、保持社会稳定的重要力量。近年来，中小企业在优化经济结构、吸纳社会就业、促进市场竞争、支持经济增长方面发挥了十分重要的作用。大量的不断成长的中小企业不仅是人才成长的重要舞台，更是大学生施展才华的广阔天地。此次国家发展和改革委员会与教育部联合举办“全国中小企业网上百日招聘高校毕业生”活动，其意义在于为中小企业和毕业生搭建一个双向选择、共同发展的平台，引导尚未就业的高校毕业生和急需人才的中小企业进行对接，鼓励中小企业更多吸纳高校毕业生，鼓励毕业生投身于中小企业的建设中去。

这次“全国中小企业网上百日招聘高校毕业生”活动是国家发展和改革委员会与教育部全面贯彻落实国务院办公厅有关文件和高校毕业生就业工作部际联席会议精神的重要举措。国家发展和改革委员会为成功举办这次招聘活动做了大量工作。教育部十分重视此次联合招聘活动，已于 1 月 25 日向各省、自治区、直辖市高校毕业生就业主管部门等下发了文件，要求各有关部门和所属高等学校，及时通知和组织应届毕业生积极参加招聘活动，并结合本次活动的开展，进一步加大关于高校毕业生就业政策的宣传力度，积极倡导新的择业观念，鼓励高校毕业生在基层和艰苦的环境中锻炼、成才。教育部“就业网”也为此次活动配置了专门的设备和系统，并与“中国中小企业信息网”密切协作，为成功举办这次活动做了大量精心的准备工作。

我们衷心地希望中小企业能够积极接收更多的高校毕业生，为创造辉煌的明天而广纳贤才；也希望广大毕业生能够抓住机遇，转变观念，主动到中小企业中去迎接挑战、大展宏图！

最后，预祝“2005 年全国中小企业网上百日招聘高校毕业生”活动取得圆满成功！

发挥政府资金的引导作用 优化中小企业资金供应链

——科技部副部长马颂德在“第一届东亚促进中小企业发展与投资高层研讨会”上的讲话

（2005 年 10 月 27 日）

谢谢大会的安排，在这里与大家共同探讨中

小企业的发展问题，我的发言题目是“发挥政府资金的引导作用，优化中小企业资金供应链”，重点是介绍中国科技部联合有关部门从促进高新技术产业化的工作出发，近年来推出的一些优化科技型中小企业资金供应链的措施。

中小企业作为一个高效率的经济群体，在技术创新、吸收就业、促进经济增长等诸多方面正在显现着越来越重要的作用。来自欧盟的一项统计表明，中小企业人均创新成果是大企业的两倍，单位R&D投入产生的新成果是大企业的3～5倍；而美国中小企业在1953～1973年间的创新成果几乎占同期全国创新成果的50%。作为最具成长性的中国浙江中小企业，2003年在占全国总面积1.06%的土地上，创造了占全国7.9%的GDP，GDP总量超过9200亿元。

中小企业作为市场竞争的一个弱势群体，在资金供给、技术创新能力提升等方面的问题也越来越突出。有数据表明，约有50%的中小企业在创立后3年内死亡了，在剩下的50%企业中又有50%在5年内消失，即使剩下的这1/4中小企业也只有少数能够熬过经济萧条的严冬。中小企业大量夭折，是中小企业尤其是科技创新型中小企业的发展特点，但也造成了技术创新资源的浪费和对创业精神的打击。更严重的是，会成为导致一国经济波动的重要源头。

为有效地解决中小企业发展中的问题，很多发达国家都先后推出了中小企业技术创新资助计划、中小企业技术转移计划、中小企业融资支持计划、中小企业管理辅导计划，发展了创业投资基金，建立了创业板市场等，试图从系统抚育的角度解决中小企业发展所遇到的系统性难题。从近20多年的实践结果看，发达国家政府对中小企业的这种系统性抚育的确收到了很大成效。如美国不仅先后培育出了IBM、英特尔、斯科、微软这样的大公司，也极大地激发了美国公民的创业、创新精神，2000多万家中小企业构成了美国经济金字塔的最牢固的基础。

与此相对比，我们不难看出我国在发展中小企业战略上，特别是在有效地解决其发展过程中的“市场失灵”问题时，还缺乏系统性的解决方案。作为一个拥有13亿人口的大国，我国中小企业只有360万家，科技型中小企业还不到15万家，且多数还处在自生自灭的状态。

中小企业发展面临的问题很多，如资金短缺、技术升级困难、市场拓展缓慢、管理粗放等，但根本原因在于资金供应链的衔接和有效性差。

众所周知，企业的生命周期分为种子阶段(Seed)、起步阶段(Start-up)、成长阶段(Development)、扩张阶段(Shipping)和成熟阶段(Profitable)。与此相应的企业资金需求是种子资金、起步资金、成长资金、扩张资金和规模化资金。可见，优化创业企业、创新企业的资金需求链条，就是为企业在不同的成长阶段提供相匹配的资金供给。下面我简要介绍中国科技部联合有关部门从促进高新技术产业化的工作出发，近年来推出的一些措施。

1．建立国家科技型中小企业技术创新基金，建立政府引导的种子基金

从一项技术转化为一种产品，是中小企业创立的第一步，其资金来源基本上创业者个人、亲友等，商业资金几乎不会介入。所以，很多中小企业在用完这些自有资金后，就陷入了“无米之炊”的境地，国际上也把这个阶段称为中小企业的“死亡谷”。

1999年，科技部与财政部联合设立了科技型中小企业技术创新基金，是第一个政府种子资金。该资金设立以来，通过无偿资助等方式，对优化种子阶段企业资金供给起到了积极作用，特别是对企业研发活动的支持作用非常显著，在已经资助的5000多个项目中，获得专利2489项，其中发明专利占35%。

不过，由于该项政府种子资金规模有限（每年约5亿元），且更多地着眼于对企业技术研发活动的资助，所以大量的种子期企业还无法得到这种资助。为此，科技部正在与相关部门协商，准备在创新基金内部设立创业辅导资金、创业风险补偿资金等，真正把创业活动和创新活动纳入政府种子资金支持系统中来。

2．建立以创业投资引导基金为基础的创业投资资金支持体系，解决创业企业起步期的资金供给问题

创业投资作为一种非常具有耐心和冒险精神的资金，通常在这个阶段会成为创业企业的资金供应者。但如何让创业投资成为具有耐心和冒险精神的资金呢？

从以色列、澳大利亚、印度等这些缺乏创业投资土壤的国家看，其发展创业投资的成功经验是建立政府创业投资引导基金，吸引境内外创业投资资本共同组建创业投资公司或基金。通过政府资本供给弥补创业投资资本不足已经是国际上的通行做法，但为了避免政府直接从事创业投资所带来的诸多不足，并最大限度地发挥财政资金的引导作用，政府资本通常是用来设立政策性创业投资引导基金。这种引导基金的基本模式是政府资金以参股的方式投入市场化创业投资基金中，优先承担风险，不分享或很少分享利润。目前，在即将颁布的《创业投资企业管理暂行办法》中，已经明确政府可以设立创业投资引导基金，科技部和国家开发银行等有关部门正在抓紧研究落实。

3．建立以开发性金融为平台的政策性资金支持体系，重点解决成长期企业的资金供给问题

进入成长期的企业，其技术已经比较完善，产品或服务进入开发阶段，并有数量有限的顾客试用，生产费用在增加，但仍没有销售收入。由于看到了光明的市场前景，企业通常都不愿意再进行股权融资，创业投资等资本介入的成本也会变得很高。同时，企业缺乏抵押物和相应担保的情况并未改变，商业银行等商业金融机构的资金仍然不敢介入。于是，就出现了很多非常有前景的企业纷纷倒在自己的“前景”中的现象。

从国际经验和我国的实践看，开发性金融是这个阶段最好的资金供给者。一是开发性金融兼具政策性和金融性双重特征，可以为企业分担一部分风险；二是开发性金融承担着开发新产品、新产业的政府责任，对有前景的产品或产业应该给予资金支持；三是开发性金融可以通过管理输出、资金供给来完善企业法人治理结构，防范和控制风险。目前，我们正在和国家开发银行通过企业知识产权抵押贷款、中小企业打包贷款等方式，构建政策性资金支持体系。

4．通过政府贴息、担保、采购、减免税收等方式，提升企业信用等级，吸引商业金融资本为企业提供资金支持，满足企业迅速扩张的需要

商业金融资本是社会上最大量、追逐利润最大化的资金，政府只能引导而不能强制其支持中小企业。所以，政府资金的作用，最主要是释放中小企业风险，弥补商业金融资本的成本。

在目前的政策体系中，国家创新基金对扩张期的企业给予的财政贴息贷款，国家税务机关对高新技术产品出口给予的退税优惠，对高新技术产业给予的税收减免优惠，对高新技术园区内企业融资给予的政府担保代偿机制，对提高企业信用等级，引导商业金融资金支持中小企业规模扩张的资金需要起了重要作用。

不过，从以前的这些政策工具效果看，还有很多值得改进的地方。如把政府贴息资金转为担保代偿资金，既可以解决担保代偿资金来源不足的问题，又可以放大政府资金的使用效果。再如确定政府采购产品中的中小企业产品比例，可以对中小企业的市场扩张和技术升级起到重要推动作用。

5．通过“绿色通道”工程，满足成熟阶段中小企业的规模化融资需要

中小企业是大企业的摇篮，经过前几个阶段的资金供给后，企业具备了规模化融资的条件。通常，这个阶段的企业融资多数会选择上市融资的方式，完成资本的迅速积聚。一个国家能否在较短时间内培育出比较多的大企业，多层次的资本市场是重要条件。

根据我们的充分调研结果显示，随着股权分置改革的全面展开，在深圳中小企业板市场基础上设立科技型中小企业上市融资"绿色通道"的条件已经成熟。

该项政策出台的重要理由是我国内地已经积累了比较丰富的优质科技型中小企业资源。我们和深圳交易所合作，通过筛查科技部火炬中心和创新基金的数据库，惊喜地发现：按照最近一年净资产和总收入均超过3000万元，连续两年以上盈利的标准，5万家企业中有4015家企业达到了这个标准；在4015家企业中，有2197家企业基本符合现有的发行上市条件；从资产规模、收益水平及盈利能力等3个方面来看，目前有722家重点高科技企业可以直接作为重点追踪和扶植的对象。

我们考虑的绿色通道将主要包括：适当缩短或取消中小企业上市之前为期一年的辅导期；适当放宽保荐家数限制，加快中小企业批量上市的步伐；企业在通过证监会发行部初审以后，必要时可以组织专场发审会；企业股票发行和上市适当分开。

中小企业的培育和发展是一项系统工程，政府除在资金供应链上要发挥积极作用外，还要在企业成长的法律环境、人文环境、生态环境上加强引导和协调，既积极促成个体企业的成长和创新，又要努力促成产业集群特别是高新技术产业集群的升级和发展，尽快地使我国的中小企业进入国际价值链分工的高端，形成比较优势和竞争优势。我们愿意和社会各界广泛合作，也愿意学习与借鉴东亚各国的成功经验，进一步提高中小企业的创新能力和竞争力。

在中国中小企业竞争力国际论坛暨2005年度生产力促进奖颁奖大会上的致辞

科技部原副部长　韩德乾

（2005年12月3日）

现在全国上下都在认真学习贯彻党的十六届五中全会精神，为了促进“自主创新、重点跨越、支撑发展、引领未来”方针更好地深入人心，推动我们的生产力促进工作，在全国科技大会即将召开之际，我们在这里召开“中国中小企业竞争力国际论坛暨2005年度生产力促进奖颁奖大会”，意义非常深远。请允许我代表中国生产力促进中心协会对光临大会的各位同志、各位嘉宾、各位代表表示诚挚的感谢和深深的敬意！向辛勤组织会议的各位同志表示亲切的慰问！

中国中小企业竞争力国际论坛已经举办了两届，前两次会议取得了很好的效果，各方面反映都很好，本次会议为第3届。生产力促进奖是经国家奖励办公室批准、由中国生产力促进中心协会设立的奖项，设立该奖项的目的在于鼓励企业依靠科技进步促进生产力的发展，依靠自主创新、导入技术、管理理念来提升竞争力。

改革开放以来，我国中小企业发展迅速，已成为国民经济的重要组成部分，其数量已占全国企业总量的99.3%，国家GDP总量的55.6%、工业新增产值的74.7%、税收的46.2%以及出口额的62.3%都是由中小企业创造的，全国75%的城乡就业岗位也是由中小企业提供的。就工业来看，截至2004年年底，我国共有中小工业企业233263家，其中具有规模以上的企业为217409家，全部中小企业的资产累计达到135823.5亿元。2004年中小企业创造的工业生产值达到132192亿元，工业增加值为36868.7亿元，实现销售收益127851亿元，利润达到6426.5亿元，上缴税费达到11784.7亿元，解决了5232万个劳动力的就业问题，所以贡献是很大的。

然而，我们也应该清醒地看到，目前制约我国中小企业发展的因素和矛盾仍然存在，中小企业受诸多因素的影响，在获取新技术、人才、资金等市场经营要素资源方面的能力还比较弱，特别是自主创新的能力还比较弱。要解决这些问题，需要得到政府的扶持和社会中介组织的服务，更需要我们中小型企业在这方面下更大的功夫、作更大的努力，日益进取，不断开拓。

生产力促进中心是我国在深化科技体制改革过程中创立的与国际接轨的新型的技术创新与社会化中介服务机构，是国家技术创新服务体系的重要组成部分，其宗旨是背靠政府、面向企业，组织社会力量，为广大中小企业提供综合的配套服务，协助企业建立技术创新机制，培养技术创新能力，增加市场竞争力，从而提高社会生产力的水平，使经济发展保持旺盛的活力。中国生产力促进中心协会作为政府和生产力促进中心之间的桥梁和纽带，多年来一直致力于面向全国生产力促进中心，也服务于广大的中小型企业。本次大会的主题是奖励2005年度生产力促进奖获奖的企业，目的是交流和研讨提升中小型企业自主创新能力和竞争能力的途径和措施。本次大会邀请演讲的有关专家、学者、嘉宾，有的是在长期从事科技管理的领导，有的是长期从事这方面研究和教学的学者，有的是长期从事中小企业管理和服务工作的专家，有的是在企业经营管理上颇有经验和建树的企业家，大家将就扶持中小企业的法律法规和政策环境构建、为企业服务的方式及企业做大做强的理念和经验等方面进行精彩演讲，相信各位代表一定不虚此行，收获颇丰。

最后祝本次大会圆满成功！祝各位嘉宾和代表身体健康、事业发展，在新的形势下大展宏图！

发挥公共财政职能
促进中小企业发展

——财政部副部长朱志刚
在中法中小企业高峰论坛上的演讲

（2005年9月12日）

中法两国的友谊源远流长，在新世纪，两国建立了全面战略伙伴关系，近年来双方的交流与合作日益密切，举办这次中法中小企业博览会暨中小企业高峰论坛，是中法经贸关系发展中的一件盛事，在此我谨代表中华人民共和国财政部表示热烈的祝贺！

借此机会，我愿就中国中小企业财政政策与大家进行交流和探讨。

建立与市场经济相适应的公共财政体制是中国财政改革的目标。近年来，我们在财政支出方向、支出结构和税收政策等方面进行了较大幅度的调整，主要是从促进经济社会全面协调发展出发，加大对薄弱环节和弱势群体的扶持力度，加强公共服务和市场体系建设，为各类企业公平参与竞争创造良好的环境。

中小企业在吸纳就业、技术创新、推动经济增长等诸多方面发挥着不可替代的重要作用，但是与大企业相比，他们在资金、信息、人才、管理等方面又处于弱势，因此对中小企业给予必要的政策扶持，已成为各国政府通行的做法。中国政府重视中小企业的发展，除上述原因外，还有两个特别的考虑：一是在城镇发展中小企业，可以使农村剩余劳动力向工业转移，促进工业化和城市化，逐步消除城乡二元经济结构；二是吸引民间投资，发展非公有制经济，打破原来比较单一的所有制结构。促进中小企业发展是我们落实科学发展观，构建社会主义和谐社会的必然选择。

改革开放以来，中国中小企业迅猛崛起，蓬勃发展，活跃于国民经济的各个领域，成为推动经济增长的生力军。多年来，中国政府一直致力于推动和促进中小企业发展，支持中小企业已经成为公共财政建设的一项重要内容。为此，中央财政先后出台了一系列政策措施。

⑴在资金政策方面，1999～2002年中央财政相继设立了科技型中小企业技术创新基金、中小企业国际市场开拓资金和农业科技成果转化资金（重点支持农业科技中小企业）。2003年《中华人民共和国中小企业促进法》颁布实施后，中央财政预算设立了中小企业科目，同时增设了中小企业发展专项资金、中小企业服务体系专项补助资金等。按照公开、公平、公正的原则和WTO规则，这些资金平等面对各类所有制中小企业。

⑵在税收政策方面，制定了一系列针对中小企业的优惠政策，主要包括对年应纳税所得额不超过规定限额的企业，实行低档所得税率；对小规模纳税人，增值税实行简易征收办法；对符合规定条件的中小企业信用担保机构，在一定期限内减免营业税；对企业技术转让年净收入在一定数额内的，暂免征收所得税；对新办的第三产业企业、高新技术企业，以及吸纳下岗失业人员达到一定比例的企业，在一定期限内实行减、免所得税等税收优惠政策。

⑶在融资政策方面，为鼓励银行向中小企业贷款，对吸纳下岗失业人员达到一定比例的劳动密集型小企业，财政部门给予银行贷款贴息、补偿贷款损失等优惠；对接受政府指导的中小企业信用担保机构，当其提取的风险准备金不足时，对其发生的代偿损失给予一定补偿。

⑷在财务管理方面，财政部2004年颁布了

《小企业会计制度》，2005年开始实施，这对于提高小企业的财务管理水平，规范小企业的会计行为，具有十分重要的指导作用。

与此同时，各级地方政府对中小企业的重视程度也日益提高，结合地方实际情况，分别制定了区域性的扶持政策。

目前，大力支持中小企业发展已成为全社会的共识，一个全社会都关心支持中小企业发展的良好氛围正在逐步形成。但在市场经济条件下，如何按照公共财政的原则为中小企业提供更加切实有效的支持，对于我们来说，仍然是一个需要不断研究和探索的新课题。从中国国情出发，根据中小企业的特点和需要，我们将逐步改进、完善和加强对中小企业的财政支持，当前和今后一个时期内将主要做好以下四个方面的工作。

一、进一步明确财政政策的着力点

中小企业面临的困难和问题纷繁复杂，千差万别，政府不可能包办解决。总结近年来的经验，我们认为，财政应着力支持中小企业3个方面的活动。

(1)创业与技术创新，这是经济增长的源头活水，蕴涵着无限的生机和潜能，市场机制对创业和技术创新有直接推动作用，但风险又对其有一定的制约，因此完全依赖市场机制是不行的，需要政府进行调节。

(2)与大企业协作配套，这是提高生产社会化和专业化水平的客观要求，对于产业链条的延伸、产业结构的优化升级至关重要，但由于信息不对称、地位不对等等因素的影响，难以自然形成高效的协作配套机制，因此需要政府的适当介入。

(3)开拓国际市场，这是世界贸易深入发展的大势所趋，然而由于中小企业势单力薄，缺乏经验，在国际竞争中往往要付出高昂的代价，政府有责任也有义务为中小企业提供服务和支持。

二、注重财政政策与市场机制的有机结合

在市场经济中，企业的成败得失归根结底要由市场决定，因此政府在纠正市场失灵的过程中不是简单地做市场不做的事，更重要的是因势利导，创造条件，引导市场机制发挥作用，形成政府政策与市场机制的良性互动。融资难是中小企业最普遍最突出的困难，解决问题的根本途径是创造有利于市场发挥作用的条件。我们考虑从3个方面采取措施。

(1)支持中小企业信用体系的建设，对有关部门和中介机构开展的中小企业和经营者信用登记、信用征集、信用评估和信用发布等活动给予必要的政策支持，以鼓励中小企业信用体系建设，使金融机构能够清楚地判断风险，主动为中小企业提供融资服务。

(2)扶持区域性中小企业担保机构的发展，探索建立担保损失补偿机制。

(3)引导创业投资的发展，规范创业投资的组织形式、管理模式和运行机制，运用政府资金吸引和带动社会资金向中小企业投资，通过创业投资的市场化运作，抚育具有高成长性的中小企业尽快步入成熟期。

三、努力提高公共服务水平

公共财政以向社会提供公共服务为其功能实现形式，面对分布广泛、数量众多的中小企业，政府对具体企业、具体项目支持过多，不但效率低下，也难以体现公共服务的宗旨。政府对中小企业的公共服务，主要是建立健全服务体系，营造有利于中小企业成长的良好外部环境。

(1)在产业集群和高新技术园区培育中小企业技术服务机构，搭建共性技术和关键技术攻关平台，为中小企业提供创业辅导、技术支持和管理咨询。

(2)组织开展对中小企业从业人员的培训，提高经营者和员工的专业技能，保障中小企业的人才需求。

(3)加强信息化服务，提升并拓展各级各类中小企业信息网站的功能，通过网络普及政府的有关政策法规，发布市场信息，开辟交流渠道，使中小企业及时、全面、准确地获取所需的信息。

保证公共服务的高效率必须尽可能地采取市场化的运作方式，政府通过制定工作目标和考核标准，对从事、承担上述服务的机构实行动态评议，对符合要求的机构予以一定的补助或奖励。

四、加强政策的统筹规划与协调配合

(1)在统筹整合现有专项资金的基础上，进一步明确和细化各项资金的功能定位，突出支持重点，提高资金的使用效益。依照《中华人民共和国中小企业促进法》设立中小企业发展基金，创新支持方式和管理方式。

(2)充分运用税收手段让所有的中小企业获得最公平、最透明的激励，当前主要是制定促进创业投资发展的税收政策；对金融企业呆坏帐准备金税前扣除比例进行适当调整，以鼓励投资机构、金融机构为中小企业提供所需的金融服务。

(3)依照《中华人民共和国中小企业促进法》和《中华人民共和国政府采购法》研究制定促进中小企业发展的政府采购政策，考虑在政府采购中确定一定的比例，以招标方式保证中小企业获得政府订单。通过资金扶持、税收激励、政府采购三项政策工具的综合运用，中小企业将会得到更加全面有力的支持。

法国政府在支持中小企业发展方面积累了很多宝贵的经验，特别是具有法国特色的创新企业项

目竞赛计划、种子基金、风险投资公共基金和孵化器、企业苗圃等，值得我们学习和借鉴，希望以这次博览会为契机，进一步加强双方的交流与合作，共同促进两国中小企业的健康发展。

在中国中小企业开发服务与创业促进国际研讨会上的致辞

劳动和社会保障部副部长　张小建

（2005年6月29日）

今天，劳动和社会保障部与国际劳工组织在此隆重举行中国中小企业开发服务与创业促进国际研讨会。我代表劳动和社会保障部向会议的召开表示热烈的祝贺！向国际劳工组织北京局局长康妮女士、英国驻华使馆国际发展处副代表阿赛德先生、日本卫生劳动福利省国际事务处主任助理春木太郎先生表示热烈的欢迎！向SIYB中国项目指导委员会成员单位的代表以及来自全国各省市的代表和国内外专家表示热烈的欢迎！

中国政府高度重视就业再就业工作，强调就业是民生之本，也是安国之策，面对人口众多，就业任务繁重的挑战，制定并实施了一系列有利于扩大就业的宏观经济政策和鼓励扶持措施，其中鼓励民营经济和中小企业发展是一项重要内容。近10年来，民营经济和中小企业平均每年新增就业岗位600多万个，约占同期城镇新增就业岗位的4/5。今年中国政府又制定出台了鼓励、支持和引导民营经济发展的新政策，将为民营经济和中小企业发展营造更加宽松的环境，提供更有力的支持，也会使民营经济和中小企业为就业作出更大的贡献。

创业培训在促进民营经济和中小企业发展，扩大就业再就业方面具有重要作用。劳动和社会保障部在全国大力推动创业培训，并与政府其他部门和工会、共青团、妇联等群团组织一起，积极探索创业培训与项目开发、专家指导、小额贷款、税费减免、创业孵化、后续扶持一条龙运作促进创业的工作模式，为有志创业的劳动者搭建社会化、开放式创业服务平台，提供政策、资金、技能、信息等全方位企业开发服务。与此同时，加强与国际组织的合作，引进国际先进培训技术和理念，提升我国的创业培训实施能力。2004年，在英国国际发展部资金援助下，我部与国际劳工组织联合实施了“创办和改善你的企业（SIYB）”中国项目。项目的实施为中国中小企业开发服务和创业促进工作增添了新的活力，取得了较好效果。现在将顺利进入二期实施阶段。

从1998年启动创业培训试点至今，6年中全国已先后组织了130万人参加创业培训，仅2004年就组织了40万人参加创业培训，培训后有23万人成功创办了小企业和微型企业，并为社会新创造就业岗位近60万个，显示出创业带动就业的倍增效应。创业培训获得了广大劳动者的热烈欢迎。以培训促创业，以创业促就业的热潮正在大中城市兴起。

尽管近年来我国在中小企业开发服务和创业促进工作方面积累了一些经验，但是，与发达国家相比，无论在创业融资环境，还是技术支持手段，乃至人力资源建设等方面还存在较大差距。因此，今天我们在这里召开中国中小企业开发服务与创业促进国际研讨会十分必要，对交流经验、启发思路、促进中国中小企业开发服务与创业具有积极意义！

我希望，各级劳动和社会保障部门的同志要通过这次会议，进一步拓宽工作视野，创新工作理念，探索建立具有中国特色的中小企业开发服务和创业促进工作体系，为促进中小企业发展，进而促进就业作出新的贡献。也希望SIYB二期项目获得新的进展。

在“中国中小企业信息化联盟”成立新闻发布会上的讲话

信息产业部副部长　苟仲文

（2005年8月8日）

今天，“中国中小企业信息化联盟”在这里宣布成立了。我谨代表信息产业部，对联盟的成立表示热烈的祝贺，并对支持和关注我国中小企业信息化建设的各界朋友表示衷心的感谢！

近年来，在经济全球化、全球信息化进程日益发展，我国加入WTO的情况下，我国企业信息化建设步伐明显加快。很多企业把信息化建设作为“一把手工程”来抓，从解决企业的突出问题和薄弱环节入手，紧紧围绕提高企业核心竞争力，实现了重点突破。一些企业加快推广计算机辅助设计、信息管理和客户资源管理等技术，全面提高了企业整体素质。很多中小企业充分利用政府公共信息网络平台，根据自身实际特点，在设计、生产、制造、财务、营销等各管理环节应用适合的信息技术，并积极开展电子商务活动。实践证明，大力推进企业信息化是企业增强核心竞争力和可持续发展能力的有效手段。

多年来，信息产业部一直把推进企业信息化作为信息化建设的重点工作之一。下一步，信息产业部门要在既有工作的基础上，进一步采取切实措施，继续推进企业信息化工作。

⑴推动制造企业和软件企业，结合实际研制开发适用的信息技术装备和软件产品，加快各行业企业的信息化步伐。

⑵进一步加快网络基础设施建设，为企业信息化提供良好的网络环境，引导电信运营企业为企业信息化提供优质、优先、优惠的服务。

⑶建立并完善国家信息与网络安全保障体系，切实保障信息内容与网络安全。

⑷配合有关部门，采取多种方式，为大多数中小企业搭建一个投资少、见效快、经济实用、资源共享的信息化服务平台，促进资源整合及综合服务平台资源共享。

企业信息化是一项与企业生产运营密切联系的复杂的系统工程，目前，大多数中小企业都存在建设资金短缺和复合型人才缺乏等制约企业信息化建设的瓶颈问题，这需要政府部门和企业界共同努力来推动解决。今天，“中国中小企业信息化联盟”的成立是解决这一瓶颈问题的很好方式之一。“中国中小企业信息化联盟”需要大企业的积极参与、支持和帮助。我相信，会有更多的企业加入到“中国中小企业信息化联盟”中来，同时也希望“中国中小企业信息化联盟”今后务实开展工作，为我国信息产业发展和信息化建设作出积极的贡献！

在“中国中小企业信息化联盟”成立新闻发布会上的致辞

国务院信息化工作办公室常务副主任　曲维枝

（2005年8月8日）

8月的北京，涌动着新的活力。今天，我们将共同见证“中国中小企业信息化联盟”的成立。我谨代表国务院信息化工作办公室，对联盟的成立表示衷心的祝贺！

根据国家信息化领导小组的要求，国务院信息化工作办公室正在组织国家信息化战略制定工作。在讨论中，大家一致的认识是，企业是国民经济和社会信息化的主体，推进企业信息化建设是贯彻落实科学发展观、推动我国经济结构调整、促进经济增长方式转变、提高国民经济运行效率的重要举措。

近年来，大型企业和重点行业骨干企业的信息化工作取得了明显成效。但是，广大中小企业无论在信息系统硬、软件配套，还是在信息化人才方面，都有许多困难。为中小企业，特别是中小企业密集的经济发达地区，提供按需配备的信息化服务，已经成为他们的强烈需求。因此，“中国中小企业信息化联盟”是应运而生的，是具有强劲生命力的。

中小企业信息化建设需要政府的引导和支持，更需要全社会的参与和服务。我认为，“中国中小企业信息化联盟”应坚持为中小企业提供经济、实用、便捷、高效、具有个性化的企业信息化和电子商务服务，为全面提升我国中小企业的经济效益和竞争力作出贡献。

各级政府在推进中小企业信息化建设方面责无旁贷。国务院信息化工作办公室愿意与大家同舟共济，为推动我国中小企业信息化建设稳步、健康、持续发展作出努力。

在全国民营企业档案工作座谈会上的讲话

国家档案局局长　毛福民

（2005年4月19日）

这次全国民营企业档案工作座谈会是经过中央办公厅批准的、由国家档案局会同国家发展和改革委员会、中华全国工商业联合会联合召开的一次重要会议。会议的主要任务是：以邓小平理论和“三个代表”重要思想为指导，深入贯彻党的十六大和十六届三中、四中全会精神以及《国务院关于鼓励支持和引导个体私营等非公有制经济发展的若干意见》，全面树立和落实科学发展观，贯彻王刚同志关于做好民营企业档案工作指示精神，总结、交流全国民营企业档案工作的经验，积极推进民营企业档案工作为经济建设服务。

近几年来，各地档案行政管理部门与当地发展改革委员会、工商业联合会等部门紧密配合，勇于实践，大胆探索，在开展民营企业档案工作方面取得了初步成效。但从总体上看，我国民营企业档案工作起步较晚，各地发展不平衡，档案行政管理部门对做好民营企业档案工作的认识和为民营企业服务的水平还有待进一步提高，我们要认真总结经验、积极探索，进一步加大力度，努力推进民营企业档案工作。

下面我就进一步做好民营企业档案工作讲3个问题。

一、充分认识做好民营企业档案工作的重要意义

（一）非公有制经济是社会主义市场经济的重要组成部分

党的十五大报告明确提出：“公有制为主体，多种所有制经济共同发展，是我国社会主义初级阶段的一项基本经济制度。”胡锦涛总书记

在党的十六届三中全会上深刻指出："非公有制经济是促进我国社会生产力发展的重要力量。"改革开放以来，我国非公有制经济不断发展壮大，已成为社会主义市场经济的重要组成部分和促进社会生产力发展的重要力量。我国改革开放的成功经验表明，公有制经济与非公有制经济共同发展，是符合我国国情的。能否实现城乡结构、区域结构、社会结构和就业结构的和谐，都与非公有制经济是否健康快速发展有着密切的关系。

据有关资料介绍，到2003年底，全国登记的私营企业达300.55万户，从业人员4299万人，注册资本35305亿元，创造产值20083亿元，实现社会消费品零售额10603亿元。非公有制经济已经成为我国经济的一个重要增长点，在一些地方甚至已成为经济发展的重要支柱。实践表明，民营经济的存在和发展有利于促进社会资本的积累和扩大，促进工业化和社会生产力的发展；有利于优化经济结构，带动经济总量、财政收入和人民收入的增加；有利于解决就业问题，可大量吸收劳动力，对我国经济和社会发展具有重要作用。各级档案行政管理部门要认真落实党和国家促进非公有制经济发展的方针政策，为民营企业的健康发展提供有效服务。

（二）做好民营企业档案工作是民营企业健康发展的需要

民营企业档案是民营企业在生产、经营和管理等各项活动中形成的有保存价值的文件材料，它是民营企业改革与发展的真实记录，是企业的重要资产和信息资源。民营企业的生产、经营和管理需要档案工作的支撑与保障，同时也承担着建立档案、保护档案的义务。目前我国沿海发达地区的民营企业已经从规模小、科技含量低、管理落后，向规模大、科技含量高、管理先进的方向发展。伴随着非公有制经济的发展，民营企业档案工作的重要作用日益显现，民营企业对档案工作的需求也日益增长。特别是我国加入世界贸易组织后，越来越多的民营企业处于应对反倾销、反补贴等贸易争端的第一线，维护企业的合法权益，提高企业自身素质，必须有完整、准确、系统的档案为依据。档案的凭证和法律作用是其他材料不可取代的。没有企业档案，企业的基础就不牢固，企业经营、管理和持续发展就会受到影响。建立档案工作，对提升企业整体管理水平、维护自身利益、规避市场风险、保持企业健康发展具有重要意义。

建立和开展档案工作是民营企业发展的必然要求，也是完善企业经营管理的内在需要。越来越多的民营企业负责人认识到档案的重要作用，很多民营企业负责人深有体会地说：企业档案是企业管理的一项基础性工作，也是企业持续健康发展的重要保证，它是企业文化的积淀，也是促进社会发展的重要资源之一。做好档案工作，就是要促进企业资源的科学管理，从而实现企业的可持续发展。

（三）做好民营企业档案工作，是档案工作为社会主义现代化建设服务的重要内容

党的十六大报告中指出："必须毫不动摇地鼓励、支持和引导非公有制经济发展。个体、私营等各种形式的非公有制经济是社会主义市场经济的重要组成部分，对充分调动社会各方面的积极性、加快生产力发展具有重要作用。"2004年召开的中央经济工作会议提出，要把"积极鼓励、支持和引导非公有制经济发展，改进服务和加强监管，不断提高非公有制经济的产业层次和企业素质"作为推进经济体制改革任务中的一项内容。温家宝总理在2005年的政府工作报告中指出："改进政府对非公有制企业的服务和监管。""认真贯彻落实《国务院关于鼓励支持和引导个体私营等非公有制经济发展的若干意见》，为非公有制企业创造平等竞争的法律环境、政策环境和市场环境。"档案行政管理部门应当按照中央的精神，积极引导和促进民营企业建立和开展档案工作。各级档案行政管理部门要把抓好民营企业档案工作，将其列入议事日程，鼓励、支持和引导民营企业建立和做好档案工作。近几年来，一些非公有制经济发展较快地区的档案行政管理部门，从本地区经济发展的实际出发，主动帮助民营企业建立和开展档案工作，不断提升民营企业档案管理水平，在保护民营企业正常经营活动、强化企业管理和建立健全各种规章制度等方面都发挥了很大作用，受到民营企业的欢迎。

（四）做好民营企业档案工作，是档案行政管理部门的重要任务

王刚同志1998年对一份关于开展民营企业档案工作的报告批示："非公有制经济是我国社会主义市场经济的重要组成部分，民营企业档案工作是我国档案事业的一部分。沈阳市档案局关于重点扶持和发展民营企业档案工作的意见是可行的。希望抓紧这方面的工作，以积累一些经验。"王刚同志的批示明确指出，民营企业档案工作是我国档案事业的一部分，抓好民营企业档案工作是档案行政管理部门的重要任务。大家知道，档案事业是维护党和国家历史真实面貌的宏伟事业，档案应该全面记录我国经济和社会发展各方面的真实情况。反映社会主义初级阶段市场经济的实践，不能缺少蓬勃发展的非公有制经济。目前，我国民营企业从数量、产值到就业人数、上缴利税等都在我国经济社会发展中占有重要的地位。建立和开展民营企业档案工作，是新时期档案事业发展的必然要求。做好民营企业档案工作，促进非公有制经济健康发展，已成为拓宽档案工作领域、促进档案事业发展的重要任务，符合"三个代表"重要思想的要求，符合中央关于"发展要有新思路、改革要有新突破、开放要有新格局、各项工作要有新举措"的要求，各级档案行政管理部门应勇于创新、大胆实践，不断加强民营企业档案工作，真心实意地帮助他们做好档案工作。

二、积极引导民营企业建立和做好档案工作

积极引导和促进民营企业建立和做好档案工作，是各级档案行政管理部门服务经济建设的基本职责。

（一）把民营企业档案工作纳入管理范围，加强分类指导

⑴纳入管理范围。长期以来，我国企业档案工作的重点一直是国有企业。对于“民营企业的档案工作要不要管?管到什么程度?”曾有不同议论。随着档案工作为经济建设服务实践的深入，很多地方的档案行政管理部门逐步形成了共识：不能简单用“国有”或“非国有”来划分档案工作的服务范围与对象，而要从有利于国家经济和社会发展，有利于档案事业发展的角度来考虑，应该将民营企业档案工作纳入档案行政管理范围。民营企业档案工作是企业管理的一项重要基础性工作，抓好民营企业档案建设与管理，促进民营经济的发展，是档案行政管理部门工作的重要内容。民营企业是我国社会主义市场经济的重要组成部分，民营企业档案是今后研究总结我国社会主义市场经济发展史、改革开放史乃至共和国史不可缺少的重要档案资料。民营企业档案是国家档案全宗的组成部分，理应纳入国家档案资源建设范围，纳入国家档案事业宏观管理范畴。认识民营企业档案工作的重要性，强化纳入档案事业宏观管理意识，是做好民营企业档案建设与管理工作的重要前提。

目前，一些档案行政管理部门已将民营企业档案工作纳入工作范围，并采取了相应的措施，如辽宁省档案局坚持“经济建设发展到哪里，档案工作就延伸服务到哪里”的指导思想，在民营企业起步之初，就开始关注民营企业档案工作；《浙江省档案事业发展十五计划》提出加强非国有企业建档工作和业务指导；北京市档案局组建民营企业档案工作协作组，请市委统战部、市工商联任组长单位。

⑵加强分类指导。档案行政管理部门要把促进民营企业建立健全档案工作放在重要位置，区别情况，分类指导，不断提升民营企业档案工作水平。非公有制经济发达地区的档案行政管理部门应当把指导与服务民营企业档案工作作为工作重点；非公有制经济正在发展的地区，档案行政管理部门应逐步加大力度，采取措施，开展对民营企业档案工作的业务指导；非公有制经济欠发达地区，档案行政管理部门要加强与民营企业的沟通，了解民营企业档案工作状况，根据需求开展工作。目前，民营企业档案工作发展不平衡。部分民营企业投资规模大、技术含量高、人员素质高、管理水平高，对经济社会发展的贡献率大，很多地方已将这类企业列入地方重点扶持的企业。它们应成为我们的工作重点。从一些地方的实践看，有的重点民营企业已经达到档案目标管理省级或国家级标准。这类企业虽然为数不多，但典型意义强、示范效果好；部分民营企业虽然经营规模不大、管理水平有待提高，但已具有一定的档案管理意识，建立了基本的档案工作管理制度和档案保管条件，开展了档案的收集保管工作；相当数量的中小型民营企业的档案工作仍处于“无意识、无制度、无人员、无库房、无设备、无经费”的“六无”状态。对不同类型、不同规模、不同发展水平、不同贡献率的民营企业，应采取不同的指导方式，把工作重点放在帮助和扶持重点企业上。用他们的典型经验教育引导广大中小企业，帮助他们提高档案意识，重视档案工作。

（二）引导民营企业经营者不断提高档案意识

民营企业经营者的档案意识是民营企业建立和发展档案工作的前提。民营企业建立之初，大多数企业经营者还不了解档案对企业的作用，不太注重档案的收集和管理。一些企业在发展过程中，在树立品牌、开发市场、技术进步、处理经济纠纷等实践中，才逐渐提高了对档案重要性的认识。针对这种状况，档案行政管理部门应主动采取多种途径和方式，积极做好宣传引导工作，不断提高民营企业经营者的档案意识。

⑴宣讲国家相关法规。市场经济是法制经济，国家将“鼓励、支持和引导非公有制经济的发展”写入宪法，得到民营企业经营者的衷心拥护。档案行政管理部门应向民营企业经营者宣传《中华人民共和国档案法》，使他们知道建立健全档案工作是国家法律的要求。要向民营企业经营者宣传国家关于非公有制经济的有关法律法规，特别是企业档案工作方面的法律、规章、制度，使他们了解为什么要建档，哪些工作应建档，努力促进民营企业建立和开展档案工作。

⑵宣传档案工作的效益事例。民营企业经营者认识档案工作的作用，需要有一个实践感受的过程。宣传档案促进民营企业发展的典型事例，容易引起共鸣。一些地方档案行政管理部门采用座谈会、编制宣传手册等多种形式，宣传管好、用好档案产生经济效益的事例，使更多的民营企业经营者感受到了档案的重要性，理解运用档案可以在谋划企业发展战略、构建营销网络、提高研发档次、提高企业产品竞争力、解决经济纠纷、应诉反倾销案等方面发挥重要作用。通过宣传与引导，不少民营企业的档案意识明显提高，将档案工作放到了应有的位置。

⑶介绍国有企业档案工作的经验做法。我国国有企业档案工作有数十年的历史，国有企业积累的很多实践经验，很值得民营企业借鉴。结合民营企业实际，把能为民营企业所接受的一些方法介绍给他们，是加快建立民营企业档案工作的成功经验。如针对民营企业档案人员业务知识缺乏，业务工作不熟练，迫切需要业务指导的情况，广东、浙江等省档案局将企业档案工作的基本知识及一些规章制度编成工作指南并发放下去，使民营企业档案人员很快明白如何开展档案工作。

一些档案行政管理部门还因地制宜，采用多种形式和方法，组织业务培训，举办培训班，提高民营企业档案人员的基本素质和技能。

（三）引导民营企业自觉依法管理档案

要加大对民营企业宣传档案法律法规的力度，提高其依法管理、保护档案的意识和水平。各级档案行政管理部门要依据《中华人民共和国档案法》、《中华人民共和国档案法实施办法》及地方法规，进一步明确民营企业档案管理办法和标准，实施法治化、规范化管理。针对民营企业档案管理中存在的问题和违法行为，加大执法检查和查处力度，突出监管重点，确保档案安全。

由于民营企业的发展经历不同，其档案内容也存在很大差异。如有的民营企业是从原国有企业转制而来，其档案中有原国有企业内容；有的民营企业在与国有企业或科研事业单位合作中形成的资金、技术、专利、品牌、著作权等知识产权、高新技术、商业秘密等方面的档案，不仅涉及企业的利益，而且关系到国家、社会及人民群众的利益。《国务院关于鼓励支持和引导个体私营等非公有制经济发展的若干意见》指出，要放宽非公有制经济的市场准入条件，允许非公有制经济进入基础设施、垄断行业、公用事业以及法律法规未禁止的行业(包括金融服务业、国防科技工业等)。民营企业涉及的领域越来越广，各省、自治区、直辖市档案行政管理部门要研究确定民营企业中对国家和社会有保存价值的档案的范围，并依法对其进行监督管理。凡是关系国家利益和国家安全及公共利益的、记录社会重大事件和活动的、反映企业应当承担社会责任的档案，都应视为对国家和社会有保存价值的档案。

（四）积极探索民营企业档案管理模式

引导民营企业建立和开展档案工作，不同于过去对机关、团体、事业单位的业务指导，也不能完全照搬国有企业档案工作的做法。民营企业与国有企业的档案工作既有相同之处，也有各自的特点，如在档案管理方法、保管要求、技术手段等方面大致相同，但在管理体制、管理制度、指导方法、规范要求等方面又有许多不同之处。档案行政管理部门在对国有企业档案工作业务指导与监督中形成的一些规章制度、标准规范，对民营企业有借鉴作用，应在摸清民营企业规模、类型的基础上，根据民营企业的实际需要，提出相应的档案管理模式。浙江省档案局根据本省民营企业发展的实际情况，对民营企业档案工作强调统一领导、统一制度、统一规划，不要求集中统一保管，可根据情况采用集中式管理、网点式管理和寄存式管理方法，提出档案、信息、图书、资料一体化管理和动态化管理的要求。重庆市档案局根据民营企业的规模、分布及其在社会上的影响力，采取“抓重点带一般”的方法，重点到重庆洁诚集团股份有限公司等企业进行深入调研，分别与企业的管理者和档案人员就如何建立并加强档案工作进行了探讨，定期到企业帮助和指导建档工作，共同研究解决建档工作中出现的问题。

应当看到，各地档案行政管理部门虽然在引导民营企业建立健全档案工作方面有了一些好的做法，取得了一些经验，但面对蓬勃发展的民营企业，要做的工作还很多，需要我们进一步探索和创新。

三、努力为民营企业档案工作提供高效服务

各级档案行政管理部门要把为民营企业服务作为一项重要任务纳入档案事业发展规划，以满腔热情、公正平等的态度指导和帮助民营企业做好档案工作。要认真研究民营企业档案工作中的问题，不断改善民营企业档案工作的环境，形成有利于民营企业档案工作发展的良好氛围。要以科学发展观为指导，进一步更新观念，理清思路，明确重点，努力促进民营企业档案工作整体水平的提升。当前档案行政管理部门要注重以下几方面的工作。

（一）明确对民营企业档案工作的指导原则

各级档案行政管理部门要以科学发展观统领档案工作全局，促进民营企业档案工作与全国档案事业协调发展。民营企业的突出特点是企业管理自主性强，企业资产非国有，企业没有上级主管部门，国家不对企业投资，不干涉企业管理；企业组织形式多样，分布地域广，行业门类繁多、涉及面宽；企业规模差异大，既有实力雄厚的高科技企业，也有民间作坊式的劳动密集型企业；民营企业运营灵活，追求实效，一切活动都以增效赢利为目的；相当一部分民营企业管理不规范，还没有建立完善的公司制。这些特点决定了民营企业档案工作从管理体制到工作方式都与传统的国有企业档案工作不同，各级档案行政管理部门应从民营企业实际出发，明确指导民营企业档案工作的基本原则。

⑴自主管理。民营企业在本企业自主管理的条件下运行，要建立与其自主管理方式相协调的档案工作体制，坚持自我管理、自我完善、自我发展的路子。因此，开展民营企业档案工作要以企业自主管理为原则，只要有利于企业发展，又不违背《中华人民共和国档案法》原则，都应积极支持和帮助。

⑵高效适用。民营企业是以赢利为目的的经济实体，凡是高成本、低效能的部门或行为都将被淘汰。民营企业档案部门要将为本企业获取利益服务作为自身生存和发展的前提，因此档案行政管理部门要千方百计引导民营企业档案人员，紧紧围绕企业的经营和发展，围绕增强企业竞争力、提高工作效率、维护企业合法权益等方面开展档案工作。

⑶因企制宜。民营企业管理上的自主性、行业和规模上的差异性，决定了民营企业档案机构和管理模式上存在多元性。档案行政管理部门不能用固定的模式或一两个典型、特例去要求所有

的民营企业，要区分不同情况，因地制宜地开展工作。要针对民营企业的不同规模、不同发展阶段、不同行业等特点创造性地开展工作。

（二）为民营企业档案工作营造良好的环境

各级档案行政管理部门要诚心诚意、一视同仁地为民营企业服务，努力创造一个有利于民营企业档案工作健康发展的良好环境。

⑴要营造档案工作健康发展的政策保障环境。加强对民营企业档案管理的政策法规研究与建设，创造良好的政策法规环境，依法加强对民营企业档案工作的管理，是服务和促进民营企业档案工作健康有序发展的重要前提。要依据《中华人民共和国档案法》、《中华人民共和国档案法实施办法》和相关法律规章，进一步明确民营企业档案的所有权、管理权、归属权及其在国家档案事业、档案资源中的地位，以及档案所有者应承担的权利和社会义务。做到档案行政管理部门管理有依据，民营企业心中有底数；要加强与经济、工商等行业管理部门的合作，在各种适用于民营企业管理的法律规章中增加有关档案管理的内容，以形成行业监督、自我约束的机制，这方面，各地都创造了许多先进经验；要加强企业档案管理办法、业务技术标准规范等的研究制定，以便为企业档案工作的科学管理提供依据。国家档案局正在抓紧制定《企业档案业务规范》，会作为行业标准印发，民营企业档案工作也可参照。

⑵要营造企业对档案工作需求的环境。在很多情况下，民营企业档案工作水平取决于企业本身直接对档案的需求程度，而这种需求又是企业经营者在实践过程中逐渐感悟出来的，有的甚至是从惨痛的教训中总结出来的。档案行政管理部门既要尊重企业的自主选择，更要善于用民营企业档案工作中正反两方面事例启发引导企业学会管档案、用档案，促使他们对档案工作产生需求感、信任感、倚重感，自觉主动地做好档案工作。

⑶要营造学习提高的环境。民营企业档案工作起步晚，发展不平衡，大多数民营企业档案人员希望多学习新知识，但又没有像国有企业多年来形成的业务组织形式。各级档案行政管理部门要根据民营企业的意愿，帮助他们协调组建档案业务协作组(网)，将相关的企业联系在一起，定期研究业务问题，组织现场观摩，互相借鉴经验，推动民营企业档案工作整体水平的提高。

（三）不断提高为民营企业档案工作服务的实效

民营企业档案工作的广泛开展，必然带来档案服务工作需求的扩大。各级档案行政管理部门要以开阔的视野和长远的眼光认识民营企业档案工作，加强统筹规划，拓宽服务渠道，逐步建立健全适应民营企业档案工作特点的社会化服务体系，满足民营企业不断增长的对档案工作的需求。

⑴提供档案业务咨询。为民营企业提供档案价值评估鉴定、档案管理运行系统、编制档案检索工具、档案信息开发、业务标准规范咨询、档案人员培训及档案人才推荐等服务。要对民营企业档案工作的长远发展提供指导，对重大建设项目建档工作提供策划。

⑵开展档案代存寄存服务。有些民营企业不具备保管档案的条件，档案馆可以为其代存寄存档案，并帮助整理、编目、划分保管期限和密级等。双方签订安全保密保管协议或合同，明确各自的权利、义务和违约责任。

⑶开展档案技术服务。许多民营企业没有相关的技术设备，档案部门可为他们提供档案缩微复制、消毒、修复、数字化加工、计算机软件开发等方面的服务。

⑷培训档案人员。针对民营企业档案人员兼职过多、调动频繁、难以脱产参加培训的特点，档案部门可以采取上门培训、现场培训、远程培训等灵活多样的形式，帮助民营企业档案人员掌握档案管理的基本知识和应用计算机的技能。北京市档案局与市工商联、市委统战部联合举办非公有制企业档案人员培训班，得到民营企业热烈响应，一些企业总经理专程赶来听课。培训内容应有较强的针对性、实用性和有效性，特别是对民营企业档案工作中的突出问题，如知识产权、商业秘密、客户档案的保管和利用、应诉反倾销案中的档案管理和应用、电子文件的收集保管等都可纳入培训范围。

档案行政管理部门在为民营企业服务的同时，也要注意提高自身的素质，不断改善、更新知识结构。要学习市场经济、企业管理、法律、科技知识以及WTO有关规则等；要提高创新能力，借鉴国有企业档案工作的经验和做法，摸索开创适应民营企业特点的档案管理模式；要坚定服务思想，力求档案工作从单一服务向多元化、社会化、市场化服务转变。

当前，我国正处于十分重要的发展阶段，在不断深化国有企业改革的同时，非公有制经济的健康发展对社会进步和经济发展起着重要的作用。做好民营企业档案工作是档案行政管理部门一项长期的任务。我们要在以胡锦涛同志为总书记的党中央领导下，高举邓小平理论伟大旗帜，贯彻落实“三个代表”重要思想，树立和落实科学发展观，将民营企业档案工作纳入档案事业整体发展规划，进一步解放思想，明确任务，求真务实，促进民营企业档案工作健康发展，为我国经济建设和社会发展作出应有的贡献！

在第2届中博会融资洽谈会上的演讲

国家开发银行副行长　刘克崮

（2005年9月13日）

大家好！非常高兴与大家共聚广州，探讨中小企业融资问题。国家开发银行根据中央精神，在国家发展改革委、财政部、人民银行、银监会的支持、帮助、指导下，在地方党委、政府和有关各方的支持下，从自身特点出发，在中小企业贷款、支持建立中小企业信用担保体系方面进行了一些初步的尝试，并开始在微小企业贷款方面进行研究。借此机会，我把我们的认识和实践向大家简要介绍一下。

中小企业是实现社会协调、和谐发展的重要组成部分。大企业富国，中小企业富民。大企业主要通过形成规模经济和核心竞争力富国，而中小企业则通过增加竞争活力，增加就业实现富民目标。富国达到一定程度后，就要解决富民问题，否则经济和社会矛盾就会加剧。从世界经济来看，美、英、日等发达国家中小企业发展都很迅速，创造了占本国50%以上的GDP，吸纳了55%～78%的劳动力就业，对经济社会发展发挥了重要作用。实践表明，从市场角度推进中小企业发展，促进富国与富民相结合，是实现社会协调、和谐发展的必由之路。

但是，在包括中国在内的发展中国家，中小企业发展仍然受到融资问题的制约。融资问题之所以成为中小企业发展的瓶颈和薄弱环节，就是因为他们在很多情况下自主发展能力还不强，企业的发展程度、治理能力和信用能力不够，社会的法律体系、信用体系和市场体系等也不完善，存在制度落后和市场缺损。中国作为发展中经济、发展中体制、发展中市场，这一问题表现得尤为突出。因此，必须加快市场建设、制度建设和信用建设，构建强健高效的中小企业融资体系。要从企业自身和外部环境两方面入手，解决中小企业融资问题。一方面，企业要不断完善法人治理结构，加强内部管理，做到诚实守信、规范运作，增强自我发展能力；另一方面，要加大对中小企业的资金支持力度，改善对中小企业的金融服务，拓展中小企业的直接融资渠道，构建多层次的中小企业信用担保体系，推进中小企业融资体系建设。为此，要把政府、市场和金融等力量结合起来，着力加快市场建设、制度建设和信用建设，构建高效的微观金融制度和金融基础设施，形成促进中小企业发展的有效机制。

开发性金融能够在中小企业融资体系建设中发挥重要作用。从各国实践来看，开发性金融是连接政府和市场的桥梁，是适应制度落后和市场缺损，应维护国家金融稳定、增强经济竞争力需求而出现的一种金融形式。它能够整合政府、市场、融资等各种资源优势，运用市场手段解决中小企业融资问题。像世界银行、欧洲复兴开发银行、亚洲开发银行和德国复兴信贷银行等国际开发性金融机构都是如此。

作为中国政府的开发性金融机构，国家开发银行始终致力于以融资推动中小企业融资体系建设。几年来，我们通过发挥开发性金融的作用，建设制度、建设市场、建设信用，培育中小企业的自主发展能力，用开发性方法解决中小企业融资问题。具体来说，我们从创建中小企业贷款平台和担保平台入手，把地方政府组织协调优势、开发银行融资优势、群众组织的民主监督制约优势和商业银行的网点结算优势结合起来，建立有效的贷款模式，健全风险防范体系，通过融资决策民主和内外部压力的互动，有效控制风险，确保中小企业信贷资金安全发放和回收，形成良性循环、长期可持续的融资机制。我们开发的中小企业贷款新模式从2003年开始试点，目前已在全国开展，取得了较好的经济效果和社会效果，发挥了催化剂的作用。截至2005年6月底，累计合同贷款金额91.88亿元，累计发放贷款88.45亿元，贷款余额80.52亿元，支持了1970家中小企业，累计创造就业岗位17万多个，目前贷款质量均为优良，本息回收达到100%。

我们还从资金和信用两方面支持各地担保公司的发展，提高其担保能力和信用能力，促进全国中小企业信用担保体系建设。一是向担保公司的出资方发放软贷款，用于其向担保公司注资。通过软贷款投入，调动原注资方、政府和社会资金，共同增加社会信用担保能力。二是为担保公司提供再担保，采取全额再担保和比例再担保两种方式为担保公司提供信用支持。截至2005年6月底，累计发放软贷款16.6亿元，增加社会信用担保能力140亿元；累计再担保额7.97亿元，支持了714家中小企业。

另外，我们还与世界银行合作，借鉴欧洲复兴开发银行的模式，研究开展无抵押、无担保的微小企业贷款业务。

同时，一流的市场业绩也为国家开发银行更好地支持中小企业和国家经济社会发展奠定了坚实的基础。截至2004年底，国家开发银行资产总额达到1.5万亿元，不良贷款率1.21%，资本充足率10.50%，风险准备金对不良贷款覆盖率142.23%，主要经营指标连续3年稳定在国际先进水平，实现了与国际一流银行的接轨。

北京市的投资环境及民营企业的发展机遇

北京市副市长　张茅

（2005年11月5日）

在秋高气爽，枫叶殷红的季节，我们相聚在这里，共同研讨国务院发布《关于鼓励支持和引导个体私营等非公有制经济发展的若干意见》后的创新与商机，毫无疑问，这次论坛将会为北京注入非公有制经济发展的创新思维，也会为首都非公有制企业的协调、持续、健康发展带来合作、互利、共赢的勃勃商机。我很高兴在这里与各位一起交流和探讨有关北京市的投资环境及非公有制企业发展机遇的话题。

一、北京市非公有制经济在促进全市经济社会发展方面的重要作用日益显著

2005年前3个季度，我市经济社会保持了平稳、健康的运行态势。投资环境、产业结构继续改善，经济增长质量稳步提高，投资、消费、出口三大需求协调发展，物价水平低位运行，人民生活质量不断改善。北京市的经济正处于新一轮快速增长的上升阶段，再加上奥运基础设施建设等项目的拉动，经济增长的内在动力较强。初步测算，1~3季度，全市实现地区生产总值3542亿元，同比增长10.5%，经济仍处于较快增长的轨道上。

目前，北京市非公有制经济发展迅速，已经发展成为做大经济总量、解决城乡就业、拉动投资增长、增加财政收入、促进科技创新、实现便民服务的重要力量。非公有制经济创造的地区生产总值占全市的42%，完成全社会固定资产投资占全市的53%，从业人员占全市的59%，地税收入占全市的43%，国税收入占全市的38%；在全市商贸、餐饮、服务业网点中，非公有制经济占95%，从事计算机应用服务、综合技术服务和信息咨询服务等现代服务业的企业中，99%以上是非公有制企业。非公有制企业中90%以上是中小企业，中小企业中90%以上是非公有制的。

北京市非公有制经济总体发展迅速，但也存在市场准入障碍、贷款融资难、服务体系不健全、信息不对称、成长环境有待改善和自身素质有待提高等问题。

二、营造良好投资环境，促进非公有制经济发展

针对非公有制经济发展过程中普遍存在的问题，国务院于今年2月份发布了《国务院关于鼓励支持和引导个体私营等非公有制经济发展的若干意见》。北京市结合城市总体规划和经济社会发展规划纲要，正在制定《北京市贯彻国务院〈关于鼓励支持和引导个体私营等非公有制经济发展的若干意见〉的实施意见》（以下简称《实施意见》）。在《实施意见》制定过程中，重点体现了五个“既要又要”原则，即既要大力鼓励和支持，又要加强引导和规范；既要优化外部发展环境，又要提高企业自身素质；既要依法保护非公有制企业的合法权利，又要维护职工的合法权益；既要保护民间投资积极性，又要贯彻产业政策；既要着力解决企业融资难问题，又要注意防范金融风险。下面就《实施意见》涉及的有关非公有制企业发展环境方面的问题与大家进行交流。

（一）关于市场准入问题

在制定《实施意见》的过程中，我们坚持的一条原则就是“平等待遇，一视同仁”。这条原则贯穿《实施意见》的始终。针对基础设施建设领域，我们依据《北京市深化城市基础设施投融资体制改革的实施意见》，进一步提出“三个允许”，即允许非公有制经济主体参与城市基础设施的投资、建设和运营；允许非公有制资本参与政府投资项目“代建制”建设；允许经营性基础设施的产权和经营权向非公有制经济转让或出让。这“三个允许”一方面符合投融资体制改革方向，有利于进一步拓宽投融资渠道，为日益加快的城市基础设施建设提供有力的支持；另一方面，使非公资本有了更宽广的投资空间，有利于激发和释放非公资本的投资积极性，同时也有利于在投融资体制改革中处理好增量改革和存量改革的关系，进一步激活存量主体的活力。

以地铁4号线建设运营为例，北京市在全国率先采用了特许经营模式，在全球范围内公开招标选择投资建设运营商，最终香港地铁公司和首创集团组成的联合体中标，从而实现了非公有制经济主体参与城市基础设施的投资、建设和运营。此外，2005年7月份北京市六环路沿线5对加油站的特许经营权面向社会公开招标，包括非公有制企业在内的9家公司参与竞标，也体现了政府放宽非公有制经济市场准入的态度。

针对社会事业和文化产业领域，我们提出制定《北京市社会事业投融资体制改革意见》和《北京市文化产业投资指导目录》，明确放宽非公资本进入社会事业、文化产业的领域、方式和准入目录，并进一步提出“两个允许”，即允许非公有制资本和社会组织独资办学；允许符合条件的民办医院进入医疗保险体系。

（二）关于政府财政资金支持问题

为了支持中小企业发展，按照《中小企业促进法》的有关规定，从今年起，北京市财政建立了总额5亿元的中小企业发展专项资金，用于支持中小企业公共服务体系建设项目、促进新产品开发和新技术推广项目、与大企业的协作配套项目、开拓国际市场项目、实施清洁生产项目等。北京市设立的中小企业发展专项资金体现了政府对中小企业特别是非公有制企业发展的重视和支持的决心。

（三）关于中小企业融资难问题

针对中小企业融资难的问题，北京市提出了三项具体措施。

(1)整合社会资源，拓宽间接融资渠道，切实促进解决中小企业融资难问题。在当前依靠市场配置资源的基础性作用还不能解决中小企业融资难问题时，政府发挥协调、引导和扶持作用，依托北京市中小企业网的信息和技术优势，搭建中小企业融资需求与银行放贷需求对接的平台，协调信用中介机构、担保机构和贷款银行共同为中小企业融资提供服务，发挥协同效应，切实解决中小企业融资难问题。

目前，北京市有关部门正在与北京银行商谈共同促进中小企业发展合作协议，初步确定北京银行在未来3年内新增300亿元用于中小企业贷

款。依托于北京市中小企业网站，已经建立起中小企业融资需求网上申报系统，计划在年内面向北京市中小企业公开征集融资项目。

⑵研究建立再担保机构，提高担保放大倍数，扩充融资担保额度。目前，北京市主要从事中小企业融资担保业务的担保机构共60家，注册资金70.35亿元，截至2005年6月底已累计为9178户中小企业提供贷款担保375.01亿元。担保行业的发展，缓解了中小企业资金紧张的局面。但是，目前北京市贷款担保规模还不能满足中小企业融资贷款的需求。同时，近年来快速发展的担保机构也存在着规范管理和风险控制的问题。

为推动中小企业信用担保体系建设，市政府正在加紧研究建立再担保机构的方案。再担保机构的设立，将有利于提高担保机构资金放大倍数，促进解决融资难、担保难的问题；有利于政府对担保业的规范和监管；有利于建立风险分担机制，促进担保机构健康发展。

⑶鼓励支持具备条件的企业直接融资。目前，为打通非公有制经济、中小企业的直接融资渠道，改善融资环境，北京市政府采取了多项措施：一是加强对企业进行上市培训和辅导，整合中介机构，为企业提供法律和政策咨询服务；二是支持包括非公有制企业在内的各类企业利用国内外资本市场直接上市融资；三是支持具备条件的中小企业在创业板上市融资；四是鼓励非公有制企业以股权融资、项目融资等方式筹集资金；五是允许符合条件的非公有制企业依照国家有关规定发行企业债券；六是依据国家十部委近日发布的《创业投资企业管理暂行办法》，鼓励设立各类创业投资企业、风险投资基金，条件成熟时，设立北京市中小企业创业基金，重点支持科技型、出口型、服务型、就业型非公有制企业发展。

（四）关于服务体系建设问题

针对中小企业服务体系不健全的问题，北京市提出了3项具体措施。

⑴研究建立北京市中小企业中介服务中心。从服务载体上，重点整合全市各类中介服务资源，为中小企业特别是非公有制企业发展提供服务；从服务内容上，重点提供“准生”以外的各种社会化服务（例如业务咨询、管理培训、融资指导等）；从服务需求上，实现中介资源与中小企业的市场对接。

⑵启动北京市中小企业三大培训工程。针对目前非公有制企业对培训的迫切需求，计划在全市范围内开展融资培训、管理培训和创业培训等三大培训工程，对处于不同发展阶段的非公有制经济和中小企业提供高、中、低端培训服务，政府对培训服务给予适当补助。

⑶建立中小企业门户网站，解决信息不对称问题。建设北京市中小企业网，将有利于整合各类政策法规及相关信息资源，及时准确地、最大限度地向全社会提供有关中小企业、非公有制经济的信息服务，方便企业和社会获取信息。通过网站建设，一是解决了非公有制经济、中小企业发展中的信息不对称问题；二是为网上公开征集中小企业融资项目和政府专项资金支持项目奠定了基础；三是使中小企业网成为政府、企业和社会之间的互动平台。

三、北京市经济和社会的快速发展为非公有制企业发展提供了广阔空间

（一）“十一五”规划期间城市基础设施建设将会给国内外投资者提供商机

经过20多年的改革开放和经济社会的全面发展，北京市在“十一五”规划期间将步入经济和社会快速发展的重要机遇期。同时，令世人瞩目的北京奥运会也将在“十一五”规划期间举行。平等的市场准入政策，加上众多城市基础设施建设项目的实施，为国内外各类企业提供了难得的发展机遇。

以城市公共交通建设为例，在“十一五”规划期间，北京市将建成地铁5号线、奥运支线和首都机场线等7条轨道交通线，使全市轨道交通线网运营总里程达到近300公里，比现有运营总里程增加180多公里。在市域快速交通建设方面，将完成京津第二高速、首都机场北线和京承高速等10条高速公路的建设，累计公路里程达16000公里，高速公路总里程达890公里。

此外，奥运场馆建设、污水处理设施建设、信息基础设施建设等众多城市基础设施建设项目，都为各类企业提供了发展商机。

（二）“十一五”规划期间产业发展和空间布局调整将为非公有制经济发展提供机遇

“十一五”规划期间，北京市将以转变经济增长方式和推动产业结构升级为目标，构建“以现代服务业和高新技术产业为双引擎、以现代制造业和基础服务业为双支撑、以都市型工业和现代农业为重要补充”的与北京城市功能相吻合的产业格局。产业结构的调整将引发各种资源要素的转移和重组，从而产生新的发展机遇。

产业转移尤其是服务业转移将有利于集聚总部资源，有利于承接现代服务业、研发和高端制造产业转移。

新的《北京城市总体规划》的实施和城市化步伐的加快从总体上为产业发展和空间布局指明了发展方向；按照“两轴—两带—多中心”的空间格局，落实区县功能定位，将有利于疏解城区功能，引导产业转移和集聚。

区域经济合作的进一步深化将有利于周边省市资源合理配置，优化产业结构，增加经济发展腹地，为企业发展提供更广阔的空间。

2008年奥运会的召开将带来多方位的产业需求，北京将成为全球关注的焦点，这有利于吸引国际产业和关键要素向北京集聚，促进投资环境优化并带动相关产业加速发展。

国家自主创新战略的实施尤其是做强中关村的决策，为加快发展高新技术产业带来新的机遇。

产业发展与空间布局调整将打破传统产业格局，会产生众多的投资商机。希望非公有制企业能够作好准备，抓住机遇，快速发展。

党的“十六大”报告中明确指出：“必须毫不动摇地巩固和发展公有制经济；必须毫不动摇地鼓励、支持和引导非公有制经济发展。”发展非公有制经济不是认识问题，而是实践和落实问题。北京市将按照建设服务型政府的总体要求，进一步营造有利于非公有制企业发展的良好环境，为不同所有制的企业提供公平竞争、一视同仁的发展机会。我们将进一步加大市区两级财政资金对中小企业发展的支持力度，规范使用好政府专项资金，发挥其引导、带动和放大作用，促进中小企业和非公有制企业快速、健康发展。

本次论坛的召开，意义深远。我坚信通过本次论坛，将对进一步营造非公有制经济发展的良好环境形成共识，同时也会对“十一五”规划期间更快、更好地推动和引导非公有制经济快速发展产生积极的舆论和实践影响。

在吉林省加快民营经济发展动员大会上的讲话

中共吉林省委书记　王云坤

（2005年3月29日）

加快民营经济发展，是贯彻党的十六大和十六届三中全会精神的重要举措，是吉林省委、省政府今年确定的重点工作之一。改革开放以来，特别是党的十六大以来，吉林省各级党委、政府坚持以公有制为主体、多种所有制经济共同发展的方针，采取有效措施，调动广大人民群众投资创业的积极性，推动民营经济实现了较快发展。2000年以来，吉林省民营经济以年均30%以上的速度增长，到2004年底，民营经济完成增加值998亿元，占全省GDP的33.8%；实缴税金69亿元，占地方财政收入的21%；从业人员达到281万人，占全省从业人员总数的23%。应该说，我们和自己比，发展还是很快的，但与发达省份相比，仍然存在着阶段性差距。这种差距不仅体现在企业数量上，而且体现在企业规模和质量上。广东省每万人拥有规模以上民营企业1.26户，浙江省达到4.27户，而吉林省则只有0.53户；吉林省民营企业户均注册资本一般在30万～40万元，而发达地区民营企业户均注册资本大多达到300万～400万元；发达地区出现了一大批在国内外有影响力的知名民营企业，而吉林省名气比较大的民营企业和知名品牌很少。民营经济发展相对滞后，是吉林省经济整体动力不足、机制不活、发展不够快的重要症结。从根本上讲，振兴老工业基地最终就是要形成一个充满活力的体制和机制，这就要看民营经济的发育是否充分。老工业基地机制转换、活力增强、投资扩大、就业问题的解决都要靠民营经济的发展壮大。也就是说，没有民营经济的充分发展，振兴老工业基地的目标就不可能实现。吉林省委、省政府召开今天这样一个大会，目的就是动员全省上上下下、方方面面尽快行动起来，采取大的动作，促进吉林省民营经济实现一个大的发展。下面，我讲五点意见。

（一）营造全民创业的浓厚社会氛围

全民创业是民营经济大发展的基础，也是振兴老工业基地战略是否得到落实、局面是否全面打开的主要标志。必须把全民创业作为一项重要的基础性工作来抓，全面动员，全方位发动，尽快掀起全民创业的热潮。我省民营经济发展滞后，深层次的原因是创业文化缺失、创业精神不足，没有形成人人想创业、人人去创业的社会氛围，没有形成有利于全民创业的社会环境。要在全省干部群众中继续深入开展“解放思想、二次创业”教育实践活动，进一步破除因循守旧、小富即安、安于现状、“等靠要”等各种陈旧观念，在全社会大力弘扬自力更生、艰苦创业、开拓创新的时代精神，树立劳动为本、创业立身、致富光荣、懒惰可耻的时代意识。要充分发挥宣传和舆论的导向作用，利用广播、电视、报刊和互联网等各种媒体，广泛宣传党和国家鼓励、支持和引导民营经济发展的方针政策与法律法规，宣传民营经济对富民强省、振兴吉林老工业基地的重要作用，使全民创业的思想深入千家万户，推动形成创业致富的社会氛围。

发展民营经济，途径主要有4个：一是抓培育，主要是培育和发展个体工商户，在此基础上发展民营企业；二是抓改制，采取出售、租赁、股份等多种办法，推进民营资本参与国有中小企业产权结构改革；三是抓引进，引进外地民营企业和“三资”企业来本地投资发展；四是抓扶持，扶持有条件的民营企业做大做强。其中，最基础的工作是抓培育。个体工商户是最活跃的经济细胞，是民营企业的温床和摇篮。没有个体工商户的大发展，就不能涌现出更多的老板，不可能形成民营经济大发展的局面。要全面实施以“创办小企业、增加新岗位、促进再就业”为重点的全民创业行动，力争全省个体工商户数量每年递增20%，用10年时间达到人口总数的5%以上。要引导企业下岗职工、城镇失业人员转变择业观念，利用一切合法手段增加收入、积累财富。要引导农村富余劳动力创办农业延续产业和非农产业，鼓励国有企业、科研院所、高等院校、各类事业单位的工作人员，离职领办创办民营经济项目。要积极整合社会资源，加大创业培训和辅导力度，促进全民创业能力的提高。依托大专院校、各类培训机构建立创业辅导培训基地，重点开展法律法规、产业政策、经营管理、职业技能技术应用等方面的培训。高等院校和职业技术学院要根据民营经济发展需求，调整专业结构，培养各类实用人才。各级党委、政府要组织力量，深入城乡，深入群众，在做好思想动员工作的同时，引导和帮助群众解决“上什么项目、怎样办好项目”的问题，努力提高群众创业的成功率。

（二）优化民营经济发展的软环境

吉林省民营经济要实现大的发展，离不开政府的扶持，尤其需要营造一个好的发展环境。要营造一个公平竞争的政策环境，彻底消除对民营经济的一切歧视性政策。要拓宽准入领域，凡是法律法规和政策没有禁入的行业和领域，凡是能够实行多元化投资的行业和领域，凡是对外资开放的行业和领域，都要鼓励和引导民间资本加快进入。要根据国家有关法律，研究制定保护民营经济的地方性法规，依法加强对民营经济资产、生产经营活动和经营管理者人身安全的保护，任何单位和个人不得侵犯民营经济的合法财产。要认真落实《国务院关于鼓励支持和引导个体私营等非公有制经济发展的若干意见》和吉林省作出的《关于进一步加快民营经济发展的决定》，加大对已有政策性文件的清理力度，凡是与这两个文件精神要求不一致的一律废止。各有关部门要结合实际，抓紧制定具体的配套措施和实施办法，确保各项政策落实到位。最近长春市出台了鼓励全民创业的35条优惠政策，在降低市场准入门槛、放宽登记管理政策、简化手续等方面都有比较大的突破。全省其他地方也要抓紧研究制定类似这样比较着实的措施，真正做到打开闸门、清除障碍，使一切有利于群众创业的思想活跃起来，把一切有能力创业的人才解放出来，让千家万户的创业热情和冲动充分发挥出来。

优化民营经济发展软环境，客观上要求各级政府部门进一步解放思想，更新观念，转变职能，改进作风。要坚决贯彻落实《关于进一步改善企业发展环境的“十不准”规定》，坚持依法行政，规范行政机关和事业单位的收费行为，进一步清理现有的收费项目，尤其要加大对《中华人民共和国行政许可法》调整范围以外收费项目的清理力度。要以行政审批制度改革和实施《中华人民共和国行政许可法》为切入点，大力推进政府职能转变，规范行政许可行为，精简审批事项，简化办事程序，提高工作效率，为民营企业的发展提供优质高效的服务。要建立维护民营经济合法权益服务中心，受理民营经济投诉案件，为民营经济提供法律咨询和法律援助。同时，加大对软环境建设的监督检查，对破坏软环境的问题，不论涉及哪个部门、涉及什么人，一律严肃查处。4月初，省委省政府要召开软环境建设动员大会，对这项工作进一步作出部署，同时对一些破坏软环境的案件进行公开处理。

（三）建设民营经济发展的要素平台

民营经济要想有大的发展，离不开市场的充分发育和要素平台的支撑。从目前看，资金、人才、技术等生产要素的缺乏已经成为制约吉林省民营经济做大做强的瓶颈。2004年，在全省民营经济投入中，金融部门贷款仅占投资总额的3.5%，各项扶持资金仅占0.3%。解决金融制约问题，必须坚持“两条腿”走路，既要充分发挥金融机构的作用，又要充分发挥金融市场的作用，力求通过机制创新，走出一条多元化、市场化的融资路子。要着力培育区域资本市场，建立健全民间风险投资机构和融资中介机构，为民营企业股权投资和融资提供服务。探索组建中小企业产权交易、股权托管等中介服务机构，推进民营经济股份制改造，鼓励民营企业以股权融资、项目融资等方式募集资金。继续争取与“长三角”、“珠三角”和环渤海地区的发达省份合作，构筑“南资北移”通道。要用优惠政策、区域市场和良好服务吸引更多的投资实体来吉林，为民营经济融资创造条件。

加强社会化服务是民营经济创业、成长、壮大的必要条件。大力支持服务组织的发展，坚持社会化、专业化、市场化原则，鼓励发展创业辅导、筹资融资、市场开拓、技术支持、信息服务、管理咨询、人才培训、法律援助等各类社会中介服务机构，加快形成上下贯通的服务体系。整顿中介服务市场秩序，规范中介服务行为，为民营经济营造良好的服务环境。加快建立适合民营经济发展特点的信息服务平台，引导企业在设计、研发、生产、营销、管理全过程运用计算机和网络技术，推进民营经济的信息化建设。做好民营企业人才规划、培养和引进工作，鼓励大学毕业生和各类人才到民营企业工作。

（四）引导民营经济规范健康发展

以科学发展观为指导，加快制度创新、技术创新、管理创新，是民营经济提高综合素质和竞争实力的根本途径。要支持有条件的民营企业做大做强。通过制定产业政策，引导民营经济围绕我省特色资源、支柱和优势产业搞加工、搞配套，对发展前景好、竞争实力强的民营企业，要帮助其不断上规模、上水平。2005年吉林省要基本完成国有及国有控股工业企业改制任务，这为民营经济发展提供了良好契机。民营经济的注入能够促进国企改制，国企改制也为民营经济发展提供了基础和空间。要鼓励、支持那些有条件的民营企业参与国有企业改组改造，通过收购兼并、承包租赁、合资合作、控股参股等方式进入国有企业，推进投资主体多元化。鼓励民营企业扩大与外资企业配套协作，融入跨国公司的生产、营销体系。支持民营企业扩大产品出口，鼓励有条件的民营企业加快“走出去”，开展境外投资，开拓国际市场。要提高民营企业的创新能力。积极推进体制创新，通过发挥人才和资本的重组优势，加快民营企业由独资向产权主体多元化的混合型经济转变，实现发展层次上的新跨越。积极推进技术创新，鼓励研发具有自主知识产权的新技术、新产品，打造具有市场竞争优势的名牌产品。积极推进管理创新，围绕企业人力资源、财务运行、产品质量、市场营销创新管理理念，提高管理水平，加快由传统管理向现代管理转变。加强企业文化建设，培育企业团队精神，不断增强企业发展的向心力、凝聚力和创造力。要努力提高民营企业家素质。民营企业能否发展壮大，既依赖于良好外部环境的培育，更取决于民营企业家自身素质的提高。广大民营企业家要志存高远，追求卓越，永不自满，不断提高驾驭现代企业的本领和自我发展的能力。要加强学习，更新观念，不断创新，努力走在时代发展的前列。要增强社会责任感，把实现社会价值和实现个人价值紧密联系起来，把遵循市场法则与发扬社会主义道德结合起来，以企业发展的业绩和诚信守法的实际行动，树立良好的社会形象。要加强对民营企业的管理和规范，引导企业守法经营、照章纳税，倡导企业讲信誉、守信用，建设诚信企业。严守环境保护规定，严格控制污染，发展环保式企业。重视安全生产，避免出现重大人身伤亡事故，创建安全企业。保障职工合法权益，注重职工的劳动保护。加快发展行业协会、个体劳动者协会、私营企业协会等民间组织，重视发挥工商联的作用，促进形成政府管理与行业自律相互补充、相得益彰的管理新格局。

（五）切实加强对发展民营经济工作的组织领导

加快民营经济发展，事关振兴吉林老工业基地全局。各级党委、政府要进一步加强领导，真抓实干，确保各项工作措施落到实处。全省各级党委、政府要把思想和行动统一到省委、省政府的决策和部署上来，对发展民营经济进行再宣传、再发动、再组织、再落实，保证领导力量到位、工作责任到位、政策措施到位。要加强组织和协调，引导各部门以促进发展为己任、以服务发展为天职，自觉服从大局，主动支持配合，为推动民营经济发展献计出力、尽职尽责。各级领导干部要多深入下去，帮助解决民营经济发展中遇到的实际困难，特别是对民营企业在土地使用、项目审批、人才引进等方面遇到的问题，在生产和经营中遇到的经济纠纷，都要在法律法规许可的范围内给予积极的帮助。对民营经济发展中出现的一些问题要实事求是地帮助其纠正偏差，切实保护和引导好人民群众的创业实践。

加快发展民营经济是振兴吉林老工业基地的客观要求，是富民强省、全面建设小康社会的现实选择。希望全省各级党委、政府和广大干部群众进一步解放思想，以更加饱满的热情、更加旺盛的干劲、更加富有创造性的工作，为实现民营经济大发展、振兴吉林老工业基地作出新的更大的贡献！

在黑龙江全省发展非公有制经济工作会议上的讲话

黑龙江省人民政府省长　张左己

（2005年11月16日）

这次会议是黑龙江省委、省政府召开的一次重要会议，主要任务是全面贯彻落实党的十六届五中全会精神和《国务院关于鼓励支持和引导个体私营等非公有制经济发展的若干意见》(国发[2005]3号)要求，交流各地发展非公有制经济的经验，表彰奖励全省发展非公有制经济先进市、县（市、区），纳税和进出口先进企业，杰出企业家，认真分析全省非公有制经济发展形势，提出加快发展的目标、任务和措施，推动黑龙江省非公有制经济实现新的跨越。下面，我讲三点意见。

一、积极推进，成果显著，非公有制经济在全省经济社会发展中发挥了重要作用

近年来，省委、省政府把加快非公有制经济发展作为全省经济结构调整和经济发展的重点，不断加大推进力度。各地区、各部门解放思想，转变观念，做了大量富有成效的工作，使非公有制经济呈现快速发展的态势，成为黑龙江省最具活力的经济增长点，在全省经济社会发展中发挥着举足轻重的作用。

（一）非公有制经济已成为拉动黑龙江省国民经济增长的生力军

近年来，黑龙江省非公有制经济规模不断壮大，对国民经济的拉动力越来越强。2004年，非公有制经济增加值已占全省生产总值的30.3%，贡献率达到34.8%。全省非公有制经济增长速度高于全省经济增长速度3.5个百分点。全省来自私营、个体的地方税收分别比上年增长22.5%和44%，比全省地税收入增幅分别高出8个和近30个百分点。来自非公有制企业的投资达614.2亿元，比上年增长44.5%，占全社会投资总额的40.5%。今年前3季度，全省非公有制经济完成增加值1440亿元，同比增长20%；实缴税金58亿元，同比增长25.2%。

（二）非公有制经济已成为黑龙江省吸纳就业的主渠道

非公有制经济的不断发展，创造了大量的就业机会。截至目前，全省非公有制经济从业人员已达570多万人，不仅有效缓解了下岗失业职工和城镇新增就业人员的就业压力，而且还吸纳了大量农村剩余劳动力。2004年，全省新增就业岗位64.2万个，其中50%以上是非公有制企业创造的。今年上半年仅城镇个体、私营企业就新增就业岗位20.1万个。就业岗位的增加有效地促进了城乡居民的收入增长和生活水平提高，老百姓称非公有制经济为“富民经济”。

（三）非公有制经济已成为黑龙江省加快国企改革的重要推动力

近年来，特别是实施东北地区等老工业基地振兴战略以来，非公有制企业通过兼并、联合、参股、嫁接、租赁、合作等多种形式，积极参与国有、集体企业改革。据不完全统计，仅去年全省就有210多户非公有制企业通过不同形式参与国企改革，注入资金13亿元，盘活国有存量资产35亿元，安置下岗职工3万多人。非公有制经济

的发展对于加快国有企业体制机制转换，增强发展活力，提高市场化程度正发挥着越来越重要的作用。

（四）非公有制经济已成为黑龙江省外向型经济新的增长点

2004年，全省私营企业完成进出口总额比上年翻一番，达到38.07亿美元，占全省外贸进出口总额的56.1%。非公有制经济对进出口总额净增长的贡献率为137%，拉动全省对外贸易增长37.6个百分点。今年前3季度，私营企业进出口总额达42.61亿美元，同比增长57.6%，占全省进出口总额的60.9%。黑龙江省对外投资企业中私营企业占90%以上。非公有制经济已经成为黑龙江省对外经贸合作中最活跃、最具潜力的新生力量。

（五）非公有制经济已成为黑龙江省县域经济发展的重要支柱

随着国有中小企业全面改制，推动县域经济发展的主体力量发生重大转换，非公有制经济已成为推动县域经济发展的主要力量。在县域经济发展比较好的市、县，非公有制经济增加值占县域经济生产总值的比重都超过了60%，税收对财政收入的贡献也都超过了50%。很多非公有制企业已经成为立市、立县企业。如七台河市非公有制经济已经成为全市主体经济。到2004年年底，七台河市全市非公有制企业已发展到2.7万户，从业人员10.2万人，占全市城镇从业人员的70%，国有企业下岗职工有96%在民营经济领域中实现再就业；全市非公有制企业实现生产总值67.6亿元，占全市生产总值的70%。大庆市龙凤区2004年非公有制经济占全市生产总值的比重达75.2%，东宁县2004年非公有制经济占全市生产总值的比重已达83%，成为名副其实的主体力量。

这些成绩是全省上下共同努力的结果，更凝聚着非公有制企业家们的智慧和汗水。在这里，我代表省委、省政府向这次会议表彰奖励的先进企业和先进个人表示热烈的祝贺!并通过你们向全省非公有制企业的创业者和从业者表示崇高的敬意!

尽管黑龙江省非公有制经济呈现出蓬勃发展的态势，但与发达省区相比，还存在着较大的差距。在产值上，2004年黑龙江省非公有制经济完成增加值1618亿元，仅占全省生产总值的1/3，而同处东北的辽宁省，其非公有制经济完成增加值3505亿元，占全省生产总值的比重已经达到51%。我们与江浙等发达地区相比差距更大。在质量上，黑龙江省民营企业知名品牌少、资本实力差、竞争能力弱，更缺乏像广东美的集团、浙江正泰集团、江苏双良集团这样区域性的非公有制支柱企业。

之所以出现这种状况，主要有以下原因：

⑴思想还不够解放。个别地区和部门在观念和行动上对非公有制经济还存在不同程度的歧视，还没有对民营经济和国有经济一视同仁，在精力投入、工作推进上还没有像抓国企改革、抓招商引资那样抓非公有制经济发展。

⑵政策落实不到位。近些年，国家和黑龙江省在发展非公有制经济方面出台了一系列政策，但一些地区、部门对这些政策执行不力，督查不严，落实不到位，反馈不灵敏，致使一些政策够用不管用，流于形式；有的部门甚至不顾大局、设置障碍，干扰政策的落实。

⑶勇于吃苦、敢于创业的社会氛围还没有形成。由于历史、人文等多方面的原因，黑龙江省崇尚竞争、鼓励创业、追求创新的社会氛围还不够浓厚。很多下岗、失业、转业人员还存在着“重国企轻民企”的思想和“求安稳怕风险”的保守观念。

⑷中介服务组织发展缺位。目前黑龙江省中介服务组织不仅数量少，而且质量低，在管理水平、服务能力、市场衔接等许多方面还不能有效地为非公有制企业发展提供各种服务。

⑸非公有制企业融资难问题没有根本解决。融资渠道少、融资成本高等问题仍然是制约非公有制经济发展的瓶颈。以上这些问题一定要认真加以解决。

二、拓宽领域，提高质量，促进黑龙江省非公有制经济快速发展

党的十六届五中全会指出，要坚持公有制为主体，多种所有制经济共同发展。要大力发展个体私营等非公有制经济，鼓励和支持非公有制经济参与国企改革，进入金融服务、公用事业、基础设施等领域。要引导个体、私营企业进行制度创新，加强和改进对非公有制企业的服务和监管。按照这一要求，今后一个时期，黑龙江省非公有制经济发展的总体思路是：以邓小平理论和“三个代表”重要思想为指导，以科学发展观为统领，全面贯彻和落实党的十六大、十六届五中全会精神和《国务院关于鼓励支持和引导个体私营等非公有制经济发展的若干意见》要求，解放思想，转变观念，充分依托黑龙江省优势，全力推进非公有制经济发展。进一步完善政策措施和服务体系，努力营造良好的社会氛围，不断加快规模扩张，加强自主创新，促进质量提高，实现黑龙江省非公有制经济发展的新跨越。发展目标可概括为“五三六”、“七六六”、“二二六”：从非公有制经济对全省经济发展的贡献看，到2010年，非公有制经济创造的增加值占全省生产总值的比重由目前的30%提高到50%，实现税收额占全省财政收入的比重由目前的1/4提高到1/3，非公有制企业新增就业岗位占全省新增就业岗位的比重由目前的50%提高到60%以上；从非公有制经济对全省经济增长的拉动看，进出口额占全省进出口总额的比重由目前的60%提高到70%，非公有制科技创新企业占全省科技型企业的比重由目前的40%提高到60%以上，民间投资占全社会投资的比重由目前的40%提高到60%；

从非公有制经济的发展规模和质量看，年营业收入1亿元以上的非公有制企业由目前的120户增加到200户，非公有制企业的省内知名品牌由目前的100个增加到200个，全国驰名商标和中国名牌产品由目前的26个增加到60个，非公有制企业的创新能力和市场竞争能力明显增强。

根据这个思路和目标，我们要全力做好以下4项工作。

（一）挖掘潜力，迅速扩大非公有制经济规模

总体规模小、在国民经济中所占比重低，仍然是黑龙江省非公有制经济发展的一个重要问题。黑龙江省非公有制经济要取得跨越式发展，首先要在量的扩张上实现大的突破。

⑴迅速壮大非公有制经济新生力量。当前，国家对非公有制经济发展进一步放宽了领域，降低了门槛，加大了政策支持力度，这为黑龙江省加快非公有制经济的发展提供了难得的机遇。我们要抓住机遇，乘势而上，在迅速扩大非公有制经济规模上下功夫。要充分利用黑龙江省是老工业基地，国有大中型企业实力雄厚的优势，进一步发展为其服务和配套的非公有制企业；利用矿业、农业、林业等自然资源丰富的优势，进一步发展非公有制精深加工企业；利用对俄开放优势，进一步发展对俄经贸科技合作的非公有制企业；利用科技实力雄厚的优势，进一步发展非公有制高新技术企业等。积极鼓励民间资本投资兴办非公有制企业。在行政管理体制改革、事业单位改革和国有企业主辅分离、辅业改制、分离企业办社会过程中，要积极引导和鼓励相关单位和相关人员发展非公有制经济。伴随每一次改革，都会产生一次新的“下海”热潮。积极鼓励科技人员，尤其是掌握一定专利技术的科技人员创办民营科技企业。鼓励和引导机关干部、退伍复员转业军人、大学毕业生、城市下岗失业人员和城镇新增就业人员等创办、领办非公有制企业和发展个体、私营经济。结合农业产业结构调整，大力发展农村个体、私营经济，鼓励外出打工农民回乡创办企业。认真落实国家和黑龙江省鼓励创业的各项政策，对确定为国家和省里支持的创业服务重点城市、创业辅导(孵化)基地和创业园区加大投入，给予资金支持。5年内要在全省建立50个创业辅导(孵化)基地和创业园区。

⑵积极鼓励非公有制企业参与国企改革。黑龙江省还有相当数量的国有企业、集体企业要退出竞争性领域，要进一步调整所有制结构，将其改造成为非公有制企业。黑龙江省原来的五常制药厂、哈高科、哈肉联等国企通过改制迅速做大做强，积累了这方面的经验。要继续组织有实力的非公有制企业参与国企改革，促其尽快转制，形成一批新的非公有制企业。

⑶努力引进一批非公有制企业。利用黑龙江省资源、产业、区位等比较优势，进一步创造良好环境，采取独资、合资、合作等形式，积极引进南方先进地区的非公有制企业，特别是战略投资者，带动非公有制经济的发展。上海世茂集团、山东金锣集团等一批非公有制企业已经落户黑龙江省，这是一个良好的开端。我们要总结这方面的经验，吸引更多的外来企业，壮大黑龙江省非公有制经济规模。

⑷积极扶强非公有制“龙头”企业。对于产业关联度较高的非公有制企业，积极引导其以资产为纽带，以市场为导向，通过并购重组、联营联合、参股控股等形式，组建产权多元化的企业集团。选择一批发展前景好、带动作用强、吸纳就业多的骨干企业，支持其进一步壮大实力。对年营业收入1亿元以上、5000万元以上、1000万元以上非公有制骨干企业，由省、地市、县(市、区)分别建立数据库，实行动态管理，搞好跟踪服务，加快龙头企业的培育和发展。

（二）不断创新，提升非公有制经济的发展层次

创新是一个民族进步的灵魂，是一个国家兴旺发达的不竭动力，也是一个企业不断发展壮大的源泉。要不断提高非公有制经济的发展层次，就要坚持“四个创新”。

⑴坚持理念创新，把握正确发展方向。非公有制企业要认真贯彻党的十六届五中全会提出的建立资源节约型和环境友好型社会的要求，重新审视企业发展战略，按照科学发展观的要求，处理好当前与长远、经济发展与环境保护、资源节约的关系，走科技含量高、经济效益好、资源消耗低、环境污染少的新型发展道路，实现集约化和内涵式的发展。

⑵坚持科技创新，增强企业生命力。产品科技含量低、市场竞争力弱是制约黑龙江省非公有制企业发展壮大的主要原因。要积极鼓励和引导已经具备一定规模的企业，特别是在某些领域、某些行业发挥龙头作用的企业，把技术创新作为企业生存发展的重要任务切实抓好。通过自主创新和引进消化吸收新技术，不断促进产品升级换代，提高市场竞争力。有条件的企业要设立研发中心，形成自主创新能力；暂时不具备条件的企业可以与相关科研机构合作，实现科技成果和人力资源共享，提高创新能力。

⑶坚持制度创新，规范企业管理。建立现代企业制度是非公有制企业的发展方向。对于发展到一定规模和层次的大中型非公有制企业，要逐步改革其管理模式和经营方式，完善产权治理结构，建立现代企业制度。要大力推行股份制，以适应社会化大生产和市场经济发展的更高要求。对于其他非公有制企业，要因地制宜、因企制宜，探索具有自身特点的企业管理之路。

⑷坚持营销创新，拓展市场空间。企业的营销方略决定企业的市场前途。不断创新和增强市场开拓能力，对非公有制企业发展至关重要。浙江省大型非公有制企业的销售网络遍布全国甚至是全世界，与世界上200多个国家和地区建立了贸易关系。温州市的印刷包装企业，几乎垄断了全国酒类行业的包装，年销售额高达30多亿元。要认真学习和借鉴这些经验，注意捕捉市场信息，

完善市场营销战略，建立起快速的市场反应网络体系。要努力与国际标准接轨，采用现代化的管理方式，切实提高企业的市场开拓能力。“驰名商标”、“名牌产品”等品牌是企业走向市场的名片。黑龙江省的知名品牌产品不多，要实施品牌战略，打造国内国际知名品牌，提升企业影响力。要积极鼓励和支持具有鲜明地方特色和竞争优势强的非公有制企业加快品牌培育、提高品牌档次、扩大品牌影响。从今年起，凡注册商标被认定为中国驰名商标或产品被评为中国名牌产品的企业，省政府给予100万元的奖励。

（三）打造集群，壮大非公有制经济的发展实力

从发达省份的发展实践看，培育产业集群是促进非公有制企业发展，提升企业竞争力的必然选择。这些省份的中小企业通过专业化分工合作，促进产业集群化发展，有效地优化了资源配置，形成了明显的行业优势乃至行业垄断。如浙江省永康形成了闻名全国的“五金城”；“领带之乡”嵊州生产的领带占全球产量的1/3；诸暨市大唐镇有生产袜子的企业8000多家，年产量48亿双，产值90亿元，成为全球最大的袜业基地。我们要学习和借鉴这些经验，努力培育自己的产业集群，努力创造一批区域品牌，发展一批产业名县名镇，壮大一批核心竞争力较强的骨干企业，打造一批有影响力的拳头产品，培育一批有一定规模的专业化市场。

目前，应该在以下3个方面发展产业集群：

(1)依托专业园区发展产业集群。今后5年，黑龙江省将重点建设50个非公有制企业园区。要将这些园区的建设规划和产业集群的发展目标融为一体，突出已有优势和产业特色，通过园区建设形成产业集群，通过产业集群拉动园区建设。黑龙江省的利民开发区、平房工业园、大庆化工园、纺织工业园等园区通过专业化发展，已经形成了特色突出的北药开发、汽车零部件加工、石化产品生产等优势，取得了很好的效果。要充分借鉴他们的成功经验，努力打造出一批突出集群特色的品牌园区。

(2)依托优势资源和产业发展产业集群。黑龙江省是资源大省和商品粮大省，发展资源精深加工产业具有明显的优势，经过多年的发展，在这方面已形成了良好的产业基础。非公有制企业要注重发挥资源和产业优势，大力发展规模化生产和集约化经营。要加强产业横向联结，发展上下游关联产业，不断延长产业链，逐步形成具有黑龙江省特色的北药产业群、乳制品产业群、畜产品产业群、林产品产业群、农副产品产业群等更多的产业群体。

(3)依托“块状经济”发展产业集群。黑龙江省一些地区的绿色食品生产、畜牧业养殖、边境地区的进口木材加工等都是块状经济发展的雏形。还有一些像亚沟粘豆包村、扫帚村等小商品专业村，也有了一定的发展规模和知名度，形成了“一乡一品”、“一村一品”的良好发展格局。要依托现有基础，加强引导、规划和扶持，引进先进管理理念，培育知名品牌，形成独具特色的主导产品或主导产业的集群，把小商品做成大产业，形成大市场。

（四）提高素质，增强非公有制经济的发展后劲

“人是生产力中最活跃的要素。”具体到每个企业，从业人员素质是决定企业生存发展的关键因素，要使黑龙江省非公有制经济持续健康发展，必须加强人才队伍建设。

(1)努力提高企业家和员工素质。市场经济千变万化，对企业家和员工素质的要求越来越高，在这一点上，一定要增强紧迫感和忧患意识。企业家要自觉加强学习，不断增加知识储备，研究和运用市场经济规律，按照国际规则开展商务活动，尽快提高决策能力和经营管理水平。同时，要加强对员工的培训，不仅要使他们掌握应知应会的技能，而且要使员工对企业有长久的归属感。为了不断满足企业发展的需要，也要注重一些急需人才的引进。

(2)不断形成厚重的企业文化。丰富而有特色的企业文化是凝聚企业力量的根源。要通过建设各具特色的企业文化，把实现企业发展目标与员工个人价值有机统一起来，增强企业的吸引力和凝聚力。要培育和发扬有利于企业发展的团队精神，使其转化成为推动企业发展的强大动力。

(3)积极推进企业诚信建设。市场经济是法制经济，也是诚信经济。企业的发展只有建立在诚信和道德之上，才有坚实的基础，才能不断发展。要牢固树立诚信为本、守法经营意识，建立企业信用自律机制，加强规范化管理，健全各项制度，不断提升企业信用度。非公有制企业要自觉遵守国家有关产品质量、安全生产、劳动用工等法律法规，依法纳税，依法经营，公平竞争；以德治企，善待员工，利义兼顾；积极参与社会公益事业，保护资源环境，争创文明工商经营户和文明私营企业，努力塑造良好的社会形象。

三、转变作风，强化服务，加大对非公有制经济发展的支持力度

各级党委、政府要从坚持我国基本经济制度的高度，切实把发展非公有制经济摆上重要的战略位置，按照党的十六届五中全会的要求，“毫不动摇”地鼓励支持非公有制经济大发展、快发展、科学发展。

（一）确保发展非公有制经济的各项政策落实到位

近年来，黑龙江省相继出台了一些政策，但在落实当中，还存在着个别权力部门死守利益的“亮红灯”现象、有的中间环节顶着不办的“中梗阻”现象、少数基层单位拒不落实的“末稍炎”现象。这些问题严重影响了非公有制经济的

发展，必须认真加以解决。非公有制经济发展程度高低是检验一个地区经济环境好坏的试金石。这次国务院新出台的鼓励支持和引导非公有制经济发展的意见，是改革开放以来国务院出台的一部最全面、最系统的促进非公有制经济发展的政策性文件。黑龙江省也相应出台了26条实施意见，一定要以更坚定的决心、更有力的措施，将这些政策和意见认真落实到位。

⑴加强政府服务，促进政策落实。要按照党的十六届五中全会关于“加强和改进对非公有制企业的服务和监管”的要求，切实转变工作作风，强化服务意识。从依法行政做起，从点滴小事做起，认真解决政策不落实、服务不到位的问题。

⑵加强督促检查，推进政策落实。各级督办部门要把政策落实情况作为督查重点，加大督办力度，组织专项检查，督促政策的落实。

⑶加强民主评议，强化政策落实。各级中小企业主管部门、工商联及有关部门，每年要组织1～2次对政府职能部门政策落实情况和管理、服务情况的民主评议，将评议意见作为目标责任制考核的重要依据，强化政策的落实。

（二）积极拓宽非公有制企业的融资渠道

资金不足仍然是黑龙江省非公有制经济发展的一个瓶颈，必须在进一步拓宽融资渠道上下功夫。

⑴进一步增强银地和银企间的互信合作。要积极为银企之间牵线搭桥，国企、民企同等对待，一视同仁。开展经常性的、多种形式的银企对接活动，建立长期稳定的对接合作机制，推进银企互信合作。建立国家开发银行贷款平台的地市，要积极为非公有制企业提供贷款服务。同时，还要督促企业建立信用自律机制，自觉强化信用意识，避免逃废债务的发生。

⑵不断扩大政策性担保规模。进一步完善省、市、县三级担保机构配套协作、运作规范的信用担保体系，简化担保程序，开展转贷款、担保贷款等业务。各级财政部门要加大对政策性担保机构的资本金投入，黑龙江省财政已注入5.5亿元政策担保金，还将继续逐年增加投入，以提高政策性担保机构的担保能力，放大担保倍数。同时积极建立完善担保风险补偿机制和奖励机制。要对那些信誉很好、经营稳定、贷款额度在200万元以内的非公有制企业，经担保公司审核，实行即保即贷。鼓励外国投资者以中外合资方式注资设立中小企业担保机构，有针对性地为非公有制中小企业提供融资担保等服务。

⑶积极探索新的融资途径。支持具备条件的非公有制企业境内外上市融资、发行企业债券，以拓展融资渠道。鼓励非公有制企业学习南方省市的先进经验，积极探索非公有制企业组建互助性金融组织。完善黑龙江省非上市企业产权交易、股份托管、质押典当等地方性资本交易市场，以股权融资、项目融资和无形资产等方式筹集资金。有条件的企业可以积极参股有关金融机构，壮大金融机构为非公有制经济服务的实力。

（三）切实维护非公有制企业的合法权益

个体、私营等非公有制企业经营者和从业者，对在行政监管中出现的侵害他们利益的行为意见很大，反响强烈，对这个问题应该切实加以解决。

⑴进一步规范行政监管行为。各级政府要严格按照《行政许可法》实施依法监管，不得违反行政执法的标准、程序、权限，不得滥用自由裁量权，严禁利用行政职能，强制企业加入协会、学会，强行收取会费等行为。严格控制各类专项检查，限制重复检查，对“三乱”等违法违纪行为，对利用职务之便“吃、拿、卡、要”和以权谋私等行为，一经查实，必须严肃处理。

⑵切实维护企业和职工的合法权益不受侵害。各级政府和部门要依法保护非公有制企业投资者的财产权、知识产权、自主经营权和企业家名誉、人身等合法权益，建立和完善保护非公有制企业合法权益的机制，在各级工商联设立非公有制企业维权投诉受理中心。非公有制企业的合法经营活动，任何单位和个人不得干预，一旦受到侵害，要及时受理，公正处理。各级司法部门在受理涉及此类经济案件和民事案件时，要依法秉公办理，杜绝久拖不决、推诿扯皮现象的发生。非公有制企业要尊重和维护职工的各项合法权益，按照国家有关规定，参加养老、失业、医疗、工伤、生育等社会保险，积极探索建立健全职工社会保障制度。

（四）大力营造有利于非公有制经济发展的社会氛围

要使非公有制经济创业者得到全社会的广泛尊重，激发全民自主创业热情。

⑴进一步加大宣传力度。要充分发挥舆论导向的重要作用，广泛宣传非公有制经济群体中涌现出的先进企业和优秀企业家的典型事迹，大力弘扬非公有制企业经营者那种敢担风险和勇于拼搏的自主创业精神，形成良好的社会效应。要使全社会都能认识到，非公有制经济的经营者和从业者和我国广大工人、农民、知识分子一样，都是中国特色社会主义事业的建设者，是依法生产和经营的劳动者，是社会财富的创造者，是履行纳税人义务的奉献者。努力在全社会形成人人关心、人人支持非公有制经济发展的良好社会氛围。

⑵进一步提高非公有制经济创业者的社会地位和政治待遇。要对发展速度快、缴税数额多、社会贡献大的非公有制企业和优秀企业家给予表彰奖励，对其中的突出者要实行重奖，增加在各级人大代表和政协委员中非公有制企业家的比例；邀请非公有制企业家代表参加各级政府召开的有关会议；为作出突出贡献的非公有制企业家提供省、市级医疗服务待遇等等，真正使非公有制企业家在政治上有荣誉、社会上有地位、经济上有实惠。

同志们，国家实施振兴老工业基地战略，为黑龙江省非公有制经济发展提供了难得的历史机遇；国发[2005]3号文件的出台，为黑龙江省非公有制经济发展注入了强大的推动力量。让我们抢抓机遇，扎实苦干，为实现黑龙江省非公有制经济的快发展、大发展、科学发展作出积极的贡献！

在全省民营企业表彰大会上的讲话

中共河南省委书记　徐光春

（2005年1月11日）

新年伊始，省委、省政府召开全省民营企业表彰大会，隆重表彰为河南省改革开放和现代化建设作出积极贡献的一批明星民营企业、优秀民营企业和企业家。我代表省委、省政府向受到表彰的民营企业和企业家表示热烈的祝贺！向全省广大民营企业和企业家表示诚挚的问候！

这次会上，总结回顾了近两年来河南省非公有制经济发展的成就，对进一步发展壮大非公有制经济作了安排部署，大家进行了深入讨论交流，3个明星企业和1个非公有制经济发展较快的县作了典型发言。会议开得很成功，必将有力地促进河南省非公有制经济的发展壮大。下面，我就加快全省非公有制经济发展再讲几点意见。

一、进一步加深对非公有制经济重要地位和重要作用的认识

改革开放以来，我们党对发展非公有制经济的认识不断深化。党的十六大明确提出："必须毫不动摇地巩固和发展公有制经济；必须毫不动摇地鼓励、支持、引导非公有制经济发展。"要把坚持公有制为主体和促进非公有制经济发展，统一于社会主义现代化的进程中。党的十六大还特别强调，在社会变革中出现的新的社会阶层，都是中国特色社会主义事业的建设者，对他们的创业精神都要鼓励，对他们的合法权益都要保护，对他们中的优秀分子都要表彰；一切妨碍发展的思想观念都要坚决冲破，一切束缚发展的做法和规定都要坚决改变，一切影响发展的体制弊端都要坚决革除，让一切劳动、知识、技术、管理和资本的活力竞相迸发，让一切创造社会财富的源泉充分涌流。第十届全国人大第二次会议通过的宪法修正案，以国家根本法的形式，把党的十六大提出的毫不动摇地发展非公有制经济的基本方针确定下来。这些都为非公有制经济发展指明了方向，增强了动力，提供了法律保障，对促进非公有制经济快速健康发展具有重大而深远的意义。

近年来，全省各级党委、政府认真贯彻落实党的十六大精神，千方百计加快非公有制经济发展步伐。特别是2003年省委、省政府召开了高规格的发展非公有制经济工作会议，出台了《关于进一步促进非公有制经济发展的决定》，全省非公有制经济发展步伐明显加快，已经成为河南省最具活力的经济增长点，为河南省改革发展和稳定作出了重要贡献。但是，面对加快发展的大好时机，与全面建设小康社会、实现中原崛起奋斗目标的要求相比，与沿海发达地区相比，河南省非公有制经济发展还存在较大差距，还有广阔的发展空间。我们必须进一步提高对非公有制经济重要地位和重要作用的认识，采取有力措施，加快发展步伐，努力保持河南省非公有制经济发展的好势头。

（一）非公有制经济是全面建设小康社会、实现中原崛起的一支重要力量

⑴非公有制经济的发展有力地推进了河南省工业化进程。目前河南省规模以上非公有制工业企业增加值已占全省的40%以上，非公有制经济对工业增加值的贡献越来越大。随着投资体制改革的不断深入，加快工业化更要依靠民间资本和社会资本推动。大力发展非公有制经济，能够更有效地聚集民间资金、社会资金投资兴业，必将愈益成为推动全省工业化进程的有生力量。

⑵非公有制经济是加快城镇化和农业现代化的重要载体。在河南省加快城镇化和农业现代化过程中，县域经济具有举足轻重的作用，发展县域经济主要依靠非公有制经济。大力发展非公有制经济既是增加农民收入和农业投入的主要来源，又可以创造更多的就业岗位，吸引大量农村人口向城镇集聚，提高农业劳动生产率；同时还可以大量聚集民间资本投资城市基础设施建设和城市公益事业，形成产业支撑，完善城市功能，加快城市建设步伐。

⑶非公有制经济是保持经济平稳快速发展的新的增长点。改革开放以来，非公有制经济对河南省经济增长的贡献越来越大，预计2004年全省非公有制经济占生产总值的比重将达到45%，民间投资占全省社会固定资产投资的51.7%，非公有制企业出口也已经成为河南省出口增长的主要推动力。因此，要保持河南省经济持续快速健康发展，促进经济社会协调发展，实现中原崛起的宏伟目标，就必须大力发展非公有制经济。

（二）非公有制经济在推进和谐社会建设中具有重要作用

⑴非公有制经济是就业和再就业的重要渠道。河南省人口多，就业再就业任务重。多年来，在国有经济和集体经济的就业人数持续减少的情况下，非公有制经济创造了大量的就业机会，不但吸收了新增的就业人员，也吸收了大批从国有企业分流出来的人员和农村富余劳动力。随着改革的深化和发展步伐的加快，非公有制经济将为社会创造更多的就业机会。

⑵非公有制经济是发展社会事业的重要力量。更多民间资本投资发展教育、文化、卫生、绿化、环保等社会事业，将进一步促进经济社会协调发展。

(3)非公有制经济可以对形成与社会主义市场经济体制相适应的思想观念和道德体系产生积极作用。非公有制经济的发展，促使竞争意识、效率意识等现代思想观念更加深入人心。一批先富起来的民营企业家解囊赈灾、捐资助学、扶贫济困，推动了社会公益事业发展。发展非公有制经济能够极大地激发人们创造财富的热情。非公有制经济人士通过诚实劳动和合法经营，不仅自己先富起来，还能通过示范作用，激发人民群众的创造力，使各类人才依靠自己的知识和才华干事创业，创造社会财富，有利于带动和帮助更多的人走向富裕。

（三）非公有制经济是完善社会主义市场经济体制的直接参与者和积极推动者

非公有制经济是天然的市场主体，对促进市场主体多元化、促进公平竞争和市场机制作用的充分发挥，不断完善社会主义市场经济体制具有独特作用。非公有制经济的发展为国有企业和其他公有制企业的联合、兼并、嫁接、租赁和拍卖等提供了现成的对象和有效的途径；公有制经济参股或控股非公有制经济，有利于扩大公有资本的支配范围、增强公有制的主体作用，从而促进公有制实现形式的多样化。大力发展非公有制经济，可以促进投融资体制由单一投资主体向多元投资主体的转化，激活市场竞争机制，形成多元竞争格局，促进市场主体相互竞争、相互合作，实现优胜劣汰，推动统一、开放、竞争、有序的现代市场体系的形成。

总之，各级党委、政府一定要从贯彻落实党的十六大精神、全面建设小康社会的战略高度，进一步提高对非公有制经济重要地位和重要作用的认识，真正把它作为加快工业化、城镇化和农业现代化的重要突破口和县域经济发展的战略重点，作为构建和谐社会、完善社会主义市场经济体制的重要动力，进一步增强紧迫感和责任感，促使河南省非公有制经济更快更好地发展。

二、民营企业和企业家要内强素质、外树形象，进一步加快发展步伐

目前，非公有制经济发展正处于最好时期，面临着前所未有的大好机遇。党和国家的方针政策解除了非公有制经济发展的束缚，社会主义市场经济体制的进一步完善为其加快发展创造了更加有利的制度环境；经济全球化进程的加快和我国加入世贸组织，为非公有制经济的发展提供了更广阔的发展空间；国有经济战略性调整和国有企业改革为非公有制经济发展提供了新的契机；各级党委、政府和社会各界对非公有制经济发展更加重视，政府的管理、服务进一步改善，非公有制经济的发展环境更加宽松。民营企业和企业家一定要认清形势，抓住机遇，按照科学发展观的要求，内强素质、外树形象，不断做强做大做优，力争在较短时间内使河南省非公有制经济总量上规模、结构上档次、质量上水平、管理上台阶，形成一大批机制灵活、技术先进、管理有序、效益良好的民营企业群，为全面建设小康社会、实现中原崛起作出更大贡献。

（一）内强素质

内强素质，关键是做到“两个提升”和“三个创新”，不断增强企业的市场竞争力。

(1)“两个提升”，就是提升企业规模和产业层次。提升企业规模，就要利用各种有效的资本运作手段，积极参与国有企业改组改造，更好地利用资本市场、提高投融资能力，加快做强做大步伐，形成一批核心竞争力强的大型企业集团。要善于利用国内国外两个市场、两种资源发展壮大自己，努力扩大产品出口，积极开展与外商的合资合作，特别是注重与世界著名品牌的配套协作；有优势、有实力的企业要大胆“走出去”，开展境外投资，开拓国际市场。

提升产业层次，就要摆脱家庭作坊式的低、小、散状态，谋大发展、求大突破、上新台阶。适应市场需求的变化和市场竞争的需要，从单纯的劳动密集型向技术密集型和劳动密集型相结合转变，大力发展高端产品和终端产品，注重发展高新技术产业，形成高技术、高质量、高附加值、高效益的发展局面，实现产业升级。非公有制中小企业要向精、细、专、深发展，特别要注重提高与大企业的配套协作水平，逐步形成以大企业为主导、大中小型企业分工协作、相互配套的产业组织体系。

(2)“三个创新”，就是机制、技术和管理创新，这是提升非公有制企业规模和层次、提高企业竞争力的根本着力点。机制创新，就是要不断探索适合增强企业发展活力的机制。非公有制企业能够从无到有、从小到大地发展壮大，很大程度上就是依靠其经营灵活、反应迅速的运营机制。面对激烈的市场竞争，要实现更快更好地发展，还要不断推进机制创新。具备条件的非公有制企业要积极推进股份制改造，建立多元和开放的产权结构；要创新激励和约束机制，建立合理的分配制度和用人用工机制，创造培养、引进、用好、留住高素质管理和技术人才的环境，最大程度地调动广大职工的积极性。

技术创新，就是要提高企业的研发能力，根据市场需求不断开发科技含量高、经济效益好的新产品。坚持先进技术引进和消化、吸收、创新相结合，开发具有企业自主知识产权的核心技术和特色产品；加强与高等院校、科研院所的“联姻”和协作，“借脑发展”；有条件的企业要建立技术创新中心，努力提高自主创新能力，增强可持续发展能力。

管理创新，就是要积极引进先进管理思想和经营理念，采用现代化、社会化的管理模式和科学先进的管理方法，不断提高企业管理水平；要逐步建立现代企业制度，完善法人治理结构；因地制宜、因企制宜，积极探索具有自身特点的企

业管理路子。

（二）外树形象

外树形象，就是要树立民营企业和企业家“诚信、守法、贡献”的良好形象。在市场竞争日趋激烈的今天，企业的形象好不好，直接关系到企业能否生存和能否长远发展。

⑴诚信是中华民族优秀的传统道德，是市场经济有序运作的道德基石，也是企业的安身立业之本。在信誉已经成为企业无形资产的今天，失去信誉就意味着企业失去了生存和发展的根基。我们一定要坚持以诚信为本，守信用、讲信誉、重信义，提高企业的知名度和竞争力，赢得更好的发展机遇，决不能做损害社会、损害消费者和投资者利益的事情。

⑵守法是市场经济对企业的基本要求。非公有制企业要牢固树立勤劳致富、守法经营的观念，严格遵守国家的法律法规，遵循市场规则和行业规范，依法经营，照章纳税，维护国家、集体的利益，维护社会正常的经营秩序，维护企业员工的合法权益。坚持发展符合国家政策的产业，注重安全生产和环境保护，在增加科技含量、提高经济效益、降低资源消耗、减少环境污染、发挥人力资源优势上下功夫、见实效。

⑶贡献，就是要进一步增强社会责任感，积极参加公益事业，扶危济困，服务社会，回报人民。要致富思源、富而思进，把企业自身的发展与全社会的发展结合起来，把个人富裕与广大人民群众的富裕结合起来，把遵循市场法则与发扬社会主义道德结合起来，以更加昂扬的创业精神、更加强烈的责任意识和更加突出的成就，为河南省经济发展、社会进步多作贡献。

三、要坚持“放心、放开、放手”的方针，为非公有制经济发展创造更加良好的环境

各级党委、政府和领导干部要坚持“放心、放开、放手”的方针，切实加强领导和协调，进一步强化服务，优化环境，推动非公有制经济加快发展。

（一）放心

放心，就是政治上要放心。

⑴要高度重视。充分认识非公有制经济的重要地位和重要作用，从根本上消除发展非公有制经济的思想障碍和疑虑，真正把大力发展非公有制经济作为实现中原崛起的重要力量，摆上重要日程，纳入国民经济和社会发展整体规划，重视研究解决非公有制经济发展中遇到的困难和问题，促使其更快更好地发展。

⑵要大力宣传。采取各种有效形式，广泛宣传非公有制经济的重要地位、作用和优秀民营企业、民营企业家对社会作出的贡献，营造谁发展谁光荣，尊重民营企业家就是尊重劳动、尊重人才、尊重创造的良好社会氛围，使全社会都关心支持非公有制经济的发展。

⑶要表彰先进。对贡献突出、行业认可、社会公认的优秀民营企业和企业家要大张旗鼓地表彰，增加非公有制经济代表人士担任各级人大代表和政协委员的比例，提高他们的政治待遇，使奉公守法、事业有成的非公有制经济人士社会上有地位、政治上有荣誉、经济上有实惠。

（二）放开

放开，就是政策上要放开。

⑴放宽投资领域。原则上，凡是国家没有明确禁止民营资本进入的行业、领域，都要向民营资本放开，有关职能部门不得自行设置限制条件；凡是我国政府承诺对外商逐步放开的投资领域，都应向民营资本放开，进一步拓展非公有制经济的发展空间。

⑵放宽市场准入。对非公有制经济的发展不限比例、不限速度、不限规模、不限经营方式。民营企业在办理证照、申请立项、进出口、用地、技术人员职称评定以及科研项目申报、政府专项扶持资金使用、出口退税等方面，享受与其他类型企业同等的待遇，使各类市场主体在同一起跑线上平等竞争发展。

⑶创造条件，坚决把国家和河南省关于鼓励、支持和引导非公有制经济发展的政策措施落到实处。完善劳动合同制度，建立合理的收入分配和社会保障制度，保护劳资双方的合法权益；加强民营企业人才队伍建设，为民营企业人员培训和开展国际交流创造条件，采取多种形式，为民营企业引进各类急需人才。

（三）放手

放手，就是发展上要放手。着力为非公有制经济发展创造良好环境，让非公有制经济在一个开放的、法治的市场空间中自主成长。

⑴进一步转变政府职能，强化服务意识。继续深化行政审批制度改革，加快电子政务建设，简化办事程序，提高政府服务效率；坚持依法行政，文明执法，坚决清理和规范各种收费行为，坚决查处对民营企业的乱收费、乱摊派、乱罚款、乱检查行为，为非公有制经济发展创造公开、公平、公正的市场环境。

⑵建立健全社会化服务体系。进一步完善企业信用制度体系，引导非公有制经济守信经营；加强融资担保体系建设，拓宽非公有制经济的融资渠道；大力发展各类社会中介组织，为非公有制经济发展提供社会化、专业化和规范化服务；加快行业协会的改革与发展，促进民营企业加强自律，维护民营企业的合法权益。

⑶加强和改进对非公有制经济的监管服务。要寓监管于服务之中，整合监管力量，互通监管信息，实行联合执法，避免监管行为对企业正常生产经营活动的影响。加强对民营企业安全生产、环保、劳保、劳资关系、社会保险等方面的监察，严肃查处各种违法违规行为。

这里需要强调一下加强非公有制经济党建工作。这是在新的历史阶段增强党的阶级基础，扩

大党的群众基础，巩固党的执政根基，确保党的路线方针政策得到落实的重大问题。要继续抓好在具备条件的非公有制企业中建立党组织和发展党员工作，扩大党组织的覆盖面。进一步探索和完善非公有制企业党建工作管理体制，充分发挥党组织的政治核心作用。加强对非公有制企业思想政治工作和精神文明建设的领导，建立健全非公有制企业的工会、共青团、妇联组织，团结凝聚职工群众，维护各方的合法权益。

发展壮大非公有制经济是全面建设小康社会、实现中原崛起的必然要求和重要举措。让我们紧密团结在以胡锦涛同志为总书记的党中央周围，以邓小平理论和“三个代表”重要思想为指导，深入贯彻党的十六大，十六届三中、四中全会和中央经济工作会议精神，解放思想，开拓进取，齐心协力，真抓实干，在深化改革和加快振兴公有制经济的同时，加快发展非公有制经济，把实现中原崛起的伟大事业不断推向前进！

在全省民营工业企业加快发展座谈会上的讲话

云南省人民政府副省长　李新华

（2005年11月30日）

党的十六届五中全会刚刚闭幕不久,今天我们在这里召开全省民营工业企业加快发展座谈会,目的就是要在回顾云南省非公经济发展成就的基础上，认真贯彻落实全会精神,以科学发展观为指导,继续推动非公经济在“十一五”规划期间更快更好地发展。今天在座的非公重点工业企业，在新的历史时期，肩负着引领云南省非公经济发展的重要历史责任，更有必要进一步更新发展思路，转变增长方式，不断增强自身的核心竞争力，切实发挥出非公经济主力军的作用。

今天的会议上有5户非公重点企业作了很好的发言，我都赞同。下面，我主要从宏观、战略的角度，围绕如何进一步提升非公重点企业的发展水平和层次作一些探讨，供大家参考。

一、云南省非公经济发展进入了一个新的历史阶段

改革开放以来，云南省非公经济由小到大、从弱到强，目前已成为推动全省经济和社会发展的重要力量，其对全省经济增长的贡献度不断上升，而且今后将会进一步增大。回顾20多年来云南省非公经济的发展历程，可以说是经历了一个不断实现自我突破、走向规范发展的过程，一个从初级形态走向高级形态、从无序竞争走向有序竞争、从粗放生产走向集约生产、从国内市场走向国际市场的过程。非公经济发展中表现出来的特征和趋势，以及在全省经济格局中不断上升的地位，充分说明云南省非公经济发展正在进入一个新的历史阶段，这突出体现在以下几个方面。

（一）非公经济已成为全省经济社会发展的重要力量，而且这种地位仍在不断上升之中

非公经济在云南省经济发展格局中的地位，可以用两个成语来形容，一是“三分天下有其一”，这主要是从经济总量而言。2004年，全省非公经济完成增加值1021亿元，占全省GDP总量的34.5%，超过了1/3；二是“半壁江山”，这主要是从工业领域而言。2004年，全省非公工业企业完成增加值495.7亿元，占全省工业增加值的47%，接近一半。今年1～9月，全省规模以上非公工业企业完成增加值286.8亿元，比上年同期增长12%，占规模以上工业企业工业增加值的39%。同时，全省非公经济已有企业80.5万户，比上年同期增长11.6%；注册资金1558.1亿元，比上年同期增长25%；完成社会消费品零售总额555.7亿元，比上年同期增长14%，占全省社会消费品零售额的比重高达81.1%。

目前，全省有11个州市的非公经济增加值占当地GDP的比重超过30%；2/3的县级财政收入中，来自非公经济的收入超过50%。通海等县非公经济增加值占当地GDP的比重已超过60%，成为县域经济的主导力量。

（二）非公经济增强了云南省经济发展活力，极大地促进了企业改革和对外开放

非公经济作为市场主体的创造者和参与者，对促进云南省市场发育、提高市场化程度功不可没。目前，遍布全省的商业流通零售网点、餐饮服务业、城乡集贸和专业市场等，90%以上由个体、私营企业经营。非公经济的迅速发展也为国有经济战略性调整和国有、集体企业的改革创造了有利条件，特别是通过3年深化国企改革，云南省绝大多数国有、集体企业已经改制为非公企业，解决了国企改革中“人往哪里去，钱从何处来”等重点、难点问题。同时，非公企业正在成为云南省对外贸易发展的新增长点和生力军，为发展云南省外向型经济发挥了积极作用。

（三）非公企业规模明显扩大，并涌现出一批资本和技术密集、特色鲜明、具有较强竞争力的大企业（集团）

从平均资产规模看，全省规模以上非公工业企业户均固定资产由2000年的1.11亿元提高到了1.18亿元，户均实现产品销售收入由2000年的5096万元提高到6052万元；从大型企业数量看，非公大中型工业企业由2000年的118户增加到228户，占全省大中型工业企业户数的比例接近50%，比2000年提高了19.8个百分点。截至2004年，销售收入亿元以上的非公企业达125个，5000万元以上的企业达258个。同时，非公企业发展还显现出以下三个明显特点：一是涌现出一批具

有较强竞争优势的行业龙头企业和名牌产品，带动了一方产业的发展。如文山特安呐制药有限公司以三七为原料开发研制出多种天然药物产品，又与日方企业共同出资在日本注册成立日本特安呐株式会社，合作开发、生产、销售三七产品，在不断实现企业自身发展的同时，带动了文山三七产业的发展。二是非公科技企业发展迅猛，成为云南省科技创新和高新技术产业发展的生力军，推动了产业结构的优化升级。如玉溪市蓝晶科技有限责任公司采用公司自主研发的技术加工生产高品质、大直径蓝宝石单晶基片，产品技术含量高、市场前景好。还有山灞图像传输科技有限公司、盘龙云海、云南爱迪科技等一批具有一定规模的非公科技型企业正在迅速成长壮大，对加快当地产业结构升级、形成新的经济增长点，具有十分积极的作用。三是在生物资源开发、新型建材、特色化工等新兴产业中，涌现出了诸如玉溪维和、中科生物、昆明方戈等一大批实力强、前景好的非公企业，它们将成为云南省新兴产业发展的重要力量。

（四）非公经济发展加快了云南省工业化和城镇化进程，为增加就业、维护社会稳定发挥了重要作用

非公经济的快速发展促成了一批新兴集镇和工业园区，这些新兴集镇、工业园区大多拥有一至几种主导产品，聚集了一批优势企业，逐步形成了比较完善的生产、销售和配套服务体系。如腾冲、玉溪大营街、通海非公园区的发展，不仅成为当地经济增长的一个亮点，成为乡镇经济乃至县域经济的主力军，而且大大推进了当地城镇化进程。由于这些新兴集镇、非公园区聚集了大批农村人口和生产要素，其第二、第三产业迅速发展，城镇建设日新月异，使之成为云南省工业化、农业产业化和城镇化发展的重要载体，对解决“三农”问题、实现城乡协调发展起到了十分重要的作用。同时，非公经济的快速发展，还为社会提供了众多就业机会，为充分缓解就业压力和实现农村劳动力转移、改善社会就业结构提供了巨大空间。截至2005年第3季度，全省个体和私营经济从业人员已达226万人，比上年同期增长17%。非公经济发展也为当地政府创造了税收，成为城乡居民增加收入的重要来源。2005年1～9月，全省非公经济上缴税金75.6亿元，比上年同期增长46%。

总之，回顾20多年来云南省非公经济的发展历程，我们有理由感到骄傲与自豪，特别是今天在座的非公重点工业企业，为这一发展进程、为非公经济从初级形态向高级形态演进，发挥了重要的、不可替代的作用，在此，我也代表省政府向大家表示衷心感谢！更希望同志们在新的发展阶段，充分认识到自己所承担的历史责任，继续不懈进取、开拓创新，作出更大的贡献。

二、正视差距，提高认识，进一步增强加快云南省非公经济发展的紧迫感与责任感

云南省非公经济发展虽然取得了不小成就，但与全国平均水平、特别是东部发达地区相比，在总体数量规模、综合实力、发展水平、增长方式等方面，都还存在着相当大的差距。

（一）正视云南省非公经济发展中存在的主要差距

这些差距归结起来主要体现在以下几方面：

⑴规模偏小、实力偏弱。从非公经济占GDP的比重看，2004年全国是51%左右，浙江省是70%以上，福建省50%以上，四川、陕西约40%左右，而云南省仅为34.5%；从大企业的规模和实力看，全国非公企业注册资金1亿元以上的有1200户，其中上海322户，云南省只有34户，仅占全国的2.8%。又据全国工商联2002年对会员民营企业的统计，前500强企业平均资产规模为12.9亿元、销售收入14.1亿元；2004年500强企业中营业收入排首位的联想控股公司达到419.2亿元，第500名为9.7亿元，比上年提高3.6亿元，说明全国民营企业成长速度十分惊人。而在这500强企业中，西部地区仅占5.6%，其中四川一个省又独占3.6%，云南省无一企业入围。近几年，在重化工、基础设施、冶金、汽车、电力等重要行业已经出现了投资规模几亿、几十亿、上百亿的非公企业。其中，全国钢铁产量超过100万吨的非公企业就有10家，有30多家非公企业正在从事汽车整体生产。截至2003年年底，全国有近200家由私营企业控股的上市公司，占全部上市公司的16%，而云南省民营企业上市仍属空白。这些数据说明，我们的差距仍然比较大。

⑵增长方式粗放型特征较为明显。云南省非公经济发展在很大程度上仍依赖于生产要素的大量投入，总体上呈现高投入、高消耗、高排放、低效益的增长特点。从企业实现利润额、资产贡献率、成本费用利润率等指标看，在全国也处于较低水平。

⑶产业层次较低，技术创新能力偏弱。云南省规模以上非公工业企业中，58.4%的资产、48.1%的销售收入、44.3%的利税总额、47.9%的从业人员集中于化工、有色、电力、非金属矿物制品业4个行业。传统制造业企业和低水平加工企业多，高新技术企业和高加工度企业少。从产业内部结构看，组织化程度不高，企业单体规模相对偏小，“低、散、小”企业量大，带动力强的龙头企业较少，且企业“同质化”严重，互补性、配套性差，没有形成合理的产业梯次和分工精细、合作有序的产业链。企业自主技术创新能力较弱，目前全省尚无1户非公企业拥有国家级技术中心，31个省级企业技术中心中，仅有5个属于非公企业。

⑷要素瓶颈制约十分突出。首先，企业融资渠道不畅，大量中小型非公企业由于信用担保体

系不健全、抵押物相对不足，又缺乏大企业股票上市等直接融资手段，只能依靠自我积累，成长空间受到很大限制。其次，企业人才十分匮乏，与规模化、现代化、国际化趋势相适应的具有较强创新意识和创新能力的高素质企业家群体明显不足；与产业升级要求和企业技术更新要求相适应的专业技术人员、高素质技工人才较为稀缺。此外，近年来云南省电力供应和铁路运力长期、持续短缺，也对非公企业快速发展造成了较大影响。

总之，非公经济发展滞后已成为经济欠发达地区的一个主要特点，云南省与沿海地区经济发展的差距，很大一部分就体现在非公经济的差距上，具体说就是非公企业总量和质量的差距，对此，我们必须有一个清醒的认识。

（二）继续提高对加快发展非公经济重要性的认识

⑴发展非公经济是实现云南省经济跨越式发展的关键因素。从制度经济学的角度讲，有效率的经济组织是经济增长的关键因素。而民营经济是市场经济中自发产生的组织，在资源合理配置和最大化利用方面具有天然的高效率。亚洲开发银行对我国民营经济进行的专题研究表明，民营经济发展与人均收入、经济增长和就业都呈很强的正相关关系，其中，从人均GDP和民营经济就业占总就业人口的比例看，两者相关系数高达0.9074。又据有关专家研究，非公经济工业增加值比重每提高一个百分点，该地区人均GDP能提高约202元；城镇就业人员中民营经济就业比重每提高一个百分点，该地区人均GDP能提高大约518元。云南省经济不但总量在全国偏小，而且扣除烟草后生产要素产出效率低下，经济产值内生性增长活力与发展后劲不足，其根本原因就在于非公经济产值占GDP比重太小，或者说非公经济与发达地区的发展差距太大。因此，只有通过非公经济的大发展，才能真正缩小这种差距，实现全省经济的跨越式发展。

⑵发展非公经济是实施工业强省战略、走新型工业化道路的重要途径。省委、省政府作出实施工业强省战略、推进新型工业化的重大决策以来，在较短时间里，云南省先后推出了一系列事关工业发展全局的大举措、大手笔，包括深化国企改革、培育大企业（集团）、实施行业整合与资源整顿、启动大企业倍增行动等。这些工作都离不开非公企业的积极参与和支持，部分非公重点企业还为此承担了十分重要的责任，如德钢和南磷集团分别牵头开展了部分铁矿和磷矿资源的整合工作，其中德钢更是10户实施“倍增行动”的企业之一，省里重点支持的30户大企业（集团）也有不少属于非公企业。随着非公经济规模的不断扩大和非公企业实力的不断增强，非公经济在推进工业强省战略中必将发挥出更为重要的作用。

⑶发展非公经济是县域经济发展壮大的必由之路。发展县域工业是振兴县域经济的重点和突破口，工业兴则县兴，工业强则县强。而县域经济的发展过程，一定程度上就是由农业主导向工业主导转变的过程，就是工业企业不断成长壮大的过程。经过3年深化国企改革，目前，云南省国有经济在县级工业中已基本退出，今后，在县域工业的发展和县域经济的振兴中，非公经济应该起到决定性的、不可替代的作用。

三、以五中全会精神为指导，确立发展非公经济的新思路

党的十六届五中全会深刻分析了我国经济和社会发展所面临的国内外形势，明确了未来5年的总体发展目标、指导方针和重大战略部署，为“十一五”规划期间云南省非公经济的加快发展指明了方向。当前，我们的首要任务就是在正确把握未来发展环境的基础上，以科学发展观为指导，努力改变传统增长方式，把非公经济的发展思路真正统一到党的十六届五中全会精神上来。

（一）云南省非公企业的发展面临严峻挑战，同时也存在诸多有利条件

从面临的挑战看，主要有以下几方面：

1.面临的挑战

⑴国际化挑战日趋增强。当今世界，经济全球化的影响无处不在，任何参与市场竞争的企业都不能免除这种影响。首先，我们的经济体系已不再是自给自足的农业经济，国内市场产品价格的起落无不折射和反映着世界市场供求关系的变化。其次，全球化影响还突出表现在将我国纳入全球制造业产业链中，面临跨国公司的激烈竞争。跨国公司拥有先进的生产技术、科学的管理模式、优秀的团队、雄厚的资本实力、成熟的企业制度体系、知名的品牌优势、完善的市场通路、涉及上下游产品的完备产业链和训练有素的人才，对我国企业的发展构成了巨大的竞争压力。目前，云南省经济的外贸依存度偏低，仅为10%左右，远低于全国60%以上的水平，这说明云南经济的开放程度不高，还不能真正适应经济全球化的需要，也无法与跨国公司相抗衡。因此，积极参与市场竞争、充分利用全球市场与资源，是企业的必然选择。

⑵企业并购之风愈演愈烈。世界经济发展正处于一个并购时代，提高产业集中度是市场经济发展的必然趋势，我国概莫能外，比如较早进入市场的彩电、冰箱、电饭煲、微波炉等行业已经通过重组并购达到产业相对集中，其余行业的并购步伐也在不断加快。在市场经济条件下，企业不为“棋手”便为“棋子”，甚至有可能成为弃子被淘汰出局。作为非公大企业，我们必须顺应事物的发展规律，变被动应付为主动应对，抓住时机扩张自己，才能避免在竞争中惨遭淘汰。

⑶来自国内企业的竞争正在加剧。首先是来自中央企业、特别是国资委直管企业的挑战。目前，国家国资委所属企业正在加紧调整和重组，重组标准是凡在所属行业做不到前3名的，都属于

整合对象。这是一次主动适应全球化挑战的积极行动，是瞄准市场的“棋手”位置而作出的战略决策。中央企业的资源优势和应对措施，不仅对云南省大型国有企业、而且对重点民营企业都将带来空前的竞争压力。其次是来自省外非公企业的挑战。由于历史和自然、交通、人文环境等多种原因，与欠发达地区相比，沿海发达地区的非公企业在资金、技术、营销、管理、人才各方面都形成了明显的优势。在产业扩张、寻求资源等因素的驱动下，目前，沿海非公企业进入云南的数量越来越多，来自浙江、江苏、福建等地的民营企业表现异常活跃，实力越来越强，对云南省非公企业的竞争压力也越来越大。

⑷以市场经济为取向的改革正向纵深发展。我国市场经济的制度框架初步形成，改革的大方向已经不可逆转。相比较而言，云南省的市场经济发育程度仍然较低，企业还存在种种不适应市场的现象和行为。面对市场经济不断深化的趋势，作为民营企业，更应该积极、大胆地参与市场竞争，尽快学会按市场规则办事，遵守价值规律和市场规则，在市场中不断发展壮大。

2.有利条件

虽然云南省非公重点企业的发展面临诸多挑战，但也应看到存在不少有利条件。

⑴消费结构升级对全省经济发展的拉动作用越来越大。和全国一样，云南省消费结构正从温饱型农产品向小康型工业品过渡，部分向富裕型服务类消费迈进。其中，农民进入以家用电器为主的第二次消费结构升级，城市居民从万元级消费向十万、几十万元的重量级消费升级。消费结构与工业生产的关联性更为密切，而且仍然处于上升轨道。近年来，云南省城乡居民收入持续大幅提高，社会消费品零售总额也保持了两位数增长，已逐步成为云南省企业发展和经济稳定增长的最大内生动力。

⑵全省工业投入迅速增加，企业竞争力得到提升。2004年，全省完成工业投资427.7亿元，增长了65.8%，创历史最高水平。工业投资占全社会固定资产投资的比重继续加大，首次突破30%，达到32.1%，与全国平均水平的距离大为缩小。今年1～9月投入继续保持较快增长势头，达到422.8亿元，增长了43.7%。未来几年，省里还将多渠道筹集资金，对企业重大技术进步、高新技术产业化、重要资源勘探、重大项目前期工作和其他重点领域进行支持。

⑶云南省工业面临的瓶颈制约正在缓解。随着滇东电厂、小湾电站等大型能源项目建设步伐的加快，电力工业呈现出高速发展态势，明年雨季过后，全省工业用电形势将逐步好转。从2005年起，全省铁路和公路建设再次掀起新的高潮，也进入了一个全面快速发展的时期。与此同时，我们加强了煤电油运的综合协调，坚持做到电力供应“五保”和铁路运输“五保四压”，确保重要物资供需平衡，为大企业、重点企业生产经营创造了良好的外部条件。

⑷筹融资环境逐步好转。云南省是资源大省，水力、矿产、生物资源丰富，重点企业又多为资源型企业，这些企业上市与增发股票、发行企业债券、争取各类银行贷款都更加容易。同时，央行更加重视中小企业贷款难的问题，将采取有力措施促进金融机构实现机制和产品创新，支持中小企业加快发展。这些都为非公重点企业的加快发展创造了条件。

（二）以科学发展观指导重点非公企业的发展

坚持科学发展观，就是要坚持以人为本，树立全面、协调、可持续的发展观，促进经济社会和人的全面发展。当前，首要的一点是要全面贯彻落实党的十六届五中全会精神，紧紧抓住21世纪头20年的战略机遇期，确保实现工业强省战略的预定目标，彻底改变云南省工业化程度低、工业整体水平和发展速度落后于全国的不利局面，这是摆在全省工业企业、包括重点非公企业面前的战略任务。

按照实施工业强省战略的要求，到2010年，全省工业增加值占GDP的比重要达到40%以上，到2020年达到50%左右，工业综合实力显著增强，并全面确立在全省经济中的主导地位。为了完成这个战略任务，必须加快发展民营经济，特别是要促进一批非公龙头企业尽快成长壮大，并发挥其对区域经济的辐射和带动作用。放眼未来，云南省工业的快速、健康、协调发展，云南省经济和社会的全面进步，都少不了大企业（集团）的支撑与保障，我们要在较短时间内，力争使大企业数量占企业总数的比重达到2%以上，并形成10个左右销售收入在100亿元以上的企业、一批销售收入在10亿元以上的企业，非公重点企业都应为实现这一目标作出自己的努力。同时，在发展模式上，非公重点企业应切实转变思路，坚持走新型工业化道路，逐步实现低投入、高产出，低消耗、少排放，能循环、可持续的集约式增长，加快进入大企业行列。大企业的要旨不在大，而在强，大而强是企业发展的终极目标，非公企业只有走可持续发展的新型工业化道路，才能真正做到大而强、强而久。希望非公重点企业进一步牢固树立科学发展观，充分发挥自身的比较优势，真正走出一条符合新型工业化要求的做强做大之路。

（三）努力适应新的政策环境，切实转变经济增长方式

党的十六届五中全会指出，“十一五”规划期间，必须把经济结构调整和转变增长方式作为关系全局的重大任务，把节约资源作为基本国策，加快建设资源节约型、环境友好型社会。为了从源头上解决经济粗放式增长的问题，国家将运用价格杠杆促进资源节约和实现资源价值，目前，全面调整国内资源性产品价格机制已提上议事日程。此次资源价格改革的目标是建立反映资源稀缺程度、污染物排放数量和市场供求关系的价格形成机制，全面上调土地、水、电力、煤炭、石油、天然气及其他矿产资源价格，其一旦启动和展开，影响会十分深远。在价格传导作用下，我国整个工业生产价值分配体系也将重新构建。

由于自然和历史原因，云南省工业结构以原材料初级加工为主。长期以来，因改革不到位、体制机制尚未理顺，致使各种生产要素的成本不能反映其价值，市场环境驱动市场主体采取粗放增长的行为，全省工业增长仍停留在高消耗、高污染的粗放型模式，经济发展付出了很大的资源和环境代价。与此同时，由于云南省工业总体上位于价值链分配体系的低端，获取的产品附加值十分有限，经济效益很不理想，而各种资源或粗加工品却以低价流出的方式“补贴”发达地区。这种增长方式是落后的，也是难以为继的，已经到了刻不容缓加以转变的关键时期。

应该说，对于云南这样的资源型省份，这次国家即将推出的价格改革是有利的，云南省资源型产品的价值将得到体现。但对于具体企业而言，使用资源的代价势必上升，并逐步进入一个生产要素高成本时代。那些把竞争优势主要建立在资源获取上的企业，会有相当一部分难以维持，只有把经济增长转到依靠技术进步和提高劳动者素质上来，在未来才可能有立足之地。云南省非公企业、特别是重点企业，必须适应新的形势，适应宏观政策环境变化提出的严峻挑战，加快进入调整增长方式和提高企业素质的新阶段。

四、以培育核心竞争力为目的，全面提升非公重点企业的发展水平和层次

（一）确立战略管理意识，提高企业可持续发展能力

据国外学者研究，世界上多数企业的生命周期都不长，企业组织整体上呈现出“高死亡、短寿命”的态势。在日本与欧洲，企业的平均寿命为12.5年；在美国，一个跨国公司的平均寿命是40～50年，但有62%的企业平均生命周期不到5年，能超过20年的企业只占企业总数的10%，只有2%的企业其生命周期能达到50年。1970年跻身《财富》“全球500强”的跨国公司，到1982年后，有1/3已销声匿迹，而我国68%的中小企业，其生命周期不超过5年。分析一下其中的原因，很大一部分企业之所以夭折，就是忽视了战略管理或在制定、执行企业战略的过程中出了问题。而那些“长寿”企业取得成功的诸多因素中，“战略制胜”是最为重要的，正如美国GE公司前董事长威尔逊所说：“我整天没做几件事，但有一项做不完的工作，那就是规划未来。”

长期以来，由于我国经济高速发展，市场容量持续扩大，消费热点不断产生，因此市场上瞬间出现的、新的机遇较多，这就导致企业的短期行为十分普遍，只要做什么赚钱，马上就有众多企业跟风。很多企业没有明确的发展目标，更谈不上战略管理，这些企业也许可以风光一时，但绝对不会长久。“其兴也勃焉，其亡也忽焉”，这样的例子已经很多了，非公重点企业必须高度重视这个问题。

企业战略就是企业根据内外环境和资源状况，为求得生存和长期、稳定发展，对企业发展目标及达到目标的途径和手段的总体规划。战略是企业寻求创新和成长的冲动，保持永不满足的精神，也是企业在市场经济迷雾中安全航行的灯塔。一个没有科学、合理战略的企业，必然是短命的。企业有了具体可行的战略规划，还要建立起各种激励、约束措施，制定详细的监管考评体系和可量化的管理制度，确保战略的顺利执行。今天参会的企业是云南省非公工业企业的优秀代表，希望大家充分认识到战略管理的重要性，面对新的形势和任务，抓紧研究制定出切实可行的发展战略，争做“长寿企业”，争创“百年老店”。另一方面，云南省多数非公企业主要是靠自我积累和银行信贷支持逐步发展起来的，这种发展模式具有先天不足，企业的成长比较缓慢，扩张速度适应不了市场需求的变化的弱点。因此，要确保发展战略的实现，大家还应把积极争取上市、建立自己的融资平台作为一项重要战略措施，通过吸纳外部资源，加快发展步伐。

（二）加强技术研发，提高企业自主创新能力

云南省非公经济主要起步于20世纪八九十年代，由于当时是“短缺经济”时代，主要矛盾是社会供给不足，因此，企业进入各行业的门槛不高，也不需要太多自主核心技术的研发，企业间互相简单模仿，产品同质化十分普遍。但是，随着时代的发展、市场格局的改变和竞争的日趋激烈，云南省非公企业很快就遭遇了发展瓶颈，要实现可持续发展必须寻求新的动力源泉，这就是创新。创新是企业核心能力最重要的形成机制，由创新形成的能力是其他企业难以模仿的，因而也是企业参与市场竞争的关键。

党的十六届五中全会提出，要把增强自主创新能力作为调整产业结构、转变经济增长方式的中心环节。对于云南省多数企业而言，目前创新的主要途径还是引进、消化、吸收再创新。就是在模仿学习的基础上吸收、消化，再结合自身实际进行创新，逐步形成自己的核心竞争力。重点非公企业都应瞄准国际、国内先进水平，在深精加工、新产品开发、节能降耗、防治污染等方面，实施一些重大技术改造、技术攻关、技术引进和技术推广项目，并建立起自己的技术中心，拥有自己的知识产权。到2010年，全省大中型企业、包括大中型非公企业要基本建立起自己的技术开发机构。在机构设置上，可以通过建立技术中心、工程中心，进行自主研发；也可以通过设立体外研发中心，联合大专院校进行研发。在研发制度上，可以通过建立研究项目的合同课题制、试行首席科学家制、建立科研成果的奖励激励机制等方式，结合企业的资金与技术优势，形成核心竞争力。

品牌是一个企业质量、技术、管理、信誉和

文化的结晶，是市场竞争力的综合体现。非公企业在实施创新活动过程中，还应从战略高度，同步推进品牌建设，加快培育和扶持一批拥有自主知识产权、具有较高市场竞争力的国内外知名品牌。

（三）整合价值链，提高企业赢利能力

企业创造价值的过程是由一系列互不相同但又相互联系的增值活动组成的，它包括研发、设计试制、原材料与设备采购，以及产品的生产、运输、仓储、营销、服务等环节，形成一个完整的链状网络结构，这就是价值链。随着技术的进步、产品加工程度的提高、市场范围的扩大和社会分工的细化，价值链增值环节越来越多，结构也更加复杂。正因为如此，在全球经济一体化的今天，任何一个跨国公司的产品，大到飞机、小到鞋子，都不是传统意义上“一个企业”的产品，而是以一个掌握品牌、技术、营销、总装等环节的大型企业为核心，再将各生产环节分散到世界各地最具比较优势的大量企业“组合”而成的有机整体。日本的“丰田系列”、“日产系列”，就是一种大中小企业协调配套、分工合理的工业生态体系。

云南省重点非公企业发展到今天，规模越来越大，内部增值环节越来越多，不少企业还跨行业发展，实行多元化经营。在市场竞争日趋激烈的情况下，大家有必要重新审视自己所参与的价值链过程，从功能与成本的比较中，研究哪些环节具有比较优势，或有可能建立起竞争优势。要从更多地参与国际、国内分工的角度，思考与调整自己的生产和市场布局，集中力量培育、增强核心环节，在专业化上精益求精，走精细化发展路子，把不具有优势的或非核心的一些环节分离出去，利用市场寻求合作伙伴，共同完成整个价值链的全过程。企业的核心竞争力在于“精”和“强”，而不是“大”和“全”。“大而全”和“小而全”的“全能企业”是没有前途的。企业要学会让利，让小利是为了追求大利，对于跨行业发展的企业而言，多元化同样必须建立在企业核心竞争力之上。比如日本本田公司能够成功地进入与己无关的行业，如汽车、割草机、水下引擎和发电机等，就是因为它拥有在发动机方面形成的核心能力；索尼公司“微型化”的超群能力使其在家用电器、微处理器、包装制造、供电管理等多个领域遥遥领先。做大而不做滥，固本立基，兼容他业，这才是云南省非公企业发展壮大的正确方向。

进行价值链分解与重整，不但是大企业增强自身竞争力的需要，也是解决云南省传统产业结构上“散”、“乱”、“差”问题，促进产业内部各种要素实现有机聚合和协同整合，实现分工协作，提高产业层次的必由之路。

（四）完善治理结构，提高企业自我发展能力

与传统要素相比，内部制度在企业的发展过程中变得越来越重要，已经成为影响企业核心竞争力的主要因素之一。和全国一样，云南省多数非公企业是以亲缘关系为基础发展起来的家族式企业，如何建立规范的现代企业制度，实现制度和管理创新，是一个很普遍的课题。

家族制企业经历了200多年的历史，至今在全球经济活动中仍扮演着重要角色。有关资料显示，英国有70%的企业是家族企业，而意大利则高达99%。在亚洲特别是东南亚各国和地区中，家族企业更是非常普遍。改革开放初期，在市场秩序不够规范、产权和契约法规不够完善、契约的履行得不到可靠保证的情况下，家族制企业作为一种有效的替代制度，因为其目标集中、代理链短、组织费用和管理成本低、产权清晰、凝聚力强等优势，有利于企业的创立，减少了企业的创立风险，能够促进企业快速生成和成长。从企业制度的角度看，中、西方家族制企业产生的市场背景是比较相似的，即都产生于市场经济的初创阶段。

但是，从现代市场经济角度看，家族制企业是以血缘关系为基础建立起来的，其管理依靠“人治”而非“法治”，是一种低效的、非契约化的企业组织形态。家族企业缺乏完善的决策机制和长远的战略思想，发展目标往往是模糊的、不确定的。在管理上，则体现为封闭性，缺乏正常的正负激励机制，限制了企业对社会资源的吸纳、利用和集成，造成资金、人才、管理等资源的短缺，而且很容易产生消极的群体效应，对企业可持续发展造成严重制约，是非公经济持续成长必须跨越的一大障碍。对家族制企业的改造，可以向所有权家族化、经营层社会化、股权公众化的方向发展，关键是要建立起科学的法人治理结构，这也是国外家族制企业持续经营的原因。

云南省非公企业发展到一定规模，必须建立和完善法人治理结构，其目的是在企业各利益主体之间建立相互制衡机制，特别是要形成对企业高管人员的有效监督、制约机制。而目前我们非公企业的所有者与经营者大多是合而为一的，他们基本上同时也是企业的创业者。如果他们不愿意其权力受到任何制约，那么，企业即使建立了规范的法人治理结构，实际上也形同虚设。因此，对于企业的老板而言，要想让企业实现永续经营，不但要学会让利，更要学会分权。无论是对个人还是对企业，不受约束的权力都是十分危险的，个人能力再强，拥有的信息渠道再多，也总有弱点和盲区。国内不少辉煌一时的民营企业之所以突然崩溃，一个很重要的因素就是企业老板被巨大的成功冲昏了头脑，自信心高度膨胀，听不进任何不同意见，在其一意孤行之下，一个优秀的企业被一步步推入深渊。试想，如果这些企业在早期能够建立起有效的约束机制，那将会避免多少悲剧的产生。希望我们的民营企业家们树立“制度重于技术”的观念，真正建立规范有效的法人治理结构，为企业可持续成长提供长期、稳定的制度保证。

对于重点非公企业来说，还要特别注重加强内部管理。管理是企业永恒的主题，企业成长和壮大的过程，就是对企业管理能力不断提出挑战的过程。在强化企业内部管理方面，我想再强调几点。

(1)必须确立从严治企的思想。企业要健康发展，必须有严格的管理作为基础，否则，企业就会陷于混乱、走向衰败。现在云南省非公企业的内部管理还较薄弱，制约了发展步伐。为此，企业领导者必须以身作则，严于律己，严格锤炼队伍。在管理工作中，要把个人的私利与荣辱得失置之度外，以制度来规范企业内部管理，不要以个人的偏好来引导企业队伍。

(2)必须建立既有动力、又有压力的企业机制。高效的机制应该通过三个平台的建设来实现：一是分配平台。要完善分配机制，彻底改变干与不干、干多干少一个样的陋习，拉大分配差距，充分体现个人的贡献；二是人事制度平台。企业干部的任免要建立一种能者上、平者让、庸者下的流动机制，保证优胜劣汰，形成积极向上的竞争氛围；三是劳动制度平台。要加强劳动绩效考核，建立能进能出、双向选择、奖优罚劣的考核办法，调动企业队伍的积极性。当然，作为非公企业，在机制建设上有一定优势，但这是一个不断提升与完善的过程，希望大家跟上形势发展的步伐，继续做好这项工作。

(3)建立完备的责任体系并严格考核。企业管理中很重要的一部分就是加强责任体系的建设，做到事有专管、人有专责。缺乏严格的责任体系，管理制度就会弱化，管理科学也就无从谈起。在设计责任体系时，要注意使责任纵到底、横到边、不遗漏。在建立责任体系后，还要建立管制度的制度，严格执行、严格考核，经常检查、维护制度，保证制度的效能，使管理目标具体化。

(4)必须抓好关键控制点。一是抓好财务考核，掌握与控制企业的经营情况与绩效；二是抓好重大投资决策，把好企业经营方向，避免重大失误；三是抓好薪酬制度的建立，调动企业队伍的积极性；四是抓好资金管理。通过设立内部银行、财务公司等机构，加强资金流转，增进企业效益；五是抓好对外合资合作的管理，充分利用两种资源、两个市场。

（五）建设优秀的企业文化，提高企业健康发展能力

企业文化是指企业在生产经营实践中逐步形成的为全体员工所认同、遵守、带有本企业特色的价值观念、经营准则、经营作风、企业精神、道德规范、发展目标的总和。目前，多数非公企业对企业文化建设的重要性认识不足，重视程度不够。实际上，企业文化是除了货币和实物资本以外，企业的另一种宝贵资源，即社会资本。塑造积极、健康、向上的企业文化，就等于企业有了源源不断的发展动力。国际上历史悠久的成功企业，都形成了自己独特的、内涵深厚的企业文化，在漫长的发展岁月中，企业员工在不断更替，产品也在推陈出新、升级换代，但企业文化却是恒久的，如宝洁公司的核心价值观是“对卓越产品的关注”，它随宝洁传递了150年之久。

企业在初创时期的特点是“人治”；在成长期则过渡到以制度管人为主的“法治”；发展到相当层次时，则要突出以“人本管理”为核心的“文治”，即通过价值共享的企业文化来吸引和凝聚员工，让员工在潜移默化中去主动接受企业、认同企业、维护企业。企业文化把企业、员工和社会三者有机地结合在一起，它以塑造人、培养人为本，既为企业塑造了合格的员工，又为社会培育了有用之才。优秀的企业文化还是除了物质财富之外，企业对社会的又一丰富回报，它可以超越企业的范围，对更多的人产生激励和启示作用。今天参会的非公重点企业都具有一定规模和档次，都应该把培育企业文化作为一件大事提上日程，在积极参与经济建设的同时，为建设社会主义精神文明、构建和谐社会作出贡献。

（六）提升企业家素质，提高企业领导能力

在知识经济时代，企业活动及其产品越来越呈现出知识化特征，知识代表能力，要拥有强大的竞争力，就必须加强对知识的学习与运用。相对于生产资源的有限性而言，学习是无限的，是最根本的可再生资源。随着企业的不断成长，对企业家的知识、素质和能力都提出了更高要求。中国有句格言，“不厚其栋，无以任重”。企业家的知识、情操、境界和素质直接决定着企业的面貌与兴衰成败。希望在座的企业家们不断加强学习，持续提高经营管理能力和水平，并把它作为一个永不停息的使命。

同时，作为云南省非公企业的杰出代表，希望大家：一是要有理想、有抱负，树立产业报国、贡献社会、成就事业、追求卓越的理想，从赚钱的老板转变为有社会责任感的企业家，实现“追求利润最大化”和“追求社会价值最大化”的融合，把企业的价值取向与国家社会的需求融为一体；二是要充满激情，充满豪情，在工作中执着坚定，不怕失败，愈挫愈奋，用激情与豪情去感染别人，带领队伍，而不是畏首畏尾、瞻前顾后、安于现状、不思进取；三是要善于发现人才、培养人才，前人强不如后人强，一个企业、特别是非公企业，如果后继无人，必然会走向衰败。企业家要善于发现与培养人才，善于提拔与任用年轻干部，特别是要高度重视“企业领导人”和“接班人”的培养，只有这样，我们的非公重点企业才能长盛不衰。

同志们，在“十五”计划即将过去之际，展望未来，云南省非公经济的发展充满希望，我们一定要倍加珍惜历史赋予我们的机遇和责任，以只争朝夕的精神推动云南省非公经济更快更好地发展，为实现全面建设小康社会的战略目标贡献更大的力量。

“中小企业成长工程”要开好局起好步

——国家发展改革委中小企业司司长王远枝在2005年全国中小企业和非公有制经济工作座谈会上的总结讲话

（2005年12月26日）

在中央经济工作会议和全国发展改革工作会议召开之后，我们及时召开了这次全国中小企业和非公有制经济工作座谈会。会上，欧新黔副主任作了重要报告，对“十五”规划时期和今年的工作作了全面系统的总结，对“十一五”规划时期和明年的工作作了全面的安排部署。大家一致认为，欧主任的报告全面贯彻中央经济工作的精神，落实全国发展改革工作会议的各项部署，对做好明年和今后一段时期的工作具有重要的指导意义。几位副司长介绍了有关工作重点，他们的意见我都赞成。6位同志还做了很好的大会发言。今天上午会议分小组进行了讨论，大家在讨论中提出了很多好的意见和建议。刚才，三个小组召集人汇报了讨论情况。下面，结合会议讨论情况和大家关心的问题，以及如何落实好这次会议的各项工作部署，对会议作简要的归纳和总结，供大家参考。

一、关于会议的主要收获

正如会议代表们所讲的，这次会议是承前启后的一次重要会议，开得很及时、很必要，富有成效。会议开得很成功，取得了预期效果，具体表现在以下几个方面。

（一）统一了思想，提高了认识

大家认为，“十五”期间，党中央、国务院高度重视中小企业和非公有制经济的发展，特别是近年来，把促进中小企业和非公有制经济的发展放在更加突出的位置，出台了一系列的法律法规和政策性文件，中小企业和非公有制经济正迎来历史上发展的最好时期。大家一致认为，“十一五”规划推动实施“中小企业成长工程”，这是坚持以科学发展观统领经济社会发展全局作出的重大决策，是进一步贯彻落实《中华人民共和国中小企业促进法》（以下简称《中小企业促进法》）和《国务院关于鼓励支持和引导个体私营等非公有制经济发展的若干意见》（国发[2005]3号，以下简称《若干意见》）的重大部署，是“十一五”规划时期做好中小企业和非公有制经济工作的行动纲领，既具有深远的历史意义，又具有重大的现实意义。大家赞成在“十一五”规划时期实施“中小企业成长工程”，也非常赞成提出的九条措施，这是本次会议最大的收获和成果。虽然推动实施“中小企业成长工程”还存在不少需要进一步研究解决的问题，但只要我们上下同心，团结合作，我们就有信心完成好历史赋予我们的重任。

（二）交流了工作，启发了思路

中小企业和非公有制经济数量千千万万，个体千差万别，地域遍布城乡，如何理清工作思路，找准工作的切入点和突破口，需要我们整个系统共同努力。会议期间，通过座谈讨论和大会发言，大家交流了经验，很多地方促进中小企业和非公有制经济发展的经验和做法，对于启发工作思路很有帮助。如浙江省开展的《中小企业成长计划推进行动方案》和实施的“321”工程，注重从融资、政策法规、合作交流、社会服务、政府管理等5个方面优化中小企业发展环境，工作扎实，很有开拓性；湖北省启动了中小企业成长工程，出台了创办小企业工作的指导意见，培育市场主体，支持骨干企业做强做大，探索建立产学研合作机制，推进中小企业科技进步与创新，加大扶持力度，健全工作体系，取得了明显的成绩；武汉市利用闲置厂房建设创业基地，大力发展都市型产业；北京市编制中小企业发展促进规划，建立专项资金，创新融资模式，推进中小企业信用担保体系建设，取得了新的经验；吉林省在政策支持层面上，集中抓“四个一”，在财政支持层面上，建立发展专项资金，在人力服务方面，抓好本省民营企业家培养，启动“人才为企业服务项目”，在融资服务方面，实施1000户成长型企业融资支持计划。贵州省中小企业局虽然成立时间不长，但工作成绩相当突出，他们加大对成长型中小企业的扶持力度，建立和完善服务体系，积极帮助支持中小企业解决融资难问题，帮助他们积极开拓市场并加强交流合作，几年来，中小企业健康快速发展，经济实力进一步增强，为贵州省经济社会发展作出了自己的贡献；新疆维吾尔自治区进一步完善社会化服务体系，加快担保体系建设，完善以企业为主体的技术创新体系，加大财税支持力度，鼓励非公有制经济参与国有企业改制重组，努力开拓中小企业工作新局面；重庆市中小企业工作卓有成效，在健全中小企业和非公有制经济统计监测体系方面开展了大量工作，取得了新的经验；广东省以优化发展环境和完善服务体系为重点，推进中小企业、非公有制经济各项工作，成功承办了两届中博会，为中小企业对外合作和市场开拓做了大量有效工作。辽宁省、河北省、天津市和江苏省等省市在中小企业政策法规体系建设、健全完善社会化服务体系、培育企业自主创新能力、加强企业管理、调整经济结构、转变经济增长方式等方面做了大量工作，在推进中小企业向工业园区集中、提高企业集聚度、推动产业集群发展方面积累了丰富的经验。

（三）明确了目标，完善了措施

在全国发展改革工作会议上，马凯同志工作报告中明确提出要推动实施“中小企业成长工程”。同时，成长工程也纳入了国家“十一五”总体规划《纲要》中。新黔同志在报告中对全面实施“中小企业成长工程”主要内容也进行了全面论述。通过实施“中小企业成长工程”，“十一五”规划期间要初步形成发展环境明显改善、布局结构相对合理、管理和技术水平显著提高、市场竞争能力持续增强、吸纳就业能力不断扩大的中小企业群体。现在可以说，“十一五”规划的工作目标已经非常明确。这次会上，大家对如何确保工作目标任务的完成提出了很多好的建议，这对完善“中小企业成长工程”的具体措施非常有帮助。实施“中小企业成长工程”确实是一项系统工程，需要相关的配套措施和办法来提供保障。会议结束后，我们要将九大措施进一步细化和深化，提高可操作性，确保落到实处。

二、2006年“中小企业成长工程”开好局起好步需要抓好的几项工作

2006年是“十一五”规划的开局之年，也是“中小企业成长工程”的开局之年。做好2006年的各项工作，对于巩固国民经济平稳较快发展的好势头，顺利实现“中小企业成长工程”的目标至关重要。会上，大家对2006年如何启动“中小企业成长工程”，做好中小企业和非公有制经济工作进行了热烈讨论。大家一致认为，实施成长工程，既要全面部署，又要根据各地不同情况重点突破。综合大家意见，2006年要着力做好以下5个方面的工作。

（一）进一步统一思想，提高对实施“中小企业成长工程”重要性、紧迫性的认识

推动实施“中小企业成长工程”，这是在新的历史起点上，坚持以科学发展观统领经济社会发展全局作出的重大决策，它体现了党和政府的意志以及广大中小企业的愿望，是进一步贯彻落实《中小企业促进法》和国务院《若干意见》的重大任务，是“十一五”规划时期做好中小企业和非公有制经济发展工作的行动纲领。我们要认真学习，贯彻落实，积极推动实施“中小企业成长工程”。

“中小企业成长工程”不是单纯追求企业数量上的增加和规模上的扩大，而是追求企业整体素质的提高和市场竞争力的增强。它要求中小企业和非公有制经济工作要紧紧围绕党的十六届五中全会确定的经济社会发展的指导方针、奋斗目标、主要任务和重要举措，坚持发展是硬道理，把增强企业创新能力作为中小企业和非公有制经济结构调整、转变经济增长方式的中心环节，进一步开创中小企业、非公有制经济工作的新局面。

推动实施“中小企业成长工程”既具有深远的历史意义，又具有重大的现实意义，是一项重要而紧迫的战略任务。改革开放以来，特别是《中小企业促进法》和《若干意见》颁布以来，中小企业、非公有制经济发展迅速。中小企业、非公有制经济已经成为我国经济发展、市场繁荣和扩大就业的生力军。几年来，各地区、各部门都做了大量工作，取得了明显成效。主要表现：一是依法促进中小企业、非公有制经济发展的氛围初步形成；二是有关配套法规和政策性文件陆续出台；三是促进中小企业、非公有制经济发展的工作机制基本建立，不少地方还积累了宝贵的典型经验；四是中小企业、非公有制经济发展环境改善，资金支持力度加大，信用担保体系逐步完善，服务体系建设取得成效，治乱减负工作有了新的进展；五是中小企业得到较快发展，据统计，2001～2004年短短3年间，中小工业企业各项指标均实现了大幅度的提高。其中，总资产规模增长近60%，工业增加值、产品销售收入和利税总额均翻了一番。尤其值得一提的是，中小工业企业创造的利润是2001年的2.5倍，年均增长34.4%。

同时，我们也必须清醒地看到，中小企业的发展还面临着许多困难和问题，亟待解决。这些困难和问题主要是：对发展中小企业、非公有制经济的重要性要进一步统一思想，提高认识；中小企业地区发展不平衡；政策法规不够完善，缺乏完整的扶持中小企业、非公有制经济发展的政策法规体系；服务机构不健全，社会化服务体系尚需完善；融资难的问题相当突出；中小企业从总体上讲管理水平低，技术落后，产品结构不合理、档次低，市场竞争能力和抗风险能力弱，国家对中小企业缺乏有效的监管等等。以上存在的困难和问题，非下决心采取更加有力、更加果断的措施解决不可，否则，将影响中小企业、非公有制经济的快速、健康发展。“中小企业成长工程”正是根据当前企业的实际，针对存在的问题提出的战略性措施。各地中小企业管理部门、广大的中小企业一定要进一步统一思想，从国民经济发展和构建和谐社会的全局，提高对实施“中小企业成长工程”重要性和紧迫性的认识，争取在“十一五”规划期间全面实现“成长工程”提出的奋斗目标。

与会代表一致认为，在制定本地区实施“中小企业成长工程”的意见时，在指导思想上要强调以下两点：

(1)必须坚持以科学发展观指导企业成长。中小企业发展要坚持以人为本，树立全面、协调、可持续的科学发展观，促进经济社会和人的全面发展。企业要在国内外市场竞争中立于不败之地，关键在人才。在知识经济时代，社会经济形态的主要生产要素发生了根本性的变化，知识的作用越来越突出，知识已超过资本、自然资源成为经济发展中起主导作用的生产要素。中小企业要实现可持续成长，做强做大做久，必须重视人的因素，尽力开发人才资源，培养和造就一支高素质的企业职工队伍，充分发挥和利用我国劳动力资源丰富、劳动力素质较高的独特优势，增强

在国内外市场上的竞争优势。

树立绿色GDP理念。经济增长不能以牺牲环境、浪费资源为代价。中小企业要将绿色GDP的理念贯彻到企业经营理念和经营行为中去，渗透到企业制度和企业文化的方方面面，大力发展清洁生产，实现经济发展与环境保护的双赢。

树立循环经济理念。在日益加剧的资源和环境压力面前，企业必须彻底摒弃高消耗、低利用、高污染的粗放经济模式，改为采用低消耗、低污染、高利用率的循环经济模式，大力发展资源再生产业，坚持走新型工业化道路，加快经济增长方式的转变。

(2)要坚持以企业为主体、市场机制运行和政府优质服务相结合的原则。企业是市场的主体，实施“中小企业成长工程”的主体是广大中小企业、非公有制企业。从我国中小企业、非公有制企业发展的历程看，改革开放以来，在数量上和涉及的行业上都有了令人惊叹的大幅度增加，这首先应该归功于改革开放的大环境，以及随着深化改革与扩大开放推出的一系列政策。没有这些客观因素作为前提条件，就不可能有今天的非公有制企业繁荣兴旺景象。但我们也同时看到，在同样的客观环境下，许多非公有制企业从无到有、从小到大地发展了，也同样有许多非公有制企业兴旺一时，却昙花一现地消失了。从同样的客观条件下企业生存发展截然不同的两种前景对比，我们看到，外部环境与政策等外部因素固然十分重要，但主导企业兴衰命运的关键在于企业自身。因为，外因毕竟是变化的条件，而内因才是变化的根据。

市场竞争中的企业，不论大小，不论其所有制如何，其前途命运归根结底都掌握在企业自己手中，自己承担盈亏，承担风险。《若干意见》的7个方面意见，其中市场准入、加大财税支持、完善社会服务、维护合法权益、改进政府监管、加强指导和政策协调等6个方面都是在为非公有制企业营造一个更利于发展壮大的客观环境，这些方面也是“中小企业成长工程”的重要内容。至于有了这样一个更有利的外部条件，非公有制企业是不是都能大展宏图，是不是一定都能快速健康成长，就不再取决于外因，而是取决于《若干意见》提出的“引导非公有制企业提高自身素质”这个内因了。这是主导今后非公企业前途命运的关键因素，也是主导实施“中小企业成长工程”成败的关键因素。

因此，一定要引导中小企业、非公有制经济把工作重点放在提高企业自主创新能力，大力推进企业体制创新、管理创新和技术创新，加快结构调整步伐，培育国内外知名品牌，培育企业的核心竞争力，切实转变经济增长方式上来。一句话，要把工作重点切实放在提高企业自身素质上来。

（二）进一步优化中小企业和非公有制经济发展的体制环境

(1)进一步宣传贯彻《中小企业促进法》和《若干意见》，抓紧制定各项配套措施，组织协调有关部门抓紧出台鼓励支持和引导非公有制经济发展的具体政策，制定中小企业发展基金、专项资金和信用担保等管理办法。

(2)积极推进社会化服务体系的建立和完善。各地都要把服务体系建设作为促进中小企业发展的一项重要工作，按照社会化、专业化和市场化的原则，充分发挥行业协会、商会、大专院校、科研机构的作用。中央和地方政府安排的专项资金，要重点用于支持中小企业的专业知识培训、创业辅导、信用信息征集、技术创新、市场开拓、政府采购和服务体系建设。继续实施银河培训工程，组织高等院校、科研机构、行业协会、中介服务机构对中小企业进行免费的面对面培训和网络远程培训。不断完善中小企业信息网，为中小企业免费提供政策和市场信息。积极推动“创办小企业、开发新岗位”，以创业促就业，开展创业政策研究，加大政府对创业的扶持力度。大力推动担保体系建设，抓紧制定担保业监管意见和再担保模式方案，尽快明确担保机构设立与变更审批程序和管理办法。继续推动中小企业信用制度建设，开展中小企业信用评级。引导和鼓励各金融机构开发适合中小企业特点的金融产品，加大信贷支持力度，鼓励有条件的中小企业到境内外上市，扩大他们的直接融资渠道。依法维护中小企业和非公有制经济的合法权益，加大非公有制企业治乱减负工作力度，切实减轻企业负担。

（三）进一步加大增强中小企业自主创新能力，推进结构调整的工作力度

增强企业自主创新能力，加快结构调整是贯彻落实党的十六届五中全会精神的重要内容，也是实现中小企业科学发展的重要途径，是当前刻不容缓的一项重大任务。2006年，要运用新思路，采取新措施，力求新成效。

(1)鼓励支持中小企业自主创新。抓紧出台鼓励中小企业自主创新的指导性文件，加大对自主创新的支持力度。重点推动联合创新和中小企业公共技术平台建设，在有条件的产业集群和中小企业相对集中的区域，支持建立示范平台。积极组织和推动产学研联合，引导和支持中小企业与大学、科研机构、技术支持和服务机构建立合作联盟，解决行业中中小企业共性技术、关键技术难题，培训专业人才。鼓励企业推进信息化，运用先进适用技术改造提升传统产业，不断开发新技术、新工艺、新材料、新装备和新产品，提高产品的技术含量和附加值。

(2)因地制宜地培育优势产业。工作重点：一是配合建设社会主义新农村，发展农畜产品加工业，满足需求档次不断提高的农村和城市市场变化；二是发展优势特色产业和为大企业配套的产品和服务产业；三是大力发展服务业，包括交通运输、现代物流、工业设计、管理咨询等生产型服务业和文化娱乐等新型社区型服务业；四是发展高新技术产业。

(3)实施品牌战略。要重点培育壮大一批名牌产品、驰名商标，扩大辐射范围，增强市场竞争能力，并利用品牌效应提高资本运营能力。对现有优势产品，要通过技术改造和产业重组，提高规模效益。同时，选择一批潜在优势产品，引导它们上规模、占市场，促其迅速成长为名牌优势产品。

⑷促进中小企业区域协调发展，进一步规划引导中小企业产业集群发展。要加强对中小企业产业集群发展的宏观指导，提出发展产业集群的意见，加大对产业集群的政策支持力度。要坚持以市场为导向，以科技创新和体制创新为动力，以产业升级为重点，突出地区优势和特色，加强科学规划引导，改善产业集聚条件，建立健全公共服务体系，积极发展支撑性服务业，完善产业综合配套功能，促进产业集群持续健康发展。

（四）务必在加强企业管理、节能降耗、转变经济增长方式方面取得重大进展

管理是生产力。目前，我国中小企业和非公有制企业普遍存在管理水平低、基础管理薄弱等问题。引导和推动企业提高管理水平，全面提高企业综合素质和市场竞争力，是迫在眉睫的重大任务，这既是广大中小企业和非公有制企业的迫切愿望，也是实施成长工程的关键环节和突破口，必须下大力气抓紧抓好。企业管理存在的问题相当多，也相当突出。举个例子，分销网络与客户资源是企业最重要的无形资产，但由于缺乏健全的管理制度，客户资源往往成为营销人员的个人资源和个人关系网，一旦营销人员离开企业，就意味着企业客户资源的损失，也就意味着企业为开发客户资源所付出的人力、物力、财力全部丧失。许多中小企业都吃过这方面的苦头。这就是管理问题。

要加快制定引导推动中小企业加强管理的指导意见。坚持逐步推进、分类指导的原则，积极开展企业管理上等级活动。对于管理混乱的企业，重点在于建立健全各项基础管理制度，如安全生产、劳动人事管理、财务管理、质量管理、营销管理以及现场管理等；对于具备一定管理基础的企业，则要鼓励和支持他们借鉴、吸收国内外先进的管理经验，实现企业管理思想、管理体系、管理方式和管理手段的科学化、现代化，推进管理创新。

加强企业管理，要把重点放在节能降耗、降低成本、提高产品质量、提高经济效益、转变经济增长方式上来。要加强资源节约和综合利用，搞好生态建设和污染防治。要围绕企业战略，培育企业核心竞争力。

要大力实施“走出去”战略，开拓国内外市场。加强与国外政府和国际组织间的合作交流，支持中小企业参与国内外展览和展销活动，做好东亚（10+3）投资高层研讨会、第三届中博会、第四届APEC中小企业技术交流暨展览会等工作，力争取得更好的成效。

要引导企业积极主动地承担社会责任。任何一个企业都是基于“社会性的存在”这一立场经营的，在当前国内外市场的激烈竞争中，企业的经营理念正在发生着深刻变化，商业道德、社会责任已经成为企业提高竞争力的重要因素。企业发展不仅要关注经济指标，更要关注人文指标和社会指标，这是企业文明、进步的重要标志，也是企业做强做大做久必须十分重视的重大问题。企业只有真正做到依法经营，诚实守信，关心和保护劳动者权益，热心公益事业和社区发展，才能在社会上享有良好信誉，赢得广大消费者的信赖，使企业在不断成长中得到有力支持。今后，国家对中小企业的各项支持要和企业管理水平状况挂起钩来。

总之，要通过加强企业管理，在中小企业中形成围绕提升市场竞争力，追求可持续增长的管理思想和管理理念；逐步形成促进中小企业加强管理的激励和约束机制，建立中小企业管理状况的评价标准；逐步形成一套适合于中小企业实际的管理模式、管理方法和管理手段；探索形成一批具有现代管理水平和管理创新成果的成功经验，并推广应用；形成一批管理科学、经营规范、质量效益好、社会责任强、人力资源优势得到充分发挥的中小企业；广大中小企业现场管理优化，基础管理普遍加强，现代管理手段广泛应用，管理整体水平不断提高，综合素质和市场竞争力不断增强。

（五）加强领导，明确责任

实施“中小企业成长工程”，全面贯彻落实《中小企业促进法》和《若干意见》，做好新时期中小企业和非公有制经济工作，涉及面广，政策性强，难度很大，是一项艰巨复杂的工作。各地区、各部门都要加强领导，精心组织，明确责任，形成合力。

⑴各地区、各部门都要按照各自职责分工做好工作，互相支持，互相配合。各地中小企业管理部门要认真组织实施国家中小企业政策和发展规划，做好综合协调、指导和服务工作，当好各级政府的参谋。要根据本地区实际情况，制定实施“中小企业成长工程”的具体实施办法，突出工作重点，明确目标要求，制定具体措施。按照成长工程的主要内容，研究制定出2006年工作计划。各项工作都要有布置、有检查，切实在抓落实、抓深入、抓成效上狠下功夫。中小企业管理部门领导要深入到基层企业，总结典型经验加以推广。注意倾听基层意见，了解基层情况，及时帮助企业解决生产经营中的困难和问题。要密切监测分析中小企业生产经营状况和发展趋势，加强对中小企业和非公有制经济的信息引导。

⑵要充分发挥新闻舆论宣传的作用。突出宣传党中央、国务院关于促进中小企业、非公有制经济发展的方针政策，各地实施成长工程的好经验、好做法以及中小企业和非公有制经济的典型经验，形成良好的舆论氛围。

⑶要建立责任制度，健全工作机构，加强对中小企业和非公有制企业的服务和监管。要认真转变职能，增强服务意识、合作意识、创新意识、大局意识。要统筹兼顾，突出重点，在扶

优扶强的同时要注意扶小扶弱，从对单个企业的支持转向对中小企业公共服务的支持；既要关注沿海发达地区，更要关注中西部地区；既要注重营造良好发展环境，又要注重中小企业整体素质的提高。

几年来，各地在发展中小企业和非公有制经济方面做了大量的工作，取得了显著的成效。但我们没有任何理由陶醉在以往的成绩上。我们要面向未来，面向挑战，既要奋力开拓，又要脚踏实地、扎扎实实地做好各项工作。2006年是“十一五”规划开局之年，也是实施“中小企业成长工程”开局之年，是我们在新的历史起点上继续前进的一年，各级中小企业管理部门要认真学习贯彻党的十六届五中全会精神，落实中央经济工作会议及全国发展和改革工作会议部署，继续抓好《中小企业促进法》和《若干意见》的贯彻落实工作，抓住机遇，开拓进取，为扎实推动实施“中小企业成长工程”开好局、起好步。希望中小企业战线的同志以及中小企业、非公有制企业经营者和广大职工，勇敢地肩负起历史的重任，艰苦奋斗、顽强拼搏、探索前进，为中小企业、非公有制经济更加辉煌的明天，为建设中国特色的社会主义伟大事业作出自己的贡献！

在东亚促进中小企业发展与投资高层研讨会新闻会上的讲话

国家发展改革委中小企业司司长　王远枝

（2005年10月25日）

今天请新闻界的朋友们来，主要是通报第一届东亚促进中小企业发展与投资高层研讨会筹备情况，希望大家共同努力做好会议的新闻宣传报道工作。下面，我首先通报一下有关情况。

从全球范围来看，中小企业已经日益成为世界经济增长的重要推动力量，在繁荣地区经济、增加社会就业、推动技术创新、扩大产品出口和促进社会发展等方面发挥着越来越重要的作用，其旺盛的生命力创造了许多国家和地区的经济奇迹。据亚太经合组织中小企业部长会议统计，中小企业户数占各国企业总数的97%～99.7%，GDP比重占50%以上，出口总数占40%～60%。现代中小企业的发展潮流不仅体现了技术创新进步、新兴产业发展、专业化分工协作、经济生态平衡和可持续发展等先进生产力的发展要求，也体现了以人为本、多维价值、多元性、创造性、协调性的发展方向。

我国政府也高度重视中小企业发展，特别是1978年实行改革开放政策以来，我国把促进中小企业发展放在更加突出的位置，积极采取各种措施加以推进。一是加强政策法规体系建设。全国人大颁布了《中华人民共和国中小企业促进法》，国务院制定了《关于鼓励支持和引导个体私营等非公有制经济发展的若干意见》，初步形成了促进中小企业发展的政策法律框架体系。二是强化服务引导。各级政府坚持社会化、专业化、市场化的原则，积极加强中小企业服务体系建设，建立健全了信用担保、投资融资、创业辅导、技术支持、信息服务、管理咨询、市场开拓、国际合作等社会化服务机构。例如，为解决中小企业“融资难”问题，国家设立了科技型中小企业技术创新基金，加大了对中小企业直接和间接融资的支持力度。三是推进企业技术创新。支持中小企业采用先进技术、先进生产工艺和设备，提高产品质量，实现技术进步。积极引导企业采用现代企业管理制度，推进企业信息化建设，提高企业管理水平。四是搭建交流平台。积极引导中小企业加强国际合作和交流，连续两年举办了两届中小企业博览会。目前，全社会支持中小企业发展的良好氛围已初步形成。

经过不懈努力，我国中小企业得到长足发展。截至2004年，中小企业创造的最终产品和服务的价值占国内生产总值的59%，创造的工业新增产值占全部工业新增产值的70%，提供的出口额占出口总额的68%，缴纳的税收占全部税收收入的48%。另外，全国专利的66%是由中小企业发明的，74%以上的技术创新是由中小企业完成的，82%以上的新产品是由中小企业开发的。中小企业还提供了75%以上的城镇就业机会，是吸纳就业的主渠道。中小企业已经成为我国经济发展、市场繁荣和扩大就业的重要基础，并以其灵活的运行机制和市场适应能力，成为发展生产力、促进经济体制改革、构建和谐社会的重要推动力量。

前不久，刚刚闭幕的中国共产党第十六届五中全会通过了《关于制定国民经济和社会发展第十一个五年规划的建议》，我们将以科学发展观和构建和谐社会为宗旨，把“中小企业成长工程”和促进非公有制经济发展纳入各地区、各层次的“十一五”规划，进一步完善促进中小企业和非公有制经济发展的政策法规体系，以创造公平发展环境和促进建立各类社会服务体系为重点，加大公共财政扶持力度，充分利用各种社会资源，完善公共服务功能，提高中小企业自主创新能力，实施中小企业“走出去”战略，促进中小企业产业集群发展，不断提高中小企业和非公有制企业的整体素质和市场竞争力。

随着经济全球化进程的加快，区域合作已经成为地区经济社会发展的重要趋势。深化东亚各领域合作，有利于扩大各方的共同利益，保持（10+3）合作机制旺盛的生命力；有利于增强东亚各国应对全球化挑战的能力。东盟与中日韩（10+3）合作始于1997年，已逐渐发展成为东亚合作的主渠道，目前除年度领导人会议外，已建立14个部长级合作机制。近年来，东亚合作取得长足进展，领域不断拓宽，层次逐步提高，内涵日益丰富。东亚合作已成为世界上最成功的区域合作实践之一，有力地促进了本地区的和平、稳定和发展。去年年底（10+3）领导人会议确定东亚共同体为东亚合作的长远目标，首届东亚峰会将于2006年12月在马来西亚召开，东亚合作步入新的发展阶段。

睦邻友好和区域合作是中国周边外交的两大支柱。中国政府一贯高度重视并积极支持和参与东亚合作，主张以（10+3）为主渠道推进东亚合作进程，循序渐进，由易到难，不断拓展和深化具体领域合作，造福于本地区各国人民。中国政府将继续坚持“与邻为善，以邻为伴”的周边外交方针和“睦邻、安邻、富邻”的政策，在平等互利、合作共赢的基础上实现与周边国家的共同发展与繁荣。加强与东亚各国的合作是落实东盟和中日韩(10+3)合作机制的具体行动，是中国为促进东亚区域经济发展采取的战略措施。促进和扩大与东亚各国的交流与合作，已经成为我国对外关系的重要组成部分，中国政府已经并将继续采取有效措施推进与东亚各国经贸、技术等多方面的合作深入开展。

举办东亚促进中小企业发展与投资高层研讨会，是落实去年温家宝总理在第八次东盟与中日韩(10+3)领导人会上提出的合作倡议的具体行动，旨在加强东盟和中日韩中小企业间的合作与交流，改善东亚地区中小企业投融资环境，探索建立多层次、宽领域的中小企业投融资体系和互动机制，以推动东亚经贸和投资合作不断深入开展。会议的召开，无论是对促进东亚各国中小企业的发展还是对促进东亚地区经济发展，都将产生积极的影响。

经过东盟和中日韩各国的共同努力，目前会议的各项筹备工作已基本就绪。从筹备情况看，会议有三个突出的特点。

一是规格高。对本届高层研讨会，东盟和日韩等国政府都作出了积极响应，主管中小企业或经济工作的部门及外交部门给予了积极配合和大力支持，保证了会议筹备工作顺利进行，大多数国家都将由主管中小企业和经济发展的副部长率团参会，其中泰国由副总理、新加坡由正部长带队。中国政府也高度重视本届研讨会，国务院领导同志将出席会议并讲话，国家发展改革委、外交部、财政部、商务部、科技部、人民银行、银监会、证监会、保监会、开发银行、北京市人民政府等部门和单位的领导同志将出席会议并作专题演讲。

二是范围广。出席这次会议的有政府部门的代表，有从事中小企业研究的专家、学者和中小企业代表，也有为中小企业提供服务的金融机构、创业投资机构、担保机构、证券机构、培训机构和管理咨询机构，以及其他中介服务机构。会议规模将超过400人。

三是内容实。虽然这次研讨会的会期只安排了两天，但会议内容涉及中小企业发展的方方面面。会议不仅要研讨促进中小企业发展的投融资体系、政策体系、法律环境和社会化服务体系等方面的内容，与会代表还将就东亚地区经贸、技术、人才等方面的合作开展广泛的交流。

本次高层研讨会是经国务院批准同意的。为了开好本次高层研讨会，我们成立了由国家发展改革委牵头，外交部、财政部、商务部、科技部、人民银行、银监会、证监会、保监会、北京市人民政府等部门和单位参加的筹备工作部级领导小组。国家发展改革委外事司、办公厅、研究室等有关司局抽调人员组成了筹备工作办公室，又下设了若干工作小组，全力做好联络、会务、文件、新闻等有关筹备工作。会议由北京市人民政府承办，北京市成立了由20多名专业人士组成的会议筹备小组，在会务、翻译、材料、安全保卫等方面做了大量工作。外交部等有关部委也全力支持，付出了辛勤的努力。

在中外各方的大力支持和配合下，会议的筹备工作总体进展顺利。东盟和日韩各国全都派出了代表团，外方代表共有100多名。中国国家和地方政府部门和为中小企业服务的金融机构、创投机构、担保机构、证券机构等中介服务机构的中小企业代表共达300多人。

整个高层研讨会会期为两天。10月26日全天报到，晚上将召开由各国代表团秘书长参加的会前协调会，主要是通报会议活动、日程安排等，并听取代表团意见。

10月27日上午将举行全体会议。会前由国务院领导接见各国代表团团长及中国国务院有关部委和北京市政府领导。之后举行开幕式，国务院领导将代表中国政府致辞，国家发展改革委、东盟轮值主席国马来西亚、北京市人民政府领导分别讲话。之后将由东盟和日韩代表团团长及中国国家财政部、人民银行、银监会、科技部、商务部、证监会、保监会等领导分别就东亚经济合作与发展、中小企业发展与投融资、政府功能和政策体系、中小企业发展模式和基本经验等有关内容发表演讲。晚上由中方举办欢迎晚宴，由外交部领导和外方代表致辞。

28日继续大会发言，将由东亚各国研究中小企业的专家学者、为中小企业提供服务的中介机构以及中小企业代表就促进中小企业发展的投融资体制、建立健全中小企业融资体系、促进中小企业合作交流的有效途径及发展潜力等有关内容发表演讲。之后将举行闭幕式。

为使首届促进中小企业发展与投资高层研讨会取得实效，我们希望在与会各国达成共识的基础上，就促进东亚中小企业合作和交流提出“北京倡议”。目前我们正在征求与会国家意见。

我们相信，经过中外与会代表的共同努力和通力合作，第一届东亚促进中小企业发展与投资高层研讨会一定能办出特色，办出实效，取得圆满成功，必将对推动东亚各国中小企业的合作交流，促进东亚经济的共同发展产生重要影响，发挥积极的促进作用！

做好融资与信用担保工作 促进中小企业更快更好发展

——国家发展改革委中小企业司巡视员狄娜在2005年全国中小企业和非公有制经济发展工作座谈会上的发言

（2005年12月25日）

本次会议是全国发改工作会议后，全面总结和部署中小企业和非公有制经济工作的重要会议。

一、关于2005年工作

（一）中小企业信用担保体系建设取得突破性进展

经过7年多努力，中小企业信用担保体系建设工作已取得长足进展，在缓解中小企业融资难、促进中小企业发展方面作用突出，成效明显。据我们调查，截至2004年年底，全国中小企业信用担保机构已达2188家，筹集担保资金657亿元，担保企业近19万户，累计担保总额3237亿元。为了促进中小企业信用担保业可持续发展，今年我们又在以下5个方面着力推进。

1．落实国务院领导批示，加大了监管力度

⑴加快研究出台对担保业加强监管的意见。去年温家宝总理作了重要批示，要求国家发展改革委会同国务院有关部门对担保市场的情况和存在的问题做调查研究，并提出加强监管、防范风险的意见。黄菊副总理也批示要求，在积极支持中小企业信用担保发展的同时，也要注意从法规、制度等方面加以规范，引导其健康发展。为落实国务院领导批示精神，发展改革委联合财政部、建设部、人民银行、银监会开展担保市场专题调研，调研报告反复征求有关部门意见，数易其稿后上报国务院。温家宝总理作了圈阅，黄菊副总理作了批示，要求发展改革委会同有关部门，抓紧有关政策的协调、报批工作，包括抓紧修改完善《中小企业信用担保管理办法》。目前，我们正在抓紧起草和完善对担保市场的监管意见，初稿已经完成。

⑵理顺担保业管理体制。今年4月和10月，两次会同国家发展改革委财经司、人事司向中编办回复了《国家发展改革委办公厅对担保行业管理职责分工意见的复函》，并多次与中编办沟通，提出了发展改革委关于担保行业归口管理的意见。对此复函，马凯主任、李盛霖副主任、朱之鑫副主任、欧新黔副主任、张晓强副主任均作了圈阅或重要批示。国务院领导和这么多发展改革委领导如此重视担保工作是对我们工作的肯定，并明确了更高要求。

2．贯彻412号令，实施行政许可

按照去年温家宝总理412号令的要求，今年在征求有关方面意见并履行必要程序后，发展改革委出台了《国家发展改革委关于对跨省区或规模较大的中小企业信用担保机构设立与变更有关事项的通知》（发改企业[2005]1257号），对跨省区或规模较大的中小企业信用担保机构的市场准入、监管等作出了明确规定。这是我国第一个关于担保机构市场准入的政策性文件，对于从源头上规范和促进我国中小企业信用担保业健康发展具有重要作用。为切实推动这一工作，今年9月27～28日，发展改革委中小企业司在江苏省南京市召开了“贯彻落实中小企业信用担保行政许可工作座谈会”，国务院有关部门及发展改革委相关司局和部分担保机构负责人共120余人参加了会议。会议对近几年中小企业信用担保体系建设情况进行了全面总结，对下一步担保业行政许可、规范运行、扶持发展和加强监管等工作进行了全面部署。

3．抓队伍建设，组织开展了对担保机构的多层次培训

⑴开展国际化交流和高端培训。今年4月，与世界银行金融学院、德国继续教育学院联合在北京举办了“全国信用担保与中小企业融资国际培训研讨会”，共有300人参加。9月，与亚洲开发银行在辽宁省大连市召开了“中国中小企业信用担保监管与风险管理体系改革暨再担保体系规划与发展研讨会”，中外担保业近200人参加。上述会议对于借鉴国际先进经验，促进中国担保业健康发展产生了积极作用。

⑵开展面上培训。8月下旬～9月上旬，中小企业司先后在吉林、新疆、湖北和四川连续举办了4期中小企业信用担保机构管理人员和从业人员培训班，受训人员达1000多人（全国担保业从业人数1.7万人）。

⑶开展重点培训。主要是积极组织开展担保孵化工作，选择中关村科技担保公司、深圳中小企业信用担保中心、山西省中小企业信用担保公司作为担保孵化基地，以案例教学结合见习方式开展立体化孵化培训，使200多人受益。经过几年努力，现已初步形成了对担保机构的多层次培训体系。

4．重在扶持，继续加大政策支持力度

⑴研究制定有关扶持政策。今年中小企业司上报的关于“当前我国信用担保业发展面临一些亟待解决的深层次问题”的信息，被中央办公厅《近期社会动态》所采纳，黄菊副总理作了重要批示，建议发展改革委统筹研究，可从财税、收费等方面完善相关扶持政策，促进担保行业发展。按照黄菊副总理的批示精神，我们即会同人民银行、财政部、银监会、国家税务总局联合成立了担保机构扶持政策专题工作小组，已召开了第一次工作小组会议，正在进行担保机构扶持政策起草工作，目前初稿已经完成。

⑵继续实施免征3年营业税工作。在前4批共对675户中小企业信用担保机构实施免征3年营业税的基础上，今年第五批中小企业信用担保机构免征3年营业税工作已经启动，目前正与国家税务总局进一步沟通。

⑶加大资金支持力度。与国家开发银行合作支持中小企业信用担保机构发展，国家开发银行通过资金和信用两方面支持担保体系建设，提高担保机构能力和信用水平。截至2005年上半年，国家开发银行累计向担保机构发放软贷款补充资本金16.5亿元，吸引配套资金10亿元以上，增加社会担保能力140亿元以上。

5.加强行业自律与规范发展

今年5月和9月，由担保机构发起，分别在成都市、大连市召开了第五、第六届全国中小企业信用担保机构负责人联席会议，全国150多家骨干担保机构负责人参加。第五届联席会议综述得到国务院领导批示；第六届联席会议通过了《行业自律公约》，这对开展担保行业维权，实行行业自律，促进规范发展将产生积极影响。11月，中小企业司又联合民建中央在上海召开了"2005中国信用融资担保高峰论坛"，民建中央将中小企业信用担保作为今年的重大课题，目前已经形成初步的调研报告。此外，我们还将信用评级引入担保业，今年在北京、江苏、浙江、广东、内蒙、四川、吉林、山西8省市开展了对担保机构的信用评级工作，共对400多家担保机构进行了信用评级。通过开展评级工作，规范了担保机构的风险控制制度和财务管理制度，提高了担保机构的信用能力和风险防范能力，促进了担保业整体信用能力的提升。

（二）中小企业对外投融资合作取得重大进展

突出的标志是在2004年成功举办"首届中美中小企业与创业投资论坛"的基础上，2005年又成功举办了"第一届东亚促进中小企业发展与投资高层研讨会"。这是经国务院批准，由国家发展改革委代表中国政府承办的一次区域性国际会议，主要是落实去年温家宝总理在第八次东盟与中日韩(10+3)领导人会上提出的合作倡议。在发展改革委、国务院有关部门、北京市等各有关方面的共同努力下，研讨会取得了圆满成功。国务院副总理曾培炎出席开幕式并致辞，10个部委和单位的领导同志到会讲话，东盟和日韩12个国家主管中小企业或经济工作的部长率团与会，其中泰国为副总理，新加坡、柬埔寨等国为正部长，47位政府官员、专家学者、中介服务机构和中小企业代表作了精彩演讲，参会总人数达520多人。会议取得重要成果，发表了《北京倡议》，这些对于扩大我国在东亚的影响，提升我国的国际地位，在东亚各国中小企业交流与合作中发挥主导作用都产生了积极的影响。会议的成功举办得到了发展改革委领导和国务院领导的肯定，温家宝总理和曾培炎副总理分别对我们上报给国务院的总结报告作了签阅。

另外，根据《中美中小企业合作与发展议定书》有关议定，今年6月和9月分别与美国国会官员、美国商务部代表在美商务部驻华代表处议定了在美举办"第二届美中中小企业融资与创业投资论坛"有关事宜。会议定于2006年一季度在美国举行，分为两个阶段，前一段在华盛顿，后一段在波士顿，中方将组织50人的代表团与会。同时，参加了国家开发银行组织的APEC金融机构与中小企业融资研讨会，还牵头组织了"第二届中小企业博览会'中小企业融资论坛'"工作。

（三）中小企业融资渠道不断拓宽

融资难是制约中小企业发展的重要因素，融资工作也是中小企业司的重要工作之一。

⑴加大对中小企业的信贷支持力度。我们加强与银监会合作，特别在银监会出台促进小企业贷款的指导意见后，引导金融机构结合中小企业特点，开展金融产品创新，提高对中小企业的贷款比重。与国家开发银行联合下发了《关于合作开展中小企业贷款与信用担保体系建设工作的通知》(发改企业[2004]1971号)，今年国家开发银行对中小企业贷款已突破100亿元。同时，与中国建设银行、广东发展银行、民生银行等商业银行的合作也取得积极进展，引导这些商业银行建立中小企业信贷机构，改善对中小企业的金融服务，加大对中小企业的信贷支持。建设银行承诺新增600亿元贷款计划，重点支持浙江省中小企业发展。

⑵积极推动中小企业直接融资。积极推进中小企业在深圳中小企业板的上市，进一步完善制度，形成规模，加快建立中小企业上市育成体系。深交所中小企业板开通一年来，市场交易活跃，总体运行平稳，50家上市公司总融资额120亿元，户均融资2.4亿元。继续推进中小企业境外上市工作，在会同委内有关司局对境内企业赴香港创业板进行审核的同时，今年还对境内企业赴新加坡二板市场上市进行了审核。

⑶推进多层次资本市场建设。与发展改革委有关司局配合，参与了十部委发布的《创业投资企业管理暂行办法》的制定与出台工作。正在开展中小企业产权交易市场调研，探索使其在拓宽中小企业融资方面发挥更大的作用。

⑷总结推动地方建立中小企业贷款补偿机制。一些地方在这方面已经破题。总的来看，经过努力，中小企业融资环境已经大为改善。

（四）中小企业信用制度建设取得新成效

中小企业信用体系建设是全国社会信用体系建设的重要组成部分。2003年以来，我们在全国选择了5个省市进行中小企业信用试点，主要在中小企业信用信息征集和信用等级评价、建立中小企业信用档案中心和数据库、开展诚信活动等方面进行探索，目的是提高中小企业信用意识，提升其信用能力和水平。今年年初，我们召开了试点省市2004年中小企业信用试点工作总结会。5月份，召开了试点省市2005年信用试点工作座谈会，明确了要求，制定了标准，重点看"试了什么，试出了什么"，要求在"出思路、出经验、出模式”上下功夫。总的来看，信用试点工作取得了一定成效。今年，欧新黔副主任在考察信用试点的“点中点”中关村时，充分肯定了中小企业信用试点工作。截至2005年10月底，台州、长春、成都、山西、北京及广东、内蒙、江苏等8个信用试点省市共征集中小企业信用信息2万多份，开展中小企业信用评级1936家，建立信用档案近10万户，开展诚信活动2万人次。近3年来，试点省市累计完成15万家企业的信用信息征集，5000多家的信用评级，建立中小企业信用档案20万户。非试点省市也结合我们的试点工作进行探索，取得了积极进展。山东省德州市把信用与担保、信用与融资有机结合起来，探索推出了信用金融一体化服务，很受银行和企业欢迎。

（五）加强课题研究

在推动各项工作有序进展的同时，我们积极加强融资与信用担保课题研究。与亚洲开发银行共同开展“关于中小企业信用再担保机构的模式选择与加强行业监管”课题；与世界银行国际金融公司和中国人民大学联合推进中小企业融资状况调查，选择吉林、四川、广东、浙江、山西等省进行融资调查，发放问卷1200份，回收989份，调查报告正在起草；与世界银行、北京大学中国经济研究中心联合启动了中国非公有制经济融资与发展战略研究。上述课题研究为拓宽思路、制定政策，推动中小企业融资与担保工作打下了很好的基础。

同时，我们也清醒地看到，中小企业融资与信用担保工作中还存在一些问题，抓大事、议大事、出思路、出政策等还不够，与国民经济和社会发展大局的结合还不够，中小企业融资难、贷款难、担保难的问题并没有从根本上得到解决，中小企业信用制度建设还有很长的路要走，等等。这些都需在今后的工作中加以解决并不断完善。

二、关于2006年工作安排

根据国家发展改革委和中小企业司的统一部署与安排，2006年中小企业融资、担保与信用工作，我再向大家作一简要通报。

（一）积极推进中小企业结构调整

推进中小企业结构调整是中小企业司一项新的工作，内容丰富，也很重要。近日，国务院颁布了《促进产业结构调整暂行规定》，我们的任务就是落实好这一规定，推进符合中小企业特点的结构调整。中小企业结构调整是整个国民经济结构调整的重要组成部分，抓好这一工作，搞好中小企业结构调整，对于中小企业转变增长方式，提高运行质量，提升中小企业的整体素质和竞争力，具有非常重要的意义。应该看到，目前中小企业的结构性矛盾比较突出，已经成为制约中小企业发展和经济结构调整的重要因素。不调整，中小企业整体就难以实现协调和可持续发展。因此，要充分认识到中小企业结构调整的重要性，这是“十一五”规划期间提高中小企业增长质量和整体效益的根本性措施，也是关系全局的一项重要而紧迫的任务。我们的指导思想是，全面贯彻落实党的十六大和十六届五中全会精神，坚持科学发展观，坚持以国家产业政策和市场为导向，以企业为主体，以科技进步和技术创新为动力，以全面、协调、可持续发展为核心，以产业结构、产品结构、组织结构、区域结构和所有制机构调整为重点，以提高中小企业的综合竞争能力和增长质量与效益为目标，初步形成发展环境明显改善、布局结构相对合理、管理和技术水平明显提高、市场竞争能力持续增强、吸收就业能力不断扩大的具有中国特色的中小企业群体。调整的方向和重点、调整的思路和措施等都需要进一步细化和明确。目前，中小企业结构调整的指导意见初稿已经形成，正在征求有关方面的意见。

（二）抓紧完善担保政策措施

⑴根据新的情况与变化，抓紧修改完善《中华人民共和国中小企业促进法》的配套文件——《中小企业信用担保管理办法》，待征求有关部门、地方和担保机构等方面意见后，尽快上报国务院。

⑵根据跨省区或规模较大的中小企业设立与变更实行行政许可的通知要求，明确担保机构设立与变更的审批程序和具体要求。目前，地方申报审核工作已经开始，希望省级中小企业管理部门按照要求，切实履行好职责，做好初审工作。

⑶根据温家宝总理的批示，加快制定担保业监管意见，促进担保业发展，一手要抓规范，一手要抓扶持，两个轮子都要转起来。关于担保业监管意见，我们已经有了初稿，地方也要制定符合实际的监管指导意见。

⑷落实黄菊副总理批示精神，制定出台关于担保机构的扶持政策。近期我们将抓紧召开促进担保机构发展的政策研究座谈会，文件修改完善后加快上报。其中一项重点工作就是，与国家税务总局积极沟通，联合下发第五批对担保机构实行免税名单。免税不是目的，重要的是对担保机构实行动态监管，在公布一批免税名单的同时，也要取消一批不合要求的担保机构。

⑸继续开展对担保机构信用评级。制定担保机构绩效考核办法与信用评级统一指标体系。近日，财政部下发了担保企业会计核算办法，要求抓好担保企业会计核算办法的贯彻执行，搞好培训。

⑹继续开展对担保机构的孵化工作和对担保机构经营管理人员及业务操作人员的培训，2006年还要举办4～5期培训班。

⑺近期对全国中小企业担保业发展情况进行一次全面统计，请各地根据通知要求抓好填报。

（三）全面推进中小企业信用制度建设

2006年上半年拟召开一次全国推进中小企业信用制度建设工作座谈会，对3年来中小企业信用试点工作进行全面总结，在面上推广试点经验，拟订全国推进中小企业信用制度建设的文件。同时，继续推进对中小企业信用担保机构信用评级。

（四）进一步拓宽中小企业融资渠道

⑴引导政策性金融机构加大中小企业信贷支持力度。继续与国家开发银行深入合作，在适当时机召开一次座谈会，进行总结推动。探索与农业发展银行的合作模式。农发行今年推出农业小企业贷款业务，银监会已经征求了我们的意见，先在3个省市进行试点，时机成熟后全面推开。这方面，应该说有不少的合作点位。

⑵继续加强与建设银行、广东发展银行、民生银行等商业银行合作扩大中小企业信贷支持。目前，不少商业银行越来越重视对中小企业的信贷工作，有的设立了专门部门，改进了考核和奖惩的办法，推出了适合中小企业特点的金融服务和产品，这方面需要政府部门加大引导和鼓励的力度。

⑶积极培育中小企业产权交易市场。这项工作比较新，对缓解中小企业融资难，拓展融资渠道的潜力很大。我们对此工作比较重视，已经启动了调研工作，在吉林、河南等地开始调研，要尽快形成工作思路和政策进行推动。

⑷继续与深交所合作，加快建立中小企业上市育成体系，扩大对中小企业的直接融资。同时，继续做好境内企业赴香港创业板和新加坡二板市场上市审核工作。

⑸总结浙江省等地对金融机构开展中小企业贷款实行补贴的经验，探索引导和扩大金融机构支持中小企业发展的路子。

（五）扩大中小企业投融资的对外交流与合作

明年第二届东亚促进中小企业发展与投资高层研讨会将在泰国召开，按照中小企业司的统一安排，我们要做好有关工作，成立东亚中小企业发展基金、建立亚洲研究中心、成立东亚中小企业专门委员会、建立沟通协调机制等项工作都在今年东亚会发表的《北京倡议》中确定了，将在第二届会上加以细化。另外，要组织好参加第二届美中中小企业与创业投资论坛。继续推进与世界银行、亚洲开发银行、美国花旗银行、德国复兴银行等国际金融机构和组织的合作。

2006年中小企业和非公有制经济工作的目标思路和重点与措施已明确，希望系统上下牢固树立科学发展观，以党的十六届五中全会精神为指导，全面实施“中小企业成长工程”，努力开创中小企业信用、融资与担保工作的新局面。

总结经验　再接再厉
做好中小企业发展专项资金项目申报工作

——国家发展改革委中小企业司副司长陈燕海在中小企业发展专项资金项目申报工作培训班上的讲话

（2005年7月13日）

根据财政部、国家发展改革委《关于印发〈中小企业发展专项资金管理暂行办法〉的通知》（财企[2004]185号），为了做好今年中小企业发展专项资金(以下简称发展专项资金)项目申报工作，国家发展改革委办公厅和财政部办公厅于今年7月8日联合下发了《关于做好2005年中小企业发展专项资金项目申报工作的通知》（发改办企业[2005]1356号，以下简称《项目申报工作通知》），对今年发展专项资金的工作目标、支持重点以及申报条件等提出了具体要求。这是指导我们做好今年发展专项资金项目申报工作的重要依据，各地区要在今年发展专项资金申报工作中认真贯彻执行。另外，为规范项目的申报和管理，提高工作质量，我们还组织有关专家开发了“中小企业发展专项资金项目申报系统”软件。为搞好今年的项目申报工作，今天我们在这里举办培训班，既对今年的工作进行部署，也向大家详细介绍和培训这个拟于今年投入使用的项目申报系统。下面，我就发展专项资金的有关工作谈两方面内容。

一、2004年发展专项资金项目申报工作回顾

《中华人民共和国中小企业促进法》实施以来，中小企业越来越受到社会各有关方面的重视，促进中小企业发展逐渐成为各级政府及其部门推动经济发展、保持社会稳定的一项重要工作。按照法律规定，安排财政专项资金促进中小企业发展成为各级政府及其部门的重要责任。在中央财政预算中，支持中小企业发展的专项资金类别不断增加，2003年财政部设立了中小企业服务体系专项补助资金，2004年又设立了中小企业发展专项资金，而且财政资金安排额度也逐年增加。与此同时，各地区财政部门也不断增加了对中小企业的支持力度。据不完全统计，2004年，全国27个省（自治区、直辖市）财政安排用于支持中小企业发展的专项资金超过了15亿元。财政资金的增加，对于促进和引导中小企业健康发

展发挥了重要作用。

（一）2004年发展专项资金项目工作情况

2004年初，国家发展改革委开始与财政部共同研究落实鼓励中小企业技术创新和支持中小企业为大企业协作配套的专项资金。经过多次协商，2004年10月14日，财政部、国家发展改革委联合公布了《中小企业发展专项资金管理暂行办法》（以下简称《暂行办法》）。2004年11月4日，国家发展改革委又会同财政部下发了《关于做好2004年中小企业发展专项资金有关项目申报工作的通知》，要求各地区中小企业管理部门和同级财政部门按照上述两个文件规定，遴选中小企业专业发展以及与大企业协作配套等项目，并组织专家进行项目评审，尽快将符合文件规定的项目择优报上来。

各省、自治区、直辖市和计划单列市以及新疆生产建设兵团中小企业管理部门和财政部门接到两部委通知后，立刻开展工作，基本上按时完成了项目组织和申报工作。37家申报单位共申报项目365个，投资总额共计57亿元，申请资助资金共计5亿多元。其中，申请无偿资助的项目276个，申请固定资产投资贷款贴息项目89个。

在充分尊重地方中小企业管理部门和财政部门对上报项目开展评审工作的基础上，按照《暂行办法》和年度工作通知要求，国家发展改革委中小企业司会同财政部企业司对上报项目进行了审核、平衡，提出了项目计划，最终确定了这170个项目，作为2004年发展专项资金的资助项目，占各地区申报项目总数的46.6%。这170个项目预计新增销售收入11亿元，新增就业岗位9400个。在这170个项目中，按照补助方式划分，其中无偿资助项目135个，占79.4%；贷款贴息项目35个，占20.6%，两者大概比例为8：2。按照年度工作通知中确定的四项支持重点分类，“中小企业新产品开发和新技术推广”项目37个，占项目数的21.7%；“地区产业优势”项目60个，占项目数的35.3%；“农业产业化”项目34个，占项目数的20%；“为大企业提供配套产品”项目39个，占项目数的22.94%。

从各地最近上报的材料看，项目实施总体上进展顺利，绝大多数项目能够按计划竣工投产并发挥效益，对促进企业技术升级和地区经济发展起到了较好的作用。

（二）项目申报工作中存在的主要问题

由于种种原因，2004年发展专项资金项目申报工作通知下达较晚，给各地区的项目申报工作造成了一定的被动。在地方中小企业管理部门和财政部门的通力协作下，在较短的时间内完成了项目的组织、审查和申报工作，体现了各级中小企业管理部门和财政部门良好的组织能力。但是，由于2004年是第一年开展这项工作,加之准备时间太短，部分地区中小企业管理部门对项目工作不熟悉等，在项目的组织和申报工作中也出现了一些问题,归纳起来主要有以下4个方面。

⑴部分申报项目不符合资金使用方向和申报条件，存在超范围、超规模、超时限的情况。有的地区上报了非本地区企业的项目，或者是非文件规定资助领域的项目，如农产品收购项目、科技攻关项目、流动资金贷款项目等；有的项目投资规模超过文件规定的2000万元上限；有的项目建设期限不在文件规定的建设期内，甚至有的项目已经竣工多年，等等。

⑵企业申报项目资料不完整、不准确。如不能完整地填写“中小企业发展专项资金申请表及审核意见表”；没有提供企业会计报表及中介机构审计报告；所提供的完税证明和已投入项目建设的自有资金凭证不全或没有提供；企业提供的与银行签订的贷款合同为流动资金贷款；项目可行性研究报告内容不规范、不完整等。

⑶与财政部门协作不够，未能按分工开展工作。由于两部委下文时间晚，从总体上看，虽然大部分地区中小企业管理部门与财政部门都能按照《暂行办法》和年度工作通知规定的工作职能和程序开展工作，但有的地区中小企业管理部门和财政部门也存在缺乏沟通、各自组织项目等问题；有的地区也出现了中小企业管理部门或财政部门对同一项目分别上报和多次上报的问题；有的地区专家评审缺乏专业性和权威性。

⑷项目选择把关不够严格。如有的企业经营不善，企业经营困难，导致项目无法实施；有的企业项目前期准备工作不足，致使项目无法按期开工，按时完成。根据各地区上报的项目实施工作情况总结，约有8个项目今年内无法完工，个别项目甚至可能夭折。对此，将按照文件规定处理。

上述问题希望引起大家的高度重视，并注意在今年的工作中加以克服。去年工作中存在问题的原因，大致有4点：一是时间紧，无法在更广泛的范围内从容选择项目；二是部门职能分工不清，没有正确处理好主办与协办的关系；三是对文件精神理解不深、不透，实际工作与文件规定有所偏离；四是工作不细致，上报的文件与项目资料显得比较粗糙，也存在一些粗心大意的错误，等等。另外，工作经验不足也是产生问题的一个原因。由于第一年开展项目申报工作，存在一些问题也是正常的，我们提出这些问题只对事，不对人，不对地区，主要目的是提醒大家注意，以求引起重视，改进工作，提高效率。

（三）发展专项资金支持项目实施工作进展情况

去年底，各地区中小企业管理部门和财政部门按照文件要求对发展专项资金支持项目的工作进展和实施情况进行了认真的督促检查。据了解，170个发展专项资金支持的项目基本上做到了按计划实施。截至今年3月底，除深圳市2个项目外，其他168个项目共完成投资18.26亿元，占项目总投资额的73.25%，其中已完工项目52个，占项目总数的30.59%。完工项目数达到和超过项目总数50%的地区有重庆、河北、江苏、浙江、安徽、湖南和青岛。估计到今年上半年末，完工的项目数将达到100个左右。

在发展专项资金支持的项目中，有的已经产生了良好的经济效益。如潍坊华特磁电设备有限公司的全自动高场强磁分离机项目，2005年3月底完成后，全自动高场强磁分离机已成为该公司的主导产品，产值和销售收入已占企业工业总产值和销售收入的40%以上，产品销售量已达300多台套，销售收入3100万元，意向合同额4200万元，市场覆盖率占30%以上，并远销日本、马来西亚等国家和地区，出口创汇10万美元。江西华伍起重电器有限责任公司的YW系列全自动免维护电力液压块式制动器产业化项目，企业为满足市场需求，边扩建边投产，取得了可喜的成绩，2005年一季度销售YW系列制动器2495套，实现销售收入881.2万元，实现利润469.02万元，上缴税金146.82万元，新增就业岗位110个。

另外，有的项目在产生良好的经济效益的同时，还取得了较好的社会效益。如安徽省东至华源纺织有限责任公司“采用新型纺纱设备生产高档优质纱线技术改造项目”完工后，不仅提高了优质精梳纱的质量，而且有效地治理了牛仔布生产线的污染问题，今年1～5月份，企业上缴税金同比增长了54%。河南省沼气项目在污水处理、沼气发电等资源综合利用方面也取得了很好的社会效益。

二、2005年发展专项资金项目申报工作部署和要求

今年的发展专项资金项目申报工作仍然按照《暂行办法》的规定进行，为搞好申报工作，国家发展改革委办公厅和财政部办公厅还联合下发了《项目申报工作通知》。今年财政预算安排的发展专项资金比去年有所增加，因此，各地区项目申报、评审、审核等方面的工作量也会相应地有所增加。对此，各地区要高度重视，有所准备，集中一段时间搞好项目申报工作，努力把符合条件的好项目报上来。

（一）今年项目申报工作需注意的几个问题

与去年相比，今年的项目申报工作有了以下一些变化，希望能够引起大家的注意。

(1)对资金支持重点作了适当的细化。在今年的资金支持重点中，前三项与《暂行办法》第二条中的资金使用方向一致，即生产和工艺专业化、与大型企业协作配套、新产品开发和新技术推广，第四项是为了照顾各地区的不同情况而提出来的。对于这4个支持重点，我们没有比例要求，各地区可以结合实际工作情况，对每一项重点内容提出适当的细化规定，使重点更加突出，资金使用更加集中，也便于地方中小企业管理部门和财政部门更好地把握项目选择的范围。

(2)资金补助是依托项目进行的。所申报的项目必须是固定资产投资项目，而且是符合前面4个支持重点的固定资产投资项目。项目必须经过政府投资管理部门的许可，即通过了审批、核准或备案程序。如果项目缺少上述三项许可中的任意一项许可文件，则该项目不具备申报条件。此外，不符合国家产业政策的项目也不能申报。

(3)对项目规模控制指标作了调整。今年项目规模控制指标由去年的投资总额改为固定资产投资额。为鼓励各地区更多地上报贷款贴息项目，今年贷款贴息项目原则上应占上报项目的一半左右，并予以优先安排，以进一步发挥财政资金引导金融机构向中小企业贷款的作用。今年对无偿资助项目和贷款贴息项目的投资规模还作了不同的规定：申请无偿资助的项目，其固定资产投资规模不得超过2000万元；申请贷款贴息的项目，其固定资产投资规模不得超过3000万元。由于国家开发银行已经安排了大量资金支持中小企业固定资产投资建设，因此各地区在组织贷款贴息项目时可以重点考虑、优先安排国家开发银行承贷的项目。

(4)考虑到上市公司已经有一定的融资渠道，资金相对充裕，因此明确规定了上市公司不可申报项目。同时，为了体现公平，扩大财政专项资金受益面，强调了去年已获得发展专项资金支持的项目不再申报。

(5)增加了吸纳高校毕业生到中小企业就业，改善中小企业人才结构的内容。最近，中共中央办公厅、国务院办公厅联合下发了《关于引导和鼓励高校毕业生面向基层就业的意见》（中办发[2005]18号），要求大力支持各类中小企业和非公有制单位聘用高校毕业生，中央财政将通过不断加大转移支付力度予以支持。今年就业形势非常严峻，为了贯彻落实中央办公厅、国务院办公厅文件精神，将“鼓励中小企业吸纳高校毕业生就业，改善企业人才结构，提高企业素质”作为今年项目工作的目标之一，并在资金支持重点和优先原则中都体现了鼓励吸纳高校毕业生的要求。

(6)项目申报采取纸质文件与电子文件同时上报方式。去年申报工作时间很紧，项目申报过程全部采用纸质文件上报的方式，项目资料多，不利于管理，使用起来也很不方便。今年，我们组织开发了一套项目申报软件系统，主要项目资料可以通过这个申报系统报上来，地方只需上报国家发展改革委和财政部各一份纸质文件和项目资料，项目的审查和管理可以使用电子文档。这样做既减少了上报纸质文件的数量，也便于管理，同时也减少了人为因素对项目申报工作的影响。

（二）对搞好今年项目申报工作的几点要求

(1)项目选择要体现科学发展观。建设和谐社会、节约型社会是中央确定的目标，要将这一思想体现在各项工作中。欧新黔副主任对做好本项工作十分重视，多次指示我们要从当前中小企业技术进步最关切的并带有普遍性的问题出发，加强与财政部门的沟通，共同做好工作。她要求中小企业工作要体现科学发展观和节约型社会思想，用先进的理念、先进的技术、先进的管理模式，引导、支持、鼓励中小企业走可持续发展的道路；项目申报要考虑区域特点和比较优势等因

素，与促进区域经济发展、鼓励创业、促进就业以及加快经济结构调整、节能降耗、产业升级等工作结合起来；要充分利用好有限的财政资金，工作中要集中资金，突出重点，注重资源综合利用，充分考虑公共利益，尽量争取以较少的资源消耗获得更好的经济效益、社会效益和环境效益。欧主任的这些指示也是统领我们做好中小企业各项工作的指导原则。

⑵认真全面地理解和吃透文件精神。要认真学习、领会、全面理解《暂行办法》和《项目申报工作通知》，按照文件要求做好项目申报工作。这两个文件对发展专项资金支持项目的目标、重点、条件等规定得很详尽，各地区要认真遵照执行。关于中小企业"研发资金"，按照财政部的意见，凡是涉及技术开发、品牌、知识产权的项目都舍弃，因为研发有其他专门资金支持。

⑶严格按照《暂行办法》和《项目申报工作通知》的要求，认真组织项目申报和审核等工作。《暂行办法》对发展专项资金使用和管理的基本原则、支持方式及额度、项目资金申请、审核、审批以及监督检查等作了较全面的规定，《项目申报工作通知》又对今年工作作了进一步安排，明确了今年发展专项资金的支持重点和工作目标，对项目申报和审核工作提出了具体要求。这两个文件是我们搞好发展专项资金项目申报等各项工作的基本依据，希望大家对照文件内容认真、严格组织项目申报，把符合支持重点、工作目标和申报条件的好项目报上来，充分发挥发展专项资金在促进中小企业发展工作中的引导和示范作用。

⑷充分发挥中小企业管理部门的优势，认真履行好职责。要注意加强与同级财政部门的工作协调与配合。发展专项资金的有效使用和规范管理，需要中小企业管理部门和财政部门的共同参与和良好合作。《暂行办法》对两个部门的工作职责作了明确划分，以保证两部门在组织申报项目、审核企业资格、项目评审、资金申请和监督检查等各个环节，既各司其职，又良好合作。在企业资格审核、项目评审及其实施监督检查等环节，中小企业管理部门承担着主要责任，既要充分发挥我们了解国家产业政策，熟悉企业和行业的优势，在项目选择、评审、确定等工作中发挥主导作用，同时也要积极主动地联系同级财政部门，注意听取他们的意见。在资金申请、审核、拨付及其使用监督检查等环节，财政部门承担着主要责任，中小企业管理部门要积极参与，做好配合工作。

⑸合理确定本地区申报项目的支持重点以及受理项目的数量，避免给中小企业造成不必要的负担。发展专项资金是支持中小企业专业化发展、与大企业协作配套等技术进步项目的引导性资金，与量大面广的中小企业需求相比，发展专项资金的规模远远不够，这决定了能够得到支持的项目只能是少量的，支持金额也不会太高。为了降低中小企业的申报成本，同时减少管理部门的评审工作量，各地区中小企业管理部门要加强项目申报工作的组织和引导，加强前期调研，避免重复工作，做到项目心中有数，工作有的放矢。

⑹加强对项目实施情况的了解。今年各省（自治区、直辖市）申报项目数量最多不要超过14个，各计划单列市和新疆生产建设兵团最多不要超过7个，要尽量保证申报成功。各地除做好项目申报工作外，还要搞好项目实施进展情况的督促检查和总结工作，这是项目顺利实施的重要保证，也是各地区中小企业管理部门的一项重要工作，必须抓紧抓好。各地区中小企业管理部门要像抓项目申报工作一样，按照《项目申报工作通知》的要求，积极配合财政部门做好项目的跟踪和监督检查工作，确保项目按计划实施，保证发展专项资金安全有效地使用。

⑺建立相应的工作制度，严肃工作纪律。各地区中小企业管理部门要认真总结去年项目申报工作经验，严格按照有关文件规定组织项目，严格审查资料，科学评估论证，切实做好专项资金支持项目的监督检查工作，建立相关的工作制度，严肃工作纪律。发展改革委中小企业司也在不断完善有关发展专项资金工作的各项规章制度，并要求全司同志不向地方中小企业管理部门推荐项目，不干预地方中小企业管理部门对项目的选择。为了保证发展专项资金各项工作规范、有序地开展，我司还明确了相应的工作程序，提出了工作纪律要求。

同志们，今年发展专项资金项目申报工作马上就要开始了，希望各地区中小企业管理部门能够本着对中小企业工作负责的态度，加强与财政部门的工作协调与配合，认真履行职责，搞好项目筛选、评审和申报工作，充分发挥中央财政资金的引导带动作用，努力把这项有利于中小企业发展的资金用好，不辜负国家发展改革委、财政部以及广大中小企业的期望。

正确理解和宣传《若干意见》基本精神 促进个体私营等非公有制经济持续健康发展

——国家发展改革委中小企业司助理巡视员王黎明在第二届中博会中小企业专题培训上的演讲

（2005年9月14日）

今年年初，国务院出台了《国务院关于鼓励支持和引导个体私营等非公有制经济发展的若干意见》(国发[2005]3号，以下简称《若干意见》)。

这是促进非公有制经济发展的一项重大举措，必将对新时期非公有制经济发展产生深远影响。做好《若干意见》的新闻宣传报道工作，有利于将各方面的思想行动统一到中央的精神上来，有利于营造促进非公有制经济发展的良好氛围。

一、全面准确理解《若干意见》基本精神

《若干意见》发布以后，得到了社会各方面的积极评价和广泛关注，但在领会文件精神和执行政策中也存在一些问题，所以有必要全面准确地理解中央发展非公有制经济的大政方针和《若干意见》规定的各项政策措施。

《若干意见》以邓小平理论和“三个代表”重要思想为指导，全面贯彻了中央关于促进非公有制经济发展的方针政策。《若干意见》着眼于进一步贯彻落实党的方针政策，切实解决非公有制经济发展面临的困难和问题，始终把握八个字，即“鼓励、引导、监管、服务”，其核心是两个方面，一个是继续大力鼓励、支持，另一个是积极引导、改进监管、加强服务，二者有机结合的根本目的，就是要促进非公有制经济持续健康发展，使其在整个经济社会发展中发挥更大的作用。按照党的十六大、十六届三中、四中全会精神和宪法修正案要求，《若干意见》提出了促进非公有制经济发展的总体要求，即进一步解放思想，深化改革，消除影响非公有制经济发展的体制性障碍，确立其平等的市场主体地位，实现公平竞争；进一步完善国家法律法规和政策，依法保护非公有制企业和职工的合法权益；进一步加强和改进政府监管和服务，为非公有制经济发展创造良好环境；进一步引导非公有制企业依法经营、诚实守信、健全管理，不断提高自身素质。

《若干意见》的出发点和着力点就是确立非公有制经济平等的市场主体地位，为非公有制经济发展创造一视同仁的法治环境、政策环境和市场环境。目前，非公有制经济在发展中仍面临一些困难和问题，如一些地方和部门观念转变滞后，相关法律法规还不够健全和配套，市场准入存在不适当的限制，企业融资渠道窄，社会服务体系不健全，政府监管和服务尚未到位等体制性、政策性障碍。与此同时，一些非公有制企业素质有待提高。《若干意见》在放宽市场准入、加大财税金融支持、完善社会服务、维护合法权益、提高企业素质、改进政府监管和加强指导及政策协调等方面提出了政策性意见。这并不是要给予非公有制经济特殊政策待遇，而是要为各类所有制企业创造公平竞争的外部环境，加快“形成与基本经济制度相适应的思想观念和创业机制”，“放手让一切劳动、知识、技术、管理和资本的活力竞相迸发”，“让一切创造财富的源泉充分涌流”。

《若干意见》在强调为企业创造外部环境的同时，十分强调依法保护非公有制企业职工的合法权益，努力提高非公有制企业的产业层次和自身素质。《若干意见》落实宪法修正案要求，提出了若干切实保护非公有制企业合法权益的政策规定。同时提出，非公有制企业要尊重和维护职工的各项合法权益，在平等协商的基础上与职工签订规范的劳动合同，依法按时足额支付职工工资，保障职工依照国家规定享有的休息休假权利，加强劳动保护和职业病防治，保障女职工的合法权益和特殊利益，禁止使用童工等，切实维护好企业职工的合法权益。《若干意见》明确要求：非公有制企业要贯彻执行国家法律法规，依法经营，照章纳税；服从国家的宏观调控，严格执行有关技术法规，自觉遵守环境保护和安全生产等有关规定，主动调整和优化产业、产品结构；要完善企业各项规章制度和企业组织制度，提高企业管理水平和经营管理者素质。

《若干意见》提出完善中小企业社会服务体系，这既是转变政府职能的必然要求，也是符合国际惯例的通行做法。党的十六大报告将政府职能归结为4个方面：经济调节、市场监管、社会管理和公共服务。温家宝总理在十届全国人大三次会议的政府工作报告中明确提出“努力建设服务型政府”的目标。从发达市场经济国家促进企业发展的成功经验看，建立完善的公共服务体系，通过各类机构提供创业辅导、管理咨询、人才培训、筹资融资、政府采购等服务项目，在弥补中小企业获取资源不足、帮助企业提升竞争力等方面，发挥了积极的作用。我国非公有制企业绝大多数是中小企业，中小企业又是市场竞争中的弱势群体，中小企业的社会化服务体系建设显得尤为重要。《若干意见》对完善金融、创业等社会服务体系作出了具体政策规定，体现了市场经济条件下政府职能的基本定位。

《若干意见》提出了发展非公有制经济的方向性、原则性意见，但要将各项政策措施落到实处还需要一个过程。《若干意见》的出台是促进非公有制经济发展的一项重大举措，明确了今后一段时期发展非公有制经济的政策框架。从目前情况看，《若干意见》的贯彻落实是一项复杂而艰巨的任务。一是涉及面广、政策协调任务重，发展改革委下发的《贯彻落实〈若干意见〉重要举措分工方案》涉及49个部门和单位。二是政策落实难度大，如《若干意见》提出，要按照“公平准入、公平待遇”原则，允许非公有资本进入法律法规未禁入的垄断行业和领域、公用事业和基础设施领域、社会事业领域、金融服务业、国防科技工业建设领域以及参与国有企业改制重组的原则方向，要确保落到实处还有大量工作要做。三是需要动员各方面力量共同参与，《若干意见》对完善金融、创业等社会服务体系作出了具体的政策规定，需要政府、社会团体和中介组织等各方面的共同努力才能最终落到实处。

二、《若干意见》的贯彻落实情况

《若干意见》公布后，国务院对贯彻落实工作高度重视，将贯彻落实《若干意见》列入了今年的工作要点，在《关于2005年深化经济体制改革的意见》中就改善非公有制经济发展的体制环境作出了进一步部署，并责成国家发展改革委牵头制定贯彻落实的工作方案。从目前的情况看，各项工作进展较为顺利。

⑴明确了部门分工。3月下旬，国家发展改革委召开了有关部门贯彻落实《若干意见》的工作座谈会，就贯彻落实工作和各部门分工进行了讨论，之后又正式征求了49个部门和单位的意见，形成了部门分工方案。经国务院原则同意后，分工方案现已正式印发到有关部门和单位。国家发展改革委等单位还将涉及本单位的工作细化落实到相关司局，明确完成时限和要求，确保贯彻落实工作的顺利进行。

⑵有关部门和单位积极研究制定《若干意见》配套措施。文化部出台了《关于鼓励支持和引导非公有制经济发展文化产业的意见》，国家工商总局下发了《关于发挥工商行政管理职能作用促进个体私营等非公有制经济发展的通知》，国务院减负办下发了《关于治理向个体私营等非公有制企业乱收费、乱罚款和各种摊派等问题的通知》，国防科工委颁布了《武器装备科研生产许可实施办法》，中国出口信用保险公司下发了贯彻落实《若干意见》的指导意见，银监会下发了《商业银行支持小企业贷款业务指导意见》，铁道部下发了《关于鼓励支持和引导非公有制经济参与铁路建设经营的实施意见》，民航总局《国内投资民用航空业规定(试行)》就国内资本投资民航业制定了政策规定，中央统战部、广电总局等也都在草拟落实《若干意见》的具体实施办法，国家档案局会同国家发展改革委、全国工商联联合召开全国民营企业档案工作座谈会。最近，国家发展改革委召集国土资源部、中石油、中石化、中海油等单位研究制定有关各类所有制资本进入石油等矿产资源开采领域的资质和具体办法。

⑶各地高度重视《若干意见》的贯彻落实。《若干意见》出台之后，各地党委、政府高度重视贯彻落实工作，一些省、市已经或正在制定促进非公有制经济发展的政策性配套文件或实施细则。如大连市、青岛市等在《若干意见》出台后短时间内即出台了本地区促进非公有制经济发展的政策性文件；河北省、上海市、成都市出台了《贯彻落实〈国务院关于鼓励支持和引导个体私营等非公有制经济发展的若干意见〉的实施意见》。此外，北京、天津、江西、福建、黑龙江、安徽、内蒙古、湖南、甘肃等地都在积极制定贯彻落实《若干意见》的政策性文件，还有部分已出台过有关促进非公有制经济发展文件的省份，也正在组织力量专题调研，准备出台新的政策措施。

⑷形成了促进非公有制经济发展的良好舆论氛围。按照国务院部署，国家发展改革委制定了《若干意见》出台后进行学习、宣传和贯彻的整体方案。新华社发了《若干意见》全文，人民日报配发了社论，国家发展改革委和国务院研究室负责同志以问答形式对《若干意见》进行了政策解读，各新闻媒体进行了连续性报道。6月上旬，中宣部宣传教育局主办了“鼓励支持和引导非公有制经济发展”网上座谈会，通过网上座谈的形式，进一步宣传了党和国家关于非公有制经济发展的方针政策、法律法规和非公有制经济在经济发展中的重要地位和作用。近期，国家发展改革委和国务院东北办在鞍山主办了“促进东北地区等老工业基地非公有制经济发展政策报告会”。各级工商联也通过召开座谈会、举办专题讲座等形式，积极宣传《若干意见》。

实施“中小企业成长工程”积极做好服务创新工作

——国家发展改革委中小企业司助理巡视员郑昕在全国中小企业工作座谈会上的发言

（2005年12月25日）

根据会议安排，按照司领导的分工，我介绍一下2006年服务创新工作设想以及要开展的重点工作。今天下午欧主任还将到会作重要讲话，我们将根据欧主任的讲话精神进一步完善我们的工作安排，认真做好2006年的服务创新工作。

2006年是“十一五”规划的开局之年，也是“中小企业成长工程”的起步之年，服务创新工作将紧紧围绕贯彻落实党的十六届五中全会精神，按照全国经济工作会议和国家发展改革工作会议精神，围绕实施“中小企业成长工程”这个“十一五”促进中小企业发展的战略举措，以提高企业自主创新能力、推动中小企业技术创新为重点，全面推动创办小企业和服务体系建设工作。在工作方式上，要充分发挥地方中小企业管理部门的积极性，不断总结经验，加强交流，积极探索，相互促进，勇于创新。在工作重点上，要加强调研，加快研究制定创新、创业、服务体系方面的指导性文件，推动工作的开展。

一、推动中小企业技术创新工作

党的十六届五中全会指出：必须提高自主创新能力，把增强自主创新能力作为科学技术发展的战略基点和调整产业结构、转变经济增长方式的中心环节。从根本上讲，调整产业结构，转变增长方式，提升产业技术水平和经济发展质量，必须依赖于提高企业的自主创新能力，努力掌握新技术和关键技术，即要大力提高原始创新能力、集成创新能力和引进消化吸收再创新能力。我国自主创新能力不强已经成为制约经济社会发展的突出问题。面对日新月异的科技发展和日益强化的资源环境约束，以及以创新和技术升级为主要特征的国际经济一体化，切实提高我国自主创新的能力，既是“十一五”期间经济发展的重要任务，同时也是增强我国综合国力和竞争力的需要，更是从根本上保障国家经济安全的需要。

创新工作要根据中小企业的特点，以提高中小企业的自主创新能力为重点。提高中小企业的自主创新能力也是“中小企业成长工程”的重要内容。为了做好这项工作，今年11月10日，我们与科技部在浙江省宁波市共同举办了“中国中小企业创新发展高级讨论会”，中外专家、学者、中小企业管理部门和科技部门的同志共同就中小企业创新发展问题进行了研讨，在这次会上，欧新黔副主任作了题为“提升自主创新能力，推进建设中小企业成长工程”的讲话，她对贯彻党的十六届五中全会精神，全面落实科学发展观，切实提高中小企业自主创新能力，做好“十一五”期间中小企业创新工作做了详尽的阐述和具体的安排。

“十一五”规划对推动中小企业技术创新的总体思路是：以企业为主体，以市场为导向，以提高中小企业自主创新能力为目标，建立健全产学研相结合的中小企业创新支持体系，引导中小企业向“专精特新”方向发展，推动中小企业自主创新、联合创新、引进消化吸收再创新和信息化，增强企业竞争力，促进中小企业健康快速发展。工作目标是：在完善创新政策、营造创新发展环境的基础上，形成万家具有自主知识产权、专有技术的“专精特新”中小企业，千家中小企业信息化示范企业和百家中小企业公共技术支持服务平台。

欧主任的讲话，既对做好“十一五”期间中小企业创新工作明确了工作思路，同时又针对中小企业特点在推动企业技术创新方面提出了可操作性的意见和要求，如联合创新、建立公共技术支持平台等，对各地做好“十一五”期间中小企业创新工作具有很强的指导意义。

应当讲“十一五”规划推动中小企业技术创新的工作思路、目标和重点任务已定，现在就是要脚踏实地地抓落实。

2006年推动中小企业技术创新重点要开展以下5项工作。

⑴抓紧出台进一步加强中小企业技术创新的指导意见。为了推动中小企业技术创新工作，今年以来，结合《国家中长期科技发展规划》相关配套政策研究，我们先后在北京、辽宁等地召开了座谈会，就推动中小企业技术创新问题听取了政府有关部门、专家、科技创新服务机构和中小企业的意见，形成了关于进一步推动中小企业技术创新的意见，在今年11月份的宁波会议期间召开了地方中小企业管理部门参加的座谈会，对文件进行了讨论，广泛听取了各地的意见。应当说这个文件已经有了一定基础，我们将根据中央经济工作会议、全国发展改革会议精神，进一步修改完善，尽快出台，以推动中小企业创新工作。

⑵重点推动中小企业公共技术支持平台建设。今年初，在对全国中小企业公共技术支持平台建设情况进行调查的基础上，我们又对10多个省市进行了调研，形成了共识。公共技术支持平台建设针对中小企业规模小、资金少、技术水平低的具体情况，重点解决单个中小企业创新投入不足、获取创新资源能力弱的问题，是提高中小企业自主创新能力的有效途径。在这方面我们将按照政府引导、市场化运作、开放式服务的建设思路，在中小企业比较集中和具有产业集聚优势的地区，重点支持建立一批公共技术支持平台项目，为中小企业技术创新提供设计、信息、研发、试验、检测、新技术推广、技术培训等全方位服务。通过建设公共技术支持平台，达到支持一个平台项目、带动一批企业、辐射一片企业的效果，就是要使更多的中小企业受益，使更多的中小企业借助平台的服务支持，提高自主创新能力。在这方面特别是近年来浙江、江苏、广东、河北、天津、大连、宁波等地都作了积极的探索，取得了较好的效果，促进了区域经济的发展和中小企业总体技术水平的提高。

⑶引导中小企业提高自主创新能力。企业是技术创新的主体，推动中小企业技术创新要注意引导和激励企业提高创新意识，增强创新能力。要落实国家有关鼓励企业自主创新的政策措施，引导中小企业加大技术创新投入，加强技术创新人才的培养。通过国家、地方中小企业政策的实施，引导中小企业向“专精特新”方向发展，增强中小企业的品牌意识，促进企业加大品牌培育力度，形成一批具有较强品牌竞争力的中小企业品牌和区域品牌。

⑷组织实施中小企业信息化推进工程。以信息化带动工业化，以工业化促进信息化，走新型工业化的道路，是提升中小企业发展质量和技术水平的重要途径。今年，我们加强了这方面的工作，与信息产业部信息化产业司共同组织实施了“中小企业信息化推进工程”，推进工程得到了国内外大型IT企业的响应，由中国电信、联想、惠普、微软等9家企业发起成立了中小企业信息化服务联盟，今年8月联盟成立，发展改革委欧副主任、信息产业部苟部长、国信办曲部长到会讲话，在社会上引起了很好的反响。

信息化推进工程的工作原则是政府引导，企业为主，社会参与。工程的性质是政府倡导、为中小企业提供支持的公益性活动。今年已经开展的具体工作是中小企业需求调查、中小企业信息化培训、组织国内外知名IT企业参加第二届中博会展览、召开“首届中小企业信息化论坛”等。

应当讲，中小企业信息化工作经过几个月的实践，取得了比较好的效果。据统计，下半年以来对20个城市4000名中小企业管理人员和信息化专业人员进行了免费培训，受到了地方和企业的欢迎。目前除中小企业服务联盟，还有近30多家大型IT企业表示愿意参加这一活动，我们将在今年工作的基础上，认真总结经验，2006年根据企业需求，在信息化培训方面，尽可能引导大型IT企业增加对中西部地区的培训力度，以支持中西部地区中小企业信息化工作。目前，这项工作的开展仍处于探索阶段，作为政府倡导下的大企业、社会中介组织、媒体共同支持的中小企业信息化活动，对我们来讲是动员社会资源为中小企业服务的一种尝试。开展这项工作既要发挥市场机制的作用，坚持以企业为主，发挥大企业的作用，同时要精心组织，加强规范和引导，避免产生不公平现象。应当看到，这项工作的开展对于推动中小企业信息化建设具有积极的作用，特别是培训和提供技术支持方面，取得了明显的效果，它不但满足了中小企业的需要，同时对促进我国IT产业和中小IT企业的发展也有积极作用。所以，在推进这项工作过程中，我们一是要关注、引导这一工作的开展，二是对IT企业开展的公益性活动要支持，三是对纳入培训计划的活动要规范管理，切实保护中小企业的利益。

(5)推动产学研合作。大多数中小企业自主创新能力弱，更多地需要通过合作、联合的方式进行技术创新。在促进产学研合作、加快科技创新成果产业化方面，一些省市组织开展的产学研对接活动取得了很好的效果，受到中小企业的欢迎。在实际工作中，我们就是要紧紧围绕中小企业的技术创新需求开展工作。在推动产学研合作方面，2006年一是组织定期开展产学研对接活动，促进大学、科研机构的科技创新成果向中小企业转移，促进中小企业与大学、科研机构开展技术合作；二是充分发挥“中国中小企业信息网”和地方中小企业网站的作用，逐步完善网上技术成果的发布、查询、专利申报、技术查新等服务功能，为中小企业技术创新提供信息服务；三是通过网络、展览会等多种形式，宣传展示中小企业的创新成果，宣传企业技术创新的典型案例，形成示范带动效应；四是以提高行业技术水平为切入点，针对中小企业的一些共性、关键技术问题，组织大学、科研机构、企业进行联合开发，促进行业技术水平的提升；五是鼓励中小企业通过委托开发、联合开发、共建研发机构、共办经济实体等多种形式，与大学、科研机构建立长期的合作关系。

总之，在新形势下，要促进中小企业技术创新，推进科研成果的转移与扩散，必须不断创新工作思路和方式，采取切实可行的措施和途径，积极加以推进。

二、全面推进创办小企业工作

就业是民生之本。做好就业和再就业工作，关系到人民群众的切身利益，关系到改革发展稳定的大局，关系到国家长治久安。增加就业，改善民生，是我们党和政府全部工作的出发点和目标。温家宝总理在今年的政府工作报告中指出：“经济社会中的一些长期性问题和深层次矛盾依然存在。主要是：就业压力巨大，经济结构不合理，产业技术水平低，……”这是对我国就业形势严峻性的正确判断。党中央、国务院高度重视就业、再就业问题，提出要把扩大就业放在经济社会发展更加突出的位置。解决就业、再就业问题的根本出路在于创造新的工作岗位，在于促进经济社会发展，这恰恰是中小企业的作用所在。中小企业在经济社会发展中的作用可以有很多，如促进经济发展、繁荣市场经济、增强市场竞争、推动技术进步，有利于结构调整等等，但从根本上讲，最主要、最大的、最积极的作用在于其能创造更多的就业岗位和机会。这是中小企业起到的最大作用，也是世界各国政府将中小企业作为市场的主体，并调动一切政府资源为其发展提供良好的外部发展环境、政策支持和提供社会化服务的根本原因。统计说明，一个小创业企业至少可以带动5～6人就业，创办小企业的思路就在于以创业促就业，是从中小企业管理部门的职能出发，从中小企业特别是非公有制经济发展的角度出发，将党中央的决定落实到我们的具体工作中去，这是一个发展的思路，发展的观点。

两年来，创办小企业工作在全国范围内正在迅速展开，并在一些地区取得了实质性的进展。各地中小企业管理部门结合具体情况，创造性地开展工作，特别是今年以来，各地加大了政策推动力度，如河北、辽宁、吉林、浙江、重庆、湖北、山东等地下发了促进创办小企业工作的政策性文件，年初23个省市上报了“创办小企业工作方案”，创业辅导服务的内容进一步充实，服务质量明显提高。一些地方的中小企业管理部门以创办小企业工作为契机和切入点，抓住政府关心、社会关注的问题，得到政府的重视和支持，促进和带动了中小企业工作的开展。重庆市中小局已经将解决农村转移劳动力就业问题纳入市政府2006年的绩效考核目标；吉林在全省推动开展全民创业活动，在社会上产生了很大的反响；河北省中小局从建立创业基地入手，在全省推动建立了20个小企业创业基地。从各地开展这项工作的情况看，创办小企业工作进一步深化，影响力进一步扩大。

在前两年工作的基础上，2006年要全面推动创办小企业工作，重点工作一是完善创业政策。作为国发3号文件的配套文件，抓紧修改出台《关于鼓励“创办小企业，开发新岗位，以创业促就业”的指导意见》，指导推动面上创业工作的开展。二是组织召开创办小企业工作座谈会，促进工作交流。三是推动建立创业服务基地，促进新企业的创立和发展。四是进一步搞好创业服务，引导带动更多的省市开展创业辅导服务。五是继续加大创业培训力度，在创业培训大纲和推荐的创业培训教材基础上，推动地方加强创业培训的组织实施，丰富和充实完善创业培训内容，提高创业培训的针对性。

三、推动中小企业社会化服务体系建设

建立中小企业社会化服务体系是各级中小企业管理部门落实《中华人民共和国中小企业促进法》，为中小企业发展营造良好发展环境、提供优质服务的重要职能。近年来，各地对中小企业服务体系建设工作越来越重视，河北、广东、山东、河南、浙江、吉林、辽宁、鞍山等省市先后出台了推动中小企业服务体系建设的政策性文件，北京等省市的政策性文件即将出台。各地在组织社会服务资源、为中小企业提供优质服务方面进行了积极的探索，开展了创业辅导、管理咨询、信用担保、技术支持、法律援助、人才培训、市场开拓等形式多样、丰富多彩的服务活动。大家在工作中越来越认识到，支持中小企业发展必须依托社会中介组织，必须坚持政府支持中介，中介服务企业的原则，必须加快服务体系建设。

2006年在推动中小企业服务体系建设方面，一是要研究提出“十一五”中小企业服务体系建设的指导意见，明确体系建设目标和工作重点，加强工作指导。二是继续加强服务机构的能力建设。根据服务机构的发展需求，有针对性地举办服务机构能力培训班，采取灵活多样的形式，促进中小企业服务机构的工作交流与合作。三是结合中英中小企业扶持政策体系合作项目，借鉴国外的先进经验，在成都、兰州、深圳试点城市探索中小企业服务体系建设方式和服务体系监督、测评、评价制度的同时，通过中国中小企业信息网以及项目会议等形式，推广项目阶段性成果，指导、推动面上中小企业服务体系建设工作。

同志们，中小企业创新、创业、服务体系建设工作多年来得到各地中小企业管理部门领导和相关处室的支持，在此对你们的支持、帮助表示衷心的感谢。同时，希望在今后的工作中继续得到你们的支持和配合。2006年是“中小企业成长工程”实施的第一年，让我们共同努力，振奋精神，开拓进取，勇于创新，紧紧围绕着“中小企业成长工程”，开创中小企业服务创新工作的新局面。

第二篇 综述

“十五”期间中小企业及非公有制经济工作情况与“十一五”期间工作重点

一、“十五”期间的主要成就

“十五”期间，党中央、国务院高度重视中小企业和非公有制经济的发展，特别是近年来，把促进中小企业和非公有制经济发展放在更加突出的位置，出台了一系列法律法规，使中小企业和非公有制经济迎来了历史上发展的最好时期。

（一）中小企业和非公有制经济已经成为我国经济社会协调发展和经济体制改革的重要力量

截至2004年底，我国经工商部门注册的中小企业数量已占全国企业总数的99.6%。中小企业创造的最终产品和服务的价值占国内生产总值的58.5%，吸纳了75%以上的城镇就业人员，生产的商品占社会销售额的58.9%，货物进出口额占68%左右，上缴税收占48.2%。目前，中小企业发明的专利和研发的新产品分别占66%和82%。中小企业已经成为我国经济发展、市场繁荣和就业扩大的生力军。

“十五”期间，我国个体和私营等非公有制经济增长率一直高于全国GDP的平均增长率。2004年底，非公有制经济占GDP的比重已经达到1/3。非公有制经济发展为社会主义市场经济创造了一个多元竞争、充满活力的环境，并以其灵活的运行机制和市场适应能力，成为中国经济体制改革的重要推动力量。

（二）促进中小企业和非公有制经济发展的法律框架和政策体系已经初步形成

2002年6月，全国人大颁布实施了《中华人民共和国中小企业促进法》（以下简称《中小企业促进法》），把中小企业的改革与发展工作纳入法制化的轨道。3年来，各地区、各部门认真宣传贯彻《中小企业促进法》，制定配套政策，依法开展工作，努力改善中小企业经营环境，促进了各类所有制中小企业的创立和发展，取得了初步成效。

2005年2月，国务院颁布了《国务院关于鼓励支持和引导个体私营等非公有制经济发展的若干意见》（以下简称《若干意见》），是新中国成立以来第一部全面支持发展非公有制经济的国务院文件。各地区、各部门高度重视《若干意见》的贯彻落实工作，截至2005年10月底，已有10多个国务院部门和单位相继出台了配套文件和具体措施；31个省、区、市已累计出台促进非公有制经济发展的法规政策性文件200多件，其中地方性法规30多件；22个省市设立了“促进非公有制经济发展领导小组”或“部门联席会议”，加强对非公有制经济发展的领导。进一步开展非公有制企业治乱减负工作，截至2005年9月，取消涉及非公有制企业的不合理收费2385项，查处“三乱”案件1885件。

（三）社会化服务体系逐步建立和完善，发展环境良好

(1)逐步完善社会化服务体系。各级政府都把服务体系建设作为促进中小企业发展的一项重要工作，按照社会化、专业化、市场化的原则，充分发挥行业协会、商会、大专院校、科研机构的作用，鼓励培训、信用担保、技术支持、信息服务、管理咨询、市场开拓、国际合作等社会化服务机构的发展。中央和地方政府安排专项资金，重点支持中小企业的专业知识培训、创业辅导、信用信息征集、技术创新、国际市场开拓、公共服务采购和服务体系建设。截至2004年底，各类中小企业综合服务机构已达246家。建设开通了中国中小企业信息网和省级、地市级分网，为几十万户中小企业免费提供政策和市场信息。建设创业基地，为新创办的4万多家小企业提供了创业辅导和代理服务。对20多万户中小企业开展了信用等级评价和信用信息征集。实施“国家中小企业银河培训工程”，先后对12万多名中小企业经营者进行了免费培训。

(2)努力缓解中小企业发展的资金瓶颈。在间接融资方面，扩大了利率浮动范围，改进了信贷考核办法和奖惩机制，并在商业银行中设立中小企业信贷部门，提高了中小企业的贷款比重。国家开发银行依托地方商业银行和担保机构，开展以中小企业为服务对象的转贷款、担保贷款等业务，2005年用于中小企业的信贷规模突破了100亿元，比去年增加了1倍。目前，全国已设立中小企业担保机构2188家，累计受保企业达19万户，累计担保金额约3000多亿元。直接融资方面，在证券市场上推出了中小企业板块，加快创业板市场建设，完善证券公司代办股份转让系统，规范发展产权交易市场；鼓励中小企业以股权融资、项目融资等方式筹集资金，允许符合条件的企业发行债券；支持创业投资企业和中小企业投资公司的发展。同时，改进保险机构的服务方式，开展面向中小企业的产品和服务创新。

(3)加大对企业技术创新的支持力度。鼓励中小企业自主开发新产品和新技术，填补市场空白；支持中小企业积极采用先进技术、先进生产工艺和设备，提高产品质量。从1999年开始，国家设立了“科技型中小企业技术创新基金”，扶持了5000多家具有自主知识产权的高新技术企业。鼓励中小企业与大企业建立协作配套关系，促进中小企业专业化发展；积极培育各类专业技术服务机构，逐步建立中小企业公共技术支持平台。2004和2005年，中央财政预算安排了中小企业发展专项资金，共支持了481户中小企业的技术进步项目，带动了约88亿元的社会投资。实施了“国家中小企业信息化推进工程”，推动建立了中小企业信息化推进联盟，启动了“百万中小企业上网”项目，全面推进中小企业信息化，提高中小企业的技术创新能力和信息技术应用水平。

⑷引导企业提高管理水平。鼓励企业借鉴、吸收国内外先进的管理经验加强内部管理，促进中小企业由“传统家族制企业”向“现代企业”转变。截至2005年10月底，在全国私营中小企业中，有限责任公司已超过180万户，占私营企业总数的65%。引导中小企业完善符合现代企业制度要求的规章制度，建立安全、环保、卫生、劳动保护等方面的责任制。强化劳动合同管理，依法维护中小企业职工和经营者的合法权益。

⑸增进国际合作和交流。积极支持中小企业参与国内外展览和展销活动，成功举办了两届APEC中小企业技术交流暨展览会和两届中小企业博览会。2005年的“第二届中国中小企业博览会暨中法中小企业博览会”吸引了中外企业5000多家，共签订贸易、合作、投资协议2.3万个，总签约金额426亿元。2004年和2005年分别成功举办了“首届中美中小企业与创业投资论坛”、“首届东亚促进中小企业发展与投资高层研讨会”和“中国中小企业创新发展高级研讨会”。我国政府积极参加APEC和OECD中小企业部长会议，牵头成立了APEC中小企业服务联盟，开展了中法、中德、中意、中英、中美等多个国家和国际组织间的技术交流与合作。

二、“十一五”期间的重点任务和政策措施

“十一五”期间中小企业和非公有制经济工作要紧紧围绕党的十六届五中全会确定的经济社会发展的指导方针、奋斗目标、主要任务和重要举措，坚持发展是硬道理，把增强自主创新能力作为中小企业和非公有制经济调整结构、转变经济增长方式的中心环节，实施“中小企业成长工程”，进一步开创中小企业、非公有制经济工作的新局面。

（一）推进政策法规体系建设

根据《中小企业促进法》和《若干意见》，研究制定相关政策，内容主要包括以下方面：促进中小企业发展的财政、税收、金融政策；促进中小企业社会化服务体系建设的政策；鼓励创业的政策；便利融资，鼓励投资，完善中小企业信用担保体系和信用体系建设的政策；推进经济结构调整，加强企业管理，规范企业经营的政策；鼓励技术创新和技术进步的政策；促进人才培养的政策；推进企业信息化的政策；鼓励出口，加强中小企业国际合作与交流的政策等。

（二）培育中小企业社会化服务体系

坚持社会化、专业化、市场化以及突出服务性的原则，重点围绕信用担保、投资融资、创业辅导、技术支持、信息服务、管理咨询、市场开拓、经营管理、国际合作等领域培育中小企业社会化服务体系。鼓励综合服务组织和专业服务组织的发展，充分发挥行业协会、商会、大专院校、科研机构的作用。引导各类服务机构转变观念、改进服务作风，提高为中小企业服务的质量。

（三）推动中小企业产业结构、产品结构和组织结构调整

充分发挥市场的引导作用，积极发展就业容量大的劳动密集型产业、服务业和各类所有制的中小企业。大力发展主导产业、优势特色产业、农畜产品加工业和高新技术产业，淘汰、禁止、限制发展污染严重、低水平、浪费资源的中小企业。充分发挥欠发达地区的人力和资源优势，推进产业转移，促进欠发达地区中小企业发展，提高欠发达地区自我积累、自我发展能力，推动区域经济协调发展。提高企业集聚度，优化生产要素和资源配置，加强对产业集群发展的引导和规划，形成有特色、有规模、体系完整、科学的中小企业产业集群，提升区域经济综合竞争力。

（四）深化企业改革，提高企业管理水平

鼓励和支持非公有制经济参与国有企业改革，进入金融服务、公用事业、基础设施建设等领域。引导中小企业、非公有制经济进行制度创新，加强和改进对中小企业、非公有制经济的服务和监管。引导和监督中小企业依法经营、诚实守信。鼓励和支持中小企业借鉴、吸收国内外先进的管理经验，加强内部管理，实现企业管理思想、管理体系、管理方式和管理手段的科学化和现代化。引导中小企业建立和完善安全、劳动、财务等各项规章制度。依法维护企业和职工的合法权益，增强其社会责任意识。坚持逐步推进，分类指导，积极开展中小企业、非公有制企业管理上等级活动。

（五）加强培训，提高中小企业素质

目前，我国中小企业的整体素质较低，为适应市场竞争的需要，必须提高人员素质，加强中小企业人才队伍的建设。充分发挥政府公共财政的引导作用，统筹规划，分类实施，重点突破，全面推进，形成科学的培训工作服务体系；加强培训内容和方式的创新，提高培训的质量和效率；以精简高效为原则，整合社会资源，开展多层次、多类别的专业培训和继续教育，切实提高中小企业素质。

（六）提高中小企业自主创新能力

坚持以企业为主体，以市场为导向，以提高中小企业自主创新能力为目标，以建立健全产学研相结合的中小企业创新支持体系，引导中小企业向“专、精、特、新”方向发展为重点，推动中小企业自主创新、联合创新、引进消化吸收再创新和信息化，增强企业竞争力，促进中小企业健康快速发展。积极实施品牌战略，加快产品结构调整。大力推进节约资源和能源，加强污染治理和环境保护，加快推进循环经济发展，促进中小企业、非公有制经济初步建立起资源消耗低、环境污染少、经济效益好的现代工业格局。

（七）着力解决中小企业融资难问题

引导和鼓励各金融机构开发适应中小企业特点的金融产品，加大信贷支持力度。鼓励符合条件的中小企业到境内外上市，扩大其直接融资渠

道。规范和发展产权交易市场，建立健全创业投资机制，支持中小投资公司的设立和发展。建立和完善信用担保的行业准入、风险控制和补偿机制，推进中小企业信用担保体系建设。

（八）提高中小企业对外开放水平

鼓励和支持中小企业“走出去”、“请进来”。加强东部地区与中西部地区中小企业之间的合作交流，鼓励东部地区有实力的中小企业积极参与西部大开发、东北老工业基地振兴和中部地区崛起，通过收购、兼并、重组等形式，带动和帮助中西部地区中小企业提高市场竞争力。推动中小企业对外经济技术合作，加快中小企业出口产品由初级工业制成品为主向高技术含量、高附加值、深加工制成品转变，培养和扶持一批品牌出口产品。鼓励企业在境外建立资源开发型、技术开发型、贸易型实体及技术研发机构，带动和扩大国内设备、技术和产品出口。多渠道、多形式吸收外商资金，把引进资金、引进技术、引进智力紧密结合起来，提高企业招商引资水平。支持中小企业参与国内外展览、展销活动，加强与国外政府和国际组织间的合作交流。

（九）加强对中小企业生产经营状况的监测与分析

健全中小企业、非公有制经济统计监测系统，及时掌握中小企业、非公有制经济的生产经营状况和发展趋势，协调解决企业生产经营中的困难和问题。治理向中小企业、非公有制经济乱收费、乱罚款、乱摊派，切实减轻中小企业负担。

总之，通过实施“中小企业成长工程”，“十一五”规划期间要初步形成发展环境明显改善、布局结构相对合理、管理和技术水平明显提高、市场竞争能力持续增强、吸收就业能力不断扩大的具有中国特色的中小企业群体。

（国家发展改革委中小企业司）

2005年非公有制经济运行分析及2006年展望

2005年，我国非公有制经济发展环境进一步改善，国家促进非公有制经济发展的政策体系和制度保障框架基本形成，非公有制经济继续保持快速、持续、健康发展，在国民经济中的作用不断增强。展望2006年,国内外宏观环境总体向好,非公有制经济发展仍将保持良好势头，也面临着不少值得关注的问题。

一、2005年非公有制经济运行总体情况

（一）生产快速增长，经济效益稳步提高

2005年1～11月份，全国非公有制工业企业实现工业总产值137180.53亿元，同比增长30.89%，增幅高于规模以上工业企业4.1个百分点。产销衔接良好，全国非公有制工业企业实现销售产值131191.84亿元，同比增长了31.08%，产销率为95.63%。1～11月份,全国规模以上工业企业实现利润12463.86亿元,比去年同期增长20.07%，其中非公有制企业实现利润6207.04亿元，同比增长24.54%，较规模以上工业企业增速高4.5个百分点。

部分省市非公有制经济增长迅速。2005年1～11月份，非公有制工业企业工业总产值增幅前五位的省市为江西、山东、河南、内蒙古、海南，分别增长了52.72%、51.20%、50.86%、50.52%、42.43%。非公有制工业企业中生产增幅增长较快的行业为其他采矿业、废弃资源和废旧材料回收加工业、煤炭开采和洗选业、有色金属矿采选业、黑色金属矿采选业，同比增幅分别为80.03%、72.66%、71.91%、62.11%、59.53%。

（二）固定资产投资稳中趋缓

2005年1～11月，全国城镇固定资产投资63259.85亿元，同比增长27.8%，增幅比上年同期回落1.1个百分点。非公有制经济投资增幅较大，但相对于去年有所回落，其中有限责任公司（不含国有独资公司）完成投资14378.37亿元，同比增长了40.6%，投资额占全国城镇固定资产投资的22.7%；私营企业完成投资7674.48亿元，同比增长了59.1%，投资额占全国城镇固定资产投资的12.1%；个体经营企业完成投资745.34亿元，同比增长18.6%。投资增幅较高的行业主要是采矿业、农副食品加工业、金属制品业、通用设备制造业、专用设备制造业等行业。

（三）对外贸易和净出口继续保持高位增长

2005年1～11月份，非公有制企业（不含外资）进出口总额达2021.1亿元，同比增长39.8%，其中：出口总额达1341.0亿美元，同比增长49.4%，较全国商品出口增幅高19.7个百分点；进口总额达680.1亿美元，增幅24.1%，比全国商品进口增幅高7个百分点；进出口顺差660.9亿美元。其中，11月份非公有制企业出口额达136.1亿美元，同比增长28.6%；进口67.2亿美元，增幅22.6%；进出口顺差68.9亿美元。

（四）注册个体、私营企业继续快速发展

2005年前三季度，注册私营企业已达419.04万户，较去年底增长了14.79%；从业人员为5738.92万人，较去年年底增长14.38%；注册资金达到58157.11亿元，较去年年底增长21.32%。注册个体工商户2466.16万户，较去年年底增长4.92%，并实现了1999年以来的第一次增长；从业人员为4800.42万人，较去年年底增长4.65%；资金总额为5743.51亿元，较去年年底增长13.56%。

（五）非公有制经济的发展呈现新特点

在行业分布上，非公有制企业从以轻工纺织、普通机械、建筑运输、商贸服务等领域为主，已经开始向资本密集型、技术密集型等行业拓展。据统计，在40个工业行业中，非公有制经济在27个行业中的比重已经超过50%，在部分行业已经占到70%以上。以电气机械及器材制造

业、电子及通讯设备制造业为例，非公有制企业在这两个行业的增加值比重已分别达到81.5%和76.2%，固定资产投资比重分别达到71.2%和65.5%。

在结构规模上，非公有制企业中涌现出了一批具有竞争力的大企业，全国私营企业户均资产规模，1990年为9.7万元，2000年为75.5万元，2005年前三季度为138.8万元，非公有制企业平均资产规模均不断增加。

在组织形式上，非公有制企业早期以个人、家族企业为主，现已向以多元投资为主体的公司制企业发展；早期以小规模、分散化经营为主，现已在部分地区形成一批以大规模、专业化经营为特征的产业集群。近年来，股份多元化的私营公司发展迅速，已成为私营企业的主要企业组织形式。2005年前三季度，全国非公有制企业中，有限责任公司已达到266.32万户。

在地区分布上，优强非公有制企业主要集中在东部沿海地区，但是中西部地区的非公有制企业发展速度在加快，2005年前三季度私营企业总户数、注册资金增长率都大幅提升，分别有7个、6个省区市进入增长率前十位。

在市场格局上，早期非公有制企业基本上以国内市场为主，现已开始向国际市场迅速发展。近年来，随着国家放开私营企业进出口经营权，已有一大批私营企业转向国际贸易。非公有制企业（含外资）出口总额从2000年的1328亿美元增加到2005年的6043亿美元（预计），增长了3.6倍；进出口总额占全国的比重从2000年的53.3%提高到2005年的77.4%。

二、2005年促进非公有制经济发展的政策环境日趋改善

2005年2月份，国务院出台了《关于鼓励支持和引导个体私营等非公有制经济发展的若干意见》（国发[2005]3号，以下简称《若干意见》），为进一步消除影响非公有制经济发展的体制性障碍铺平了道路。国务院对贯彻落实工作高度重视，将贯彻落实《若干意见》列入了2005年工作要点。在《关于2005年深化经济体制改革的意见》中就改善非公有制经济发展的体制环境作出进一步部署。5月下旬，经国务院原则同意，《贯彻落实〈若干意见〉重要举措分工方案》已印发到56个相关部门和单位。从目前情况看，贯彻落实工作进展顺利。

（一）在市场准入方面

国务院下发了《关于非公有资本进入文化产业的若干决定》，明确了非公有资本进入文化产业的具体领域。文化部、财政部、人事部、国家税务总局联合下发了《关于鼓励发展民营文艺表演团体的意见》，在市场准入、人才培养、对外交流、简化审批等方面提出了政策意见。国防科工委颁布了《武器装备科研生产许可实施办法》，允许非公有制资本进入武器装备的一般分系统及其他专用配套产品科研生产领域，公平参与军工科研生产的招投标竞争。国家民航总局对非公有资本在公共航空运输、通用航空、民用机场、空管系统、民航相关项目领域的市场准入等作出了明确规定。铁道部在铁路建设运营、客运货运、铁路装备制造、多元化经营等领域放宽市场准入提出了具体意见。为了履行入世承诺，商务部公布了《成品油市场管理暂行办法》，对申请设立成品油企业的主体资格没有明确限制，为非公有制企业进入成品油流通领域提供了制度保障。电监会出台了《电力业务许可证管理规定》，明确了从项目核准、技术标准和经营资质三方面审核电力业务。

（二）在金融支持方面

银监会发布了《银行开展小企业贷款业务指导意见》，从政策、机制、程序和方法等方面对银行开展小企业贷款业务提出了具体措施，为增加对小企业和个体工商户贷款创造了必要条件。证监会在逐步完善中小企业板块、积极推进创业板市场建设、鼓励到境外资本市场融资等方面出台了具体措施。商务部和中国出口信保公司对开发适应中小企业的保险产品和承保模式等提出了新措施，支持非公有制企业实施“走出去”战略。国家外汇管理局为扶持非公有制高新技术产业和创业投资企业发展，简化了境内居民通过境外特殊目的公司融资及返程投资外汇管理的相关程序。国家开发银行开展了“两台一组”（贷款平台、担保平台和群众组织）的中小企业贷款模式，支持中小企业及信用担保公司发展。中国工商银行推出深化梯度式的小企业区域信贷政策、完善小企业贷款定价体系等10项措施支持小企业发展。

（三）在改进政府监督和管理方面

国家工商总局针对非公有制经济在简化注册和年检手续、改进监管等方面出台了新规定。国家安全生产监督总局印发了《推广非公有制企业安全生产监管试点经验实施方案》，积极探索适应非公有制企业特点的安全监管工作体制和机制。国务院减负办将非公有制企业治乱减负作为今年工作重点，到9月底取消涉及非公有制企业的不合理收费2385项，查处“三乱”案件1885件。国家统计局和发展改革委进一步健全了非公有制经济和中小企业统计制度，开展了经济运行监测和生产经营分析工作。国家质量监督检验检疫总局出台了《关于鼓励支持和引导个体私营等非公有制企业实施以质取胜战略的意见》，提出了7方面21条提高非公有制企业质量管理和产品质量水平的政策措施。针对非公有制企业积极进入市政公用事业领域的现状，建设部下发了《关于加强市政公用事业监管的意见》，健全了有关监管制度。国家税务总局为了进一步规范和完善个体税收征收管理工作，出台了《关于进一步规范和完善个体税收征收管理工作的意见》。财政部加大了支持中小企业发展的资金规模，支持社会化服务体系建设和中小企业技术进步。

（四）在舆论宣传方面

发展改革委和国务院研究室按照国务院办公厅要求，对《若干意见》进行了政策解读。中宣部主办了“鼓励支持和引导非公有制经济发展”网上座谈会，进一步宣传了党和国家关于非公有制经济发展的方针政策、法律法规和非公有制经济在经济发展中的重要地位和作用。近期，中宣部和国家发展改革委就做好《若干意见》的宣传报道工作进行了具体安排，努力营造非公有制经济发展的良好氛围，各级中小企业管理部门和工商联、民建中央等也通过召开座谈会、举办论坛和专题培训等多种形式，积极宣传《若干意见》。

（五）各地高度重视《若干意见》贯彻落实工作

截至今年上半年，全国31个省、区、市已累计出台促进非公有制经济发展的法规政策性文件200多件，其中地方性法规30多件，22个省市设立了“促进非公有制经济发展领导小组”或“部门联席会议”。《若干意见》下发后，有的省、市以省委、省政府名义召开了工作会议，河北、上海等10多个省、市出台了贯彻落实《若干意见》的实施意见。此外，北京、江西、福建等地也都在积极制定贯彻落实《若干意见》的配套文件。

三、2006年非公有制经济运行环境展望

2006年是我国实施第十一个五年规划的第一年，也是我国改革进入攻坚阶段的关键之年，非公有制经济发展所面临的国内外宏观环境总体向好。但是，2006年我国面临的产能过剩和国际贸易保护主义的压力可能进一步加大，对于非公有制经济加快转变经济增长方式和提高自主创新能力提出了更高的要求。

（一）体制和政策环境将更加有利于国民经济和非公有制经济协调快速发展。

2006年是“十一五”规划的开局之年，也是我国进入全面建设小康社会和构建和谐社会的关键时期，我国经济发展面临的体制和政策环境趋于宽松。

1. 体制方面

2006年经济体制改革将紧扣经济社会发展中的突出矛盾和深层次问题，继续打好改革攻坚战，把行政管理体制改革放到更加突出的位置，坚持和完善基本经济制度，深化农村经济体制改革，推进现代市场体系建设，深化财税金融投资体制改革，完善对外开放的体制保障，推进收入分配和社会保障制度改革，深化科技、教育、文化、卫生体制改革，加快建立资源节约环境友好和安全生产的体制机制，在一些重要领域和关键环节取得新突破。

从行政管理体制改革看，2006年将继续推进行政审批制度改革，进一步清理、减少和规范行政审批事项，推进优化政府组织结构，减少行政层级，建立健全行政问责制度，逐步建立行政过错责任追究制度，健全社会公示和听证制度，从而提高政府行政效率，降低行政成本。在深化垄断行业改革方面，将继续推进航空公司运营机制改革，进一步开放机场建设和管理服务，加快推进铁路投融资体制改革，继续推进供水、供气、供热等市政公用事业市场化进程以及水务体制改革，扩大非公有资本市场准入领域。从财税金融体制改革看，将积极稳妥地推进资本市场改革和发展，继续推动股权分置改革和信贷资产证券化、产业化投资基金试点，扩大债券发行规模，完善统一各类企业税收制度的方案，适时在全国推行增值税转型改革，调整完善资源税制度，扩大非公有制企业的融资渠道，拓展其发展空间。

《若干意见》涉及的配套文件和具体措施将陆续出台，并推动实施“中小企业成长工程”。制定中小企业发展基金、专项资金和信用担保等管理办法。进一步加大非公有制企业治乱减负工作力度。完善中小企业和非公有制经济统计监测系统。继续安排财政专项资金，重点支持中小企业融资担保、创业辅导、技术创新、国际合作和人才培训等服务机构的发展。引导各类金融机构开发适应中小企业特点的金融产品，加大对中小企业的信贷支持力度，支持符合条件的中小企业上市融资。积极推进小额信贷试点，完善农村金融服务。以上措施将有利于非公有制经济发展的体制环境继续优化。

2. 政策方面

继续加强宏观调控是2006年经济工作的重要任务。宏观经济政策总体上在继续保持连续性、稳定性的同时，将继续实施稳健的财政政策和货币政策，并将适时进行灵活微调。从货币政策来看，将健全利率形成和传导机制，完善有管理的浮动汇率制度，保持货币信贷适度增长，合理控制中长期贷款规模，严格控制对过度扩张行业的信贷投放，增加对有效益、有市场的企业流动资金贷款，着力解决中小企业贷款难问题。2006年将继续坚持区别对待、有保有压的原则，严把土地审批和信贷投放两个闸门，控制固定资产投资过快增长，同时，着力扩大消费需求。在保持农村经济政策稳定不变的前提下，还将继续采取有效措施(如减免农村学杂费、在贫困地区实施义务教育等政策)，不断提高农民收入和促进农村经济繁荣。总体来看，宏观经济环境将为2006年及整个“十一五”规划期间经济持续快速增长提供更加坚实的基础。

（二）国际经济和贸易环境基本平稳，但国际贸易保护主义有可能进一步抬头，不确定因素增大

2006年，世界经济增长的基本态势不会改变。据国际货币基金组织最新预测，明年世界经济将增长4.3%，增幅与今年持平，仍处于较高水平。世界贸易将增长7.4%，增幅略高于今年。主要经济体中，美国经济在居民消费和企业投资等因素带动下，将继续保持较快增长。2006年美国财政刺激措施逐步奏效以及灾后重建投入的增加，

将会刺激需求回升和就业增加，特别是制造业将会明显回升，美国经济有望进入3%～4%的平稳增长期。最近，欧盟委员会把2005年欧元区经济增长率预期从原来的2.3%调低到2%，增幅与今年持平。随着银行业好转、信息技术领域调整取得进展，个人消费及民间设备投资开始复苏，日本经济有望继续回升。国际油价上涨带来的全球经济减速及日元升值等，将会带动日本经济平稳增长。美、日、欧三大经济体占世界经济总量的75%左右，只要这三大经济体经济不出现明显滑坡，世界经济就有望平稳增长，这对我国企业特别是非公有制企业出口将继续形成一定的支撑。

2006年世界经济面临的不确定性因素明显增加。国际原油价格仍在高位波动，不排除进一步上涨的可能；国际竞争日趋激烈，贸易保护主义更加强化。迈进入世“后过渡期”，企业将进入贸易摩擦多发期，国际贸易摩擦日趋加剧，企业发展的外部不确定因素增多。2005年以来，共有10多个国家和地区针对我国大宗出口产品发起超过40起的反倾销等立案调查，欧盟和美国利用“242条款”已对我国20类纺织品服装出口实施所谓“特保”措施，另有13类正在调查中。由于这些案件和措施大多针对我国劳动密集型非公有制中小企业，对企业的经济效益和生产经济造成了一定影响。从2005年秋季广交会的情况看，部分订单已经出现转移，在今后一段时期内对非公有制中小企业的影响可能更大，非公有制企业出口增长速度可能在2006年出现回落。

（三）国内经济和市场环境将进一步改善，但市场供大于求的矛盾将更加突出

从国内环境看，总体上支持国民经济增长的有利因素居多。首先，随着前阶段宏观调控取得明显成效，经济运行中的一些突出矛盾逐步得到缓解，非公有制经济运行环境将得到改善，非公有制经济增长的质量和效益将继续稳步提高。其次，随着居民消费结构升级以及工业化、城镇化、市场化、国际化程度不断提高，我国经济将进入新一轮上升周期，非公有制经济的增长动力仍较强劲。第三，非公有制经济的整体投资仍将继续保持适度较快增长，特别是随着投融资体制等改革的推进和深化，非公有制经济的自主投资活力将进一步增强，同时外商投资的热情仍然较高。

从总供给与总需求的关系看，影响明年以及中长期我国市场供求矛盾的主要因素是总供给大于总需求，其根本原因在于供给能力增长过快，而需求不足只是相对于产能过剩而言。一方面，前几年对重加工工业领域的大量投资的产能在今年已经开始形成，2006年将逐步进入释放的高峰期。基础产业领域的产能(电力、交通等)预计在2006年达到供需平衡，2007年产能也将大量释放。另一方面，新一轮“投资热”导致企业生产能力急剧扩大，供给能力显著增加。当前，部分行业产能过剩的不良后果主要表现在以下方面：一些行业产品价格大幅回落，如2005年末钢铁价格较年初下降20%；企业效益大幅下降，亏损企业增加；产品成品库存增加较多。

四、2006年促进非公有制经济发展的若干要点

2006年要继续按照党中央和国务院的要求，加强调查研究，抓紧制定和完善促进非公有制经济发展的具体措施及配套办法，切实把中央精神落到实处。

（一）继续抓紧出台《若干意见》的配套措施

要加快推动出台《若干意见》分工方案中尚没有完成的配套措施和具体办法。如在深化体制改革方面，尽快出台《关于推进军工企业股份制改造的指导意见（送审稿）》《非公有资本进入石油等矿产资源开采领域实施细则》，《关于进一步发挥工商联作为政府助手作用的若干意见》以及《关于促进非公有制企业档案工作发展的意见》等；加快出台发展改革委牵头起草的《关于鼓励“创办小企业、开发新岗位”的指导意见》、《关于加强中小企业技术进步工作的指导意见》、《关于促进中小企业产业集群发展的指导意见》等配套文件。

（二）切实抓好法律法规清理工作

清理的重点是现行规章、规范性文件及其他文件在市场准入、财税金融支持、社会服务、权益保护和政府监管等方面与《若干意见》不一致的规定。清理的范围是县级（含县级）以上地方各级人民政府及其所属部门，国务院各部委、各直属机构及有关单位制定的规章、规范性文件及其他文件。

（三）努力拓宽企业融资渠道，解决中小企业融资难的问题

加紧落实银监会关于《银行开展小企业贷款业务指导性意见》，缓解小企业和个体工商户的融资难、信贷难压力。进一步依托开发性金融，开展以非公有制中小企业为主要服务对象的转贷款、担保贷款业务，扩大企业受益面。促进中小企业信用担保体系建设，规范担保机构准入管理，提升担保机构担保能力。规范发展非公有制企业境外股权融资，鼓励符合条件的企业发行短期银行债券，拓宽直接融资渠道。

（四）优化调整产业结构，促进产业集群发展

按照区域经济发展和提升产业竞争力要求，坚持以市场为导向，以科技创新和体制创新为动力,以产业升级转型为重点，改善产业集聚条件，营造良好发展环境，突出地区优势和特色，加强科学规划引导，加快建立公共服务体系，大力发展生产性服务业，完善产业综合配套功能，实施品牌发展战略，努力塑造人文环境，提升产业集群可持续发展能力，形成有特色、有规模、体系完整、科学的中小企业产业集群，提升区域经济综合竞争力。

（五）提高中小企业自主创新能力

实施“中小企业信息化推进工程”，提高企

业信息化水平。完善和加强政策支持，通过创新基金、贷款贴息、税收优惠等方式支持中小企业创新创业活动，加强技术咨询和技术转让服务。建立和完善符合中小企业特点的知识产权保护制度和信用担保制度。在优势产业和产业集群中，建立共性技术服务平台，为小企业提供公共服务。大力节约资源、能源，加强污染治理和环境保护，加快推进循环经济发展。促进中小企业、非公有制经济初步建立起资源消耗低、环境污染少、经济效益好的现代工业格局。

（六）要着力引导中小企业加强内部管理，提高自身素质

引导中小企业重视产品质量和品牌建设，把抓质量、创品牌作为促进中小企业持续快速发展的一项重要措施。针对国际贸易摩擦日益增加的情况，企业必须练好内功，提高产品的技术和质量附加值，避免陷入压价竞争。同时，要积极指导中小企业加强内部管理，改变长期以来重经营、轻管理的思想。另一方面，要努力建立适应市场经济的管理机制，指导企业建立科学的内部管理制度，使中小企业的财务、生产、质量等管理工作正常化、制度化、规范化。

（七）继续做好新闻宣传工作

要按照《〈若干意见〉宣传报道方案》要求，明确宣传重点，采取多种宣传形式，按照全面准确、把握节奏和加强管理的宣传要求，努力营造促进非公有制经济发展的良好氛围。同时，继续在中部和部分欠发达地区举办非公有制经济发展政策报告会。

（国家发展改革委中小企业司）

2005 年我国中小企业发展综述

在国际竞争市场环境下，我国中小企业积极参与国外市场竞争，在国际市场舞台上展现我国中小企业的竞争能力，为我国经济走向国际市场作出了应有的贡献。另一方面，随着我国市场全面对外开放，跨国公司进入国内市场，更加剧了国内市场的竞争，我国中小企业原有的生存与发展方式受到了极大的挑战。尽管这样，在过去两三年时间里，我国中小企业取得了快速发展，在成长环境、发展特色、扶持政策等方面都取得了巨大的成功。

一、成长环境与特点

（一）我国中小企业成长分析

根据《2006 年国民经济和社会发展报告》所述，截至 2005 年底，我国中小企业和非公有制企业数已达到 4242 万户，占全国企业总数的 99.6%。经工商部门注册的个体经营户达到 3921.6 万户，其中从事第二产业的 588.7 万户，第三产业 3332.9 万户。中小企业和非公有制企业创造的最终产品和服务的价值占国内生产总值的 58.5%，生产的商品占社会销售额的 58.9%，上缴税收占 48.2%。

据统计，2005 年中小工业企业实现总产值增长了 30.9%，销售收入增长了 30%，实现利润增长 26.9%，上缴税收增长 34%，增长幅度均高于全国平均水平。全年个体私营等非公有制企业新增 800 多万个工作岗位，占城镇新增就业岗位的 3/4 以上；2005 年底在第二、第三产业的就业人数增长到 3.49 亿人；城镇非公有制经济的就业人数增长到 2.07 亿人。2005 年，非公有制企业（不含外资）出口总额达 1489.8 亿美元，增长 47.3%，较全国商品出口增幅高 18.9 个百分点。例如，浙江省非公有制经济出口占全省出口总额的近 40%，超过国有及外商投资企业，成为本省出口第一军团。目前，一批有实力的非公有制企业已走出国门，成为实施“走出去”战略的新生力量。

我国中小企业得到快速发展，中小企业数量占总企业数量的绝大多数，与我国中小企业的成长环境是分不开的。我们这里所说的中小企业成长环境是指培育中小企业成长的外部环境，它包括 6 个方面：法律和政策环境，信用制度与社会文化环境，融资环境，人力资源环境，技术环境，市场环境。

1. 法律和政策环境

《中华人民共和国宪法》修正案第 16 条中规定:“在法律规定范围内的个体经济、私营经济等非公有制经济，是社会主义市场经济的重要组成部分。国家保护个体经济、私营经济的合法权利和利益。国家对个体经济、私营经济实行引导、监督和管理。”这就是从根本上明确了以私营、个体经济为主要组成部分的广大中小企业在经济活动中的法律地位，为我国制定中小企业扶持政策和特殊保护立法奠定了理论基础。

2002 年，全国人大出台了《中华人民共和国中小企业促进法》，这是国家制定的扶持和促进中小企业发展的第一部专门法律。在该法的基础上，近几年相继出台了多个扶持中小企业的政策法规，例如，2005 年 7 月 28 日，中国银监会发布《银行开展小企业贷款指导意见》（以下简称《指导意见》），从政策、机制、程序和方法等诸多方面对银行开展小企业贷款给出了原则性的指导意见。《指导意见》要求银行在自主经营、自负盈亏、自担风险和市场化运作的原则下，推进小企业贷款的制度和产品创新，实现小企业贷款业务的商业可持续发展。此外，《指导意见》指出，各银行应按要求结合本行和当地的实际情况，制定具体的实施办法和工作规程，建立和完善小企业贷款相关制度，开发灵活多样的贷款产品，积极扩大小企业贷款服务的覆盖面。《指导意见》的出台对中小企业来说，无疑是解决“融资难、贷款难、结算难”问题的一大利好措施，对进一步改善小企业融资服务起到积极的促进和指导作用。

2. 用制度与社会文化环境

据国家发展改革委中小企业司调查统计，截至2003年6月底，全国信用担保机构已达966家，共筹集担保资金总额286.5亿元，累计担保企业48318户，担保贷款100035笔，累计担保总额1129亿元。通过信用担保机构的融资，弥补了中小企业信用不足的缺陷，解决了中小企业融资难的问题，促进了中小企业的发展。但目前中小企业信用担保体系仍存在着运作不规范、潜在风险较大等问题。

信用担保体系存在结构性问题，这主要体现在机构数量和担保出资上，政策性担保公司比例较高，而其他担保机构包括互助性和商业性担保机构相对不足。

目前，我国信用担保依据的法律主要是1995年6月颁布的《中华人民共和国担保法》及其司法解释，除此之外没有专门的法律为担保机构提供法律保障，而现行的《担保法》主要侧重于保护债权人的利益，对保证人的权益保护不够。如1996年6月国家经贸委发布的《关于建立中小企业信用担保体系试点的指导意见》和2001年3月财政部颁布的《中小企业融资担保机构风险管理暂行办法》，主要针对政策性担保机构，适用面较窄，也不够完善。

3. 融资环境

近几年来，我国中小企业融资环境得到了较大改善，深圳中小企业板市场的开通，为成长型中小企业提供了股票上市渠道。但是，总体上看中小企业融资仍然是一个十分突出的问题。原因在于中小企业本身规模较小，资金实力相对薄弱，信贷担保能力较差，许多银行担心贷款收不回来而拒绝为其提供发展基金。据统计，我国300万户私营企业中获得银行信贷支持的仅占10%左右。2003年，全国乡镇、个体私营、“三资”企业的短期贷款占银行全部短期贷款的比重仅为14.4%。中小企业资金的主要来源是业主的自我资金积累和通过亲朋好友的借款得到。据国际金融公司研究资料，业主资本和内部留存收益分别占我国私营企业资金来源的30%和26%，公司债券和外部股权融资不足1%。

4. 人力资源环境

我国中小企业发展的人力资源环境总体上是充足的，但是，人力资本的水平、质量还有待改善。我国有1亿多人是文盲或半文盲，全国人口平均受教育水平仅是小学毕业。我国有大量劳动力资源，高劳动密集型中小企业的发展有丰富的外部人力资源支撑。但是，我国高技能的劳动人才十分短缺，尽管我国有近3000万专业技术人员，但是他们只占人口总数的2.3%，与发达国家的10%~20%相比还有很大差距。我国的专业技术人员普遍存在知识老化，缺乏创新意识和思维等问题，高级管理人才和高新技术人才严重短缺，而且我国对人力资源的投资低于世界平均水平。正因为我国人力资源环境的基本特性，决定了我国中小企业发展主要是以传统产业为主，高新技术产业中小企业发展速度、规模以及竞争力都受到了限制。

5. 技术环境

我国中小企业技术创新活跃，中小企业与科研机构、大学开展了广泛的联系与合作。但是，总体上我国中小企业与外部研发机构的联系与合作的程度不够，社会缺乏能够为广大中小企业技术创新提供服务的科技机构，中小企业共性技术平台没有形成，很多中小企业内部没有相应的研发机构，甚至有些中小企业没有开展技术创新活动。总之，中小企业内外部技术环境有待进一步改善。

6. 市场环境

我国产业分布中，一些投资收益较高的领域和金融、证券、电力等领域，均由国有大型企业包揽，而广大中小企业主要分布在资金规模小、国家扶持力度不够的劳动力密集型传统竞争性产业。尤其在消费工业产业、第三产业中的一般商业和服务业领域，中小企业所占比重很高。这些行业由于其市场容量十分有限，市场竞争秩序没有形成，影响了中小企业的健康成长。所以，我国中小企业的市场环境存在较多问题，缺乏竞争秩序、低价压价、不遵守知识产权、不正当竞争等状况经常发生。

（二）我国中小企业发展特点

自2001年以来，中小企业无论是在拉动经济增长还是在吸纳社会就业方面，都发挥了明显的作用，体现出如下5大特点。

1. 中小企业数量持续增长

近几年来，我国工业企业的数量每年以超过万家的速度增加，其中绝大部分是中小企业。据国家发展改革委中小企业司公布的数据，中小企业在2002年同比增长了6%，在2003年增长了7.93%，2004年增长突破10%，2005年增长了21.5%。

数据表明，中小企业在三大区域的发展呈两极分化趋势。东部地区（包括北京、天津、河北、辽宁、上海、江苏、浙江、福建、山东、广东、广西、海南12个省、自治区、直辖市）近年来的中小企业数量稳步高速增长，2002年增长率为8.41%，2003年为11.43%，2004年为20.9%；西部地区（包括四川、重庆、贵州、云南、西藏、陕西、甘肃、宁夏、青海、新疆10个省、自治区、直辖市）在国家西部大开发政策的推动下，投资环境不断改善，中小企业数量增长率由2002年的0.95%迅速增至2003年的2.30%,2004年达到了29.41%；中部地区（包括山西、内蒙古、吉林、黑龙江、安徽、江西、河南、湖北、湖南 9个省、自治区）中小企业的增长率在2003年大幅下降，从2002年的1.79%显著下降到2003年的0.01%，2004年又增加至17.31%。

2. 企业规模稳步扩大

近两年来中小企业的经营规模稳步扩大，档次不断上升。销售额在500万元以下的中小企业比例连年下降，而其他档次的比例却在逐年上升，全国中小企业总的产品销售收入、利润总额、利税总额连年增加。2002年我国中小企业实现产品销售收入72864.4亿元，2003年为90619.2亿元，2004年为127685.7亿元，2002~2004年增长了75.2%；2002年我国中小企业实现利润总额3371.4亿元，2003年为4501.3亿元，2004年为6426.5亿元，2002~2004年增长了90.6%；2002年我国中小企业实现利税总额7097.7亿元，2003年为8795.8亿元，2004年为11784.7亿元，2002~2004年增长了66%。

3. 中小企业就业逐渐增加

每年数以万计的中小企业已成为吸纳社会剩余劳动力、缓解社会就业矛盾的稳压器。2005年，全国就业人员为7.58亿，其中新增就业人数的75%以上是由非公有制经济提供的。2001年中小企业的从业人数占全部企业人数的比例为60.9%，2002年上升到66.5%，2003年达到73.7%，2004年达到75%左右，2005年达到78%左右，一年一个大台阶。

4. 中小企业的整体出口增长快

中国企业的出口创汇能力连年增强，出口额加速增长，2002年全部企业出口额增长超过20%，2003年增长超过了30%，2004年增长35.4%，2005年增长28.4%。其中，中小企业的出口额2004年增长约43%，占全年外贸总额的10.6%；2005年增长47%，占全年外贸总额的16%。

二、扶持政策

与大企业相比，中小企业整体实力较弱，抗风险的能力较差，在获得资金、技术、人才和信息方面遇到的困难更大，在市场竞争中处于弱势地位。因此，推动和扶持中小企业健康发展已成为世界各国政府的一项重要工作，各国政府为了促进中小企业发展，大都采取了积极措施加以扶持，并制定了一系列法律规范，以保证各项政策、措施的有效实施。我国也相继出台了一系列促进中小企业发展的法律、法规及政策规定，以进一步促进我国中小企业持续、快速和健康发展。

（一）我国中小企业发展中存在的问题

1. 设备落后，缺乏技术进步与创新

我国的中小企业绝大部分都是科技含量低、能耗高的普通加工企业，而且相当一部分中小企业所使用的设备都比较陈旧落后，尤其是机械行业的大部分设备都是20世纪60、70年代的设备。可见，我国中小企业普遍存在设备简陋、工艺落后、产品科技含量不高、不能形成规模效益等问题。同时，由于受资本实力的限制，依靠自身量的积累以达到扩张的目的，仍然是中小企业创业和成长的主要形式。再加上小富即安、因循守旧等传统观念的影响，大多数中小企业，特别是个体、私营企业科技进步缓慢，创新动力严重不足。大多数中小企业“重市场，轻研究开发”，“重包装，轻技术质量”，“重传统，轻创新”的落后观念仍然十分突出。

2. 资金有限，融资困难

我国中小企业由于规模小、产品附加值低，能从金融机构获得的资金十分有限。在美国，37%的中小企业从商业银行获得融资，其余资金的供给是金融公司、租赁公司和非金融机构。但是，我国的大多数银行一般不愿意给中小企业贷款，这是因为，一方面，中小企业数量众多，企业情况千差万别，企业要求贷款的数额大，贷款风险较大；另一方面，中小企业难以向银行提供贷款担保，银行对他们缺乏信任。

3. 科技人才和经营管理人才严重匮乏

目前，我国的中小企业普遍存在缺乏科技人才和经营管理人才的问题，其原因主要有两个方面：一是思想观念落后。中小企业创业者受文化程度的限制，多数人小农经济意识根深蒂固，企业发展靠的只是吃苦耐劳的精神和灵活的头脑，而缺乏科学管理方法。二是受我国传统思想和就业观念的影响，受过高等教育的大学生及各类专门人才，都愿意在大城市和大型企业、外资企业、合资企业工作，根本不愿意到中小企业，尤其是乡镇企业、个体私营企业去工作。

4.企业缺乏核心竞争力

我国的中小企业由于长期受计划经济模式的约束，已经习惯于建立“大而全，小而全”的企业模式，产品低层次重复，企业的专业化发展没有真正进行下去，无法适应瞬息万变的市场需求，许多中小企业的工作重点不是集中精力培养、挖掘自己的核心竞争力。

（二）我国中小企业扶持政策分析

我国中小企业政策经历了曲折发展的过程。在计划经济时期，虽然中小企业长期缺乏明确的政策扶持，但我们也可以找到在这一历史时期的各个经济发展阶段中政府制定的涉及或涵盖中小企业的法律、规定、举措和相关的表态。改革开放后，1992年10月，党的十四大肯定了邓小平同志南巡讲话的精神，明确把我国经济改革的目标确定为建立社会主义市场经济。由此，我国中小企业的发展又进入一个新的阶段。可以说，我国以市场经济为目标取向的改革为真正意义上的中小企业政策的形成创造了制度环境，从而为中小企业的发展开辟了广阔的前景。

为充分发挥中小企业在调整经济结构、协调经济社会发展、促进城乡充分就业和完善社会主义市场经济体制中的重要作用，围绕着中小企业发展中的重点和难点问题，我国各部门、各地区相继出台了扶持中小企业发展的政策，改善了中小企业的经营环境，促进了中小企业的健康发展。这些政策主要可以划分为以下几种类型。

1.中小企业税收减免政策

税收优惠政策是促进中小企业发展较为直接有力的手段，也是各国惯用的手法。虽然我国现行的税收优惠政策大部分不是专为中小企业制定的，但从受益主体来看，基本上或相当一部分是中小企业。

⑴ 小企业所得税政策。1994年新税法确定企业所得税率为33％，但为了适当减轻小型企业的税收负担，国家对年应纳税所得额在3万元以下（含3万元）的企业，按18％的税率征收所得税；年应纳税所得额在10万元以下（含10万元）至3万元的企业，按27％的税率征收所得税。

⑵鼓励城市就业税收政策。政府对中小企业吸纳城镇劳动力就业，当年安置待业人员超过企业从业人员总数的60％的，经主管税务机关审查批准，可免征所得税3年；免税期满后，当年新安置待业人员占企业原从业人员总数30％以上的，经主管税务机关审查批准，可免征所得税3年；免税期满后，当年新安置待业人员占企业原从业人员总数30％以上的，经主管税务机关审核批准后，可继续享受减半征收所得税2年的优惠政策。这些税收优惠政策目的在于鼓励与发展中小企业，解决城镇居民就业问题。

2.财政支出政策

中央及各级地方人民政府根据各地实际情况，为中小企业提供财政支持，直接对中小企业进行补贴，设立了多项以中小企业为支持对象的专项资金和基金，这些专项资金和基金在促进中小企业发展上开始发挥着越来越重要的作用。1999年，科技部与财政部共同设立了“科技型中小企业技术创新基金”，探索建立支持中小企业技术创新的新型机制。2000～2001年，财政部和原外经贸部联合设立了中小企业国际市场开拓基金体系，以鼓励和支持中小企业参与国际市场竞争，促进中小企业开拓国际市场。一些地区也不同程度地安排了促进中小企业发展的财政专项资金。如上海市在2003年安排了3.8亿元中小企业专项资金，用于支持信用担保、技改贴息、国际市场开拓等9个促进中小企业发展的事项；广东省决定5年内安排20亿元财政资金，用于支持中小企业和民营经济发展。这些措施缓解了中小企业发展资金不足、使用分散、来源无保障的矛盾，促进了中小企业的健康发展。

3.金融信贷政策

金融信贷政策主要指金融政策，如政府成立中小企业贷款联合担保机构；支持建立中小企业信用担保体系；为中小企业融资创造条件；银行直接给予中小企业以资金帮助，低于市场利率直接贷款给中小企业，甚至提供贷款贴息服务；政府为中小企业发展设立专项资金、拓宽融资渠道等。自1998年开始，中国人民银行分别从改进金融服务、调整信贷结构、为中小企业提供多样化的金融产品等方面，出台了一系列政策措施，改善了中小企业的经营环境。同时，原国家经贸委、国税总局、财政部和国家发展改革委等部门也为中小企业信用担保体系的建立和完善制定了众多的具体政策，改善了中小企业的整体融资环境。

据不完全统计，截至2003年6月底，全国已有30个省、自治区、直辖市开展了省级或市级中小企业信用担保体系试点，济南、铜陵、镇江、武汉、宁波等200多个城市已组建了中小企业信用担保机构并开展试点工作。已设立的各类中小企业信用担保机构近966家，其中省级担保机构43家，地市级担保机构436家；政府完全出资的305家，参与出资的321家，民间出资的340家；公司法人701家，事业单位181家，社团法人84家。为进一步缓解中小企业融资难的问题，国家发展改革委与国家开发银行合作，选择长春、太原、南昌等5个城市，充分利用开发银行的政策性资金，依托地方商业银行，开展了中小企业贷款试点工作。2003年11月，国家发展改革委中小企业司与广东发展银行联合推出了中小企业融资发展计划，并选择北京、上海、广州、深圳等10个城市进行试点，广东发展银行3年内将提供1000亿元资金，专项用于中小企业和民营企业的贷款，有力地促进了试点城市中小企业的发展。

4.技术创新政策

科技进步是经济发展的决定性因素，科技创新是经济增长的源泉。为扶持、促进中小企业技术创新，增强其创新能力，国家科委自1997年开始组织实施“技术创新工程”，通过鼓励产学研联合、建立国家技术转移中心和技术创新服务中心，来加速科技成果、科技人才等向中小企业转移，推动中小企业开发、应用、推广新技术、新产品。

在针对中小企业的技术创新政策方面，最主要的是引入了创新基金的支持模式。在创新基金的引导带动下，各省也相继建立了地方创新基金或专项配套资金。据科技部创新基金管理中心不完全统计，目前已有28个省（市）科技部门，通过科技三项经费或财政专项资金，建立了地方性的创新基金。创新基金已逐渐成为科技型中小企业发展的助推器。2005年，国家预计投入8.4亿元创新基金支持科技型中小企业发展，较2004年增长了20％。

5.中小企业融资政策

2004年5月21日，中国人民银行发布了《中国中小企业金融制度调查问卷统计分析报告》。该报告指出，目前已经做大的企业的融资困难已得到了缓解，但多数中小企业融资仍十分困难。2003年，我国GDP的56％、社会销售额的59％、税收的46％、出口额的62％和就业的75％均是由中小企业创造或提供的。然而，在总体上，中小企业所获得的金融资源与其在国民经济和社会发展中的地位和作用却是极不相称的。

据统计，我国300万户私营企业中获得银行信贷支持的仅占10％左右。2003年全国乡镇、个体私营、“三资”企业的短期贷款占银行全部短期贷款的比重仅为14.4％。

为进一步发挥中小企业在我国经济和社会发展中的重要作用，中央及各级地方政府高度重视解决中小企业的“融资难”问题，并采取了一系列措施。

⑴引导金融机构创新金融产品，改善金融服务。1998年，四大国有商业银行相继成立了中小企业信贷部，并两次调整中小企业贷款利率，实

行浮动利率，以鼓励商业银行增加对中小企业的贷款，并提出了一系列鼓励和引导各类商业银行切实加强和改进对中小企业金融服务的具体措施。比如，中央银行通过再贷款、再贴现和发行金融债券等形式对以中小企业为服务对象的中小金融机构予以支持；适当下放中小企业流动资金贷款审批权限；对有市场、有效益、有信用的中小企业可以发放信用贷款，简化审贷手续，完善授信制度，扩大信贷比例等。上述激励措施在一定程度上调动了商业银行对中小企业贷款的积极性。国家开发银行作为国家政策性银行，积极依托城市商业银行网络开展对中小企业的转贷款业务，并对具备条件的中小企业信用担保机构试行再担保。各股份制商业银行努力实现金融理念、金融产品和服务功能的创新。广东发展银行决定3年内向非公有制企业和中小企业放贷1000亿元，并为此精心打造了"民营100"专项金融服务方案，针对企业在"创业"、"成长"、"发展"3个阶段的不同融资需求，专门设计了八大套餐，以有效解决中小企业贷款难问题。据调查，目前城市商业银行80%以上的客户是中小企业，70%以上的信贷资金投向各类中小企业。

2005年7月28日，中国银监会发布《银行开展小企业贷款指导意见》(以下简称《指导意见》)，从政策、机制、程序和方法等诸多方面对银行开展小企业贷款给出了原则性的指导意见。《指导意见》要求银行在自主经营、自负盈亏、自担风险和市场化运作的原则下，推进小企业贷款的制度和产品创新，实现小企业贷款业务的商业可持续发展。此外，《指导意见》指出，各银行应按要求结合本行和当地的实际情况，制定具体的实施办法和工作规程，建立和完善小企业贷款相关制度，开发灵活多样的贷款产品，积极扩大小企业贷款服务的覆盖面。《指导意见》的出台对中小企业来说，无疑是解决"融资难、贷款难、结算难"的一大利好措施，将对进一步改善小企业融资服务起到积极的促进和指导作用。

⑵采取多种融资方式，拓宽中小企业融资渠道。近年来，各级政府在拓宽中小企业融资渠道方面采取了一些措施：一是建立科技创新基金，通过贷款贴息、无偿资助、资本投入等方式，扶持科技型中小企业快速发展。1999～2003年，国家共投入33亿财政资金，支持了全国4946个科技型中小企业项目，有力地促进了中小企业的创业与发展。二是建立产权交易市场。目前，我国已经建立200多家不同程度、不同规模的产权交易市场，其中上海、北京、天津等城市的产权交易市场已具备相当规模。2003年，上海产权交易所的交易额已突破3000亿元，为各类中小企业资产重组、产权多元化提供了交易平台。三是充分发挥典当、融资租赁等适合中小企业特点的融资工具作用。截至2003年底，我国典当行已发展到1000多家，资本金60多亿元，为中小企业通过典当融资带来便利；融资租赁规模也不断扩大，2003年仅浙江一省的融资租赁业务就超过700亿元。四是开通直接融资渠道。2004年5月，深圳交易所开通了中小企业板块，首批上市企业共有8家，这为优强中小企业迅速壮大提供了直接融资来源。据统计，目前已有50户完成了公开发行，总发行股本为53.37亿元，总流通股本为16.39亿元，上市公司市价总值为546.57亿元，上市公司流通市值为166.12亿元。一批符合条件的成长型中小企业将获得上市融资机会。

⑶构建多层次信用担保体系，突出解决中小企业担保难问题。地方各级政府在借鉴发达国家扶持中小企业经验的基础上，结合我国实际情况，组织推动了中小企业信用担保体系建设工作。通过几年的实践，逐步探索出具有中国特色的"一体两翼四层"的中小企业信用担保体系模式。"一体"指主体，模式强调"多元化资金、市场化运作、企业化管理、绩优者扶持"；"两翼"指商业性担保和民间互助担保作为必要补充；"四层"指中央一级，省(市、区)一级，地市一级、县(市)一级。近年来出台的有关担保的法律、政策和税收优惠等，有力地促进了担保业的形成和发展。据不完全统计，截至2003年6月底，全国已设立的966家中小企业信用担保机构共筹集担保资金287亿元，累计受保企业约5万户，累计担保总额约1200亿元，受保企业新增销售收入118亿元，新增利税102多亿元。

⑷推进中小企业信用体系建设，提升中小企业融资能力。培育信用需求、规范信用市场、完善信用制度、营造信用环境，对于提升中小企业整体素质和综合竞争力，抵御信用风险，提高自身融资能力，具有紧迫的现实意义。一方面，逐步建立和完善企业外部的中小企业征信系统和信用评价体系，向银行等机构提供企业信用信息，表彰守信用的中小企业，树立信用典型，大力宣传和推广信用管理先进模式和经验；另一方面，积极开展企业内部的信用制度建设和普及工作，加强企业内部的合约管理、营销预警、商账催收、财会管理和雇前调查等，对企业经营、管理、检测等岗位人员开展信用和专业技能培训，培养信用调查分析、评价和监督等专业人才。目前，有关部门已在北京、山西、吉林、浙江、四川等城市进行试点，通过建立企业信用档案、信用评级、企业信用制度等，不断提升企业自身的融资能力。

6.综合性政策

在组织机构的设立方面，早在1998年末，随着政府机构改革的顺利推进，原国家经贸委宏观上指导中小企业发展的职能得到进一步明确，成立了专门负责制定和指导落实中小企业改革与发展政策的中小企业司，在组织机构的设立方面承认了中小企业的重要性。2003年，国家经贸部发布了《中小企业标准暂行规定》等3个文件，基本上明确了中小企业划分的标准，提高了中小企业政策的针对性和政策的效果。

2002年6月通过的《中华人民共和国中小企业促进法》是我国扶持和促进中小企业发展的第

一部专门法律。《中小企业促进法》将各种所有制和各种形式的中小企业纳入法律的适用范围，明确了其法律地位。《中小企业促进法》的立法宗旨是：改善中小企业经营环境，促进中小企业的创立和发展，充分发挥中小企业在扩大城乡就业与国民经济和社会发展中的重要作用。遵循这一宗旨，《中小企业促进法》体现了以下内容和特征：推进产业结构调整，鼓励中小企业向“专、精、特、新”方向发展；鼓励中小企业建立科技创新机制，通过办科技创新园区、建立创新基金、提供多方位服务等手段促进中小企业的科技创新；加大财税政策扶持力度，各级政府要设立中小企业发展基金，重点用于中小企业的综合信用担保以及鼓励技术创新、安排下岗职工就业、科技成果转化、创办中小企业等；积极拓宽融资渠道，以一定资金支持市场前景好、科技含量高、还贷信誉好、出口创汇好的企业；简化贷款抵押手续，放宽融资渠道，允许中小企业上市，经过批准的中小企业可以发行债券，发展风险投资公司和风险投资基金；建立健全中小企业信用贷款担保体系，建立国家、省、地市三级信用担保机构；建立健全中小企业社会化服务体系，开展各种技术、管理、财务培训，发展人才市场；制定有关法律法规，为中小企业创造公平竞争的外部环境，在外贸出口方面放宽审批条件，简化中小企业登记手续等。《中小企业促进法》的出台标志着我国促进中小企业发展走上规范化和法制化轨道，对我国各类所有制中小企业的创立与发展产生了巨大的推动作用。

2005年2月24日正式出台的《国务院关于鼓励支持和引导个体私营等非公有制经济发展的若干意见》（以下简称《若干意见》）是新中国成立55年来第一部以促进非公有制经济发展为主题的中央政府文件。《若干意见》针对非公有制经济发展中的突出问题，提出了7个方面的政策措施：放宽非公有制经济市场准入；加大对非公有制经济的财税金融支持；完善对非公有制经济的社会服务；维护非公有制企业和职工的合法权益；引导非公有制企业提高自身素质；改进政府对非公有制企业的监管；加强对发展非公有制经济的指导和政策协调。然而，我国非公有制企业绝大多数是中小企业，《若干意见》中对中小企业也提出了相应的政策措施。如强调逐步扩大国家有关促进中小企业发展专项资金规模，加快设立国家中小企业发展基金；加快研究改进和完善个体工商户、小企业的会计、税收、统计等管理制度，探索建立有利于个体工商户、小企业发展的组织制度；支持建立创业服务机构，鼓励为初创小企业提供各类创业服务和政策支持；加快建立适应非公有制中小企业特点的信息和共性技术服务平台，加强科技创新服务；提高专业化协作水平，促进以中小企业集聚为特征的产业集群健康发展。《若干意见》的出台必将对中小企业的发展产生重要影响。

三、创业现状和特点

（一）中小企业创业类型

中小企业创业是一种普遍的社会经济现象，更是经济发展的根本推动力，创业与经济增长之间存在着相互促进关系。自20世纪90年代以来，无论是OECD国家还是亚洲新兴工业化国家（地区），都呈现出企业规模越来越小，而中小企业对GDP的贡献越来越大的特点。有关数据显示，目前我国中小企业（含个体工商户）的数量已达2930万个，占我国企业总数的99%以上，提供了75%的就业岗位。

我国中小企业创业活动活跃，但多为生存型而非机会型。据2002年GEM研究报告显示，中国的创业指数（即百名劳动力中参与创业的人数）达到12.3人，高于美国（11.66人），属于创业活跃的国家，但60%的创业活动属于生存型，创业行为出于没有更好的选择，即不得不通过参与创业活动来解决其所面临的困难。

根据刘迎秋教授提出的3种创业形态把我国中小企业创业大致分为三类：以家族为基础的创业形态；以机会为基础的创业形态；以技术为基础的创业形态。

（二）我国中小企业创业存在的问题

尽管我国中小企业创业取得了快速增长，如前文所述，我国的创业指数高于美国，属于创业活跃的国家。但是，我国中小企业创业也存在许多问题。

1.创业门槛过高，新创企业审批程序比较复杂

当前，我国企业、公司注册的门槛相对较高，与我国作为发展中国家的国情不符。在经营范围、经营方式的核定上过于严格，缺少灵活性。据调查，创办一般的小企业费用平均为5000元左右，涉及卫生、安全、环保等许可要求的，则需1万~2万元。创业者从提出申请到领取相关证件平均需要92天，而国际上只需要47天。许多国家为了减少新创企业的创业成本和困难，大都设立了专门的创业申办点，可一次性完成申办手续。如法国政府设立了“企业手续中心”，后又简化了37项行政手续，新创立中小企业可在24小时内办完一切手续；巴西推出了“中小企业方便计划”，即联邦、州和市三级政府统一办公，业主在1天时间内可以办完消防、环保、卫生、工商、税务注册等手续。而我国仅是个别地区设立了“一站式”服务大厅，为创业者提供服务。

2.创业扶持力度较小，新创企业维持艰难

许多国家对新创企业普遍实行减税政策，如直接减免新创企业税收。法国新建小企业可免3年所得税，新建企业的固定资产折旧率由原来的5%提高到25%。还向小企业投资者给予减免税收鼓励，如英国从1983年开始，通过对投资者大幅度减免税收鼓励人们创办小企业，小企业投资者的60%可以免税，每年免税的最高额为4万英镑。对新创造就业岗位也提供减税支持，如法国对企业

每创造1个就业机会，减免其纳税额1万法郎的所得税。而我国的创业税收政策针对科技型的多，针对生存型企业的少，对创办吸纳就业容量大的劳动密集型企业则缺少鼓励性策。

3.创业公共服务还处于起步阶段，不能提供有效的创业服务

创业服务与创业成功率密切相关。美国的有关资料表明，未接受创业辅导的小企业，4~6年内的失败率高达55%~65%，而接受创业辅导的企业仅有20%的失败率。我国中小企业服务市场不健全，为创业者提供服务的机构，无论从数量上、服务规模上尚不能满足需求，而且服务大多集中于盈利性服务领域，满足弱势群体需求的公益性服务机构少。而国外这方面做得很好，如法国成立了“国家创建企业委员会”，集中行业专家，为创业者免费修改、设计和规划创业方案，提供专业性的帮助和建议；美国小企业局在全国建立服务网络，组织有丰富经验的离退休经理志愿者1.3万名，在全国范围内建有400个分团、800多个办事处，以免费或低价的形式，对小企业提供创业咨询等各类服务；澳大利亚建立了小企业援助计划，向非营利组织提供资金，以帮助新的小企业得到足够的基础设施和启动资本。

4.创业者的素质低，参与创业的积极性不高

在自主创业抉择方面，根据抽样问卷调查结果，大多数中国人更倾向于选择雇员角色，只有不到1/3的中国人表示热衷于创业和自主经营，而在美国这一比例高达67%，明显高于中国。就创业公司、企业的持续发展能力而言，中国与美国相比还处于绝对弱势。在美国，一般而言，公司、企业在创始阶段规模较小，但取得初步成功后便能迅速扩张；而在中国，许多创业计划或想法似乎不切实际，缺乏可行性，以至于经受不起市场的考验。此外，中国中小企业的创业活动尚未提供足够多的就业机会，导致我国的失业率居高不下。

（三）我国中小企业创业特点与经验

中小企业具有大企业所不具备的优势，如投资少、转型快、管理成本低、经营机制灵活。但中小企业往往缺乏人才、技术和资金，技术进步与技术创新成为制约中小企业发展的最突出的因素。

1.创业特点

我国中小企业创业主要呈现出以下4个特点。

(1)我国中小企业创业资金主要来源于创业者的生活资金积累，金融机构融资比重较小。

(2)我国中小企业创业大多集聚在发达地区。如浙江、广东、上海、江苏、天津等是创业投资的快速增长点。

(3)我国中小企业创业投资的行业主要在传统制造业、新材料工业、医药保健、IT服务业、生物科技、软件行业，这6个行业大约集中了52%的创业投资资本。

(4)我国中小企业规模小，数量多，不断向区域集群化发展。各集群内的企业之间相互学习，共享信息和技术等资源，弥补了分散面对市场的风险。

2.创业经验

我国中小企业经过了几十年发展，创业者也积累了一些宝贵的经验。

(1)从企业角度来看，我国中小企业产权制度明晰，民营经济是主要成分，形成了合理有效的激励约束机制。

(2)从市场角度来看，已经初步形成了市场竞争机制，中小企业参与国内外市场竞争的意识普遍增强。

(3)从政府角度而言，中小企业创业的重要性已经得到各级政府的普遍认识，各种为中小企业服务的信息服务和支持保障机构得到发展。

(4)从区域产业角度来看，各地以产业集群为依托的中小企业创业模式得到了发展，科技孵化器、创业中心等机构迅速增加。特色产业群和产业链条的形成，为中小企业提供了很好的创业环境与创业氛围。

四、中小企业集群发展

中小企业集群是指由众多自主、独立又相互关联的中小企业及其相关支撑机构在一定地域聚集，依据专业化的分工，通过彼此间高效的竞争与合作关系而形成的生产协作网络。它是一种颇具特色的新兴的产业组织结构，介于纯市场组织和纯层级组织之间，比市场稳定，比层级灵活，小企业借助于这种特殊的产业组织结构，可以获得单个游离企业所没有的竞争优势。

（一）中小企业集群的特征

中小企业集群具备了以下几个特征。

(1)集群内各机构彼此独立。集群内绝大多数是中小企业，有独立的法人，所有制、隶属关系、投资渠道等相似，各机构之间按市场原则进行平等交易。

(2)集群内企业间联系密切，相互合作。从联系的强度来看，企业间的联系大大增强，相互间存在着密切的交互联系，如加工业务联系、供销关系、科研项目合作等等。

(3)集群内企业间存在多种联系，有正式和非正式联系，竞争与合作关系，业务上下游关系，股权隶属关系，等等。

(4)中小企业集群是动态的。由于进入或退出集群的障碍较小，集群总是处于不断的发展变化之中，此外，各企业具有一定的适应性，以寻求企业间稳定的长期关系。

(5)集群总体是一个创新网络。由于各种企业和机构在地域上集中，彼此之间形成了“信任和承诺”关系，信息、设备仪器、人才、技术、产品等相互共享，形成了有利于企业技术创新的网络平台。

以浙江省为例。浙江省产业群的形成依靠的是通过“率先在全国建立起以非国有、非公有制经济为基础的排他性、产权明晰的微观经济制度基础，率先基本完成产权制度层面上的体制转轨，并推动以专业市场和块状经济为主要内容的

市场和分工制度创新”，获得相对全国其他地区的“体制落差”优势，先行“挖到第一桶金”，使浙江产业的利润主要滞留在浙江企业和个体商人手中，迅速完成资本原始积累。活跃的民间投资成为中小企业集群的最重要的资本来源。

浙江省的企业集群也是以传统的制造业为主，以“中小企业集群、专业市场、产业集聚”为特色，依靠块状经济形成的分工协作和集聚效益而崛起。制造业中小企业数量占企业总数的比重超过99.5%，中小企业的产值在制造业产值中的比重超过70%，远高于许多发达国家和地区，已成为浙江省的经济支柱。同时，浙江省专业市场的发展也很快，迄今该省专业市场已近5000家。

浙江省的中小企业集群具有明显的地区特点。第一，集群的产业有地区特征，特色经济是推动产业集群发展的动力（见表1）。浙江省目前已形成产值超亿元的产业集群300多个，这些集群经济增长速度比浙江省平均水平快3～5个百分点。第二，中小企业集群是成块状经济。如温州柳市的低压电器、诸暨大唐的袜业、义乌的小商品批发市场、嵊州的领带、海宁的皮革、绍兴的轻纺城等。第三，具有悠久的手工业和经商传统。最具代表性的温州便是利用“其货纤靡、其人善贾”的特点，逐步形成了皮鞋、低压电器、打火机、眼镜等鲜明的特色产业群。第四，集群中的企业以民营、家族式企业为主，产权清晰。以浙江块状经济为代表的企业集群形成多是以家族关系和共同的文化背景为基础的，强调以血缘、亲缘、地缘为基本特征的历史文化环境。

表1　按行业（产业）划分的浙江省中小企业集群分布概况

集群行业/产业		集群地名称	集群产值/规模
制造业	纺织及化纤制造业	绍兴、杭州、宁波、嘉兴	纺织业产值占全省的比重分别为：40.19%、24.05%、10.27%和9.59% 化纤产值占全省的比重分别为：38.01%、17.72%、8.19%、33.99%
	服装和其它纤维制造业	杭州、宁波、温州	产值占全省的比重分别为：12.85%、27.69%、14.15%
	皮革羽绒及其制造业	温州、杭州、嘉兴	总产值占全省的比重分别为：39.65%、20.75%、19.96%
	普通机械和专用设备制造业	杭州、宁波、绍兴、台州	产值占全省的比重分别为：19.94%、21.49%、18.76%、13.12%
	电器制造业	杭州、宁波、温州	产值占全省的比重分别为：23.56%、28.78%、20.63%
	金属制品业	杭州、宁波	产值占全省的比重分别为：26.18%、23.64%
	仪器、仪表、电子通信制造业	杭州、宁波	电子通信制造业产值占全省的比重共为81.4%；仪器、仪表产值占全省的比重为67.25%
	交通运输制造业	杭州、宁波、台州	产值占全省的比重分别为：36.81%、19.16%、20.43%
贸易业	制药业	台州、杭州、绍兴、金华	全国医药100强浙江占15强，台州医药产值占浙江省1/3，杭州市医药产值50.64亿元（2002），绍兴产值42.5564亿元（2003），金华50亿元左右，全省医药产值达到200多亿元。
	小商品	义乌	全国最大的小商品贸易集群，2001年贸易额达212亿元，200余家国外企业在义乌设立了办事处，常驻义乌从事小商品贸易的外商达3000余人，国内各地驻义乌机构140余家，出口商品遍及世界144个国家和地区。

资料来源：　根据《浙江统计年鉴》（2002）和相关资料整理

（二）中小企业集群发展的优势

由众多中小企业通过地域的集中组成的中小企业集群在激烈的市场竞争中表现出了强劲的竞争优势，成为了耀眼的“经济之星”。中小企业集群通过群体协同效应获得单个游离企业所没有的竞争优势，这主要表现在集群整体的价格竞争优势和非价格竞争优势两个方面。

1．中小企业集群的整体价格竞争优势

中小企业集群由于群内企业的空间接近性，通过集聚效应，有利于降低运输成本和交易成本，这主要表现在以下两个方面：第一，生产成本的节约。集聚区域内中小企业数量众多，通过共同使用公共设施，减少了分散布局所需要的额外投资，即降低了摊销的固定成本。而且，中小企业之间距离相近，节省了运输成本；企业之间交流频繁，相互之间建立了信用关系，从而节省了交易成本。相同部门的中小企业数量的增多，整体规模扩大，使无法获得内部规模经济的单个企业在分工的基础上获得外部规模经济。同时，通过企业间的分工，提高了资源的利用效率，集群内企业的生产率提高，从而降低了其生产单位产品的变动成本。第二，交易成本的节约。在集聚区域内，由于企业的地理接近性，容易建立信誉机制和相互依赖关系，从而大大减少机会主义行为。集群内拥有专业的人才库，还能吸引最优秀的人才，这就减少了在雇佣专业人才方面的交易成本。区内拥有大量的专业化信息、个人关系及社区网络，使信息流动很快，这样减少了企业的信息成本。更重要的是，原料产品大多可以从区内的其他企业就近获得，不仅可以节省运输成本和库存费用，还能享受供应商提供的辅助服务。群内企业由于在成本上存在优势，在价格竞争方面也就掌握着主动。

2．中小企业集群的声望与品牌竞争优势

整个集群作为一个整体在全国享有较高的市场声誉，能吸引各地客户和消费者。企业集群共同品牌的创建和使用关系到企业经营的连续性和持久性目标的达成。一个成功的企业集群，企业形象受到消费者的普遍好评，它的品牌会在公众心中留下很深的印象，可以引导消费者的多次选择。集群内小企业通过集中广告宣传的力度，利用群体效应形成“区位品牌”，使每个企业都受益。区位品牌是企业集群重要的无形资产，它是众多企业品牌的浓缩和提炼，与单个企业品牌相比，更形象、直接，它具有广泛性、持续性特点，对集群的产品销售非常重要。

作为我国经济发展重要力量的中小企业集群，不仅具有这些共同的特点，而且成为我国中小企业发展的一种重要形式，有其特殊的特征。

从以上分析可见，中小企业集群具有许多单个大企业发展所不具备的特征和优势，使众多中小企业以集群的形式在市场中存在和发展，并在日益激烈的竞争环境中体现出了顽强的生命力和创造财富的能力。企业集群的形成可能是自发的，但是其发展和壮大离不开政府政策引导、公共政策的促进及企业自身的努力。我国企业集群虽然在经济发展过程中功不可没，但总体来说还处于发展的初级甚至是萌芽阶段。我国的中小企业集群的发展还有很长一段路要走。

（浙江工业大学中小企业发展研究所　池仁勇）

2005年中国民营企业的发展状况

在中国民营企业发展历程中，2005年是具有里程碑意义的一年，也是中国民营企业快速发展的一年。为了研究的方便，这里所说的民营企业是指个体私营企业。

一、民营企业发展政策的完善

2005年对民营企业发展来说最具里程碑意义的是政府政策的进一步完善，从而为民营企业的发展扫清了制度上的障碍。

（一）促进民营企业发展的《若干意见》颁布

为贯彻落实党的十六大和十六届三中、四中全会精神，2005年2月国务院出台了《国务院关于鼓励支持和引导个体私营等非公有制经济发展的若干意见》（国发[2005]3号，以下简称《若干意见》）。《若干意见》分为7个方面共36条（因而有的文献也将之简称为36条），就非公经济发展中的突出问题，在如下7个方面提出了政策意见：放宽非公有制经济市场准入；加大对非公有制经济的财税金融支持；完善对非公有制经济的社会服务；维护非公有制企业和职工的合法权益；引导企业提高自身素质；改进政府监管；加强对发展非公有制经济的指导和政策协调。

《若干意见》的颁布，摒弃了长期以来对民营企业的歧视性政策，给予民营企业以平等竞争的市场地位，必将推动民营经济的发展进入一个新的时代。这突出表现在：放宽非公有制经济的市场准入，为民营企业的大发展拓展了新的空间，以往在80多个行业部门中，公有制企业可以全部进入，外企可以进入其中的60多个行业，而民营企业只可以进入其中的40个行业；加大对非公有制经济的财税金融支持、完善对非公有制经济的社会服务、改进政府监管、加强对发展非公有制经济的指导和政策协调，为民营企业的大发展创造了良好的外部环境和条件；维护非公有制企业和职工的合法权益、引导企业提高自身素质，为民营企业的大发展奠定了良好的自身条件基础。

（二）《若干意见》配套措施全面启动

《若干意见》的颁布实施得到了中央政府各部门和各级地方政府的大力支持和高度重视，为民营企业扫平了发展过程中的各种障碍。国家发展改革委协同有关部门起草了《贯彻落实〈若干意见〉重要举措分工方案》，截至2006年上半年，已有17个部门和单位在市场准入、金融财税、公共服务、改进监管等方面出台了22个配套文件，还有一部分配套措施正在研究制定中；31个省、市、自治区制定了《若干意见》实施意见21件，同时颁布实施了200多件促进非公有制经济发展的法规或政策文件。

在市场准入方面，国家工商总局下发了《关于发挥工商行政管理职能作用促进个体私营等非公有制经济发展的通知》，对个体私营经济将放宽市场准入，鼓励投资经营垄断行业，支持有条件的私营企业参与电力、电信、铁路、民航、石油、公用事业、基础设施等垄断行业和领域的投资经营。国防科工委颁布了《武器装备科研生产许可实施办法》，允许民营企业进入武器装备军工领域。国家民航总局批准了7家营运或筹办的民营航空公司。铁道部在铁路建设运营、客货运、铁路装备制造、多元化经营等领域放宽市场准入提出了具体意见。文化部出台了《关于鼓励支持和引导非公有制经济发展文化产业的意见》。商务部将进一步简化审批程序，推动民营企业自有资金对外投资逐步实行备案制，逐步放宽对外承包工程和对外劳务合作的行业准入，使民营企业与其他所有制企业享受同等待遇。

在财税金融支持和社会服务方面，银监会召开专门会议讨论了《商业银行支持小企业贷款业务指导意见》，针对中小企业的贷款业务作出了具体规定。国家开发银行实施了贷款平台、担保平台和社团组织“两台一组”的中小企业贷款模式，2005年向中小企业贷款132亿元。证监会逐步完善中小企业板，出台了鼓励民营企业到境外资本市场融资的措施。发展改革委启动并实施了“中小企业银河培训工程”和“百万企业上网”活动，为民营企业提供免费培训指导和信息服务，并下发了《境外投资项目核准暂行管理办法》，完善了境外投资管理体制，规范了民营企业境外投资活动的秩序，有利于民营企业拓宽投融资渠道。外汇管理局和商务部等部门也为中小企业拓宽融资渠道、简化融资程序制定了具体措施，将支持民营企业开展境外收购、建立研发中心和境外资源开发合作。

在改善政府监督方面，国务院减负办下发了《关于治理向个体私营等非公有制企业乱收费、乱罚款和各种摊派等问题的通知》，减轻民营企业的各种负担，使民营企业轻装上阵。

各级地方政府则主要根据自身的实际情况，制定实施了一系列有针对性的措施。天津市政府下发了《关于鼓励支持和引导个体私营等非公有制经济发展若干问题的意见》（津政发[2005]55号），为进一步促进个体私营等非公有制经济健康快速发展，壮大个体私营等非公有制经济的发展提出了14项意见。河南省新认定了3家省级民营科技园区，为民营企业发展提供了便利条件。武汉市将作为国内航空运输市场开放的试点，民营航空公司将被允许在当地设立分公司，从事营运业务。江苏省加大了对民营经济的扶持力度，省财政2004年拿出了1亿元专项资金扶持民营经济发展，2005年达到1.3亿元，2006年又上升到了1.5亿元，支持力度逐年加大，促进了民营经济的进一步发展，目前民营经济已成为全省经济的重要组成部分，与国有和外资经济形成三足鼎立之势。

二、民营企业的成长

在《若干意见》的政策支持和鼓励下，中国民营企业获得了前所未有的发展良机，得到了快速的发展。

（一）民营企业的数量和注册资金规模持续扩张

2005年民营企业的数量和资产规模继续高速增长，而且在全国企业中所占的比重也在不断提高。据统计，2005年全国民营企业的总数达430.1万户，占全国企业总量的53.38%。从表1来看，2000～2005年，民营企业的数量已经翻番，2005年是2000年的2.44倍。这表明近年来民营企业在数量扩张上已经进入一个高速发展期，特别是在《若干意见》颁布的政策背景下，2005年的企业数量比2004年增加65万户，增幅达17.8%，从环比增长的角度来看为历史最高。

同时，2005年全国民营企业的注册资金为61331.1亿元，注册资金占全国企业注册资金的比重达26.33%。从表1来看，民营企业注册资金的规模正逐渐扩大，占全国的比重也在逐渐增加。2000～2005年，民营企业注册资金已经翻了两番多，2005年是2000年的4.61倍。2005年的注册资金比2004年增加13395.1亿元，增幅达27.9%，从环比增长的角度来看为历史最高。

表1 2000～2005年全国民营企业的数量和资金规模变化

（单位：万户，亿元，%）

年份	民营企业数量	占全国企业数量的比重	注册资金	占全国企业注册资金的比重
2000	176.2	24.08	13307.7	10.63
2001	202.9	28.73	18212.2	13.05
2002	243.5	34.35	24756.2	20.68
2003	300.6	40.87	35304.9	18.69
2004	365.1	47.47	47936.0	22.56
2005	430.1	53.38	61331.1	26.33

资料来源：《中国民营经济发展报告（2005～2006）》

（二）民营工业企业快速成长

中国民营工业企业在2005年继续高速发展，并取得了良好的发展绩效。

(1)民营工业企业的数量快速增加。2005年民营工业企业的数量从2004年的22128家增加到123820家，是2000年的5.6倍，比2004年增加了4463家。

表2 2000～2005年民营工业企业主要业务指标

（单位：户，亿元）

年份	企业单位数	工业总产值	工业增加值	资产总计	主营业务收入	利润总额
2000	22128	5220.36	1318.48	3873.83	4791.50	189.68
2001	36218	8760.89	2174.41	5901.98	7982.43	312.56
2002	49176	12950.86	3255.83	8759.62	11971.63	490.23
2003	67607	20980.23	5378.76	14525.29	19733.77	859.64
2004	119357	35141.25	8290.00	23724.80	33487.25	1429.74
2005	123820	47778.20	12855.55	30325.12	45801.43	2120.65

资料来源：国家统计局

(2)民营企业的工业产出能力和产出水平越来越高，这标志着民营企业的增长点也在从最初低水平、低附加值的行业，逐渐转向现代工业领域。2005年，民营工业企业的工业总产值和工业增加值分别为47778.20亿元和12855.55亿元，均较上一年度有较大幅度增加，增幅分别为12636.95亿元和4565.55亿元。5年内工业总产值增长了9倍多，年均增幅达55.7%，工业增加值增长了近10倍，年均增幅达57.7%。2005年全国工业增加值76190亿元，民营工业企业的工业附加值占全国的16.9%，反映了其产出能力正在逐渐增强。

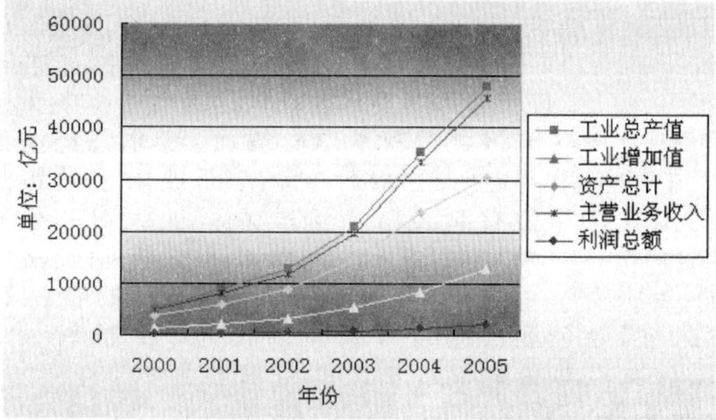

图1 2000～2005年民营工业企业主要业务指标

(3)民营企业的资产规模迅速扩大。2005年民营工业企业的资产规模达到30325.12亿元，比上年增加6600.32亿元，增幅达27.8%。5年间的资产总额增长了7.8倍，年均增幅达50.9%。

(4)业务规模和盈利能力不断提高。2005年民营工业企业的主营业务收入为45801.43亿元，比上年增长12314.18亿元，增幅达36.8%，5年间的年均增幅达57.1%。2005年民营工业企业的利润总额达2120.65亿元，比上年增长690.91亿元，增幅为48.3%。

（三）民营企业成长中的短寿现象

民营企业在成长过程中也出现了短寿现象，据2005年《中国民营企业发展报告》披露，民营企业的平均寿命仅为2.9年，每年新生15万家，死亡10万家。60%的企业5年内破产，85%的企业10年内消亡。另据《IT经理世界》2005年第

5期提供的数据，在中关村科技园区，1995～2003年8年间，1995年时的企业中规模最大的前20%企业，只有38.5%生存下来。在生存下来的企业中，只有22.9%的企业仍然居于2003年中关村科技园区规模最大的前20%之列，还有2.1%的企业进入中关村最小净资产企业的名单。这说明中国民营企业的生存能力还不强。

三、民营企业的地位和作用

（一）民营企业的投资水平显著提高

中国经济是典型的投资拉动型经济，投资的持续增加对国民经济的持续增长至关重要。但在全部的固定资产投资中，虽然国有经济和集体经济每年的固定资产投资额仍占绝对多数，是固定资产投资的主力，但其在全国固定资产投资中的比重却在逐渐下降，而民营企业的固定资产投资增幅却高于其他所有制经济，从而使其在全国固定资产投资中的比重不断上升。

表3　2000～2005年各所有制类型的固定资产投资

（单位：亿元）

年　份						
总　计						
国有经济						
集体经济						
私营个体经济						
联营经济						
股份制经济						
外商投资经济						
港澳台商投资经济						
其他经济						

资料来源：国家统计局

表4　2000～2005年各所有制类型的固定资产投资比重

（单位：%）

年　份	2000	2001	2002	2003	2004	2005
总　计	100	100	100	100	100	100
国有经济	50.14	47.31	43.40	38.98	35.51	33.42
集体经济	14.59	14.18	13.76	14.41	14.14	13.48
私营个体经济	14.31	14.59	14.99	13.89	14.02	15.65
联营经济	0.29	0.25	0.32	0.34	0.31	0.26
股份制经济	12.34	15.22	19.15	22.92	25.11	26.51
外商投资经济	3.99	3.80	3.87	4.56	5.47	5.25
港澳台商投资经济	3.93	4.25	4.06	4.27	4.42	4.24
其他经济	0.42	0.38	0.46	0.62	1.02	1.19

资料来源：国家统计局

从固定资产投资的绝对量来看，民营企业的固定资产投资已经从2000年的4709.37亿元增加到2005年的13890.65亿元，年均增幅24.2%，2005年民营企业固定资产投资比上年增加4010.1亿元，增幅为40.6%。这显示了我国民营企业投资领域的扩展和民营企业投资能力的增强。

从固定资产投资的比重来看，民营企业的固定资产投资在全国固定资产投资中的比重从2000年的14.31%提高到2005年的15.65%，结束了连续两年低于2002年的下降局面。2005年与2004年相比，该比重提高了1.63个百分点，呈现出快速提高的势头，这充分显现了《若干意见》的政策效应。但是，政策效应通常会有一定的时滞，这也是2005年民营企业固定资产投资所占比重与2002年相比并没有出现大幅提高的重要原因。

（二）民营企业对解决就业问题贡献巨大

就业是当前我国最急需解决、也是最难解决的民生问题。民营经济的快速发展为社会创造了大量的就业机会，从而为社会稳定作出了巨大贡献。

表5　城镇各所有制类型的就业人员数量

（单位：万人）

项　目	2001	2002	2003	2004	2005
总　计	23940	24780	25639	26476	27331
国有单位	7640	7163	6876	6709.9251	6488.199
城镇集体单位	1291	1122	1000	897.1599	809.9329
股份合作单位	153	161	173	192.4	187.728
联营单位	45	45	44	44.1	44.9764
有限责任公司	841	1083	1261	1436	1750.2596
股份有限公司	483	538	592	624.9	698.791
私营企业	1527	1999	2545	2993.729	3458.431
港澳台商投资单位	326	367	409	469.8	556.7873
外商投资单位	345	391	454	563	688.3596
个　体	2131	2269	2377	2521.2246	2777.7137

资料来源：国家统计局

从上表可以看出，2001年以来民营企业吸纳劳动力的能力和水平越来越高，2001～2005年，民营企业就业人员数量从1527万人增加至3458多万人，年均增幅22.7%。2005年私营企业提供了3458.431万个就业岗位，比上年增加464.702万人，增幅仍高达15.5%。

2005年城镇私营企业就业人员数量占全国城镇就业人员总数的比重为20%，远高于2004年的11.3%，而且高于除国有单位以外的其他经济部门（图2），如果再加上个体经济和股份有限公司中的民营经济成分，这一比重将更高。

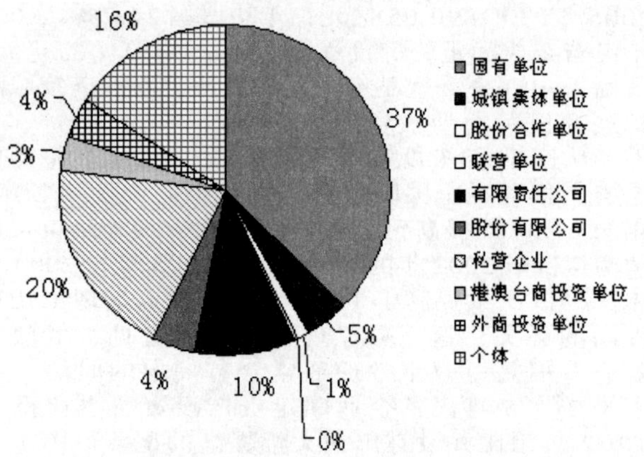

图2 2005年各所有制类型就业人员数量的比较

资料来源：国家统计局

四、民营企业的竞争力

经过近30年的发展，我国民营企业总体而言已经完成了最初的原始积累，进入到做大做强、不断提升竞争力的新发展阶段。在这个新的发展阶段，一些民营企业已经表现出很强的竞争力。进入中国企业500强的民营企业就是一个集中的体现。

（一）进入中国企业500强的民营企业数量

在由中国企业联合会、中国企业家协会连续多年排出的中国企业500强中，有越来越多的民营企业上榜，而且所占比重呈快速上升趋势，2002年为3.8%，2004年迅速提高到14.8%，2005年为15.8%，2006年进一步提高到17.4%。这充分显示了民营企业在迅速做大，以及在全国企业中的相对竞争力在不断增强。

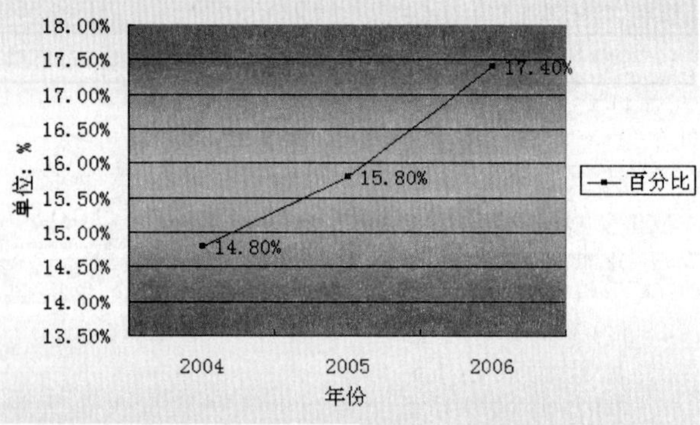

图3 2004～2006年中国企业500强中民营企业所占比重的变化

资料来源：《中国企业发展报告（2006）》

（二）进入中国企业500强的民营企业地位

从民营企业与其他所有制企业比较来看，在按2005年营业收入水平排序的2006年中国企业500强中，实力最强的企业虽然仍是国有企业，但民营企业也开始居于重要的地位。从表6和表7可以看出，在中国企业500强中，私营企业的数量位列4种所有制类型中的第2位，比上年增加8家；营业收入位列4种所有制类型中的第2位，比上年增加3351亿元；利润总额位列4种所有制类型中的第二位，比上年增加19亿元；从业人数位列4种所有制类型中的第2位，比上年增加326145人。

表6 2006年中国企业500强按所有制分类的主要指标

（单位：亿元，人）

所有制类型	企业数	营业收入	利润总额	资产总计	从业人数
全国	500	141405	6428	411721	22653397
国有企业	349	119467	5656	390919	20421525
集体企业	26	4696	128	10826	435749
私营企业	87	11204	421	7127	1429329
外商企业	38	6037	223	2850	366794

资料来源：《中国企业发展报告（2006）》

表7 2006年中国企业500强主要指标按所有制分类的分布

（单位：%）

所有制类型	企业数	营业收入	利润总额	资产总计	从业人数
国有企业	69.80	84.49	87.99	94.95	90.15
集体企业	5.20	3.32	1.99	2.63	1.92
私营企业	17.40	7.92	6.55	1.73	6.31
外商企业	7.60	4.27	3.47	0.69	1.62

资料来源：《中国企业发展报告（2006）》

（三）进入中国企业500强的民营企业经济效益和效率

在中国企业500强中，私营企业的经济效益和经济效率表现较好，其中资产利润率5.91%，在4种所有制类型中位列第2；人均利润2.95万元，在4种所有制类型中位列第2；资产周转率1.57，在4种所有制类型中位列第2；人均营业收入78.39万元，在4种所有制类型中位列第3（表8）。就总体而言，民营企业的经济效益和经济效率低于外商企业，但却高于国有企业和集体企业，显示了民营企业较强的市场竞争力和盈利能力。

表8 2006年中国企业500强各所有制类型的经济效益与效率指标

（单位：%）

所有制类型	资产利润率（%）	人均利润（万元）	资产周转率（次/年）	人均营业收入（万元）
国有企业	1.45	2.77	0.31	58.50
集体企业	1.18	2.93	0.43	107.77
私营企业	5.91	2.95	1.57	78.39
外商企业	7.83	6.08	2.12	164.61

资料来源：《中国企业发展报告（2006）》

（四）中国企业500强中民营企业的相对劣势

在中国企业500强中，虽然进入的民营企业数量在迅速增加，但绝对量仍然偏小。这意味着民营企业的规模和实力相对较弱，与其在我国社会经济中的地位是不相称的，也是不适应重化工业化发展及国有企业改革要求的。这也表明，民营企业做大做强、提升竞争力仍然任重而道远。

五、民营企业的融资

（一）民营企业的信贷融资

虽然《若干意见》规定了对民营企业的融资支持，也出台了一些具体措施改善民营企业的信贷融资，并取得了一些积极进展，但民营企业信贷融资难的问题还没有得到有效的解决。

从表9可以看出，2005年度全国金融机构对私营企业及个体企业的贷款余额比2004年末增加了近100亿元，显示了金融机构对民营企业的金融支持在加强。但是仅仅100亿元的增加额，对民营企业的发展需求来说仍然是杯水车薪，而且从月度数据的情况来看，全年有5个月份的贷款余额比上月下降，显示了对民营企业的金融支持仍处在波动中。

此外，从表10还可以看到，国家银行的信贷仍然存在着所有制歧视，即使在《若干意见》的大力号召下，2005年国家银行对私营企业及个体企业的贷款余额比2004年末下降了近60亿元，特别是从月度数据来看，全年有7个月份的贷款余额比上月下降。这在很大程度上制约了民营企业融资环境的改善。

表9　金融机构对私营企业及个体贷款

（单位：亿元）

年　月	余　额	本月比上月新增	本月比年初新增
2005年12月	2180.75	-11.4	124.3
2005年11月	2192.17	-41.5	135.73
2005年10月	2233.62	-1.6	177.18
2005年9月	2235.24	34.2	178.8
2005年8月	2201.07	-2.8	144.63
2005年7月	2203.89	-12.3	147.44
2005年6月	2216.19	30.4	159.76
2005年5月	2190.68	9.6	129.38
2005年4月	2183.9	14.9	119.74
2005年3月	2168.99	58	104.83
2005年2月	2111.01	5.7	46.85
2005年1月	2105.27	41.1	41.11
2004年12月	2081.49	-6	284.95

资料来源：中经网数据中心

表10　国家银行对私营企业及个体贷款

（单位：亿元）

年　月	余　额	本月比上月新增	本月比年初新增
2005年12月	706.22	5.5	-17.23
2005年11月	700.72	-6.3	-22.74
2005年10月	707.05	-3.6	-16.41
2005年9月	710.60	6.7	-12.85
2005年8月	703.95	-3.2	-19.51
2005年7月	707.15	-11.6	-16.31
2005年6月	718.74	2.6	-4.72
2005年5月	721.02	-1.9	-7.29
2005年4月	725.76	-16.7	-5.41
2005年3月	742.45	17.3	11.27
2005年2月	725.15	-9.6	-6.03
2005年1月	734.69	3.5	3.52
2004年12月	741.51	-6.9	76.79

资料来源：中经网数据中心

（二）民营企业的上市融资

上市是快速成长型企业的重要融资方式，这对于缺乏信贷融资的中国民营企业而言尤为重要。根据中欧国际工商学院和《东方企业家》杂志共同主办和评选“2006民营上市公司100强”的资料显示，越来越多的民营企业在国内和海外证券市场上市融资，2002年为276家，2003年为330家，2004年为412家，2005年达到568家（非国有上市公司被视为民营上市企业）。评选出的“2006民营上市公司100强”企业的营业收入指标门槛从上一年的11亿元提升至18.89亿元。越来越多的民营企业上市表明：民营企业自身的卓越表现越来越得到市场的认可，这将有利于进一步拓展民营企业的上市融资通道，缓解民营企业融资难的问题，同时也有助于推动资本市场的发展。

民营企业在国内上市融资的歧视性限制也得到了有效的改善。2001年时沪深两市1175家A股上市公司中只有118家民营企业，即使在这点有限的民营上市公司中，只有很少是通过首次公开发行（IPO）的模式上市的，其中65家是通过买壳上市的。在2005年国内上市公司中，民营上市公司已经超过了200家，直接上市的比例大幅提高。

但是，也应该充分认识到：现在民营企业上市融资的政策性障碍虽然已经扫除，但玻璃天花板的现象仍在不同程度上存在，民营上市公司在整个上市公司中的比例过低就说明了这一点。这显然是与民营企业表现出来的竞争力和盈利能力不相称的。

（三）民营企业的债券融资

《若干意见》有针对性地提出“在加快完善中小企业板块和推进制度创新的基础上，分步推进创业板市场，健全证券公司代办股份转让系统的功能，为非公企业利用资本市场创造条件”，“允许符合条件的非公有制企业依照国家有关规定发行企业债券”后，民营企业的债券融资渠道得以开放。从2005年5月人民银行出台《短期融资券管理办法》至2006年2月，先后有85家企业发行了105期总额达1748.9亿元的短期融资券，其中，民营企业共有5家，虽然所占的比重很小，但仍是非常可喜的起步。

六、民营企业的品牌实力

我国民营企业的品牌意识正在觉醒，大多数民营企业家已经认识到，品牌是企业一项非常重要的无形资产，一个企业必须拥有持久且口碑好的品牌，才能够长盛不衰。有竞争力的品牌是企业对外拓展业务的名片，而品牌必须经过一定时间的积累才能真正持久且具有生命力。起步较早且持续经营至今的民营企业中，大多都制定了符合自身发展特点的品牌战略，其品牌的竞争力和影响力在国内市场中居领先地位。世界品牌实验室和世界经理人周刊根据中国企业2005年的各项指标数据对中国企业品牌的市场价值进行评估后联合评选出的“中国500最具价值品牌（2006）”显示：华为、国美、新希望、苏宁、蒙牛等一大批民营企业的品牌价值排在前列，而且位次明显好于在“中国企业500强”中民营企业的表现，这说明民营企业在无形实力方面具有相对比较优势。

由中国社会科学院中国民营经济研究中心在第3届中国民营企业峰会上发布的“2005中国制造业民营企业品牌竞争力50强”和“2005中国最具品牌竞争潜力的100家民营企业”显示，中国民营企业的品牌建设在全国取得了长足的进步，50强企业分布的省份为12个，100强企业分布的省份达到了17个。但存在的问题是，品牌企业的地区集中度较高，如在50强企业中，浙江省有23家，江苏省有12家，广东省有6家，3省就占了82%；在100强企业中，浙江省有37家，广东省有16家，江苏省有10家。可见，品牌企业主要集中在东部经济发达地区。

当然，也要清醒地认识到，民营企业在无形实力方面具有的相对比较优势，是与其有形实力相对而言的，但在与国有企业的比较中，民营企业的品牌实力还是相对不足的，如在“中国500最具价值品牌（2006）”中民营企业排名最靠前的华为仅位列第14位。此外，就总体而言，中国民营企业的品牌实力仍需要加强。

七、民营企业的技术创新

技术创新是一个国家和民族经济发展的动力源泉。目前，我国民营企业在技术创新和建设创新型国家方面发挥着重要作用，据统计，我国有65%的发明专利和80%的新产品产生于中小企业，而中小企业主要是民营企业。

民营科技企业成为我国技术创新的生力军。截至2005年底，我国共有民营科技企业14.4万家，比上年增加1.87%；民营科技企业的从业人数达1212万人，比上年增加7.26%，其中科技人员占从业人员比例超过30%；总资产为63120亿元，比上年增加19.09%；技工贸总收入达61218亿元，比上年增加27.32%，总收入超过10亿元的企业有874家；为国家贡献利税2958亿元，比上年增加26.30%；出口创汇1742亿元，比上年增加44.09%；全国53个国家级高新区中，民营新科技企业数量已超过70%。

以电子信息技术为先导的知识经济已成为全球经济中最重要的生产力。根据信息产业部评选的“电子信息百强企业”名单来看，整个电子百强企业全年累计实现营业收入9485亿元，同比增长18%；利润总额237亿元，同比减少29%；上缴税金282亿元，同比增长3%；出口交货值2481亿元，同比增长32%，其中，不乏以华为为代表的一些民营电子信息企业。

表11　2000～2005年中国民营科技企业发展主要指标

年份	企业数（万户）	从业人员（万人）	总资产（亿元）	总收入（亿元）	税收（亿元）	创汇（亿美元）
2000	8.61	559.09	19866	14639.46	779.90	259.98
2001	10.10	644.23	24813	18471.39	1015.50	319.80
2002	10.94	783.00	32910	25959.00	1382.00	491.00
2003	12.49	961.00	44682	37103.00	2054.00	787.00
2004	14.14	1130.00	53003	48083.00	2342.00	1209.00
2005	14.40	1212.00	63120	61218.00	2958.00	1742.00

资料来源：《中国民营经济发展报告（2005～2006）》

八、民营企业的区域发展

（一）民营企业的区域分布

2005年各省、市、自治区的民营企业都比上一年有了较大发展，企业数量有了较高增长，各地区劳动人口在私营企业的就业人数也比上年有显著增加，各地区的民营企业在固定资产投资方面的作用日益显著。但民营企业的发展水平在不同省、市、自治区之间具有较大的差异。

从表12来看，全国私营企业数量最多的前5个省市是江苏、上海、广东、浙江、山东，前5个省份中的私营企业的数量占全国私营企业总量的48.9%。也就是说，近50%的民营企业分布在经济比较发达的东部沿海省份，这说明经济发展水平与民营企业的发展密切相关。

全国私营企业从业人数最多的前5个省市是江苏、浙江、广东、上海、山东，前5个省份中私营企业的从业人数占全国私营企业从业总人数的47.5%。与私营企业数量的排位相比，虽然位次有点变化，但仍是同样的5个省市。这说明企业数量与就业人数存在着很高的相关性，也意味着这5个省市的民营企业仍然都主要集中在劳动密集型产业上，但位次的变化特别是上海的位次变化又说明，这5个省市的民营企业在劳动密集型、资本密集型和技术密集型产业的分布上还存在一定的差异。这是因为，资本密集型和技术密集型产业对劳动力的吸纳相对要少。

全国私营企业固定资产投资最多的前5个省市是山东、江苏、广东、浙江、河南，前5个省份中私营企业的固定资产投资占全国私营企业固定资产投资总量的42.0%。与前两项排名相比，在前5个省市中，河南省进入，上海市退出，这说明河南省民营企业的发展在加快，体现了中部崛起的新气象。

表12　2005年各省、区、市私营企业发展情况

地区	户数（万户）	就业人数（万人）	投资者（万人）	固定资产投资（亿元）
全国	430.1	5824.1	1109.9	13890.6
北京	26.0	294.5	63.9	193.5
天津	7.7	88.7	19.0	169.5
河北	12.7	241.7	36.8	642.2
山西	7.1	82.3	16.1	223.9
内蒙古	4.8	68.2	13.6	273.1
辽宁	16.5	252.1	41.6	813.4
吉林	6.0	88.0	12.8	256.1
黑龙江	6.8	95.2	19.7	294.0
上海	47.4	465.8	100.6	433.6
江苏	50.7	797.2	114.3	1437.4
浙江	35.9	534.8	82.0	942.1
安徽	10.6	165.7	27.0	541.0
福建	12.7	134.7	26.8	432.8
江西	7.1	134.2	18.7	441.3
山东	31.5	444.1	92.3	1593.8
河南	13.4	138.6	33.6	892.6
湖北	12.9	122.6	34.2	421.8
湖南	8.5	200.4	30.1	446.3
广东	44.9	526.1	116.7	964.5
广西	5.2	83.6	14.6	392.2
海南	3.2	36.1	7.7	36.9
重庆	7.6	105.4	20.5	357.4
四川	17.9	238.0	45.3	629.5
贵州	4.1	50.7	18.5	161.4
云南	6.6	109.2	17.7	279.4
西藏	0.3	5.0	0.6	11.5
陕西	9.8	154.5	52.0	224.9
甘肃	3.8	48.1	10.0	108.6
青海	1.1	27.9	3.0	27.7
宁夏	1.9	23.4	5.1	89.2
新疆	5.2	67.1	15.2	159.0

资料来源：国家统计局

（二）民营企业的省际差距

通过比较私营企业数量、就业人数和固定资产投资的前5名和后5名省份的指标数值，就可以看出我国民营企业发展的省际差距。

表13比较了2005年私营企业数量的前5名和后5名省份，前5名省份私营企业总数是后5名省份私营企业总数的20倍左右，私营企业最多的江苏省民营企业数量是后5名省份民营企业数量之和的5倍。私营企业数量前5名的省、市都在东部沿海，而私营企业数量后5名的省、市、自治区有4个在西部，西部地区远远落后于东部，这也可以在一定程度上解释东西部的发展差距。

表13　2005年私营企业数量的前5名和后5名省份

（单位：万户）

地区	户数	地区	户数
江苏	50.7	西藏	0.3
上海	47.4	青海	1.1
广东	44.9	宁夏	1.9
浙江	35.9	海南	3.2
山东	31.5	甘肃	3.8
合计	210.5	合计	10.3

表14比较了2005年私营企业就业人数的前5名和后5名省份，前5名省份私营企业就业总人数是后5名省份总人数的近20倍，私营企业就业人数最多的江苏省的就业人数是后5名省份数量之和的5倍多，这显示了东西部地区在依靠民营企业解决就业上存在的巨大差距。

表14　2005年私营企业就业人数的前5名和后5名省份

（单位：万人）

地区	就业人数	地区	就业人数
江苏	797.2	西藏	5.0
浙江	534.8	宁夏	23.4
广东	526.1	青海	27.9
上海	465.8	海南	36.1
山东	444.1	甘肃	48.1
合计	2768.1	合计	140.5

表15比较了2005年私营企业固定资产投资的前5名和后5名省份，前5名省份的私营企业固定资产投资总额是后5名省份总额的20多倍，私营企业固定资产投资最多的山东省是后5名省份数量之和的近6倍，东部地区民营企业的投资能力和以此形成的拉动经济增长的能力比西部地区要大很多。

表15　2005年私营企业固定资产投资的前5名和后5名省份

（单位：亿元）

地区	固定资产投资	地区	固定资产投资
山东	1593.8	西藏	11.5
江苏	1437.4	青海	27.7
广东	964.5	海南	36.9
浙江	942.1	宁夏	89.2
河南	892.6	甘肃	108.6
合计	5830.5	合计	273.9

九、对民营企业的理论研究

民营企业一直是我国学者和实际经济工作者关注的热点问题，2005年就有多部研究报告出版，如中华全国工商业联合会黄孟复、胡德平主编的《中国民营经济发展报告》，浙江大学史晋川主编的《中国民营经济发展报告》，陈乃醒、傅贤治主编的《中国中小企业发展报告》等，还有大批的研究论文发表。2005年对民营企业的研究重点主要体现在以下几个方面。

(1)民营企业的权利保障。这无疑与《若干意见》对民营企业身份的肯定有密切关系。民营企业终于获准进入自然垄断等一些行业，所以学者们对民营企业身份转换后的经营管理乃至长期发展兴趣浓厚。

(2)民营企业的融资问题。这是民营企业研究中的一个持久性话题，一方面，过去在融资政策上民营企业面临着诸多的不公平待遇，另一方面，民营企业却凭借卓越的自生能力调动了大量的民间资本。2005年《若干意见》在融资方面对民营企业放宽了限制，允许民营企业采用多种手段进行融资。在信贷融资方面，学者们主要关注信贷资本的可获得性和贷款额度；在股权融资方面，学者们主要关注民营企业在国内A股市场和海外资本市场的上市情况和经营绩效；在民间融资方面，学者们都注意到这是当前中国民营企业的重要融资渠道，融资规模庞大，民间融资可以在国家引导下走上正规发展道路。

(3)民营企业的产业集群和产业转移问题。市场的发展就是产业分工不断深化和产业协作不断密切的过程，所以学者们注意到，民营企业的发展在局部地区已经表现出高度的产业集群特征，这是市场发展的必然结果，产业集群的发展有利于发挥规模经济和范围经济。同时，学者们意识到，随着产业集群下产业结构的升级，产业的梯度转移已成为必然的趋势，所以已经有越来越多的民营企业开始开拓西部市场，这既包括了以往的产品市场，更包括了要素市场。

(4)民营企业的国际化问题。20多年来，民营企业不断发展壮大，业务范围不断扩展，单纯的国内市场已经不能满足部分民营企业的需要，所以他们开始开拓海外市场，走国际化的发展道路。对此，学者们关注民营企业在国际化发展进程中的发展战略问题，即中国民营企业在国际分工和国际定位上究竟是走传统的“三来一补”模式，还是有自主知识产权的创新型模式，从现实的情况来看，大部分企业选择前者。学者们也关心在国际贸易中，民营企业如何解决贸易纠纷，比如当面临着“反倾销”诉讼时民营企业的应对能力和应对方法，当前的主要建议是采取有组织的联合应对措施，降低单独谈判的成本。

(5)民营企业的管理结构和家族企业问题。民营企业特别是家族企业的管理结构历来为学者们所关注。2005年的研究除了继承以往的研究以外，更重视家族企业中企业领导者的代际更替问题，我国民营企业发展的时间并不长，在结合国际经验和中国文化积淀的基础上，解决好交接班问题对中国民营企业的长期发展意义重大。

(6)民营企业的典型研究。从目前的研究来看，对民营企业的分析仍主要选择以温州为代表的浙江民营企业为对象，这主要是因为该地区民营企业发展最早而且发展效果最好。但是以此为典型的研究面临两个重要问题：一是温州模式的可复制性问题，它对其他地区的民营企业发展有多大的借鉴意义，我国各地面临着不同的正式和非正式制度约束，以单一的民营企业发展模式作为研究范本，似乎不利于我国民营企业的研究；二是这种研究倾向不利于学术界在更普遍的意义上探寻民营企业的发展模式，不利于发现具有特定范围普适性的规律和理论。

(7)民营企业职工的权利保障问题。珠江三角洲的“民工荒”让学者们开始注意到，民营企业发展过程中要素贡献与要素报酬的对等问题；企业职工的合法权利是否得到了有效的保障；在民营企业发展对经济贡献巨大且为企业主带来高额利润的背后，企业职工究竟获得了多少利益；民营企业的发展初期是否都需要凭“血汗工厂”模式来成长，等等。对这些问题，学者们从经济学、管理学、法学、社会学等不同学科的角度进行了有价值的研究。

（中国人民大学中国民营企业研究中心　黄泰岩　金铁鹰）

2005年中小型工业企业发展状况分析

近几年来，在整个国民经济新一轮上升期的大环境下，在各级政府积极探索鼓励中小企业发展的各种政策的作用下，中小企业的生存环境有所改善，中小企业得到较快发展。2005年，中小企业单位数继续大量增加，资产规模不断扩大，各项经济指标均占规模以上工业企业一半以上，中小企业已成为促进我国经济持续较快发展和缓解就业压力的重要力量。

一、中小型工业企业发展现状

改革开放20多年来，中小型企业不断成长、壮大。按照新修订的大中小型企业标准，2003年全国规模以上中小型工业企业19.42万家，2005年已发展到26.93万家，占当年全部规模以上工业企业总数的99.1%。这些企业涉足领域遍及全部工业39个大类行业和全国31个地区。

中小企业已成为我国最大的就业载体。2005年在全国规模以上工业企业6896万从业人员中，有5314万人是在中小企业就业，比例高达77%，与2003年相比，新增就业人员872万人，占当年全部工业新增就业人数的76%。

2005年，中小企业产值160355亿元，占规模以上工业企业产值的63.7%；实现出口交货值30088亿元，占全部规模以上工业企业出口交货值的63%。中小企业已成为我国扩大出口的主力军。

中小型工业企业各项经济效益指标占规模以上企业半壁江山。2005年底，中小企业资产规模149706亿元，占全部规模以上工业企业资产总额的61%；实现销售收入154855亿元，占规模以上工业企业的62.3%；获得利润总额8001亿元，占规模以上工业企业的54%；上缴税金6372亿元，占规模以上工业企业的55.3%。中小企业在我国国民经济中发挥着越来越重要的作用（表1）。

表一 中小型工业企业各项指标占总计的比重

指　　标	规模以上	中小企业	中小企业占规模以上比重%
企业数量 （万个）	27.19	26.93	99.1
从业人员（万人）	6896	5314	77.1
现价产值（亿元）	251620	160355	63.7
出口交货值（亿元）	47741	30088	63
资产合计（亿元）	244784	149706	61.2
销售收入（亿元）	248544	154855	62.3
利润总额（亿元）	14803	8001	54.1
上交税金（亿元）	11518	6372	55.3

二、中小型工业企业特点

中小型工业企业大多集中于劳动密集型行业。

从企业数量看，2005年企业户数排在前10位的行业依次为纺织业、非金属矿物制品业、通用设备制造业、化学原料及化学制品制造业、电气机械及器材制造业、农副食品加工业、金属制品业、塑料制品业、纺织服装业和交通运输设备制造业，上述10行业中小企业数合计16.95万，占全部中小型工业企业数的59.2%。上述状况表明，劳动密集型和技术资本有机构成相对较低的产业仍是我国中小企业的主体。

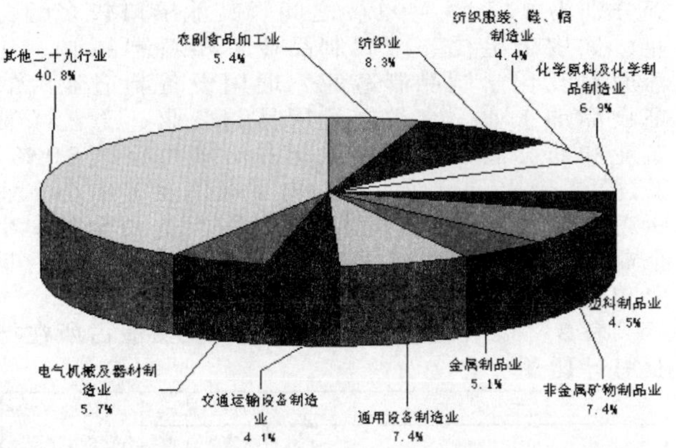

图1 10行业中中小企业占全部中小工业企业数的比重

从就业人员所占比例看，39个大类行业中，除了石油和天然气开采业、煤炭开采业、烟草制品业、黑色金属冶炼及压延加工业、石油加工及炼焦业等10个行业外，其他29个行业的中小企业就业人员占有比例都超过了77%。其中，纺织服装、非金属矿物制品业、非金属矿采选业和一些轻工行业如家具制造业、造纸及纸制品业、印刷业、文教体育用品业、塑料制品业、金属制品业和工艺品及其他制造业所占比例甚至超过了90%。换句话说，在这些行业就业的岗位中，90%是中小企业提供的（图1）。

表2 中小企业从业人员所占比例超过90%的12个行业

行　业	从业人员（万人）		中小企业占规模以上比例%
	总计	中小企业	
总　计	6896	5314	77
非金属矿采选业	43	39	92
纺织服装、鞋、帽制造业	346	325	94
木材加工及木、竹、藤、棕、草制品业	83	80	96
家具制造业	71	65	91
造纸及纸制品业	130	117	90
印刷业和记录媒介的复制	67	63	94
文教体育用品制造业	110	103	94
塑料制品业	183	174	95
非金属矿物制品业	418	392	94
金属制品业	223	210	94
工艺品及其他制造业	126	119	95
废弃资源和废旧材料回收加工业	4	4	100

从产值看，21个行业中中小企业产值所占比例均超过80%。其中，非金属矿采选业、木材加工业、印刷业、文教体育用品业、塑料制品业、非金属矿物制品业、金属制品业、工艺品制造业、废弃资源和废旧材料回收加工业等9个行业的中小企业所占比例超过90%。

从出口看，中小型企业已成为部分出口行业创汇的主力。四大出口行业，除电子通信行业中小企业出口仅占规模以上企业出口份额的37.2%外，纺织、纺织服装、电气机械及器材业所占份额分别为67.1%～91%之间。其他出口较多的行业，如皮革毛皮、金属制品业、塑料制品业、化学原料及化学制品制造业、通用设备制造业、农副食品加工业、文教体育用品制造业、工艺品制造业和非金属矿物制品业所占份额均超过80%。上述12个出口行业（不含电子通信业）中小企业所完成的出口交货值共计17696亿元，占全部中小企业产值的59%，占所在行业规模以上工业企业出口交货值的83%（表3）。

表3　12个主要出口行业出口交货值占所在行业总计比重

指　标	交货值(亿元)		中小企业占所在
单　位	总 计	中小企业	行业总计比重%
总　计	47741	30088	63
农副食品加工业	1081	927	86
纺织业	3336	2710	81
纺织服装、鞋、帽制造业	2323	2115	91
皮革、毛皮、羽毛(绒)及其制品业	1714	1510	88
文教体育用品制造业	940	855	91
化学原料及化学制品制造业	1558	1286	83
塑料制品业	1282	1166	91
非金属矿物制品业	930	830	89
金属制品业	1747	1534	88
通用设备制造业	1718	1372	80
电气机械及器材制造业	3728	2500	67
工艺品及其他制造业	974	889	91
12行业合计	21331	17696	83

从资产看，中小企业所占比重较大的行业依然是劳动密集型的轻纺行业，如农副食品加工业、纺织服装业、皮革毛皮业、木材加工业、印刷业、家具制造业、文教体育用品制造业、塑料制品业、金属制品业、仪器仪表业、工艺品制造业和非金属矿物制品业，中小企业资产所占比例均超过80%，有的甚至超过90%。

从其他经济效益指标看，中小企业占规模以上工业企业70%比例的行业，销售收入有28个，利润总额有25个，上缴税金有26个，均占行业总数的半数以上，其中所占比例超80%的大多数为劳动密集型行业。

从以上情况可以看出，无论是企业数量、从业人员，还是产值总量、资产规模及几项经济效益指标，中小企业能起支撑作用的基本上都是劳动密集型行业。需要大量资金投入和技术含量相对较高的大行业以及国家限制发展的行业，中小企业所占比例很小。如产值总量中，电子通信行业、交通运输设备制造业、黑色金属冶炼业、石油开采业、石油加工业和烟草制品业，中小企业在其中所占比例不足50%。

资产规模中，六大行业所占比重分别为13%～53%。

经济效益指标方面，这些行业中中小型企业所占比例也不大，有的甚至很小。如电子通信行业中小企业销售收入、利润总额、税金所占比例分别为41%～58%；交通运输设备制造业所占比例分别为38%～54%；黑色金属冶炼所占比例分别为17%～26%；石油、天然气开采业所占比例分别为13%~14.2%；石油加工行业和烟草行业所占比例均为30%多。

三、中小企业发展所需关注的问题

中小企业发展在区域间存在着明显的不均衡。

从企业数量看，中小企业在发达的沿海地区分布密集、数量多，中、西部地区则较少。2005年东部地区拥有中小型工业企业19.54万个，占全部中小型工业企业数的72.5%；中、西部地区中小型工业企业数只有4.49万个和2.9万个，分别仅占全部中小型工业企业总数的16.7%和10.8%。

分省（区、市）看，　东部地区有7个省份中小企业户数超过1万家，浙江省最多，有4万多家，广东和江苏各3万多家，山东省2.7万家，上海、福建、辽宁各1万家，7省合计中小企业数 17.3万家，占全部中小型企业的64.1%；中部地区超过1万家的只有河南一省，西部地区中小企业数最多的是四川省，不足8000家。

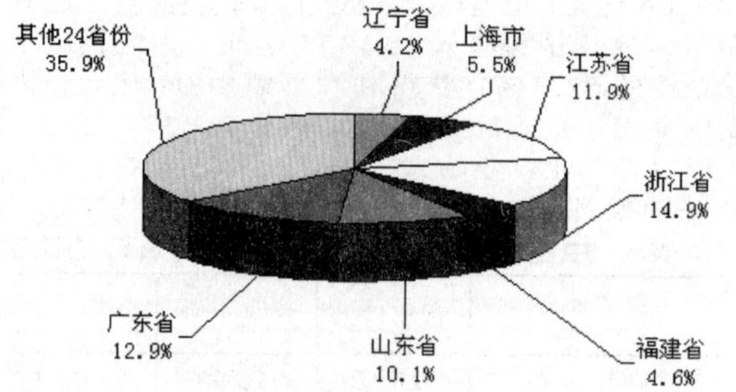

图2　企业个数较多的7个省市所占比重

从就业人员比例看，东部地区占近70%，中、西部分别占18%和12%，中西部20个省的就业人数只有东部的43.6%。东部地区中小企业从业人数在500万以上的有广东、江苏、浙江、山东，其中广东就业人数超过900万，几乎与中部8个省总数相当，比西部12个省的就业总人数还要多近300万人。从东、中、西部区域内中小企业所占比重看，东部地区为80%以上，中、西部分别只有70%左右。

从资产规模和主要经济效益指标看，这种差别更为明显。除上缴税金东部占66%以外，其他各项指标，如资产、销售收入、利润、总产值东部所占比例均超70%，出口交货值超过93%。中、西部分别只有15%和10%左右，出口交货值分别在4%和2%左右，东部地区中小企业经济实力要远远大于中西部地区。从东、中、西部内部所占比例看，东部地区的中小企业在区域内发挥的作用也大于中西部地区。上述主要经济指标，东部地区中小企业所占比例都在63%以上，而中西部基本上在55%左右，利润、税金分别只占

35%～45%。

表4 2005年东、中、西部地区中小企业所占比重

指标	企业个数	人数	资产	销售收入	利润	税金	总产值	出口交货值
全国	100.00	100.00	100.00	100.00	100.00	100.00	100.00	100.00
东部地区	72.54	69.62	70.23	76.03	76.98	66.26	75.48	93.33
中部地区	16.68	18.41	15.77	14.39	13.39	19.13	14.92	4.56
西部地区	10.78	11.97	14.00	9.58	9.63	14.62	9.60	2.11

表5 2005年东中西部地区中小型工业企业主要指标占区域内规模以上工业企业比重

指标	企业个数	从业人数	资产	销售收入	利润	税金	总产值	出口交货值
全国	99.1	77.1	61.2	62.3	54.1	55.3	63.7	63.0
东部地区	99.2	81.2	66.0	65.2	63.2	62.7	66.4	63.3
中部地区	98.8	68.0	49.9	54.0	35.7	44.7	56.7	61.4
西部地区	98.6	70.8	55.1	55.4	37.4	45.2	56.6	53.9

上述情况表明，随着市场化进程的加快，越是经济发达地区中小企业发展越好，而越是经济不发达地区，中小企业发展越差，越需要社会的关注和政府在政策和融资等方面的扶持。

（国家统计局工交统计司 隋秀芹）

注：本文的中小型工业企业仅指规模以上的，不包括规模以下的工业企业。

第三篇

国家扶持中小企业政策与措施

关于贯彻落实国发[2005]3号文件工作进展情况的汇报

2005年2月份，国务院出台了《国务院关于鼓励支持和引导个体私营等非公有制经济发展的若干意见》（国发[2005]3号，以下简称《若干意见》）。这是我国促进非公有制经济发展的一项重大举措。现将《若干意见》贯彻落实工作的进展情况报告如下。

一、发展改革委在贯彻落实文件方面已开展的主要工作

《若干意见》颁布后，按照国务院部署，在发展改革委党组的高度重视下，主要开展了以下工作。

(1)全方位、多形式地对《若干意见》进行解读和宣传。文件出台后，发展改革委制定了《若干意见》出台后学习、宣传和贯彻的整体方案。新华社发了文件全文，人民日报配发了社论，发展改革委和国务院研究室负责同志以问答形式对文件进行了政策解读，各新闻媒体进行了连续性报道。两会期间，受曾培炎副总理的委托，马凯主任和欧新黔副主任参加了全国政协工商联组座谈会，并听取了委员们对《若干意见》的意见和建议。发展改革委参加了由中宣部宣教局主办的“鼓励支持和引导非公有制经济发展”网上座谈会。发展改革委还将《若干意见》列入“中国中小企业银河培训工程”，并在辽宁鞍山、山西太原等地举办了非公有制经济政策专题报告会或工作会。

(2)牵头制定《贯彻落实〈若干意见〉重要举措分工方案》。《若干意见》颁布后，国务院对贯彻落实工作高度重视，将贯彻落实《若干意见》列入了2005年的工作要点。在《关于2005年深化经济体制改革的意见》中就改善非公有制经济发展的体制环境作出进一步部署。3月，发展改革委召开了各部门贯彻落实《若干意见》的工作座谈会，牵头制定了《贯彻落实〈若干意见〉重要举措分工方案》。5月下旬，经国务院原则同意，《贯彻落实〈若干意见〉重要举措分工方案》已印发56个相关部门和单位，明确工作任务和完成时限及要求，确保各项政策措施落到实处。

(3)利用简报等形式及时通报贯彻落实进展情况。目前，发展改革委中小企业司已下发贯彻落实《若干意见》系列简报43期，并及时通报各部门、各地区出台的配套政策和措施。11月8日，中小企业司组织召开了“贯彻落实国发[2005]3号文件进展情况座谈会”，研究了新闻宣传和法规清理工作，统战部、商务部、国防科工委、工商总局等46个部门和单位交流了本单位贯彻落实《若干意见》进展情况、存在的主要困难和问题以及下一步部署和打算。

二、各部门和各地区贯彻落实《若干意见》的工作进展情况

（一）有关部门和单位积极研究制定配套措施

截至11月上旬，已有10多个部门和单位相继出台了配套文件和具体措施。

(1)在放宽市场准入方面。国务院下发了《国务院关于非公有资本进入文化产业的若干决定》，引导和规范非公有资本进入文化产业，逐步形成以公有制为主体、多种所有制经济共同发展的文化产业格局，提高文化产业整体实力和竞争力。国家工商总局下发了《关于发挥工商行政管理职能作用促进个体私营等非公有制经济发展的通知》，在降低门槛、简化手续、改进监管等8个方面提出了21项具体措施。铁道部出台了《关于鼓励支持和引导非公有制经济参与铁路建设经营的实施意见》，在铁路建设运营、客运货运、铁路装备制造、多元化经营等领域放宽市场准入提出了具体意见。国防科工委颁布了《武器装备科研生产许可实施办法》，允许非公有制经济进入武器装备的一般分系统及其他专用配套产品科研生产领域，公平参与军工科研生产招投标竞争。国家民航总局下发的《国内投资民用航空业规定(试行)》，对非公有资本在公共航空运输、通用航空、民用机场、空管系统、民航相关项目领域的投资准入等作出了政策规定，目前已批准了7家营运或筹办的民营航空公司。国家电监会出台了《电力业务许可证管理规定》，明确了从项目核准、技术标准和经营资质三方面审核电力业务。

(2)在加大财税金融支持方面。银监会下发了《商业银行支持小企业贷款业务指导意见》，从政策、机制、程序和方法等诸多方面对银行开展小企业贷款业务提出了指导性意见，为增加对小企业和个体工商户贷款创造了必要条件。证监会在逐步完善中小企业板块，积极推进创业办市场建设，鼓励到境外资本市场融资等方面出台了具体措施。中国人民银行召开分支机构分片工作会议，总结和部署贯彻落实《若干意见》的相关工作，并下发《2005年中国人民银行分支行信贷政策工作指引》，明确要求各人民银行分支行要积极鼓励、支持和引导辖区各金融机构从非公有制经济特点出发，改进信贷管理方式，开展金融产品创新，完善金融服务，加大辖区内非公有制经济的信贷支持力度。国家开发银行开展了“两台一组”（贷款平台、担保平台和群众组织）的中小企业贷款模式，截至三季度末，已累计向担保公司发放软贷款24亿元；2005年将为中小企业发放贷款105亿元，业务覆盖面近400多个区县。财政部加大了支持中小企业发展的资金规模，支持社会化服务体系建设和中小企业技术进步。

(3)在完善社会服务方面。商务部和中国出口

信用保险公司联合出台了《关于实行出口信用保险专项优惠措施，支持个体私营等非公有制企业开拓国际市场的通知》，对开发适应中小企业的保险产品和承保模式等提出了新措施，支持非公有制企业实施“走出去”战略。中国出口信用保险公司还出台了《关于贯彻落实〈若干意见〉的指导意见》，对开发适应非公有制企业的保险产品和承保模式等提出了新的措施。国家外汇管理局出台了《关于简化境内居民通过境外特殊目的公司融资及返程投资外汇管理的通知》，为扶持非公有制高新技术产业和创业投资企业发展，简化了境内居民通过境外特殊目的公司融资及返程投资外汇管理的相关程序。

⑷在改进政府监管方面。国家安全生产监督总局印发了《推广非公有制企业安全监管试点经验实施方案》，积极探索适应非公有制企业特点的安全监管工作体制和机制。国家质量监督检验检疫总局出台了《关于鼓励支持和引导个体私营等非公有制企业实施以质取胜战略的意见》，提出了7方面21条提高非公有制企业质量管理和产品质量水平的政策措施。针对非公有制企业积极进入市政公用事业领域的现状，建设部下发了《关于加强市政公用事业监管的意见》，健全了有关监管制度。国务院减负办下发了《关于治理向个体私营等非公有制企业乱收费、乱罚款和各种摊派等问题的通知》，对进一步开展非公有制企业治乱减负工作提出了明确要求，并将非公有制企业治乱减负作为今年工作重点，召开会议，落实责任，精心部署，取得明显成效。2005年上半年，取消涉及非公有制企业不合理收费2385项，查处“三乱”案件1885件。

另外，发展改革委办公厅下发了《发展改革委贯彻落实〈若干意见〉重要举措分工方案的通知》，明确委内相关司局分工，下发了《关于健全非公有制经济和中小企业统计监测体系，做好企业生产经营分析工作的通知》，提出做好统计监测与生产经营分析工作的基本思路以及统计分析材料报送的具体要求。商务部出台了《关于促进中小流通企业改革和发展的指导意见》，积极引导中小流通企业（包括商品批发、零售、外贸、餐饮业、住宿业和其他居民服务业的中小企业）加快改革发展步伐，促进中小流通企业健康发展。

（二）各地高度重视《若干意见》的贯彻落实工作

截至2004年底，全国31个省区市已累计出台促进非公有制经济发展的法规政策性文件200多件，其中地方性法规30多件，22个省市设立有“促进非公有制经济发展领导小组”或“部门联席会议”。《若干意见》下发后，有的省市以省委、省政府名义召开了工作会议，河北、上海等10多个省市出台了贯彻落实《若干意见》实施意见。此外，北京、江西、福建等地也都在积极制定贯彻落实《若干意见》的配套文件。

三、正在抓紧研究和起草的《若干意见》配套政策措施

目前，相关部门和单位按照《分工方案》明确的“以切实解决实际问题为原则，分清轻重缓急，贯彻落实的形式不强求统一，不要求‘齐步走’，成熟一个出台一个”的要求，正在抓紧调查研究，结合本单位职能研究制订配套文件。

⑴在完善市场准入资质条件和加强监管方面。按照国务院领导批示，发展改革委与财政部、国土资源部、国资委起草并将《国务院关于整顿规范石油开采秩序的意见（代拟稿）》上报国务院，以明确推行行政执法责任制，制订石油等矿产资源开采领域的准入细则，做好整顿规范石油开采秩序工作。发展改革委还专门起草了《国务院关于建立鄂尔多斯市能源开发正常秩序的若干意见（代拟稿）》。

⑵在完善法律法规方面。国务院法制办和发展改革委起草了《关于清理限制非公有资本市场准入及非公有制经济发展规定的通知》，正在组织各地区、各部门对现行规章、规范性文件及其他文件在市场准入、财税金融支持、社会服务、权益保护和政府监管等方面与《若干意见》不一致的规定进行清理。

⑶在深化垄断行业体制改革方面。发展改革委与国防科工委、国资委正在抓紧修改完善《关于推进军工企业股份制改造的指导意见》，积极探索和深化军工企业改革，加快体制机制创新，进一步增强军工企业活力。建设部正在抓紧出台《关于引入市场机制推进市场公用事业改革的若干意见》。卫生部拟研究起草进一步规范营利性医疗机构和非营利性医疗机构的政策措施。

⑷在创新金融服务方面。证监会与北京市政府、科技部、国务院法制办正在研究拓展证券公司代办股份转让系统的功能，积极推进中关村园区非上市股份公司进入系统进行交易的试点工作，以促进包括非公有制企业在内的各类高新技术企业融资平台的建立。

⑸在加强指导和政策协调方面。统战部、全国工商联和发展改革委等正在抓紧起草《关于进一步发挥工商联作为政府助手作用的若干意见》，国家档案局正在起草《关于促进民营企业档案工作发展的意见》。

四、贯彻落实《若干意见》中存在的问题

⑴部分同志对发展非公有制经济的认识还不到位。有的地区和部门的同志在鼓励、支持和引导非公有制经济发展时仍然瞻前顾后、冷淡消极、缩手缩脚。有的地方政府和投资者对《若干意见》具体条款理解片面，出现了石油等领域市场准入秩序混乱的情况。部分已出台政策的宣传力度不够，非公有制企业对政策实质内容、具体操

作和适用条件等还不十分了解。

(2)贯彻落实工作进展还不平衡。目前，中宣部、商务部、铁道部、工商总局、国防科工委、银监会、民航总局等部门相继出台了配套文件，部分省市也制宁了贯彻落实的实施意见。在分工方案明确的37项分工中，已出台了9个配套文件，还有几项正在抓紧研究制定过程中，但还有不少项分工进展不快，尤其是涉及非公有制经济税收政策、非公有资本进入垄断领域等方面的政策进展缓慢，有的省市贯彻落实工作也不到位。

(3)消除制约非公有制发展的体制性障碍是一项较为长期的任务。如清理和修订限制非公有资本市场准入以及非公有制经济发展的法规和规范性文件工作，涉及范围广、内容多、程序复杂。再如，允许非公有资本进入垄断领域，一方面要完善相关资质条件和具体办法，另一方面又要推进体制改革、健全监管体制，在积极稳妥基础上稳步推进。

五、下一阶段贯彻落实《若干意见》的工作安排

(1) 认真做好中央精神和《若干意见》的学习宣传工作。加大对《若干意见》和中央关于促进非公有制经济发展大政方针的宣讲力度，把各方面的思想认识和行动真正统一到党的十六大和十六届三中、四中全会精神和宪法修正案要求上来，把毫不动摇地巩固和发展公有制经济，毫不动摇地鼓励支持和引导非公有制经济发展，统一于社会主义现代化建设进程中。按照发展改革委和中宣部制定的《若干意见》宣传方案，通过新闻报道、专题、综述、采访等多种方式，全方位、深层次开展新闻报道，宣传有关部门和各地出台的促进非公有制经济发展的政策措施，宣传地方促进非公有制经济发展成功的做法和经验。

(2)抓紧清理和修订限制非公有资本市场准入及非公有制经济发展规定。国务院法制办和发展改革委牵头，尽快对国务院各部委、各直属机构及有关单位，县级（含县级，下同）以上地方各级人民政府及其所属部门制定的规章、规范性文件以及其他文件进行清理，对现行规章、规范性文件及其他文件在市场准入、财税金融支持、社会服务、权益保护和政府监管等方面与《若干意见》不一致的规定进行统一。主要内容与《若干意见》如有不一致的，明令废止；个别条款与《若干意见》不一致的，予以修改。

(3)继续抓紧出台配套措施及办法。目前，贯彻落实《若干意见》重要举措部门分工方案已经明确，要进一步落实责任制，有步骤地出台实施细则，做到成熟一个，发布一个。近期拟抓紧出台的配套措施有：关于清理、修订制约非公有制经济发展的法律法规的具体办法，关于非公有资本进入油气等矿产资源等领域的资质条件与准入相关规定，关于非公有资本进入军工领域的若干规定，关于完善对非公有制企业金融服务的政策措施，关于鼓励创办小企业、开发新岗位的政策意见，关于促进中小企业产业集群发展的指导意见等。

(4)全面落实科学发展观，积极引导非公有制企业提高自身素质。要加强对非公有制经济发展动态的监测和分析，及时发现问题，提出解决问题的政策建议，帮助非公有制经济解决生产经营中的困难。及时公布有关产业政策、发展规划、投资重点和市场需求等方面的信息。采取措施，积极引导非公有制企业依法经营，眼睛向内，挖掘潜力，提高企业管理水平，推进企业技术进步，提高企业素质和市场竞争能力，促进非公有制企业从外延扩大向内涵扩大再生产，从粗放经营向集约经营的转变。

（国家发展改革委中小企业司）

2004～2005年中小企业发展专项资金工作情况

根据《中华人民共和国中小企业促进法》，从2004年开始，中央财政预算安排中小企业发展专项资金，用于支持中小企业专业化发展、与大企业协作配套、技术进步等工作。两年来，各地区中小企业管理部门和财政部门对此项工作非常重视，按照部门职能和工作分工，加强工作协调与配合，认真做好项目申报、专家评审、联合审核和上报审批工作，同时抓好项目实施、监督检查和完成总结等工作。工作开展得有声有色，充分发挥了专项资金项目的引导作用，推动了企业技术进步和创新工作的开展。

（一）项目实施和进展情况良好，体现了推进企业技术进步的基本要求

2005年，中央财政预算安排了2亿元资金。在地方申报的基础上，按照《暂行办法》和工作通知要求，国家发展改革委中小企业司会同财政部企业司对上报项目进行了认真审核，提出了项目计划，审核确定了300多个项目，项目总投资额62.3亿元。贷款贴息项目数和资金安排额度所占比例，由2004年的1/5提高到2005年的1/4，体现了优先安排贷款贴息项目的要求。在2005年的四类支持重点中，新产品开发和新技术推广项目143个，占项目总数的46%，占项目总投资额的46.2%，占资助资金额度的46%，体现了推动企业技术进步、自主创新的精神。

（二）财政资金及时到位，项目跟踪管理工作逐步完善

截至2005年底，除个别项目受企业自身因素和地方财政的影响，财政资金未能到位外，其他项目资金都已及时到位，资金到位率达到99.17%。

为做好发展专项资金项目的监督检查工作，2005年11月，国家发展改革委中小企业司先后在湖北省武汉市和云南省昆明市召开了“中小企业

发展专项资金项目实施情况座谈会”。从各地区上报的资料看，大部分地区的资料内容完整清晰，反映了对专项资金项目实施情况监督检查工作的重视。据统计，2004年度发展专项资金支持的170个项目中，已有146个项目按期建设完成，占项目总数的86%。青岛市邀请新闻媒体共同参与项目的监督检查工作，对发展专项资金支持项目在青岛日报上进行连续报导，其中“一个专项资金的‘N个应’”等报导在社会上引起了很好的反响。新闻媒体参与发展专项资金项目监督工作，一方面，增强了发展专项资金项目申报和监督工作的公开性和透明度；另一方面，宣传了发展专项资金的作用，扩大了资金的影响，提高了知名度。

（三）促进了企业技术进步，社会效益和经济效益初现

随着发展专项资金的到位和项目的实施，承担项目企业的产品水平得到提高，生产能力迅速增强，社会和经济效益初步显现。

⑴促进了一批优秀中小企业的发展，初步改变了企业设备陈旧、技术含量低、产品质量不稳定的状况，进一步完善了生产手段、扩大了生产规模、提高了产品质量、增强了企业竞争力，企业的自主创新能力和抗风险能力得到提升。上海裕隆生物科技有限公司诊断用蛋白芯片项目完成后，提高了产品的科技含量，推进了企业创新工作的开展。目前，该企业已申请各类专利27项，其中发明专利11项，实用新型专利16项，被评为“上海市培育性专利试点企业”。大连隆正光饰机制造有限公司“隆正”牌光饰机获19项国家专利，产品被评为“全国名优产品”和“重点保护品牌”，获“全国质量过硬放心品牌”。青海康普德生物制品有限公司高原沙棘资源综合利用深度开发高技术产品产业化项目建成后，提高了沙棘产品的档次和国际竞争能力，调动了农牧民保护和种植沙棘的积极性，对改善高原生态环境和巩固退耕还林成果有积极的推动作用；同时，扩大了沙棘产品的生产能力，增加了新的就业岗位，项目实施当年安置下岗职工35人，招收应届高校毕业生14人，其经济、社会、生态效益显著。太原市和源电子技术有限公司汽车安全气囊用机械传感器项目完成后，企业掌握了加速度传感器的核心技术，完成了传感器可靠性检测系统的研发，汽车安全气囊机械式传感器的技术趋于成熟，填补了国内空白。项目建设使企业具备了年产20万套加速度传感器的生产能力，2005年全年生产销售产品18.2万套，实现销售收入2616万元，利润超过预期目标。

⑵进一步优化了企业的产品结构，提高了产品的附加值，降低了企业的资源和能源消耗，带动了相关产业的发展。铜陵化工集团有机化工有限责任公司蒸汽自用生产工艺改造项目，使企业年节约用煤2.5万多吨，既节约了资源，改善了环境，又增加了企业的经济效益。湖北鄂丰模具有限公司塑料模具的内涨抽芯技术及系列产品开发项目完成后，解决了内涨芯作为塑料模具最复杂的互换性难题，提高了应用产品的塑料制品厂家生产效率，降低了生产成本，推动了模具制造技术的发展。飞亚集团有限公司扩大电脑绣花机的生产规模，提高产品水平，新增生产能力1000台，新增产值9600万元，实现利润576万元，出口创汇1192万美元。

⑶调整了农村产业结构，促进了农业产业化进程，带动了农户增产，发展了高效特色农业。宁夏固原试验区金泉有限责任公司苜蓿草产业化10万吨加工厂扩建及收购网点建设项目完成后，农民种草积极性迅速提高，种植效益较其他传统作物提高2倍以上，种植面积进一步扩大，加快了退耕还林还草的步伐，提高了植被覆盖度，增加了土壤有机质，改善了区域生态环境，直接解决社会就业人员180人。如皋市太阳肠衣食品有限公司精品肠衣加工项目完成后，直接辐射周边6个县市，可增加当地3000多农民就业，人均年收入增加5000元。青海金籽生物科技有限公司亚麻油深加工及其副产品综合利用开发项目完成后，建立了“绿色食品”原料生产基地，带动农村产业化原料种植户500多人就业。由于采用了创新的工艺技术，实现了亚麻籽产品品种的多样性，提高了产品的附加值，促进了亚麻籽副产品的综合利用，为青海特色资源综合开发找出一条成功的途径。新疆芳香植物科技开发股份有限公司薰衣草、神香草等芳香植物粗精油加工提取项目完成后，实现了薰衣草、神香草等芳香植物规模化种植，带动1124户农民种植芳香植物，每亩每年可增加收入400~600元。

⑷促进了企业发展，增加了就业岗位，推进了社会稳定。北京华坤科技开发有限责任公司项目完成后，扩大了智能燃气表产品的生产,并实现了产品升级，新增就业岗位240多个。益阳资江电子元件有限公司节能灯用铝电解电容器生产线扩建项目完成后，新增创汇120万美元，新增就业岗位220个，社会效益和经济效益明显。贵州百花医药股份有限公司的“十万箱杜仲降压片生产能力扩建技术改造项目”完成投产后，企业生产条件达到GMP要求，年产杜仲降压片10万箱，产值达到1亿元，利润2600万元，实现税收950万元，新增就业岗位280个，其中解决大中专毕业生就业110人。益阳资江电子元件有限公司“扩建节能灯用铝电解电容器生产线”项目完成后，2005年已形成了12亿支的年生产能力，创产值1.8亿元，安排下岗职工和社会劳动力220余人。

（四）存在的不足

在肯定成绩的同时，我们也应看到前两年工作中也存在着一些问题和不足，主要表现在以下几个方面：

⑴有的地区上报的项目存在“超范围、超规模、超时限”情况，一些项目的上报资料与实际情况有较大出入。

⑵有的项目审核不够严格，如有的企业连续亏损多年，又无其他资金来源，没有实施项目的资金筹措能力；有的项目超预算严重，影响了项

目实施和按时完成。

(3)很多地区超出文件规定多报项目。

(4)有的地区抓项目落实和监督检查力度不够，项目建成总结不认真，个别项目建成后的总结报告只有一页纸。

（国家发展改革委中小企业司政策规划处）

2003～2005年中小企业服务体系专项补助资金工作情况

根据《中华人民共和国中小企业促进法》（以下简称《中小企业促进法》）关于“中央财政预算应当设立中小企业科目，安排扶持中小企业发展专项资金”，“国家中小企业发展专项资金用于促进中小企业服务体系建设，开展支持中小企业的工作”的规定，2003年中央财政设立了中小企业预算科目，安排中小企业服务体系专项补助资金（以下简称专项补助资金），支持中小企业服务机构开展有关促进中小企业发展的服务业务，重点支持各类服务机构开展培训、信用、创业、管理咨询等服务。

一、基本情况

按照财政部《中小企业服务体系专项补助资金使用管理办法（试行）》的规定，专项补助资金重点支持服务机构开展了下列中小企业服务业务。

（一）培训服务业务

2003年8月，启动了“国家中小企业银河培训工程”。银河培训工程以中小企业经营者和小企业创业者为培训重点，兼顾中小企业政府管理人员和服务机构从业人员，依托各地区中小企业管理部门和各类服务（培训）机构，开展培训工作。主要开展的培训活动有：对创业者开展创业知识和创业技能培训；对中小企业经营管理人员及专业技术人员开展工商管理基础知识、法律法规、产业政策和企业信息化建设等培训；对中小企业服务机构从业人员开展专业知识和服务技能培训；对各级政府部门中直接从事中小企业管理工作的人员开展法律法规和相关促进中小企业发展的政策措施培训等。

各地区结合本地中小企业实际，开展了针对性较强的培训。浙江省中小企业培训中心组织新疆维吾尔自治区学员到浙江省学习培训并安排他们到对口企业挂职锻炼，使他们既增长了知识又实地学习了浙江企业的管理经验，实现了课堂教育与实际管理培训的结合；河北、黑龙江等省中小企业局选派优秀民营中小企业经营者到中央党校学习培训；陕西省对参加创业培训成绩较好的学员提供创业贷款方面的帮助，将培训与创业结合起来；云南省组织学员到上海等发达地区学习技术创新等经验。中小企业国际合作培训也取得了一定的进展，2004和2005两年国家发展改革委中小企业司与世界银行学院（WBI）和德国继续教育协会（InWent）合作，分别在乌鲁木齐市和北京市举办了“西部地区投资环境培训研讨班”和“中小企业信用担保国际研讨会”，受到了广大中小企业和信用担保机构的好评。世界银行学院还利用发展改革委“西部学习网”开展中小企业政策法律远程培训，参加培训的学员直接与在美国的中小企业国际知名专家开展对话交流，共同讨论问题，进一步开阔了学员的视野。探索开展了远程培训，2005年中国中小企业信息网开发了“工商管理基础知识”、“职业经理人职业水平提升”以及“中小企业信息化知识”三个系列课程，利用视频传送技术免费培训中小企业经营者，有上万人上网登记学习。国家发展改革委“西部学习网”通过卫星传送对西部地区政府主管部门负责人和企业经营者开展同步互动式培训，收到了较好的效果。

以银河培训工程为平台，中国中小企业国际合作协会开展了“中国中小企业竞争力讲堂”系列培训，主要围绕国家有关促进中小企业发展的法律政策、中小企业发展中的重点和难点问题以及中小企业经营管理基础知识和管理能力训练等内容，开展了有针对性的专题培训。培训中坚持理论联系实际，采取以老师讲授为主，学员现场交流互动为辅，引入情景教学、实地参观等多种学习方式，完成培训内容。坚持学以致用，培训结束后要求每位学员运用所学知识，结合本企业实际情况撰写一篇不少于1500字的学习心得，并注意及时跟踪了解学员的受训情况，考察培训效果。竞争力讲堂培训形式新颖、内容丰富、针对性强，体现了急学急用、现学现用、着眼于学以致用的中小企业培训特点，起到了短期、快捷、“充电”的作用，收到了较好的培训效果。

（二）信用服务业务

从2003年开始，在专项补助资金支持下，国家发展改革委确定在北京市、山西省太原市、吉林省长春市、浙江省台州市、四川省成都市开展中小企业信用服务业务试点工作，主要包括以下4项内容：中小企业信用信息征集、信用等级评价、诚实信用活动、建立中小企业信用档案。试点工作坚持政府推动、政策引导、市场运作、多方参与、配套服务的原则，确立“以中小企业信用担保、中小企业信用信息征集与评价为手段，以推动信用担保体系建设为重点，以培育中小企业信用意识、提升中小企业信用、解决中小企业融资难、增加中小企业信用交易、建立中小企业信用服务长效机制、促进区域经济发展为目标”的信用服务体系建设工作模式，以点带面，全面推进中小企业信用体系建设。

为推动信用服务工作的开展，各试点城市都根据本地区的实际情况，制订了《中小企业信用服务体系建设试点实施方案》，陆续出台了适合本地中小企业特征的信用评价和信用评级标准及方法体系、管理规范等制度，探索了企业信用信息联合征集、信用评价与信用担保、信用担保体系建设相结合的途径。各试点城市从实际出发，选好突破口，有针对性地开展工作。如北京市侧重于科技型，尤其是中关村科技园区内的中小企业；太原市侧重于与中小企业融资担保相结合，重点对受保企业和拟保企业开展信用评级；长春市强调与一汽集团的合作，侧重于制造加工型中小企业，特别是选择具有终端产品形态、可形成链状控制体系的汽车及汽车零部件行业的小企业；台州市侧重于商贸型中小企业；成都市则侧重于区县所属工业类中小企业。中小企业信用服务业务的开展推动了中小企业信用服务体系建设。试点城市政府、中小企业、担保机构、中介服务机构、银行之间的联系不断加强，信息沟通平台逐步建立，参与配合中小企业信用服务体系建设的领域逐步扩大，中小企业的信用意识逐步提高，银行与担保机构扶持中小企业发展的力度不断加大，中介信用服务品种逐步增多。

在试点城市开展中小企业信用服务业务的基础上，从2005年开始，国家发展改革委又将内蒙古自治区、江苏省和广东省纳入试点范围，重点在这些地区开展以中小企业信用担保机构信用评级为主要内容的中小企业信用等级评价工作。由国家发展改革委组织试点省市中小企业管理部门、担保机构和信用评级机构开发了中小企业信用担保机构信用评级指标体系，由信用评级机构根据指标体系，遵循客观性、系统性、科学性、规范性和统一性的原则，对中小企业开展信用担保机构的信用评级工作。

（三）创业服务业务

从2003年开始，国家发展改革委确定在上海市、重庆市、河北省唐山市、辽宁省沈阳市和鞍山市、广西壮族自治区柳州市开展中小企业创业服务工作试点。2005年又增加了北京市石景山区、吉林省通化市和吉林市、黑龙江省伊春市、湖北省武汉市、河南省漯河市、陕西省西安市作为创业服务重点支持城市。创业服务业务主要支持中小企业服务机构为创办小企业提供的创业指导、综合服务等活动。创业服务坚持“创办小企业，开发新岗位，以创业促就业”的工作目标，以创业辅导为主要内容，以提高创业服务机构的服务质量为工作重点，对创业服务范围、重点、服务组织方式及服务的有效性和可能性等进行了探索，初步形成了以中小企业综合服务机构为核心、以创业基地为依托，专业化中介服务机构广泛参与，责任明确、优势互补、密切合作的创业服务工作网络。

创业服务工作受到了试点城市政府的高度重视和大力支持，也得到了社会各类中介服务机构的积极响应和广泛参与，受到广大创业者的普遍欢迎。各试点城市中小企业管理部门结合本地区情况，创造性地开展工作，使创业环境得到明显改善，创业辅导内容更加丰富，服务质量明显提高。同时，探索积累了一定的工作经验，推动了创业辅导服务网络的建立。上海市为新创办的企业构建了政策、服务、金融、信息、人力资源等“六大支持体系”，初步形成了从市到区（县）到街道（乡镇）的三级联动，覆盖各类所有制、各种行业、多层次、全方位的创业辅导服务网络。武汉市利用闲置厂房创建都市工业园，作为创业孵化基地，并筹集财政资金3000万元，设立了市级都市工业园发展专项资金，在场地建设和资金上支持创业企业发展。沈阳市中小企业服务中心针对大学生就业难、创业难的问题，腾出一部分办公用房作为大学生创业孵化基地，搭建大学生创业平台，组织有关专家为其提供辅导服务，邀请工商部门为新注册的企业发放服务机构联系卡，并为创业者提供、筛选创业项目，提高了创业成功率，增强了创业者的信心，促进了新创企业的快速成长。

除上述工作外，在部分地区还广泛开展了中小企业管理咨询服务业务。以企业战略、市场营销、人力资源管理、财务管理等咨询为重点，主要针对中小企业创立和发展及产业集群发展中的问题，开展了管理咨询服务。此外，3年来还安排了一定数量的资金支持中国中小企业信息网（总网）开展的对中小企业信息服务活动。

二、主要作用和效果

（一）推动了《中小企业促进法》的宣传和落实

中央财政设立专项补助资金支持中小企业服务体系建设，是贯彻落实《中小企业促进法》的重要内容。地方各级政府和中小企业管理部门、财政部门非常重视专项补助资金的安排使用，将其作为贯彻《中小企业促进法》，促进中小企业发展的一项重要工作，加以认真部署和安排。3年来，各地区开展的培训业务始终把《中小企业促进法》作为重要的培训内容，进行广泛的宣传讲解，使各级政府工作人员和中小企业了解《中小企业促进法》的精神实质和主要内容，对照法律规定开展工作，有力地推动了《中小企业促进法》的贯彻落实。

（二）带动了地方财政资金对中小企业服务体系工作的支持

专项补助资金对于地方财政安排资金支持中小企业服务体系建设起到了很好的带动和引导作用，许多省市中小企业管理部门以安排使用专项补助资金为契机，积极争取地方财政对中小企业发展的支持，推动了各地区中小企业财政预算科目的设立和预算资金的安排。如广东省从2003年开始连续5年每年从省财政安排2亿元用作扶持中小企业发展专项资金，用于支持全省中小企业服务体系建设、技术进步等工作。福建省财政设立了中小企业发展专项补助资金科目，每年安排3000万元用于中小企业服务体系建设。各信用服务和创业服务试点城市也都为信用服务和创业服务工作的开展提供了配套资金。据统计，目前全国已有29个省（自治区、直辖市、计划单列市）设立了中小企业发展专项资金，支持中小企业培训、信用担保、信用服务、创业辅导、信息网络建设等工作。

（三）社会反响积极，服务效果明显

专项补助资金的安排使用引起了社会各界的广泛关注，许多省市的新闻媒体对《中小企业促进法》的施行和专项补助资金支持下开展的中小企业服务体系建设工作进行了充分的宣传报道，在广大中小企业和服务机构中引起了很大反响。中小企业普遍反映，银河培训工程的启动，不仅有助于提高培训人员的知识和技能，也为参加培训的人员创造了相互了解、学习、交流、合作的机会，是对中小企业的温暖工程和智力支持工程。信用服务提高了中小企业的信用意识和信用能力，为中小企业融资、交易创造了条件。创业服务使创业者感受到了政府的关心，增强了创业者的创业信心。管理咨询服务为中小企业提高管理水平、改善经营提供了帮助。这些服务工作的开展，既体现了国家对广大中小企业的关心和支持，也使中小企业深受鼓舞，为中小企业健康发展创造了良好的经营环境。专项补助资金还极大地推动了中小企业服务机构的设立和发展，据不完全统计，截至2005年底，除西藏外，全国36个省（自治区、直辖市、计划单列市）基本上建立了省级中小企业服务机构，市、县级中小企业服务机构已超过200家，各类中小企业协会超过60家，带动了上千家各类中介服务机构、社团组织为中小企业提供服务，初步形成了社会各方面共同努力促进中小企业发展的局面。

三、基本经验

（一）领导重视是前提

利用专项补助资金推进中小企业服务体系建设受到了地方政府及中小企业管理部门、财政部门的高度重视。发展改革委欧新黔副主任对这项工作非常重视，曾多次批示“补助资金的使用要注意科学、公正、透明，注重实效”，“要监督检查各单位培训工作质量，支持好的，淘汰劣的，逐步提高服务水平，严格把关，用好有限的资金”。许多试点城市成立了由政府领导挂帅，各有关部门参加的试点工作领导小组，统一制定相关政策，调动政府各有关部门和社会各方面力量共同推进试点工作的开展，协调解决试点中的问题，保证了各项试点工作的顺利开展，并取得成效。

（二）广泛参与是基础

中小企业量大面广，是社会化程度最高的企业群体，推进中小企业服务体系建设要充分利用各类资源，调动社会各方面的积极性，建立广泛的工作基础，形成工作合力，为中小企业提供多层次、多渠道、多功能、全方位、专业化的服务。

（三）突出重点是关键

相对于中小企业对服务的需求来讲，能够利用专项补助资金获取支持的服务活动终究是少量的。财政资金的有限性与服务的广泛性决定了服务体系建设工作必须突出重点，集中资金解决突出矛盾和问题。

（四）政策引导是保证

政策是鼓励和引导各类中介机构开展工作的依据，也是规范地安排使用专项补助资金的保证。政策的引导作用和保证作用既有力地推动了中小企业服务体系建设，也带动了各类资金包括各级财政预算资金对中小企业工作的支持。

（五）环境建设是目标

改善中小企业经营环境是《中小企业促进法》的立法宗旨，也是利用专项补助资金推进中小企业服务体系建设的工作目标。相对于中小企业服务体系建设来说，财政资金是手段，不是目的。要坚持“政府扶持中介，中介服务企业”的理念和工作思路，发挥财政资金的引导作用，实现改善中小企业经营环境的目标。

四、存在的主要问题

⑴制度建设有待进一步加强。与专项补助资金支持开展服务工作相关的政策文件，有的还没有出台，一定程度上造成地方工作缺乏政策指导，相关服务业务缺乏明确的工作目标，有的工作还缺乏统筹规划和安排，尚未建立必要的工作考核制度。

⑵服务内容有待进一步完善和扩展。受资金规模限制，专项补助资金目前仅用于培训、信用、创业、管理咨询等服务业务。信用担保、融资服务、技术服务、市场开拓、国际合作等服务，尚未得到财政资金支持。在项目安排上也存在着一定的局限性，如信用服务和创业服务的补助资金主要用于试点城市，表现出一种资金安排上的不均衡。

⑶基础工作有待加强。补助标准有待进一步明确，服务机构的资质有待进一步科学认定，规范的服务评价制度和服务登记制度有待于进一步建立。

⑷监督检查不够。部分地区对专项补助资金存在重资金争取、轻使用管理的现象，对服务机构使用补助资金开展的工作监督和检查不够，对服务机构的专项补助资金申请材料审核不严，有的机构申请材料不按文件规定要求报送，甚至有的机构存在弄虚作假等问题。

五、下一步继续做好的几项工作

（一）建立制度，规范行为

⑴抓紧研究制定有关培训、信用、创业等政策性文件，确定工作目标、内容、基本要求和鼓励措施，指导地方开展工作。

⑵抓紧研究制定工作制度，主要是服务机构工作

和补助标准、服务评价制度、服务登记制度等，提高服务质量和资金使用效率。

(3)要求和督促服务机构严格执行有关文件规定，引导其以服务广大中小企业为目标，规范服务行为，提高服务效率和质量。

（二）加强协调，共同推进

(1)根据中小企业发展状况和服务体系建设情况，研究提出促进中小企业服务体系建设的工作规划，逐步形成层次清晰、目标明确、各负其责、协调推进的工作局面。

(2)积极争取和用好财政预算资金，做好中央财政资金与地方财政资金的衔接与配合，充分发挥中央财政资金在引导各类资金推进中小企业服务体系建设方面的重要作用，同时也要充分发挥地方财政资金在支持具体服务项目上的优势，上下配合，共同促进。

(3)进一步整合社会资源，建立与服务机构的联系制度，加强对服务机构工作的引导，充分发挥和调动各类服务机构在推进中小企业服务体系建设中的作用和积极性。

(4)加强与大专院校、科研机构的合作，有针对性地开展研究工作，不断将服务体系建设推向深入。

（三）由点及面，扩大范围

(1)不断完善培训等服务业务，及时总结信用、创业等试点工作的经验，推广试点成果，推动全国中小企业信用和创业活动的开展。

(2)鼓励有条件的地区利用地方财政资金积极开展信用担保、技术创新、市场开拓等其他服务业务，探索利用非财政资金开展支持中小企业发展的服务业务的途径和方法。

（四）加强监督，保证效果

(1)引导各地区中小企业管理部门充分认识监督检查工作的重要性，逐步建立必要的工作汇报制度和监督检查制度，开展定期或不定期的监督检查工作。

(2)地方中小企业管理部门要深入基层搞调研，走访服务机构，了解服务机构的工作动态，考察服务效果，跟踪了解企业对服务的需求以及满意程度。

(3)逐步建立动态的服务机构服务效果考核评价制度，开展服务机构资质认证工作，建立优胜劣汰机制，扶持好的服务机构发展。

（国家发展改革委中小企业司政策规划处）

推进中小企业信用服务体系建设的总体思路和主要措施

改革开放以来，我国中小企业快速发展，已成为我国经济发展、社会稳定、税源增加、市场繁荣和就业扩大的重要力量。截至2005年底，我国中小企业已占全国企业总数的99.6%，创造的最终产品和服务价值占GDP的58.5%，生产的商品占社会销售额的58.9%，上缴税收占48.2%，在出口和进口总值中分别占68%和69%,吸纳的就业人员占总就业人数的75%，并在技术创新、结构调整、构建和谐社会等方面发挥着不可替代的作用。同时，中小企业发展中也存在一些亟待解决的问题，特别是信用不足而导致融资难是制约其发展的突出问题。加快中小企业信用服务体系建设，对缓解中小企业融资难,加快中小企业发展，将有积极的推动作用。

一、中小企业信用服务体系建设试点成效和主要经验

建立中小企业信用服务体系是缓解中小企业融资难、促进中小企业发展的有效途径。2003年实施的《中小企业促进法》明确规定："国家推进中小企业信用制度建设，建立信用信息征集与评价体系，实现中小企业信用信息查询、交流和共享的社会化。"依法推进中小企业信用制度建设，是我国促进中小企业发展很重要的一个组成部分。为探索中小企业信用服务体系建设的实现途径，2003年国家发展改革委率先在全国选择北京、山西、长春、成都、台州等5个省市进行试点。通过3年的实践探索，试点工作取得了宝贵经验和阶段性成果，初步走出了一条具有中国特色的中小企业信用服务体系建设的路子。在我国没有现成的经验和路途,总结这几年地方推进的实践经验就显得很有意义。

（一）近几年中小企业信用服务体系建设试点的主要成效

(1)搭建了中小企业信用信息服务平台。按照总体要求，5个试点省市均开发了信用信息征集与评价、管理和查询系统，建立了中小企业信用信息数据库，搭建了信息发布平台，初步实现了企业信用信息的共享。3年来，5个试点省市中小企业信用信息数据库共归集了62.3万户企业基本信用信息，10778户征信企业信息，4188户评级企业信息。2004年又选择山西、北京、吉林等8个省区开展了中小企业信用担保机构的信用评级试点工作，共完成273户担保机构信用评级。通过开展中小企业信用信息服务，实现了一定规模的中小企业信用信息资源的初步整合。

(2)中小企业融资难问题得到初步缓解。通过企业征信和信用评级，有效揭示了企业信用状况，为分类筛选有信用、有市场、有效益的中小企业和判断担保贷款企业信用风险创造了条件。3年来，5个试点省市积极探索，摸索出了一条以信用建设为基础，将企业信用等级评价、信用激励和约束机制与信用担保、开发银行中小企业贷款及商业银行贷款和政府政策扶持与资源调控有机结合起来，进一步拓展中小企业融资渠道、缓解

融资难的新路子。5个试点省市3年累计共有1500余户经信用评级的企业获得担保贷款，贷款总额78亿元，户均520多万元。截至2005年底，成都市965户进行信用等级评价的企业中，有315户获得14.8亿元的担保贷款。作为试点工作“点中点”的北京中关村，3年累计为357户园区企业提供了近30亿元的专项担保贷款，户均贷款840万元。山西、长春、台州等试点省市也结合实际，通过开展多种形式的信用服务，帮助企业拓宽了融资渠道。

(3)企业信用意识和信用水平得到提高。通过举办信用培训班，建立企业信用促进会，发布企业信用信息评级结果，建立社会公示制度，宣传表彰了一批信用好的企业，使一大批中小企业受到了诚信教育，引导企业更注重自身信用品牌，对信用和信用产品的认知度逐步提高，信用意识逐步增强。通过开展征信评级服务，使企业了解和更加珍惜第三方提供的自身信用状况和等级信息。信用等级高的企业把自身的信用等级作为经济身份证和提升社会形象广为宣传，并用于工程项目的招标、投标和经济交易中，不少企业开始由“要我评”变成“我要评”。信用等级较低的不少企业由此开始重视自身信用建设，不断改进和完善企业内部管理，提升信用能力和信用管理水平，改善自身形象。

(4)培育了专业化的中小企业信用服务队伍。按照要求，5个试点省市按照“政府推动、市场运作、专业服务”的原则，积极推进中小企业信用档案中心建设，作为中小企业信用试点工作的操作与运营主体，建立和完善征信与评级企业的信用档案，通过对企业信用信息产品的加工，满足社会各方面的需求。积极引进和培育信用服务机构和专业人才，参与试点的9家国内知名信用专业机构与当地有关服务机构合作，促进了试点省市中小企业信用征集、信用等级评价等服务质量的提高和信用服务机构的发展，初步形成全国性机构与地方机构互为补充、相互结合、共同发展的中小企业信用服务队伍。

(5)试点示范带动作用初步显现。随着试点工作深入开展，一大批参与试点、从未获得过金融机构贷款的中小企业获得了担保贷款和政策扶持，首次有了信用记录，产生了良好的社会效应。这对非试点企业起到了示范带动作用，引导企业诚实守信，合法经营，着力提高信用能力和水平。信用试点对全国其他省市也产生了积极影响，不少省市积极要求列入试点，参与探索中小企业信用服务体系建设的路子。试点的示范作用还表现在影响和带动了社会各有关方面积极参与和支持中小企业信用试点工作。

(6)企业信用环境得到了改善。随着试点工作的不断推进，中小企业信用服务建设越来越受到各有关方面的关注和重视。5个试点省市都提出了打造“诚信区域”的目标，政府有关部门逐步转变观念，提高为企业服务的意识，积极转变工作方式，把企业信用作为重要的管理内容，不断出台相应的规章和激励政策，把企业的良好信用作为享受政策、“评优评先”的必要条件。金融机构和担保公司逐步变被动为主动，认识到企业信用试点工作的重要性和价值，开始使用企业信用报告，将其作为承保和放贷的重要依据，促进了银保企三方合作关系的改善、信用担保规模的扩大和效率的提高。随着企业信用价值在经济活动中显现和增值，逐步为社会上所认识，企业信用问题已成为人大、政协提案议案的热点和舆论关注的焦点，会计、审计、律师等社会中介机构也积极要求参与，“守信为荣、失信为耻”的社会氛围正逐步形成。信用环境的明显改善，进一步加大了企业获得融资贷款的机会。

（二）初步形成了中小企业信用服务体系建设模式

经过3年的探索，总结试点省市的共性经验，初步形成了具有中国特色的“政府推动、政策引导、专业服务、多方参与、市场运作、诚信激励、长效机制”的区域化中小企业信用服务体系建设模式。

(1)政府推动。没有政府的组织和指导，在我国推进中小企业信用服务体系建设是很难的。地方政府高度重视试点工作，成立了多层次的组织保障体系。建立了主要领导挂帅，各相关部门参加的推进中小企业服务体系建设领导小组，调动和协调相关部门支持试点工作。领导小组下设办公室，牵头制定信用建设的工作规划和实施方案，宣传发动，整合资源，搭建平台，培育市场，协调解决试点工作中出现的问题。积极推进区域性中小企业信用档案中心建设，给予了试点工作人员、机构、资金等方面的配套支持。政府推动进行制度建设，出台了相关文件和规定，保障了试点工作的有序开展。

(2)政策引导。要保证试点工作正确有力地开展，政策必须先行。为推动中小企业信用服务体系建设试点工作的开展，3年来国家共投入近3000万元信用服务体系建设专项资金，地方政府也给予了配套。为鼓励各有关方面积极使用企业信用产品，政府在制宁各项公共财政政策时均叠加了信用需求，制定了一系列信用激励政策，以引导企业主动建立信用档案、参与征信与评级活动。山西省中小企业发展基金、新产品开发项目贷款贴息等扶持政策，都要求企业提供信用评级报告。北京中关村对信用企业给予重大产业化项目专项资金、中小企业中介专项扶持资金等政策支持。这种以企业信用自律为基础、以政府扶持政策为导向的信用激励机制在提高企业信用意识、培育信用产品市场、改善投融资环境等方面发挥了十分重要的政策引导作用。

(3)专业服务。要保证试点工作高起点、专业化开展，必须调动和借助有资质条件的社会信用中介的力量。按照试点工作的总体要求，各试点省市结合本地实际，积极借鉴和采用国际先进技术标准，制定了中小企业信用信息征集和信用等级评价办法，设计了规范化的操作流程，并委托国内高水平的信用服务机构开展专业化的企业信用信息征集、信用等级评价等信用服务。依靠专业信用服务机构，开发建立了区域化企业信用信息管理系统和数据库，不断生产适合当地经济发展需求的信用产品，并逐步做到标准化、程序化、规模化。同时，还面向中小企业开展了信用诊断、信用咨询、信用培训、信用管理和信用制度建设，促进了试点工作的制度化、规范化。

⑷多方参与。推进企业信用制度建设是一项综合性和复杂性都很强的工作，必须调动各有关方面集中参与，合力推进。为保证试点工作深入有序进行，地方政府有效调动了有关部门、金融机构、担保机构、行业协会、信用中介机构、企业共同参与，使信用产品的生产方和使用方形成了一个完整的体系，形成了以企业信用为基础、上下联动、纵横贯通的工作机制。成都市工商、质检、税务、中小企业局等28个部门初步实现了企业基础信用信息的互联互通和资源共享。多方参与逐步疏通了推进试点工作中的体制性、制度性障碍，改善了区域信用环境和投融资环境，实现了便利企业融资、降低信用风险及扩大信用产品市场等多重目标。

⑸市场运作。要想企业信用工作深入持久开展并取得实效，就必须始终坚持市场化原则，这是一条不可动摇的主线。试点工作中，各试点省市在注重发挥政府引导作用的同时，积极培育市场化主体，通过建立中小企业信用信息档案中心、信用信息数据库和信用信息查询系统，整合、加工、披露企业信用信息，实现社会信用信息资源的市场配置和有效使用。以第三方信用服务机构为操作主体，引导竞争机制，选择和培育市场化信用服务中介机构。不断开发企业信用产品的市场需求，生产满足社会各有关方面需求的信用产品。通过政府搭台，组织“银保企”项目推介会，由信用中介组织发布企业信用信息，银行、担保机构自主审定，较好地解决了中小企业信用信息不对称和融资难问题。

⑹诚信激励。解决企业信用不高的问题，仅靠企业自身是不够的，必须形成社会各有关方面支持的环境。试点省市通过举办信用报告会、座谈会、国际研讨会，设立信用网站，发布信用信息，举办培训班和项目对接活动以及开展县域信用共建活动等形式多样的企业诚信活动，提升了企业信用意识，初步形成了守信激励、失信惩戒的氛围。对诚信企业采取政策扶持、资金支持、公告宣传等多种方式给予激励。将营造信用环境与提升中小企业信用能力结合起来，使企业的信用等级成为其获取贷款的主要依据。北京中关村对信用等级高、有融资需求的企业，政府给予一定额度的贴息和保费补贴，同时对星级企业的信用服务给予高限补贴。成都对信用等级高的试点企业给予减半收取保费支持。其他省市也开展了形式多样的企业诚信活动。

⑺长效机制。试点是我国推进改革的一种行之有效的工作思路，其作用在于探索经验和路径，避免不必要的争论，最大限度降低改革成本。试点是暂时的，目的在于形成推进中小企业信用制度建设的长效机制。各试点省市在总结试点经验的基础上，制定了区域性推进中小企业信用制度建设的长远发展规划，明确了以企业信用自律为基础、以政府政策支持为导向、以征信评级为激励惩戒标准，分层次、分阶段、有计划、有步骤地推动中小企业信用服务体系建设。各试点省市加强了规范化管理，制定了企业信用制度试点、企业信用报告、征信与评级等一系列管理办法，统一了信用信息产品的标准、文本、格式和标识，对企业实行有效的信用分类管理，对规范整个信用试点工作起到了重要作用。建立和完善了中小企业信用服务专业化机构，加强信用信息网络等基础设施建设，培养和充实了一批高素质的专业信用人才，并建立了财政的持续性支持政策。逐步突破部门之间公共信用信息壁垒，初步进行了信用信息互联互通、信息交换、联合征信和组合深加工等，这些为长效机制的建立打下了坚实的基础。

通过3年的试点，已经摸索出了一整套行之有效的工作机制和办法，初步形成了推进中小企业信用服务体系建设的实现路径。

（三）试点的主要经验

3年的试点实践，内容是丰富的，探索是开创性的，取得的经验是宝贵的，对于促进中小企业信用服务体系建设深入开展，在全国范围内推广借鉴，都有借鉴作用。

⑴领导重视是前提。在我国这个具有特殊国情的国家，推进企业信用这一复杂的工作，必须有政府领导的重视和支持。从各试点省市情况看，试点工作之所以能够顺利开展并取得阶段性成效，也主要得益于地方政府领导的高度重视，把中小企业信用服务试点工作作为地方信用体系建设和金融生态环境建设的重要组成部分来推动，对试点工作给予极大支持，主动协调制约试点工作启动与推进的重点和难点问题。长春、成都建立了市府和有关部门主要领导参与的试点领导小组，实施“一把手”工程。其他地方也建立了主管领导挂帅的工作协调机制。没有地方政府领导的高度重视和支持，试点工作要想顺利开展是很难的，特别是在我国经济转轨、社会转型、各方面矛盾比较突出、关系还未理顺、必要的条件还不具备的情况下，就显得尤为重要。

⑵政策支持是保障。推进中小企业信用服务体系建设试点工作，是在我国信用法律法规体系不健全，部门行业内企业信用信息相对分割，企业信用意识较为淡薄，社会认知程度不高，又无成功经验可以借鉴的情况下起步的。要使试点工作有所突破和顺利推进，就必须有一定的政策作支撑，并加以引导。试点中，各省市结合实际制定出台了多项扶持性政策，并给予专项资金支持，从而调动了中小企业和有关方面参与和配合试点工作的积极性，同时在出台的各项扶持性政策中叠加了企业信用，从而保证了试点工作的有效推进。

⑶引导需求是关键。实践证明，没有市场需求的征信报告和信用产品，即使质量再高，也是没有意义的。从各试点省市组织开展的中小企业信用服务活动看，均把解决中小企业贷款难、担保难、交易难问题作为信用服务体系建设的重要内容。在培育和开发中小企业信息产品市场上下功夫，主要体现为“四结合”，即将企业信用与提供担保相结合，与获得融资信贷支持相结合，与满足企业的交易需求相结合，与政府的政策支持相结合，从而使试点工作取得了较好成效。只有不断开发、加工和销售适应市场需求的中小企业信用信息产品，才能形成中小企业信用服务的长效机制，最终实现中小企业信用服务体系建设市场化运作。

⑷整合资源是基础。我国中小企业信用信息具有跨行业、跨部门、多功能、多环节的特点，推进中小企业信用服务建设体系试点工作，就必须把分散在各部门、各领域的企业信用信息有效整合起来。中小企业信用服务体系建设所具有的系统性和复杂性，决定了推进这项工作的难度是很大的，需要调动各有关方面的积极参与和支持。为使试点工作有所突破并有效开展，各试点省市采取切实有力措施，下功夫协调统一各有关方面的利益关系，对政府部门、金融机构、信用担保、中介服务、中小企业等信用服务资源进行有效整合，促使部门和行业的信息开放和共享，使信用信息成为多方受益的资源。同时，积极构建中小企业信用服务体系，提高中小企业信用服务的工作效率，逐步形成中小企业信用服务的良性运行机制。

尽管我国中小企业信用服务体系建设工作取得了一些成效，但也存在一些不容忽视的问题。如有关方面信用意识淡薄，配套的法律法规体系建设滞后，信用信息产品市场需求不足，相关部门公共信用信息开放不够，信用信息产品质量有待进一步提高，监管体系不健全等。这些问题是探索中的问题，发展中的问题，是推进中小企业信用服务体系建设过程中需要引起高度重视并切实采取措施加以解决的问题。

二、推进中小企业信用服务体系建设的主要思路

我国正处于经济和社会发展的关键时期，推进中小企业信用服务体系建设有利条件增多，面临的困难也不少。特别是推进中小企业信用服务体系建设是一项长期而又复杂的系统工程，是一项开创性的工作，在总结以往经验，找到关键环节的基础上，探索形成较为清晰的工作思路，扎实推进这项工作有序开展就显得尤为突出。

在新的历史条件下，推进中小企业信用服务体系建设确有重要的意义。目前，困扰中小企业发展的主要障碍是融资难问题，根本原因是中小企业信用不足或信用状况较差，建立中小企业信用服务体系就是解决此难题的一项重要举措。通过推进中小企业信用服务体系建设来建立和完善中小企业信用制度，是企业内强素质、外树形象、持续发展的有效途径。市场经济是信用经济，信用关系已成为维系市场经济中各主体经济交易关系的重要纽带。企业信用是社会信用的核心，而中小企业占全部企业总数的绝大部分，因此中小企业信用制度在我国市场经济体制建设和经济社会发展中就占据十分重要的地位，某种程度上讲，企业信用的发展与发达程度决定着市场经济发展与发达的程度。中小企业信用服务体系是社会信用体系的重要组成部分，其信用水平的高低还直接影响社会信用体系建设。因此，要实现经济协调、社会和谐，就必须在推进中小企业信用服务体系建设方面有所突破。

加快建立中小企业信用服务体系，不仅有助于提升中小企业信用水平，改善中小企业信用状况，提高整体素质和综合竞争力，促进中小企业健康发展，而且有利于社会信用体系建设，防范和化解金融风险，加快社会主义市场经济体制的建立和完善，促进国民经济持续、快速、健康发展。

（一）推进中小企业信用服务体系建设的指导思想和基本原则

目前，推进中小企业信用服务体系建设是新的历史时期促进中小企业发展一项重要而艰苦的任务。2002年颁布的《中小企业促进法》明确规定“国家推进中小企业信用制度建设”；党的十六届三中全会通过的《关于完善社会主义市场经济体制若干问题的决定》提出“按照完善法规、特许经营、商业运作、专业服务的方向，加快建设企业和个人信用服务体系”；2005年国务院颁发的《国务院关于鼓励支持和引导个体私营等非公有制经济发展若干意见》专门规定“推进企业信用制度建设。加快建立适合非公有制中小企业特点的信用征集体系、评级发布制度以及失信惩戒机制，推进建立企业信用档案试点工作，建立和完善非公有制企业信用档案数据库”。推进中小企业信用服务体系建设的大政方针已经明确，试点也积累了一定经验，再借鉴国外成功的做法，继续全面推进中小企业信用服务体系建设的思路基本形成。

全面推进中小企业信用服务体系建设的指导思想是，要以邓小平理论和“三个代表”重要思想为指导，牢固树立和全面落实科学发展观，按照社会主义市场经济体制建设和中小企业发展的要求，全面贯彻落实党的十六大精神和《中小企业促进法》，解放思想，不断探索，以信用法律法规和政策体系建设为基础，以企业信用制度建设为核心，以专业化信用服务为依托，以培育中小企业信用服务市场需求为重点，以信用风险防范、信息披露和动态监管系统为支撑，开展多形式的诚信建设活动，切实加强和改善中小企业信用管理工作，为促进中小企业发展、构建和谐社会奠定良好的社会信用基础。

全面推进中小企业信用服务体系建设的主要目

标，是按照社会信用体系建设的总体方针，统筹规划，分步实施，综合运用经济、法律和必要的行政手段，充分调动一切积极因素，在3～5年内，通过开展专业化、规范化的信用服务，逐步建立和完善信用征集、专业评估、权威发布和科学管理、教育普及、多层次的具有中国特色的中小企业信用服务体系。

稳步推进中小企业信用服务体系建设，要遵循以下原则：

⑴坚持制度为先与标本兼治的原则。建立以相关法律、行政规章和地方法规以及国际惯例等为基础的、具有地方特色的信用制度，为信用体系建设提供完整、公开和相对稳定的标准。同时，既要解决当前信用环境建设中存在的突出问题，又要着眼于化解由于体制、机制和制度等方面造成的深层次矛盾。

⑵坚持政府引导与市场运作相结合的原则。政府通过制定政策、整顿和规范信用中介机构、创造环境等措施，积极引导企业加强信用管理，强化企业主要经营管理者和中介机构从业人员的信用观念，不断开发信用产品的市场化需求。同时，借鉴国外信用服务中介机构的发展经验，对信用服务中介机构实行社会化和市场化管理，并积极发挥行业协会的自律作用。

⑶坚持高起点与稳步推进原则。选择具有代表性的行业或领域为突破口，建立分步实施、统一征集、权威发布和资源共享的工作机制，通过有实力的专业信用服务机构，在信用征集、信用评价、信用服务等方面高起点运作，形成示范带动作用，促进信用体系建设的不断完善。这里需要强调的是，高起点要坚持先易后难，稳步推进，在易于突破、出成效、有基础的地方率先开展，但要求与标准不能降低。

⑷坚持社会参与强化监管的原则。信用体系建设涉及面广，内容复杂，需要社会有关方面的共同参与和努力。要充分发挥社会各阶层、各部门的积极性，整合多方力量，优化资源配置，明确职责分工，参与和支持中小企业信用服务建设工作深入开展。同时，建立信用监管的长效机制，使激励与惩戒相结合，发挥媒体的舆论导向作用，对具有良好信用记录的中小企业给予宣传报道，政府有关部门对这些企业获得信用担保、融资贷款、优惠政策等方面给予支持；对蓄意失信者及有不良信用记录的企业给予限制，并进一步规范信用市场。

⑸坚持突出重点与注重实效的原则。在企业信用服务体系建设工作中，要结合实际，选择重点行业和重点企业，以信用信息征集、评价和发布为重点，不能面面俱到。同时，选择中小企业在市场竞争和经济交往中容易出现信用问题的薄弱环节，积极开展有针对性的、形式多样的诚信活动，以切实有效的激励政策提高企业的信用意识和水平，逐步使政府的行政推动转变为企业的自觉行动。

（二）推进中小企业信用服务体系建设的主要任务

中小企业信用服务体系建设是一个完整的体系，主要包括开展中小企业信用信息征集、信用等级评价、建立和完善区域性中小企业信用档案中心和数据库以及企业诚信建设活动等方面。建立中小企业信用制度是中小企业信用服务体系建设的核心，要通过多种形式的信用服务，引导企业强化信用意识，提高信用能力和水平。

⑴开展企业信用信息征集。以改善中小企业融资信用环境为目的，信用信息收集机构对中小企业生产经营活动中产生的基本信用信息进行采集和整合，通过融资信用信息平台和抽样调查、走访调查的方式，依法从政府有关部门、公共服务机构、交易客户和公开的媒体网络以及自愿提供的企业中获取，并进行客观的记录与存储。通过不断采集和累积信用信息，为企业融资与信用交易提供查询服务或制作征信报告。企业信用信息征集要突破部门和行业壁垒,实现联合征信。

⑵开展企业信用等级评价。信用评价是根据多方采集来的中小企业信用信息，对其信用状况特别是企业预期偿债能力、履行有关义务能力等作出综合性判断，评定出相应的信用等级，形成中小企业信用评价报告。信用评价报告是对企业信用状况的基本描述及对其信用能力和意愿的评价，内容包括中小企业的经营状况、财务状况、主要信用信息记录、主导产品情况、行业状况分析、信用等级评定等。信用中介机构要结合中小企业特点，依据统一的评价标准，按照严格的程序，客观公正开展信用评价服务，准确反映企业信用状况，着力提高信用产品的质量。同时，以多种方式为中小企业提供信用咨询服务，帮助中小企业加强信用管理基础工作。

⑶建立和完善中小企业信用档案中心与数据库。要逐步建立健全中小企业信用信息档案库，录入中小企业征集和评级的信息，运用现代信息技术使中小企业信用档案逐步从纸质化管理向电子化管理过渡，并逐步实现区域性中小企业信用信息档案系统的联网,不断充实和完善中小企业信用信息并定期更新。中小企业信用信息档案内容主要包括中小企业的基本情况信息和信用评价信息，有条件的地方可按中小企业规模、行业和信用等级等进行分类分析，作为中小企业信用信息档案的补充内容。中小企业信用档案中心是中小企业信用服务体系建设的操作与运营主体，目标是建立技术设备较为先进、服务功能齐全、能覆盖本区域的独立运营网络，功能是满足社会各界对企业信用档案和信用信息的需求，着力培育和创造信用产品市场需求，将潜在需求变为有效需求，将有效需求变为可持续需求，为企业自身利用信用产品进行融资和交易提供便利。

⑷开展企业诚信活动。开展宣传教育、信用知识与财务管理培训、人才培养、信用示范企业认定和诚信激励、失信惩处等多种形式的企业诚信活动，宣传信用知识，介绍信用征集、信用评

价、信用信息发布、信用惩罚的主要内容，不断提高中小企业对信用体系建设工作的认识。有计划、有组织地持续开展宣传活动和诚信活动，依法开展独立、客观的信用披露与监督工作，建立中小企业信用信息公示披露制度，逐步形成中小企业信用信息的统一发布平台，在网站、媒体上设立公示栏目，对诚信示范企业予以褒扬，对有严重失信行为和恶意失信行为并依法受到处罚的企业进行曝光，营造企业信用体系建设的良好工作氛围。

（三）推进中小企业信用服务体系建设要处理好几个关系

(1)近期与长远的关系。中小企业信用是一项长期工作，切忌短期行为。处理好近期与长远的关系，就是要找准近期工作的切入点，做长期的工作准备，也许需要几代人的持续努力。法规政策出台和规划制定、信用管理系统和档案库建设、系统间互联互通和统一发布平台的搭建、企业信用市场的培育和开发、企业信用制度建设和信用环境改善等都要作长远考虑，企业信用只有持之以恒地抓下去，才会看出其所具有的效应与巨大影响力和推动力。

(2)点与面的关系。处理好点与面的关系，是做好工作的重要方法。“点”就是在信用工作中要突出重点，抓关键的少数，不能面面俱到。也就是说，地方或部门可先确定有信用工作基础的领域进行试点，内容也不要铺开，选择一二项内容先行开展，点上工作做细做扎实，取得经验后再逐步向面上推开，避免工作的盲目性和少走弯路。“面”就是要兼顾其他地方或多数企业的情况，这是一个引导和带动的问题，通过树一批中小企业信用典型，开展信用培训和研讨等工作带动面上工作。点与面要相互促进、相互带动，兼顾好就能有序推进中小企业信用工作深入开展。

(3) 理论和实务的关系。有理论指导的实践才是目标明确和自觉的实践，有理论创新的实践才是有推动力的实践。中小企业信用工作是新生事物，理论的基础研究本来就较薄弱，在企业信用实践中必须加强理论研究。信用实践的过程，也是不断总结的过程，要不断总结探索中所取得的成功经验，上升到理论，变成指导信用工作的具体政策。

三、推进中小企业信用服务体系建设的政策措施

在借鉴国际先进经验的基础上，这几年我国推进中小企业信用服务体系建设取得了一定成效，部分地区初步摸索出了区域化的建设模式，社会各有关方面的信用意识也有所提高。但也必须清醒地看到，这项工作的艰巨与复杂性，要有相应的政策加以配套，调动各方积极性，整合社会资源，分步实施，稳步推进，务求取得实效。

(1)加大中小企业信用政策法规的出台力度。方针和政策是指导企业信用工作的灵魂。政策法规建设滞后是中小企业信用体系建设的薄弱环节，要使企业信用工作取得实质性进展，必须解决好这一政策盲点和工作难点。2001 年原国家经贸委等十部委已出台加强中小企业信用管理工作的若干意见，要以此为基础，结合这几年的试点经验，总结各地的成功做法，加快出台一个促进中小企业社会化信用服务体系建设的文件，努力使企业信用工作纳入正常工作的轨道，做到有法可依、有章可循，营造良好的政策环境。同时，要积极探索，尽快制定企业信用行业标准，建立健全中小企业信用信息征集、信用评价、信用产品使用和信用公示等管理办法，消除企业信用工作中的体制和政策障碍，为开展企业信用服务和信用管理提供法制保障。实践已经证明，哪个地方企业信用的政策法规制定得好，哪个地方工作就推进得快，成效就明显。

(2)发挥政策叠加作用特别是进一步加大资金支持力度。中小企业信用工作是一项超前性、前瞻性的工作，也是一件新生事物，工作的启动和持续推进需要政策支撑和大量的资金投入，对整个推进过程加以引导。各地情况不同，采取的方法也有所不同。普遍的做法是，通过政府部门联动，在政府采购、政策担保、财政贴息、专项资金扶持、项目招投标、资质认定、行政许可和企业评优等方面进行使用信用产品的制度安排，通过政策导向和叠加，推动中小企业信用服务体系建设深入开展。政府的财力支持是有限的，只起引导和激励的作用，关键在于调动企业和民间加大资金的投入，必须要配套资金的支持。在发挥政府资金“四两拨千斤”作用的同时，也要制定相应的政策，鼓励企业和社会资金参与到信用服务体系建设中来。

(3)调动各有关方面特别是银行的积极性。中小企业信用必须贯穿于解决其融资难问题这一主线。如果偏离这一宗旨，中小企业信用制度建设将难有成效。只有紧紧围绕中小企业融资难这一主题，中小企业信用工作才能有血有肉、有声有色地展开，才能建立长效机制。要想通过信用工作解决中小企业融资难问题，金融系统是关键，也就是说信用产品和企业良好的信用评价结果要得到金融机构的认同，使信用好的企业能得到融资贷款。对信用好的中小企业，政策上应有所突破，引导和鼓励商业银行和担保机构使用或参考经有一定资质的社会第三方评定的企业信用结果，使企业信用市场需求能得到培育、开发和扩大。这是推进中小企业信用服务体系建设的关键点，按照企业信用各需求方制定综合全面的评价指标体系，加工制作有需求的信用产品，这方面金融机构潜力很大。

(4)加大宣传力度，改善信用环境。信用认识不到位，信用意识淡薄，是中小企业信用工作又一薄弱环节。利用广播、报纸、电视和网络等舆论工具，宣传中小企业信用好的典型，形成强大的舆论攻势，扩大企业信用的影响面和带动力。

企业信用状况的改善离不开社会的支持，要吸引和带动社会各有关方面积极参与和支持企业信用制度建设，为企业信用水平和能力的提升营造良好的社会氛围。

(5)积极开展多种形式的培训与交流。中小企业信用服务体系建设要深入有效开展，必须紧紧抓住培训这一环节。要通过培训、论坛、研讨等多种形式，宣传信用理论和信用专业知识。通过政策引导，有计划有组织地推动信用培训，培养一批专业素质较高的信用工作者队伍。还要加强中小企业信用的理论研究，组织力量开发信用培训教材，建立培训基地和培训师资，针对中小企业信用需求的不同特点开展多层次的培训。要调动信用中介机构积极参与信用培训工作，争做培训工作的主力军。特别是对企业信用意识的培育要抓住不放，企业是信用建设的主体，不解决好这一问题，信用工作就难以推进。要着力提高企业的信用意识，充分调动企业做信用工作的积极性和主动性。

(6)加强领导，形成协调配合机制。建立中小企业信用组织体系是推进中小企业信用工作的可靠保障。地方政府要重视企业信用工作，建立部门协调配合的机制，明确职责与分工，加强对中小企业信用工作的监督和管理，逐步建立上下贯通、横向联动的组织网络和工作机制，切实解决工作中出现的重点难点问题，确保中小企业信用工作扎实推进。

(7)制定规划，建立考核指标体系。在深入调研的基础上，应该研究制定本部门中小企业信用服务体系建设规划，以规划统率信用工作。中小企业信用服务体系建设是一项实实在在的工作，切忌做表面文章，评价的重要依据就是看取得哪些实实在在的效果。不仅看征集和评级中小企业数量，信用档案中心和数据库建设情况以及诚信活动开展情况，更重要的是看信用产品市场需求的培育和信用产品的有效应用，看中小企业信用意识是否提升，信用制度是否建立和完善，是否获取贷款和融资担保，企业是否有更大的发展。

（国家发展改革委中小企业司融资担保处）

2005年全国中小企业信用担保体系建设状况

按照国务院领导的指示精神，国家发展改革委围绕着解决中小企业发展中面临的融资难问题，根据《中华人民共和国中小企业促进法》和《国务院关于鼓励支持和引导个体私营等非公有制经济发展的若干意见》，会同财政、银行、银监等部门，从鼓励担保机构建设，引导和支持担保机构为中小企业提供融资服务等方面入手，积极推进全国中小企业信用担保体系建设工作，工作取得明显进展，全国以中小企业信用担保为主体的担保业正在进入新的发展时期。

一、担保机构基本情况及特点

在有关部门和地方政府的大力支持和积极推动下，以中小企业为服务对象的中小企业信用担保机构得到了快速发展，为破解全国中小企业融资瓶颈创造了有利条件。目前，以中小企业信用担保机构为主体的全国信用担保业正在初步形成。

据调查统计，截至2005年底，全国信用担保机构已达2914家，其中，省级担保机构198家，地市级担保机构1169家；政府完全出资的585家，参与出资的568家，民间出资的1761家；公司法人2446家，事业单位300家，社团法人128家。2914家担保机构共筹集担保资金总额815.15亿元，其中政府出资217.02亿元，占担保资金总额的26.62%。全国2914家担保机构已累计担保企业263467户，累计担保总额4673.87亿元，累计实现收入57.66亿元。

从调查情况看，当前，中小企业信用担保体系建设呈现出一些新的发展特点。

（一）担保体系建设由政府主导型向市场主导、政府引导型方向转变

各级政府坚持政策扶持与市场化原则相结合，通过资金投入和政策调控等多种手段，积极推进和引导担保体系建设走市场化道路。中小企业信用担保体系建设正在由初期的以政府投入为主向投资主体多元化方向发展，大量非政府资金正在进入担保业，市场化进程明显加快。据统计，在全国2914家担保机构中，公司制担保机构达到2446家，占总数的83.94%，其中，非政府出资已占担保资金总额的73.38%。担保机构已从初期主要由政府出资为主，发展到以企业、民间组织和自然人等非政府出资为主，越来越多的担保机构通过市场化运作、企业化管理正促使我国担保业的发展由政府主导型逐步向市场主导、政府引导型方向转变。

（二）担保资金大幅度增加，担保业务实力进一步增强

截至2005年底，全国担保机构担保资金总额比2004年增加157.95亿元，增加24.03%，累计担保贷款比2004年增加44.38%，累计实现为26.34万家企业提供担保服务，比2004年增加39.85%。在担保资金显著增加，业务实力增强的同时，担保机构担保的品种也在呈现多样化趋势，除为企业提供贷款担保外，票据担保、出口信用担保、履约担保，如工程履约担保、招投标担保、工程付款担保等也在成为担保机构适应市场需要积极探索的业务品种。

（三）担保业务水平和运行质量稳步提高

各级政府部门在积极引导担保机构为中小企业服务的同时，也把引导担保机构防范风险，促进担保机构可持续发展放在重要位置上。通过树立典型，开展区域性、全国性的业务交流等活动，促进了担保业整体业务水平的提高，取得了实效。据资料显示，2005年全国2914家担保机构

实现担保业务收入57.66亿元，利润总额35.23亿元,分别比2004年增加24.69%和一倍以上，担保业的可持续发展能力进一步提高。同时，担保业控制风险、抵御风险的能力也在得到加强，代偿率、损失率均控制在较低的水平上，抵御风险的准备金储备进一步增加。据统计，2005年2914家担保机构累计发生代偿25.29亿元，只占累计担保总额的0.54%，与2004年保持持平的水平，其中得到追偿的达8.79亿元，最终确认发生的代偿损失是3.47亿元，只占担保贷款总额的0.07%，比2004年低0.03个百分点；风险准备金已累计提取达21.42亿元,比2004年增加23.19%。从总体上看，担保机构保持了良好的发展势头，防范风险能力进一步提升，担保贷款质量得到提高，运行状况良好。

（四）担保体系建设对于支持中小企业发展效果显著

中小企业信用担保体系建设对缓解中小企业融资难、担保难发挥了有效的作用，其重要性日益显现。担保机构根据地方经济发展需要，积极创新担保服务理念，拓宽担保服务领域，为中小企业开展形式多样的担保服务，不断地使更多的企业具备获得金融机构提供资金的条件，有效的提升了当地中小企业的信用能力，促进了地方经济的发展。受保企业在担保机构的支持下，其销售、利税和就业人数显著增加，社会效益和经济效益显著。据统计，2005年当年担保机构为企业提供了1913亿元担保服务支持，受保企业在担保机构的支持下新增销售收入3425亿元，新增利税268亿元，新增就业157万人。

二、存在的主要问题

调查反映，各地在推进中小企业信用担保体系建设过程中仍然存在着一些亟待解决的问题。

（一）担保机构规模小、实力弱，一些地区的机构发展过快、过滥

2005年担保机构户数比2004年增加33.18%，保持了较高的发展速度，但户均注册资金只有3060万元，与2004年基本持平，新增的担保机构规模仍然偏小。从调查情况看，个别地区存在着发展过快，甚至出现过快、过滥现象，主要表现有：一是担保资金规模过小，缺乏规模效应，担保机构最小的资金规模只有100万元左右；二是放大倍数普遍较小，由于实力弱，银行的认同度不高，担保放大效应难以发挥；三是业务空置率较高，有些地区甚至多达70%以上的担保机构没有开展正常的担保业务。

（二）担保业相关的法律法规建设滞后，担保机构运作规则缺乏

担保机构的设立尚还没有统一的适合担保业发展要求的市场资质要求。涉及担保行业的主要法律法规尚未对担保机构的设立作专门规定，《担保法》也仅规范了担保行为，致使担保机构缺少法律保护。国务院公布的《国务院对确需保留的行政审批项目设定行政许可的决定》（国务院412号令）中，虽然明确“跨地区或规模较大的中小企业信用担保机构设立与变更”作为行政许可项目，由国家发展改革委负责实施，但这项许可的范围和力度还满足不了担保业的整体需要。有关涉及担保业市场准入与退出、业务范围与种类、从业资格、内控制度、行业自律等问题的法律法规尚需要加以研究和制定。

（三）担保机构还存在着运作不规范，抗风险能力不强等现象

担保机构的运作还存在着一些不规范的现象，主要表现为：一是缺乏必要的管理制度和风险控制制度，业务人员缺乏金融、财务、法律、审计、评估等专业知识，素质不高，识别和控制风险能力差；二是担保资本金不实，有些担保机构注册后，转移资本，虚假出资；三是热衷于大项目和高盈利、高风险的投资业务，或运作担保贷款，骗取银行资金，不从事中小企业贷款担保，资产缺乏流动性和安全性；四是高比例收取保证金，并以各种名目收取不合理费用，增加企业担保贷款负担；五是担保风险准备金不提或提取不足，抵御风险能力较弱；六是行政干预和人情担保依然存在。这些不规范行为的存在极大地增加了担保机构的经营风险，给担保业的健康发展带来不良影响。

（四）担保机构的损失补偿和风险分担机制尚未建立，担保体系整体功能和作用不强

目前，我国担保机构的损失补偿和风险分担机制尚未建立。调查中了解到，各地仍然缺乏对担保机构开展中小企业担保业务进行损失补偿的机制，省级、国家级的再担保机构也仍然缺位，担保机构的风险分担机制尚未建立。担保体系整体信用能力难以以有效方式得到提升，这对担保机构开展中小企业担保业务的积极性带来一定的影响。担保机构经营的是风险，缺乏必要的损失补偿和风险分担机制，将难以确保担保业的健康和可持续发展，担保资金的放大功能，以及对中小企业的信用补偿和提升作用也会受到削弱。

为引导担保机构发挥整体优势，切实为解决中小企业融资难、担保难发挥作用，促进地方经济发展，仍需要做好以下几方面的工作。

⑴要制定和完善促进担保业健康发展的法律法规，加强对信用担保业的监管，规范担保机构的业务行为，提高担保机构的管理水平，保证担保资金的安全、有效和规范使用，为担保业创造良好的发展环境。

⑵要加大政策扶持和资金支持力度，完善各项配套措施。贯彻落实《中小企业促进法》有关支持信用担保的规定，加大财政资金用于中小企业信用担保体系建设的力度；为体现政府的政策导向，对符合条件的中小企业信用担保机构继续给予减免营业税政策支持；促进银行与担保机构实现平等协作、共担风险、互利共赢的合作关系，使担保机构能够更加有效和便利地开展担保

业务。

(3)建立健全担保机构的风险分担机制，防范和控制担保风险。建立和完善中小企业信用担保体系的风险分担机制，加强担保机构的风险监控和预警机制建设，采取有效措施引导担保机构不断强化风险意识，始终把防范和控制风险放在开展担保业务的首位，努力提高自身的风险控制和管理水平。同时，要引导建立行业自律性组织，促进担保机构开展行业自律和维权。

(4)推动中小企业信用环境建设，提升中小企业信用能力。营造讲诚信、守信用企业得到支持，不讲信用、有失信行为的企业受到抛弃，甚至依法得到惩治的信用环境。不断强化中小企业诚实守信的信用理念，为担保机构控制担保风险、提供担保服务，以及为从根本上解决中小企业融资难、担保难问题创造条件。

（国家发展改革委中小企业司融资担保处）

不断优化中小企业自主创新的融资环境

改革开放以来，我国中小企业发展迅速，成为最富有活力的经济群体。特别是进入新世纪，在市场机制带动和政府积极推动下，中小企业发展速度加快，数量迅速增加，素质不断提高，活力进一步增强，对经济增长的贡献越来越大。据统计，占全国企业总数99%以上的中小企业，创造的最终产品和服务价值占国内生产总值的60%左右，上缴税收约为国家税收总额的50%，解决了75%以上的城镇就业。中小企业已成为我国经济增长、市场繁荣、结构调整、增加就业的重要基础，并以其灵活的运行机制和市场适应能力，成为我国经济体制改革和对外开放的重要推动力。

不仅如此，随着创新型国家建设的深入推进，中小企业在我国创新体系建设中也发挥着越来越重要的作用。企业是创新的主体。市场竞争中,中小企业有持续创新的动力。与大企业相比，中小企业自主创新具有数量多、效率高、周期短、成本低等特点，不仅涉及传统加工业，还涉及信息、生物、新材料等高新技术领域以及信息咨询、工业设计、现代物流等新兴服务业。目前，我国65% 的发明专利、75%以上的技术创新、80% 以上的新产品都由中小企业完成。中小企业已成为技术创新的生力军。从一定意义上讲，没有中小企业整体创新能力的提高，建设创新型国家的目标是难以实现的。

同时，我们也看到，中小企业在自主创新上还面临着研发投入低、创新人才匮乏、资金短缺、专利申请质量低、科技成果转化率不高等诸多困难和问题。其中最为突出的是中小企业融资难、贷款难、担保难，严重影响了中小企业创新作用的充分发挥。据统计，我国主要银行业金融机构小企业贷款占各项贷款总额比例目前仅为14.7%。因此，树立创新意识，采取切实措施有效缓解中小企业融资难，营造有利于中小企业自主创新的融资环境，是当前推进中小企业创新工作面临的一项重要任务。

随着我国市场化程度的不断加深和国内外经贸环境的深刻变化，中小企业的融资环境也出现了一些的新特点。面对复杂多变的环境和中小企业新的不断增长的融资需求，需要我们用改革和创新的思路，运用多种融资方式，不断优化融资环境，加快中小企业融资步伐，着力构建系统化、社会化的中小企业融资服务体系，达到治标更要治本的目的。

（一）要创新工作思路

创新思路,就是要深刻分析中小企业融资难的成因和变化，以政策为依托，将中小企业融资服务从银行业金融机构扩大到贸易融资、政策融资及股权融资、产权交易融资等多层次资本市场，加快融资体制机制、金融产品、金融服务、信用担保服务和中小企业信用制度等方面的创新，将外源性融资与内源性融资、直接融资与间接融资、对外融资和国内融资、有形资产融资和无形资产融资等有机结合起来，积极推动中小企业融资的渠道多元化、方式市场化、手段规范化和结构合理化，最大限度地创新和发挥各种融资模式优势，充分发挥政府部门、企业、金融机构和中介服务组织等多方面的积极性和创造性，积极构建面向中小企业自主创新的多层次融资服务体系，切实提高企业的原始创新能力、集成创新能力和引进消化吸收再创新能力，着力推进创新型企业建设，力促中小企业快速成长。

（二）实现体制机制创新

中小企业融资工作需要有良好的外部环境，需要有健全的机制体制作支撑。一是要认真清理和突破各类不利于中小企业融资的限制性政策和相关规定，并针对中小企业融资的新情况新需求，出台有针对性的鼓励和扶持政策，加快对中小企业自主创新的政策支持力度。二是整合现有资源，加强协调与合作，注重发挥各方面的作用，重点是在企业、金融机构、中介服务机构和政府之间形成良性互动的协作关系，合力推进中小企业的创新与发展。三是探索形成政府对银行开展小企业贷款的激励机制，加快金融机构改革步伐，建立适应中小企业特点的差别化运营模式和考核机制，使银行贷款的收益与风险预期相挂钩，引导银行加大对小企业创新活动的信贷支持。四是与中小企业融资工作相关的政府有关部门要转变工作思路，改进工作方式，遵循中小企业融资的客观规律，逐步建立健全有效的沟通协调和管理服务的新机制。

（三）实现金融产品和金融服务创新

当前，中小企业融资难突出表现为：金融产品比较单一，金融服务相对滞后，不适应中小企业融资需求。要引导金融机构不断创新，增强对中小企业的放贷积极性，积极开发多种适应中小企业发展需求的金融产品，通过设立中小企业专门机构、简化审贷程序和建立分账管理与考核等方式，不断改善和创新金融服务。近年来，工、农、中、建四大国有商业银行相继成立了中小企业信贷部，积极开展金融产品创新，提高了对中小企业的信贷比重。特别是国家开发银行作为开发性金融机构，充分发挥开发性金融的优势，致力于推动中小企业融资建设，推出了针对中小企业的金融产品，形成了“两台一会”的操作模式，并取得了显著成效。据统计，国家开发银行在全国254个地区建立了中小企业贷款的合作机制，贷款平台294个，担保平台264个，信用促进会等群众组织190个，覆盖的区县达756个。截至9月末，为中小企业累计发放贷款261亿元，支持中小企业、个体工商户和农户6万户，创造就业岗位50万个。

（四）拓展中小企业直接融资渠道

事实证明,融资服务的多元化有助于解决中小企业融资问题。深交所中小企业板开通以来，其引导和示范作用日益显现，一些符合条件的成长型中小企业获得了上市融资机会。目前，已有82家中小企业在深交所上市，总融资额222亿元，户均2.71亿元。下一步要推进制度创新，稳步扩大规模，形成合理的行业和区域分布，加快推进创业板市场建设，以适应不同类型及中小企业不同成长阶段的融资需求，实现中小企业板应有的融资功能和对中小企业的整体规范作用。同时，积极整合、规范和发展不同类型的产权交易市场，为各类中小企业重组、产权出让等提供交易平台。建立健全创业投资机制，支持不同层次中小企业投资公司设立与发展，为高成长性的中小企业提供创业和发展的资金来源。积极推进典当、融资租赁等融资方式解决中小企业的融资问题。

（五）实现担保品种创新

担保难、寻保难是抑制中小企业发展的瓶颈。国内外发展实践证明，构建多层次中小企业信用担保体系是解决中小企业信用不足、抵押品缺乏、融资困难的一条有效途径。经过近10年的试点探索和规范发展，以中小企业信用担保机构为主体的我国信用担保业初步形成，担保机构担保资金增加，业务实力增强，运行质量提高，担保成效显著。截至2005年底，全国中小企业信用担保机构达2914家，担保资金815亿元，累计担保总额4674亿元，受保企业26.6万户。要继续采取有效措施，积极推进中小企业信用担保体系建设，加强担保机构能力建设，逐步建立和完善中小企业信用担保机构行业准入、风险控制与补偿、奖励机制，提高其风险防范能力和发展带动能力。按照政府引导与市场化运作相结合的原则，建立符合中小企业融资担保需求的可持续发展机制，强化银保企三方合作，加大担保品种创新力度，扩展担保业务，扩大担保规模，增强担保能力，努力适应不同类型的中小企业担保需求。

（六）实现中小企业信用制度和管理的创新

企业信用不足或缺失是影响其获得融资的重要因素。信用环境差和信息不对称，使得资本的供给与资本需求存在结构性矛盾，加大了中小企业交易与融资成本。改善中小企业信用，对于提升中小企业整体素质和综合竞争力，抵御信用风险，提高融资能力，促进中小企业健康发展具有重要意义。为推进中小企业信用服务体系建设，国家发展改革委选择部分省市开展以中小企业信用信息征集与信用等级评价、企业信用档案中心建设和诚信活动为主要内容的试点探索，取得了宝贵的实践经验和阶段性成果，下一步需要深化和推广。信用是企业融资和交易的凭证。要逐步建立以企业信用登记、信用征集、信用评级和信用发布为主的信用制度，形成中小企业信用信息统一发布平台，逐步建立企业信用自律机制和失信惩戒机制，将营造信用环境、推进企业信用制度与提升融资能力相结合，使企业信用等级成为获取贷款与融资的重要依据。

发展中小企业是一项有光荣使命感的崇高事业，也是一项艰巨而复杂的战略任务，需要各方面不断探索创新并付出持续不懈的努力，共同致力于缓解中小企业融资难，实现中小企业融资服务创新、体制机制创新、技术创新和管理创新，提升中小企业自我创新与发展能力。

（国家发展改革委中小企业司融资担保处　周平军）

2005～2006年度创办小企业工作综述

随着《中小企业促进法》和国务院《关于鼓励支持和引导个体私营等非公有制经济发展的若干意见》的贯彻实施，以及中央财政中小企业服务体系专项补助资金的支持，“创办小企业，开发新岗位，以创业促就业”工作已全面展开。

一、创办小企业工作基本情况

创办小企业工作经过2003年11月的武汉会议，2004年12月的昆明会议和2006年4月的河南会议，经历了推动、探索、创新的实践过程。在各地中小企业管理部门积极推动下，创办小企业工作初见成效，使创业环境得到明显改善，创业辅导内容更加丰富，服务质量显著提高。

（一）地方政府高度重视创业工作

如山西省召开了全省中小企业创业工作现场会，会上总结表彰了全省中小企业创业明星，部署了今后一个时期推进创业工作的任务。省委常委、副省长梁滨同志亲自到会并作了重要讲话。吉林省政府提出了全民创业的号召，并召开了全省全民创业经验交流会，省委副书记林炎志同志亲自到会并作了重要讲话。重庆市政府把创业列入“民心工程”，黑龙江伊春市实施“创业富民工程”，并纳入市政府和有关部门的年终考核目标中。

（二）各地鼓励创业的政策相继出台

如江西省发布了《关于推动全民创业、加快富民兴赣的若干意见》，陕西省出台了《陕西省创办小企业促进社会就业指导意见》，江苏省发布了《中小企业促进条例》，明确了政府鼓励创业的各项扶持政策。四川省出台了《关于推进乡镇企业中小企业服务体系建设的意见》，明确提出要建立创业辅导体系，设立“小企业创业园”和“创业辅导服务站”。2005年有23个省市制定了“创办小企业工作方案”，对创业工作进行了部署，提出了创业扶持政策措施。

（三）创业得到了财政资金支持

在中央财政支持下，发展改革分中小企业司重点支持了13个城市和29个创业基地开展创业辅导服务。累计补助资金4332万元，共有254个服务机构，为7.7万个创业者和创办初期的小企业提供了创业服务。虽然创业服务补助仅限于十几个城市，补助金额每年只有1000万元左右，但影响和带动作用很大。一是使试点城市内的创业者和新办企业感受到了政府的关心，增强了创业者的创业信心。二是充分发挥了国家资金的引导作用。“政府扶持中介，中介服务企业”的理念在社会上产生积极影响，激发了服务机构服务创业企业的热情。三是积极探索了在新形势下创业工作的思路。四是有力地带动了其他城市的创业服务工作。

如陕西省财政拨付1000万元，要求地市给予相应配套，主要用于创办小企业补贴和社会化服务体系建设。柳州市从2005年开始，财政每年安排1000万元资金，支持创业工程。湖北省将促进创业与发展作为工业经济工作的重点进行部署，拿出300万元奖励创业先进。吉林省政府安排了3000万元的中小企业发展资金，为创业者提供创业培训、创业咨询、代理服务等创业者需求量大的各种服务。武汉市财政、市经委筹集3000万元，设立了市级都市工业园发展专项资金，专款专用，利用闲置厂房创建都市工业园，为创业者提供了孵化场地。

（四）创业服务体系初步形成

以中小企业服务中心为核心，社会各类中介服务机构积极参与的创业服务体系初步形成。如鞍山市建立了由22个部门、3个县区中小企业服务中心和12个街道办事处所属创业基地组成的三级创业服务网络。柳州市中小企业服务中心与30多家服务机构建立了服务联合体，由300多名专业人员组成了服务队伍。上海市为创办小企业构建了政策、服务、金融、信息、人力资源等六大支持体系，从市到区（县）到街道（乡镇）三级联动，覆盖各类所有制、各种行业，提供多层次、全方位的服务。重庆市通过认定市级中小企业服务机构的方式，树立了一批优秀的服务机构，并以这些服务机构为核心，在25个区县建立了创业服务网络。

（五）创业指导师队伍逐步建立

如浙江省、河北省、河南省、吉林省组建了由成功创业者、企业家、大学教师和专业人士组成的创业指导师队伍，开展“一人一策、一企一策”的帮扶指导。浙江省结合本省中小企业发展的实际需要，聘任了100名浙江省中小企业创业指导师，由创业指导师为主体组成的创业“大篷车”深入基层，为500多家企业免费提供了创业辅导服务，深受企业欢迎和好评。

（六）创业基地建设开始起步

如辽宁省、河北省、河南省、山西省、浙江省、重庆市相继出台了《关于小企业创业基地建设的指导意见》、《小企业创业基地认定管理办法》。河北省选择了石家庄、邯郸、承德、秦皇岛作为省级创业辅导基地试点，给予扶持，使之在全省发挥示范作用。目前，全省规划建设的20个创业辅导基地均开始建设。重庆市认定了市级小企业创业基地35个，已入驻企业1428户，解决就业近7万人。山西省利用原军工企业厂址，改造建设为省级中小企业创业基地，并根据基地所在地的产业特点，确定基地的产业方向为机械加工业，现已入驻企业13家，解决就业500多人。

（七）创业服务趋于多样化

创业辅导服务能够因企制宜，因人施教。服务内容涉及创业辅导、企业诊断、信息咨询、市场营销、融资担保、技术支持、人力资源、财务税务、法律法规等各个方面。如沈阳市中小企业服务中心针对大学生就业难、创业难的问题，挖掘自身办公用房的潜力，为大学生提供创业前期孵化场地，搭建大学生创业平台，组织有关专家为其提供辅导，形成了创业大学生巡回讲座、免费咨询、跟踪辅导、初期孵化的一条龙服务。并请工商部门为新注册企业发放服务机构联系卡，主动送服务上门。许多省市还利用各种渠道向社会广泛征集创业项目，并分门别类加以筛选和论证，提供给有志创业人员。创业辅导服务得到了良好的社会反响，使创业者、新创办的小企业感受到了政府的关心，增强了创业信心，促进了新企业的创立。

（八）创业培训更加规范

在国家层面，一是将创业培训作为“国家中小企业银河培训工程”的一项重要内容，中央财政给予一定的专项资金补助。二是为规范推动创业培训，制宁了创业培训大纲和创业培训跟踪调查表，提出了培训要求。组织专家编写了一套创业者丛书，作为推荐教材使用，很受欢迎。三是为了推动创业培训工作开展，进一步提高中小企业管理部门的同志对创业辅导工作的认识，掌握创业辅导工作的基本知识，了解创业与就业的相关政策法规，培养和建立高素质的创业辅导服务队伍，国家发展改革委中小企业司举办了四期创业辅导培训班，来自各地的520多位学员参加了培训。据了解，学员普遍感到收获很大，获益匪浅。一些学员在组织教材、开展创业培训方面已经开始发挥作用，成为地方创业培训的组织者、推动者。

在地方层面，创业培训开展得有声有色，如山西省组织开展了创业辅导万人大培训活动。举办了“山西省首期中小企业创业辅导师资培训班”和“大学生创业培训班”，有2000多人参加。组织了30多位专家编写完成20多万字的《创办中小企业实务教程》，向创业者免费发放。湖北省经委与湖北电视台等单位合作，举办了“崛起的力量——中小企业创业创新知识电视培训”。面向社会公众，针对中小企业创业发展中的热点、难点问题，组织省内知名专家讲课，精心制作了“政策法规解读”、“创业服务与企业成长”、“中小企业融资与上市”等10个专题，在湖北电视台黄金时段播出，受到基层和企业的普遍欢迎。

（九）创业的政策环境日趋改善

《中华人民共和国中小企业促进法》和《国务院关于鼓励支持和引导个体私营等非公有制经济发展的若干意见》发布以来，各地区、各部门高度重视，出台了一系列配套文件和具体措施。截至2006年10月，已有10多个部门和单位出台了20余个《若干意见》的配套文件，各省市制定《若干意见》的实施意见近30件。

⑴在市场准入方面：政策逐步放宽。贯彻平等准入、公平待遇原则，铁路、民航、军工、文化等领域正在逐步向非公有资本开放。允许外资进入的行业和领域，也允许国内非公有资本进入，并放宽股权比例限制等方面的条件。今年1月1日开始实施的《中华人民共和国公司法》取消了按照公司经营内容区分最低注册资本额的规定，将有限责任公司最低注册资本额降至人民币3万元，并允许公司按照规定的比例在2年内分期缴清出资，降低了公司设立的“门槛”。

⑵在税收政策方面：国家对失业人员创立的中小企业和当年吸纳失业人员达到国家规定比例的中小企业，在少数民族地区、贫困地区创办的中小企业，安置残疾人员达到国家规定比例的中小企业，在一定期限内减、免所得税。2005年《国务院关于进一步加强就业再就业工作的通知》（国发［2005］36号）对持《再就业优惠证》人员从事个体经营的，继续给予减免营业税、城市维护建设税、教育费附加和个人所得税，免收属于管理类、登记类和证照类的各项行政事业性收费的政策。同时，将再就业优惠证发放范围扩大到国有大集体下岗人员，并要求各级政府和有关部门要进一步统筹解决好自谋职业和自主创业人员的经营场地问题。对持证创业继续提供小额贷款支持。

⑶在融资方面：银监会发布了《银行开展小企业贷款业务指导意见》，从政策、机制、程序和方法等方面对银行开展小企业贷款业务提出了具体措施；中小企业司与国家开发银行开发了“两台一组”(贷款平台、担保平台和群众组织——企业信用促进会)的中小企业贷款模式，为缓解融资难开辟了新的渠道。中国建设银行、广东发展银行、民生银行等商业银行针对中小企业贷款难的问题进行了积极的探索。2006年3月1日实行的《创业投资企业管理暂行办法》从9个方面为创业投资企业提供了特别法律保护，并从3个方面明确了对创业投资企业的政策扶持措施。

另外，近年来有关部委发布了一系列鼓励创业的优惠政策，如财政部、国家发展改革委下发的《关于对从事个体经营的下岗失业人员和高校毕业生实行收费优惠政策的通知》，中国人民银行、财政部、劳动和社会保障部下发的《关于改进和完善小额担保贷款政策的通知》等等。

上述几个方面充分表明我国创办小企业，促进中小企业和非公有制经济发展的政策环境正在逐步形成和完善。

（十）创业工作中存在的问题

⑴小企业创办难。创办小企业在登记注册、审批、年检、管理等方面，审批手续仍然比较繁杂，行政性收费较高，登记时间长。据调查了解，登记审批多达十几项到几十项，办理时间全国平均达到1个月，有的地方需要3个月以上。

⑵融资难。初创企业主要靠自有资金创业，向亲友借款或民间集资、拆借等方式筹资，很难通过银行贷款筹措资金。虽然，人民银行采取了放开贷款利率浮动水平等一系列措施，鼓励商业银行加大对中小企业的贷款支持，但创业企业的融资问题仍然没有得到解决。

⑶财政支持创业的资金规模偏小。国家尚没有设立用于资助创办小企业的专项基金；在中小企业服务体系专项补助资金中，直接用于创业服务补助资金总体规模偏小。

⑷创业服务能力较弱。公益性服务机构数量少，对社会中介服务也缺乏有效的组织和利用。为创业者提供服务的机构，无论从数量上、服务产品上还是服务规模上，还不能满足需求。创业教育与培训也未能跟上创业群体提高基本素质的迫切要求。据调查，在选择就业的毕业生中，有过自我创业想法的为58%，其中高达81%的人认为自己需要或需要再次接受创业培训，而真正接受过创业培训的仅为16%。

二、“十一五”创业工作面临的形势和工作思路

十届人大四次会议通过的“十一五”规划纲要明确提出，实施“中小企业成长工程”。实施中小企业成长工程，就是要全面提升中小企业的整体素质，提升企业的创新能力和竞争力，促进中小企业进入科学发展的轨道。创办小企业作为成长工程的重要内容，要放在国民经济和社会发展的大环境、大背景中加以考虑。

（一）创办小企业面临的形势

“十一五”期间我国经济社会发展将进入一个新阶段，社会主义市场经济体制的逐步完善，社会政治保持长期稳定，为经济社会发展提供了有利

条件，为构建社会主义和谐社会提供了有利条件。但是制约经济发展的一些长期性、深层次矛盾依然存在，主要是：自主创新能力弱、经济结构不合理；增长方式粗放，资源环境约束加剧；城乡二元结构矛盾突出，经济社会发展不平衡；就业压力较大，影响发展的体制机制障碍亟待解决。

“十一五”是我国劳动力增长的高峰期，期内新增劳动力供给5700万人左右，按我国经济增长速度测算，能够安排就业4300万人，缺口在1400万人；老工业基地、资源枯竭型城市、以及一些困难行业和群体的失业问题依然严重；集体企业和被征地农民的就业问题日渐突出；普通高校毕业生逐年增多。此外，农村还有1.5亿以上的剩余劳动力需要转移，解决就业再就业的任务十分艰巨。

我国资源约束矛盾依然突出。煤炭、电力、铁路运输、油气和重要的矿产资源缺口加大，一部分行业已经出现产能过剩，生态环境恶化的趋势没有得到根本扭转。随着人口的增长，工业项目的不断增加，人均耕地面积在逐年减少，资源瓶颈制约和环境压力不断扩大，可持续发展问题日益突出，对我国未来经济的持续快速发展形成巨大的压力。

在这样的宏观形势下，促进中小企业发展要从主要依靠数量扩张转变为更加注重质量提高，从主要依靠粗放型增长转变为更加注重可持续发展，从主要依靠单打独斗转变为更加注重协作配合，从单纯追求经济效益转变为更加注重提高经济效益与履行社会责任相结合。创办小企业工作，既要实施积极的就业政策，扶持发展就业容量大的劳动密集型产业、服务业和各类所有制的中小企业，解决好人民群众最关心的就业问题，更要贯彻“以人为本”的科学发展观，从构建三次产业协调发展格局、提高资源利用率、改善环境的角度，开拓创新，引导和提高创业企业的质量，加快中小企业的产业结构调整，增强中小企业的成长性。

（二）创办小企业工作思路

“十一五”期间，推进创办小企业工作要创新观念、创新思路、创新方法，以创新精神，开拓创办小企业工作新局面。要以邓小平理论和“三个代表”重要思想为指导，坚持科学发展观，把创办小企业与推进社会主义和谐社会建设，加快经济增长方式转变，调整优化产业结构，提高企业总体素质和创新能力，加快发展服务业，建设社会主义新农村紧密结合起来，真正将党的十六大和五中、六中全会精神落到实处。

⑴与加强和谐社会建设相结合。要按照以人为本的要求，从解决关系人民群众切身利益的现实问题入手，千方百计扩大就业。通过创办小企业，促进就业，实现一人创业、带动多人就业的倍增效应。以创业促就业，加大对自主创业的政策扶持，帮助人们尽快转变观念，激发人们的创业激情，培育人们的创业能力。

⑵与调整优化产业结构相结合。“十一五”规划纲要提出，加快转变经济增长方式，把调整经济结构作为主线，促使经济增长由主要依靠工业带动和数量扩张向三次产业协同发展和创新发展转变。各地应当结合本地区的资源禀赋和产业特色创办小企业。如黑龙江省伊春市是资源转型城市，大量的森工企业下岗职工，既无创业资金，又缺乏创业技能。市中小企业局与劳动部门合作，围绕食用菌养殖、手工制品、电器修理等开展创业培训，建立创业实习基地，促进特色小企业发展。北京市石景山区根据大城市产业发展要求和就业人群的特点，发展数字娱乐创业园，通过龙头企业带动个体和微型企业的创立发展。上海市推动广告、创意产业和社区服务业发展，有效地引导和促进了一批小企业的创立。

⑶与节约资源、保护环境、实现可持续发展相结合。要将绿色GDP的理念贯彻到创办小企业工作中去，企业必须彻底摒弃高消耗、高污染、低利用率的粗放经营模式，采用低消耗、低污染、高利用率的循环经济模式，发展清洁生产，实现发展与环境保护的双赢。“十一五”期间国家将实行最严格的土地管理制度，加强对各种自然资源的保护和管理。场地是创业不可或缺的要素，要坚持节约资源，不新征土地的原则，利用现有闲置的场地、厂房、楼宇等资源，建设成能够培育小企业的创业基地。

⑷与推进社会主义新农村建设相结合。建设社会主义新农村，促进城乡区域协调发展，解决好“三农”问题是重中之重。创办小企业工作也要贯彻工业反哺农业、城市支持农村的方针，开拓工作思路，探索多种途径，由城市向城郊、区县发展，延长产业链条，加快发展农产品加工、保鲜、储运和其他服务业。在创业方式上积极探索“公司＋农户”、“连锁加盟”等模式，推进社会主义新农村建设。

⑸与促进区域协调发展相结合。“十一五”期间国家将坚持实施推进西部大开发，振兴东北地区等老工业基地，促进中部地区崛起，鼓励东部地区率先发展的区域发展总体战略，形成合理的区域发展格局。这必将加速人才、资金、技术、信息、劳动力等生产要素的流动，带来创业发展空间。在这个大背景下，促进创办小企业要与促进区域经济技术合作和产业集群式发展相结合。引导产业相近的小企业集中发展，向产业集群扩展。产业集群是中小企业的集聚地，也是小企业的创业基地。要加大对产业集群的政策支持力度，建立健全公共服务体系，完善产业综合配套功能，促进产业集群中小企业的持续健康发展。

⑹与提高中小企业整体素质、增强市场竞争力相结合。推动实施中小企业成长工程，不是单纯追求企业数量上的增加和规模上的扩大，更要追求企业整体素质的提高、创新能力的提高和市场竞争力的增强。抓创办小企业，不仅要帮助创业，还要帮助小企业发展。要提高创业服务能力，由物业服务、登记代办服务向创业培训、创业辅导、管理咨询延伸，提高企业的整体素质和

管理水平，使小企业不但能够创建出来，而且能够成长壮大。创业服务要瞄准对象，紧紧围绕创业需求进行。上海提出“校区、社区、园区”的“三区”联动，根据不同的创业服务需求，开展“一对一、门对门、心贴心”的创业服务。

（三）“十一五”期间创办小企业工作目标

继续贯彻党的十六大精神，落实《中小企业促进法》和《国务院关于鼓励支持和引导个体私营等非公有制经济发展的若干意见》，坚持科学发展观，以优化创业环境、完善创业辅导服务、培育创业主体为重点，以创业基地为载体，以创造新岗位为目标，降低创业成本，提高创业成功率，促进中小企业的创立和发展。

到2010年形成“一个体系、一支队伍、一批基地”。一个体系是：建立优质高效的创业辅导服务体系；一支队伍是：建立专职与志愿相结合的创业辅导员队伍；一批基地是：建立功能完善的小企业创业基地。使创业环境明显改善，创业成本有所降低，创业成功率明显提高，企业平均存活期延长，吸纳就业能力明显增强。

三、近期创业工作的主要任务

（一）完善创业政策措施

要针对目前创业工作中存在的问题，进一步调整和完善现行的创业政策。一是要认真贯彻落实国家促进中小企业、非公有制经济发展的方针政策和鼓励劳动者自主创业、自谋职业的各项政策。二是解决政策执行力差的问题。协调有关方面解决现行政策在执行中和操作中存在的问题。三是解决信息不对称问题。要加强政策的宣传和指导，帮助创业者和小企业了解政策、用好政策。四是尽快出台关于创办小企业的指导意见，以推动创办小企业工作。五是加大政策支持力度。争取中央财政扩大对中小企业服务体系专项补助资金的预算规模，同时尽快建立中小企业发展基金，扩大对创办小企业的支持。

（二）提高创业服务质量

创业服务要广泛发动社会各方力量，面向下岗失业人员、青年学生、进城务工的农村劳动者以及社会其他就业群体提供创业服务，增强其创业能力和经营能力。一是要从创业者的实际需求出发，不断丰富和创新服务内容，提高服务质量。二是鼓励各类服务机构多渠道征集、开发创业项目，建立“创业项目信息库”和“创业者信息档案库”，及时为创业者提供服务，帮助创业者掌握基本创业技巧，指导编制创业方案，助其成功创业。

（三）深化创业培训

通过创业培训提升劳动者的创业意识和创业的基本能力。对于有创业意愿但尚未创业的人员，重点开展创业意识教育和创业基本知识培训，帮助他们创新观念，明确创业目标，掌握创业必备的专业知识，提高创业的基本能力。对于已开办企业的人员，重点开展企业管理方面的专业培训，提升其经营管理能力。一是要规范培训，提高创业培训质量。要结合区域创业群体特点制定培训计划，选择适宜的培训教材，组织开展创业培训。二是采取案例教学、成功创业者现场交流、实际演练等灵活多样的培训方式，将创业培训与创业辅导服务结合起来，有条件的地方可以采取建立学员跟踪服务档案或创业者联谊会等方式，提高创业培训的实际效果。三是师资培训，组织有理论知识和实践经验的师资开展培训，组织好师资队伍，提高创业培训的质量。

（四）构建创业服务体系

一是有条件的省市要以城市为中心，尽快建立市、区（县）、街道（乡镇）三层联动的创业服务体系，使企业在最近的距离、最短的时间内得到所需服务。二是加强机构的能力培训与交流，提升创业服务机构的服务能力，打造优秀服务品牌。三是要开展贴身服务。要深入“校区、社区、园区”开展创业服务，及时、有效地解决人们创业中的困难。

（五）建立创业辅导服务队伍

建立高素质的创业辅导员队伍是创业服务工作的基础。各地要把有创业经验、熟悉创业政策、热心创业服务的优秀企业家(包括离退休人员)、行业专家、管理咨询专家、财税和法律等专业服务人员组织起来，为创业者服务。要建立创业辅导员选聘及管理制度，可以组织“专家咨询团”“创业服务志愿团”，深入实际开展创业服务，使其成为创业服务的重要力量。

（六）建设小企业创业基地

创业场地是创业的重要载体。可以依托当地经济技术开发区、工业园区或利用部分关闭破产企业的闲置场地、厂房等建设创业基地，为缺乏创业经验和经营场地的创业者提供一段时期的孵化，对初创期的小企业提供全程的创业服务，帮助企业尽快成长。创业基地具有社会公益性，政府在资金上、政策上应给予支持。同时，鼓励民间投资建设。

（七）拓宽创业融资渠道

一要指导符合条件的创业者用好国家小额担保贷款政策。二是将中小企业信用担保与支持创办小企业紧密结合起来，积极协调和配合商业银行及中小金融机构，探索创业融资的支持方式，扩大对新创企业的贷款。三是鼓励有条件的地区探索建立中小企业投资公司试点，积极推动中小企业社区银行试点，通过政策引导，带动民间投资，逐步扩大直接融资渠道。

（八）加大创业宣传力度

要充分利用各种宣传途径，弘扬创业精神，营造创业氛围，宣传创业政策，介绍创业成功案例，树立创业典型。要通过组织座谈会、创业者访谈、创业征文、创业展等多种形式，普及创业知识，宣传正确的创业观、就业观，树立一批创业标兵。

（国家发展改革委中小企业司服务创新处）

中小企业技术创新工作综述

（一）自主创新能力是衡量国家综合竞争力的重要标志

创新的含义，就是将创意和技术转化为新产品、新工艺和新服务，创造新的价值，驱动经济增长。世界经济论坛在《国际竞争力报告》中指出，20世纪90年代以来，发达国家提升竞争力的途径已经全面转向依靠技术创新。2005年，我国发布了《国家中长期科学和技术发展规划纲要（2006～2020年）》（国发[2005]44号）。2006年1月9日，召开了全国科技大会，党中央、国务院作出加强自主创新，建设创新型国家，用15年的时间进入世界创新型国家行列的重大决策。目前，世界公认的创新型国家有20个左右，其基本特征是：科技进步对本国经济发展作出了巨大贡献，其贡献率达到70%以上，科技投入占GDP的比例在2%以上，对外依存度指标要小于30%。与上述指标相比，我国还存在着较大差距。

增强自主创新能力是当代中国历史性的必然选择，是决定中华民族能否崛起的关键。国家自主创新能力主要表现为企业的创新能力，推动建立以企业为主体，以市场为导向，产学研相结合的国家创新体系，加速提高原始创新、集成创新和引进消化吸收再创新的能力，是建设创新型国家的保障。

中小企业的创新能力对建设创新型国家具有重要影响。由于生存的压力，中小企业更加关注市场机会，具有较强的创新动力，并具有数量多、效率高、周期短、成本低等独特优势。据统计，在20世纪，大约有60%的重大创新都起源于中小企业。但目前，中小企业专业人才缺乏，创新资金不足，技术装备落后，获取信息、资金、人才等资源的能力较弱，企业经营管理者的综合素质、管理水平相对较低，以及政策激励不足、技术支持体系不健全、知识产权保护措施不完善、有利于科技成果转化的机制没有真正形成等因素，都影响着中小企业技术创新的积极性和主动性。因此，应采取有效措施，激发中小企业创新的动力和活力。积极营造外部环境，集中解决中小企业技术创新的困难和问题，促进中小企业切实实现创新发展，已现实而紧迫地摆在各级政府部门的面前。

（二）国家支持中小企业技术创新的措施

为贯彻落实全国科技大会精神和党中央、国务院关于增强自主创新能力，建设创新型国家的战略部署，2006年2月，国家发展改革委提出了“十一五”支持中小企业技术创新的具体措施：一是制定鼓励中小企业创新的政策实施细则，出台相关配套文件。二是引导中小企业建立创新人才培育机制，提高员工素质。三是在中小企业相对集中、产业集群和具有产业优势的地区，建设一批中小企业公共技术平台。四是组织实施“中小企业信息化推进工程”，促进信息技术在中小企业的应用。五是坚持“政府扶持中介，中介服务企业”的原则，建立和完善技术创新服务体系。六是鼓励中小企业与大学、科研院所建立合作联盟，开展联合创新；鼓励大学、科研院所和有条件的大企业向中小企业开放研发设施；开展促进产学研合作交流活动。七是引导金融机构为中小企业创新活动提供信贷支持，与成长性强、资信好的中小企业建立稳定的银企合作关系，改善对中小企业的金融服务。八是开展“专利服务中小企业”活动，加大企业对自主知识产权的保护和开发利用；加大政府采购中小企业自主知识产权产品的力度。九是营造激励创新的舆论氛围，宣传国家创新战略和鼓励企业创新的政策措施，提高企业的主体意识、创新意识和品牌意识。到“十一五”末期，使中小企业技术创新政策体系和服务体系进一步完善，建立一批中小企业公共技术支持平台，推出一批信息化示范企业，支持一批具有自主知识产权的“专精特新”项目，形成一批具有创新活力、拥有自主知识产权的核心技术和知名品牌、市场竞争力较强的中小企业群体，使中小企业整体创新能力、发展质量和竞争力明显增强，对经济和社会发展的作用和贡献稳步提高。

（三）近两年开展的工作

1.营造政策环境

2006年2月7日，国务院发布了《国务院关于实施〈国家中长期科学和技术发展规划纲要（2006～2020年）若干配套政策的通知〉》（国发[2006]6号）。积极营造激励自主创新的政策环境，推动企业成为技术创新的主体。“配套政策”包括科技投入、税收激励、金融支持、政府采购、引进消化吸收再创新、创造和保护知识产权、人才队伍、教育与科普、科技创新基地与平台、加强统筹协调10个部分。目前，国家有关职能部门正在围绕相关内容，制定各项实施细则，年内将陆续出台近百个实施细则，其中“支持中小企业技术创新”的细则也在制定当中，其主旨是要推动建立“以企业为主体，以市场为导向，产学研相结合的技术创新体系”，从财政、税收、金融、政府采购等方面采取措施，集中解决中小企业技术创新面临的突出问题。

2.推动信息化建设

信息化水平已经成为衡量一个国家和地区的综合竞争力、生产力水平和发展潜力的重要标志，信息资源日益成为重要的生产要素、无形资产和社会财富。

2005年，国家发展改革委中小企业司对我国中小企业信息化建设情况进行了调查，结果表明，对中小企业信息化的投入资金不足、专业技术和操作人员缺乏、对信息化的认识水平和应用程度较低，是中小企业信息化建设面临的三大突出问题。而目前，很多信息化产品还不能满足中小企业经济、简便、适用、易维护等特殊需求，社会化服务网络还不健全，在电子交易、信用程度、货物配送、网络安全等方面的建设还有待完善等外部因素，也制约着中小企业信息化的发展。

为更充分地发挥信息化对自主创新的引领作用，进一步推动中小企业应用信息技术，2005年8月，国家发展改革委、信息产业部与国务院信息办，遵照“政府倡导、企业主体、社会参与”的原则，共同启动实施了“中小企业信息化推进工程”。推进工程得到了中国电信、微软、联想、用友等国内外大型IT企业的积极响应，他们组成“中小企业信息化服务联盟”，为中小企业信息化建设提供支持和服务。

一年多来，国家发展改革委、信息产业部和国务院信息办有关司局研究制定“关于加强中小企业信息化推进工作的意见”，编辑“中小企业信息化发展报告”，收集“中小企业信息化典型案例”，组织召开了中小企业信息化解决方案和百万企业信息化培训信息发布会，开展了中小企业信息化中外政策比较研究和中小企业信息化政策研究，在全国范围开展了大规模的信息化巡回演讲和培训活动，组织IT企业带着为中小企业量身打造的技术、产品和解决方案参加了第二届、第三届中小企业博览会，在两届中博会期间，召开了首届、第二届中小企业信息化论坛等。推进工程实施以来，在社会上引起了较大反响，也受到地方政府和中小企业的欢迎和好评。

3.支持公共技术平台

近几年，在我国的长江三角洲和珠江三角洲地区出现了以中小企业为主体，以劳动密集型产业为特征，覆盖纺织、服装、皮革、家用电器、汽车配件、五金制品、工艺美术等传统行业，以及信息技术、生物工程、新材料、文化产业等高新技术领域的产业集群和工业园区。这些产业集群成为中小企业提升创新能力和竞争力的重要载体，也为集中解决中小企业创新发展的共性、关键问题创造了条件。

国家发展改革委积极推动中小企业公共技术平台建设，将在中小企业相对集中、或产业集群、或具有产业优势的地区，支持建设一批为中小企业创新提供设计、信息、研发、试验、检测、咨询、培训等公共服务的技术支持机构，降低中小企业技术创新的成本，帮助中小企业提高生产技术水平和市场竞争力。2006年，已经完成了发展改革委政策研究室下达的“建立公共技术支持服务平台，促进我国劳动密集型行业经济增长方式转变”的课题研究，对构建公共技术支持平台，促进劳动密集型行业增长方式转变提出了政策建议。

各级中小企业主管部门加强政策引导和推动，加强对中小企业技术创新的支持与服务。2004年，浙江省下发了《关于开展创建省级中小企业共性技术服务中心的通知》(浙企科发[2004]75号)，将共性技术服务中心作为区域创新体系的重要组成部分。广东省经贸委在《广东省产业集群升级示范区建设指导意见》中提出，“加强产业发展公共服务体系建设，要求现有的以个别项目服务为主的服务平台延伸具有技术开发、推广、管理、营销、培训、信息、咨询、知识产权、质量检测、现代物流及电子商务等整个价值链的全方位服务功能”，并引导“有条件的产业公共服务平台还可由单一为镇、区服务的模式发展成为区域性和行业性的信息中心、贸易中心、研发中心、检测中心和培训中心”。河北省人民政府在《关于加快中小企业产业集群发展的指导意见》中提出要“搭建技术支持等公共服务平台”，“在规模较大的产业集群中，建立技术研发中心、产品检测中心、模具中心、产业信息中心、人才培训中心等”。江苏省中小企业局出台了《关于推进中小企业技术服务平台建设的意见》(苏中小信[2005]26号)，明确技术平台建设的指导思想、总体目标和工作要求；辽宁省中小企业厅制定了《辽宁省中小企业共性技术支持服务平台认定暂行办法》(辽中小企办[2006]20号)，对技术平台的主要功能、建设目标、运作模式提出了指导意见。

一些省市以挂牌支持、资金扶持等多种方式，开展公共技术平台的认定工作，调动了科研院所、大专院校、企业技术中心、行业检测中心、工程中心、中试基地等社会资源，成为支持区域中小企业技术创新的重要载体。河北省中小企业局为规范技术服务机构建设，制定了建设省级技术服务机构的10条标准，对服务场所、人员配备、仪器设备、组织机构、服务内容、制度建设、带动作用等作了明确要求，2005年择优命名了20个“省级产业集群技术服务机构”，并连续3年划拨专项资金1000万元扶持产业集群技术服务机构建设，同时拉动了地方政府和企业投资的积极性；湖北省在中小企业信息湖北网上建立了“湖北省中小企业产学研对接平台”，并在17所高校、科研院所实验室和工程研究中心的基础上，命名了24个“中小企业共性技术研发推广中心”；辽宁省为大连模具、营口镁资源加工、抚顺精细化工3家技术平台挂牌；贵州省为民族药、新材料和食品工业3家技术平台挂牌；内蒙古自治区选择了代表地区特色产业的稀土、乳品、中蒙药、畜牧机械等6个行业技术平台进行建设试点。这些措施培育了一批典型，起到了示范和带动作用，有力地推动了技术平台建设工作。

4.引导企业实施专利战略

在经济全球化时代，自主知识产权已经成为企业核心竞争力和一个国家的国际竞争力的重要标志。2005年，我国专利申请的总数量已在世界排名第四，但发明只占全部专利申请的18%，99%的企业还没有申请专利，拥有自主知识产权核心技术的企业仅为3‰，授权专利的实施和成果转化率还不到10%。因此，提高企业的专利意识，帮助企业学习和运用专利开拓市场已是当务之急。为引导中小企业利用专利提升专业化生产水平，创造品牌，2006年，国家发展改革委中小企业司会同科技部高新技术发展与产业化司、国家知识产权局战略办共同组织实施了“专利服务中小企业行动”，包括开展以普及专利知识、提高专利意识为主要内容的巡回宣讲，举办以知识产权与中小企业创新发展为主题的论坛，开展企业自主创新调查和收集专利产业化案例等内容。

（国家发展改革委中小企业司服务创新处）

2005年我国中小企业对外合作与市场开拓情况综述

2005年，中小企业对外合作与市场开拓工作取得积极进展。我国中小企业加快对外开放步伐，积极开拓国内外市场，我国政府与国外政府和国际组织间合作交流频繁且成果显著，政府引导搭建展览展销等中小企业市场开拓服务平台。

一、我国中小企业加快对外开放步伐，积极开拓国内外市场

（一）我国中小企业对外合作与市场开拓基本情况

2005年，我国中小企业出口增长势头良好。据海关统计，2005年末，全国连续3年出口增长率超过25%的中小企业有732户，3年出口额分别为24.67亿美元、48亿美元和80亿美元，平均增长率为26.53%。2004年，有出口实际的出口企业中，出口额在1500万美元以下的中小企业有11.49万家，中小企业出口总额1730亿美元，出口企业和出口总额较2001年分别增长75%和83%。

2005年，全国个体私营企业出口创汇2263.4亿元人民币，比2004年增加514.4亿元，增长了29.4%。其中，私营出口创汇企业3.1万户，比上年增加6736户，增长27.4%；私营企业出口创汇2202.4亿元人民币，比上年增加527.9亿元，增长31.5%。

（二）我国中小企业对外合作与市场开拓的形式日趋多样化

主要采取了以下几种方式：

⑴以建立营销网络的形式对外合作和开拓市场，主要在境外设立贸易公司、办事处等组织。如江苏中小企业政府管理部门在意大利、日本等国家设立办事机构，为企业走出去提供服务；温州康奈集团在欧美七个国家开办二十多家专卖店；浙江中小企业在巴西、南非、俄罗斯等国创办特色专业市场。

⑵以建立加工贸易项目的形式对外合作和开拓市场。如万向集团在美国投资汽车零配件生产项目，钱江集团与印尼合资组建摩托车生产企业，威莱绢棉公司在乌兹别克斯坦投资设立丝加工厂等。

⑶以建立资源开发项目的形式对外合作和开拓市场。舟山一家中小房地产公司在俄罗斯启动森林开发项目。一些中小企业纷纷参与境外渔业、农业等项目。

⑷以建立研发中心的形式对外合作和开拓市。如华为公司在印度建立新研发中心、在墨西哥建立生产中心，以此为平台在全球推出产品。新科集团在美国硅谷、香港等地建立了研发中心。

⑸以购并企业的方式对外合作和开拓市场。如上海海欣集团收购了美国家用织物制造公司的纺织品工厂和商标专利，依托其在加拿大和美国的制造基地，使海欣公司的绒毛织物年产量增加了近1/3。广东美的集团收购日本三洋电器公司的微波炉业务，并将相关业务和设备转移到该公司的中国生产基地。

（三）中小企业对外合作与开拓市场中呈现的主要特点

⑴从地区分布看，中小企业逐步从亚太地区走向多元化市场格局。一方面，亚洲以其优越的区位优势和投资环境，吸引了我国大部分中小企业的投资；另一方面，中小企业规模普遍较小、技术优势不显著，多数企业都选择投资亚洲等发展中国家，并逐步走向世界其他国家和地区。据统计，“十五”期间，对外直接投资、承包工种、劳务合作等对外经济合作业务遍布全世界近200多个国家和地区，基本形成“以亚洲为主，发展非洲，拓展欧美、拉美和南太”的多元化市场格局。

⑵从行业领域看，中小企业正由传统行业逐步走向高附加值和宽领域。我国中小企业大多数投资偏重于轻工、纺织等初级加工制造行业，随着国际分工带来的专业化生产和生产外包，许多企业逐步从工业制造、建筑、资源开发等行业拓展到交通运输、电子通讯等高附加值行业，进而投资到医疗卫生、咨询服务和旅游餐饮等领域。如浙江省2004年中小纺织企业出口交货值达889.76亿元，占规模以上中小企业出口交货值的20.6%；通信设备、计算机及其他电子设备制造业等高附加值中小企业的出口交货值达283.83亿元。

⑶从产业结构看，以中小企业集聚为特征的产业集群日渐成为对外合作与开拓市场的重要载体。实践证明，全球生产要素和资源越来越集中在各类特色产业集聚区，以中小企业集聚为特征的产业集群已经成为提升国际竞争力、加强对外合作与开拓市场的重要载体。众多中小企业在空间上不断集聚，形成了产业配套网络、研究与开发网络、市场交易网络、区域网络和全球网络等，通过与国外不同市场主体之间的资源传递和技术扩散，最终实现两种资源有效利用和优化组合。浙江现有产业集群519个，集群外向度日趋提高，相继在越南、俄罗斯等国开办专业市场，产品占到国际市场的1/3以上。江苏叠石桥家纺集群已呈现出“生产规模化、协作配套化、分工社会化、产品品牌化、营销国际化”的鲜明特色，2005年产值和销售均超百亿，产品畅销美国、俄罗斯、韩国、东欧等20多个国家和地区，市场成交额达135亿；500多位经营者在20多个国家和地区创办300多家境外企业。

二、加强与国外政府和国际组织间的中小企业合作与交流

⑴签署了一系列政府间中小企业合作协议。2005年是中小企业司成立以来，我国政府与国外政府和国际组织间的合作交流最频繁和成果最多的一年。1月14日，发展改革委与美国商务部签署《中小企业合作协议》；3月29日，发展改革委与大韩民国中小企业厅签署《中小企业合作谅解备忘录》；5月26日，克罗地亚总理访华期间，发展改革委与克罗地亚经济、劳动和企业部签署《谅解备忘录》；9月，与意大利确定共同举办2006年第三届中国国际中小企业博览会暨中意中小企业博览会；12月5日，温家宝总理访问法国期间，发展改革委与法国中小企业部签署《中法中小企业合作协议》。

⑵加强与APEC和OECD等组织的成员体之间中小企业的合作交流。我国政府还积极参加APEC和OECD中小企业部长会议，继续在APEC中小企业领域发挥积极作用，9月第三届APEC中小企业服务联盟年会及论坛在宁波顺利召开，各成员体支持明年继续在华举办第四届APEC中小企业技术交流暨展览会，中国将支持明年APEC东道主越南在2006年3月于北京召开APEC中小企业工作组会议等。

⑶通过国际研讨会等形式促进东亚中小企业合作。为落实去年温家宝总理在第八次东盟与中日韩(10+3)领导人会议上提出的合作倡议，加强东盟和中日韩中小企业间的交流与合作，10月27~28日发展改革委和北京市人民政府共同成功举办了首届东亚促进中小企业发展与投资高层研讨会，来自东盟和中日韩有关政府部门、科研院所、为中小企业服务的金融机构等中介组织以及专家学者和企业代表共520多人参加了会议，国务院副总理曾培炎到会作了重要讲话，马凯主任和国务院有关部门、北京市人民政府负责同志到会并发表演讲。会议取得丰硕成果，与会各国达成广泛共识，发表了《北京倡议》，不仅为东亚各国中小企业开展相互交流搭建了一个平台，也标志着东亚各国中小企业互利合作进入了新的历史时期。温家宝总理、曾培炎副总理分别对会议的总结报告作了重要批示。

三、完善我国中小企业对外合作与市场开拓的外部环境

⑴积极营造中小企业对外合作与市场开拓的政策环境。积极引导各地贯彻落实《中小企业促进法》和《行政许可法》等法律法规，促进各地中小企业管理部门将政府职能转到以社会管理和公共服务为主，切实加强中小企业对外合作与市场开拓的指导和服务。研究起草鼓励中小企业对外合作与市场开拓的相关措施，完善财税、信贷、外汇、保险和政府采购等支持措施；完善出口退税、税收征管政策。引导各地推动中小企业对外经济技术合作，引导由初级工业制成品为主，向高技术含量、高附加值、深加工制成品转变，培养出口品牌。促进中小企业扩大出口和“捆绑”开拓市场，到境外投资兴业。

⑵建立健全中小企业对外合作与市场开拓社会服务体系。引导并整合各类服务资源，为中小企业“走出去”提供人才培训、管理咨询、展览展销、出口信保和贸易促进等服务，提升企业对外合作和市场开拓能力。通过培训等方式，引导商会和行业协会等发挥积极作用，为行业内企业提供投资政策、产品信息和市场需求等。通过论坛或研讨会等方式，鼓励海外投资促进机构等驻外机构，为企业提供境外投资信息、代办投资手续并对“走出去”企业进行跟踪调研等。积极完善信息网络服务，拓宽信息采集渠道，提高信息的针对性和时效性。如通过搭建展览展销平台，积极支持中小企业加强对外合作并开拓国内外市场。2005年9月12~15日，由发展改革委和财政部、商务部、国家工商行政管理总局、广东省人民政府、法国经济财政和工业部、法国中小企业部主办，在广东省广州市成功举办了“第二届中国中小企业博览会暨中法中小企业博览会”。来自全国30个省、自治区、直辖市以及香港、澳门、台湾地区的3522家中小企业，以及163家法国中小企业参展，本次中博会共签订贸易、合作、投资协议2.3万个，总签约金额426亿元。博览会期间，举办了中法中小企业高峰论坛、中小企业融资洽谈会、中小企业信息化论坛和中小企业专题培训等系列活动。

⑶不断提升中小企业对外合作与市场开拓能力。通过培训、咨询等方式，引导中小企业不断完善企业治理结构，逐步实现投资主体多元化，提高企业对外经营管理水平；完善用人激励机制，加强人才队伍建设，吸引和培养一批复合型人才。通过中小企业发展资金等项目支持方式，促进中小企业加快技术进步，提升企业自主创新和核心竞争力，培育和创建出口品牌，提高产品附加值，注重向国际领域拓展。通过促进以中小企业集聚为特征的产业集群发展，引导中小企业在空间上集聚，形成产业配套网络、研究开发网络、区域与全球合作网络；发挥集群“小产品、大市场，小企业、大合作，小区域、大作为”的功能，加快不同市场主体间的资源传递和技术扩散，实现资源有效利用、优化组合以及创新产生；依托集群这一提升技术创新和国际竞争力的重要载体，促进中小企业整体走出去开拓市场。

（国家发展改革委中小企业司对外合作处　田　川　廉　莉）

实施银河培训工程
加快人力资源建设

人力资源是社会的第一重要资源，人才的培养是企业可持续发展的基础。中小企业作为社会最活跃、创造力最强的一个社会主体，人才的作用更为突出。加强对中小企业各类人才的培训是实施中小企业成长工程的要求，也是促进经济社会协调发展的必要保证。

2005、2006两年，“中小企业银河培训工程”继续遵循公益性、多层次、规模化的方向，大力依托地方中小企业主管部门和中央机构所属培训机构，从内容规范、提升质量等方面入手，在做好本年度培训工作的同时，着力于建立高质量、社会化的中小企业培训服务体系，带动了地方和企业的培训工作，取得了良好的社会效益，为建设学习型社会、学习型企业作出了有益的探索，受到了广大中小企业和各地中小企业管理部门的好评。

中小企业量大面广，行业分布、地域分布相对分散，各地中小企业主管部门和有关培训机构在时间紧、任务重、培训面广、组织任务重的情况下，按照国家发展改革委的有关文件精神要求，以高度负责的精神和积极务实的态度投入到培训工作中。各培训机构和省、市、自治区中小企业主管部门周密计划，认真选题，及时组织高质量的师资，圆满完成了下达的培训任务。全年共完成集中面授4.8万人，其中地方完成41830人，中央所属单位及各处安排业务培训共完成6170人。在全部培训中，企业家经营管理知识培训约占46%，创业者创业技能培训约占23%，产业集群、信用担保以及各类专业知识培训占31%，基本体现了中央人才会议以及国发3号文件关于加强中小企业经营管理队伍建设的精神。

（一）培训工作特点

两年来，参与执行银河培训任务的地方和中央培训机构努力创新、完善体系，在探索建立中小企业培训体系、提高培训的针对性等方面做了大量的探索工作，培训内容更加完善，培训手段更加科学，国际合作培训工作也继续取得进展。总的来说，两年来的培训工作有如下特点：

⑴各级领导高度重视培训工作。国家发展改革委非常重视中小企业人才队伍建设和培训工作，委领导多次就健全培训体系和提高中小企业人员素质作出重要指示。中小企业司领导专门开会就完善培训内容、创新培训手段、提高培训效率等作出部署。各地中小企业主管部门领导也高度重视，把培训工作作为本地推进中小企业发展的战略性、基础性工作来抓。自上而下各级领导的高度重视成为培训工作圆满完成的根本保障。

⑵社会效益好。银河培训工程是国家发展改革委依靠财政资金发起和组织的一项专门面向中小企业的公益性活动，要求所有的培训活动不以赢利为目的，切实让广大中小企业享受到免费或低成本的培训。广大中小企业反映，政府主管部门依托社会机构为中小企业提供培训服务，是政府职能转变的具体体现，体现了国家对社会弱势群体的关心和扶持，是在中小企业工作中建设和谐社会的具体而有效的措施。学员普遍反映，培训活动虽然政府资助额不大，但受益面广，学员会终身受益，希望不断扩大规模，坚持办下去。湖北、黑龙江等地方大报都以不同形式对当地的银河工程进行了专题报道，使银河工程成为当地较有影响的中小企业政府服务工程之一，促进了在中小企业领域学习型企业的建设。

⑶企业经营者和职业经理人培训工作全面铺开。《国务院关于鼓励支持和引导非公有制经济发展的若干意见》中明确提出“要提高企业经营者素质”，“建立职业经理人测评与推荐制度”，“加快企业经营管理人才职业化、市场化进程”。《中共中央、国务院关于进一步加强人才工作的决定》中也提出要把“品德、知识、能力和业绩”作为衡量人才的标准体系，加强对企业经营者知识和能力的全面培训。两年中，“银河培训工程”共完成培训12万人，其中60%是中小企业和非公经济经营者，培训内容涉及工商管理、产业政策、宏观经济形势分析、可持续发展与节约型经济等，对广大非公企业经营者提高知识及政策水平起到了直接的促进作用。作为职业经理制度建立的牵头单位，国家发展改革委会同中组部、人事部、劳动部等六部门专门召开了“建立经理测评与推荐制度”工作座谈会，就开展职业经理培训等工作进行了研讨。在今年的银河培训计划中，要求各地培训落实国发3号文件精神，在总培训任务中安排一定数量的职业经理基础知识培训，统一课程要求并要求学员写出论文，收到了良好的效果。

⑷培训内容重点突出，兼顾其他需求（创业、职业经理）。按照中央人才会议精神关于着力建设三只队伍的要求，银河培训工程将对企业经营管理者和创业者作为培训重点，加强了对工商知识、创业知识等的培训力度。

⑸创业培训。规范推动创业培训，制定了创业培训大纲和创业培训跟踪调查表，提出了培训要求。中小企业司直接组织举办了四期创业辅导培训班，有效地推动了创业培训工作的开展，进一步提高了中小企业管理部门的同志对创业辅导工作的认识，为培养和建立一支高素质的创业辅导服务队伍奠定了一定的基础。一些地方在创业培训工作方面大胆开拓，着力创新。如山西省组织举办了“山西省首期中小企业创业辅导师资培训班”和“大学生创业培训班”。湖北省经委与湖北电视台等单位合作，举办了“崛起的力量——中小企业创业创新知识电视培训”。多种多样的创业培训活动受到了创业者以及社会各界的普遍欢迎。

⑹加强培训的基础工作建设 。银河培训工程开始于2003年下半年，主要针对企业经营者、创业者和专业技术人员。由于此项工作起步不久，

在培训机构培育、教材建设、师资力量储备等方面还不尽完善。各地按照国家发展改革委的整体要求，严格挑选国家培训任务的培训机构，依托培训机构，根据当地中小企业的实际需求，开发培训课程，编写培训教材。广东等省制定标准，选择并向社会发布“中小企业培训基地名单”，以提高培训质量并接受社会监督。

(7)网络培训内容不断丰富，技术水平不断提高。银河培训工程依托中国中小企业信息网，开发了视频培训远程传送系统。结合贯彻国务院3号文件的精神，开设了“职业经理人基础知识讲堂”、“企业经营者工商管理知识讲堂”、“企业信息化讲堂”等专题系列讲座，使广大中小企业能接受到高质量低成本的专业知识培训。云南、湖北、河北、宁波等省市也利用本省中小企业信息网或卫星系统组织远程培训，成绩显著，受到了本地中小企业的欢迎。

(8)与著名大学合作进行高端培训。按照中央人才会议关于加强企业家队伍建设的精神，发展改革委在继续做好短期普及性知识培训的同时，与清华大学组织“成长型中小企业工商管理硕士课程进修班”，各地中小企业经营者踊跃报名参加学习，填补了银河培训中高端培训的空白，使部分成长型企业经营者及时学到系统的专业管理知识。清华大学还在全国范围内发起组织了专门针对中小企业的“521培训计划”，即清华大学利用自身优质的教学资源和成熟的卫星教学平台在5年之内为10万家中小企业培训100万名经营者。

(9)培训形式多样，内容丰富。由中国中小企业国际合作协会具体组织的中小企业大讲堂，黑龙江、辽宁等省利用省财政资金组织的民营企业大讲堂、中小企业竞争力大讲堂等都在本省产生了较好的社会效益。河北、重庆等地组织电视及卫星远程培训，使远程培训进入了规模化、系统化的阶段，目前已基本形成了集中面授、网络及卫星远程等多手段优势互补的培训方式，大讲堂、巡回讲座、公开培训课等各类培训也在各地普遍展开。

(10)继续加强国际合作培训。针对中小企业融资难的问题，2005年国家发展改革委中小企业司与世界银行学院在北京联合举办了“中小企业融资担保体系建设国际研讨及培训会”。2006年，为配合实施中央的人才兴国战略，确实提高中小企业的人才素质，双方在北京举办了“中小企业人力资源管理体制国际研讨培训班”，受到了广大中小企业的欢迎。安徽等省在组织银河培训中，聘请外籍专家为小企业经营者授课，让企业管理者直接与国际专家交流，广大中小企业经营者受益匪浅。

(11)企业自主培训体系正在逐步建立。企业自主培训是企业经营管理人员培训的主要形式，也是提高企业核心竞争力、培育企业文化、整合企业管理的重要手段。以银河培训为工作平台，不少中小企业业自觉地根据国家的有关规定和要求，结合自身特点和发展的需要，自主选择培训院校，自主确定培训对象、培训内容和培训形式，积极开展各种形式的自主培训。自主培训和建立学习型企业已经是许多中小企业的自觉行动。各级政府、社会力量和中小企业等各方面力量共同努力，共同促进中小企业培训工作发展的局面已经初步形成。

（二）把中小企业培训作为中小企业工作的重要内容

中小企业培训是贯彻中央关于实施人才强国战略的重要方面，是贯彻《中小企业促进法》关于建立中小企业服务体系的重要措施。人才质量直接关系到企业的可持续发展和企业竞争力的提升。各级中小企业主管部门和中小企业经营者应充分认识培训和人才工作对中小企业以及整个社会可持续发展的重要意义，把中小企业培训作为中小企业工作的重要内容来抓。

(1)要进一步转变观念，统一思想。要充分认识到新阶段、新形势下加强中小企业培训工作的重要意义。要体现新形势下以人为本的管理理念，注重对人的能力和素质的培养和提高；各级企业主管部门以及中小企业的经营者应树立人力资源是企业最重要资源的理念，注重培训环境的创造，提高智力资源对企业发展的贡献率，从根本上提高企业的竞争力和可持续发展的能力。

(2)要加强对培训工作的领导和规划。各级中小企业主管部门要认真落实《中共中央国务院关于进一步加强人才工作的决定》要求，加强对本地本部门中小企业培训工作的规划和管理，对事关全局的培训内容和工作要做好牵头规划工作；要结合实际尽快建立有本地区特色的中小企业培训工作体系。

(3)要有效整合优秀社会培训资源，做好培训工作。积极组织和发挥各类社会培训服务机构的作用，推动建立中小企业社会化培训服务体系，使培训体系成为当地中小企业服务体系的一个重要和有效的组成部分。

企业经营管理人员培训工作是一项复杂的社会系统工程，需要各部门和社会各界的大力支持和广泛参与。要进一步转变观念，统一思想，充分认识新阶段、新形势下加强中小企业培训工作的重要意义。要体现以人为本的管理理念，注重对人的能力和素质的培养和提高；要树立人力资源是企业最重要资源的理念，注重培训环境的创造，提高智力资源对企业发展的贡献率，从根本上提高企业的竞争力和可持续发展的能力。各级政府中小企业主管部门应加强对企业经营管理人员培训工作的指导，密切配合，互相支持，为全面实施“中小企业成长工程”提供强有力的人才保障。

（国家发展改革委中小企业司综合处）

第四篇

各地中小企业改革与发展

北京市

一、2005年北京市中小企业改革发展总体情况

当前，我市中小企业发展迅速，已成为推动全市经济和社会发展的重要力量。根据2004年全市经济普查数据分析：

中小企业已成为全市经济的重要组成部分。到2004年年底，全市共有各类中小企业20.17万户，占全市企业总数的99.8%；实现主营业务收入1.86万亿，占全市企业的64.6%。

中小企业已成为实现社会就业的主要渠道。2004年，全市中小企业从业人员484.7万人，占全市企业从业人员总数的81.3%。其中7个区县中小企业从业人员超过90%。

中小企业已成为全市税收的重要来源。2004年中小企业应税总额753.3亿元，占全市企业的55.9%。

中小企业已成为推进社会主义新农村建设的重要力量。到2004年年底，远郊区县中小企业从业人员145.7万人，占远郊区县企业从业人员88.9%；实现主营业务收入3727.3亿元，占73.6%；应税收入156.9亿元，占66.4%。

中小企业已成为科技进步和创新的重要力量。2004年底，我市经认定的中小型高新技术企业1.3万户，占高新技术企业总数的91.6%；实现产值1778亿元，上缴税费125亿元，出口创汇39.7亿美元。

与此同时，北京市中小企业也存在着融资难、服务体系不完善、信息渠道不畅、信用体系不健全等制约其发展的问题。

二、2005年北京市促进中小企业和非公经济发展的主要工作

（一）加强政策引导，推动非公经济和中小企业健康发展

1.研究制定《北京市贯彻〈国务院关于鼓励支持和引导个体私营等非公有制经济发展的若干意见〉的实施意见》

2005年初《国务院若干意见》出台后，根据市政府统一安排，由市发改委牵头，会同法制办、工商局、私个联席办共同研究，本着“五个既要又要”、“三个区别对待”的原则，提出了《实施意见》初稿，反复征求了35个委办局、部分非公企业、有关专家的意见，进行了多次修改。

《实施意见》以国务院文件为指导，以市发改委促进民营经济发展的意见为基础，整合吸纳了私个条例实施意见，也借鉴了外省市和国家有关部委公布的实施意见的内容。从整体上看，《实施意见》体现了“既要大力鼓励和支持，又要加强引导和规范；既要优化外部发展环境，又要提高企业自身素质；既要依法保护非公有制企业的合法权利，又要维护职工的合法权益；既要保护民间投资积极性，又要贯彻产业政策；既要着力解决企业融资难问题，又要注意防范金融风险”的原则。

在《实施意见》制定过程中，市发改委本着“三个区别对待”的原则来提出条目和内容的，即：对于中央决策的问题，中央将制定实施办法，如税收、金融政策等，《实施意见》不再具体化；对于国务院若干意见中原则性较强，属于市政府可以做出决定，或已经较为成熟的内容的条目进行了细化；使其更具有可操作性。对于涉及程序性的具体的操作问题，《实施意见》明确了导向和原则，由有关部门或区县政府制定具体实施措施或配套办法。

2.研究制定《北京市“十一五”时期中小企业发展促进规划》

根据市政府关于制定国民经济和社会发展的第十一个五年计划的总体部署，市发改委研究制定了《北京市“十一五”时期中小企业发展促进规划》。针对目前我市中小企业发展中存在的主要问题，在发展规划中明确了中小企业发展的指导思想、总体目标、重点工作和措施，对今后五年我市中小企业发展工作提供指导。

经过市发改委的努力，全市《规划纲要》中吸纳了3项有关促进中小企业发展的内容。这是开创性的，以前是分散的，内容不够充实。这也表明了市委市政府对中小企业发展工作的关心和支持。

当前我市非公经济的主体仍然是中小企业、中小企业绝大多数又是非公经济，提出十一五中小企业发展促进规划，覆盖面更广、代表性更强，规划的定位也更准确。在这个规划当中，市发改委针对十一五期间我市中小企业发展的目标，提出了主要的政策措施，为今后五年中小企业工作提供指导，也为北京市开展各项工作提供了依据。市发改委要做好中小企业发展促进工作，需要有长远眼光，要有切实可行的目标。

（二）创新融资服务模式，逐步构建中小企业多元化融资服务体系

为推动解决我市中小企业和非公经济融资难的突出问题，市发改委重点开展了以下三项工作：

1.加强与商业银行合作，创新融资服务模式

经过反复探讨协商、深入沟通，2005年底，市发改委与北京银行形成一致意见，共同签署了《支持北京市中小企业发展合作协议书》，从而发挥地方商业银行的优势，扩大对我市中小企业的金融支持。北京银行承诺，今后三年新增300亿元中小企业短期流动资金贷款。市发改委与北京银行的合作，搭建了支持中小企业融资的服务平台，在市发改委组织的中小企业金融服务中，将择优选择信用中介服务机构和信用担保机构加入，为中小企业提供集担保、贷款、信用服务为一体的“绿色融资通道”。目前，在网上征集平台登记注册的中小企业已经达到358家，其中申报

资金支持项目的100家，通过联合办公室审查已经获得贷款200万元。

金融支持服务的平台模式调动了银行的积极性，一方面有利于扩大银行放款规模，另一方面使更多的中小企业缓解了融资矛盾。最近，我们与国家开发银行北京营业部、北京农村商业银行的合作进展也很顺利，预计上半年可以签署合作协议，共同促进解决中小企业融资难问题。下一步，市发改委还要与工商银行等商业银行加强合作，力争在解决中长期贷款方面有所突破。

2.规范发展担保行业，研究建立再担保机构

当前我市担保行业发展迅速。截至2005年底，全市主要从事中小企业融资担保业务的担保机构共62家，注册资本金总额88.35亿元，累计担保总额526.95亿元；截至2005年底在保余额181.85亿元；平均担保放大倍数为2.06倍。担保行业的发展，缓解了中小企业融资难题，促进了各类中小企业的发展。

为进一步扩大担保规模，放大担保倍数，规范担保行业发展，2005年市发改委联合市财政局共同对北京市建立中小企业再担保机构进行可行性研究，形成了建立北京市中小企业再担保机构可行性报告。今年要在此基础上，着手建立再担保机构的工作方案。

3.继续推进北京市中小企业信用服务试点工作

2005年已指导信用中介机构完成中小企业征信报告215份、中小企业信用评级报告286份；北京市中小企业信用档案中心已经成功地为60万户北京中小企业建立了信息档案，数据质量大幅度提高。国家发改委欧新黔副主任前往中关村科技园区考察中小企业信用体系建设试点工作时，对北京市及中关村园区中小企业信用体系建设情况给予充分肯定，认为是走在了全国的前列，对各省市的中小企业信用建设具有示范和带动作用。

（三）完善服务体系建设，不断提高服务水平

1.开展中小企业中介服务中心可行性研究

针对目前北京社会中介服务机构管理分散、没有有效整合、难以形成服务合力的状况，借鉴上海市建立中小企业服务总会的经验，市发改委计划建立全市中小企业公共服务平台——中小企业中介服务中心。服务中心包括中介服务大厅、中介服务机构办公场所及培训讲堂等设施，吸引各类优秀服务机构入驻或设立服务窗口，实现各类服务资源的集聚、互动、交流，最大程度的满足各类中小企业的各种服务需求。目前市发改委已完成了中小企业中介服务中心项目可行性研究报告。

创办中介服务中心的目的有三个：一是从服务载体上，重点整合全市各类中介服务资源，为非公经济特别是中小企业发展提供服务。二是从服务内容上重点提供“准生”以外的各种社会化服务（例如业务咨询、管理培训、融资指导等）。三是从服务与需求上，使中介资源与中小企业实现市场对接。创建服务中心不是简单的设立机构和增加编制，而是中小企业服务体系建设的重要工作和有益探索。

2.推动北京市中小企业网改建工作

北京市中小企业网建设之初是搭建在中国中小企业网全国平台上的，在功能、维护上存在一些问题，市发改委对北京市中小企业网进行了改建：一是解决依靠国家网所带来的运行上的问题；二是希望有效整合全市及各区县网络资源；三是最大限度满足中小企业发展对信息资源的需要，解决信息不对称的老大难问题。改建方案已经市财政局同意，并给予资金支持，据此市发改委开展了改建一期招标工作，确定了承标建设单位。我市中小企业信息网将重建软件支持系统，完善信息交流功能，扩展信息服务内容，提高综合服务手段。同时要在网上建设项目征集平台，建立后台数据库，贮备项目、跟踪发展。

在集中资金、集中资源、集中建设、集中维护市中小企业网的基础上，市发改委建议各区县不再分别建设专门的中小企业门户网站。市中小企业信息网将为各区县预留接口和操作后台，实现与区县分网的衔接。区县网作为市中小企业网的分站点，将由各区县进行远程维护，从内容和形式上，突出各区县的特色。这样既有利于减少重复投入，节约投资成本，也有利于整合区县资源，形成网络体系。

3.促进市、区县中小企业服务中心建设

(1)加强北京市中小企业服务中心建设。通过强化服务职能，补充专业人员等措施，加强了北京市中小企业服务中心建设，强化了综合服务能力，使服务中心逐步发展成为发改委中小企业工作的得力助手。市发改委提出了加强市服务中心建设方案，同时为进一步增强市服务中心的服务，在具体工作上，市中心今后将负责两项主要工作：一是全力打造北京中小企业网综合服务网络平台，要负责网站的维护运营及与区县分网的衔接互动；二是全力筹建市中小企业服务中心，承办中介服务中心的组建、运营和管理等具体工作。

(2)研究起草促进全市服务体系建设的指导意见。建设和完善我市中小企业服务体系，发展服务事业，是进一步转变政府职能、改进管理与服务、加快中小企业发展的重要途径和手段。为推动中小企业服务体系建设、引导中小企业社会化服务健康发展，根据国家及北京市支持服务体系建设的法规政策及我市服务体系建设发展状况，市发改委已经提出了《北京市中小企业服务体系建设指导意见》。指导意见明确了我市中小企业服务体系建设的指导思想、组织领导、发展原则和建设目标，提出了服务体系建设的主要内容，明确了依靠全市服务体系推动各项服务的具体工作。指导意见将以市发改委文件形式正式下发。今后，我市中小企业服务体系建设工作要以此为指导不断深入，切实抓紧抓好。

(3)支持区县中小企业服务中心建设。中小企业是区县经济的主体力量，建立区县中小企业服务中心，加强面向中小企业的综合服务是发展区域经济的需要。近些年来，各区县普遍认识到了建设服务体系的重要性和建设中小企业服务中心的

必要性。2005年又有4个区县建立了中小企业服务中心，目前区县建设的中小企业服务中心已达到11家。市发改委坚持支持和引导区县服务中心建设发展的思路，今年还将继续支持怀柔、海淀、大兴、东城等区中小企业服务中心建设，逐步建成区县整体服务体系，综合服务覆盖全市中小企业。为了促进各区县中小企业服务中心的规范发展，市发改委提出了《区县中小企业服务中心发展规范意见》，以进一步促进区县中小企业服务中心的发展和规范服务，使服务中心的服务事业做稳做强，良性发展、可持续发展。

4.启动北京市中小企业"三大培训工程"

2005年落实国家发改委银河培训工程，开展中小企业融资担保培训和企业管理培训，累计培训600人次。同时针对目前中小企业对培训的迫切需求拟定了系列培训计划，针对处于不同发展阶段的中小企业，在全市范围内实施创业、管理、融资"三大培训工程"，为中小企业提供高、中、低端不同层次的培训服务。作为"三大培训工程"的一个项目，市发改委充分利用国外资金、人才资源，与国家发改委中小企业司、国家信息中心合作，开展了家族公司治理免费培训，受到了企业的欢迎。

5.开展北京市中小企业创业辅导试点

从2005年起，北京市被列为国家中小企业创业辅导工作重点支持省市。结合首钢搬迁造成的石景山区就业压力增大的问题，石景山区发改委于2005年初成立了石景山区产业促进中心，该中心以有创业需求的人员和初创期的中小企业为重点，开展公益性创业辅导和综合服务，为我市进一步开展创业辅导服务工作积累了经验，也得到国家发改委的认同。目前石景山区开展的创业辅导服务工作已得到了国家和北京中小企业发展专项资金支持。

（四）加强北京市中小企业发展专项资金的使用和管理

为解决目前中小企业发展专项资金多头申报、多头管理的问题，市发改委协调市财政局共同研究制定专项资金使用管理指导意见。分两批申报了2005年北京市中小企业发展专项资金项目。启动了全市统一的项目公开征集平台建设工作。

（五）落实减负措施，优化发展环境

2005年，我市减轻企业负担工作紧紧围绕优化发展环境这一目标，认真落实全国企业治乱减负工作会议部署的各项任务，以治理向个体私营等非公有制企业乱收费、乱罚款和各种摊派问题，从源头上预防和治理公路"三乱"问题和对企业乱评比（达标）、乱排序、乱收费问题为重点，开展专项治理，累计清理取消各种不合理收费、罚款、集资、基金和摊派项目982项，涉及金额43.9亿元，合并收费项目23项。2005年开展了减负工作大检查，在总结经验的基础上，对检查出来的问题，也分别提出了处理意见。

（六）认真落实国家发改委安排的各项工作

2005年，根据国家发改委工作部署，主要完成了两项工作：

1.圆满完成第2届中小企业博览会参展组织工作

2005年中博会于9月12日至15日在广州举办。我们在组织参展工作中，加强了与委办局的协调沟通，落实补助资金，积极开展招商、招展、整体布展等各项组织工作。经过市财政局、工商局、商务局、工促局等部门的通力配合和共同努力，全市共有36家企业参展，租用展位50个，参展规模比上年大幅提高，组织工作受到国家发改委的表彰，荣获优秀组织奖和2个优秀个人奖，获奖数量全国第一。参展企业扩大了视野，增进了交流合作，拓宽了市场渠道，收到了很好的效果。

2.认真做好第1届东亚促进中小企业发展与投资高层研讨会承办工作

为落实温家宝总理在东亚领导人高峰论坛上的承诺，促进东亚各国中小企业交流合作，经国务院批准，国家发改委于2005年10月底举办了东亚中小企业论坛，并请北京市政府承担承办工作。根据市领导的指示精神，市发改委建议成立了承办工作领导小组和联合办公室，协调落实了会议经费，制定了详细的承办工作方案，在办公室、综合处、宣传处等兄弟处室的大力支持下，完成了国内外参会人员的邀请接待、会场布置、文稿组织、媒体宣传、安全保卫等大量具体工作，保证了会议的圆满举办。同时，市发改委还主动沟通，积极合作，争取了市委宣传部、市外办、市公安局、市卫生局等相关委办局的大力支持。张茅副市长参加了会议，并代表我国政府在闭幕式上宣读了《北京宣言》。

三、北京市中小企业服务试点工作

（一）中小企业信用服务试点工作

2005年，北京市中小企业信用服务试点工作由市发改委负责，具体执行试点工作的承办单位为北京信用管理有限公司。大公国际资信评估公司、联合资信评估公司参与了北京市中小企业征信和信用评级工作，以及北京市担保机构的评级工作。在北京市中小企业信用担保服务方面，中关村科技担保公司落实国家发展改革委要求，面向部分省市担保机构开展了担保孵化工作。中关村科技园区作为试点"点中点"，由中关村信用促进会负责"点中点"相关工作。

在国家发展改革委指导下，2005年北京市中小企业信用服务试点围绕中小企业信用档案中心建设、信用桥网站建设、中小企业信用评级、担保机构评级、中小企业征信调查、信用担保服务以及开展诚信活动等重点内容开展工作，取得一定成绩。7月19日，国家发展改革委欧新黔副主任前往中关村科技园区考察中小企业信用体系建设试点工作时，对北京市及中关村园区中小企业信用体系建设情况给予肯定。

具体工作如下：

1.中小企业征信调查工作

2005年北京信用管理公司共出具来自政府机构或行业协会委托的中小企业征信报告356份。委托单位包括：北京市发展改革委、中国证监会北京监管局、北京市商务局、中关村科技园区管委会、北京市工商局、中关村企业信用促进会、北京室内装饰协会。上述征信报告在帮助政府机构进行风险控制以及企业信用促进方面起到了积极的作用。此外，大公国际资信评估公司共完成9户企业的征信报告。

2.中小企业和担保机构信用评级工作

2005年北京信用管理公司共出具以融资担保为目的的中小企业信用评级报告129份。经过试点项目三年的培育，北京信用管理公司已经积累了良好的信誉，向金融机构和担保机构推荐的中小企业基本被认为是优质客户，获得担保贷款的比例很高。

2005年大公国际资信评估公司共完成5家信用担保机构评级工作和86家中小企业评级工作。联合资信评估有限公司共完成5家信用担保机构评级工作和61家中小企业评级工作。

3.中小企业信用档案中心和信用桥网站建设

2005年北京中小企业信用档案中心建设工作以面向应用，提升数据质量为核心展开。目前，已经成功地为60万北京中小企业建立了基本信息完全的信用档案，数据质量大幅度提高。上述工作在应用中取得了很好成效，对中小企业征信调查工作，政府及金融机构风险控制过程的查询工作，以及基于数据分析的决策支持工作，都提供了很好的支撑作用。

针对当前中小企业信用状况透明度不高，缺乏与金融机构方便、快捷的沟通方式与渠道的现状，由市发改委与市国有资产经营公司、北京信用管理有限公司共同创办的，国内首家为中小企业提供信用信息服务的专业网站——“信用桥”（www.xinyongqiao.com.cn）于2004年11月开始试运行，并于2005年1月正式开通。“信用桥”网站的目的是搭建一条中小企业与金融机构、担保机构和投资机构之间有效、便捷的沟通途径，一个直观、透明地展现中小企业状况的信息平台，一种提高融资效率的有效方式与手段。

4.诚信活动

2005年中关村企业信用促进会在国家发展改革委、市发改委和中关村科技园区管委会的指导和支持下，在改造中关村企业信用信息管理系统网站和在中关村范围内推行信用产品，以及为园区中小企业提供信用宣传、信用管理服务并开展诚信活动等方面取得了以下成效：

⑴信用培训工作。2005年新的“瞪羚企业”名单公布后，分别在海淀、丰台园、电子城、健翔园、亦庄经济开发区、德胜园等科技园区举办了八场“瞪羚计划”专题宣传活动；结合6月份中关村新的信用产品的推出及“中小企业中介专项服务资金”政策的出台，在海淀、电子城、丰台园、德胜园开展了四场专题产品推介及政策宣传推介会。

⑵信用宣传活动。2005年印制信用简报、中关村信用宣传手册、中关村与信用有关的配套政策宣传手册几万份，向园区科技企业及与企业相关的中介机构、协会发放，通过宣传吸引更多的企业加入到中关村信用体系建设中来。

⑶信用配套服务工作。将园区的信用产品与园区对企业的所有政策叠加，与园区企业的“双优”评选工作相叠加，营造企业信用成为与中关村科技园区管委会打交道的名片和通行证的局面。

通过信用服务体系建设试点工作的开展，北京市已逐步营造出有利于中小企业健康发展的良好信用环境，投资环境得到改善，民间投资得到促进；通过信用体系的建立和完善，为整顿和规范市场秩序、保护公平竞争、加快高新技术产业发展，提供了高效的信用服务，创造了显著的经济效益和社会效益。

（二）中小企业创业服务试点工作

根据国家发展改革委文件精神，我市成为中小企业创业服务业务重点支持省市。为推进我市中小企业创业服务，结合首钢搬迁造成的石景山区就业压力问题，市发改委指导石景山区发展改革委于2005年年初成立了面向全区中小企业及创业者服务的事业单位——石景山区产业促进中心。该中心主要工作职责为：承担全区中小企业服务体系建设、整合各类专业中介机构、积极开展创业服务工作、完善信用担保体系建设。

石景山区产业促进中心同石景山区各中小企业基地及孵化器等中小企业创业、发展载体建立了密切联系，以服务基地内有创业需求的人员和初创期的中小企业为重点，开展公益性创业指导和综合服务工作。在创业指导方面，举办创业者培训班，提供创业信息和创业者评估服务。为创业者在创办企业期间提供政策法规、经营管理等方面的咨询指导，编制创业文件，代理工商、税务登记。在综合服务方面，为创立两年内的中小企业提供会计、税务代理、管理咨询、融资指导、人才引进、政策信息等项服务。截止到9月20日，共为10个创业者提供免费创业指导；共为54个新创办的小企业提供免费综合服务。接受综合服务的新创办小企业资产总额为9670万元，年销售额为19148万元，安排就业1031人。创业服务试点工作成效显著，得到了中小企业和创业者的普遍好评。

（北京市发展改革委中小企业处）

天津市

中小企业是我国国民经济的重要组成部分，是推动国民经济和社会发展的一支重要基础力量。天津市委八届三次全会提出了我市基本实现现代化“三步走”发展战略，把大力发展中小企业作为加快我市经济发展的五大战略举措之一，充分表明了市委、市政府对大力发展中小企业的高度重视。天津作为一个老工业基地和加工工业城市，中小企业特别是工业中小企业，在全市社会经济发展中占有举足轻重的地位。“十五”期间，天津工业通过实施12大产品基地建设和优势产业发展，形成了以优势产业为主要支撑和拉动力量的产业格局，为中小企业的发展提供了更加广阔的发展空间。去年，党的十六届五中全会和十届全国人大四次会议将推进天津滨海新区开发开放纳入国家总体发展战略布局，又为我市中小企业的发展提供了千载难逢的历史机遇。

一、我市中小企业及非公有制经济发展概况

据统计数据显示，我市共有从事第二、第三产业的企业法人单位78680户，其中大型企业79户，中小企业78601户，占全市企业的99. 90%。中小企业从业人员247.80万人，占全部企业法人单位从业人员的86.84%；资产总计12512.17亿元，占83.94%；负债总计4781.21亿元，占64.36%（不包括房地产业、金融业和其他第三产业）；主营收入4204.19亿元，占34.63%（不包括工业、房地产业、金融业和其他第三产业）；利润总额372.68亿元，占63.88%；实收资本4003.4亿元，占86.65%。

中小企业按所有制分类：国有企业5522户，从业人员38.44万人，资产总额4616.66亿元，利润总额15.50亿元，实收资本1284.64亿元。集体企业11957户，从业人员35.50万人，资产总额624.43亿元，利润总额18.47亿元，实收资本162.38亿元。股份制企业9724户，从业人员47.49万人，资产总额2885.15亿元，利润总额155.73亿元，实收资本916.45亿元。私营企业41465户，从业人员75.21万人，资产总额1764.13亿元，利润总额56.53亿元，实收资本620.04亿元。其他内资企业4091户，从业人员5.43万人，资产总额96.61亿元，实收资本30.65亿元。港澳台商投资企业1650户，从业人员10.75万人，资产总额639.42亿元，利润总额23.37亿元，实收资本225.08亿元，外商投资企业4192户，从业人员34.97万人，资产总额1885.77亿元，利润总额100.50亿元，实收资本764.16亿元。

中小企业按行业分类：第二产业33549户，从业人员167.07万人。其中，工业企业30343户，从业人员139.05万人，资产合计4439.91亿元，负债合计2566.14亿元，所有者权益合计1873.78亿元。建筑业3206户，从业人员28.02万人，主营业务收入598.88亿元，资产总额715.23亿元，所有者权益258.57亿元，利润总额13.71亿元。第三产业29314户，从业人员45.09万人，资产总计2716.87亿元，利润总额71.65亿元。其中交通运输、仓储、邮政业、电信及卫星传输服务业3877户，从业人员12.43万人，资产合计1025.80亿元，负债合计539.68亿元，所有者权益合计为486.15亿元，主营业务收入347.81亿元，利润总额40.92亿元。批发和零售贸易业23696户，从业人员25.99万人，资产合计1576.13亿元，负债合计1137.46亿元，所有者权益合计438.67亿元，商品销售总额3626.18亿元，主营业务收入3211.89亿元，利润总额31.67亿元。住宿和餐饮业1741户，从业人员6.66万人，资产合计114.94亿元，负债合计81.27亿元，所有者权益合计33.67亿元，营业额47.31亿元，主营业务收入45.61亿元。

近年来，天津市政府通过积极改善中小企业和非公有制经济发展环境，采取多种有效措施，增强了中小企业的整体活力和发展实力，使中小企业和非公经济的发展速度不断加快，领域不断拓宽，作用不断增强。中小企业和非公经济在我市社会经济发展中发挥着越来越重要的作用，并呈现出以下特点：

（一）中小企业已成为促进我市经济快速增长的主导力量

据统计资料显示，到2005年末，我市限额以上工业中小企业有5996户，占全部限额以上工业企业的99.37%；从业人员96万人，占78.69%；实现工业增加值1269.23亿元，占69.12%；实现产品销售收入4282.45亿元，占60.10%；实现税金158.18亿元，占59.90%；实现利润349.24亿元，占63.31%。中小企业对社会和经济发展的贡献逐年加大，地位和作用日益增强。

（二）非公经济成为带动全市经济增长的重要力量

2005年，我市实现生产总值3697.62亿元，按可比价格增长14.7%，非公有制经济实现增加值1919.03亿元，占全市生产总值的比重为51.9%，比2004年提高1.9个百分点。外资经济发展是非公经济的主要力量，在整体经济发展中发挥着举足轻重的作用。滨海新区已逐渐成为外商投资的热点区域。个体私营经济实力逐步增强，成为全市经济发展中的重要组成部分，在安置就业、增加税收、保持居民收入增长、活跃区县经济、促进社会和谐等方面发挥着重要作用。

（三）中小企业产业结构不断优化，区域经济优势已逐步形成

我市国民经济结构的战略性调整和产业结构的优化升级，为我市中小企业的发展带来了更多更好的发展契机，加快了中小企业的结构优化，并逐步形成良好的区域经济优势。中小企业与大企业协调发展，共同构成了推动整个经济繁荣成长的基本力量，从而进一步带动了整个产业结构的升级和调整，提高了经济运行效率。各区县结合产业、地域和传统优势，加大支持扶持力度，使以中小企业和个体私营经济为主导的区域产业群体迅速发展，逐步构成具有区域经济产业特色发展的新格局。

（四）中小企业已逐步成为人才集聚的高地

随着滨海新区发展战略的全面推进，在我市将进一步形成引进人才、培育人才、使用人才的浓厚氛围。中小企业作为支撑滨海新区发展的一

个主要力量，正在成为国内外各类人才施展才华、创业发展的重要载体，一大批高学历、专业型技术人才进入中小企业，使中小企业逐步成为人才集聚的高地。

展望今后5年，我市中小企业和非公经济将呈现以下发展趋势：一是随着我市产业结构的不断调整和优化，为中小企业的发展提供了巨大空间，使中小企业和非公经济占全市国民经济的份额将进一步提高。二是随着中小企业发展环境的不断改善和我市滨海新区开发开放步伐的进一步加快，社会资本和民间资本将大规模涌入津门，从而使我市中小企业的数量和规模将继续扩大。三是随着市场经济的优胜劣汰和产业结构的优化升级，中小企业的产品结构和产业结构将不断优化。四是随着中小企业数量和规模的不断扩大，使中小企业在税收和吸纳社会就业等方面发挥着越来越重要的作用，中小企业的社会贡献将愈加突出。

总之，我市中小企业发展总的态势是好的，取得了一定成效，有力地拉动了我市经济总量的上升。但与滨海新区纳入国家发展战略，实现天津经济的跨跃发展要求相比，仍有较大差距。我市中小企业数量相对较少，发挥的作用还不够大，发展速度还不够快，水平还不够高，市场竞争力和整体活力还不够强。此外，产业结构不尽合理，服务业发展相对滞后；对周边地区的辐射和带动能力不强；自主创新和自我改造能力不强等问题也比较突出。

二、政府部门对中小企业和非公经济开展的主要工作

按照市委、市政府的总体部署，市各有关部门从改善中小企业发展环境入手，认真贯彻落实《中小企业促进法》，建立中小企业社会化服务体系，搭建发展平台，完善各项服务功能，提高工作效率和服务水平，使中小企业和非公经济的发展环境得到明显改善。

（一）为中小企业发展营造良好的政策环境

根据国家及我市对加快《中小企业促进法》实施办法的立法要求，我市出台了《天津市实施〈中华人民共和国中小企业促进法〉办法》，并于2005年11月1日起实行。《天津市实施〈中华人民共和国中小企业促进法〉办法》从理顺管理体制，确定工作职责；资金做支持，担保为保障；放宽设立条件，拓展创办空间；贷款贴息，鼓励创新；明确鼓励重点，促进加快发展；提供社会化服务，改善发展环境；约束政府行为，维护企业权益等方面制定了具体的实施办法和明确的规定。《天津市实施〈中华人民共和国中小企业促进法〉办法》的出台，对我市建立适应中小企业生存、发展机制，形成社会化的金融支持和服务体系，减轻中小企业负担，规范市场秩序，营造公平诚信、竞争有序的市场环境，必将发挥重要的作用。

同时，为贯彻国务院《关于鼓励支持和引导个体私营等非公有制经济发展的若干意见》，促进我市非公经济的发展，我市制定了《关于鼓励支持和引导个体私营等非公有制经济发展若干问题的意见》（津政发[2005]55号），进一步明确提出了推进个体私营等非公经济发展的六个方面、共八十条重要政策措施。与此同时，我市还出台了其他一系列促进中小企业发展的政策，如《关于促进中小企业加快发展若干财税政策的意见》、《关于建立我市中小企业贷款担保体系的指导意见》、《关于促进我市科技企业孵化器建设与发展的意见》等，为我市中小企业和非公经济的发展创造了良好的政策环境。

（二）进一步加快中小企业服务体系的建设

按照建立以政府为主导，各类社会服务组织互为补充、相互支持、协调发展构架体系的工作思路，对我市市属、区县、工业总公司中小企业管理服务机构、中央驻津单位，强化服务功能，对有关中介机构、行业协会，通过其组织进行服务资源整合，联系高校院所，利用其人才优势，开展与服务机构的合作，为中小企业提供服务，初步建立了全市中小企业服务体系。

(1)在中小企业培训及管理咨询服务体系建设方面，在市政府有关部门的指导下，我市各培训机构配合国家发改委银河培训工程和由我市地方财政支持的中小企业经营管理者培训计划， 2005年分别在塘沽、西青、东丽等区县举办了十几期培训班，采取多形式、多内容和多层次的形式培训中小企业管理人员4500余人。培训的目的是促进广大中小企业经营者不断更新观念、吸取新知识，提高应变能力；进一步扩展中小企业经营管理者的视野、创新思维方式和经营理念，提升中小企业经营管理人员的执行力，从根本上掌握创建必胜型企业的经营之道。在课程设置上，以实用性、有效性和创新性为特色，安排了中小企业适用法律法规及改革改制相关政策、中小企业经营管理创新及竞争力提升、中小企业会计制度实施及相关财务运作辅导、中小企业发展战略、企业策划力、执行力提升、中小企业产权变革前后若干问题研究及具体运作辅导等内容。在授课方面配备了较强的师资力量，聘请了国内知名经济学专家、教授。通过培训使我市中小企业经营者的管理能力和业务知识水平得到进一步的提高，使中小企业管理的人才结构逐步得到改善，促进了我市中小企业的发展。

同时，我们开展了大量的管理咨询服务，其中包括政策法律咨询服务，改革改制咨询服务，经营管理咨询服务等。其中26项获得国家发改委资助。

(2)在加强科技型中小企业创新服务体系建设方面，为营造科技型中小企业健康发展的环境，加强科技型中小企业创新服务体系建设，我市先后组建了几十家生产力促进中心，完善和规范了科技服务机构和中介机构在科技型中小企业技术创新服务工作中的职责和任务，加强了面向科技型中

小企业服务的中介机构建设。同时，组建和认定了40多家科技企业孵化器，为科技型中小企业提供创业设施、场地和各类专业化服务。为了提高科技型中小企业的生存能力，专门设立了用于初创期科技型中小企业的天使投资基金，推动对初创期科技型企业的股权投资工作，目前，已对近20家中小企业注入股本金600余万元。

（三）加大融资支持力度，解决中小企业融资难问题

为解决中小企业融资难问题，进一步加大对中小企业直接和间接融资力度，努力缓解中小企业融资难问题。

在加强金融机构服务方面，发挥银行内设中小企业信贷部门的作用，改进信贷考核和奖惩管理方式，加大对中小企业的贷款投入；拓展中小企业实物资产抵押贷款，探索技术专利权、工业产权等非实物资产抵押贷款，尝试开办工业产权、专利技术等无形资产的质押贷款。到2005年末，全市金融机构中小企业贷款余额达1735.24亿元，占各项贷款余额的比重为36.7%。2005年新增贷款123.56亿元，重点支持了制造业、交通运输和仓储业、批发和零售业、房地产业、租赁和商务服务业等行业中小企业的发展。

在直接融资方面，支持实力较强的中小企业通过多种方式从国际资本市场融资；鼓励中小企业以股权融资、项目融资等方式筹集资金；允许非公有制企业依照国家有关规定发行企业债券；支持非公有制企业投资公司的发展；支持骨干企业依法联合成立行业资产管理公司，与信托公司合作通过信托投资方式，使民间闲置资金转化为投资资本。

在解决中小企业融资难方面，一是积极推动我市中小企业信用担保体系建设发展，强化对中小企业信用担保行业的监督管理。在担保机构准入、业务监督、风险控制、政策扶持、人才培养等方面加强工作。使我市担保机构在数量、业务规模、风险控制等方面都取得了长足的进展。截至2005年底全市担保机构注册资本为48亿元，其中社会资本占93%；全市担保机构完成担保额92亿元，累计担保总额超过200亿元，使中小企业在融资贷款担保上得到了有力的支持。二是建立健全担保业自律组织。2005年成立了天津市担保业协会，担保业协会的成立，将对规范我市担保业发展，缓解中小企业融资难发挥了一定作用。三是提高中小企业的信用水平。在国家发改委的统一安排和指导下，选择我市东丽区作为试点着手开展我市中小企业信用服务工作，内容主要包括开展中小企业信用信息征集、信用等级评价、中小企业信用档案中心和信用信息数据库建设、中小企业诚信活动等，提高中小企业信用等级。

（四）支持中小企业加大技术创新和技术改造

依托我市产业优势，围绕电子、汽车等产业链，有目的的进行结构调整，帮助中小企业培育主导产品，通过产业聚集促进中小企业的发展，引导中小企业向“专精特新”发展。2005年我市工业投资完成600亿元，其中中小企业占到了60%。市有关综合部门对其中的139个项目进行了贴息支持，贴息额达到5550万元。一批新项目相继投产，为中小企业的发展增强了后劲。中环半导体股份有限公司的高压硅堆产业化项目、天津天锻压力有限公司的重型数控液压机成套设备技术改造项目、天津赛象科技股份有限公司载重子午线路轮胎专用设备技术改造项目等一批新项目相继投产，为这些企业的发展增强了后劲。通过这些技改项目的投入，提高了中小企业的竞争力，促进了企业结构的调整和优化。

（五）积极搭建中小企业市场开拓和招商引资平台

积极引导中小企业走为大企业、大项目、大产品配套的专业化协作生产的路子，帮助广大中小企业开拓市场。去年以来，我市有关部门联合组织了国际制造业（手机）采购配套会、汽车零部件采购会、欧尚集团采购洽谈会等一系列配套洽谈活动，并组织我市部分中小企业参加了第二届中国中小企业博览会等展会。我市中小企业在展会上展示了一批具有自主知识产权的产品，同时还吸引了一批国内外客商进行洽谈和交易，取得了一定的效果，展示了我市中小企业的整体实力。同时利用每年天交会、商业联合与发展年会等几十个各类商贸会展活动，为中小商业企业展示形象、寻找商机提供机会。在帮助中小企业开拓国际市场方面，我市有关部门积极争取国家专项资金支持，去年落实中小企业国际市场开拓资金3072万元，使我市886户中小企业获得国家专项资金的支持。

（六）积极推进国有中小企业改革改制力度

一方面，围绕放开搞活国有中小企业，促进中小企业所有制结构、产品结构和产权结构优化，增强中小企业的活力和竞争力，积极引导国有中小企业加快产权制度改革，鼓励非公有制经济参与国有经济结构调整和国有企业改组改制，妥善处理非公有制企业参与公有制企业改革后在税收、资产权属和股权规范等方面的历史遗留问题。截至2005年底，国有中小企业已完成产权多元化改革2637户，改制面为76.6%。另一方面，在抓改制、抓调整、抓发展的同时抓好历史遗留问题的解决，为资不抵债、生存无望的中小企业建立退出通道。2005年有153户中小企业通过整体分流安置职工的方式退出市场，有效地解决了企业人流安置职工的成本问题，理顺了长期困扰企业的劳动关系，共同化解了企业和职工的历史债务问题。

（七）约束政府行为，维护企业、职工合法权益

我们从深入调研、搞好服务入手，加大中小企业治乱减负工作力度。市有关部门组织召开专题座谈会，及时传达中央关于开展企业治乱减负工作的精神，认真听取企业意见，帮助企业协调解决反映的问题。同时进一步完善企业负担监督机制。一是建立完善了中小企业负担监测联系制度；二是坚持企业负担监控制度和评议执收执罚制度。在工商执法方面，实行“三步式”执法，对企业轻微的违规行为，采取教育规范、限期整改，限期未改者再依法惩处的办法。禁止向企业乱检查、乱摊派、乱评比和乱拉赞助，强化投诉受理机制，保障中小企业的各项合法权益。积极推进社会保障制度的完善，保障企业职工的各项合法权益。

三、中小企业社会化服务体系概况

在市委、市政府的总体部署下，近年来，我市各有关部门从改善中小企业发展环境入手，认真落实《中小企业促进法》，建立了以中小企业管理培训服务系统、融资担保服务体系、中小企业技术创新服务体系为主体的中小企业社会化服务体系，为中小企业的发展搭建了社会化服务平台，使我市中小企业的发展环境得到了明显改善。

（一）中小企业管理培训服务体系建设

按照建立以政府为主导，各类社会服务组织互为补充、相互支持、协调发展构架体系的工作思路，积极构建中小企业管理培训服务体系。把开展中小企业培训，全面提高中小企业人员素质和管理水平，作为促进中小企业发展的战略任务。近年来，在国家发改委及有关部门的指导下，市经委、市财政密切配合，提出了天津市中小企业经营管理培训工作的指导意见，以实施“国家中小企业银河培训工程”为契机，开展了多层次、多形式的中小企业培训工作，使广大中小企业的经营管理人员、专业技术人员、中介服务机构的服务人员素质不断提高，管理水平得以提升。首先，结合中小企业发展和现实需求，因材施教，有针对性地开展好中小企业经营者及管理人员培训工作。从2003年到2005年末，我市通过实施国家银河培训工程和天津市中小企业经营管理培训项目，共组织中小企业创业技能培训、工商管理培训、政策法规培训、中小企业发展战略培训等百余期，培训中小企业经营管理者万余人，有力地改善了中小企业的人才结构。第二，调整充实和完善培训师资网络，规范培训内容。经过几年的实践，我市在发挥我市高等院校教学优势和人才优势的基础上，开发并建立起了一支高素质的培训师资网络和科学的课程配置体系，形成了对中小企业培训工作的有力支撑。第三，积极整合社会培训资源，充分发挥各类中介和社会培训机构开展中小企业培训工作的作用。通过几年的努力，在我市中小企业管理培训服务体系中，形成了天津市中小企业服务中心、天津市集体经济联合会、天津市企业家联合会、天津经理干部管理学院、天津市人才信息港、西青诚信培训服务中心、市妇联创业培训中心等十几家中小企业服务机构，共同开展中小企业培训工作。第四，积极开展中小企业管理咨询服务，包括政策法律咨询服务，改革改制咨询服务，经营管理咨询等服务，有力地提升了中小企业的经营管理水平。

（二）中小企业信用担保服务体系建设

自1999年以来，我市一直着力加强中小企业信用担保服务体系建设，使我市担保业呈现出良好的发展态势，为解决中小企业融资难问题做出了贡献。

2005年我市采取多项措施促进了中小企业信用担保的进一步规范发展。一是加强了担保基础管理工作，并认真做好中小企业信用担保机构设立与变更的行政许可。二是加大对担保机构的政策支持力度，协调解决了担保机构在开展业务中遇到的问题。三是成立了我市担保行业的自律组织——天津市担保业协会，加强了行业自律与规范发展。截至2005年底，全市担保机构注册资本为48亿元，其中社会资本占93%；全市担保机构完成担保额92亿元，累计担保总额超过200亿元。

我市担保机构在发展中呈现出以下特点：一是以流动资金为主，担保经营品种呈现多样化。二是以社会资本为主体，政策性担保机构发挥引导作用，担保资金构成呈现多元化。三是担保行业已经发展成为一个新兴的行业，社会认知度与信誉度提高。各银行进一步加大了与担保机构的业务合作，市国土资源和房屋管理局已经同意为我市各担保机构办理反担保业务的土地、房屋他项权利登记。四是担保机构加大了同国家开发银行的合作力度，充分利用国家开发银行的信用与贷款支持，进一步提高了担保能力。

（三）中小企业技术创新服务体系建设

为营造科技型中小企业健康发展的环境，加强为科技型中小企业发展的创新服务体系建设，充分利用公共政策，积极发挥生产力促进中心和企业孵化器的作用，支持科技型中小企业的发展。近年来，我市批准成立了百余家生产力促进中心和企业孵化器，同时，完善和规范中小企业服务机构和中介机构的职能，充分发挥其对中小企业科技创新的服务功能。通过扶持面向科技型中小企业的公共技术服务平台建设，加强科技协作网络建设，完善我市大型设备和公共仪器平台建设，开展面向科技型中小企业的技术服务。2005年，我市开始实施科技型中小企业技术创新资金计划，把支持中小企业的技术创新活动作为科技重点工作之一，当年立项支持了122家科技型中小企业的技术创新项目，为我市中小企业的创新发展提供了强有力的保障。

我市中小企业技术创新服务体系的主要机构包括天津市科技创业服务中心、天津市科技条件服务中心、天津市创业投资发展中心、天津市星火科技开发中心、天津市国际科技咨询公司、天津市对外科技交流中心等机构。中小企业技术创新服务体系将不断开创科技型中小企业自主创新的公共服务工作，为我市创新型社会发展做出贡献。

（天津市经济委员会中小企业处）

河北省

一、2005年非国有经济运行情况综合分析

（一）基本情况

2005年全省非国有经济达到178.4万个，其中非国有企业15.7万家，个体162.2万个，从业人员达到1305.9万人，实现营业收入18844.2亿元，同比增长27%；完成增加值5305亿元，同比增长33.4%；实缴税金449.3亿元，同比增长41%；完成固定资产投入2328.2亿元；外贸出口额51.6亿美元，同比增长34.2%。

（二）发展特点

1.县域民营经济发展速度加快

近年来，各级都把发展民营经济作为促进县域经济发展的突破口，县域经济总体实力普遍增强，11个市民营经济增加值占当地生产总值的比重都超过了40%。全省已有176个县（市、区）民营经济年营业收入超过10亿元，其中129个县（市、区）民营经济年营业收入超过50亿元，约占全省县（市、区）总数的70%，比上年增加了18个。基础差的区域发展更加迫切，进步更加明显。2005年全省136个县（市）完成民营经济增加值5234亿元，平均每县完成增加值38.5亿元，有48个县高于平均值，民营经济呈现出遍地开花、迅速发展态势。全省52个贫困县民营经济增加值平均增幅达到43%，实缴税金平均增幅达到62%，均快于全省平均水平。

2.产业结构明显优化

2005年全省民营经济积极推进“两个转变”，传统产业在嫁接改造中得到提升。新上项目起点高，工艺、设备、产品都要较高的技术含量，一大批制造业企业装备水平达到了国际先进水平。以大企业为龙头的产业链逐步延伸，城乡经济协调发展，互补性增强。高污染、高能耗的企业得到有效治理，有的已退出市场。新上的纺织业设备以进口为主，水泥企业规模越来越大，由立窑向旋窑过渡，并加大了粉尘治理，冶金企业进行了整合，改善了产品结构，品种多，附加值高。在调整中发展壮大了农副产品加工业，2005年全省农副产品加工业企业达到9.97万个，增加1.3万个，完成增加值633.8亿元，占全部民营工业的16.3%，规模以上农产品加工业达到1917家，增加了194个。

3.产业集群建设成效显著

近年来，各地从自身资源和产业优势出发，加快培育地方特色，打造战略产业和品牌，涌现出一批小而精、小而专、小而特、小而优的特色群体和特色产业。在专业村、专业镇、工业园区发展的基础上，与产业链相配套的大量中小企业不断聚集，形成了一批极具地方特色和区域竞争优势的产业集群，成为带动民营经济增长的骨干力量。2005年全省年营业收入5亿元以上的产业集群达到162个，比上年增加了23个，产业集群共完成增加值1355亿元，实缴税金115亿元，分别占全省民营经济总量的25.5%和25.6%。超100亿元的产业集群5个，营业收入50亿元以上的产业集群31个，最大的产业集群邯郸市武安市冶金产业营业收入达到333.7亿元。全省民营经济各类园区达到491个，其中收入10亿元以上的园区达到62个，增加了13个，武安镇工业园区营业收入达到91.6亿元，民营经济的聚集度日益提高。

4.企业创新意识逐步增强

随着经济结构的变化和市场化、国际化程度的提高，外部资源和市场约束增强，民营企业创新意识日益增强，创新机制日趋深化。在管理上积极采用先进的管理成果，引导民营企业向集约化经济转变，以企业形象、企业精神、商标品牌等为重点的企业文化建设成为管理的一项重要内容。加大了企业研发投入，提高自主开发能力，民营企业研发机构达到488个，新增技术创新示范企业54家，累计达到231家，省级名牌产品达到183个，省级优质产品达到251个，中国名牌产品达11个，占我省中国名牌产品的40.7%；河北省著名商标484件，占我省总量的73.1%；中国驰名商标8个，占我省总量的1/3。高素质的人才得到企业青睐，以人为本的经营理念形成广泛共视，全年共引进专业人才1.2人。全系统开展了远程教育、企业家培训班、专项培训、“北大大讲堂”等活动，培训职工220多万人次，队伍素质的提高，增强了企业创新能力，推动了创新步伐。

（三）发展原因

1.有利政策环境的推动作用

按照省委、省政府部署要求，出台了《贯彻〈国务院鼓励支持和引导个体私营等非公有制经济发展的若干意见〉的实施意见》，制定了26条支持民营经济、中小企业发展的具体措施，组织协调省直有关部门出台了20个配套文件，各设区市都结合实际，制定完善了一系列政策措施，并采取在省市报纸等媒体开办政策解读专栏、辑印政策汇编送基层、加强检查督导等办法，推进政策的贯彻落实。同时，通过在全省中小企业主管部门开展10项服务、办成20件实事活动，着力为企业排忧解难；通过召开不同形式的会议，表彰宣传先进人物和典型事迹，浓厚发展氛围；通过会同有关部门加强“三乱”治理，减轻企业负担，全省民营经济、中小企业发展环境进一步宽松。

2.良好融资担保活动的促进作用

近年来，我省下大力抓了解决中小企业、民营经济发展的融资“瓶颈”制约问题，帮助企业拓展融资渠道，有效缓解了企业融资困难。一是着力加快信用担保体系建设。经过上下共同努力，担保体系建设取得重大进展。到2005年12月底，全省共建立担保机构206家，担保资本金达到34.6亿元，全省累计完成贷款担保总额41.7亿元，解决了一批中小企业融资难问题。二是积极推进企业境外上市。通过上市培训、境外考察、推介洽谈等工作，2005年实现6家企业在境

外成功上市。三是促进银企沟通与合作。各设区市中小企业局采取多种形式，联合银行等金融部门组织开展银企、银保项目对接洽谈活动，为企业融通资金，取得较好效果，调动了企业投入的积极性。从2001年以来，民营经济投入一年一个台阶，2003年和2004年累计投入2331亿元，2005年民营企业乘势提升，完成固定资产投入1934.9亿元，建设项目25543个，一批大项目、高科技项目、农业产业化项目、商贸流通项目、房地产、企业改造成为投入的主体，投资超亿元以上的项目达到433个，千万元以上项目4167个。河北鑫港国际商贸中心一个项目投资达18亿元。新建项目呈现出建设起点高、设计规范、建设速度快的特点，固定资产投入的大幅增加，为民营经济增添了持续健康发展的后劲和潜力。

3.规模企业健康发展的支撑作用

近几年在做大做强思想的指导下，各级各部门都注重了扶优扶强和龙头企业建设，有力的促进了规模企业的健康发展。省民营办组织协调省直10部门进一步明确细化了对口扶持100家成长型企业的措施、目标和责任，帮助企业解决了一些发展中的难点问题；对16个重点产业集群技术服务机构建设项目给予了重点扶持；加强了对重点农业产业化龙头企业项目跟踪调度，引导农产品加工龙头企业开展合资合作，2005年农业部为我省认定了24个全国农产品加工示范企业和7个示范基地；积极争取国家法改委专项资金700万元，重点支持了10个优势项目建设。

2005年我省民营企业平均规模明显增大，核心竞争力进一步增强，全省规模以上民营企业达到8452家，增加1948家，其中亿元以上企业达到820家，规模以上企业营业收入占全部民营经济的30.6%，增长幅度高出全省民营经济8.7个百分点。规模以上民营企业起到了有力的支撑和拉动作用。

4.服务体系建设的激励作用

2005年，各级各部门积极转变政府职能，下大力抓了服务体系建设。全省中小企业主管部门开展了搞好10项服务、办成20件实事活动，着力为企业排忧解难。省中小企业局以创业辅导为突破口，加大了创业辅导基地建设力度，在总结前两年国家和省创业辅导试点工作的基础上，提出了全省创建创业辅导基地的总体规划、目标和要求，总结推广了石家庄天山、承德、唐山、秦皇岛、邯郸、保定等市建立创业辅导基地模式和经验。各设区市也制定了相应的规划措施，加强监督落实，加快建设步伐，全省创业基地建设工作全面有序展开。目前，全省已建成和正在建设的中小企业创业辅导基地34个，其中列入规划的20个基地基本建成，共建设标准厂房45万多平方米，已入驻企业1035家，安置就业3.6万人。我省创业辅导基地建设的开展，初步激励了全民创业热情，引导了民营企业的健康发展。

5.对外开放战略的拉动作用

我省民营企业在不断提高自身实力的基础上，积极贯彻实施“走出去”战略，抓住经济全球化机遇，通过项目招商、对外交流、博览会、贸易洽谈等渠道，积极开拓国际市场，提高了民营经济的外向度。2005年全省民营企业外贸出口额51.6亿美元，同比增长34.2%，占全省外贸出口额的47.2%，比上年提高了6个百分点，外贸出口额占全部民营经济增加值的7.8%。

二、2005年河北中小企业改革发展工作重点

（一）进一步优化发展环境

《国务院关于鼓励支持和引导个体私营等非公有制经济发展的若干意见》出台后，按照省委、省政府部署，出台了《贯彻国务院鼓励支持和引导个体私营等非公有制经济发展若干意见的实施意见》，制定了26条支持民营经济、中小企业发展的具体措施，组织协调省直有关部门出台了20个配套文件，各设区市都结合实际，制定完善了一系列政策措施，并采取在省市报纸等媒体开办政策解读专栏、辑印政策汇编送基层、加强检查督导等办法，推进政策的贯彻落实。同时，通过在全省中小企业主管部门开展10项服务、办成20件实事活动，着力为企业排忧解难；通过召开不同形式的会议，表彰宣传先进人物和典型事迹，浓厚发展氛围；通过会同有关部门加强“三乱”治理，减轻企业负担，全省民营经济、中小企业发展环境进一步宽松。

（二）大力拓展融资渠道

主要抓了三项工作：一是着力加快信用担保体系建设。经过上下共同努力，担保体系建设取得重大进展。到12月底，全省共建立担保机构206家，担保资本金达到34.6亿元，提前超额完成了省政府确定的30亿元的全年任务目标，全省累计完成贷款担保总额41.7亿元，解决了一批中小企业融资难问题。衡水、邯郸、保定、石家庄、秦皇岛、承德、沧州市超额完成年度任务。二是积极推进企业境外上市。通过上市培训、境外考察、推介洽谈等工作，去年实现6家企业在境外成功上市，超额完成省政府下达的全年两家企业上市的任务目标。三是促进银企沟通与合作。各设区市局采取多种形式，联合银行等金融部门组织开展银企、银保项目对接洽谈活动，为企业融通资金，取得较好效果。

（三）加快创业辅导基地建设

为解决创业难问题，省局加大了创业辅导基地建设力度，在总结前两年国家和省创业辅导试点工作的基础上，提出了全省建立创业辅导基地的总体规划、目标和要求，总结推广了石家庄天山、承德、唐山、秦皇岛、邯郸、保定等市建立创业辅导基地模式和经验。各设区市也制定了相应的规划措施，加强督导落实，加快建设步伐，全省创业基地建设工作全面有序展开，有了一个良好开端，迈出了坚实一步。目前，全省已

建成和正在建设的中小企业创业基地共34个，其中列入规划的20个基地基本建成，共建设标准厂房45万多平方米，已入驻企业1035家，安置就业3.6万人。我省创业辅导基地建设工作走在全国前列，受到国家发改委的肯定和表扬。

（四）加强人才教育培训

主要做了三件事：一是在全省开展了以财政资助为主的民营企业、中小企业教育培训工作，全面实施河北中小企业远程教育培训工程，现已建立远程教育培训基地22个。去年全省共完成各级各类培训220多万人次。二是组织举办了全省百强民营企业家中央党校培训班、成长型民营企业经营管理者深圳培训班、全省中小企业产业集群培训班等大规模人才培训，各设区市也结合实际举办了不同层次的专项培训，都取得很好效果。廊坊、张家口积极开展“送课下乡”活动，自带设备将“北大大讲堂”送到基层播放，受到企业的欢迎。三是研究编制了“十一五”全省民营经济人才规划，纳入全省人才规划，各级主管部门积极开展网上人才招聘和人才对接活动，共引进省外专业人才近12000人。

（五）推进扶优扶强工作

重点抓了四件事：一是组织协调省直10个部门进一步明确细化了对口扶持100家成长型民营企业措施、目标和责任，帮助企业解决了一些发展中的难点问题。二是研究制定了《培育100个名牌产品实施意见》和《加快中小企业产业集群发展的指导意见》，培育认定了169个河北中小企业名牌产品和98个质量信得过产品，会同省直有关部门帮助指导企业创省名牌74个、省著名商标113件、中国名牌7个、中国驰名商标1件，并对16个重点产业集群技术服务机构建设项目给予重点扶持。三是加强重点农业项目跟踪调度，搜集印制了333家国内外知名企业名录，引导农产品加工龙头企业开展合资合作。去年农业部认定了24个全国农产品加工示范企业和7个示范基地。四是争取国家发改委专项资金700万元，重点支持了10个优势项目建设，我省利用项目资金数量列全国首位。

（六）强化部门服务能力

重点抓了9项工作：一是加大资金支持力度。经过多方争取，去年省财政安排中小企业专项资金1500万元，比上年增加2倍，注入省担保中心资本金8000万元，累计达到1.8亿元。今年全省中小企业专项资金又增加1000万元，达到2500万元。二是投资完善了“河北民营经济网”软硬件，新增网络会员4836个，网站点击率世界排名由15万位上升到11万位，在全国中小企业系统省级网站排名第4位，在省直网站排名第7位。三是积极受理民营企业投诉和咨询，解答疑难问题，共接待来信来访2200多件（人次），协调解决了一批反映突出的问题。四是组织开展法律服务活动，全省中小企业主管部门组织建立法律顾问室、投诉中心200个，聘请法律顾问300多人，并与省司法厅、省总工会建立了以保护民营企业合法权益为主要内容的联席会议制度，在全省组织开展了以法律服务为主要内容的“金色阳光”行动，在邯郸、承德两地8县召开了现场会，为民营企业现场解答400多个涉法问题，与46家民营企业签署法律服务合作协议。五是投资建设省中小企业模具中心，积极组织技术下乡进企服务，共发布新技术、新产品信息300多项，组织专家为80多家企业提供专业技术指导，完成技术成果转让和节能技术推广11项。筛选确认了54个技术创新示范企业。六是会同有关单位，帮助500多家企业通过了ISO9000及绿色食品、有机食品和HACCP认证。七是加强了统计工作，资助11个设区市建设局域网，目前已有9个设区市局域网建成启用，帮助75个县（市）更新完善了统计设施，健全统计网络。省局和邯郸市等17个市、县局被农业部评为全国乡镇企业统计工作先进单位。八是开展信用数据征集和信用优良企业评价活动，组织认定了1188家信用优良企业，建立了信用档案，进行社会公告，目前11个设区市和48个县建立了中小企业信用评价机构。九是组织成立了河北省中小企业担保业协会，强化担保业自律管理服务。配合有关部门推动产业集群专业协会建设，引导中介机构为民营经济、中小企业提供服务。

（七）积极组织招商引资活动

在美国组织举办了河北（休斯敦）中小企业出口产品展示会和招商项目发布会，谋求建立一个窗口，加强我省中小企业与美国企业界的交流与合作，取得了较好效果；组织300多家民营企业参加了第二届中国中小企业博览会、莫斯科中小企业纺织服装展览会、“河北—香港周”工商企业交流会、全国乡镇企业对俄贸易洽谈会以及9次赴欧洲、东南亚等国家商贸考察活动，共发布项目300多项，达成73项合作协议或意向；各设区市也开展了形式多样的经贸洽谈活动，共引进域外资金200亿元。同时，积极引导帮助民营企业“走出去”，到境外投资办厂，开拓国际市场。

（八）深入开展“百县千企”调研活动

为全面准确地掌握全省民营经济发展现状，从去年上半年开始，在全省选择了100个县（市、区）、1000家民营企业，组织开展了一次大规模、深层次的调研活动。为确保实效，省、市、县中小企业主管部门主要领导亲自带队，深入调研，解剖麻雀，力求把民营企业经营状况搞清楚，把经营者和职工盼望搞清楚，把制约民营经济发展的突出问题搞清楚，并提出一系列对策和建议。目前省、市主管部门共完成综合或专题调研报告100多篇，其中省、市领导批示30多篇。结合这次活动，通过多次调研论证，研究制定了《“十一五”河北省民营经济发展规划》。

（九）切实加强政风行风建设

为加强全系统政风行风建设，省局先后组织进行了三次动员部署、二次督导检查、一次集中调度。各级中小企业行政管理部门高度重视，克服困难，努力工作，着力建立长效机制，研究制定了考核办法，实行领导分工负责制和目标管理，坚持公开承诺、阳光热线、阳光服务、热线咨询、自查自纠、践诺公示、信息反馈等日常工作制度，紧密结合业务工作，加强检查落实，各项工作有了较大程度的改善和进步。邯郸、秦皇岛、张家口、唐山、廊坊、衡水、保定市局站位高、组织严、措施硬、抓得紧，在行风建设中取得较好的成效。

三、服务建设体系概况

（一）人才培训服务体系

截至2005年底，全省中小企业系统完成各级各类（含企业）培训420多万人次。其中，省级直接面授培训7000多人次，市县直接面授培训4万多人次。先后举办了百家重点民营企业家省委党校培训班、百强民营企业家中央党校培训班和百家成长型中小企业经营管理者深圳培训班等一系列高层次专题培训班，受到中小企业的普遍欢迎，在社会上引起强烈反响。大力实施河北省中小企业远程教育培训工程，完成远程培训播课440讲，培训企业经营管理人员2万多人次。2005年，全省中小企业引进省外人才10608人，民营经济人才总量达到135万人。我省自2004年12月开始，在全系统启动了“河北省中小企业远程教育培训工程”。引入“北大大讲堂”培训项目，依托北大光华管理学院雄厚的教学资源，为全省中小企业经营管理人员提供高水平的管理讲座、案例分析和管理实务等工商管理知识培训服务。为加强扶持引导，省局专门印发了《关于加强远程教育培训基地建设的通知》，在全省11个设区市、重点县和企业建立远程教育培训基地22个，依托培训基地开展了远程培训和局部拓展面授培训，实现了远程培训和面授培训的有机结合。

（二）创业辅导服务体系

到2005年，全省共有34个创业辅导基地建设项目进行筹建，比年初确定的建立20个创业辅导基地规划目标多14个。其中，列入规划目标的20个创业辅导基地均已初步完成并开始运营。共建设标准厂房（含闲置厂房改造）45万平方米，已入驻企业1035家，安排就业3.6万人。以基地为载体，带动了创业辅导服务的开展，各创业辅导基地联系各类中介服务机构为入住企业提供政务代理、创业培训、管理诊断、市场开拓、技术支持、法律维权等各类服务项8690项次，比2003年增加了2倍多。2005年，我省在总结唐山市试点基础上，首先在设区市级抓了5个创业辅导基地建设试点，先后两次召开全省性工作会议暨现场交流会进行总结交流。目前，我省创业辅导基地建设已有四种基本成功的模式：一是在城乡规划的工业区、科技园区内，由企业或事业法人出资创办的创业辅导基地，即天山、承德模式。二是财政出资，由一个事业单位作为法人新建或购买一个适合创业的场所创办的创业辅导基地，即唐山、秦皇岛模式。三是对破产企业的厂房加以改造，进行场地出租，开展创业辅导，即邯郸、保定模式。四是将企业的闲置厂房及社会上适合创办小企业的房屋稍加改造，作为创业辅导基地。

（三）法律服务体系

一是建立覆盖省、市、县三级的法律服务体系。2002年与省司法厅联合印发《关于进一步开展为全省乡镇企业提供法律服务工作的意见》，迅速建立起了全省乡镇企业法律服务体系。2004年底，与省司法厅、省总工会建立了为民营企业法律服务联席会议制度，省、市、县三级都选定了一批信誉好的律师、税务师、会计师事务所等社会中介机构开展“金色阳光行动”为民营企业提供法律服务。目前，省一级已经在石家庄、邯郸、承德组织了3场大型现场法律服务活动，培训企业经营者3000余人。本系统各市、县行政管理部门也相继建立起了为民营企业提供法律服务的法律工作室200个。二是推动企业建立法制机构。帮助一批有条件的乡镇企业、民营企业、中小企业建立法律顾问室，加强重大经营决策、合同管理、担保审核、资金管理、安全生产、法律论证、纠纷处理等方面的规章制度建设。省、市、县三级每年都选择了20到50家重点企业作为企业规范经营示范点，大力推进企业依法经营管理。三是加强法律培训。把普法与法律培训相结合，把学法用法与加强企业管理，规范企业经营行为结合起来。针对企业经营，组织了形式多样的培训活动，免费培训企业经营者40000余人。四是广泛开展创建诚信守法企业活动，通过开展诚信守法企业活动，推动企业建立健全法制机构，营造企业学法守法用法氛围，我省有50家企业获得农业部诚信守法乡镇企业称号，有120家获得省级诚信守法企业称号。

（四）信用担保服务体系

截止到2006年4月底，我省担保资本金已经达到23亿元，新增担保资本金2.8亿元 。全省63家担保机构开展了业务，累计完成担保业务2389笔，累计完成担保额23.93亿元，被担保企业新增就业27549人，增加销售收入24.93亿元，增加税收2亿元。从各市情况看，邯郸市、衡水市完成担保资本金筹措任务情况较好，分别完成全年任务的67%和40%；张家口、承德分别完成14%和10%，其他各市均不足5%。主要采取以下几项措施：一是依据各设区市的实际情况，并充分征求其意见的基础上，将30亿元的担保资本金筹措任务，分解落实到各设区市。二是实行担保机构月统计、季通报制度，及时了解掌握全省担保体系建设情况，有针对性的采取措施，解决存在的问题。三是采取简报、上网发布、制作电视节目等形式，宣传担保体系建设的意义、好的做法和成功经验，指导各地加快担保体系建设及担保机构开展业务。四是指导、帮助担保业者成立省担保业协会，加强行业自律，维护担保业合法权益，提高自我发展能力。五是针对担保机构存在的问题，举办担保机构负责人参加的担保业务知识高级培训班，提高担保机构人员素质。

（五）信息服务体系

组建了河北省中小企业信息中心，配合国家

中小企业信息服务网项目建设；建立“河北省中小企业电子服务网”；指导十一个设区市分别建立了网站，实现了国家、省、市三级联网。逐步建立起中小企业项目库、人才库、产品库、政策法规库、技术专利库、产权交易库，形成电子服务平台。通过电子服务网开展政务服务，发布政策信息，代办行政审批业务；开展商务服务，发布市场供求信息，推介企业产品，进行网上交易服务；开展网上项目服务，发布各行业前沿技术和最新科研成果、投资融资项目和产权交易与合作项目；开展网上人才供求和法律咨询服务。

（六）技术支持体系

整合社会资源，充分利用各类技术创新机构和科研机构，为中小企业新产品研发、试制、设备检验以及生产工艺改造提供技术支持；鼓励各类实验室和测试中心向中小企业开放，满足中小企业共性技术的需求；帮助中小企业与国内外科研机构、大专院校开展产学研对接活动，为中小企业应用新技术提供咨询、诊断、论证服务；吸收一批模具企业组成联盟，在模具设计、模具快速原形方面实现资源互补、设备共享；利用技术创新项目库，为中小企业推介项目；指导和支持有条件的中小企业和企业园区建立技术研发中心，提高技术创新能力；向中小企业发布促进科技进步的有关政策、中外科技发展动态、新产品开发指南、专利科技成果以及争取国家、省科技创新资金支持等。

（河北省中小企业局政策法规处）

山西省

一、中小企业在全省经济社会发展中的地位和作用

近年来，山西省中小企业保持了快速、健康、协调发展的良好态势，中小企业成为拉动我省经济增长的重要力量，成为国民经济的重要组成部分，成为解决城乡就业的主渠道，成为增加城乡居民收入的主要来源，在我省经济社会中占有举足轻重的地位。我省中小企业发展的整体态势呈现出以下特点：

（一）企业数量多

在我省经济架构中，大型企业不足百家，截至2005年底，中小企业（含个体工商户）已超过64万户，占到全省企业总数的99%以上。

（二）范围分布广

从所有制形式看，它既包括国有、集体企业，也包括个体、私营企业，还包括外资企业。其中90%的中小企业是民营企业。从组织形式看，它既包括公司制企业，也包括合伙企业和个人独资企业。其中60%以上是个人独资企业。从地域分布看，无论城镇还是农村，中小企业都大量存在，总数的80%分布在农村，也就是说，80%以上的中小企业是乡镇企业。从产业分布看，几乎所有行业都分布有中小企业，其中煤炭行业产值的40%，焦化、冶金、化工、建筑、建材、农副产品加工、第三产业等行业产值的80%都是由中小企业创造的。

（三）发挥作用大

(1)发挥了经济发展的“助推器”作用。2005年，全省地方生产总值的1/2、财政收入的1/3，农民人均纯收入的1/2，都是由中小企业创造的。

(2)发挥了促进就业的“蓄水池”作用。2005年底，全省中小企业从业人数达到533万人，占全省企业就业人数的75%以上，全省85%的新增劳动力和90%的下岗失业人员在中小企业就业。

(3)发挥了出口创汇“增长点”的作用。2005年，全省中小企业完成出口交货值192.15亿元，增长19.5%。年出口交货值500万元以上企业280个，比上年增加39个。出口产品主要包括焦炭、金属镁、铸件、玻璃器皿、化工产品和农副产品。在出口产品中，矿产类完成出口交货值114.3亿元，占到总量的59.5%。机械类、轻工类、化工类产品分别占出口总量的9.8%、9.7%和4.8%。

二、民营经济发展情况

2005年是“十五”计划的最后一年，全省中小企业系统认真贯彻中央和省委、省政府的各项决策，努力克服主导产品市场形势不利带来的困难，进一步深化改革，调整结构，进一步加强内部管理，大力开拓市场，使民营经济继续保持了快速、健康、协调发展的良好势头。呈现出以下五个主要特点：

（一）发展速度较快，经济总量进一步扩大

根据经济普查前的原口径统计测算，2005年，全省民营经济完成增加值2120亿元，增长38.8%，占到全省地方生产总值的一半以上；上交税金252.8亿元，增长45.62%，占到全省财政收入的33%；全省民营企业户数（含个体工商户）达到64万户，比2004年净增约3万户；从业人员达到533万人，比2004年新增45万人。其中，作为民营经济主体的乡镇企业，户数达到44.9万户，比上年新增1.2万户；从业人员达到402万人，比上年新增27万人；完成增加值1460亿元，同比增长31.2%；上交税金215亿元，同比增长50.22%；完成出口交货值192亿元，同比增长了19.6%；提供农民人均纯收入1442元，净增152元，占到全省农民人均纯收入的51.5%和新增部分的72%。我省民营经济、乡镇企业的发展速度分别比全省平均增速快26.8个和19个百分点，有力地拉动了全省国民经济的快速增长。

（二）投资继续增加，发展后劲进一步增强

根据省统计局的统计，到2005年11月底，我省城镇以上非国有经济完成固定资产投资704亿元，同比增长16.4%，占到全省固定资产投资总量的54%。2005年，我省乡镇企业投资在50万

元以上的项目达到4759个，完成固定资产投资555.8亿元，同比增长8%。其中，本年新开工项目3555个，新投产项目3436个。据调查，今年全省民营经济总投资在5000万元以上的在建项目达到301个，总投资929.3亿元。这些项目投产达效后，将大大增强我省民营经济、乡镇企业的后劲和实力。

（三）结构调整步伐加快，增长方式进一步转变

按照省政府的统一部署，我们配合有关部门开展了煤、焦等行业的集中治理整顿。全省关闭了一批小煤矿、小焦化企业，陆续上马投产了一批规模大、档次高、深加工和清洁型的传统产业项目，传统主导产业企业数量进一步减少，但企业规模和档次进一步提高，产量继续保持稳定增长。全年原煤产量达到1.85亿吨，焦炭产量达到7853万吨，其中机焦产量6893万吨，生铁产量达到3177万吨，成品钢材产量达到803万吨。农副产品加工业、旅游业、第三产业等新兴产业继续快速发展。以第三产业为主的城市民营经济完成增加值389亿元，同比增长69.8%。园区建设稳步发展，全省乡镇企业园区数量达到149个，比上年增加11 个，同时涌现出像孝义高阳农副产品加工园等一批专业化园区和临猗果汁加工等一批新的产业集群。

（四）骨干企业群体快速膨胀，企业素质进一步提高

随着一大批新项目的投产，我省亿元以上民营企业不断涌现。去年，全省销售收入亿元以上的民营企业达到359 家，新增47家；其中销售收入10亿元以上企业达到18 家，比去年新增1家；纳税千万元以上的企业228家，比去年新增39家，其中纳税超亿元的企业达到14家，比去年新增4家。规模最大、纳税最多的民营企业是山西海鑫钢铁集团，销售收入达74亿元，税收达4.6亿元。此外，去年新增全国乡镇企业创名牌重点企业18家；新增通过国际质量、环境系列认证企业153家；新开发填补省内、国内空白新产品、新技术93项，企业素质有了明显提高。

（五）各地市争先发展，区域差距进一步缩小

在国务院和省委、省政府关于进一步加快非公有制经济发展的政策鼓舞下，全省各地你追我赶，争先发展。太原、吕梁、临汾、长治、朔州等地市发展速度超过了30 %，成为带动全省发展的第一方阵。其他地市也不甘落后，奋起直追，发展速度都保持在18%以上。河津、高平、介休、清徐、大同南郊、盂县、孝义、朔州朔城区、临汾尧都区、潞城、原平等大运高速沿线和有煤铁资源的县市区充分发挥优势，加快发展步伐。其他县市也大力招商引资，千方百计谋求发展。争先发展成为各地的共同目标和共同主题。

在看到全省民营经济、乡镇企业喜人形势的同时，还必须清醒地看到，中小企业融资难问题突出、新兴产业发展步伐较慢、区域发展不平衡等老问题尚未得到根本扭转；去年，我省民营经济运行方面又出现了许多新情况，由于焦炭、钢铁、耐火材料等主导产品价格下跌，市场的风险性和不确定性增加，企业的经营难度加大，资金紧张，效益减少，焦化行业已出现了行业性整体亏损。综合分析这些情况，我们可以初步判断，我省民营经济持续高速增长、利润水平较高的时期已经从去年下半年开始发生变化，行将进入平稳的调整发展期。各级中小企业管理部门要加强运行监测，及早谋划对策，及时制定应对方案，认真解决运行中出现的困难和问题。

三、乡镇企业统计数据及分析

（一）概述

2005年，全省乡镇企业总数达到449233个，其中，集体企业7302个，股份合作企业3179个，联营企业329个，有限责任公司9208个，股份有限公司183个，私营企业112446个，其他企业316559个，港、澳、台商投资企业19个，外商投资企业8个。企业总数比去年增加12005个。全省乡镇企业从业人员4023279人，比上年增加27万人，增长7.2%，占全省农村劳动力的比重达到39.5%，比上年提高2.5个百分点。全省乡镇企业完成增加值1460.44亿元,比上年增长31.18%，占全省国内生产总值的35.4%，其中工业增加值完成1057.16亿元,比上年增长32%，净增257亿元,占到全省乡镇企业总量的73%；总产值5031.92亿元，比上年增长30%；实现营业收入4600亿元，比上年增长29.4%；实现利润总额423.2亿元，比上年增长37.6%；上缴国家税金215.54亿元，比上年增长50%；完成出口交货值192.15亿元，比上年增长19.6%；提供劳动报酬375.77亿元，比上年增长24.5%。

总体来看，我省乡镇企业在2005年保持了速度快、质量高、效益好、活力强的发展态势，是我省乡镇企业发展史上速度较快，质量最好的时期，主要呈现出以下几个特点：

1.发展速度持续快速增长

去年一月份，我省乡镇企业就以31.48%的高速度，拉开了全年发展的序幕，顺利实现了开门红。12月份以31.18%的速度为全年发展画上了圆满的句号。从全年运行的轨迹来看，增速最高的是5月份，为36.06%；增速最低的是12月份，为31.18%，二者相差5个百分点，其余月份的增速基本保持在31%～35%之间，增长比较平稳，经济运行没有大起大落。从增幅的变化情况看，在国家实施宏观调控的基础上，受国际能源市场低迷的影响，我省乡镇企业从6月份开始，连续六个月增幅回落，但回落幅度基本维持在1～2个百分点之间，震荡不大。整体上看，去年我省乡镇企业仍然呈现快速、平稳的态势。

2.主要经济指标增幅较大，效益同步提升

从月报统计的8项主要指标看，去年全省乡镇企业完成增加值1460.4亿元，同比增长31.18%，比上年增长347亿元，比全省GDP增长速度高19个百分点，增加值总量在去年超过1000亿元的大关的基础上,又迈上了一个新台阶；完成营业收入4599.9亿元，同比增长29.41%；完成总产值5031.9亿元，同比增长27.7%；完成出口产品交货值192.2亿元，同比增长19.59%；实现利润总额423.2亿元，同比增长37.58%；上交税金215.6亿元，同比增长50.47%；提供劳动者报酬375.8亿元，同比增长24.6%；完成工业增加值1057.2亿元，同比增长32.12%。在增加值快速增长的同时，我省乡镇企业完成的利润总额、上交税金、劳动者报酬总量也同步快速增长，其中税金增速为增加值增速的1.6倍，税金增速已连续六年超过了增加值增速，初步实现了速度与效益的同步增长。

3.企业素质明显提高

2005年，我省乡镇企业总数达44.9万个，比去年增加1.2万个；其中年营业收入500万元以上的企业达3480个，比上年增加了678个，其中1000万元以上的企业达2413个，比上年增加了520个；5000万元以上企业达636个，比上年增加了163个；亿元企业达354个，比上年增加了84个；10亿元以上的企业达15个，山西海鑫钢铁集团公司完成销售收入74.5亿元，成为我省最大的乡镇企业；规模以上企业个数仅占全省乡镇企业总数的0.78%，但实现营业收入达1982亿元，占到乡镇企业总收入的43.0%，平均每个企业实现营业收入由上年的5007万元提高到5690万元，净增683万元，增长13.6%。规模以上农产品加工企业达196个，比上年净增30个；全年完成增加值19.46亿元，比上年增加1600万元；完成总产值78.6亿元，比上年增加5亿元。

在数量快速增长的同时，我省乡镇企业整体素质也有了明显提升。去年全省乡镇企业中大专以上文化程度职工131115人，比上年增加33751人；新开发93种填补国内和省内空白的新产品；新增获得ISO9000、ISO14000、OHSAS18000认证的企业153家。全省乡镇企业固定资产原值达2117.3亿元，比上年增长31.13%；固定资产净值达1623.2亿元，比上年净增 385.33亿元；每个乡镇企业平均固定资产净值达36.13万元，比去年增加7.8万元。全省乡镇企业纳税超千万元的企业228个，比去年增加65个；纳税超亿元的企业14个，比去年增加4个；纳税额最大的企业是山西海鑫钢铁集团公司，纳税额为4.6亿元。

4.社会效益稳步提高，社会贡献继续加大

2005年，我省乡镇企业占全省国内生产总值的比重为35.4 %，对全省国内生产总值净增额的贡献率达到32.4%；乡镇企业上缴国家税金占全省财政收入的比重为28.39%，比上年提高了1.55个百分点；在大部分县域经济财政收入中，80%左右来源于乡镇企业。

2005年，我省农民人均从乡镇企业获得的劳动者报酬为1442元，占全省农民人均纯收入2890.7元的50%；比上年增加了152元，占到全省农民人均纯收入净增额的33.2%。2005年末，全省乡镇企业从业人员达402万人，比上年增加27万人，增长7.2%，占全省农村劳动力比重达到39.5%，比上年提高2.5个百分点。同时，我省乡镇企业吸纳城镇下岗失业人员18万人，比去年增加4.5万人。乡镇企业已经成为农民增收的主要来源，农村劳动力转移的重要途径和城镇下岗失业人员再就业的重要渠道。

5.个体私营经济快速发展，企业活力大大增强

2005年全省乡镇企业继续加快改革步伐，大力发展个体私营经济，激发了企业活力，充分调动了投资者经营和生产的积极性。全省449233个企业中，集体企业7302个，比上年下降1665个；股份合作企业3179个，比上年增853个；联营企业329个，比上年减33个；有限责任公司9208个，比上年增5867个；股份有限公司183个，比上年减127个；私营企业、个人独资企业、其他企业三者共计429005个，比上年增7041个，企业个数占到全省乡镇企业总数的95.5%；完成增加值787亿元，比上年增长150亿元 ，占到全省乡镇企业总量的54%；上交税金93.4亿元，比上年增长28.4亿元，占到全省乡镇企业总量的43%；从业人员达到273.7万人，比上年增加11.1万人，占到全省乡镇企业职工总数68%，个体私营经济已经成为我省乡镇企业的主体。

6.园区建设加快发展，布局结构不断改善

去年，我省乡镇企业园区达到149个，比去年净增11个；园内企业数达到12037个，园内企业年末从业人员达到411811人，占全省乡镇企业从业人员的10.2%，比去年净增加了44709人；园内企业实现营业收入1037.5亿元,比去年增长39.4%，净增293.1亿元，占全省乡镇企业营业收入的22.6%；实现上交税金67.6亿元，比去年增长41.1%，净增19.7亿元，占全省乡镇企业上交税金的31.4%；实现利润总额79亿元,比去年增长16.2%，净增11亿元，占全省乡镇企业利润总额的18.7%；实现出口交货值95.9亿元，比去年增长7.5%，净增6.3亿元，占全省乡镇企业出口交货值的49.9%；固定资产投资总额达到378.9亿元，比去年增长72.33%，占全省乡镇企业固定资产投资总额的68.17%，乡镇企业布局进一步趋向集中。

（二）主要问题

影响和制约我省乡镇企业经济运行的主要问题有：一是电力、运力、资金紧张对乡镇企业发展的瓶颈制约日益突出。据不完全统计，全省乡镇企业资金缺口达40%左右，电力缺口达34%。二是部分行业、部分企业经济效益下滑。由于产能过剩，焦炭、电解铝、钢材等产品价格下跌，而原煤、铁矿石等原材料价格上涨，焦炭、电解铝等行业受到双重挤压，出现行业性整体亏损。三是地区间发展差距加大。11个市地中，增幅最高的吕梁市和最低的大同市相差37.69个百分点，增加值绝对值最高的临汾市和最低的朔州市相差6.4倍。地区间发展很不平衡。整体上看，中南部发展较快，北部地区发展较慢。中南部太原、晋中、临汾、运城、长治、晋城六个地市平均发

展速度为29.5%，北部大同、忻州、朔州三个地市平均发展速度为21.9%。老工业基地发展速度较慢，缺乏新的经济增长点；新兴城市发展较快，多种经济形式快速发展，后力强劲。大同市发展速度为14.81%，成为全省发展最慢的地区。四是产业结构重型化更加凸显,新兴产业发展步伐较慢。去年,我省乡镇企业第一、二、三产业分别完成增加值14.06亿元、1125.05亿元、321.21亿元，比重分别为0.96%、77.04%、22.00%，一产比重下降了0.03个百分点，二产比重下降了0.13个百分点，三产比重上升了0.16个百分点。在市场机制的作用下，资金和其他生产要素都涌向高利润的煤、铁、钢等传统行业，新兴产业投入严重不足，政府的扶持力度跟不上，新的增长产业和替代产业发展不快。五是去年国家宏观调控政策变化，对我省乡镇企业也造成了一些影响。去年我省对煤炭行业进行了几次大的安全整顿和关停小煤窑的治理整顿,严格了煤炭生产许可证的管理，使得煤炭企业的生产大受影响，原煤产量连续七个月呈现负增长，全年产量也比去年少近200万吨。再加上信贷、土地政策收紧的影响，以及宏观调控政策对焦、铁、钢等行业产生的作用都在很大程度上影响了今年的发展。

（三）宏观决策

2005年6月6日，中共山西省委、山西省人民政府出台了《关于加快发展县域经济的若干意见》(晋发[2005]18号)，这是省委、省政府为了贯彻十六大和十六届三中全会精神，统筹城乡协调发展，构建社会主义和谐社会，着力解决“三农”问题的一个重要政策性文件。《意见》共分四部分20条，明确了发展县域经济的总体思路、指导原则、发展目标和发展重点，在深化户籍制度改革、土地使用、各地市纷纷出台了配套文件，省财政厅、国土厅等12个厅局相继出台了配套政策，使乡镇企业的发展环境更加宽松。

（四）固定资产投资

2005年，全省乡镇企业固定资产投资力度不断加大，一大批新项目陆续投产达效，成为我省乡镇企业新的增长点。全省投资50万元以上的乡镇企业4759个，其中新建项目完成2156个，改扩建项目完成2301个，完成固定资产投资555.84亿元，比上年增长41亿元，同比增长8%。从资金来源渠道看，国家及有关部门扶持资金6.02亿元，占投资总额的1.08%，金融机构贷款106.04亿元，占总额19.08%；引进资金103.48亿元，占18.62%；自有资金271.88亿元，占48.91%；其他资金68.41亿元，占12.31%。说明全省乡镇企业的投资渠道从原来主要依赖银行借贷为主，向引资、股份等多种投资渠道转变，融资渠道进一步拓宽。

（五）对外经贸

2005年，全省乡镇企业出口企业达522个，出口交货值192.15亿元，增长19.5%。年出口交货值500万元以上企业280个，比上年增加39个，出口交货值142.5亿元。出口产品主要包括焦炭、金属镁、铸件、玻璃器皿、化工产品和农副产品。在出口产品中，矿产类完成出口交货值114.3亿元，占到总量的59.5%。机械类、轻工类、化工类产品分别占出口总量的9.8%、9.7%和4.8%。出口产品交货值增幅有所下降，主要原因是由于国际焦炭市场价格下降，焦炭出口量大幅下降造成的。

（六）服务体系建设

2005年，全省乡镇企业系统积极适应新的形势，努力转变政府职能，不断创新工作机制，开拓工作领域，强化服务意识和服务功能，满足民营企业发展的要求。稳步推进“信用担保、信息网络、人才培育、创业辅导、行业协会、法律援助”六大服务体系建设。在服务体系建设中，坚持四结合的原则，即：市场导向与企业需求相结合；量力而行与尽力而为相结合；新设服务机构与整合原有机构相结合；政府部门牵头与市场化运作相结合，取得了一定的经验和成绩。根据省委、省政府《关于进一步加快非公有制经济发展的决定》(晋发[2004]15号)文件规定，省中小企业局与省财政厅联合下达了省财政扶持中小企业发展专项资金，资金总额2000万元，共扶持各级各类服务体系项目81个。融资担保体系成立了山西省中小企业担保中心，开展了中小企业诚信评估工作；信息网络体系完成了“山西省中小企业网”和“山西省乡镇企业网”的整合工作，通过了国家发改委组织的“中国中小企业网山西分网”项目论证，长治、阳泉、大同等市也开通了市级中小企业网，并将于近期为全省所有县级机构配齐电脑和打印机；人才培育体系依托国家发改委的“银河培训”与农业部的“蓝色证书培训”，共培训乡镇企业员工、农村剩余劳动力、中小企业主、中小企业管理系统工作人员等累计近100万人次；创业辅导体系确立了“2005年探索试点、2006年规范提高、2007年推广普及”的工作思路，今年在全省确定了11个试点县，建立了创业辅导基地。行业协会和法律援助体系也已开始启动，两年内将达到有机构、有队伍、有场所、有工作、有经费的“五有”目标。

四、服务体系建设

（一）基本思路

2004年，山西省中小企业局成立后，根据新的工作职责，在2002年提出的五大服务体系的基础上，进一步完善和确立了服务体系建设的工作思路，提出了“六大服务体系”建设目标，即“信息网络、融资担保、创业辅导、人才培育、法律服务、行业协会”。在服务体系建设中，坚持四个结合的原则：一是市场导向与企业要求相结合；二是量力而行与尽力而为相结合；三是新设服务机构与整合原有机构相结合；四是政府部门牵头与市场化运作相结合。

（二）建设现状

六大服务体系建设是2005年全系统工作的重中之重。我们按照“政府扶持中介，中介服务企业”的原则，结合当地实际，全面铺开了六大服务体系建设，取得了明显成效。

信用担保体系：组建了省中小企业信用服务中心，建起了全省中小企业信用信息基础数据库和信用档案，开展了中小企业信用征集和信用评价工作。目前征集建档企业总数近500家，在全省4000家企业中开展了资信调查、分析和评价，形成了千余份信用报告和600份信用评价报告。会同省金融办、省人行共同举办了两届银企合作洽谈会，收到了很好的效果。全省中小企业担保机构发展到230户，累计为4000多家中小企业提供担保贷款约80亿元，受保企业增加销售收入约120亿元。

信息网络体系：完成了“山西中小企业网”和“山西乡镇企业网”的“两网合一”工作，建成名称、标识、域名统一的“中国中小企业山西网”，大同、长治、晋城、晋中等地市分网也在建设中；继续扶持县级中小企业基层机构改善工作条件，推动信息化办公，提高办事效率。目前，为全省剩余的71个县局配置的电脑和打印机的集中采购工作正在进行。

人才培训体系：组织完成了“银河培训工程”和“蓝色证书培训工程”预定任务，银河工程培训1200人，蓝色证书培训70万人，收到了良好的社会效益；全面启动四项基础工作。人才库建设方面：省中小企业培训中心已将2万名大中专毕业生的资料录入计算机，建立人才库，供企业随时查询。职称评定方面：省局评审通过高级工程师、高级经济师两个系列191人，市、县评出中级、初级经济师、工程师、会计师1800余人。职业技能鉴定方面：已有200余人通过农产品经纪人、食品检验师的培训和鉴定认可。人才引进招聘方面：协同省人事厅在北京举办了2005年山西人才招聘大会，为中小企业、民营企业引进、招聘了一批急需人才。

创业辅导体系：一是制定了《2005-2007年山西省中小企业创业辅导服务体系建设实施方案》和试点县、重点服务机构、创业示范基地三个规范性管理办法。二是召开了全省创业辅导服务体系建设座谈会和全省创业辅导服务工作永济现场会，签订了试点县创业辅导工作目标责任制，公布、确认、扶持了全省11个试点县、13个重点服务机构。三是编写了20多万字的《创办中小企业实务教程》，省局直接组织近200人的创业师资培训和2000人的大学生、复转军人创业者培训，全省各市、县组织创业者培训人数2万多人。四是初步建成了海军802厂、山西科技市场等一批中小企业创业基地。中小企业创业辅导这项全新的工作已经打开了局面，各项工作正在有序推进。

法律援助体系：省局与30家专业法律服务机构进行合作，专门为中小企业提供法律咨询、代理等服务工作，组织开展了“法律援助三晋行”活动。芮城等地法律援助机构为多家企业挽回巨大经济损失，收到了良好的经济效益和社会效益。

行业协会体系：组织开展了全省“十佳”中小企业协会评比工作。太原、阳泉等地成立了中小企业协会，大同市活性炭行业协会等一批专业协会也陆续成立。

（三）工作措施

1.组织保障

加强组织领导，服务体系的建设在各级中小企业局统一领导下，会同财政、科技、人事等相关部门，进行指导、协调、管理与监督。研究制定相关政策措施，组织协调有关部门和机构开展对企业的服务工作，努力创造有利于企业发展的社会环境。从实际出发，加强对服务体系建设的规划和引导，加强对服务机构的诚信教育，促进服务体系的规范发展。

2.资金保障

省财政2000万元扶持中小企业发展专项资金专门用于扶持服务体系建设。2005年项目申报工作正在进行，预计加上市、县配套资金总投入可达5000万元以上。

3.典型示范

对管理规范、服务效果突出、社会贡献大的专业服务机构给予必要的资金支持，并在中小企业网上公布，提高其知名度，带动全社会专业服务机构积极为中小企业提供服务。

（山西省中小企业局）

内蒙古自治区

中小企业及非公经济发展概况

近年来，内蒙古中小工业企业始终保持平稳发展，在全区经济结构调整、加快工业化和城镇化进程、增加居民收入方面发挥了重要作用，特别是在缓解就业压力、活跃市场和保持社会稳定方面发挥了大企业不可替代的作用，为全面建设小康社会奋斗目标做出了巨大贡献。2005年全区中小工业企业单位数达到12.08万户，其中中小工业企业1.14万户，个体工业10.94万户，共完成现价工业总产值2534.03亿元，年末从业人员数达130.50万人，分别占全部工业的99.97%和68.86%和81.71%。实现现价工业增加值1012.63亿元，比“九五”末期增长1.72倍；“十五”期间年均递增22.11%。实践证明，中小工业企业同大企业一样具有强大的生命力，而且以其不同于大企业的特点，表现出强大的竞争力和广泛的发展前景。

1. 单位数量多，经营范围广

2005年末，全区中小工业企业共计12.08万户，占全部工业单位总数的99.97%，即使不考虑10.94万户个体工业单位，中小工业企业数量仍有1.14万户，占全部工业企业总数的99.60%，在数量上占有绝对比重。中小工业企业经营范围涉及全部工业39个行业大类，其中只有煤炭开采和洗选业、石油和天然气开采业、食品制造业、黑色金属冶炼及压延加工业、专用设备制造业5个行业的生产份额不足全部工业企业的50%，其余34个行业的生产份额均在一半以上，有20个行业的生产份额占100%。第一次全区经济普查资料显示：在主要工业产品产量中，中小企业的生产量以及占全部工业产量的比重是：原煤10652万吨，占50.16%；铁合金99.7万吨，占100%；冻肉27.4万吨，占58.35%；电石171.6万吨，占96.31%；焦炭587万吨，占66.88%；饲料106.3万吨，占79.98%；石墨及碳素制品19.7万吨，占77.67%；砖105.9亿块，占99.85%；中成药1.3万吨，占100%；机制纸及纸板21.4万吨，占85.14%；白酒17万吨，占89.91%；啤酒51.5万吨，占100%；面粉42.7万吨，占100%；平板玻璃1074万重量箱，占100%。

2. 投资少，社会贡献大

中小工业以投资少，经营灵活，无机成本低，对劳动者技能要求低的特点，在创造就业、增加居民收入中具有明显优势。2005年末，中小工业资产总计3466.0亿元，占全部工业资产总计的70.5%，其吸纳的就业人员数为119.15万人，占到全部工业从业人数的79.10%，全年实现了营业收入2594.96亿元，占全部工业营业收入的69.18%，全年完成工业增加值1012.63亿元，占全部工业增加值的67.72%。中小工业创造了近七成的工业增加值，提供了近八成的城镇就业机会，可以说中小工业已成为工业经济增长最重要的支撑力量。

3. 经济形式多样化，经营机制灵活

改革开放以后，传统的所有制体系被突破，各种类型企业共同发展，打破国有经济一统天下的格局，非公有制经济获得较快发展。从全区第一次经济普查资料中显示的全区中小企业资本金构成看，国家资本占22.70%，集体资本占3.98%，法人资本占45.00%，个人资本占25.12%，港澳台资本占1.34%，外商资本占1.86%。中小企业经济类型多元化格局逐渐形成。从企业类型看，中小工业企业中国有控股企业和集体企业共实现营业收入占总营业收入的比重仅为17.07%，私营企业、港澳台商投资企业和外商投资企业实现营业收入所占比重达到38.20%。

4. 企业规模不断壮大，行业分布相对集中

经过全区工业结构的调整，产业结构不断优化升级，中小工业企业户均产值由2000年的489.8万元，提高到2005年的1866万元，个体工业单位户均营业收入由2000年的23万元，提高到2005年的37万元。中小工业企业一半以上的营业收入集中在电力、热力的生产和供应业（比重15.08%），农副食品加工业（比重8.24%），黑色金属冶炼及压延加工业（比重7.90%），非金属矿采选业（比重7.41%），化学原材料及化学制品制造业（比重7.15%），煤炭开采和洗选业(比重6.68%)等五大行业。

5. 县域经济的支柱，培育大型企业的摇篮

从全区第一次经济普查资料中显示：2005年全区旗县及以下所属工业完成营业收入1037.69亿元，其中中小工业占88.95%。全区101个旗县中有87个旗县的中小工业总产值占到当地工业值的一半以上。中小工业不仅是县域经济发展和地方财政收入的支撑，而且是培育大型企业的摇篮。

6. 劳动密集型行业占主体，是解决城乡居民就业的主渠道

我区中小企业以劳动密集型行业和传统行业为主，主要分布在以下几个行业：以水泥和砖瓦为主的非金属矿物制品业，以采煤和洗煤为主的煤炭开采和洗选业，以供电供水供热为主的电力热力的生产和供应业，以化肥、农药和日用化工品为主的化学原料及化学制品制造业，以钢铁的炼制和加工为主的黑色金属冶炼及压延加工业，以毛纺织和纺织制成品制造为主的纺织业，七个行业的从业人员数量占到全部从业人员数的一半以上，但普遍存在劳动生产率低状况。全区中小企业平均劳动生产率为17.41万元/人，而上述六个行业中有三个行业的劳动生产率低于平均水平，使中小工业企业处于低效率生产和低附加值产品的循环中。

（内蒙古自治区经济委员会中小企业与开发区处）

辽宁省

一、2005年地方中小企业改革发展情况

2005年，全省各地区、各部门认真贯彻落实5月26日全省企业改革工作会议精神，按照省委、省政府的统一部署，不断加大国有企业改革工作力度，推动企业改革工作取得了突破性进展。在2006年初召开的市长座谈会上，张文岳省长评价2005年国有企业改革工作时讲了两句话："2005年讲企业改革是有话可说，有成绩可言的。国有大型企业改革取得了突破性进展，中小企业改革已成燎原之势"。这个评价是对2005年全省国有企业改革工作的充分肯定。

（一）国有中小企业改革完成情况

1. 国有中小工业企业改革完成了省委、省政府确定的目标

截至2005年底，全省国有中小工业企业完成改制488户，占应改制企业的81%。各市、各部门通过采取股份制、股份合作制、出售、合资、兼并、破产、重组等多种方式，加快推进中小企业产权制度改革。全省14个市和省国资委中小工业企业改制面均超过了80%，其中，鞍山、辽阳等市国有中小工业企业改制全面告捷，沈阳、大连、本溪、丹东、营口、朝阳等市国有中小工业企业改制面超过了90%。

2. 非工业领域的中小企业改革全面展开

到去年末，全省商贸流通、交通建设等非工业领域的国有企业完成改制951户，占应改制企业的49%。沈阳、大连、抚顺、本溪、丹东、锦

州、营口、辽阳、葫芦岛9个市非工业企业改制面超过60%。

（二）主要经验和体会

1. 依法规范运作是搞好国有中小企业改革的前提

为使改革经得起历史的检验，经得起职工的检验，我们在改革中始终强调把好“六道关”。沈阳产权交易中心提升为省级产权交易所后，联网范围扩至鞍山、抚顺、本溪、营口、辽阳、铁岭等六城市，规范了企业产权交易行为。大连市114家改制企业进场交易，国企改革进场交易率达到100%。沈阳、大连市还建立了重大评估事项专家评审制度，从而避免了改制不规范问题的出现。

2. 完善的配套政策是搞好国有中小企业改革的重要支撑

省工商、税务、财政、劳动、土地、工会等部门，都从改革大局出发，围绕改制企业工商登记注册、降低收费标准、完善中小企业融资担保体系、规范用地和土地出让政策、职工基本医疗保险等问题出台了配套文件。全省有7个市围绕贯彻省政府15号文件制订并出台了配套政策，为推进企业改革创造了条件。

3. 多渠道筹集改革成本，妥善安置职工是搞好国有中小企业改革的重要保证

据各市统计，去年全省改制企业共有12.4万人与原企业解除或变更劳动关系，共发放经济补偿金16.3亿元。为了解决国企改革成本问题，沈阳、大连市政府各筹集了5亿元作为改革专项资金，锦州市筹集1亿元作为改革专项资金，其他市也通过转让国有产权、盘活土地资产等多渠道筹集改革成本。沈阳市明确实行职工安置方案职代会一票否决制度，对改革过程中的国有资产收益和土地出让收益实行统一专户管理，按照收支两条线原则全部专项用于改制企业职工安置成本支出。大连市积极落实职工安置补偿费用，去年累计支付补偿费用和预留资产30亿元。通过盘活土地、变现资产、财政支付的资金22亿元。省总工会和省改革办联合下发了《关于在深化企业改革中充分发挥工会组织作用的意见》，要求各级工会组织参与国企改革全过程，有效维护了职工的合法权益。

二、2005年地方非公有制经济和中小企业统计数据和分析

（一）民营经济发展概况

2005年，辽宁省民营经济保持了平稳、健康发展。民营经济单位个数已达到170.8万个、从业人员900余万人，同比分别增长了5.4%和9%；实现增加值4588亿元、营业收入16370亿元、利润1032.4亿元，上交税金416.3亿元，同比分别增长了30.9%、22.3%、17.4%和31%。其中工业实现增加值2546亿元、营业收入9765亿元、利润587.6亿元、上交税金218.3亿元，同比分别增长了27%、25%、21%和26.5%。其中，非公有制经济单位个数达到162.9万个、从业人员727.2余万人，同比分别增长了4.3%和6.9%;实现增加值3320亿元、营业收入12862亿元、利润820亿元，上交税金256亿元，同比分别增长了22%、13.8%、15%、25.5%。

从行业发展分布情况来看，工业实现总产值10882亿元、营业收入9765亿元、上交税金218.3亿元，分别占63%、59%和52.%；建筑业实现总产值919亿元、营业收入792亿元、上交税金30.6亿元,分别占5.3%、4.84%和8.7%；交通运输仓储业实现总产值1033亿元、营业收入966亿元、上交税金15亿元，分别占6%、6.4%和3.5%；批发零售业实现总产值2404亿元、营业收入2857亿元、上交税金69.3亿元，分别占14%、17.5%和16.6%；住宿及餐饮业实现总产值786亿元、营业收入793亿元、上交税金28.4亿元，分别占4.6%、4.85%和6.8%；社会服务业实现总产值438亿元、营业收入444亿元、上交税金20亿元，分别占2.56%、2.74%和4.8%；其他行业实现总产值776亿元、营业收入753亿元、上交税金34.5亿元，分别占4.54%、4.67%和8.3%。

（二）民营经济运行情况分析

1. 经济运行质量明显提高

全省民营经济在保持快速增长的同时，注重了经济效益的提高。实现增加值、营业收入、出口产品交货值同比分别增长了17%、16.5%和18.7%，利润和税金同比分别增长了16%和19.6%,速度和效益指标呈现协调、良性增长态势。

2. 欠发达地区发展步伐加快

近几年来，民营经济总体发展水平相对滞后的辽西北地区发展步伐明显加快。2005年，该地区民营经济实现增加值增幅均达到20%以上，高于全省平均增幅2.5个百分点，民营经济总量占全省的比重也由上年同期的14.4%上升到16%。

3. 对外出口增加

民营经济中出口企业已达7394户，其中出口交货值500万元以上的企业1543户、超过1亿元的企业74户、超过5亿元的企业11户，全省民营经济实现出口交货值740亿元，同比增长18.7%。其中大连市出口增长26.5%,鞍山市出口增长26.1%。由于国际市场钼铁等矿产品价格大幅上升，葫芦岛、朝阳等地区相关的民营企业出口交货值大幅度增长，拉动了全省民营经济对外出口增加。

4. 产业集群的作用日益显现

各市及县、区以建设专业化园区为突破口，乡（镇）、村以“一地一品”为突破口，大力培育产业集群,并在政策上给予扶持和指导,取得了明显成效。目前，全省各类专业化园区已发展到384个，其中装备制造、食品、化工及石油加工、金属冶炼及压延、非金属矿物制品、服装纺织鞋帽制品、新型建材、木制品、农副产品加工等产业及软件业已形成一定的规模。2005年全省民营企业产业集群实现工业总产值1600多亿元，占全省规模以上民营工业企业总产值的42.7%。

（三）促进民营经济发展开展的主要工作

1. 推进政策创新，完善政策支持体系

根据“国发3号文件”，我省制定了《辽宁省人民政府关于促进非公有经济发展的意见》，在放宽市场准入限制、实行平等待遇，加大财税支持力度、鼓励全民创业，完善金融服务体系、拓宽融资渠道，加快社会化服务体系建设、提高服务水平，加强行政执法、依法维护非公有制企业和职工合法权益，加强对非公有制经济的领导和监管等方面都有了新的突破，使我省非公有制经济发展政策体系得到了进一步完善。各市结合实际，制定了实施细则，清理和修订了与“国发3号文件”相悖的地方性法规和规章。目前，我省非公有经济发展的外部环境越来越好。

2. 推进融资担保工作，破解中小企业融资难题

组建了省中小企业服务中心（贷款平台）和担保机构（担保平台），构建和完善了中小企业融资架构，为中小企业创造了新的融资模式。与中国人民银行沈阳分行合作，联合制定了《辽宁省改善中小企业融资环境操作方案》，降低了银行信贷门槛。目前,全省各类信用担保机构已发展到90家，注册资本45亿元，每年可为中小企业提供贷款担保60亿元。

3. 推进网络平台建设,为中小企业提供信息化服务

全省14个市中小企业网站全部开通,国家发改委中小企业司的负责同志对我省中小企业信息化工作给予充分肯定。目前,中国中小企业辽宁网，已有栏目200多个，开通了英、日、德、朝4个外文栏目，日信息量更新在10万字以上。并编制了企业上网手册，方便了企业自助上网。省中小企业厅还与省网通公司和省电信公司合作，开展了“百万民营企业上网工程”,全省新建企业网站已超过1万户。

4. 推进技术创新，促进企业结构调整

省中小企业厅会同科技厅、教育厅、中科院沈阳分院组织召开了辽宁省中小企业“产学研”合作现场会，有200多户企业300多项技术难题与各高校及科研院所进行了对接。征集了1000项中小企业技术难题，建立了中小企业技术难题招标网，为我省中小企业搭建了一个永不落幕的“产学研”交流平台。建立了省级“专、精、特、新”产品项目库，编制了名牌产品培育辅导目录，在中小企业网开辟了技术难题招标网页，发布科技成果信息4万多项。

5. 开展对外交流，为中小企业开拓国内外市场

我厅积极组织中小企业对外开展招商和经贸合作洽谈活动,组织100多户中小企业分赴日本、欧美等国招商引资和经贸洽谈,取得了丰硕成果,并与日本、欧盟、美国、韩国、香港等国家和地区中小企业组织及一些协会团体建立了密切的经贸合作关系。组织中小企业参加了国家发改委等部门举办的三个较大型的展览与经贸洽谈会,我省参展企业1042户,达成合作项目200余个,签约额44亿多元。

（辽宁省中小企业厅）

大连市

一、概述

2005年年末，全市民营经济基本单位数达到30.7万户；从业人员185万人；全年实现增加值1218亿元，比上年增长25.2%，占全市GDP比重为53.2%；营业收入3792亿元，比上年增长23.9%；实缴税金93.9亿元，比上年增长32.3%。

2005年，全市当年新办民营企业1.01万户；超亿元的民营企业达193户，其中万达集团超过100亿元；民营企业引进内资150亿元；实际利用外资2.78亿美元，比上年增长51.6%；出口创汇23.42亿美元；完成固定资产投资721.1亿元，比上年增长60.6%，占全社会固定资产投资的64.9%，比上年提高2.4个百分点，其中生产性固定资产投资439亿元，增长41%。当年民营企业投资工业大项目331个，投资总额292亿元，其中投资超亿元的项目44个。

区市县的财政收入主要来源于民营企业，甘井子区、旅顺口区、金州区、普兰店市、瓦房店市、庄河市占85%以上。在全市100家纳税大户中，民营企业占21户，其中万达集团、华丰家具、新型集团、华根数控等4户企业位列前20位。

截至年底，全市经认定的民营高新技术企业689户。在38户市级以上企业技术中心中，民营企业20户，占总数52.6%。当年民营企业上报东北老工业基地及结构调整、技术进步国债项目共31项，占全市上报总数的86%。

2005年大连市民营经济主要经济指标

指标名称	实际完成	比上年增长(%)
企业增加值	1218亿元	25.2
营业收入	3792亿元	23.9
实缴税金	93.9亿元	32.3
出口创汇	23.4亿美元	14.8
固定资产投资	721.1亿元	131.2
实际利用外资	2.78亿美元	41

二、2005年主要工作

（一）完善政策扶持体系

市委、市政府出台了《关于加快民营经济发展的若干意见》和《大连市实施〈中小企业促进法〉办法》，设立了民营企业和中小企业发展专项资金，扶持了120个民营企业项目。市直有关部门和各区市县、先导区围绕贯彻落实“两个文件”，共制定了61个相关配套文件，各项扶持政策措施落到了实处。市政府还认定和表彰了综合实力百强民营企业，为百强民营企业家设立健康档案；在大连日报等新闻媒体开辟民营经济专刊、专栏，营造了良好的舆论氛围；积极为民营

企业提供人力资源服务，全年帮助民营企业引进急需人才1800多人，民营经济发展的法制、政策、人才、舆论等环境越来越好。

（二）基本形成社会化服务体系

市政府成立了中小企业服务中心，本着“政府扶持中介，中介扶持企业”的宗旨，搭建了技术支持、法律援助、创业辅导等十大服务平台，为民营中小企业和创业人员提供服务。去年，共举办各类培训班278期，培训中小企业经营管理人员和创业人员1.8万人（次），为152户企业提供了财务代理。市政府出台了《信用担保奖励资金管理暂行办法》，鼓励担保机构积极为民营中小企业提供融资服务，解决融资难问题，全年实现担保总额46亿多元。市政府还推出190个民营企业融资项目实施银企对接，有效地推进了银企合作。

（三）集中发展战略初见成效

市政府积极推进民营企业集中发展，出台了扶持特色园区和特色大厦发展的相关政策，对进特色园区和特色大厦发展的企业给予政策倾斜。重点推进了旅顺经济开发区、营城子、三十里堡、庄河花园口、瓦房店西郊、普兰店海湾等10个工业园区的招商引资，初步形成了以民营企业为主体的轴承、服装、家具、农产品深加工等产业集群。在市内三区，以罗斯福天兴传媒大厦、锦联物流大厦、越秀电子商务大厦、珠江国际总部大厦为代表的一批特色大厦也已初步成形。

“十五”期间，全市民营经济保持了良好的发展态势，成为全市经济增长的重要推动力量。民营经济营业收入由2002年的2079亿元提高到3792亿元，年递增22.2%；实现增加值由650亿元提高到1218亿元，年递增23.3%，占全市GDP的比重从46.2%上升到53.2%；实缴税金由29.5亿元提高到93.9亿元，年递增47.1%；固定资产投资由108亿元提高到439亿元，年递增59.6%。“十五”期间民营经济的快速发展，对繁荣城乡经济、增加财政收入，扩大社会就业、改善人民生活，优化经济结构、促进经济和社会发展，都做出了重要贡献。

三、2006年重点工作

2006年，全市民营经济发展的主要预期目标是：实现增加值1400亿元，同比增长15%；营业收入4361亿元，增长15%；上缴税金108亿元，增长15%；生产性固定资产投资540亿元，增长23%。

（一）加大扶持力度，进一步提高民营经济发展的环境质量

坚持“两个毫不动摇”的方针，不断解放思想，转变观念，把民营经济作为富民强市的重要支撑，在思想上放心放胆、工作上放手放开、政策上放宽放活，发动市民自主创业，大力发展民营经济。市政府要成立民营企业投诉中心，治乱减负，维护好民营企业的合法权益。要充分发挥市中小企业服务中心的作用，进一步建立健全社会化服务体系，集中扶持一批民营中小企业成长工程项目。

（二）转变政府职能，进一步提高为民营企业服务的水平

一是帮助解决融资难问题。积极引导担保机构为中低端客户和民营小企业服务，全年贷款担保要突破50亿元。二是帮助解决人才匮乏问题。开展多层次、多形式的培训，全年要培训4万人(次)以上。三是帮助解决创业难问题。重点改造、建设一批创业孵化基地和示范基地，为创业者创造良好条件。四是帮助解决信息不畅问题。加快市和区市县中小企业信息网络联网升级改造，完成2000户民营企业网站建设，逐步形成健全的民营企业信息服务网络。

（三）坚持“双向开放”，进一步加大招商引资工作力度

要围绕“四个基地”建设和我市优势产业发展，充分发挥我市区位、市场、信息和人才等综合优势，加大民营经济吸引内资、外资工作力度。面向国内外招商选资，引进一批具有较强牵动力的重大产业项目。全年引进内资要达到180亿元，增长20%；民营企业实际使用外资达到3.3亿美元，增长20%，出口创汇28亿美元，增长20%。

（四）启动“成长工程”，进一步提高民营企业的发展质量

大力实施“民营中小企业成长工程”，推动全市民营中小企业全面发展。一是鼓励、支持市民创办企业，全年新办民营企业1万户以上。二是鼓励支持民营小企业尽快做强做大，每年新增200户规模以上企业。三是重点培育创业型、创新型、就业型、效益型、外向型、环保型、节能型“7个百佳”民营中小企业。

（五）实施集群战略，进一步提高县域经济实力

对全市现有的大小工业园区进一步完善规划，科学确定主导产业，差异化发展，建设各具特色的产业园区。新城区、北三市实施平面发展，建设特色产业园区，培育、壮大产业集群。围绕社会主义新农村建设和小城镇建设，因地制宜地发展优势产业，构建“一地一产、一镇一品”的块状经济格局。市内三区实施立体发展，建设特色大厦，依照主导行业命名。重点支持发展科技、软件、贸易、物流、总部、传媒等10个特色大厦。

（六）鼓励综合创新，进一步提高企业的核心竞争能力

引导、鼓励民营企业体制创新。大力支持民营企业参与国企改革，帮助大型民营企业集团建立现代企业制度，转换经营机制，规范管理，提高综合素质。引导、鼓励民营企业技术创新。大力发展民营科技企业，鼓励支持民营企业自主创新，开展产学研联合，重点支持有条件的民营企业创建研发中心，提高核心竞争力。引导、鼓励民营企业实施品牌战略。支持企业打造知名品牌，提升产品的国际竞争力。

（大连市中小企业局）

吉林省

一、指标完成情况

(1)我省中小企业暨民营经济完成增加值 1231 亿元，同比增长 23.3%。

(2)营业收入 3702 亿元，同比增长 22.4%。

(3)实现利润 230 亿元，同比增长 20.7%。

(4)上缴税金 93.7 亿元，同比增长 35.4%。

(5)完成出口交货值 29.5 亿元，同比增长 24.4%。

(6)企业户数已达 90 万户，同比增长 5%。

(7)从业人员已达 303 万人，同比增长 7.9%。

(8)完成固定资产投入 384 亿元，同比增长 49.4%。

二、几个主要特点

（一）增速保持平稳

2005 年，全省民营企业实现增加值 1231 亿元，同比增长 23.3%，超额完成年初计划 1200 亿元的计划任务。从全省看，一些地区发展速度明显高于全省平均水平，如白山市、辽源市和松原市，增幅分别达到 60.7%、54% 和 35%，分别高于全省增幅 37.4、30.7 和 11.7 个百分点。

（二）优势产业主导作用增强

一是汽车零部件加工业在宏观形势偏紧的情况下仍保持了稳步发展态势。二是农副产品等资源加工产业逐步壮大，有力促进了农业产业化发展。长春市的农业产业化企业发展到 300 余家，产值 30 多亿元，带动农户 12 万户。三是现代中药和生物药产业迅猛发展。通化市民营医药企业一级法人企业已发展到 84 户，其中 69 户企业 187 条生产线通过了 GMP 认证。2005 年，全市医药工业实现总产值 58 亿元，利润 7.9 亿元，总量和效益占全省医药工业的 33% 和 70%。长春市民营医药企业 63 家，年销售收入达 34 个亿，占全市中小企业暨民营经济营业收入的 1/7 左右。四是电子信息等高新技术产业步伐继续加快。一大批民营高新技术企业成为中小企业暨民营经济发展的生力军，科技进步对经济增长的拉动作用逐步加大。五是现代服务业加快发展。连锁经营、物流配送、中介服务、信息服务为标志，现代服务业呈现快速发展势头。

（三）全民创业取得积极成效

2005 年，全省开展了“创办小企业、开发新岗位、促进多就业”活动。各地结合实际，突出特色，积极推进全民创业，对扩大城乡就业起到了积极促进作用，据调查，全省实施创业项目 1054 个，新增企业 1 万多户，新增个体工商户 1.98 万户，安置就业人员 8.5 万人，其中安置下岗职工 5 万人。连续开展了“万名国企下岗员工进民企活动”，已有 10 万名国企下岗职工与民企结缘。

（四）骨干企业支撑作用明显

民营企业生产规模不断扩大，成为全省经济快速发展的重要支撑。目前，我省民营规模企业已达 1672 户，比去年同期增加了 270 户，同比增长 19.3%。规模以上企业营业收入 828 亿元，占全口径中小企业暨民营经济完成营业收入的 22.4%；增加值 362 亿元，占全口径中小企业暨民营经济增加值的 29.4%；上缴税金 33.5 亿元，占全口径中小企业暨民营经济上缴税金的 35.8%。

（五）投入质量明显提高

2005 年，全省各地大力开发一批符合国家产业政策，有效益、有市场、科技含量高的新项目，为中小企业暨民营经济发展积蓄了后续力量，全省新上 100 万元以上项目 2803 个，其中，投资超亿元的项目 231 个，亿元以上竣工项目 51 个，超千万元以上项目 1308 个，竣工 555 个。全省 2803 个项目，共完成投资 384 亿元，比上年增长了 49.4%。

（六）出口创汇开创新局面

2005 年，民营企业完成出口交货值 29.5 亿元，同比增长 24.4%，今年以来，出口创汇型企业增多，出口品种增加，出口的国家和地区进一步扩大，成为民营外向型经济发展的新亮点。

三、中小企业暨民营经济发展存在问题

（一）总量少、规模小

我省中小企业暨民营经济实现的增加值等主要经济指标，只占发达省份的 10%～20%。在企业数量上大多是个体工商户，企业户数所占比重不到 5%。产业层次较低，我省民营企业多数属于资源初加工业，高新技术产业比重偏低。

（二）民营企业资金短缺，融资渠道狭窄

通过对我省规模以上重点企业的调查看，全省中小企业固定资产投资满足率不足 50%，流动资金满足率不足 70%，贷款难、融资难的问题长期得不到解决。长春市城区 160 户规模以上中小企业，户均资金缺口 500 万元，5 个县市 95 户规模以上企业获得银行贷款企业仅有 8 户。

（三）民营企业人才匮乏

我省中小企业普遍存在职工素质低、人才缺乏的问题。目前，在我省民营企业中，具有大专以上学历的职工占职工总数不足 10%，高中或中专占 30%，而初中以下的占 60% 左右。

（四）外部环境亟待进一步改善

虽然近几年来各级党委、政府在治理中小企业暨民营经济发展软环境上下了很大功夫，省里和一些市、州也相继出台了扶持民营经济发展的优惠政策，但从调查了解情况看，民营经济发展

环境不优的问题还没有得到根本解决，制约企业发展的体制性和政策性障碍还比较突出。特别是在市场准入、土地使用、银行贷款、税费减免等方面，民营企业尚未享受到应有的平等待遇。一些部门依然还存在权力化、利益化问题，检查多、收费多、罚款多等影响发展的现象还不同程度的存在。

（五）抗风险能力弱

2005年，由于汽车工业竞争激烈，一汽产业战略发生调整、整体利润水平下降，市场疲软，经济效益滑坡，受此影响，我省很多汽车零部件生产配套企业出现了危机，汽车零部件行业整体利润水平下降，个别企业甚至出现了微利微亏的现象，去年十月，我们调查的20户汽车零部件加工企业，其产值、利润税金分别比2004年下降了12.9%、50.5%、24.6%；尤其是利润指标，下降幅度在50%以上。

四、2005年主要工作

（一）省委、省政府召开了吉林省加快民营经济发展动员大会

3月29日省委、省政府召开“吉林省加快民营经济发展动员大会”，表彰优秀民营企业家和纳税超千万元民营企业。大会由王珉省长主持，省委书记王云坤在大会上作动员讲话。各市(州)党委书记、分管市(州)长、中小企业局长；各县(市、区)分管县(市、区)长、中小企业局长；省直各部门、单位主要负责同志；省中小企业联席会议成员单位处级以上干部；受表彰的优秀民营企业家、纳税超千万元的民营企业代表等近1000人参加了会议。吉林电视台卫视频道、吉林人民广播电台对大会进行了实况转播，各市(州)，县(市、区)，乡镇、街道(社区)组织广大干部职工约500万人收听、收看了大会实况。

（二）加强了中小企业服务体系建设

6月7日，全省中小企业服务体系联合体正式成立,全省有43家中小企业服务中心加入了联合体。一年中,中小企业服务联合体通过信息服务共收集各类信息27514条，发布信息27497条。通过培训服务举办培训班450期，培训42369人次，培训课时6040小时。通过政策咨询服务，进行政策咨询2624次，涉及政策问题2554个。通过技术创新服务，服务次数为2479次，涉及企业4800个。通过法律咨询服务，服务次数为1375次，涉及企业973个。通过融资服务，参与融资项目131个，意向融资和实际融资额总计为293442万元。

（三）建立和完善了中小企业信用担保机构

全省已设立各类中小企业信用担保机构48家，担保机构新增加了13家，比上年增长37.1%。全省担保机构注册资本金总额已达13.2亿元，平均单个担保机构注册资本金已达2750万元。新增注册资本金6.7亿元，比上年增长103.1%。为1200户中小企业提供担保贷款达28.5亿元。其中由各级政府出资(国有独资)的担保机构18家，政府参与投资5家，社会资本出资的民营担保机构25家。在48家担保机构中已有19家列入了国家担保机构试点行列，并享受免征3年营业税的政策优惠。全省担保机构现有职工374人，其中大专学历以上人员占职工总数的90%以上，具有大学学士以上学历人员占职工总数的35%以上，具有硕士以上学历人员占职工总数的6%以上。

（四）成立了吉林省中小企业协会

6月10日省中小企业协会成立大会暨中小企业协会一届一次理事会在长春市南湖宾馆召开，省委书记王云坤发信致贺，牛海军副省长参加会议并讲话。

（五）成立了吉林省信用担保协会

11月23日吉林省信用担保协会正式成立。省长助理王祖继出席成立大会。大会选举郑建林为会长，何志福为常务副会长，选举常务理事33人，理事72人。

（六）组织参加了中国中小企业博览会

9月15日，第二届中国中小企业博览会暨中法中小企业博览会在广州闭幕。我省共有65户企业、64个展位参展，主要集中在汽车配件、食品、医药、信息、服装和家电等六大行业。参展企业现场成交额达1.2亿元。中博会期间，有220多人分别参加了中法中小企业高峰论坛。省委常委、宣传部长马俊清率我省代表团参加了展会。

（七）开展了“创办小企业、开发新岗位、促进多就业”活动

通过开展“创办小企业、开发新岗位、促进多就业”活动，全省实施创业项目1054个，新增企业10065户，完成计划的201.3%；新增个体工商户19804户；新安置就业85296人，其中安排下岗职工50036人；自主创业的下岗失业人员达2000多人。

（八）开展了万名国企下岗员工进民企活动

继续开展了“万名国企下岗员工进民企活动”，有10万名国企下岗职工与民企结缘。组织了96户中小企业上网登录招聘，为应届大学毕业生提供就业岗位784个。

（九）加强了中小企业培训基地建设

确认长春市中小企业人才培训中心、吉林铁路经济学校、通化市委党校、通化市财会干部学校、吉林师范大学应用工程学院、延边州现代职业技术学校、白山市委党校、辽源市委党校、辽源市职业技术培训中心、白城市委党校、松原市委党校11个单位为吉林省中小企业培训基地。

（十）组建了中小企业创业指导师队伍

为了降低创业成本，提高创业成功率，省里确认了100名中小企业创业指导师。其中长春28名，吉林31名，通化15名，延边5名，白城5名，辽源6名，白山5名，四平4名，松原1名。

（十一）评定诚信守法中小企业

由省委宣传、省中小企业、省公安厅、省环保局、省质量技术监督局、省国税局、省地税局、中国农业银行吉林省分行八个单位联合对全省“诚信守法中小企业”进行评审。确认105户企业为吉林省“诚信守法中小企业”。其中长春21户，吉林25户，四平6户，通化16户，辽源3户，白城4户，松原7户，白山15户，延边8户。

（十二）开展了中小企业培训工作

共举办省、市、县三级各类培训班305次，培训各类人员16499人，培训创业女老板1000名，其中省级培训100名。

（十三）评选出全民创业先进县（市、区）

按省政府要求，省中小企业局会同省人事厅、省劳动和社会保障厅、省工商局、省统计局五个部门联合对全省开展的全民创业活动进行考核，最终评出安图县、德惠市、洮南市、蛟河市、双辽市、通化县、长岭县七个县（市）政府和辽源市龙山区、白山市八道江区、长春市朝阳区政府3个城区政府为“2005年度吉林省全民创业先进县(市、区)”。并颁发奖牌和奖金10万元。

（吉林省中小企业发展局）

黑龙江省

一、中小企业及非公有制经济发展基本情况

2005年，我省中小企业、非公有制经济继续保持了持续快速健康发展的良好态势。全省非公有制经济从业人员 605万人；实现增加值1818亿元，比上年增长20%；全省非公有制经济实缴税金174亿元，比上年增长18.7%，以非公有制经济为主体的中小企业在我省经济社会发展中发挥着越来越重要的作用。

二、非公有制经济发展的主要特点

1.经济总量不断增加，已经成为拉动我省国民经济增长的生力军

2005年，全省非公有制经济实现增加值已占全省经济总量的33%；完成固定资产投资 753.8 亿元，同比增长 2.3倍，占全省完成固定资产投资的 42%。据不完全统计，在“六大基地”建设中，为哈尔滨“三大动力”、哈航集团、大庆石化等大工业配套的非公有制企业迅速发展；在制药行业中，非公有制企业占企业总数的70%；在林木加工业中，非公有制企业的加工量占全省加工总量的60%。

2.创造了大量的就业机会，已经成为我省吸纳社会就业的主要渠道

2005年，全省新办私营企业1.5万户，新办个体工商户12万户，新提供就业岗位35万个。非公有制企业从业人员已达605万人,提供了50%以上的新增就业岗位。

3.发展领域不断拓宽，已经成为推动我省加快国企改革的重要推动力量

“十五”期间，全省县（市、区）90%以上国有和集体企业已改制为非公有制企业。2005年，全省有783户非公有制企业通过兼并、联合、参股、嫁接、租赁、合作等多种方式，积极参与国有、集体企业改革，共投入资金22.2亿元，盘活资产39.4亿元，安置下岗职工3.9万人。

4.参与国际竞争步伐明显加快，已经成为我省外向型经济发展新的增长点

2005年，非公有制经济实现进出口总额62亿元,同比增长28.6 %，占全省进出口总额的 65.2%，已经成为我省对外贸易合作中最活跃、最具潜力的新生力量。

5.整体实力明显增强，已经成为我省科技创新、管理创新的重要载体

2005年，全省非公有制经济中规模以上工业企业达到2282户，占全省总数的80.8%；年营业收入亿元以上企业达到130多户；民营科技企业达7886户，实现技工贸收入700.7亿元、利税96.55亿元，分别比上年增长了29.8%和48.5%。“十五”期间，全省中小企业技术创新能力进一步增强，科技进步水平明显提高。有158户企业设立了研发机构，3户企业设立了博士后工作站，开发新产品1000余种，推广应用新技术500余项，3个项目获省政府重大科技效益奖，10个项目获省科技进步奖。300余户企业通过了质量管理、环境管理、职业健康安全管理体系认证，100多个产品获省名牌产品称号，3个产品获中国名牌产品称号。目前，我省非公有制经济已拥有被人誉为“中国数控之王”——四海数控科技股份有限公司、中国最大的阀控式铅酸蓄电池制造商——光宇集团、全国具有领导地位的新型能源现代装备工业制造商——哈尔滨九洲电气股份有限公司等一大批科技含量高、市场竞争能力强的大企业（大集团）和“飞云”防盗门、“摇篮”乳制品、“古龙”贡米等一批知名品牌。

6. 带动了地方财政增长，已经成为县域经济发展的主要力量

2005年，占全省一般财政收入的24.2%。在县域经济发展比较好的县市，非公有制经济增加值占县域经济生产总值的比重都超过了60%，税收对财政收入的贡献也都超过了50%，并涌现出一批辐射作用强和带动地方财政收入增长的大企业（或集团）。黑龙江葵花药业股份有限公司、七台河市亿达信煤焦化能源有限公司和黑龙江亿阳集团等3户非公有制骨干企业纳税额突破亿元大关。

三、主要问题和发展趋势

（一）主要问题

虽然我省非公有制经济取得了很大成绩，呈现出蓬勃发展的态势，但与发达地区相比差距不小，还存在一些亟待解决的难点问题。一是体制

性、机制性的障碍依然存在；二是思想还不够解放，观念和认识滞后；三是非公有制企业资金短缺问题依然存在；四是政府的服务职能尚未发生根本性的转变，非公有制经济行政管理体系和服务体系还不够健全；五是我省非公有制企业整体素质需要进一步提高。

（二）发展趋势

随着《黑龙江省中小企业、非公有制经济“十一五”发展规划》的深入实施，我省中小企业、非公有制经济总量将持续增长，社会贡献能力将进一步增强；工业结构进一步优化，第三产业迅速发展，开始向以专业化、规模经营为特征的产业集群发展，产业结构、布局结构将进一步优化；创新能力逐步提高，参与市场竞争能力明显增强；企业整体素质明显提高，将涌现出一批资本密集、技术密集的大企业、大集团，骨干队伍初步形成。“十一五”期间，我省中小企业、非公有制经济增加值年均递增17%以上，预计到2010年占全省GDP的比重由“十五”期末的33%上升到40%以上，力争达到50%；中小企业、非公有制经济实现税收380亿元以上，年均递增17%左右，占全省财政一般预算收入的比重力争提高到1/3左右；力争年营业收入10亿元以上的非公有制企业达到20户，1亿元以上的企业达到300户，5000万元以上的企业达到400户；全国驰名商标和中国名牌产品增加到60个；民营科技型企业将达到8000 户。

四、2005年主要工作

2005年，我局紧紧抓住《国务院关于鼓励支持和引导个体私营等非公有制经济发展的若干意见》的全面实施和我省振兴老工业基地的战略机遇，以建立健全社会化服务体系为突破口，不断优化发展环境，协调解决工作中存在的重点、难点问题，使我省中小企业、非公有制经济整体素质明显增强，体制机制不断创新，产业产品结构不断优化。一年来，主要做了以下几方面的工作：

1.不断优化发展环境，努力营造非公有制经济持续快速发展的良好氛围

一是努力创造优良的社会环境。我局充分发挥非公有制经济主管部门的作用，积极为省委和政府当好参谋，加强与中省直有关部门的沟通，协调解决重点难点问题，努力创造优良的社会环境。2005年，全省非公有制经济工作第一次被省委、省政府作为全年的重点工作之一，分别纳入到省委、省政府工作报告之中，进行全面部署；第一次将全省非公有制经济发展作为一章纳入到全省“十一五”规划之中；第一次重奖民营企业家每人一台赛豹轿车；第一次通过电视进行近两个半小时全省会议的现场直播；第一次召开了高规模的专门会议，在家的省委常委、省政府班子成员全部出席；第一次设定了全省中小企业发展服务体系专项资金1000万元。二是努力创造优良的政策环境。围绕深入贯彻落实《国务院关于鼓励支持和引导个体私营等非公有制经济发展的若干意见》（国发[2005]3号文件）精神，我局积极会同省委政研室、省政府研究室等相关部门，深入开展调研工作，经过半年多的反复调研和协调，研究制定了《中共黑龙江省委、黑龙江省人民政府贯彻落实〈国务院关于鼓励支持和引导个体私营等非公有制经济发展的若干意见〉的实施意见》（黑发[2005]20号，简称《实施意见》），经省委常委会、省政府常务会议讨论后下发执行。与此同时，我局积极协调省经委、省人事厅、省卫生厅等25个中省直部门同步制定出台了20个实施细则，与《实施意见》配套实施。目前，我省已初步形成了内容比较完善、措施比较配套、门类比较齐全的促进非公有制经济发展的政策体系。

2.不断强化服务职能，积极为非公有制经济持续快速发展搭建服务平台

一是搭建信息化服务平台。健全和完善“中国中小企业黑龙江信息网”的服务功能，开辟了工作动态、政策法规、服务体系、融资担保、政府资金、创业就业等31个栏目，搭建了政府与企业、企业与企业沟通和联系的信息化服务平台。截至2005年末，提供各类信息2800条、政策法规80条，搜集整理研究报告100多篇，为40多家企业发布了产品供求信息。我省中小企业信息网全年访问量达30万次，日浏览量最多达2600次，全国网站浏览量国际排名19万位。在加强省级网站自身建设的同时，投入300多万元资金，在全省15市（地）、局建立开通了分网站，在9个县（区）建立了县域网。在全国实现了三个率先：率先实现省级自有域名；率先实现全省市地网全部开通；率先开通视频系统。目前，已经形成了以省级网站为龙头、市地网站为基础、县域网站为支撑，以中小企业、非公有制企业为服务对象的上下互动的信息网络和服务平台。二是搭建中介服务平台。进一步健全和完善各级中小企业协会，强化其自我组织和行业自律、对外协调、维权服务的功能。目前，哈尔滨、佳木斯、大庆、鸡西、黑河、伊春、绥化等市地已成立了中小企业协会，初步建立了比较健全的工作体系。省中小企业协会在全省范围内选择了61家在社会上影响大、信誉好、知名度高的律师事务所、会计事务所和资产评估师事务所作为服务平台成员单位，为中小企业、非公有制企业提供优质、优惠、优先服务。通过各类新闻媒体把100多家理事会员企业的供求信息对外进行公布，为理事会会员企业开展合作搭建了平台。先后为哈尔滨白桦林集团、北安长兴乳业有限公司、嫩江鸿海经贸有限公司等部分理事会员企业联系合作合资、担保等有关事宜50多次。三是搭建创业服务平台。通过开展“创办小企业，开发新岗位”活动，探索出了园区创业型、科技孵化型、市场商贸型、多元化创业型、全面发展型、综合服务型等创业新途径，以创业促就业。伊春市（我省唯

一获得全国第二批新增五个创业服务重点支持城市之一）以“创办小企业，开发新岗位”为载体，深入开展小企业创业工作。到2005年末，该市新创办小企业191户，创业成功率达52%，已建立省级创业基地3个，市级创业培训基地2处，市级创业培训实习基地7个，共举办各类创业培训班50多期，培训创业人员1500人，培养专职创业辅导师7人。

3.全面实施人才战略，积极为非公有制经济持续快速发展提供智力支持

深入实施中小企业“银河培训工程”和“蓝色证书工程”，全方位、多层次、宽领域地为非公有制企业培养各类人才。在中央党校、省委党校、深圳和青岛海尔集团等地举办了企业管理者高级研修班，组织民营企业家到欧洲中小企业学习考察。2005年，全省培训各级、各类管理人员、专业技术人员和职工达5.3万人次，其中，培训管理人员5700人次，省局直接培训企业管理人员1900人。2005年5月份举办了“黑龙江省中小企业、民营企业人才招聘洽谈会”，有6万多人参加了人才招聘洽谈会，全省具有一定规模和科技含量的中小企业、非公有制企业在机械、电子、医药、食品、建筑、营销、管理等56个领域提供了工作岗位，共签订意向协议16800份。

4.推动科技创新，积极为非公有制经济持续快速发展提供技术支撑

一是搭建了产学研合作交流的服务平台。采取多种形式，积极促进中小企业与科研院所、大专院校、国际组织等机构开展产学研合作。2005年，我局将365项高等院校可转化科技成果、174家研发机构的详细资料推荐给企业，加快了科研成果转化和企业技术创新步伐。二是加快了中小企业公共技术服务平台建设。在有条件的市（地）和行业，支持建立示范平台。2005年，我省不断强化技术创新服务中心的职能，完成了全省23个市（地）、县信息化服务平台建设，卓有成效开展了职业技能鉴定工作。三是加大对科技创新的支持力度。从省中小企业发展基金中确定适当比例，对中小企业技术创新项目给予重点支持，逐步完善以企业为主体、以科技开发、中介机构为依托、以应用开发为重点的技术创新体系。2005年，全省中小企业、非公有制企业开发新产品319项；推广应用新技术、新工艺和新成果143项；创建企业研发机构31个。

5.多渠道缓解融资难题，积极为非公有制经济持续快速发展提供资金扶持

一是搭建信用评价服务平台。全省中小企业信用评价已正式启动，对我省中小企业、非公有制企业信用评价试点工作进行了动员和部署，在全省选择43户中小企业、非公有制企业开展信用等级评价试点工作，建立试点企业信用信息库和银行贷款优质客户群，并在社会中介机构的指导下建立了对全省中小企业的信用征集、评估机制。二是加强融资担保体系建设。充分依托政策性担保机构，完善商业担保机构和企业互助性担保机构，鼓励发展民间担保机构，不断健全为中小企业、非公有制企业服务的融资担保体系。截至2005年末，我省共有66户中小企业融资担保机构，注册资金为26亿元。其中，政策性担保机构15户，资本金15.6亿元；商业性担保机构32户，资本金9.1亿元；企业互助型担保机构19户，资本金1.3亿元。三是进一步完善银企对接机制。与省中行、省建行、省交行、省工商行、省鑫正投资担保公司等金融机构建立经常性合作机制，联合出台了《关于对全省非公有制企业加大信贷支持的指导意见》、《关于建立合作机制 加大信贷担保项目落实的意见》。定期举办银企沙龙，开展银企对接活动，召开民营企业贷款现场推进会，向金融机构推荐信用度高、管理规范、市场效益好和发展潜力大的企业。2005年，我局直接向商业银行推荐项目10余个，向鑫正投资担保公司推荐担保项目18个。

6.进一步扩大对外开放，积极为非公有制经济持续快速发展增添活力

一是全面实施“走出去”、“请进来”战略。目前，我省非公有制经济已成功地引进了雀巢、金锣、蒙牛等知名企业。2005年，全省非公有制企业引进到位资金138.6亿元，引进千万以上的项目近200项，5000万元以上的项目60余项。二是积极搭建对外交流与合作平台。通过举办各类中小企业经贸合作洽谈会、推介会、发布会、论坛、展览展销会，促进我省中小企业、非公有制企业与省内外企业的合作与交流。2005年，由省政府、农业部、全国工商联主办，辽宁省、吉林省协办，我局与牡丹江市联合举办了“全国乡镇企业、民营企业振兴东北等老工业基地暨对俄经贸洽谈会”。洽谈会期间举办了中俄经济发展高峰论坛、项目推介会、新闻发布会及项目签约仪式等重大活动，为兄弟省与黑龙江及俄罗斯企业之间深入开展双边多边经济贸易合作奠定了良好的基础和搭建了桥梁。据统计，洽谈会期间共签订合同256个，总金额97亿元；共有来自全国27个省、市、区的50个代表团、900户企业、6500人和俄罗斯3个州政府、商会及20户企业、300多客商参加了此次洽谈会。同时，积极引导中介机构为非公有制企业提供产品设计、市场推广、展览展销等服务。全年先后组织全省中小企业、非公有制企业参加了“哈洽会”、“中博会”、“医博会”、“民洽会”、“爱知世博会”等各种类型经贸洽谈会、对接会，大力开展招商引资活动，引进外来战略投资者，为非公有制企业发展注入了新的活力。

五、中小企业社会化服务体系概况

我省深入贯彻落实《中华人民共和国中小企业促进法》和《国务院关于鼓励支持和引导个体私营等非公有制经济发展若干意见》，大力整合社会服务资源，积极搭建服务平台，不断建立健

全中小企业社会化服务体系，为中小企业发展壮大提供多层次、宽领域、全方位的社会化服务。我省已经初步构建了贯穿省、市（地）、县（区），为中小企业创立和发展提供服务的服务体系框架。

1.积极为中小企业的发展搭建信息服务平台

初步形成了以省级网站为龙头、市地网站为基础、县域网站为支撑，以中小企业为服务对象的上下互动的信息网络和服务平台，搭建了政府与企业、企业与企业沟通和联系的信息化服务平台；在加强省级网站自身建设的基础上，在全省15市（地）、局建立开通了分网站，在9个县（区）建立了县域网，积极为中小企业的发展提供优质高效的信息服务。

2.全方位、多渠道地做好人才培养和引导工作，稳步推进人才服务平台建设

全面实施"银河培训工程"和"蓝色证书工程"，建立健全中小企业经营管理者和职工培训的长效机制。与中央党校、省委党校、青岛海尔集团等校（企）建立了长期合作关系，定期举办企业经营管理者高级研修班,充分依托省内外高校、中小企业干校、科技开发中心等各类人才培训和交流机构及各市（地）中小企业管理部门，为中小企业培训各类急需的人才。加强与境外培训机构联系与合作，积极探索到境外开展培训学习的方式和途径，组织民营企业家走出国门，学习发达国家中小企业的管理经验和先进理念,不断拓展培训渠道。积极引导院企合作和校企合作，通过与大专院校、科研院所创办联合体和研发机构、定单培养、建立科研项目实验基地等形式引进人才,组织非公有制企业参加网上招聘大中专毕业生和各种形式的人才招聘对接会，促进人才市场发展，形成人才资源有效配置。2005年，全省培训各级、各类管理人员、专业技术人员和职工达5.3万人次。

3.充分发挥社会中介机构的职能作用，积极搭建中小企业服务平台

进一步健全和完善各级中小企业协会，强化其自我组织和行业自律、对外协调、维权服务的功能。省本级和哈尔滨、佳木斯、大庆、鸡西、黑河、伊春、绥化等市地已成立了中小企业协会，初步建立了比较健全工作体系。搭建了法律、经济咨询服务平台。在全省范围内选择了61家在社会上影响大、信誉好、知名度高的律师事务所、会计事务所和资产评估师事务所作为服务平台成员单位，引导法律、会计、审计等社会中介服务组织为全省中小企业、非公有制企业提供政策法律和经济咨询服务。

4.深入开展产学研合作，积极搭建科技创新服务平台

联合大专院校、科研机构举办中小企业高新技术项目对接会，加快科研成果转化和企业技术创新步伐。邀请省内外高校和科研机构展示、发布、推广新技术、新成果、新工艺和聘请国内专家开展专题讲座等形式，深入开展国际组织和民间机构的技术合作与交流。不断强化省中小企业技术创新服务中心的职能，完成了全省23个市（地）、县信息化服务平台建设，卓有成效地开展了乡镇企业职业技能鉴定工作。

5. 全面启动中小企业信用评价试点工作，积极搭建投融资服务平台

多渠道破解融资"瓶颈"。在全省选择43户中小企业开展信用等级评价试点工作，建立了试点企业信用信息库和银行贷款优质客户群，并在社会中介机构的指导下探索建立对全省中小企业的信用信息征集与评价机制。大庆市目前已经初步建立了以中小企业信用征集、信用评价、信用监督、信用奖惩为主要内容的中小企业信用服务体系。鼓励发展民间担保机构，引导政策性、商业性、企业互助性信用担保机构为中小企业、非公有制企业提供担保服务。与省中行、省建行、省交行、省工商行等金融机构建立经常性合作机制，建立银企对接机制，定期举办银企沙龙、召开民营企业贷款现场推进会，向金融机构推荐信用度高、管理规范、市场效益好和发展潜力大的企业。2005年，我省中小企业融资担保机构已发展到66户。

6.以创业促就业，积极搭建创业服务平台

按照国家发改委组织要求，深入开展了"创办小企业，开发新岗位"活动，制定了《关于开展创办小企业工作的意见》和《黑龙江省创办小企业工作方案》。全力推进创业基地建设，探索出了园区创业型、科技孵化型、市场商贸型、多元化创业型、全面发展型、综合服务型等创业新途径。进一步优化和改善创业服务环境，降低创业者创业成本。整合社会资源，积极引导各类中介组织为创业者提供资金、政策、管理、信息、培训等公益性、扶持性服务，提高创业者创业成功率。佳木斯市成立了创业与民营经济专项推进组，建立了创业服务平台，拿出创业发展资金1000万元，用于创业服务工作。黑河市以市场商贸城为载体，为待业人员提供就业机会和场所。爱辉区引进客商投资1.5亿元，建起了建筑面积5万平方米的华富商城，可提供2000多人创业就业。

7.进一步扩大对外开放，积极搭建市场开拓服务平台

通过举办各类中小企业经贸合作洽谈会、推介会、发布会、论坛、展览展销会，促进我省中小企业、非公有制企业与省内外企业的合作与交流。不断加强与国内外机构的合作与交流，积极组织企业参加境内外产品展销和考察，大力开拓国内外市场。同时，积极引导中介机构为中小企业、非公有制企业提供产品设计、市场推广、展览展销等服务。2005年，组织全省中小企业、非公有制企业参加了"哈洽会"、"中博会"、"医博会"、"民洽会"、"爱知世博会"等各种类型经贸洽谈会、对接会，大力开展招商引资活动，引进外来战略投资者，为中小企业发展注入了新的活力。

（黑龙江省中小企业局）

上海市

一、中小企业及非公经济发展概况

（一）基本情况

2005 年，上海全面贯彻落实科学发展观，实施“科教兴市”主战略和“两个优先”发展战略，GDP 第 14 年实现两位数增长。作为促进上海经济和社会发展的一支生力军，中小企业也保持了全面、健康的发展势头，企业数量、从业人员、营业收入和实收资本规模都继续增加，为上海经济增长、社会稳定、市场繁荣作出了重要贡献。

1. 中小企业数量继续增长

根据市统计局提供的快报数显示，2005 年底，全市共有中小型法人企业 33.74 万户，占全市法人企业总数的 99.66%，比 2004 年净增加 1.69 万户，增长 5.29%。中小企业中，中型企业户数增长速度超过小型企业。至 2005 年末，全市中型企业 8322 户，比 2004 年增长 10.5%，小型企业 32.90 万户，增长 5.17%。近年来全市中小企业增长情况参见图 1。（说明：2004 年的数据是上海第一次经济普查数据。）

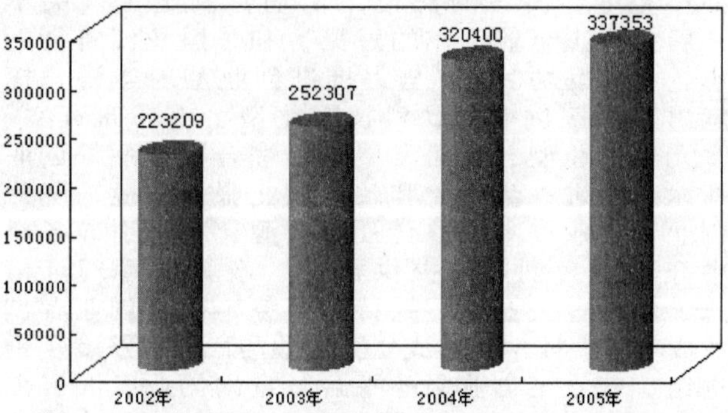

图 1 2002～2005 年全市中小企业总户数增长情况（单位：户）

2. 吸纳就业能力增强

中小企业在经济社会发展中最重要的作用之一，就是创造了大量的就业岗位和就业机会。经过多年的发展，中小企业已经成为上海城乡就业的主渠道。2005 年底，全市中小企业从业人员 779.96 万人，占全市法人企业从业人员总数的 85.89%。由于中小企业户数增加，规模壮大，从业人员数量比 2004 年增长 8.94%，其中中型企业和小型企业分别增长 12.45% 和 7.5%，反映出中型企业在创造就业岗位方面的能力超过小型企业。2005 年当年新增就业岗位 60 多万个，城镇失业登记人员 27.5 万人，登记失业率 4.4%。（参见图 2）

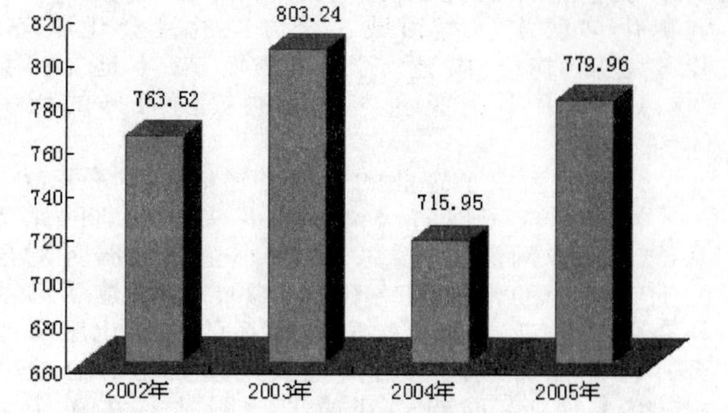

图 2 2002～2005 年全市中小企业从业人员增长情况（单位：万人）

3. 总体实力不断壮大

2005 年中小企业营业总收入在 2004 年高速增长的基础上继续提高，达 3.56 万亿元，比上年提高 11.16%。实收资本也扭转 2004 年的下降态势，出现上升势头，年末中小企业累计实收资本 1.6 万亿元，比上年提高 15.34%。总体规模的扩大，使中小企业在经济发展中的地位越来越重要。2005 年，中小企业营业总收入和实收资本分别占全市法人企业的 67.54% 和 72.71%，已成为促进上海经济和社会发展的重要力量。（参见图 3）

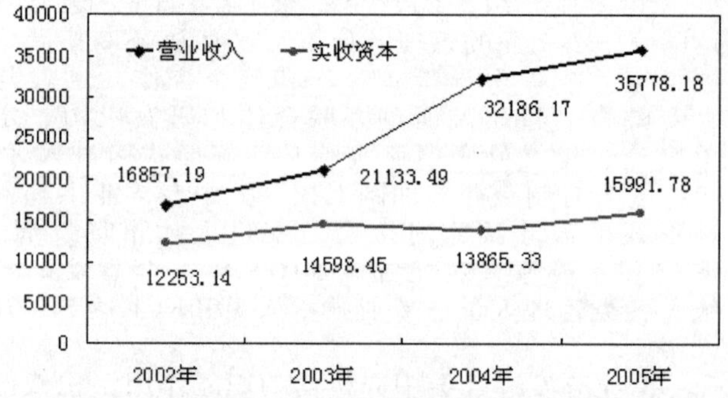

图 3 2002～2005 年全市中小企业营业收入、实收资本变动情况（单位：亿元）

（二）特点

在上海建设“四个中心”，向国际化大都市迈进的过程中，中小企业保持了与整个城市的同步发展，总体规模不断扩大，产业结构不断优化，经济实力不断增强，越来越成为拉动上海经济增长、促进城乡就业、优化产业结构、提升城市功能的重要力量。2005 年，上海中小企业发展的主要趋势与特点有：

1. 政策环境不断优化

2005 年，全社会对中小企业发展的重视程度进一步提高，从国务院、国家部委到上海市政府及有关市级部门都相继出台了促进中小企业发展的政策文件。年初，《国务院关于鼓励支持和引导个体私营等非公有制经济发展的若干意见》颁发，随后上海市政府颁发了《若干意见》的实施意见（“38 条”），重点为中小企业发展创造公平的市场环境。7月，银监会出台《关于开展小企业贷款的指导意见》，鼓励商业银行开展小企业贷款，缓解小企业贷款难矛盾。为鼓励创业，市工商局在浦东新区进行人力资本出资、企业注册资本分缴等试点。这些政策的出台和实施，进一步改善了中小企业发展的环境，为本市实现中小企业全面、健康发展提供了有力保障。

2.产业结构不断提升，功能不断完善

随着产业结构调整力度的加大，以及“两个优先”战略的实施，第三产业逐步成为城市经济的“主角”。上海中小企业既是这一趋势的推动者，也是验证者。2005年末，各项指标的增长速度均超过同期第二产业中小企业的发展。（参见图4）

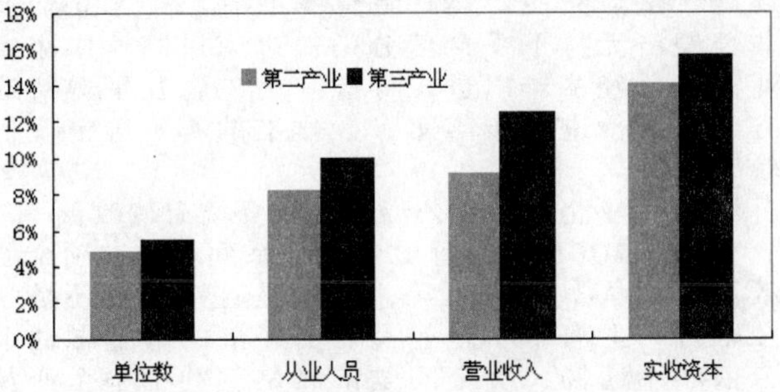

图4 第二、第三产业2005年各项指标增幅比较

第三产业中，提升和完善城市功能的现代服务业发展尤其迅速，2005年发展最快的是物流业。上海在长三角和华东地区所处的经济、产业和交通的龙头地位，为物流业快速发展创造了得天独厚的条件。2005年，物流业中小企业单位户数达7643户，较上年增加17.46%，营业收入2434.46亿元，增长57.15%，实收资本952.88亿元，增长42.59%。

3.非公有制经济规模不断扩大，国有企业实力不断增强

近年来，通过深化改革，加快所有制结构调整，国有经济逐步退出竞争性领域，向大型企业、优势企业和优势行业集中，非公有制经济（包括私营和外资等）总体规模逐步增大，发展势头猛进（参见图5）。在全市中小型法人企业中，国有和集体企业 户数仅占中小企业总数的9.5%，而非公有制中小企业共有30.47万户，占全部中小型法人企业总数的90.5%。

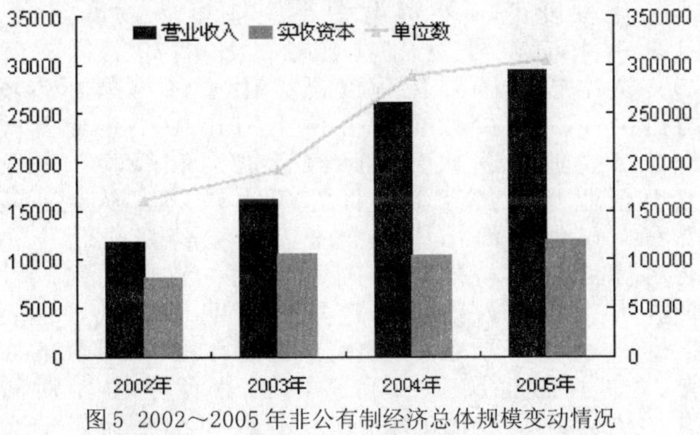

图5 2002～2005年非公有制经济总体规模变动情况（单位：亿元、户）

截至2005年末，全市30.47万户非公中小型法人企业的实收资本达1.20万亿元，占全部法人企业实收资本总量的75.1%；全年实现营业收入2.95万亿元，占全部法人企业营业收入总量的82.3%。在全市非公有制经济各类法人企业中，除去港澳台商及外商投资和其他混合型经济企业外，全市有私营法人企业25.64万户，其中大型企业只有不到200户，中小企业达25.62万户，占私营法人企业总数的99.92%。可见在“非公企业”中，中小企业又占了绝大多数。

从上面的数字可以看出，单就“中小企业”和“非公有制企业”的组成而言，两者已经互为主体，并有“同圆”化趋势。因此，从某种意义上讲，促进中小企业发展，就是促进非公经济发展，非公经济快速发展了，实际也就是中小企业活力的体现。

另一方面，国有中小企业实力增强。虽然数量持续下降，但户均规模出现稳步提高的态势。2005年，上海国有中小企业户均营业收入5762.44万元，是外资企业的1.2倍，集体企业的8.4倍，私营企业的14.5倍；户均实收资本4249.72万元，是外资企业的2倍，集体企业的19倍，私营企业的36.5倍。（参见图6）

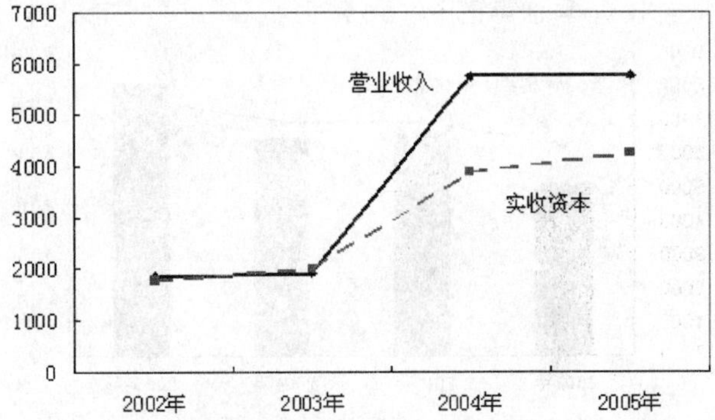

图6 2002～2005年国有中小企业户均规模（单位：万元）

4. 第二产业和非公有经济成为社会就业的主渠道

从产业结构来看，第二产业内部结构调整速度加快，以及消费结构不断升级，促进了从业人员在三次产业之间的分布更趋合理。2005年，第二产业仍是创造就业岗位、吸纳劳动力的主渠道。第二产业中小企业从业人员达423.38万人，占中小企业从业人员总数的54.28%，比第三产业高出8.6个百分点。与2004年相比，第二产业就业能力提高，全年从业人员比2004年增加31.74万人，增长8.11%，同期第三产业从业人数仅增长1.91%。上海第一、第二、第三产业中小型法人企业的就业比重分别为0.03%、54.28%和45.68%。

从行业分布来看，第二产业中的工业企业吸纳就业能力最为突出。2005年，全市工业中小企业从业人员达342.8万人，占全市中小企业从业人员总数的43.95%，远远超过商业、建筑业等劳动密集型行业。

从所有制结构来看，非公有制中小企业逐步成为社会就业的主渠道。2002～2005年，上海私

营和外资中小企业从业人数不断上升，2005年末从业人员达650.98万人，占全市中小企业从业人数的83.46%。（参见图7）

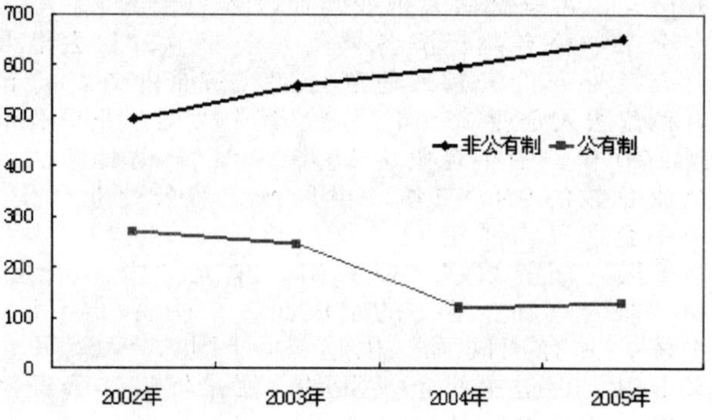

图7 2002～2005年公有制和非公有制中小企业从业人数变动情况
（单位：万人）

5.法人和个人资本成为中小企业的主要资本来源

近年来，在上海中小企业资本来源中，法人和个人资本投入逐步增加，在中小企业实收资本中的比重也逐步提高（参见图8）。到2005年末，法人和个人资本合计投入8101.75亿元，占中小企业实收资本总额的50.66%。

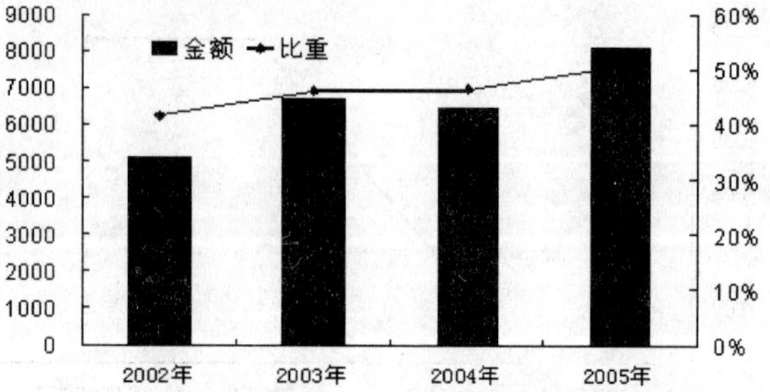

图8 2002～2005年法人和个人资本变动情况

从产业结构来看，法人和个人资本在三次产业中的投入比例分别为96.08%、43.16%、53.73%，均超过其他资本。

从行业分布来看，法人和个人资本的投入也都超过其他资本，其中在物流、商业、餐饮、租赁、信息传输、计算机服务和软件业、科研及技术服务业和居民服务业等行业的投资比例还超过了50%。另一方面，中小企业也成为法人资本和个人资本、特别是个人资本的主要投资渠道。从全社会来看，2005年投向法人企业的个人资本中，82.06%投向了中小企业。

（三）主要问题

2005年上海中小企业及非公经济发展取得显著的成绩的同时，还面临着一些问题。既有外部发展环境问题，也有中小企业及非公经济自身发展中的问题，具体表现如下：

1. 促进中小企业及非公经济发展政策有待进一步落实

随着《国务院关于鼓励支持和引导个体私营等非公有制经济发展的若干意见》、上海《关于贯彻<国务院关于鼓励支持和引导个体私营等非公有制经济发展的若干意见>的实施意见》贯彻执行，长期困扰中小企业及非公经济发展的市场准入、公平待遇等问题正在逐步解决；一系列配套政策的出台为中小企业和非公经济发展提供了更为广阔的空间。然而，中小企业及非公经济发展政策在落实过程中仍存在一些问题。一方面，《若干意见》和《实施意见》中的许多内容，还缺少配套政策支持；另一方面，一些已经出台的配套政策，还缺少实施细则，尤其是在一些垄断行业领域，“玻璃幕墙”依然存在。如：一些垄断行业、公共事业和基础设施等领域的行业准入还处于试点阶段，操作程序不明确，中小企业及非公经济无从下手；部分门槛进入过高，中小企业及非公经济难以进入等等。另外，在平等待遇方面也有待进一步落实，操作上的不平等情况仍较普遍。

2. 中小企业及非公经济融资环境有待改善

尽管2005年上海出台了一系列新的专项金融政策，但从实际情况看，无论是直接融资还是间接融资，上海中小企业及非公经济的资金融通渠道依然不通畅，资金问题依然是制约中小企业及非公经济发展的重要因素。主要表现在：一是获得银行信贷支持少，资金规模和贷款程序无法满足民营企业的发展需求；二是直接融资渠道窄，由于证券市场门槛高，创业投资不成熟，中小企业及非公经济依然难以通过资本市场筹集资金；三是商业性担保机构和互助性担保机构发展缓慢，无法发挥资金杠杆作用。

3. 中小企业及非公经济自身实力有待增强

当前，中小企业及非公经济自身发展上存在的问题也制约了中小企业及非公经济的发展。一是中小企业及非公经济产业分布不平衡。一方面，上海市中小企业及非公经济主要分布在服务业中的生活服务业和制造业中的都市型工业，其中近一半的非公经济企业从事批发零售贸易、餐饮业等围绕居民衣食住行需求的行业领域；另一方面，在生产性服务业和上海六大支柱工业中的比重较小。这种产业分布的不平衡不利于中小企业及非公经济的持续快速发展。二是中小企业及非公经济企业国际化水平较低。首先，产品市场国际化程度低，外贸类中小企业虽然数量巨大，但是占上海市外贸出口总额的比例却很低；第二，资本投资国外化程度低，由于参与国际市场的机会少，除少数企业外，上海市中小企业及非公经济企业普遍缺乏国际经营能力和经验。三是中小企业及非公经济整体竞争力较弱。从企业规模看，虽然上海市中小企业及非公经济数量上占绝对优势，但与外资和国资相比，它们的平均注册资本、企业人数和资产均处于明显下风。从行业排名来看，受企业规模、管理水平等因素的影响，中小企业及非公经济的行业竞争力相对较弱。从资源掌控看，由于大多数中小企业及非公经济企业成立时间较短，在资金、人才和技术等方面储备较少，在竞争中处于不利的地位。

（四）发展趋势

上海中小企业的发展已经具备了一定的规模和地位，创业环境得到不断改善。2006年是国家实施“十一五”计划的第一年，预期上海中小企业将在下列领域中呈现发展的新局面。

1. 高新技术中小企业得到进一步发展

目前，在上海高新技术企业中，中小企业占百分之九十以上。在资源投入和投资紧缺的情况下，中小企业更易于在人力资本和技术进步领域发挥作用。上海作为人才高地，经济中心城市，吸引着大量“海归”，高素质人才的涌入为科技型中小企业发展奠定了基础。

2. 都市工业促进就业

都市工业以其独特的优势已成为解决城市就业的重要途径，成为上海的工业特色。都市工业以众多中小企业为主体，将形成“精、特、多、专”的特点。因其投资少，门槛低而广受创业者青睐，会成为小企业起步的首选。

3. 产业集群带动中小企业发展

在上海六大支柱产业的带动下，一大批大项目、大基地的形成促进了产业链的发展和延伸，让中小企业获得了商机。一个以行业龙头企业为核心，众多中小企业群集的产业发展格局形成。中小企业在这一集群中获得增值效应，上海的功能区和园区集群效能将更有效的引领中小企业的发展。

4.“走出去”战略，增强中小企业可持续发展的能力

国家鼓励和支持有比较优势的企业，在更大范围，更广领域和更高层次上参与国际市场合作和竞争，这为优质中小企业打开又一发展的空间。采取合适的战略，发挥中小企业在产业发展中“精、特、多、专”的特点，扬长避短，上海将会有更多的中小企业产品和服务“走出去”拓展更大的发展空间。

5. 现代服务业中不断涌现中小企业

先进制造业的发展，世博会等项目的启动呼唤现代服务业的发展。上海中小企业中服务业企业已占了大半个江山，有一定的人才储备和创业经营氛围。政府为解决服务业“短腿”也出台诸多扶持、优惠政策。借助“CEPA”实施，香港服务业北上，以BPO为特点的国际新一轮现代产业转移，加之行业特点中对规模经营要求较少，这一领域中小企业发展可谓得“天时地利”，将会有急剧增长。

二、2005年主要工作

⑴根据《中华人民共和国中小企业促进法》、《上海市人民政府关于促进本市小企业发展的决定》精神，以及市政府年度重点工作安排和市经委“指导和促进中小企业发展工作”的职能要求，市小企业办开展了“上海市中小企业社会化服务体系建设方案研究”，组织《上海中小企业发展报告》、《上海市中小企业发展“十一五”规划》的调研编撰以及有关中小企业融资、信息化、品牌建设等专项研究工作，为上海中小企业社会化服务体系的建设和不断完善奠定了基础。

⑵按照“联手委办，形成合力。依托区县，发展产业。引导中介，服务企业”的要求，市级中小企业工作和服务机构坚持发挥市区县中小企业工作和服务机构联席会议制度的作用，努力构建规范高效的、具有上海品牌的中小企业社会化服务体系。

⑶不断创新工作思路，整合社会资源，拓展为中小企业提供综合服务的各类平台。如：2005年初，由市“一办两中心”和经委都市产业处共同组织工业园区、科研院所、服务中心、都市型中小企业等第一批35家成员单位成立了“上海市都市产业（工业）园区沙龙”。2005年底，市“一办两中心”又牵头组建了“上海区域经济发展服务联盟”。

⑷根据实际状况，突出重点内容，着重加强中小企业创业与就业服务、资金服务、科技服务、信息服务、市场拓展服务、管理咨询服务等六大服务功能子体系的建设。即：以“创业就业培训”为核心完善人力资源开发支持体系；以“突破贷款担保难”为核心完善金融服务体系；以“自主创新”为核心完善科技服务支持体系；以“上海中小企业网站”为核心完善中小企业信息服务支持体系；以“搭桥梁建平台”为核心完善市场拓展服务体系；以“提升企业能级”为核心完善管理咨询服务体系。

三、上海市中小企业社会化服务体系概况

上海市委市政府一直都非常重视中小企业社会化服务体系建设工作。1999年，市政府发布了《上海市人民政府关于促进本市小企业发展的决定》，并于11月28日成立了专司小企业工作的行政部门——上海市促进小企业发展协调办公室（以下简称“市小企业办”）。同时揭牌的还有两个市级公益性服务机构——上海市小企业（生产力促进）服务中心（以下简称“市生产力中心”）、上海市小企业（贸易发展）服务中心（以下简称“市贸发中心”）（三部门统称“市一办两中心”）。2000年6月，上海被列为全国10家中小企业服务体系建设试点城市之一。2004年，市政府将完善中小企业社会化服务体系列入年度重点工作安排和市新经济委员会的工作职能之中。6年来，在各级政府和社会各界的共同努力下，上海已经初步形成了“层级纵向到底，功能横向到边”覆盖各种所有制中小企业的多主体、多层次、全方位的社会化服务体系架构，为进一步推动上海中小企业和民营经济的发展，奠定了规范、高效的服务体系基础。

（一）上海中小企业社会化服务体系基本情况

1. 从现有服务机构的性质看

上海初步形成了以市小企业办为核心、市区县行政性服务机构为推动，以市级两个服务中心

为龙头、市区县公益性服务机构为主导，商业性服务机构等其他社会各类中介机构共同参与的中小企业社会化服务体系框架。

2. 从现有服务机构的层次看

上海初步形成了市到区县再延伸到乡镇（街道）及各类园区的多层次纵向到底的服务层级架构。并建立了上海区域经济发展服务联盟。

3. 从现有的服务功能看

上海初步形成了从政务服务、资金服务、信息服务、科技服务、管理咨询服务、市场拓展服务、创业与就业服务、人力资源开发服务等横向到边的服务功能体系，有效推动了中小企业的发展。

4. 从现有服务机构之间的运行机制看

上海初步形成了以联席会议为支撑的服务体系联动运行机制。联席会议有：全市中小企业工作和服务机构联席会议、全市中小企业工作机构联席会议、市政府各委办局中小企业相关工作部门联席会议、市级中小企业服务机构联席会议、区县中小企业服务机构联席会议。

5. 从现有服务机构的运行效果看

各类服务机构在自己的服务领域开展有针对性的服务工作，一定程度上推动了中小企业的发展，中小企业对服务机构已有一定程度的认可。抽样调查结果显示，有近70%的中小企业会与服务机构保持联系。

（二）2005年上海中小企业社会化服务体系建设重点工作

针对上海中小企业的实际需求和面临的发展瓶颈，全市各级各类中小企业工作和服务机构，积极协作互动，不断探索和创新服务工作的新思路、新方法、新产品，近两年突出了以下几方面工作的开展。

1. 开展专项研究

为了进一步加强和完善上海市中小企业社会化服务体系，根据《中华人民共和国中小企业促进法》、《上海市人民政府关于促进本市小企业发展的决定》精神，以及市政府年度重点工作安排和市经委“指导和促进中小企业发展工作”的职能要求，市小企业办开展了“上海市中小企业社会化服务体系建设方案研究”，组织《上海中小企业发展报告》、《上海市中小企业发展“十一五”规划》的调研编撰以及有关中小企业融资、信息化、品牌建设等专项研究工作，为上海中小企业社会化服务体系的建设和不断完善奠定了基础。

2. 构建工作网络

按照“联手委办，形成合力。依托区县，发展产业。引导中介，服务企业”的要求，市级中小企业工作和服务机构坚持发挥市区县中小企业工作和服务机构联席会议制度的作用，以构建和强化中小企业工作和服务网络为抓手，以整合和发掘各类资源效能为切入点，努力构建规范高效的、具有上海品牌的中小企业社会化服务体系，充分调动一切积极因素共同来推进中小企业工作，取得了切实的社会效果。

2005年11月28日，“上海市促进中小企业发展工作会议”在上海中小企业总会顺利召开。市政府副秘书长、市经委主任徐建国主持会议，胡延照副市长到会并作重要讲话。有关委办、区县经委及中小企业部门负责人等参加了会议。会议明确了各区县经贸委承担促进中小企业发展工作职能，为更有效地建立上下对接的联动机制，构建和强化全市中小企业工作和服务网络提供了组织保障。

3. 拓展服务平台

不断创新工作思路，整合社会资源，拓展为中小企业提供综合服务的各类平台。如：2005年初，由市“一办两中心”和经委都市产业处共同组织工业园区、科研院所、服务中心、都市型中小企业等第一批35家成员单位成立了“上海市都市产业（工业）园区沙龙”。通过沙龙及时反映园区运作过程中产生的问题和建议，积极开展宏观政策与微观经济的信息交流，切实加强各园区之间的经验交流，提高园区管理水平和服务能力。2005年底，市“一办两中心”又牵头组建了“上海区域经济发展服务联盟”。

4. 突出重点内容

根据实际状况，突出重点内容，着重加强中小企业创业与就业服务、资金服务、科技服务、信息服务、市场拓展服务、管理咨询服务等六大服务功能子体系的建设。即：以“创业就业培训”为核心完善人力资源开发支持体系；以“突破贷款担保难”为核心完善金融服务体系；以“自主创新”为核心完善科技服务支持体系；以“上海中小企业网站”为核心完善中小企业信息服务支持体系；以“搭桥梁建平台”为核心完善市场拓展服务体系；以“提升企业能级”为核心完善管理咨询服务体系。

（上海市促进小企业发展协调办公室）

江苏省

2005年，在省委、省政府的正确领导下，我们认真贯彻《国务院关于鼓励支持和引导个体私营等非公有制经济发展的若干意见》和全省民营经济工作会议精神，进一步落实省委、省政府扶持民营经济加快发展的政策措施，引导以民营企业为主体的中小企业主动适应国家宏观调控，努力克服资金、能源、土地等生产要素紧缺的不利影响，促进了全省中小企业快速稳定发展。

一、2005年发展情况

2005年全省共有中小企业67万户，占全省企业总数的99%以上；中小企业实现增加值11615亿元，占全省总量的63.6%；中小企业从业人员突破2000万人，占全省从业人数的70%以上。全省规模以上中小工业企业数达到3.3万家，实现销售收入22000亿元，增长30%，占全省规模以上工业销售收入的比重为88%；实现利税总额1400多亿元，增长25%。全部中小企业增加值占全省GDP的比重超过60%。

2005年作为中小企业主体的民营企业继续保持较快增长速度，增长质量有了新的提高。全省民营经济2005年实现增加值8241.04亿元，比上年增长15.2%，增幅高于GDP增幅0.7个百分点，民营经济增加值占全省GDP的比重45.1%，比上年提高0.3个百分点；全省民营企业创造税收1252.53亿元，增长23.1%，占税收总收入的46.2%；全省民间投资4640.3亿元，同比增长63.7%，高于全省投资增幅35个百分点，占全省投资总额53.1%，比上年提高11.6个百分点。

二、2005年工作情况

2005年，我们紧紧围绕加快中小企业发展重点做了以下工作。

1.狠抓落实，努力营造中小企业、民营经济发展良好环境

结合贯彻落实《国务院关于鼓励支持和引导个体私营等非公有制经济发展的若干意见》，我们在全省组织开展千家民营企业发展环境问卷调查，回收有效问卷1500多份，对中小企业、民营经济发展环境作出分析和判断。积极实施《中华人民共和国中小企业促进法》，配合省人大法工委、财经委完成了《江苏省中小企业促进条例》的立法工作。成立省民营经济投诉中心，公布投诉举报电话，建立督查工作机制。全年共受理各类投诉举报案件17件。加强对民营经济的宣传，与省内主要新闻媒体联合，宣传一批民营企业和企业家先进典型，大力营造自主创业、艰苦创业的舆论氛围。

2.加强引导，着力提高中小企业发展水平

一是促进企业加快技术进步，提出了推进全省中小企业知识产权工作的意见，确定了一批知识产权应用示范企业，引导企业加快专利技术、科技成果、新产品的应用和产业化进程。提出了推进中小企业技术服务平台建设的意见，在全省确定23个重点技术服务平台，为民营企业提供多方面的技术支持。与有关部门合作，成立中小企业信息化联盟，推进中小企业信息化工程。二是促进企业集聚发展。全省已形成221家主导产业强、产业链比较完备的重点产业集聚区。新办的中小企业60%以上进入各类产业集聚区。三是促进企业做强做优。对重点民营企业，在产业发展、资产重组、技术改造、上市融资、管理提升、人才培养等方面给予重点指导和支持。全年新增100亿元企业4家，50亿元企业5家。推动民营企业、中小企业境外上市，全年新增境外上市民营企业12家，境外成功融资6家，一批民营企业和中小企业步入境内外上市轨道。

3.多方联合，不断促进经贸合作与交流

上半年组织80余家企业、160多人到意大利进行经贸考察与洽谈，举办“中国江苏－意大利中小企业合作与发展论坛”，扩大江苏中小企业在意大利乃至欧洲的影响。作为江苏与意大利合作交流活动的重要组成部分，与意大利亚历山大省签署了经济技术合作协议，重点在新能源技术、环境保护、物流等方面加强合作，驻日本中小企业代表处正式开展工作，驻意大利中小企业代表处完成筹备工作。组织130多家企业参加第二届中国中小企业博览会，洽谈成交及意向性协议金额13亿元。

4.突出重点，加快推进服务体系建设

一是继续加快中小企业信用担保体系建设。全省中小企业信用担保机构达到270户，注册资本金累计达到65亿元，担保贷款总额270亿元。对信用担保机构基本情况进行调查和分析，开展中小企业信用担保机构信用评级工作。二是与省开发银行开展融资平台试点工作，在全省建立11个县级融资平台，贷款余额3.98亿元；提供“软贷款”2亿元，用于增加担保机构注册资本金，为民营企业和中小企业担保融资近10亿元。三是启动“创业江苏”主题活动，实施创业辅导工程，编印《创业辅导手册》，举办创业辅导人员培训班，初步形成了一支创业辅导师队伍。四是推进社会化服务机构建设。引导各类中小企业服务机构提升自身素质，强化服务意识，提高服务质量，增强服务能力。

5.多种形式，组织开展企业经营管理人员培训

与江苏大学联合开办青年民营企业家MBA研修班，50多人参加培训。组织上海同济大学著名教授先后两次到我省进行创新思维讲座，组织143名民营企业家赴青岛海尔商学院培训。积极组织实施国家发改委“银河培训工程”和农业部“蓝色证书”培训工程，全年全系统共举办各类培训班751期，为4万户企业培训员工10万多人。

三、2006年重点工作安排

1.深化政策落实，改善发展环境

重点围绕放宽准入领域，降低进入门槛，改善政策环境，减轻企业负担，规范行政行为，进一步制定和完善政策措施。

(1)深入贯彻《国务院关于鼓励支持和引导个体私营等非公有制经济发展的若干意见》精神，进一步落实省委、省政府2004年7号文件和40号文件的要求，坚决清除各种有形和无形的影响民营经济发展的障碍。

(2)积极抓好《江苏省中小企业促进条例》的贯彻落实工作。抓紧根据自身职能制定本部门的实施意见，协调有关部门落实相关规定。

(3)把规范行政行为作为重点，进一步完善中小企业的外部环境，采取切实有效措施，减轻企业的各种社会负担。加强省民营经济投诉中心工作，对中小企业、民营经济发展环境进行调查，强化对投诉案件的督查，切实维护中小企业、民

营企业合法权益。

(4)加强对中小企业、民营经济的宣传，在全省进一步营造“创业、创新、创优”的浓厚氛围，形成促进中小企业、民营经济发展的良好舆论环境。

2.加快调整结构，转变增长方式

今后一个时期，全省中小企业加快调整结构、转变增长方式的总要求是，促进产业集聚，提高产品附加值，做强做大优势企业，实现产业升级、产品升值、企业升位。

(1)推进中小企业加快发展高新技术产业和先进制造业，大力鼓励发展农副产品加工业和现代服务业，引导低水平产能过剩的企业主动调整结构，在提高已有产业素质的同时，大力培育我省民营经济新的支柱产业和优势产业。

(2)大力推进中小企业集聚发展，打造区域经济竞争优势。以现有产业和企业集聚地为基础，以推进产业集群发展为途径，按照“存量调整，增量集中”的原则，整合现有的各类产业和企业集聚地，实现布局合理、特色鲜明、主导产业竞争力强的发展目标。积极推进“标房”建设工程，努力缓解中小企业用地难的矛盾，争取全年建设多层标准厂房1000万平方米，为广大中小企业提供发展载体。选择具有较大规模和比较优势的产业，在全省确定100个重点产业集群，推动其加快培育骨干企业，积极发展技术、融资、管理等公共服务平台，聚合各种生产要素，着力培育一批规模型、成长型和带动型的产业集群，拉长产业链，形成规模、技术、市场、品牌等综合竞争优势。

(3)以提高核心竞争力为目标，大力培育一批具有行业竞争优势的大型民营企业。对有条件做大做强的民营企业，在技改、上市、融资、管理、人才等方面给予重点支持和帮助，争取全年新增100亿元企业1～2个，50亿元企业3～5个，10亿元企业30～50个。

(4)促进微小企业上规模。通过融资扶持、业主培训、组织参展、跟踪服务等措施，推动一批微小企业成长，全年力争新增规模以上中小企业5000家。

(5)以创建名牌产品和提高产品附加值为重点，大力培育一批市场竞争力较高的优势产品。通过技术进步、质量升级、市场扩展，推动中小企业、民营企业加快产品结构调整，提高产品的附加值和市场占有率。

3.强化科技创新，提高竞争能力

提高自主创新意识和能力，是加快民营经济和中小企业调整结构、转变增长方式，增强竞争力的中心环节。

(1)大力推进骨干企业建立和充实研发机构，增强研发力量，大幅度提高自主研发能力，促进研发成果的应用。

(2)加快技术服务平台建设。对重点支柱行业，加大引导力度，鼓励有关机构多形式建立全省性的公共技术研发平台。产业集群规模达到10亿元以上或区域行业优势明显的地区，都要逐步建立技术服务平台，为广大中小民营企业提供技术、信息、培训、商务、咨询等服务。引导现有机构增强服务功能，扩大服务范围。

(3)大力抓好科技成果推广与应用。积极争取国家有关部门的支持，协同省有关部门与无锡市共同办好“无锡民营企业高新技术成果洽谈会”，吸引全国大专院校、科研机构展示科研成果，力争使其成为华东地区乃至全国有较大影响力的科技成果交流与转化平台，为广大中小企业获取更多的科研成果搭建有效平台。深入推进知识产权的产业化，在全省培育知识产权示范企业100家，扶持开发专利新产品、新技术1000项，培训知识产权工作人员1000名。

(4)大力提高中小企业信息化水平。实施中小企业信息化推进工程，重点抓好信息化示范企业的培育和企业信息化人才的培训。加强与江苏省电信有限公司的合作，建设全省中小企业信息化服务平台，推动江苏省中小企业信息化联盟企业开发更多面向中小企业的信息化应用产品，促进广大民营企业重视运用信息技术和手段改善业务流程，提高经营管理水平。

(5)推动中小企业实施清洁生产，走可持续发展道路。抓好一批清洁生产示范企业，发挥好导向和示范效应。加强对中小企业实施清洁生产相关专业人员的培训，逐步提高中小企业清洁生产水平。

4.突出社会化取向，加快服务体系建设

建设服务体系必须重视激励和整合社会各种资源，发挥各类服务机构的积极性，加快形成一批以中小企业为主要服务对象的骨干服务机构，健全服务网络，扩大服务领域，提高服务水平。

(1)创业服务。深入开展“创业江苏”主题活动，以培育创业主体为重点，促进中小企业的创立和发展。培养创业辅导人员队伍，开展各类创业培训，使更多的经营管理骨干、技术人才和外出打工者增强创业意识、提高创业能力。全省举办各类创业人员培训班100期、接受培训人员争取达到1万人以上。大力推动创业示范基地（机构）的建设，以产业集聚地为依托，全年新建立各类创业基地（机构）100个，组织认定并向社会推荐50个示范基地（机构）。

(2)融资服务。继续加快中小企业信用担保体系建设，力争担保机构注册资本金累计达到70亿元以上，担保贷款300亿元以上。继续与国家开发银行江苏省分行等金融机构加强合作，在有条件的县（市）加快建设中小企业融资平台，扩大放贷规模，全省放贷规模达到10亿元。抓好民营企业、中小企业在国内主板、中小企业板和境外证券交易所上市工作，争取在境内外新上市及步入上市轨道的企业20家。

(3)人才服务。开办“民营企业竞争力大讲堂”，以企业战略、资本经营、品牌经营、人力资源为重点，组织国内知名的专家学者、企业家和政府官员在全省范围内进行巡回讲座，帮助民营企业、中小企业经营管理者提高管理水平。继续组织实施国家发改委“银河培训工程”和农业部“蓝色证书”培训，在培训内容、培训对象、培训教材、培训师资和培训组织等方面更加符合民营企业的实际。

⑷合作服务。认真实施省政府与意大利工业家联合会签署的备忘录，抓紧筹建我省中小企业意大利代表处并派驻人员。以纺织服装业和太阳能利用为重点，组织我省中小企业赴意大利进行考察和合作洽谈。充分发挥我省中小企业日本代表处的作用，促进我省中小企业与日本特别是福冈地区中小企业的经贸合作。突出行业和企业需求，组织参加中国中小企业博览会等重要经贸合作活动，帮助更多的中小企业实施“走出去”战略。

⑸咨询服务。采取多种形式，聘请国内外的专家和企业家，针对我省中小企业经营管理面临的突出问题，有计划地到省内有需求的地区和企业进行考察和指导，帮助企业培训经营骨干，提高经营管理水平。

（江苏省中小企业局）

浙江省

（一）概况

至2005年底，浙江省共有各类所有制形式的乡镇企业（中小企业）112.06万家，比上年底增长3.55%。其中工业企业70.35万家，增长0.31%。乡镇企业从业人员1243.95万人，占浙江省农村劳动力比重为58.81%，比上年末提高6.56个百分点。其中工业企业从业人员1092.26万人，比上年末增长5.11%。企业经营规模进一步扩大，营业收入1000~5000万元的企业有16594家，比上年增加2459家；营业收入5000~10000万元的企业有2877家，比上年增加584家；营业收入超亿元的企业2820家，比上年增加699家。2005年乡镇工业企业全员劳动生产率47728元/人，比上年下降449元/人。全省乡镇企业资产负债率56.69%，比上年上升了0.20个百分点。乡镇企业总产值、营业收入、实交税金、利润总额、增加值等主要经济指标居全国前列。

（二）经济总量和效益继续保持平稳增长

2005年，浙江省乡镇工业企业实现工业总产值28357.79亿元，销售产值27595.79亿元，分别同比增长16.55%和16.52%。工业产品产销率达97.31%。在11个地级市中，丽水、舟山、湖州、温州四个市的产销增幅都在25%以上。在原油、煤炭等原材料价格和劳动力成本飙升的情况下，浙江省乡镇企业经济效益继续保持了平稳较快增长，全年实现工业增加值5616.36亿元，同比增长17.09%；利润总额1560.68亿元，同比增长11.54%；实交税金914.68亿元，同比增长14.94%。同时，规模以上企业发展势头良好，支撑作用明显。

（三）固定资产投资和技术改造

2005年，浙江省乡镇企业完成固定资产实际投资额2088.81亿元，比上年增长7.23%。在固定资产实际投资中：新建项目投资744.04亿元，占比重35.62%；扩建项目投资419.20亿元，占比重20.07%；技改项目投资793.93亿元，占比重38.01%；其他项目投资131.64亿元，占比重6.30%。与企业生产、销售以及经济效益相比，本省投资增幅有所回落。但不少企业自主调整投资项目，投资行为趋于理性，投资策划更加慎重，宏观调控政策效果初步显现。按资金来源分：金融机构贷款444.58亿元，占投资额21.29%；引进资金309.17亿元，占投资额14.80%；自有资金1232.22亿元，占投资额58.89%；国家扶持及其他资金102.83亿元，占投资额4.92%。全省乡镇企业投资中自有资金充足，资金来源比较稳定，投资资金来源多元化趋势发展良好。

（四）中小企业成长计划稳步推进

2005年，浙江省推出中小企业成长计划——“321工程”，即重点培育3000家年销售收入500万元以下的微小企业上规模，扶持两个“100佳”成长型中小企业加快发展，重点做好100家优强中小企业融资上市培育工作，并加强对成长型中小企业的监测，及时掌握和分析成长型中小企业的发展态势。杭州市专门设立了每年不少于5000万元的中小企业发展资金，用于培育、扶持、促进中小企业上规模、上档次。温州市、舟山市将成长型中小企业视作黄金客户推荐给有关银行，获得信贷支持。在全国500家最具成长性中小企业中，浙江省有105家，占到全国的21%，名列第一。

（五）中小企业融资和担保环境明显改善

2005年底，浙江省各类中小企业信用担保机构达到249家，新增24家；担保资金达到46亿元，同比增长26%；当年贷款担保总额超过200亿元，同比增长50%以上；担保代偿率仅为2.6‰，担保风险控制总体良好。继续加大规范提升中小企业信用担保机构的力度，积极筹备建立省信用与担保协会，促进担保资金来源多元化。拓宽中小企业直接融资渠道，联合深圳证券交易所、伦敦证券交易所以及国内外风险投资机构，对优强型中小企业进行国内外上市培育指导和服务；省中小企业局与国家开发银行浙江分行联袂，探索出了由担保公司承担连带责任的中小企业开发性融资业务新品种。

（六）连锁营销网点遍布全国

至2005年末，浙江乡镇企业在全国各地开设的连锁营销网点（店）累计已达1.29万多个，年营业收入在280亿元以上，营销点和营业额均居全国前列，成为企业拓展营销渠道和扩大市场覆盖面的一条有效途径。在这些营销网点中，电器行业跃居榜首，有5400多个，几乎遍及全国除西藏之外的中心城市。其次是服装行业，有连锁营销点近4000个，雅戈尔、步森、恒柏、报喜鸟、庄吉等知名品牌，大都在省会城市和部分经济发达、交通便捷的县城开设了专卖店、门市部。

（七）海外创业收获颇丰

至2005年末，浙江乡镇企业（民营企业）已在国外创办经营公司780多家，兼并收购外国公司50多家，设立各类营销网点2600多个，形成了一支具有较强竞争力的“海外兵团”，一年挣得120多亿美元。这些乡镇企业（民营企业）在国外淘金涉及的领域十分宽广，足迹遍及全球130多个国家和地区，包括从事汽车零部件制造，服装、皮鞋制作，矿产开采，建筑项目承包等等。万向集团已在美国、英国、德国等8个国家创办了31家公司，其产品已成为通用、福特汽车制造商首选。绍兴精工钢构有限公司参与了泰国、西非、孟加拉三个纺织厂的建设，累计完成建筑面积7万平方米。广厦集团已在国外实施建筑项目50余个。温州哈杉公司买下了意大利Wilson公司90%的股份，成为该市首家真正意义上的本土跨国公司。许多企业通过"走出去"创办经营实体，不仅拓展了发展空间，而且有效地带动了出口贸易，慈溪市49家境外企业一年内带动出口5000万美元。

（八）农产品加工业步入良性循环

至2005年底，全省已建立“公司+农户+基地”的贸工农联合体380多个，开发出了一批有机产品和绿色产品，提高了农业的比较效益。浙江海通集团立足本地资源优势，把田间作为企业的第一车间，大力兴办一头连农户，一头连“加盟农场”，贸工农一体化、产加销一条龙的产销体系，已发展农产品原料基地6670公顷，开发出了脱水蔬菜、盐渍果蔬、水产罐头等7大类200多个品种，年出口创汇已达2500万美元，实现利润4370多万元人民币。2005年浙江省各地农产品加工示范企业还积极推行ISO9000、HACCP标准认证，有近三分之一的企业获得了标准资格证书。“野姣姣”绿色食品、祖名豆奶等知名品牌获得消费者青睐。

（九）顺应“两个新趋向”服务“三农”

浙江省乡镇企业顺应“工业反哺农业、城市支持农村”两个新趋向，至2005年底已吸纳农村富余劳动力1244万人，使58.81%农村劳动力转向非农产业，成为扩大就业的主渠道。在农村居民的纯收入中，来自务工农民收入占到60%以上。乡镇企业投资效益农业、生态农业热情高涨，累计达到160多亿元。

（十）15家上市公司融资36亿元

至2005年底，浙江省已有15家企业在深圳证券交易所中小企业板上市，累计融资36.11亿元，平均每家企业融得资金24亿多元，上市企业和融资数额分别占深交所中小板的30%和30.05%。这些上市公司的发行规模大多在2000万~3500万股，发行市盈率最低的10.18倍，最高的23.75倍。从盈利能力与成长性情况看，平均每股收益在0.24~1.20元之间，平均净资产收益率在14%~50%之间，平均主营业务利润最低的为2470万元，最高的达3亿元。

（十一）中小企业对外交流与合作

2005年9月12日至15日，浙江省乡镇企业局与省工商局联合组团参加在广州召开的第二届中国中小企业博览会暨中法中小企业博览会，共签订合作意向合同480项，累计金额达12.6亿元。年内，省乡镇企业局与江苏、上海中小企业工作部门共同举办了第3届“长三角”中小企业合作与发展论坛，浙江省乡镇企业局组织7个市的经贸部门和部分企业参加科技创新与中小企业发展研讨。组织参加了俄罗斯“中国中小企业纺织品、服装展览会”、“2005中美经济合作（杭州）洽谈会”、“2005美中（纽约）中小企业经贸会议”、“全国乡镇企业民营企业振兴东北老工业基地暨对俄经贸洽谈会”等活动，乡镇企业对外合作与交流日趋活跃。

（十二）中小企业政策法规建设

2005年，《浙江省促进中小企业发展条例》进入省人大常委会审议程序。《国务院关于鼓励支持和引导个体私营等非公有制经济发展的实施意见》已经省政府常务会议审议。《小企业贷款风险补偿试行办法》、《小企业贷款风险补偿审核意见》、《中小企业专项扶持资金管理暂行办法》等政策先后制定出台。

（十三）设立小企业贷款风险补偿资金

为不断改善中小企业融资环境，进一步缓解小企业融资难，2005年省财政出资2500万元，在全国率先设立了小企业贷款风险补偿资金。各市县纷纷响应，有37个市县政府承诺提供配套资金，配套资金总计达3025万元，其中湖州、桐乡、温岭、诸暨等市、县承诺配套资金均达到200万元。至年底，实行小企业贷款风险补偿的试点银行共向小企业发放贷款45.5亿元，比上年新增贷款26.3亿元。

（十四）启动“三年万家”微小企业培育工程

2005年，浙江省启动了“三年万家”微小企业培育工程，从信贷扶持、创业辅导、创业培训、创业基地建设等方面对这些微小企业进行扶持培育。实施该项工程，目的是加快培育经济增长新亮点和大中型企业成长源。已有3109家微小企业进入培育信息库，各地还因地制宜创建了100多个小企业创业基地，其中有33个被分别列为省级创业基地试点单位。创业基地共规划建设标准厂房1439.78万平方米，已建标准厂房和利用旧厂房、旧场所面积425.78万平方米，在建标准厂房面积237.01万平方米；计划总投资1270580万元，已完成基本建设投资376115万元；已入驻企业2560家，其中规模以下企业2000多家；实现销售产值872296万元，利税96927万元。创业基地的作用突出体现在4个方面：一是提高了资源配置效率。二是节省了投资创业成本。创业基地有现成的生产厂房、配套的共享设施和综合服务功能，入驻小企业只需购置必要的设备，就可以很快投入生产，大大缩短了创业周期。三是安置了大量从业人员。浙江省现有的创业基地，已吸纳安置了78000多人。四是促进了产业链的形成。

（十五）构建中小企业社会化服务体系

2005年，浙江省共创建省级中小企业技术中心45家，成立中小企业共性技术服务中心11家，为2046家中小企业提供了相关服务，协同企业QC小组攻克了近万个技术难题。启动省、市及部分重点县中小企业工作部门信息化联网工程，帮助300家企业免费建立门户网站。培育发展行业协会，年内新增省级中小企业专业协会1家，累计15家。在开展企业服务年活动中，为企业解决资金融通、市场开拓、人才培养、经营管理等实际问题470多个。组织参加全国“百日网上招聘活动”，有310家企业招聘人才4293人。

（十六）中小企业职工技能培训和学历教育

2005年11月，首批102家省级中小企业职工培训示范基地正式挂牌运行。示范基地教学设施完备，师资力量充裕，并采用订单式、定向式培训模式。中小企业教育培训主要通过三条途径：一是由培训基地（成人学校）出菜单，供企业“点菜”，开设定向培训课程，2005年浙江省中小企业系统联合有关院校及培训机构，组织各类讲座、论坛147场（次），组织EMBA培训班56期。二是由企业下订单，与培训机构签订协议书，以法律形式明确双方权责，学员经考核合格后领取相关的合格证书，2005年举办各类短期培训850多期4万余人，涉及5大行业120多个工种。三是由政府来买单，至2005年底，浙江省各市、县（市、区）基本建立了“财政主投、多方筹集”的培训资金筹集保障机制，其中由各级财政用于第二、第三产业务工农民的教育培训经费达到2亿多元。年内，本省有75万农民工接受了各种职业技能培训。此外，利用国家发展改革委“银河培训工程”，免费为1000多位中小企业高层管理人员提供信息化建设、人力资源管理、国际化业务、技术创新、信用担保、农副产品加工等相关培训服务。同时，争取到中国——欧盟中小企业便捷基金项目资助，举办了由120多家出口企业参加的高层次出口能力建设培训。

（十七）首个中小企业发展年度报告出炉

2005年12月，浙江省中小企业发展研究中心主编的长达5万多字的浙江省首个中小企业发展年度报告出炉。“报告”显示：至2004年底，全省现有各类中小型企业30.41万家，资产总量35683.81亿元，从业人员1130.71万人，2004年实现营业收入27703.85亿元，上交税金677.15亿元。中小企业已占到浙江省企业总数的99.6%，资产总量的82.6%，从业人员的82.7%，营业收入的71.7%。在浙江省工业企业上交税金中，中小企业占87.5%。近5年中，平均每年有4308家中小企业发展成为规模以上企业，中小企业已成为浙江工业经济的主体。

（十八）13个项目获得国家中小企业发展专项资金资助

2005年，全省有13个项目获得了国家中小企业发展专项资金资助，累计资助金额775万元。其中无偿资助项目7个，资助金额415万元，贷款贴息项目6个，贴息金额360万元。这些项目涉及精密模具制造和热处理工艺以及重大技术装备提供配套产品的技术改造项目。至年末，已有11个项目建成投产，其余两个正在建设中。

（十九）33家企业成为全国乡镇企业创名牌重点企业

在农业部公布的“2005年全国乡镇企业创名牌重点企业名单”中，浙江省有33家乡镇企业榜上有名，占全国乡镇企业创名牌重点企业总数的14.2%。至此，浙江省已有200家乡镇企业获得这一称号。在33家获得荣誉称号的企业中，属于机械行业的有17家，轻纺行业有6家，农产品加工行业6家，这33家企业当年销售收入累计98.5亿元，出口创汇2.2亿美元。其中最高的浙江久立集团股份有限公司营业收入达到18.65亿元。

（二十）万向电动汽车两项目通过国家“863”计划验收

万向集团从1999年开始涉足电动汽车领域，集团专门成立了万向电动汽车有限公司，通过6年多的努力，开发出12台纯电动轿车、5台纯电动大巴车，并投入小批量生产。万向电动轿车的最高时速达到126公里，经济时速下的最大续驶里程可达380公里，百公里平均耗电量为11千瓦时。电动大巴车的最高时速为90公里，经济时速下最大续驶里程310公里，百公里耗电量为70千瓦时。特别是通过设置换电站快速更换电池组的方式，解决了充电难题，节省了充电时间。这些研发创造，为推进我国电动汽车产业化开了一个好头。至此，由万向集团承担的两项国家“863”计划电动汽车重大专项，即“杭州市工况下电动汽车运行考核试验研究”和“WX纯电动汽车动力总成研发”，经国家科技部专家组验收通过。

（二十一）创业辅导助推中小企业成长

以助推中小企业健康成长为目标，浙江省中小企业管理服务部门，学习借鉴发达国家培育中小企业的成功经验和台湾地区创新育成中心的有益做法，创导了创业辅导这一新型模式。2005年，按照创业辅导行动方案，由创业指导师为主体组成的创业辅导大篷车深入30多个市县，累计举办公益性辅导活动70多场（次），6000多家中小企业通过辅导，活力增强，绩效明显，绝大多数企业盈利率达15%以上。创业辅导不仅丰富和延伸了企业服务年活动，而且增强了中小企业管理服务部门的凝聚力、向心力，社会反响良好，企业满意率达到98%。

（二十二）首个水泥纯低温余热发电项目建成运行

由联合国开发计划署资助10万美元，浙江申河水泥股份公司承建并筹措落实配套资金2000多万元，经过一年多的艰苦努力，在浙江省建成了首个水泥生产线纯低温余热发电项目，并于2005年3月正式并网发电。该项目在2500吨/天新型干法回转窑生产线上配套建设一座装机容量为3000千瓦的纯低温余热电站，完全利用水泥生产线的余热发电，年发电能力达到2094万度，同时实现了废气零排放和二氧化碳减排。为浙江省及我国的水泥企业实现可持续发展和社会资源的综合利用提供了示范。农业部乡镇企业局对该项目的经济效益和环保效益予以充分肯定，并向全国乡镇水泥行业作了推广。

（二十三）百余台商来浙寻商机

11月18日至19日，由省中小企业局、省台办和中国贸促会浙江分会联合主办的第三届浙台中小企业技术合作洽谈会在义乌举行，来自海峡两岸180多位商贾共商联袂共赢大计。省人大副主任孙优贤出席会议并讲话。此次洽谈会以加强合作、扩大交流、共同发展为主题，突出金融创新、技术创新、品牌营销三大合作重点，共签订合作意向22个，其中4个项目投资金额8100万美元。据悉，目前5600多家在浙投资创业的台商，总投资累计达到234亿多美元，投资盈利率保持全国领先，达到90%以上。

（二十四）首席工人崭露头角

由慈溪市中小企业首创的评选“首席工人”活动于2005年在宁波等地推而广之。至此，每年有300多名具有一技之长、并在本职工作岗位上作出突出贡献的外来务工者被政府或企业评为“首席工人”。这个殊荣无疑是外来务工人员成为产业工人之后的又一次精彩“转身”。凡获得“首席工人”头衔的职工，其工资可增加1～2倍，从而既调动了外来务工者钻研技术的积极性和创造性精神，又弥补了中小企业技工紧缺、自主创新能力先天不足的问题。据悉，在慈溪市50家规模企业的!110多项发明、革新中，有近80%是“首席工人”创造的成果。

（浙江省中小企业局）

宁波市

一、基本情况

2005年，宁波市中小企业认真贯彻全国和省、市经济工作会议与中小企业工作会议精神，抓住加入世贸组织和世界经济逐步复苏的契机，坚持产业立市战略；坚持建设先进制造业基地、走新型工业化路子；坚持实施信息化带动工业化战略，努力构建乡镇工业可持续发展机制；坚持扩大内需，深化改革，推进结构调整，加快发展开放型经济；整顿和规范市场经济秩序，乡镇工业发展态势逐季高位趋强；工业增幅高于2004年指标，经济效益同步攀升，全面超额完成年度经济目标，为全市经济继续保持高效快速增长作出了重大贡献。

2005年，宁波市中小企业9.89万个，比上年增加4.32%。其中乡镇工业企业9.84万个，同比增加4.79%。中小企业从员人员219.11万人，比上年增长5.92%。其中中小工业企业从业人员212.83万人，同比增长4.33%。在中小企业从业人员中，其中女性102.77万人，高级技术职称0.92万人，中级技术职称2.41万人，初级技术职称5.69万人，大专及其以上文化程度10.82万人，中专及技校文化程度21.36万人。实现企业总产值5474.41亿元，比上年增长14.05%。其中实现工业总产值5416.72亿元，同比增长14.11%。实现营业收入5310.54亿元，比上年增长15.23%。其中工业企业实现营业收入5094.49亿元，同比增长14.59%。实现利润总额314.88亿元，比上年减少0.75%，其中工业企业实现利润总额310.32亿元，同比减少0.51%。实缴税金175.51亿元，比上年增长10.93%。其中工业企业实缴税金173.12亿元，同比增长11.81%。拥有固定资产原值1185.43亿元，比上年增长17.58%。企业所有者权益达1337.41亿元，其中工业企业所有者权益达1306.97亿元。银行贷款余额548.46亿元，比上年增长5.23%。发放工资总额294.56亿元，比上年增长16.58%。其中工业企业发放工资总额289.86亿元，同比增长16.99%。实现企业增加值1093.44亿元，比上年增长13.76%。其中实现工业增加值1084.59亿元，同比增长13.94%。中小企业中拥有外贸出口创汇企业6329家，比上年增加5.64%。实现出口产品交货总值1217.19亿元，同比增长18.47%。其中直接出口1102.42亿元，同比增长18.06%。

二、宁波中小工业经济运行呈现“三增长、一提高”特点

“三增长”指，一是工业生产适度较快增长。2005年，全市规模以上中小工业企业完成生产总值增长24.14%。四个季度平均增幅分别为22.4%、27.5%、20.2%和20.8%，均高于2004年四季度14.5%的增幅，总体运行走势由2003年以来的高位增长进入适度较快增长区间。二是工业出口总体快速增长。虽然受前年同期基数逐步抬高、贸易摩擦增加以及人民币汇率改革的影响，全市规模以上中小企业完成出口交货值增幅呈现逐季回落态势。但从总体看，2005年规模以上中小企业完成出口交货值增长28.94%，高于销售产值增幅4.22个百分点，比2004年同比提高5.54个百分点，总体仍保持快速增长。三是中小工业投资保持稳健增长。2005年，全市完成中小工业投资752.47亿元，同比增长38.2%，比全市固定资产投资增幅高13.2个百分点，占全市固定资产投资的比重达到54.9%。其中，全市乡镇企业技术改造投资从1～2月累计增长5.7%逐步回升至年底的18.5%，保持了稳健的增长势头。

“一提高”是指，产销衔接水平稳步提高。2005年，全市规模以上中小工业完成销售产值增长24.72%，快于生产0.58个百分点；累计产销率也由一季度的97.38%、上半年的97.52%，稳步提高到年底的98.39%，比2004年同期提高0.46个百分点，达到10年来的最高水平。

2005年也是完成“十五”规划出成果的一

年，中小工业经济总量和效益水平都有大幅提高。到年底，全市规模以上中小工业生产总值达4721.44亿元，是“九五”末的3.31倍，“十五”期间年均递增27%；其中，重工业生产增长较快，所占比重已达63%，比“九五”末提高10个百分点，“十五”期间年均提高2个百分点，工业结构日趋重型化。全市规模以上中小工业销售产值4645.03亿元，完成出口交货值1325.7亿元，技术改造投资378.96亿元，分别是“九五”期末的3.35倍、3.41倍、2.98倍，“十五”期间年均分别递增27.4%、27.8%、和24.5%；完成全部中小工业增加值1201.8亿元，增长12.2%，其中规模以上中小工业增加值945.4亿元，增长14.4%，总量分别是“九五”末的2倍和2.84倍，“十五”期间年均分别递增14.9%和23.2%；规模以上中小企业实现利税428.07亿元，其中利润总额254.43亿元，利税和利润总额分别是“九五”末的2.62倍和2.89倍，“十五”期间年均分别递增21.3%和23.6%；十一项经济效益考核指标综合得分208.14分，比“九五”末提高20.55分。

三、中小企业攻坚克难，大力推进乡镇工业结构优化升级

宁波市中小工业系统进一步增强忧患意识和责任意识，坚定信心，攻坚克难，把认真贯彻落实市政府中小工业结构优化升级工作会议精神和系列政策作为乡镇工业经济工作的头等大事来抓，取得了积极的效果。概括起来，2005年工作主要体现在抓好“五个优化，五个新”。

1.优化投资结构，重点优势行业发展实现新突破

一是引导工业投资方向。制定了《宁波市中小工业投资导向目录》和《宁波市十大重点优势行业改造目标和重点》，明确了鼓励、限制和禁止类投资目录，并将20类高能耗、高污染项目列入综合平衡类项目，实行了严格的产业准入政策，引导中小企业技术改造和产业结构调整。高能耗行业投资得到遏制，产业宏观调控政策取得预期成效。2005年，黑色金属冶炼及压延加工业完成投资额同比下降6.7%。投向“510产业”的投资占全部工业投资的85%，同比提高5个百分点。二是提高中小企业技术改造的水平。2005年市财政安排了7500万元专项资金用于扶持重点优势行业的结构调整和产业升级，同时，制订了《宁波市中小工业重点优势行业扶持资金使用管理办法》，设立了较为科学的重点优势行业技术改造项目评价体系，建立完善了重点项目综合验收制度、每季检查和重点抽查制度、项目管理监控制度，激发了企业技术改造投资的积极性。并且技术改造正逐步减少对土地的依赖，更加注重对技术设备的投资。2005年，全市新开工千万元以上“零土地技改”项目达280个，占总项目数的72%。技改投资中，设备工器具购置投资猛增76.5%，高出全社会固定资产投资增幅50.6个百分点，而土地购置费同比锐减39%。三是加强招商引资工作。出台了《关于2005年度宁波市中小企业国内招商引资工作考核及奖励实施意见》，完善了中国宁波经贸招商投资网信息平台。以重大活动和展销会为载体，狠抓招商引资。成功举办了重庆“宁波名特优新产品展销会暨经贸合作项目洽谈会”、第四届甬港经济合作论坛暨2005中国宁波先进制造业基地推介会、第三届APEC中小企业服务联盟、第九届宁波国际服装节·中国国际服装服饰交易会等活动。全年完成协议引进内资180亿元，实际引进内资92.8亿元，分别比去年同期增长18.2%和16%左右，其中，总投资千万以上的重点项目数比去年同期增长20.8%。另外，突出产业链招商，提高利用外资的规模和质量。2005年，实际利用外资23.1亿美元，同比增长10%，单体引资项目的平均投资额为1021万美元，同比增长37%。

中小工业投资结构的优化，有力地促进了我市重点优势行业的发展。2005年，全市规模以上“510产业”的产值已占全部工业总产值的80%，比前年提高了5个百分点。由于我市文具业和模具业在全国占有相当大的市场份额，2005年，我市先后荣获了“中国文具之都”和“中国模具之都”的称号。

2.优化组织结构，大中小企业协同发展迈上新台阶

一方面，大力推进“十百千万”工程。2005年年初，我们评选出2004年度宁波市“纳税50强”、“成长之星”，并对新获得“中国驰名商标”、“中国名牌”称号的乡镇工业企业以及2004年工业销售达标的大企业（大集团），在全市中小工业结构优化升级大会上进行了表彰奖励，鼓励企业做大、做强、做优。此外，根据市政府关于实施“十百千万”企业梯队工程的要求，确定预计2008年年销售收入可能达到10亿元以上的120家重点制造业企业，作为第一批梯队工程跟踪关注对象，并加大培育扶持力度。另一方面，加强中小企业专业化配套和服务。制定出台了《宁波市中小企业公共服务平台补助项目申报办法》，2005年安排500万元重点扶持16家中小企业公共技术服务平台、12家小企业创业基地的建设。大力建立完善中小企业担保体系。制定出台了担保风险补偿实施办法，指导筹建宁波市中小企业信用与担保协会。2005年安排了市财政扶持资金2000万元，对22家担保机构进行考核补助。担保机构风险补偿政策出台后，极大地调动了民间资本参与担保业的积极性。与2004年底相比，担保机构从22家，增加到现在的30家；注册资本从3.97亿元增加到5.28亿元；累计担保总额从69亿元增加到近100亿元；担保责任余款从10.6亿元增加到14.5亿元。同时，沟通银企关系，搭建银企平台。借APEC中小企业服务联盟大会在宁波召开期间，与人民银行联合召开了银企洽谈会，共给中小企业融资49亿元，为缓解中小企业融资难问题起到了良好的作用。另外，还成功承

办了“中国中小企业创新发展高级研讨会”和第三届“APEC中小企业服务联盟大会”，受到了国家发改委有关领导的充分肯定。

2005年，全市新增销售收入超100亿元中小企业1家，新增工业销售收入超10亿元中小企业9家、超亿元中小企业194家、规模以上中小企业1800多家，分别达到4家、44家、696家和7800多家，超亿元和规模以上中小企业数在全国副省级城市中名列前茅。

3.中小企业优化生产方式，资源集约利用工作取得新进展

一是集约利用土地资源。建立了重点工业技术改造投资用地项目跟踪问效服务机制，定人、定时了解重点项目的土地分配进度情况，协调存在的问题。此外，千方百计盘活存量土地和闲置土地，充分利用荒地、废地、滩涂和闲置土地来发展工业项目，注重提高工业用地的单位投资强度和产出水平，鼓励企业建设多层厂房和标准厂房，提高土地容积率。据不完全统计，目前全市中小企业共有在建标准厂房建设项目371个，总建筑面积556万平方米，平均容积率达0.95。已累计建成面积221万平方米；利用闲置厂房65.6万平方米。二是大力缓解电力供求矛盾。编制下达了《宁波市有序用电方案》，并认真组织实施；制定了6个等级的缺电应对方案，实施分级控制。相继制定出台了《宁波市地方电厂顶峰发电专项补助资金使用管理暂行办法》、《宁波市地方公用热电厂超发电力燃料差价补偿试行办法》等一系列鼓励发电的措施，充分调动了地方电厂发电积极性。2005年全市工业供电量同比增长24.06%，拉闸限电条次和损失电量分别同比下降63.84%和62.98%，用电形势较2004年同期有很大的缓解。三是着力推进节能与清洁生产工作。建立节能信息发布制度，编写并发布了《2005宁波能源白皮书》。推行电力需求侧管理、合同能源管理，有10家重点用能中小企业签订了节能自愿协议，还向全市企业发出了节能倡议书。编制了《重点节能技术推广项目》，开展节能关键技术开发和产业化示范工作，加强对主要工业产品电耗定额管理。此外，还制订了《宁波市节能与清洁生产专项资金使用管理办法》、《节能与清洁生产导向目录》、《宁波市清洁生产实施办法》等一系列节能和清洁生产政策文件。积极开展了全市2个县（区）、2个乡镇工业园区的工业循环经济试点以及32家中小企业的清洁生产试点工作，培育了7家绿色企业。2005年万元工业增加值综合能耗比去年降低3%，工业重复用水率达到70%。不久前，在国家发改委、中宣部等12个部门联合举办的2005建设节约型社会展览会上，贾庆林、黄菊等中央领导对宁波中小企业节能方面所取得的成绩给予了高度肯定，并亲笔题词以示鼓励。四是加强资源综合利用。与有关部门和机构建立了定期联席会议制度，成立了宁波市资源综合利用协会，共同推进中小企业资源综合利用工作。同时，制订出台了《宁波市废旧物资回收管理暂行办法》，鼓励支持废旧物资回收企业向规范化、集中化方向发展。到目前止，共认定资源综合利用生产乡镇企业20家，年利用废弃资源271.6万吨；去年新认定再生资源回收乡镇企业92家，现已累计认定613家，回收再生资源达150万吨。

4.优化技术要素，中小企业创新能力提高取得新成效

一是加强技术创新体系建设。积极实施“双十双百”工程，大力培育企业技术中心，着力构建以企业为主体、产业化为导向的区域创新体系。市政府安排了1亿元专项资金，启动建设市研发园区。升级完善了中国中小企业技术创新信息网宁波分网，增加了信息化联盟栏目,开展信息化项目调查和技术咨询、技术难题招标等服务工作。去年，全市新建市级以上企业技术中心18家，其中，海天集团被认定为国家级企业技术中心；新增国家级高新技术企业14家，省级65家。二是推进企业信息化建设。编制了国内企业信息化领域最完整的功能性标准规范——《宁波市工业企业信息化技术指导规范》，并安排企业信息化扶持资金1500万元，加大企业信息化建设的扶持力度。起草制定了《宁波市中小企业信息化公共应用服务平台申报和认定办法》，重点扶持了3家信息化公共服务平台建设，以提升块状经济和行业综合竞争力。目前，全市已有71%的企业不同程度地实施了信息化，超过15%的企业已经全面实施信息化管理。三是加强人力资源开发培训。通过公开竞标，筛选了8家中小企业培训服务机构，并依托国家和市财政的扶持资金，结合企业具体实际和块状经济特色，对中小企业的企业家、经营管理者、专业技术人员、高级技工开展各类中短期业务培训，全年全市培训人数达到11.8万人次。其中，与浙江大学管理学院联合开办了成长型中小企业EMBA研修班，培训了110位成长型中小企业经营者；投资近百万元建立了“宁波经委职工在线”网络教育电子平台，上网参与培训人数达5.4万人次，仅班组长培训一项就有近5千人已进入考试发证阶段；此外，还制定了《宁波市工业企业务工农民素质培训工作方案》，全市培训了企业务工农民3.9万人次。四是大力实施品牌战略。市级及县（市）区两级政府对自主创牌企业在财政资金、企业融资以及土地、水和电等要素配置方面给予重点扶持，引导企业深入实施品牌战略。去年，全市已累计成功培育11个中国驰名商标、35个中国名牌产品、173个省级著名商标、113个省级名牌产品、290个市级知名商标、236个市级名牌产品，分别比2004年增加3个、10个、39个、23个、103个和49个；另有20个品牌被列入“商务部重点培育和发展的出口名牌”目录，占全国“出口名牌”的11%。另有12个品牌荣登“中国500最具价值品牌”排行榜，5家企业的商标被评为“中国最具价值驰名商标”。目前，宁波已形成了国家、省、市三级新品牌层出不穷的品牌梯队群，国家级品牌的企业数位居全国同类城市首位。不久前，

我市与青岛一起荣膺“中国品牌之都”的称号。

5.优化发展环境，合力推进增长方式转变呈现新局面

一方面，督促各地落实市政府“1+7”文件。全市工业结构优化升级工作会议后，我委先后多次组织调研组、督查组赴各县（市）区指导贯彻落实市政府“1+7”文件和工作会议精神。各县（市）区都先后召开了工业经济大会，全面动员部署加快工业结构优化升级工作，并出台了与市政府“1+7”文件相配套的一系列政策，全市上下形成了合力推进结构调整、转变增长方式的良好氛围。我委还会同有关部门根据科学发展观完善工业经济发展评价体系，系统地评价了各县（市）区2003～2004年的工业经济发展状况，引导和促进各地加快走新型工业化道路，转变发展模式。另一方面，切实做好整顿和规范市场经济秩序工作。以食品药品安全、知识产权保护及打击商业欺诈等三大类整治为主，积极开展了共50个专项的市场整治活动。督促有关职能部门着重打击了慈溪火花塞、欧司朗灯具等假冒侵权行为，取得了阶段性成果，进一步规范了市场经济秩序，为企业发展创造良好的环境。

四、中小企业技术改造

2005年，宁波市中小企业的技术改造工作，认真贯彻落实省委“八八战略”和市委“六大联动”的战略举措，围绕转变经济增长方式、打造先进制造业基地和“510产业升级工程”、“十百千万企业梯队工程”建设的目标，以重点行业、重点项目为抓手，着力提高技术改造投资的质量，推进产业的优化升级，技术改造投资呈现健康稳定较快较长态势，取得了较好的成效。

2005年，全市中小企业完成工业投资650.3亿元，同比增长32.5%，增速高于全市固定资产投资增速8.9个百分点；工业投资占全市固定资产投资的比重达55.9%，比上年同期提高3.8个百分点。其中：工业技术改造完成投资331.3亿元，同比增长16.2%。

从行业投资情况分析：①重工业投资增速快于轻工业投资增速。2005年重工业完成投资432.6亿元,同比增长55.7%，轻工业完成投资187.8亿元，同比增长19.2%。②高能耗行业投资得到遏制，化工行业投资高速增长。2005年黑色金属（有色金属）冶炼及压延加工业完成投资额同比下降6.7%，产业宏观调控政策取得预期成效；化学原料及化学制品制造业完成投资79.7亿元，同比增长173.2%，投资额和增速均居各行业首位。

从地区投资情况分析：2005年，开发区、鄞州区、慈溪市、余姚市和镇海区五地完成投资占全市前五位，占全市的比重达63.8%。

（一）技术改造投资运行的主要特点

1.工业投资继续保持平稳的增长

受国家宏观调控的影响，2005年，全市固定资产投资增速为23.6%，同比下降18.3个百分点；工业投资继续保持了较高速度的平稳增长，月增长率均在30%以上，对全市工业经济的持续快速健康发展提供了有力的支撑。

2.设备投资比重明显上升

2005年完成的工业投资中，用于设备工器具购置的投资同比增长57.5%，高于上年同期增速28.4个百分点，高于全市固定资产投资增速33.9个百分点，高于工业投资增速25个百分点。

3.投资集中度显著提高

2005年来，重点开发区（工业园区）完成投资256.9亿元，占全市工业投资的比重达51.4%，同比提高5.5个百分点;园区当年合同利用外资和实际到位外资，分别占全市的60.9%和63.9%。

4.重点优势行业技改项目实施进度较快

2005年度的全市157个重点优势行业技术改造项目，累计完成投资30亿元；竣工投产的项目达82项，占全部项目的52.2%；在竣工项目中，当年开工、当年竣工、当年见效的项目占60%，超额完成了年度计划目标。

（二）技术改造的主要工作

1.注重产业政策引导，推进产业优化升级

(1)根据市政府甬政发[2004]115号文件精神，适时调整技术改造的扶持政策，在扶持方向上，从扶持所有行业向扶持重点优势行业转变，从单纯扶持大企业向扶持大中小企业并举转变，从注重项目投资规模向更加注重项目技术档次和设备先进程度转变。

(2)制订发布了“宁波市工业投资导向目录”，明确了今后一段时期内我市鼓励、限制和禁止的产业、产品和技术目录，并将高能耗、重污染的产业列入综合平衡类目录，严格产业准入门槛，引导技术改造和产业结构调整的方向。

2.规范项目评审，培育行业发展新优势

按比较优势、发展潜力，确定电子信息、装备制造等行业为我市重点鼓励发展的十大重点优势行业。将科学性、公正性和合理性贯穿于扶持重点优势行业技术改造的全过程，充分发挥政府财政资金的拉动和放大作用。

(1)增加工作的透明度，将扶持重点优势行业的政策、技术改造项目申报办法和要求，通过互联网、报纸、电台等多种形式予以发布。共有311家企业、332项项目参加申报。

(2)设立重点优势行业技术改造项目评价体系，评价指标的设定，体现了政策的导向性、数据的可比性，包括了企业基础、可持续发展、成长性、竞争优势和结构调整升级5个一级指标和23个二级指标。

(3)建立专家评审制，根据优势行业的特点，成立了由政府、行业、协会、科研院所、大专院校、骨干企业等专业技术人员组成的专家评审小组，对项目进行评审，为择优确定重点技术改造项目提供科学的依据。

3.探索发展新途径，努力缓解土地的制约矛盾

自国家对土地市场和开发区（工业园区）清

理整顿以来，面对土地的制约因素，积极探索节约用地、合理用地的新发展模式，加强对工业技术改造项目用地工作的指导，努力做好土地的“加、减、乘、除”文章，即：加——增加可利用的土地。各地广泛开展了对土地利用现状的调研，千方百计盘活闲置土地，特别是沿海的县市，加大对滩涂整理力度，向滩涂要土地。减——减少非生产性建设内容。通过规划调整，降低厂区绿化面积和辅助性用房，控制单层厂房建设，提高单位土地的利用率。乘——发挥政策的乘数效应。鼓励多层厂房和标准厂房建设、依法回收闲置土地等措施，努力发挥单位土地的最大效用。除——限制淘汰落后工艺技术产品的生产，严格禁止低水平重复和高能耗、高污染、高资源消耗类的投资项目的建设。

4.转变职能，营造良好的投资环境

为落实省政府开展企业服务年活动的有关精神，深化为企业服务的内容。

⑴根据全国、全省投资体制改革精神和市政府出台的《宁波市企业投资项目核准办法》和《宁波市企业投资项目备案办法》，制订了宁波市技术改造投资项目的核准和备案管理办法，举办了业务培训，公布了办事流程，发布了服务指南，进一步规范了工作程序，提高了工作效率。

⑵编印了《宁波市技术改造投资政策指南》，主要内容有：宁波市结构调整系列政策、技改项目进口设备免税政策、技改项目国产设备投资抵免企业新增所得税政策、投资体制改革配套政策、关税政策，进一步贯彻落实了国家和市政府支持、鼓励企业技术改造的各项政策，提高了服务水平。

⑶加强项目信息管理，建立了年度千万以上技术改造项目、重点优势行业技术改造项目和重点工业技改用地项目储备库。开展企业与银行间的项目洽谈，推进企业与银行间的合作和交流。积极向市政府推荐申报工业用地项目，争取工业用地指标，缓解了土地对技改项目的制约。

2005年，我市的中小企业技术改造工作，认真贯彻落实省委“八八战略”和市委“六大联动”的战略举措，围绕转变经济增长方式、打造先进制造业基地和“510产业升级工程”、“十百千万企业梯队工程”建设的目标，以重点行业、重点项目为抓手，着力提高技术改造投资的质量，推进产业的优化升级，技术改造投资呈现健康稳定较快较长态势，取得了较好的成效。

五、外向型经济和国内招商引资

（一）国内招商引资

2005年，宁波市中小企业协议引进内资175亿元，实际引进内资88亿元，分别比上年增长13.4%和20.7%。

1.引进内资的主要特点

⑴招商引资质量有所提高。我市注重产业链招商，内资与世界500强合作有所增强。如中信集团与日本三菱化学株式会社等3家世界500强企业合资的宁波三菱PTA项目总投资达3.14亿美元，已开工建设。由中方与日本大赛潞化学工业株式会社合资的总投资9773万美元的二醋片项目成功落户镇海，并开工建设。

⑵现代服务业和基础设施领域的引资有所加强

⑶内资引进延续重大项目支撑的格局。国华宁海电厂、象山乌沙山电厂和国华余姚燃气电厂3大项目共投入逾50亿元，占全市实际引进内资的3/4。

2.2005年以来，引进内资主要做了以下六方面工作

⑴组织内资考核，表彰奖励先进

年初，市国内招商引资工作领导小组办公室对去年全市引进内资工作进行了全面考核，并评选出2004年度国内招商引资工作先进单位和优秀服务部门，在4月份召开的全市国内合作工作会议上，市政府进行了表彰奖励。

⑵明确内资目标，做好目标分解

年初，市政府工作报告提出了今年国内招商引资不低于去年实绩的要求，据此，市国内招商办提出了2005年协议引进内资170亿元、实际引进内资85亿元的工作目标，并具体分解到各县（市）、区以及市直有关部门和单位。

⑶应对土地制约，转变招商思路

我们先后3次召开国内招商引资工作例会，分析今年招商引资工作的形势，研究应对土地资源紧张做好招商引资工作的对策，提出了不放松制造业招商引资，并重点加强现代服务业招商和基础设施领域招商的思路。具体要求各地做好土地存量整合和增量争取工作，同时推进标准厂房建设与招商，筛选引进优质项目落户，转“招商引资”为“招商选资”。

⑷推出重点项目，扩大招商引资

2005年4月，在各县（市）、区以及市直有关部门和单位上报的重点招商引资项目基础上进一步筛选，推出了全市120个重点招商引资项目，项目涉及先进制造业、现代服务业、农业、基础设施等领域，项目计划总投资869亿元。

⑸完善信息平台，加强宣传推介

2005年，我们还更新了网站（中国宁波经贸招商投资网），并编印了《2005投资宁波指南》，作为我市举办重大国内招商引资活动和对国内外招商引资的重要宣传推介资料。

⑹举办招商活动，推进招商工作

2005年9月，赴香港举办2005中国宁波先进制造业基地推介会（第4届甬港经济合作论坛暨香港宁波周的专题活动之一），通过推介、展示、洽谈、考察等形式，重点推介了我市制造业、投资环境和我市“13+1”国家级、省级以上开发区（园区）与城市工业功能区。会上重点推出了我市30个以制造业为主的合作项目，总投资达25.4亿美元，涉及电子信息、化工、机械冶金、生物医药、园区开发和金融服务等领域。有3个制造业合作项目现场签约，总投资近6000万美元。

（二）工业引进外资

2005年，宁波市新批外商投资中小企业658个；投资总额72.88亿美元，合同外资32.85亿美元，实际外资16.42亿美元。合同外资和实际使用外资分别同比增长4%和11%。其中工业合同外资与实际外资占全市总额的85%以上。

2005年，全市规模以上中小工业企业累计完成出口交货值941.7亿元，同比增长31.98%。

重点做了四方面工作：

1.配合做好浙洽会相关工作。圆满完成今年第七届浙洽会客商邀请任务，经委系统有3个外资增资项目签约，总投资2590万美元，协议外资1472.5万美元，3个项目分别为电子集团与日本阿尔卑斯大硬盘磁动器项目、工贸资产公司与香港丹顶公司光电产品项目和工贸资产公司与香港永新公司的光电产品项目。

2.做好重要工业品进口的日常管理、协调和监控工作。并参与海关A类企业和红、黑名单企业的审查工作。

3.组织“宁波制造”生产企业参加2005南京跨国零售集团国际采购会。组织我市纺织、家电、文具、食品等行业的38家企业46个摊位参加11月初在南京举办的2005跨国零售集团国际采购会，与沃尔玛、家乐福、特斯客等著名跨国零售集团和一批国内零售集团零距离接触，争取成为他们的定点供应商，开拓国际、国内市场。

4.与美国、德国、日本、墨西哥、澳大利亚、香港等地外商商谈经贸合作事宜。

（三）国内经贸合作

参加浙东4市在舟山召开的第15次市长联席会议和在台州召开的秘书长、专业组工作会议，总结合作区工业专业组工作，制定全年工作计划。加强信息交流、招商项目发布和合作、经贸合作等。配合协作办牵头的接轨上海、西部开发、山海协作工作。并参与或组织企业参加国内省市来甬经贸合作交流有关工作。

六、节约能源

2005年，我市中小企业节约能源与综合利用工作，紧紧围绕生态市建设和走新型工业化道路，缓解资源能源的瓶颈制约，深入实施省委“八八战略”和市委“六大联动”战备，为我市经济和社会的可持续发展发挥了较好的作用。万元国内生产总值综合能耗预计为0.81吨标准煤，节约和少用能源47.34万吨标准煤，年节能率为2.4%。

（一）完善政策，坚持依法行政

1.重视政策建设，促进资源节约与综合利用工作开展

2004年底以来，根据《浙江省人民政府关于全面推行清洁生产的实施意见》和宁波市人民政府《关于走新型工业化道路加快结构调整升级的若干意见》精神，相继制定了《关于全面推行清洁生产促进工业结构调整升级的实施意见》、修改和完善了《宁波市节能与清洁生产专项资金使用管理试行办法》、制定了《宁波市有序用电管理应急预案》、《宁波市工业循环经济实施意见》等。

2.开展软课题研究，编制节能规划

为加强节能工作科学有序地推进，使年度节能工作前后呼应，近远期目标协调一致，节能政策措施连贯配套，今年来我们组织力量积极开展软课题研究，编写和发布了《2004年度宁波能源白皮书》、《宁波市节能“十一五”专项规划》和《宁波市东部新城建设资源型示范城区对策研究》。

3.加强能源利用监测(审计)

依照《节能法》、《浙江省实施〈节能法〉办法》，开展重点用能单位的能源监测（审计）工作，今年共完成23家重点用能单位的监测（审计）任务，超计划完成一家。通过监测（审计），促进了企业合理用能，增强企业科学用能的意识，有效地推动了节能工作开展。为使能源监测（审计）工作顺利展开并取得成效，主要从“三早”和“三抓”着手。“三早”即早摸底，对重点用能单位排队摸底，确定监测（审计）企业；早动员，省里资源节约与综合利用会议后紧接着就召开了监测（审计）企业负责人会议，进行专门动员，提出要求、明确目标；早部署，拟定2005年能源监侧（审计）计划，排定监测（审计）时间表。“三抓”即抓监测（审计）队伍建设、抓企业骨干培训、抓监测（审计）效果。

4.严格报告制度

为更好地掌握重点用能单位的能耗状况和能耗结构，坚持好能源利用报告制度，在年初的有关会议上，对去年用能报告情况进行分析，同时将各县（市）、区重点用能单位报告情况继续进行了通报。对今年的用能报告提出一要及时、二要准确、三要有分析、四要有建议的要求，并与评选节能先进单位和节能专项资金补助挂钩。今年全市383家重点用能单位有255家上报了用能情况，而且上报质量有了明显提高。在抓好报告的同时，召开了全市重点用能单位经验交流大会，会上有5家企业从不同侧面介绍了节能经验，10家企业与政府各能主管部门签订了节能自愿协议。

5.认真做好节水工作

加大了节水新技术的推广力度，开展大范围的水平衡测试，今年完成了54家企业的水平衡测试和99台冷却塔测试工作。为创建宁波市节水型城市，积极做好工业企业用水统计报表和节水型企业的培育工作，同时结合宁波市实际，及时制定了《宁波市工业企业用水定额方案》，并逐步开始实施。

（二）发挥节能专项资金补贴的激励作用，着力推动节能项目建设

1. 加大节能技改推广力度

2005年节能工作继续围绕“四改”、“八推广”、“一提倡”、“一鼓励”，着力抓好节能工作，以缓解能源短缺压力。“四改”一是改革

落后的生产工艺，二是改造低效率高耗能的设备，三是改进操作技术和优化产品设计，四是积极改用太阳能、空气能、地源热泵空调、冰蓄冷空调、摩圣技术，余热回收及综合利用等新技术；“八推广”推广注塑机专用节电器、风机水泵变频调速器、不锈钢电炉煤制气改造、灯光节电器、太阳能集中制热、冰蓄冷空调、地源热泵空调、空气源热泵；“一提倡”是提倡合同能源管理；“一鼓励”是鼓励企业开展节能自愿协议活动。

2. 加大节能新技术和设备的科研攻关力度和对外合作交流

在推广、引进节电技术产品同时，加大了节能技术、设备的研发和生产上的投入，组织相关单位和人员到国内外考察学习，推行以市场机制为基础的节能新机制，包括建立信息发布制度、推行电力需求侧管理、合同能源管理等开展项目运作，取得了较好的节能效果和经济效益。

3.加大节能宣传覆盖面，提高全社会的节能意识

在工业企业加大节能力度的基础上，我们还加大了对全社会的节能宣传力度，在今年节能宣传周中，大张旗鼓地举行节能宣传周的启动仪式，向社会发放各类节能宣传品近三万份，举办了各种节能培训班和讲座15余期，扩大宁波节能杂志容量和发送量，为社会介绍切实可行的节能新技术和新工艺。

2005年市财政共拿出1500万元作为节能与清洁生产专项资金，对符合国家产业政策，节能与清洁生产方案实施效果好项目的予以补贴。根据《宁波市节能与清洁生产专项资金管理暂行办法》规定，我市经过逐级推荐、反复筛选、技术测试、专家评比，上半年已对19家企业的优秀节能与清洁生产项目给予了531万元（其中市本级财政补助332万元，县（市）区财政配套补助209万元）的节能与清洁生产专项资金补助。这19家企业的节能项目总投资达6400万元。

（三）抓住重点，深入开展资源综合利用工作

1.建立机构，多方合作，全面推进资源综合利用工作

资源综合利用工作涉及面广、点多，内容丰富，必须调动各方共同努力做好资源综合利用工作，为此我们与相关部门反复研究商讨，成立了宁波市资源综合利用协会，协调全市的资源节约和综合利用工作，发挥中介机构作用，全面推进资源节约与综合利用工作；同时完善资源节约与资源综合利用联席会议制度，每季度召开一次，研究解决资源节约与综合利用工作中出现的新情况新问题。

2.强化服务，严格把关，认真做好综合利用认定工作

严格按照国家、省有关认定规定，扎实做好资源综合认定工作，不断规范和提高资源综合利用工作的水平。在资源综合利用认定工作中，一方面严格把关，积极协调，落实政策；另一方面积极鼓励、推动、指导企业开始资源综合利用工作。

3.严格管理，规范经营，确保报废汽车回收拆解工作的有序进行

根据《报废汽车回收管理办法》，结合我市实际，一是调整充实了汽车报废更新领导小组，在年初的小组会议上，认真分析了我市汽车回收拆解的状况，明确今年汽车回收拆解工作的指导思想和要求；二是抓住拆解第一线、做到拆解规范、管理严格；三是建立汽车拆解监控信息管理系统，有效地加强回收拆解企业的监督管理工作，督促企业规范经营。同时我们依照国家财政部和商务部的部署，积极做好汽车更新补贴资金申报和发放工作，在申报中，认真做好符合条件的报废汽车的数量统计、上报工作，并多次与车管所联系，力求准确。在发放时，反复核对车辆数，反复研究发放方案，以方便群众，做到公开、公正，目前2005年报废汽车更新补贴资金的发放工作正在进行之中。

4.明确目标，着力推广，努力促进散装水泥、墙改事业发展

散装水泥的应用是资源节约和资源综合利用的重要组成部分，尽管宁波散装水泥的发展近些年取得了长足的进步，散装率已达80%以上。随着我市城市化发展步伐的不断加快，水泥用量将持续增加。为确保我市散装水泥的使用率的不断提高，主要做了三方面的工作，一是采取多种形式抓宣传，二是建章立制抓推广，三是建立信息网络抓管理，跟踪生产厂家和建设单位。经过努力今年我市的散装率又上了一个新台阶，散装水泥生产供应量540万吨，散装水泥供应率达90%。

墙改工作取得新的进展，队伍建设、人员培训、技术创新、推广运用都得到了加强。2005年生产新型墙体材料19亿块标砖，比上年增长11%；占墙体材料生产总量的56%，比上年提高5个百分点；城镇新型墙体材料建筑应用比例占72%，比上年提高10个百分点；非粘土类新型墙体材料生产比例为15%，同比提高3个百分点；征收墙体材料专项基金率达93%，比上年提高1个百分点；完成非粘土新型墙体建筑试点项目21个，总建筑面积36万平方米，其中节能建筑项目1个，7000平方米；仅新型墙体材料的推广节约能源11.78万吨标煤，保护耕地3130亩，利用工业废渣35万吨。取得了良好的社会效益和经济效益。

（四）以点带面，扎实推行清洁生产试点工作

1.加大宣传力度，提高对清洁生产重要性的认识

宣传和普及《中华人民共和国清洁生产促进法》是推进清洁生产的基础，我们充分利用广播、电视、报纸、杂志等媒体宣传《中华人民共和国清洁生产促进法》，通过宣传使广大企业和社会各界熟悉和了解《中华人民共和国清洁生产促进法》的内容，接受了清洁生产的理念，增强了清洁生产的意识。

2.组织培训和考察，了解掌握《中华人民共和国清洁生产促进法》内容实质

举办了多次有企业负责人和业务骨干参加的学习《中华人民共和国清洁生产促进法》培训班，

邀请有关专家讲解《中华人民共和国清洁生产促进法》和已开展清洁生产企业的同志传授经验。至今已有2500人次参加了培训。在进行清洁生产培训的基础上，还采取走出去的办法，组织县（市）、区有关部门和部分企业的负责人赴外地参观学习，亲身感受清洁生产的效果，加深对清洁生产的认识，增强了开展清洁生产的信心。

3.制定工作方案，培育机构，确保清洁生产试点的有效开展

为保证我市有效开展清洁生产试点，按照生态市建设的要求和《关于坚持走新型工业化道路加快结构调整升级的若干意见》等相关文件，开展清洁生产试点企业的审核工作。并积极制订《宁波市开展清洁生产试点工作计划》、《创建绿色企业计划》和《宁波市清洁生产企业验收办法》（试行）等工作方案。注重清洁生产审核机构的培育，先后有20余人参加了国家清洁生产中心的培训，均获得清洁生产审核资格证书。建立了比较完备的清洁生产专家库，至今我市已成立二家清洁生产审核机构，积极为企业提供清洁生产审核咨询技术指导。

4.加强指导，确保清洁生产顺利推进

⑴选准试点单位，为清洁生产开好头。在选择清洁生产试点单位时，我们进行了认真的调研和分析，明确试点企业的条件，要求试点企业的领导高度重视、员工有良好的素质，企业在行业中有一定的代表性，通过试点，能起到良好的示范作用，经省经贸委确认，今年我市有32家企业列入清洁生产试点，目前这32家试点企业取得了不同的成效,年底可完成审核报告。

⑵试点企业做到“三有”，使清洁生产试点高效进行。在清洁生产试点过程中，我们要求试点企业做到“三有”，有权威的组织领导体系；有切实可行的工作计划；有健全的工作责任制。到目前为止，32家试点企业均已做到3个到位。人员到位、计划到位、宣传到位。

⑶加强帮助指导，着力推进试点。在试点过程中，采取会诊和单个指导相结合，电话联系和现场指导相结合，帮助企业解决清洁生产过程中遇到的难题，同时，我们还组织企业赴外地考察学习先进经验，及时掌握清洁生产的新做法、新经验，加强清洁生产的指导力度。

5.着力培育和抓好绿色企业的创建工作

绿色企业（清洁生产先进企业）的创建重在培育，因此在清洁生产试点之初，我们把清洁生产试点与培育绿色企业结合起来实施，严格要求，今年共培育了7家绿色企业，已上报到省里。

七、有序用电

2005年我市中小企业电力供需总体形势较去年有所缓和，但受大网供电能力不足及部分网架瓶颈等因素影响，电力供需矛盾仍然十分突出，统调最高负荷和日用电量屡创新高。夏季最大网供负荷缺口达到125万千瓦。用电继续保持迅猛增长势头，2005年，全社会用电量220.67亿千瓦时，同比增长23.22%；网供电量164.27亿千瓦时，同比增长21.08%；网供最高负荷、日网供电量均创出历史新高，分别达到334.2万千瓦、6837.38万千瓦时，比上年最大值分别增长26.7%、25.8%。2005年全市累计拉电条次34659条次，累计拉电负荷6372.12万千瓦，累计损失电量32353.71万千瓦时，分别比上年减少63.65%、53.01%、62.16%。2005年全市全社会用电量为267亿千瓦时，同比增长22%。

2005年，全市地方电厂发电量为66亿千瓦时，同比增长26%。

（一）完善有序用电制度化管理，积极推行有序用电个性化服务

一是针对2005年我市供用电出现的季节性、阶段性，且缺口进一步扩大的特点，在原五级缺电应对预案的基础上，增加“Ⅵ（非常）级”缺电应急预案。该级预案除继续加大力度削减生产负荷外，对宾馆、酒店、商场、超市、娱乐场所等商业以及机关事业单位的照明、空调负荷提出了更加严格的限制要求，包括在用餐时段、晚峰期间一律实行错峰乃至关停电制冷空调负荷等严厉措施。从而使我市用电管理工作更规范、有序，确保了有限电力资源的高效利用。

二是全面推广电力负荷管理系统，提高需求侧管理工作水平。负荷管理系统是实现有序用电，做好电力需求侧管理的重要技术手段。只有建设和应用好电力负荷管理系统，才能做好有序用电，才能真正实现“停机不停线、限电不拉路”。在2005年夏季用电高峰来临前，315kVA及以上大工业用户和商业用户，负荷管理终端安装率达到100%，年底前100kVA及以上至315kVA工业用户和商业用户，负荷管理终端安装率达到80%以上，争取完成100%，切实提高宁波电网负荷科学调控能力。

三是在完善有序用电常态工作体系的同时，建立了有效的应急反应机制。2005年3月，在全省率先完成《宁波市全社会突发大面积停电应急预案》课题的研究，并通过专家组评审。该课题在涉及电力用户的应急处理预案方面处于国内领先水平。6月又在北仑区举行了国家、华东、省、市、区五级电网同时进行的“2005年宁波电网夏季反事故演习”以验证全市保供电应急预案的可行性。通过预演，提高了社会各行业应对电力突发事件的能力，检验了政府部门相互配合的联动机制，促使相关部门查找漏洞，提高防范意识，起到了很好的示范作用，而且在提高社会各行业应对突发事件的能力，预防大面积停电事故，加强电网安全等方面发挥了重要的现实意义。

四是加强有序用电的监督检查。在夏季用电高峰时期，市三电办建立约10人的有序用电督查组，不定期的对各县、（市）区有序用电措施落实情况进行督促检查。市老三区成立20余人的有序用电检查组，在充分发挥负荷管理系统作用的基础上，勤查严罚，确保有序用电各项措施的落实。共检查用

户8.2万户次，处理违规单位近300家。

五是多措并举，力保供用电秩序稳定。为了确保居民基本生活用电，按照“先生活，后生产”的原则，共组织了48家企业共27万千瓦的机动负荷以备在高温紧急时刻启用，使我市用电适应电网变化“上得去，下得来”。同时充分利用经济、技术、行政等各种手段，出台了《关于对宁波市两部制电力用户有序用电试行电费补偿的通知》，切实提高让电企业错避峰的积极性。建设了覆盖全市的负荷管理系统，实现系统可监视负荷184万千瓦，可控负荷48.1万千瓦，进一步提高了有序用电精细化管理水平。

各县（市、区）结合自身实际情况，纷纷实施了一些行之有效的对策。北仑区将企业自备的发电机组列入供电局调度管辖范围，并与11家专线大户签订紧急避峰协议，缓解高峰压力；鄞州区供电局则投入了1130万元，对4个重点乡镇进行了工业线路与民用线路区分改造。慈溪市崇寿镇创造了“线管会”经验，由线管会统一管理和监督企业的自备发电机组，保证线路网供负荷在分配的指标范围内。崇寿镇“线管会”经验被广泛探讨和推广，并被《人民日报》、《经济日报》等多家媒体报道。

六是加强补位工作，以真诚的服务和不懈的努力消除缺电带来的不利影响。切实利用好95598这个有效的沟通平台，坚持“真心、耐心、细心”服务，努力消除电力用户因缺电产生的怨气。建立95598和市长值班电话、81890等社会公众网的实时联系和沟通，扩大受理群众咨询和投诉的渠道。精心组织好夏季用电高峰时期的值班力量和抢修队伍，及时排除电力用户各类故障，努力做到“缺电不缺服务、限电不限真情”。同时推出温馨短信服务，开通了覆盖全市的有序用电动态短信服务网，及时向电力用户传达停限电信息、指标分配以及电网供用电形势变化等情况，减少缺电给用户带来的不利影响。截至9月，各供电局短信服务系统已登记专变用户1.7万户，累计发送短信57.5万条。

（二）充分挖掘地方电厂发电潜力，缓解电力供应紧张

2005年我市继续实行《宁波市地方电厂顶峰发电专项补助资金使用管理暂行办法》、《宁波市地方电厂超发电力燃料差价补尝试行办法》等一系列鼓励发电的政策措施，进一步加大了对地方电厂的政策支持力度。大部分县（市）、区政府（如慈溪、余姚、鄞州等）也纷纷制定出台了相关支持政策，加大了财政补贴力度。2005年，市财政又出资1000万元对地方电厂进行补助。各县（市）、区也出巨资，实施鼓励政策，从而在很大程度上缓解了地方电厂发电成本上升压力，推动了2005年地方电厂发电量的迅速提升，对缓解我市用电紧张状况起到了极其重要的作用。同时，为配合迎峰度夏工作，我们又组织各电厂对安全生产进行自查，及时进行整改，确保夏季用电高峰时各电厂满发稳发，提高发电企业的调峰能力。

（三）加大力度，实施“节电工程”，共建节约型社会

全面落实市政府《转发市经委等部门关于宁波市“节电工程”方案的通知》及《宁波市节能与清洁生产专项资金管理暂行办法》等各项措施，加大节电工作力度，进一步增强全社会的节电意识。党政机关带头厉行节约，调高空调温度等节能措施成效显著。同时通过多家新闻媒体，以大量篇幅报道用电形势，呼吁全社会和衷共济，共渡难关。并结合“节能周”主题活动，制定并实施了“提倡科学用电，营造节能社会”工作计划，先后在宁波电视台录制《缺电的季节，我们一起面对》交流节目，与《东南商报》联合邀请市民代表参加“感受高温下的电力分配”及举办“寻找十佳节电明星家庭”活动，与市青少年宫、天天青年发展社区、市青少年社区联谊会联合举办“节电小天使”活动，以及其他宣传沟通活动。

（四）充分发挥新闻媒体作用

加大宣传力度，做好信息沟通和舆论宣传，提高供用电工作的透明度在夏季用电高峰，每天有计划地在宁波电视台、《宁波日报》、《宁波晚报》和《东南商报》等媒体上用滚动字条和专门栏目刊登（播）每日的网供负荷指标、缺电等级及老三区轮休停电区域，并把拉限电情况细化到每个小区，使市民更方便地了解用电情况，及早做好停电准备。7月份，经委领导和电业局领导在中国宁波网与9万网民对话，对网民提出的问题给予解答，取得社会各界、广大人民群众的理解。树立“阳光供电”新思路，努力营造“齐心协力，共渡难关”的良好氛围。设立《现代金报》节电企业公示榜、发布气象缺电指数、征集市民电力监管员，使“阳光供电”形象深入人心。

（宁波市经济委员会）

安徽省

一、2005年中小企业改革发展情况

2005年，安徽省中小企业按照省委、省政府“抢抓机遇，乘势而上，奋力崛起”的总体要求，坚持科学发展观，转变发展观念，创新发展模式，中小企业呈现快速、稳定、健康的发展态势。

1. 经济总量进一步增长

到2005年年底，全省中小企业13万家，同比增加1千家；实现增加值2350亿元，同比增长13.4%，高出全省平均水平约2个百分点，占全省GDP的比重由前年的41.7%提高到43.5%。规模以上中小工业企业拥有固定资产净值1050亿元，同比净增135亿元。

2. 社会贡献进一步增大

2005年，全省中小企业上缴税金220亿元，同比增长18.7%，净增35亿元；新增就业人员12万人，提供67.5%的城镇就业岗位。中小企业正逐步成为我省“经济增长的动力、财政收入的支柱、吸纳就业的主阵地、社会稳定的减压器”。

3. 企业改革进一步深化

中小企业改制工作不断向纵深推进，到2005年年底，列入全省2005、2006两年改革计划的国有、集体中小企业，有85%左右完成改制任务。其中，乡村集体企业改制任务基本完成，公共事业性中小企业改制进入攻坚阶段。

4. 非公经济进一步壮大

2005年底，全省规模以上非公有制中小企业实现增加值504.7亿元，同比增长29.3%，高出公有制企业增幅5个百分点。非公有制中小企业实现增加值占全省中小企业的比重达到66.3%，同比提高1.2个百分点，体制和机制得到进一步改善。

5. 经济结构进一步优化

从产业结构看，工业的主体地位进一步突出，全省中小企业实现工业增加值可达1350亿元，同比增长14.8%，呈现加速发展态势。从组织结构看，规模骨干企业支撑作用明显，全省规模以上工业企业实现增加值761亿元，同比增长27.5%，高出规模以下企业增长速度22个百分点。从布局结构看，中小企业进一步向工业园区、产业集群聚集，空间布局更趋合理，聚集效应初步显现。

6. 出口形势进一步看好

2005年以来，特别是中国与欧盟、美国贸易谈判先后达成协议后，全省中小企业出口形势进一步看好。全年全省中小企业实现出口产品交货值184.7亿元，同比增长28.1%，高于同期产值增长速度4个百分点，占全省工业品出口总量的60.5%。在工业品出口中，不仅服装、羽绒等传统加工产品优势得以巩固，而且机电、高新技术产品的比重也在增加。

7. 发展后劲进一步增强

全省固定资产投资增长呈现逐步加快的态势，为中小企业发展进一步增强了后劲。预计全年全省中小工业企业固定资产投资将达400亿元，同比增长40%。其中，新建项目完成投资230亿元，占全部投资额的58%；技改项目完成投资155亿元，占全部投资总额的38%。资金来源主要是自筹资金，占投资总额的72%。

8. 创新能力进一步提高

随着技改力度的加大，高新技术产业发展迅速，全年规模以上中小工业企业实现新产品产值将达169.3亿元，比上年增长20.4%，新产品产值所占比重为6.6%，一批技术含量较高、成长性较强的中小企业不断涌现并迅速发展，显示出较强的竞争力和较好的经济效益。

但是，中小企业发展中也存在一些困难和问题，突出表现在：

一是利润下滑没有得到根本扭转。2005年以来，我省工业企业经济效益大幅度下降。1~10月份，全年全省规模以上工业企业利润总额比去年下降3.1%，其中中小企业下降8.2%；企业亏损面达到31.7%，比去年提高5.3个百分点；在全部37个工业行业中，有13个行业的利润总额下降，有3个行业出现行业亏损。为什么其他省份的利润都在增长，我省成为中部六省中唯一利润总额下降的省份？究其原因，成本费用加大和市场需求减少是表象，结构不合理和企业素质低是根本。我省中小企业普遍存在产业类同、技术含量低、管理水平不高等问题，许多企业的经营之道还停留在依赖资源优势、劳动力廉价等方面，缺乏自主创新能力，低端产品比重较大，难以形成较强竞争力，无法适应成本上升和市场需求变化。

二是资金制约没有得到有效改善。当前我省中小企业正处于蓬勃发展时期，各地发展、创业的积极性很高，对资金的需求更加迫切，资金紧张的问题进一步突现。从资金来源看，由于工业贷款规模大幅度缩小，企业从金融部门获得的资金减少。从企业内部看，一方面由于工业产品“高进低出”挤压了企业的利润，流动资金减少；另一方面，企业费用增加，“两项资金”沉淀严重。

三是要素紧张没有得到切实解决。2005年以来，我省物价指数上涨幅度虽然不断减缓，但是原材料购进价格和工业品出厂价格两者之间的差距依然保持在4个百分点左右。尤其是土地资源紧张、电油价格上涨、运输成本提高，影响了企业的正常生产和发展后劲。

总体上看，2005年安徽省中小企业发展是健康的、向上的。但是，对中小企业发展中存在一些困难和问题，也应高度重视，必须认真研究应对措施，积极寻求解决办法。

二、2005年主管部门开展的主要工作

1. 抓政策完善，大力引导中小企业加快发展

安徽省中小企业发展局起草并上报了《安徽省中小企业促进条例（草案）》、《安徽省实施<国务院关于鼓励支持和引导个体私营等非公有制经济发展的若干意见>办法》。其中，《安徽省中小企业促进条例（草案）》已经省政府第30次常务会议讨论同意，即将提请省人大常委会审议。与此同时，省局还就当前中小企业发展中存在的融资、技改等突出问题，单独或联合有关部门出台了指导意见。

2. 抓企业改革，不断激发中小企业内在活力

按照省政府关于推进改革的总体要求，坚持宜卖则卖、宜股则股、宜破则破的原则，采取出售、兼并、嫁接、转让、股份制改造等多种形式，切实推进国有、集体中小企业改革。

一是实行任务分解。根据安徽省改革的实际情况，提出国有集体中小企业改革计划，并将改革任务分解到各市。

二是强化报送制度。每月10日前催报各市改制进度，及时掌握全省中小企业改革进展情况。

三是加大调度力度。每季度召开一次改革调度会，研究分析改革中出现的新情况、新问题，部署安排下一步工作。

四是加强调查研究。深入改革重点市、县，了解情况，组织座谈，交流经验，推广成功做法，帮助企业出主意、想办法。

五是实施考核奖励。对全省国有集体中小企业改革进行考核，对先进单位进行表彰奖励。

3. 抓重点扶持，精心组织中小企业促进工程

为促进全省中小企业加快发展，根据安徽省中小企业发展的实际，省局提出在全省实施中小企业促进工程意见，突出重点，扶优扶强，自2005年至2007年，集中力量抓好100个中小企业技改项目和企业，培育30个优势产业集群，建设50个创业基地，发挥它们的示范、辐射和带动作用，促进全省中小企业加快发展，力争到2008年我省中小企业增加值接近全省GDP的50%。

在呈报省政府的《关于实施安徽省中小企业促进工程的意见》中，省局不仅提出了工程的总体要求和大体规划，同时提出了工程的主要内容和保障措施。《意见》经省政府同意并由省政府办公厅转发后，省局作为工程的牵头单位，立即着手工程的组织实施工作，把工程分成启动、加速和提高三个阶段，分别在2005、2006、2007年进行实施。在2005年工程启动年里，主要开展以下工作：

一是制定标准，组织申报。省局依据促进工程的指导思想和总体要求，坚持国家产业政策，突出示范性、牵动性和前瞻性，并在征求相关部门意见的基础上，提出了促进工程重点项目、重点企业、产业集群、创业基地的条件和标准，并将促进工程的条件和标准印发各市，指导各地组织申报。

二是审核材料，实地考察。对各市上报的申报材料，省局组织人员依据促进工程的标准和条件，进行严格、认真的审核。在此基础上，组织3个调研组对全省17个市申报的重点项目、重点企业、产业集群、创业基地进行实地考察，并分别提出调研报告。通过材料审核和实地考察，基本掌握了申报单位的情况。

三是征求意见，专家论证。在材料审核和实地考察的基础上，省局初步提出促进工程筛选意见，广泛征求各市中小企业行政管理部门和省发改委、农委、财政厅等省直单位的意见，力求形成共识。同时，还邀请有关部门的专家，对促进工程申报单位进行充分论证，力求决策科学。

四是集体研究，命名授牌。依据国家产业政策、相关规定和省局制定的标准、条件，本着统筹兼顾、突出重点的原则，在充分尊重专家论证意见的基础上，对中小企业促进工程申报单位进行了认真研究，提出了促进工程入围单位确定意见，在征得省政府同意后，入围单位名单在《安徽日报》向社会公布，并于12月9日举行命名授牌仪式。

4. 抓企业融资，着力缓解中小企业瓶颈制约

尽管中小企业融资是世界性难题，但安徽省中小企业融资困难尤为突出，已经严重制约安徽省中小企业的发展与提高。为此，省局把缓解中小企业融资难现状作为中小企业工作的重点之一。

一是拟定政策，创造环境。去年以来，省局先后起草了《关于促进全省中小企业融资工作的指导意见》、《关于加快全省中小企业信用担保体系建设的指导意见》、《关于加强全省中小企业上市融资的指导意见》和《关于加强全省中小企业信用体系建设的实施意见》，并在征求省直有关部门和金融机构的意见后，已经上报或即将上报省政府，呈请省政府批准印发，努力为中小企业融资创造良好的政策环境。

二是构建平台，推进合作。开展2005年全省中小企业银行合作促进活动。通过省直有关部门的努力和各市卓有成效的工作，全省中小企业和各类商业银行踊跃参与，截至11月20日，各类银行与2032户中小企业建立信贷关系，达成意向签约111.4亿元，承诺签约67.1亿元，正式签约108.8亿元，合计287.3亿元，比去年银企合作活动签约总额增加165亿元。与省工商银行联合组织实施“启明星工程”，5年给予500家“明星企业”资金扶持。与省农业银行共同实施“金融服务三农行动计划”，并签订2005年中小企业信贷合作10亿元的意向协议。配合中小企业促进工程的实施，与省建设银行联合组织“中小企业金融促进工程”，增加对中小企业的信贷投入。与此同时，省局还与省开发银行和其他金融机构进行了广泛沟通，初步形成共识，合作方案正在协商之中。

三是努力探索，拓宽渠道。针对安徽省中小企业上市情况不好、资源不足的现状，省局邀请中外专家，组织百余家中小企业，进行了境外买壳上市研讨，拓宽中小企业融资思路。根据经济发展趋势，借鉴发达地区经验，积极推动有条件地区尝试组建企业投资财团，探索开展风险投资试点，意在引导和吸引民间资本参与并支持中小企业发展。同时，省局认真做好省中小企业专项资金项目的组织、申报、核查、论证、评审工作，积极争取国家中小企业专项资金支持。

5. 抓关键突破，努力促进中小企业做大做强

针对安徽省中小企业发展的薄弱环节和制约因素，省局采取了一些行之有效的措施，开展了一些富有成效的工作。

一是精心编制“十一五”规划。成立《安徽省中小企业“十一五”发展规划》编制领导小组，抽调人员组成编写组，以全省“十一五”规划为指导，深入开展调查研究，广泛征求各方意见，多次进行咨询论证，基本确定了未来5年安徽省中小企业发展的指导思想、目标任务、战略重点和政策措施。目前，《安徽省中小企业“十一五”发展规划》（送审稿）已规定程序报送省发改委审核、发布。

二是积极开展招商引资。组织近300家中小企

业参加“中博会”、徽商大会、大连服装博览会、莫斯科纺织品服装展览会、牡丹江对俄经贸洽谈会等。同时，加强与兄弟省市的合作与交流，先后与山东、上海、浙江等省市中小企业行政管理部门签订协议，开展了一系列经济技术和贸易交流合作活动。

三是组织中小企业人才培训。实施了国家发改委“中小企业银河培训工程”和全省中小企业“515”人才培养计划，仅省局就为全省中小企业培训技术、管理骨干1600多人。与此同时，针对开展的重点工作，及时组织了企业改革、融资等一系列培训班，培训业务骨干，推进重点工作顺利开展。

四是着力优化发展环境。加大中小企业、民营经济的宣传力度，举办了中小企业发展论坛，并配合有关部门组织了非公经济论坛；开展全省民营经济表彰，配合有关部门开展了全省民营经济专项督查和减轻企业负担等活动，努力营造中小企业和民营经济发展的良好氛围。

6.抓作风建设，充分发挥中小企业管理部门作用

一是开展“五提倡、五反对”活动。按照增强“两情”、改进“两风”的要求，结合安徽省中小企业实际，在全局开展了“提倡奋发有为的精神状态、反对因循守旧，提倡顾全大局的崇高品质、反对本位主义，提倡依法行政的法制观念、反对以权谋私，提倡追求高效的工作作风、反对拖沓疲拉，提倡永无止境的学习风尚，反对浅尝辄止”的“五提倡、五反对”活动，以进一步加强机关的政风建设和干部队伍的思想作风建设，提高行政管理与服务的能力，努力做到对上当好参谋，对下搞好服务，对外抓好协调，充分发挥中小企业行政管理部门的作用。

二是积极推进机关制度建设。省中小企业发展局组建后，把制度建设摆在突出位置，按照与时俱进的要求，对照有关规定，结合省局实际，就会议召开、学习培训、人事管理、政务公开、来信来访、公文处理、财务管理、专项资金管理、政府采购、固定资产管理、因公出国（境）、公务招待、车辆管理等工作，制定了近40项规章制度；对省政府界定的省局职能进行科学合理的分解和配置，明确了各处室主要职责和各岗位的主要任务。为便于贯彻落实和对照检查，省局分别将有关制度和职责任务汇编成册，做到机关职工人手一本。在今年的政风建设中，我局重点实行了三项制度：①实行局长接待日制度。每月最后一个周五为局长接待日，正副局长轮流负责接待基层和企业来访。对基层和企业反映的问题，能解决的立即解决，一时不能解决的要明确完成时限，不能解决的要说明情况、解释清楚。②实行首问责任制。企业和基层来电、来访，首问人即为责任人，属于首问人职责范围内的问题，必须圆满解决或说明；不属于首问人职责范围内的问题，要负责转达和引导，直至得到圆满解决或说明。③实行政务公开制。凡运用行政权力办理的与企业和群众利益相关的各类事项，全部做到及时向社会及公众公开。特别是在今年的“中小企业促进工程”项目的筛选和中小企业专项资金的确定中，省局从标准条件到申报程序，从拟选对象到评审结果，有关内容全部在安徽中小企业网公布，得到企业的普遍好评和有关部门的充分认可。

2006年是“十一五”的开局之年、起步之年，中小企业工作处在一个新的起点、重要关口。安徽省中小企业局将以十六届五中全会精神为指导，认真贯彻《中共中央关于制定国民经济和社会发展第十一个五年规划的建议》和《国务院关于鼓励支持和引导个体私营等非公有制经济发展的若干意见》，积极落实科学发展观和东向发展战略，以改革创新为动力，以促进工程为抓手，以优化结构为主线，以服务体系建设为重点，促进中小企业、民营经济加快发展和做大做强，为安徽奋力崛起和全面建设小康社会做出更大贡献。

（安徽省经济委员会中小企业发展局）

福建省

一、福建省中小企业发展概况

2005年底，全省工业企业共54044家，其中规模以上企业12401家。在全部工业企业中，大型企业60家，占0.1%；中小企业53984家，占99.9%；中小工业企业增加值占全省的83.7%。在53984家中小工业企业中，外商及港澳台企业占39.8%，私营企业占37.6%，国有及国有控股企业占6.5%。

（一）主要经济指标增长强劲

2005年，全省中小工业企业完成总产值6957.09亿元，增加值2133.9亿元，分别占全部工业企业的77.9%和83.7%，分别比上年增长19.4%和14.8%。其中规模以上增长21.3%和19.72%，增长更快。中小工业企业的迅速发展推动全省工业总产值超越了1万亿元的规模。规模以上工业总产值在全国的位次提升到2005年的第9位。

（二）注册企业数保持较高的增幅

2005年，全省工商企业中已注册的私营企业12.7万户，比上年增长15.6%，注册资金2579.7亿元，增长39.8%；注册个体工商户49.5万户，新增4.55万户，增长5.7%；注册资金总额为255亿元，增长4.3%。

（三）成为吸纳社会就业的主渠道

2005年，全省中小工业企业从业人员达365.09万人，占全省工业企业从业人员的92.2%，比全国平均水平高14.4个百分点。

（四）企业经济效益明显提高

全省中小工业企业实现利润总额383.54亿元，税金总额300.81亿元，分别比上年增长14.5%和

15.6%;中小工业企业利润收益和税金贡献提高到2005年的81.6%和86.5%。

(五)产业结构不断优化

我省中小工业企业随着改革开放的深入，劳动密集型企业迅速发展，技术密集型的民营企业逐步兴起，资本密集型民营企业的比例日益增大。企业的产品结构从低档次、松散型逐步向系列化、集群化方向转变，并注重品牌塑造和科技创新。

(六)发展呈现集群化态势

到2005年底，全省已初步形成了以中小工业企业为主体的60个产业集群，其中产值超百亿元的集群达14个。32个省重点产业集群累计完成工业总产值3766亿元，占规模以上工业的46.3%，比上年增长18.7%。

(七)以中小工业企业为主体的民营企业已成为出口增长新亮点

全省民营企业出口75.62亿美元，比上年增长41.4%，增幅高居各类经营主体之首，高于全省出口平均增幅22.9个百分点，对全省出口增长贡献率达40.6%，比上年提高近10个百分点，占全省出口总额的比重由上年的18.2%提高到21.7%。

(八)中小工业企业已成为实施品牌战略的主力军

我省共拥有"中国名牌"产品62个，"中国驰名商标"54件，国家免检产品141个，总量均居全国第5位。还有省级名牌产品695个，省级著名商标625件。这些品牌企业绝大多数为中小企业。

(九)初步形成以民营投资为主体的格局

全省中小工业企业实收资本2451.84亿元,比上年增长9.8%，占全部工业实收资本的90.4%。其中民营企业实收资本1425.75亿元，占全部工业实收资本的52.6%。

二、推动中小企业发展的主要政策措施及成效

(一)强化政策支持，努力营造中小企业发展良好氛围

一是着力提升民营经济。省委、省政府出台了《关于全面提升民营经济发展水平的若干意见》，从拓展民营经济发展空间、提升竞争能力、完善服务体系、加大财政金融支持力度、保障发展用地、维护合法权益、提高企业素质、加强对民营经济的指导和协调等八个方面提出了39条具体政策措施。二是加快产业集聚、培育产业集群。我省中小企业数量多、单体小，分布较散，为促进中小企业集聚发展，提升整体竞争力，目前《福建省"十一五"加快产业集聚、培育产业集群专项规划》也即将编制完成。三是建立中小企业发展专项资金。设立了中小企业发展专项资金(每年3000万元)，重点用于支持中小企业信用担保、创业辅导培训、闽港澳中小企业合作和中小企业市场开拓等公共服务体系建设。四是营造良好发展氛围。建立部门联席会议和省领导与企业家联系制度，增强部门之间的协调与协作。努力营造民营企业在社会上有地位、政治上有荣誉、经济上有实惠的良好发展氛围。

(二)实施项目带动，有效促进中小企业投资增长

一是调整优化产业结构促进中小企业投资。二是组织产业梳理合理引导中小企业投资。三是推动龙头企业发展带动中小企业投资。通过大力实施项目带动，有效扩大了工业和中小企业投资，工业投资扩大到2005年882亿元，年均增长21.2%。

(三)推进中小企业技术进步，大力实施品牌战略

一是加强企业技术创新能力建设。共认定了100家省级企业技术中心，其中国家级企业技术中心7家。组建了电机、陶瓷、模具、纺织面料、塑胶管材、农副产品保鲜等6家省级行业技术开发基地，为中小企业提供创新服务。二是建设技术创新服务平台。三是产品技术含量稳步提高。2005年，全省高新技术产品产值为2520亿元，比上年增长18.3%；新产品开发24125项。

激励中小企业提升品质，创建名牌。一是大力实施品牌发展战略，提高品质，塑造形象，开拓市场。我省发布了《福建名牌产品管理办法》。2005年又增至62个；同时，获"国家免检"产品称号141个，"驰名商标"54件，总量均居全国第5位；另有福建省著名商标625件，"福建名牌产品"695项。在整个中国名牌和福建名牌产品称号中，中小企业获得的有738个，占97.5%，中国驰名商标和福建省著名商标称号中有625项是中小企业获得的，占96.4%。二是着力实施企业品质提升工程。建立了省工业产品标准质量工作联席会议制度，研究国际市场变化情况以及企业需要，合力帮助中小企业做好工业产品标准、质量、品牌、认可认证、规避技术壁垒等工作。

(四)强化企业管理，降低生产成本，提高中小企业竞争力

大力推进企业信息化建设。建立企业信息化联席会议制度，整合数字化资源，联合电信运营商、软件开发商和工业企业信息化运用的积极性，引导并鼓励企业在产品开发、设计、制造、营销及管理过程中广泛采用现代信息技术，我省规模以上工业企业的信息化应用覆盖面已达35%以上，2005年12月开通的"商务导航"信息平台，短短五个多月就有1.3万家企业加盟。大力发展现代物流业。省政府制定出台了《关于加快现代物流业发展的意见》，采取积极有效措施，吸引省内外物流资源，优化资源配置，大力推进物流基础设施、公共物流信息平台、物流技术标准化体系建设，建立物流研究院加快物流人才培养，扶持和发展物流企业。我省工业企业两金占用增幅低于全国水平1.34个百分点。突出抓好节能节水降

耗工作。2005年工业用电节约了14.9亿度。全省已有煤矸石、粉煤灰、炉渣、冶炼渣、化工废渣、窑灰、石灰渣以及各种尾矿渣等30多种废渣被广泛利用，综合利用产品涉及建材、化工、电力、森工等行业20几个品种，工业固体废物综合利用率达63.11%，在节能和资源综合利用方面就获得国债资金6亿元的支持。抓好企业信用体系建设。出台《福建省企业信用信息征信管理暂行办法》，开通运行"福建企业信用网"。建立企业征信数据标准体系。认真抓好创业人员和企业高级管理人员培训。开展中小企业创业辅导，共组织了近万人次参加民营企业创业和企业管理培训。

（五）加强营销联盟，大力开拓市场

组织我省中小企业赴港参加国际性展会，拓展国际合作和市场空间；组织参加东盟博览会，拓展闽货市场；同澳门特区政府联合组团参加"国际贸易展览会"，开拓葡语国家市场；我省中小企业还率先在金马和台湾本岛登岛举办了商品展销会。积极协调帮助企业开展应对国际技术贸易壁垒，调整生产经营管理、技术品质提升和反倾销等工作，支持行业协会发挥在国际贸易中反各类贸易壁垒的特殊作用。同时组织中小企业进行WTO规则和反倾销知识培训。

（六）强化生产要素保障，服务中小企业发展

加强煤电油运综合协调。积极搭建中小企业融资服务平台，努力缓解中小企业资金"瓶颈"。建设"福建省政银企会商信息网"。积极推进中小企业信用担保体系建设。出台了《关于组建非公有制企业贷款担保基金的指导意见》，落实符合条件的担保机构免征营业税扶持政策，建立担保机构风险补偿机制，从2004年开始，省财政共投入2270万元。至2005年底，为工业企业累计提供担保总额比2003年增加了85.8亿元。

三、中小企业发展存在的主要问题

（一）企业规模小

2005年我省规模以上中小型工业企业户均产值5245.38万元、户均销售收入4712.35万元、户均固定资产1633.26万元，分别仅为全国平均水平的83.75%、79.6%和82.4%。

（二）积累速度慢

据工商部门统计，我省工业投资跃至882亿元，增长27.94%，但投资额仍然比东部其他省份低。

（三）发展不平衡

2005年底，福州、厦门、泉州三个设区市中小工商私营企业数8.94万户、从业人员92.09万人、注册资金1576.15亿元，分别占全省总数的70.2%、85.4%和60.1%，其他6个设区市中小企业的私营企业家数、从业人员数、注册资金总量在全省中的比重明显偏低。

（四）资金供应不足

突出表现为融资难、担保难，全省各类中小企业信用担保机构仅79家，累计注册资本金18.13亿元，平均每家担保机构注册资本金不到2300万元，全省获担保的企业5302户，仅占全部企业总数的2.3%，平均每笔业务84万元，去年底在保责任余额28亿元，仅占全省金融机构对中小企业贷款余额（3188.6亿元）的0.88%。

（五）市场约束增强

部分行业出现产能过剩，同时由于结构性问题，工业原材料和能源价格不断攀升，制造业企业利润空间缩小，国家加大了宏观调控力度，抑制投资规模，固定资产投资增速有所减缓。另一方面，国际贸易壁垒层出不穷，贸易摩擦不断增多，加上人民币升值因素等，国际国内市场变化都对我省中小企业生产经营产生较大的影响。

四、进一步促进全省中小企业发展的主要措施

（一）完善政策，营造中小企业良好发展环境

抓紧研究制定我省实施《中小企业促进法》办法，加快清理地方各级政府、部门及有关单位在市场准入、财税金融支持、社会服务、权益保护和政府监管等方面制约中小企业发展的规定。

（二）大力实施项目带动，加大中小企业投资力度

加强产业投资引导，不断充实产业投资导向目录，充分利用"6·18"、"9·8"等平台加强招商引资。充分应用产业梳理成果，寻找、生成和填补产业缺失项目，深化闽港澳台合作，加快与台湾产业对接。通过政府贴息、补助等引导和推动银行及社会加大中小企业投资的积极性，实施一批重点项目，拓展一批项目组团，"十一五"期间实施1000项、投产500项重点技术改造项目，每年组织实施重点技术改造项目200项、投资150亿元，推动中小企业发展和产业结构调整，加快产业优化升级。

（三）加快技术进步，增强企业自主创新能力

一是以企业技术中心为重点，突出抓好企业技术创新能力建设。省财政每年安排2000万元"技术创新专项资金"用于支持省级企业技术中心、新认定国家级企业技术中心补助、省优秀新产品奖和企业自主开发、新技术推广应用项目。鼓励重点合资、外资企业把研发机构迁入我省，建立企业技术中心。二是以产学研合作为平台，突出抓好技术创新体系建设。各地、各部门将继续坚持通过"6·18"项目成果交易会，征集企业技术需求，促进技术开发项目成果对接。三是以信息技术推广应用为重点，加快企业信息化步伐。推动"数字福建"中小企业信息化平台和重点产业集群信息化公共服务平台建设，组织实施一批企业信息化综合应用、企业生产过程自动化和电子商务示范项目。四是以消化吸收再创新项目为重点，加大对我省装备制造业的扶持力度。出台《关于加快推进福建省装备制造业发展的若干意见》，组织实施引进技术消化吸收再创新重

点项目。

（四）引导中小企业集聚发展，着力培育产业集群

一是加强政策和规划引导。组织实施《福建省"十一五"工业产业集聚及产业集群发展建设专项规划》和省级32个重点产业集群专项规划，加快工业集聚，优化布局，引导集群发展。二是加强公共平台建设。继续加大技术服务、金融服务、市场营销、现代物流、品牌创造、区域产业链的合理布局与协作、行业协会等公共服务平台建设力度。三是培育发展领袖型企业。四是发挥工业园区和产业基地的载体作用。推进示范工业园区和具有地方特色的产业基地建设，建立中小企业集聚发展的有效载体。

（五）加强现代物流业和营销联盟发展工作，推动企业拓展市场

加快现代物流业发展，引导运输企业、配送中心、仓储企业整合发展，集中力量培育大型物流龙头骨干企业，发展第三方物流，建设物流公共信息平台和物流技术标准化体系，加强物流基础设施和物流园区建设，构筑海峡西岸现代物流基地。

（六）加快建设中小企业社会化服务体系，着力解决中小企业融资难、担保难问题

一是建立健全担保体系。制订担保业监管意见，探索再担保模式，开展担保机构评信评级，建立担保风险分担、补偿、激励机制。二是拓宽融资渠道。推动各金融机构开发适合中小企业特点的金融产品，促进开发银行开展软贷款业务，加大信贷支持力度。支持符合条件的中小企业到境内外上市，促进直接融资。三是完善服务体系。鼓励设区市和部分重点产业集聚地建立中小企业服务机构，建设福建中小企业在线网页，加强闽港澳合作，开展创业辅导培训，搭建闽籍企业家回乡投资创办中小企业服务平台，实施民营企业"回归"工程。四是建立健全创业投资机制。规范和发展产权交易市场，支持中小投资公司设立和发展。

（七）深化企业改革，提高企业管理水平

一是以改革改制促发展。推进省属企业改革，实施主辅分离辅业改制，加快重组和劣势企业退出步伐，完善企业法人治理结构，建立现代企业制度。同时，要加快开展集体企业改革步伐。二是以提高管理水平促发展。培育企业管理诊断咨询市场，分层次推进企业管理培训，提高企业经营管理人员素质。总结推广企业资金、质量管理先进经验，提高企业资金使用效率，开展省质量管理奖评审活动，推动企业增创名牌产品和名牌区域。三是加强企业信用体系建设。出台企业信用征信服务机构和从业人员管理办法，成立企业信用征信公司，完善企业信用信息网。

（八）以资源节约和综合利用为重点，推动中小企业大力发展循环经济

一是奖励符合循环经济标准要求的企业，落实再生资源循环利用财税和物价政策。二是推进节能降耗。三是抓好资源综合利用。

（九）加强经济运行调度，保障中小企业加快发展

一是加强工业经济运行监测、分析和调度。二是加强电力保障工作。三是加强煤炭产销协调。四是加强运输协调。五是建立突发公共事件应对机制。六是切实加强安全生产。

五、福建省中小企业社会化服务体系概况

为认真贯彻落实《中华人民共和国中小企业促进法》和省委、省政府《关于加快产业集聚培育产业集群的若干意见》，进一步推动多主体、多层次、全方位的中小企业社会化服务体系建设，2005年度中小企业服务体系建设重点抓好以下工作：

1.建立中小企业服务中心，形成省市县三级以公益性服务机构为主导，社会各类商业性服务机构共同参与的中小企业社会化服务体系组织架构。今年工作重点：一是成立省中小企业服务中心，同时引导、推动各设区市经贸部门成立相应中小企业服务机构，为产业集群提供公益性、扶持性综合服务。二是推动各县（市）设立中小企业服务机构，原则上依托现有行业协会、商会及各种社会中介机构建立，为产业集群中小企业提供创业辅导、融资担保、技术支持、信息咨询、人才培训、国际合作、市场开拓、法律援助等专业性特色服务。三是结合中小企业信用担保工作，推动已设立且条件具备的中小企业信用担保机构，为中小企业提供社会化服务。

2.选择若干设区市、特色产业集群所在县（市）中小企业服务机构，围绕融资担保、创业辅导、信息咨询、人才培训服务以及闽港澳合作等方面，开展服务体系建设试点。通过不同层面、不同区域、不同类型服务机构试点，探索服务体系建设途径和模式，以点带面，逐步建立我省中小企业社会化服务体系。今年试点内容包括：

(1)投融资服务。一是推动银行、担保机构、企业三方建立风险共担、利益共享的合作机制。二是继续对担保机构从事担保业务实施风险补偿，探索担保风险防范机制。三是采取财政出资、民间投资以及政策性软借款补充担保机构资本金等渠道，推动省、市、县三级信用担保机构建设。重点推动莆田、泉州、福州和厦漳果蔬食用菌加工集群等建立中小企业担保机构。四是进一步深化与省开发银行合作，共同推进中小企业融资与信用担保体系建设，重点在福安电机电器，晋江、石狮的纺织、鞋业，三明、南平的竹林加工，仙游木雕，漳州钟表家具，福州汽车零部件生产、长乐纺织化纤等产业集群内开展试点，同时，结合开发银行中小企业信用贷款工作平台，在试点集群内进行企业信用评估（评级）。五是加快成立福建省中小企业信用担保协会及设区市分会，通过协会推动担保业自律、人才培训、信息交流，建立

担保与金融业协作沟通机制，增强担保业融资服务功能。六是利用闽港合作平台，引导港资金融机构参与我省中小企业信用担保体系建设。

(2)创业辅导（培训）服务。一是推动各试点设区市、县（市）服务机构，联合社会商业性服务机构和科研院校，侧重为员工100人以下的小企业提供企业发展战略、市场营销、人力资源、财务管理为主要内容的管理咨询（培训）和政策、技术、融资、信息、法律维权等咨询服务，引导中小企业服务机构建设中小企业投诉窗口。二是借鉴香港中小企业服务体系运作的成功经验，研究探讨建立我省中小企业创业辅导、培训工作机制。

(3)闽港澳合作。一是推进闽港项目合作。在推动漳州家具钟表、福安电机两个服务平台建设，抓好福安电机电器、漳州家具钟表行业与香港企业合作示范项目的跟踪和落实基础上，继续选择一批闽港澳中小企业合作示范项目，吸引港资参与福建中小企业的升级改造。二是以厦漳闽台合作农产品加工产业集群为载体，开展与台湾的农产品生产、加工协作。三是借助澳门享有欧共体成员优惠待遇及熟悉葡语系国家贸易方式的有利条件，推进闽澳合作，重点是参加澳门国际贸易投资展览会，并与澳门投资贸易局联合组织中小企业赴莫桑比克参加国际博览会、德国旅游产品博览会，通过澳门平台开拓葡语国家市场。

(4)信息咨询服务。配合国家中小企业信息服务网建设，推动省、市两级建立“中小企业信息分网”，实现国家、省、市三级联网。通过信息网为中小企业提供政策咨询、人才供求、法律援助、政务代理、市场开拓、国际合作、产品推介等服务。

3.对确定试点的服务机构，各级经贸部门要给予积极支持，对其开办及围绕上述工作开展公益性服务，在资金方面将予必要的扶持。

（福建省经济贸易委员会中小企业处）

厦门市

一、厦门市中小企业发展基本情况

据初步统计，截至2005年底，我市中小企业数近7万家，占全市企业总数的99.9%以上；中小企业创造的产值占全市的1/3；从业人数约为72万人，占我市全社会从业人员总数的52%。中小企业活跃在我市电子、化工、机械等支柱性产业，尤其是在提供商务、社区、旅游服务等领域的第三产业占有重要的地位，中小企业在提供就业机会、优化经济结构、推动国民经济发展和保持社会稳定、创建和谐社会等方面发挥着越来越重要的作用。

其中，我市的民营经济在2005年取得了长足发展，具体表现为：

1.民营企业迅速发展壮大

截至2005年底，民营企业达30,598户，注册资本428.25亿元，分别比2004年的24,643户和325.31亿元增长24.16%和34.64%，其中2005年新增民营企业6,233户，新增注册资本8.44亿元；个体工商户84,011家，同比增长66.29%。

2005年，全市规模以上民营工业企业达519家，比上年增加127家，规模以上民营工业产值142.35亿元，占规模以上工业产值的23%。其中有32户企业产值超过亿元，有16户被列入我市150户重点工业企业名单。

2.总体素质不断提高

民营科技企业发展迅猛，有力地促进民营经济总体素质的不断提高。科技部门在经认定的351户民营科技企业中，随机抽样99家进行调研，其中总收入1000万元以上的有48家,约占一半,总收入在亿元以上的有16家，约占1/6。同时，民营企业的争创品牌意识进一步增强，逐步形成了一批厦门本土品牌。在“鼓励高新、引强扶优”总体创新思路的指导下，以“加速科技成果向现实生产力转化”及“争创驰著名商标”为突破口和切入点，积极推动民营企业走“科技兴企”和“品牌兴企”的发展道路。目前共有45家民营企业被认定为省、市著名商标，有217家民营企业被市政府评选为“守合同重信用”企业，占全市获选企业数的一半。

3.成为我市经济发展的重要生力军

从我市目前国民经济行业来看，除少数垄断行业（如铁路运输、航空运输、邮政业等）外，在其余的国民经济行业中，几乎都有民营企业活跃的身影，且行业带动作用凸显，特别在劳动力密集型的行业，民营企业更是独领风骚，尤其是贸易业、建筑业、服务业和农业更是民营经济得以大力发展的主要行业。在现代物流、软件开发等新兴产业中，弘信、晋联、海澳、巨龙等一大批实力强、前景好的民营企业，已成为厦门新兴产业发展的重要力量。制造业内，涌现出一批具有竞争优势的龙头企业，如农业产业化龙头企业银祥集团、纺织行业龙头企业升汇集团等，正在成为厦门民营企业，也是各经济成份企业集团中的佼佼者。

然而，由于体制以及历史等多方面的原因，中小企业的发展面临着政策信息渠道不畅、资金短缺、用地难、人才匮乏、市场开拓能力不强等瓶颈问题。据前期进行的一次专项调查结果显示，社会化服务体系不健全，是导致中小企业在政策、资金、人才和市场等多方面困难的重要因素，因此加快推进中小企业的社会化服务体系建设，构筑健全的中小企业社会化服务网络，是解决中小企业发展瓶颈问题、促进中小企业快速健康发展的关键。

二、厦门市中小企业服务机构的基本情况

目前，为全市中小企业提供服务、具有一定规模的各类机构约有666家，主要包括管理咨询培训机构（158家）、广告服务机构（125家）、会计评估税务服务机构（74家）、法律服务机构（53家）、旅行服务机构（33家）、职业中介（27家）、担保典当机构（25家）、知识产权服务机构（9家）、其他商务服务机构（105家）等。虽然服务机构数量不少，而且遍布中小企业所需的各类服务需求领域，但是中介机构缺乏一个统一规范的服务标准，服务质量参差不齐，社会服务资源无法有效发挥作用。因此，由政府牵头，通过认定一批实力强、服务质量高、资信好的服务机构，制定统一的服务标准，加强服务行业的自律建设，不断规范社会服务工作，扩大服务领域，以进一步有效整合社会服务资源，为中小企业提供规范的服务工作，是当前构筑社会化服务体系的重要组成部分。

三、厦门市推进社会化服务体系建设的主要工作

（一）构筑市、区两级上下互动的政府服务网络

在政府层面，为更好的促进全市中小企业的各项工作开展，于2003年7月，经市委编办批准成立了厦门市中小企业管理办公室，挂靠在厦门市经济发展局。其主要职能是：宣传贯彻有关中小企业的政策法规，宏观指导和管理中小企业发展，培育、建立、完善中小企业服务体系。

在服务层面，成立了厦门市中小企业服务中心，作为政府服务中小企业职能的延伸和具体化，主要承担以下五个方面的任务：①协助制定全市中小企业服务体系建设发展规划，提出政策建议。②对全市中小企业服务机构进行行业管理，执行政府扶持、促进中小企业发展的相关政策。③沟通服务机构与政府的联系，反映情况，提供信息，促进服务机构良好运作和成长。④组织服务机构间的交流与协作，指导和促进其开展业务活动，提高服务水平。⑤为中小企业直接提供多种服务等。

另外，市辖六个行政区也相应成立了区级服务机构，向本辖区范围内的中小企业提供包括工商注册代理、招商引资、项目评估、政务代理、人才培训等具体的服务工作。至此，我市基本形成了市区两级的服务网络，为构筑我市中小企业社会化服务体系建立了基本的架构。

（二）开展创业培训，激发创业热情

本着“培训促进创业、创业带动就业”的指导思想，自2003年开始，针对不同创业群体相继推出了“创业者家园”培训项目。按照公益性与市场化运作相结合，社会化服务的方式，开发创业项目，对有志创业的社会各界人士及下岗失业人员开展创业培训和指导服务，构建起以培训促进创业、以创业带动就业的创业促进机制，实现“用今天纳税人的钱培养明天更多更大的纳税人”的宗旨。

“创业者家园”滚动培训是针对具有创业条件和意向的人员，特别是掌握一定技术、技能和资金，有强烈创业欲望的留学生、大学毕业生、高新技术人员、中小企业经营管理者作为培训的重点，实行培训、引导、扶持相结合的原则，帮助他们成功地创办企业，为社会提供更多的就业机会。它不仅是接受创业知识的教育，更是创业知识和创业实践过程的结合。此外，举办了“中国（厦门）创业项目推广洽谈会”、“1+1群”创业项目推介会；常年开设“厦门青年创业论坛”；成立“厦门青年创业俱乐部”，组织创业沙龙活动等。经过两年多的创业培训，取得了一定的效果，据统计，累计培训学员7253人次，培训后开始走上创业之路并已投入运营的新创企业235个，共投入资金6500多万元，带动3000多人就业。

另外，根据国家发改委的部署，我市已经连续举办了两届“国家银河培训工程”公益培训和“中国中小企业竞争力讲堂”，两项累计培训了1825人次；2005年，按照省经贸委开展民营经济培训工作的安排，我市针对民营企业发展过程面临的各种问题，举办了人力资源、企业执行力、财务管理、营销管理、投融资等方面的培训工作，累计培训了1056人次，取得了良好的成效。

近三年来，我市在国家、省、市各级财政的支持下，由市中小企业服务中心联合相关的培训机构面向全市中小企业开展公益培训，累计培训10134人。通过培训，在社会上掀起了一股创业热潮，在学员心中播下了创业种子，让学员学到了创业本领，结识了一批创业伙伴，催生了一批创业项目，搭建起了创业的桥梁和平台。此项培训工程，为厦门市民营经济的发展，为海峡西岸经济区的建设，为厦门实现跨越式发展作出了积极的贡献，对厦门全方位的发展具有深远意义。

（三）加快担保体系建设，构建融资服务平台

通过引入外资、民营资本，突破了以财政出资为主的单一资金渠道，采用多种形式大力发展担保业。全市共有信用担保机构15家，其中政策性4家、商业性10家、互助性1家，总注册资本6.7亿元人民币；4家政策性担保公司已加入国家信用担保体系。2005厦门信用担保业务量快速上升，全年担保总额15.17亿元，比2004年5.39亿元增长281.4%，累计担保总额达29.54万元。

经商务部审批，厦门于2005年内新增典当行5家，新增注册6000万元，使典当行业总数达到10家，总注册资本达到1.36亿元。2005年我市典当业务量快速增长，典当余额13900万元，典当经营品种涉及金银饰品、房地产、交通工具、股票、钻石手表、生产资料等。典当由于其经营灵活、手续方便快捷，正在成为我市中小企业融

资新途径。此外，还组织推荐优良中小企业申请银行贷款，举办中小企业创业融资论坛、中小企业赴新加坡上市交流会、银企合作论坛、项目对接会等活动，努力帮助企业不断拓宽融资渠道。

为有效破解中小企业的融资难题，我市今年拟启动由政府、国家开发银行、担保公司和商业银行共同参与的国家开发银行中小企业融资贷款项目。该项目经过前期对国内几个试点城市的考察调研和多方认真研究反复论证，已经具备启动的成熟条件并将于今年的4月份正式启动第一批试点。据初步估算，第一批试点将为我市中小企业带来不低于1亿元的政策性贷款，下一步国家开发银行还将根据首批的运作情况不断加大放贷额度，以期有效缓解我市中小企业的融资压力。

（四）建立信息服务平台

为帮助中小企业解决信息不对称问题，为中小企业搭建一个及时获取政策信息、方便接受服务交流、开展电子商务的平台，我市根据国家发改委的统一部署，由市中小企业服务中心投资建设我市面向中小企业提供信息服务的公共信息服务平台——厦门中小在线网（www.xmsme.gov.cn）。

该网站于2004年12月28日正式开通以来，通过基础支撑平台、基础信息管理平台及包括10个核心内容的应用平台，辅助中小企业管理办公室进行方针政策的宣传、沟通、提供辅助管理的信息化技术手段；为全市企业提供政务信息咨询、专业服务咨询等服务及产品供需、投资融资、网上培训、人才招聘、对外合作、展览展销等信息发布。厦门中小在线开通一年多来，得到了各级领导和政府各有关部门的关心和大力支持，由于栏目设置合理、服务定位准确、信息覆盖面广、更新及时有效，受到了广大企业的高度关注，网站点击率持续攀升，目前的日访问流量在35,000人次以上，网站最高世界排名7,732，已成为厦门企业第一门户网站和厦门市最受关注的政府平台之一。

下一步，还将借助厦门中小在线平台，建设为中小企业提供电子商务的第三方服务平台，集中资源，降低成本，加快推进中小企业的信息化进程，为实现信息化带动工业化发展目标发挥更进一步的作用。

（五）帮助开拓国内外市场

今年以来，为了帮助企业打开国际市场，进一步提高企业知名度，提高企业品牌价值，依托厦门市中小企业服务中心和相关专业服务机构，积极帮助企业申请联合国采购供应商。目前已注册成功企业8家，正在办理申请的企业2家，后期申报工作正在继续开展中。积极组织我市中小企业参加“中国中小企业博览会”。此外，还组织企业参加南非、南美、俄罗斯等海外市场考察与参展活动。

根据省委省政府闽港合作八大平台的工作部署，我市采取了一系列重要举措，引导我市中小企业加大与香港中小企业的合作。去年4月份邀请香港生产力促进局总经理李启伦先生及该局驻广州首席代表何卫宁先生来厦考察，向我市介绍了香港生产力促进局在为中小企业提供服务方面的先进经验和成功作法，为我市在今后开展中小企业服务工作方面提供了有力的指导。去年6月份积极组织了我市的电子、汽车行业的企业按照产业链发展需要，推出相关产业配套项目随省经贸团组赴港参加专场推介会。

参会期间，我市代表还特别拜访了香港生产力促进局、贸发局、总商会以及澳门的相关经贸部门，建立起了我市与香港及澳门相关部门的联系渠道，为推动我市与香港、澳门中小企业的合作创造了有利条件。去年9月底积极组织我市的信用担保公司参加香港特区政府财经事务及库务局局长马时亨带领的香港特区政府金融代表团来厦考察交流会，为我市的中小企业与香港特区金融资本的有效对接提供了一个很好的交流平台。去年11月份组织我市的部分中小企业随省经贸委组团参加香港每年一届的中小企业推广日。今年2月份，我局联合香港专家顾问协会承办了“福建中小企业走向国际化研讨会暨香港专家咨询服务日”活动，为我市的中小企业海外融资以及提高内部管理水平搭建了良好的平台。

此次，由市中小企业服务中心牵头组织我市中小企业赴温州考察，学习温州模式，参与国外来厦考察团的交流活动，助力本市中小民营企业的创业发展。

（六）构建人才服务平台

为促进中小企业改善人才结构，提高人才与企业的有效对接，帮助企业接收合适的人才，我局以国家发展改革委和教育部联合举办全国中小企业网上百日聘大中专毕业生活动为契机，借助厦门中小在线开辟人才招聘专栏，提供就业指导、职业规划、招聘动态、人才信息等人才服务，取得良好效果。2005年的网上百日招聘活动期间，共有114家我市企业共提供了243个职位629个岗位，远远超出了国家发改委下达我市的指标。活动结束后，我们及时总结了工作经验，已将阶段活动转化为日常工作，进一步为本市中小企业和大中专毕业生搭建了网上供需对接平台。今年的网上百日免费招聘活动于2月21日正式启动，目前正在如火如荼地进行之中。

（七）开展政务代理

代办证件。区级服务机构以提供中小企业日常运营服务为主，帮助中小企业解决生产经营问题。比如：思明区企业服务中心自2003年2月14日正式运行，是厦门市首家为新设立企业（公司）办理各种证件提供服务的窗口。中心以服务企业、方便群众为宗旨，实行开放式办公，一个窗口受理，一条龙服务，一次性收费的管理模式，其工作职责是为新设立的企业（公司）办理各种证书提供优质、高效和便捷的服务。现进驻服务中心的有工商、文化、计生、卫生防疫、外资、统计、环保、人才中心、商业银行、商标事务所等10个单位。通过导办、舒适等待、知情权、自助查询、延时、跟踪、靠前、上门、提醒、绿色通道等人性化的创新服务，得到广大中小企业的一致好评。

申报项目资金。市中小企业服务中心从项目申报材料指导、跟踪服务到项目验收考评各个环节，帮助企业完成申报国家级项目6个、省级项目8个、市级项目30个，资金总额达3000万元。

办理免税手续。为使用国产设备企业办理抵免企业所得税；为使用进口设备企业办理退税。

（八）提供维权服务

依托中小在线网建立了跟踪服务企业工作平台，出台了跟踪服务企业工作制度，全天24小时接受企业的咨询、投诉，形成较好的互动局面。针对这一工作，专门制定了《厦门市民营经济工作领导小组办公室跟踪服务企业工作制度》，明确通过建立企业数据库、信息便捷通道、点对点服务等工作，把厦门较知名的、成长型的民营企业都纳入紧密跟踪服务的范围内，并通过紧密跟踪服务及时掌握民营经济政策落实情况的第一手资料。该工作平台已经成为我市民营企业与民营办之间的一条“绿色通道”。一年来，市民营办共收集到67户企业反映的95个需要协调解决的问题，在民营办各成员单位的共同努力下，已解决和正在解决55户民营企业提出的78个问题，其余的问题也在协调落实之中；对一些不符合政策规定的、一时难于解决的问题，及时做好解释和说明工作，取得企业的理解和支持。

根据中小、民营企业的服务需求情况，我市还将建立中小、民营企业工作餐制度，市领导及相关政府部门定期与中小民营企业家进行交流，并筹划成立厦门市民营经济联合会，作为我市中小民营经济工作交流的重要平台。

（厦门市中小企业管理办公室）

江西省

2005年中小企业改革发展总体情况

2005年，江西省中小企业系统在省委、省政府的正确领导下，坚持以“三个代表”重要思想和党的十六届五中全会精神为指针，以开展保持共产党员先进性教育活动为动力，全面落实科学发展观，围绕年初确立的奋斗目标，解放思想，开拓创新，团结拼搏，迎难而上，全省中小企业和非公有制经济呈现出良好的发展势头，为江西经济社会发展作出了积极贡献。主要表现在以下3个方面：一是中小企业增势强劲，在全省GDP中的比重逐年增加。至2005年底，全省中小企业合计完成增加值2190亿元，占全省GDP的53.8%，增长15.3%；其中，工业增加值1000亿元，增长11.5%；实交税金160亿元，占全省财政总收入的38.1%，增长33.3%；出口创汇21亿美元，占全省出口总额的87.5%，增长23.5%；安置就业500万人，相当于全省城镇就业总数77%，增长6.4%。二是非公有制经济发展迅猛，成为促进我省经济增长的重要力量。2005年全省非公有制企业达75万户，注册资本1000亿元，从业人员440万人，相当于全省城镇就业总数的68%；完成增加值1380亿元，占全省GDP的34%，增长35.8%；实交税金150亿元，占全省财政总收入的36%，增长66.7%；出口创汇14亿元，占全省出口总额的58.3%，增长42.8%。三是工业园区强势崛起，已经成为我省经济社会发展的新亮点。到2005年底，全省工业园区完成工业增加值420亿元，增长47%；实交税金85亿元，占财政总收入的20.2%，增长86%；出口创汇17亿美元，占全省出口总额的71%，增长29%；安置就业105万人，增长41%。

2005年，重点抓了以下6个方面的工作：

（一）围绕园区发展积极开展服务

一年来，我们立足部门工作职能，主动服务园区发展，重点是“出台了一个文件，狠抓了三项工作”。“一个文件”就是代省政府起草了《关于进一步提高全省工业园区发展水平的意见》，并以赣府厅发[2005]40号文件下发，明确了全省工业园区的奋斗目标、发展思路和工作举措。“三项工作”，即：一是9月28日在东莞成功举办了江西省工业园区专项招商引资座谈会，邀请客商308名，推介重点招商项目166个，签约资金达46.59亿元，取得了领导满意、部门满意、客商满意、园区满意的明显成效。二是建立了江西省工业园区中小企业融资服务中心，全面启动工业园区中小企业融资服务试点工作，已向奉新冯田工业园14家企业发放第一批融资贷款2850万元。在试点工作取得成功的基础上，全省15个工业园区的中小企业融资服务工作全面铺开。三是召开了全省工业园区厂房建设现场会，组织全省工业园区主任实地考察学习了赣州经济技术开发区、定南工业园、龙南工业园的多层厂房建设和企业现场管理的做法及经验。

（二）服务中小企业工作成效明显

一是建立了江西省中小企业服务中心，加快推动全省中小企业服务平台建设。目前，省级中小企业服务平台建设项目已经启动，3个地级市服务平台建设项目正在实施。同时，在省级中小企业发展专项资金中安排的3个县级服务平台建设项目进展顺利。二是会同省财政部门，按照选准扶持重点、提高项目质量、改进申报方式、严肃工作纪律的要求，认真开展国家中小企业发展专项资金项目的申报工作。2005年我省共有12家企业获得国家支持，项目资金总额达760万元。此外，还建立了项目库，储存了一批优势项目，为今后进一步争取国家项目支持奠定了基础。三是深入实施中小企业诚信工程，不断提高广大中小企业的自律意识和管理水平，着力营造诚实守信的市场环境。2003年以来，全省共评定诚信企业276家。2005年又有578家企业提出申报，共有160家企业被评定为诚信企业。四是牵头组团参加了“第二届中国中小企业博览会暨中法中小企业博览会”，我省共有86家中小企业参展，设置展位58个，总成交额达3亿元。江西省中小企业局被国家发改委评为“优秀组织奖”。

（三）加大非公有制经济扶持力度

一是积极响应省委、省政府关于“全民创业、富民兴赣”的战略决策，从融资担保、资金支持、人才培训、信息服务、科技创新等五个方面，制定了具体的扶持措施，帮助解决非公有制经济发展中存在的突出问题。二是认真实施省政府“五百工程”，切实抓好全省100户重点民营企业的发展，制定具体认定办法，明确挂点帮扶领导，建立调度分析制度，并定期提供有关产业政策、发展规划、投资重点和市场需求等信息，为进一步壮大企业规模、增强企业实力创造了有利条件。三是认真贯彻落实国发[2005]3号文件，抽调专门人员，成立工作班子，借鉴先进做法，广泛征求意见，代省政府起草了《江西省人民政府关于鼓励支持和引导个体私营等非公有制经济发展的实施意见》，为加快全省非公有制经济发展提供了政策支持。

（四）扎实开展中小企业教育培训

一是为切实提高我省中小企业经营管理人员的综合素质，按照国家发改委的统一部署，充分利用国家中小企业银河培训资金，组织开展统计报表、信息网络、工商管理、创业技能、融资担保、市场营销等7个专题、1000多名中小企业厂长、经理和专业、创业人员的培训。二是参照国家银河培训的做法，从省级中小企业发展专项资金中安排150万元，用于省、地级市两级对3000多名中小企业经营管理人员开展免费培训，进一步提高他们的管理水平、创新意识和市场竞争能力，并推动市县中小企业主管部门广泛开展培训活动。三是连续七年在江苏无锡举办了重点乡镇党政领导中小企业知识培训班，2005年培训人员达190人。四是继续与省人事厅合作，组织全省300余名非国有企业高级职称申报人员进行培训和考试，进一步加强了我省非国有企业专业技术人员的队伍建设，为促进中小企业和非公有制经济发展提供了人才支持。2005年全省共有460人申报非国有企业专业技术高级职称，通过培训、考试、评审，有325人取得了证书。

（五）稳步推进中小企业融资担保服务

一是在省财政部门的大力支持下，扩充省中小企业信用担保公司的注册资本3000万元，切实增强了担保公司的担保实力。二是着力加快全省各级中小企业信用担保机构的建设步伐，目前，省、市、县三级融资担保服务体系逐步建立和完善，全省中小企业信用担保机构已达75家，注册资本为8.16亿元，共筹集担保资金9.10亿元，累计担保企业户数1765户，担保笔数2527笔，担保总额27.7亿元。三是明确了跨省区和规模较大的中小企业信用担保机构的报批程序，建立了省内、注册资本1亿元人民币以下的中小企业信用担保机构的备案制度，规范了信用担保机构的市场准入，促进了信用担保机构的健康发展。

（六）深入开展调查研究和对外宣传工作

2005年，我们紧紧围绕全省中小企业、非公有制经济和工业园区发展中的重点、难点、热点问题，开展专题调研，主动破解难题，加大宣传力度，推进各项工作。一是由省局牵头，联合省工商局、省社科院组成3个调研组，深入到6个设区市的12个县（市、区）和部分非公有制企业，进行了为期一个月的专题调研，先后召开了14次政府有关部门负责人和企业家座谈会，掌握了全省非公有制经济发展的基本情况，摸清了存在的主要问题，明确了今后的工作重点。二是会同省委政研室、人行南昌中心支行组成了全省工业园区中小企业融资问题专题调研组，对全省工业园区中小企业的融资情况进行了专题调研，形成了《江西省中小企业融资情况调查》，并在省委《内部参考》上刊登。三是切实加强与江西日报、江西电视台等新闻媒体的联系，在省以上新闻媒体刊发电视新闻、报道60多篇，广泛宣传中小企业、工业园区、非公有制经济的发展成就和先进典型，及时报道省局优化政务环境、服务全民创业、组织园区招商、缓解融资难题等工作举措和成效。通过这些宣传报道活动，塑造了中小企业及主管部门创新创业的崭新形象，扩大了中小企业的社会影响，为中小企业发展营造了良好的舆论氛围。

江西省中小企业发展还存在着一些不可忽视的问题，主要是：在发展水平上，存在着经济总量不够大，发展速度不够快，企业实力不够强，产业结构不够优，经济增长方式还比较粗放等问题。在企业素质上，存在着技术装备落后，创新企业家不多，职工素质较低，管理水平不高等问题。在产品结构上，存在资源性粗加工、低附加值产品多，精加工、高附加值产品少；贴牌生产产品多，自主品牌产品少的问题。在发展环境上，存在创业可配置资源少，服务体系建设滞后，企业融资难等问题，企业发展环境有待进一步改善。在工作职能上，管理体制不够顺畅，服务手段还不强。

（江西省中小企业局）

山东省

2005年，山东中小企业、民营经济坚持发展主题，突出结构调整主线，加快制度、管理和技术创新步伐，各项经济指标保持了高幅增长。为推动全省经济社会全面发展，构建和谐山东发挥了重要作用。

一、“十五”期间民营经济发展的基本情况

“十五”期间是我省民营经济发展最快、最

好、成效最突出的时期。

1. 经济总量跃上新台阶

2005年，全省个体私营经济户数达到200万户，比2000年增加53.9万户，年均增加10.78万户。其中，私营企业31.2万户，比2000年增加17.4万户，年均增加3.48万户；从业人员809万人，比2000年增加319万人，年均增加63.8万人；其中私营企业413万人，比2000年增加199万人，年均增加39.8万人；注册资本4481亿元，是2000年的5.46倍，年均增长40.4%；其中私营企业4132亿元，是2000年的6.03倍，年均增长43.2%。

2. 企业规模迅速膨胀

全省规模以上民营工业企业将达到18730户，比2002年增加近1万户。年营业收入过亿元的企业达到1600多家，比2000年增加877家。在2004年国家统计局公布的大型企业中，我省民营企业有87家，占全省大型企业的38.86%，在山东百强工业企业中民营企业占31家。

3. 科技进步加快步伐

全省科技型民营企业发展到5000多家，年产值过亿元的160多家，省级以上高新技术企业1350家，省级技术开发中心90家，国家级火炬计划重点高新技术企业26家，1700多家企业与大专院校、科研单位建立技术协作关系。

4. 集群化发展趋势明显

"十五"期间，民营经济园区化、集群化加快步伐，在专业村、产业镇、特色园区的基础上，以大型企业为龙头，与产业链相配套的大批企业不断集聚，形成了各具特色和区域竞争优势的产业集群。目前，全省销售收入过5亿的产业集群121处，从业人员367万人，实现营业收入4280亿元，利税332亿元，集群主要分布在食品、建材、纺织、机械、化工、轻工、电子等主导行业。

5. 名牌产品不断增加

目前，全省民营企业有中国名牌产品44个，占全省的37.4%。有中国驰名商标30个，占全省55.6%。有山东名牌583个，占全省的62%。有山东著名商标533个，占全省的54%。分别是"九五"末的44倍、10倍、15倍和11倍。

6. 担保体系建设成效显著

全省具有一定规模的担保机构达到177家，注册资本42.8亿元，累计担保企业2.6万家，担保金额191.4亿元，担保累计实现营业收入2.27亿元，上交税金3812万元。

7. 民营经济的地位日益突出

2005年全省民营经济增加值占全省GDP的比重达到34%，比2000年提高10个百分点。上交税金达到211.6亿元，年均增长28.1%。民营经济的发展对全省经济增长、扩大就业，提高城乡居民收入和增加财政收入发挥了不可替代的作用。

二、"十五"期间的主要工作

"十五"期间，山东中小企业、民营经济以邓小平理论和"三个代表"重要思想为指导，认真贯彻党的十六大、十六届三中、四中、五中全会精神，以科学发展观统领全局，解放思想，大胆创新，在推动民营经济发展上主要做了以下工作：

1.优化环境，营造民营经济发展的良好氛围

一是山东省委、省政府把民营经济、高新技术和外经外贸一起列为全省国民经济发展的"三大亮点"，将民营经济纳入国民经济和社会发展规划，列入各级党委政府的重要考核内容。省、市每年都召开高规格民营经济工作会议，党政主要领导出席会议并讲话，对民营经济发展思路和重大措施做出部署，为民营经济发展指明了方向。二是2002到2004年，省委、省政府连续三年每年制定一个支持民营经济发展的政策性文件，省直有关部门和各市都制定配套政策，放宽准入领域，取消歧视性政策，加大扶持引导力度，表彰优秀民营企业和企业家，对民营经济发展起了极大的推动作用。三是按照省政府"提速、提效"的要求，各级政府、部门进一步转变职能，改进工作作风，减少审批事项和收费项目，规范执法行为，强化服务意识，提高办事效率。四是加大舆论宣传力度，在全社会营造出大力发展民营经济的良好氛围。

2.引导企业做大做强，培植特色产业

一是积极引导和扶持具备条件的民营企业通过资本纽带实现联合，通过兼并、租赁、参股、承包等形式，实施低成本扩张，加速企业个体规模膨胀。二是以科学的发展观为指导，围绕建设制造业强省，选择1000多家最具成长性中小企业，集中扶持，优先服务，促进成长，培育一批支柱产业、一批大型企业集团和一批知名品牌。省农行每年按不低于当年新增信贷投放30%额度。省工行每年按不低于全部增量流动资金贷款60%的额度支持成长型中小企业。省开行优先为入选企业提供小额贷款。2005年10月26日举行隆重的启动仪式。三是坚持发展与结构调理相结合，坚持发展与当地资源优势相结合，坚持与省里确定的七大产业相结合，引导民营经济立足资源和技术优势，大力发展国家鼓励的行业，发展有市场、有效益、有竞争力的项目，发展特色产业集群。全省已经形成了一批规模大、竞争力强、专业化特色明显、产业链体系完整、企业集聚效应显著、经济活力充沛的区域性产业集群。特色经济拉动了经济的快速增长。

3. 加快科技创新步伐，提高民营企业整体素质

"十五"期间，坚持以市场为导向，以科技进步为支撑，每年都筛选确定一批重点民营企业技术改造项目和科技创新项目，分别纳入全省和各市项目导向计划。加快对骨干企业的技术改造，提高企业装备水平。省办和大部分市局都设立了中小企业网站，引导民营企业以信息化带动

工业化，以工业化促进信息化，全面提升企业管理水平和核心竞争力。积极引导民营企业与大专院校、科研单位建立合作关系，充分发挥“产学研”的合力效应，在研究开发高新技术方面收到了良好效果。

4.加强载体建设，构筑民营经济发展的平台

各地坚持高标准规划、高起点建设、高效能管理的原则，建设了一批标准高、设施全、服务优的工业园区，吸引了众多民营企业进区发展和经营，提高了民营企业集聚效应。“十五”期间，70%以上的新上项目大都集中在园区。相对集中的发展，促进了园区经济的崛起，带动了区域经济的快速膨胀，加快了农村人口转移和城镇化建设步伐。

5.大力招商引资，提高民营经济的外向度

“十五”期间，各市充分发挥各自优势，加大力度，全方位的开展招商引资，落实招商责任，优化招商环境，挖掘招商潜力，提高招商效果，灵活多样的方式，千方百计的精神，吸引了一大批省内外、国内外客商来山东投资兴办民营企业。同时积极引导民营企业参与国际市场开拓，大力支持民营企业从事外经贸业务。一批具备条件的民营企业纷纷走出国门，直接参与国际市场竞争。

6.重视服务体系建设，为民营企业发展创造条件

近几年来，山东各地按照增强服务意识、统筹服务资源，拓宽服务领域，完善服务功能，规范服务行为的要求，大力培育和发展中介服务组织体系，为民营经济提供良好的社会服务环境。全省相继成立了一批民营企业信用担保机构、诚信评估机构、人才技术服务机构和法律服务机构，在一定程度上缓解了民营企业融资难、人才缺乏的矛盾。2005年，省办在精心筹备的基础上，于10月22日成立山东担保行业协会，48个单位会员和49个个人会员入会。担保行业协会的成立，为维护担保机构的利益，规范担保行为，促进民营经济发展奠定了良好基础。

目前，山东中小企业、民营经济发展存在的主要问题是，有的地方和部门政策贯彻落实不到位，“中梗阻”现象比较严重；与先进省份相比，山东中小企业、民营经济产业档次和集中度较低，企业规模偏小；企业缺乏自主创新能力，产品技术含量不高；管理制度不够完善，中介服务组织发展滞后；经济增长方式粗放，中小企业、民营经济的整体竞争力不够强。

三、2006年全省民营经济工作安排

2006年是实施“十一五”规划的开局之年。山东中小企业、民营经济工作以科学发展观为指导，认真贯彻中央和省委总体工作部署，围绕促进中小企业成长“一条主线”，实施中小企业成长、小企业培育、特色产业提升“三项计划”，建设融资担保、信用评价、创业辅导、人才培训、信息网络、行业协会“六大体系”，着力提高民营企业自主创新能力，努力实现速度效益与结构质量同步提高。

主要经济增长预期目标是：全省个体私营经济从业人员增长5%，企业增加值增长20%以上，占全省GDP的比重提高2个百分点，上缴税金增长15%以上。

按照上述要求和目标，重点做好十个方面的工作：

一是搞好政策法规体系建设。积极配合省人大做好《山东省实施中小企业促进法办法》的调研、起草、论证和宣传工作。进一步完善落实国发[2005]3号文件的配套政策措施。

二是构建中小企业社会化服务体系。重点在融资担保、信用评价、信息网络、创业辅导、协会建设等方面实现新突破。

三是推进“三项计划”的全面实施，制定中小企业成长计划方案，全面落实五个方面的项目措施，推动1000家成长型中小企业加快发展；制定小企业培育计划方案，与工商银行等商业银行合作，通过创业辅导等措施，五年培育10000家规模以上中小企业。制定特色产业提升计划方案，与建设银行等专业银行合作，依托专业园区和行业协会，推动100个特色产业提升层次。

四是强化中小企业企业管理。坚持逐步推进，分类指导，开展中小企业、民营企业管理上等级活动。

五是提高中小企业和民营企业素质。制定加强中小企业培训工作的意见，明确“十一五”培训工作重点，着重抓好民营企业家队伍建设、成长型中小企业经营者素质培训、小企业会计培训和小企业创业培训。

六是促进企业自主创新。重点开展体制创新、管理创新和技术创新。一季度召开全省中小企业信息化推进大会，为成长型中小企业信息化提供一揽子解决方案，组织实施“山东省中小企业信息化推进工程”。

七是着力缓解企业融资困难。依托山东省担保行业协会，建立中小企业融资服务平台，开展中小企业融资项目征集和融资推介活动。一季度与人民银行济南分行邀请驻鲁金融机构，召开全省中小企业银企合作推进会，落实和签约一批贷款项目，推动银行对更多中小企业的贷款支持。建立中小企业上市融资培育库，推动高成长性中小企业在海内外上市。建立担保补偿和激励政策，规范担保行业发展。

八是开展小企业创业辅导活动。制定创办小企业工作方案，开展小企业创业辅导试点，建设20个创业孵化辅导基地。

九是加强中小企业对外交流与合作。组织中小企业参加第3届中国中小企业博览会暨中德、中意中小企业博览会。实施“走出去”战略，推动民营企业招商引资。

十是完善中小企业和民营经济统计体系，加强对企业生产经营状况的监测与分析。做好民营

经济运行情况分析和国家发改委中小企业、非公有制经济统计试点工作，及时发布成长型中小企业运行信息。

（山东省中小企业办公室）

青岛市

一、青岛市民营经济发展现状

2005年初，按照国务院关于支持非公经济发展的部署，在全面分析青岛的经济框架和发展战略的基础上，省委副书记、市委书记杜世成同志提出了要从"促进生产力发展、推动经济结构调整、带动群众致富、建设和谐社会"等方面，提高对发展民营经济重要性的认识，把民营经济提升到"民本经济、富民经济"的战略高度认真对待。进而又明确提出，提升青岛经济活力，要实施"四轮驱动、民营为先"的发展战略。一年来，在市委、市政府的领导下，全市上下创新思路，开拓进取，强化措施，推动青岛市民营经济进入了发展的快车道，发展政策进一步完善，发展环境进一步优化，发展速度、质量和效益全面提高，为构筑全市可持续发展的经济体系做出了贡献。

（一）民营经济基本运行情况

2005年，全市民营经济呈现加速发展的良好态势，各项经济指标增长幅度均为近年来最高，居全省领先地位。2005年，全市民营经济增加值预计实现1328亿元，同比增长20.5%，占全市GDP的49.2%。

一是总量规模快速膨胀。2005年底，全市民营经济注册户数达到28.2万户，注册资本金1730亿元，同比增长14.1%；其中，个体私营经济27.2万户，注册资本金909亿元，同比增长15.2%。

二是经济贡献不断增大。2005年，全市民营经济税收收入累计146.4亿元，同比增长31.6%，占全市的28.5%。其中，个体私营企业实现税收34.8亿元，从业人员102.5万人，同比分别增长24.1%和4.4%。

三是外经外贸发展势头迅猛。2005年，全市民营经济出口额实现89.7亿美元，同比增长28.4%，占全市的51%。有32家民营企业在15个国家和地区设立了贸易公司和办事机构。

四是大项目建设后劲十足。全市民营企业完成固定资产投资902.5亿元，同比增长61.3%，占全市规模以上固定资产投资的64.5%。全市163个投资2000万元以上的大项目全部开工建设，累计完成投资66.7亿元，占全部计划投资数的54.9%，其中有78个项目竣工或投产。

五是骨干企业带动作用明显。全市百强民营企业实现销售收入和总产值为781亿元和805亿元，同比分别增长27.1%和24.8%，带动作用明显增强。其中，十强民营企业实现销售收入和总产值为349.8亿元和353亿元，同比分别增长19.5%和19.6%，分别占百强企业的45%和43.8%。全市40户重点农产品加工企业发展态势良好，全年完成销售收入195亿元、上交税金3.2亿元、出口额11.1亿美元，同比分别增长27%、22%和20%。

（二）主要工作情况

1. 进一步完善促进民营经济发展的政策

一是提高认识，增强了加快民营经济发展的责任感和紧迫感。市委、市政府围绕民营经济发展，召开了一系列工作会议，市委、市政府主要领导提出了要从"促进生产力发展、推动经济结构调整、带动群众致富、建设和谐社会"等方面，提高对民营经济重要性的认识，突出重点抓好做强做大企业、服务体系和大项目建设、招商引资、人才培训等十项工作，进一步统一了思想，明确了任务，确定了发展战略，在全市掀起了发展民营经济的新高潮。二是完善政策，激发民营经济的创业活力。制定出台了促进民营经济发展的28条政策措施，各区市和市直有关部门分别制定了近20个具体实施细则和配套文件，为民营经济的发展构建了较为完善的政策服务平台。三是营造环境，形成全市上下共同发展民营经济的合力。成立了市民营经济发展工作领导小组，各区市均设立了民营经济主管部门，健全了工作机构。建立了重点民营企业的联系制度。全市共修改调整了60多条不利于民营经济发展的政策和条文。先后组织了"科学发展看青岛—民营经济篇"和"民营企业走进海尔"等系列主题宣传活动，形成了全社会支持民营经济发展的良好氛围和环境。

2. 加快构筑促进民营经济发展的服务体系

一是全力打造融资担保体系。积极推动各类民间资本发展商业担保机构，全市担保公司总数达到29家，其中引进大连和山西两家注册资本过亿元的担保机构。在全市组织实施了"民营及中小企业金融服务月"和"企业理财培训班"活动，全年促成14家银行与50多家民营企业签订贷款协议，对100多个项目提供贷款支持25.4亿元，较好地缓解了民营企业融资难的问题。二是加快建设创业培训体系。实施了民营企业人才"百千培训计划"，设立"青岛市民营经济大讲堂"，组织110多名民营企业家参加与清华大学联合举办的"现代工商管理研究生班"学习，组织1400多名企业中层管理人员参加了管理、金融业务知识等专题培训，组织300多名企业经营管理人员参加国家"银河培训工程"。举办了"温州民营企业家报告会"。有效提高了民营企业中高级管理人员素质。三是初步建立起了民营经济运行分析体系。制定实施了《青岛市民营经济统计试行办法》，建立了民营经济工作定期通报和发布制度。对40户重点民营企业实施了运行监控，加强了预警预报。四是积极推进社会化中介服务机构建设。按照"政府扶持中介，中介服务企业"的思路，积极推进社会化中介服务机构的建设，先后确定了三处民营及中小企业公共技术试验基地、两处民营及中小企业创业辅导基地和一处民营及中小企业教育培训基地，促进中介服务组织为民营及中小企业提供社会化、专业化和规范化的服务。同时，成立了青岛市民营企业协会，按照“自立、自律、自治、自养”和信息共用、相互支持、利益共享、共同发展的原则，在宣传、教育、培训、维权、咨询、交流等方面积极开展工作，较好地发挥了桥梁和纽带作用。

3. 培植骨干企业，推动民营经济规模扩张

一是实施“五百工程”，培育企业做强做大。根据市委、市政府的决定，集中力量扶持科技型、外向型、规模效益性以及来青投资民营企业和优秀个体工商户各100家。各级各部门充分发挥职能作用，为“五百工程”设立“绿色通道”、实施“直通车服务”，在信息、技术、服务等方面给予重点扶持。2005年，纳入“五百工程”的企业销售收入同比增长25%以上。全年新增销售收入过亿元企业38家，过10亿元3家，过80亿元1家。目前，全市销售收入过亿元民营企业已达186家。二是加快科技创新，增强企业核心竞争力。制定了《青岛市进一步加快民营科技企业发展的实施意见》，进一步完善了政策措施，促进了民营企业自主研发和科技创新能力的提高。2005年，民营科技企业承担项目数占全市科技发展项目总数的66%，民营企业已建立国家级技术中心1家、省级15家、市级72家；新增中国名牌5个，全市民营企业共有中国驰名商标6个，中国名牌13个。三是狠抓项目建设，促进民营经济实力规模扩张。市重点监控的总投资22亿元的23个重点项目已累计投资15.4亿元，完成项目总投资的70.1%。即发、六和、汉缆、万福、康大外贸等企业集团的17个项目已建成投产。四是推进集群化发展，增强民营经济规模效益。纺织服装、橡胶化工、农产品加工、机电、生物制药等五大民营优势产业发展态势良好，成为民营经济发展的主体。

4. 强化招商引资，促进民营经济外向型发展

按照市委、市政府加大招商引资力度的要求，今年我们把招商引资放在突出位置来抓，坚持国内与国外并重、综合与专项并举，促进民营经济产业结构的优化和外向度的提升。一是加大国内招商力度。锁定国内民营企业500强和上市公司100强等知名企业，结合实际，有重点、有目的地开展招商活动。3月份，组织民营企业家赴杭州、温州和泉州分别举办了“青岛市招商引资项目推介会”，收到了较好效果。期间，共有46个项目签订了合同或达成合作意向，累计项目总投资达42亿元，其中，高科技项目和税源型项目占60%以上。目前，已有总投资9.1亿元的13个项目落地青岛。全年，全市累计引进国内民营经济项目950个，实际投资额130.2亿元，同比增长35.7%。二是积极扩大国外招商。积极组织民营企业家参加各类对外招商活动，引导和支持民营企业利用自身优势，通过外资并购、外资参股，与国外大公司、大集团开展合资合作，壮大自身发展。全市民营企业引进外资项目274个，实际外资3.5亿美元。三是鼓励企业“走出去”发展。推动有关部门制定出台了《关于支持民营经济外经贸发展的意见》，加大对民营企业外贸出口、外贸专项贷款、到国外境外投资办厂等方面的支持力度，积极鼓励民营经济外向型发展。截止到目前，全市已获得进出口经营权的民营企业近3000家，已有62家民营企业在20多个国家和地区设立投资项目85个，项目投资总额达2239万美元。

二、存在的主要问题

1. 民营经济产业结构需进一步优化

一是三次产业发展不平衡。骨干民营企业仍聚集在二产中，应加快结构调整。二是民营经济仍以一般加工业、劳动密集型等传统产业为主导，电子信息、新材料和生物医药等新兴的高新技术企业和高成长型企业比重较低。三是个私经济的税收潜力仍较大。我市个体私营企业数量占全部民营企业的96%，实现税收仅占民营经济总税额的24%。

2. 民营企业综合竞争力还不够强

一是自主创新能力较弱。高新技术企业数量少、规模小、产值低的问题仍较突出。全市民营企业中仅有即发集团拥有国家级技术中心。二是民营企业人才短缺。据不完全统计，在民营企业各类人才中，具有本科以上学历的不足4%，研究生以上人员不足0.3%，影响了企业的核心竞争力。三是企业法人治理结构尚不到位。多数民营企业仍采用传统型管理模式，在一定程度上制约了企业的发展。

3. 服务体系建设不够健全

一是融资难仍是企业迫切关注的问题。据调查，银行贷款仅占个体私营企业融资总额的30.1%，个体私营企业投资主要依靠自筹资金解决，影响了企业扩大再生产。担保机构的担保能力比较低，担保市场尚需加大培育力度。二是创业辅导和经营决策咨询服务相对滞后。据调查结果显示，有69%的民营企业认为非常需要社会提供咨询服务；有15%的企业感到因为缺少咨询服务困扰企业发展。三是为民营企业服务的人才培训体系和引进机制尚不到位，资源比较分散。

三、民营经济发展趋势

未来5年，我市民营经济将主要呈现以下5个方面的发展趋势：

1.发展速度继续保持高于全市平均水平，占GDP的比重进一步提高

民营企业数量占全市企业总数比例达到90%以上，民营经济增长率高于全市平均速度20%左右，民营经济占GDP比重达到50%以上。

2.企业规模继续明显扩大，一批在国内外市场

上有竞争力的大公司、大集团将形成

民营企业平均注册资金规模增长20%左右，达到户均75万元，将有更多民营企业进入全国大型工业企业及全国500强企业行列。

3.产业结构不断优化并向重化工业和基础设施领域加速扩张，技术不断升级，产品档次更加提高民营企业继续在轻纺商贸等劳动密集型产业占主体地位，在重化工业和基础设施产业领域的份额进一步提高，在其中的部分行业将占主体地位。企业创新能力不断提高，一批拥有自主知识产权的技术和产品将出现。

4.企业治理结构不断规范与完善，人才结构和员工素质进一步提升

民营企业中的公司制企业比例和海内外上市企业中的民营企业比例进一步提高，民营企业中的家族与专家结合型管理进一步发展，企业治理结构更加走向规范、合理和现代；一大批专业人才和技术工人走进民营企业，管理人员素质明显提升，普通工人素质进一步提高。

5.承担更多社会责任，为和谐社会建设做出更大贡献

在国家的倡导和社会舆论的宣传监督下，民营企业对社会责任的自觉意识进一步提高、管理制度的相应建立和社会责任行为的具体履行，这一切，将进一步推动民营企业成为社会责任的重要承担者，成为构建和谐社会的重要力量。

"十一五"期间，我市将按照"大市场、民营化、外向型、可持续"的发展思路，进一步完善配套政策，优化发展环境，构建创业载体，健全服务体系，推进科技进步，推动全市民营经济的规模、效益的全面提高。增加值、税收、进出口等经济指标年均增长速度保持高于全市平均增长2~3个百分点的水平，使我市民营经济总量和质量在全省保持领先水平，进入全国副省级城市前列。

（青岛市中小企业发展局）

河南省

一、2005年河南中小企业改革发展总体情况

（一）基本情况

近年来，在省委、省政府的领导下，特别是2005年全省民营企业表彰大会后，我省中小企业和民营经济得到了长足发展，呈现出强劲的发展势头，经济总量迅速增长，整体实力不断提高，出现了前所未有的大好局面和快速发展的态势。2005年，全省非公有制经济增加值已占全省GDP的52%。今年第一季度，全省非公有制经营单位达213.3万个，占全省企业总数的98%以上，实现增加值1142.4亿元，营业收入3930.4亿元，实交税金91.4亿元，利润总额345.1亿元，同比分别增长9.44%、36.63%、33.94%、32.72%、40.17%。其中规模以上工业企业8542家，占全省规模以上工业企业总数的75.72%，完成增加值402亿元，同比增长32.3%；实现营业收入1146.9亿元，同比增长61.3%；实现利税130.2亿元，同比增长92.6%；实现利润82.17亿元，同比增长104.7%。民营企业出口额达47442万美元，同比增长47.9%，占全省出口总额的42.3%，高出全省出口额增速26.1%的21.8个百分点。

中小企业、民营经济驶入健康发展的轨道，已成为我省经济发展中最具活力的增长点，成为我省步入工业大省的重要支撑力量，为中原崛起战略的实施，起着不可替代的巨大作用。

（二）发展特点

1.发展速度进一步加快

2005年，全省民营企业发展到31.65万家，与2002年相比，营业收入超过亿元的民营企业由180家增加到876家，实交税金超过1000万元的企业由38家增加到266家，其中，实交税金5000万元以上的民营企业达37家，亿元以上的企业有10家，这样的高速增长是多年没有过的。

2.在县域经济发展中的主体作用更加凸显

民营企业对县域经济的贡献份额越来越大，已成为推动县域经济快速发展的主体力量。目前，在我省县域经济构成中，国有企业已基本退出，第二、第三产业的主体地位已被非公有制经济所占据，呈现出以第二、第三产业为主，多元化、多行业发展的良好态势。据统计，民营企业已占到县域企业总数的98%以上，在去年各地县域经济固定资产投资中，民营企业的新上项目和技改项目占固定资产投资的比重达到90%左右，成为提高县域经济GDP总量、增强县级财政实力和提高农民收入的主要来源，成为社会主义新农村建设的重要推动力量。

3.新上项目质量不断提高

各地积极实施项目带动战略，充分发挥自身优势，加大招商引资力度，引进了一批资金和项目。和过去盲目招商、盲目引进相比，现在各地的招商引资工作更加理性，新上项目的整体质量在逐渐提高。一是新上项目数量多、投资数额大。2005年，全省民营经济新上项目23837个，其中1000万元以上项目2690个，最大的项目投资金额达到11.7亿元。仅林州市投资在500万~1000万元的新上项目就有310个。二是项目选择符合国家产业政策，科技含量有所提高，一批农副产品资源加工产业、现代中药和生物制药产业、电子信息等高新技术产业在新上项目中的份额比重逐渐增多。信阳市河南蓝天集团有限公司光山化工分公司投资5.2亿元,建成了20万吨甲醇和12000KW压差发电项目。平顶山天瑞集团投资4.3亿元的15万吨铸钢项目，其V法真空铸造生产线是目前世界上最先进的，该项目投产后成为亚洲最大的铁路重载机车合金钢铸件生产基地。三是新建项目开始注重提高生态效益和可持续发展的能力。汝州市以煤电为核心拓展为五大产业链条，前伸后

延，共连接循环型工业项目60多个，较好地实现了资源利用最大化，降低了生产成本，提高了产品质量，带动了产业升级，保护了生态环境。

4. 骨干企业的辐射拉动日益增强

在全省民营企业的快速发展中，涌现出一大批行业骨干龙头企业。2005年全省营业收入亿元以上的民营企业达到876家，比上年增加464家，同期增长113%；资产总额1160亿元；实现营业收入2822亿元；完成增加值664.3亿元；实交税金80.8亿元；利润总额175.6亿元；分别占全省民营企业资产总额17.44%，营业收入总额25.58%，增加值总额20.28%，实交税金总额32.06%，利润总额16.28%。

这些企业虽然只有几百家，但它们在我省中小企业、民营经济中的位置举足轻重，它们的快速发展在我省民营经济中起到了很强的辐射带动作用。一是辐射拉动了产业结构的优化和组合，拉动了产业链条的延伸和扩展，拉动了交通运输业、餐饮服务业等相关产业的发展；二是在全省民营企业的发展中起到了样板作用，有力地推动了企业管理层次、科研水平、新产品开发和竞争力的提高。

5. 企业技术创新进步明显

到2005年底，全省民营科技企业发展到1443家，占全省科技企业总数的90%；年度企业申请专利2534项，同比增长67%；全省共有99家民营企业成立了技术研发中心、实验室和研发基地。其中国家级企业技术中心3个，省级企业技术研发中心39个，10家企业被国家人事部批准为博士后科研工作站；获省级以上科技成果260项，金苑小麦粉等24种产品被评为国家名牌产品，90个产品被评为省名牌产品。民营企业的科技创新取得了新的进步，重视企业技术创新和科技进步正日益成为广大民营企业家的主导理念。一批骨干企业在开发新产品、新技术、新工艺，以及申请商标、专利等方面取得了明显成效，有了自主的知识产权。鲁山方圆集团已获得5项国家专利，成为我国最大的高炉炭块生产基地，国内市场占有率超过70%，其中专利技术产品所创造的价值占到该集团营业收入的50%。焦作多氟多化工股份有限公司研制开发的氟硅酸钠法制冰晶石联产优质白炭黑技术，填补国家空白，被列为“国家高技术产业示范工程”。

6. 园区经济、产业集群取得新的发展

自去年以来，全省中小企业、民营经济的产业整合，产业集聚步伐加快，各地围绕当地资源优势，调整产业布局，在项目建设上以园区为依托，优化资源配置，拉长产业链条，培育产业集群，增强整体实力。园区经济、产业集群逐渐步入健康轨道。截至2005年底，全省有各类工业园区413个，入住企业88348家，营业收入2577.52亿元，实现利税248.9亿元，园区内从业人员232.69万人。加工制造业年产值1亿元以上的产业集群143个，共集聚企业6.27万家，实现产值3546.7亿元，上交税金达298.1亿元。工业园区和产业集群作为工业经济的助推器，成为我省经济发展的新亮点。荥阳市的希格玛、上街区的科技产业园、金水区的力嘉科技、新乡市长垣起重、郑州穰东服装等一批高新技术和特色产业工业园区得到较快发展。在原有一批产业集群的基础上，又发展形成如濮阳玻璃制品、郑州的服装加工、巩义的铝电一体化、新乡的新型电池、漯河的食品加工等一批新兴的产业集群。

总的看，目前，我省中小企业和民营经济的运行和发展态势良好，经济增长势头强劲，取得了很大的成绩。但与先进省份相比，与我省国民经济发展的内在要求相比，仍存在一些需要认真分析和思考的突出的问题。

（三）存在的突出问题

1. 政策落实难，发展环境不够宽松，仍是影响企业发展的普遍性问题

总体上看，全省民营企业的发展环境有了较大进步。现在的突出问题是由于个别职能部门监管和服务的缺失，使许多优惠政策落实不到位。多数企业反映，个别行政部门尤其是部分上划垂直部门，在政策落实上“光开花不结果”，有些政策实质往往“搁浅”。在执行政策法规时，该优惠的不优惠，该减免的不减免，使国家和省制定的政策法规不能落到实处。在经济发展环境上，个别职能部门依法行政意识不强，对企业的管理和服务方式还没有根本转变，有的部门只讲管理，不讲服务，执法监管中的越位和缺位的现象还带有一定的普遍性，该监管时以罚代管或只罚不管，不该监管乱监管，“四乱”现象依然存在。

2. 资金短缺，贷款难、融资难仍是当前制约民营经济发展的主要“瓶颈”

据调查，90%以上的民营企业存在资金短缺问题。2005年，全省中小企业获得银行贷款的仅占中小企业和个体工商户总数的0.13%，去年上半年，濮阳市各银行发放贷款余额为17.9亿元，而对民营企业的贷款比例还不到0.1%。驻马店市各银行共发放贷款余额227.9亿元，而民营企业的贷款比例仅占贷款总额的4.2%。由于资金短缺，贷款难、融资难的问题比较突出，很多企业特别是许多很有潜力的成长型企业，因缺乏资金，使企业失去了一个又一个发展良机，极大地增加了发展的机会成本；很多技术过关、产品潜力大、短期内就能创造巨大产值，有望成为经济发展支柱的企业，受资金不足的困扰无法迅速做大；一些很有前景的项目和产品，甚至是仅仅需要少量的流动资金就能迅速见效益的企业和项目，因受资金影响而无法组织正常生产。

3. 中小企业、民营经济发展中的结构性问题须需引起重视

从产业结构看，我省中小企业和民营经济的整体产业结构还主要聚集在传统的原始型产业和资源开发型产业上；从行业结构看，中小企业、民营经济中的新兴行业发展较慢，从事科技型、装备制造型和外向型的企业较少；产品质量、档次和品种结构低的问题仍比较普遍；产业集群的发展整体上还不够成熟，“小而同”企业空间上的

“块状”的聚集多，相互配套的产业链条上的延伸不够。在一些资源型的市、县，民营企业产业结构失衡的现象带有一定的普遍性，个别投资项目仍带有一定的盲目性，产业结构趋同，资源型项目过度集中，产能过剩的问题将伴随着一批批新项目建成投产而日益显现。

4.企业整体素质不高，创新能力弱已成为提升企业竞争力、制约企业持续发展的重要因素

我省民营企业普遍规模小，产业层次低，绝大多数民营企业还没有建立现代企业制度，普遍还是沿袭“家族式管理，作坊式生产，粗放式经营”的模式，不能适应市场经济的要求。大多数民营企业技术创新能力尤其是自主创新能力薄弱，研发新产品的能力差，其产品科技含量和附加值低，知名品牌少，缺少自有知识产权，难以形成市场竞争力尤其是核心竞争力。

（四）主要工作

2005年，河南省中小企业局认真贯彻《中小企业促进法》、《国务院关于鼓励支持和引导个体私营等非公有制经济发展的若干意见》和全省民营企业表彰大会精神，坚持“服务企业为本，企业需求至上”最高工作理念，紧紧围绕中小企业、民营企业发展中遇到的突出问题和困难，紧紧抓住事关长远的重要基础性建设，狠抓政策落实，优化经营环境，继续加强宏观引导，积极推动企业改革创新，推进中小企业社会化服务体系建设，全省中小企业、非公有制经济继续保持较快的发展势头。主要抓了以下几项重点工作：

1.加大宣传力度，狠抓政策的贯彻落实

⑴深入宣传贯彻全省民营企业表彰大会精神。全省民营企业表彰大会召开以后，我局加大了发展非公有制经济的宣传力度，与河南日报、河南电视台、河南人民广播电台、大河网等省会新闻媒体合作，围绕省委、省政府提出的“三放”方针、受表彰的优秀民营企业、优秀民营企业家，进行了全方位、多角度的宣传报道，积极营造大力发展非公有制经济的浓厚氛围。全省各市也分别召开了非公有制经济工作会议，对优秀民营企业和优秀民营企业家进行了表彰和奖励。

⑵举办国务院《若干意见》大型报告会，解读政策，吃透精神。我们邀请国务院政策研究室工贸司司长、非公有制经济政策起草小组组长陈全生详细介绍了国务院非公有制经济政策出台的背景，并重点解读了有关条文和中小企业发展中的热点难点问题。各省辖市、部分县（市、区）中小企业局的负责同志、200多家企业的负责同志和省局约600人参加了报告会。

⑶加紧政策制定和贯彻工作。一是积极研究制订我省贯彻国务院《若干意见》的配套政策。国务院《若干意见》出台后，我局成立了强有力的起草班子，集全局之力，抓紧起草我省的贯彻落实意见。在大量调查研究的基础上，上半年完成了《河南省人民政府贯彻落实〈国务院关于鼓励支持和引导个体私营等非公有制经济发展的若干意见〉的实施意见》的初稿，随后，分别征求了省直30个单位的意见。根据各单位提出的意见建议，对《若干意见》进行了反复的修改完善，现已将送审稿上报省政府。二是积极贯彻全省文化产业发展和文化体制改革工作会议精神，印发了《河南省中小企业服务局关于大力支持民营企业发展文化产业的意见》，采取加大宣传、落实政策，做大做强工艺美术产业，加强融资、信息、创业、人才、咨询服务，加强协调配合，改善文化企业发展环境等5项具体措施，支持民营企业发展文化产业。三是积极协调省直有关部门，在认真调查研究的基础上，起草了《关于建立健全全省中小企业社会化服务体系若干意见》，提出了中小企业社会化服务体系的基本思路、目标任务、基本框架，逐步建立融资担保、信用、人才培训、信息网络、创业辅导、管理咨询、技术支持、法律政策等8大中小企业社会化服务体系，并制定了加强领导、加大投入等4项保障措施。省政府办公厅已于8月底转发省辖市、省直有关部门贯彻执行。四是开展了《河南省实施〈中华人民共和国中小企业促进法〉办法（草案）》的立法调研；征求了全省47个单位对《河南省传统工艺美术保护办法（草案）》的意见和建议，为明年提请省大大常委会审议做了大量前期准备工作。

2.加强调查研究，指导企业发展

一是实行局领导班子联系重点企业制度。局领导班子每人重点联系3个企业，通过解剖“麻雀”，推动面上工作开展。同时，省局领导班子成员坚持经常深入基层、深入企业调查研究，了解政策的贯彻落实情况，掌握第一手材料。二是重点开展了9项专题调研活动。对贯彻落实国家和省里出台的非公有制经济发展的政策措施和《中小企业促进法》的情况，企业的生产经营环境、收费、社会负担和权益保护，企业生产经营中存在的困难和问题，工业园区建设和产业集群发展，民营企业市场准入，企业融资难的具体表现及深层次原因，中小企业、民营企业的技术研发能力及科技水平，民营企业平等待遇，民营企业管理现状等9个方面进行了专题调研。省政府重点调研课题《河南省产业集群发展调研报告》已完成，并上报省政府。三是会同省发改委、财政厅等12个省直部门，以省政府的名义组成7个调查组，对全省民营企业发展环境进行了调查，调查18个省辖市的33个县（区），走访企业108个；召开30个座谈会，与344家企业的负责人进行了座谈；发放问卷318份。起草了《关于民营企业发展环境的调查报告》和《关于规范为非公有制企业服务行为的意见》；提出了建立部门服务协调机制、建立健全收费监管机制、完善行政审批制度、规范社会活动筹资行为、建立和完善奖惩机制等19条具体意见。54起侵害企业权益的典型案件受到有关部门处理。

3.加强规划指导，引导中小企业、非公有制经济结构调整和园区发展

一是抓紧研究制定《河南省中小企业“十一

五”发展规划》和河南省中小企业中长期发展战略。会同中国社会科学院经济研究所的专家组成4个调研组，对12个省辖市、40余个县（市、区）的机电、化工、农产品加工、冶金、建材、纺织等十几个行业的112家企业进行了调研，发放调查问卷2000份，确定了优化企业发展环境、先进企业文化培养对策、信息化发展战略、企业核心竞争力培育战略等课题的提纲和主要内容。目前正在进行《河南省中小企业发展战略研究》初稿撰写工作。二是引导民营暨中小企业加快产业结构调整。积极实施《河南省中小企业产业结构调整指导意见》和《河南省中小企业沼气产业化实施方案》，积极引导中小企业结构调整和沼气产业发展。三是积极争取国家中小企业发展专项资金支持。向国家发改委推荐河南财鑫集团公司等17个企业的17个项目，申请资金2455万元，已有9个项目得到支持，支持资金595万元。四是争取并申报了中小企业平台式服务体系建设项目。经过努力，使我省成为财政部中小企业平台式服务体系建设试点省份，并向国家财政部申报了《河南省中小企业平台式信息服务体系》、《漯河市中小企业创业发展服务平台》、偃师《钢制办公家具平台式技术支持服务体系建设》等3个建设项目，已争取到财政部400万元的专项资金支持。

4.千方百计缓解中小企业融资难

(1)积极推动中小企业信用担保体系建设。一是开展了对全省中小企业信用担保机构调查。至2004年底，全省各类中小企业信用担保机构39家，注册资金14.8亿元，累计为2357家企业、2858个项目提供融资担保服务41.6亿元，使受保企业新增就业4.5万名，新增销售收入52.2亿元，新增利税7.65亿元。二是积极协调省开发银行对信用担保机构的支持。省开发银行今年内对新乡、平顶山、信阳等10个省辖市担保机构分别注入3000万元软贷款。三是积极推动全省中小企业信用担保体系建设。起草了《关于加快建立和完善中小企业信用担保体系，促进民营暨中小企业发展的意见》，已征得省财政厅、人行郑州中支的同意，近期将上报省政府。四是对焦作、新乡等8个省辖市和林州、项城、宝丰等县（市、区）成立中小企业信用担保机构进行了指导。年内有望新增担保机构15家以上，新增注册资本10亿元以上，全省各类担保机构将发展到60家以上，注册资本金可望突破20亿元。

(2)积极推动政府、银行、企业、担保机构的合作。一是筹备召开了全省中小企业资金供求银企衔接座谈会，向金融机构推荐了134家企业的136个优质贷款项目，申请贷款金额66.49亿元。截至10月底，已落实69个，授信18.88亿元，支持额度共计30.85亿元，其中贷款18.12亿元，承兑10.39亿元，贴现1.42亿元，信用证0.42亿元，其他0.5亿元。二是会同省建行、省工商行等金融机构分别在新乡、许昌、漯河等地举办了各种类型的银企洽谈会，签订了一批合作项目协议。三是积极推动省、市局与金融机构开展合作。省局与中信实业银行郑州分行签订了金融合作框架协议、与上海浦东发展银行郑州分行进行了协商，对全省中小企业实行区域管理和营销。四是会同人行郑州中支制定下发了《关于加强和改善金融服务，支持民营暨中小企业发展的指导意见》，提出了一系列指导意见和扶持措施，向各商业银行推荐了12个新的信贷品种。五是积极推动金融机构与信用担保机构合作。目前，省担保中心、省投资担保公司和16个省辖市担保机构、9个商业性和互助性担保机构分别与省内国有银行、股份制银行以及城市合作银行、农村信用社建立了合作关系；省中国银行、交行、省农村信用联社拟于近期下发文件，明确要求本系统各分支机构加强与担保机构的合作。

(3)成功组织了两次大型经贸洽谈活动。一是成功组织参加了第二届中国中小企业博览会暨中法中小企业博览会。我省组成了以省政府副秘书长为团长、18个省辖市有关部门和企业500多人的河南省代表团，参展企业59家，设有展位56.5个，总签约金额9.6亿元。我省代表团获得大会组委会优秀组织奖，河南汽车、摩托车展区获得最佳组织奖，河南卫华集团有限公司等7家参展企业获得优秀参展企业奖。二是成功举办了2005年全国乡镇企业民营企业东西合作经贸洽谈会暨农产品加工贸易博览会。会同农业部乡镇企业局、驻马店市政府具体承办了由农业部、河南省政府主办的第8届驻马店东西合作经贸洽谈会，举办了中原崛起与东西合作论坛，实现了参会人员、到会客商、签约项目数、引进资金四个新突破。仅在重点项目签约仪式上签约项目60个，投资总额75.33亿元，引进资金72.13亿元。

(4)积极推动产权交易、股权融资服务工作。一是会同省发改委、科技厅下发了《关于在全省开展中小企业投融资专项工作的通知》。二是会同有关部门分别在许昌、漯河等地开展了投融资专项工作，签订了一批合作项目，在省技术产权交易所新增挂牌交易企业6家。三是会同省发改委、财政厅、国资委制定下发了《关于促进全省产权交易市场规范发展的意见》，有计划、分步骤、积极稳妥地推进民营暨中小企业进行产权、股权交易，拓宽企业直接融资渠道。

(5)积极做好中小企业改制上市培育工作。经过努力，辅仁药业通过资产重组，已实现借壳上市等；永通特钢已于5月在香港成功上市，募集资金3亿元港币；少林客车、开封特耐、郑州碱业公司在国（境）外上市的各项准备工作正在进行之中。

5. 大力推进服务体系建设

(1)人才培训服务。一是认真落实省委组织部、省中小企业服务局《关于加强中小企业、非公有制企业经营管理人员教育培训工作的意见》，积极实施民营暨中小企业培训规划，积极推动全省各市举办企业领导干部培训班。至10月底，全省组织企业经营管理人员培训班145期，培训企业厂长（经理）人员10.2万人次。二是圆满完成国家发改委下达的全年银河培训计划。我局集中举办了厂长(经理)、人力资源管理、财务、政策法规、融资、创业辅导、质量管理、信息网络、沼气产业化、中介机构等培训班10期，培训各类人员2200人，邀请国家发改委、清华大学等省内外专家、教授前来授课，对参加培训的市、县中小企业工作部门和企业有关人员实行食宿费用全免，取得了良好效果。三是利用中国中小企业河南网，开办网上民营暨中小企业创业讲堂，把资本运营、人力资源管理、市场营销、现代企业领导艺术与方法等12门课程通过视频方式进行远程视频教学辅导，全年网校培训7.5万人次。

(2)信息网络服务。一是建立了全省18个省辖市56个县（市、区）中小企业信息化服务平台，实现了各网站之间信息互动和资源共享，为广大中小企业提供综合性信息服务。二是积极开展网上人才招聘活动，为2400家中小企业网上招聘大学生37000人。仅在国家发改委、教育部组织的网上百日招聘高校毕业生活动中，我省有1042家企业在网上发布招聘信息，提供职位1710人、就业岗位10118个，现已到企业工作5600人。三是积极开展电子商务。利用省局网站对16000多家进行了宣传，帮助建成企业网站350家，制作网页企业1500家，做成企业数据库15000多家。通过网络签订供需合同1500份，交易额约87亿元。四是利用网站发布劳务供求信息。全年发布各类劳务工需求25.8万人，其中省内需求4.5万人，实际输出11.2万人。

(3)技术创新服务。一是组织11个行业专家1050人次为6400多家企业进行技术、质量管理咨询，解决各种技术难题4200项，提出管理创新建议27000多项。向企业推荐新技术、新工艺、新产品5300项，企业采用850项，预计新增加效益12.3亿元。为企业寻找产品技术标准12000多项，帮助企业修订企业内控质量标准3700多项。二是向企业推荐技术管理人才1460人，已被企业聘用1150人。组织协调企业与科研单位、高等院校之间进行产、学、研联合开发新产品、新技术350项。三是协助申请国家、省各项财政扶植中小企业技术创新资金3250万元。其中国家中小企业技术创新资金45项1700万元。协助企业申请省级高新技术企业35家，高新技术产品98项。

(4)信用服务。一是会同人行郑州中支联合下发了《关于加强民营暨中小企业信用制度建设的指导意见》。二是经省政府批准，确定在洛阳、漯河、商丘市组织开展加强民营暨中小企业信用制度建设试点，会同人行郑州中心支行在郑州组织召开了试点工作座谈会，对加强民营暨中小企业信用制度建设试点工作做了全面部署，就组织开展民营暨中小企业资信评级工作进行了具体安排。同时，在全省中小企业系统组织实施了诚信工程。印发了《河南省中小企业诚信工程实施方案》，正在组织开展创建“河南省诚信民营企业”活动，拟评审出200-300家诚信民营企业，树立河南民营企业的良好形象。

(5)创业辅导服务。一是制定了《河南省中小企业创业工作指导意见》，组织实施中小企业创业工程，培育了一批创业辅导师队伍，经过努力，漯河市被确定为全国创业试点城市，目前正在做好各项试点工作，同时，正在全省抓紧筹建20个创业基地。二是制定了《河南省中小企业民营企业管理咨询团开展工作的实施方案》，组建了由北京北大纵横管理咨询有限公司等3家公司为顾问，河南九鼎投资咨询有限公司等14家中介机构为成员单位的河南省中小企业民营企业管理咨询团，已开始对中小企业、民营企业进行管理诊断服务。

6.不断完善非公有制、中小企业统计体系

一是加强与省直有关部门的联系，实现了统计资源共享。目前我局与省统计局、省工商局、郑州海关等部门建立了统计资料共享机制，定期交换非公有制经济、中小企业的统计资料。二是不断完善自己的统计体系，设计印发了《河南省中小企业部门统计报表制度》，每月定期报送反映全省中小企业、非公有制经济发展的主要经济指标完成情况。建立了以30个县(市、区)统计直报和300家骨干民营企业直报制度的补充统计体系。目前，实现了30个县(市、区)和187家骨干民营企业的统计直报。

二、2005年河南省中小企业非公有制经济统计分析

（一）主要经济指标高速增长，经济总量进一步扩大

全省非公有制单位实现增加值4750.6亿元，比上年增长26.26%；营业收入16899.17亿元，比上年增长24.21%；利润总额1748.6亿元，比上年增长31.68%；上交税金331.6亿元，比上年增长28.98%；支付劳动者报酬971.05亿元，比上年增长18.21%；非公有制经济单位数达216.36万个（含个体经营单位184.7万个），比上年增长6.46%；从业人员1534.3万人，比上年增长6.3%。

（二）企业资产规模与经营效益不断提高，社会贡献不断加大

2005年底，全省非公有制企业资产总额达到6651.96亿元，比2004年净增1287亿元；固定资产净值达3117.4亿元，比上年增加346.1亿元；百元产值创利税17.6元，比上年同期提高1.7元；总资产负债率34.6%，比上年同期下降近10个百分点；资本收益率为35.5%，比上年同期提高2.4个百分点，实现了规模与效益的同步增长。2005年，全省非公有制经济上交税金331.6亿元，比上年同期增加74.5亿元，同比增长28.98%；实现利润1078.9亿元，比上年增加211亿元；从业人员达1534.3万人，比上年增加90.7万人，增长6.28%；吸纳城镇下岗职工和失业人员49.3万人，有效缓解了城乡劳动力的就业压力，非公有制企业社会贡献不断加大。

（三）规模以上工业增速强劲

2005年全省非公有制规模以上工业企业各项经济指标增幅较大，相关指标增速均高于全省规模以上工业，资料见下表。

2005年全省规模以上工业情况表

计算单位：亿元

指标名称	2005年非公有制规模以上工业	比2004年增长%	2005年全省规模以上工业	比2004年增长%	非公有制规模以上工业增幅高于全省规模以上工业百分点
增加值	1439.9	37.0	3228	23.3	13.7
资产总额	2945.9	24.6	9060	15.7	8.9
利税总额	536.5	80.29	1202	52.21	28.08
产品销售收入	4585	51.45	10049	38.74	12.71
利润总额	335	89.61	667	64.47	25.14
工业销售产值	4855	55.53	10320	41.7	13.73

（四）非公有制企业各项经济指标增幅高于个体经济

2005年，全省非公有制企业（法人）单位增幅明显高于个体经济，成为我省非公有制经济增长的主要力量。非公有制企业（法人）实现增加值3097.03亿元，同比增长28.8%；营业收入11032.08亿元，同比增长24.3%；上交税金251.99亿元，同比增长30.68%；利润总额1078.92亿元，同比增长32.69%；劳动者报酬589.73亿元，同比增长21.24%。五项指标增幅分别高于个体经营单位7.04、0.3、6.81、2.61和7.44个百分点。

（五）投资需求扩大，固定资产投资增长迅速

由于各地新上项目不断增加，固定资产投资快速增长，2005年我省非公有制企业固定资产投资完成额达到1925.9亿元，同比增长51.2%；其中工业固定资产投资完成额达到1382.7亿元，同比增长58.26%，占固定资产投资完成额71.8%，成为固定资产投资的主体。

从固定资产投资的性质看，新建项目居多，本年新开工项目个数23837个，其中新建项目18131个，占76.06%，而改建、扩建和其他项目个数分别为1722个、3555个和429个，仅占本年新开工项目个数的23.94%；新建、改建、扩建和其他项目的固定资产投资完成额也以新建为主，其中：新建项目完成投资1296亿元，改建项目完成投资147.9亿元，扩建项目完成投资375.8亿元，其他项目完成投资106.2亿元。

（六）从业人员的劳动报酬有所提高

2005年非公有制经济单位支付劳动者报酬达到971.05亿元，年人均6328.96元/人，比上年同期的5690.51元/人增加638.45元/人；非公有制工业企业支付劳动者报酬达到437.5亿元，年人均7579.7元/人，比上年同期的6754.62元/人增加825.08元/人；第三产业劳动者报酬将达到86.6亿元，年人均6096.8元/人，比上年同期的5262.38元/人增加834.42元/人。非公有制经济已经成为城乡居民增加收入的一种重要途径。

（七）建成投产项目成为带动全省非公有制增长的新生力量

2005年全省非公有制企业建成投产项目21051个，其中新建类投产项目15070个，改扩建类投产项目5485个。在全部建成投产项目中，工业投产项目15231个，占72.3%。这些建成投产项目，促进了全省各地非公有制经济的发展，如洛阳伟业集团有限公司年产40万吨线材项目，建成投产后，2005年销售收入已突破5亿元，2005年建成投产的大项目如润峰特钢、亿丰石油、联众纺织、洛钢一轧钢等，销售收入均超过了1亿元。

（八）出口能力稳步提高，产品结构发生变化

2005年底，全省非公有制出口创汇企业达6108家，实现出口产品交货值268.6亿元，同比增长22.5%，其中年出口产品交货值500万元以上的企业392家，出口产品交货值177.5亿元，占总量的66.1%；出口产品交货值量最大的是矿产品类，达52.9亿元，其次是轻工类29.8亿元和工艺品类26.8亿元，成为出口创汇的主导产品。在八类主要出口产品大类中，各类产品占出口总量的比重发生了不同的变化，我省非公有制企业出口产品结构发生了变化，化工类、畜产类和工艺品类的地位在下降，而矿产类、轻工类和食品类的地位在上升。

（河南省中小企业服务局）

湖北省

2005年湖北全省上下认真贯彻党中央、国务院关于推进中小企业、非公经济发展的法律法规、方针政策，全面落实国家发展与改革委员会的各项工作部署，促进了中小企业、非公经济的蓬勃发展。中小企业在全省经济和社会发展中的地位作用日益增强，已成为推动全省经济持续、快速、健康发展的重要力量。

一、发展特点

（一）成为国民经济的重要组成部分

2005年，全省中小企业达到24.2万户，占全省企业总数的99.6%，实现增加值3502亿元，占全省地方生产总值的54%；规模以上中小型工业企业完成销售收入3027亿元，占规模以上企业销售收入的51%；非公经济实现增加值2983亿元，占全省生产总值的46%，比上年增长2个百分点。“十五”期间，全省1.5万家国有中小企业改制为民营企业，234万职工转变身份，实现了体制、机制的转换。中小企业民营化，既增强了国民经济的活力，也壮大了非公经济的实力。

（二）成为创业就业的主渠道

中小企业数量众多，劳动密集度高，成为广大民众创业就业的主渠道。全省中小企业职工人数已达1450万人，占全省第二、第三产业就业总数的

79%。2005 年全省新增就业岗位 65 万个，基本上由中小企业和非公经济提供。

（三）成为科技创新的生力军

2005 年，全省 2870 户科技型中小企业完成销售收入 820 亿元，“十五”期间年均增长 28.5%。中小企业自主创新能力不断增强，全省专利的 2/3 是由中小企业发明的，3/4 以上的新产品是由中小企业开发的。以武汉东湖高新技术开发区为依托，中小企业的光电子产业迅速崛起，涌现了精伦电子、楚天激光、力兴电源等一批新型企业群体。

（四）成为县域经济的重要支撑

县域经济基本上是中小企业、非公经济占主导地位。中小企业和非公经济创造的生产总值和就业岗位在县域经济中均占 85% 左右，创造的税收占 70% 左右。特别是中小企业往往与劳动密集型、农副产品加工型的产业紧密联系在一起，更是大力推进农业产业化、农村工业化、城镇化的主要力量和建设社会主义新农村的重要经济基础。

（五）成为大型企业的合作伙伴

在全省中小型工业企业中，为大型企业配套的占 20% 以上。形成了十堰、襄樊、随州、武汉一线“汽车工业走廊”；大冶、黄石、鄂州一条采矿、冶炼、机械加工的“钢铁工业带”；荆州、宜昌、恩施一带建筑、建材、运输的“三峡工程服务群”。这些中小企业与大型企业相辅相成，成为湖北工业的重要基础和支撑力量。

（六）生产效率和经济效益不断提高

2005 年，在全省规模以上企业中，中小型企业以不到 38% 的资产总额，创造了 51% 的销售收入、41% 的税金总额、32% 的利润总额，同比分别提高了 1.3、5.5 和 5.3 个百分点；中小型企业销售收入、利润总额增幅达到 27.9%、46.6%，分别比大型企业增幅高 6.3 和 32.7 个百分点。

（七）产业集群初具规模

中小企业依托地方资源优势在城镇集聚发展。据对 53 个县市区调查的不完全统计，已形成产业集群 144 个，关联企业 4468 家，职工 37 万多人，其中销售收入过亿元的产业集群 80 多个，关联企业 3875 家，职工 30 万人，年销售收入 404 亿元。通城的涂附模具和云母、仙桃彭场的无纺布、应城的精细化工、汉川马口的制线、恩施的魔芋加工、随州三里岗的香菇加工等，已具相当规模，聚成群体，成为地方经济的重要支撑。

（八）“拳头”行业实力渐强

农副产品加工、建材、机械、纺织服装和医药化工成为湖北中小企业的五大“拳头”行业，其经营成果占中小企业经济总量的 80% 以上，其中医药、化工行业占到 10%。B 族维生素产品居国内领先水平，生产量和出口量分别占全国的 60%、50%，其中 VB2 新菌种工艺技术达到国际领先水平，生产能力居国内第 1、世界第 3；氨基酸产品是国内品种最多、出口量最大的省份，有 16 种氨基酸出口、3 个产品填补国内空白。

（九）“双百”企业异军突起

百家中小企业和百家民营排头兵企业成为国民经济的重要支柱，县域经济的重要主体，安置就业的主要渠道，财政收入的重要来源。2005 年，百家重点中小企业实现销售收入 142.33 亿元,比上年增长 13.34%,高于全省规模以上工业企业平均水平。百家民营排头兵企业实现销售收入 293.43 亿元,同比增长 11.53%。

二、存在的主要问题

湖北省中小企业近年来的创立、发展和壮大取得长足进步。但同时面临着资金难融、人才难引、技术难寻，营销信息、渠道、网络不畅等困难。除了这些共性问题以外，湖北与其他先进兄弟省区相比，中小企业发展面临的困难还有着自身的区域特点：

（1）湖北中小企业发展规模与全国中小企业，特别是东部地区存在较大差距，在产品竞争力、技术创新、管理现代化、核心竞争力等方面与先进企业有不小差距。

（2）为中小企业服务的服务体系才刚起步，环境建设有待进一步完善和优化。

（3）中小企业家族式管理较普遍。目前，全省家族式管理的中小企业占有相当比重，需要提高这些企业管理层认识，努力建立现代企业制度，增强企业管理者素质，引进和重用各方面人才，提高企业竞争力。企业家素质需要进一步提高。

三、2005 年主要工作

2005 年，湖北省委、省政府将民营中小企业作为全省经济新的增长点来培育，加快改革开放步伐，加大政策扶持力度，营造良好发展环境，主要抓了以下工作。

（一）实施创业促进工程

认真贯彻落实《中华人民共和国中小企业促进法》、《国务院关于鼓励支持和引导个体私营等非公制经济发展的若干意见》，出台《湖北省实施〈中小企业促进法〉办法》，《关于进一步加快个体私营等非公有制经济发展的若干意见》。贯彻落实全省工业经济工作会议提出的“创办小企业、开发新岗位” 精神，开展中小企业创业辅导工作，推进中小企业的创业。2005 年安排 500 万元资金奖励创业发展的先进县市，支持为创业提供服务的中介机构。全省各级政府努力为民间提供全程优质服务，创造更加宽松的环境，加快培育成千上万的市场主体，加大对各类人员创业的支持力度，加大对技术创新的支持力度，支持小企业做强、做精、做大。在继续抓好武汉、荆门、十堰、随州市中小企业创业辅导基地建设试点基础上，进一步扩大试点，推广武汉市创办都市工业园，创办中小企业的经验。

（二）抓好中小企业成长工程

积极推进列入“三个三”工程的“双百企业”（百家重点中小企业和百家民营排头兵企

业）做大做强。对“双百企业”名单进行动态调整，印发《关于促进百家重点中小企业和百家民营排头兵企业发展的意见》，明确工作目标，拟订工作措施，落实责任制，加强了对列入成长工程企业名单的企业培养和扶持。

另外，重点支持科技成长型、协作配套型、资源加工型、劳动密集型、出口创汇型、“专、精、特、新”六类中小企业发展。

（三）加快发展非公经济

一是改善和优化发展环境。省委、省政府制定《关于进一步加快个体私营等非公有制经济发展的若干意见》，规范政府行为，支持和引导民营企业创业，鼓励经济实力较强、诚实守信的非公有制企业进入商业银行、城市信用社、证券和保险公司等金融机构，对初创的非公有制企业允许公司注册资本最低限额为3万元。注册资本超过3万元，一次到位有困难的可在两年内分期到位。对初创的小企业，减免登记注册费用，促进民营经济快速发展。组织开展全省民营经济调查和全省优秀民营企业评选，表彰20家全省优秀民营企业。2005年中国民营企业发展论坛、中国民营经济东湖论坛在汉开幕，近百家民营企业与会，共同探讨当前民营经济发展新机遇。召开民营企业家代表和专家教授座谈会，征求对加快民营经济发展的意见和建议。切实把民营经济纳入到职能部门协调管理，建立了“湖北省民营经济联席会议制度”，认真协调解决民营企业生产经营中的各种困难和问题。

二是坚持县域经济发展以民营为主的方针，推进县、市、区以经济园区为载体，建成一批特色工业园，使其成为孵化和壮大民营企业的重要基地和平台。

另外，鼓励和支持个体私营企业通过租赁、承包、兼并、购买等多种形式，实现低成本扩张。

（四）加强社会服务体系建设

湖北省经济委员会（中小企业发展局）出台《关于加快全省中小企业和民营企业社会化服务体系建设的指导意见》，明确了服务体系建设的指导思想、工作目标、基本原则、基本框架和工作重点。主要从综合服务体系建设、建立信用担保体系、开展技术创新服务、建立信息服务平台、企业和人才知识培训、办好创业基地试点等六个方面，不断完善社会化服务体系建设，营造有利于全省中小企业发展的社会环境。

（五）加大招商引资和项目建设力度

深入研究新形势下招商引资的新特点、新变化，把握规律性，坚持国际国内招商并举，拓宽视野，以项目为目标，选准对接点和切入点。进一步优化招商引资的软硬环境，在不断改善能源、交通、通讯等硬环境的同时，进一步加强行政服务中心、外商投诉中心、综合招投标中心和电子政务建设，完善办事规则和程序，提高服务效率和水平，努力为企业提供便捷、高效的服务。扎实做好基础工作，建立工作责任制，建立项目库，加强拟引进项目的跟踪、筛选，搞好引进项目的后续服务。

（六）实施新型工业化

按照科学发展观和走新型工业化道路的要求，坚持可持续发展，合理利用资源，大力发展循环经济，推动经济增长方式由传统的资源消耗型向资源循环利用型转变。积极推进企业信息化，坚持以信息化带动工业化，以工业化促进信息化。

实施“产业集群”战略，经济有了较快发展，形成了以汽车、钢铁、石化、机械、医药、纺织、农业、建材和高新技术产业聚集发展的支柱产业，一批特色产业集群初具雏形。

（七）推进银企合作

湖北省经委与人行武汉分行联合召开银企合作会议。金融部门贯彻实施货币信贷政策，积极支持全省中小企业和民营企业发展。各银行承诺，对45家重点中小企业、民营企业给予23.59亿元的贷款支持。国家开发银行湖北省分行还与潜江市、监利县政府签订了贷款协议。湖北省经委与国家开发银行湖北省分行联合成立“湖北省中小企业贷款与担保工作领导小组”，负责组织协调和推动中小企业贷款及担保工作，由开发银行提供1亿元软贷款，支持建立了省级再担保机构——湖北中企投资担保有限公司。该公司与银行、地方担保机构、社会中介服务机构和有关管理部门建立广泛合作，形成了以武汉地区中小企业为主导，覆盖湖北省范围的“银保协作网络”。2005年公司完成担保额24000万元，总收入622万元。

（八）加大资金支持力度

加强与省财政厅的联系协调，共同制定下发了《湖北省中小企业发展专项资金管理暂行办法》。2005年采取无偿资助和贷款贴息的方式，重点支持了204个成长型企业项目，其中服务体系建设项目31个。省财政分年筹措1亿元资金，建立省中小企业科技创新基金，重点支持创新型中小企业发展和中小企业服务体系建设。

向国家发改委申报创业辅导基地建设项目、银河培训计划支持项目、中小企业服务体系专项补助资金项目。其中，中小企业服务体系专项资金获国家资助资金179.12万元，比去年增长1.34倍。

（九）坚持抓好安全生产

在全省中小企业范围内，开展“安全生产月”活动，参加“全国安全生产万里行”活动。2005年，全省中小企业安全生产事故比上年下降6.19%，伤亡人数同比下降4.19%。

（十）做好“十一五”规划制定

结合湖北实际，在充分调查研究基础上，反复论证研讨，制定《湖北省中小企业“十一五”发展规划》、《湖北省民营企业“十一五”发展规划》。

四、中小企业社会化服务体系概况

近年来，中共湖北省委、湖北省人民政府高度重视中小企业的创立、发展和壮大，先后出台了《湖北省实施〈中华人民共和国中小企业促进法〉办法》和《关于进一步加快个体私营等非公有制经济发展的若干意见》。湖北省中小企业的创立、发展和壮大取得长足进步。

为了帮助湖北中小企业克服资金难融、人才难引、技术难寻，营销信息、渠道、网络不畅通等困难，湖北省经济委员会（中小企业发展局）把建设社会化服务体系作为扶持和壮大中小企业的重要工作内容，出台了《关于加快全省中小企业和民营企业社会化服务体系建设的指导意见》，明确了服务体系建设的指导思想、工作目标、基本原则、基本框架和工作重点，要求着力建设创业辅导、融资担保、技术创新、信用评价、人才培训、信息咨询、法律咨询和行业协会等八大服务体系，并以创业辅导、融资担保、技术创新、人才培训为突破口，组织协调有关部门和机构开展对中小企业的服务工作，不断完善社会化服务体系建设，营造有利于全省中小企业发展的社会环境。

（一）综合服务体系建设逐步开展

一是搭建公共服务平台。全省各级中小企业行政主管部门都把服务中小企业创立和发展，推进企业做大做强作为重要工作职责和重点工作任务，各市（州）、县（区）均成立行政服务中心，搭建公共服务平台，提供一条龙服务。二是省级中小企业综合服务机构发挥作用。湖北省中小企业协会自2004年9月19日成立以来，到2005年底已发展会员579个，覆盖省内全部17个，面向全省中小企业提供国家法律政策、产业导向、行业动态、科技进步、项目合作和投资洽谈信息。

（二）建立信用担保体系

一是为加快建立信用担保体系，省政府办公厅印发了由省经委、省财政厅、省工商局、人行武汉分行共同制定的《关于加快建立全省中小企业信用担保体系的意见》。二是省政府连续两年召开全省中小企业信用担保体系建设工作会议，分析担保体系建设的现状，研究加快建设的措施和办法。三是省财政厅、省经委印发《湖北省中小企业发展专项资金管理办法》(鄂财企发[2005]29号)，对中小企业专项资金的申请、申报、审核、审批以及支持方式、监督检查等作出明确规定。当年，省政府确定安排2000万元中小企业专项资金，采取无偿资助或贷款贴息的方式支持中小企业发展，以后根据财政状况逐年增加。四是湖北省经委与国家开发银行省分行联合成立“湖北省中小企业贷款与担保工作领导小组”，负责组织协调和推动中小企业贷款及担保工作，由开发银行提供1亿元软贷款，支持建立了省级再担保机构。五是由湖北省经委牵头，组织5家担保公司共同发起成立“湖北省中小企业信用担保协会”，入会会员达300多个。担保协会成立以来，先后举办3期培训班，共培训担保业务人员1000多人次。目前，全省各市州和60%的县市建立了担保机构，共建立担保机构105家（不含兼营担保机构），注册资本24亿元，已为1500多家中小企业提供担保服务3966笔，担保贷款总额60亿元，省、市、县三级担保和再担保体系初步形成。六是成立湖北中企投资担保有限公司,注册资本金1.41亿元，主要为中小企业提供担保、投资、咨询服务。该公司与银行、地方担保机构、社会中介服务机构和有关管理部门建立广泛合作，形成了以武汉地区中小企业为主导，覆盖湖北省范围的“银保协作网络”。2005年公司完成担保额24000万元，总收入622万元，其中保费收入432万元，利息收入190万元。

（三）开展技术创新服务

加强湖北中小企业与大专院校、科研院所合作，推动科技成果转化，引导中小企业调整产业和产品结构，增强中小企业技术创新能力，湖北省经委与科技、教育部门及大专院校、科研单位建立了广泛、密切的工作联系，探索建立产学研合作机制。2005年4月成功举办“湖北省首届中小企业——大专院校产学研合作项目洽谈会”，全省32所大专院校（科研单位）、1000多家中小企业的2000多名企业家和专家参加。会上，院校展示和推介了最新技术成果，中小企业发布了技术难题信息；省政府对武汉大学化学实验室等首批24个“湖北省中小企业共性技术研发推广中小”进行授牌，与会各方代表围绕产学研合作进行交流探讨和项目洽谈，共签订合作项目128个，总投资15.4亿元,成功搭建了产学研合作平台。

（四）建立信息服务平台

一是提升湖北省经委（中小企业发展局）门户网站功能。该网站不断充实完善有关内容，由过去的6个栏目发展为18个栏目，每天发布信息超过30条，为广大中小企业提供信息服务。门户网站（湖北省中小企业信息网）自开通以来，信息量逐步增大，点击率逐步升高，深受广大中小企业欢迎。目前，全省各类中小企业服务网站已与国家相关部门网站及中国中小企业各地分网实现链接。二是加强市（州）、县（区）网站建设。湖北省经委(中小企业发展局)信息中心指导全省中小企业信息网络的建设规划及实施，推进各地经委(中小企业发展局)信息网站建设。全省目前共建有为中小企业服务的网站10个，充分利用信息技术，发布与中小企业相关的最新产业政策和法律法规。

（五）加强企业和人才知识培训

近两年，全省中小企业培训机构按照国家“银河培训工程”的要求，为企业职工免费举办企业经营管理、财务、统计等专业知识培训，有效地提高了广大中小企业和民营企业的综合素质；为使更多的中小企业职工和民间创业人员有机会接受免费培训，还与湖北电视台等单位合作，举办了《崛起的力量——中小企业创业创新知识》电视培训。电视培训针对中小企业创业发展中的热点难点问题，组织省内知名专家讲课，精心制作了“政策法规解读”、“创业服务与企业成长”、“中小企业融资与上市”等10个专题，在湖北电视台黄金时段播出。

（六）办好创业基地试点

为促进创办小企业，通过创业基地联络各地社会资源为创业者提供各种服务。省经委首先选择武汉、荆门、十堰、随州等市作为试点，以此推动各地创业基地建设。目前，省及各市州共兴办创业基地试点30个，促进了全省创业基地的建立和发展。据调查统计，全省初步建成创业基地或创业园区188个，其中重点基地54个，规划总面积29万亩，已开发建成11万亩，入驻企业5000个，固定资产总投入112亿元，创造就业岗位33万个。武汉创业辅导工作得到国家发改委中小企业司的充分肯定，先后在“武汉会议”、“昆明会议”上交流经验。目前，武汉市建立创业服务中心36个，先后培育了楚天激光、凯迪电力等一批知名企业。武汉汉正街都市工业园兴建两年以来，已完成投资3.53亿元，孵化企业130多家。山区小县通城县，大力改善投资和服务环境，开辟了3个创业投资基地，吸引外出打工人员470多人回乡创业，兴办企业324家，总投资8.2亿元,形成了涂附磨具、中药制造、云母制品和电子产品四大产业集群。

（湖北省中小企业发展局）

湖南省

一、基本情况和主要特点

（一）经济总量不断扩张，对全省经济发展的贡献加大

1.非公有制经济保持快速增长，增加值占全省GDP比重越过一半

按照大口径计算（即包括外资和港澳台资企业），2005年湖南非公有制经济完成增加值3271.19亿元，比2004年增长15.6%，高出全省GDP增速4个百分点，占全省GDP的50.2%，比2004年提高3.3个百分点；全省人均非公有制经济增加值5238元（表1）。

表1 2005年湖南非公有制经济增加值情况表

单位：亿元，%

	增加值		比上年增长		非公有制经济
	全部	非公有制	全部	非公有制	占全社会比重
总计	6511.34	3271.19	11.6	15.6	50.2
第一产业	1274.15	434.34	5.7	9.7	34.1
第二产业	2596.71	1584.13	12.2	18.3	61.0
第三产业	2640.48	1252.72	11.8	14.1	47.4

2.非公有制经济投资快速攀升，稳居全省投资的主体地位

2005年，全省非公有制经济实际完成投资1329.51亿元，比上年增长57.1%，占全省实际完成投资额的56.1%。非公有制经济投资中利用外资127.37亿元，比上年增长33.2%，占全省利用外资总额的88.9%（表2）。

表2 2005年非公有制投资统计

单位：亿元　，个　，%

	本年实际		本年比上年增长	
	全部投资	非公有制投资	全部投资	非公有制投资
一、实际完成投资额	2369.27	1329.51	34.5	57.1
其中：工业	893.68	627.82	43.3	59.5
住宅	366.79	298.66	41.4	51.3
二、新增固定资产	1320.26	726.77	42.1	51.3
三、施工项目个数	16123	8426	31.9	46.5
其中：投产项目个数	9336	4950	58.3	67.3

3.纳税总量快速递增，成为地方财税收入的重要来源

2005年，非公有制经济上缴税金246.11亿元，比2004年增长30.8%，占全省税收收入的41.7%。

4.吸纳就业能力进一步增强，成为社会就业、再就业的主渠道

2005年，湖南非公有制经济从业人员达1774.79万人，比上年增长7.4%，占全省从业人员总数46.7%，在全部新增就业岗位中，80%左右来自非公有制经济。非公有制经济就业呈现出涵盖领域广、形式多样化、异地人员多、年龄跨度大等特点。

（二）产业结构进一步优化

2005年，湖南非公有制经济三次产业结构由2004年的14.7：45.8：39.5，调整为13.3：48.4：38.3，其中第一、第三产业分别下降1.4和1.2个百分点，第二产业上升2.6个百分点，产业结构进一步优化。

1. 非公有制经济有力地带动了第一产业的发展

2005年，第一产业中非公有制经济实现增加值434.34亿元，比2004年增长9.7%，比全省第一产业增加值增长速度快4个百分点，占全省第一产业增加值比重的34.1%。

2. 非公有制经济在第二产业中规模实力进一步走强

2005年，湖南非公有制工业企业实现增加值1358.57亿元，比2004年增长19.9%，占全省全部工业增加值的62.0%。其中，规模以上非公有制工业企业实现增加值737.28亿元，比2004年增长28.4%，比全省平均水平高7.8个百分点，总量占全省规模以上工业增加值的45.2%，盈亏相抵后实现利润116.43亿元，占全省规模工业利润总额的61.5%（表3）。

表3 2005年规模以上非公有制工业企业主要生产指标

单位：亿元，%

	全部		非公有制经济	
	绝对数	增速	绝对数	增速
增加值	1629.79	20.6	737.28	28.4
主营业务收入	4585.31	29.1	2941.38	37.3
利润总额	189.25	22.0	116.43	21.9

2005年，湖南非公有制建筑企业完成总产值679.66亿元，比2004年增长27.1%；资产总额439.51亿元，比2004年增长19.4%；实现增加值225.56亿元，比上年增长8.8%，比全省平均水平高2.4个百分点，总量占全省全社会建筑业增加值的55.5%。

3.非公有制经济在第三产业中占据举足轻重的地位

2005年，第三产业中，非公有制经济完成增加值1252.72亿元，占全省第三产业增加值的47.4%。从行业分布上看，非公有制经济主要集中在批发零售业、房地产业和交通运输业（表4）。

表4 非公有制经济在第三产业分布情况

单位：亿元，%

	增加值		比年增长		非公经济占比
	全部	非公有制	全部	非公有制	
总计	2640.48	1252.72	11.8	14.1	47.4
交通运输、仓储、邮政业	366.72	130.22	8.3	12.7	35.5
批发和零售业	516.51	341.18	17.5	18.2	66.1
住宿和餐饮业	127.60	99.53	5.7	7.4	78.0
金融保险业	123.31	2.34	14.4	10.4	1.9
房地产业	234.93	198.76	5.4	6.8	84.6
其它服务业	1271.41	480.69	15.8	16.1	37.8

（三）个体私营经济持续增长

2005年底，全省登记注册的个体工商户974743户、从业人员196.64万人、注册资本269.14亿元，分别比2004年增长3.1%、0.2%和15.8%。完成总产值332.49亿元，实现销售额1236.19亿元，社会消费品零售总额926.01亿元，分别比2004年增长了11.0%、47.6%、51.5%（表5）。

表5 2004~2005年湖南个体工商户基本情况

单位：户，人，亿元

年份	户数	从业人员	注册资金	总产值	销售额或营业收入	社会消费品零售总额
2004	945472	1963482	232.45	299.55	837.64	611.07
2005	974743	1966391	269.15	332.49	1236.19	926.01

2005年，全省登记注册的私营企业84553家，注册资本1437.08亿元，投资者人数30.07万人，雇工人数170.37万人，分别比2004年增长22.5%、34.0%、0.2%、18.3%。完成总产值728.12亿元，实现销售额423.92亿元，社会消费品零售总额346.28亿元，分别比2004年增长了89.7%、28.6%、25.2%（表6）。

表6 2004~2005年湖南私营企业基本情况

单位：亿元，户，人

年份	户数	投资者人数	雇工人数	注册资金	总产值	销售额或营业收入	社会消费品零售总额
2004	69002	300147	1439482	1072.20	383.80	329.54	276.54
2005	84553	300725	1703550	1437.08	728.12	423.92	346.28

二、存在的主要问题

湖南省非公有制经济2006年虽然保持了较快发展速度，仍存在如下主要问题：

1.总量规模小

2004年，广东省私营企业数比湖南多32万户，到2005年，这个差距扩大到36万户；湖北省2000年私营企业数比湖南多2.79万户，到2005年，这个差距扩大到3.63万户。

2.企业实力不强

2005年，全省注册资金在1000万元以上的私营企业只有2567家，而浙江已达1万家以上。在2005年公布的中国民营企业500强名单中，全省只有8家民营企业上榜，且排位靠后。在2005年中国制造业民营企业品牌竞争力50强名单中，全省没有一家。

3.行业分布不合理

非公有制企业主要集中在农副产品和食品加工、纺织服装、鞋帽制造等制造业，以及批发和零售贸易、餐饮、娱乐、美容美发等准入门槛低、技术含量小的行业，造成这些行业竞争十分激烈，而计算机服务、软件开发等现代服务业发展相对滞后，制约了全省工业化进程。

4.科技水平不高

从人才总量上看，2005年全省非公有制经济人才总量是61万人，仅占全省人才总量的18.8%，而浙江省2004年非公有制经济组织管理人才和专业技术人才总量就已达239万人，占该省人才总量的50%以上。从技术水平上看，2005年全省包括民营企业在内的工业企业职务发明专利为1882件，不及韩国三星公司在中国一年的专利申请量，也不及深圳华为公司一年的专利申请量。

5.外向度偏低

2005年，全省私营企业完成进出口额13.68亿美元，其中出口11.18亿美元，进口2.51亿美元。而广东省非公有制经济外贸出口达到377.5亿美元，其中仅深圳市就突破100亿美元。在全国190个出口名牌中，湖南省只有华联陶瓷一个。

三、主要工作

1.进一步完善了非公有制经济发展政策支持体系

一是出台了《湖南省人民政府贯彻〈国务院关于投资体制改革决定〉的实施意见》（湘政发[2005]11号），鼓励和引导社会投资。二是出台了《湖南省人民政府关于鼓励支持和引导个体私营等非公有制经济发展的实施意见》（湘政发

[2005]12号），鼓励支持和引导非公有制经济发展。三是11月省政府常务会议审议通过了《湖南省实施〈中华人民共和国中小企业促进法〉办法》，有望2006年通过人大审议实施，促进中小企业发展。

2. 加大了对非公有制经济的财税支持

省财政预算安排中小企业发展专项资金1000万元、中小企业信用担保资金2000万元扶持中小企业和中小企业信用担保机构发展。大部分市也相应建立了中小企业发展专项资金。省经委从企业技术改造资金中安排1000万元支持“小巨人”计划企业技术改造。省发改委共争取国家资金2.14亿元，支持46个非公项目建设；将32个非公投资项目列入省重点工程。省科技厅为中小企业争取国家中小企业创新资金1577万元。税务部门认真落实高新技术企业和下岗职工再就业税收优惠政策，共减免高新技术企业所得税、外商投资企业和外国企业所得税1.8亿元，减免高新技术增值税5600万元；落实再就业政策共减免税收2.88亿元，惠及14.7万人。2005年执行提高增值税起征点政策，共减免税收1.5亿元。

3.建立了非公经济考核激励机制

2005年1月，省非公有制经济工作领导小组下发了《湖南省非公有制经济（民营经济）发展考核奖励暂行办法》（湘非公经济[2005]1号），对各市州非公有制经济发展情况进行目标考核；对发展非公有制经济先进县市区等单位和优秀非公有制企业、企业家每2年进行一次考核奖励。7月，省委省政府召开全省非公有制经济发展经验交流暨表彰大会，表彰奖励了12个发展非公有制经济先进县市区、8个发展非公有制经济优秀开发园区、10个服务非公有制经济先进单位、30户优秀非公有制企业和30名优秀非公有制经济企业家。多数市州也相识建立了考核制度，落实了目标管理责任制。

4.加强了中小企业、非公有制经济服务体系建设

一是全省中小企业信用担保公司发展到112家，担保资本金达22亿元， 共为2882户企业提供担保，累计担保贷款75.48亿元。二是9月15日建设开通了中国中小企业湖南网，为中小企业、非公有制企业提供无偿便捷的综合信息服务。三是省中小企业信息服务中心步入了工作轨道，为全省中小企业、非公有制经济提供咨询、法律、培训、信息等多项服务。四是省政府于9月举办了全省首届非公有制经济银企洽谈会，签约项目共242个，签约金额209.7亿元，缓解了企业融资困难。五是加强了培训。仅省经委就举办工商管理、信息化管理和信用担保等培训班6期，培训了835名中小企业主管部门负责人、企业经营管理者和中小企业信用担保机构管理人员。

（湖南省经济委员会中小企业发展促进处）

广东省

一、民营经济发展概况

省委、省政府高度重视和大力推动民营经济发展，把其作为要抓紧抓好的中心工作，坚定发展信念，切实加强领导；坚持市场导向，实行政策扶持；坚持深化改革，创新工作机制；坚持外向带动，扩大招商引资；坚持分类指导，促进协调发展，使民营经济保持迅猛发展的势头。2005年民营经济完成生产总值8602.49亿元，占全省生产总值39.64%，比2004年增长14.0%，总量比2002年翻了一番多。主要发展特点和工作成效：

（一）民营经济成为推动社会经济发展的重要力量

全省民营经济单位数278.3万户，比上年增长14.9%。其中：私营企业44.9万户，增长15.2%，比2002年末增长73.6%；个体工商户227万户，增长16.0%，比2002年末增长29.7%。民营工业增加值3184.2亿元，占全省工业增加值32.2%。其中，规模以上民营工业完成增加值1744.4亿元，增长21.2%,占全省规模以上工业的比重为21%。

（二）民营企业成为科技创新的生力军

全省各级科技部门认定的民营科技企业达7316户，从业人员87万人,技工贸收入4500亿元,增长34.4%。其中民营科技企业户数比2002年末的4740户增加了2576户，增加了54%。在全省累计认定的高新技术企业3899户，其中半数以上为民营企业。2005年，获省专利金奖的10户单位中，民营企业占5户，获省专利优秀奖和知识产权优秀奖的90户企业中，民营企业占七成。在我省国家级和省级高新技术产业开发区中，民营科技企业数占开发区企业总数的80%以上。

（三）外向型民营企业成为外向型经济的新增长点

全省获得进出口经营权的民营企业达39479户，比2002年末增加了33282户，新增户数是2002年户数的6.37倍；全省民营企业实现出口总额299.5亿元，占全省出口总额的12.6%，增长59.5%，比全省完成出口增速高35.2个百分点。有大批民营企业到省外、境外投资办实业。其中2005年我省民营企业到境外设立企业的68户，协议投资额达2.35亿美元，分别占全省新设境外企业总数55.3%、新增投资总额的53.2%。

（四）民营资本成为拉动社会投资的新途径

全省民营经济单位共完成固定资产投资2428.8亿元，比上年同期增长23.6%，比全社会固定资产投资增幅高7.3个百分点，占全省社会固定资产投资的34.9%。许多民营企业积极利用资产兼并、重组、改造上市等多种资本运作手段，加快企业发展步伐。

（五）民营经济成为扩大城乡就业的重要渠道

全省民营经济单位从业人数达1503.11万人，增

长8.7%，比2002年末增加500.11万人，增长49.9%，3年来民营经济以每年新增就业近170万人的速度递增。民营经济单位从业人数占全省从业人员总数的31.7%。民营企业积极参与国有企业改革，在解决国有企业资本金不足、下岗职工再就业等方面发挥了重要作用。

（六）加快了“两个体系”建设：信用担保体系和服务体系中的综合服务、信用担保、人才培训、信息咨询平台初具雏形

1.综合服务平台建设逐步完善

制定了《广东省中小企业社会化专业服务机构示范单位确认办法》、《广东省中小企业社会化专业服务机构信息收集暂行办法》，开展全省社会化专业服务机构示范单位确认试点工作和服务机构的信息收集、发布；成立了广东省中小企业发展促进会；初步建立起适合我省中小企业和民营经济发展需要的省、市、县三级中小企业综合服务体系。全省已有15个地级以上市成立或指定了市级中小企业综合服务机构，121个县（市、区）有90个成立或指定了县级中小企业综合服务机构，覆盖面均超过70%。

2.融资担保平台建设初见成效

省直十七部门制定了《关于优化中小企业信用担保机构开展业务的政务环境的若干意见》，全面推进担保体系的建设；制定了《广东省中小企业信用担保机构登记备案办法》和《广东省中小企业信用担保机构示范单位确认办法》，确认一批担保覆盖面广、社会贡献大、风险防范效果好的担保机构为示范单位，实行中小企业担保机构设立和变更报备制度，并对中小企业担保机构开展信用评级；加大了省财政资金扶持中小企业担保体系建设的力度，安排担保风险准备金支持担保机构发展，对各地市和县区起了很好的示范带动作用。目前，全省已正常开展业务的担保机构有112家，比2002年末的18家增加了94家，增长了6倍；注册资本金90.2亿元，户平均8053多万元，约是全国平均水平的2.7倍；累计担保金额429.1亿元，担保企业39488户。受担保企业增加销售收入544.7亿元，增加税利33.4亿元，增加就业人数18.9万人，取得了显著的社会效益和经济效益。

3.人才培训平台建设有新进展

认定了汕头经济管理干部学校等4家单位为广东省中小企业培训示范基地，广东省中小企业服务中心等9家广东省中小企业培训示范机构。通过上述示范基地和示范机构的带动，推动了全省中小企业和民营经济培训工作的开展，共有31500多名中小企业和民营经济经营管理人员受益。

4.信息咨询平台建设顺利推进

提升省站功能，广东中小企业信息网省网站不断充实完善有关内容，目前共设立26个栏目，每天发布信息超过100条；加强市、县网站建设，印发了《关于建设中国中小企业广东信息网地市网站的指导意见》，目前已建成并开通与省网站联结的地市级分网（站）达18个。

（七）强化了“三个环境”：创造了民营经济大发展的良好氛围

1.强化了法制环境

修改完善了《广东省促进中小企业发展条例（草案）》上报省府，提出要从资金支持、创业扶持、技术创新、市场开拓、社会服务、权益保护等六个方面对中小企业和民营经济发展提供法制保障；有的市建立了“企业走访日”制度，接受法律咨询，帮助企业排忧解难；有的市专门设立了咨询热线电话，公开接受企业包括法律在内的各种咨询业务。

2.强化了政务环境

发挥促进民营经济发展联席会议制度对政府各相关部门的协调作用和办理省人大议案、省政协提案等办法，积极推进政务环境建设。各部门切实改进机关工作作风，认真履行职能，简化办事程序，进一步优化政务环境；许多市设立了行政服务中心和对外办公窗口，实行“一站式办公、一条龙服务”，统一受理部门审批事项，大大方便了企业办事。

3.强化了政策环境

开展对各地贯彻落实省《决定》及12个配套文件的专项督查，有针对性地抓好有关发展民营经济政策措施的落实，促使民营经济发展的政策环境进一步优化；召开了广东省贯彻国务院《若干意见》座谈会，听取社会各界对贯彻落实《若干意见》的意见和建议；召开了广东省促进民营经济发展联席会议第二次会议，通报对《决定》和12个配套文件专项督查情况，研究贯彻《若干意见》和布置修改完善发展民营经济的政策措施；分四片召开了全省市县中小企业、民营经济、乡镇企业主管部门工作会议，总结、交流、研究、探讨如何营造中小企业和民营经济发展的良好环境。

（八）迈出了“四个新步伐”：成长型中小企业、技改创新、农产品加工、专题调研工作全面推进

1.成长型中小企业培育工作迈出新步伐

目前，我省成长型中小企业数量约占全国的15%，是我省注重优化中小企业发展环境、加大成长型中小企业培育工作力度的结果。2005年，根据省领导的指示，会同省统计局和省中小企业研究咨询中心联合组成课题组开展了“广东成长型中小企业评价研究”，对我省中小企业的成长要素和规律进行分析和总结，为我省制定支持成长型中小企业发展政策提供了重要依据。

2.技改创新工作迈出新步伐

加强了资金使用管理。全年安排中小企业技术改造项目145项，安排资金8055万元；安排技术创新项目143项，安排资金4995万元，拉动社会投资31.68亿元。项目完成后，可为社会新增就业3.53万人，新增产值118.68亿元，新增利润13.08亿元，新增税金8亿元，新增出口创汇3.92亿美元，起到“四两拨千斤”的作用。同时，还积极帮助企业申报国家和省有关部门的技术进步项目，进一步提升企业的核心技术和自主创新能力。在省召开的广东省专利奖励大会和企业知识产权工作会议上，10家获专利金奖单位中，民营企业占了5家；在近90家专利优秀奖和知识产权优势企业中，民营企业占7成。加强对省财政扶持中小企业发展专项资金使用的监管和调查，确保资金能按时足额到位，专款专用，项目能按目标顺利完成。

3.农产品加工业工作迈出新步伐

向国家农业部推荐了汕头市粮丰集团有限公司等4家企业申报“全国农产品加工示范企业”，推荐了潮安县庵埠镇等两个单位申报“全国农产品加工示范基地”，推荐了广东十八宝医药保健品有限公司等9家企业申报全国农产品加工企业技术创新机构，并获农业部的批准和确认。

4.专题调研迈出新步伐

围绕当前我省中小企业和民营经济发展中的热点、重点和难点问题进行了系列专题调研：开展了全省二轻（集体）企业发展情况进行专题调研，提出了《关于我省二轻和集体商业经济改革发展情况及建议的报告》并报送省委省政府；与中山大学岭南学院联合开展“融资难”专题调研，全面了解我省中小企业融资状况、存在问题及其原因；与省委政策研究室、华南理工大学联合开展广东省中小企业社会化服务平台建设专题调研，提出了推进中小企业服务平台建设的意见和措施；与省财政厅和华南理工大学工商管理学院联合开展省财政扶持中小企业情况调研，了解省财政扶持中小企业发展专项资金的实施情况、效果及存在问题；开展了民营企业人才问题调研，初步摸清了中小企业和民营企业的培训需求状况。

二、2005年广东省民营经济运行特点

2005年，是实施“十五”计划的最后一年，也是我省中小企业和民营经济快速发展的一年。一年来，全省各级中小企业和民营经济行政主管部门在党委、政府的正确领导下，认真贯彻落实国务院《关于鼓励支持和引导个体私营等非公有制经济发展的若干意见》，紧紧围绕大力发展中小企业和民营经济这个主题，克服种种困难，积极开展各项工作，推动我省中小企业和民营经济快速发展。

（一）民营经济持续快速增长，贡献不断增大，是我省经济增长的重要推动力

2005年，全省民营经济实现生产总值8602.49亿元，同比增长14%，比去年的增幅高0.1个百分点，比全省GDP增幅高1.5个百分点，总量是2002年的1.63倍。

民营经济在促进全省经济增长中发挥着重要作用，2005年民营经济实现增加值占全省GDP的比重接近四成，由2002年的34.34%增长到2005年的39.64%，提高了5.3个百分点。民营经济上缴税收1184.49亿元，同比增长29%，占全省各类型企业上缴税金总数的28.7%，比上年提高9.1个百分点，比国有集体企业高6.2个百分点，比外商港澳台企业高9.4个百分点，税金总量是2002年的2.21倍，即民营经济上缴税金在三年内翻了一番，成为我省税收的重要来源。

民营经济一、二、三产业增加值比例由2002年的10.8：47.5：41.7调整为6.9：42.5：50.6，民营第三产业比重加大。

（二）民营经济队伍不断壮大，规模不断扩大，实力不断增强

2005年底，全省民营企业累计278.3万户，比2002年增加67.92万户，三年间以年均增加22.64万户、日均增加620多户的速度递增，其中2005年一年就净增民营企业36.2万户。到2005年底，民营企业户数已占全省企业总量的91.68%。

在民营企业中，个体私营企业占97.7%，共有271.9万户，个体私营企业户数继续在全国保持第一地位，分别比江苏、浙江、山东和上海多45.9、62.4、71.7和196.3万户。在全省个体私营企业户数不断扩大的同时，其规模和经营实力也不断增强。2005年全省个体私营企业注册资金达7178.7亿元，比上年增长19.2%，总量是2002年的1.88倍，户均注册资本26.4万元，比2002年高7.43万元。

（三）民营经济从业人员突破1500万人，成为吸纳社会就业的主要渠道

2005年，全省民营经济从业人员达1503.1万人，其中，个体户和私营企业从业人员有1289.4万人，占全省民营经济从业人员总数的85.8%。与2002年比，民营经济从业人员占全省就业比例从2002年的24.2%增加到2005年的31.1%，净增了500.65万人，增长49.9%，三年间民营经济建设队伍以年均新增160多万人、日均新增4570多人的速度发展。

仅2005年来说，全省民营经济就业人数净增120.59万人，而同期全省就业总数只增加了101.4万人。民营经济成为吸纳社会就业的主要渠道。

（四）民营工业保持快速发展，规模以上工业实现增加值总量超过国有及国有控股企业

2005年，民营工业企业达41.1万户，从业人员759.6万人，完成增加值3184.21亿元，是2002年的1.71倍，同比增长17.6%，比全省平均增幅高0.6个百分点，比国有及国有控股企业高11.5个百分点，比集体企业高10.3个百分点，比外商及港澳台企业高1.4个百分点。占民营经济增加值的37.0%，比上年提高0.6个百分点，占全省工业增加值的32.2%，比上年提高2.3个百分点。上缴税金326.93亿元，占全省工业上缴税金的34.75%，总量是2002年的2.36倍；实现利润779.66亿元，占全省工业实现利润额的54.86%，总量是2002年的2.58倍。民营工业对民营经济增长的贡献率达27.6%。

其中规模以上民营工业企业户数为16137户，占全省规模以上工业企业总数的46.2%；完成工业增加值1744.42亿元，占全省民营工业的54.78%，比国有及国有控股企业的1576.72亿元多167.7亿

元，占全省规模以上工业增加值的21%，比2002年提高4.8个百分点；增速达21.2%，比全省平均增速高出4.2个百分点，比国有及国有控股企业高出15.1个百分点，比集体企业高出13.9个百分点，比股份制企业高2.2个百分点，比外商及港澳台企业高5个百分点；上缴税金205.23亿元，占全省民营工业的62.8%，占全省规模以上工业的21.8%。

（五）民营经济固定资产投资稳步增长

2005年，全省民营经济完成固定资产投资2480.98亿元，是2002年的1.65倍，同比增长了23.6%，增幅比全社会投资的增幅高7.3个百分点，比国有经济高9.1个百分点。占全社会固定资产投资的34.9%，比去年提高2.1个百分点，总量比国有经济投资还多415.05亿元。

（六）民营进出口保持高位增长，对外贸易活跃

到2005年底，全省获得进出口经营权的民营企业达37586户，比2002年底增加33282户，新增户数是2002年以前历年累计户数的6.37倍。2005年，全省民营企业实现进出口总额508.8亿美元，其中出口总额由2002年的41.48亿美元增加到2005年的299.5亿元，增长了7.22倍，比2004年增长了59.5%，是全省出口平均增速的2.4倍，占全省出口总额的12.6%，比2002年提高9.1个百分点，占全国私营企业出口总额的26.7%，出口总量连续多年稳居全国第一。同时民营外贸增长方式逐步转变为以质取胜。2005年全省民营进出口企业高新技术产品和机电产品出口额分别为35.7亿美元和133.9亿美元，增幅分别为24.2%和52.4%，两类产品已占全省民营企业出口额的半数以上，为56.6%。一般贸易出口值为216.7亿美元，增长72.2%，占全省民营企业出口的72.4%，占全省一般贸易出口的比重为40.6%。

大批民营企业到省外、境外投资办实业，其中到境外设立企业有94户，协议投资额达2.35亿美元，中方投资额1.55亿美元，分别占全省新设境外企业总数和新增投资额的55.3%、53.2%、47.3%，民营企业对外承包工程1690宗，合同额达26.4亿元，占全省对外承包工程合同额的77.3%。

三、广东省中小企业社会化服务体系建设体系概况

2003年全省民营经济工作会议召开以来，我省各级党委政府高度重视中小企业社会化服务体系建设，以推进中小企业社会化服务平台建设为重点，做了大量卓有成效的工作。目前，已搭建起我省中小企业社会化服务体系的基本框架，初步形成以投资融资、技术支持、人才培训、信息咨询、市场开拓等五大服务平台为建设重点的，多层次、广范围的中小企业服务平台。我省中小企业社会化服务体系得到不断的健全和完善，为全省中小企业的发展营造了良好的外部环境。

（一）政策体系较为健全，中小企业服务体系建设和发展具有较好的政策环境

近三年来，省、市两级党委和政府围绕加快中小企业发展、促进中小企业服务体系建设出台了一系列政策性文件，为中小企业社会化服务平台建设创造了较好的政策环境。省委、省政府出台的《关于加快民营经济发展的决定》（粤发［2003］4号，以下简称《决定》）及12项配套政策文件，明确提出“建立和健全社会化服务体系。放手发展各类市场中介组织，加快建立执业标准和监督机制，建设公共性服务平台，为民营企业提供社会化、专业化和规范化的服务。”这是我省服务体系建设的基本政策保障。经省政府同意的《关于推进我省中小企业社会化服务体系建设的意见》是我省服务体系建设的总体指导性文件，是推进服务体系建设和开展各项工作的总纲领，其后配套出台的《广东省中小企业社会化服务体系专业服务机构示范单位确认暂行办法》、《广东省中小企业社会化服务体系专业服务机构信息收集暂行办法》两个文件，使服务体系的政策环境进一步完善。我省信用担保体系的政策法规建设也较为健全和完善，先后出台了《关于加快我省中小企业信用担保体系建设的意见》、《中小企业信用担保机构备案暂行办法》、《广东省中小企业信用担保机构示范单位确认暂行办法》、《优化中小企业信用担保机构开展业务的政务环境的若干意见》等文件，形成较为成熟的信用担保法规体系，可以说，我省中小企业信用担保体系的政策体系建设走在全国的前列。全省各市也结合实际制订并出台相关的政策文件，明确支持和推进当地中小企业服务体系的发展。如珠海市制定了《珠海市中小企业社会化服务体系建设意见》、《珠海市中小企业社会化服务体系示范单位认定办法》、《珠海市财政扶持中小企业发展专项资金服务体系建设项目跟踪管理办法》；东莞市出台了《东莞市中小企业发展专项资金管理办法》；韶关市出台《韶关市直中小企业发展专项资金管理暂行办法》；茂名市出台了《茂名市财政扶持中小企业发展专项资金管理暂行办法》；汕头市出台了《汕头市中小企业信用担保机构扶持补贴暂行办法》；梅州市出台了《关于建立中小企业信用担保体系的若干问题的决定》等。

（二）受行政管理部门指导的综合服务机构系统基本建立，初步构建全省中小企业综合服务网络体系

2003年2月我省成立了省中小企业局，使全省中小企业服务体系的建设有了主管部门。各地按照省委、省政府《关于加快民营经济发展的决定》（粤发［2003］4号）的要求，先后成立或明确指定了中小企业和民营经济主管部门。各级中小企业行政主管部门按照《关于推进我省中小企业社会化服务体系建设的意见》〈（粤经贸（中小企）［2004］67号〉文的要求，通过引导、规范和扶持，积极推进当地中小企业综合服

务机构建设，并取得显著成效。特别是2005年3月份召开了“全省中小企业服务中心工作座谈会”。通过本次座谈会，了解和掌握了我省各地中小企业综合服务机构开展工作的情况，总结交流了各地中小企业服务体系建设的经验，促进了各地中小企业综合服务机构的合作、联系和沟通，推动了我省中小企业综合服务机构建设。2005年全省新成立市、县级中小企业综合服务机构34家，占全省综合服务机构的近三分之一。其中，汕头、韶关、河源、梅州、茂名、肇庆等市已全部成立或指定了市、县两级的综合服务机构。据初步统计，全省21个地级市已有19个市成立或指定了综合服务机构，全省121个县（市）区已有超过90个成立或者指定了县级综合服务机构，综合服务机构在全省各地的覆盖面超过77%，其中，山区和东西两翼综合服务机构的覆盖面超过83%，至此我省中小企业综合服务网络基本形成。

（三）资金扶持力度较大，省市安排专项扶持资金为服务体系建设的提供资金保障

根据《省委、省政府关于加快民营经济发展的决定》要求，从2003年起连续5年，省财政每年安排中小企业发展专项资金2亿元，一个重点扶持方向就是中小企业信用担保体系建设和中小企业服务体系建设。2003年在省财政扶持中小企业专项资金中服务体系建设资金1005万元，用于扶持中小企业服务机构建设、信息网络建设、人才培训等。2004年，省财政扶持中小企业专项资金扶持中小企业服务体系项目资金达到2711万元（其中服务体系建设项目资金1371万，担保体系建设项目资金1340万），主要用于扶持综合服务机构建设、产业集群技术服务平台建设、人才培训项目、担保体系建设项目等，扶持资金比2003年增加一倍多。2005年扶持服务体系建设项目（包括综合服务机构、产业集群集聚地中小企业公共服务平台、人才培训项目）119个项目，安排补助资金3115万；扶持担保体系建设项目31项，安排补助资金2140万。省内有16个地级市也参照省的做法，由市财政安排扶持中小企业和民营企业发展专项资金。如广州市从2004年起，每年安排专项资金1800万；揭阳、惠州、潮州等市从2003年起连续5年，每年安排专项资金1000万元；佛山市从2003年起到2005年，市区两级财政每年安排1.3亿元；东莞市从2004年起连续5年，每年安排1000万元；中山市在保留原有各项财政资金的基础上，从2003年起连续3年，每年2000万；韶关市从2003年起，每年按市本级财政一般预算收入的1%作为市直中小企业专项资金。此外，江门、茂名、河源、汕头、珠海每年也安排中小企业发展专项资金。政府财政资金的支持和投入，还调动了民营资本和其他资金的投资积极性。

（四）服务平台建设成效显著，初步形成服务功能较为完善的“五大”服务平台

1. 投资融资服务平台

缓解中小企业融资难问题，主要从推动、规范中小企业担保体系建设为工作切入点和工作重点，不断完善我省中小企业融资担保平台。一是完善担保体系政策环境。出台了《关于加快我省中小企业信用担保体系建设的意见》等一系列配套政策文件，使我省担保体系的政策法规得到进一步的健全和完善，特别在2005年联合省17个部门制定《关于优化中小企业信用担保机构开展业务的政务环境的若干意见》后，珠海、东莞、清远、梅州、惠州等市也先后制定了加快中小企业担保体系建设的实施意见。全省上下都采取切实措施，全面推进担保体系的建设。二是开展示范单位评选，规范行业发展。按照“以点带面、整体推进”的思路，确认一批担保覆盖面广、社会贡献大、风险防范效果好的担保机构为省级示范单位；对16家较规范的中小企业担保机构开展信用评级试点工作，评出的信用等级都在BBB级以上，其中A级以上的12家；实行中小企业担保机构设立和变更报备制度，目前全省已有17个市的86家担保机构备案登记。三是开展中介服务行业自律工作。指导省担保行业协会制定了《广东省信用担保行业自律公约》，全省42家中小企业担保机构参加了签约，并在媒体公布自律公约的内容和签约单位名单，自觉接受社会监督。我省的信用担保行业虽然起步晚，但发展较快，已踏入国内先进行列。到2005年6月份，全省已正常开展业务的担保机构112家，为中小企业累计担保总金额达429.1亿元，担保企业69488户，初步缓解了中小企业融资难问题。

2. 技术支持服务平台

省中小企业服务中心建立七大技术服务基地，解决中小企业普遍的关键共性技术，促进广大中小企业的技术创新和技术进步。各地根据产业发展和市场需要，支持和发展当地的技术支持服务平台。如佛山市禅城区已建成陶瓷行业、针织行业、不锈钢行业、装备制造业等四大技术服务平台，并建立广东省企业技术中心6家（省级）、广东省工程技术研究开发中心15家（省级）、佛山市工程技术研究开发中心33家（市级），初步形成较为完善的技术支持服务体系。各产业集群地根据集群特色和企业的需求建立起来的技术支持服务机构，发挥了较好的服务作用。如佛山市的建筑卫生陶瓷生产力促进中心、江门市的水龙头技术创新中心、潮州市的广东枫溪陶瓷生产力促进中心、揭阳市的民科鞋业创新服务中心等。2005年我局从各地上报的产业集群技术支持服务机构建设项目中，选择了24个项目安排了1120万元资金给予扶持，这些机构服务的行业涉及电子家电、电声器材、能源、环保、陶瓷水泥建材、纺织服装、五金、模具工艺、食品和农渔产品加工、工艺品等，发挥财政资金的引导带动作用，推动产业集群地的公共服务平台建设。

3. 人才培训服务平台

整合社会专业培训资源，认定了一批培训示范基地和培训示范机构。继2004年认定广州莱茵职业技术学院为首个广东中小企业培训示范基地后，2005年又认定了汕头经济管理干部学校等4家单位为广东省中小企业培训示范基地，省中小企业服务中心等9家广东省中小企业培训示范机构。在全省开展适合中小企业需求的个性化培训，逐步建立和完善中小企业培训课程体系和师资库。组织举办各种类型、专业的培训班，在全省各市举办各类型的培训班，如2003年举办专门的政策宣讲、管理培训活动，2004年培训基层管理干部及企业家5000多名。

4. 信息咨询服务平台

一是以省中小企业信息网为龙头，加强市、县网站建设。不断充实完善广东中小企业信息网的内容，增强省站功能。目前，省网站已设立26个栏目，每天发布信息超过100条。充分发挥省财政专项资金导向作用，支持各地中小在线信息服务网的项目建设。到2005年底，已建成并开通与省网站链接的地市级和县级分网（站）有38个。各地中小企业信息网站如揭阳、茂名、汕尾等地网站充分利用现有资源，搭建多种平台服务企业，促进企业信息化建设。韶关市将建设网站作为重点工作来抓，市县两级均已建成开通了网站。二是开展专业服务机构信息收集工作。目前，省中小企业服务中心牵头组织，已收集1.5万家省内的中小企业中介服务机构资料信息，并按"五大服务平台"进行分类，将这些服务机构信息制成服务机构信息数据库（信息查询系统），并将该数据库嵌入省中小企业服务网，供企业在网上查询，初步搭建了我省中小企业信息咨询服务平台。三是推进中小企业信息化建设的进程。与省电信有限公司联手举办"庆祝37届世界电信日活动暨中小企业信息化峰会"加快我省中小企业信息化步伐；联合用友软件股份有限公司、省中小企业发展促进会在全省18个地级市举办"广东省中小企业信息化普及之旅"活动，不断改善中小企业的信息利用条件；出台《2006～2007年广东省中小企业信息化工作方案》（粤中小企业[2006]20号），规划、指导我省中小企业信息化建设工作；与省信息产业厅联合主办"广东省中小企业信息化峰会"，调动各方面的积极性，整合社会资源，形成合力，加快我省中小企业信息化进程。

5. 市场开拓服务平台

通过组织各地中小企业参加各类展销会和经贸洽谈会，特别是第一、二届中博会和"第三届APEC中小企业技术交流暨展览"等，有效地帮助中小企业开拓国内外市场。首届中博会共有1950家企业参展，来自世界50多个国家和地区的客商共11.8万人次到会参观、采购和洽谈，签约项目13600个，总成交额320亿元（折合38.7亿美元）。第二届中博会有3522家中小企业前来参展参会，共有19.8人次到场参观、洽谈和采购，共签订意向、协议22000个，总签约金额426亿元。第二界中博会在参展企业数、签约意向（协议）数、签约金额、国外采购商人数等，比首届中博会均有新的增长，取得丰硕的成果。

（五）我省中小企业社会化服务体系建设存在的主要问题

尽管我省中小企业社会化服务体系建设取得了初步成效，但与中小企业持续快速发展的需求仍有不相适应之处，建设的水平和质量有待进一步提高。

1.综合服务机构的素质不高，服务能力有待提高

大部分的综合服务机构成立时间较短，特别是山区和东西两翼地区的服务机构编制较少，资金短缺，在机构设置、人员配备、财务管理等还不够完善，服务功能还不齐全，服务层次偏低，服务能力不强。

2.区域间服务体系建设和发展不平衡

珠三角地区的社会化服务体系的建设相比山区和两翼等欠发达地区，发展比较迅速，体系建设比较完善，特别是中小企业信用担保体系方面，差距更为明显。

3.政策和资金扶持力度不足

各级政府扶持中介服务机构发展的优惠政策仍显不足，与推进服务平台建设的要求不相适应。省财政扶持中小企业专项资金用于扶持服务体系建设的资金较少，与其他兄弟省市，如江苏、北京相比，差距较大。部分地方政府没有设立中小企业发展专项资金，一些欠发达地区由于地方财政较为紧张，经费不足，投入较少，制约了中小企业服务平台的建设发展。

4.服务机构高素质人才匮乏，服务水平有待提高

如目前大多数技术服务机构主要为企业提供技术培训、技术咨询、技术信息服务等服务，这些服务很多企业都可以通过其他途径得到满足。而对于企业迫切需要的产品研发、设计、质量检测等方面服务，大部分技术服务机构还不具备这些能力，没法起到中介机构的应有作用和功能。

5.服务机构市场化程度低，自我生存和发展的能力弱

很多中介服务机构仍然隶属或挂靠在政府部门和事业单位，不是独立自主的市场主体，员工积极性不高，人浮于事现象突出，自我生存和发展的能力较弱。各市、县的中小企业服务中心经费来源严重不足，收不抵支，根本难以正常运转。

（六）为加快推进我省中小企业社会化服务体系建设，我局将从以下几个方面推进本项工作的开展

1.继续推进我省各地中小企业综合服务机构的建设

主要是提高机构的综合服务能力，不断健全和完善我省中小企业政府公益性服务平台；

2.继续开展我省中小企业专业服务机构信息登记和收集工作

充实、规范我省中小企业中介服务机构信息数据库（信息查询系统），同时编印《广东中小企业服务机构名录》，推进我省中小企业信息咨询服务平台建设。

3.建立广东省中小企业综合服务机构信息联络员制度

加强全省各地中小企业综合服务机构信息的沟通与交流，密切全省中小企业综合服务机构的合作与联系，使全省形成上下一致、统一协调的综合服务机构网络体系。

4.开展全省中小企业社会化专业服务机构示范单位的工作

选取我省中小企业人才培训、技术支持和信用担保行业等进行试点确认，树立典型，推广先进，整合中小企业专业服务优质资源，规范行业发展。

5.以推动银企合作为重点，推进融资担保平台建设

一手抓担保机构的扶持和规范化运作，一手抓银企合作平台建设，进一步提升我省担保机构的融资担保能力，使我省中小企业融资难问题有一个新的突破。

6.组织举办各类展销会和经贸洽谈会，推进市场开拓服务平台建设

主要是以“中国国际中小企业博览会”为主要载体，为企业提供一个产品展示、信息交流、拓展商机的平台，促进企业开拓国内外市场。

7.引导和整合社会资源，推进人才培训服务平台建设

完善全省中小企业培训网络，继续做好培训示范机构和基地的认定工作及做好社会培训资源信息收集、公布；培育若干重点课程及与之相适应的师资队伍；积极开展公益性培训。

8.以推进区域性中小企业公共服务建设为重点，完善我省中小企业技术支持服务平台

加强对各市、县（区），特别是产业集群地、专业镇和行业类的公共服务平台建设的扶持力度，从资金上给予支持、引导。

（广东省中小企业局）

深圳市

一、概况

深圳民营经济在促进我市经济增长、扩大就业、活跃市场、完善产业链、培育创业精神、增强自主创新能力，健全市场经济体制等方面显示出了其蓬勃的生机和光明的前景，民营经济已经成为我市经济和社会发展的重要力量，与此同时还涌现了华为、中兴等一批举行较强竞争力的民营企业，他们不仅是深圳的品牌，也是我国民营企业的优秀代表，可以说深圳的民营经济发展是深圳经济特区改革开放的一个缩影，真正担当起了“国民经济重要组成部分”的重任。2005年，深圳民营经济的发展呈现出以下5个特点：

（一）民营企业不断增加，民营注册资本快速增长

截至2005年底，我市实有个体工商户35.8万户，比2004年增长76.1%；民营企业达15.2万家，占全市企业总数的70%以上，总注册资本为2155亿元，同比增长18.6%。个体工商户数和私营企业户数均位居广东各市之首。全年民营经济实现增加值1054亿元，比上年增长18%，占全市生产总值的比重达21.4%。

（二）民营经济税收快速增长

民营经济纳税额从2001年的88.27亿元增加到2005年的380亿元，同比增长43.9%，约占全市地税总额的55%。

（三）民营经济质量高，民营工业保持快速增长

2005年深圳民营经济完成增加值占全市GDP的27%；民营工业企业实现总产值1219.20亿元，占全市12.7%；实现利润总额71.19亿元，占全市规模以上工业企业利润的13.1%；民营商贸企业零售额909.57亿元，占全市社会消费品零售总额的63.3%。随着民营经济运行质量的提高，民营企业的“体格”也壮实了，一批大型民企迅速崛起，涌现出了华为、中兴、创维等一批销售超百亿的企业集团。经过近几年的高速增长，民营经济占全市经济总量的比重，正朝着“三分天下有其一”的趋势发展。目前，民营经济已然成为深圳经济发展的“加速器”。华为、中兴、创维、大族激光、腾讯等一批大型民营企业迅速崛起，成为全市经济成长最快、活力最强的企业群体和自主创新的不竭动力。伴随着高速成长，民营企业缴纳的税收也飞速增加。2005年，全市民营企业和个体户的纳税总额达380亿元，居各大城市之首，有力推动了深圳城市建设和各项社会事业发展。

（四）年出口额超百亿美元，成为外经贸领域的生力军

与在国内市场的优异表现交相辉映，深圳民营企业在国际市场也频频为深圳“长脸”，出口连年猛增。2005年，民营企业出口总额首超百亿美元，达137.8亿美元，增长93.2%，占全市出口总额的13.6%，成为拉动全市出口增长的重要力量。据统计，我市民营企业非常注重拓展国际市场，近几年出口额年均增长都在1倍以上。截至2005年，全市获得进出口经营权的民营企业近2万家。一些民营企业羽翼丰满后，还大胆“走出去”在国际上投资兴业。2005年，全市新增经核准设立的境外企业和机构64个，新增协议投资总额3亿多美元，其中47%由民营企业实施开展。

2005年深圳民企出口呈现出以下四大新特点：一是大批尚处于中小型规模的私营企业日渐成为主力军，为民营经济出口不断增添新鲜血液。二是以华为、比亚迪等为代表的大型民企越做越强，稳占出口鳌头。这些企业经过多年拼搏，积聚起雄厚的资金实力和良好的市场信誉，企业规模逐步扩张，产品种类繁多，远销美国、

日本、欧洲等多个国家和地区。三是深圳民企出口整体呈现出鲜明的两极分化现象，分化的趋势也正在加快。四是民企出口主要以机电、高新技术产品为主。以华为、中兴为代表的深圳优秀民营企业凭借自身雄厚的研发能力、居于国际前沿的领先技术和富有竞争力的高科技产品，纷纷漂洋过海，在竞争激烈的国际市场上占据了一席之地，呈现出千帆竞发的喜人景象。

（五）中国名牌占全市近半，民营企业已成为自主创新的主力军

近几年深圳民营企业的自主创新意识和品牌意识普遍增强，各企业纷纷自发实施名牌战略，取得了显著成效。全市民营企业共获得中国驰名商标、广东省著名商标共18件，占全市企业获得这两项荣誉总量的42%。同时，比亚迪、创维等19家民营企业获得“中国名牌产品”称号，占全市获得“中国名牌产品”称号企业数的近一半。华为技术有限公司生产的程控交换机还获得首批“中国世界名牌产品”称号。2005年，深圳民营企业名牌产品的产值占全市名牌产品产值的54%，民营企业成为深圳实施名牌战略的主要依托力量。目前，我市科技研发人员40%以上集中在民营企业，64%的民营科技企业拥有自己的知识产权，有自主知识产权产品创造的产值占深圳民科企业总产值的88%。如华为科技每年申请上千项发明专利，仅在3G技术方面就累计拥有2700多项专利，而且其中95%以上是发明专利，该公司通过自主创新，已经跻身于世界通信行业的前沿。同时，深圳民营企业中已经出现了一批具有一定国际竞争力的行业龙头企业，如通讯领域的华为、中兴等，软件领域的金蝶、腾讯、金证等，生物工程领域的科兴、海王、赛百诺等，新材料领域的比亚迪、邦凯等，医疗器械领域的安科、迈瑞等。

二、2005年主要工作

2005年深圳市发展民营企业的思路和措施，重点放在实施“三六三”工程：一是加强法规建设，完善民营经济发展、创业发展和服务体系建设等政策环境；二是加快服务体系建设，为民企搭建技术创新、融资担保、信息咨询、培训交流、市场拓展、创业辅导等“六大”平台；三是扶优扶强推进创新，在我市实施名牌民营企业、“金种子项目”和“民营企业50强”“三大”计划。

（一）加强法规建设，完善“三大”政策环境

1. 完善民营经济发展政策环境

认真组织学习、宣传和落实国务院颁布的《关于鼓励支持和引导个体私营等非公有制经济发展的若干意见》，切实加强我市民营经济工作的领导，增强服务意识，转变服务方式，进一步研究制定关于鼓励和支持民营企业发展“总部经济”的各项配套措施，做好民营企业的投诉服务工作。开展政策执行情况的检查、监督工作，营造公平竞争的市场环境，推动民营经济发展上规模、上水平。

2. 完善创业发展政策环境

把《中华人民共和国中小企业促进法》贯彻到实际工作中，建立完善的创业发展政策体系，加大改革创新力度，增强中小企业创业活力。同时，认真落实《深圳民营及中小企业发展专项资金管理暂行办法》，制订相应的服务指南。资金支持的重点是通过扶持专业化的融资担保机构，解决民营及中小企业融资难的问题，更好地发挥政府政策资金的引导和放大作用。

3. 完善服务体系建设环境

积极贯彻落实国家支持中小企业服务体系建设的政策意见，结合我市产业发展和企业创业的特点，认真做好中小企业服务体系建设规划，研究制订《深圳市促进民营及中小企业服务体系建设的意见》等配套政策，加大对中介服务机构的支持力度，坚持社会化、专业化和市场化原则，重点支持和发展技术创新、筹资融资、信息咨询、市场开拓、人才培训、创业辅导等各类中介服务机构。制定标准，完善功能，抓好示范，健全网络，加速政策传导，扩大作用面，发挥各方面的服务资源优势，促进服务资源合理流动，努力创造中小企业服务体系建设和发展良好环境。

（二）加快服务体系建设，形成“六大”服务平台

1. 完善技术创新服务平台

技术创新服务是提升“深圳制造”水平的重要平台。2005年，深圳坚持创新和发展的原则，集中产业和技术优势，大力发展与制造业密切相关的技术经济，并形成完善的配套服务链。积极推进和落实深港经济合作，高标准、高起点地把深港生产力基地建设成为集公共技术服务、科技成果转化、现代企业管理咨询服务和国际人才培育于一体的综合服务基地。同时加快我市工业设计促进中心的建设，以工业设计理论研究、品牌企业工业设计发展、工业设计产业化等方面为重点，加大扶持力度，提高我市工业设计水平，推动工业设计产业的发展，促进“深圳加工”向“深圳制造、深圳设计”转变。

2. 建设融资担保服务平台

坚持信用和专业的原则，采取政府支持、行业规范、市场推动的方式，大力发展信用担保业，树立一批信用担保示范机构，增强担保机构的服务能力，不断完善民营及中小企业信用担保体系。成立信用担保同业公会，加强担保行业的自律。搭建企业信用信息资源共享平台，建立信用机制，推动银企沟通和合作，形成专业化的信用担保服务。全面实施中小企业上市培育工程，努力为民营及中小企业提供上市前的培训、辅导、育成等规范化的服务。

3. 提供信息咨询服务平台

坚持开放和前瞻的原则，加快组建中小企业信息咨询中心，重组中小企业网站，开通民营及中小企业服务热线。整合各种信息资源，建立民营及中小企业数据库，提供投资、管理和市场等信息服务。创办开放式的中小企业研究机构和民营企业家会所，充分利用政府、高校、中介和企业各方面专家的研究力量，办好《深圳中小企业年报》、《深圳民营及中小企业》等刊物，形成互动的信息咨询服务平台。继续推进生产力学会的研究工作，打造高品位的学术品牌，促进我市企业界的信息交流和互动。

4. 搭建培训交流服务平台

坚持务实和科学原则，做好民营及中小企业管理培训规划，加快重组生产力促进培训中心，建立民营及中小企业培训基地，创新培训内容和方式，形成政府引导、社会支持和企业自主相结合的培训机制，重点实施中小企业银河培训、上市融资培育培训、创业培训等培训工程。建立专家咨询队伍，2005年重点聘请了50名企业培训师。发挥各类专业培训机构的积极作用，搭建培训机构和企业交流互动平台，为企业家持续学习提供有效服务。

5. 开辟市场拓展服务平台

坚持开拓和市场原则，加强中小企业，特别是民营企业的对外交流和合作，实施“走出去”发展战略，继续组织民营及中小企业参加“高交会”、“中博会”等展会和招商引资活动。

6. 建立创业辅导服务平台

坚持公平和效益原则，积极推进中小企业创业辅导基地建设，树立一批创业辅导的示范基地，形成一批不断诞生小企业的“工厂”。以中小企业创业辅导中心和创业辅导专家委员会为载体，制定创业辅导规划和实施计划，构建创业辅导体系，实施创业辅导服务，2005年重点聘请50名创业辅导师，形成专业化的辅导队伍和创业服务网络。启动中小企业创业孵化工程，发挥综合服务平台示范作用，努力营造创业家园的氛围，鼓励民营资本投资创业，传播创业知识，培养创业技能，建立专业化的服务标准，降低创业风险和创业成本，提高创业企业的成活率和成功率，不断满足创业者的需求。

（深圳市中小企业服务中心）

广西壮族自治区

2005年，在自治区党委、政府的正确领导下，我区各级中小企业管理部门认真贯彻执行国家有关发展中小企业和非公有制经济的政策和要求，以加快工业发展为主题，以优化结构调整为主线，突出抓好企业改革、技术改造和安全生产，克服各种困难，积极认真地开展各项工作，使广西工业增强了自我发展能力，结束了徘徊不前的局面，全区中小企业和非公有制经济继续保持较好的发展态势。

一、中小企业经济运行特点

2005年，广西中小企业总产值达2437.7亿元，同比增长22%，其中规模以上总产值达1819.1亿元，同比增长19.2%。增加值801.8亿元、技改投资129.1亿元、利税达194.1亿元。中小企业发展呈现如下特点：

（一）中小企业经济总量稳步增长，经济效益同步提高

2005年，广西中小企业经济总量继续保持健康、稳定的发展态势，全区中小企业总产值、增加值、利税同比分别增长22%、18.3%、15.2%；出口交货值85亿元，同比增长18.2%。50万元以上固定资产投入109亿元，同比增长2.8% 。中小企业资产的综合利用效果进一步提高，企业的发展后劲不断增强。中小企业取得了经济总量、增长速度与经济效益的平衡发展。

（二）非公有制经济规模以上企业辐射带动作用不断增强

2005年，广西非公有制经济规模以上企业数1040家，其中，亿元以上的企业41家。规模以上非公有制经济营业收入达254亿元。企业用于扩大规模的资金不断增加，企业发展后劲不断增强。规模企业的快速发展带动了一大批相关产业，企业的规模效应和集聚效应初步显现，部分区域出现了龙头企业带动产业集群，产业集群促进龙头企业发展喜人形势，中小企业和非公有制经济正朝着良性循环的方向发展。

（三）非公有制经济成为中小企业发展的主动力

2005年，广西非公有制经济在2004年快速发展的基础上，继续保持健康发展的势头，成为促进广西中小企业发展的主体力量。全区非公有制企业已发展到90万家，占全区中小企业数的99%，从业人员352万人，实现总产值1931亿元，增加值434亿元，利润总额116亿元，上交税金49亿元，其中，个体私营经济的增加值和上交税金占全区中小企业增加值和上交税金的比重分别为95%和92%，比重分别比上年增加了4和5个百分点。非公有制经济的迅猛发展为广西中小企业的发展注入了新的活力，为广西经济总量的提升和解决“三农”问题发挥了积极作用。

（四）农产品加工业保持稳步增长势头

近几年来，广西农产品加工业一直保持良好的发展势头，农产品加工业已成为广西中小企业的一个重要组成部分。2005年，农产品加工业继续稳步增长，农产品加工企业已达近7.5万家，从业人员46多万人，农产品加工业总产值达592亿元，增加值达193亿元，分别比上年增长0.5%和4.32%。其中，规模以上农产品加工业总产值为74亿元，同比增长2.8%；增加值16亿元，同比增长6.67%。农产品加工业的增加值率由2004年的20%提升到2005年的21%，表明广西农产品加工业在总量稳步上升的同时，农产品加工水平和经济效益保持同步增长。

（五）外贸出口继续增长

继2004年广西外贸出口呈现恢复性增长以来，2005年，广西非公有制经济外贸出口继续保持适度增长，出口交货值为65亿元，同比增长18%，其中，直接出口50亿元，同比增长19%。广西私营企业出口迅猛增长，主要是由于中国—东盟自由贸易区的启动，企业进出口经营权放开，促使更多的私营企业参与竞争，私营企业在我区外贸出口中将扮演越来越重要的角色。

二、促进中小企业和非公有制经济平稳发展的主要因素

2005年，广西中小企业和非公有制经济平稳发展，实现了速度与效益的同步增长，主要有以下几个方面的因素：

（一）中小企业和非公有制经济发展环境进一步优化

自治区党委、自治区人民政府非常重视中小企业和非公有制经济的发展，以科学发展观为指导，提出了“工业兴桂”策略，为我区中小企业和非公有制经济发展铺路搭桥，为中小企业和非公有制经济撑腰鼓劲。全区各地更加坚定了加快发展中小企业和非公有制经济的信心，研究制定出具体的、有针对性的对策和措施，进一步推动中小企业和非公有制经济更加快速、健康地发展。各地党委和政府对中小企业和非公有制经济的高度重视，使中小企业和非公有制经济投资者和从业人员“在社会上有地位，政治上有荣誉，经济上有实惠，权益上有保障”。为中小企业和非公有制经济的发展创造了良好的发展氛围。

（二）招商引资成效显著，投资力度进一步加大

西部大开发战略的逐步实施和中国—东盟博览会的成功举办，使广西中小企业和非公有制经济获益匪浅。2005年，广西积极开展招商引资，促进中小企业和非公有制经济对外经济技术合作与交流，推动中小企业和非公有制经济的产品走出广西。通过组织参加全国民营企业振兴东北老工业基地经贸洽谈会、全国东西合作经贸洽谈会和第2届中国中小企业博览会等各种招商活动，为中小企业和非公有制经济牵线搭桥。在广州举办的“第2届中国中小企业博览会”中，我们组织了我区14个市， 36家企业参展参会，展位24个，参展产品达254多种，签订投资合同（协议）11个，总投资5.5亿元；签订供销合同（协议）22个，成交金额6.4亿元。

2005年，广西与东盟的贸易额及从东盟国家的进口额，都创下了近年来的新高。随着中国—东盟博览会的举办和中国—东盟自由贸易区的建立，必将继续得到保持和发展，广西中小企业和非公有制经济也因此获得了更多的对外交流与合作机会。

2005年，广西非公有制经济50万元以上固定资产投资项目本年新开工6180个，在新开工项目中，新建项目4115个、改建项目821个、扩建项目1244个；本年投产项目5840个。全年50万元以上固定资产投资总额109亿元，新增固定资产89多亿元。从投资流向看，投资结构进一步优化，工业性投资所占份额继续提高，投入工业的固定资产投资额为80亿元。固定资产投入力度的加大，使企业的生产条件和生产能力得到不断改善，非公有制经济的技术水平和科技含量进一步提升，企业发展获得新的动力。

（三）服务体系建设不断加强

2005年，我区进一步加强中小企业和非公有制经济服务体系建设，充分发挥各行业协会的作用，为中小企业和非公有制经济提供技术、培训、信息、融资等服务。

1. 全力搭建中小企业服务平台

柳州市、南宁市分别成立了柳州市、南宁市中小企业服务中心和柳州市、南宁市中小企业培训中心，实行两块牌子，一套人马办公，主要为中小企业提供公益性、扶持性等综合服务的公共服务机构。服务中心（培训中心）的工作职责包括：向政府有关部门反映中小企业情况；配合政府有关部门落实中小企业扶持政策；维护中小企业合法权益；为中小企业的创业、生存和发展提供全面的社会服务，包括：创业辅导、信息咨询、投资融资、信用评价、技术支持、人才引进、人才培训等服务；同时按照“构筑服务平台、整合社会资源”的方式，联系和引导各类中介机构为中小企业提供优质服务，在中小企业服务体系发挥核心作用。

2.推动中小企业信用担保体系建设，为中小企业和非公有制经济搭建投融资发展平台

融资难问题仍是加快广西中小企业发展所面临的瓶颈，也是中小企业反映最强烈的问题之一。为缓解中小企业融资难问题，自治区积极推动中小企业担保体系的建立。到11月底止，全区17家开展担保业务的担保机构累计共担保企业家612户，累计担保笔数1541笔，累计资金担保总额15.3亿元，单笔担保在100万元的以上的共有531笔，担保收入总额1809万元，担保纳税总额121.3万元，实现利润总额515万元，接受担保企业新增职工总人数5158人，接受担保企业增加利税总额3.1亿元，接受担保企业增加销售总31.5亿元。担保融资机构也得到了发展，2005年自治区人民政府为广西投融资担保公司再增资3000万元，进一步加大对中小企业担保工作力度。

根据国家关于促进中小企业信用担保体系建设的有关规定，南宁市出台《关于建立中小企业信用担保体系实施办法》草案及相关规定，充分发挥政府财政资金的引导作用，鼓励担保机构为更多的中小企业、民营经济提供信用担保；拓宽企业投融资渠道，鼓励民营资本通过股份制和会员互助等组织形式组建民营担保机构，形成全社会竞争有序、市场运作、政府引导的社会化信用担

保体系。为中小企业、民营经济开辟更为广阔的投融资发展空间。南宁市成立了市企业信用协会，共有40多家企业加入协会，为中小企业、民营经济搭建投融资发展平台。此外，市财政今年给予南方担保公司增加1000万的注册资金，增强了南方担保公司为中小企业担保的能力。

3. 成立“广西民营企业商会”

广西民营企业商会成为搭建中小企业和非公有制经济的发展平台，积极向企业宣传政策、法律、法规，引导企业守法经营；协调企业和政府部门的关系，为政府经济政策形成和制定提供咨询服务；帮助企业加强行业自律，维护行业信誉；为企业提供信息咨询服务，组织产品交流会、展销会等商务活动，帮助个体私营企业扩大影响，拓宽市场销路。同时各级中小企业贷款担保体系的进一步发挥作用，通过贷款、贴息和担保的方式，为符合条件的中小企业和非公有制经济提供支持，为广西中小企业和非公有制经济的健康发展营造了一个良好的服务环境。

4. 中小企业和非公有制经济整体素质进一步增强，科技创新能力和管理水平不断提高

我区通过抓好中小企业和非公有制经济体制创新进一步明晰产权，初步形成了多元化投资主体的产权结构；通过抓好科技创新，积极推动建立以企业为主体的企业技术创新体系和产学研合作及各种形式的公共创新平台，鼓励企业创立自主知识产权和实施品牌战略、名牌战略，2005年，广西非公有制经济建立的技术创新中心和研发机构共252个。通过抓好管理创新，引导中小企业和非公有制经济根据自身特点和发展阶段，选择适宜的企业制度，建立科学的管理体制和机制。中小企业和非公有制经济的整体素质不断提高，先进的企业管理理念、新工艺和新技术在中小企业和非公有制经济中得到进一步推广应用，企业管理水平和科技创新能力的不断提升使得中小企业和非公有制经济的发展出现了新的活力，有效地促进了中小企业和非公有制经济持续健康发展。

5.加强中小企业培训，积极主动开展多渠道、多形式的培训活动

教育培训工作是建设高素质干部职工队伍的重要环节，把教育培训工作放在服从、服务于广西中小企业发展大局，紧紧围绕提高中小企业整体素质这个大目标，进一步提高认识，加大教育培训工作力度，着重抓好几方面的工作：一是不断创新教育培训观念。面对信息时代和知识经济的发展，首先树立“大教育”的视野，强化终身教育、素质教育和人才培训的观念，更加自觉把教育培训工作放在服从、服务于中小企业发展的大局，以全面提高中小企业从业人员作为根本目的，进一步拓宽思路和领域。二是不断创新培训内容。紧密结合当前形势和广西中小企业实际，把握时代特点大胆创新，既要突出思想政治教育，又要抓好新知识新技能的培养，着力提高干部职工队伍的整体素质。三是不断创新培训方式方法。在培训内容上，把培训学习与研究问题、课堂教学与实践锻炼、传统教学方法与现代教学手段结合起来，创新教学形式，以增强教育培训的针对性、实效性和吸引力。另外，定期不定期地召开各种项目、统计、现代企业经营管理、外向型经济等培训班，以加强信息互通和交流知识，公布投资政策和方向，指导项目建设、办证办事程序，提供有效的信息咨询服务。同时，不断更新多种形式的培训，如利用现场调研、区内外培训与参观学习相结合，聘请专家学者授课等途径培育各种类型不同层次的管理和技术人才。据统计，自治区全年举办培训班共60期，培训人数32000多人。

（广西壮族自治区经济委员会中小企业发展处）

海南省

一、发展概况

我省中小企业占全省企业总数的99.9%以上，在我省经济活动中占主体地位。省经济普查表明，全省中小企业和个体经营户有28.84万户，从业人员138.7万人。其中中小企业1.4万户、从业人员71.7万人，个体经营户27.44万户、从业人员67.0万人。在全省工商部门登记的各类企业约18.1万户。其中，公有制单位占34%、私营个体占34%、混合行经济单位占18%、外资企业占4%。

到2005年底，全省工业中小企业2.19万家（比上年增加500家），从业人员22.88万人，工业总产值429亿元，资产总计764.17亿元。其中，3046家企业的工业产值382亿元，1.88万个体工业户的营业收入47亿元。全省规模以上工业企业646户，工业总产值354亿元，比2004年（455.8亿元）增长了156.28%。中小企业和个体私营经济，在解决城乡就业、促进经济发展等方面，作出了重要的贡献。

二、主要工作

继续贯彻落实《中小企业促进法》和《国务院关于鼓励支持和引导个体私营等非公有制经济发展的若干意见》，扶持和促进我省中小企业的快速和可持续发展，提升我省中小企业核心竞争力。

1. 进一步优化环境，实现公平待遇

切实把政府职能转变到主要为市场主体服务和创造良好发展环境上来，大力改善法制环境、政策环境、融资环境、市场环境、社会和舆论环境。积极贯彻实施《海南经济特区促进私营个体经济发展条例》，出台了《关于鼓励支持和引导个体私营等非公有制经济发展的若干规定》等一系列政策法规，切实解决了影响非公有制经济发展的一些突出问题，为加快中小企业和非公有制

经济发展营造良好环境，提供一个好台。以《中华人民共和国行政许可法》实施为契机，深化行政审批制度改革，促进政府职能转变，改革行政管理方式，提高行政管理水平，加强间接管理和事后管理，建设讲诚信、负责任的政府。

2. 建立健全服务体系

整合现有服务资源，探索建立创业支持服务体系；加强信息服务体系建设，通过建设海南省中小企业网等载体，为中小企业及非公经济企业提供各类政策咨询和市场信息；加快融资服务体系建设，加强与银行、证券、风险投资机构的沟通与交流，为中小企业和非公经济企业直接融资创造条件；健全人力资源开发服务体系；加强市场开拓服务。

3. 大力推动中小民营企业发展

一是塑造产业，拓展民营企业发展空间。针对目前我国旅游业发展迅猛，而旅游工艺品的生产欠发达的现状，利用海南旅游业发展且具有相当影响力的优势，建立旅游工艺品生产批发园区，匹配优惠政策，吸引国内外旅游工艺品生产、销售企业入主，大力发展市场需要的，具有特色的优势旅游工艺品，并使之逐步成为国内最大的旅游工艺品生产、批发中心。二是加大对中小民营企业发展的政策扶植力度。组织有关部门到珠江三角洲、长江三角洲考察，借鉴其支持扶植民营企业发展的经验，制定出我省发展民营企业的配套政策措施。三是积极协调相关总部门争取建立我省中小企业专项发展资金，扶植我省中小企业发展。

4. 切实帮助中小企业和非公有制企业解决融资渠道问题

目前中小企业和非公有制企业融资渠道单一，融资方式太少，制约了我省非公有制经济的发展。为此，我们多次建议省政府建立专门为非公有制企业提供融资服务的政策性金融机构，组建非公有制企业投资开发公司，建立非公有制企业风险担保资金等，并重点指导海南省中小企业促进会和海南联合中小企业服务中心，积极开展对中小企业的各种服务。此外，还多次召开了银企座谈会，让银行和企业进行实质性的沟通，争取银行加大对企业的贷款支持力度。

5. 扩大招商引资

一是抓住世界产业特别是台湾产业转移的机遇，积极吸引台资到我省投资，充分利用岛内资源和台湾的资金、技术优势，加快生物制药、高科技、食品和水产品加工等产业的发展；加强与世界500强企业驻华机构的联系，加深彼此之间的沟通，同时掌握其投资动态，积极推介我省优越的投资环境和优惠的投资政策，极力促成他们到我省参观考察乃至投资办厂。二是支持企业开拓国内外市场，推动对外经济技术合作与交流，组织30多家中小企业参加第二届中博会，有效地推介我省中小企业优势产品，扩大我省中小企业在国内外的影响，进一步促进我省中小企业快速健康发展。

6. 加大培训力度

一是做好国家　“银河培训工程”。我省在国家发改委中小企业司的统一安排和指导下，认真组织资质力量雄厚的培训机构承担相关培训业务，培训内容包括工商管理基础知识、创业辅导、产业集群、技术创新、融资担保、企业信息化等专业培训和中介服务组织业务培训等。此次培训时间紧、任务重、培训面广、组织难度大。但我省认真按照国家有关文件要求，以高度负责的精神和积极务实的态度投入到培训工作中，通过我厅和各培训机构的周密安排，认真选题，及时组织教材和师资，圆满完成了培训任务。二是完善中小企业社会化服务体系，建立面向中小企业的公益性服务工作平台。主要是通过提高下岗失业人员再就业能力和提高中小企业全员劳动生产技能的培训，全面推进培训工作。2005年我省中小企业管理部门和就业部门全年共举办各类培训班30多期，培训人员31260人。

（海南省发展与改革厅经济运行处）

重庆市

2005年，在重庆市委、市政府的正确领导下，在国家发改委中小企业司和各区县（自治县、市）有关部门的大力支持下，我们认真贯彻落实《国务院关于支持鼓励引导个体私营等非公有制经济发展的若干意见》和市委、市政府《关于进一步加快民营经济发展的决定》以及八个配套文件，以邓小平理论和“三个代表”重要思想为指导，树立科学发展观，切实履行指导、服务职能，推动全市中小企业、非公有制经济继续保持快速健康发展，取得了明显的经济效益和社会效益。

一、基本情况

1. 中小企业

全市中小企业13.8万户，比上年增加1525户，比2000年增加1.0万户；从业人员337万人，比上年增加13万人；实现增加值1030亿元，同比增长19.9%，比2000年增长1.2倍，“十五”期间年均增长16.3%，比同期全市地区生产总值增速快2.3个百分点;占GDP的比重由上年30.98%提高到33.6%，比2000年提高4.1个百分点；实现利润总额184亿元，同比增长12.3%；实交税金180亿元，同比增长27.6%。

2. 非公有制经济

全市非公有制经济产业活动单位51.7万个，其中非公企业7.5个，个体工商户44.2万户；从业人员达到565.4万人，占全市第二、第三产业从业人员的比重达到65.9%；实现增加值1593.1亿元，比上年增长22%，占全市地区生产总值的比重由2004年48.9%提高至51.8%，对全市经济增长贡献率达到71.04%；拉动全市经济增长8.2个百分点；实交税金161亿元，比上年增长25.8%，占全市入库税金总量的比重达到42.4%；固定资产投资完成额1208.5亿元，比上年增加26%，占全市固定资产投资比重达到60.2%；出口产品交货值19.15亿美元，比上年增长24.79%，占全市总出口比重由上年73.6%提高至76%；提供劳动报酬526.4亿元，比上年增长18.2%，全市非公经济从业人员年均劳动报酬从上年7890元提高至9310元。农产品加工业、建材业、摩托车制造业、医药化工业及采掘业分别占全市总量的90%、80%、70%、60%和60%以上；建筑业实现增加值191.6亿元，同比增长19.3%，占全市总量的份额达到81.3%；第三产业实现增加值793亿元，同比增长28.5%，其中房地产业、商贸批发零售业、餐饮旅游住宿业、公路运输、文化娱乐业已占全市份额的90%以上；第一产业实现增加值15.3亿元，同比增长24.1%。形成三次产业竞相发展的格局。

3. 形成的主要产业集群和产业特色

农副产品加工业：2005年，全市农产品加工产值达520亿元，同比增长30%；其中规模以上农产品加工企业930户，从业人员13.8万人，实现工业产值296.5亿元，利税17.2亿元，出口额22.6亿元人民币，分别比上年增加210户、3.2万人、54.3亿元、4.7亿元和5.4亿元。以农产品为原料的加工业呈现大面积上升势头。纸及纸板达到85万吨，同比增长31.1%，布匹13.7亿米、同比增长2%，生丝9749吨、同比增长30.7%；粮食加工、食品生产也有较大幅度增长，食用植物油、榨菜产量分别达到8.13万吨、33.3万吨，同比分别增长5.01%和39.2%。非食用植物油、配（混）和饲料、肠衣产量分别达到2万吨、107万吨和992万桶同比分别增长115.1%、21%和66.8%。在全市形成了一批以鱼泉榨菜、金风丝绸、江津白酒、永生食品、希望饲料为龙头的农产品加工企业和以璧城皮鞋、太和丝绸、回龙坝纺织为代表的农产品加工产业集群。

皮鞋制造业：全市中小企业皮鞋产量9222万双，比上年减少639万双。皮鞋生产市场自2003年开始洗牌，至今仍未出现结束迹象。全市皮鞋生产呈两极分化走势，档次较高、规模较大的生产企业集中迁至工业园区，一些档次低、规模小的皮鞋生产企业搬迁或停产，现已形成的涂山皮鞋、璧城皮鞋、巴川皮鞋和熊家皮鞋四大皮鞋产业集群，其产量占全市皮鞋产量的85%以上。

采掘业：全市中小企业采掘业实现工业总产值133.65亿元，同比增长33.8%。全年生产原煤2679万吨、同比增长19.6%，碳酸锶46.2万吨、同比增长139%，天青石65.1万吨，增长14.4%，锰矿石143.2万吨，同比增长7.6%。铁矿石36万吨，增长32.9%。

建材业：全市非公有制水泥生产企业131户，生产水泥1604万吨，同比增长50.1%，水泥制品1485万立方米，同比增长16.3%，其中产能在100万吨及以上的腾辉、富皇、富丰、科华、拉法基和产能在50万吨以上的7家生产企业产量占其总量的51%，10万吨级以下的小水泥出现大面积亏损，生产经营状态出现困境。新型建材快速上升。卫生陶瓷、日用陶瓷产量分别达到139万件、2392万件，分别增长13.9%和13.3%；平板玻璃112万重量箱，增长9.6%，人造板737万立方米、家具308.6万件，分别增长22.3%和46.3%。

摩托车汽车制造业：全市汽车摩托车及零部件生产企业2351家，2005年实现产值631亿元，比上年增长17.2%。成车市场受国家摩托车生产准入门槛提高和欧Ⅱ标准影响，摩托车企业必须经过国家3C认证才能生产、必须达到欧Ⅱ标准才能进入欧美市场，生产规模较小的企业生产受到限制，一线品牌摩托车产量得以稳健增长。力帆、隆鑫、宗申3家企业成车产量达到195万辆，同比增长18.3%，二、三线摩托车厂家由上年39家下降至28家，摩托车产量由上年149万辆下降至136万辆。配件市场在2005年下半年生产稳定增长，实现产值497.6亿元，增长18.9%，特别是汽车配件生产企业随着全国“限小”解禁，实现产值86.3亿元，增长35.2%。

装备制造业：电气机械及器材制造业、电子及通信设备制造业、仪器仪表及文化办公用品机械制造业均呈现大幅增长势头，通用设备制造业、专用设备制造业实现产值分别达到54.6亿元、14.9亿元，分别比上年增长27.7%和24.3%。电子元件产值11.4亿元，增长近3倍。

建筑业：全市中小企业建筑业6559家，其中建筑资质3级以上的1786家，全市建筑业实现增加值195.5亿元，增长19.6%，占全市建筑总量的83.2%，

房地产业：全市房地产企业4602个，其中资质三级级以上的1962个，实现经营总收入335.8亿元，同比增长24.7%，占全市房地产总量的86.8%。

批发零售业和住宿餐饮业：企业达到60890家，占中小企业总量的43.7%，实现销售收入795.4亿元，同比增长13.9%，从业人员达到167.8万人，占全市中小企业从业人员总量的49.8%，

二、主要特点

（一）企业集中度迅速提升，企业规模快速壮大

全市2005年非公有制经济增加值50亿元以上的区县达到13个，比上年增加4个，实现增加值1161.3亿元，比上年增长81.1%，占非公有制经济总量的比重由上年的57.4%上升至72.9%；九龙坡区、渝中区、沙坪坝区分别达到148.5亿元、138.6亿元、112.4亿元，分别比上年增长26.5%、24.3%和23.6%。增加值10亿元以上的乡镇由上年9个增至22个，实现增加值349.6亿元，增长153.5%。

随着3153工程顺利推动，2005年末，全市

销售收入500万元以上非公有制企业达到5195个，比上年增加1292个，实现销售收入2244亿元，比上年68.6%，占全市非公有制经济总量的比重由上年30.2%上升至42.4%。其中，5000万元以上企业达到751个，比上年增加184个；亿元企业比上年增加60个，达到256个。全市规模以上的非公有制工业企业达2295家，比上年增加415家，实现总产值1203亿元，增加值284亿元，分别比上年增长了35.4%和38.5%，占非公有制工业比重分别达到47.1%和46.3%，比上年分别增加了2.5和2.1个百分点，占全市规模工业增加值的比重由上年的35.4%提高至39.7%。规模以上工业增长已成为拉动全市工业增长的主要力量。荣昌县规模企业比上年净增62家达到155家，实现工业产值增长40.1%；巴南区规模企业比上年净增72家达到186家，实现工业产值增长58.3%；璧山县规模企业比上年净增36家达到171家实现工业产值增长46.6%；大渡口区规模企业比上年净增23家达到133家实现工业产值增长56.2%。

（二）工业发展势头强劲，工业各行业全面增长

全市40个区县中除城口县和秀山县受国家锰矿开采产业政策调控影响较重，工业增加值低增长以外，其余各主要工业区县（自治县、市）均保持了20%以上的增长速度。大多数区县工业新增长点显现，部分区县新增长点已经形成。食品加工、印刷、包装、造船成为涪陵工业新秀；铝加工、电气机械业成为九龙坡区新增长点；大渡口、万州、铜梁、荣昌、永川等区县以重点骨干企业改扩建为突破口，扩大产销规模，拉动经济增长；巴南、渝北、南岸、江津等区县依托园区招商引资，实现超常规增长。

一是以农产品加工业为代表的轻工业发展势头强劲。2005年，全市农产品加工产值达520亿元，同比增长30%；其中规模以上农产品加工企业930户，从业人员13.8万人，实现工业产值296.5亿元，利税17.2亿元，出口22.6亿元人民币，分别比上年增加210户、3.2万人、54.3亿元、4.7亿元和5.4亿元，以农产品为原料的加工业呈现大面积上升势头。纸及纸板达到85万吨，同比增长31.1%，布匹13.7亿米、同比增长2%，生丝9749吨、同比增长30.7%；粮食加工、食品生产也均有较大幅度增长，食用植物油、榨菜产量分别达到8.13万吨、33.3万吨，同比分别增长5.01%和39.2%。非食用植物油、配（混）和饲料、肠衣产量分别达到2万吨、107万吨和992万桶，同比分别增长115.1%、21%和66.8%；荣昌县农产品加工业加工产值22亿元，同比增长37.9%；合川市以丝绸、药品、食品加工为主的农产品加工业实现产值24亿元，同比增长27.4%。全市范围内形成了一批以鱼泉榨菜、金凤丝绸、江津白酒、永生食品、希望饲料为龙头的农产品加工企业和以璧城皮鞋、太和丝绸、回龙坝纺织为代表的农产品加工产业集群。

二是建材工业发展势头较好。2005年全市非公有制水泥生产企业131户，生产水泥1604万吨，同比增长50.1%，水泥制品1485万立方米，同比增长16.3%，其中产能在100万吨及以上的腾辉、富皇、富丰、科华、拉法基和产能在50万吨以上的7家生产企业产量占其总量的51%，10万吨级以下的小水泥出现大面积亏损，生产经营状态出现困境。新型建材快速上升。卫生陶瓷、日用陶瓷产量分别达到139万件、2392万件，分别增长13.9%和13.3%；平板玻璃112万重量箱，增长9.6%，人造板737万立方米、家具308.6万件，分别增长22.3%和46.3%。九龙坡、永川、江津、南岸、璧山县等区县以塑钢门窗、铝材、塑料排水管、水泥、砖为主体的建材工业实现工业产值同比增长均在25%以上。

三是采掘工业发展势头较好。全市非公有制采掘企业实现工业总产值133.65亿元，同比增长33.8%。全年生产原煤2679万吨，同比增长19.6%，碳酸锶46.2万吨、同比增长139%，天青石65.1万吨，增长14.4%，锰矿石143.2万吨，同比增长7.6%。铁矿石36万吨，增长32.9%。

四是装备制造业快速起步，电气机械工业发展迅猛。电气机械及器材制造业、电子及通信设备制造业、仪器仪表及文化办公用品机械制造业均呈现大幅增长势头，通用设备制造业、专用设备制造业实现产值分别达到54.6亿元、14.9亿元，分别比上年增长27.7%和24.3%。电子元件产值为11.4亿元，增长近3倍。重庆镁业科技股份有限公司生产的镁合金汽车方向盘，与国际汽车巨头福特配套，共同建立镁合金汽车零部件研发中心，并为其生产方向盘等配件；格力电器重庆分公司通过技改，生产空调器的规模已达200万台，实现总产值22亿元，同比增长56.1%，重庆赛力盟电机有限责任公司、重庆ABB变压器有限公司分别实现总产值5.2亿元和10.9亿元，同比增长40%以上。

五是交通设备制造业快速恢复。受国家摩托车生产准入门槛提高和欧Ⅱ标准实施的影响，2005年上半年，全市摩托车生产下降20%，从2005年8月份开始，在一线品牌摩托车拉动下，摩托车产量逐月回升，全年非公有制企业汽摩产业实现产值528.5亿元，比上年增长23.5%。生产摩托车成车326万辆，同比增长3.8%，占全市摩托车总量的77.5%；汽车配件产值86.3亿元，增长35.2%。摩托车生产企业因政策性成本上升，生产呈两极分化走势：生产规模较小的企业生产受到限制，一线品牌摩托车产量得以稳健增长。力帆、隆鑫、宗申三家企业成车产量达到195万辆，同比增长18.3%，二、三线摩托车厂家由上年39家下降至28家，摩托车产量由上年149万辆下降至131万辆。

六是医药化工产业突飞猛进。2005年，医药化工产业实现产值126.9亿元，同比增长32%。其中医药制造业产值达到18.3亿元，增长31.6%，化学原料及化学制品业产值59.2亿元，增长29.5%；橡胶、塑料制品分别增长29.1%和32.3%

七是金属延压加工及制品业继续走强.铝加工业和随着新兴产业初露端倪。全市金属延压加工及制品业实现产值150.3亿元，同比增长29%，其中有色金属冶炼延压业产值37.5亿元，增长了29.3%，金属制品增长27.6%。铝加工业和电气机械工业已经成为九龙坡区新的支柱产业，占全区工业的比重由上年同期21.4%提升至33%；顺威万希铝业公司加大投入，第三条生产线已正式投产，实现总产值5.2亿元，同比增长38.5%；天泰铝业公司6万吨生产线已全部投入运行，实现总产值7.2亿元，同比增长51%。博赛矿业公司继2005年40万吨氧化铝投产后，实现年销售收入15.1亿元，2006年拟再建一条40万吨氧化铝生产线。

（三）招商引资力度加大，固定资产投资强劲增长

2005年，非公有制企业固定资产完成1208.5亿元，同比增长26%，高于同期国有投资5.6个百分点，占全市社会投资总额的60.2%，比上年高出1个百分点；非公有制工业企业完成固定资产投资381亿元，占全市工业投资总额的67.4%，比上年增加2.3个百分点。为非公经济持续增长奠定了较好基础。2005年固定资产投资呈现三个特征：

一是大中型企业的扩建、技改项目成为投资重点。一批重点骨干企业在上半年进行了改扩建施工。全市非公有制工业投资50万元以上项目5421个，投资总额344亿元；其中1000万元以上项目642个，投资总额245.7亿元，占非公有制工业投资总额的64.5%。

二是招商引资成成为投资增加的重要来源。各区县2005年度招商引资工作成效显著。涪陵区招商48项，协议引资4.55亿元；万州区在渝洽会上成功引资2.8亿元打造万安工业园；九龙坡区借助渝洽会招商36项，引进资金77.4亿元；大渡口引进8个企业，协议资金20亿元；北碚区借助同兴园区招商12项，引进资金25亿元；忠县招商197项，引进资金13.9亿元，占全县工业投资的85.7%；大足县、荣昌县分别引资5亿元和15.3亿元。一批技术含量高、市场潜力大的新型企业相继竣工投产，并显现出强劲的发展势头，必将成为各区县的新增长点。

三是园区成为投资的主要场所。2005年，全市非公有制工业企业固定资产投资达到380亿元，占全市工业投资总量560亿元的67.8%。投资园区工业项目资金达到208亿元，占非公有制企业工业投资总量的54.7%。

（四）园区建设取得阶段性成果，园区经济高速增长

工业园区已成为非公经济、中小企业、乡镇企业的主战场。全市各类园区74个，2005年末，入驻企业达2496户、资本金253亿元、固定资产原值290亿元、资产总额达到754.5亿元、工业固定资产投资109.8亿元、从业人员34.5万人、实现工业总产值761.2亿元、利润总额43亿元、实缴税金37.2亿元，各项指标比上年增长幅度均超过30%。园区建设已经取得阶段性成果，基础设施基本完成，进入快速增长时期。九龙园区企业实现工业总产值81.6亿元，同比增长25%，技工贸收入185亿元，同比增长30%，全年实现税收2.99亿元，固定资产投资11亿元，同比增长59%。南岸区确定的30个工业重点技术改造项目中有28个项目落户在茶园工业园区和长江工业园区。茶园工业园区全年实现工业产值40.1亿元，同比增长51.3%，长江工业园区已接纳区内搬迁企业和引进外地企业48户落户。花溪工业园已开发3.6平方公里，累计投资达62.3亿元，当年实现工业产值为54.6亿元，上缴税金2.6亿元；建桥工业园区完成工业总产值25.6亿元， 同比增长22%，占全区工业增加值的41%；万州园区已引进如意、东野、真空制盐、科华水泥等一批项目；晏家园区已有25家企业入驻。园区经济已成为各区县经济的主要增长点。

24个市级都市工业园（楼宇）入驻企业401家，工业企业比重达95%，行业主要涉及机械加工、纺织、服装服饰、广告印刷包装、软件开发、电子信息产品研发、医药机械制造等，入驻企业年营业收入95.54亿元，上交税金2.62亿元。中小企业创业基地建设已具雏形。

（五）外向型经济平稳增长，出口产品日趋多样化

2005年，我市取得自有进出口权的非公有制企业已达855家，比上年增加240家，实现出口19.15亿美元，同比增长24.8%。占全市出口总额的76%。2005年非公经济出口呈现三个特点：一是强势区县继续走强，弱势区县快速跟进：沙坪坝、南川、万州、江北、巴南、永川、北碚、綦江等外贸出口强势区县继续保持快速增长势头，江津、石柱等区县也有新突破，江津柏杉丝绸累计出口233.12万美元，增长135.9%，川江车辆打开土耳其汽车市场；石柱的丝、绸、猪鬃、莼菜累计出口1634.6万美元，增长580.1%。二是汽摩等传统出口产业开辟了新的国际市场。隆鑫出口增长20%、劲隆出口超过4万台、鑫源出口2万多台；恒胜集团2005年已收到美国、泰国、加拿大等国16万辆摩托车出口合同，成为泰国第五家、中国在泰国的第一家摩托车整车生产企业，本年将达到向泰国出口6万套摩托车、2006年出口10万套摩托车零部件的规模。力帆、隆鑫、宗申、南川矿产品等企业已成为带动全市非公经济乃至全市出口增长的重要力量。三是农产品出口势头强劲，出口品种增多。合川、荣昌、石柱、垫江、万州、涪陵等地的肉制品、肠衣、皮鞋、榨菜、莼菜、医药化工产品等出口势头强劲。

（六）科技创新能力加强，品牌优势明显

在全市企业所拥有的各种品牌产品称号中，非公有制企业所占份额逐年快速上升，多数已占绝对份额。到2005年底止，由市政府命名的有效名牌产品已达228项，其中非公有制企业：2002年19项、2003年31项、2004年43项、2005年48项。非公有制企业名牌产品占全市名牌产品的比重由2002年34.55%、2003年的50%上升至2005

年的57.14%。非公有制企业的品牌形象在逐年提高，为我市非公有制经济的发展打下了坚实的基础。在全市拥有的12项驰名商标中，非公经济已占5项，2005年重庆市23个国家级重点新产品项目中有13项是非公有制企业，2005年重庆市228个重点新产品项目中有180项是非公有制企业。

三、存在的问题和发展趋势

（一）主要问题和制约因素

近年来，尽管我市中小企业发展取得了长足进步，但还存在着不少困难和问题。从自身发展看，主要是经济总量偏小，技术和管理水平落后，整体素质不高。从外部环境看，主要制约因素有：

1.认识不到位，政策落实难

一些地方和部门对《国务院关于鼓励支持和引导个体私营等非公有制经济发展的若干意见》（国发[2005]3号）和《中共重庆市委重庆市人民政府关于进一步加快民营经济发展的决定》（渝委发[2003]21号）认识不到位，导致政策落实较难，发展环境欠佳。如国家实行利用“三废”生产的企业享受退税政策多数区县没有执行；西部大开发政策规定企业所得税按15%征收，在我市一些地方难以落实。企业负担过重的问题仍然存在。

2.用地难，发展空间受限

国家加强土地的宏观调控后，出现了一些新情况。一方面，新批土地难。一些新办企业和一些优势企业受土地制约，转向市外发展。另一方面，清理整顿取消的一批原经市政府批准的示范园区，土地被冻结，新办项目不能进，又无法复耕，造成了一些遗留问题。

3.资金短缺，发展“缺血”

2005年末，全市非公有制企业7.6万户，有银行贷款余额的企业仅7277户，贷款余额415.34亿元，占全市年末贷款余额的11.17%，与非公有制经济所占全市生产总值51.7%的份额相比大相径庭，同时还有90.5%的非公有制企业（主要是规模及限额以下的小企业）没有取得金融支持，成为金融信贷盲区。

4.原材料涨价过快，企业难以消化

钢铁、铝材、水泥、原煤等大宗原材料大幅涨价，企业消化困难。据测算，上游产品涨价10%以上，下游产品仅涨5%左右。

5.服务体系建设滞后，促进力度不够

中小企业、非公有制经济的创立和发展，需要技术推广、成果转化、融资担保、人才培养及引进、市场开拓及信息服务等方面多方位、全过程的服务。我市为中小企业、非公有制经济服务的融资、创业、法律、技术、培训、质量、市场、信息等服务平台建设尚处于初始阶段，难以适应中小企业、非公有制经济发展的需要。

此外，一些地方产品结构“一业独大”，“民工荒”现象的出现，都导致我市中小企业、非公有制经济发展遇困。

（二）发展趋势

从我市中小企业、非公有制经济发展走势看，2006年基本能延续2005年的快速增长势头。全市中小企业、非公有制经济的各主要经济指标将实现预定目标：

1.发展目标

2006年，全市非公有制经济增加值增长20%左右，达到1900亿元左右，占全市GDP的比重比上年提高2个百分点左右；中小企业增加值增长18%左右，力争突破1200亿元。

2.就业目标

2006年，非公有制经济从业人员新增40万人，从业人员总数达到605万人；中小企业从业人员新增15万人，从业人员总数达到350万人。

3.增收目标

2006年，全市非公有制经济提供劳动者报酬增幅达到18%，总额达到620亿元；全市中小企业提供劳动者报酬增幅达到19%，总额达到390亿元。

四、主要工作

（一）加强指导，进一步营造和改善发展环境

1.认真研究政策措施，为发展提供制度保障

在继续认真贯彻落实市委、市政府《关于进一步加快民营经济发展的决定》及市及相关部门制定的8个配套文件的基础上，按照市委、市政府领导的要求，经过充分的调查研究，2005年2月，我局起草的《关于推进都市工业园（楼宇）建设的意见》以市政府渝府发[2005]20号文件印发实施；9月，我局与市政府研究室起草的《重庆市人民政府贯彻落实国务院关于鼓励支持引导个体私营等非公有制经济发展的若干意见的实施意见》以渝府发[2005]85号文件印发。我局还与市委组织部、市人事局等市级有关部门联合出台了《关于进一步加强民营经济人才队伍建设的意见》。这一系列政策性文件的出台和贯彻落实，为加快中小企业、非公有制经济发展提供了强有力的政策支持和制度保障。

2.加快制定规划，促进健康发展

我局与市社科院联合编制了《重庆市非公有制经济中长期发展规划》和《重庆市都市型工业发展规划》，通过了有关专家的评审和论证。其中，《重庆市非公有制经济中长期发展规划》报请市政府常务会议审定通过后，于2005年9月以渝府发[2005]84号文件正式印发实施。去年下半年，经过广泛调研和分析研究，我局顺利完成了《重庆市“十一五”农产品加工业发展规划》的初稿编制工作。

3.大力推进都市工业，拓展发展空间

《关于推进都市工业园（楼宇）建设的意见》（渝府发[2005]20号文件）出台后，为进一步抓好文件的贯彻落实，2005年5月市政府召开了全市都市工业工作会议，常务副市长黄奇帆到会

并作了重要指示，会上我局也对文件的贯彻落实工作作了具体部署。会后，有关区县立即行动起来，特别是渝中区等主城区，制定了各自的都市工业发展规划，认定了一批区（市）级都市工业园和楼宇，形成了一定规模，为主城区和中心城市的中小企业、非公有制企业拓展了新的发展空间，为解决城区就业问题作出了贡献。我局制定并经过专家评审通过了《重庆都市工业发展规划》，出台了一系列与渝府发[2005]20号文件配套的扶持鼓励政策，认定了首批市级都市工业园和楼宇24个，给予其中20多个园区或楼宇资金支持，安排发展都市工业专项资金1500万元，初步形成了全市大力发展都市型工业的良好氛围。

4.加强维权投诉及治乱减负工作，维护企业和职工合法权益

一方面，我们充分发挥设在我局的重庆市人民政府民营企业维权投诉中心的作用，依据《重庆市民营企业维权投诉处理办法》，积极开展维权投诉工作，对各类投诉案件依法及时作出了处理，切实维护企业和企业职工的合法权益。我局针对当前维权投诉工作出现的新情况和新问题，及时加以分析研究，到目前为止，共受理各类投诉案件132件，其中，书面投诉14件，电子邮件投诉10件，电话和上门投诉108人次，投诉咨询75件次；转有关部门、区县政府处理的投诉案件5件，其中1件已进入司法程序，结案率达96%。另一方面，我们始终把企业减负治乱工作作为优化环境的一项重要工作来抓，在有关区县和企业建立了制乱减负监测点，定期收集、研究和处理有关问题，减轻了企业不合理负担，使企业的生存环境得到进一步改善。

5.严格考核机制，激励加快发展

我局组织实施了《重庆市民营经济发展综合考核办法》、《重庆市民营企业五十强评选办法》，评选出了2004年度发展民营经济10强区县和5个发展奖、民营企业五十强。通过运用激励机制，充分调动了各方面促进中小企业、非公有制经济发展的积极性。

6. 强化安全生产，为企业发展提供保障

我局通过细化安全生产责任制，建立分级安全生产危急预案，引导企业加大安全投入，落实安全防范措施，消除安全隐患，增强安全意识，确保全市中小企业、非公有制企业杜绝了特大安全事故的发生，营造了良好的生产环境。

7.加大宣传力度，精心营造良好舆论氛围

我局充分利用媒体和各种传媒工具，大力宣传党和国家以及市委、市政府发展中小企业、非公有制经济的方针、政策和在我市经济社会发展中的重要地位和作用，大力宣传企业和企业家中的先进事迹。2005年9月，我局以市政府出台《重庆市人民政府贯彻落实国务院关于鼓励支持引导个体私营等非公有制经济发展的若干意见的实施意见》为契机，及时召开新闻座谈会、企业家座谈会等，广泛宣传文件精神，听取各方面意见，市内各主要媒体对此进行了连续报道，《重庆日报》登载了文件全文，起到了很好的宣传作用。同时，为了调动全市人民为我市加快非公有制经济发展献言献策的积极性，我局与市政府征集办联合承办了由市政府主办的“加快发展非公有制经济”的人民建议专题征集活动，在全市人民群众中掀起了关心和支持非公有制经济发展的高潮，取得了很好的效果。此外，我局坚持新闻发言人制度，举行了多次发展情况新闻发布会；特别是我局主办的“中小企业论坛”首次纳入“渝洽会”的重要活动后，国家发改委、中国社科院、国家开发银行、英中贸易协会等中外专家和重庆市领导齐聚一堂，共商发展大计，在社会各界引起广泛反响。

（二）强化服务，进一步健全和完善服务体系

在建立健全服务体系，为中小企业、非公有制经济提供全方位、多层次服务方面，我局继续抓好融资、创业、培训、法律、市场、技术、质量、信息等8个服务平台建设为重点，其中一些服务平台建设取得了新的突破。

1.在融资服务平台建设方面

一方面，我局重点打造了信用担保平台，构建信用担保体系，促进担保机构做大做强，着力解决企业融资难的问题。目前，全市各类信用担保机构发展到45家，2005年新增10家，预计全年累计担保金额近100亿元，比上年翻了一番，形成了多层次、多形式以及出资多元化的担保机构共同协调发展的全新格局。另一方面，我局积极争取金融机构加大对中小企业的支持力度，与国家开发银行重庆市分行全面开展了“百亿元中小企业担保贷款试点计划”，与市商业银行合作的3年内新增贷款100亿元扶持100户“小巨人”企业的“311”金融服务计划，与市农信社合作的在3年内新增贷款200亿元支持2000户中小企业的“322”金融服务计划，三大金融服务计划全年累计将发放企业贷款150亿元，比年初制定的103亿元的贷款计划超额完成近50亿元。目前，我局与市农业银行拟定了农业小企业金融服务计划，将于近期实施。

2.在创业服务平台建设方面

我局充分发挥各类服务机构和中介组织的作用开展创业服务工作。经国家发改委审查合格，我市仍然被列为了全国10个中小企业创业服务与培训试点城市之一，12户创业培训机构获得了国家发改委、财政部补助资金110多万元；我局严格按照《创办小企业、开发新岗位实施意见》，全面完成了2005年市委、市政府八大“民心工程”所下达的任务，在全市建立了35个“重庆市级小企业创业基地”，35个基地共入驻企业1428户，就业人数达到9.28万人，其中农民工4万多人。同时，我局还完成了对15户中小企业创业服务市级重点机构的认定工作，为800多户企业提供了综合服务，为200多名创业者免费提供了创业培训。

3.在培训服务平台建设方面

我局按照国家发改委“银河培训工程计划”，培训人员853人，超额完成了培训计划；

我局充分发挥市中小企业培训中心（干校）和万州、黔江、永川3个分中心的作用，开展了创业者、企业管理人员、专业技术人员和融资担保人员培训，由市中小企业培训中心直接培训的管理人员、专业技术人员达8900多人，全市共培训了8万多人。同时，我局开展了中小企业的劳动技能鉴定工作，鉴定了600多人，涉及车工、焊工等九个工种。另外，为加快我市中小企业的人才培养，我局与重庆广播电视大学共建的重庆广播电视大学企业管理学院于2005年1月18日正式挂牌运行，使我市对中小企业的培训教育服务迈上了一个新的台阶。

4.在法律服务平台建设方面

我局以“重庆市人民政府民营企业维权投诉中心”和“渝州中小企业法律服务中心”为依托，整合和利用社会资源，充分发挥律师事务所等中介服务机构作用，为广大非公有制企业、中小企业提供法律咨询和维权服务。2005年，“渝州中小企业法律服务中心”为企业提供法律咨询和专家会诊200多次，通过特约律师事务所成功代理了80多件经济纠纷案件。

5.在市场服务平台建设方面

我局在继续发挥“重庆市中小企业产品推介中心”和在杭州市设立的对外招商工作部作用的同时，成立了“重庆市中小企业国际经贸促进中心”，并在37个区县设立了联络员，将市场服务平台延伸到区县。2005年1月，我局组织企业参加了第四届重庆名优农产品交易会，我局组展的“农产品加工精品厅”获最佳设计奖和最佳组织奖；4月，我局组织企业参加了第十届渝洽会，专门设立中小企业展馆，270多个展位，来自重庆及20多个省市的300多家中小企业参展；6月，又组织重庆极力服饰等7家服装、纺织品生产企业参加国家发改委举办的莫斯科中国中小企业纺织、服装博览会，收到较好效果；9月，我局组团参加了第二届中法中小企业博览会、振兴东北老工业基地暨对俄经贸洽谈会；11月参加了香港贸发局主办的“2005中小企业国际市场推广日”等。这些活动的成功举办，加大了全市中小企业的市场化程度和对外开放度。2005年我市中小企业可实现出口15.6亿美元，比上年增长23.53%，将占全市外贸出口总额的70%左右；全年利用外资合同金额将达到6000万美元，实际利用外资达到1300万美元以上。

6.在技术服务平台建设方面

2005年，我局与市科委、市技术监督局等市级有关部门建立的全市企业技术公共平台已经正式启动。该平台包括科技研发、资源共享、中介服务、培训服务等四大平台，将为我市中小企业、非公有制企业提供科技产品开发，科技信息集成共享，科技成果转化，科技人才培养等方面的服务。同时，我局在资金十分紧缺的情况下，在中小企业发展专项基金中拨出100万元建立了技术创新基金，用于重点科技型中小企业，开展技术创新科技活动，推动企业技术进步。此外，我局启动了专家服务团与企业“一对一”对接技术难题诊断咨询活动，已收集企业难题52项，联系科研院所28个，为20个企业解决了技术难题。2005年我市非公有制企业的重点新产品开发成倍增长，有68家企业申报市级重点新产品100项，占市科委下达全市第一批市级重点新产品计划的80.6%，比上年同期增长1.2倍。全市非公有制企业的技术创新项目增加迅速，已申报技术创新项目29项，比上年增长了1.4倍。

7.在质量服务平台建设方面

我们依托重庆建材质量检测站和重庆市中小企业质量认证中心，对重点行业和重点企业提供了质量检测技术服务，对企业提供了质量管理咨询服务。2005年，我局主办了重庆市首届“古佛酒杯”质量知识竞赛，取得了圆满成功，对推动中小企业、非公有制企业提高质量意识起到了促进作用。同时，全市新增66家民营中小企业通过ISO9000质量体系认证；有16户企业的19种产品获得了“重庆市名牌产品”称号。

8.在信息服务平台建设方面

2005年，为充分发挥中国中小企业重庆网的作用，我局加大了投入力度，添置了一批设备，增加了出口带宽，使网页的浏览速度更加快速和便捷。我局还专门制定了《中国中小企业重庆网信息采集办法》，制定奖惩措施，建立了信息员联系制度，调动了信息采集人员的积极性，使网络信息更加丰富和及时。目前，网络已全面为全市中小企业免费提供信息服务。同时，我局继续坚持办好《重庆中小企业》杂志和中小企业协会的《协会通讯》，免费为全市中小企业提供信息服务。

五、中小企业社会化服务体系概况

自重庆市中小企业局成立以来，按照市委、市政府赋予的“指导”和“服务”两大职能，通过为全市中小企业的健康发展营造良好的大环境来体现指导；而“服务”则是靠通过整合社会资源，搭建平台建设中小企业服务体系，来为全市中小企业的创立和发展提供全方位的服务。目前，我们正努力在创业、技术、融资、信息、市场、质量、培训和法律等方面搭建八大服务平台，从而构建起完整的奢华服务体系。通过几年的建设，这八大服务平台的建设已初见成效。

为了进一步充分发挥这些服务平台的作用，我们一是开展了社会服务机构进行专业性服务试点工作，选择、认定了一批专业性服务机构作为重点机构开展中小企业服务；二是针对我市区县（自治县、市）正规中小企业服务机构少、有服务机构的也不够规范、工作开展情况差的问题，要求有条件的区县均要成立专门的中小企业服务机构。通过组建和完善了中小企业服务机构，有力地带动了社会中介机构参与中小企业服务工作。由于各区县（自治县、市）中小企业服务机构成立初期在服务的领域还处于探索阶段，实力还不够强，特别是相关服务的资质欠缺，必须联合当地社会中介服务机构共同完成为创业服务工作，客观上带动了一大批社会中介服务机构参于创业服务。

（重庆市中小企业发展指导局）

四川省

一、中小企业基本情况

2005年，四川中小企业34.98万户（不含个体工商户），从业人员456.80万人，实现增加值1633.74亿元，营业收入5504.79亿元，实交税金152.75亿元，支付劳动者报酬338.91亿元。规模以上中小工业企业7528户，增加值1325.94亿元，比上年增长26.30%，资产总额4672.26亿元,比上年增长16.52%，营业收入3768.81亿元，比上年增长33.79%，利税总额359.83亿元，比上年增长33.21%，企业职工平均人数161.03万人，比上年增长5.08%。规模以上中小工业企业总产值、增加值、产品销售收入、利税总额分别占全省规模以上工业企业总量的65.18%、65.18%、63.58%和55.50%。

二、中小企业工作

2005年，我局按照省委、省政府“工业强省、工业富省”和“建设社会主义新农村”的要求，开拓进取，扎实工作，创新服务方式，提高服务水平，推动全省乡镇企业、中小企业实现了持续快速发展。主要工作是：

（一）构建服务体系

2005年，针对我省乡镇企业、中小企业服务体系建设滞后，资金短缺、融资难、人才匮乏、信息化进展缓慢、经营管理水平低、科技创新能力差等严重制约着企业发展的问题，我局把构建乡镇企业、中小企业服务体系，逐步建立和完善8大服务体系作为工作重点。在调研基础上起草了《关于推进我省乡镇企业中小企业服务体系建设的意见》，已由省政府办公厅转发。目前，信息服务、信用与融资担保、教育培训、科技创新、创业辅导、管理咨询、市场开拓、政策法律咨询8大服务体系和服务平台建设正稳步推进。

1.信用与融资担保体系建设

一是向省委、省政府报送了《关于缓解我省中小企业融资难的报告》，较客观地反映了我省中小企业融资状况。二是搭建担保机构服务平台，成立了四川省中小企业信用与担保协会，会员机构担保总额占全省的80%，开展了信用评级工作，18家担保机构被授信用等级；组建了注册资本4亿元的四川省中小企业信用担保联盟；成立了全国首个工程担保专业委员会，推动解决事关稳定的农民工工资支付问题。据不完全统计，全省累计担保总额超过120亿元，担保笔数近14000笔，担保企业户数近5000家。三是推进银企合作，向银行和投资机构推荐重点企业和贷款项目636个。与人民银行成都分行举办中小企业融资培训班，与省开发行合作建立全省中小企业融资体系工作全面展开，与省信用联社推进“五个一”工程。四是与省工商联开展四川最具成长型中小企业100强评选暨融资活动，组织企业与金融机构、担保机构对接，启动成长型中小企业发展服务计划。五是召开“2005中小企业信用担保国际研讨会”等一系列活动，为全力缓解中小企业融资难做出努力。

2.信息服务体系建设

一是积极构建网络服务平台，加快中国中小企业四川网站（www.scsme.gov.cn）建设，通过增设栏目、丰富内容、扩展平台、延伸服务，网站点击率大幅上升，日均突破6000人次，累计访问量超过70万人次，建站仅一年，据世界网站排名权威机构Alexa统计，该网站排名已跃居全省省级机关第一，在全国各省（市）同类网站中排名第三。二是开展了四川中小企业信息化调研，完成了《四川中小企业信息化现状分析》课题。三是与有关部门共同倡导成立了四川省中小企业信息化联盟，促进中小企业信息化建设。四是联合省教育厅组织了四川省2005年中小企业网上百日招聘高校毕业生活动，302家企业登录网站，共提供3879个工作岗位。

3.科技创新和创业辅导体系建设

一是组织大专院校、科研机构与企业进行768个科技项目、创业投资项目的大型推介对接活动，进一步推动科技创新和科技成果转化。二是组织申报了5个四川省技术创新重点计划项目和10个四川省科技进步奖项目，争取资金支持。三是开展各类科技服务活动，提高企业自主创新能力。四是制定了我省创办小企业工作方案，举办了两期科技、经济项目策划申报专题培训班，100多家企业参训。

4.教育培训体系建设

一是仅“银河工程”已举办了6期培训班，培训企业高级管理人员3000余人。二是组织“中小企业发展战略培训班”，被省委组织部纳入企业经营管理人员年度培训计划，得到了国家发改委中小企业司的高度评价，社会反响良好。三是组织全系统近10000人次参加各类培训，进一步提高了干部队伍和企业经营管理人员的素质。

5.服务体系其他平台建设

我局按照“小政府，大社会；小机关，大服务”的思路，整合社会资源，充分发挥中介组织的桥梁作用，动员更多社会力量关注、支持中小企业发展。组建了四川省邦尼中小企业科创服务中心等服务机构，积极开展技术创新、创业辅导、管理培训、对外经贸交流等活动。

（二）优化发展环境

1.促成《四川省〈中小企业促进法〉实施

办法》出台

积极配合省人大，为《四川省〈中小企业促进法〉实施办法》顺利出台做好具体工作。这是我省第一部专门促进、扶持、引导、保护和规范中小企业发展的重要法规，也是全国第一部实施《中小企业促进法》的地方性法规，标志着我省中小企业进一步走上了规范化、法制化轨道。

2.认真贯彻落实法律法规和政策

贯彻落实《乡镇企业法》、《中小企业促进法》及我省《实施办法》、《国务院关于鼓励支持和引导个体私营等非公有制经济发展的若干意见》等法律法规和政策；举办了多种形式的报告会、培训班和宣传活动，进行广泛动员和宣传。

3.认真组织开展全省乡镇企业中小企业治乱减负工作

牵头组织了减负工作检查。据统计，2005年，我省共取消向乡镇企业、中小企业和非公有制经济收费项目61项，减轻企业负担15085万元，查处涉及乡镇企业、中小企业和非公有制经济的“三乱”案件142起，24人受到处理，治乱减负工作取得显著成效。

4.广泛深入开展调查研究

组织30多个调研组，遍及21个市州，开展了《全省民营经济发展状况》、《关于缓解我省中小企业融资难的报告》等20多个专题调研，掌握第一手情况。赴江苏、浙江、广东等沿海地区学习调研中小企业产业集群发展、创业基地建设、对外经贸交流等先进经验，促进各项工作。

（三）推进重点工作

1.加强组织指导，推进项目工作

一是认真组织申报乡镇企业贴息项目、中小企业技改项目，部署并开展了省级扶持乡镇企业发展基金（财政周转金）的清理工作。二是组织申报了98项中小企业技术改造项目和农产品加工重点项目，36项列入2005年度省重点技术改造项目计划。三是组织申报并确定了181家省重点科技创新中小企业和29家省中小企业科技服务机构。四是组织申报了5个四川省技术创新重点计划项目和10个四川省科技进步奖项目，争取资金支持。

2.创建开放型机关，努力形成工作合力

我局坚持以开放的态度，主动与各部门合作，增强促进中小企业工作合力。年初，我局主动邀请省经委召开了座谈会，共商发展大计；与省商务厅召开了联席会，形成了《共同促进中小企业开拓国际市场协议》，并联合举办了“中小企业开拓国际市场报告会”、“中小企业国际化经营座谈会”；与省知识产权局协商，就推动中小企业利用专利技术达成合作意见。我局还与省发改委、省财政厅、省科技厅、省人事厅、省工商联等部门合作，共同开展了大量促进中小企业发展的工作。在市州的支持配合和积极参与下，组织参加第二届“中国中小企业博览会”，被国家发改委评为优秀集体；组织参加了“9+2珠洽会”、第十届“渝洽会”、“中一荷中小企业生态与农产品加工及国际市场开拓培训会”等一系列对外经贸交流活动；编印发放了《四川省中小企业投资指南》，取得了良好的效果。

3.推进结构调整，促进产业化经营

一是推进农业产业化经营，组织实施农产品加工推进行动方案，向农业部推荐了27户农产品加工示范企业和5个农产品加工示范基地，跟踪指导200多家重点龙头企业、5个全国农产品加工示范县和4个全国农产品加工业示范基地的发展。二是大力发展特色优势产业，推进产业集群发展，加快园区建设。如成都武侯的鞋业、新都的家具业、邛崃的白酒业、蒲江的特色食品业等已初步形成聚集发展态势并具有一定规模；资阳造车、食品加工、医药三大主导产业增加值占全市工业增加值的70%以上。三是推进企业技术进步与创新，积极培育成长型、科技型企业。如遂宁高金公司、绵阳光友薯业等5家企业被农业部确定为“全国农产品加工企业技术创新机构”；达州市的川环橡胶、宜宾的惊雷集团等企业依靠科技创新，使企业得到了飞速发展。

4.强化企业管理，狠抓安全环保

一是通过调研和各种培训活动，指导企业转换经营机制，提高管理水平，提升整体竞争力。二是贯彻落实《国务院关于做好建设节约型社会近期重点工作的通知》，提出我省乡镇企业、中小企业资源、能源节约工作实施意见。三是高度重视安全生产。组织开展了第二轮省级安全生产示范乡镇活动和重点时段、重点行业、重点企业的安全生产大检查，杜绝全年重特大事故的发生，完成安全生产目标任务。四是高度重视环境保护工作，组织开展了造纸行业污染治理工作会议，督促造纸企业积极开展污染治理工作。

5.加强统计工作，编制发展规划

一是开展统计工作调研，建立健全基层统计机构，落实统计人员，规范统计行为，开展业务培训，提高统计数据质量。二是召开中小企业统计制度座谈会，讨论修改中小企业统计制度，编制了《四川省中小企业统计制度》。三是初步完成《四川省乡镇企业“十一五”规划》编制工作，明确乡镇企业“十一五”发展工作目标。

6.加强机关建设，创建服务型机关

进一步强化服务意识，创新服务方式，增强服务效能，提高服务水平，努力创建服务型省级机关，积极探索立足服务、立足发展、立足创新的新路。认真学习贯彻党的十六大、十六届三中全会、四中全会、五中全会精神，巩固保持共产党员先进性教育活动成果，扎实开展共产党员先进性“回头看”活动。深入学习贯彻《建立健全教育、制度、监督并重的惩治和预防腐败体系实施纲要》，加强党风廉洁政建设。做好干部录用、选拔、培训工作和离退休干部工作，努力构建和谐机关。

2005年我局做了不少工作，也取得了一定的成绩。但是，我省中小企业在发展过程中依然存在着不少困难和问题。如融资难的问题还待进一步缓解，服务体系还有待进一步建立和完善，法律法规和政策还有待进一步贯彻落实，发展环境还有待进一步改善，服务意识还有待进一步增强，服务水平还有待进一步提高，整体经济结构还有待进一步调整，企业综合素质还有待进一步提升。这些困难和问题，还有待我们继续努力，逐步解决。

三、民营经济基本情况

2005年，全省民营经济增加值首次突破3000亿元大关，达3210.57亿元，占GDP的比重提高到43.5%，对经济增长的贡献率为64%。民营经济在增加税收、提高居民收入、解决劳动就业、繁荣城乡市场、拉动社会投资等方面发挥了重要作用。

四、民营经济主要特点

2005年四川民营经济呈现以下9个方面的特点：

（一）总量上台阶，比重创新高

近几年，四川民营经济蓬勃发展，占国民经济总量的比重逐年提高，已成为全省经济的重要部分，形成了以公有经济为主，公有、民营共同推动四川经济发展的格局。2005年，四川民营经济增加值再上新台阶，达3210.57亿元，比上年净增615.16亿元，占全省GDP的比重创历年来新高，为43.5%，比上年提高2.8个百分点。分产业看，一、二、三产业民营经济增加值依次为552.16亿元、1528.55亿元和1129.86亿元，占全省民营经济增加值比重分别为17.2%、47.6%和35.2%，与上年比，第二产业比重提高了2.6个百分点，第一、三产业比重下降了1.1和1.5个百分点。第二产业所占比重最大，是民营经济主力军，民营经济增加值的产业特征仍呈“二、三、一”格局。

从经济类型看，个体私营经济是全省民营经济的重要组成部分。2005年四川省个体私营经济增加值3028.4亿元，占GDP的比重首次突破40%，达到41%，外商投资经济增加值为129.1亿元，占1.8%，港澳台经济增加值53.07亿元，占0.7%。与上年相比，个体私营经济占GDP的比重提高了2.6个百分点，外商投资经济提高了0.2个百分点。

（二）增速高于GDP

“九五”以来，四川民营经济保持了快速发展势头，增速明显高于同期GDP。2005年，四川民营经济增长19.8%，仅次于2003和2004年，是近10年来发展较快的一年，比1996年提高3.1个百分点。其中，“十五”时期增长19.9%，“九五”时期增长14.5%。同时民营经济的增长速度大大超过了GDP，1996～2005年全省民营经济增加值平均增长17.4%，比GDP增速快7.3个百分点，2005年民营经济比GDP增长速度快7.2个百分点。分产业看，第一产业增长10.5%，第二产业增长26%，第三产业增长16.0%。分别比GDP中第一产业增长速度快4.7个百分点，比第二产业快8.2个百分点，比第三产业快5.3个百分点。

从构成看，2005年个体私营经济增加值增长19.6%，外商投资经济增加值增长22.9%，港澳台经济增加值增长21.5%。与上年比，全省民营经济增加值增长速度略有回落，但仍保持了两位数的增长。

（三）经济贡献较大

四川经济快速发展，离不开民营经济的贡献，民营经济已成为国民经济的重要组成部分，成为推动经济快速发展的主要动力。在全省GDP增长12.6%中，公有经济贡献了36.0%，民营经济贡献了64.0%，拉动全省经济增长了8.1个百分点。从构成看，个体经济是民营经济的主要力量，在四种所有制形式中对经济的贡献最大。2005年，个体私营经济对GDP的贡献率为59.8%，拉动经济增长了7.5个百分点；而外商、港澳台经济贡献率分别为3.0%和1.2%。分产业看，民营第二产业是推动经济增长的主要动力，一、二、三产业民营经济增加值对全省经济的贡献率分别为5.6%、39.4%和19.0%，分别拉动经济增长了0.7、5.0和2.4个百分点。

（四）民营工业快速发展

“十五”时期四川民营工业增加值保持了30%以上的增长速度，2005年增速达30.3%，是发展最快的行业之一，民营工业对全省GDP的贡献率为39.4%，对工业经济的贡献率为65.6%，拉动全省工业增长13.1个百分点。由于民营工业的快速增长，民营工业增加值占全省工业增加值的比重大幅提高，在工业增加值的2512.57亿元中，民营增加值完成了1304.86亿元，占全部工业增加值的51.9%，比上年提高4.1个百分点，其中，个体私营经济增加值1157.11亿元、外商投资经济增加值109.24亿元，港澳台投资经济增加值38.51亿元，分别占88.7%、8.4%和2.9%。从分行业看，民营工业行业分布较广，除石油天然气开采业、烟草制品业等少数行业没有民营资本或仅有少部分个人资本注入外，其余各行业均有民间资本和外商港澳台资本注入，比重最高的其他非金属矿采选业、皮革、毛皮、羽毛(绒)及其制品业达76.1%和73.2%。由此可见，民营工业起着举足轻重的作用，成为工业经济发展的重要力量。

（五）第三产业较多

第三产业民营经济不仅在总量规模上有较大发展，而且涉足了除公共管理和社会组织外的各行业中。居民服务和其他服务业民营经济所占比重最高，达到96.8%，其次是房地产业，民营经济份额达85.7%，比2004年提高3.3个百分点；住宿和餐饮业中，民营经济比重达75.1%，比上年提高1.8个百分点；批发零售贸易业民营经济份额为56.1%，比上年提高6.7个百分点。民营经济还涉足了文化体育和娱乐业、交通运输和邮政业、租赁和商务服务业、卫生、教育、金融等行业，所占比重分别为51.6%、47.1%、37.5%、22.4%、3.9%、0.09%。

（六）总体实力增强

2005年，工商登记民营企业193.6万户，比上年同期增加7万户，增长3.8%。其中，个体工商户153万户，私营企业17.9万户，外商企业4075户、港澳台企业2431户，分别增长5.8%、31.7%、7.5%和4.2%；民营企业户均注册资金47.3万元，比上年增加1.6万元，其中，港澳台户均注册资金最高，达到2555.69万元，外商企业、私营企业、个体工商户户均注册资金分别为2152.27万元、115.37万元和1.35万元，增长44.3%、7.5%、14.2%和16.6%。

（七）民间投资活跃

随着投资环境的不断改善，四川民间投资日趋活跃，成为推动全省投资增长的主要动力。2005年，全社会投资中民间投资（不含股份合作和其他有限责任公司投资）729.66亿元，比2004年增长30.4%，占全部投资的比重为21.1%，拉动全社会投资增长6.4个百分点，对投资增长的贡献率为20.9%。其中：港澳台商企业投资89.83亿元，增长72.5%；外商企业投资61.15亿元，增长51.5%。

（八）增加税收，拓宽就业渠道

民营经济的发展，不但为社会创造了大量的财富，增加了税收，还为城镇解决了大量的待业人员就业，为促进农村部分劳动力向第二、第三产业转移，维护社会稳定做出了积极贡献。2005年全省民营企业缴纳税收152.22亿元，比上年增长10.4%，占全省税收的19.8%。其中个体私营企业实现税收94.17亿元，港澳台和外商投资企业税收58.05亿元，成为四川财政收入的重要组成部分。2005年，全省个体工商户、私营企业从业人员达488.54万人，新增69.45万人，增长16.6%，个体私营经济已成为吸纳社会劳动力和国有、集体企业下岗职工再就业的重要渠道。

（九）市州发展形势较好

成都2005年实现民营增加值1084.19亿元，居全省首位；创造民营经济增加值较多的市州还有：德阳218.89亿元、绵阳209.22亿元、达州165.62亿元、南充163.97亿元。与上年同期相比，各市（州）民营经济总量均较上年同期有所增加，有11个地区民营经济总量较上年增加了20亿元以上，其中，成都增加212.76亿元，德阳增加36.51亿元，绵阳增加35.09亿元，南充增加28.97亿元，凉山增加28.46亿元。

从速度上看，与GDP增长相比，各地民营经济增长速度更快。其中增速前10位的有：成都21%，阿坝20%，攀枝花19.1%，眉山18.8%、凉山18.8%，资阳、南充、遂宁都是18.4%，自贡18.3%，甘孜18.2%。

从各地民营经济对GDP的贡献率看，超过50%的有18个市州，其中，乐山68.7%、巴中67.9%、南充67.5%、成都66.7%、广安66.7%。

（四川省中小企业局）

贵州省

一、中小企业和非公有制经济基本情况

2005年是实现贵州省“十五”目标的最后一年，也是贵州省实现西部大开发战略目标“五年打好基础，十年重点突破，十五年初见成效”打好基础的关键一年，GDP增长11.5%，是1985年以来增长最快的一年。中小企业、非公有制经济也迎来了最好发展时期，成为贵州省吸纳新增就业人员、启动民间投资、优化经济结构、提高自主创新能力、加快生产力发展、确保国民经济持续稳定增长，深化经济体制改革，提高对外开放水平的生力军。

2005年，贵州省工商企业注册总数为94888户，大型企业只有23户，中小企业占全部企业数的99.98%，比上年增长了19.2%。私营企业达到4.15万户，比上年同期增长14.96%，占全部企业数的43.72%，全省个体工商户户数超过43万户。

中小企业、非公有制经济已成为国民经济的重要组成部分。2005年规模以上中小企业2562户，占全省规模以上工业户数的99.11%。规模以上中小企业完成工业总产值973.75亿元，实现工业增加值305.24亿元，分别占全省规模以上工业总产值和增加值的57.6%和52.10%，比上年分别增长11.13%和14.19%。实现销售产值921.8亿元，资产总计1276.70亿元，比上年增长4.12%，实现利润17.20亿元，全部就业人数496939人。2005年，规模以上非公有制工业企业实现工业总产值605.52亿元，占全省工业总产值的35.97%，比上年增长61.02%，实现增加值197.12亿元，占规模以上工业增加值的33.65%，比上年增长66.01%，完成工业销售产值566.13亿元，资产总计866.12亿元，比上年增长50.67%，实现利润18.38亿元，全部就业人数235943人，比上年增长35.93%。贵州省规模以上私营企业数达到826户，比上年增加125户，占全省规模以上工业企业数的31.96%。

从行业分布上看，贵州省中小企业、非公有制经济发展领域已涵盖了第一、第二、第三产业，主要分布在制药、食品、矿产品加工、房地产、商贸超市等行业。从地区分布上看，贵州省中小企业主要分布在贵阳市、遵义市两地，而安顺市、铜仁地区、黔西南州较少。

二、中小企业、非公有制经济发展的主要特点

一是贵州省中小企业、非公有制经济围绕当地优势资源和自身条件，目前已出现一批以专业化、规模经营为特征的具有区域特色的产业集群

雏形，如贵阳的制药业、遵义的辣椒、仁怀的白酒业、赤水的竹业、余庆的苦丁茶、湄潭的茶和米、福泉和开阳的磷化工、六盘水的煤及煤化工、铜仁地区的电解锰等。拥有一批具有民族和地方特色的产业，如玉屏的箫笛、大方的漆器、黔东南的民族服饰、安顺的蜡染等。

二是贵州省中小企业、非公有制经济行业分布不断拓展，结构不断优化。中小企业和非公有制企业已由制造、建筑、运输、商贸和服务业等领域为主，开始向基础设施、公用事业、重化工等领域拓展。另外，中小企业的规模结构从过去以劳动密集型企业为主，开始出现资本密集、技术密集型企业。

三是贵州省中小企业、非公有制经济实力进一步增强，龙头企业迅速崛起。2005年，全省规模以上中小企业户均资产为4977万元，同比增加538万元。贵阳南明老干妈风味食品有限公司成为贵州省食品行业首家产值突破10亿元的企业，2005年上缴税金达1.4亿元，益佰制药2005年的销售收入突破12亿元，成为全省第一个销售收入过10亿的制药企业。

四是中小企业、非公有制经济成为贵州省财政收入的重要来源和主要增长源。作为中小企业重要组成部分的非公有制经济，2005年纳税123.06亿元，比上年增长32.4%，占全省税收收入的38.5%。全省新增税收60.44亿元，其中非公有制经济贡献了30.12亿元，贡献率达49.8%，比上年提高近9%。对县域经济发展的贡献尤其突出。

五是中小企业、非公有制经济创造就业岗位能力提高，成为吸纳劳动力的主渠道。2005年，非公有制经济新增就业岗位15.49万个，占全省新增就业岗位的80%，比上年提高6.51%。中小企业、非公有制经济已成为我省就业、再就业的主渠道，成为社会稳定、社会发展的重要因素。

六是中小企业、非公有制经济自主创新能力增强。贵州省中小企业现有省级企业技术中心42家，占省级企业技术中心的3/4，省产学研联合开发示范基地3家，经认定的高新技术企业近200家。“十五”期间，中小企业实施省及国家重点技术创新项目168项。1985年至2005年，贵州省非公有制企业申请职务发明占全省的43.02%，授权职务发明占全省的40%。

七是中小企业、非公有制经济已成为我省经济对外交流与合作的主体。深圳高交会、广交会、福建投洽会、上海交易会、北京农产品展销会、泛珠三角投洽会、中国中小企业博览会、武汉食品博览会等大型对外活动，中小企业、非公有制企业已成为参展、参会主体。走出去参加国际展览的中小企业、非公有制企业比重也在迅速上升。

我省中小企业、非公有制经济发展中存在的主要困难和问题有：一是相关部门和单位对中小企业、非公有制经济发展的认识仍不到位，没有把中小企业、非公有制经济的发展放到我省经济社会发展的高度来认识。二是发展环境仍不宽松，政策执行仍不到位，广大中小企业、非公有制经济所做贡献与其占有社会资源之间不成正比。民间资本进入市场的门槛过高，退出市场的通道不畅。三是政府服务仍不到位。如：有关产业政策引导滞后，社会公共服务水平低，乱摊派、乱收费、乱罚款、乱检查现象时有发生，依法行政、执法为民的观念不强等。四是我省中小企业基础薄、规模小、产业集中度低、技术水平低，与东部发达地区相比，我省大部分企业仍处于创业、发展阶段，缺乏规模化、产业化、特色化的企业和企业集团。五是企业素质提高不到位，企业管理、技术水平难于满足企业发展需要，亟待提高。这些问题制约了我省中小企业走出贵州，参与国内和国际市场的竞争，制约了我省经济社会的快速发展。

三、中小企业和非公有制经济工作情况

1.宣传贯彻落实国务院“非公经济36条”

在《贵州日报》开辟专版，对“非公经济36条”进行宣传贯彻。结合贵州省的实际情况，经过调查研究，征求了广大企业、省工商联、有关专家和领导等各方面的意见，完成了《贵州省人民政府关于贯彻国务院鼓励支持和引导个体私营等非公有制经济发展的若干意见的意见》的起草工作。

2. 缓解中小企业和非公有制经济发展的资金瓶颈

推动贵阳、遵义、六盘水、黔东南州等地与金融机构签署金融服务协议。促进地方金融中介组织的发展，贵州省已有担保机构38家，注册资本金共计4.91亿元。2005年担保总额近11亿元，累计担保企业户数2800多户。现有典当行48户，注册资本金共计33280.88万元,其中1000万元以上的14户，比上年增加7家，从业人员500多人，加强对典当机构的行业管理，使其规范经营，改进服务，开展面向中小企业、非公有制企业的短期融资服务，弥补了主融资渠道的不足。

3. 对成长型中小企业和非公有制企业进行重点扶持

全年，安排贵州省中小企业发展专项资金项目130项，共拉动投资12.97亿元。制定了《贵州省中小企业发展专项资金2005年项目申请指南》，在中国中小企业信息网贵州信息网上公开发布。争取国家中小企业发展专项资金项目10项，安排资金630万元。建立了贵州省中小企业发展专项资金项目库，第一批有500多个项目入库，为项目跟踪、服务创造了基础条件。

4. 开通了中国中小企业信息网贵州信息网

中国中小企业信息网贵州信息网自2005年2月5日开通以来，访问量突破百万次，搭建了一个全省中小企业和非公有制经济的信息交流平台，政务公开平台。贵州省中小企业局利用这个信息平台，开展电子政务，提高了工作效率和透明

度。组织贵州省中小企业和非公有制企业参加由国家发展改革委与教育部组织的“2005年第三届全国中小企业网上高校毕业生就业工作招聘活动”，到活动结束时，贵州省共有160余家企业设立360个岗位，在网上招聘了近1500人，在全国排名第15位。

5. 增进对外合作和交流

贵州省组团参加“第二届中国中小企业博览会”，共设42个展位，总成交额达4.5亿元。贵州省中小企业局还获得中博会组委会颁发的优秀组织奖。

6. 开展培训，提高中小企业和非公有制经济素质

配合国家发展改革委实施“国家中小企业银河培训工程”，2005年启动了“贵州省中小企业星光培训工程”，先后对3224名中小企业、非公有制企业经营者和员工进行了政策、管理、信息、技术、安全、环保等方面的免费培训。

7. 建立和完善中小企业和非公有制经济统计测算体系

与贵州省统计局联合制定了《贵州省中小企业、非公有制经济统计体系建设方案》，于2005年下半年开始试运行。

8. 开展贵州省中小企业和非公有制经济的政策研究工作

贵州省中小企业局与贵州省经济体制改革研究会共同组成课题组，对全省非公有制经济现状进行调查，撰写出《贵州非公有制经济现状调查研究报告》，通过专家评审。

四、中小企业和非公有制经济发展思路

贵州省中小企业、非公有制经济工作的总体思路是：围绕十六大精神和省委、省政府确定经济社会发展的指导方针，围绕全面建设贵州小康社会和构建和谐社会的总体目标，继续深入贯彻落实《中华人民共和国中小企业促进法》、《国务院关于鼓励支持和引导个体私营等非公有制经济发展的若干意见》，用科学发展观统领工作全局，以“十一五”规划为蓝图，实施“中小企业成长工程”，推进法规体系、技术创新体系、社会化服务体系、融资体系和统计监测体系建设，充分利用多种社会资源，不断提高中小企业、非公有制企业的整体实力和核心竞争力，做优做强，促进我省经济社会健康、和谐发展。

（贵州省中小企业局）

云南省

2005年是全面完成“十五”计划的关键一年，我委认真贯彻落实中央、国务院关于经济发展的各项方针政策，按照云南省委、省政府和国家发改委中小企业司部署要求，坚持以科学发展观为指导，推动中小企业和非公经济保持了平稳快速的发展，对拉动全省国民经济增长起到了明显作用。

一、中小企业和非公经济发展基本情况

截至12月底累计，全省中小企业共6.65万户，占全省企业总数的99.9%，完成增加值1374亿元，占全省生产总值的40%。全省非公经济完成增加值1215亿元，比上年同期增长20.2%，占全省GDP的35%；共有非公经济户数79.7万户（包括个体工商户下同），比上年同期增长6.4%；注册资金1633.8亿元，比上年同期增长23.3%；完成社会消费品零售总额844.3亿元，比上年同期增长18%；上缴税金突破100亿元大关，达101.4亿元；从业人员255.1万人，比上年同期增长了19.9%。以上数据表明，明年乃至整个“十一五”期间，全省非公经济保持平稳较快增长的潜力仍然较大。

分析2005年全省中小企业和非公经济发展特征，主要有以下几个方面：

1.中小企业和非公有制经济已成为全省经济社会发展的重要组成部分

2005年，全省中小企业共6.65万户,比2000年增长9.7%，占全省企业总数的99.9%；完成增加值1374亿元，比2000年增长1.02倍，年均增长13.9%，占全省生产总值的40%；实现营业收入4953.3亿元，比2000年增长75.2%，占全省营业收入的73.2%。全省非公有制经济共79.7万户,比2000年增长22.6%；非公有制经济增加值为1215亿元，比2000年增长1.95倍，年均增长21%，占全省生产总值的35%，对全省国民经济增长的贡献率达到45%，充分显示了强劲的活力。

2.中小企业和非公有制经济已成为全省吸纳劳动力就业的主渠道

2005年，全省中小企业从业人员238万人，比2000年增加68万人，年均增加13.6万人，占全省企业从业人员的88.5%。全省非公有制经济从业人员255万人，比2000年增加105.1万人，年均增加21万人，占全省企业从业人员的92%。

3.中小企业和非公有制经济已成为全省财政收入的重要来源

2005年全省中小企业上缴税金253亿元,占全省企业税收总额的38%。全省非公有制经济上缴税金为101.4亿元，比2000年增长了2.38倍，占全省税收总额的15.2%，所占比重比2000年提高了8.1个百分点。

4.中小企业和非公有制经济已成为繁荣全省城乡市场的主导力量

2005年全省中小企业实现消费品零售额475.1亿元，比2000年增长39.8%，占全省社会消费品零售总额的46%。全省非公有制经济实现消费品

零售额844.3亿元，比2000年增长44.8%，占全省社会消费品零售总额的81.7%，所占比重比2000年提高了21.04个百分点。

5.中小企业和非公有制经济已成为深化国有企业改革的推动力

列入全省改革考核目标的2546户国有企业中，已完成产权制度改革的共2352户，改革面达到92.4%。其中，由非公企业收购、兼并和实行民有民营的国有企业达1553户，占改制企业的66%，有力地推动了结构调整和国有企业深化改革。

6.中小企业和非公有制经济已成为对外贸易和民间投资的生力军

2005年全省非公有制经济完成进出口额18.09亿美元，比上年增长1.7倍，占全省进出口总额的38.2%。其中，进口5.96亿美元，比2000年增长2.3倍；出口12.17亿美元，比2000年增长1.2倍。全省民间投资完成861亿元，比2000年增长3.6倍，占全省固定资产投资的49.5%，所占比重比2000年提高24.9个百分点，民间投资已成为拉动我省投资增长最活跃的新生力量。

7.中小企业和非公有制经济已成为科技创新的重要力量

全省已建成省级企业技术研发中心42个。其中，中小企业技术研发中心25个，占全省总数的59.5%，中小企业全年专利申请量为380件，申请发明专利158件，占41.6%。

二、存在的主要问题

在看到我省中小企业和非公经济取得显著成就的同时，也要正视中小企业和非公经济在发展中仍存在一些制约发展的突出问题，应引起我们的高度重视。

1.产业结构调整任重道远

我省中小企业和非公经济仍处于小规模、低档次、分散经营的资本积累初级阶段，对重工业和能源工业依赖性大，抗风险能力低，产业多样性差。产业结构不合理，高技术含量、高附加值、高市场占有率的产品较少。

2.企业利润空间逐步减小

基础原料、能源、运力、劳动力成本不断上升，市场竞争激烈，企业减利增亏因素增多，企业的利润空间进一步压缩。由于煤炭购进价格上涨，运输成本提高了20%左右，工业用电、汽油、柴油均不同程序提价，致使企业生产成本增高，部分企业被迫停产。

3.资金制约瓶颈未见松动

一方面是受金融政策调整的影响，银根收缩，金融市场不活跃；另一方面是企业融资渠道单一，信用担保体系不健全，虽然各级中小企业信用担保机构已逐步成立，但由于与协作银行的关系有待进一步理顺，担保机构资本金需进一步充实等因素制约，仍难以有效缓解中小企业和非公企业资金瓶颈问题。

4.外部发展环境仍需改善

一些部门对发展的认识不足，对非公有制经济的重视更多地停留在口头上，贯彻落实少，扶持帮助少，具体措施少。一些地方政策落实不到位，出现“肠梗阻”现象，使好政策没有落到实处。

三、2005年主要工作

（一）狠抓非公经济发展目标责任的落实

为确保非公经济发展责任目标的落实，在去年年初召开的全省工业经济工作会议上，明确了各州市非公经济发展考核目标，并由李新华副省长代表省政府与各州市签订了《2005年云南省非公有制经济发展目标责任书》，审核兑现了2004年度非公经济发展目标考核的奖励。

（二）强化政策措施的贯彻实施

继续认真抓好促进中小企业和非公经济发展各项政策措施的落实，着力推动贯彻落实《国务院关于鼓励支持和引导个体私营等非公有制经济发展的若干意见》和省委、省政府《关于实施“兴边富民工程”的决定》等文件精神；结合工作实际，研究制定了《2005年全省中小企业和非公经济发展工作指导意见》，起草了《关于实施“创办小企业工程”的工作意见》和《云南省成长型中小企业评价暂行办法》等文件。同时，还强化了政策措施落实情况的督查工作，10月25日至11月11日，根据徐荣凯省长等领导的有关批示精神和省政府办公厅有关通知要求，我们牵头组织了4个专项调研检查组，深入8个重点州市及企业就贯彻《中小企业促进法》、国发［2005］3号、云发［2003］5号的落实情况进行专项调研，重点对市场准入、信贷支持、土地使用、创业扶持、维权保护等方面的落实情况进行了督促检查。

关于国发[2005]3号文的贯彻落实工作。按照省非公经济领导小组会议要求，我们结合近两年来贯彻落实《中共云南省委、云南省人民政府关于加快非公有制经济发展的若干意见》（云发[2003]5号）文件的情况，研究制定了我省《关于贯彻落实〈国务院关于鼓励支持和引导个体私营等非公有制经济发展的若干意见〉的意见》，在广泛征求16个州市经委（非公办）和省级19个部门的意见的基础上，为确保该意见更具有针对性、指导性和可操作性，又再次征求了省级53个部门意见，并形成《意见》的送审稿上报省政府审批实施。

（三）积极推动“兴边富民工程”的实施

为认真贯彻省委、省政府《关于实施“兴边富民工程”的决定》，会同有关处室研究制定了《关于做好“兴边富民工程”的工作意见》，确定从2005年起到2007年，每年拿出不低于2000万元的资金，对我省8个州市的25个边境县（市）的工业园区建设项目、重点企业技术改造项目、非公经济和乡镇企业扶持项目给予重点支持，积极推动边境县（市）工业经济加快发展，以此促进区域协调发展。

（四）加大对重点项目的扶持

结合我省加快推进新型工业化、大力发展县域经济和实施“兴边富民工程”的工作重点，在上下配合、坚持原则、认真审查、突出扶持重点的基础上，对80个非公经济重点项目共安排扶持资金2555万元。其中，涉及县域经济试点县项目24个，安排扶持资金810万元；“兴边富民工程”项目21个，安排扶持资金581万元。从行业分布看，扶持项目主要集中在农特产品加工、生物医药及食品加工等轻工行业，占项目总数的65%。同时，还加大了对扶持资金使用的监管力度，开展了对2003年、2004年度已安排资金扶持的项目实施情况跟踪问效的检查落实工作，并组织专人对玉溪、红河、曲靖、昭通、大理、丽江的扶持项目实施情况进行抽查，进一步督促在建项目实施和竣工项目投产发挥效益。

（五）积极促进银企合作

根据省政府领导的指示，我们与国开行云南省分行就合作建立全省中小企业贷款与信用担保体系的有关事项进行了多次磋商，并计划联合召开专题会议，签订合作协议，共同携手推动全省中小企业贷款和信用担保体系建设工作。在12月份召开的第三次全省银企合作联席会议上，又专题研究讨论中小企业、非公经济融资工作，进一步推动金融机构加大对非公（中小）企业的融资贷款支持，畅通融资渠道。提出力争在政府信用贷款中安排一定比例支持中小企业和非公经济的发展，加快推动全省非公经济暨中小企业信用担保体系建设的建议，并通过组织开展多种形式的银企合作活动，协调和帮助有产品、有市场、有信用的中小非公企业争取各类金融机构的贷款支持，努力缓解其贷款难、寻保难问题。

（六）引导中小企业对外交流合作

按照国家发改委等五部委《关于举办第二届中国中小企业暨中法中小企业博览会的通知》要求，于9月份组织了包括食品、医药、建材行业的33户企业参加“第二届中国中小企业博览会暨中法中小企业博览会”，使我省参展企业获取了相关领域的前沿技术和有价值的商业信息，为我省非公企业积极开拓国内国外两个市场，开展对外交流与合作，搭建了一个良好的发展平台。11月份又会同有关处室组织了一批成长性好、资质优良、有发展潜力和上市融资意向的非公中小企业赴香港参加了为期一周的上市融资相关知识培训。

四、2006年工作思路及重点

2006年是全面贯彻落实科学发展观，实施“十一五”规划的开局之年。为进一步推动全省中小企业和非公经济的快速、协调和健康发展，提出如下工作指导意见：

（一）指导思想

认真贯彻党的十六大和十六届五中全会、省委七届七次全会和全国发展改革工作会议精神，以科学发展观统领中小企业和非公经济发展全局，继续狠抓《中小企业促进法》、国发3号文件和云发5号文件的贯彻落实，大力营造良好的发展环境，把增强自主创新能力作为中小企业和非公经济调整结构、转变增长方式的中心环节，全面实施“中小企业成长工程”，进一步推动全省中小企业和非公经济发展再上新台阶。

（二）工作思路

坚持“积极扶持、加强引导、完善服务、保障权益、加快发展”的方针，围绕实施“中小企业成长工程”，切实把促进中小企业和非公经济发展的工作重点放在狠抓各项政策措施的落实，全面放宽发展领域上；放在引导提高自主创新能力、增强自我发展后劲上；放在加快结构调整，促进经济增长方式转变上；放在协调解决融资难题，多形式拓宽融资渠道上；放在建立完善工作协调机制，形成推动加快发展的整体合力上；放在推进政府职能转变，提升各地各部门的服务能力上。为在“十一五”促进全省中小企业和非公经济实现又快又好发展开好局、起好步。

（三）工作目标

⑴力争在2006年全省非公经济实现增加值年均增长15%以上，占全省GDP的比重达到“保37%、争38%”。

⑵推动“创办小企业工程”实施工作取得实质性进展，选择10个左右具有区域特色和发展潜力的县域工业县开展创办小企业试点工作。

⑶加快实施“中小企业成长计划”，优选培育100户左右科技含量较高、竞争力较强、年销售收入上亿元的非公工业“小巨人”企业；重点培育10户左右具有成长潜力和龙头带动作用、销售收入上10亿元的非公工业“明星”企业。进一步提高全省中小企业和非公经济发展的质量和效益。

（四）工作重点

1.着力狠抓《中小企业促进法》、国发3号和云发5号文件的贯彻落实

继续推动《云南省贯彻〈中小企业促进法〉实施办法》立项论证的相关工作，力争在2006年通过省人大的立法审议并出台实施，切实加大依法促进各类中小企业发展的工作力度。进一步把国务院3号文件和云发5号文件有机结合起来深入贯彻落实，统一思想认识，坚定发展信念，抓住发展机遇，强化舆论宣传，加强组织领导，重视服务指导，做好督促检查，着力消除制约非公经济发展的体制性障碍，为非公经济的大发展创造良好的政策环境。

2.着力编制完成“云南省中小企业（非公经济）‘十一五’发展规划”

在全面总结“十五”时期中小企业和非公经济发展经验的基础上，深入分析国际、国内经济发展的趋势，坚持以科学发展观为指导，增强规划制定的科学性、前瞻性和可操作性，研究提出“十一五”时期中小企业和非公经济的发展思路、发展目标和发展重点，并力争在3月底前与

全省国民经济和社会发展“十一五”规划衔接后出台实施，科学指导“十一五”中小企业和非公经济快速、协调和可持续发展。

3.着力推动中小企业和非公经济自主创新

切实把提高中小非公企业自主创新能力作为当前和今后一段时期的一项重要工作任务，坚持以企业为主体，建立健全产、学、研结合的中小非公企业创新支持体系，在有条件的产业集聚区和重点行业中加快推动中小企业技术支持平台建设。引导中小非公企业以“专、精、特、新”方向发展为重点，积极推动自主创新，联合创新、引进消化吸收再创新，加快培育一批具有自主知识产权的新技术、新产品，不断增强企业的核心竞争力。大力节约资源能源，加强污染治理和环境保护，加快发展循环经济，努力促进中小企业和非公经济增长方式的转变和产业层次的提升。

4.着力推动中小企业和非公经济加快结构调整

按照走新型工业化的要求，大力推进经济结构的战略性调整，积极发展就业容量大的劳动密集型产业、服务业和各类所有制的中小企业。加快发展具有比较优势的生物资源开发、农特产品加工和高新技术产业，淘汰、禁止发展污染严重、低水平、浪费资源的中小企业。进一步发挥人力和资源优势，加快推进产业转移，促进县域经济协调发展。提高企业集聚度，优化生产要素和资源配置，加强对产业集群发展的引导和规划，形成有特色、有规模的中小企业产业集群，提升区域经济综合竞争力。

5.着力推动实施“创办小企业工程”

结合当前我省非公经济发展总量不足、就业压力增大的实际，加快“创办小企业工程”的实施工作，以开展创业指导、实施创业培训、强化创业服务为重点，在40个具有区域特色和发展潜力的工业重点县中选择10个左右开展创办小企业试点工作，适时总结经验，指导和推动全省面上以创业促进就业的工作。

6.着力推动实施“中小企业成长计划”

抓紧会同有关部门研究出台“云南省成长型中小企业评价认定暂行办法”，加快推动中小企业成长计划的实施，优选100户成长性好、有代表性的非公工业企业，加大融资协调和重点项目的资金扶持力度，引导和帮助企业加快制度、技术和管理创新，培育和支持其做优做强，成为推动县域经济发展的排头兵。

7.着力协调解决中小企业和非公经济融资难题

积极推进实施银政、银企合作计划，重点加强与国家开发银行的合作，力争在政府信用贷款中安排一定比例支持中小企业和非公经济的发展，加快推动全省非公经济暨中小企业信用担保体系的建设。通过定期举办“中小企业融资工作座谈会”、适时分地区或分批次举办“中小企业金融产品展示会”和“中小企业项目融资洽谈会”等多种形式的银企合作活动，协调和帮助有产品、有市场、有信用的中小非公企业争取各类金融机构的贷款支持。鼓励中小非公企业以股权融资、项目融资等方式筹集资金，并加大中小企业的上市培育工作力度，积极开展资助性上市辅导和服务工作，支持符合条件的中小企业上市直接融资和发行企业债券，努力拓宽中小企业的直接融资渠道。

8.着力加强中小企业和非公经济发展的指导和服务

切实加大相关政策的督促落实和科学发展的指导工作力度，推动中小企业和非公经济加快建立现代企业制度，完善法人治理结构，增强诚信意识，加强内部管理，健全安全、劳动、财务管理制度。及时向中小非公企业传递国家及省有关宏观调控政策、产业政策、行业规划等信息，积极帮助其协调解决生产经营中的重大问题，并引导中小非公企业提高自身素质，依法规范经营管理行为。实施“走出去”战略，鼓励和支持中小企业和非公经济开展对外经济合作与交流，不断开拓国际、国内市场。加强对中小企业和非公经济发展动态的监测分析，认真落实2006年非公经济发展责任目标，充分调动地方加快发展中小企业和非公经济的积极性。强化部门间的协调配合，不断完善中小企业和非公经济发展的工作协调机制，形成推动发展的强大合力。抓紧做好全省加快发展非公经济工作会议的筹备工作，切实围绕贯彻落实党的十六届五中全会精神，进一步推动全省中小企业和非公经济在“十一五”实现又快又好的发展。

五、2005年中小企业社会化服务体系建设情况

1. 提出社会化服务体系建设意见

根据《中小企业促进法》和国发[2005]3号《国务院关于鼓励和引导个体私营等非公有制经济发展的若干意见》以及云发[2003]5号文件的有关规定，借鉴外省市的做法，我委拟定了《云南省建立中小企业暨非公有制经济服务体系建设的实施意见》。目前，《实施意见》送审稿已上报省政府，待省政府下发后将成为我省服务体系建设的纲领性文件；

2. 开展了中小企业培训

一是举办了网上百日招聘高校毕业生活动；二是组织国家银河培训云南班；三是组织了两期服务机构学员到上海学习考察培训；四是组织了100家企业和35位专家中小企业发展管理咨询论坛。

3. 推动信用担保工作

在广泛调研分析基础上，结合各地的工业发展现状和中小企业需求，根据省政府确定的40户县域经济强县中选择20个工业强县，支持建立信用担保机构，同时，起草上报了《关于加快建立全省中小企业与非公有制经济信用担保体系的意见》和《关于促进20个工业重点县（市）开展信用担保工作的通知》。

4. 推进中小企业信息平台和GMS国家电子商务

平台建设

(1)中国中小企业云南网。为贯彻执行国家《中小企业促进法》，根据国家发改委建设国家一省一地市三级中小企业网络服务平台系统的精神，于2004年启动建设“以总站为龙头，以省级网站为基础，以地、市网站为支撑，以部分专业网站为补充的上下互动，信息共享、服务共享的全面企业网络服务平台体系”的工作。在国家相关部委和省政府以及各州、市政府的支持下，经过近两年的努力，成功地建成了以“中国中小企业云南网（www.smeyn.gov.cn）”为核心的中小企业网络服务平台体系，使我省的中小企业网络服务体系建设走在了全国各省的前列。

(2)GMS企业电子商务平台正式开通。经过对云南省中小企业局建设的“中国中小企业云南网”的实地考察及多次磋商，亚太经社会与云南省中小企业局及云南中小企业网达成了合作意向，由云南省中小企业局组织昆明东讯科技公司承建GMS国家企业电子商务平台，由亚太经社会提供部分启动资金并负责培训各国中小企业服务机构，协调GMS各国推广平台的应用并于今年7月在我省正式开通。

“GMS中小企业电子商务平台”是云南省乃至全国第一个在联合国的支持及指导下建设的跨国区域合作电子商务平台，平台的合作伙伴都是GMS各国的国家级中小企业管理部门和各国总商会。项目的成功建设及运营将有效提升云南省的电子商务发展水平，有效提升GMS国家中小企业的电子商务及企业信息化应用水平，进一步强化云南在GMS及东盟中的战略地位，并有效促进中国与GMS及东盟各国的经济贸易往来，项目将获得良好的社会效益及经济效益。

5.加强企业维权保护

一是结合实际，健全工作制度。省非公投诉中心根据各级领导的要求，结合工作职能和实际需要，健全和完善了相应的工作制度，即制定完善了《云南省维护非公有制经济合法权益投诉中心工作办法》。二是认真负责，妥善受理办理各类投诉案件。省非公经济投诉中心2005年受理各类投诉案件（含电话投诉）106件。三是把握重点，及时办理重大投诉案件。省非公经济投诉中心在受理办理各类投诉案件时，坚持把握重点，把一些影响大或领导重点批示的案件，认真受理，办妥办好，努力做到对组织、对社会负责。

（云南省中小企业局）

陕西省

2005年，我省按照省委省政府经济工作的总体部署和“2005年工业交通经济重点工作”分工要求，中小企业工作取得了新进展；放开搞活国有中小企业成效显著；非公有制经济发展明显加快；中小企业社会地位经服务体系建设全面展开；改革和发展的外部环境不断改善；中小企业创造的经济效益和社会效益逐步显现，对推动陕西经济特别是县域经济发展做出了重要贡献。

一、主要工作

1.放开搞活国有中小企业的目标基本实现

全省因地制宜，因个施策，先后运用21种改制形式放开搞活国有中小企业，使企业改制取得了显著成效。据不完全统计，截至2005年11月，全省已改制企业5122户，占应改制5636户企业总数的90.8%。其中改组、联合、兼并795户，占已改制企业总数的15.5%；承包租赁1102户，占21.6%；股份制、股份合作制1983户，占38.7%；破产、出售720户，占14.1%；其他形式522户，占10.2%。

2.中小企业结构调整发生明显变化

一是非公有制经济发展迅速。2005年3月，国务院颁布《关于鼓励支持和引导个体私营等非公有制经济发展的若干意见》，我省制定出台了《陕西省促进个体私营等非公制经济发展的实施意见》，非公制经济市场准入门槛大大降低，发展环境得到改善，非公有制经济发展速度明显加快。二是产业结构调整有了新突破。对产品没有市场、长期亏损、扭亏无望、资源枯竭的企业，以及浪费资源、技术落后、质量低劣、污染严重、破坏生态环境、安全隐患严重的110多户小企业，坚决“关、停、并、转”。对机械、电子、服装和食品加工等传统产业，先后投入技改资金70多亿元进行改造和提升。对参与新兴产业开发的中小企业，从资金、人才、服务环境等方面给予优惠，积极扶持发展。三是企业组织结构调整有了新发展。坚持择优扶强的政策，对产品信誉好、销售收入大、市场前景广的优势企业，采取积极的扶持政策，促使快速发展。目前，全省涌现出年销售收入过亿元的优强中小企业120多户，大型产业集群包括关中奶业、渭北果业、户县纸业、临潼旅游业、安康魔芋产业和汽车加工业等10个，成为我省经济发展的重要力量。对配套能力强、经营信誉高、产品质量好的中小企业，鼓励他们成为大企业的“小伙伴”、“小兄弟”，对发展潜力大、效益增幅高的中小企业，坚持以资产为纽带，以名优产品为龙头，采取股份制改造和组建企业集团的形式，实施“小巨人”工程。到2005年，我省已经累计设立股份有限公司300多家，企业集团132家，并促进和带动了一大批中小企业向“专、精、特、新”的方向发展。

3.中小企业融资难问题有所缓解

截至2005年11月，我省已经组建担保机构45户，注册担保资金20亿元，累计担保贷款18亿元，受保企业710多户，使部分中小企业缓解了担保难和贷款难问题。股权融资取得了新的成绩。全省300多户股份有限公司和7万多户有限责任公司，以及9000多户全伙制和股份合作制企业，以股权形式融资230多亿元，弥补了流动资金的不足。各级商业银行包括政策银行、股份制银行和城乡信用社，不断改进服务工作，提高服务质量，增加信贷额度，扶持中小企业发展。不完全统计，2005年全省各金融机构先后为中小企业提供贷款近千亿元，占同期贷款余额的30%以上，在解决中小企业融资难问题中发挥了主力军的作用。

4.中小企业服务体系建设步入了新阶段

按照“政府推动、市场化运作”和“统一规划、分步实施”的思路，我省中小企业社会化服务体系建设进展顺利。到目前为止，中小企业信用担保体系已经初具规模；由50名专家、学者组成的中小企业专家咨询团建成：中小企业信息服务工程建设在联合国工业发展组织专家指导下，已经进入实质性的操作阶段；举办各类培训班16期，培训中小企业经营管理人员1200多名。创业孵化服务已在西安、宝鸡等四个国家级开发区、示范区和一些工业园区相继试点，并总结出了一批成功经验；中小企业法人产权交易试点，也在交易体制、方式、内容和某些政策上有了突破，交易额达20多亿元；非上市公司股权托管工作进展顺利；中小企业信用管理体系建设已经起步，信用征集、评估和信用信息库的建立，正在抓紧筹备；我省中小企业与其他国家的国际合作与交流，正在协调运作，分步实施；中小企业服务中心和中小企业服务协会各项服务工作逐步到位，整个体系建设积极推进，将对促进我省中小企业改革和发展产生重大影响。

5.广泛吸纳就业人中，缓解了社会就业压力

初步统计，2005年中小企业新增就业岗位5万个，其中西安市近3万，不仅缓解了城市就业压力，而且吸纳了一大批农村剩余劳动力进城务工，有力支持了农村的发展。

6.参加第二届中国中小企业博览会圆满成功

我省参展参会中小企业50家，共推出食品饮料、医药、机械电子、工艺品、先进装备制造、农产品深加工等产品527个，招商项目100个，涉及招商资金92.5亿元。参展的34户企业共设展位30个，总成交额6.78亿元，其中场内交易0.18亿元，场外交易0.6亿元，合同签约1.6亿元，意向协议4.4亿元。

二、存在的主要问题

我省中小企业改革和发展虽然取得了一些成绩，但也有许多深层次的矛盾和问题，有待认真调查研究和解决。

第一，配套改革滞后，制约了中小企业的改革和发展。社会保障体系不完善，市场体系发育不健全，企业信息渠道不畅通，服务体系建设不配套，政府机构改革不彻底，管理体制不顺畅，造成了许多内耗现象，难以为中小企业提供良好的服务和创造宽松的环境。

第二，相关政策落实不到位，企业经营环境未得到根本改善。部门利益之争，致使有些优惠政策难以落实，“乱摊派、乱罚款、乱收费、乱评比、乱检查”的现象没有得到有效的遏制。诚信缺失、偷逃税费、说假话、做假账、恶意拖欠和逃废银行债务等现象时有发生，对维护正常的市场经济秩序造成了不良后果。

第三，中小企业融资难没有真正解决，困扰了企业的快速发展。有的金融机构认为中小企业风险大，存在“惜贷、恐贷、拒贷”现象，使企业流动资金足，生产能力不能有效发挥。现行上市融资、发行债券、信托融资的法律法规和政策导向不完备，中小企业很难在证券市场获得资金；风险投资机构规模小，又缺乏撤出机制，加大了操作难度；区域性资本市场不健全，财政扶持能力不足，招商渠道太少，信用担保刚刚起步，企业缺乏有效的资金补充机制，“融资难”问题仍然没有根本解决。

第四，财政扶持资金太少，工作缺乏必要的措施和手段。2005年，省财政设立的中小企业发展专项资金1000多万元，中小企业扶持力度有限，尤其是中小企业服务体系不健全，缺乏财政资金的应导和扶持。

三、今后工作思路

1.认真贯彻《中小企业促进法》，建立和完善地方法规体系

在2005年立法调查的基础上，力争促成省人大2006年出台《陕西省关于〈中华人民共和国中小企业促进法〉实施条例》，制定《陕西省关于加强中小企业服务体系建设的指导意见》、《陕西省关于建立中小企业信用管理体系的指导意见》、《陕西省中小企业信用担保管理暂行办法》、《陕西省中小企业发展专项资金使用管理暂行办法》和《陕西省关于加快中小企业信息服务工程建设的指导意见》，这些法规和政策的出台，连同已经颁布的陕西省股份合作制企业条例、私营企业条例、私营企业专业人才管理办法等近20个法规和规定，基本构成符合陕西中小企业发展实际的地方法规体系。

围绕我省“十一五”规划，制定我省中小企业中长期发展纲要，增强中小企业发展的预见性、计划性。

2.继续落实省委省政府两个《决定》，推进国有资本有序退出

目前，我省还有10%左右的国有中小企业和30%左右的集体企业尚未改制，这些企业多数是难啃的硬骨头，必须加大工作力度，按照先易后难的原则，找准突破口，加快推进改革。对1100多户实行承包租赁的国有中小企业，注意从实际出发，进行二次改制，真正从产权制度改革上做文章，认真解决资产处置、债务处理特别是职工

安置问题，严格维护所有者权益，防止造成新的资产流失和悬空逃废银行债务。继续大力发展非公有制经济，对各类所有制中小企业平等相待，充分享受各项优惠政策，鼓励私营企业以多种形式参与国有企业改革，发展混合所有制经济。依法保护非公有制企业的合法权益，为非公有制经济创造良好的社会环境，使非公有制经济成为全省经济发展的生力军。

3.如开全省中小企业工作大会，全面推动中小企业工作，在广泛调查研究和总结经验的基础上，计划在2006年4～5月份

如开全省第二次中小企业工作大会，认真总结近几年特别是2003年第一次中小企业工作大会以来的工作经验，重新确定并公布100户重点扶持的中小企业，表彰60户省级优秀中小企业，挂牌10个全省中小企业创业基地，宣建20个大型中小企业产业集群和10大中小企业工业园区，使我省中小企业真正成为全省经济发展的生力军。

4.采取多种形式，拓宽中小企业融资渠道

应当增加财政预算额度，加大设立中小企业发展专项资金，并专款专用，重点扶持中小企业创业发展和中小企业服务体系建设。同时，应当创造条件，建立我省中小企业发展基金。继续推进和完善中小企业信用担保体系，尽快出台《陕西省中小企业信用担保管理试行办法》，并按《中小企业促进法》的要求，县级以上都要尽快建立中小企业信用担保机构，使全省形成三级管理的包括事业法人、社团法人、企业法人并存的担保体系。各信用担保机构坚持市场化运作，避免行政干预，防止和化解担保风险，为中小企业提供多形式、多层次的担保服务。动员金融机构加大对中小企业的支持力度，简化审贷手续，提高工作效率，完善授信制度，扩大信贷比例，调整信贷结构，拓展服务领域，开发适应中小企业的金融产品，进一步为中小企业提供信贷、结算、财务咨询、投资管理等方面的服务。发挥政府对风险投资的导向作用，放宽风险投资的市场准入，规范风险投资的市场行为，建立和完善中小企业风险投资撤出机制，强化对中小企业的融资服务。认真抓好中小企业板和境外上市融资工作，加大招商引资力度，吸引省外、境外资金直接投资我省中小企业。

5.注重服务，加大中小企业服务体系建设力度

我省中小企业服务体系建设内容主要包括信用担保、创业辅导、策划咨询、信息服务、人才培训、信用管理、产权交易、达标认证、市场开发、法律援助、技术支持、国际合作交流等12个方面。2005年的工作重点是抓好信用担保、信用管理、信息服务和管理咨询等服务工作，并在总结经验的基础上向面上推广。注意把解决中小企业融资和加强信用管理结合起来，为市场经济全面发展提供良好的信用条件。

6.发挥各方面的积极性，形成统一领导的工作体系

为了加强对中小企业工作的领导，应尽快在省工交办内设中小企业局（见具体方案），归并分散在有关部门的中小企业管理职能，同时要健全省推动中小企业改革发展工作领导小组，并在各地级市建立有经贸、发改、财政、劳动、乡企、科技、工商、税务、银行等部门参加的推动中小企业改革发展工作领导小组，积极努力地做好各项工作，为开创我省中小企业改革发展的新局面而努力奋斗！

（陕西省工交办中小企业处）

甘肃省

2005年，甘肃中小企业和非公经济在省委、省政府的高度重视和正确领导下，在国家有关部门的指导和支持下，保持了快速健康发展的良好态势。

一、经济运行情况及主要特点

2005年全省中小企业及非公经济完成增加值390.6亿元，比上年增长16.8%，其中工业增加值160.7亿元，增长14%；实现劳动者报酬101.3亿元，增长9.7%；实交税金23.4亿元，增长12.1%。目前我省中小企业的主要特点有以下五点：

1.工业生产、销售、收入、利润稳步增长

截至2005年底，我省中小工业企业完成增加值160.7亿元，同比增长14.6%；实现营业收入548.4亿元，同比增长15.3%；利润总额36.4亿元，同比增长16.3%，主要工业产品销售率达87%，如水泥、石灰石、铁矿石等矿产品和制种、番茄酱、草产品等农产品加工业品种的产量销量都较上年同期有所增长。

2.规模工业增速提升，带动作用明显

全省规模以上工业企业实现增加值70.9亿元，同比增长33.8%，完成销售产值217.9亿元，同比增长17.3%，实现利润13.4亿元，同比增长24.1%。规模工业增加值占全部乡镇工业增加值的比重由去年同期的42.2%上升到44.1%。上升了1.9个百分点。营业收入、利润总额、上交税金增幅与去年相比分别高出了7.2、7.8、8.1个百分点，这表明规模以上工业投入产出的比例在逐渐上升，对我省中小企业的整体发展起到了支撑和拉动作用。

3.外向型经济增势强劲，发展态势良好

截至2005年底，全省出口企业较去年增加122家，中小企业出口产品交货值达20.7亿元，同比增长48.6%，食品、矿产和畜产品是出口的主导产品，如庆阳的白瓜子、河西走廊的脱水蔬菜，平凉的皮草以及甘南的酣酪素等产品在国际市场的占用量在逐步上升。

4.抓项目建设，带动了固定资产投资增速提升

目前全省中小企业共有施工项目2227个，项目设计总投资232.8亿元，比去年同期增长17.1%，其

中固定资产投资179.3亿元，比去年同期增长23%，到去年底实际完成固定资产投资78.8亿元，同比增长24.7%。去年我省中小企业项目建设的特点：一是大项目多。2227个项目中总投资5000万元以上的项目62个，上亿元项目30个。酒泉市在建项目中5000万元以上的项目就有8个，占全省5000万元以上项目的13%。二是农产品加工项目多。去年我省开工建设的农产品加工项目有96个，占建设项目总数的32.8%。大多是以农业产业化带动农户的种、养、加工为主，同分布于全省各地的龙头农产品加工企业紧密相连。三是引进资金占到了项目建设资金来源的43.1%。

5.农产品加工业快速增长

我省中小企业紧紧围绕农副产品加工、贮藏、保鲜、运销环节，推进农产品加工业发展和农业产业化经营。截止2005年底，全省中小企业规模以上农产品加工企业已发展到317户，从业人员4.6万人，实现增加值27.6亿元，完成利润总额5.76亿元，规模以上农产品加工业增加值占到全省中小企业规模以上工业增加值的39%。

二、2005年 中小企业工作的基本情况

（一）省委、省政府高度重视，进一步加强了对中小企业和非公经济的领导

2005年4月，省政府命名表彰了236名第七届全省中小企业家；6月初，省委、省政府决定，将省乡镇企业管理局与省经委非公有制经济办公室进行整合，在省乡镇企业局加挂“甘肃省中小企业局”的牌子，为省政府直属的一级厅局。其后，在各级党委、政府的重视和支持下，经过我们的积极争取，除个别市外，基本实现了职能整合和机构调整，理顺了乡镇企业、中小企业和非公经济的管理服务体制。9月下旬，省政府在天水召开了“全省乡镇（中小、民营）企业项目建设现场会”；12月省委、省政府召开了全省加快发展非公有制经济暨表彰大会，省委十届全委会的全体成员出席了会议，省委书记、省人大常委会主任苏荣，省长陆浩在会上作了重要讲话。会议还命名表彰了13个发展非公经济的先进县市区、19户优秀非公有制企业和81名优秀非公有制企业家。这次会议，参会总人数近500人，会议规格之高、规模之大、精神之重要、反响之强烈，在我省非公经济发展史是前所未有的。会议前夕省委、省政府出台了《贯彻<国务院关于鼓励支持和引导个体私营等非公有制经济发展的若干意见的>实施意见》。所有这些，充分体现了省委、省政府对发展中小企业和非公有制经济的高度重视，在加强领导，统一认识，增强发展合力，营造大发展的良好氛围，加大招商引资和项目建设力度等各个方面，都对全省中小企业和非公有制经济发展起到了非常重要的促进作用。

（二）找准工作切入点，以项目建设促发展

全省中小企业及非公经济始终把发展放在第一位，把项目建设作为加快发展的切入点来抓，形成了从上到下千方百计上项目，一心一意谋发展的良好局面，使2005年全省中小企业及非公经济项目建设呈现出“三多”的新特点，即开工项目多、大项目多、完工项目也多。全年在建及完工项目共有2188个，其中总投资超过1000万元的项目有1527个，上亿元的项目有30个；到年底建成1705个，实际完成项目建设投资97.1亿元，其中固定资产投资75亿元，增长20.2%。

（三）搭建开放开发平台，加大招商引资力度

为了切实解决上项目缺资金这一困扰中小企业及非公经济发展的瓶颈问题，我们积极组织企业走出去、请进来，以开放促发展。一是突出招商引资。我们组团参加了在黑龙江省牡丹江市举办的“全国中小企业及非公经济、民营企业振兴东北老工业基地暨对俄经贸洽谈会”，在河南省驻马店举办的“全国中小企业及非公经济东西合作经贸洽谈会”、在广东省举办的“全国中小企业博览会”和在北京举办的“农产品展销和奥运经济研讨会”，都取得了一定的成果。仅在牡丹江的经贸洽谈会上，我省共签约了总投资10亿元的合作项目。二是狠抓签约项目的落实。通过对重点签约项目实行项目建设责任制，强化协调和服务等措施，全年实际到位的引进资金38亿元，占项目建设实际完成投资的39.1%。引进资金已经成为中小企业及非公经济项目建设重要资金来源。三是外经外贸工作也取得了新进展。中小企业及非公经济的出口产品交货值预计完成16.6亿元，增长18.9%，出口产品结构也得到了明显优化。

（四）抓住工作主线，不断优化产业和布局结构

2005年，我省继续把发展以农副产品加工为主的农业产业化龙头企业作为主攻方向，使农产品加工项目和农产品的储藏、保鲜和营销项目成为中小企业及非公经济项目建设的重点。全省共有708个农产品加工项目开工建设，实际完成投资33.5亿元，有495个项目建成投产。目前，武威荣华公司等4家中小企业及非公经济被列入国家农业产业化重点龙头企业，55家中小企业及非公经济被列入省级农业产业化重点龙头企业，在我省现有的7家国家级农业产业化重点企业和84家省级农业产业化重点龙头企业中，中小企业及非公经济都占了一半，有力地促进了农业结构的调整和产业化经营。

在布局结构调整上，我们坚持把中小企业及非公经济的发展与小城镇建设相结合，通过加快园区建设，引导中小企业及非公经济集中连片发展，形成了中小企业及非公经济小区建设与小城镇建设相互促进、共同发展的良好格局。2005年，新发展省级中小企业及非公经济示范区6个，省部省级的中小企业及非公经济示范区总数达到87个；全省中小企业及非公经济实际完成项目建设投资和我省在全国乡企贸洽会签订的大项目一半以

上落户在乡企示范区。各类园区已经成为中小企业及非公经济发展的主战场。酒泉市中小企业及非公经济各类示范小区累计入驻的企业已达6782户，固定资产总值达23.2亿元，分别占全市中小企业及非公经济总数的26.6%和72.3%，其中2005年入驻部省级示范区重点项目达69个。

（五）推动科技进步，实施品牌战略

我们组织召开了全省中小企业及非公经济产学研对接会，组织科研院所和企业进行了技术难题的对接，并发布科研成果51项。兰州庄园乳业集团有限责任公司等4户企业获农业部批准的全国中小企业及非公经济创名牌重点企业，有20户企业荣获全省中小企业及非公经济科技进步示范企业的称号，28个产品荣获全省中小企业及非公经济名牌产品的称号，有2户企业被省经委认定为省级技术创新中心，11户企业创建了技术研发中心，开发省级新产品17个，地级新产品119个，有10户企业取得了ISO9000质量标准体系认证证书。

（六）加强宣传工作，营造良好发展环境

我们把营造中小企业及非公经济发展的良好舆论环境作为全年中小企业及非公经济工作的重点之一，在注意搞好平时宣传的同时，着重抓好重要会议和重大活动期间的宣传工作。2005年我局举行了新闻高峰评选揭晓仪式，命名表彰了全省中小企业及非公经济的十大明星企业、十大明星企业家、十大纳税大户，和宣传中小企业及非公经济十大好新闻，表彰了我省的6家全国诚信守法中小企业和59名全国第五届中小企业家，并在甘报、甘电台做了广泛宣传。在11月份组织开展了全省中小企业及非公经济宣传月活动，与省内主要新闻媒体合作，重点围绕非公有制经济发展进行宣传造势，并组织记者到庆阳、平凉、天水进行了采访报道。在12月全省加快发展非公经济暨表彰大会后，在省内主要新闻媒体上集中进行了大篇幅的综合报道，其中甘肃日报对大会盛况进行了长篇综合报道，配发了评论员文章，全文刊登了甘肃省贯彻国务院三号文件的实施意见和省政府《关于表彰2004年全省发展非公有制经济先进县优秀企业和优秀企业家的决定》。通过加强宣传，对中小企业、非公经济起到了统一认识、增强合力，树立典型、促进发展的舆论导向作用。

（七）切实转变职能，强化对中小企业及非公经济的服务

一是大兴调查研究之风。2005年，我们组织进行了"发展中小企业及非公经济振兴县域经济"、"中小企业及非公经济产业集群发展情况"、"全省中小企业发展情况"、"全省非公有制企业发展情况"等10多项专题调研，为掌握工作主动权、做好今后的各项工作奠定了基础。二是编印《甘肃省乡镇企业中小企业动态》27期约28万字，对指导基层和企业工作，促进各项工作的落实和各地发展经验的交流，起到了积极的作用。三是加强了职工培训和人才队伍的建设。全年共培训各类人员约8万人次，其中省局举办行政管理人员、专业技术人员和企业家培训班5期，共培训200多人；评定高级职称74名，中级职称648名，有180人取得了职业技能鉴定证书，473人取得项目经理资质证书。天水市共举办各类培训班125期，培训8600人（次），其中定向转移农民工培训800人。四是狠抓了安全环保工作，强化了与环保重点联系企业的交流和沟通，指导重点企业的环境保护工作向制度化、规范化迈进。组织开展了两次全省中小企业及非公经济安全生产大检查，加强了对企业安全环保工作的指导，实现了全年事故起数和死亡人数为零的最好历史记录。

三、发展中存在的主要问题

当前，我省中小企业和非公经济发展中存在的主要问题有：一是认识不到位。部分地方和部门的同志对对发展中小企业和非公经济重视不够，在加快发展上思路不清、办法和措施不多，缺乏具有针对性的产业政策和发展规划。二是融资难的问题比较突出。这已成为当前中小企业和非公经济发展的主要障碍。据调查，中小企业中72%的企业感到生产和发展资金不足，其中51%的企业感到比前两年更加紧张。三是企业市场竞争能力不强，普遍存在规模小、技术装备水平低、经营管理粗放的问题。四是服务体系还不健全。尽管我省已经初步建立了职工培训、协会和职称评定等方面的服务体系，也有了一些中小企业融资担保机构，但从总体上看，中小企业和非公经济的服务体系还很不健全，已有的服务机构服务能力和服务质量需要进一步提高。

（甘肃省中小企业局）

青海省

2005年，在国家发改委的大力支持下，我委结合自身工作实际，在优化中小企业和非公有制经济发展环境、推动企业技术创新、扶持中小企业和非公有制经济做大做强、缓解融资矛盾等方面做了大量富有成效的工作，制约中小企业和非公有制经济发展的瓶颈问题有所突破，发展环境得到进一步改善。

据统计，2005年，全省非公有制经济实现增加值131亿元，占全省GDP的24.13%，比上年增长了1.25个百分点；非公有经济注册资金为213.73亿元，比2004年增长10.16%；非公有经济从业人员64.05万人，占全省从业人员总数的21.5%，比2004年增加9.59万人。从产业结构上看，2005年第二产业非公有制经济实现增加值56.85亿元，占非公有制经济总量的43.4%，从业人员22.28万人，占全省非公有制经济从业人员的34.8%；第三产业非公有制经济实现增加值62.6亿元，占非公有制经济总量的437.8%，从业人员为37.92万人，占全省非公有制经济从业人员的59.2%。从行业来看，2005年，非公有制工业企业完成增加值47.43亿元，占工业增加值总量的23.3%。从整体发展趋势看，个体、私营、联营、“三资”、股份制等多种经济形式的快速发展，共同构成了我省非公有制经济比重迅速上升的因素。非公有制经济已逐步成为国民经济持续发展的重要力量和最具活力的增长点，在国民经济和社会事业发展中发挥着日益重要作用。我们的主要作法是：

一、提高认识，制定切合实际的政策措施

为贯彻落实《国务院关于鼓励支持和引导个体私营经济等非公有制经济发展的若干意见》，按照省政府统一部署，我委牵头并会同有关部门起草了《青海省人民政府关于鼓励支持和引导个体私营等非公有制经济加快发展的若干政策措施》，并于8月5日以青政[2005]47号文发布实施。为我省中小企业（非公有制经济）的快速健康发展提供了新的动力。另外，为进一步贯彻落实《中华人民共和国中小企业促进法》，我们组织开展了大量调查研究工作，起草了《青海省实施〈中华人民共和国中小企业促进法〉办法（调研稿），已列入2005年省政府立法计划，力争2006年报省人大审议，为加快我省中小企业发展提供法律保障。

二、积极协调，加强银企合作，搭建融资平台，拓宽中小企业融资渠道

2005年以来，省经委、省国资委、国家开发银行省分行加强交流与合作，积极探索，以青海企业技术创新投资管理有限公司和青海四维信用担保有限公司为依托，共同搭建起中小企业融资平台，先后为青海伊佳民族用品公司等14户成长性好的中小企业融资17500万元。14个项目建成后，可新增销售收入8.41亿元，新增9050个就业岗位，间接带动农村劳动力3.1万人。中小企业融资平台的搭建为优势资源综合开发利用、先进技术科研成果转化、增加就业等方面起到了带动示范作用，经济和社会效益显著。今后，在总结经验的基础上，进一步规范和完善中小企业融资担保平台的功能，使其在更广领域、更深层次发挥更大的作用。

三、信用担保体系建设步伐加快

针对中小企业贷款难、担保难的问题，近几年我委全力推进信用担保体系的建设。通过政策引导、财政扶持、社会募集资金等办法，先后成立了青海省四维信用担保公司等10家商业性贷款担保机构，其中以公司制形式设立的9户，社团法人设立的1户，注册资本总额21934万元。截至2005年，共发生担保业务181笔，实现担保总额15.02亿元，比上年增长28%；贷款担保余额为16.5亿元，比上年增长27%；全年实现营业收入2371万元，比上年增长6.7%，其中担保费收入实现2208万元，比上年增长32.7%；实现利润总额1834万元，比上年增长7.8%；累计提取准备金总额561万元。

四、中小企业培训和信息化工作取得初步成效

一是按照“国家中小企业银河培训工程”的统一部署，按照“多层次、多渠道、多形式、大规模开展培训，使广大中小企业的经营管理人员、专业技术人员、中介服务机构的服务人员普遍接受培训，全面提高中小企业素质”的要求，先后于2005年9月3日至9月7日，9月7日至9月11日在乐都县举办了“国家中小企业银河培训工程”、2005年度青海省中小企业“经营管理培训班”和“信息化建设培训班”，于2005年9月10日至14日在海西州德令哈市举办了“国家中小企业银河培训工程2005年度青海省中小企业经济管理培训班”。共有203户企业的406名（其中第一期215人，第二期121人，第三期70人）中小企业经营管理人员接受了培训，取得了良好的培训效果。二是积极争取国家资金和中小企业信息网络平台建设项目，青海省分网建设项目已获国家发改委批准，并于2006年3月30日完成了门户网站的建设工作，为下一步搭建我省中小企业信息共享平台奠定了基础。

五、做好申请国家中小企业发展专项资金工作，加大对中小企业的资金支持力度

2005年，我委从3月份组织开展了国家中小企业发展专项资金项目申报工作，经认真筛选，在全省各地上报的114个项目中，选定14个在新技术开发、资源深加工等具备一定比较优势的项目上报国家发改委，其中13个为非公有制经济实体承建的项目。我省共有9个项目得到国家中小企业发展专项资金的支持，资金总额550万元。

六、积极筹建“青海省中小企业服务中心”

鉴于我省财力有限，全盘按照大多数省市设立事业单位性质的省级中小企业服务中心的做法，不切合我省的实际。我委自2005年以来，经过对全省社会服务资源的研究调查，对现有社会服务资源进行整合，以政府引导、市场化运作的方式组建“青海省中小企业服务中心”。组建方案已

经有关部门批准。

经过几年的努力，我省中小企业得到了长足发展，但与发达地区相比，我省中小企业在规模、素质、效益等方面还有很大差距，分析制约我省中小企业发展的主要因素是：

一是思想观念不够解放，认识上不放胆，行动上不放手。有关部门对中小企业和非公有制经济的支持慎之又慎，部分中小企业经营者的思想观念陈旧，稍富即安，不求进取，坐失机遇。

二是政策落实不到位。近几年，政府及相关部门制定实施了一系列鼓励非公有制经济发展的政策，在落实到位上还有差距，越是基层，这方面的问题越突出，挫伤了他们创业发展、做大做强的积极性。

三是扶持服务不到位。近年来，虽然我们加大了服务体系建设力度，取得了一定成效，但是还远远不够。目前，我省中小企业服务体系建设相对滞后，对各类社会化服务机构开展为中小企业服务活动的政策措施尚不完善，中小企业经营获得各种服务和帮助的渠道少、成本高、时间长，一些地方尚缺乏为中小企业提供信息、融资、技术、管理、培训、人才等方面服务的相关机构，已有的社会化服务机构由于受观念、认识的影响，服务功能不能满足中小企业的需求，保证服务体系可持续发展的激励和约束机制尚未形成。

四是制约中小企业发展的瓶颈问题仍很突出。近年来，在各级政府部门、银行、企业的共同努力下，部分中小企业贷款难、担保难的状况有所缓解，但从整体来看，中小企业发展速度与信贷供求之间的矛盾仍很突出。

五是从中小企业自身状况看，存在着企业组织结构和产业组织不合理，中小企业与大型企业的专业化协作水平低，与市场经济发展要求不相适应，总体规模小，装备水平低，竞争力不强，自身素质不高，信用意识淡薄等是我省中小企业自身普遍存在的问题。

尽管我省中小企业发展还存在一些不足，但加快发展也有很多有利条件和机遇。今后一个时期为了深入贯彻落实《中小企业促进法》、国务院《关于鼓励支持和引导个体私营经济等非公有制经济发展的若干意见》、省政府《关于鼓励支持和引导个体私营等非公有制经济加快发展的若干政策措施》，“十一五”期间中小企业和非公有制经济工作要紧紧围绕十六届五中全会精神和省委省政府确定的经济社会发展的指导方针、奋斗目标和重要举措，坚持以科学发展观统领全局，围绕走新型工业化道路，抓住特色产业发展不动摇，高效配置优势资源和生产要素，全面推动实施“中小企业成长工程”。

(1)不断优化中小企业和非公有制经济发展的政策环境和投资环境。认真贯彻落实《青海省人民政府关于鼓励支持和引导个体私营等非公有制经济加快发展的若干政策措施》。按照国务院法制办、国家发展改革委的有关文件精神，清理县级以上人民政府及其所属各部门、各直属机构和有关单位制定的在市场准入、财税金融支持、社会服务、权益维护和政府监管等方面与国发[2005]3号文件、青政[2005]47号文件不一致的现行规章、规范性文件以及其他规定。开展落实鼓励和引导个体私营等非公有制经济加快发展的政策落实情况专项联合检查，努力使我省中小企业和非公有制经济的服务环境、法治环境、市场环境、社会环境得到进一步改善。

(2)进一步加大对中小企业和非公有制经济的资金支持力度。按照国家确定的扶持重点，进一步加强基础工作，做好项目储备，争取国家中小企业发展专项资金对我省一些技术含量高、产品附加值高、特色鲜明的项目给予更大的资金支持，力争扶持资金比上年有增长。

(3)继续加强融资担保体系建设，不断拓宽中小企业融资渠道。总结经验，积极探索，进一步扩大中小企业融资平台的功能，积极稳妥地扩大服务领域、提高服务档次，并开展对信用担保机构的再贷款。继续推动各州、地、市尽快组建为本地区中小企业和非公有制经济服务的信用担保机构，全力协调落实开发银行对担保机构的贷款政策，力争完成新增3户担保机构的工作目标。

(4)鼓励企业自主创新，培育优势企业做大做强。按照优化生产要素和资源配置的原则，培育30户重点中小企业做大做强，充分利用我省资源优势，延伸产业链，增强抗风险能力，形成中小企业集群。力争30户重点中小企业在“十一五”期间销售收入总额平均每年以17.76%以上的速度增长（2005年30户企业销售收入14.8亿元），2010年达到33.4亿元。

(5)继续做好素质培训工程，着力提高中小企业经营管理水平。加强组织协调，加大实施力度，积极配合“国家中小企业银河培训工程”向纵深推进，统筹规划，整合社会资源，开展多层次，多类别的专业培训和继续教育，不断扩大培训范围和提高培训质量，切实提高中小企业素质。有针对性地开展以创业辅导、推动自主创新、提升民营企业技术和管理水平等为内容的培训工作，力争2006年培训人数达到500人以上。

（青海省经济委员会中小企业指导局）

宁夏回族自治区

2005年，全区中小企业和非公有制经济工作按照国家统一部署，在自治区党委、政府的领导下，积极贯彻落实《中小企业促进法》，着重创造公平发展环境和促进建立中小企业社会化服务体系，充分利用各种社会资源，支持和引导中小企业和非公有制经济持续健康协调发展，运行质量进一步提高，地位和作用更加突出，为促进我区国民经济发展取得了显著成效。

一、中小企业暨非公经济发展概况

2005年，我区中小企业和非公有制经济继续保持快速发展的势头，对全区经济贡献率不断提高，各项指标均完成或超额完成了预定目标。中小企业和非公有制经济的地位和作用不断提高。全区中小工业企业单位数37860个，占全部工业总户数的99.96%，完成工业总产值414.2亿元，增加值132.9亿元，实现销售收入414.2亿元，利税39.8亿元，利润21亿元，分别比去年同期增长21.8%、26%、26.4%、20.6%和25.7%，占全区工业的比重分别为61.7%、62.2%、61.5%、73.7%和99.5%。从业人员21.9万人，占全区工业的75.6%。全区非公有制经济单位实现销售（营业）收入570亿元，完成增加值210亿元，上缴税金26亿元，分别较去年同期增长34.8%、35.1%和42.9%。非公有制经济占全区GDP的比重近40%。其中，非公有制工业实现销售收入293亿元，完成增加值90亿元，分别比去年同期增长42%和44%，占全区工业的比重分别达到39.7%、40.4%；盈亏相抵后实现利润12.7亿元，占全区工业的比重达70%。

二、主要工作

（一）深入企业调查研究，全面掌握非公经济和中小企业发展状况

为了全面了解全区中小企业和非公有制经济的地位和作用，鼓励支持其加快发展，我们开展了大量的调查研究工作。一是对全区非公有制工业骨干企业进行了调研，撰写了《关于对我区30户非公有制工业骨干企业调研的报告》，提出了加快30户企业发展的意见和建议。二是加强对全区非公有制经济的调研。根据自治区人大的要求，起草了《关于宁夏非公有制经济发展情况的报告》，自治区九届人大常委会第十六次会议听取和审议了此报告，得到了常委会的充分肯定。三是对全区中小企业进行了深入的调查研究。完成了《促进宁夏中小工业企业发展研究报告》。四是赴外省区考察学习非公有制经济发展经验。为贯彻《国务院关于鼓励支持和引导个体私营等非公有制经济发展的若干意见》精神，根据自治区政府要求，组成了政府考察组，对广东、浙江、江苏、内蒙古四省区非公有制经济发展情况和14户有代表性的非公有制企业进行了考察学习。这些省区在财政支持、服务体系建设、融资担保、产业集群、管理体制等方面的政策和做法，值得我区学习和借鉴。同时形成了《关于赴广东等省区考察学习非公有制经济发展情况》的调研报告。五是制定出台了宁夏自治区党委、人民政府《关于支持非公有制经济发展的若干意见》，为加快非公有制经济发展提供了有力保证。

（二）建立完善监测分析体系，为支持引导鼓励非公经济和中小企业发展提供依据

开展非公有制经济统计监测工作是全区工作的难点。目前，非公有制经济的监测分析暂时没有数据来源。为了做好非公有制经济监测分析工作，在现有的条件下，我们千方百计找数据，摸情况，克服各种阻力和困难，建立和完善了两项统计监测分析制度。一是进一步完善了全区非公有制经济半年一次的统计监测分析制度；二是建立了30户非公有制工业骨干企业监测月报制度。这两项制度的建立，为自治区党委、政府和委党组支持非公有制经济快速发展提供了决策依据。

（三）按照公开透明的原则，制定了自治区扶持中小企业和非公有制经济发展资金的使用办法

为确保支持有发展潜力的企业加快发展，使有限的资金发挥最大效益，按照领导的要求，规范了自治区扶持中小企业和非公有制企业发展资金的使用办法。扶持资金重点用于规模大、发展快、效益好和对自治区经济社会发展贡献突出，并有符合国家和自治区产业政策建设项目的企业。建立了中小企业项目库和项目评审专家库。目前，有120户企业的150个项目被筛选入库，覆盖了全区轻纺、石化、机电、冶金、建材、医药、煤炭等7个行业。有石化、轻纺、机电、冶金和建材等行业的80名具有高级职称的专家入选中小企业项目专家评审库。

（四）积极探索，建立健全中小企业社会化服务体系

社会化服务体系不健全在一定程度上制约了我区中小企业的快速发展。针对这种情况，积极探索建立健全中小企业社会化服务体系的新途径。目前主要是做好创业、融资、培训和网站建设四项基础性工作。

1.中小企业创业基地的建设

灵武羊绒创业园、望远世纪伟业创业基地、德胜工业园等园区，有的已初步形成，有的正在积极筹建。我们对创业园的建设情况进行调查研究，积极争取各方面资金300万元，支持银川经济技术开发区、灵武羊绒创业园和望远世纪伟业中小企业创业基地的发展，以起到“创办小企业，开发新岗位”的目的。

2.实施中小企业融资担保工程

为了进一步协调解决中小企业融资难和担保难问题，我们研究制定加大对中小企业金融支持的指导意见（自治区党委政府支持非公有制经济发展的若干意见）。根据自治区政府的指示，加强同区内各大银行的接洽。2005年经过积极运作，推荐了一批有发展潜力的企业，得到了金融机构的贷款支持。

3.实施“国家中小企业银河培训工程”

2005年国家下达我区的培训名额为800人。按照国家发改委要求，制定了“宁夏回族自治区2005年银河培训工程实施方案”。分别在宁夏银川、石嘴山、吴忠、中卫、灵武等工业园区举办了8期培训班，企业参加培训的积极性很高，实际参加培训人员1100余人，大大超过了预期的培训目标。

4.宁夏中小企业信息网站建设

为了加快信息网的建设步伐，批准成立了“宁夏中小在线信息服务有限公司”，我们邀请国家发改委和自治区领导点击开通了宁夏网。该公司是在宁夏经委的领导下，由宁夏经委新技术推广站牵头，以北京中小在线公司为依托，以银川金色西部科技有限公司为技术支撑，三家单位共同出资组建的国有控股公司。按照公司法及有关法规政策规范运营，承担“中国中小企业宁夏网”的建设、运营、维护和发展。

三、存在的主要问题

（一）非公经济发展相对滞后

与东部经济发达地区相比，我区非公有制经济普遍存在发展水平不高，经济总量小，发展缓慢、投资能力弱、外向程度低的问题。以我们考察学习浙江省为例，2004年，浙江省非公有制经济实现增加值占GDP的比重达到50%以上，高于我区10个百分点。江苏省个体私营经济上缴税收404亿元，占税收总额的21.3%；从业人员811万人。而我区个体私营企业上缴税金占税收总额的4.3%，从业人员占全社会从业人员的9.3%。2004年，广东省私营经济完成固定资产投资1965.43亿元，约占全社会固定资产投资的32.8%，同比增长20.3%；私营企业累计完成进出口总额358.5亿美元，占全国的32%，增长60.1%，其中出口总额167.8亿美元，增长66.2%。江苏省私营个体经济投资总额达到1600亿元，增长66.6%，占全社会固定资产投资的23.4%；私营企业出口总额达到65亿美元，增长109%，增幅比全省高60个百分点。我区私营企业投资仅占全社会固定资产投资的18.5%，出口占全区出口总额的17%。

（二）服务体系不健全

到2004年底，广东省共有担保机构75家，注册资金63.3亿元，累计担保151.8亿元。浙江省创建中小企业创业基地50多个，组建了120多家省级中小企业服务中心。全省共有担保机构225家，担保资本金36.83亿元（政府、企业法人和个人出资比例分别为37%、38%和25%），累计为2.3万户中小企业贷款担保315.32亿元。而我区服务体系建设还处在探讨阶段，到2004底我区累计建立各类担保机构只有46个，仅为300多户中小民营企业担保融资7亿多元，与兄弟省区相比差距较大。其它服务体系建设远远落后发达地区，这都是导致我区中小企业和非公有制企业发展的重要原因。

（三）非公有制经济统计制度滞后

由于国家、自治区没有统一的统计指标体系，我们为了工作需要，制定了临时的统计指标，但没有法律效力。自治区，各市、县非公有制经济领导小组是临时机构，既无经费也无专人保障非公有制经济工作开展，无法及时准确掌握非公有制经济发展和运行情况。

（四）各项工作有待提高

中小企业和非公有制经济工作量大面广，涉及部门多。当前无论是对非公经济的认识还是发展氛围以及各部门之间的联系配合等等方面还有待进一步提高。

四、发展趋势及措施

紧紧围绕自治区确定的加快工业化、农业产业化和城市化的战略重点，按照全面建设小康社会的总体要求，我区中小企业发展总的指导思想是：以“三个代表”重要思想和党的十六大精神为指导，全面贯彻落实《中小企业促进法》和《国务院关于鼓励支持和引导个体私营等非公有制经济发展的若干意见》，坚持科学发展观，以改革和创新为动力，遵循在发展中提高、在提高中加快发展原则，放宽市场准入，创造公平环境，构建服务体系，加大支持力度，加强和改善服务，迅速增加企业数量，着力壮大企业规模，加快提升产业层次，促进全区中小企业快速、健康、全面发展，成为推动我区国民经济发展的重要力量。

预计到2006年底，全区中小工业企业完成增加值增长30%，占全区工业的比重达到71%，比2005年增长1个百分点，吸纳就业人员比2005年增长10个百分点。非公有制经济占全区GDP的比重达到40%以上，吸纳就业人员比2005年增长6个百分点。

今年，国务院颁布实施了《关于鼓励支持和引导个体私营等非公有制经济发展的若干意见》，自治区党委、政府也制定了《关于支持非公经济发展的若干意见》。这都为加快我区中小企业及非公经济发展提供了政策保障。今后一个时期，我区中小企业及非公经济发展要按照自治区党委、政府的统一部署，坚持科学发展观，以解放思想，加快发展为标准，以优化发展环境和完善服务体系为重点，不断提高非公经济的水平和整体素质。努力营造一个良好的发展氛围，力争做到两个坚持，继续完善三个体系建设，力求在四个方面有新的突破。

1.努力营造一个氛围

加快中小企业和非公经济发展，事关我区工业化进程和经济发展全局。我们一定要按照自治区党委、政府的部署，紧紧围绕党组确定的工作重点，进一步解放思想，创新工作机制，加大宏观指导和扶持力度，协调解决改革与发展中的问题，确保自治区党委、政府支持中小企业及非公经济发展的各项政策措施落到实处，努力营造“党委政府高度重视，全社会积极参与、各部门全力配合、企业自主发展”的工作氛围。

2.力争做到两个坚持

一是坚持毫不动摇的鼓励、支持和引导非公有制经济健康快速发展，使其在社会主义现代化进程中发挥优势，是完善社会主义市场经济体制、建设中国特色社会主义的必然要求，必须长期坚持。二是坚持发展一批非公有制骨干企业。鼓励支持非公有制企业运用资本扩张和联合重组等手段做大做强，实施大企业、大项目战略，尽快形成一批跨地区、跨行业，辐射带动能力较强和具有核心竞争力的龙头企业。

3.完善三个体系的建设

一是完善中小企业创业工程体系。大力开展“创办小企业，开发新岗位”的工作，推进创业体系建设，降低创业成本。要研究制定创业政策，积极推动创办小企业工作的开展。二是完善中小企业融资担保体系。协调解决中小企业融资难和担保难问题。规范担保业的准入制度、风险控制和损失补偿制度、绩效考核和评价制度、行业自律制度。积极探索设立再担保机构，完善信用担保体系；组织中小企业投资公司试点；研究制定加大对中小企业金融支持的指导意见。三是完善国家中小企业银河培训体系。要坚持以人为本，多层次、多渠道、多形式、大规模地开展培训。通过国家宏观经济政策、产业政策、法律法规、管理知识、创业技能、先进技术等的培训，使广大中小企业的经营管理人员、专业技术人员、中介服务机构的服务人员全面提高素质。

4.在四个方面有新突破

一是在市场准入上要有新突破。对垄断行业、基础设施、市政公用事业、社会事业和矿产资源勘探开发等行业和领域的市场准入，在国家有关规定的基础上，自治区区域内所有生产和经营的行业都允许非公资本进入，并在投资核准、融资服务、财税支持、土地使用、对外贸易和经济技术合作等方面，与其他所有制企业同等待遇。同时，允许实力较强、符合条件的非公有制企业经审批发起成立股份制金融机构。鼓励非公有制企业通过并购和控股、参股等多种形式参与国有企业改组改制改造。

二是在深化改革上要有新突破。鼓励非公企业根据发展阶段和自身特点，寻找适应市场竞争要求的制度和经营机制。对上规模、上水平的企业，要引导他们按照建立现代产权制度的要求进行股份制改造，形成开放多元的产权结构，实现所有权和经营权分离，建立科学的决策机制和制衡机制；对股份合作制企业，要引导他们进行公司制改造，已经转为公司制的企业，要不断健全和完善内部法人治理结构，逐步向现代企业制度迈进；对延续家族制经营的企业，要引导他们在保留原有产权结构的基础上，突破自身局限，创新治理结构，形成有利于进一步发展的经营机制。

三是在技术改造上有新突破。我们要在今年的基础上，继续利用好国家安排的中小企业发展专项资金和自治区扶持中小企业及非公有制经济发展资金，鼓励中小企业按照市场需要开发新产品，采用先进技术、生产工艺和设备，推进生产和工艺专业化，促进技术创新、科技成果转化和新技术推广；支持自治区内发展后劲足、建设项目好、开发能力强的中小企业加快发展步伐；引导企业走循环经济发展道路，使企业初步建立起资源消耗低、环境污染少、经济效应好的现代工业格局。

四是在中小企业产业结构调整上有新突破。坚持以信息化带动工业化，加大科技投入，增强企业技术创新能力。以科技创新为先导，推进产业结构的战略性调整，提升产业发展水平。大力扶持和加快培育一批在同行业居于领先地位、拥有自主知识产权、具有特色企业文化、品牌竞争力强、科技含量高的企业。大力支持“成长型”企业的发展，鼓励中小企业与大企业协作配套，引导他们向"专、精、特、新"上发展。

五、中小企业社会化服务体系建设现状与对策

（一）我区中小企业社会化服务体系现状

1.中小企业培训体系

现已形成以我委为主管部门，宁夏经济管理干部培训中心为专业培训机构的银河培训工程体系。“银河培训工程”实施四年来，按照“切实服务企业，注重培训实效”的宗旨，在银川市、石嘴山市、吴忠市、固原市和中卫市共举办银河培训班23班次，培训学员3119人。培训的内容以工商管理课程为主，同时还举办了中小企业信用担保、创业技能专题培训等。在培训过程中，《宁夏日报》、《新消息报》和当地电视、广播等媒体对银河培训工程进行了及时报道。银河培训受到了企业的一致好评，通过培训中心制订教学反馈问卷调查表说明，学员满意率达到91%，基本满意率为7%，不满意率为2%。

2.中小企业信息网络体系

为了加快中小企业信息化建设步伐，在国家发改委中小企业司、自治区经委和北京中小在线信息服务公司的全力支持下，“宁夏中小企业信息网”于2005年8月22日顺利开通。目前，网站建设结构合理，系统运行平稳，软、硬件系统配备齐全。网站开设了十多个栏目，为企业提供各类信息、培训、人才招聘、会展、技术交流、信用等服务，为企业搭建了方便快捷，相互交流的平台，得到企业的一致好评，网站点击率已达到17万余次。

3.中小企业融资担保体系

为了协调解决中小企业融资难的问题，自1999年起，我区便着力开展中小企业担保体系建设。截至2005年底，全区共有担保机构62家，累计担保金额25亿元，从业人员300多人。70%以上担保机构分布在银川地区，其中银川45家、吴忠市6家、石嘴山市4家、固原市3家、青铜峡市2家、中卫市和灵武市各1家。为了促进我区担保体系的发展，我委积极向国家推荐担保机构，争取免征3年营业税的优惠政策，先后已有8家享受到免税。目前，我区担保机构发展良莠不齐，但部分机构发展突出，个别机构跻身全国

担保行列。我区银川市中小企业信用担保中心成立七年来，由一个担保新军成长为全国担保行业颇具影响力的担保机构，还被推选为2005年“全国十大最具影响力担保机构”之一，从而树立了“银川担保”的品牌，确立了在全国担保行业的地位。

4.中小企业创业辅导体系

为了真正做到“创办小企业、开发新岗位、创业促就业”，开创我区创业服务工作的新局面。今年，我区认定了第一批中小企业创业基地，共12家，并积极为中小企业创业基地争取国家、自治区服务体系补助资金支持。中小企业创业基地是向中小企业初创者提供策划咨询、政务代理、融资支持、人员培训、技术应用、场地租用、注册登记等方面的服务，能解决初创阶段的突出困难，提高资源、设施使用效率，提高创办成功率，开发新的就业岗位。我区创业服务还处于起步阶段，很多服务无法提供，亟待进一步发展。

（二）当前中小企业服务体系建设存在的问题

1.政策措施缺乏

中小企业服务的内容十分广泛，涉及金融、贸易、管理、信息等方方面面，到目前，我区乃至国家都没有出台相应政策，使在实际工作中，感到缺乏政策依据，工作开展困难较多。有些部门对服务机构的作用和意义认识不够，处于观望状态；有些虽建立了中小企业服务机构，但只搭了个架子，具体工作未开展。这些因素制约了我区中小企业服务体系的建设步伐。

2.机构建设投入不足

我区财政在中小企业服务体系建设方面投入较少，由于经费不足，一些机构只能维持生存。还有很多机构提供的是非盈利性质的服务，政府中提供一部分开办费而机构运行的日常经费缺乏来源，很少有增量资金投入服务体系建设，致使服务机构业务开展受到制约，生存困难。

3.担保机构运作不规范

虽然我区担保机构数量较多，但能够正常开展业务的只有三成。少数担保机构还存在运作不规范现象，例如担保资本金不实、没有开展担保业务、担保风险准备金不提或提取不足等。这些严重影响了担保行业的整体形象。我区担保体系中缺乏再担保机构，致使现有担保体系很不完善，担保体系的系统风险难以释放，限制了担保放大功能作用的发挥。

4.信用评价体系形成困难大

由于中小企业部分经营不规范，内部管理措施欠缺，信用信息获取难度较大。而政府各部门、银行、社会有关组织就各类企业信用信息及相关信息也自成体系，各自封闭，无法交流共享，致使我区中小企业信用评价体系较难形成，而这也是制约中小企业融资贷款的重要因素之一。

（三）当前的工作重点与建议措施

我区中小企业服务体系建设要以《中华人民共和国中小企业促进法》为依据，以社会资源为依托，加强引导，优化配置，不断完善中小企业社会化服务体系建设。在教育培训、信息化建设、融资担保、创业辅导方面要加大工作力度，不断完善服务内容，将具体服务内容落到实处；在信用服务和管理咨询方面，要借鉴发达省区的经验，联合政府各部门，尽快寻求建立适合我区中小企业发展的信用评价和管理咨询体系。建议措施如下：

1. 制定促进服务体系建设的政策措施

要尽快制定出台《关于促进中小企业社会化服务体系建设的指导意见》，完善服务体系的监督管理机制，在政策上给予适当倾斜。切实做好中小企业服务体系建设的规划工作，结合我区实际，分批建立适合我区发展的服务机构，规范服务行为，增强服务机构的市场运作能力，推进服务体系产业化发展。保障和促进我区中小企业社会化服务体系的健康发展，为中小企业服务机构营造良好的发展环境。

2. 加大对中小企业服务体系建设的投入

服务机构没有投入就没有发展，建议在我区建立中小企业社会化服务体系专项补助资金，列入财政预算，用于支持和鼓励发展良好，成效突出的服务机构。中小企业社会化服务体系建设的投入应该是多元化的，在加大我区财政支持力度的同时，还要引导和协调社会各方面的闲散资金投入到中小企业服务体系的建设中，促进中小企业服务体系健康有序的发展。

3. 加强对中小企业服务体系的规范引导

服务机构操作不规范是制约我区中小企业服务体系发展的重要原因。政府管理部门要发挥监督、管理、调控的职能，建立监管体系，确保其健康发展。要利用专题培训等机会，将我区发展较快服务机构的成功经验和好的做法推广出去，全面提升服务机构的竞争力。还要吸取、总结发达省区的经验，不断完善机制，规范我区中小企业服务体系的发展。

4. 推进中小企业信用体系建设

一是为了更好地给中小企业信用体系建设提供有法可依、有章可循的法律支撑，应积极着手制定企业信用体系建设方面的法规、规章和规范性文件。二是以企业工商注册登记为基础，企业自愿申报为主，通过政府各有关部门、司法、金融等掌握企业信用信息的单位审核，建立能全面反映中小企业的登记情况、经营状况、优良记录和不良纪录的综合信用信息服务系统。三是各登记企业和掌握企业信用信息单位定期进行信息更新，确保为社会各界提供真实有效的信息服务。

（宁夏自治区经委中小企业处）

新疆维吾尔自治区

一、2005年自治区企业改革与发展总体情况

2005年以来，在自治区党委、政府的正确领导和有关部门的大力支持下，我委企业改革工作认真贯彻党的十六届四中、五中全会精神，牢固树立和落实科学发展观，积极推进国有经济布局和结构调整，大企业大集团实力明显增强；优势产业发展壮大；一批劣势企业退出市场，分离企业办社会职能工作取得重大进展；中小企业发展环境得到改善；企业稳定工作进一步加强，企业改革与发展工作取得了明显成效，为推进自治区工业化进程和经济发展、社会稳定做出了新的贡献。

（一）企业改制和资产重组工作成效显著

一是积极引进区外有实力的大企业、大集团，参与新疆开发建设。充分利用我区资源优势，积极引入中化集团重组新疆化工集团、哈密盐化、伊利集团收购重组石河子天元乳业，促进了生产要素向优势企业集中。二是加大了对区属国有企业改制工作的指导力度。将商业联办整体划转自治区中医医院，确保了国有资产保值增值又彻底解决了商业联办多年来的遗留问题。三是初步确定了两个“100户”骨干企业名单。以现有“三个30户”企业为基础，将企业范围由工业扩大到商贸流通，以2004年末企业资产总额、负债总额、销售收入、利税总额等数据为依据，在各行办，各地、州、市经贸委（经委）推选的名单中，初步筛选了全区10个行业200户优势骨干企业，作为自治区重点扶持的100户优势及100户成长型企业。

（二）分离企业办社会职能工作有序推进

一是中央企业分离办社会职能试点工作有序推进，今年年初完成了中央企业分离办社会职能第一批试点单位移交工作，中石油集团共移交中小学58所，涉及教职工5707人，离退休人员1933人，移交公安机构4所，涉及职工578人。第二批中央企业分离办社会职能试点移交工作正在进行。国家电网公司、中国国电集团公司、华电集团公司、中国新兴铸管集团公司驻疆单位的6所学校（172名在职教师、79名退休教师）移交人员经费测算、核对工作已完成，待国家财政部批复后，安排部署第二阶段工作。二是区属企业分离办学校工作进一步推进，在列入移交计划的51所区属企业办中小学中，已完成移交和正在移交的24所，占47%。其中，建工集团6所学校和建材联校等7所学校已于2005年3月移交乌鲁木齐市管理。三是进一步推动国有企业办中小企业退休教师待遇工作进程，多次会同自治区财政厅、教育厅等部门召集会议并开展调研，就各地、有关企业落实国办[2004]9号文件和新政办发[2004]173号文件情况进行了调研，形成调研报告，提出存在的问题及解决的建议上报自治区人民政府。9月自治区人民政府下发了《关于加快国有企业办中小学退休教师待遇问题的通知》，要求各地州市和有关部门年底前将国有企业退休教师待遇落实到位。

（三）企业关闭破产工作取得重大进展

根据2005年4月自治区人民政府《关于明确国有资产管理职责加快国有企业改革的会议纪要》（新政阅[2005]36号）和《自治区企业关闭破产工作领导小组2005年第一次会议纪要》（新政阅[2005]53号）精神，自治区经贸委及各行办负责抓好地方5个破产项目和3户军队保障性企业（共计16户）的破产工作。今年以来，经贸委上下齐心协力，按照人与资产分离的原则，加大工作力度。目前，已有4个项目（12户企业）进入破产程序，职工安置费和经济补偿金全部发放完毕，资产评估工作已基本完成，土地评估工作正在加紧进行；关于新疆军区三户破产企业，根据自治区党委常委、副主席艾力更·依明巴海指示精神，经贸委和新疆军区迅速组成破产清算工作组，深入企业南北疆第一线，仅用21天时间就将职工安置方案测算批复完毕，职工安置费和经济补偿金将于春节前全部发放到职工手中，节后开展资产评估和资产审计工作。

三户军队保障性企业破产清算前期准备工作基本完成，中央补助资金已下达，人、财、物账册登记完毕。目前三户企业的移交工作正在积极与当地政府进行接洽，力争年底前将三户企业移交所在地政府管理。

（四）中小企业工作稳步推进

2005年中小企业工作认真贯彻落实国务院、自治区关于鼓励支持和引导个体私营等非公有制经济发展的若干意见和自治区关于加快中小企业发展的若干意见，及时出台了《自治区鼓励中小企业投资产业指导目录》、《关于加快中小企业服务体系建设的意见》，起草了《自治区中小企业信用担保体系建设的实施意见》上报自治区人民政府待批，完成了自治区实施《中小企业促进法》办法的起草工作；这些政策性文件对加快中小企和非公有制经济发展、拓宽融资渠道、推进技术创新、加快建立社会化服务体系、改善中小企业和非公有制经济经营环境等方面都作了具体的规定，极大地促进了我区中小企业和非公有制经济持续快速健康发展。

一是中小企业改革发展步伐加快。近年来，自治区支持国有小企业通过改组、联合、租赁、出售、兼并、承包经营和股份合作等多种形式，探索适合自身发展的生产经营形式。目前，全区中小企业的改制面已达到90%以上。在自治区经济发展中占重要地位的乌鲁木齐、昌吉、吐鲁番、哈密及塔城等地州市已基本完成改制工作。二是中小企业信用担保体系建设初见成效。全区已有12个地州市建立了41户担保机构，注册资本金总额9.8亿元，2005年累计为2947户企业提供担保10.3亿元。“十五”期间已累计为各类中小企业提供信用担保额近50亿元，解决了部分中小

企业融资难的问题。三是社会化服务体系已具雏形，初步形成了各类中介服务机构为中小企业提供多种形式服务的网络。全区十五个地州市已有1/3的地州市建立了中小企业服务中心和技术服务中心，已有企业技术中心69家，其中4家是国家认定的技术中心。四是开通了新疆中小企业信息网。为中小企业网上交流、咨询搭建了专业的服务平台，实现了国家、自治区、地（市）三级信息联网。五是积极组织实施中小企业“银河培训工程”和“网上招聘人才工程”。免费为1269名中小企业经营管理者及服务机构从业人员开展了工商管理、项目投资、上市融资及创业辅导等培训工作，超额完成了年初培训1000人的计划；积极组织我区企业参加了“全国中小企业百日网上招聘”活动。共有190户中小企业登录中国中小企业信息网发布了招聘信息，提供了909个工作岗位。六是会同自治区金融办、证监会新疆监管局、深交所召开了新疆中小企业上市融资论坛，邀请了国家发改委、北京大学、深交所等国内知名专家学者，就中小企业发展战略、上市融资等问题做专题演讲，来自全区共90多个机构和企业的200名代表参加了论坛。同时套开了自治区中小企业工作座谈会，传达全国中小企业和非公有制经济发展工作座谈会精神、国家中小企业发展专项资金会议精神，通报并安排部署了自治区中小企业工作。七是积极争取财税支持中小企业发展。有10个项目得到国家中小企业专项资金的重点支持，支持额度620万元；会同自治区财政厅筛选出29个“专、精、特、新”项目作为自治区中小企业发展专项资金扶持项目，共安排资金支持额度1475万元。积极与自治区地税局、财政厅协调，办理国家中小企业信用担保机构试点免征营业税工作。根据新政办函[2005]87号文件，免征中小企业信用担保服务中心等9家中小企业信用担保机构营业税。八是积极组织企业参加第二届中国中小企业博览会。在自治区党委、人民政府的正确领导和高度重视下，我区派出了由自治区人民政府副秘书长玉素普·哈斯木任团长，自治区经贸委副主任李明任副团长，率领22个中小企业参加的新疆代表团。签订合同7000万元，意向性协议5亿元，取得良好的效果，新疆经贸委被中博会组委会授予优秀组织奖。

（五）积极处理突发事件，维护了稳定大局

在工作中，我们始终把改革、发展、稳定的关系放在重要位置。2005年以来，认真贯彻落实国家和自治区有关国有企业改制的相关政策，妥善处理了天山汽车厂、新纺集团、建材陶瓷厂、日用玻璃厂、榆泉酒厂、南疆电池厂、德力西旅客运输公司等企业职工集体上访、堵塞交通事件；认真研究解决企业退休教师待遇问题，制定了相关配套政策，狠抓落实；对参加第二批先进性教育活动的乌鲁木齐化工厂、新疆建材陶瓷厂、包装装潢公司历年拖欠的职工生活费、医疗费从自治区改革成本中优先安排解决，对拖欠的职工养老统筹金予以核销，及时化解和处理各种热点难点问题，维护职工合法权益，确保了企业和社会的稳定。

二、2005年非公有制经济和中小企业统计数据和分析

党的十六大和十六届三中全会以来，我区个体私营和非公有制经济迅速发展，在繁荣城乡经济、增加财政收入、扩大社会就业、改善人民生活、优化经济结构、促进经济增长等方面发挥着越来越重要的作用，已成为自治区国民经济的重要组成部分。

（一）中小企业基本情况

1. 中小企业已成为自治区经济发展的重要力量

截至2005年底，全区私营企业5.17万户，个体工商户47.71万户，同比分别增长20%和2.3%；私营企业注册资金795.39亿元，个体工商户注册资金92.32亿元，分别比上一年增长23.7%和6.3%。上缴税收45.76亿元,非公有制经济创造的生产总值占全区的23%。中小企业完成工业总产值978.4亿元，占全区的41.5%。

2. 中小企业经营领域不断拓宽，已成为区域经济的主体

我区中小企业量大面广，遍布全疆各地，除少数垄断行业外，已遍布自治区国民经济的各个行业，支撑着地州市工业及服务业、零售业、基础建设、农牧产品加工、公益事业和利用地区资源的特色产业，对我区国民经济的发展、产业结构的调整起到了积极的推动作用。

3. 中小企业已经成为自治区就业再就业的重要场所

2005年全区中小企业从业人员超过143万人，当年吸纳安置下岗失业人员3.25万人。规模以上工业中小企业全部从业人员年平均人数29.3万人，占规模以上从业人员的62.7%。已成为国有企业下岗失业人员重新就业和吸收新增劳动力就业的主要渠道，成为保持社会稳定的重要经济基础。

（二）存在的主要问题

尽管我区非公经济发展的势头很好，但在发展中仍存在很多问题，不容忽视。主要表现在：

1. 融资难困扰非公经济和中小企业的发展

中小企业贷款难是困扰非公经济和中小企业的主要症结所在。究其原因有如下几点：第一，商业银行注重对企业的大规模贷款；第二，缺乏有效的信用担保体系；第三，缺乏专门为中小企业发展服务的金融机构和适应小企业资金需求特点的信贷产品。

2. 技术应用与创新能力差阻碍非公经济和中小企业发展

我区非公经济和中小企业技术进步和技术创新的步伐明显迟缓。主要表现在：第一，研究开发投入低；第二，科技人才力量弱；第三，技术装备水平低；第四，企业引进技术片面，难以掌

握长期发展的核心技术，在技术创新上没有大的突破。

3. 非公经济和中小企业自身素质有待提高

部分企业管理粗放，缺乏科学有效的经营机制，从业人员文化程度低，技术素质差，有技术、善管理、会经营的人才比较少。

4. 非公经济和中小企业社会化服务体系建设还需进一步完善

目前，我区的非公经济和中小企业服务机构以民间、盈利性质为主，尚需进一步规范，服务质量有待提高。由政府出资支持的公益性服务机构还未形成网络。

（三）下一步工作安排

1.完善政策、优化环境

进一步完善政策法规，加强经济发展软硬环境建设，进一步转变政府职能，形成行为规范、运转协调、公正透明、廉洁高效的行政管理体制。为非公经济发展创造良好的综合发展环境。

2.重点扶持、做大做强民营经济

实施“中小企业成长工程”，充分利用国家及自治区的政策、资金，对自治区“两个100户”企业予以重点扶持，做大做强一批成长性好、带动力强的成长型企业，从整体上提高非公经济和中小企业的竞争力。

3.强化服务、促进合作

继续实施“中小企业信息化推进工程”，推动中小企业信息化建设；建立健全“中小企业统计监测”制度；加大“中小企业银河培训工程”的实施力度；借助“中国国际中小企业博览会”和大型经贸洽谈会，推进我区中小企业与国内外企业之间的合作与交流。

4.推进体系建设，拓宽融资渠道

加快推进中小企业信用担保体系建设。“十一五”末，争取在全疆十五个地州市建立中小企业担保机构。成立自治区中小企业信用担保行业协会；建立创业投资机制；积极筹建中小企业信用促进会；积极开展中小企业融资与信用担保试点工作；着力解决中小企业融资难问题。

三、地方中小企业社会化服务体系概况

依据《中小企业促进法》规定，结合我区中小企业发展的实际，重点在以下八个方面加强建设和服务：

（一）创业辅导体系

以公益性服务机构为主要载体，向中小企业初创者提供策划咨询、政务代理、融资支持、人员培训、技术应用、场地租用、注册登记以及工商、财税、劳动就业、社会保障等方面的政策咨询和服务，解决初创阶段的突出困难，提高资源、设施使用效率，提高创办成功率，开发新的就业岗位。

（二）融资担保体系

按照政府引导、社会参与、市场运作的原则，巩固、提高、发展自治区、地（州）、县（市）融资担保机构的建设；建立以信用为基础，银行、政府、企业和担保机构四方合作的融资机制；采取财政出资启动、民间投资等多渠道筹资方式，扩大担保资金规模，增强担保能力，推进融资服务；搭建银企信息交流沟通平台，促进银企合作，协助中小企业获取资金；逐步建立和完善担保资金补充制度和风险补偿制度，形成担保资金稳步发展的长效机制。

（三）信用服务体系

由自治区人民政府协调、自治区经贸委牵头、区级有关部门和金融机构参加，建立“中小企业信用信息采集平台”；充分利用金融、税务、工商、统计、质检、海关、司法等方面的信息资源，建立中小企业信用信息库，实现政府部门、金融机构对中小企业信用评价的协调联动和信息交流与共享；提供信用管理服务，指导企业建立信用档案，搞好信用管理制度建设，提升信用管理水平； 形成以企业信用征集、信用评价、信用发布、信用查询、信用监督、信用奖惩为主要内容的中小企业信用服务体系。

（四）信息服务体系

加强“中国中小企业信息网新疆分网”系统建设；指导各地（州）、县（市）抓好分网网站建设，实现国家、自治区、地（市）三级信息联网。逐步建立起中小企业的企业库、人才库、项目库、信用库，建立 中小企业信息服务平台，推动中小企业信息化建设。

（五）技术创新服务体系

充分利用各类技术创新机构和科研机构，为中小企业技术创新提供信息、研发、设计、试验、检测、新技术推广、技术培训等全方位服务；鼓励中小企业与国内外科研机构、大专院校建立长期合作关系，加快企业与科技资源的有机结合，加速科研成果产业化进程；指导和支持有条件的中小企业和企业园区建立技术研发中心，提高企业自主创新能力。

（六）法律服务体系

依托各类法律服务机构开展面向中小企业的维权服务；帮助中小企业建立健全法律顾问制度，建立健全法人治理结构，增强依法经营能力；组织引导社会法律组织、行业协会为中小企业提供法律援助，依法保护中小企业的各类产权；为中小企业提供法规政策信息和法律咨询服务；整顿市场秩序，创造良好的法制环境。

（七）教育培训体系

整合现有培训资源，巩固和扶持现有各级培训机构，建立中小企业培训基地，创新培训机制，拓宽培训渠道，更新培训内容，改进培训方式，为中小企业培养各类人才。充分利用高等院校、科研院所和社会培训机构的师资力量、教学设施等方面的优势，为企业开展各类专业培训和职业技术培训。

（八）市场开拓体系

大力发展为中小企业提供企业形象、产品设

计、产品推广、展览展销等中介服务机构；帮助企业制定营销策略、创新营销方式、扩大营销渠道；为企业提供对外贸易、技术合作等服务；组织企业参加各类产品展示、展销、产品交易以及国内外商务考察活动。

（新疆维吾尔自治区经贸委企业处）

新疆生产建设兵团

一、2005年兵团中小企业及非公有制经济工作情况

2005年兵团中小企业及非公有制经济工作以全面、协调、可持续的科学发展观为指导，全面贯彻落实《中小企业促进法》，为中小企业发展创造宽松的政策环境，按照年初制定的工作计划，积极有效开展工作，促进了中小企业及非公有制经济健康有序发展。

（一）加强政策研究，为中小企业发展创造良好的外部环境

1.组织开展兵团中小企业服务体系建设的课题研究。为了促进兵团中小企业发展，探索适合兵团中小企业特点和兵团特殊体制要求的中小企业服务体系框架，组织开展了兵团中小企业服务体系建设研究，成立了课题组，深入了部分师和中小企业进行了调查研究，分析和借鉴了国内外中小企业服务体系建设成功的经验和做法，提出了兵团中小企业服务体系建设的基本原则，组织框架，运行模式。为兵团中小企业服务体系建设进行了有益的理论探索。

2. 根据国家发改委中小企业司的统一安排和要求，对兵团中小企业服务中心、服务机构、企业协会和中小企业信息化情况进行了摸底调查。通过调查，摸清了兵团中小企业服务机构的现状，为下一步兵团中小企业服务体系建设奠定了基础。

3.按国家发改委中小企业司的要求，积极做好中国中小企业信息网新疆兵团分网站建设的汇报和衔接工作。督促兵团信息办积极参加国家发改委组织的培训和信息化建设工作会议。

（二）实施银河培训工程，不断提高中小企业经营管理人员综合素质

1.为使中小企业培训工作持续、有效地开展，切实满足中小企业发展过程中对人才培训的需求，按照依托兵团现有的大中专院校和培训机构开展培训的原则，通过摸底调查，经研究后，确定兵团企业管理咨询培训中心和石河子大学食品工程学院为兵团中小企业培训定点单位。同时兵团企业管理咨询培训中心挂兵团中小企业培训中心的牌子。初步理顺了培训关系，确定了培训基地，为今后中小企业培训正常开展奠定了基础。今年共举办8期国家银河培训工程培训班，711人参加了培训，取得了较好效果。

2.为增强兵团中小企业纳税意识，帮助企业合理纳税，切实发挥税收调节经济的杠杆作用，根据企业需求，结合兵团实际，举办了2期税务筹划培训班。分别来自兵团各师、团、企业的249名学员参加了培训。

3.在香港生产力促进局和香港金融管理学院的支持帮助下，组织了两期兵团中小企业高层管理人员培训班，共培训学员63人。与北京大学合作，举办了一期CEO培训班，培训学员18人。通过培训班的举办，摸索了中小企业高层管理人员的培训形式和内容，积累了一定的经验。

（三）积极争取国家政策支持，促进中小企业加快发展

1.监督检查项目实施，确保项目发挥效益。在国家发改委、财政部的大力支持下，兵团有2个项目列入国家中小企业发展专项资金计划，资助金额120万元，这是国家实施中小企业发展专项资金计划的首批项目。及时跟踪了解项目资金的落实到位情况，督促检查项目按计划实施，由于工作细致，措施到位，2个项目均按计划完成。

2.按国家中小企业发展专项资金支持的重点和要求，认真组织各师发改委上报了2005年中小企业发展专项资金项目，及时与国家发改委和财政部沟通衔接，经审核8 个项目通过初审，最后经国家发改委和财政部审核，有4个项目列入计划，资助金额245万元。实现了项目个数和资助金额双翻番。

（四）组织参加各类活动，宣传展示兵团中小企业的风采

1.组织参加了2005年莫斯科中国中小企业纺织品、服装展览会。兵团共有10家企业，共17人参加了展览会，展会期间组织人员参加了中俄纺织品、服装高峰论坛，参观考察了俄罗斯商检局及所属的进出口商品检验所。兵团展位前来参观洽谈的客商络绎不绝，有3家企业签订了合作协议。达到了宣传兵团，增进了解，加强合作的目的。

2.组织兵团纺织企业参加了自治区职业技能竞赛纺织操作运动会。五家渠青湖纺织公司选手获络筒第一名，并被自治区职业技能竞赛委员会授予“自治区技术能手”称号，颁发高级技师职业资格证书，并获奖励1万元。兵团有4名选手进入络筒挡车、梳棉操作前六名，获组委会表彰奖励，颁发技师职业资格证书，有14名选手获“自治区纺织操作技术标兵”，有19名选手获“自治区纺织操作技术能手”称号。

3.组织兵团纺织企业积极参加全国纺织行业优秀QC小组评选活动。按要求完成了纺织企业QC小组活动现状调查和优秀QC小组推荐材料的审核、上报工作。经过积极争取，芳婷针纺、五家渠青湖、奎屯锦业等3家企业得到国家优秀QC小组称号。

4.根据兵团领导指示精神，在一周时间内组织兵团有关企业按要求完成了华凌商场新疆名优特产品展销中心600余平方米展区的装修、布置工作。

在8月8日第八届中国西部国际建材节开幕前圆满完成任务，得到了自治区领导的好评。该展区5年内免费展示、使用、为宣传、展示兵团中小企业产品提供了一个平台。

二、2006年发展思路及工作重点

按照全国发展和改革工作会议及兵团党委五届七次全委（扩大）会议精神，2006年兵团中小企业的发展思路是：以邓小平理论和“三个代表”重要思想为指导，认真贯彻党的十六届四中、五中全会，中央经济工作会议精神，坚持以人为本和全面、协调、可持续的科学发展观，深入贯彻落实《中小企业促进法》和《国务院关于鼓励支持和引导个体私营等非公有制经济发展的若干意见》，紧紧围绕加快工业化进程的目标，坚持以市场为导向，以企业为主体，把增强自主创新能力作为中小企业和非公有制经济调整结构，转变经济增长方式的中心环节，建立和完善社会化服务体系，研究落实相关政策措施，积极创造有利于中小企业和非公有制经济发展的良好环境。促进中小企业、非公有制经济加快发展，不断提高中小企业的技术创新能力和市场竞争能力，为兵团经济持续健康发展和扩大社会就业贡献力量。

围绕全面贯彻落实《中小企业促进法》和《国务院关于鼓励支持和引导个体私营等非公有制经济发展的若干意见》，创造有利于中小企业和非公有制经济发展环境。2006年重点做好如下工作：

（一）贯彻和落实《国务院关于鼓励支持和引导个体私营经济等非公有制经济发展的若干意见》

《若干意见》是国家鼓励和支持非公有制经济发展非常重要的政策性文件，贯彻好《若干意见》对于营造良好外部环境，促进兵团非公有制经济发展具有十分重要的作用。一是加强学习、宣传和培训。开展《若干意见》相关培训工作，适当时机召开专题研讨会，探讨兵团特殊体制下加快非公有制经济发展的方法和途径。二是研究制定兵团鼓励和支持非公有制经济发展的政策和措施，努力推动兵团个体和私营等非公有制经济健康发展。

（二）积极培育中小企业社会化服务体系

在兵团中小企业服务体系建设课题研究的基础上，提出建立和完善兵团中小企业社会化服务体系的实施意见。鼓励综合服务组织和专业服务组织的发展，充分发挥行业协会、商会、大专院校、科研机构的作用，引导各类服务机构转变观念，改进作风，提高为中小企业服务的质量。

（三）做好中小企业培训工作

一是继续实施中小企业银河培训工程。积极与国家发改委中小企业司衔接落实，争取国家无偿资助培训800人。加强兵团中小企业2个培训定点单位的业务指导，确保培训质量。二是进一步总结兵团中小企业高层管理人员赴香港培训和北京大学CEO研讨班的办班经验，完善培训内容，在总结提高的基础上，继续办好赴港培训班和CEO研讨班。三是组织好兵团工业企业赴欧洲考察培训工作。研究制定培训考察提纲，落实具体培训内容和要求，确定培训考察路线和地点，确保培训的针对性和有效性。

（四）做好中小企业发展专项资金项目的管理和申报工作

一是加强已列入国家计划项目的管理工作。及时跟踪了解项目进度，不定期检查项目建设情况，确保项目按计划建设，发挥项目对中小企业经济发展的示范带动作用。二是积极组织项目申报，争取更多政策支持。根据国家中小企业发展资金项目支持重点，结合兵团实际，做好拟申报项目的选项论证工作，做好项目储备，主动向中小企业司衔接汇报项目情况，争取国家更多支持。

（五）按照《若干意见》进行专题调研

按照《国务院关于鼓励支持和引导个体私营等非公有制经济发展的若干意见》的要求，对石河子、五家渠、阿拉尔、图木舒克等市和哈密大营房区、奎屯天北新区、农四师伊丽新区等单位，针对“创办小企业，开发新岗位的”工作进行专题调研，总结创办小企业的成功经验和做法，推进兵团中小企业发展。

（六）提高中小企业自主创新能力

坚持以市场为导向，以企业为主体，以提高中小企业自主创新能力为目标，引导中小企业向“专、精、特、新”方向发展。推动中小企业自主创新、联合创新、引进消化、吸收再创新，增强企业竞争力，促进中小企业健康发展。

（七）推动中小企业加快发展

充分发挥市场的引导作用，积极发展就业容量大的劳动密集型产业、服务业和各类所有制的中小企业。积极鼓励和支持发展具有兵团资源优势和区域特色的轻纺工业，农畜产品加工业和高新技术产业。依托兵团小城镇和工业园区的建设，提高企业集聚度，优化生产要素和资源配置，加快中小企业发展。

（新疆生产建设兵团发展和改革委员会中小企业处）

西藏自治区

2005年我区的中小企业和非公经济发展工作，在国家发展改革委关心、帮助下，通过自治区有关行业主管部门、中小企业及非公经济各组织的共同努力下，积极发挥中小企业和非公经济自身的优势，参与我区特色优势产业建设。我区现有绝大部分企业均属中小企业，中小企业和非公有制经济在推动我区国民经济持续、快速、健康发展，增加财政收入，活跃城乡市场，缓解社会就业压力，增加农牧民收入，维护社会稳定等方面有举足轻重的作用。并以其灵活的运行机制和市场适应能力，成为发展生产力、促进经济体制改革、构建和谐社会的重要推动力量。按照国家有关规定，目前，我区工业企业均属中小型企业范畴。截止到目前，全区登记注册的各类企业约5000家左右，其中，国有企业700多家。西藏没有大型企业，中型企业仅七十几家，绝大多数为小型企业，我区的企业改革工作实际上就是围绕着中小企业开展的。全区个体工商户达5.77万户，注册资金8.92亿元，从业人员10.12万人，同比增长6.4%、11.7%和17.9%；私营企业2393家，注册资金56.98亿元，从业人员3.86万人，同比增长了22.09%、22.36%和11.28%。

一、2005年中小企业和非公经济工作重点

1.认真组织学习国家有关文件的同时，制订并出台相关优惠政策、法规，给中小企业和非公经济发展创造良好、宽松的环境

认真学习《国务院关于鼓励支持和引导个体私营等非公有制经济发展的若干意见》(国发[2005]3号)及国家财政部、国家发改委《关于印发<中小企业发展专项资金管理暂行办法>的通知》(财企[2004]185号)等重要文件精神，提高认识，统一思想。同时加大向中小企业和非公经济组织宣传国家、自治区的相关政策、措施。

并结合国家文件精神，会同区工商联、工商局、体改办等部门出台和制定我区的《西藏自治区贯彻落实<国务院关于鼓励支持和引导个体私营等非公有制经济发展的若干意见>的实施意见》、《西藏自治区关于建立中小企业信用担保体系实施细则》等配套措施，加快我区中小企业改革发展步伐。

2.积极申请国家补助资金，大力发展中小企业和非公经济

根据国家发展改革委、财政部《关于请做好2005年中小企业发展专项资金项目申报工作的通知》文件要求，我委会同区财政厅上报西藏春光食品有限公司青稞营养片生产线等11个项目为2005年西藏自治区中小企业发展专项资金项目。项目总投资14362.49万元，申请国家补助资金1958.7万元。项目涉及旅游、藏药、农蓄产品深加工等产业。国家安排补助资金510万元。

同时，向国家申报了2005年度全国民族用品专项补助资金项目两个，申请民族用品专项补助资金80万元。

3.充分利用西部大开发以及中央给予西藏的特殊优惠政策，加快推动我区国有中小企业改革、改制工作

2005年，立足于我区资源优势和产业政策，按照“抓大放小、择优扶强”的方针，加大了产业结构调整、企业组织结构调整和产品结构调整力度，对那些产品没有市场、没有原材料的企业，采取有力措施，坚决予以关停；对那些经营不善、长期亏损、扭亏无望的企业，坚决施行兼并破产；对那些经营不好，微利或亏损，但有发展潜力的企业，争取引资改造，嫁接重组，焕发新的活力。积极配合有关部门，做好我区中小企业享受国家“债转股”“兼并”等优惠政策，减轻企业的负担。2005年我区14户中小企业实施债转股。我区对无发展前景、技术装备落后的中小企业，积极申请列入国家政策性破产计划。通过改组、改制、兼并、出售、拍卖等多种方式，做大做强中小企业。

根据2004年西藏自治区国有困难企业关闭破产四年工作规划，经国务院研究批准，已同意我区24户工业企业列入国家政策性破产总体规划。其中：区直8户、地市16户。

4.加大技术改造和技术创新力度，推进中小企业和非公经济企业技术进步

建立以企业为中心，以项目为载体、以高等院校和科研院所为依托、以资金为纽带的产、学、研一体化的产供销体系；优先对重点行业、重点企业、重点产品和重大先进技术装备进行扶持，集中解决一批促进产品结构、产业结构调整的关键性技术和共性技术。2005年全区技术改造和技术创新投资计划12亿元(其中:技术改造完成投资10亿元,技术创新完成投资2亿元)。自治区财政安排技术改造补助资金1400万元。其中：安排技术改造贴息项目4个，实际贴息201.97万元。技术改造国拨项目11个，安排资金684.7万元。项目主要涉及旅游业、矿业、建筑建材，藏药业等。安排全区民族手工业扶持资金317.74万元，项目8个。根据抢救、恢复和扶持发展民族手工业的精神，向自治区财政厅申报了全区民族手工业发展基金项目9个，总投资1714万元，其中申请无偿资金175万元，有偿资金260万元。年初下达了全区民族手工业行业贴息贷款1490万元。

5. 积极组织中小企业参加区内外各种产品展销及经贸洽谈会，提高我区的企业和产品的知名度

在参加拉萨雪顿、日喀则珠峰文化节经贸展销会等区内产品展销活动的同时，组织中小企业参加了中国东盟博览会、昆明旅游产品交易会、中尼产品交易会等国内外高规格的、高档次的产品展销会，通过参加多种形式的活动，不仅得到了良好的经济效益和社会效益，而且对企业和产品走向国内外市场提供了难得的机遇。

二、存在的问题

在国家有关部委和各兄弟省市的无私援助下，我区中小企业和非公经济工作发展势头良好。以企业集团、骨干企业、高新技术企业为主体，以特有的资源、科技优势为依托，以科研机构和高更院校为重点，积极引进高新技术和先进适用技术改造和提升传统产业，集中力量对重点行业、重点企业、重点产品技术创新给予政策倾斜和资金扶持，着力培育具有自主知识产权的产品。但由于我区的企业规模小、科技型和专业型人才严重匮乏，科技投入有限等客观原因，与国内省市

相比，中小企业和非公经济发展十分缓慢。主要原因有：

①企业规模小、自我积累少；②技术装备落后，研发能力薄弱；③经营者素质低，管理跟不上；④科技含量低，集约经营滞后；⑤人员素质参差不齐，缺乏高素质专业人才；⑥政府对企业技术创新的投入严重不足，影响科研成果转化产业化进程；⑦政府对企业技术创新的人才、机构设置等配套政策扶持力度不够；⑧资本扩张难，市场开拓潜力低；⑨企业对技术创新的欲望不强等等。

三、2006年中小企业和非公经济发展工作思路及重点

1.本着“急企业之所急，想企业之所想”的原则，积极配合各有关部门完善各项政府为企业服务的政策、措施，帮助企业全面贯彻落实国家、自治区制定的财政、金融、税收等各项优惠政策。

2.按照国家、自治区产业政策，结合我区实际，加大对那些资源优势明显、发展潜力巨大，市场前景好、经济效益和社会效益突出的从事旅游业、藏医药业、建筑建材业、矿业等特色产业建设的中小企业和非公经济的扶持力度，积极培育新的经济增长点。

3.为提高企业管理人才的综合素质。一方面我委会同有关部门组织我区中小企业管理人员进行各种形式的培训并赴内地参观考察，学习内地（沿海地区）先进的管理理念和经营模式；另一方面聘请内地的企业管理专家（学者）到西藏讲学。

4.建立健全中介服务体系，鼓励、支持会计、律师、公证、资产评估、咨询、广告信息服务和教育培训等社会中介组织，为企业和产业发展提供管理、技术、市场营销、信息、人才、财务、金融、法律等方面的服务。建立各种类型的行业协会，规范行业经营行为，制定行业发展规划，形成核心竞争力。培育与发展旅游、藏医药业、民族手工业等行业协会。

5.为加快中小企业和非公经济的发展，尽快建立自治区及各地（市）中小企业发展基金，重点用于支持特色优势产品研究与开发，增加龙头企业注入资本金、提供技术改造贷款贴息及贷款担保等。

6.积极争取国家投资，解决中小企业资金短缺问题。认真作好符合国家投资方向和产业政策要求，符合优化结构和转变增长方式的能带动产业发展起到一定作用的重点项目筛选、论证工作。充分利用高技术产业专项计划、重点行业结构调整国债投资项目、国家中小企业发展专项资金以及我区国有企业发展基金等多种渠道，争取资金扶持中小型企业发展。

7.做好2006年第四届APEC中小企业技术交流暨展览会的各项筹备及组团工作，展现近年来我区中小企业技术创新工作所取得的成果。

8.积极引导中小型企业运用信息、生物、新材料、节能、新能源等高新技术，加快劳动密集型向技术、资本密集型方向转变。

9.进一步加快推动中小企业改革、改制工作。

（西藏自治区发展改革委中小企业处）

第五篇

中小企业统计

说　明

一、本篇各表中工业企业以国家统计局统计口径为标准，规模以上指全部国有及年产品销售收入500万元以上的非国有工业企业。

二、中小企业的划分标准仍采用原国家经贸委、国家计委、国家统计局制定的《大中小型企业划分办法》。

各地区规模以上工业企业主要指标（2004）

	企业单位数量（个）个）		从业人员（人）		资 产（千元）		销售收入（千元）	
	总数	中小企业	总数	中小企业	总数	中小企业	总数	中小企业
全国	276474	274339	66220870	52437582	21535846826	13658737159	19890887365	12775790091
北京市	6871	6827	1135375	884962	1204943708	891525116	599257271	325616630
天津市	6462	6420	1241954	993614	561326715	384180951	586214806	352701484
河北省	9284	9167	2827681	1951074	831236311	449628300	856294890	527479044
山西省	5013	4939	2101310	1331742	597569874	308118733	376021777	202428038
内蒙古	2275	2234	814425	536470	330596395	199476646	211359279	121130726
辽宁省	10635	10531	2625826	1748208	1105044754	557957844	854071225	441087495
吉林省	3280	3240	1045946	718603	426628046	207572051	315510201	130796324
黑龙江	3297	3243	1413840	818468	510159301	224776377	378963172	133078876
上海市	15766	15686	2608248	2263524	1453099096	907977383	1468884518	933602127
江苏省	40848	40628	7175929	6093382	2246077170	1564702136	2596981879	1859494513
浙江省	41358	41274	6209905	5893898	1720246659	1509515267	1833349821	1598459476
安徽省	4778	4711	1558369	988496	436977020	219056680	363805726	204103856
福建省	11918	11867	2723149	2472286	603404187	463767218	658107300	488155214
江西省	4019	3993	1017715	836969	263414874	165733624	218658997	135624417
山东省	23915	23639	6901536	5097982	1858737481	997007711	2180979002	1351495198
河南省	11474	11350	3363710	2422895	814282258	462194396	728563013	455824515
湖北省	6232	6169	1767999	1338532	743859318	423818127	483243277	280461639
湖南省	7523	7476	1655120	1392128	418504836	259313546	354437523	229876218
广东省	34584	34346	9964436	8734702	2384001965	1730837025	2899845130	1920652161
广西区	3749	3727	872463	762307	268111591	198022271	199423341	139467627
海南省	588	585	116049	95356	67408149	55690310	41116127	28518487
重庆市	2634	2585	900546	676910	271825050	145362708	210884326	116208460
四川省	7413	7340	2097825	1590943	681777935	435401956	463336170	300788928
贵州省	2545	2524	668725	500751	244151775	122623992	132595060	78899320
云南省	2332	2307	656877	530933	356716549	212292504	205029138	123349552
西藏区	187	187	18293	18293	10860199	10860199	2375862	2375862
陕西省	3012	2937	1187060	758673	443245448	202826945	263218092	122764451
甘肃省	1927	1896	703630	447814	247682532	129283399	159905672	66797823
青海省	463	455	140169	87021	98744331	51059239	37241948	14982493
宁夏区	662	649	256999	156928	86404968	52830982	52868667	31490299
新疆区	1430	1407	449761	293718	248808331	115323523	158344155	58078838

利 润（千元）		税 金（千元）		总 产 值（千元）		出 口 交 货 值（千元）	
总数	中小企业	总数	中小企业	总数	中小企业	总数	中小企业
1192929669	639115066	952903213	535982210	20172219339	13223880843	4048417494	2722245642
39740999	23610820	24261252	13312587	573325412	319968000	69559964	47737673
40947355	23904217	19928216	11662879	585449552	359081802	146061930	78400960
52854423	29047961	39913885	20355414	868167361	547718182	47463832	35184495
24383497	12926971	29780777	17308022	377103923	211905088	23436252	7593469
14219352	9056290	13452265	8467998	209593585	126007305	10710774	4671189
43077616	17462062	39383501	17390887	860390091	456361142	128296117	85093171
18430312	3760277	20208251	7592150	334378058	140907155	10598861	7181410
74458281	3398435	36727487	11541697	371877334	136392990	7608134	3504532
105276893	52776847	60203015	28078898	1396810775	871278120	404951568	238948133
112657863	73951802	84887560	57882521	2668238773	1928161118	688802138	477018751
99973144	85184522	77384056	67715819	1872797890	1649762039	471562304	437692832
20773787	10673700	23298281	11205428	366015035	212078483	25561990	16672412
38199810	28159829	25311074	20353857	678341505	507601777	234109463	164145055
7187821	4173273	13498440	8570912	221197917	140609768	15942015	13953409
140785708	74345902	94552711	49776230	2252100818	1492993653	291113809	212636060
40385766	24252036	39242275	19592552	757558757	486110092	34269463	17017575
27097749	10122300	28830348	14027142	496024647	295531229	23498052	18240864
15476748	9442430	31659831	13768032	365406632	241145773	23598353	14721825
144995623	93212672	89746413	60087447	2955492235	1975897221	1293366785	784176827
12129800	6845293	13301837	9612489	202548476	142588380	12523509	10034950
2854349	2180395	2847639	1946880	40723347	28957300	2884299	2884299
11558980	8478079	5512126	12642648	5895847	214272607	120053133	13658649
18857307	11941843	27338519	17825167	471684944	311450009	26277607	13925875
6198994	2727292	13921645	6653580	139491403	85272205	6589677	4041702
21372480	9729780	37843260	14358503	209204806	126737517	9421511	4916851
344285	344285	238999	238999	2269713	2269713	10055	10055
25389784	4953760	21244576	9103603	273521592	130365708	10404019	4133618
5745666	1563743	13119830	5544401	158260267	68206986	6174903	2202825
3387823	765432	2644345	960972	37421871	14798395	2608245	814284
1535888	1662610	3181790	1633741	55365569	34004325	4187734	3426285
22631566	1426161	12308487	3517556	157184444	59666235	3165482	2786177

各行业规模以上工业企业主要指标（2004）

	企业单位数量（个）		从业人员（人）		资产（千元）	
	总数	中小企业	总数	中小企业	总数	中小企业
总计	276474	274339	66220870	52437582	21535846826	13658737159
煤炭开采和洗选业	5249	5135	4199136	1753649	706557210	184762215
石油和天然气开采业	183	145	961240	45150	603304207	74974268
黑色金属矿采选业	1664	1649	388055	289348	84029782	50408639
有色金属矿采选业	1465	1457	391732	353688	76378846	57585362
非金属矿采选业	2182	2174	425885	392617	69535238	52707032
其他采矿业	12	12	1734	1734	652558	652558
农副食品加工业	14097	14056	1965097	1757958	510776874	444425935
食品制造业	5528	5500	1108837	957374	285134776	227690096
饮料制造业	3469	3436	839188	690361	325197879	248499213
烟草制品业	210	182	198767	109256	301485157	113080898
纺织业	24192	24062	5879184	5224459	935212235	770353588
纺织服装、鞋、帽制造业	12029	12004	3319120	3167402	280512820	235831378
皮革、毛皮、羽毛(绒)及其制品业	6393	6375	2112181	1982223	166315342	150847053
木材加工及木、竹、藤、棕、草制品业	5017	5009	767994	732359	121462011	108413480
家具制造业	3025	3008	649377	595234	90120622	77986529
造纸及纸制品业	7473	7443	1304399	1167375	414679013	317120925
印刷业和记录媒介的复制	5139	5134	634995	613593	159636242	152896809
文教体育用品制造业	3382	3371	1075367	1025033	90695732	82319795
石油加工、炼焦及核燃料加工业	2019	1955	679653	374144	511822454	201950780
化学原料及化学制品制造业	18759	18598	3263454	2624237	1274401810	885554769
医药制造业	4709	4671	1143815	972531	471902522	391621926
化学纤维制造业	1536	1512	391942	265886	212246014	150202706
橡胶制品业	3168	3134	807838	656662	183302420	110601628
塑料制品业	12269	12247	1751965	1673776	395287505	360516587
非金属矿物制品业	19960	19893	4153157	3889839	937544757	825033467
黑色金属冶炼及压延加工业	7141	6973	2772674	1167126	1559501089	431379377
有色金属冶炼及压延加工业	5300	5227	1273275	778567	541224168	290700501
金属制品业	14131	14097	2131107	2015544	423046880	385153261
通用设备制造业	20568	20480	3437449	3106988	888928213	689646831
专用设备制造业	10925	10853	2199262	1828014	578181326	446662553
交通运输设备制造业	11824	11612	3413057	2389122	1443213320	681024076
电气机械及器材制造业	16145	16042	3486797	2984365	948415834	717571263
通信设备、计算机及其他电子设备制造业	9161	8944	3787947	2743151	1575905719	939413728
仪器仪表及文化、办公用机械制造业	3916	3893	843372	755834	190863270	165653565
工艺品及其他制造业	5128	5112	1242216	1170558	129942420	112632916
废弃资源和废旧材料回收加工业	386	386	39940	39940	10807399	10807399
电力、热力的生产和供应业	5531	5393	2550786	1590774	3653500891	2207483916
燃气生产和供应业	497	487	156042	123315	109427504	80363639
水的生产和供应业	2692	2678	472834	428396	274694767	224206498

销售收入(千元)		利 润(千元)		税 金(千元)		总产值(千元)		出口交货值(千元)	
总数	中小企业	总数	中小企业	总数	中小企业	总数	中小企业	总数	中小企业
19890887365	12775790091	1192929669	639115066	952903213	535982210	20172219339	13223880843	4048417494	2722245642
415791069	162274418	34983130	18430649	38818729	14656733	406634924	164065654	18697405	1926472
450046542	58879594	174471147	29081229	52998648	5760017	460150288	75102160	12091375	9732517
73006039	58452792	11796331	9303377	6355815	4985942	72535751	59446216	494869	337457
79523543	64528723	11570458	8657354	3362165	3035552	80161138	65134081	3107238	1189616
56552454	50189223	3032438	2643769	4068454	3571610	58797864	52850807	4238298	2971408
589728	589728	15539	15539	26937	26937	579631	579631	21275	21275
813611942	720931983	24822649	19727882	14488730	12911970	834489477	746746925	99056091	91229254
278216558	228992717	13536478	10879467	12226783	10432102	289908417	239771931	33038428	29200145
239318589	188533242	15516332	8691179	28153898	20584559	244091769	193855641	10662382	8277634
257339913	109451037	36620036	12510992	131898163	52528020	259602676	109249743	2524872	606544
1002111056	854356316	27262098	21862756	28860821	24345762	1035552441	893137788	304034330	256529744
380216663	342571906	15460349	12514277	10620821	9653428	399625013	359199186	213881732	200837938
265702812	247644728	10032171	9158126	6497093	6002271	276638189	258331581	156665816	146588916
132922369	121649899	5215164	4584381	4477031	4076465	138590454	127369062	31541477	28667422
111909073	96168612	4893235	3822538	2552313	2434602	115478889	99376566	64212638	52122542
323216566	268227018	15386498	10632247	13221839	10557353	337193941	282435520	25599179	23190517
116598922	111695884	8911994	8112843	5729495	5352639	119913191	115048519	11534224	10521055
117924910	108499884	4066720	3438952	2358310	2195306	121693650	112310975	83065677	76771946
899446321	277815671	28440732	10117145	59906211	20863865	892651313	280830647	22828359	11644760
1268143980	934488230	88327799	56328305	53768311	36417051	1295268532	963441195	125108968	109106186
303296211	247754499	27498499	22976297	20558578	17357315	324126252	273917875	34344006	25946077
189384354	144911164	4574502	3157464	5335304	3518829	195298643	149766107	8549901	5739672
173284870	111587800	7432068	4603968	6242575	3833961	181840198	117022908	46554008	28293433
410627042	379819320	17490260	15227326	11041337	10337671	419040144	390140896	110216007	101085556
711894626	657056250	41888363	36246261	38585312	35030981	745986963	692158585	76460462	68592402
1709957551	629744333	110585994	19830278	73493651	17982542	1694886404	651894629	94770727	28701705
593466613	403378108	30539806	12806627	21329946	11624518	598680704	415944958	61953711	39440016
499033508	459313389	23400505	20517113	13700129	12711880	515792543	475721963	154911412	136936431
810299649	681134990	46975050	37380963	29457851	25214856	852388573	715026669	138932857	123805455
490322560	388427995	25966522	21097552	16793242	14668656	506635912	405214389	60398217	51545506
1345461548	630459821	78461368	31934951	58325021	23267973	1379551113	655221365	135259406	87433323
1087143098	811029479	50761676	39987546	29075708	23002135	1123334477	845658892	315447701	224350761
2256539203	1130708110	83753908	37269363	28590689	17150534	2226033086	1099852967	1375214587	574860475
218752458	172245422	10784036	9721090	5785988	5459496	219314624	174219402	118521799	80555328
157791802	144042653	7012874	6431926	4403367	4008423	164459710	149609341	85199171	77952875
19794907	19794907	590758	590758	436738	436738	20279298	20279298	88100	88100
1528055963	673919639	88821359	57616988	104271274	56135715	1471813735	716450947	8669888	5196052
54553949	44535866	1394655	646701	1901104	1304517	41879502	35610375	445943	174169
49038404	39984741	636168	558887	3184832	2543286	51319910	41885449	74958	74958

各地区规模以上工业企业主要指标（2005）

	企业单位数量（个）		从业人员（人）		资产（千元）		销售收入（千元）	
	总数	中小企业	总数	中小企业	总数	中小企业	总数	中小企业
全国	271835	269332	68959559	53135334	24478424505	14970592226	24854400031	15485535877
北京市	6300	6255	1169683	909070	1282978582	950044069	727895746	351821411
天津市	6144	6099	1221747	960396	634791958	407412227	712592523	428244970
河北省	9936	9807	2922053	2061566	947369990	504197045	1074598051	651749404
山西省	4441	4354	2132019	1228766	704508673	346130516	478459191	246919490
内蒙古	2447	2401	837005	544769	459588551	314600468	305095539	189540110
辽宁省	11510	11396	2765480	1758594	1190212002	555542722	1074730770	527937853
吉林省	2774	2738	1018332	645108	450688141	199314850	363464403	151523835
黑龙江	2887	2830	1368540	669111	517447244	184237813	476542119	134488398
上海市	14809	14715	2596342	2202259	1590594373	932915466	1635373050	943395758
江苏省	32224	31936	7042423	5641551	2548885672	1698821190	3209847690	2152680110
浙江省	40275	40121	6591242	5984915	2060929598	1736411422	2304462663	1919418566
安徽省	5277	5216	1552051	1009226	506709935	258375821	452326500	259631288
福建省	12396	12336	2904062	2596590	684136553	533625387	784823918	589545349
江西省	4403	4373	1121126	912153	305833754	188010436	290912722	177875299
山东省	27540	27225	7382292	5515490	2213124155	1212177534	3002387103	1920775093
河南省	10867	10717	3627883	2524651	915802722	482410985	1011443619	621879410
湖北省	6813	6731	1882976	1381834	868339051	399819412	596254408	323358689
湖南省	8022	7964	1692458	1411368	461159648	302118067	458530764	313191982
广东省	35157	34869	10856528	9252031	2707607914	1912534532	3478157715	2251522526
广西区	3687	3662	912102	784875	300998055	215497903	246678596	170740325
海南省	616	613	121008	108262	79127967	69974198	44975631	36140989
重庆市	2943	2890	924204	676418	309195941	166435601	251517260	143777762
四川省	7959	7880	2189893	1617329	790861751	475661069	600811851	378010199
贵州省	2585	2562	680772	496939	273405425	127669494	157715526	86560084
云南省	2362	2331	688321	549495	396432451	238264302	256971056	156524830
西藏区	197	197	19884	19884	11242775	11242775	2839297	2839297
陕西省	2997	2918	1189685	724741	508586798	218457413	330250783	145525849
甘肃省	1733	1707	686191	416428	248304421	111232729	198466518	86356670
青海省	404	394	140433	82235	114549442	28358826	46282819	11520379
宁夏区	685	674	255848	155969	111310483	65719699	64747163	39811580
新疆区	1445	1421	466976	293311	283700480	123378255	215245037	72228372

利 润（千元）		税 金（千元）		总 产 值（千元）		出 口 交 货 值（千元）	
总数	中小企业	总数	中小企业	总数	中小企业	总数	中小企业
1480253899	800111581	1151827839	637155866	25161950034	16035514118	4774118646	3008766914
41349916	27167068	26167093	14626068	694607264	343925030	113608862	45203753
55159827	34923624	26403284	15818110	677410313	414905933	175921990	100946510
69037724	39926126	47285205	24259519	1100811917	678172883	52209660	38501036
26127635	12792802	38418886	21060969	485091460	258379456	23092209	7047734
23512521	16079892	20383775	13181825	299559242	183447603	13796253	5628625
35597798	18029588	45704782	19322821	1081451336	552048038	161122171	91483401
14100441	5840154	20564714	8512706	379195704	161730216	11569434	6953347
106709184	4489869	41196056	7234336	471491485	136412257	8158443	4185219
93955703	49419601	60559272	27198976	1576751464	927705430	497212036	249899262
138464279	90194059	100242522	66843630	3270708958	2209754022	788065424	470111191
110352876	89330153	87357004	74605350	2310675890	1930307078	599526422	508632869
21820156	11704569	26917302	12602685	456722645	268707847	31971231	20556073
40754643	32118456	28573291	23883322	813598031	615755683	260900025	179131641
11241192	7027563	16719033	10582247	297888028	186899372	20027974	16742166
216469805	120038993	128822582	79802718	3052286157	2054911160	349009928	245120649
64338597	41010186	54563652	29071191	1048737698	702136930	71421261	45692458
37183814	12590624	35564206	14193949	606695820	347789120	31636349	19870004
18924991	11710598	38584192	18602820	475486107	330537596	25768895	16240408
169399075	112110603	118381836	73259392	3594273662	2338434514	1432666018	876513343
13498667	8733394	15857779	9095839	254731880	177427883	15216701	12691660
3503752	2670143	3518669	2529284	47305944	37942864	2511695	2511695
11559120	7509676	14089128	6087196	252586836	146180977	16512786	9499786
32664647	18846032	33103270	18274910	617802555	400141429	28327559	13635059
7079339	1709578	16169230	5309058	169039752	97374852	6228749	3437597
22791281	10051185	42330275	15979096	259621386	159993501	8962971	5605676
447188	447188	300376	300376	2728512	2728512	8072	8072
40065492	4814308	27578001	11659653	339771206	154170083	15611044	5030180
5965038	3188727	12800490	6309621	198825533	91288530	4787576	2146531
7281691	535807	3679774	694668	48685895	12672610	1403784	418467
2108792	2102630	3288021	1874912	67154498	41425957	3622219	2624037
38788715	2998385	16704139	4378619	210252856	72206752	3240905	2698465

各行业规模以上工业企业主要指标（2005）

	企业单位数量（个）		从业人员（人）		资产（千元）	
	总数	中小企业	总数	中小企业	总数	中小企业
总计	271835	269332	68959559	53135334	24478424505	14970592226
煤炭开采和洗选业	5787	5652	4358097	1613862	869348097	206572941
石油和天然气开采业	174	136	855773	49178	675178395	85850393
黑色金属矿采选业	2087	2074	405931	330849	116719657	77593288
有色金属矿采选业	1529	1514	418745	353083	96863565	63034008
非金属矿采选业	2242	2232	429551	393278	68249264	55280357
其他采矿业	14	14	2145	2145	586905	586905
农副食品加工业	14575	14511	2225526	1919691	575069231	486320832
食品制造业	5553	5513	1210245	1001694	325285497	249644400
饮料制造业	3519	3470	890046	681905	351379393	244214315
烟草制品业	190	164	196693	97090	326177735	105295545
纺织业	22569	22405	5909566	5112141	1035797446	807058305
纺织服装、鞋、帽制造业	11865	11825	3460550	3248634	318877471	265652963
皮革、毛皮、羽毛(绒)及其制品业	6227	6198	2288415	2047877	195544084	164646413
木材加工及木、竹、藤、棕、草制品业	5397	5390	833342	803846	133872620	120414405
家具制造业	3074	3054	712670	646767	103277715	88632597
造纸及纸制品业	7461	7429	1301381	1167904	466000458	351604958
印刷业和记录媒介的复制	4826	4818	668989	630508	177283257	167442569
文教体育用品制造业	3378	3363	1097971	1028610	101456146	89644333
石油加工、炼焦及核燃料加工业	1990	1923	743993	398650	649077260	252656506
化学原料及化学制品制造业	18716	18531	3399934	2655272	1517584920	1014670231
医药制造业	4971	4916	1234389	1007480	554982657	426547236
化学纤维制造业	1306	1271	426331	232523	246140917	136217269
橡胶制品业	3034	2999	796385	645942	195627590	117046512
塑料制品业	12041	12016	1832828	1738043	443237656	398822426
非金属矿物制品业	20111	20041	4181766	3920263	1037069148	907687087
黑色金属冶炼及压延加工业	6649	6466	2874926	1179271	1895064947	497289337
有色金属冶炼及压延加工业	5163	5084	1307410	797186	656948979	340078647
金属制品业	13802	13762	2232344	2096952	476926763	432558427
通用设备制造业	19981	19877	3551183	3128661	988606094	728798405
专用设备制造业	10260	10168	2198858	1743041	639112583	464233005
交通运输设备制造业	11315	11107	3523985	2372676	1610805015	762478278
电气机械及器材制造业	15366	15240	3672090	3039052	1106269461	792499397
通信设备、计算机及其他电子设备制造业	8868	8587	4396363	2876227	1806323673	966140792
仪器仪表及文化、办公用机械制造业	3723	3694	886762	771026	222609219	186095716
工艺品及其他制造业	5131	5113	1255128	1190425	136598059	123362137
废弃资源和废旧材料回收加工业	438	438	42407	42407	12636752	12636752
电力、热力的生产和供应业	5527	5387	2526928	1643316	3937545549	2463887942
燃气生产和供应业	484	476	148392	122345	118615133	87991595
水的生产和供应业	2492	2474	461521	405514	289675194	229405002

销售收入（千元）		利润（千元）		税金（千元）		总产值（千元）		出口交货值（千元）	
总数	中小企业	总数	中小企业	总数	中小企业	总数	中小企业	总数	中小企业
24854400031	15485535877	1480253899	800111581	1151827839	637155866	25161950034	16035514118	4774118646	3008766914
591244826	230549368	56100441	30567429	54952312	21043973	572276916	229348718	21952737	2417344
615121978	78456474	295779238	41854592	74781403	9580682	628626892	105737283	20510229	17871673
98958007	84920163	13730522	11529111	8262752	6873506	98958703	86968082	520700	520700
112013460	82553425	20953010	13331492	5511565	4263951	114041422	84477771	6867853	1140844
73388683	66644111	5893448	4969247	5545036	4811066	75650965	69494526	3672977	3086824
815996	815996	105856	105856	50330	50330	858806	858806	22021	22021
1036649248	906704689	39870785	33862642	21543882	19188736	1061495255	935598130	108090986	92739165
366575111	289894663	20621304	15037273	16099366	13110248	377938714	301529467	40432857	34363466
305527536	218369196	22145516	12416340	32637072	22027803	308926703	223021677	12800643	9885850
285083555	101325997	40653818	12280480	145873876	48024515	284074076	106677080	2540781	912877
1237452729	1006907868	43712865	33878705	37113846	29287425	1267164625	1039101198	333603415	270963036
478000103	423518130	20616314	16277619	13861834	12377308	497462783	440341185	232347668	211530829
331594002	294073557	13850297	12110378	9320764	8570402	346278819	306913641	171410204	151026287
174945472	162262309	8242733	7536463	6272889	5841864	182771087	169875553	38347563	34158433
138739223	119161823	6189197	5063242	3544152	3357407	142725831	122892128	73127655	58139472
403424613	323669094	19404103	13815719	16047155	12664159	416133046	340452182	31050500	24846588
138655233	131086648	9319331	8727062	6497745	6063718	144296326	136700832	15684639	13287232
143752651	130501777	5246558	4540902	3139357	2945665	148249872	134920396	94002756	85515436
1203051658	367607227	-11927238	5246662	60313901	20915639	1200049280	371829662	32939381	15747119
1616521360	1171078636	99106379	66903444	64278905	42198745	1635966205	1201828823	155782527	128648806
401983157	311116773	33819527	26377023	24624770	19290075	425044912	345010055	43927858	32617090
256700415	149988378	4620437	3230662	5454673	2975632	260838811	153980091	16104323	8856286
214422455	131876047	10518549	6174599	7208272	4562574	219674195	137818197	56236463	31467169
494472747	453664317	21579394	19494405	13338153	12554179	506788834	467331434	128248906	116627029
884649183	809052569	42034748	38756117	43871616	40515408	919524493	843441712	92955709	82982801
2159405263	782581331	106744246	18050398	86541398	22238878	2147098296	809748738	115823172	33784793
784555717	517274635	42682551	16892954	29159305	15917721	793795058	532464995	69938278	45856411
639434772	581457113	31422779	27291975	18297711	16929978	655676192	597191644	174686465	153418796
1019783180	810742360	62526163	47244018	36923644	30951399	1061036553	842312729	171784538	137182700
593296949	447774058	32465081	26095584	19729605	16350754	608543295	464342318	75085085	60720001
1556260168	750044499	66401102	35946985	69013650	26415231	1571485585	769894633	186581986	113033256
1336391673	973515045	64016688	48897713	35712769	27816265	1390128527	1013381363	372801027	250017374
2684402001	1130129473	89168896	36457039	33865637	19592181	2699437920	1152963321	1616419620	601626393
273500270	197987210	15434882	12616925	6714424	5850625	278104521	201883929	147662135	84537142
196969922	182655997	9081520	8324149	6030992	5471970	203568161	189187298	97357128	88939810
28167211	28167211	812965	812965	661504	661504	29294714	29294714	400610	400610
1858036071	938615523	115773130	75879778	123850388	71960719	1778593360	984830763	11671814	9472794
66212463	55571097	1682404	1279667	1964845	1413069	51472436	45456769	529556	206576
54240970	43221090	-145640	233967	3216341	2490562	57897845	46412275	195881	195881

2005年北京市各区（县）中小企业部分经济指标统计表

北京市各区（县）中小企业法人单位数、从业人员在全市中小企业的占比

	法人单位数		从业人员	
五城区占比情况	海淀区	26.1%	海淀区	20.7%
	朝阳区	21.4%	朝阳区	19.9%
	丰台区	8.5%	丰台区	9.2%
	西城区	7.1%	西城区	7.1%
	东城区	5.8%	东城区	5.3%
	五城区合计	68.9%	五城区合计	62.2%
其他各区占比情况	大兴区	4.3%	通州区	4.6%
	宣武区	4.0%	大兴区	4.6%
	昌平区	3.7%	昌平区	4.5%
	通州区	3.2%	顺义区	4.3%
	房山区	2.9%	宣武区	3.7%
	石景山区	2.4%	房山区	3.1%
	崇文区	2.4%	密云县	2.2%
	顺义区	2.3%	石景山区	2.0%
	怀柔区	1.4%	崇文区	2.0%
	门头沟区	1.2%	怀柔区	1.8%
	密云县	1.1%	平谷区	1.7%
	平谷区	1.0%	经济技术开发区	1.2%
	延庆县	0.7%	门头沟区	1.2%
	经济技术开发区	0.5%	延庆县	0.8%
	其他各区合计	31.1%	其他各区合计	37.8%

北京市各区（县）中小企业主营业务收入、税收在全市中小企业的占比

	主营业务收入		税收	
五城区占比情况	海淀区	26.2%	海淀区	23.8%
	朝阳区	20.8%	朝阳区	20.8%
	西城区	11.8%	西城区	13.7%
	东城区	8.0%	东城区	7.0%
	丰台区	6.9%	丰台区	6.4%
	五城区合计	73.8%	五城区合计	71.6%

续表

其他各区占比情况	宣武区	3.8%	宣武区	4.4%
	顺义区	3.2%	昌平区	3.3%
	经济技术开发区	3.0%	顺义区	3.0%
	昌平区	3.0%	经济技术开发区	3.0%
	大兴区	2.8%	大兴区	2.7%
	通州区	2.3%	通州区	2.3%
	房山区	2.0%	怀柔区	1.7%
	崇文区	1.4%	房山区	1.7%
	石景山区	1.3%	石景山区	1.6%
	怀柔区	1.1%	崇文区	1.5%
	密云县	0.9%	密云县	1.4%
	平谷区	0.7%	平谷区	0.7%
	门头沟区	0.4%	门头沟区	0.6%
	延庆县	0.3%	延庆县	0.4%
	其他各区合计	26.2%	其他各区合计	28.3%

北京市各区中小企业人均主营业务收入、人均创税排序

	排序	各区(县)	人均主营业务收入(万元/人)		排序	各区县	人均创税(万元/人)
高于均值	1	经济技术开发区	94.9	高于或等于均值	1	经济技术开发区	3.8
	2	西城区	63.7		2	西城区	3.0
	3	东城区	58.2		3	东城区	2.1
	4	海淀区	48.5		4	宣武区	1.8
	5	朝阳区	40.1		5	海淀区	1.8
	6	宣武区	38.6		6	朝阳区	1.6
	7	丰台区	29.1		7	怀柔区	1.5
低于均值	8	顺义区	28.6	低于均值	8	石景山区	1.2
	9	崇文区	27.4		9	崇文区	1.2
	10	昌平区	25.4		10	昌平区	1.1
	11	房山区	24.7		11	顺义区	1.1
	12	石景山区	24.3		12	丰台区	1.1
	13	大兴区	23.0		13	密云县	1.0
	14	怀柔区	22.2		14	大兴区	0.9
	15	通州区	19.4		15	房山区	0.8
高于均值	16	密云县	16.7	高于或等于均值	16	延庆县	0.8
	17	平谷区	15.9		17	门头沟区	0.8
	18	延庆县	13.9		18	通州区	0.8
	19	门头沟区	13.8		19	平谷区	0.6

2005 年天津市中小型工业企业主要经济指标统计表

（分行业）

行业名称	企业单位数(个)	资产合计(亿元)	营业收入(亿元)	增加值合计(亿元)	出口创汇(亿美元)	税金总额(亿元)	从业人员期末数(万人)
总计	6144	6348	7125.88	1836.28		264.03	122.20
农、林、牧、渔服务业							
煤炭开采和洗选业	3	30	35.11	0.98		0.15	0.01
石油和天然气开采业	5	481	442.20	413.71		52.63	5.31
黑色金属矿采选业							
有色金属矿采选业	1	13	39.40	1.32		0.17	0.29
非金属矿采选业	20	30	10.45	7.16		1.24	1.29
其他采矿业							
农副食品加工业	179	84	152.96	25.43		1.58	2.52
食品制造业	138	82	77.30	24.57		3.74	2.47
饮料制造业	50	79	67.89	24.71		6.65	1.28
烟草制品业	1	10	10.53	5.06		5.42	0.10
纺织业	314	168	85.44	21.45		3.11	6.23
纺织服装、鞋、帽制造业	295	52	94.07	26.49		3.36	8.72
皮革、毛皮、羽毛(绒)及其制品业	77	25	31.75	5.62		0.35	1.88
木材加工及木、竹、藤、棕、草制品业	66	15	20.31	4.29		0.39	0.73
家具制造业	89	47	43.17	9.42		0.70	2.14
造纸及纸制品业	184	60	52.07	14.73		1.78	1.94
印刷业和记录媒介的复制	118	77	17.80	5.15		0.90	0.98
文教体育用品制造业	63	24	28.06	6.85		0.28	1.46
石油加工、炼焦及核燃料加工业	39	208	382.93	34.38		15.20	1.62
化学原料及化学制品制造业	573	340	347.73	93.89		13.44	7.10
医药制造业	112	338	190.83	47.28		10.75	3.99
化学纤维制造业	21	5	7.90	1.00		0.24	0.28
橡胶制品业	108	61	58.26	11.39		2.65	2.25
塑料制品业	271	123	107.06	32.18		2.80	4.35
非金属矿物制品业	245	140	98.98	30.60		3.67	2.99
黑色金属冶炼及压延加工业	269	834	918.07	172.45		28.44	8.99
有色金属冶炼及压延加工业	94	82	101.79	18.37		2.49	0.88
金属制品业	523	168	270.71	47.48		4.58	6.81
通用设备制造业	464	232	255.05	61.86		7.51	6.33
专用设备制造业	289	149	130.78	38.68		4.25	4.10
交通运输设备制造业	436	498	603.13	138.75		39.12	9.86
电气机械及器材制造业	369	350	356.20	58.20		6.46	5.47
通信设备、计算机及其他电子设备制造业	339	909	1677.05	332.03		15.74	12.12
仪器仪表及文化、办公用机械制造业	142	53	58.38	13.46		2.02	1.61
工艺品及其他制造业	128	24	28.65	5.77		0.54	2.40
废弃资源和废旧材料回收加工业	25	6	10.03	1.75		0.09	0.16
电力、热力的生产和供应业	62	433	275.01	90.17		20.02	2.48
燃气生产和供应业	14	54	26.39	4.53		0.90	0.68
水的生产和供应业	18	65	12.44	5.12		0.67	0.38

2005年辽宁省规模以上民营企业主要经济指标统计表

（分行业）

行业名称	企业单位数(个)	资产合计(亿元)	营业收入(亿元)	增加值合计(亿元)	出口创汇(亿美元)	税金总额(亿元)	从业人员期末数(万人)
总计	1600.09		10949.35	3127.88			718.67
农业							
林业							
畜牧业							
渔业							
农林牧渔服务业							
煤炭开采洗选业	117		27.00	7.70			2.60
石油天然气开采业							
黑色金属矿采业	394		101.00	3.34			5.23
有色金属矿采业	100		31.00	8.40			2.30
非金属矿采选业	135		56.00	20.00			30.00
其他采矿业	26		9.30	2.30			0.30
农副食品加工业	825		480.00	113.00			10.70
食品制造业	208		85.00	22.00			3.00
饮料制造业	120		52.40	21.70			1.80
烟草制品业	2		0.70	0.22			0.04
纺织业	240		92.00	16.40			5.90
纺织服装鞋帽业	339		115.00	31.00			11.50
皮革、毛皮、羽毛(绒)及其制品业	45.00		13.84	3.30			0.90
木材加工及木、竹、藤、棕、草制品业	220.00		58.70	15.80			2.60
家具制造业	138		56.90	1.79			1.99
造纸及纸制品业	166		29.00	7.47			1.77
印刷媒介复制	45		10.80	2.00			0.44
文教体育制造业	27		5.72	1.48			0.24
石油加工、炼焦及核燃料加工业	127.00		89.81	23.82			1.35
化学原料及化学制品制造业	538		192.15	47.23			5.61
医药制造业	126		39.11	11.38			1.95
化学纤维制造业	48		16.22	3.36			0.55
橡胶制品业	124		42.18	11.46			2.11
塑料制品业	217		74.52	16.81			2.25
非金属矿物制品业	617		204.49	55.08			9.20
黑色金属冶炼及压延加工业	404.00		263.21	58.53			6.59
有色金属冶炼及压延加工业	314.00		289.70	64.40			3.79
金属制品业	830		294.32	74.51			9.64
通用设备制造业	674		240.10	68.49			8.42
专用设备制造业	356		119.01	32.66			4.39
交通设备制造业	177		108.06	25.69			3.45
电气机械制造业	264		106.05	25.87			2.99
通信设备、计算机及其他电子设备制造业	176.00		79.34	19.89			2.26
仪器仪表及文化、办公用机械制造业	57.00		16.03	5.18			0.61
工艺品及制造业	380		107.79	28.03			5.50

续表

废弃资源和废旧材料回收加工业	14.00		6.38	1.34			0.13
电力、热力的生产和供应业	70.00		32.50	8.51			1.04
燃气生产供应业	10		1.89	0.61			0.09
水的生产供应业	11		3.70	1.25			0.15
建筑业	3.65		791.62	285.80			64.30
交通运输、仓储及邮电通讯业	31.84		966.39	332.73			73.33
其中：邮电通信业							
批发零售餐饮业	75.65		3650.32	945.52			249.79
其中：餐饮业	15.90		793.00	151.20			69.21
金融保险业							
房地产业							
社会服务业	34.47		443.88	277.33			50.23
其他行业*	11.58		753.22	273.30			58.43

注：辽宁省统计报表未分中型和小型，此表是规模以上民营工业企业数，空白栏因未单独统计此数故没填。

2005年辽宁省规模以上民营工业企业主要经济指标统计表

（分地区*）

地区	企业单位数（个）	营业收入（亿元）	增加值合计（亿元）	从业人员期末数（万人）
合计	8681	3550	908	126.3
沈阳市	2299.00	1056	286	25
大连市	1323.00	505	134	23.298
鞍山市	565.00	301	86	10.7187
抚顺市	378.00	83	21	4.5298
本溪市	226.00	86	27	5.9644
丹东市	612.00	191	33	9.7062
锦州市	539.00	215	53	6.2045
营口市	860.00	335	86	11.113
阜新市	112.00	30	4.9	1.9267
辽阳市	457.00	290	62	7.9026
铁岭市	522.00	119	33.5	7.1537
朝阳市	406.00	98	25	6.6668
盘锦市	191.00	98	27	2.4167
葫芦岛市	191.00	144	31	3.6564

注:辽宁省中小工业企业统计不分中小型，中小工业只有规模以上的民营工业企业情况报表，内容也不同，故将原表改动为此表。

2005年辽宁省民营经济主要经济指标统计表

（分地区）

地区	企业单位数（个）	营业收入（亿元）	增加值合计（亿元）	从业人员期末数（万人）
合计	170.8	16370	4588	900
沈阳市	26.4	3831	1205	170.4
大连市	30	3793	1218	185.2
鞍山市	14.7	2141	560	75.2
抚顺市	8.2	500	135	46.4
本溪市	6.5	372	131	33.5
丹东市	10	989	209	50.5
锦州市	14.9	1056	223	57
营口市	93	1020	250	53
阜新市	6.8	199	43	26.5
辽阳市	6	781	193	41.3
铁岭市	13.2	547	131	49
朝阳市	9.8	278	58	37.8
盘锦市	4.1	317	104	18.6
葫芦岛市	10.9	546	128	55.6

注:因辽宁省非公经济统计报表与“通知”要填的表内容不一致，故改为此表。

* 省、区、市指省、自治区、直辖市及计划单列市；中小企业划分根据《中小企业标准暂行规定》执行。地区指地区、地级市；国家计划单列市地区按区县分。

2005年吉林省非公有制经济主要经济指标统计表

（分地区）

地区	企业单位数（个）	资产合计（亿元）	营业收入（亿元）	增加值合计（亿元）	出口创汇（亿美元）	税金总额（亿元）	从业人员期末数
合计	900061		3704	1231	3.8	93.7	303
长春市	224623		1498	528	0.6	40.3	100.8
吉林市	160116		930	315	0.74	17.7	39.2
四平市	91196		310	90.8	0.1	6.3	32.7
辽源市	29029		108	31.1	0.4	3.5	14.2
通化市	68436		227	77.3	0.45	9.5	25.2
白山市	48543		148	55.6	0.2	4.2	19.4
松原市	84898		186	49.1		4.2	29.4
白城市	96130		107	28	0.2	2	18.2
延边州	97090		190	55.8	1.1	6	24.1

2005年江西省规模以上中小型企业主要经济指标统计表

（分行业）

行业名称	企业单位数（个）		资产合计（亿元）		营业收入（亿元）		增加值合计（亿元）		出口创汇（亿美元）		税金总额（亿元）		从业人员期末数（万人）	
	中型	小型	中型	小型	中型	小型	中型	小型	中型	小型	中型	小型	中型	小型
总计	411	3962	1071.18	808.92	799.09	979.68	283.33	346.64	8.80	11.01	62.95	42.87	35.42	55.80
农业										0.11				
林业														
畜牧业														
渔业														
农、林、牧、渔服务业														
煤炭开采和洗选业	17	164	27.12	20.48	20.23	24.80	7.61	9.32			1.59	1.09	1.40	2.20
石油和天然气开采业	0	0	0.00	0.00	0.00	0.00	0.00	0.00			0.00	0.00	0.00	0.00
黑色金属矿采选业	3	31	9.98	7.53	7.44	9.12	2.99	3.65			0.59	0.40	0.30	0.48
有色金属矿采选业	7	72	24.06	18.17	17.95	22.01	7.32	8.96			1.41	0.96	0.70	1.11
非金属矿采选业	8	76	14.27	10.77	10.64	13.05	4.04	4.94			0.84	0.57	0.47	0.75
其他采矿业	3	29	5.34	4.03	3.99	4.89	1.52	1.86			0.31	0.21	0.17	0.26
农副食品加工业	28	270	82.48	62.29	61.53	75.43	20.31	24.85			4.85	3.30	1.52	2.40
食品制造业	13	124	25.58	19.31	19.08	23.39	6.68	8.17	0.67	1.22	1.50	1.02	0.80	1.25
饮料制造业	7	71	17.45	13.18	13.02	15.96	4.99	6.11			1.03	0.70	0.54	0.85
烟草制品业	6	0	52.55	2.31	51.91	0.00	21.24	0.00			3.09	0.00	1.57	0.00
纺织业	21	202	50.79	38.35	37.89	46.45	13.96	17.08			2.98	2.03	2.10	3.30
纺织服装、鞋、帽制造业	21	200	40.75	30.78	30.40	37.27	11.24	13.75	1.51	2.48	2.39	1.63	1.64	2.59
皮革、毛皮、羽毛(绒)及其制品业	9	85	22.23	16.79	16.58	20.33	5.46	6.68			1.31	0.89	0.92	1.46

续表

木材加工及木、竹、藤、棕、草制品业	17	161	21.73	16.41	16.21	19.87	6.12	7.49			1.28	0.87	1.01	1.58
家具制造业	3	28	3.03	2.29	2.26	2.77	0.74	0.91			0.18	0.12	0.18	0.28
造纸及纸制品业	11	111	33.32	25.17	24.86	30.48	9.05	11.07			1.96	1.33	1.08	1.69
印刷业和记录媒介的复制	6	55	12.94	9.77	9.65	11.83	3.21	3.93			0.76	0.52	0.32	0.50
文教体育用品制造业	3	31	3.85	2.91	2.88	3.53	1.06	1.30			0.23	0.15	0.16	0.25
石油加工、炼焦及核燃料加工业	3	31	14.29	10.79	10.66	13.07	3.89	4.76			0.84	0.57	0.41	0.65
化学原料及化学制品制造业	26	254	69.84	52.74	52.10	63.87	18.48	22.62			4.10	2.80	2.12	3.35
医药制造业	14	139	51.16	38.63	38.16	46.79	13.16	16.09			3.01	2.05	1.51	2.38
化学纤维制造业	2	19	7.90	5.97	5.89	7.23	2.04	2.50	0.16	0.71	0.46	0.32	0.17	0.26
橡胶制品业	4	40	10.55	7.97	7.87	9.65	2.89	3.54	0.41		0.62	0.42	0.29	0.46
塑料制品业	9	91	15.34	11.58	11.44	14.03	4.35	5.32			0.90	0.61	0.46	0.72
非金属矿物制品业	37	359	79.27	59.86	59.14	72.50	21.20	25.94			4.66	3.17	3.15	4.95
黑色金属冶炼及压延加工业	7	71	25.37	19.15	18.92	23.20	6.66	8.15			1.49	1.02	0.62	0.97
有色金属冶炼及压延加工业	13	124	91.94	69.43	68.59	84.09	20.79	25.43	0.39		5.40	3.68	1.31	2.06
金属制品业	15	127	36.59	27.63	27.29	33.46	9.87	12.08	0.34		2.15	1.46	0.98	1.54
通用设备制造业	10	94	16.16	12.20	12.05	14.78	3.96	4.84	0.47	0.20	0.95	0.65	0.51	0.80
专用设备制造业	9	87	18.37	13.87	13.70	16.80	4.92	6.02			1.08	0.74	0.58	0.92
交通运输设备制造业	8	74	16.74	12.64	12.49	15.31	4.08	4.99			0.98	0.67	0.39	0.62
电气机械及器材制造业	14	139	58.24	43.98	43.45	53.27	14.26	17.45			3.42	2.33	1.34	2.11
通信设备、计算机及其他电子设备制造业	6	61	32.44	24.50	24.20	29.67	8.46	10.35	0.16		1.91	1.30	1.00	1.57
仪器仪表及文化、办公用机械制造业	4	35	3.48	2.63	2.59	3.18	0.95	1.16	0.10		0.20	0.14	0.18	0.29
工艺品及其他制造业	29	329	21.51	53.64	3.36	67.74	0.69	26.81		1.81	1.28	2.97	3.62	8.20
废弃资源和废旧材料回收加工业	3	32	6.47	4.89	4.83	5.92	1.86	2.28			0.38	0.26	0.21	0.33
电力、热力的生产和供应业	10	96	39.00	29.45	29.09	35.67	10.76	13.16			2.29	1.56	1.36	2.14
燃气生产和供应业	1	9	3.03	2.29	2.26	2.77	0.75	0.92			0.18	0.12	0.10	0.16
水的生产和供应业	4	41	6.02	4.54	4.49	5.50	1.77	2.16			0.35	0.24	0.23	0.37
建筑业														
交通运输、仓储及邮电通讯业														
其中：邮电通信业														
限额以上批发和零售贸易、餐饮业	1947				781.04				9.07				10.93	
其中：餐饮业	166				15.69								2.1	
金融保险业														
房地产业														
社会服务业														
其他行业*														

＊注：(1)其他行业指上述行业以外的所有其他行业；(2)限额以上批发零售贸易业营业收入栏为销售总额。

2005年江西省规模以上中小工业企业主要经济指标统计表

（分地区）

地区	企业单位数（个）		资产合计（亿元）		营业收入（亿元）		增加值合计（亿元）		出口创汇（亿美元）		税金总额（亿元）		从业人员期末数（万人）	
	中型	小型	中型	小型	中型	小型	中型	小型	中型	小型	中型	小型	中型	小型
合计	411	3962	1071.18	808.92	799.09	979.68	283.33	346.64	8.80	11.01	62.95	42.87	35.42	55.80
赣州市	65	445	115.21	92.62	113.09	149.04	37.79	47.72	2.21	1.61	9.42	7.97	6.16	8.00
宜春市	47	443	117.55	84.90	83.06	95.60	29.20	33.03	0.07	1.03	6.45	4.72	4.75	6.87
上饶市	38	449	87.75	80.11	61.72	89.71	17.59	30.65	0.18	1.09	1.62	2.74	2.65	5.90
吉安市	33	384	55.89	84.66	40.26	99.64	14.38	36.88	0.00	0.91	3.99	4.15	2.31	6.05
抚州市	27	321	26.76	58.20	22.45	80.00	8.82	28.32	0.00	0.80	1.85	3.30	1.43	4.71
九江市	62	431	167.63	85.26	118.94	96.25	44.53	37.50	0.24	0.94	5.81	4.10	4.32	4.85
南昌市	66	690	307.28	167.16	222.72	193.50	88.43	67.82	5.86	2.95	28.00	5.98	8.60	8.34
景德镇市	25	219	56.98	30.00	40.04	32.77	14.64	15.55	0.12	0.76	3.19	1.35	2.05	2.78
萍乡市	13	280	26.71	56.95	18.64	64.41	7.03	27.09	0.00	0.33	0.52	6.02	0.83	4.07
新余市	22	221	65.32	43.68	46.56	49.31	13.72	17.55	0.12	0.27	1.14	1.61	1.39	2.40
鹰潭市	13	79	44.10	25.38	31.61	29.45	7.20	4.53	0.00	0.32	0.96	0.93	0.93	1.83

2005年江西省规模以上非公有制工业企业主要经济指标统计表

（分地区）

地区	企业单位数（个）	资产合计（亿元）	营业收入（亿元）	增加值合计（亿元）	出口创汇（亿美元）	税金总额（亿元）	从业人员期末数（万人）
合计	3469	1090.47	1346.75	452.05	14.45	60.44	62.85
赣州市	404	142.64	176.16	59.13	2.79	7.91	6.45
宜春市	411	111.11	137.22	46.06	0.81	6.16	4.7
上饶市	384	80.52	99.45	33.38	0.93	4.46	3.71
吉安市	346	87.88	108.53	36.43	0.66	4.87	4.09
抚州市	291	71.52	88.33	29.65	0.58	3.96	3.31
九江市	361	115.6	142.76	47.92	0.86	6.41	6.46
南昌市	584	249.94	308.68	103.61	6.42	13.85	19.8
景德镇市	167	45.71	56.46	18.95	0.64	2.53	2.32
萍乡市	263	122.71	151.55	50.87	0.24	6.8	7.11
新余市	194	45.93	56.72	19.04	0.28	2.55	3
鹰潭市	64	16.91	20.89	7.01	0.24	0.94	1.9

2005年湖北省中小工业企业主要经济指标统计表

（分地区）

地区	企业单位数（个）	资产合计（亿元）	营业收入（亿元）	增加值合计（亿元）	出口创汇（亿美元）	税金总额（亿元）	从业人员期末数（万人）
合计	242495	3630.1	5036.13	1500.6	23.13	126.71	370.46
武汉市	20631	998.35	1067.49	338.81	2.07	34.09	56.3
黄石市	9724	262.82	382.15	135.49	1.87	9.57	19.37
十堰市	20028	156.78	200.83	51.09	0.23	6.47	17.11
荆州市	13318	176.99	239.06	61.16	0.77	5.42	20.95
宜昌市	21627	379.59	478.27	129.24	2.21	15.81	27.2
襄樊市	28895	211.88	381.65	100.91	1.38	7.86	38.81
鄂州市	1547	323.75	146.81	47.66	0.53	4.75	7.3
荆门市	16548	177.73	293.06	87.61	0.56	3.53	20.43
孝感市	20986	193.38	465.74	121.43	0.54	8.63	39.93
黄冈市	28535	170.22	429.51	112.44	2.36	6.86	37.83
咸宁市	14140	149.89	248.29	77.31	0.85	5.63	21.54
恩施州自治区	16570	95.42	66.14	26.1	0.34	2.59	12.24
随州市	14771	124.74	199.05	73.17	2.27	5.58	19.74
仙桃市	3953	105.44	210.25	72.39	4	5.31	14.45
天门市	6392	28.09	72.16	28.47	0.86	2.25	8.4
潜江市	4730	68.57	150.03	35.88	2.25	1.76	9.67
神农架林区	100	6.47	4.66	1.43	0.04	0.59	0.19

2005年湖北省非公有制经济主要经济指标统计表

（分地区）

地区	企业单位数（个）	资产合计（亿元）	营业收入（亿元）	增加值合计（亿元）	出口创汇（亿美元）	税金总额（亿元）	从业人员期末数（万人）
合计	1161143	4736.56	8258.09	2392.9		176.25	676.64
武汉市	313855	1537.04	2600	787.9		56.41	122.86
黄石市	64002	379.69	650.82	231.69		17.53	32.27
十堰市	83201	136.58	261.3	64.77		8.26	33.59
荆州市	76048	248.9	448.73	115.42		8.23	44.47
宜昌市	96044	454.56	742.68	196.45		19.33	53.87
襄樊市	84581	264.31	527.87	146.74		7.55	48.4
鄂州市	3055	172.45	152.78	42.04		4.31	9.3
荆门市	51261	244.6	375.07	107.5		5.2	31.8
孝感市	66011	348.71	583.11	144.17		9.58	53.49

续表

黄冈市	84334	247.36	620.52	157.65		11.25	76.17
咸宁市	69156	155.07	237.78	82.59		5.75	36.62
恩施州自治区	59581	147.27	130.72	45.59		6.07	40.06
随州市	51532	125.41	245.46	82.49		5.02	37.75
仙桃市	11076	123.05	280.94	90.59		5.94	20.55
天门市	23262	69.49	189.79	49.78		3.32	20.5
潜江市	23183	79.96	208.16	46.69		2.08	14.64
神农架林区	961	2.09	2.4	0.8		0.4	0.32

2005 年重庆市中小企业、非公经济主要经济指标统计表

		企业单位数（个）	资产合计（亿元）	营业收入（亿元）	增加值合计（亿元）	出口创汇（亿美元）	税金总额（亿元）	从业人员期末数（万人）
工业企业	中型	399	716	694	195	8.5	39	31
	小型	31646	898	1423.6	440	4.4	80.1	135.8
非公经济		517062	3817	5294	1590	19.2	161	565

2005 年青海省非公有制经济基本情况表

	企业户数（个）	从业人员（人）	注册资金（万元）	销售收入（万元）	总产出（万元）	增加值（万元）	劳动者报酬（万元）	固定资产折旧	生产税净额	营业盈余
总计	183992	640503	2137348	4304206	3295916	1310742	659350	201986	191472	257934
其中：工业企业	22947	222780	744916	1470508	1751537	568461	224003	116175	82880	145404

2005 年四川省中小企业主要经济指标表

指标名称	企业个数	从业人员年末数	增加值	营业收入	利润总额	实交税金	劳动者报酬
甲	1	2	3	4	5	6	7
总计	349839	4567996	16337393	55047882	2220991	3389093	1527503
一、按登记注册类型分类							
1.内资企业小计	349605	4525557	15871869	53470131	2142329	1469699	3328861
其中：(1)国有企业	794	153338	763521	2330121	116293	98990	167074
(2)集体企业	3737	203730	444993	1662800	75177	60158	146053
(3)股份合作企业	3949	120142	394636	1550120	54149	38256	102264
(4)联营企业	1989	37122	116875	503964	14345	12438	33482
(5)有限责任公司	19063	912347	4346449	14939616	562086	481626	794812

续表

(6)股份有限公司	6090	251916	1495959	4986803	235554	167230	268230
(7)私营企业	156445	2124383	6762587	22183060	916658	505641	1396227
(8)其他企业	157538	722579	1546849	5313647	168067	105361	420719
2. 港、澳、台商投资企业	122	23267	244115	765385	40019	35114	34691
3. 外商投资企业	112	19172	221409	812366	38644	22690	25542
二、按国民经济行业分类							
1.工业	108544	2855561	12023658	38218398	1563732	1108880	2171728
2.建筑业	8166	662063	1368813	4122756	170277	113402	455704
3.交通运输仓储业	36868	168183	543035	1761476	87002	48137	153524
4.批发零售业	130463	409483	119654	6580436	204616	124944	292096
5.住宿及餐饮业	37255	247023	492501	1728553	82973	46014	152139
6.房地产业	3870	76201	363029	1547356	60110	48432	61487
7.社会服务业	24673	149482	349904	1088907	52282	37694	102415

2005 年四川省中小企业出口情况表

	代码	企业个数（个）	出口产品交货值（万元）	出口产品交货值（万元）			
				合计	其中：直接出口	其中：自营出口	工缴费收入
甲	乙	1	2	3	4	5	6
合计	10	451	114393	862711	543937	510741	11171
其中：年出口交货值500万元以上企业	11	218	70019	546082	402742	326565	7203
按产品类别分类							
化工类	1	50	12619	88285	62073	44133	4176
机械类	2	74	20843	107325	68772	58744	1632
矿产类	3	13	4986	25863	19418	16254	
	4	23	9100	27628	19675	10060	1647
食品类	5	86	15083	176254	91595	107322	1967
土畜产品	6	38	4478	59222	49440	45333	10
纺织、服装类	7	64	26797	165989	109776	90173	946
工艺品类	8	13	1636	10547	3109	5190	0
其他类	9	90	18851	201598	120079	133532	793

2005年四川省各市州民营经济增加值

地 区	民营增加值		第一产业		第二产业		工业		建筑业		第三产业	
	绝对额	位次	绝对额	位次	绝对额	位次	绝对额	位次	绝对额	位次	绝对额	位次
成都市	1084.2	1	54.46	1	501.73	1	374.31	1	127.42	1	528.01	1
自贡市	132.19	9	21.36	15	63.5	7	58.54	6	4.96	17	47.33	9
攀枝花市	66.08	16	3.27	21	35.88	16	33.42	15	2.46	20	26.93	16
泸州市	137.68	8	27.72	9	60.9	10	47.45	11	13.45	7	49.06	7
德阳市	218.9	2	31.52	7	120.01	2	109.06	2	10.95	8	67.37	3
绵阳市	209.23	3	36.02	4	90.41	4	71.98	0.04	18.43	0.02	82.8	2
广元市	62.9	18	15.67	17	20.56	18	11.49	0.18	9.07	0.12	26.67	0.17
遂宁市	100.57	15	25.21	11	42.45	15	35.77	13	6.68	14	32.91	15
内江市	127.21	11	19.62	16	61.98	9	51.78	9	10.2	9	45.61	11
乐山市	159.09	7	23.36	14	95.9	3	85.84	3	10.06	10	39.83	12
南充市	163.96	5	40.7	3	69.92	6	53.9	7	16.02	5	53.34	5
眉山市	119.11	14	25.88	10	57.77	11	52.28	8	5.49	16	35.46	14
宜宾市	159.66	6	32.17	6	74.65	5	66.82	5	7.83	13	52.84	6
广安市	119.47	13	25.2	12	46.09	14	29.29	16	16.8	4	48.18	8
达州市	165.62	4	44.2	2	63.45	8	48.53	10	14.92	6	57.97	4
雅安市	52.34	19	9.99	18	23.92	17	20.73	17	3.19	18	18.43	19
巴中市	63.15	17	24.99	13	14.52	19	8.15	19	6.37	15	23.64	18
资阳市	126.26	12	34.35	5	53.93	12	44.12	12	9.81	11	37.98	13
阿坝州	25.71	20	7.43	19	10.06	20	7.58	20	2.48	19	8.22	20
甘孜州	16.56	21	6.45	20	4.36	21	2.25	21	2.11	21	5.75	21
凉山州	129	10	30.11	8	52.71	13	34.9	14	17.81	3	46.18	10

2005年四川省各市州民营经济增长速度

地 区	民营增加值		第一产业		第二产业		工业		建筑业		第三产业	
	数值	位次	数值	位次	数值	位次	数值	位次	数值	位次	数值	位次
成都市	21	1	15.6	1	27.6	8	25.6	12	34.8	1	15.8	7
自贡市	18.3	9	5.8	19	30.4	5	32.7	5	5.7	19	9.6	20
攀枝花市	19.1	3	7.7	12	26.9	12	27.9	9	16	12	12.3	15
泸州市	17.1	14	13.2	2	21.2	19	22.5	18	16.4	11	14.5	10
德阳市	16.2	19	5	21	21.3	18	22.7	17	7.9	16	12.4	14
绵阳市	17.4	13	11.6	4	20.4	20	21.6	20	15.2	13	16.6	5
广元市	17.1	14	10.7	5	24.2	14	22.1	19	28	5	16.2	6
遂宁市	18.4	6	9.7	10	26.7	13	27.5	11	21.8	8	15	8
内江市	14.3	21	7.7	12	21.4	17	25.2	13	3.5	21	8.4	21
乐山市	17.5	12	6.7	17	23.1	15	25.1	14	6.9	17	11.1	16

（按当年价格计算） 单位：亿元

运输仓储邮政		批发和零售		住宿和餐饮		房地产		其他服务业		人均民营(元)	
绝对额	位次	绝对额	位次	绝对额	位次	绝对额	位次	绝对额	位次	绝对额	位次
39.04	1	159.47	1	83.64		101.56	1	144.3	1	8982	1
4.63	18	18.14	5	6.37	1	9.12	9	9.07	8	4795	4
5.5	14	10.23	12	2.61	20	2.35	19	6.24	17	5847	3
10.39	4	12.04	11	7.41	4	9.27	8	9.95	7	3263	10
13.2	3	19.64	3	9.97	3	12.15	4	12.41	3	5937	2
15.38	2	17.98	6	12.69	2	18.04	2	18.71	2	4238	6
4.96	17	5.63	18	3.67	16	3.37	18	9.04	9	2282	19
4.11	19	9.31	15	4.38	14	8.24	12	6.87	16	2818	17
6.72	11	15.75	8	7.21	6	8.67	11	7.26	14	3211	11
6.64	12	9.18	16	7.12	7	9.75	7	7.14	15	4729	5
7.92	8	18.56	4	6.63	8	11.85	5	8.38	10	2645	18
7.09	10	9.51	13	4.74	13	6.06	15	8.06	13	3894	7
10.38	5	15.38	9	7.32	5	8.84	10	10.92	5	3404	9
5.6	13	13.45	10	6.6	9	11.59	6	10.94	4	3198	12
8.31	7	20.11	2	6.49	10	12.62	3	10.44	6	2931	15
4.97	16	4.46	19	2.72	19	3.68	17	2.6	19	3439	8
5.39	15	5.98	17	2.95	18	5.02	16	4.3	18	2074	20
7.83	9	9.47	14	4.28	15	8.19	13	8.21	11	2980	13
1.63	20	0.83	21	3.61	17	0.42	21	1.73	20	2903	16
1.35	21	1.68	20	1.3	21	0.66	20	0.76	21	1799	21
9.09	6	16.9	7	4.98	12	7.09	14	8.12	12	2979	14

（按可比价格计算） 单位：%

运输仓储邮政		批发和零售		住宿和餐饮		房地产业		其他服务业		人均民营	
数值	位次	数值	位次	数值	位次	数值	位次	数值	位次	数值	位次
16.7	8	17.6	8	14.6	16	11.8	2	17	5	17.4	10
25.2	3	10.3	21	10.2	21	2.6	18	8.3	19	18.1	7
15	11	11.7	19	11.2	18	11.1	3	12	14	18.4	6
22.1	4	18.1	4	16.3	12	3.6	16	12.2	13	16.2	15
15.8	9	17.7	7	18.8	8	4	15	4.8	21	17	13
18.1	6	18	5	15.7	14	15.7	1	15.5	7	17.5	9
14	12	19.8	1	17.3	10	6.2	9	19	4	16.1	16
11	15	15.8	15	22.1	4	8	6	20.9	2	18.7	4
2.8	21	11.2	20	16.5	11	0.2	21	9.8	17	14.1	21
10.4	17	17.4	9	15.3	15	3.2	17	11	16	17.4	10

续表

南充市	18.4	6	6.8	16	29.7	7	33.1	4	18	10	13.9	11
眉山市	18.8	4	8.3	11	29.9	6	31.7	6	13.6	14	9.7	19
宜宾市	16.7	16	11.8	3	17.3	21	16.6	21	24.6	7	18.7	2
广安市	17.8	11	10.2	6	27.4	10	31.6	8	19.8	9	13.3	12
达州市	16.6	17	10.2	6	27.5	9	27.6	10	27.2	6	10.2	17
雅安市	16.1	20	5.9	18	21.7	16	24.5	15	4.8	20	14.8	9
巴中市	16.4	18	10.2	6	27.1	11	23	16	33.4	2	16.7	4
资阳市	18.4	6	7.1	15	34.1	2	41.5	2	6.3	18	9.9	18
阿坝州	20	2	7.3	14	31.3	4	39.4	3	9.3	15	18.6	3
甘孜州	18.2	10	5.4	20	41.7	1	52.7	1	31.7	4	19.1	1
凉山州	18.8	4	10.1	9	31.7	3	31.7	6	31.8	3	12.8	13

2005 年四川省各市州民营经济增加值占 GDP 比重

	民营增加值		第一产业		第二产业		工业		建筑业		第三产业	
	比重	位次	比重	位次	比重	位次	比重	位次	比重	位次	比重	位次
成都市	46.1	13	30.3	20	50.5	12	50.7	11	49.9	13	44.8	16
自贡市	48.1	11	37.7	12	54.1	9	55.4	6	42.9	15	46.8	13
攀枝花市	26.6	21	28.1	21	20.8	21	21.1	21	18	21	41.9	19
泸州市	48.3	8	38.4	8	55.3	7	53.1	10	65.1	6	47.8	11
德阳市	47.4	12	33.5	15	50.7	11	50.4	12	54.4	12	51.2	6
绵阳市	44.8	14	32.6	19	49.7	14	46.9	14	64.8	7	47.3	12
广元市	43.3	16	33.2	16	48.3	16	37	18	79	2	48.1	9
遂宁市	48.3	8	38.4	8	55.4	5	58.3	2	43.5	14	49.8	9
内江市	49.9	2	33.2	16	55.4	5	53.2	9	70	4	54.4	2
乐山市	51.9	1	41.6	4	59.7	3	58.2	3	76.3	3	44.3	18
南充市	48.9	4	38	10	61.8	1	61.9	1	61.4	9	46.4	14
眉山市	48.6	6	40	5	51.1	10	56.5	5	26.8	19	52.7	3
宜宾市	43.6	15	39.3	6	41.4	18	42.9	16	31.8	16	51	7
广安市	48.5	7	36.9	13	50.3	13	47.3	13	56.6	10	55.8	1
达州市	48.3	8	37.9	11	54.9	8	54.7	8	55.4	11	52.6	4
雅安市	41.4	18	35.2	14	42.1	17	45.2	15	29	17	44.6	17
巴中市	48.9	4	43.3	3	60.2	2	57.5	4	64	8	50.1	8
资阳市	49.6	3	38.5	7	58.1	4	54.8	7	80	1	52.2	5
阿坝州	34.2	19	50.5	2	32.8	19	36.9	19	24.5	20	27.6	20
甘孜州	33.1	20	58.2	1	26.1	20	24.2	20	28.5	18	25.8	21
凉山州	43	17	32.7	18	48.7	15	42.2	17	70	4	46.2	15

续表

14	12	16.5	11	16	13	8	6	15	8	15	19
8.4	18	16.4	12	10.8	20	5.7	11	5.8	20	19.6	2
29.8	1	19.5	2	18.3	9	10	5	15.8	6	21.5	1
10.8	16	15.5	16	24.4	2	5.9	10	13.8	10	17	13
8.2	19	14.3	17	11.1	19	5.3	12	9.3	18	16.1	16
13.4	14	16.4	12	21.8	6	10.7	4	13.4	11	15.8	18
15.2	10	17	10	25.7	1	6.3	8	26.9	1	14.5	20
5.5	20	13.5	18	23.3	3	2	19	11.8	15	18	8
19.1	5	18.4	3	21.9	5	5.3	12	14.6	9	19.1	3
27	2	18	5	21.4	7	4.5	14	19.3	3	17.2	12
17.3	7	16.4	12	11.4	17	0.6	20	13	12	18.5	5

（按当年价格计算） 单位：%

运输仓储邮政		批发和零售		住宿和餐饮		房地产业		其他服务业		人均民营	
比重	位次	比重	位次	比重	位次	比重	位次	比重	位次	比重	位次
31.9	21	72.9	9	79.4	16	84.5	21	23.5	4	46.1	13
54.8	18	70.9	12	80	15	89.8	20	18.5	13	48.1	11
53.1	19	74.3	8	78	17	90.7	17	18.2	14	26.6	21
69.8	12	66.6	14	86.6	4	92.3	15	19.5	12	48.3	8
68.8	14	71.1	10	74.2	20	94	13	21.2	8	47.4	12
74.2	6	66.6	14	80.8	13	97.2	6	20.1	9	44.8	14
71.8	10	64.4	18	83.2	9	90.7	17	28.6	1	43.3	16
73.9	7	65.9	16	81.3	12	90.4	19	21.5	7	48.3	8
73.2	9	77.9	3	84.5	6	95.3	10	19.7	11	49.9	2
65.6	15	65.8	17	90	1	94.9	11	15	17	51.9	1
69.6	13	75.2	5	8/4.2	7	96.9	7	14.2	18	48.9	4
80.2	4	75	6	77.8	19	98.6	4	24	3	48.6	6
79	5	63.5	19	87.8	2	94.4	12	22.4	5	43.6	15
73.5	8	80	2	86	5	93.4	14	26.1	2	48.5	7
65.5	16	80.1	1	83.1	10	99	2	20.1	9	48.3	8
81	3	70	13	74	21	91.2	16	12.4	19	41.4	18
85.3	2	76.6	4	80.7	14	95.4	9	17.8	15	48.9	4
86.3	1	74.5	7	87	3	98.7	3	21.8	6	49.6	3
45.9	20	49	21	77.9	18	96	8	8.9	20	34.2	19
61.5	17	57	20	83.5	8	100	1	5.1	21	33.1	20
71	11	71	11	82	11	98	5	16.2	16	43	17

2005年四川省各市州中小企业主要指标基本情况表

市州名称	企业个数				从业人员年末数				增加值			
	合计	内资企业	港澳台商投资企业	外商投资企业	合计	内资企业	港澳台商投资企业	外商投资企业	合计	内资企业	港澳台商投资企业	外商投资企业
四川省	349839	349605	122	112	4567996	4525557	23267	19172	16337394	15871870	244115	221409
成都市	71101	70940	91	70	1187136	1159882	17986	9268	5040574	4705510	195034	140030
自贡市	9489	9482	1	6	155149	154209	120	820	506340	484992	66	21282
攀枝花市	5269	5265	3	1	125922	125157	681	84	663393	640144	22459	790
泸州市	11506	11494	9	3	238139	235354	694	2091	767895	750004	3241	14650
德阳市	42144	42124	9	11	395935	392944	1706	1285	1101168	1080252	9657	11259
绵阳市	8778	8760	4	14	295925	290781	297	4847	1008256	975758	4551	27947
广元市	6809	6808	0	1	126064	125924	0	140	671242	670662	0	580
遂宁市	28741	28740	0	1	162851	162736	0	115	308733	308091	0	642
内江市	16301	16299	1	1	196438	195960	428	50	546606	541679	3235	1692
资阳市	14316	14316	0	0	128569	128569	0	0	624	624385	0	0
乐山市	4371	4371	0	0	176323	176323	0	0	1025940	1025940	0	0
眉山市	61333	61330	1	2	349355	348755	200	400	909536	905848	1290	2398
宜宾市	9578	9578	0	0	169347	169347	0	0	527135	527135	0	0
南充市	6098	6098	0	0	176800	176800	0	0	516011	516011	0	0
广安市	28450	28449	1	0	205502	204697	805	0	487509	484527	2982	0
达州市	16172	16172	0	0	221873	221873	0	0	531314	531314	0	0
巴中市	1066	1066	0	0	28932	28932	0	0	48330	48330	0	0
雅安市	4236	4233	2	1	79467	79091	350	26	227593	225945	1600	48
阿坝州	1320	1320	0	0	33760	33760	0	0	128779	128779	0	0
甘孜州	339	339	0	0	8687	8687	0	0	29583	29583	0	0
凉山州	2422	2421	0	1	105822	105776	0	46	667072	666981	0	91

2005年四川省规模以上中小工业企业发展情况表

（分地区）

地区	企业单位数（个）			工业总产值（当年价格）			主营业务收入		
	中小企业	其中		中小企业	其中		中小企业	其中	
		中型企业	小型企业		中型企业	小型企业		中型企业	小型企业
成都市	2356	268	2088	1335.82	588.54	747.28	1233.48	556.97	676.51
自贡市	302	37	265	143.08	75.95	67.13	131.89	73.2	58.69
攀枝花市	112	23	89	111.45	74.56	36.89	113.55	76.09	37.46
泸州市	324	35	289	112.84	45.75	67.09	105.1	42.62	62.48
德阳市	649	65	584	290.08	119.3	170.78	282.51	114.04	168.47
绵阳市	594	62	532	224.09	113.33	110.7	210.59	108.18	102.41

单位：万元

营业收入				利润总额				实交税金				劳动者报酬			
合计	内资企业	港澳台商投资企业	外商投资企业	合计	内资企业	港澳台商投资企业	外商投资企业	合计	内资企业	港澳台商投资企业	外商投资企业	合计	内资企业	港澳台商投资企业	外商投资企业
55047882	53470131	765385	812366	2220991	2142329	40018	38644	1527502	1469698	35114	22690	3389093	3328860	34691	25542
16391852	15261617	597984	532251	588786	537965	31326	19495	500082	457823	27184	15075	837959	793659	29402	14898
1688671	1628043	350	60278	46957	44278	16	2663	38136	36586	12	1538	106823	105692	79	1052
2074414	2013902	56480	4032	135502	132979	2377	146	107679	103572	3874	233	175323	173762	1343	218
3082247	3025430	8150	48667	117477	113356	-1310	5431	89310	86944	138	2228	218950	214417	892	3641
4217662	4123531	47711	46420	174231	168335	3635	2261	95334	92858	1264	1212	268224	265668	1292	1264
3248630	3122691	18954	106985	125727	117997	1130	6600	66311	64421	436	1454	173877	170285	292	3300
2191556	2189506	0	2050	94358	94235	0	123	54826	54723	0	103	161202	161038	0	164
1384149	1381869	0	2280	48196	47986	0	210	16692	16580	0	112	77130	76550	0	580
2012165	2002617	7412	2136	72996	69814	1932	1250	48181	47317	518	346	172055	171798	195	62
2067574	2067574	0	0	93498	93498	0	0	34223	34223	0	0	110631	110631	0	0
3098479	3098479	0	0	85026	85026	0	0	93968	93968	0	0	160789	160789	0	0
2878578	2867223	4315	7040	138072	137609	0	463	60640	60260	0	380	182705	182180	196	329
1879010	1879010	0	0	72571	72571	0	0	49635	49635	0	0	137135	137135	0	0
2111853	2111853	0	0	61173	61173	0	0	34602	34602	0	0	123912	123912	0	0
1945067	1932409	12658	0	67943	67052	891	0	41969	41073	896	0	138271	137659	612	0
1825808	1825808	0	0	82876	82876	0	0	33969	33969	0	0	152087	152087	0	0
170965	170965	0	0	3422	3422	0	0	3096	3096	0	0	15793	15793	0	0
695711	684243	11371	97	38847	38820	21	6	22472	21679	792	1	54709	54317	388	4
291572	291572	0	0	32225	32225	0	0	23386	23386	0	0	22800	22800	0	0
78856	78856	0	0	16457	16457	0	0	9948	9948	0	0	6425	6425	0	0
1713063	1712933	0	0	124651	124655	0	-4	103043	103035	0	8	92293	92263	0	30

单位：万元

利润总额			资产总计			全部从业人员年平均人数(万人)		
中小企业	其中		中小企业	其中		中小企业	其中	
	中型企业	小型企业		中型企业	小型企业		中型企业	小型企业
57.98	35.11	22.87	1578.42	772.41	806.01	44	20	24
2.24	1.06	1.18	146.88	97.31	49.57	7	3	4
17.45	13.32	4.13	362.81	327.54	35.27	3	2	1
1.85	-0.04	1.89	128.36	79.32	49.04	7	3	4
17.57	9.43	8.14	269.53	137.24	132.29	12	5	7
7.93	4.92	3.01	267.18	122.45	144.73	10	5	5

续表

广元市	145	16	129	70.81	40.01	30.8	69.13	38.33	30.8
遂宁市	168	17	151	93.07	46.34	46.73	86.5	44.07	42.43
内江市	362	31	331	147.82	54.9	92.92	133.96	49.42	84.54
乐山市	541	70	471	283.94	151.3	132.64	265.42	146.69	118.73
南充市	333	33	300	209.17	69.4	139.77	207.98	69.43	138.55
眉山市	341	45	296	229.58	86.3	143.28	219.12	79.38	139.74
宜宾市	319	51	268	130.56	74.07	56.49	126.04	69.71	56.33
广安市	173	14	159	98.12	33.6	64.52	97.06	33.26	63.8
达川市	249	28	221	121.29	43.82	77.47	121.83	43.41	78.42
雅安市	221	20	201	69.32	23.28	46.04	67.69	24.86	42.83
巴中市	68	10	58	26.09	13.73	12.36	26.45	14.03	12.42
资阳市	275	27	248	146.29	63.95	82.34	132.44	60.37	72.07
阿坝州	91	7	84	36.56	11.7	24.86	36.66	11.97	24.69
甘孜州	69	1	68	16.38	2.13	14.25	14.29	2.15	12.14
凉山州	188	25	163	105.1	51.7	53.4	98.43	48.7	49.73

续表

1.83	2.61	-0.78	122.12	87.78	34.34	3	1	2
3.24	1.96	1.28	91.52	62.13	29.39	4	2	2
3.77	1.66	2.11	100.58	38.14	62.44	8	3	5
17.48	13.72	3.76	361.48	235.34	126.14	13	6	7
4.22	1.47	2.75	125.29	45.65	79.64	6	2	4
8.22	5.25	2.97	195.39	101.11	94.28	8	4	4
7.25	3.08	4.17	140.19	89.79	50.4	8	4	4
4.03	1.22	2.81	138.43	87.26	51.17	4	2	2
3.44	1.36	2.08	75.53	33.62	41.91	6	2	4
5.38	1.9	3.48	176.26	48.58	127.68	4	1	3
0.91	0.71	0.2	25.36	12.24	13.12	2	1	1
2.81	1.17	1.64	87.1	45.32	41.78	5	2	3
7.25	0.67	6.58	154.83	25.49	129.34	1	0	1
2.86	1.05	1.81	47.6	3.23	44.37	1	0	1
10.76	5.73	5.03	161.76	85.08	76.68	5	2	3

第六篇

政策法规

关于印发《关于促进民营企业档案工作发展的意见》的通知

（档函[2006]26号）

各省、自治区、直辖市档案局、发展改革委、工商联，各计划单列市档案局、发展改革委、工商联，新疆生产建设兵团档案局、发展改革委、工商联：

为进一步推动民营企业档案工作发展，国家档案局、国家发展和改革委员会、中华全国工商业联合会共同制定了《关于促进民营企业档案工作发展的意见》，现印发给你们，请结合本地区、本部门的实际情况贯彻执行。

关于促进民营企业档案工作发展的意见

为了深入贯彻党的十六大和十六届五中全会精神，落实《国务院关于鼓励支持和引导个体私营等非公有制经济发展的若干意见》（国发[2005]3号），推动和引导民营企业建立健全档案工作，为非公有制经济持续健康发展服务，现就促进民营企业档案工作发展提出如下意见。

一、充分认识做好民营企业档案工作的重要意义

（一）做好民营企业档案工作是档案工作适应我国经济社会发展新形势的必然要求。非公有制经济是促进我国社会生产力发展的重要力量，积极发展非公有制经济，对于全面建设小康社会和加快社会主义现代化进程具有重大的战略意义。民营企业是非公有制经济重要组成部分，做好民营企业档案工作将对民营企业健康持续发展产生积极的影响。积极鼓励、支持和引导民营企业档案工作发展，是档案部门为我国经济建设和现代化建设服务的一项重要内容。

（二）做好民营企业档案工作是民营企业自身发展的客观需要。民营企业档案是民营企业在生产、经营和管理等各项活动中直接形成的有保存价值的历史记录，它反映了民营企业成长与发展的历程，是企业的重要资产和信息资源。建立健全档案工作对民营企业提升整体管理水平、维护企业和职工合法权益、规避市场风险、提高经济效益、促进企业发展具有重要作用。

（三）做好民营企业档案工作是各有关部门建立和完善非公有制经济管理服务体系的重要措施。社会主义市场经济体制的完善要求民营经济向着规范、制度、诚信发展；政府有关部门的管理和服务也需要依据企业真实、可靠的信息和数据。各有关部门和工商联要充分认识档案工作在规范非公有制经济发展中的重要作用，加强协作，引导和促进民营企业经营者树立档案意识，健全档案工作，完善基础管理。

二、鼓励支持和引导民营企业建立健全档案工作

（四）促进民营企业档案工作与民营企业同步发展。各级档案行政管理部门、中小企业管理部门和工商联要贯彻落实党和国家关于促进非公有制经济发展的方针政策，把推动民营企业建立健全档案工作列入议事日程，为民营企业创造平等竞争的法律环境、政策环境和市场环境，促进民营企业提升档案管理水平。

各级档案行政管理部门要利用多种形式，向民营企业广泛宣传国家有关档案工作的法律、法规和标准规范，遵循指导民营企业档案工作的原则，诚心诚意、一视同仁地为民营企业服务，推动民营企业档案工作实现制度化、规范化管理。

各级中小企业管理部门在贯彻执行党和国家有关非公有制经济发展政策时，要提出建立健全档案管理的要求。在积极鼓励民营企业提高自身素质，改善经营管理水平，完善公司法人治理结构和企业组织制度的同时，引导民营企业建立档案工作，承担好保护档案的义务。

各级工商联要主动发挥党联系非公有制经济人士的桥梁纽带作用和政府管理非公有制经济的助手作用，为民营企业提供交流、研讨档案工作的平台，并把建立健全档案工作列入对民营企业经营者培训和对民营企业发展进行指导的内容。

（五）不断提高为民营企业档案工作服务的实效。各级档案行政管理部门要加强统筹规划，拓宽服务渠道，突出服务主题，主动为民营企业提供档案业务咨询、档案整理和代存、档案技术服务及档案人员推荐、培训等服务；适时引导建立档案业务协作组织，提供互相交流和学习的机会；逐步建立适应民营企业档案工作特点的社会化服务体系，满足民营企业对档案工作的需求。

（六）加强对民营企业档案工作的分类指导。各级档案行政管理部门对民营企业档案工作的指导，要坚持自主管理、因企制宜的原则，树立和培养典型，宣传和推广典型经验，启发民营企业对档案工作的内在需求，引导民营企业做好档案工作。要从实际出发，对不同行业、不同规模的民营企业档案工作实行分类指导。

档案行政管理部门要加强对民营企业中关系国家利益和安全、涉及公共利益、记录社会重大事件和活动，以及企业应当承担社会责任等方面档案的监管。具体范围由各省、自治区、直辖市档案行政管理部门确定。

（七）加强领导、协调配合，全面推动民营企业档案工作。各级档案行政管理部门、中小企业管理部门、工商联以及有关行业组织应加强领导和指导，密切配合，针对民营企业的特点，深入调查研究，不断总结经验，探索适应市场经济要求、符合民营企业实际、有效促进民营经济健康发展的企业档案管理模式。

三、促进民营企业档案管理水平不断提高

(八)建立与企业发展相适应的企业档案工作。民营企业应按照《中华人民共和国档案法》和《企业档案管理规定》的要求，加强企业档案管理，确保档案真实有效。把档案信息资源的积累、保管和利用纳入企业生产、经营和管理的各个环节。在保证档案齐全、完整和准确，便于有效利用的前提下，档案管理方式可采取集中统一管理、分级管理或寄存等多种形式。倡导企业实行档案、图书、情报、资料等信息资源一体化管理。

(九)制定企业文件材料归档和档案管理各项规章制度。民营企业应明确本企业文件材料归档范围、归档时间与归档要求，确保归档文件材料齐全、完整、准确与系统。企业应强化对资产产权、商业信誉、知识产权、合同协议、客户信息和企业文化等方面文件材料的收集和积累。制定档案管理工作各项规章制度，采取有效措施，确保档案归档齐全、整理规范、保管安全、利用便捷。

(十)建立健全企业职工档案。民营企业应收集和保管职工在本企业工作中形成的履历、鉴定、工资、考核、技能评定、奖励和处分等方面的文件材料。完善企业职工养老保险、医疗保险、工伤保险和住房公积金等方面的档案，并将有关档案材料及时补充到党委组织部门和政府人事部门授权的具备人事档案管理条件的人才交流服务机构或有关部门。

(十一)积极推进企业档案管理现代化。有条件的民营企业应积极采用现代信息技术，逐步建立与企业信息化建设水平相适应的企业档案信息化管理。

(十二)拓展服务功能，为企业发展创造效益。民营企业档案部门应围绕企业的生产、经营和管理等各项工作，积极开发档案信息资源，主动提供利用，为企业增强竞争能力、提高经济效益、维护合法权益提供有效服务。

关于鼓励支持和引导个体私营等非公有制经济发展的若干意见

(国发[2005]3号)

各省、自治区、直辖市人民政府，国务院各部委、各直属机构：

公有制为主体、多种所有制经济共同发展是我国社会主义初级阶段的基本经济制度。毫不动摇地巩固和发展公有制经济，毫不动摇地鼓励、支持和引导非公有制经济发展，使两者在社会主义现代化进程中相互促进，共同发展，是必须长期坚持的基本方针，是完善社会主义市场经济体制、建设中国特色社会主义的必然要求。改革开放以来，我国个体、私营等非公有制经济不断发展壮大，已经成为社会主义市场经济的重要组成部分和促进社会生产力发展的重要力量。积极发展个体、私营等非公有制经济，有利于繁荣城乡经济、增加财政收入，有利于扩大社会就业、改善人民生活，有利于优化经济结构、促进经济发展，对全面建设小康社会和加快社会主义现代化进程具有重大的战略意义。

鼓励、支持和引导非公有制经济发展，要以邓小平理论和“三个代表”重要思想为指导，全面落实科学发展观，认真贯彻中央确定的方针政策，进一步解放思想，深化改革，消除影响非公有制经济发展的体制性障碍，确立平等的市场主体地位，实现公平竞争；进一步完善国家法律法规和政策，依法保护非公有制企业和职工的合法权益；进一步加强和改进政府监督管理和服务，为非公有制经济发展创造良好环境；进一步引导非公有制企业依法经营、诚实守信、健全管理，不断提高自身素质，促进非公有制经济持续健康发展。为此，现提出以下意见：

一、放宽非公有制经济市场准入

(一)贯彻平等准入、公平待遇原则。允许非公有资本进入法律法规未禁入的行业和领域。允许外资进入的行业和领域，也允许国内非公有资本进入，并放宽股权比例限制等方面的条件。在投资核准、融资服务、财税政策、土地使用、对外贸易和经济技术合作等方面，对非公有制企业与其他所有制企业一视同仁，实行同等待遇。对需要审批、核准和备案的事项，政府部门必须公开相应的制度、条件和程序。国家有关部门与地方人民政府要尽快完成清理和修订限制非公有制经济市场准入的法规、规章和政策性规定工作。外商投资企业依照有关法律法规的规定执行。

(二)允许非公有资本进入垄断行业和领域。加快垄断行业改革，在电力、电信、铁路、民航、石油等行业和领域，进一步引入市场竞争机制。对其中的自然垄断业务，积极推进投资主体多元化，非公有资本可以参股等方式进入；对其他业务，非公有资本可以独资、合资、合作、项目融资等方式进入。在国家统一规划的前提下，除国家法律法规等另有规定的外，允许具备资质的非公有制企业依法平等取得矿产资源的探矿权、采矿权，鼓励非公有资本进行商业性矿产资源的勘查开发。

(三)允许非公有资本进入公用事业和基础设施领域。加快完善政府特许经营制度，规范招投标行为，支持非公有资本积极参与城镇供水、供气、供热、公共交通、污水垃圾处理等市政公用事业和基础设施的投资、建设与运营。在规范转让行为的前提下，具备条件的公用事业和基础设施项目，可向非公有制企业转让产权或经营权。鼓励非公有制企业参与市政公用企业、事业单位的产权制度和经营方式改革。

（四）允许非公有资本进入社会事业领域。支持、引导和规范非公有资本投资教育、科研、卫生、文化、体育等社会事业的非营利性和营利性领域。在放开市场准入的同时，加强政府和社会监管，维护公众利益。支持非公有制经济参与公有制社会事业单位的改组改制。通过税收等相关政策，鼓励非公有制经济捐资捐赠社会事业。

（五）允许非公有资本进入金融服务业。在加强立法、规范准入、严格监管、有效防范金融风险的前提下，允许非公有资本进入区域性股份制银行和合作性金融机构。符合条件的非公有制企业可以发起设立金融中介服务机构。允许符合条件的非公有制企业参与银行、证券、保险等金融机构的改组改制。

（六）允许非公有资本进入国防科技工业建设领域。坚持军民结合、寓军于民的方针，发挥市场机制的作用，允许非公有制企业按有关规定参与军工科研生产任务的竞争以及军工企业的改组改制。鼓励非公有制企业参与军民两用高技术开发及其产业化。

（七）鼓励非公有制经济参与国有经济结构调整和国有企业重组。大力发展国有资本、集体资本和非公有资本等参股的混合所有制经济。鼓励非公有制企业通过并购和控股、参股等多种形式，参与国有企业和集体企业的改组改制改造。非公有制企业并购国有企业，参与其分离办社会职能和辅业改制，在资产处置、债务处理、职工安置和社会保障等方面，参照执行国有企业改革的相应政策。鼓励非公有制企业并购集体企业，有关部门要抓紧研究制定相应政策。

（八）鼓励、支持非公有制经济参与西部大开发、东北地区等老工业基地振兴和中部地区崛起。西部地区、东北地区等老工业基地和中部地区要采取切实有效的政策措施，大力发展非公有制经济，积极吸引非公有制企业投资建设和参与国有企业重组。东部沿海地区也要继续鼓励、支持非公有制经济发展壮大。

二、加大对非公有制经济的财税金融支持

（九）加大财税支持力度。逐步扩大国家有关促进中小企业发展专项资金规模，省级人民政府及有条件的市、县应在本级财政预算中设立相应的专项资金。加快设立国家中小企业发展基金。研究完善有关税收扶持政策。

（十）加大信贷支持力度。有效发挥贷款利率浮动政策的作用，引导和鼓励各金融机构从非公有制经济特点出发，开展金融产品创新，完善金融服务，切实发挥银行内设中小企业信贷部门的作用，改进信贷考核和奖惩管理方式，提高对非公有制企业的贷款比重。城市商业银行和城市信用社要积极吸引非公有资本入股；农村信用社要积极吸引农民、个体工商户和中小企业入股，增强资本实力。政策性银行要研究改进服务方式，扩大为非公有制企业服务的范围，提供有效的金融产品和服务。鼓励政策性银行依托地方商业银行等中小金融机构和担保机构，开展以非公有制中小企业为主要服务对象的转贷款、担保贷款等业务。

（十一）拓宽直接融资渠道。非公有制企业在资本市场发行上市与国有企业一视同仁。在加快完善中小企业板块和推进制度创新的基础上，分步推进创业板市场，健全证券公司代办股份转让系统的功能，为非公有制企业利用资本市场创造条件。鼓励符合条件的非公有制企业到境外上市。规范和发展产权交易市场，推动各类资本的流动和重组。鼓励非公有制经济以股权融资、项目融资等方式筹集资金。建立健全创业投资机制，支持中小投资公司的发展。允许符合条件的非公有制企业依照国家有关规定发行企业债券。

（十二）鼓励金融服务创新。改进对非公有制企业的资信评估制度，对符合条件的企业发放信用贷款。对符合有关规定的企业，经批准可开展工业产权和非专利技术等无形资产的质押贷款试点。鼓励金融机构开办融资租赁、公司理财和账户托管等业务。改进保险机构服务方式和手段，开展面向非公有制企业的产品和服务创新。支持非公有制企业依照有关规定吸引国际金融组织投资。

（十三）建立健全信用担保体系。支持非公有制经济设立商业性或互助性信用担保机构。鼓励有条件的地区建立中小企业信用担保基金和区域性信用再担保机构。建立和完善信用担保的行业准入、风险控制和补偿机制，加强对信用担保机构的监管。建立健全担保业自律性组织。

三、完善对非公有制经济的社会服务

（十四）大力发展社会中介服务。各级政府要加大对中介服务机构的支持力度，坚持社会化、专业化、市场化原则，不断完善社会服务体系。支持发展创业辅导、筹资融资、市场开拓、技术支持、认证认可、信息服务、管理咨询、人才培训等各类社会中介服务机构。按照市场化原则，规范和发展各类行业协会、商会等自律性组织。整顿中介服务市场秩序，规范中介服务行为，为非公有制经济营造良好的服务环境。

（十五）积极开展创业服务。进一步落实国家就业和再就业政策，加大对自主创业的政策扶持，鼓励下岗失业人员、退役士兵、大学毕业生和归国留学生等各类人员创办小企业，开发新岗位，以创业促就业。各级政府要支持建立创业服务机构，鼓励为初创小企业提供各类创业服务和政策支持。对初创小企业，可按照行业特点降低公司注册资本限额，允许注册资金分期到位，减免登记注册费用。

（十六）支持开展企业经营者和员工培训。根据非公有制经济的不同需求，开展多种形式的培训。整合社会资源，创新培训方式，形成政府引导、社会支持和企业自主相结合的培训机制。依托大专院校、各类培训机构和企业，重点开展法律法规、产业政策、经营管理、职业技能和技术应用等方面的培训，各级政府应给予适当补贴和资助。企业应定期对职工进行专业技能培训和安全知识培训。

（十七）加强科技创新服务。要加大对非公有制企业科技创新活动的支持，加快建立适合非公有制中小企业特点的信息和共性技术服务平台，推进非公有制企业的信息化建设。大力培育技术市场，促进科技成果转化和技术转让。科技中介服务机构要积极为非公有制企业提供科技咨询、技术推广等专业化服务。引导和支持科研院所、高等院校与非公有制企业开展多种形式的产学研联合。鼓励国有科研机构向非公有制企业开放试验室，充分利用现有科技资源。支持非公有资本创办科技型中小企业和科研开发机构。鼓励有专长的离退休人员为非公有制企业提供技术服务。切实保护单位和个人知识产权。

(十八)支持企业开拓国内外市场。改进政府采购办法，在政府采购中非公有制企业与其他企业享受同等待遇。推动信息网络建设，积极为非公有制企业提供国内外市场信息。鼓励和支持非公有制企业扩大出口和“走出去”，到境外投资兴业，在对外投资、进出口信贷、出口信用保险等方面与其他企业享受同等待遇。鼓励非公有制企业在境外申报知识产权。发挥行业协会、商会等中介组织作用，利用好国家中小企业国际市场开拓资金，支持非公有制企业开拓国际市场。

(十九)推进企业信用制度建设。加快建立适合非公有制中小企业特点的信用征集体系、评级发布制度以及失信惩戒机制，推进建立企业信用档案试点工作，建立和完善非公有制企业信用档案数据库。对资信等级较高的企业，有关登记审核机构应简化年检、备案等手续。要强化企业信用意识，健全企业信用制度，建立企业信用自律机制。

四、维护非公有制企业和职工的合法权益

(二十)完善私有财产保护制度。要严格执行保护合法私有财产的法律法规和行政规章，任何单位和个人不得侵犯非公有制企业的合法财产，不得非法改变非公有制企业财产的权属关系。按照宪法修正案规定，加快清理、修订和完善与保护合法私有财产有关的法律法规和行政规章。

(二十一)维护企业合法权益。非公有制企业依法进行的生产经营活动，任何单位和个人不得干预。依法保护企业主的名誉、人身和财产等各项合法权益。非公有制企业合法权益受到侵害时提出的行政复议等，政府部门必须及时受理，公平对待，限时答复。

(二十二)保障职工合法权益。非公有制企业要尊重和维护职工的各项合法权益，要依照《中华人民共和国劳动法》等法律法规，在平等协商的基础上与职工签订规范的劳动合同，并健全集体合同制度，保证双方权利与义务对等；必须依法按时足额支付职工工资，工资标准不得低于或变相低于当地政府规定的最低工资标准，逐步建立职工工资正常增长机制；必须尊重和保障职工依照国家规定享有的休息休假权利，不得强制或变相强制职工超时工作，加班或延长工时必须依法支付加班工资或给予补休；必须加强劳动保护和职业病防治，按照《中华人民共和国安全生产法》等法律法规要求，切实做好安全生产与作业场所职业危害防治工作，改善劳动条件，加强劳动保护。要保障女职工合法权益和特殊利益，禁止使用童工。

(二十三)推进社会保障制度建设。非公有制企业及其职工要按照国家有关规定，参加养老、失业、医疗、工伤、生育等社会保险，缴纳社会保险费。按照国家规定建立住房公积金制度。有关部门要根据非公有制企业量大面广、用工灵活、员工流动性大等特点，积极探索建立健全职工社会保障制度。

(二十四)建立健全企业工会组织。非公有制企业要保障职工依法参加和组建工会的权利。企业工会组织实行民主管理，依法代表和维护职工合法权益。企业必须为工会正常开展工作创造必要条件，依法拨付工会经费，不得干预工会事务。

五、引导非公有制企业提高自身素质

(二十五)贯彻执行国家法律法规和政策规定。非公有制企业要贯彻执行国家法律法规，依法经营，照章纳税。服从国家的宏观调控，严格执行有关技术法规，自觉遵守环境保护和安全生产等有关规定，主动调整和优化产业、产品结构，加快技术进步，提高产品质量，降低资源消耗，减少环境污染。国家支持非公有制经济投资高新技术产业、现代服务业和现代农业，鼓励发展就业容量大的加工贸易、社区服务、农产品加工等劳动密集型产业。

(二十六)规范企业经营管理行为。非公有制企业从事生产经营活动，必须依法获得安全生产、环保、卫生、质量、土地使用、资源开采等方面的相应资格和许可。企业要强化生产、营销、质量等管理，完善各项规章制度。建立安全、环保、卫生、劳动保护等责任制度，并保证必要的投入。建立健全会计核算制度，如实编制财务报表。企业必须依法报送统计信息。加快研究改进和完善个体工商户、小企业的会计、税收、统计等管理制度。

(二十七)完善企业组织制度。企业要按照法律法规的规定，建立规范的个人独资企业、合伙企业和公司制企业。公司制企业要按照《中华人民共和国公司法》要求，完善法人治理结构。探索建立有利于个体工商户、小企业发展的组织制度。

(二十八)提高企业经营管理者素质。非公有制企业出资人和经营管理人员要自觉学习国家法律法规和方针政策，学习现代科学技术和经营管理知识，增强法制观念、诚信意识和社会公德，努力提高自身素质。引导非公有制企业积极开展扶贫开发、社会救济和“光彩事业”等社会公益性活动，增强社会责任感。各级政府要重视非公有制经济的人才队伍建设，在人事管理、教育培训、职称评定和政府奖励等方面，与公有制企业实行同等政策。建立职业经理人测评与推荐制度，加快企业经营管理人才职业化、市场化进程。

(二十九)鼓励有条件的企业做强做大。国家支持有条件的非公有制企业通过兼并、收购、联合等方式，进一步壮大实力，发展成为主业突出、市场竞争力强的大公司大集团，有条件的可向跨国公司发展。鼓励非公有制企业实施品牌发展战略，争创名牌产品。支持发展非公有制高新技术企业，鼓励其加大科技创新和新产品开发力度，努力提高自主创新能力，形成自主知识产权。国家关于企业技术改造、科技进步、对外贸易以及其他方面的扶持政策，对非公有制企业同样适用。

(三十)推进专业化协作和产业集群发展。引导和支持企业从事专业化生产和特色经营，向"专、精、特、新"方向发展。鼓励中小企业与大企业开展多种形式的经济技术合作，建立稳定的供应、生产、销售、技术开发等协作关系。通过提高专业化协作水平，培育骨干企业和知名品牌，发展专业化市场，创新市场组织形式，推进公共资源共享，促进以中小企业集聚为特征的产业集群健康发展。

六、改进政府对非公有制企业的监管

(三十一)改进监管方式。各级人民政府要根据非公有制企业生产经营特点，完善相关制度，依法履行监督和管理职能。各有关监管部门要改进监管办法，公开监管制度，规范监管行为，提高监管水平。加强监管队伍建设，提高监管人员素质。及时向社会公布有关监管信息，发挥社会监督作用。

(三十二)加强劳动监察和劳动关系协调。各级劳动保障等部门要高度重视非公有制企业劳动关系问题，加强对非公有制企业执行劳动合同、工资报酬、劳动保护和社会保险等法规、政策的监督检查。建立和完善非公有制企业劳动关系协调机制，健全劳动争议处理制度，及时化解劳动争议，促进劳动关系和谐，维护社会稳定。

(三十三)规范国家行政机关和事业单位收费行为。进一步清理现有行政机关和事业单位收费，除国家法律法规和国务院财政、价格主管部门规定的收费项目外，任何部门和单位无权向非公有制企业强制收取任何费用，无权以任何理由强行要求企业提供各种赞助费或接受有偿服务。要严格执行收费公示制度和收支两条线的管理规定，企业有权拒绝和举报无证收费和不合法收费行为。各级人民政府要加强对各类收费的监督检查，严肃查处乱收费、乱罚款及各种摊派行为。

七、加强对发展非公有制经济的指导和政策协调

(三十四)加强对非公有制经济发展的指导。各级人民政府要根据非公有制经济发展的需要，强化服务意识，改进服务方式，创新服务手段。要将非公有制经济发展纳入国民经济和社会发展规划，加强对非公有制经济发展动态的监测和分析，及时向社会公布有关产业政策、发展规划、投资重点和市场需求等方面的信息。建立促进非公有制经济发展的工作协调机制和部门联席会议制度，加强部门之间配合，形成促进非公有制经济健康发展的合力。要充分发挥各级工商联在政府管理非公有制企业方面的助手作用。统计部门要改进和完善现行统计制度，及时准确反映非公有制经济发展状况。

(三十五)营造良好的舆论氛围。大力宣传党和国家鼓励、支持和引导非公有制经济发展的方针政策与法律法规，宣传非公有制经济在社会主义现代化建设中的重要地位和作用，宣传和表彰非公有制经济中涌现出的先进典型，形成有利于非公有制经济发展的良好社会舆论环境。

(三十六)认真做好贯彻落实工作。各地区、各部门要加强调查研究，抓紧制订和完善促进非公有制经济发展的具体措施及配套办法，认真解决非公有制经济发展中遇到的新问题，确保党和国家的方针政策落到实处，促进非公有制经济健康发展。

关于印发《科技型中小企业技术创新基金财务管理暂行办法》的通知

(财企[2005]22号)

各省、自治区、直辖市、计划单列市财政厅(局)、科技厅(委、局)：

为进一步规范和加强科技型中小企业技术创新基金的管理，提高创新基金使用效益，我们制定了《科技型中小企业技术创新基金财务管理暂行办法》。现印发给你们，请遵照执行。

科技型中小企业技术创新基金财务管理暂行办法

第一章 总 则

第一条 为加强科技型中小企业技术创新基金(以下简称"创新基金")的财务管理工作，提高创新基金使用效益，依据《中华人民共和国预算法》、《中华人民共和国中小企业促进法》、《国务院办公厅转发科学技术部、财政部关于科技型中小企业技术创新基金的暂行规定的通知》(国办发[1999]47号)以及国家财政财务制度的有关规定，制定本办法。

第二条 创新基金是经国务院批准设立的支持科技型中小企业技术创新、促进科技成果转化的专项资金。国家设立创新基金旨在增强科技型中小企业创新能力，引导地方、企业、创业投资机构和金融机构对科技型中小企业技术创新的投资，逐步建立起符合社会主义市场经济规律、支持科技型中小企业技术创新的机制。

第三条 创新基金来源于中央财政预算拨款。创新基金的年度预算安排由财政部根据中央财政预算情况和创新基金年度工作计划确定。科学技术部会同财政部向国务院提交年度执行情况报告。

第四条 创新基金的使用和管理遵守国家有关法律、行政法规和相关规章制度，遵循诚实申请、公正受理、科学管理、择优支持、公开透明、专款专用的原则。

第二章 开支范围

第五条 创新基金主要用于支持科技型中小企业技术创新活动所需的支出。具体开支范围包括项目费、管理费及其他费用。

第六条 项目费是指用于支持符合《科技型中小企业技术创新基金若干重点项目指南》，经科学技术部、财政部审批立项的项目经费。根据科技型中小企业和项目的不同特点，分别以无偿资助、贷款贴息、资本金投入等方式给予支持。其中，创新基金对每个项目的无偿资助或贷款贴息数额一般不超过100万元人民币，个别重大项目不超过200万元人民币。

（一）无偿资助：

主要用于技术创新项目研究开发及中试阶段的必要补助。包括人工费、仪器设备购置和安装费、商业软件购置费、租赁费、试制费、材料费、燃料及动力费、鉴定验收费、培训费等与技术创新项目直接相关的支出。

（二）贷款贴息：

主要用于支持产品具有一定的技术创新性、需要中试或扩大规模、形成小批量生产、银行已经贷款或有贷款意向的项目。项目立项后，根据项目承担企业提供的有效借款合同及项目执行期内的有效付息单据核拨贴息资金。

（三）资本金投入方式的具体办法另行制定：

第七条 管理费是指用于科学技术部科技型中小企业技术创新基金管理中心（以下简称“管理中心”）从事创新基金项目的评审、评估和日常管理工作的经费。包括基本支出（项目管理所需的人员经费和日常公用经费）和项目支出两部分，具体按《中央本级基本支出预算管理办法》（财预[2002]355号）和《中央本级项目支出预算管理办法》（财预[2004]84号）执行。

管理费实行预决算管理。管理中心年度管理费预算通过科学技术部报财政部审批后，列入创新基金预算。年度管理费决算经审计后，通过科学技术部报财政部。

第八条 其他费用是指经财政部批准开支的与创新基金有关的其他支出。

第三章 项目审批和资金拨付

第九条 企业依照《科技型中小企业技术创新基金项目管理暂行办法》申请创新基金。管理中心具体负责项目的受理、评审和监管。

第十条 企业在申报项目时须经省级科技主管部门推荐。出具推荐意见前，须征求同级财政部门对项目的意见，并将推荐项目名单抄送省级财政部门备案。

第十一条 通过受理审查的项目，管理中心组织专家和评估机构进行评审、评估。根据评审、评估意见，管理中心本着“择优支持”的原则，提出创新基金支持的项目和金额建议，报科学技术部、财政部审批。经科学技术部、财政部审批的项目正式立项。

第十二条 创新基金项目实行合同管理，正式立项的项目由管理中心与项目承担企业、推荐单位签订合同。

第十三条 创新基金项目资金在合同签订后分两次拨付。

采用无偿资助方式支持的项目立项后拨付70%，项目验收合格后再拨付其余资金（第二次拨款）；采用贷款贴息方式支持的项目立项后按企业有效借款合同及付息单据核定的应贴息数额拨付80%，项目验收合格后再拨付其余资金（第二次拨款）。

第十四条 管理中心依据合同金额每年分批编制立项项目用款计划，报财政部审批。

第十五条 管理中心每年根据项目验收情况分批编制二次拨款计划，报财政部审核。

第十六条 财政部对管理中心报送的立项项目用款计划和二次拨款计划审核后，将创新基金项目资金指标下达到项目所在地省级财政部门，并按照财政国库管理制度的有关规定办理资金支付。

第四章 监督管理与检查

第十七条 省级科技主管部门负责当地创新基金项目的日常监督管理和验收工作；省级财政部门负责对当地创新基金的运作和使用进行监督、检查，参与项目的验收工作；管理中心负责制订项目监督管理和验收的工作规范，组织实施项目监督管理和验收工作，分析总结项目执行情况。

第十八条 项目承担企业应按要求定期填报监理信息调查表（半年报、年报）。省级科技主管部门可委托地市级科技主管部门或国家级高新技术产业开发区管委会对项目执行情况进行检查和监理。管理中心根据企业监理信息调查表、省级科技主管部门的监理意见、省级财政部门的检查意见、实地检查情况等，提出项目执行情况分析报告，报送科学技术部、财政部。

第十九条 省级财政部门、科技主管部门应加强对创新基金项目的跟踪问效。科技主管部门应将本地区项目监理信息汇总情况抄送省级财政部门。省级财政部门要定期抽查项目执行情况，对于所辖地区创新基金使用管理情况提出年度执行情况报告，下一年度4月底前报送财政部，同时抄送管理中心。

第二十条 项目承担企业应严格执行国家有关财经法规、财务规章制度，认真履行合同，科学、合理、有效地安排和使用创新基金拨款，保证专款专用，严禁截留、挪用。

第二十一条 项目承担企业须对项目资金进行单独核算，并接受有关部门的监督管理和检查。无偿资助项目承担企业，在收到创新基金拨款后作为专项应付款处理，其中：形成资产部分转入资本公积，消耗部分予以核销；贷款贴息项目承担企业，在收到创新基金拨款后作为冲减当期财务费用处理。

第二十二条 省级财政部门、省级科技主管部门对创新基金项目实行定期检查，管理中心实行重点检查。财政部、科学技术部采取委托有关监督检查部门抽查、社会中介机构检查以及社会监督相结合的方式，加大对创新基金实施过程的监督检查力度。

第二十三条 企业在项目执行过程中如有重大违约行为，将终止合同并采取通报、停止拨款、追回项目资金等相应处理措施。需追回项目资金的，由管理中心负责监督企业将未使用的扶持资金如数上缴国库，已形成资产的将资产变现后上缴国库。

凡违反创新基金有关管理办法及国家财经纪律、财务制度的行为，将视情节分别依据国家有关法律、法规的规定处理。

第五章 附 则

第二十四条 本办法自发布之日起施行。创新基金有关规定与本办法相抵触的，按本办法执行。科学技术部、财政部《关于印发<科技型中小企业技术创新基金项目实施方案（试行）>的通知》（国科发计字[1999]260号）同时废止。

第二十五条 本办法由财政部会同科学技术部负责解释。

关于印发《科技型中小企业技术创新基金项目管理暂行办法》的通知

（国科发计字[2005]60号）

各省、自治区、直辖市、计划单列市、新疆生产建设兵团科技厅（委、局）、财政厅（局）：

为进一步规范和加强科技型中小企业技术创新基金的管理，支持科技型中小企业的技术创新，提高自主创新能力，我们制定了《科技型中小企业技术创新基金项目管理暂行办法》。现印发给你们，请遵照执行。

科技型中小企业技术创新基金项目管理暂行办法

第一章 总 则

第一条 为保证科技型中小企业技术创新基金（以下简称“创新基金”）管理工作的顺利开展，根据《中华人民共和国中小企业促进法》、《国务院办公厅转发科学技术部、财政部关于科技型中小企业技术创新基金的暂行规定的通知》（国办发[1999]47号）等，制定本办法。

第二条 科学技术部是创新基金的主管部门，财政部是创新基金的监管部门。科学技术部科技型中小企业技术创新基金管理中心（以下简称“管理中心”）负责具体管理工作。

第三条 创新基金的使用和管理遵守国家有关法律、行政法规和相关规章制度，遵循诚实申请、公正受理、科学管理、择优支持、公开透明、专款专用的原则。

第二章 支持条件、范围与支持方式

第四条 申请创新基金支持的项目需符合以下条件：

（一）符合国家产业、技术政策；

（二）技术含量较高，技术创新性较强；

（三）项目产品有较大的市场容量、较强的市场竞争力；

（四）无知识产权纠纷。

第五条 承担项目的企业应具备以下条件：

（一）在中国境内注册，具有独立企业法人资格；

（二）主要从事高新技术产品的研制、开发、生产和服务业务；

（三）企业管理层有较高经营管理水平，有较强的市场开拓能力；

（四）职工人数不超过500人，具有大专以上学历的科技人员占职工总数的比例不低于30%，直接从事研究开发的科技人员占职工总数的比例不低于10%；

（五）有良好的经营业绩，资产负债率合理；每年用于高新技术产品研究开发的经费不低于销售额的5%；

（六）有健全的财务管理机构，有严格的财务管理制度和合格的财务人员。

第六条 创新基金以贷款贴息、无偿资助和资本金投入的方式支持科技型中小企业的技术创新活动。

（一） 贷款贴息

1.主要用于支持产品具有一定水平、规模和效益，银行已经贷款或有贷款意向的项目；

2.项目新增投资在3000万元以下，资金来源基本确定，投资结构合理，项目实施周期不超过3年；

3.创新基金贴息总额一般不超过100万元，个别重大项目不超过200万元。

（二）无偿资助

1.主要用于科技型中小企业技术创新活动中新技术、新产品研究开发及中试放大等阶段的必要补助；

2.项目新增投资一般在1000万元以下，资金来源基本确定，投资结构合理，项目实施周期不超过2年；

3.企业需有与申请创新基金资助数额等额以上的自有资金匹配；

4.创新基金资助数额一般不超过100万元，个别重大项目不超过200万元。

（三）资本金投入具体办法另行制定

第七条 在同一年度内，一个企业只能申请一个项目和一种支持方式。申请企业应根据项目所处的阶段，选择一种相应的支持方式。

第三章 项目申请与受理

第八条 科学技术部每年年初制定并发布年度《科技型中小企业技术创新基金若干重点项目指南》，明确创新基金项目年度重点支持范围。

第九条 科技型中小企业申请创新基金，应按管理中心发布的《科技型中小企业技术创新基金项目申请须知》准备和提供相应的申请材料。

第十条 企业提交的创新基金申请材料必须真实可靠，并经项目推荐单位推荐。推荐单位是指熟悉企业及项目情况的当地省级科技主管部门。推荐单位出具推荐意见之前应征求省级财政部门对项目的意见，并将推荐项目名单抄送省级财政部门备案。

第十一条 项目推荐单位和管理中心要采取公开方式受理申请，并提出审查意见。受理审查内容包括：资格审查、形式审查、内容审查。受理审查合格后，管理中心将组织有关机构和专家进行立项审查。对受理审查不合格的项目，管理中心自收到项目申请材料之日起三十日内在创新基金网站上发出《不受理通知书》。

第四章 项目立项审查

第十二条 立项审查方式包括专家评审、专家咨询、科技评估等。由管理中心根据项目特点选择相应的立项审查方式。

对技术、产品相近的项目采取专家评审的方式。对跨学科、跨领域、创新性强、技术集成、技术领域分布相对分散的个性化项目，可委托科技评估机构评估。

第十三条 创新基金项目评审专家，包括技术、经济、财务、市场和企业管理等方面的专家，由管理中心聘任或认可，并进入创新基金评审专家库。专家应具备以下条件：

（一）具有对国家和企业负责的态度，有良好的职业道德，能坚持独立、客观、公正原则；

（二）对审查项目所属的技术领域有较丰富的专业知识和实践经验，对该技术领域的发展和所涉及经济领域、市场状况有较深的了解，具有权威性；

（三）一般应具有高级专业技术职务，年龄一般在60岁以下。

第十四条 承担创新基金项目立项评估工作的评估机构须在经科学技术部和财政部认定的评估机构中选择。评估机构应具备以下条件：

（一）具有独立企业或事业法人资格，并在有关管理部门注册、登记；

（二）有相应的专业技术人员和管理人员；

（三）评估机构应从事过评估或科技咨询等工作，并具有一定经验；

（四）有良好的业绩和信誉；

（五）经过相关专业培训。

第十五条 专家应依据评审、评估工作规范和审查标准，对申请项目进行全面的审查，并提出有针对性的审查意见。在审查过程中，专家可通过管理中心要求申请企业补充有关材料或进一步说明情况，但不得与申请企业及有关人员直接联系。必要时管理中心可委托专家组到申请企业进行审查。

第十六条 为保证创新基金项目立项审查的公正性，审查工作实行回避制度。属下列情况之一时，专家应当回避：

（一） 审查专家所在企业的申请项目；

（二） 专家家庭成员或近亲属为所审项目申请企业的负责人；

（三）有利益关系或直接隶属关系。

第十七条 评估机构和专家对所审项目的技术、经济秘密和审查结论意见负有保密责任和义务。管理中心尊重评估机构和专家的审查结论意见并给予保密。

第十八条 管理中心根据评估机构的工作质量及行为规范情况，对评估机构实行动态管理和科技信用评价管理。管理中心于每年底向科学技术部、财政部报告有关情况并提出调整意见。

第十九条 管理中心根据项目申请资料和立项审查结论意见提出创新基金立项建议，报科学技术部、财政部审批。科学技术部、财政部可对项目进行复审。

第二十条 经科学技术部、财政部批准的项目，应在创新基金网站以及相关新闻媒体上发布立项项目公告。公告发布之日起2周内为立项项目异议期。

第二十一条 创新基金项目实行合同管理。管理中心在异议期满后应与立项项目承担企业、推荐单位签订合同，确定项目各项技术经济指标、阶段考核目标以及完成期限等条款，同时将合同抄送项目所在地省级财政部门。对于有重大异议的项目，管理中心暂不签定合同，并对项目进行复议。需撤消项目时须报科学技术部和财政部同意后执行。

第二十二条 立项审查未通过或未获科学技术部、财政部批准的项目，管理中心将在创新基金网站上发出《不立项通知书》。不立项项目的申请企业当年不得再次申报项目。

第五章 项目监督管理及验收

第二十三条 省级科技主管部门负责本地区项目的日常监督管理和验收工作；省级财政部门负责对本地区创新基金的运作和使用进行监督、检查，并参与项目的验收工作；管理中心依据本办法负责制订《创新基金项目监督管理和验收工作规范》，并组织实施项目监督管理和验收工作，分析总结项目执行情况。

第二十四条 项目监督管理主要内容包括：

（一）项目资金到位与使用情况；

（二）合同计划进度执行情况；

（三）项目达到的技术、经济、质量指标情况；

（四）项目存在的主要问题和解决措施。

第二十五条 项目监督管理的主要方式：

（一）项目承担企业定期填报监理信息调查表（半年报、年报）。

（二）省级科技主管部门应实地检查项目执行情况，并提出监理意见；省级财政部门应定期抽查项目执行情况，并对创新基金使用管理情况提出报告。

（三）管理中心根据需要，对部分项目进行实地检查。

第二十六条 管理中心根据企业定期报表、地方监理意见、实地检查等，提出项目执行情况分析报告，并报科学技术部、财政部。

第二十七条 项目承担企业因客观原因需对合同目标调整时，应提出书面申请，经管理中心批准后执行；在合同执行过程中发生重大违约事件的，管理中心可按合同终止执行项目，并采取相应处理措施。

第二十八条 项目验收工作原则上在合同到期后一年内完成。需要提前或延期验收的项目，企业应提出申请报管理中心批准后执行。

第二十九条 创新基金项目验收的主要内容包括：

（一）合同计划进度执行情况；

（二）项目经济、技术指标完成情况；

（三）创新基金项目研究开发取得的成果情况；

（四）资金落实与使用情况；

（五）项目实施前后企业的整体发展变化情况。

第三十条 一般项目由省级科技主管部门组织验收；100万元以上的项目由管理中心组织验收。管理中心依据《创新基金项目监督管理和验收工作规范》，对项目进行综合评价并分别做出验收合格、验收基本合格、验收不合格的结论意见，报科学技术部、财政部。

第六章 附则

第三十一条 本办法自发布之日起施行，创新基金有关规定与本办法相抵触的，按本办法执行。科学技术部、财政部《关于印发<科技型中小企业技术创新基金项目实施方案（试行）>的通知》（国科发计字[1999]260号）同时废止。

第三十二条 本办法由科学技术部会同财政部负责解释。

关于发挥工商行政管理职能作用 促进个体私营等非公有制经济发展的通知

（工商个字[2005]第39号）

各省、自治区、直辖市及计划单列市、副省级市工商行政管理局：

为了认真落实《国务院关于鼓励支持和引导个体私营等非公有制经济发展的若干意见》（国发[2005]3号），深入贯彻以公有制为主体、多种所有制经济共同发展的基本经济制度，进一步发挥个体、私营企业在繁荣城乡市场、扩大社会就业、改善群众生活和促进经济发展等方面的重要作用，现就发挥工商行政管理职能作用，促进个体私营等非公有制经济发展的有关工作通知如下：

一、进一步提高思想认识，用科学发展观统领和指导促进个体私营经济发展工作

（一）坚持科学发展观，是我们党以邓小平理论和“三个代表”重要思想为指导，从新世纪、新阶段党和国家经济社会发展全局出发提出的重要指导思想。各级工商行政管理机关要深刻理解促进个体私营等非公有制经济发展的重大意义，坚持“两个毫不动摇”的基本方针，始终用科学发展观统领和指导工作，从全局和战略的高度充分认识鼓励、支持和引导个体私营等非公有制经济发展的重要性和紧迫性，增强贯彻党中央有关发展个体私营等非公有制经济的一系列方针政策和国务院若干意见的自觉性，不断提高为个体私营企业服务的能力和水平。

（二）认真学习贯彻胡锦涛总书记在中央党校研讨班开班式上的重要讲话精神，在促进个体私营等非公有制经济发展工作中不断提高构建社会主义和谐社会的意识和能力。在工商部门对个体私营企业的支持服务和规范管理过程中，涉及到引导个体私营企业贯彻国家宏观调控、环境保护政策,以及调整经济结构、转变经济增长方式和个体私营企业权益保护等一系列问题，这些都是落实科学发展观和构建和谐社会的重要任务。各级工商行政管理机关要按照建设民主法治、公平正义、诚信友爱、充满活力、安定有序、人与自然和谐相处的社会主义和谐社会的要求，在思想和工作上始终把构建和谐社会贯穿于促进个体、私营等非公有制经济发展的全过程，做到认识上提高、工作上落实。

二、改革市场主体登记管理制度，放宽市场准入，鼓励公平竞争

（三）认真贯彻《行政许可法》，进一步清理、修订和废止限制个体私营等非公有制经济发展的部门规章和规范性文件，以改革创新的精神，抓紧制定相关配套办法和实施细则。积极配合国家立法机关加快立法立规工作，积极参与修改和完善《公司法》、《合伙企业法》、《反不正当竞争法》等法律及有关行政法规，改革和完善市场主体登记管理制度，确立平等的市场主体地位，鼓励、支持和引导各种所有制市场主体公平竞争，为个体私营等非公有制经济健康发展创造良好的法治环境和宽松的政策环境。

（四）鼓励、支持符合法律法规规定条件的各类人员自主创业，兴办个体工商户、个人独资企业、合伙企业、私营有限责任公司和股份有限公司。在市场准入和市场主体设立方面，除法律、行政法规和国务院决定规定的外，不得随意增加登记前置许可项目。根据修改后的有关法律法规规定，降低公司注册资本的最低限额，允许注册资本分期到位。在组织形式、经营范围及经营方式等方面，除法律法规禁止的以外，允许个体私营企业自主选择。鼓励、支持有条件的私营企业参与法律法规未禁止的电力、电信、铁路、民航、石油、公用事业、基础设施等垄断行业、领域的投资与经营，工商行政管理机关依法及时予以登记。

（五）创新登记管理机制，大力推行个体工商户分层分类登记管理改革。适应新形势下个体工商户的市场准入，创新登记管理机制，建立对个体工商户的委托登记、委托备案和委托验照的制度，由县级工商局委托工商所实施登记、备案和年度验照工作。充分发挥基层工商所点多面广的优势，方便群众就近申办登记个体工商户，提高办事效率。对农村流动商贩实行备案制，免于工商登记，对农民进入集贸市场销售自产农副产品的，可不予登记。要结合个体工商户和私营企业信用分类管理和经济户口管理，逐步建立健全一套适合我国现阶段个体私营经济发展需要的登记监管机制，促进个体私营经济健康有序发展。

（六）切实为港澳居民在内地申办个体工商户提供登记服务。认真落实《内地与香港关于建立更紧密经贸关系的安排》、《内地与澳门关于建立更紧密经贸关系的安排》补充协议的有关规定，允许香港、澳门永久性居民中的中国公民依照内地有关法律法规和行政规章，在内地各省、自治区、直辖市设立个体工商户，无需经过外资审批。要认真执行有关法律法规以及相关登记管理办法，改进工作作风，为港澳居民申办个体工商户排忧解难，提供良好的服务，积极支持港澳居民在内地发展个体经济。

三、积极推动农村个体私营企业发展，提高农业综合生产能力，促进农民增收和农村劳动力转移

（七）各级工商行政管理机关要把贯彻《国务院关于鼓励支持和引导个体私营等非公有制经济发展的若干意见》与落实《中共中央国务院关于进一步加强农村工作提高农业综合生产能力若干政策的意见》（中发[2005]1号）精神有机结合起来，采取多种形式，积极宣传党和国家支持“三农”工作、鼓励农村个体私营经济发展的有关方针、政策，把支持和引导农村个体私营经济发展同推进农村经济结构调整和农业产业化经营相结合，并与促进农业增效、农民增收、农村发展、农村劳动力转移和维护农村社会稳定相结合，相互促进，共同发展。

（八）根据农村经济结构调整和农业产业化经营的要求，突出重点行业和领域，积极支持、引导农村个体私营企业向农产品加工业、种养业以及为农业生产服务的行业拓展；引导农村个体私营专业户、专业村、专业乡的发展；引导农村个体私营企业从事食品加工业特别是以粮食、重要农产品为主要原料的加工业；引导支持农民承包开发荒山、荒地、荒滩和退耕还林、还草，从事特色经济作物的种植业和优良品种畜、禽、鱼类的养殖业，促进农村发展特色产业。

（九）围绕培育、繁荣和规范农村市场，积极鼓励、支持农村个体私营企业参与农副产品批发市场和集贸市场的经营，发展农产品拍卖、网上交易等方式，扩大交易功能；积极拓宽农资商品经营，支持、引导发展各类农业经纪人，扩大农副产品流通，活跃农村经济，促进农民增收。要鼓励、引导农村个体私营企业注册、使用商标和地理标志，实施品牌战略，利用知识产权扩大经营规模，提高农副产品市场竞争能力，促其增加经济效益。支持农村大型私营企业实行多种经营形式的优化组合，组建发展企业集团，形成产供销、工商贸一体化的产业经营格局。

（十）各级工商行政管理机关要结合本地实际，积极探索农民专业合作经济组织的登记管理。各类从事生产经营活动的农民专业合作经济组织均可以申请工商登记，取得市场主体资格。对农民个人申办的专业合作经济组织，符合个人合伙设立条件的，按个体工商户登记；符合合伙企业设立条件的，按合伙企业登记；符合有限公司设立条件的，按有限公司登记。对其他投资者根据农业产业化和多种经营的需要申办的专业合作经济组织，要根据投资人身份和出资财产的性质，本着谁出资谁所有的原则，依照现行登记法规核定企业类型。

四、按照统筹城乡发展的要求，积极支持和引导个体私营企业促进区域经济协调发展

（十一）继续坚持把支持、引导个体私营企业发展同西部大开发、中部崛起、东部加快发展有机结合起来，引导个体私营企业参与“中国中小企业博览会（广东）”、“中国东西部合作与投资贸易洽谈会（陕西）”、“中国兰州投资贸易洽谈会”以及“中国青海结构调整暨投资贸易洽谈会”等，为东、中、西部地区之间的经济技术合作与交流牵线搭桥，结合工商行政管理职能，支持区域经济调整优化结构，改进经济增长方式，扩大对外开放，发挥地区的比较优势，为促进区域经济全面、持续、协调发展服务。

（十二）继续坚持把支持、引导个体私营企业发展同支持国有企业改革、振兴东北等老工业基地紧密结合，引导、支持有条件的个体私营企业参与国有企业改革改组改造，与国有企业相互参股、融资，发展新型的混合所有制企业；引导、支持个体私营企业托管、承包、租赁或收购国有亏损的中小企业，参与老工业技术改造，发展环保型、生态型和外向型产业；引导、支持大型私营企业努力提高具有自主知识产权的科技创新能力，充分利用科研机构的研究成果，以市场为导向，大力发展以高科技产业为主体的新兴产业，实施技术创新和品牌战略，引导企业增加注册商标，争创驰名商标，扩大自主知识产权，促进私营企业改进经济增长方式，调整结构，提高经济效益。同时，要引导发挥个体私营企业作用，大力支持东北老工业基地的建设，改造提升传统工业，促进资源型城市经济转型。

五、鼓励、支持和引导个体私营企业大力发展第三产业

（十三）第三产业的加快发展是生产力提高和社会进步的必然要求，是现代社会经济发达的重要标志，是缓解日益严峻的就业压力的重要途径。各级工商行政管理机关要鼓励、支持和引导个体私营企业大力发展第三产业，促进优化产业结构和国民经济持续健康发展。

（十四）鼓励、支持个体私营企业从事商业批发与零售业，发展电子商务、物流配送和连锁经营等现代流通方式；鼓励、支持个体私营企业从事货物进出口、技术进出口等对外贸易经营；支持、引导个体私营企业从事交通运输、仓储业，为活跃市场流通、繁荣城乡经济服务；支持、引导个体私营企业参与开发具有历史文化内涵和富有现代休闲品位的旅游景点，发展观光、生态、度假、商贸等专项旅游；支持、引导个体私营企业发展房地产、居民服务业、餐饮业和文化卫生事业，为改善和提高人民生活质量服务；支持、引导个体私营企业发展科技、法律、会计、审计等咨询业以及信息业、各类技术服务业，发挥经济类中介组织服务市场经济的积极作用。

六、积极引导下岗失业人员和大学毕业生从事个体私营经济，促进就业和再就业工作，为维护社会稳定服务

（十五）各级工商行政管理机关要继续深入贯彻落实党的十六大"就业是民生之本"的精神，采取多种形式，积极鼓励、扶持下岗失业人员、高校毕业生、归国留学生、退役士兵、残疾人员及其他新增待业人员兴办个体工商户、私营企业，引导个体私营企业吸纳更多的下岗失业人员和大中专毕业生及新增待业人员就业和再就业，充分发挥个体私营经济在扩大社会就业方面的重要作用。

（十六）基层工商行政管理机关要设立专门窗口，为下岗失业人员及新增待业人员申办个体或企业登记免费提供开业指导，以及相关政策、法规和信息的咨询服务；要设立"绿色通道"，符合条件的及时依法核准登记；对下岗失业等人员从事临时性经营、季节性经营的，可以核发临时营业执照。继续严格执行党中央、国务院有关促进就业和再就业的优惠政策，对下岗失业人员凭《再就业优惠证》从事个体经营的，自发照之日起3年内免收个体工商户注册登记费、个体工商户管理费、集贸市场管理费、经济合同示范文本工本费；对初创的小企业，酌情减免登记注册费用，扶持下岗失业等人员自谋职业、自主创业，为维护社会稳定做出新贡献。

七、加强监管执法和规范管理，促进个体私营企业健康发展

（十七）各级工商行政管理机关要以打击制售假冒伪劣商品违法行为、查处不正当竞争行为和保护知识产权为重点，开展专项执法行动。要加强对垄断性行业限制竞争行为的监管，依法查处虚假宣传、虚假广告、商业欺诈和商业贿赂等违法行为；要积极保护个体私营企业的商标专用权，及时查处有关商标假冒侵权案件，为个体私营经济发展营造公平竞争的市场环境。

（十八）各级工商行政管理机关要通过企业年检、个体工商户验照和市场巡查等监管方式，规范个体私营企业的经营行为，促其诚信经商，守法经营，文明服务。要进一步加强对个体私营企业从事的重点行业和领域的市场监管，特别要抓好食品、药品、保健品等涉及群众人身健康和生命安全的行业，对旅游、娱乐、餐饮、洗浴、美容、摄影、修理等涉及群众生活的一些行业，对会计、审计、劳务、留学、婚介等中介组织行业也要进行重点监管，严厉查处制假售假、以次充好、合同欺诈等违法行为；要加大对无照经营的查处取缔力度，促进个体私营经济健康有序发展。

八、进一步改进工作作风，优质高效服务，依法保护个体私营企业的合法权益

（十九）正确认识和处理监管与服务的关系，寓监管于服务之中，积极做好服务工作。要向个体私营企业申办者宣传有关政策法规，主动提供咨询服务，为其排忧解难；要简化登记程序，减少审批环节，实行政务公开和首办责任制、限时办结制，做到制度公开化、表格标准化、用语规范化，提供申请、受理、审批一站式服务，符合条件的及时核准登记；本着提高效率、方便企业的原则，改革和完善私营企业年检和个体工商户验照制度，简化年检、验照的内容和程序；有条件的地方要实行滚动式的年检和验照，对边远和比较集中地区的个体工商户实行现场验照，对诚信守法的个体私营企业实行免检，为个体私营企业提供方便条件，切实做好支持服务工作。

（二十）各级工商行政管理机关要坚决贯彻执行《宪法》修正案“国家保护个体经济、私营经济等非公有制经济的合法的权利和利益”、“公民的合法的私有财产不受侵犯”的规定，建立、完善公开办事制度和监督举报制度，坚决执行“六项禁令”，严禁各种形式的超标准乱收费和“搭车”收费，严禁违反国家法律法规规定的乱罚款，严禁向个体私营企业摊派征订各种杂志、报刊，坚决纠正损害群众利益的不正之风，通过依法行政、严格执法，切实保护个体私营企业的合法权益。

（二十一）各级工商行政管理机关要继续加强对个体劳动者协会、私营企业协会的指导工作，使其真正成为党和政府联系个体劳动者及私营企业的桥梁和纽带。各级个体劳动者协会、私营企业协会要以发展为主题，通过发挥自我教育、自我管理、自我服务等措施，帮助个体私营企业解决生产经营中涉及的土地、水电、融资、税收等实际困难；要以会员为本，通过反映诉求和有关方面的支持，帮助个体私营企业解决小孩入托、子女上学、医疗保险等生活方面的实际问题；要加强行业自律，采取多种形式，加强思想教育、法制教育和职业道德教育，引导个体劳动者和私营企业经营者做到爱国、敬业、诚信、守法；要鼓励、引导个体私营企业积极参与扶贫开发、社会救济等社会公益事业，为构建和谐社会做出应有的贡献。

各单位贯彻落实本通知的有关情况，请于2005年11月15日前报送国家工商行政管理总局。

关于进一步做好推广非公有制企业安全监管经验工作的通知

（安监总办字[2005]7号）

各省、自治区、直辖市及新疆生产建设兵团安全生产监督管理局：

国家安全生产监督管理局《推广非公有制企业安全监管试点经验实施方案》（以下简称《实施方案》）于2004年10月下发以来，大部分地区按照要求积极开展前期工作,工作总体进展顺利，一些地区在贯彻落实《实施方案》方面有创新、有突破，但也存在地区间工作不平衡现象。为深入贯彻落实《国务院关于进一步加强安全生产工作的决定》（国发[2004]2号）、《国务院关于鼓励支持和引导个体私营等非公有制经济发展的若干意见》（国发[2005]3号）和国务院领导同志关于强化非公有制企业安全监管工作的指示精神，在全国范围内推广广东佛山非公有制企业安全监管试点经验，进一步探索适应我国非公有制企业特点的安全监管工作体制和机制，推动和指导各地2005年非公有制企业安全监管试点经验的推广工作，现提出以下几点要求：

一、提高认识，高度重视，明确职责，狠抓落实

推广非公有制企业安全监管试点经验不仅是落实《国务院关于进一步加强安全生产工作的决定》的重要举措，也是保障非公有制经济健康有序发展的重要条件，全国安全生产工作会议将加强非公有制企业安全监管确定为今年重点工作之一，各地区一定要充分认识此项工作的重要意义，将思想统一到《实施方案》的各项要求上来，尽快建立健全领导小组和工作机构，研究制定本地区实施工作方案，落实工作目标，确定组织机构，明确工作重点，研究实施步骤，安排时间进度等，确保试点经验推广工作循序渐进地开展。

为了加强工作联系，请各试点地区将推广工作领导小组组成人员名单、负责协调推广工作的部门及工作联系人等情况于4月10日前报总局安全生产协调司（表式见附件）。

二、进一步扩大试点经验推广范围，加快探索和完善非公有制企业安全监管经验

为将广东非公有制安全监管试点经验迅速推广、完善、提升和丰富，加快探索非公有制企业安全监管工作体制和机制，进一步加强非公有制企业安全监管，总局决定在2004年确定的12个推广试点经验省（市）的基础上，今年再增加北京、天津、吉林、福建、安徽、江西、湖北、山西、广西、海南等10个省（区、市）为试点经验推广单位。《实施方案》中选定的推广单位要认真按照有关要求积极推进，新增加的10个地区要按照《实施方案》的要求和部署，尽快行动起来，抓好落实工作，力争在较短时间内赶上《实施方案》预定的进度。

三、加强对推广工作的督促和指导

各地区要根据非公有制企业分布和安全生产工作的实际，既注意选定有代表性的区域和企业进行试点，又注意选择矿山、危险化学品、烟花爆竹、建筑、道路交通等事故高发行业的企业作为重点试点单位，将经验推广工作与正在开展的安全生产专项整治、安全质量标准化、安全生产许可证发放等工作有机结合起来。各部门要在当地政府统一领导下，各司其职、各负其责、相互协调、密切配合，一方面要加强对推广工作的督促，确保进度，保证质量；另一方面要深入生产企业加强调研，“寓监管于服务之中”，发现问题及时解决，指导和帮助企业做好推广工作。

四、加强舆论宣传，正确引导推广工作

总局将继续在《全国安全生产简报》和《中国安全生产报》上开辟专栏，全面报道推广工作进程；同时还将邀请人民日报、中央电视台等中央级媒体适时进行重点报道。各地区要注意借助各种媒体的力量，加强与当地主流媒体的联系与合作，加强宣传报道，有条件的地区还要开辟专版专栏，充分发挥舆论宣传的重要作用。要通过舆论宣传，积极推广和介绍本地区非公有制企业安全生产工作典型经验和做法，努力营造一个全社会重视做好非公有制企业安全生产工作的良好舆论氛围。

五、密切工作联系，加强相互沟通与交流

根据《实施方案》的安排，总局由安全生产协调司牵头综合协调、由国家安全生产监察专员具体联系推广工作。各地区要主动加强与国家安全生产监察专员的联系（国家安全生产监察专员对口联系推广单位的安排另行通知），及时报告工作进展情况；并要加强与其他试点地区的沟通和交流，取长补短。

六、注重推广实效，总结推广工作成功经验

各地既要认真借鉴和推广广东等地区典型经验，又要在推广过程中注意总结本地区的典型经验，做到边学习，边总结，边推广。为配合推广工作的深入开展，总局将组织有关研究机构对非公有制企业安全生产现状进行调查，开展非公有制企业安全监管有关政策措施的研究，各地区要予以积极配合，并组织力量开展有关调查研究工作。总局将于今年年底召开会议，对非公有制企业安全监管经验推广工作进行总结，各地区要对照《实施方案》的要求，挖掘推广工作中的新鲜经验，认真做好经验交流的相关准备。

附件：非公有制企业安全监管经验推广工作领导小组情况表（略）

关于贯彻落实《国务院关于鼓励支持和引导个体私营等非公有制经济发展的若干意见》的指导意见

（信保业字［2005］144号）

今年2月24日，国务院发布了《国务院关于鼓励支持和引导个体私营等非公有制经济发展的若干意见》(国发[2005]3号)。3号文件在论述“金融服务创新”时明确要求：“改进保险机构服务方式和手段，开展面向非公有制企业的产品和服务创新”；在有关“支持企业开拓国内外市场”时又规定：要“鼓励和支持非公有制企业扩大出口和‘走出去’，到境外投资兴业，在对外投资、进出口信贷、出口信用保险等方面与其他企业享受同等待遇”；要“发挥行业协会、商会等中介组织作用，利用好国家中小企业国际市场开拓资金，支持非公有制企业开拓国际市场”。

中国信保运营三年来，非常重视鼓励和帮助广大个体、私营出口企业了解和使用出口信用保险这一政策性金融工具。目前，个体、私营出口企业在我公司的客户群中所占比例已超过三分之一。然而，同国家的要求和企业的需求相比，我们还需要做出更大的努力。为全面贯彻落实3号文件，结合我公司的实际情况，现提出以下指导意见：

（一）积极鼓励个体、私营等非公有制企业利用出口信用保险扩大外贸出口。各单位要认真学习3号文件，深刻领会文件精神，认真研究如何利用出口信用保险支持个体、私营出口企业发展的具体措施。各单位要抓住3号文件发布实施的有利时机，在各级发改委、经贸委、商务厅和中小企业管理局等政府主管部门的指导下，加强对个体、私营出口企业的业务宣传，提高其利用出口信用保险扩大出口的能力。各单位要主动开展针对个体、私营出口企业的需求调查，满足其特定要求。

（二）积极研究有效措施，帮助个体、私营出口企业利用信用保险获得融资便利。组织专门力量，开发“信用保险加融资担保”的组合产品，同时，探索将出口信用保险与有关扶持资金、融资担保基金、信贷支持措施组合运用的新模式。各分支机构要主动配合地方政府落实针对个体、私营企业的各项金融支持政策和出口扶持政策，发挥协同作用，为解决个体、私营企业“融资难”问题做出我们的贡献。

（三）积极创新，开发适合中小企业的保险产品和承保模式。针对个体私营出口企业的特点，加快“中小企业保单”及相应简易承保模式的研究和开发，降低中小企业的“投保门槛”，简化流程，减少成本；同时，要研究对具有自主知识产权、自主品牌和高科技含量的个体、私营企业的特殊支持措施。

（四）积极与各类个体、私营企业商会、协会或行业组织建立联系，充分发挥这些组织的集合作用，为个体、私营出口企业提供海外资信调查、风险管理咨询、应收账管理及坏账追偿等服务，帮助其建立和完善风险控制机制。同时积极探索由企业商会、协会或行业组织牵头的“团体”投保模式，扩大对个体、私营出口企业的支持覆盖面。

（五）积极支持有条件的个体、私营企业“走出去”。在支持国家重点项目的同时，为有潜力的个体、私营企业提供中长期信用保险、海外投资保险、融资担保和短期信用保险的组合等综合服务，支持其建立境外加工制造或分销基地，支持其参与海外工程承包项目，支持其开发国际森林、水产、农牧或矿产资源。

国务院3号文件的发布和实施，将推动非公有制经济跨入健康持续发展的新阶段，公司各部门和每一位员工都应充分意识到我们的责任，为支持个体私营企业和中小企业的发展而锐意创新，积极开拓，努力作出更大贡献。

关于推动科技型中小企业融资工作有关问题的通知

（开行发[2005]117号）

国家开发银行总行营业部、各分行，各省市科技厅、委、局，各国家高新技术产业开发区管委会：

为指导地方政府与国家开发银行各分行共同建设适合本地区实际情况的科技型中小企业投融资机制，防范和控制信贷风险，加大贷款支持力度，现将有关事项通知如下：

一、指导思想

（一）充分发挥科技主管部门的组织协调优势和国家开发性金融机构的融资优势，整合各自资源，加大对科技型中小企业的融资支持，支持高新技术产业做大做强。

（二）通过信用建设、法人建设、治理结构建设和现金流建设，建立“借、用、还”一体的有效机制，防范和控制金融风险。

（三）融资支持对象必须是符合社会、经济和科技发展方向的科技型中小企业，通过融资促进地方产业结构调整优化，支持特色产业的发展。

（四）通过科技投融资体制建设，引导社会资金，加大对种子期、初创期和成长期科技型中小企业的融资支持力度，提高自主创新能力。

（五）坚持既要加大支持力度，又要积极稳妥、务求实效的原则，分阶段共同推进科技型中小企业融资工作。

二、工作职责和管理

（一）科学技术部和国家开发银行业务合作委员会负责总协调，制订进一步推动科技型中小企业融资工作的方针、政策。

（二）科学技术部负责指导和推动地方科技主管部门、国家高新区管委会与国家开发银行合作开展科技型中小企业贷款工作，并通过政策配套、科技信用建设、监督考核、统计评价、人员培训、表彰奖励等多种措施加强对贷款平台依托单位的管理和指导。具体日常工作由条件财务司、火炬中心和科技型中小企业技术创新基金管理中心负责。

（三）国家开发银行负责贷款管理工作，推动各分行与地方科技主管部门和国家高新区的合作，并通过制定政策，加强计划、组织、指导、监督、考核等措施对分行相关工作进行管理。

（四）地方科技主管部门、国家高新区管委会和国家开发银行各分行直接对口合作，负责本地区贷款平台建设、人员及机构的调配与管理、相关政策措施配套，具体指导和实施业务，推动本地区科技型中小企业的信用建设、法人建设、治理结构建设和现金流建设。

（五）国家开发银行各分行在贷款平台的配合下，具体负责科技型中小企业的开发、评审、贷款管理及本息回收，贷款平台应按国家开发银行分行的要求积极开展有关工作。

三、融资方式

（一）科技型中小企业贷款。地方科技主管部门或国家高新区管委会要把与国家开发银行共同建设贷款平台作为重要任务，国家开发银行各分行根据贷款平台自身承贷能力、管理能力、政策配套程度等实际情况与平台单位合作，合作方式可以是采取统贷方式或直贷方式。

贷款平台指根据国家开发银行各分行与地方政府、中小商业银行（含城市信用社）、农村信用社联社、担保公司等签订的中小企业贷款合作协议的约定，在国家开发银行培育和指导下，按要求承担或协助承担客户开发、评审和贷后管理职能的机构。科技型中小企业贷款平台可以依托当地的高新技术创业服务中心（孵化器）、生产力促进中心、特色产业基地、中小企业信用担保公司和高科技风险投资公司等科技中介机构建立。

统贷方式指国家开发银行向有借款资格和承贷能力的企事业法人（统借统还借款人，以下简称"指定借款人"）发放中小企业贷款，指定借款人运用国家开发银行贷款资金，以委托贷款等合法有效的资产运作方式，向中小企业提供资金支持的贷款方式。采取统贷方式的，贷款平台的职能由指定借款人承担。

直贷方式指国家开发银行直接与中小企业签订借款合同、中小企业直接对国家开发银行承担还款责任。贷款平台只负责客户开发、项目受理、初评等工作。

科技型中小企业贷款的额度、期限、评审及贷后管理按照国家开发银行中小企业贷款评审、信用评审和信贷管理等指导意见执行。

（二）高科技创业贷款。高科技创业贷款是指国家开发银行向国内优秀创业投资公司及科技企业孵化器提供贷款支持，创业投资公司及科技企业孵化器作为高科技创业贷款的贷款平台。该平台负责选择项目，主要以股权投资向科技型中小企业提供资金支持，也可以根据需要以债权形式支持科技型中小企业，通过创业投资公司这一平台分散投资，分担风险。

高科技创业贷款的额度、期限、评审及贷后管理按照国家开发银行高科技创业贷款项目评审指导意见执行。

四、配套政策

（一）科学技术部结合国家科技计划管理体制改革，以促进科技与金融结合为导向，以高新技术产业为重点，安排相关资金，用于资助和引导地方建立贷款平台和建立平台风险补偿机制。

（二）科学技术部科技型中小企业技术创新基金对科学技术部、国家开发银行建立的贷款平台试点所给予贷款的项目，提供一定比例的贷款贴息，地方科技主管部门或国家高新区管委会应给予配套贴息。

（三）国家开发银行对贷款平台建设和运行进行指导、培训和工作委托，支持平台建设和发展。

（四）国家开发银行对贷款平台及相关科技型中小企业提供财务顾问等金融服务，为科技型中小企业进一步的融资提供指导和帮助，引导商业银行、产业基金和其他社会资金共同支持科技型中小企业发展。

五、工作措施和要求

（一）科学技术部及地方科技主管部门、国家高新区管委会，国家开发银行及各分行要有专人进一步推动科技型中小企业融资工作。

（二）科学技术部和国家开发银行要针对科技型中小企业的特点和需要，共同举办相关培训、考察，加强科技服务和金融服务。

（三）地方科技主管部门、国家高新区管委会和国家开发银行各分行应根据本通知，结合当地实际情况，加强沟通，共同研究制定实施方案，并报科学技术部和国家开发银行备案。

（四）充分调动有关方面的积极性，吸引包括地方中小企业担保机构等在内的中介机构参与相关工作，建立科技型中小企业信用担保体系。

（五）地方科技主管部门、国家高新区管委会和国家开发银行各分行应积极探索支持高新技术产业和科技型中小企业发展的新举措，促进科技创新和金融创新的有机结合。

关于非公有资本进入文化产业的若干决定

（国发[2005]10号）

各省、自治区、直辖市人民政府，国务院各部委、各直属机构：

为大力发展社会主义先进文化，充分调动全社会参与文化建设的积极性，进一步引导和规范非公有资本进入文化产业，逐步形成以公有制为主体、多种所有制经济共同发展的文化产业格局，提高我国文化产业的整体实力和竞争力，现就有关问题作出如下决定：

一、鼓励和支持非公有资本进入以下领域：文艺表演团体、演出场所、博物馆和展览馆、互联网上网服务营业场所、艺术教育与培训、文化艺术中介、旅游文化服务、文化娱乐、艺术品经营、动漫和网络游戏、广告、电影电视剧制作发行、广播影视技术开发运用、电影院和电影院线、农村电影放映、书报刊分销、音像制品分销、包装装潢印刷品印刷等。

二、鼓励和支持非公有资本从事文化产品和文化服务出口业务。

三、鼓励和支持非公有资本参与文艺表演团体、演出场所等国有文化单位的公司制改建，非公有资本可以控股。

四、允许非公有资本进入出版物印刷、可录类光盘生产、只读类光盘复制等文化行业和领域。

五、非公有资本可以投资参股下列领域国有文化企业：出版物印刷、发行，新闻出版单位的广告、发行，广播电台和电视台的音乐、科技、体育、娱乐方面的节目制作，电影制作发行放映。上述文化企业国有资本必须控股51%以上。

六、非公有资本可以建设和经营有线电视接入网，参与有线电视接收端数字化改造，从事上述业务的文化企业国有资本必须控股51%以上。非公有资本可以控股从事有线电视接入网社区部分业务的企业。

七、非公有资本可以开办户外、楼宇内、交通工具内、店堂等显示屏广告业务，可以在符合条件的宾馆饭店内提供广播电视视频节目点播服务。有关部门要严格资质认定，明确经营范围，加强日常监管。

八、非公有资本进入文化产业按现行有关规定管理，其中第五条、第六条、第七条规定的事项还须经有关行政主管部门批准。有关投资项目的审批或核准，按照《国务院关于投资体制改革的决定》（国发[2004]20号）的规定办理。要严格审批程序，完善审批办法，规范文化产业发展，保护企业合法权益，取缔违法违规经营。非公有制文化企业在项目审批、资质认定、融资等方面与国有文化企业享受同等待遇。

九、非公有资本不得投资设立和经营通讯社、报刊社、出版社、广播电台（站）、电视台（站）、广播电视发射台（站）、转播台（站）、广播电视卫星、卫星上行站和收转站、微波站、监测台（站）、有线电视传输骨干网等；不得利用信息网络开展视听节目服务以及新闻网站等业务；不得经营报刊版面、广播电视频率频道和时段栏目；不得从事书报刊、影视片、音像制品成品等文化产品进口业务；不得进入国有文物博物馆。

十、文化部、广电总局、新闻出版总署根据本决定，制定具体实施办法，明确国家鼓励、允许、限制和禁止投资的产业目录，引导非公有制文化企业持续快速健康发展。

各地区、各部门要依法清理和修订与本决定相抵触的规定。外资进入文化产业依照有关法律法规的规定执行。

关于治理向个体私营等非公有制企业乱收费、乱罚款和各种摊派等问题的通知

（国减负[2005]2号）

各省、自治区、直辖市人民政府，新疆生产建设兵团，国务院各部委、各直属机构：

近年来，各地区、各部门认真贯彻《中共中央、国务院关于治理向企业乱收费乱罚款和各种摊派等问题的决定》(中发[1997]14号，以下简称中央《决定》)，开展企业治乱减负工作，取得了明显的成效，得到广大企业的认可。在个体私营等非公有制企业治乱减负方面也做了不少工作，但是，向个体私营等非公有制企业乱收费、乱罚款和各种摊派现象仍时有发生。乱评比、乱排序、乱办班、乱拉赞助；强制企业接受指定服务，强行收费；强制企业参加协会、学会、研究会；强行向企业拉广告，强制企业订购书报刊物、音像制品等问题仍普遍存在，名目繁多，屡禁不止，已成为影响个体私营等非公有制企业发展的突出问题，社会各方面反映强烈，必须采取有力措施加以解决。为贯彻落实《国务院关于鼓励支持和引导个体私营等非公有制经济发展的若干意见》(国发[2005]3号)精神，规范向个体私营等非公有制企业的收费行为，切实减轻企业负担，国务院减轻企业负担部际联席会议决定，对向个体私营等非公有制企业乱收费、乱罚款和各种摊派等行为进行重点治理。现将有关事项通知如下：

一、治理原则。以邓小平理论和“三个代表”重要思想为指导，全面落实科学发展观，认真贯彻中央确定的方针政策，鼓励、支持和引导非公有制企业发展。一是要清除影响非公有制企业发展的体制性障碍，确立平等的市场主体地位，实现公平待遇、公平竞争；二是依法保护非公有制企业和职工的合法权益，促进构建社会主义和谐社会；三是进一步加强和改进政府监督管理和服务，为非公有制企业创造良好环境；四是进一步引导非公有制企业依法经营、诚实守信、健全管理，不断提高自身素质，促进非公有制企业持续健康发展。

二、全面落实已经公布取消的收费项目。中央《决定》下发以来，各级人民政府和国务院有关部门已公布取消的涉及企业的行政事业性收费、政府性基金、政府性集资、罚款等项目，适用于非公有制企业，各地必须坚决贯彻执行，不得变换名目向非公有制企业收取。向非公有制企业收取行政事业性收费，必须按照财政部、国家发展改革委和各省、自治区、直辖市人民政府发布的涉企收费项目目录规定执行，收取政府性基金必须按照财政部发布的涉企基金项目目录规定执行，目录以外收取的，企业有权拒缴。

三、全面清理涉及非公有制企业收费项目。各地区、各部门要按照《行政许可法》和中央《决定》的规定，对涉及个体私营等非公有制企业的收费进行清理，不符合规定的行政事业性收费、政府性基金、政府性集资、罚款项目和各种摊派，均一律取消。对非公有制企业与公有制企业实行统一政策，取消专门针对个体工商户、私营企业等非公有制企业行政事业性收费、政府性基金、政府性集资、罚款项目和各种摊派等歧视性收费规定。

四、建立健全审批、收缴和使用管理制度。今后，所有新增加涉及非公有制企业的行政事业性收费、政府性基金、政府性集资、罚款项目，必须按中央《决定》规定的审批管理制度执行。所有上述收费要缴入国库或财政专户，纳入部门预算编制范围，实行“收支两条线”管理。向非公有制企业收取行政事业性费用，必须凭价格主管部门颁发的《收费许可证》和财政部、省、自治区、直辖市人民政府财政部门统一制发的行政事业性收费票据，否则，企业应拒绝交费。实行“企业交费登记卡”制度，规范收费行为。

五、放宽非公有制企业市场准入。根据国务院有关规定，对初创小企业减免登记注册费。对不执行国家关于对个体私营等非公有制企业优惠政策，应立即予以纠正。取消针对非公有制企业在市场准入、土地使用、进出口贸易、金融信贷等方面的歧视性政策。

六、禁止向个体私营等非公有制企业乱检查、乱评比、乱培训、乱拉赞助。对非公有制企业进行经济检查，必须依照法律法规规定进行，严格遵守国务院批准的《控制向企业经济检查的规定》(国经贸监督[1999]706号)。要按照《中共中央办公厅、国务院办公厅关于严格控制评比活动有关问题的通知》(厅字[1996]10号)和国务院六部委《关于整顿营销信息发布秩序坚决制止乱排序、乱评比行为的通知》(国经贸贸易[1999]757号)等文件规定，坚决纠正以各种名义举办的对非公有制企业的评比或变相评比活动(包括对企业、企业经营管理者、企业产品、企业经营效益等进行的评比、排序、评选、评估、评奖、评优、展评、信息发布等活动)。今后，除法律法规规定或国务院批准外，不得举办全国性或行业性的对非公有制企业的各种评比活动。任何行政机关和单位都不得在法律法规规定之外要求非公有制企业参加强制性的收费培训，凡是行政机关和单位要求非公有制企业进行的强制性的培训，组织者不得向企业收取任何费用。

七、整顿规范中介服务机构向非公有制企业的收费。中介机构接受行政机关委托对非公有制企业进行检验、审查审核、咨询、评估等，其费用由委托单位支付，不得向企业收取任何费用。中介机构提供服务时，要按照“自愿有偿”原则和有关规定收取费用，禁止中介服务机构利用政府部门的职权，向非公有制企业强制服务和强制收费。规范服务性收费，严肃查纠只收费不服务、多收费少服务等行为。

严禁任何协会、学会、研究会等借企业年审之机或以各种名义强制企业入会，收取会费；严禁强制企业订购书报刊物、音像制品等；严禁借企业转制登记之机，任意改变企业类型并收取管理费；严禁机关、事业单位及其工作人员以任何理由到非公有制企业报销各种费用。

八、政府部门和有关单位不得强制非公有制企业代收各种费用，需要委托非公有制企业收取相关费用,应在协商的基础上签订委托合同，并切实履行合同的规定。街道办事处、居民委员会、村民委员会等基层组织不得向所在区域的非公有制企业以各种名义进行摊派。

九、加强监督检查，加大执法力度。凡涉及个体私营等非公有制企业的政府法规、部门规章和作为行政管理依据的规范性文件，都应当通过新闻媒体、政府网站等形式向社会公开，便于群众了解，加强群众监督。各级企业负担监督管理部门要建立举报制度,设立联系点公布举报电话。任何单位和个人都有权举报向非公有制企业的乱收费、乱罚款和各种摊派等增加企业负担的行为。有关部门受理举报后，要认真进行调查处理，对于造成恶劣影响和严重后果的重大案件，要按照有关规定，追究责任，根据情节轻重给予相应党纪政纪处分，构成犯罪的要移交司法机关依法处理。对于顶风作案和打击报复举报人或刁难企业的,要严肃处理，决不姑息。要充分发挥新闻舆论的监督作用，对于情节恶劣的典型案件，予以曝光。

十、加强领导，建立责任制。治理向个体私营等非公有制企业乱收费、乱罚款和各种摊派，减轻非公有制企业负担工作，涉及面广，政策性强，情况复杂，难度很大。各地区、各有关部门要从政治和全局的高度，认真贯彻落实党的十六大精神和党中央、国务院的有关政策规定，充分认识抓好这项工作对于鼓励、支持和引导非公有制经济发展，加强廉政建设，保持社会稳定的重大意义。要实行统一领导，分级负责，采取自查自纠与监督检查相结合的方式进行。要切实加强领导，指定一位领导同志负责，责任到人，及时解决存在的问题。要把党中央、国务院关于减轻非公有制企业负担的部署和要求真正落到实处，为非公有制企业改革和发展创造良好环境。

关于印发《国家安全生产监察专员对口联系推广非公有制企业安全监管经验试点地区的分工》的通知

（安监总厅字[2005]36号）

根据原国家安全监管局《关于印发<推广非公有制企业安全监管试点经验实施方案>的通知》（安监管司办字［2004］93号）和总局《关于进一步做好推广非公有制企业安全监管经验工作的通知》（安监总办字［2005］7号）的有关精神，为进一步加强对试点地区推广非公有制企业安全监管经验工作的联系和指导，决定由国家安全生产监察专员具体负责联系指导推广工作。

现将《国家安全生产监察专员对口联系推广非公有制企业安全监管经验试点地区的分工》印发给你们。请各单位积极配合国家安全生产监察专员共同做好非公有制企业安全监管试点经验的推广工作，加强联系，并及时报告工作进展情况。

国家安全生产监察专员对口联系推广非公有制企业安全监管经验试点地区的分工见下表：

序号	推广地区	联系人
1	北京	刘云昌
2	天津	刘云昌
3	河北	金兆民
4	山西	金兆民
5	辽宁	陈茂生
6	吉林	陈茂生
7	黑龙江	孟昭聚
8	上海	章苏东
9	江苏	章苏东
10	浙江	杨又明
11	安徽	郭新庆
12	福建	杨又明
13	江西	郭新庆
14	山东	孟昭聚
15	河南	李世钧
16	湖北	李世钧
17	湖南	贺黎光
18	广东	贺黎光
19	广西	杨国顺
20	海南	杨国顺
21	重庆	杨江有
22	四川	杨江有

关于印发贯彻落实国务院《关于鼓励支持和引导个体私营等非公有制经济发展的若干意见》重要举措分工方案的通知

（发改企业[2005]966号）

国务院有关部门、直属机构及有关单位：

今年2月24日，国务院下发了《关于鼓励支持和引导个体私营等非公有制经济发展的若干意见》（国发[2005]3号，以下简称《若干意见》）。按照国务院领导指示和《国务院2005年工作要点》要求，我委牵头起草了《贯彻落实〈若干意见〉重要举措分工方案》。经报请国务院同意，现印发你们，请结合实际贯彻执行，并请将贯彻落实情况及时告我们。

贯彻落实《国务院关于鼓励支持和引导个体私营等非公有制经济发展的若干意见》重要举措分工方案

一、重要举措项目及分工

（一）放宽非公有制经济市场准入

1.提出清理和修订限制非公有资本市场准入以及非公有制经济发展的法规、规章和其他规范性文件的实施办法，力争在2006年底完成清理和修订工作。（国务院法制办、发展改革委牵头）

2.研究制定电力、电信、铁路、民航、石油等垄断行业和领域引入市场竞争机制，允许非公有资本平等进入的政策规定。（发展改革委、电监会、信息产业部、铁道部、民航总局按职能分别牵头，国土资源部、国务院研究室等参加）

3.研究制定具备资质的非公有制企业平等取得探矿权、采矿权，鼓励非公有资本进行商业性矿产资源的勘查开发的政策规定。（国土资源部牵头，发展改革委、国务院研究室等参加）

4.加快制定完善政府特许经营制度，规范招投标行为，研究制定鼓励非公有资本参与市政公用事业和基础设施领域的投资、建设和运营以及产权制度改革的政策意见。（建设部、交通部牵头，发展改革委、国务院研究室等参加）

5.鼓励非公有资本投资教育、科研、医疗、文化、体育和社会服务等社会事业的非营利性领域和营利性领域的政策意见。（教育部、科技部、卫生部、中医药局、中宣部、文化部、新闻出版总署、广电总局、体育总局、发展改革委按职能分别牵头，国土资源部、国资委、财政部、税务总局、国防科工委、知识产权局、国务院研究室等参加）

6.研究制定允许非公有资本进入各类金融机构和金融中介服务机构的政策规定。（银监会、保监会、证监会、人民银行按职能分别牵头）

7.研究鼓励非公有资本参与军工科研生产任务竞争以及军工企业改制改组的政策意见。（国防科工委牵头，国资委、发展改革委、科技部、信息产业部、国务院研究室等参加）

8.制定鼓励非公有制经济参与国有经济结构调整和国有企业重组的政策措施。（国资委牵头，发展改革委、财政部、科技部、人民银行、银监会、税务总局、国务院研究室等参加）

9.鼓励非公有制经济参与西部大开发、东北地区等老工业基地振兴和中部崛起的政策意见。（西部开发办、振兴东北办、发展改革委牵头，财政部、人民银行、银监会、税务总局、国务院研究室等参加）

（二）加大对非公有制经济的财税金融支持

10.各级财政逐步加大对中小企业发展专项资金的支持；按照《中小企业促进法》要求，加快设立国家中小企业发展基金。（财政部牵头，发展改革委等参加）

11.研究完善有关税收扶持政策。（财政部、税务总局牵头，发展改革委、科技部、劳动保障部、民政部等参加）

12.从非公有制经济特点出发，改进对商业银行信贷考核和奖惩管理方式，提高对非公有制企业的贷款比重；开展金融产品创新，完善对非公有制经济和中小企业的金融服务。（人民银行、银监会、保监会、证监会、中国出口信用保险公司按职能分别牵头，发展改革委等参加）

13.研究制定政策性银行开展以中小企业为主要服务对象的转贷款、担保贷款的实施办法。（银监会牵头，人民银行、发展改革委、国家开发银行等参加）

14.加快制度创新，完善中小企业板块、推进创业板市场，健全证券公司股份转让系统的功能，鼓励有条件的非公有制企业到境外上市，拓展非公有制经济直接融资渠道。（证监会牵头，发展改革委、商务部、科技部、国家外汇管理局等参加）

15.允许符合条件的非公有制企业依照国家有关规定发行企业债券，支持建立创业投资机制和发展中小投资公司。（发展改革委牵头，法制办、财政部、证监会、国家开发银行等参加）

16.支持非公有制企业依照有关规定吸引国际金融组织投资。（财政部牵头，发展改革委、外汇管理局、海关总署、证监会、银监会、人民银行、商务部等参加）

17.建立和完善中小企业信用担保的行业准入、风险控制和补偿机制，通过财税政策鼓励有条件的地区建立中小企业担保基金和区域性中小企业信用再担保机构，加强对信用担保机构的监管，建立健全担保业自律性组织。（发展改革委牵头，财政部、民政部、税务总局、银监会等参加）

（三）完善对非公有制经济的社会服务

18.组织社会资源，加快中小企业服务体系建设。（发展改革委牵头，财政部、科技部、民政部、人事部等参加）

19.研究制定按照市场化原则，规范和发展各类行业协会、商会等自律性组织的政策意见。（民政部牵头，发展改革委、商务部、国资委、工商总局、中央统战部、全国工商联等参加）

20.研究制定鼓励创办小企业的政策措施，健全创业服务体系。（发展改革委、劳动保障部牵头，科技部、财政部、税务总局、工商总局、知识产权局等参加）

21.加大面向非公有制企业经营管理人员、职工的培训力度，建立职业经理人测评与推荐制

度，加强非公有制企业人才队伍建设。（发展改革委牵头，中组部、人事部、教育部、劳动保障部、农业部等参加）

22.支持建立适应非公有制中小企业特点的信息和共性技术支持服务平台，推进非公有制企业信息化，加强科技创新服务。（发展改革委牵头，科技部、信息产业部、财政部、知识产权局等参加）

23.研究非公有制企业知识产权战略，加强非公有制企业知识产权能力建设。（知识产权局牵头，发展改革委、工商总局、版权局、商务部、科技部、财政部、税务总局、信息产业部等参加）

24.支持中小企业"走出去"，开拓国内外市场，加大政府采购比重。（发展改革委牵头，外交部、财政部、外汇管理局、海关总署、知识产权局、国土资源部、质检总局等参加）

25.鼓励国内非公有制企业引进外资，开展多种形式的经济技术合作。（商务部牵头，发改委、外交部、财政部、外汇管理局、知识产权局、国土资源部等参加）

26.建立适合非公有制中小企业特点的信用征集体系、评级发布制度以及失信惩戒机制，研究制定中小企业信用制度管理办法。（人民银行牵头，发展改革委、商务部、工商总局等参加）

（四）维护非公有制企业和职工的合法权益

27.进一步完善有关非公有制企业私有产权保护的法律。（国务院法制办牵头，发展改革委、工商总局、国务院研究室等参加）

28.建立和完善非公有制企业的劳动关系协调机制，依法规范工资分配制度，健全劳动争议处理制度。（劳动保障部牵头，全国总工会、中国企业联合会、安全监管总局、司法部、全国工商联、发展改革委等参加）

29.建立健全非公有制企业工会组织。（全国总工会牵头，劳动保障部、全国工商联、发展改革委等参加）

（五）引导非公有制企业提高自身素质

30.研究改进和完善个体工商户、中小企业的会计、税收、统计、档案等管理制度，探索建立有利于个体工商户、中小企业发展的组织制度和管理规范。（工商总局、财政部、税务总局、统计局、国家档案局、发展改革委按职能分别牵头）

31.研究制定促进以中小企业集聚为特征的产业集群健康发展的指导性意见。（发展改革委牵头，科技部、教育部、文化部、广电总局、商务部、信息产业部等参加）

（六）改进政府对非公有制企业的监管

32.根据非公有制经济生产经营特点，改进监管办法，规范监管行为，提高监管水平。（安全监管总局、工商总局、税务总局、环保总局、质检总局、食品药品监管局、劳动保障部和发展改革委按职能分别牵头）

33.开展非公有制企业的"三乱"治理。（国务院减负办牵头，发展改革委、财政部、监察部、中纪委、公安部等参加）

（七）加强对发展非公有制经济的指导和政策协调

34.建立促进非公有制经济发展的工作协调机制和部门联席会议制度。（发展改革委、中央编办牵头，全国工商联等参加）

35.研究充分发挥各级工商联在政府管理非公有制经济方面的助手作用。（中央统战部牵头，全国工商联、发展改革委、民政部、中央编办等参加）

36.建立适合非公有制中小企业特点的统计制度和监测体系。（统计局牵头，发展改革委等参加）

37.营造有利于非公有制经济发展的舆论环境。（中宣部牵头，统战部、工商联、发展改革委等参加）

二、实施分工项目的基本要求

1.分工项目中凡属建章立制的，有关部门要抓紧相关制度的建立和完善、有关政策和法规的起草工作；凡属改革举措的，要抓紧制定贯彻落实的具体方案，并组织实施；凡属提出原则性要求的，要尽快组织专门力量调查研究，在此基础上提出加强和改进相关工作的意见。要以切实解决实际问题为原则，分清轻重缓急，贯彻落实的形式不强求统一，不要求"齐步走"，成熟一个出台一个。

2.分工项目均要制定进度安排，明确项目责任人，牵头单位应在年中和年末报告进展情况。贯彻实施分工项目要注意同推动当前工作紧密结合，及时了解和解决实施过程中的新情况、新问题，促进分工项目的贯彻落实。

3.对于涉及多个部门的项目，分别牵头的部门要主动请相关单位共同参与并听取意见，发展改革委要搞好协调、跟踪和反馈。

关于印发《关于鼓励支持和引导个体私营等非公有制企业实施以质取胜战略的意见》的通知

（国质检质[2005]191号）

各直属检验检疫局，各省、自治区、直辖市、计划单列市质量技术监督局：

现将《关于鼓励支持和引导个体私营等非公有制企业实施以质取胜战略的意见》印发给你们，请认真贯彻执行。

关于鼓励支持和引导个体私营等非公有制企业实施以质取胜战略的意见

为认真贯彻落实《国务院关于鼓励支持和引导个体私营等非公有制经济发展的若干意见》，

充分发挥质检部门的职能作用，鼓励支持非公有制企业实施以质取胜战略，提高非公有制企业的质量管理和产品质量水平，促进非公有制经济发展，提出如下意见：

一、牢固树立支持非公有经济发展的思想，充分认识推动非公有制企业实施以质取生战略的重要性

1.非公有制经济是社会主义市场经济的重要组成部分和促进社会生产力发展的重要力量，鼓励、支持和引导非公有制企业实施以质取胜战备，既是质检系统贯彻“三个代表”重要思想，落实科学发展观的重要举措，也是促进非公有经济健康快速持续发展的重要举措。各级质检部门要充分认识发展非公有制经济的重要性，充分发挥质检部门的职能作用，把支持非公有制经济发展工作抓紧抓好，全面提高非公有制中企业的质量竞争力。

二、引导企业自律，建立质量保证机制，帮助非公有制企业加强质量技术基础工作

2.夯实企业质量管理基础。从非公有制企业的实际情况出发，指导帮助建立健全内部质量保证体系，督促企业完善自律机制。积极推动非公有制企业建立质量档案，帮助企业拣出制约提高质量的关键因素，提出有针对性的质量改进措施，分类指导企业加强质量管理，组织质量攻关，提高产品质量水平。

3.指导和帮助企业做好产品质量和管理体系认证工作。积极鼓励非公有制企业申请产品质量和管理体系认证，认真做好认证的咨询、审核、检验等工作。进一步规范认证机构，培育健康有序的认证市场，加大监管力度，提高认证的有效性。指导非公有制企业通过产品质量和管理体系认证，提高产品质量、企业管理水平和整体素质。

4.加强企业标准化工作。对基础薄弱的中小企业，要积极提供标准化服务，引导企业严格按标准组织生产；对标准化工作基础较好的企业，要引导企业建立和完善企业标准体系，实现生产经营全过程标准化管理，争创“标准化良好行为企业”。鼓励非公有制企业采用国际标准和国外先进标准并使用采标标志。支持技术力量雄厚的非公有制企业参与国家标准、国际标准的制定，提高自主创新和核心技术拥有自主知识产权的能力。

5.帮助企业加强计量检测基础工作。贯彻实施《中小企业计量检测保证规范》，帮助中小企业建立健全计量检测手段和计量管理制度，提高计量管理水平；在定量包装商品生产企业中继续开展计量保证能力评价，进一步推进C标志工作；计量技术机构要主动上门开展各种计量校准检测，在能源与原材料检测、质量管理、工艺过程控制、安全与环境监测、成本核算等方面为非公有制企业提供准确可靠的计量保证。

6.大力普及质量管理知识。在非公有制企业中大力普及质量管理知识和有关法律、法规知识，提高经营者和全体员工的质量意识，使广大非公有制企业牢固树立“质量第一”的思想。积极推广适应不同类型企业的质量管理理论和方法；组织“质量专家企业行”活动，深入企业，开展质量管理现场咨询和诊断，帮助他们获得质量专业职业资格，为提高产品质量水平打好人才基础。

三、建立质量导向机制，改进服务和监管方式，为企业创造良好发展环境

7.鼓励和支持有条件的企业做强做大。针对各地产业基础和优势，采取各种扶持政策，培育一批经济实力强、质量技术水平高、地区经济特色突出的骨干企业。对具备一定条件的非公有制企业，要在加强监督检查帮助其不断提高产品质量的基础上，将符合国家免检规定的产品推荐为免检产品。选择一批具有比较优势的非公有制企业产品纳入各地名牌发展规划，支持和帮助其争创名牌产品。注重发挥骨干企业的品牌效益，构筑名牌群体优势，推动企业以名牌产品为龙头带动一批中小企业上台阶，促进中小企业向“专、精、特、新”方向发展。

8.为非公有制企业创造公平竞争的市场环境。各级质检部门要认真清理已出台的文件和规定，坚决消除限制、歧视非公有制企业发展的政策、体制障碍。在申办生产许可证、CCC认证、仪器质量安全市场准入、特种设备行政许可、原产地域保护、管理体系认证和申请使用采标标志等方面，坚持对非公有制企业和其他所有制类型的企业一视同仁。加大对生产名优产品的非公有制企业保护力度，主动将其列入打假保名优范围，有效维护企业金权益。加强非公有制企业质量申诉受理工作，对异地质量申诉问题，必须认真负责予以处理，积极为企业排忧解难。

9.加大非公有制企业减负工作力度。全面清理涉及非公有制企业的收费项目，严格执行涉及非公有制企业收费的审批、收缴和使用管理制度，已公布取消的收费项目必须坚决取消。严禁向非公有制企业乱检查、乱评比、乱培训、乱发证、乱拉赞助，严禁机关、事业单位及其工作人员以任何理由到非公有制企业报销各种费用，同时要采取措施整顿规范学会、协会和中介服务机构的收费。

10.提高产品质量监督检查的有效性。针对非公有制企业实际情况，在产品质量监督检查中，实行抓小稳大，区别、分类监管，突出重点产品、重点企业、重点项目和重点区域。对质量管理体系比较健全，产品质量长期稳定的非公有制企业要加大帮扶力度，养活监督抽查频次。对生产条件差、产品质量不稳定的小企业和个体工商户要加强监管。同时，加强质量监督检查后处理工作，对产品质量不合格的企业要帮助分析产生产问题的原因，落实各项整改措施，提高产品质量。

四、建立市场准入机制，加强对突出质量问题的治理，确保产品质量安全

11.严格市场准入制度。加大对生产涉及人体健康人身财产安全产品企业的监管力度，凡是实行生产许可证、特种设备行政许可、强制性产品认证等市场准入管理的产品，必须严格检验，严格审查。对生产条件差、工艺落后、难以保证产品质量的，要积极帮助其改进工艺和生产条件，争取达到发证要求。对整改后仍达不到要求的，坚决不予发证。同时，严格发证后的监管，加强特种设备监督检验，严厉查处生产销售无证产品及有证企业生产不合格产品等违法行为。加大对生产涉及强制性标准产品企业的监督检查的力度，坚决淘汰不具备基本生产条件、不能保证产品质量的企业。密切跟踪新建企业信息，提前介入，切实改变“先建设，后规范”的做法。加大对国家明令淘汰产品的执法力度，保证国家宏观调控措施的落实。

12. 深入开展区域性和待业性产品质量的帮扶整治。对非公有制中小企业比较集中、产品质量问题较多的区域和待业进行集中帮扶整治，促进质量水平的提高。对新出现的区域性和待业性质量问题，要本着“帮扶、规范、提高”的原则，加大工作力度，防止蔓延泛滥。要加强制度建设，落实质量工作责任制，巩固帮扶整治工作成果，建立区域性产品质量长效保证机制。

13.加大打假工作力度。把打击制假售假违法活动与提高产品质量，维护非公有制企业良好形象联系起来，动员广大企业自学掏假冒伪劣产品。各地要针对本地区制假售假违法活动的特点，坚持重点突破与全面铺开相结合，分工负责与联合行动相结合，加大从源头上打假治劣的力度。通过完善举报奖励制度，扩大打假案源。要运用舆论宣传手段，曝光典型案件，提高热潮打假的威慑力和有效性。要建立预警监控及快速反应机制，对区域性的假冒伪劣产品问题做到早发现、早打击、早控制。

五、完善管理制度和监管方式，为非公有制企业扩大出口服务

14.加快“大通关”建设。加快建设电子检验检疫，进一步推广电子报检、口岸快速查验和电子审单快速核放，提高检验检疫通关效率。对生产规模大、进出口商品多、信誉良好的非公有制企业，实行电子监管，实现提速、减负、超产奖及严密监管。对符合条件的非公有制企业出口产品，实行“绿色通道”，产地检验合格后，口岸不再查验，直接放行，养活企业货物口岸滞留时间，降低进出口成本。

15.大力推行分类管理。积极开展检验检疫风险评估，对质量管理水平高，出口产品质量稳定的非公有制企业，在有效监管的基础上，降低抽查比例，提高通关效率。对符合条件的非公有制企业，实行出口商品免验。积极改革检验模式，根据产品特点，实行批批检验、型式试验、抽批检验、过程监管、合格保证等多种检验监管模式。对生产假冒伪劣产品和违反检验检疫有关法律、法规的企业要加大监管和行政处罚力度。对敏感行业和容易或已经出现安全、卫生、质量问题的企业要进一步加强监管，保证国家安全和出口产品信誉。

16.加强技术性贸易措施体系建设。及时了解、通报国外技术法规、标准、食品安全和动植物及其产品检验检疫、认证等方面的信息，指导非公有制企业规范运作、合格生产。加强与国外有关机构交涉，打破技术性贸易壁垒，帮助非公有制企业产品打入国际市场。指导帮助规模较大、质量体系健全的出口食品、动植物和动植物产品的非公有制企业争取国外注册，提高其出口竞争力。积极开展地理标志保护产品注册，保护非公有制企业的传统和特色产品。

六、建设健全技术保障机制，全面提升对非公有制企业的技术服务能力和监管水平

17.建立健全产品质量检测网络。积极推进技术机构联合重组，优化检测布局，增强技术机构社会化服务能力。重点选择一批非公有制企业相对集聚、经济规模大、行业特色明显、市场占有率高的区域建立国家级或省级检测中心和实验室。在快状经济比较明显的地区，鼓励技术机构进区进园，设立专业性检测机构，就地开展技术服务。

18.推动公共检测站建设。鼓励技术机构采取产权联合、股份合作、设备租赁等各种合作方式，充分利用社会资金、设备、人才、技术等资源，建立公共检测站，积极为企业服务。鼓励非公有企业联建实验室，提高中小企业自我检测和产品研发能力。积极开展检测人员培训，帮助中小企业提高检验检测水平。

19.进一步强化质检系统服务功能。充分发挥质检系统人才、技术和信息优势，加强技术信息服务体系建设，积极面向企业开展技术支持、认证认可、信息服务、管理咨询、人才培训等服务，督促、引导企业从源头上抓产品质量。充分利用社会力量，通过资源整合，完善标准和技术贸易措施咨询服务体系，为企业提高产品质量和跨越技术壁垒服务。要充分发挥各方面专家作用，帮助企业开展技术攻关和人员培训，切实为企业解决实际问题。

七、积极探索建立社会监督机制，努力形成“企业自律、政府监管、市场引导”的质量工作格局

20.积极发挥各类协会在质量工作中的作用。支持指导非公有制企业本着自愿的原则，加入或组建各种专业性协会，实行自我管理、自我服务、自我教育和自我约束。结合行政许可法的实施，进一步将一些事务性、技术性、实施性的和适合由中介机构进行自主管理的职能放给各类专业协会，完善其功能，增强自律能力。进一步发挥协会组织在信息交流、人才培训、质量改进、技术互助、品牌和行业形象培育等方面的积极作用。

21.充分发挥舆论宣传对提高产品质量的监督导向作用。进一步加大对质量工作的宣传，大力营造“质量兴市、名牌兴企”的氛围，引导非公有制企业重视质量，支持质量工作。大力宣传优质产品、宣传讲诚信和为质量振兴作出贡献的非公有制企业及先进个人，积极介绍有关质量知识、质量管理先进经验，推动非公有制企业不断提高产品质量。

关于跨省区或规模较大的中小企业信用担保机构设立与变更有关事项的通知

（发改企业[2005]1257号）

各省、自治区、直辖市及计划单列市、新疆生产建设兵团发展改革委、经贸委(经委)、中小企业局：

为规范中小企业信用担保机构的市场准入，促进担保机构的健康发展，根据《中华人民共和国中小企业促进法》和《国务院对确需保留的行政审批项目设定行政许可的决定》（国务院412号令）的有关规定，现就跨省区或规模较大的中小企业信用担保机构设立与变更审批的有关事项通知如下：

一、审批主体与范围

（一）我委负责跨省区或规模较大的中小企业信用担保机构设立与变更审批，依照国家有关法律法规和本通知实施监督管理。

（二）跨省区是指在两个或两个以上省区开展担保与再担保业务的中小企业信用担保机构；规模较大是指注册资本1亿元人民币及以上的中小企业信用担保机构。

（三）中小企业信用担保机构是指经政府主管部门批准，依法设立，以中小企业为服务对象，主要从事担保、再担保业务及相关融资服务，并独立承担担保责任的专业化融资服务机构。

（四）未经许可，跨省区或规模较大的中小企业信用担保机构一律不得设立或变更。

二、设立与变更条件

（一）设立担保机构应当具备下列条件：

(1)有符合法律法规规定的章程；

(2)注册资本符合法定条件，其中货币资本不低于80%；

(3)有符合担保机构任职资格的高级管理人员和熟悉担保业务的合格从业人员；

(4)有健全的组织机构、内部管理制度和风险控制制度；

(5)以中小企业为主要服务对象，从事信用担保、融资担保、履约担保和再担保及其他经核准的融资服务业务；

(6)符合国家对担保业统筹规划、合理布局的总体要求。

（二）申请设立担保机构须提交下列材料：

(1)设立申请报告；

(2)可行性研究报告和筹建方案；

(3)有法定资格的验资机构出具的验资报告；

(4)拟任公司高级管理人员的简历，内部部门设置及人员基本情况；

(5)营业场所所有权或使用权证明文件；

(6)公司章程、内部管理制度及风险控制制度等文件；

(7)发起人近三年有关经营业绩、财务状况和信用记录的报告；

(8)其他需要提供的材料。

（三）根据需要，担保机构可实施变更。变更下列事项须报经原审批部门批准：

(1)调整区域范围；

(2)调整业务范围；

(3)机构撤销、分立或者合并。

（四）经批准，担保机构持批准文件到工商行政管理部门申请登记注册，领取营业执照，方可营业。

三、审批程序

（一）申报设立跨省区或规模较大的中小企业信用担保机构，应向所在地省区中小企业管理部门提出申请，由省级中小企业管理部门负责初审。

（二）省级担保机构监管部门应自受理申请之日起二十日内完成初审，并将初审意见尽快上报我委。

（三）中央企业等单位设立跨省区或规模较大的中小企业信用担保机构的，可直接向我委提出申请。

（四）我委自受理之日起二十日内作出许可或不予许可的决定。确需延长时间的，经本部门负责人批准，可延长十日，并将延时理由告知申请人。

四、监督管理

（一）担保机构要以担保为主业，不得从事或变相从事存款、贷款等金融业务。

（二）担保机构须按照当年保费收入的50%提取未到期责任准备金；按照不超过当年年末担保责任余额的1%计提风险准备金；对单个受保企业提供的担保责任余额最高不得超过担保机构自身实收资本总额的15%。

（三）担保机构须接受监管部门的监督检查，按要求提供真实信息。

（四）担保机构监管部门，要切实履行职责，加强对担保机构的监督管理。同时要建立和完善公示制度，对组织机构不健全、内部管理制度和风险控制制度不完善、违规操作的担保机构，一经发现核实，即向社会公示。对于恶意抽逃资金、非法集资投资、恶意逃废债务和转嫁风险，情节严重构成犯罪的，要依法追究其刑事责任。

关于印发《银行开展小企业贷款业务指导意见》的通知

（银监发[2005]54号）

各银监局，各政策性银行、国有商业银行、股份制商业银行：

为促进和指导各银行进一步改善对小企业的金融服务，逐步调整和改善信贷资产结构，中国银监会制定了《银行开展小企业贷款业务指导意见》，现印发给你们。

请各银监局将本指导意见转发给辖内各银监分局、城市商业银行、城市信用社、农村商业银行和农村合作银行。

请各银行参照本指导意见，结合本行和本地区实际，制定具体的实施办法和业务规程。在实施过程中如有问题或建议，请及时报告银监会。

银行开展小企业贷款业务指导意见

（中国银行业监督管理委员会）

第一条 为促进和指导各银行不断改善对小企业的金融服务，逐步调整和优化信贷资产结构，根据《中华人民共和国商业银行法》、《中华人民共和国银行业监督管理法》，以及《国务院关于鼓励支持和引导个体私营等非公有制经济发展的若干意见》（国发[2005]3号）等法规和有关规定，制定本指导意见。

第二条 本指导意见中的小企业泛指各类所有制和组织形式的小型企业及个体经营户。小型企业的划分标准参照《中小企业标准暂行规定》（国经贸中小企[2003]143号）、《统计上大中小型企业划分办法（暂行）》（国统字[2003]17号）和《部分非工企业大中小型划分补充标准（草案）》（国资厅评价函[2003]327号）的规定。

本指导意见中的贷款泛指各类贷款、贸易融资、贴现、保理、贷款承诺、保证、信用证、票据承兑等表内外授信和融资业务。

本指导意见中的银行包括政策性银行、商业银行和农村合作银行。城市信用社开展小企业贷款业务可参照本指导意见。

第三条 商业银行开展小企业贷款应遵循自主经营、自负盈亏、自担风险和市场运作的原则，应以实现小企业贷款业务的商业性可持续发展为目标。

第四条 政策性银行因受机构网络限制，可依托中小商业银行和担保机构，开展以小企业为服务对象的转贷款、担保贷款业务。政策性银行开展此项业务应遵循市场原则和有效控制风险原则，着重从资金和技术两个方面支持中小商业银行改善面向小企业的金融服务，贷款风险由具体参贷银行自负。

第五条 各银行应有专门部门负责小企业贷款工作，对小企业贷款业务加强专项指导和分账考核。

开展小企业贷款的基层行应设立独立的小企业贷款科室或小组，并运用管理会计和内部核算，单独考核小企业贷款业务的成本和收益。

银行开展小企业贷款业务实行客户经理制，在具体管理中，实行“四只眼睛”原则，每两位客户经理共管一批客户。

第六条 银行应根据小企业贷款业务的特点，积极开展制度创新，建立符合小企业贷款业务特点的信用评级、业务流程、风险控制、人力资源管理和内部控制等制度。

第七条 银行应针对小企业业务特点，重新构建激励约束机制，制定专门的业绩考核和奖惩机制，建立与小企业贷款业务相适应的信贷文化。

在收入分配上应强调小企业信贷人员收入与其业务量、效益和贷款质量等综合绩效指标挂钩，上不封顶。信贷员绩效指标应包括当月发放贷款的笔数与金额；当月新发展的客户数和新客户贷款金额；逾期率和损失率；贷款余额和发放笔数等内容。贷款质量和当月新发放贷款应占主要比重。

第八条 银行应对小企业市场进行必要的细分，制定符合小企业客户特点的市场策略，积极开展产品创新，推出符合小企业不同需求的贷款产品和金融服务，包括固定资产贷款和周转资金贷款。

固定资产贷款包括购建厂房贷款和购买设备贷款。对购建厂房贷款可根据小企业具体情况酌情给予一定的宽限期（期内只还息不还本）支持。周转资金贷款包括信用证外销贷款、购买原材料贷款和一般营运周转贷款。信用证外销贷款依据不可撤销信用证办理，贷款支持度视风险程度而定，最高可支持到信用证金额的80%；购买原材料贷款依据出口远期信用证或银行承兑保证办理，贷款支持度视风险程度而定，最高可支持到信用证或银行承兑金额的80%；一般营运周转贷款的贷款金额原则上可支持到企业最近一年报税营业额的20%。周转资金贷款期限最长为360天，期满须清本清息。

小企业贷款产品应体现起点金额、利率浮动水平、担保要求、贷款期限和还款方式等方面的差异，以供小企业根据各自情况进行选择。

第九条 银行应尽量实现贷款产品和运作流程的标准化，简化贷款手续，减少审批环节，缩短审批时间，以提高效率，降低成本，改善服务。

第十条 银行审核小企业贷款申请，可根据小企业的实际情况，不单纯依赖正式的财务报表、商业计划或各类书面文件。但须注重现场调查，注意收集非财务信息和软信息。应深入小企业生产、经营和销售现场，通过实地调查和与借款企业管理人员交流等方式，了解借款人经营动态和资信情况。应从多方面、多渠道收集有关借款企业及其经营者家庭收支和信用情况的第一手信息，尽量减少借贷双方的信息不对称。

第十一条 信贷人员对借款人信息进行汇总和分析后，应编制反映借款企业关键财务信息的财务简表，并着重对借款企业的借款原因、现金流量、还款能力和经营者个人信用情况作出专业的分析和判断。必要时，应把借款企业与企业经营者家庭合并为一个社会经济单位进行信用分析，全面分析其还款能力和信用情况。

信贷人员经调查分析后，向审核部门或有权审批人提交书面的贷款建议。

第十二条 信贷人员应对贷款建议中所含信息

的真实性、全面性和可靠性负责。如有失职行为，应按有关规定处理。

信贷人员必须在贷款建议中披露贷款申请人是否为自己的关系人。

信贷人员的贷款建议除对借款人借款原因、还款能力和经营者个人信用情况及还款可能性进行分析外，还应在贷款金额、担保条件、贷款利率、期限和还款方式等方面提出建议。

第十三条 贷款应主要以借款人经营活动所形成的现金流量和个人信用为基础，并可以其已有可抵押资产和未来融资项下形成的资产和权益进行抵、质押；只有在确认第一还款来源不足时，方可要求借款人提供有效担保。

第十四条 银行在法律法规允许的范围内，应探索在动产和权利上设置抵押或质押，灵活采用担保方式，增加担保物品种，在方便小企业取得贷款的同时，增强对借款人的还款约束，提高贷款偿还的可靠性。

第十五条 银行应充分利用贷款利率放开的市场环境，在小企业贷款上必须引入贷款利率的风险定价机制。

可在法规和政策允许的范围内，根据风险水平、筹资成本、管理成本、贷款目标收益、资本回报要求以及当地市场利率水平等因素自主确定贷款利率，对不同借款人实行差别利率，并在风险发生变化时，随时自主调整。

第十六条 贷款期限和偿还方式应符合小企业借款人现金流量的特点。视需要，可采取分期定额、分期利随本清、灵活地附加必要宽限期（期内只付息不还本）等还款方式，灵活地满足小企业借款人需求。同时加强还款约束和贷后监督，降低信贷风险。

第十七条 银行应在控制风险的前提下合理下放对小企业贷款的审批权限，优化简化审批流程，提高贷款审批效率，为小企业客户提供快捷的服务。

第十八条 银行应采取符合小企业贷款流程特点的信贷风险控制措施。除适当的审贷分离及严密的贷前调查和贷后监督以外，应通过强化激励和约束机制，充分调动信贷人员的积极性，确保作为贷款决策基础的借款人信息及贷款建议真实、可靠。

第十九条 信贷人员应承担贷后监督的主要责任，应加强贷后跟踪，与借款企业保持密切的工作联系，随时掌握借款企业的动态。对于可能影响借款企业还款能力的重大事件，应及时书面具实报告并采取必要措施。

到期未偿还贷款的催收工作应由信贷人员负责。但在需要运用法律手段进行催收时，可由有关部门或人员接管。

第二十条 经营正常、按期还本付息的小企业如需办理贷款展期或重组，应事先提出申请。信贷人员须对此申请进行评估后，提出书面建议报有权部门审核，批准后方得办理。

信贷人员建议缩减额度或不予展期的小企业贷款，应书面具实报告，经有权部门审核后，以专案方式办理，加强风险管理，但必须在两周内向借款企业告知审核结果和相应要求。

第二十一条 银行应对借款人还款行为提供足够激励和约束，强化客户信用观念。借款人还款记录良好，可在贷款金额、期限、利率和担保条件上给予优惠；还款情况不好，除据合同规定停止放款、加紧催收欠款以及加收高额罚息外，还应对其采取社会曝光和业界信用警示通报等措施。

第二十二条 银行应建立适应小企业贷款业务需求的统计制度和信息管理系统。信息管理系统应记录和汇总以往所有贷款申请情况和相应的贷款偿还情况；应使信贷人员能及时监测贷款逾期情况，包括逾期借款类别（分固定资产和周转金两种）、逾期天数、逾期贷款还款情况及贷款余额；应使信贷人员了解正常还款客户的情况。

第二十三条 小企业信贷人员应具备良好品德操守，无不良记录。

银行应对小企业贷款相关人员事先进行严格和专门的培训，使之掌握小企业贷款理念、方法和特点，并通过经常的训练，使之具备一定的专业技能和行业知识，善于总结工作经验，确保有关政策和程序得到有效执行。

第二十四条 银行应建立小企业贷款工作的尽职调查制度及相应的问责与免责制度，对小企业贷款业务的各项活动进行合规性检查和稽核，并根据实际情况和有关规定追究或免除有关责任人的相应责任。

第二十五条 各银行可根据本指导意见，并结合本行实际，制定具体的实施办法和工作规程。

第二十六条 贷款损失准备金的提取和呆账核销应依据《金融企业呆账准备提取管理办法》（财金[2005]49号）、《金融企业呆账核销管理办法》（财金[2005]50号）和人民银行《银行贷款损失准备计提指引》（银发[2002]98号）执行。

银监会将抓紧商有关部门，制订小企业贷款在贷款风险分类、损失准备金计提、损失类贷款核销及资本充足率计算等方面的差别政策，为银行开展小企业贷款业务创造良好的监管环境；同时加强对银行贷款集中度的考核，引导和督促中小商业银行调整经营策略和资产结构，积极面向小企业贷款市场；另外，将充分调动和利用国内外各种资源，为各银行改善面对小企业的金融服务提供必要的技术支持和培训服务。

第二十七条 银行应按要求向银行业监管机构报送小企业贷款有关信息，包括小企业贷款金额、逾期率、损失率和贷款展期或重组率等。

第二十八条 本指导意见由中国银行业监督管理委员会负责解释。

第二十九条 本指导意见自发布之日起施行。

关于鼓励支持和引导非公有制经济参与铁路建设经营的实施意见

（铁政法[2005]123号）

2005年2月，国务院下发了《关于鼓励支持和引导个体私营等非公有制经济发展的若干意见》（国[〔2005]3号，以下简称《意见》），明确提出了今后一个时期鼓励、支持和引导非公有制经济发展的总体要求，并针对非公有制经济发展中存在的突出问题，提出了一系列促进非公有制经济发展的政策措施。这是坚持两个“毫不动摇”的基本方针、完善社会主义市场经济体制、优化经济结构、促进社会生产力发展的重要举措，对于全面建设小康社会和加快社会主义现代化进程具有重大的战略意义。为贯彻落实国务院《意见》，鼓励、支持和引导非公有制经济参与铁路建设经营，促进铁路跨越式发展，现提出如下实施意见：

一、充分认识非公有制经济参与铁路建设经营的重要意义

改革开放以来，我国个体私营等非公有制经济不断发展壮大，已经成为社会主义市场经济的重要组成部分和促进社会生产力发展的重要力量。当前，铁路正处于全面深入推进跨越式发展的关键时期。实施《中长期铁路网规划》，加快铁路建设和铁路技术装备的现代化，推进投融资体制改革和企业股份制改革，必须调动各方面积极性，形成以公有制为主体、多种所有制经济相互促进、共同发展的多赢局面。放宽非公有制经济市场准入，鼓励、支持和引导非公有制经济参与铁路建设经营，是构建铁路多元投资主体，多渠道筹集铁路建设资金的迫切需要；是快速扩充铁路运输能力，快速提升铁路技术装备水平，消除铁路运输瓶颈制约的迫切需要；是优化铁路国有经济布局结构，盘活存量，扩大增量，促进铁路经济增长方式转变的迫切需要；是推进铁路股份制改革，实现铁路体制、机制与管理创新的迫切需要。当前，鼓励、支持和引导非公有制经济参与铁路建设经营，条件有利，机遇难得。国务院《意见》明确提出：凡法律法规未禁止的行业和领域，都允许非公有资本进入。要贯彻平等准入、公平待遇原则。允许外资进入的行业和领域，也允许国内非公有资本进入，并放宽股权比例限制等方面的条件。特别强调：允许非公有资本进入垄断行业和领域。在电力、电信、铁路、民航、石油等行业和领域，进一步引入市场竞争机制。对其中的自然垄断业务，积极推进投资主体多元化，非公有资本可以参股等方式进入；对其他业务，非公有资本可以独资、合资、合作、项目融资等方式进入。铁路面对着我国对内对外全方位开放的大环境，必须从全面落实科学发展观、完善我国社会主义市场经济体制的高度，充分认识促进非公有制经济发展的重大意义，认真贯彻中央确定的方针政策，进一步解放思想，深化改革，紧密结合铁路跨越式发展的实际，贯彻落实国务院《意见》，努力为非公有资本进入铁路消除体制障碍，创造良好环境。

二、放宽市场准入，鼓励各类非公有资本进入铁路行业

按照平等准入、公平待遇原则，凡是允许外资进入的铁路建设、运输经营及运输装备制造领域，也允许国内非公有资本进入,并适当放宽限制条件。根据2004年国家修订发布的《外商投资产业指导目录》及我国加入世贸组织的承诺，并考虑维护路网完整和保持运输集中统一指挥的需要，铁路对国内非公有资本开放的领域如下：

1.铁路建设领域

鼓励非公有资本以投资参股、项目融资以及合作、联营等方式，参与铁路干线、铁路支线、地方铁路及其桥梁、隧道、轮渡设施的建设和既有线改造。

2.铁路客货运输领域

铁路货运。允许非公有资本以合资、合作、联营及投资参股等方式，参与铁路货物运输经营。在条件具备的情况下，允许设立非公有资本控股或独资的铁路货运企业。

铁路客运。允许非公有资本以合资、合作、联营及投资参股等方式，参与铁路旅客运输经营。其中，合资组建铁路客运公司，需由国有资本控股。

允许非公有制企业以包租的方式，经营铁路旅客列车行李车、行包专列、行邮专列。

3.铁路运输装备制造领域

鼓励非公有资本投资参与铁路机车车辆及主要部件设计与制造，铁路线路、桥梁设备设计与制造，高速铁路有关技术与设备制造，通信信号和运输安全监测设备制造，电气化铁路设备和器材制造。

非公有资本进入铁路运输装备制造领域，可以采取合资、独资、合作、联营等多种方式，没有股权比例限制。

4.多元经营领域

在铁路主辅分离、辅业改制的改革中，鼓励和支持个体私营等非公有资本进入铁路辅业领域，参与多元经营企业重组改制。允许非公有资本控股或独资。

三、加大改革力度，为非公有制经济参与铁路建设经营创造良好环境

鼓励、支持和引导非公有制经济参与铁路建设经营，必须加快推进铁路投融资体制改革，为非公有资本进入铁路提供有力的政策法规保障。结合铁路跨越式发展实际，当前要着力在以下几个方面加大改革和政策支持力度：

1.研究探索合资铁路经营机制和经营政策，积极扩大合资建路规模。充分利用铁路客运专线、煤运通道、集装箱站场等重点建设项目投资风险低、经营前景好、收益比较稳定的优势，积极吸引各类非公有资本投资参与建设经营，扩大合资建路规模。要研究借鉴特许经营、委托经营以及BT（建设—移交）、BOT（建设—经营—移交）、PPP（公共部门与私人企业合作）等多种公共基础设施投资建设经营模式，探索适合我国铁路特点的合资铁路经营机制，并在有关投资补偿、融资渠道、财税政策、运价机制等方面，积极争取国家政策支持，鼓励和引导非公有资本投入铁路基础设施建设，保障投资者的合法权益。

2.建立市场化融资机制，为非公有资本进入铁路构建有效的融资平台。充分发挥中国铁路建设投资公司的投资杠杆作用，吸引个体、民营等非公有资本对铁路建设项目参股；积极争取国家对西部铁路等公益性铁路建设项目给予低息或贴息贷款政策，降低融资成本；有条件的合资铁路建设项目，也可以探索发行企业债券、可转换债券、设备融资租赁等多样化融资方式。

3.鼓励非公有制经济参与国铁企业重组改制，大力发展混合所有制经济。对于有一定规模、盈利能力较强的既有国铁运输企业优良资产进行重组，吸引各类非公有制企业投资参股，组建混合所有制的股份公司；鼓励非公有制企业通过并购和控股、参股等多种形式，参与铁路辅业改制。

4.贯彻平等准入、公平待遇原则，为非公有制经济参与铁路运输经营创造平等的政策环境。在维护路网完整、保持运输集中统一指挥、提高运输效率的前提下，对各类所有制形式的铁路运输企业实行无歧视的运输政策，在运输资源配置、付费标准、财务结算、公益性运输负担以及运输安全监管等方面建立健全监督管理制度，做到公开、公平、公正。

5.全面开放铁路建设市场，引入市场化的建设管理机制。鼓励具备相应资质条件的非公有制企业积极参与铁路建设工程招投标。所有铁路建设项目，都要积极引入市场机制，推进项目法人责任制、资本金制、招标投标制、工程监理制和合同管理制，并引进国内外先进、科学的项目管理模式，严格控制投资概算，规范项目管理行为，确保工程质量和建设工期。

6.改进政府投资调控方式，促进非公有制经济持续健康发展。认真贯彻落实《国务院关于投资体制改革的决定》，改革铁路投资项目审批制度，规范政府投资行为，依法保障投资者的合法权益；政府通过对项目注入资本金等多种方式，鼓励、支持和引导非公有资本投资铁路；建立铁路建设投资信息平台，定期开展项目推介、招商洽谈会等，通过为投资者提供全方位咨询和中介服务，实现资金与项目的对接、政府与投资者之间的沟通；完善铁道部相关行政许可工作机制和管理制度，规范铁路市场准入许可，做到依法行政。

7.建立健全相关法律法规体系。结合铁路投融资体制改革进程，不断细化完善相关政策，研究制定《铁路旅客运输管理条例》、《铁路货物运输管理条例》和《铁路建设管理条例》，尽快明确非公有资本进入铁路行业的准入条件和办理程序，通过行政立法，把国家关于支持铁路发展、放宽市场准入、促进铁路投资主体多元化以及鼓励、支持和引导非公有制经济发展的方针政策制度化、法制化，使之成为各方面必须遵循的行为准则，为实现铁路跨越式发展提供有力的法制保障。放宽铁路市场准入，鼓励、支持和引导非公有制经济参与铁路建设经营，涉及铁路投资建设经营的各个领域，涉及方方面面的政策。从转变思想观念、制定政策措施到具体贯彻落实，还有许多工作需要在实践中进一步探索创新。全路各级领导要带头解放思想，坚决贯彻落实国务院的这一重大改革举措，结合铁路跨越式发展的实际，认真研究鼓励、支持和引导非公有制经济发展的具体措施及配套办法，解决阻碍非公有制经济参与铁路建设经营的实际问题，确保党和国家的方针政策落到实处。

关于做好2005年中小企业服务体系专项补助资金使用和管理工作的通知

（发改办企业[2005]1566号）

为做好2005年中小企业服务体系专项补助资金（以下简称补助资金）的安排使用工作，提高资金使用效率，根据财政部《中小企业服务体系专项补助资金使用管理办法（暂行）》（以下简称《办法》），结合中小企业工作情况，国家发展改革委办公厅以发改办企业[2005]1566号文就2005年补助资金使用和管理有关事项作出规定，主要内容如下：

一、2005年补助资金的使用范围和资助标准

（一）培训服务业务

2005年重点支持综合培训和专业培训工作。

1.综合培训。主要包括企业管理、人力资源管理、金融、保险等方面的基础知识及国家有关的方针、政策、法律、法规，国家宏观经济形势、产业政策，以及落实科学发展观、建立节约型社会和和谐社会等内容。

2.专业培训。继续加强中小企业经营者经营管理和创业者创业知识及技能培训；加强对融资、信用担保、产业集群、企业信息化、安全生产、质量管理等方面的业务培训。

培训工作以短期集中面授的方式为主，原则上就地就近进行。东北老工业基地、西部地区各省（自治区、直辖市、新疆生产建设兵团）培训人数原则上不超过800人，其他省（直辖市）培训人数原则上不超过600人，计划单列市培训人数原则上不超过300人。其中创业者培训在培训总人数中应占到1/4。

今年探索开展中长期培训以及利用先进信息技术网络开展远程培训工作，具体工作由我委中小企业司统筹安排。

培训服务的资助标准。培训经费中的授课费、教材费、场租费可按实际发生额（正常标准）予以全额资助，授课费包括授课教师的讲课费、交通费、食宿费，教材费包括培训所需的各类教材和资料。参加培训人员的食宿费予以适当补助，每人每天补助最高不超过100元。

每个企业参加同一培训内容并享受补助的人员不得超过2人；在市区内举办的培训班，该市区内学员的住宿费原则上不予补助。

（二）创业服务业务

2005年创业服务业务在上海市、重庆市、辽宁省沈阳市和鞍山市、广西壮族自治区柳州市继续开展，新增北京市以及吉林省、黑龙江省、湖北省、河南省、陕西省的各1个城市作为重点支持城市。新增五省的重点支持城市由省级中小企业管理部门商我委中小企业司确定。

创业服务业务是指中小企业服务机构为创办小企业提供的创业指导、综合服务等活动，以创业综合服务为重点。

创业服务业务按实际发生额予以适当补助，补助比例最高不超过实际发生额扣除收费额后的50%。

（三）中小企业信用服务业务

继续开展中小企业信用信息征集与信用等级评价以及诚信活动，建立、完善区域性中小企业信用档案中心和数据库。2005年中小企业信用服务工作继续在北京市、山西省、吉林省长春市、浙江省台州市、四川省成都市进行试点，同时在内蒙古自治区、江苏省、广东省开展中小企业信用等级评价工作。

中小企业信用服务业务按实际发生额予以适当补助，补助比例最高不超过实际发生额的50%。

（四）管理咨询服务业务

2005年重点支持符合条件的咨询机构为小企业提供企业经营战略、市场营销、财务管理、人力资源管理等方面的公益性咨询服务活动。信息服务主要是支持中国中小企业信息网开展信息服务活动。

管理咨询服务业务按实际发生额予以适当补助，补助比例最高不超过实际发生额扣除收费额后的50%。

二、补助资金申请及拨付程序

（一）补助资金原则上采取事后拨付的方式。符合《办法》规定的“申请资助单位应具备条件”的中央所属单位，可于9月30日前向国家发展改革委提出资助申请（一式二份），并抄报财政部经济建设司；地方所属单位，可向省级中小企业管理部门提出资助申请，经省级中小企业管理部门审核同意后，联合同级财政部门，于9月30日前上报国家发展改革委（一式二份），并抄报财政部经济建设司。同时各省级中小企业管理部门和中央所属单位将项目汇总表和各项目有关情况表的电子文本（excel文件格式）通过电子邮件发送至dsme@sme.gov.cn。此外，培训项目还需将有关资料录入到中国中小企业信息网（www.sme.gov.cn）“国家中小企业银河培训工程信息管理系统”。

（二）申请资助单位应提交项目资助申请报告，并按项目类别如实填报中小企业服务机构申请资助经费有关情况表。项目资助申请报告应包括以下主要内容：申请单位的基本情况（包括法人证书复印件），项目完成情况，费用支出明细，取得的主要成绩，以及其他需要提供的资料。其中：

1.申请培训服务补助资金的单位应当提交培训通知、中小企业服务机构申请培训项目资助经费有关情况表[详见《办法》表1]、参加培训人员有关情况表[详见《办法》表2]。

2.申请创业服务补助资金的单位应当提交创业者签字的创业服务登记表，中小企业服务机构申请创业服务项目资助经费有关情况表。

3.申请信用服务补助资金的单位应当提交中小企业服务机构申请信用服务项目资助经费有关情况表，信用评价服务需提供信用报告或信用等级评价报告。

4.申请管理咨询补助资金的单位应当提交中小企业服务机构申请管理咨询服务项目资助经费有关情况表、与企业签订的服务合同、管理咨询报告、被服务企业的反馈意见。

（三）国家发展改革委根据补助资金规模，汇总中央所属单位和省级中小企业管理部门联合同级财政部门上报的申请报告和有关资料，提出补助资金使用计划送财政部。

（四）财政部审核批复补助资金使用计划，并按规定程序将资金拨付到项目实施单位账户。

三、资金监督与检查

（一）财政部和国家发展改革委对补助资金的使用情况和项目的执行情况进行监督检查。监督检查内容包括：项目的执行情况，项目资金的使用和财务管理情况，资金使用效果评估等。监督检查的方式可以采用跟踪项目全过程、抽查有关资料或委托中介机构审计等。

（二）省级中小企业管理部门，应当建立严格的补助资金审核制度，加强对申请补助资金单位的服务情况的监督检查和资金使用效果的评估，跟踪服务效果，确保资金定向使用，发挥资金的最佳效益。项目完成后，应督促项目单位及时进行总结，并将本辖区内项目执行情况报国家发展改革委。

（三）各项目单位要严格遵守国家有关财务与会计制度，按有关财务规定妥善保存有关原始票据及凭证备查。全额资助经费部分，中小企业服务机构不得再另行收费；部分资助经费的项目，中小企业服务机构收费时应减收与补助资金额等额的费用。

（四）任何部门、机构不得擅自改变补助资金用途，不得截留、挪用。对违反国家有关规定的，一经发现，将立即追缴已拨付资金，并予以通报，情节严重的，将按照国家有关法律法规追究项目实施单位和责任人的责任。违规单位三年内不得申报补助资金。

四、加强领导，认真做好补助资金的使用和管理工作

各地中小企业管理部门要切实加强对补助资金使用工作的领导和管理，指定专人负责补助资金的联系工作，按照《办法》和本通知的要求，结合地方工作实际，认真做好补助资金项目的组织、实施和申报，保质、保量、按时完成各项工作。要及时了解补助资金使用情况，加强监督检查工作。

请各省、自治区、直辖市、计划单列市中小企业管理部门将联系人及其电话于8月20日前传真至国家发展改革委中小企业司政策与规划处。

关于实行出口信用保险专项优惠措施支持个体私营等非公有制企业开拓国际市场的通知

（商规发[2005]389号）

各省、自治区、直辖市、计划单列市及新疆生产建设兵团商务主管部门、中国出口信用保险公司各营业机构：

为贯彻落实《国务院关于鼓励支持和引导个体私营等非公有制经济发展的若干意见》(国发[2005]3号)，进一步完善个体、私营等非公有制企业(以下简称非公有制企业)出口配套政策，健全非公有制企业出口促进体系，推动非公有制企业积极“走出去”开拓国际市场，商务部、中国出口信用保险公司(以下简称中国信保)决定对非公有制企业实行专项优惠支持措施。现就有关事宜通知如下：

一、各级商务主管部门和中国信保各营业机构要建立有效的工作协调机制，帮助非公有制企业积极利用出口信用保险开拓国际市场，提高风险管理能力，提高国际化经营的效益。

二、商务部、中国信保共同为非公有制企业提供出口贸易风险管理培训，帮助非公有制企业建立健全出口贸易风险管理机制，规避贸易风险，实现稳健经营。

三、中国信保各营业机构要与当地商务主管部门密切配合，向非公有制出口企业宣传出口信用保险的政策性功能，及时了解企业需求，制定专项服务计划，实施有针对性的支持，并向当地商务主管部门及时通报有关情况。

四、对大型非公有制出口企业提供个性化便利服务，中国信保及各营业机构要根据企业需求为企业量身定做出口信用保险服务方案。

五、对中小型非公有制出口企业简化投保程序，提供便捷服务。中国信保短期出口信用保险业务的“中小企业综合保险”在试用期向中小型非公有制企业全面开放。

六、积极协助非公有制企业解决融资问题，为非公有制出口企业提供出口信用保险项下的贸易融资便利和担保服务。

七、中国信保为投保的非公有制企业开通“信保通”网上业务操作系统，便利企业减少人工成本，提高工作效率。

八、中国信保为非公有制企业“走出去”提供全方位的出口信用管理优惠服务，包括短期出口信用保险、中长期出口信用保险、海外投资保险、国内贸易信用保险、海外商账追收等产品组合服务。

请各地区、各单位认真贯彻落实本通知精神，执行中如有问题，请向商务部(规划财务司)和中国信保(业务发展部)反映。

特此通知。

中华人民共和国商务部
中国出口信用保险公司

国家统计局印发《关于统计上对公有和非公有控股经济的分类办法》的通知

（国统字[2005]79号）

各省、自治区、直辖市统计局，国务院各部门：

为了全面反映我国公有经济和非公有经济的控股情况，我局对1998年制定的《关于统计上划分经济成分的规定》中的有关控股情况的分类进行了修订，制定了《关于统计上对公有和非公有控股经济的分类办法》。现印发给你们，请遵照执行。

关于统计上对公有和非公有控股经济的分类办法

第一条 为了全面反映我国公有经济和非公有经济的控股情况，完善1998年国家统计局关于控股情况的有关规定，制定本办法。

第二条 本办法以法人企业作为分类对象，根据企业实收资本中某种经济成分的出资人实际出资情况进行分类，并按出资人对企业的控股程度，分为绝对控股和相对控股。

第三条　控股经济分类与代码

100	公有控股经济
110	国有控股
111	国有绝对控股
112	国有相对控股
120	集体控股
121	集体绝对控股
122	集体相对控股
200	非公有控股经济
210	私人控股
211	私人绝对控股
212	私人相对控股
220	港澳台商控股
221	港澳台商绝对控股
222	港澳台商相对控股
230	外商控股
231	外商绝对控股
232	外商相对控股

第四条　绝对控股是指在企业的全部实收资本中，某种经济成分的出资人拥有的实收资本(股本)所占企业的全部实收资本（股本）的比例大于50%。

投资双方各占50%，且未明确由谁绝对控股的企业，若其中一方为国有或集体的，一律按公有绝对控股经济处理;若投资双方分别为国有、集体的，则按国有绝对控股处理。

第五条　相对控股是指在企业的全部实收资本中，某经济成分的出资人拥有的实收资本(股本)所占的比例虽未大于50%，但根据协议规定拥有企业的实际控制权（协议控股）；或者相对大于其他任何一种经济成分的出资人所占比例（相对控股）。

第六条　本办法由国家统计局负责解释。

第七条　本办法自发布之日起施行。1998年9月2日国家统计局印发的《关于统计上划分经济成分的规定》中的附件三《关于统计上国有经济控股情况的分类办法》同时废止。

关于对1998年《关于统计上国有经济控股情况的分类办法》修订的说明

1998年，为了贯彻落实党的十五大会议精神，准确反映和研究我国所有制结构以及国有经济的控股情况，我局制定了《关于统计上划分经济成分的规定》（国统字[1998]204号）。该规定主要包括四个部分：一是《关于统计上划分经济成分的规定》；二是与之配套的《关于统计上经济成分的推算办法》；三是《关于划分企业登记注册类型的规定》（与国家工商行政管理局联合制定）；四是《关于统计上国有经济控股情况的分类办法》。该规定自发布实施以来，由于在统计和其他领域的广泛应用，对研究我国所有制结构以及国有经济的控股情况起到了积极作用。然而，随着非公有经济的快速发展，社会上对非公有经济的控股情况的关注程度也随之提高，而原规定在反映非公有经济的分类方面却略显不足。在广泛征求意见的基础上，我们对1998年《关于统计上划分经济成分的规定》中的《关于统计上国有经济控股情况的分类办法》进行了修订。现将有关情况说明如下：

一、完善了原有关控股情况的分类办法

为了全面反映我国目前除“国有经济控股”以外的各种经济成分的控股情况，我们对原有关控股情况的分类办法进行了修订。具体修订内容是在原“国有经济控股”情况分类办法的基础上，增加对“集体经济”和“非公有经济”控股情况的分类(详见《关于统计上对公有和非公有控股经济的分类办法》)。

二、《关于统计上对公有和非公有控股经济的分类办法》使用规定

修订后的《关于统计上对公有和非公有控股经济的分类办法》，将在各有关专业2005年统计年报和2006年定期统计制度中执行。具体规定如下：

（一）日常统计简单分组

在2005年基本单位情况表101表的09栏“控股情况”项下增加“集体绝对控股”、“集体相对控股”两项细分组。汇总后，该栏第“9　其他”项的合计，即为“非公有控股经济”的有关数据。表式如下：

09	控股情况
1	国有绝对控股
2	国有相对控股
3	集体绝对控股
4	集体相对控股
9	其他

（二）在普查年份，“控股情况”则按修订后的《关于统计上对公有和非公有控股经济的分类办法》中所列的五种经济成分控股的细分类列示。

（三）从2005年统计年报开始，要求各专业在相关综合统计数据中，增加公有和非公有控股经济分组。

关于促进中小流通企业改革和发展的指导意见

为贯彻落实《国务院关于促进流通业发展的若干意见》（国发[2005]19号）和《国务院关于鼓励支持和引导个体私营等非公有制经济发展的若干意见》（国发[2005]3号）精神，引导中小流通企业（包括商品批发、零售、外贸、餐饮业、住宿业和其它居民服务业的中小企业）加快改革发展步伐，促进中小流通企业健康发展，提出以下意见。

一、指导思想和发展目标

中小流通企业是流通业的主体，约占全国流通企业总数的99%以上，实现的销售额约占全社会消费品零售总额的90%以上，并提供了大量就业机会。近年来，随着国有经济布局调整步伐加快，中小流通企业在促进国民经济稳定增长、拉动民间投资、方便群众生活、缓解就业压力、促进市场繁荣、保持社会稳定等方面发挥着越来越重要的作用。但是，长期以来，中小流通企业缺乏必要的政策支持和引导，在发展中存在许多困难和问题，制约了其健康发展。

指导思想：以“三个代表”重要思想为指导，全面贯彻党的十六大、十六届三中全会和国务院召开的全国流通工作会议精神，树立科学发展观，促进大、中、小型流通企业的协调发展，充分发挥中小流通企业在增加就业、解决“三农”问题、促进国民经济持续协调发展等方面的重要作用，积极推进中小流通企业改革，推动中小流通企业运用信息技术和现代营销技术，大力发展现代流通方式，不断提高经营管理和现代化水平，加大扶持力度，采取有力措施切实解决制约中小流通企业发展的主要问题，改善经营环境，促进中小流通企业健康发展。

发展目标：到2010年，中型流通企业基本建立现代企业制度，小型流通企业健全经营管理制度，经营行为更加规范，经营管理水平显著提高，抵抗风险的能力明显增强，流通基础设施和应用现代信息技术水平显著改善。中小流通企业的数量进一步增加。中小流通企业销售收入年均增长速度争取达到9%，适当快于国民经济的增长速度，培育一批中小企业的知名品牌。按照各相关行业标准，实现规范经营。吸纳就业人员的能力进一步增强，新增就业人数位居各行业前列。

二、深化改革，增强中小流通企业活力

各级商务主管部门要结合当地实际情况，深化中小国有流通企业改革，进一步增强企业活力。推进企业产权制度改革，建立归属清晰、权责明确、保护严格、流转顺畅的现代产权制度。引导企业采取联合、收购、兼并、租赁、承包经营、出售等多种形式进行产权制度和经营机制改革，加快国有中小流通企业改制。在中型流通企业中大力推行股份制改革，鼓励和支持民间资本、外资等非公有资本参与国有中小流通企业改革，实现投资主体多元化。大力发展国有资本、集体资本和非公有资本参股的混合所有制中小流通企业。

推动中型流通企业深化企业制度改革，健全企业法人治理结构，按照现代企业制度要求，转换经营机制，完善企业经营、用工、人事和收入分配等制度，调动企业职工的积极性。引导中小流通企业重视基础管理工作，进一步加强企业管理，依法建立商品经营管理、财务管理、合同管理、人力资源管理、安全管理等企业内部管理制度，完善企业内部管理规范和标准。

鼓励优势企业兼并、重组、托管困难企业，对长期亏损、资不抵债、扭亏无望的企业依法实施破产。要加强对中小流通企业改革的引导与规范。在企业改制过程中规范操作，防止国有资产流失，防止逃废、悬空银行债务。要正确处理改革、发展、稳定的关系，维护职工正当权益，保持社会稳定。

各地商务主管部门要积极协调当地有关部门出台鼓励创业、支持中小流通企业经营创新、技术创新和开拓市场的税收政策和金融支持政策，降低中小流通企业的改革、改制成本。鼓励有条件的地方通过国有企业资产经营收益、商业用地变现、流通企业国有资本减持、转让以及财政拨付等方式筹措资金，建立国有中小流通企业改革的专项资金，用于无力支付改制费用企业的改制费用以及破产企业资产变现后不足支付职工社会保险、经济补偿等方面费用。要积极协调，争取地方房产管理部门的支持，解决国有中小流通企业长期使用的商业用房产权归属问题。要认真落实国家关于企业吸纳下岗职工就业和国有企业下岗职工创办中小企业的优惠政策。

三、大力发展现代流通方式，提高中小流通企业现代化水平

积极推进连锁经营、特许经营、物流配送、代理制、多式联运、电子商务等组织形式和服务方式的发展，中小流通企业可以根据自身特点，着重发展特许加盟和中小企业间的自由连锁，进一步提高中小企业的组织化程度。鼓励用现代流通方式改造传统流通业态，鼓励中小流通企业发展联合采购，努力提高服务质量和规模经营效益。

推动中小流通企业实施品牌战略。大力发展特色化、专业化、品牌化经营，培育一批中小企业的知名品牌，弘扬和发展中华老字号。引导企业实行错位经营，转变经营方式上陈旧雷同、缺乏服务品牌和以“价格战”等低层次竞争手段为主的状况。积极倡导通过联合、合作、特许经营和自由连锁等方式，依托有竞争力的企业，形成一批拥有著名服务品牌、多元投资主体的优势中小流通企业。

各地商务主管部门要积极协调当地有关部门，认真贯彻落实《国务院办公厅转发国务院体改办国家经贸委关于促进连锁经营发展若干意见的通知》（国办发[2002]49号）中提出的各项支持政策，在简化行政审批手续、实行统一纳税、减少重复检查等方面切实为中小流通企业发展创造良好外部环境。

引导中小企业采用适合自身发展水平和实际需要的信息技术，在有条件的地区进行中小流通企业电子商务试点。

四、支持创办中小流通企业，放宽市场准入限制

坚持发展流通领域大公司、大集团与扶持中小流通企业并举。鼓励创办中小流通企业，积极开发新的工作岗位。在市场准入、专营商品和服务的指定经营、土地使用等方面，应给予中小流通企业更多的支持，除国家法规有特殊规定外，各地给予外资企业和大企业的优惠政策，应同样适用中小流通企业。应从鼓励开办、方便注册的角度出发，简化中小流通企业设立审批程序，除法律、行政法规有特殊规定外，不得设置前置审批。

创造公平竞争的外部环境。认真清理各种不利于中小流通企业发展的行政法规和政策规定，研究制定符合世贸组织规则又有利于中小流通企业发展的政策措施。进一步整顿和规范市场秩序，严肃查处不正当竞争行为，坚决取消地方保护主义措施，创造有利于中小流通企业与大企业公平竞争的市场环境。要切实减轻中小流通企业负担，对已取消的收费项目要进行监督检查，对巧立名目、变相增加中小流通企业负担的，要坚决予以查处。

支持开展内外贸一体化经营，加快内外贸企业的融合，打破大宗商品内外贸分割的经营管理体制。鼓励中小流通企业根据企业实际开展进出口业务和国内经营，促进内外贸企业合作，结成战略合作伙伴，发挥各自优势，共同开拓国内外市场。对符合《中小企业国际市场开拓资金管理（试行）办法》和《中小企业国际市场开拓资金管理办法实施细则》规定的，要按有关规定给予资金支持。促进中小流通企业引进国外先进经验和经营管理技术，鼓励有条件的中小流通企业实施“走出去”战略，尤其是与优势工业企业联手开拓国际市场，积极扩大进出口贸易和对外服务。在对外投资、进出口信贷、出口信用保险等方面中小流通企业应与其他企业享受同等待遇。

五、完善中小流通企业融资体系，切实解决融资难问题

积极争取地方有关部门设立的中小企业发展专项资金，支持中小流通企业的发展。鼓励有条件的地区设立支持中小流通企业的发展基金，或在政府统一支持的中小企业发展基金中安排一定规模的资金，重点用于扶持中小流通企业的创立、扩大经营服务规模、人员培训、信用担保及服务体系建设等方面。各地商务主管部门应积极协调各商业银行，推动其按照《中国人民银行关于进一步加强对有市场、有效益、有信用中小企业信贷支持的指导意见》（银发［2002］224号）精神，加大对中小流通企业的信贷支持，完善对中小流通企业的金融服务，扩大授信额度，开发新的信贷服务项目；鼓励各类信用担保机构积极开展中小流通企业的担保业务；要制定相应政策，鼓励、引导社会各方面资金投入中小流通企业的改造和发展。

拓宽融资渠道，支持符合条件的中小流通企业利用股票上市、资产重组、股权置换等多种方式筹措资金。鼓励上市公司和外商参股、整合中小流通企业，引导、推动并规范中小流通企业通过合资、合作、产权出让等方式利用外资进行改组改造。符合条件的中小流通企业可依照国家有关规定申请发行企业债券。

六、切实将中小流通企业发展纳入当地经济发展规划，在用地、用电等方面给予积极支持

各地商务主管部门要结合城市发展和城区改造以及新建居民区的开发，合理规划大中小商业网点布局，促进大型商店与中小店铺的协调发展。要合理安排中小流通企业的用地，为中小流通企业提供生存发展空间。大中城市根据城市总体规划，迁出或关闭的市区污染大、占地多等不适应城市功能定位的工业企业所退出的土地，商务主管部门要协调城市规划部门，支持符合规划的中小流通企业使用。逐步解决流通企业用电价格高于工业企业的不合理现象。

加大对中西部和东北地区中小流通企业发展的扶持力度。西部地区和东北地区地方商务主管部门要积极争取和用好西部大开发和振兴东北老工业基地的各项政策，包括在财政、税收和土地使用等方面的政策。鼓励和吸引国内各类投资者以及外商到中西部和东北地区投资创办中小流通企业。

加快农村地区中小流通企业发展步伐，要积极鼓励创办为农民、农村、农业服务的中小流通企业。要注意适应当地市场需求，因地制宜地发展有优势的中小流通企业，大力吸纳农村富余劳动力参与流通业。鼓励优势流通企业改造现有农村流通网点，注重改善当地流通和服务的条件，提高农村商品流通水平。鼓励中小流通企业成为“贸工农、产供销”一体化龙头企业，参与农产品流通。

七、积极支持中小流通企业进行科技创新和技术改造

积极倡导采用现代化科技管理技术，提高中小流通企业运用现代科技成果的能力。支持中小流通企业开展技术改造，改变店容店貌，积极应用计算机管理等现代化手段，在零售企业和门店经营中推广使用时点销售系统（POS），逐步建立和完善信息管理系统（MIS），积极创造条件，提高中小流通企业的信息化水平。

认真落实好国家有关支持企业技术改造的政策，对符合国家产业政策的技术改造项目，可列入国债资金项目计划给予贴息支持。各地商务主管部门要争取当地有关部门加大对中小流通企业技术改造的支持力度，对中小流通企业的技改投资、购置设备等给予一定的扶持政策。对中小流通企业科技创新按有关支持政策给予有效扶持。

充分运用财政和金融手段支持流通企业进行结构调整，重点支持现代流通方式的推广和运用。地方各级人民政府要在财政补贴、土地使用等方面，鼓励连锁经营企业发展，尤其是到城市社区、农村建立营销网络；引导企业加大利用信息技术改造传统作业方式的力度，采用现代管理技术，提高管理效率，降低成本；鼓励各类流通企业发展电子商务。

八、健全中小流通企业服务体系，提供人才培训、信息服务

鼓励具备条件的地区建立面向广大中小流通企业的公共信息服务平台，为中小流通企业在政策、技术、市场、人才信息等方面提供服务。

加强人才培训。整合社会资源，创新培训方式，形成政府引导、社会支持和企业自主相结合的培训机制，开展面向中小流通企业的投资咨询和职业技能等方面的培训。积极探索面向流通行业的职业教育体系建设，加快培养中小流通企业所需各类人才，加强岗位职业培训，提高从业人员的职业道德、信誉意识、竞争意识、服务意识和业务水平。

要积极发挥行业协会的作用，推动中小企业行业协会等中介机构的发展，发挥其在服务企业、行业自律、加强企业与政府沟通等方面的作用。鼓励社会各类中介服务组织增强服务意识，为中小企业提供创业辅导、企业诊断、市场营销、投资融资、贷款担保、产权交易、技术支持、人员培训、对外合作、展览展销、法律咨询等服务。

九、加强组织领导，扎扎实实做好工作

各地商务主管部门要进一步转变观念，统一思想，充分认识新阶段、新形势、新体制下加快发展中小流通企业的重要意义，真正把促进中小流通企业的发展放到重要位置。要学习借鉴发达国家政府十分重视扶持中小企业发展的经验，做好对中小流通企业的扶持、引导、服务工作，努力为中小流通企业的发展创造良好环境。同时，要进一步研究探索并逐步建立中小流通企业相关统计制度。

要转变职能，结合地方机构改革，将扶持中小流通企业发展作为商务主管部门的职责和重点工作。要牢固树立为中小流通企业服务的意识，针对他们在发展中遇到的困难和问题，研究具体措施予以解决。要加强舆论宣传，充分利用新闻媒体，营造中小企业发展的良好舆论氛围。

各级商务主管部门要在当地党委、政府的领导和支持下，加强与发展改革委、财政、金融、税收、工商等有关部门的沟通与协调，积极争取各方面的理解与支持，会同有关部门，研究提出本地区贯彻实施《中小企业促进法》和本意见的工作计划和实施方案，制定和实施促进中小流通企业发展的具体政策措施，明确工作重点，因地制宜，切实做好协调、指导和服务工作。

关于健全非公有制经济和中小企业统计监测体系做好企业生产经营分析工作的通知

（发改办企业[2005]2177 号）

各省、自治区、直辖市及计划单列市、新疆生产建设兵团中小企业管理部门：

为贯彻落实《中华人民共和国中小企业促进法》、《关于鼓励支持和引导个体私营等非公有制经济发展的若干意见》（国发[2005]3 号，以下简称《若干意见》）精神，做好非公有制经济和中小企业统计监测与生产经营分析工作，现将有关问题通知如下：

一、充分认识健全非公有制经济和中小企业统计监测制度与做好企业生产经营分析工作的重要性

由于统计范围不明确，统计口径不统一，体系不健全，现行统计数据难以全面准确反映非公有制经济和中小企业发展状况。《若干意见》明确提出，要将非公有制经济发展纳入国民经济和社会发展规划，加强对非公有制经济发展动态的监测和分析。统计部门要改进和完善现行统计制度，及时准确反映非公有制经济发展状况。健全非公有制经济和中小企业统计监测制度，做好企业生产经营分析工作，是贯彻落实《若干意见》的一项重要任务。

说清情况、摸清家底、掌握动态是中小企业管理部门做好各项工作的基础和前提。各级中小企业管理机构作为综合协调、指导服务非公有制经济和中小企业的职能部门，应当掌握和了解服务与促进对象的基本情况、生产经营中存在的突出困难和问题，提出有针对性的对策措施，履行好基本职责。没有统计监测和分析工作，不可能给政府当好参谋；没有统计监测和分析工作，不可能指导服务好非公有制经济和中小企业的发展；没有统计监测和分析工作，不可能履行好职能部门的职责。

二、当前健全非公有制经济和中小企业统计监测制度与做好企业生产经营分析工作的基本思路

（一）健全工作机构并加强基础工作。非公有制经济和中小企业的统计分析工作是一项专业性、系统性和连续性较强的工作。各地要落实分管领导负责此项工作，明确专门处室、专职人员和具体联系人。各地要研究如何从制度建设入手，健全信息沟通渠道，培养专业分析人员，做好统计监测和生产经营分析的基础工作。各级中小企业部门要安排专门资金，用于支持统计数据的收集、处理和分析。

（二）整合各方面信息资源。中小企业管理部门要加强与统计部门、工商管理、海关、税务等部门和单位的沟通和联系，主动争取获得相关部门的支持，充分利用多种统计信息渠道为非公有制经济和中小企业统计与生产经营分析服务；要利用包括行业协会、科研院所等在内的各种社会资源，积极获取重点行业、重点领域、重点企业的相关统计资料与数据。

（三）加强对规模以下企业监测。要从完善统计制度入手，建立和完善以新的企业划型标准为依据、以规模以下企业为重点、以抽样调查为基础的统计指标和监测体系，及时、准确反映规模以下小企业发展状况，为政府决策提供科学依据。要紧紧依靠各级统计局力量，加强对小企业的动态监测。

（四）加强对统计信息的研究分析。各地要积极采取重点调查、专题研究和统计成果等多种形式拓展工作，注重加强统计分析工作的事前调查、事中研究和事后形成成果。要积极探索建立适合非公有制经济和中小企业特点的统计指标，完善统计结果的发布制度。及时跟踪非公有制经济和中小企业动态发展中的前瞻性、倾向性问题，对其中涉及的重大问题进行专题研究，并将统计分析的研究成果汇集报送有关决策部门参考。

(五)积极开展试点和探索。对于非公有制经济和中小企业而言，建立常规的全面报表制度，难度很大。选择若干省市、地区作为开展非公有制经济和中小企业统计监测分析工作的试点单位，在统计口径、指标设置、报送方式、数据处理、信息发布等方面进行积极探索，积累经验。

三、关于报送非公有制经济和中小企业的统计及分析资料的具体要求

(一)请每个省市和重点城市按月、季、年度报送统计资料和相关分析材料。

(二)请每个省市每季报送一篇调研报告，反映中小企业和非公有制经济运行中的倾向性、前瞻性问题。

(三)愿意作为非公有制经济和中小企业统计监测分析工作的试点单位的省市和重点城市，尽快上报试点方案。

关于鼓励发展民营文艺表演团体的意见

(文市发[2005]31号)

各省、自治区、直辖市文化厅(局)、财政厅(局)、人事厅(局)、国家税务局、地方税务局、新疆生产建设兵团文化局、人事局：

党的十六大以来，文化体制改革逐步深化，民营文艺表演团体发展迅速。为更好地支持民营文艺表演团体发展，进一步调动社会力量和民间文艺工作者参与文化建设的积极性，提出以下意见：

一、积极支持民营文艺表演团体的发展。民营文艺表演团体是我国社会主义文化事业的重要组成部分，是社会主义精神文明建设的重要力量。民营文艺表演团体来自于民间、成长于民间、服务于民间，对发展社会主义先进文化、繁荣基层文化市场、丰富城乡文化生活、满足人民群众精神文化需求，具有重要意义。各级文化、财政、人事和税务部门要提高对支持民营文艺表演团体发展重要性的认识。要根据表演门类、艺术水准、经营模式和布局结构，因地制宜，分类指导，制定符合本地民营文艺表演团体发展的目标、措施和相关政策，努力挖掘民族传统和地域特色演艺资源，支持、鼓励和引导民营文艺表演团体健康发展。

二、放宽民营文艺表演团体的市场准入。认真执行《国务院关于非公有资本进入文化产业的若干决定》，鼓励社会资本以个体、独资、合伙、股份等形式投资兴办民营文艺表演团体，扶持农民和民间艺人自筹资金组建民营文艺表演团体。取消对民营文艺表演团体注册资本限额的特殊规定和个体演员证，允许成立个人独资、合伙的民营文艺表演团体。允许民营文艺表演团体以合资、合作、并购等形式，参与市、县国有文艺院团转企改制。允许国有文艺院团演职人员经单位批准离职自主创办民营文艺表演团体。对符合设立条件的民营文艺表演团体，县级文化和工商部门要按照《营业性演出管理条例》和企业登记法律法规规定的时限，及时发放营业性演出许可证和营业执照。

三、简化民营文艺表演团体的演出审批手续。民营文艺表演团体从事演出活动，在申报、审批等方面与国有文艺院团享受同等权利和义务。演出所在地县级文化部门可直接受理民营文艺表演团体的演出申请，应在规定时限内做出答复，符合条件的，发放批准文件。对外埠民营文艺表演团体，不得指定承办单位。有关部门要维护民营文艺表演团体演出的合法权益，在审批监管中不得收取法律法规规定以外的任何费用。

四、加强对民营文艺表演团体创作演出的指导和支持。要加强对民营文艺表演团体创作演出剧(节)目的指导，使之符合社会主义精神文明的要求。对于适合在基层特别是农村演出的优秀剧本，可由政府出资购买版权，免费提供给包括民营文艺表演团体在内的县以下基层文艺团体移植、改编和演出，同时鼓励著作权人许可这些表演团体无偿使用其创作的优秀剧(节)目在农村演出。支持民营文艺表演团体演出非物质文化遗产保护成果中的民间音乐、歌舞、戏曲、说唱等项目。在全国性文艺评奖、文艺调演和表彰活动中，对民营文艺表演团体的原创剧(节)目，应与国有文艺表演院团同等待遇。鼓励社会资本向民营文艺表演团体面向基层、面向农村的公益性演出提供捐赠，捐赠部分可按照国家税收法规的有关规定予以税前扣除。

五、鼓励和支持民营文艺表演团体参加对外文化交流。鼓励民营文艺表演团体参加政府对外文化交流项目的招投标活动，支持有条件的民营文艺表演团体参加国际民间文化交流活动。鼓励有比较优势的民营文艺表演团体到国外演出、投资、注册公司，在信息咨询、宣传推广、营销人员培训等方面，与国有文艺院团同等待遇；经批准的重大演出项目，可给予一定的资金补助。有关部门要在项目审批、人员出入境及物品通关方面，提供便捷高效的服务。对积极开拓国外市场的民营文艺表演团体，凡符合条件的，可根据其资质和市场前景，给予中小企业国际市场开拓资金支持。允许民营文艺表演团体依法邀请国外文艺表演团体或个人参加本团的对外演出活动。

六、加强民营文艺表演团体人才培养。文化

部和省级文化厅(局)可委托有关艺术院校，为民营文艺表演团体经营管理人员的培训提供方便。鼓励艺术院校毕业生到民营表演团体就业。鼓励专业文化工作者深入民营文艺表演团体开展业务辅导。鼓励兴办民办艺术学校。民营文艺表演团体演员及相关技术人员在专业技术职称评定中，与国有文艺院团演员及专业技术人员实行同一标准。

七、完善对民营文艺表演团体的管理。加强对民营文艺表演团体的引导和规范，完善规章制度，健全工作机制。加强对民营文艺表演团体演职人员的职业道德教育和法制培训，增强法制意识，倡导诚实文明经营。严厉打击违法违规演出活动，取缔无证经营行为。严格内容审查，强化现场监管，抵制低俗之风，对危害社会公德和民族优秀文化传统、宣扬淫秽色情和邪教迷信、利用人体缺陷或以展示人体变异等方式招徕观众的表演等，要坚决予以制止。要帮助民营文艺表演团体建立会计核算制度和劳动合同关系，按规定参加社会保险，规范经营行为。加强演出行业协会建设，制定行业规范，鼓励民营文艺表演团体及其经纪人和骨干演员加入行业协会，促进行业自律。

八、努力形成有利于民营文艺表演团体健康发展的社会舆论氛围。文化部门和新闻单位要加强对民营文艺表演团体的宣传报道，及时准确地发布有关信息，宣传民营文艺表演团体的优秀剧(节)目、优秀演员，提升行业形象。组织文艺评论家关注民营文艺表演团体的作品，在媒体上进行宣传评介，选择其中一定数量的优秀剧(节)目在电台、电视台播放。组织民营文艺表演团体参加汇演、调演，并通过各类艺术节推介优秀剧(节)目。对优秀民营文艺表演团体和演员给予表彰。

国家外汇管理局关于境内居民通过境外特殊目的公司融资及返程投资外汇管理有关问题的通知

（汇发[2005]75号）

国家外汇管理局各省、自治区、直辖市分局、外汇管理部，深圳、大连、青岛、厦门、宁波市分局：

为鼓励、支持和引导非公有制经济发展，进一步完善创业投资政策支持体系，规范境内居民通过境外特殊目的公司从事投融资活动所涉及的跨境资本交易，根据《中华人民共和国外汇管理条例》、《境外投资外汇管理办法》、《外国投资者并购境内企业暂行规定》，现就境内居民通过境外特殊目的的公司开展股权融资及返程投资涉及外汇管理的有关问题通知如下：

一、本通知所称“特殊目的公司”，是指境内居民法人或境内居民自然人以其持有的境内企业资产或权益在境外进行股权融资（包括可转换债融资）为目的而直接设立或间接控制的境外企业。

本通知所称“返程投资”，是指境内居民通过特殊目的公司对境内开展的直接投资活动，包括但不限于以下方式：购买或置换境内企业中方股权、在境内设立外商投资企业及通过该企业购买或协议控制境内资产、协议购买境内资产及以该项资产投资设立外商投资企业、向境内企业增资。

本通知所称“境内居民法人”，是指在中国境内依法设立的企业事业法人以及其他经济组织；“境内居民自然人”是指持有中华人民共和国居民身份证或护照等合法身份证件的自然人，或者虽无中国境内合法身份但因经济利益关系在中国境内习惯性居住的自然人。

本通知所称“控制”，是指境内居民通过收购、信托、代持、投票权、回购、可转换债券等方式取得特殊目的公司或境内企业的经营权、收益权或者决策权。

二、境内居民设立或控制境外特殊目的公司之前，应持以下材料向所在地外汇分局、外汇管理部（以下简称“外汇局”）申请办理境外投资外汇登记手续：

（一）书面申请（应详细说明境内企业基本情况、境外特殊目的公司的股权结构以及境外融资安排）；

（二）境内居民法人的境内登记注册文件，境内居民自然人需提供身份证明；

（三）境外融资商业计划书；

（四）境内居民法人的外汇资金（资产）来源核准批复和境外投资主管部门的批准文件；

（五）境内居民法人填写的《境外投资外汇登记证》，境内居民自然人填写的《境内居民个人境外投资外汇登记表》（附表）；

（六）其他真实性证明材料。

外汇局对上述材料审核无误后，应在《境外投资外汇登记证》或《境内居民个人境外投资外汇登记表》上加盖资本项目外汇业务专用章。

三、境内居民将其拥有的境内企业的资产或股权注入特殊目的公司，或在向特殊目的公司注入资产或股权后进行境外股权融资，应就其持有特殊目的公司的净资产权益及其变动状况办理境外投资外汇登记变更手续，办理时应提供以下材料：

（一）书面申请（详细说明境内企业与特殊目的公司的股东与股权变更过程、境内企业与特殊目的公司资产或股权的定价方式）；

（二）境内居民法人填写的《境外投资外汇登记证》，境内居民自然人填写的《境内居民个人境外投资外汇登记表》；

（三）外商投资主管部门对返程投资的核准、备案文件；

（四）涉及国有资产的，须提供国有资产管理部门对境内企业资产或股权价值的确认文件；

（五）特殊目的公司的境外注册、登记、营业执照等证明文件；

（六）其他真实性证明材料。

四、特殊目的公司完成境外融资后，境内居民可以根据商业计划书或招股说明书载明的资金使用计划，将应在境内安排使用的资金调回境内。

五、特殊目的公司使用境外融资所得资金返程投资或向境内企业提供股东贷款及其他债务资金，相关境内企业应按照现行利用外资、外债管理法律、法规办理有关外汇管理手续。外汇局为相关境内企业办理外商投资企业设立登记及变更登记、外债登记、或者为特殊目的公司办理转股收汇外资外汇登记时，应审核《境外投资外汇登记证》或《境内居民个人境外投资外汇登记表》。

六、境内居民按规定办理境外投资外汇登记及变更手续后，可向特殊目的公司支付利润、红利、清算、转股、减资等款项。

境内居民从特殊目的公司获得的利润、红利及资本变动外汇收入应于获得之日起180日内调回境内，利润或红利可以进入经常项目外汇账户或者结汇，资本变动外汇收入经外汇局核准，可以开立资本项目专用账户保留，也可经外汇局核准后结汇。

七、特殊目的公司发生增资或减资、股权转让或置换、合并或分立、长期股权或债权投资、对外担保等重大资本变更事项且不涉及返程投资的，境内居民应于重大事项发生之日起30日内向外汇局申请办理境外投资外汇登记变更或备案手续。

八、本通知实施前，境内居民已在境外设立或控制特殊目的公司并已完成返程投资，但未按规定办理境外投资外汇登记的，应按照本通知规定于2006年3月31日前到所在地外汇局补办境外投资外汇登记。境内居民补办境外投资外汇登记后，外汇局可为相关境内企业办理外资、外债外汇登记手续。

九、境内创业投资企业可参照本通知在境外设立特殊目的公司并从事创业投资活动。

十、上述同一管理事项涉及多个境内居民的，相关境内居民应出具委托书并委托其中1至2个境内居民办理相关外汇管理手续。

十一、本通知未尽事宜，按照现行外商投资和境外投资相关外汇管理法规办理。

十二、境内居民违反本规定构成逃汇及其他外汇管理违规行为的，外汇局应按照《中华人民共和国外汇管理条例》及有关规定进行处罚。

十三、本通知自2005年11月1日起实施。《关于完善外资并购外汇管理有关问题的通知》（汇发［2005］11号）和《关于境内居民个人境外投资登记和外资并购外汇登记有关问题的通知》（汇发［2005］29号）同时停止执行。

中华人民共和国国家发展和改革委员会令

（第39号）

《创业投资企业管理暂行办法》2005年9月7日国务院批准，2005年11月15日国家发展改革委、科技部、财政部、商务部、中国人民银行、国家税务总局、国家工商行政管理总局、中国银监会、中国证监会、国家外汇管理局联合发布，自2006年3月1日起施行。

国家发展和改革委员会主任　马凯

创业投资企业管理暂行办法

第一章　总　则

第一条　为促进创业投资企业发展，规范其投资运作，鼓励其投资中小企业特别是中小高新技术企业，依据《中华人民共和国公司法》、《中华人民共和国中小企业促进法》等法律法规，制定本办法。

第二条　本办法所称创业投资企业，系指在中华人民共和国境内注册设立的主要从事创业投资的企业组织。

前款所称创业投资，系指向创业企业进行股权投资，以期所投资创业企业发育成熟或相对成熟后主要通过股权转让获得资本增值收益的投资方式。

前款所称创业企业，系指在中华人民共和国境内注册设立的处于创建或重建过程中的成长性企业，但不含已经在公开市场上市的企业。

第三条　国家对创业投资企业实行备案管理。凡遵照本办法规定完成备案程序的创业投资企业，应当接受创业投资企业管理部门的监管，投资运作符合有关规定的可享受政策扶持。未遵照本办法规定完成备案程序的创业投资企业，不受创业投资企业管理部门的监管，不享受政策扶持。

第四条　创业投资企业的备案管理部门分国务院管理部门和省级（含副省级城市）管理部门两级。国务院管理部门为国家发展和改革委员会；省级（含副省级城市）管理部门由同级人民政府确定，报国务院管理部门备案后履行相应的备案管理职责，并在创业投资企业备案管理业务上接受国务院管理部门的指导。

第五条　外商投资创业投资企业适用《外商投资创业投资企业管理规定》。依法设立的外商投资创业投资企业，投资运作符合相关条件，可以享受本办法给予创业投资企业的相关政策扶持。

第二章 创业投资企业的设立与备案

第六条 创业投资企业可以以有限责任公司、股份有限公司或法律规定的其他企业组织形式设立。

以公司形式设立的创业投资企业，可以委托其他创业投资企业、创业投资管理顾问企业作为管理顾问机构，负责其投资管理业务。委托人和代理人的法律关系适用《中华人民共和国民法通则》、《中华人民共和国合同法》等有关法律法规。

第七条 申请设立创业投资企业和创业投资管理顾问企业，依法直接到工商行政管理部门注册登记。

第八条 在国家工商行政管理部门注册登记的创业投资企业，向国务院管理部门申请备案。

在省级及省级以下工商行政管理部门注册登记的创业投资企业，向所在地省级（含副省级城市）管理部门申请备案。

第九条 创业投资企业向管理部门备案应当具备下列条件：

（一）已在工商行政管理部门办理注册登记。

（二）经营范围符合本办法第十二条规定。

（三）实收资本不低于3000万元人民币，或者首期实收资本不低于1000万元人民币且全体投资者承诺在注册后的5年内补足不低于3000万元人民币实收资本。

（四）投资者不得超过200人。其中，以有限责任公司形式设立创业投资企业的，投资者人数不得超过50人。单个投资者对创业投资企业的投资不得低于100万元人民币。所有投资者应当以货币形式出资。

（五）有至少3名具备2年以上创业投资或相关业务经验的高级管理人员承担投资管理责任。委托其他创业投资企业、创业投资管理顾问企业作为管理顾问机构负责其投资管理业务的，管理顾问机构必须有至少3名具备2年以上创业投资或相关业务经验的高级管理人员对其承担投资管理责任。

前款所称“高级管理人员”，系指担任副经理及以上职务或相当职务的管理人员。

第十条 创业投资企业向管理部门备案时，应当提交下列文件：

（一）公司章程等规范创业投资企业组织程序和行为的法律文件。

（二）工商登记文件与营业执照的复印件。

（三）投资者名单、承诺出资额和已缴出资额的证明。

（四）高级管理人员名单、简历。

由管理顾问机构受托其投资管理业务的，还应提交下列文件：

（一）管理顾问机构的公司章程等规范其组织程序和行为的法律文件。

（二）管理顾问机构的工商登记文件与营业执照的复印件。

（三）管理顾问机构的高级管理人员名单、简历。

（四）委托管理协议。

第十一条 管理部门在收到创业投资企业的备案申请后，应当在5个工作日内，审查备案申请文件是否齐全，并决定是否受理其备案申请。在受理创业投资企业的备案申请后，应当在20个工作日内，审查申请人是否符合备案条件，并向起发出“已予备案”或“不予备案”的书面通知。对“不予备案”的，应当在书面通知中说明理由。

第三章 创业投资企业的投资运作

第十二条 创业投资企业的经营范围限于：

（一）创业投资业务。

（二）代理其他创业投资企业等机构或个人的创业投资业务。

（三）创业投资咨询业务。

（四）为创业企业提供创业管理服务业务。

（五）参与设立创业投资企业与创业投资管理顾问机构。

第十三条 创业投资企业不得从事担保业务和房地产业务，但是购买自用房地产除外。

第十四条 创业投资企业可以以全额资产对外投资。其中，对企业的投资，仅限于未上市企业。但是所投资的未上市企业上市后，创业投资企业所持股份的未转让部分及其配售部分不在此限。其他资金只能存放银行、购买国债或其他固定收益类的证券。

第十五条 经与被投资企业签订投资协议，创业投资企业可以以股权和优先股、可转换优先股等准股权方式对未上市企业进行投资。

第十六条 创业投资企业对单个企业的投资不得超过创业投资企业总资产的20%。

第十七条 创业投资企业应当在章程、委托管理协议等法律文件中，明确管理运营费用或管理顾问机构的管理顾问费用的计提方式，建立管理成本约束机制。

第十八条 创业投资企业可以从已实现投资收益中提取一定比例作为对管理人员或管理顾问机构的业绩报酬，建立业绩激励机制。

第十九条 创业投资企业可以事先确定有限的存续期限，但是最短不得短于7年。

第二十条 创业投资企业可以在法律规定的范围内通过债权融资方式增强投资能力。

第二十一条 创业投资企业应当按照国家有关企业财务会计制度的规定，建立健全内部财务管理制度和会计核算办法。

第四章 对创业投资企业的政策扶持

第二十二条 国家与地方政府可以设立创业投资引导基金，通过参股和提供融资担保等方式扶持创业投资企业的设立与发展。具体管理办法另行制定。

第二十三条 国家运用税收优惠政策扶持创业

投资企业发展并引导其增加对中小企业特别是中小高新技术企业的投资。具体办法由国务院财税部门会同有关部门另行制定。

第二十四条 创业投资企业可以通过股权上市转让、股权协议转让、被投资企业回购等途径，实现投资退出。国家有关部门应当积极推进多层次资本市场体系建设，完善创业投资企业的投资退出机制。

第五章 对创业投资企业的监管

第二十五条 管理部门已予备案的创业投资企业及其管理顾问机构，应当遵循本办法第二、第三章各条款的规定进行投资运作，并接受管理部门的监管。

第二十六条 管理部门已予备案的创业投资企业及其管理顾问机构，应当在每个会计年度结束后的4个月内向管理部门提交经注册会计师审计的年度财务报告与业务报告，并及时报告投资运作过程中的重大事件。

前款所称重大事件，系指：

（一）修改公司章程等重要法律文件。

（二）增减资本。

（三）分立与合并。

（四） 高级管理人员或管理顾问机构变更。

（五）清算与结业。

第二十七条 管理部门应当在每个会计年度结束后的5个月内，对创业投资企业及其管理顾问机构是否遵守第二、第三章各条款规定，进行年度检查。在必要时，可在第二、第三章相关条款规定的范围内，对其投资运作进行不定期检查。

对未遵守第二、三章各条款规定进行投资运作的，管理部门应当责令其在30个工作日内改正；未改正的，应当取消备案，并在自取消备案之日起的3年内不予受理其重新备案申请。

第二十八条 省级（含副省级城市）管理部门应当及时向国务院管理部门报告所辖地区创业投资企业的备案情况，并于每个会计年度结束后的6个月内报告已纳入备案管理范围的创业投资企业的投资运作情况。

第二十九条 国务院管理部门应当加强对省级（含副省级城市）管理部门的指导。对未履行管理职责或管理不善的，应当建议其改正；造成不良后果的，应当建议其追究相关管理人员的失职责任。

第三十条 创业投资行业协会依据本办法和相关法律、法规及规章，对创业投资企业进行自律管理，并维护本行业的自身权益。

第六章 附 则

第三十一条 本办法由国家发展和改革委员会会同有关部门解释。

第三十二条 本办法自2006年3月1日起施行。

关于开展清理限制非公有制经济发展规定工作的通知

各省、自治区、直辖市人民政府，国务院各部委、各直属机构及有关单位：

为了贯彻落实党的十六大和十六届三中、四中、五中全会精神，根据《国务院关于鼓励支持和引导个体私营等非公有制经济发展的若干意见》（国发[2005]3号，以下简称《若干意见》）的要求，经国务院同意，现就清理限制非公有制经济发展规定的有关问题通知如下：

一、清理范围及重点

县级（含县级，下同）以上地方各级人民政府及其所属部门，国务院各部委、各直属机构及有关单位制定的规章、规范性文件以及其他文件，均应纳入清理范围。

清理的重点是：现行规章、规范性文件以及其他文件在市场准入、财税金融支持、社会服务、权益保护和政府监管等方面与《若干意见》不一致的规定。

二、清理原则

（一）纳入此次清理范围的规章、规范性文件以及其他文件按以下原则处理：主要内容与《若干意见》不一致的，应当明令废止；个别条款与《若干意见》不一致的，应当予以修改。

（二）县级以上地方各级人民政府及其所属部门、国务院各部委、各直属机构及有关单位制定的规章、规范性文件以及其他文件的修改或者废止，由制定机关按照法定权限和程序作出决定。

（三）在清理工作中发现有关规定存在限制非公有制经济发展情形，但不在处理权限范围内的，按照规定程序报送有关机关处理。

三、清理工作的组织实施

县级以上地方各级人民政府、国务院各有关部门应当负责统一组织、协调、指导本地区、本部门的清理工作。县级以上地方各级人民政府及其所属部门、国务院各有关部门应当确定清理工作责任人。国务院各部委、各直属机构应当督促检查下级部门的清理工作；各级地方人民政府应当督促检查所属部门和下级人民政府的清理工作。国务院法制办、国家发展改革委根据各地清理工作的进展情况，适时成立联合督查组，对清理工作进行督促和检查。

各省、自治区、直辖市人民政府，国务院各有关部门要加大对清理工作的宣传力度，及时通报清理进展情况。清理工作要发挥公众监督和舆论监督的重要作用。各级中小企业管理部门应当设立联系电话和联系电子邮箱，公民、法人和其他组织可以向各级中小企业管理部门提出具体意见和建议。

四、清理工作要求

清理工作是贯彻《若干意见》的一项重要举措。做好清理工作，对于行政机关依法行政，维护社会主义法制的统一性和严肃性具有重要意义。

各地区、各部门要从大局出发，充分认识清理工作的重要性，加强领导，认真部署，精心组织，确保清理工作顺利进行。

县级以上地方各级人民政府、国务院各有关部门要按照本通知要求，于2006年年底前完成清理工作。各级地方人民政府要将本级人民政府及其所属部门的清理情况，报送上级人民政府。各省、自治区、直辖市人民政府，国务院各有关部门要汇总本地区、本部门的清理结果，于2006年11月底前将清理工作总结、《清理情况表》（附后）送国务院法制办公室、国家发展和改革委员会。清理工作完成后，各省、自治区、直辖市人民政府，国务院各有关部门要向社会公布清理结果。

天津市实施《中华人民共和国中小企业促进法》办法

第一条 为了改善本市中小企业经营环境，促进中小企业快速、健康发展，依据《中华人民共和国中小企业促进法》，结合本市实际，制定本办法。

第二条本市鼓励依法设立各种所有制、各种形式的中小企业，并为其发展创造良好的经营环境。

第三条 市人民政府应当加强对本市中小企业发展促进工作的领导，将中小企业发展纳入本市国民经济和社会发展规划，并制定相应的促进政策。

区、县人民政府负责本行政区域内中小企业发展促进工作，监督、指导和协调有关部门为中小企业发展提供服务。

第四条 市人民政府中小企业的工作机构负责本办法的组织实施，并履行下列职责：

（一）组织实施国家和本市制定的中小企业政策和规划；

（二）对促进本市中小企业发展工作进行综合协调；

（三）组织有关部门制定中小企业发展产业指导目录；

（四）负责组织有关部门对鼓励型小企业的认定工作；

（五）负责中小企业发展专项资金的使用管理；

（六）市人民政府赋予的其他职责。

工业、商务、建设、科技、财政、税务、工商、规划、土地、劳动社会保障等有关行政部门，在各自职责范围内对促进本市中小企业发展工作进行指导和服务。

第五条 市人民政府统计部门应当制定符合中小企业特点的统计指标和统计方法。市和区、县人民政府有关部门应当加强对中小企业统计指标的采集和动态监测，全面准确反映本市中小企业发展情况，为政府决策和管理提供服务。

第六条 中小企业享有自主经营权，任何单位和个人不得干预中小企业依法从事生产经营活动。

第七条 各级人民政府及其所属部门应当保护中小企业的合法财产，维护其合法权益，任何单位和个人不得侵犯。

因城市基础设施建设需要搬迁中小企业的，应当按照国家和本市有关规定参考市场价格，对其生产、经营场所给予合理足额补偿和妥善安置。

第八条 市人民政府应当每年在地方一般预算财政收入中安排一定比例的资金，作为中小企业发展专项资金，并根据本市财政收入增长情况适当增长。

区、县人民政府应当根据实际情况，安排本地区中小企业发展专项资金。

中小企业发展专项资金用于扶持中小企业的发展，专款专用。具体管理办法由同级人民政府另行规定。

第九条 本市按照国家规定设立中小企业发展基金，用于促进中小企业发展的下列事项：

（一）创业辅导和服务；

（二）支持建立中小企业信用担保体系；

（三）支持技术创新；

（四） 鼓励专业化发展以及与大企业的协作配套；

（五）支持中小企业服务机构开展人员培训、信息咨询；

（六）支持中小企业开拓国际市场；

（七）支持中小企业实施清洁生产；

（八）其他扶持中小企业发展的事项。

第十条 注册成立公司制中小企业的，注册资本可以分期注入；注册资本中可以包括智力成果、人力资本等无形资产。

智力成果、人力资本等无形资产可以参与分配，具体办法由企业依法自主决定。

第十一条 外地人员来津投资创办符合本市产业指导目录的中小企业，其本人、配偶及未成年子女可以享受在本市落户的优惠政策。具体办法由市人民政府另行规定。

第十二条 失业人员在领取失业保险金期间创办小企业的，可以一次性领取剩余享受期内的失业保险金，作为生产扶持资金，领取期限最长不得超过十二个月。符合再就业资金资助条件的，还可以领取再就业补助金。

第十三条 鼓励机关事业单位工作人员辞职领办、创办中小企业或者到中小企业工作，但法律、法规、规章和政纪有特别规定的，从其规定。具体办法由市人民政府另行规定。

第十四条 对下列鼓励型小企业，应当按照国家和本市的有关规定给予财税、融资、担保、信息、技术服务、市场准入和退出等方面的优惠。国家和本市没有具体规定的，由有关部门按照本办法具体要求制定，报市人民政府批准后实施：

（一）科技型企业；

（二） 下岗、失业人员和失地农民创办或者吸收下岗、失业人员和失地农民就业达到一定比例的都市工业型和社区服务型企业；

（三）农产品加工等都市服务型企业。

鼓励型小企业的确定标准，由市人民政府另行制定。

第十五条 对鼓励型小企业，设立时基本符合条件但注册资金尚有欠缺的，在企业创办人作出书面承诺后，工商行政管理部门可以颁发有效期为一年的营业执照。

有效期满，企业注册资金未达到法定要求的，应当申请注销。

第十六条 鼓励型小企业在创办期和创业辅导期需要贷款的，政府出资的中小企业信用担保机构应当按照规定优先提供担保。

第十七条 鼓励型小企业用于生产经营的机器、厂房、设备等固定资产，可以加速折旧，以原有固定资产折旧率为基数提高20%～30%。

第十八条 小企业符合下列条件的，可以参照市场劳动力价格和当年政府发布的工资增长指导线，自主决定工资水平，不实行计税工资制：

（一）经营管理规章制度完善；

（二）已建立工资集体协商制度；

（三）企业盈利并利润增长。

第十九条 中小企业吸收下岗、失业人员超过职工总数百分之六十的，经依法认定为劳动服务型企业，税务部门应当依照国家有关规定在三年内免征企业所得税；免税期满后，当年安置下岗、失业人员占企业原从业人员总数百分之三十以上的，在两年内减半征收企业所得税。

第二十条 政府及有关部门应当鼓励和支持中小企业进行资产重组，优化资源配置，促进中小企业健康发展。

第二十一条 中小企业在一定区域内发展以产品为纽带、具有区域经济特点的企业集群的，市或者企业所在区、县人民政府有关部门应当在规划、用地、工商、财税等方面给予支持，提供发展条件。

第二十二条 市和区、县人民政府对中小企业有下列情形之一的，给予贷款贴息支持：

（一）有自主知识产权、其产品有一定市场占有率的项目；

（二）有与大企业形成稳定配套协作关系、实现专业化发展和配套协作好的项目。

第二十三条 中小企业在科技成果引进、转化和产业化过程中，技术开发费按照实际发生额计入管理费用，不受比例限制。

第二十四条 中小企业研究开发新产品、新技术、新工艺所发生的各项费用，比上一年度实际发生额增长幅度超过规定比例的，除按照规定据实列支外，可以再按照实际发生额的一定比例抵扣当年应纳税所得额。

对促进科技进步、环境保护和国家鼓励投资项目的关键设备，以及常年处于震动、超强度使用或者受酸、碱等强烈腐蚀的机器设备，可以加速设备折旧。

第二十五条 政府及有关部门应当鼓励和扶持建立科技企业孵化基地、技术服务机构和生产力促进中心，为中小企业提供技术信息、技术开发、技术咨询培训和技术转让服务。

第二十六条 政府及有关部门应当为中小企业赴境外考察、到境外投资办厂、参加采购会和业务分包会等创造条件，提供支持。

第二十七条 政府及有关部门应当组织中小企业参加政府采购投标等活动，在每年政府采购计划中应当安排一定比例面向中小企业的订货合同和服务协议。

第二十八条 政府及有关部门应当加强与金融机构的沟通，制定政策支持银行等机构调整信贷业务，改善对中小企业的金融服务。

第二十九条 政府鼓励和支持商业银行调整信贷结构，开发适应中小企业发展的金融产品，改进发放贷款的审核标准和办法，放宽对中小企业的融资入门条件，支持社会中介机构参与贷款审查。

第三十条 政府鼓励和支持担保机构为中小企业发展提供担保，运用税收优惠政策和财政资金鼓励社会资金进入担保行业，支持各类担保机构为中小企业提供信用担保。

第三十一条 本市提倡中小企业共同出资设立担保资金，开展多种形式的互助性融资担保。

第三十二条 中小企业有权处分的土地使用权、房屋和生产设备、车辆等固定资产以及登记的无形资产，可以与担保机构依法设定抵押，有关部门应当予以办理财产他项权登记。

第三十三条 政府及有关部门应当按照国家有关规定，扶持中小企业上市融资，鼓励中小企业进行产权交易，完善中小企业退出机制。

第三十四条 政府及有关部门应当建立以企业、经营者、中介机构为主体，以信用登记、信用评估、风险预警、风险管理、风险分散等为主要环节，服务于企业经济活动的信用制度。

实行企业信用评价制度。由资信评估机构对小企业进行信用评级，帮助小企业提高信用透明度和知名度。小企业信用度高的，可以优先获得贷款支持。

第三十五条 政府及有关部门应当按照电子政务发展要求，加强政务网站、基础数据库和业务应用系统建设，实现政务信息公开，及时向社会公布政策法规等各类信息，设立网上公众留言等交互平台，为中小企业提供服务,支持中小企业信息化建设。

第三十六条 政府及有关部门应当运用税收优惠政策和财政资金，扶持建立中小企业服务机构，与现有的行业性服务机构、社会性服务机构以及社会团体、中介机构相联系，形成多主体、多层次、全方位的中小企业社会化服务体系。

第三十七条 政府及有关部门应当通过项目承接等方式，指导和协调中小企业服务机构、行业协会、中介机构、大专院校等，为中小企业培训经营管理和生产、技术人员，利用计算机网络等先进技术手段，为中小企业提供信息服务，提高中小企业营销、管理和技术水平。

第三十八条 政府及有关部门应当支持中小企业服务机构、行业协会和各类中介机构为中小企业提供创业辅导、企业诊断、信息咨询、市场营销、投资融资、贷款担保、产权交易、技术支持、人才引进、人员培训、对外合作、展览展销和法律咨询等服务。

经市中小企业工作机构推荐的社会中介机构，向成立经营不足两年的中小企业提供财务会计、资产评估和审计等服务的，服务费用按现行标准减半收取。因减半收取造成的成本损失由市中小企业工作机构按照本市有关规定予以补助。

第三十九条 行业协会和中介机构对中小企业需要的内外贸易培训服务、技术交流和职称评定等有关事项，可以予以协调或者代为办理。

第四十条 政府及有关部门应当支持中小企业发起成立行业协会，自理会务、自律管理，不断提高中小企业行业协会的维权能力、市场引导能力和提供信息服务能力等。

第四十一条 任何单位和个人不得在国家和本市规定的收费项目、标准和范围以外，对中小企业增设收费项目、提高收费标准、扩大收费范围或者改变计费方式。

行政机关不得将其应当依法履行的管理事项，通过行业协会或者中介机构变相收费。

第四十二条 国家机关及其工作人员违反本办法，侵犯中小企业合法权益的，由其所在单位或者上级主管部门、监察机关责令改正；情节严重的，对直接负责的主管人员和其他直接责任人员给予行政处分；造成损失的，依法承担赔偿责任；构成犯罪的，依法追究刑事责任。

第四十三条 中小企业应当加强内部管理，建立健全财务制度，守法经营、依法纳税、诚实守信、公平竞争，遵守法律、法规和规章，不得损害社会公共利益。

第四十四条 中小企业应当依法与职工签订集体合同和劳动合同，按时足额支付职工工资，依法办理和缴纳各项社会保险，保证生产环境的安全和卫生，保障职工享有的休息、休假、女工特殊保护等权益。

第四十五条 本办法规定的财税优惠政策以及劳动就业社会保障优惠政策，自企业依法参加社会保险时执行。

未依法参加社会保险或者拒不缴纳有关社会保险费用的，不得享受本办法规定的优惠政策。

第四十六条 本办法自2005年11月1日起施行。

河北省人民政府关于加强中小企业社会化服务体系建设的意见

（冀政[2004]21号）

各设区市人民政府，各县(市、区)人民政府，省政府各部门：

为认真贯彻落实党的十六届三中全会《决定》精神，推进中小企业持续、快速、协调、健康发展，依据《中华人民共和国中小企业促进法》(以下简称《中小企业促进法》)的规定，结合我省实际，提出加快全省中小企业社会化服务体系建设的意见。

一、充分认识加强中小企业社会化服务体系建设的重要意义

中小企业在推动国民经济增长、优化经济结构、促进市场繁荣、缓解就业压力、增加财政收入、保持社会稳定等方面发挥着越来越重要的作用。从中小企业自身发展看，正面临着创业难、融资难、创新能力弱、信息不畅等诸多方面的制约；从外部环境看，面向中小企业的社会化服务机构少、服务市场乱、服务范围窄、服务水平低，严重影响着中小企业的健康发展。各级政府要进一步提高认识，认真贯彻实施《中小企业促进法》，按照“放宽政策、改进服务、加快发展”的要求，围绕中小企业发展需求，整合社会资源，积极探索和建立政府主导的社会各方面参与的中小企业社会化服务体系。

二、中小企业社会化服务体系建设的总体思路、任务目标和基本原则

我省中小企业社会化服务体系建设(以下简称服务体系建设)的总体思路是：强化政府服务意识，增强服务机构功能，整合社会服务资源，拓展服务领域，规范服务行为，促进服务市场形成，为中小企业创业、发展提供优质服务。

建设目标是：在各级政府指导下，从2004年开始，用三年左右时间，初步形成以政府公共服务、非营利机构公益性服务和中介机构商业化服务为一体的满足中小企业基本需求的服务网络，进一步完善服务供应机制，有效配置服务资源，开发服务产品，创建服务品牌，提高服务质量，形成比较规范的服务市场。

分阶段目标是：第一年，制定促进服务体系建设的相关政策措施，形成政府公共服务资源为中小企业服务的机制；三分之二的县建立起信用担保机构，融资服务得到改进和加强；通过对各级政府部门所属的有关事业单位整合、改组和扶持，初步建成为中小企业提供公益性服务的载体。第二年，对公益性服务机构进行投资主体多元化改造，信用担保体系、信用评价体系、电子信息网络体系初步建立，全省中小企业信用担保资金达到40亿元，形成200亿元的贷款担保能力；以技术支持、创业辅导、法律援助等为主要内容的服务全面展开；对社会中介机构的服务进行规范，初步形成对中介机构的引导、带动机制。第三年，以公益性服务机构为骨干的服务体系基本形成；抓好信用信息征集和信用评价工作，实现信用资源共享；中小企业电子信息网在全省贯通并发挥作用；创业辅导、技术支持、法律援助等各项服务覆盖全省；行业协会的服务功能得到规范，中介机构服务质量得以提高，服务的市场化初步建立。

推进服务体系建设遵循以下基本原则：统一规划，分步实施。由省政府统筹规划和协调，各级政府中小企业主管部门牵头负责，有关部门积极配合，分级分期分步培育和发展。结合实际，突出重点。从解决融资难、信用缺失等问题入手，结合本地实际，立足自身优势，做好体系建设工作。分类指导，规范服务。对公益性服务机构和社会中介机构进行分类指导和规范，引导其准确定位，按照法律、法规、政策提供服务。试点先行，渐次推开。抓好国家选定的我省试点城市工作；选择若干市作为省级试点先期建设，以点带面，全面推广。政府扶持，市场化运作。各级政府依据《中小企业促进法》规定，设立扶持中小企业发展专项资金，重点对服务体系建设给予必要扶持；以市场为导向，推动公益性和商业性服务有机结合。

三、全省中小企业社会化服务体系的基本框架

全省服务体系基本框架按服务性质由以下三个层次构成：

(一)公共服务。各级各部门依据国家法律、法规和部门职能提出的服务政策；各级各部门转变职能推出的公共服务产品；以政府集中采购方式向中小企业的发标、招标；各级财政资金扶持、支持的服务产品。

(二)公益性服务。公益性服务机构受其主管部门委托，提供的非营利性服务；行业协会、商会、联合会等社会组织向政府反映中小企业的建议、要求，开展行业自律和依法维权服务。

(三)商业性服务。社会各类中介机构以及科研院所、大专院校其经济实体从事的商业化服务。

四、全省中小企业社会化服务体系建设的主要内容

依据《中小企业促进法》规定，结合我省发展中小企业的实际，当前重点建设好6个子系统：

(一)创业辅导体系。以公益性服务机构为主要载体，向中小企业初创者提供策划咨询、政务代理、融资支持、人员培训、技术应用、场地租用、注册登记以及工商、财税、劳动就业、社会保障等方面的政策咨询和服务，解决初创阶段的突出困难，提高资源、设施使用效率，提高创办成功率，开发新的就业岗位。先期省重点抓好唐山市国家级中小企业创业辅导服务试点，省扶持中小企业发展专项资金给予资助；唐山市要在资金、场地、人才、设施等方面给予保障，力求抓出成效。总结唐山试点经验，选择部分市作为省级试点开展工作，在全省逐步推广。

(二)担保融资体系。按照省委、省政府《关于进一步鼓励、支持和引导民营经济发展的若干意见》，认真抓好省、市、县信用担保机构建设，采取财政出资、民间投资等多渠道筹资方式，扩大担保资金规模，增强担保能力，推进融资服务。落实省政府办公厅转发省金融办等四部门《关于做好中小企业融资工作的若干意见》(冀政办[2003]33号)，开展银企对接活动，协助中小企业获取资金；为有条件的中小企业上市融资提供咨询、辅导和保荐。开展财务管理培训和理财服务，对中小企业财务人员进行培训，通过会计师事务所、财税咨询机构等，为中小企业提供财税代理、资金运营等理财服务，推进中小企业会计制度建设。开展投资项目服务，对民营企业收购国有企业产权、股权过程中的土地出让及厂房、设备、技术等有形、无形资产的交易、变现提供协助或中介服务；编制、发布中小企业招商引资目录，为中小企业募股引资提供服务。

(三)信用服务体系。由省中小企业局牵头，省直有关部门及金融机构参加，组建“河北省中小企业信用评价委员会”，建设以企业信用征集、信用评价、信用监督、信用奖惩为主要内容的中小企业信用服务体系。开展信用优良企业评价认定活动，按设定的标准每年组织评定一批信用优良企业，通过新闻媒体和信息网络向社会公布；开展信用培训服务，增强中小企业经营管理人员的信用意识和信用管理能力；提供信用管理服务，指导企业建立信用档案，搞好信用管理制度建设，提升信用管理水平；建立企业信用信息库，实现政府部门、金融机构对中小企业信用评价的协调联动和信息交流与共享。

(四)信息服务体系。由省中小企业局负责，配合国家中小企业信息服务网项目建设；建立“河北省中小企业电子服务网”；指导各市抓紧网站建设工作，实现国家、省、市三级联网。逐步建立起中小企业项目库、人才库、产品库、政策法规库、技术专利库、产权交易库，形成电子服务平台。通过电子服务网开展政务服务，发布政策信息，代办行政审批业务；开展商务服务，发布市场供求信息，推介企业产品，进行网上交易服务；开展网上项目服务，发布各行业前沿技术和最新科研成果、投资融资项目和产权交易与合作项目；开展网上人才供求和法律咨询服务。

(五)技术支持体系。整合社会资源，充分利用各类技术创新机构和科研机构，为中小企业新产品研发、试制、设备检验以及生产工艺改造提供技术支持；鼓励各类实验室和测试中心向中小企业开放，满足中小企业共性技术的需求；帮助中小企业与国内外科研机构、大专院校开展产学研对接活动，为中小企业应用新技术提供咨询、诊断、论证服务；吸收一批模具企业组成联盟，在模具设计、模具快速原形方面实现资源互补、设备共享；利用技术创新项目库，为中小企业推介项目；指导和支持有条件的中小企业和企业园区建立技术研发中心，提高技术创新能力；向中小企业发布促进科技进步的有关政策、中外科技发展动态、新产品开发指南、专利科技成果以及争取国家、省科技创新资金支持等。

(六)法律服务体系。依托有关部门组织法律服务机构开展面向中小企业的维权服务；帮助中小企业建立健全法律顾问制度，建立健全法人治理结构，增强依法治企能力；组织引导社会法律组织、行业协会为中小企业提供法律援助，依法保护中小企业的各类产权；设立法律服务热线，建立网上法律咨询平台，为中小企业提供法规政策信息和法律咨询服务；大力开展打击制售假冒伪劣产品和违法经营活动，整顿市场秩序，创造良好的法制环境。《中小企业促进法》规定的人才引进、人员培训、市场营销、企业诊断、产权交易、对外合作、展览展销等方面的服务也要科学组织，积极抓好。

五、推进中小企业社会化服务体系建设的保障措施

(一)切实加强组织领导。各级政府对服务体系建设要高度重视，加强领导，做到思想认识到位、资金支持到位、政策落实到位、工作责任到位，科学谋划，完善措施，抓好落实，积极推进。各有关部门要通力合作，密切配合，共同做好这项工作。调整“全省推动中小企业发展工作领导小组”，由省政府分管中小企业工作的副省长任组长，省中小企业局、省发改委、省国资委、省财政厅、省科技厅、省劳动和社会保障厅、省信息产业厅、省商务厅、省国土资源厅、省国税局、省地税局、省工商局、省质量技术监督局、省统计局、省金融办、省工商联、人行石家庄中心支行、中国银监会河北监管局、中国证监会石家庄特派办等部门及国家开发银行河北省分行和商业银行为成员单位，重点抓好全省中小企业工作的统筹规划、组织领导、政策协调及负责服务体系建设的组织协调工作。领导小组办公室设在省中小企业局。省中小企业局要切实搞好体系建设的指导、日常监管和服务工作重大事项的组织协调。有关部门要结合职能，主动提供服务，配合省中小企业局推进服务体系建设。省民政厅会同有关部门负责指导行业协会服务工作。各市、县在机构改革中，要参照省里的分工，尽快明确中小企业管理机构，理顺工作体制，实行上下对口，明确责任部门，切实加强服务体系建设。

(二)加大财政支持力度。各级政府要依据《中小企业促进法》的规定，在财政预算中设立中小企业科目，建立扶持中小企业发展专项资金，重点用于支持中小企业电子信息服务网、信用体系建设、创业辅导服务、技术支持服务、法律援助服务以及人才培训、市场开拓和国家、省确定的试点项目等，并逐步加大资金供应量。资金规模要根据项目确定，列入年度财政预算，确保落实到位。各市、县(市、区)要认真落实省政府对中小企业信用担保资金的规模要求，采取财政出资、引导社会和企业投资等多种方式筹集资金，确保资金到位。

(三)加强对社会中介服务机构的规范引导。由省中小企业局牵头，有关部门参加，对为中小企业服务的社会中介机构进行指导和规范，引导服务市场健康发展。先期选择两个中介服务行业进行规范服务试点，为全省中介机构提供示范。各类行业协会、商会要发挥自律组织的作用，主动规范服务行为。适时组织企业开展评价中介服务机构活动，对优质服务中介机构予以表彰奖励，并通过媒体向社会广泛宣传。

(四)加强对公益性服务机构的扶持管理。各级政府要对其委托、指导从事公益性服务项目的非营利性服务机构予以适当资助，对承担国家和省服务项目试点的非营利服务机构，省、市中小企业发展专项资金要重点给予引导性、鼓励性、补偿性资助。各级政府部门扶持建立的服务机构主要有：省、市、县(市、区)建立的中小企业信用担保机构，对现有的事业单位经过整合、重组建立的综合性服务机构和专业性服务机构，以及根据当地实际需要设立的创业辅导等其他服务机构。

(五)加强对市、县(市、区)服务体系建设工作的指导。省中小企业局和相关部门，要指导市、县有关部门，结合本地实际，研究制定本级中小企业社会化服务体系建设实施方案，并组织好落实。

中共山西省委、山西省人民政府关于加快发展县域经济的若干意见

（晋发[2005]18号）

发展和壮大县域经济，是党的十六大和十六届三中全会提出的战略任务，是统筹城乡协调发展、构建社会主义和谐社会的必然选择，是解决好“三农”问题，加快工业化、城镇化和现代化的迫切要求。为进一步加快县域经济发展，不断提升全省整体经济实力，实现经济持续快速协调健康发展，现提出如下意见。

一、总体思路、指导原则与发展目标

1.总体思路。以邓小平理论和“三个代表”重要思想为指导，用科学发展观统领县域经济发展全局，围绕农民增收、企业增效、财政增长、就业增加、后劲增强的要求，以市场为导向，以工业化、城镇化和现代化为目标、以改革开放和制度创新为动力，抓住国家促进中部崛起的战略机遇，围绕建设新型能源和工业基地、全面建设小康社会的目标，加快经济结构战略性调整，注重培育特色经济，大力发展民营经济，促进县域经济持续快速协调健康发展和社会全面进步。

2.指导原则。一是突出特色的原则。依据各自的区位、自然和资源禀赋，因地制宜，发挥优势，准确定位，重点开发，发展生态农业、新型工业、商贸旅游等。二是市场导向的原则。按照市场需求调整经济结构，充分发挥市场机制在资源配置中的基础性作用，创新制度、机制和体制，创造公平竞争的发展环境。三是改革开放的原则。立足改革创新，着力解决县域经济发展的体制性障碍，简政放权，激活县域经济内在活力。扩大对内对外开放，加大招商引资力度，促

进资源和资本在更大范围合理配置和流动。四是城乡统筹的原则。按照以城带乡、以工促农的要求，制定科学合理的县域经济发展规划、县域城镇体系规划，发挥县城和建制镇的辐射带动作用，促进经济社会协调发展，实现城乡共同繁荣。五是可持续发展的原则。坚持计划生育、保护环境、保护资源的基本国策，依据环境承载能力和环境容量，合理确定生态功能区划和产业布局，推行清洁生产，发展循环经济，努力实现人口资源环境的协调发展。六是分类指导的原则。充分发挥经济强县（市）率先发展的带动作用，重视和推动中等县（市）和欠发达县（市）努力赶超。

3.发展目标。不断增强县域综合经济实力，提高城乡居民物质文化生活水平，努力构建社会主义和谐社会。到2010年，力争全省有3个以上县（市）进入全国百强县；5个以上县（市）财政总收入超过20亿元；10个以上县（市）达到全面小康标准；农村劳动力转移占到总数的一半以上；城镇居民可支配收入和农民人均纯收入达到全国中等水平。

二、发展重点

4.坚持把解决“三农”问题作为县域经济发展的基本任务。把农业发展纳入整个国民经济发展中统筹考虑，把农村繁荣纳入全社会进步中统筹规划，把农民增收纳入国民收入分配的总格局中统筹安排，建立城乡一体、相互推动的体制和机制。在保护和提高粮食综合生产能力的前提下，引深农村经济结构的战略性调整，开拓农业领域的开发，支持发展农业专业大户、农村专业合作经济组织和中介组织，提高农民生产经营的组织化和市场化程度，加快推进农业产业化，加快农村劳动力转移速度。进一步抓好雁门关生态畜牧经济区建设，大力发展农产品和畜产品加工业。全面落实国家、省扶持重点龙头企业的有关政策，增加对列入“百龙”调产项目龙头企业的资金投入。省有关部门要优先推荐有发展潜力的龙头企业和农产品加工骨干企业上市融资。

5.坚持把新型工业化作为县域经济发展的基本途径。围绕建设新型能源和工业基地重点发展的七大支柱产业，全面提高县城工业发展水平，加快推进农村工业化进程。针对我省多数县（市）属于资源型经济的特点，进一步推进经济增长方式的转变，注重改造和提升传统产业，积极发展资源深加工型、劳动密集型、农畜产品加工型、科技应用型及与其相配套的工业企业和产业集群。要注重资源节约和利用，在节能、节水、节地、节材的前提下，积极发展新兴产业和接替产业，逐步淘汰现有高消耗、高污染的落后生产工艺和设施。坚持环境优先的原则，加强环境保护和污染治理，支持开发和推广资源回收处理技术、绿色再改造技术和零排放技术，发展循环经济。优化发展环境，搭建产业发展平台，依托园区办工业，创造县域经济新的增长点。积极培育骨干企业，充分发挥骨干企业的带动和支撑作用。认真落实扶持政策，大力发展中小企业。省有关部门安排科技研发资金、技改贴息资金、新产品开发资金等，要重点向县域经济倾斜。

6.坚持把城镇化作为县域经济发展的基本取向。充分发挥小城镇在工业化、城镇化、现代化进程中的带动作用，重点建设好县城和有发展潜力的建制镇。科学制定城镇规划，准确把握功能定位，发展各具特色的县城小城镇和支柱产业。加强小城镇的管理和环境治理，实现小城镇的清洁、文明、安全、有序。加强小城镇基础设施建设和生态环境建设，增强小城镇对县域经济和社会发展的承载能力。积极引导各类生产要素向小城镇集中，促进非农产业和人口向城镇集聚，推动县域经济持续快速发展。

7.坚持把特色经济作为县域经济发展的基本方略。各县（市）要充分发挥比较优势，加快形成优势明显、规模较大、特色鲜明的区域特色产业，提高县域经济的市场竞争力。坚持特色产业多元化和优势产业优先发展的原则，每个县（市）都要确立主导产业，尤其是生态、农业、商贸、旅游基础较好的县（市），更要注重发挥自身优势。要集中生产要素，加大投入，尽快做大做强主导产业，延长产业链条，提升产业层次。把主导产业培育、龙头企业建设和县乡财源建设结合起来，提高主导产业的质量和效益。

8.坚持把民营经济作为县域经济发展的基本力量。认真落实国务院《关于鼓励支持和引导个体私营等非公有制经济发展的若干意见》（国发〔2005〕3号）和省委、省政府《关于进一步加快非公有制经济发展的决定》（晋升发〔2004〕15号），大力发展民营经济，使其成为县域经济发展的主体力量。允许和支持民营经济进入垄断行业、基础设施、公用事业、社会事业、金融服务业、国防科技工业建设等领域；支持民营企业采取收购、兼并、控股、租赁等多种形式参与国有、集体企业改制和重组。培养造就高素质民营企业家队伍，推动民营企业管理创新和提档升组。加强对民营经济发展的服务、监管和指导，依法保护民营企业的合法权益和财产安全，进一步激发广大城乡居民积极创业的热情，形成全民创业、竞相发展的良好局面。

三、加大支持力度，激发县域经济活力

9.深化户籍制度改革。在全省范围内逐步取消农业户口、非农业户口及其他性质的户口类别，以实际居住地登记户口，统称居民户口。取消“农转非”指标控制，放宽户口迁移政策，促进农民向城镇有序转移。在城市有合法固定住所、稳定职业或稳定收入的，可以在当地办理落户手续，并依法享受当地居民应有权利。选择有条件的市、县（市）进行户籍制度改革试点，今年选择一市、其余市各选择一个县（市）进行户籍制度综合改革试点，具体办法由省公安厅制定。

10.依法合理利用土地。在尊重农民意愿的前提下，允许集体经济组织之间按照“等质等量，就近方便”的原则进行建设用地流转和置换。全省农用地转用年度计划指标在保证国家和省重点工程项目用地需求的前提下，剩余部分主要用于支持县域经济发展。贫困县要安排专门的移民搬迁用地计划。省级工业园区建设用地纳入总体规划，其项目建设占用耕地在当地难以实现占补平衡的，由当地县（市）政府提请上一级土地行政主管部门进行异地调剂。鼓励企业增加单位土地投资强度，提高土地集约化水平。鼓励县（市）政府加大土地整理力度，在保证耕地面积不减的前提下，可将通过整理新增耕地面积的60% 折抵农用地转用计划指标。

11.实行财政鼓励政策。省财政继续对县级财政实行增收奖励，鼓励县级财政多收多得。同时，对消化赤字、减少财政供养人员的县给予奖励，对农林牧生态县、旅游特色县给予一定的财政补贴和支持。对全省35个国家扶贫开发工作重点县进行“省管县”财政管理体制改革试点。以2004年为基期，2005~2008年间，35个县的增值税、营业税、企业所得税和个人所得税“四税”地方收入每年比上年新增部分的省、市分成全部留县，以增强其财政实力。省、市和有条件的县（市）财政者要安排扶持中小企业发展专项资金，用于中企业服务体系建设。省政府每年从财政扶贫配套资金中划出1000万元，专项用于贫困县农业产业化项目贷款贴息。

12.加强金融支持。适度提高县级银行贷款规模，加大对县域经济发展的信贷投入。人民银行要灵活运用再贷款、再贴现、利率等货币政策工具，对支持县域经济和服务“三农”的金融机构给予倾斜，增强其资金实力。各金融机构尤其是国有商业银行要加强资金流向引导，县（市）及其以下金融机构、网点新增存款的绝大部分要用于支持县域经济发展。农业发展银行要在履行好粮棉油收购资金供应职能的基础上，支持产业化龙头企业用于粮棉油生产、流通或加工的流动性资金需求。国家开发银行要充分发挥其资金优势，努力与县（市）政府建立“政银合作”关系，对县（市）进行信用评级，给予相应的授信额度，力争到2007年，开发银行的融资服务覆盖到全省所有县（市），并逐步加大对县域经济的支持力度。继续深化农村信用社改革，使其真正成为支持县域经济发展的一支重要力量。全省要力争组建3个“农村合作银行”，改革组建50个统一法人的县级农村信用合作联社，用好利率浮动政策，合理确定利率水平，增强融资能力。大力推广小额信用贷款和农户联保贷款，充分发挥农村信用社支持“三农”的主力军作用。加强社会信用体系建设，打击逃废金融债务等失信行为。省、市有关部门要帮助和支持各县（市）建立和发展提保业，尽快完善中小企业担保体系。省、市各类担保机构都要积极为县域中小企业提供融资担保，以缓解其资金短缺的矛盾。

13.加大招商引资力度。把招商引资作为扩大对外开放的重要手段，营造“亲商、和商、安商、富商”的良好氛围。积极创新招商形式，加强项目的开发和储备，强化服务，优化环境，降低经营成本和社会成本，多渠道引进资金、项目、技术和人才。发挥政府、企业和民间各方面的积极性，推行业主招商、代理招商、中介招商和以商招商。同时，通过扩大产品出口、境外办企业、工程承包、劳务输出等途径，提高县域经济的外向度。

14.加强基础设施建设。进一步加大农田水利基本建设力度，改善农村生活和生产条件。加快县域电网改造，提高县域电网的稳定性和承载力，满足县域经济发展用电需求。加大县乡公路建设和改造力度，努力提高县乡公路等级，两年内实现乡乡通油路（水泥路），建制村基本通公路。同时，强化县、乡、村公路的管理和养护，提升农村路网的整体服务水平。按照“谁投资、谁所有、谁经营、谁受益”的原则，用市场经济的办法培育多元投资主体。省、市两级政府要对县域基础设施建设予以倾斜。

15.强化对社会发展的支持。科研院所、高等院校要充分发挥科技创新和人才培养的优势，积极与县（市）建立长期稳定的经济技术协作关系，通过产学研、技工贸结合，提供技术、项目和人才，加快科技成果转化，增强县（市）新技术推广应用和开发能力。动员和鼓励高校毕业生到基层创业。科技、教育、卫生、文化等部门要组织专业人员经常深入基层开展服务，帮助县（市）提高科技、教育、医疗和文化水平。采取省、市与县（市）对口支援的办法，凡新进入省、市两级学校、医院工作的大中专毕业生，在取得执业资格后，应到县（市）或乡镇学校、医院（卫生院）进行基层工作锻炼。加大科技、教育、卫生等投入，建立科技成果转化、推广和智力支撑体系。坚持“科教兴县”战略，抓好“普九”义务教育、职业教育和成人教育，提高劳动者综合素质和就业择业能力。“十一五”期间，省、市、县（市）要制定培训计划，对农村初中以上文化程度自愿参加培训学习者给予适当补贴（培训费），使其初步掌握1~2种职业技能。

16.扩大县级调控经济的权限。在国家、省产业政策和行业及地区发展规划指导下，落实经济和社会发展建设项目的投资决策权，按审批制、核准制、备案制的规定执行。凡属备案项目，按属地原则实行备案。全省选择25个综合实力强、经济发展较快的县（市）进行扩权试点。凡属省审批或核准的项目，由扩权县（市）直报省办理，同时抄报所在市。在各类资金上有关部门要对扩权县（市）给予重点倾斜。扩权县（市）在规定的机构编制总数范围内，可根据实际需要，自主调整、设置县级行政机构，不要求上下对口。对全省35个国家扶贫开发工作重点县，省、市有关部门要在资金、项目和基础设施建设上加大扶持力度，并适当降低其重点项目的县级配套资金比例。允许县（市）整合各类支农资金，提高资金使用效率。

四、切实加强领导

17.各级党委、政府要加强对县域经济工作的领导。要把发展县域经济纳入各级党委、政府的重要工作日程，纳入各级经济和社会发展“十一五”规划。省政府成立县域经济工作领导组，制定促进县域经济发展的重大政策和措施，指导各县（市）确定符合本地实际的经济发展思路，定期研究解决县域经济发展中遇到突出问题。领导组办公室在省中小企业局，具体负责协调、督促及考核评比工作。各市也要成立相应的县域经济工作领导机构，加强对县域经济的组织领导。

18.加强县（市）领导班子建设。按照政治坚定、求真务实、开拓创新、勤政廉洁、团结协调的要求，切实加强县（市）领导班子建设，为县域经济的发展提供坚强的组织保证。注意把那些政治过硬、熟悉基层工作、具有艰苦创业精神、具备较强领导经济工作和构建和谐社会能力的干部，充实到县级领导岗位上，配强县（市）领导班子。特别注重选配好县（市）党政领导班子一把手，并保持领导班子的相对稳定。加强对县（市）领导班子和主要领导干部发展县域经济实绩的考察、考核，引导和激励他们推动县域经济发展，不断提升县（市）综合实力和竞争力。加大对领导班子成员的教育培训和实践锻炼力度，不断提高其执政水平和领导县域经济发展的能力。

19.形成全社会推进县域经济发展的合力。各级各部门要牢固树立服务基层的思想，转变职能，改进作风，为县域经济发展创造良好条件。减少文件和会议，保证县（市）主要领导集中精力抓发展。今后，省、市各部门下发与县域经济发展关系重大的规范性文件，应事先征求县（市）的意见。对省以下垂直管理部门的县级机构的领导干部按照有关规定进行管理，上级主管部门党委（党组）和所在地党委要相互沟通、密切配合，选好配强领导班子。

20.完善县域经济奖励考核机制。建立全省县域经济综合监测评价体系，从2005年起，对全省县域经济发展情况实行监测考评，由省县域经济工作领导组办公室组织实施，监测考评结果每年排队公布。对发展县域经济成绩突出的县（市），省政府将予以表彰奖励。

中共吉林省委、吉林省人民政府关于进一步加快民营经济发展的决定

（吉发[2005]4号）

民营经济是社会主义市场经济的重要组成部分，是促进社会生产力发展的重要力量。为了实现全省民营经济快速发展，促进全民创业，推动吉林老工业基地振兴，在国家和省已有法规、政策的基础上，按照发展要求，结合我省实际，现就进一步加快我省民营经济发展作如下决定：

一、放宽准入条件

凡国家法律、法规没有明令禁止的行业和领域都允许民营经济进入。民营企业在投融资、财税、土地使用和对外贸易等方面，与其他企业享受同等待遇。

允许新办民营企业分期注入注册资本。除法律法规对特殊行业的注册资本有最低限额要求外，对其他具备生产经营条件、注册资本在50万元以下的公司制民营企业，其注册资本金可在首期到位注册资本总额10%的前提下分期到位，时限为两年。资本金到位前，企业按注册资本额由每位股东根据出资比例对债务承担相应责任。

以高新技术成果作为注册资本的，只要出资各方协议约定，不受注册资本比例的限制。积极鼓励投资兴办个人独资企业和合伙企业，实行注册资本申报制，不受注册资本限制。

放宽企业经营场所登记条件。从事软件开发、设计等不影响周围环境和居民生活的企业取得具有合法使用权的住宅，该住宅经业主委员会同意，可不受物业使用功能的限制，作为企业住所(办公场所)予以登记；持有合法有效房地产证明文件并符合消防、安全、环保和城市规划要求的房屋可以作为生产经营场所；企业住所与生产场所分离的，实行住所和生产场所同时登记。

二、拓宽经营领域和发展空间

鼓励和引导民营企业以独资、合资、合作、联营、项目融资等方式参与基础设施、公益事业和社会事业项目建设。大力支持民营资本投资我省支柱产业、高新技术产业和现代服务业。在税收上鼓励重点骨干企业扩大再生产，支持民营企业做大做强。

鼓励民营经济通过购买、兼并、转让等多种形式，参股国有企业，推进国有中小企业民营化和民营经济投资主体多元化。民营经济收购、兼并国有企业或国有企业改制为民营企业，享受国有企业改革的优惠政策。

鼓励发展民营高新技术企业，全面落实高新技术产业政策，对民营企业引进新工艺、开发新产品、推广新技术新成果、更新技术装备和争创名牌产品、驰名商标等给予资金和政策扶持。

三、简化和规范审批登记手续

除国家法律、行政法规规定需要行业审批的以外，民营企业登记前置审批一律取消。对法律、行政法规规定必须获准前置审批的，在筹备期间可发给时限为6个月的筹备期营业执照。

对不使用政府投资建设的项目，一律不再实行审批制，对重大项目及限制类项目实行规范的核准制，其他项目一律实行备案制。

对符合条件的个体工商户，应规范登记为民营企业。

四、实行税收优惠政策

允许运用国家对东北老工业基地税收扶持政策

和国家鼓励民营经济发展的各项税收政策，支持民营经济的发展。

对民营企业从事技术转让、技术开发以及与之相关的技术咨询、技术服务的收入所得，免征营业税；新创办独立核算的、主要从事技术咨询和技术服务的科技企业，自确认之日起，两年内免征企业所得税；民营科技企业被认定为高新技术企业的，按政策规定享受国家有关高新技术企业的优惠待遇。

对营利的民营工业类企业研究开发新产品、新技术、新工艺实际发生的各项费用，比上一年度实际发生额增长幅度在10%(含10%)以上的，可再按实际发生额的50%抵扣应纳税所得额。

对新办独立核算的民营企业从事交通运输业、邮电通信业，自开业之日起，第一年免征所得税，第二年减半征收所得税；从事公用事业、商业、物资业、对外贸易业、旅游业、仓储业、居民服务业、饮食业、教育文化业、卫生事业，自开办之日起，报经主管税务机关批准，可减征或免征所得税一年。

对纳入国家农业产业化重点龙头企业的民营企业，从事种植业、养殖业、农林产品初加工所得，免征企业所得税。

五、加大财政支持力度

省财政在现有安排支持中小企业、民营经济发展资金的基础上，根据以后年度省级财力状况，力争逐步增加。市(州)、县(市、区)政府可根据自身财力状况，在年初预算中安排一部分资金，专项扶持民营经济发展。发展资金主要用于企业技改贷款贴息和信用担保、创业辅导、市场开拓等服务体系建设。发展资金由中小企业主管部门会同财政部门管理。

六、积极拓宽融资渠道

允许民营企业以合法、足额的土地使用权、厂房、有价证券和无形资产等作抵押、质押取得贷款。

改进对民营经济的信贷评估、审批和贷款制度，开发适应民营经济发展需要的融资服务项目，在保证贷款质量的同时，逐步加大贷款比例。各级政府要协调各商业银行加强银企对接工作，由各商业银行为重点民营企业开展财务代理业务，并根据企业资金流量和发展所需资金直接提供贷款服务。

加快民营企业信用评价体系建设，深入开展民营企业信用信息征集和评价工作。继续开展“诚信守法企业”评定活动，由银行会同有关部门按照法人客户评价办法和统一授信管理办法确定民营企业信用等级和贷款授信额度。积极鼓励发展社区性银行和农村股份制、合作制银行，多渠道为发展民营经济筹措资金。各级政府要积极推动设立民营经济投资公司，建立和完善创业投资机制，构建民营经济融资平台。

鼓励和引导民营资本按照国家法规政策规定兴办各类金融组织，参与银行、证券、保险等各类金融机构的改制改组，发展多种形式的金融中介服务机构；发展投融资代理制，建立投资咨询公司，为投融资机构提供代理服务；开展民营经济股权交易业务，允许民营企业以股权融资方式筹集投资资金，逐步建立起多种募集方式相互补充的多层次资本市场。

鼓励民营企业按照有关规定申请国际金融组织、外国政府及国际商业贷款。大力支持具备条件的民营企业国内外上市融资、发行企业债券。积极搭建产权交易、股份托管、质押典当等地方性资本交易市场，培育非上市股份公司股票经纪人，健全产权交易规则和监管制度，推动产权顺畅流转。积极引导和鼓励资本重组，支持民营经济盘活国有资本和银行不良资产。

七、建立健全服务体系

建立省、市、县三级信用担保机构，由各级政府给予适当的资金支持。以省中小企业信用担保公司为龙头，市(州)中小企业信用担保机构为骨干，其它担保机构为依托，构建全省信用担保体系。省信用担保机构为市县提供再担保服务；市县信用担保机构直接为民营经济贷款融资提供信用担保服务。

建立和完善担保机构的准入制度、资金资助制度、信用评估和风险控制制度、行业协调与自律制度。加快建立风险补偿机制，有效分散、控制和化解风险。

各级政府对由政府出资为主的信用担保机构，要通过多种渠道融通资金，扩大对信用担保机构的担保能力；要根据财政状况和信用担保机构的业务开展情况，对担保机构出现的代偿损失核定适当比例的风险补偿资金，并纳入财政预算；对风险准备金超过一定规模的信用担保机构，允许其将一定比例的风险准备金转为资本金。

鼓励建立多元投资主体的公司制信用担保机构，支持发展行业内互助信用担保机构，多形式开展信用担保业务。对不以营利为主要目的和纳入全国中小企业信用担保体系试点的担保机构，按照国家有关规定三年内免征营业税。

支持发展民营经济信息咨询、智力开发、项目开发、创业辅导、市场开拓、技术创新、融资担保、法规政策等服务机构。各级政府要在政策和资金上扶持民营经济服务体系建设。

鼓励发展财务代理、税务代理、商标代理、产权交易、质量认证、投资策划、项目论证等社会中介服务机构。按照国家相关法律法规，加快建立执业标准和监督机制，构筑公共性服务平台，为民营经济提供社会化、专业化和规范化服务。

加快行业协会(商会)的改革与发展，广泛吸收民营企业入会，积极培育各类民间商会、同业公会，逐步赋予行业协会制定行业规范和标准，参与行业规划和资质审查等职能，充分发挥行业协会在实行行业自律及维护行业公平竞争和行业利益方面的积极作用。

八、改善发展环境

全面推进依法行政。对各种收费项目进行全面清理，取消不合法的收费项目。除国家法律、法规和国务院、省政府及其财政主管部门会同价格主管部门规定的项目外，其他任何政府部门和单位不得擅自设立行政事业性收费项目。企业、单位或个人有权拒绝不合法和不合理收费。

取消一切向企业收取费用的评比、排序、授牌等活动。任何部门、组织和单位不得以任何理由强迫企业加入各种协会、学会，不准向企业拉赞助、收会费，不准向企业摊派接待、广告、公示、报刊等任何费用。

公安、司法机关要依法保护民营经济合法权益不受侵害，把打击侵害民营经济合法利益的犯罪活动作为一项重要工作任务，依法加强对民营经济合法财产、生产经营活动和经营管理者人身安全的保护。

省、市、县三级都要建立维护民营经济合法权益服务中心，受理个体工商户和民营企业投诉案件，纠正和处理违法违纪行为。

九、鼓励全民创业

各市(州)、县(市、区)政府要选择基础设施较好、民营经济项目比较集中的地方，重点建设一批服务功能强、发展环境好的创业基地。各级政府要把创业基地纳入城乡建设总体规划，并在资金和政策上予以重点扶持。

积极整合社会资源，充分利用现有的培训基地、培训力量等资源，加强对各类创业人员的培训。

各级政府要将民营企业家和专业技术人员培训纳入人才开发的整体规划，并积极开展对创业人员专业知识和劳动技能的培训。加快建设具有行业特色的创业孵化基地，为创业人员提供全程服务。各级政府要加大资金投入，积极创造环境，支持建立民营经济各类创业辅导基地。

积极扶持个人创业，对有稳定收入、诚信度较好的个人，可凭其身份证件担保，由地方商业银行和农村信用社提供创业小额贷款；支持高等院校、科研单位和留学归国人员领办、创办民营企业。科技人员、高校毕业生创业，其科技成果和专利技术能够实现产业化的，可以作为贷款担保条件，市、县担保机构可优先提供小额贷款担保；留学归国人员创办或受聘于民营企业的，按照国家和省有关规定享受有关优惠政策；除国家公务员和参照执行国家公务员制度的公职人员，以及其他具有行政执法职能的事业单位的公职人员外，均可从事第二职业或领办创办企业；大力鼓励党政机关、事业单位工作人员离职创业。

以创业促就业。民营企业吸纳下岗失业人员达到国家规定比例的，享受国家有关优惠政策；下岗失业人员从事个体经营的，其税费减免、小额贷款担保、社会保险补贴等，享受国家及省有关优惠政策。

提高民营企业家的社会地位。在享受教育培训、表彰奖励和参政议政等方面赋予其与国有企业家同等的待遇。

十、加强组织领导和工作指导

各级党委和政府要高度重视发展民营经济，把大力发展民营经济作为振兴吉林老工业基地的战略任务，抓好落实。要把发展民营经济纳入各级党委、政府重要工作日程和领导任期目标责任制。市(州)民营经济工作要明确主管领导专人负责，县、乡民营经济工作实施“一把手”工程。省委、省政府把发展民营经济纳入考核指标体系，组织年度考核和任期考核，以此作为考评各级领导政绩的重要内容。

各级政府要把发展民营经济作为一项长期的战略任务，纳入国民经济和社会发展的总体规划，科学制定发展战略和发展目标。省、市、县都要建立并实行政府民营经济工作联席会议制度，组织有关部门协调解决民营经济发展中的实际问题。

各级政府和有关部门要采取便捷方式及时向民营企业公布各种信息，为民营企业生产、经营、投资、决策服务。统计部门要将民营经济纳入综合统计体系，规范统计分类和口径，健全统计制度，加强统计指导，并有效开展分析、发布等相关工作。工商、税务、劳动等部门要认真做好职责范围内的有关民营经济统计工作。

各市(州)和省直各相关部门要按照本《决定》精神，结合实际，抓紧制定具体的配套政策和实施办法，并抓好落实。

吉林省委办公厅、省政府办公厅《关于进一步改善企业发展环境的“十不准”规定》

为了进一步加快全省经济发展步伐，切实解决影响企业发展的突出问题，减轻企业负担，营造良好的经济发展环境，促进吉林老工业基地振兴，特作如下规定：

一、不准乱收费。各地、各部门一律不准擅自设立各种名目的企业收费项目，已设立的必须立即取消。所有行政事业性收费项目一律按收费标准的下限收取。与行政管理行为相联系的所有证、照、牌等制作工本费，凡列入已取消的行政审批许可事项的，一律不得收取；确需收取的，必须由价格主管部门按照实际成本核定收费标准。已确定的向企业收费项目，凡具备条件的，都要进入各级政务大厅(中心)，并向社会公布所有收费项目和标准，实行对企业收费公示制度和企业付费登记卡制度。今后，凡未执行上述规定直接到企业收费的，企业有权拒交。

二、不准乱检查。严格控制对企业进行各种专项检查，尤其不准对企业进行重复检查、多头检查。除国家有关部门和省政府统一布置的专项检查，以及涉嫌经济犯罪、职务犯罪和案件调查需要外，对企业检查实行检查许可制度，凡未经同级整治经济发展软环境办公室批准的，企业可拒绝接受检查。其他部门不准擅自批准和设定检查项目。

三、不准乱处罚。行政机关和司法机关向企业实施罚款，必须严格按照国家法律法规的规定执行，不许向执法单位及人员下达罚款指标。凡未向企业尽告知义务的，未按有关法律法规规定给予必要整改时间的，处罚依据、标准、程序不公开的，未出示有效执法证件的，未使用规定罚没票据的，一人单独执罚的，不准对企业实施处罚。必须处罚的，除情节和后果严重者外，原则上按规定的下限处罚。企业对处罚事项、标准提出异议的，不得以此为由加重处罚。各级执罚部门对企业依法处罚，要实行“票款分离”制度，通过银行代收及时上缴财政，严格实行“收支两条线”，不得截留、挪用罚没收入，不得擅自处理、使用罚没及扣押的财物。

四、不准乱摊派。任何部门、单位和组织不得以任何理由强迫企业加入各种协会、学会、研究会等社团性组织，不得强行向企业拉赞助、拉捐赠、收会费；不得强行向企业摊派各种培训、办班、接待、广告公示等费用，不得强行要求企业征订报刊杂志。坚决禁止机关、事业单位及其工作人员利用职权和工作之便到企业报销费用。

五、不准乱评比。未经省政府授权或批准，任何行政机关和中介组织不准以任何理由举办向企业收取费用的各种评比、排序、授牌等活动，更不准以评比的先后顺序要求企业进行非自愿性赞助。

六、不准刁难企业。行政机关对企业进行执法检查和司法机关办理案件时，必须严格执行国家有关法律法规，不准超越执法程序，随意进行封账、封户、扣人及提出不合理的加重企业负担的要求。企业对执法部门的执法行为提出异议的，行政机关和司法机关应及时依法审查执法行为，任何单位及其工作人员不准以任何方式进行刁难或打击报复。

七、不准强迫代理。所有行政机关和司法机关必须与所属中介代理机构彻底脱钩。未经政府依法授权，任何中介代理机构不得行使政府职能及代办相关事务，不准利用政府部门的权力和影响，要求、强迫或变相强迫企业接受中介代理服务。企业自愿委托代理的，代理机构必须按合同约定承担相应的经济和法律责任。

八、不准对企业自筹资金项目强迫实行招投标。除法律法规有明确规定外，对非公有制和国有控股企业自筹资金建设的各类工程项目的勘查、设计、施工、监理及设备和原材料采购等，不准强迫实行招投标。任何部门或单位不准利用职权进行垄断招投标和暗箱操作，不准向企业指定应由企业自主选择的商品供应商或服务商。

九、不准滥用行政许可权。除省人大、省政府可以依法设定行政许可事项外，省和省以下其他任何机关无权设定行政许可事项。对法定行政许可审批事项，各地、各部门在实施时都要进入各级政务大厅(中心)规范办理，不得增加条件和程序，不得要求企业接受行政许可实施机关下属或指定的服务单位提供的有偿服务。

十、不准推诿扯皮。各级行政机关和司法机关要增强服务意识，提高办事效率和服务质量，杜绝不作为行为。凡涉及本部门的事项，必须按时限要求予以办结，不符合办理条件的要一次性全面告知；凡涉及同级多个部门或涉及一个单位多个职能部门的，一律实行“首办负责制”，不准推诿扯皮。

各地、各部门要从优化企业发展环境的大局出发，加强领导，增强责任意识，狠抓落实，将企业发展环境整治工作纳入规范化、法制化轨道。所有行政机关、司法机关及其工作人员必须严格执行本规定。各级整治经济发展软环境办公室要设立投诉电话，不定期进行下访、下查、下究，把问题解决在基层。对违反本规定的行为，要严肃追究有关部门主要负责人和直接责任人的责任，给予相应的党纪政纪处分。触犯法律的，依法追究其法律责任。

本规定从发布之日起执行。以往规定凡与本规定不一致的，按本规定执行。

中共黑龙江省委、黑龙江省人民政府贯彻落实《国务院关于鼓励支持和引导个体私营等非公有制经济发展的若干意见》的实施意见

（黑发[2005]20号）

贯彻落实《国务院关于鼓励支持和引导个体私营等非公有制经济发展的若干意见》(国发[2005]3号),要坚持以邓小平理论和“三个代表”重要思想为指导，以科学发展观为统领，进一步解放思想，加大政策支持力度，完善社会服务体系，改善经济发展环境，全力营造非公有制经济创业者经济上有实惠、政治上有地位、法律上有保障的良好氛围，发挥非公有制经济在投资创业、促进就业、提高人民生活水平、建设和谐社会中的推动作用，形成非公有制经济大发展、快发展的新局面。经过一个时期的努力，使我省非公有制经济总量上规模、结构上档次、质量上水平、管理上台阶，成为推动全省国民经济和社会发展的重要力量。为此，现就鼓励支持和引导个体私营等非公有制经济加快发展提出如下意见。

一、放宽市场准入，进一步拓展非公有制经济发展空间

1.放宽准入领域。坚持“非禁即入、平等待遇”的原则，鼓励支持非公有制经济投资主体进入国家法律、法规未禁入的一切行业和领域。鼓励支持非公有资本以独资、参股、控股、合作、

联营等方式，参与水利、公交、供水、供热、垃圾和污水处理等市政公用事业和基础设施建设，发展教育、科研、文化、卫生、体育、社会福利等社会事业及金融服务业；鼓励支持非公有资本参与国有经济结构调整和国有及集体企业改制重组、发展农产品加工业、开展对俄经贸科技合作、建设“六大基地”和“哈大齐工业走廊”。对可由民间投资的新建项目，政府原则上不再投入；对政府已投入的建设项目可由民间投资的，能转让的都应转让。凡是可以采取项目招投标方式选择项目经营者的，都要实行公平、透明、规范的项目招投标制度。政府采购优先安排向中小企业购买商品或者服务。

2.放宽注册登记前置条件。除国家法律、行政法规及国务院明文规定的前置许可项目外，凡地方性法规、规章设定的行政许可项目，一律不作为个体私营等非公有制企业注册登记的前置许可条件。创办民营科技型、外向型、加工型企业及下岗失业人员创办非公有制企业，非关键条件欠缺，由工商部门核发为期一年的临时营业执照。

3.放宽经营范围。允许个体工商户、私营企业自主选择经营范围，对实行许可审批的项目应依据行政许可规定的经营范围核定；对申办新兴行业的，本着“法无禁止即为合法”的原则进行注册登记。

4.放宽注册资本限制。降低有限责任公司注册资本最低限额，只要注册资本达到3万元以上（含3万元）即可申请登记，货币出资可降至注册资本的30%。对注册资本在50万元以下的新设立的公司制非公有制企业，可实行注册资本分期到位制，首期认缴的资本金可降至注册资本额的10%（不低于3万元），其余资本金可在3年内分期到位。自然人从事个体经营、创办独资企业、合伙企业，注册资本实行申报制，企业设立不受注册资本限制。股东可以货币、实物、工业产权、非专利技术、出让土地使用权、高新技术成果等形式出资，也可以其他法律、行政法规允许的形式作价出资；非货币形式出资作价金额最高可达到注册资本的70%。

5.清理审批项目。对现有行政许可项目进行全面清理，对保留的加强后续监管，认证规范审批内容、程序、时限和收费等，并向社会公布；不在公布之列的，一律暂停执行。对依法设立的前置行政许可项目，简化办事程序和环节，全面推行“一站式”审批，公开办事指南、审批条件，实行首问负责制和限时办结制。

6.下放审批权限。法律法规不禁止、政府不投资、符合国家产业政策、在省级行政许可权限内的非公有制企业基本建设、技术改造和科技开发项目，一律下放到市（地）或县级备案。下放个体工商户注册登记权限，市、县级工商局及大中城市工商分局可以委托具备条件的工商所行使个体工商户注册登记等相关职能。

二、加大财税金融政策支持，增强非公有制经济发展活力

7.加大财政政策支持力度。设立省政府中小企业（乡镇企业）发展专项资金，2005年为5000万元，并视省财力状况逐年增加。市（地）和有条件的县（市、区）也要设立此项资金。中小企业发展专项资金要重点用于非公有制中小企业服务体系建设，扶持具有示范作用的科技型、外向型、就业型等非公有制中小企业加快发展。各级财政支持企业发展的各类专项资金要向非公有制企业倾斜。

8.加大税收政策扶持力度。全面落实国家各项税收优惠政策，对涉及非公有制企业的税收法律、政策没有明文规定、权限又在地方的税收，可由省级税务部门结合我省实际制定相应优惠政策；在固定资产加速折旧、技术开发费用、购置设备所含增值税抵扣、再投资退税等税收政策上，非公有制企业享受与国有企业、集体企业同等待遇；对税收增幅大、贡献突出的非公有制企业，各级政府给予奖励；对新办独立核算的从事公用事业、教育文化卫生等非公有制企业或经营单位，自开业之日起，免征企业所得税1年。严格控制对非公有制企业的税收检查，取消一切多头、重复检查。加快实施国、地税相互委托代征、一卡式服务等简便办税申报措施。

9.加大金融服务支持力度。引进境内外战略投资者，做大做强城市商业银行。鼓励有条件的城市信用社实施增资扩股，发挥为非公有制中小企业的金融服务作用。支持有条件的市（地）组建统一法人的城市信用社，并逐步向城市商业银行过渡。继续深化农村信用社改革，进行组建农村合作银行和商业银行试点，积极为非公有制中小企业提供信贷服务。各商业银行应设立专门为中小企业服务的信贷部门；建立和完善适合中小企业特点的信用等级评定标准和办法，降低贷款门槛；大力推进票据融资和租赁融资；积极推广出口退税质押贷款、法人代表或主要股东无限责任担保贷款、下岗职工创业贷款等多种信贷方式；研究开展以工业产权、项目和非专利技术等无形资产质押贷款的办法，加大对非公有制企业的有效信贷投入。开展多种形式、经常性的银企对接活动，推进银企合作。

10.建立健全信用担保体系。省、市财政要逐年扩充政策性担保机构资本金，提高担保机构担保能力；大力支持非公有资本进入担保领域，鼓励建立互助性担保机构和民营担保机构，对主要从事中小企业融资担保的民营担保机构，各级政府给予开办费补助；由省级政策性担保机构牵头，联合省内各类担保机构，实行行业互保、联保、再担保，提高担保资金的整体规模和使用效率；完善担保运行机制，简化担保程序，对信誉好、经营稳定、贷款额度在200万元以内的企业，经担保公司审核，实行即保即贷；建立完善担保风险补偿机制和奖励机制，保证和促进担保机构充分发挥作用。

11.提高企业直接融资能力。支持具备条件的非公有制企业境内外上市融资、发行企业债券，拓展融资渠道。大力培育非公有制企业上市资源。完善我省非上市企业产权交易、股份托管、质押典当等地方性资本交易市场，以股权融资、项目融资和无形资产等方式筹集资金。支持和帮助非公有制企业吸引创业投资和风险投资。鼓励和支持非公有制企业申请国际组织、外国政府及国际商业贷款。

12.加大品牌战略推进力度。鼓励非公有制企业实施品牌战略，从2005年起，凡注册商标被认定为中国驰名商标或产品被评为中国名牌产品的企业，由省政府奖励100万元。被认定为省著名商标或省名牌产品的企业，由各级政府给予奖励。

三、完善社会服务体系，提高服务水平

13.积极开展创业服务。开展“创办小企业、开发新岗位”活动。5年内建立50个创业辅导（孵化）基地和创业园区，建立和完善各级各类创业服务机构。鼓励为有创业需求的人员和初创期的小企业提供信息、技术、资金、人才、场地、市场等配套服务。对确定为国家和省支持的创业服务重点城市、创业辅导（孵化）基地和创业园区，省政府给予资金支持。各级政府对在创业服务中做出重大贡献的各类人员给予奖励。鼓励党政机关工作人员退休、离岗开展创业活动，距法定退休年龄不足5年且工作年限满20年从事非公有制经济的，经批准可提前退休。事业单位人员创办非公有制企业或到非公有制企业工作的，经批准3年内可在原单位保留人事关系，允许回原单位参加竞聘；继续在非公有制企业工作的，可按自愿脱离事业单位的工作人员对待。鼓励国有企业、科研院所和高等学校的人员辞职创办企业。

14.加强信息服务。完善中国中小企业黑龙江分网等信息平台，整合信息资源，强化服务功能。三年内将信息网络延伸到市、县和重点骨干企业。广播、电视、报纸、杂志等新闻媒体要辟建为中小企业开展信息服务的平台。通过信息网络和各种新闻媒体为非公有制企业提供政策法规、产业导向、行业动态、市场需求、技术项目、人才供求等信息服务。各级政府对中小企业网络平台建设给予资金支持。

15.加强科技创新服务。建立共性技术平台，培育技术市场，积极为非公有制企业提供科技咨询、技术推广等专业化服务。支持科研院所、高等院校与非公有制企业开展多种形式的产学研合作，为非公有制企业提供技术服务。对非公有资本创办科研开发机构、科技服务平台和申报专利给予资金支持。省直有关部门每年要举办多种形式的科技成果转化对接活动，对在科技成果转化过程中做出贡献的人员，政府给予奖励。

16.加大人才服务力度。积极创造条件，支持非公有制企业吸纳各类人才。对非公有制企业引进的人才，实行与其他所有制企业同等的户籍管理、档案管理、职称评定、子女就学入托等政策。充分运用社会资源和现代教学手段，通过短期培训、脱产培训、出省培训、国外培训等多种形式，对企业的中高级管理人员和专业技术人员开展培训，提高企业员工的整体素质。省级每年直接培训企业中高级管理人员和专业技术人员不少于1000人。在省政府中小企业发展专项资金中，每年安排一定比例培训经费。市、县也要制定培训计划，把培训费用列入财政预算，专款专用。

17.发展社会中介服务。鼓励和引导创业辅导、人才培训、技术信息、信用评价、管理咨询、法律服务等社会中介服务机构为非公有制企业提供质优价廉服务。按照市场化原则，逐步将附属于行政主管部门的行业协会独立出来，发挥行业自律、服务、沟通及监督作用。逐步赋予行业协会制订行业规范和发展规划、维护行业公平竞争和行业利益等职能。各级政府对行业协会、商会建设给予政策支持。

18.推进企业诚信建设。引导企业规范化管理，强化企业信用意识，健全企业信用制度，建立企业信用自律机制。对被评为国家和省级诚信企业、守合同重信用企业、著名商标企业、消费者信得过单位以及新成立的农村专业经济合作组织，两年内免于工商年检验照审查；对新办企业和个体工商户，符合年检验照免审条件的，免于年检验照审查。对拥有驰名商标、省内著名商标或商号的企业纳入企业信用分类监管体系，实行重点保护。对于偷税漏税、逃废债务、制售假冒伪劣产品、贿赂公务人员、提供虚假信息等严重失信和违法企业，依法惩处和公开曝光。

四、改进政府服务，营造非公有制经济发展的良好环境

19.规范监管行为。各级政府职能部门要严格按照《中华人民共和国行政许可法》的要求依法监管；严禁搞向企业收取费用的评比、排序、授牌等活动；严禁利用行政职能，强制企业加入协会、学会，强行收取会费等行为；严格控制各类专项检查，限制重复检查，确需进行检查的要事先上报同级政府批准；不得违反行政执法的标准、程序、权限，滥用自由裁量权。对无明显违法故意、没有造成社会危害的首次违法违章行为，实行行政告诫，不予行政处罚。对政府工作人员出现符合规定事项拖延不办的、不认真履行职责的、服务态度恶劣和作风蛮横粗暴的、推诿扯皮和办事拖拉的、责任心不强和严重损害发展环境的、在执行公务中“吃、拿、卡、要”的、严重失职和以权谋私等行为，一经查实，将视情节给予批评教育、调整岗位、告诫、辞退等处理；构成违纪的，给予纪律处分；构成犯罪的，依法追究刑事责任。

20.清理和规范行政事业性收费项目。省政府统一清理现有行政机关和事业单位收费项目，降低收费标准。对保留的收费项目建立收费目录，一律实行收费公示制度、收费许可证制度和企业负担登记卡制度。各执收、执罚部门凡以非公有制企业为对象的收费、罚款，均由银行代收，统一上缴财政，严格执行收费及罚款的票款分离制度，财政、审计和物价部门负责统一规范和监督管理。凡未经公示的收费项目和标准，企业有权拒缴。

21.维护非公有制企业的合法权益。各级政府要依法保护非公有资本投资主体的合法经营及投资者财产权、知识产权、自主经营权和企业家名誉、人身等合法权益，建立和完善保护非公有制企业的合法权益机制。在各级工商联设立非公有制企业维权投诉受理中心，负责做好企业投诉的受理登记、配合协办等工作，相关部门予以支持，确保非公有制企业健康发展。

22.建立对政府职能部门的民主评议制度。各级中小企业主管部门、工商联等有关部门，每年组织一至两次非公有制企业对政府职能部门的管理和服务工作进行民主评议，将评议意见纳入到最佳最差单位评议和政府目标责任制考核指标中，促进政府职能部门提高服务水平。

五、加强组织领导，推进工作落实

23.加强对非公有制经济的组织领导。各级党委和政府要将非公有制经济发展纳入国民经济和社会发展规划；充实加强发展非公有制经济工作领导小组，强化办公室工作职能和作用；建立工作协调机制和部门联席会议制度。省发展非公有制经济工作领导小组每季度召开一次协调会，听取企业意见和建议，协调解决重大问题。各有关部门要强化服务意识，转变工作作风，深入调查研究，提高工作效率，推进政务公开，形成促进非公有制经济发展的合力。加强全省中小企业主管部门建设，完善职能、理顺机构、强化服务。充分发挥各级工商联协助政府管理非公有制企业的助手作用。统计部门要改进和完善现行统计制度，及时准确反映非公有制经济发展状况。

24.加强对骨干企业支持力度。选择一批发展前景好、带动作用强、吸纳劳动力能力突出的骨干企业，支持其进一步壮大实力，发展成为主业突出、市场竞争力强的大公司大集团。对年营业收入1亿元以上、5000万元以上、1000万元以上非公有制骨干企业，由省、市（地）、县（市、区）分别建立数据库，实行动态管理，搞好跟踪服务。建立领导联系重点企业制度，给予重点扶持，促其尽快做大做强。

25.积极营造发展非公有制经济的社会氛围。加强非公有制企业的党建工作，建立健全工会等群众组织，增加非公有制企业家在各级人大代表和政协委员中的比例。邀请大中型非公有制企业家代表参加各级政府召开的有关会议。为优秀企业家或骨干企业的领导协调办理进入省、市党政机关证件。为做出突出贡献的企业家提供省、市级领导干部享受的医疗服务。对发展速度快、税收贡献增幅大的非公有制企业和优秀企业家给予表彰奖励。加强企业文化建设，制定适合非公有制企业特点的文明单位创建办法，促进非公有制企业精神文明建设。

26.强化考核监督落实机制。把发展非公有制经济纳入对各级政府和有关部门年度考核的重要内容。省委、省政府督办部门及非公有制经济主管部门要加大政策落实情况的督办检查，促进政策落实；省直有关部门和各市（地）要根据国务院国发[2005]3号文件和本实施意见，研究制定实施细则，指导和促进非公有制经济发展壮大。

江苏省中小企业促进条例

（2005年12月1日江苏省第十届人民代表大会常务委员会第十九次会议通过）

第一章 总 则

第一条 为了促进中小企业发展，维护中小企业合法权益，根据《中华人民共和国中小企业促进法》和有关法律、行政法规，结合本省实际，制定本条例。

第二条 本条例所称中小企业，是指在本省行政区域内依法设立，并符合国家中小企业标准的各类企业。

第三条 省人民政府负责制定本省行政区域内中小企业政策，对中小企业发展进行统筹规划。

设区的市、县（市、区）人民政府应当把中小企业发展纳入国民经济和社会发展总体规划，制定促进本地区中小企业发展的具体措施。

第四条 县级以上地方人民政府中小企业行政管理部门负责本行政区域内中小企业的综合协调和指导服务工作，督促发展中小企业各项政策措施的落实；政府其他有关部门在各自的职责范围内对中小企业进行指导和服务，落实有关政策措施。

省中小企业行政管理部门负责组织实施国家和省中小企业政策和规划，并根据国家产业政策和中小企业发展产业指导目录，结合本省企业的区域发展状况，定期公布扶持重点，引导和鼓励中小企业发展。

第五条 中小企业享有法律、法规规定的各项权利，任何单位和个人不得侵犯中小企业的合法权益。

中小企业应当履行法律、法规规定的相关义务，依法经营管理，不得损害社会公共利益和职工合法权益。

第二章 创业扶持

第六条 县级以上地方人民政府应当加大创业扶持力度，鼓励群众自主创业。建立完善鼓励创业的政策支持体系，积极开展创业服务，减少创业限制，改善创业环境，降低创业成本。

第七条 县级以上地方人民政府及其有关部门应当采取措施，支持创办各类中小企业，定期发布有关创业信息，提供创业政策指导和服务。

第八条 放宽中小企业准入领域，法律、行政法规未明令禁止和我国政府承诺对外开放的领域，中小企业均可以平等进入。

第九条 县级以上地方人民政府应当在城乡建设规划中安排必要的场地和设施，为创办中小企业提供条件。

县级以上地方人民政府应当引导创业者和中小

企业进入各类开发区（园区）及其建立的产业化基地、科技企业孵化基地和技术创新基地创业和发展。

县级以上地方人民政府可以采用多种方式利用原有存量建设用地、闲置厂房和因资金困难等原因中止建设的建筑物等，改造建设创业基地，为创业者创业和中小企业提供生产、经营场所。

鼓励社会各类资本利用现有开发区（园区）资源，投资建设中小企业创业区。鼓励建造多层标准厂房。

第十条 中小企业可以依法通过招标、拍卖、挂牌或者协议的方式，取得国有土地使用权；通过与农村集体经济组织共同设立企业，由农村集体经济组织以土地使用权入股、联营，取得集体非农业建设用地使用权。中小企业依法取得的国有土地使用权，可以依法转让、出租、抵押；依法取得的集体非农业建设用地使用权，可以依据省人民政府的规定，以租赁、联营、作价入股等方式进行流转。

使用存量建设用地和多层标准厂房的中小企业，享受国家和省规定的优惠政策。

第十一条 失业人员、大中专毕业生、事业单位人员和转业、退伍军人创办中小企业的，有关部门应当予以扶持。

对机关和事业单位工作人员辞职创办中小企业的，应当给予合理经济补偿，其中工龄达到二十年的，经批准可以参照提前退休的工资标准给予一次性补偿。

高等院校以及其他单位科技专业技术人员和管理人员创办科技型中小企业的，可以保留公职二年，工龄连续计算。

第十二条 有关部门应当为中小企业在员工户籍、档案管理、社会保险等方面提供政策咨询和相关服务。

第十三条 对于失业人员、大中专毕业生创立的中小企业、当年吸纳下岗失业人员或者安置残疾人员达到国家规定比例的中小企业、符合国家支持和鼓励发展政策的高新技术中小企业，经主管税务机关或者有关主管机关审查批准，减征、免征所得税、营业税等有关税、费。

第十四条 鼓励以知识产权等无形资产作价出资创办中小企业。

以无形资产出资创办中小企业的，出资额占企业注册资本比例可以由投资各方协商约定。创办有限责任公司和股份有限公司的，按照《中华人民共和国公司法》和国家有关规定执行。

第三章 创新推动

第十五条 县级以上地方人民政府及其有关部门用于技术进步的专项资金，应当对中小企业技术创新予以支持。

第十六条 县级以上地方人民政府的技术进步专项资金应当安排一定比例支持中小企业信息化建设，引导中小企业运用现代化信息技术改造业务流程，改善经营管理，推动企业信息化水平的提高。

第十七条 中小企业建立的工程技术研究中心、技术研发中心、公共技术服务平台，区域性、行业性的技术中心、技术交流站和技术服务机构，可以享受国家和省规定的扶持政策。

第十八条 各类开发区（园区）建立的中小企业技术创新基地、产业化基地和科技企业孵化基地，可以享受政策和资金支持。

第十九条 中小企业申报国内外专利的，政府及其有关部门应当给予辅导并可以给予资金支持。

第二十条 中小企业在科技成果引进、转化及生产过程中，技术开发费用按照实际发生额计入管理费用，不受比例限制。

第二十一条 中小企业用于研究开发新产品、新技术、新工艺的费用，可以按照实际发生额计入成本在税前扣除；其中工业企业发生的该项费用比上年实际增长百分之十以上的，可以再按技术开发费用实际发生额的百分之五十抵扣当年度的应纳税所得额。

中小企业投资开发的项目，属于国家重点鼓励发展的产业、产品和技术目录的，在投资总额内进口的自用设备，按照国家规定免征关税和进口环节增值税。

中小企业技术改造投资符合国家产业政策的，可以按照国家规定以国产设备投资抵免企业所得税。

中小企业生产和销售新产品、高新技术产品或者转让技术符合国家有关规定的，可以依法享受国家规定的税收优惠政策。

第二十二条 中小企业技术创新项目以及为大企业产品配套的技术改造项目，可以享受国家和省贷款贴息优惠。

第二十三条 鼓励有专长的离退休人员为中小企业提供技术服务。

科技型中小企业支付给引进的从事技术开发的科技人员的报酬，可以按实列作技术开发费用。

第二十四条 支持中小企业创立企业品牌，维护商标信誉，通过科技创新与开发形成自主知识产权。

工商、专利等有关部门和司法机关应当宣传知识产权保护法律、法规，加大对中小企业知识产权保护力度，维护中小企业合法权益。

第四章 市场开拓

第二十五条 中小企业改造、重组企业物流源，投资建立区域性商品交流中心和行业性产品购销中心，新办独立核算的物流企业，可以按照规定享受减免所得税、国债贴息、绿色通关等政策支持。

第二十六条 中小企业与大企业建立以市场配置资源为基础的、稳定的原材料供应、生产、销售、技术开发和技术改造等协作关系的，其项目可以享受贴息支持。

第二十七条 政府采购应当安排一定的比例，向中小企业购买产品或者服务。具体比例由县级以上地方人民政府根据实际情况确定。

第二十八条 中小企业开展自营进出口业务，政府有关部门和机构应当提供指导和服务。出口高新技术产品的中小企业可以享受国家和省有关优惠政策。

第二十九条 鼓励中小企业到境外投资，扩大生产规模。允许境外带料加工装配企业按照国家规定将获利后五年内的所获利润充实资本金。

第三十条 支持中小企业取得质量管理体系认证、环境管理体系认证和产品认证等国际标准认证。对取得认证的企业，给予便捷通关待遇。

第三十一条 支持中小企业积极开拓国际市场，到境外投资，开展加工贸易、服务贸易、劳务合作和国际科技经贸活动。

中小企业制造高附加值产品或者提供高附加值服务、开拓外销市场的，外经贸、科技等政府有关部门应当给予技术和营销指导，协助中小企业参加国外展览，了解国际市场，办理联合广告、注册商标、申请专利和在国外设置发货仓库。

支持中小企业建立网站，开展网上交易活动，促进产品市场化、国际化。

第五章 资金支持

第三十二条 省人民政府应当在省级财政预算中安排省中小企业发展专项资金。

设区的市、县（市、区）人民政府应当根据本地实际情况，在本级财政预算中安排中小企业发展专项资金，为中小企业提供财政支持。

第三十三条 省中小企业发展专项资金主要用于下列扶持中小企业的事项：

（一）创业辅导和服务；

（二）支持信用担保体系建设；

（三）支持技术创新、技术进步和信息化建设；

（四）支持中小企业服务机构开展培训和咨询；

（五）支持专业化发展、产业集聚、清洁生产、与大企业的协作；

（六）和国家扶持资金的配套；

（七） 支持国际市场开拓和国际合作交流；

（八） 引导民间资本和境外资本参与中小企业风险投资。

省中小企业发展专项资金的具体管理使用办法，由省财政部门会同省中小企业管理部门另行制定。

设区的市、县（市、区）的中小企业发展专项资金的扶持事项及管理使用办法由本级财政部门会同中小企业管理部门制定。

第三十四条 省级财政用于扶持企业发展的其他各项资金，省人民政府财政部门应当确定并逐步提高扶持中小企业发展的比例。

第三十五条 金融机构应当根据国家信贷政策，调整信贷结构，创新信贷方式，改善中小企业的融资环境，完善对中小企业的授信制度，并为中小企业提供信贷、结算、财务咨询、投资管理等方面的服务。

金融机构应当提高对中小企业的贷款比例，对中小企业符合国家产业政策、有市场发展前景、技术含量高、经济效益好的高新技术成果转化和技术改造项目以及火炬计划项目，应当优先提供信贷支持。

鼓励有条件的地方采用多种形式依法组建面向中小企业的财务公司、民资银行等地方金融机构，为中小企业提供金融服务。

第三十六条 县级以上地方人民政府应当安排中小企业信用担保专项资金用于担保机构的建立、风险补偿和补贴。

第三十七条 县级以上地方人民政府以及有关部门应当推进和组织建立中小企业的信用担保体系，落实信用担保机构准入制度以及国家与省有关信用担保的优惠和扶持政策，完善信用评估和风险控制制度，加强对信用担保机构的监管。

鼓励民间资本和境外资本投资设立商业性信用担保机构和企业间互助性担保机构。

第三十八条 鼓励金融机构、信用担保机构和中小企业的合作，采用流动资金贷款担保、技术改造贷款担保、存兑汇票业务担保、招标保函担保以及下岗再就业担保等方式，扩大中小企业信用担保范围。

第三十九条 完善风险投资机制，发展各类风险投资基金，通过吸纳民间资本和境外资本，为中小企业提高技术创新能力、促进科技成果产业化提供资金支持。

第六章 服务指导

第四十条 省中小企业行政管理部门会同省统计部门建立健全中小企业统计监测体系，制定中小企业统计制度，反映中小企业发展运行状况。

第四十一条 县级以上地方人民政府应当建立健全中小企业服务体系，并引导和协调各类社会中介机构为中小企业提供服务。

政府资助建立的中小企业服务机构向中小企业提供服务的，应当免费或者降低收费标准。

第四十二条 推进省中小企业信用制度建设，推动建立中小企业、经营者、中介机构的信用信息征集与评价体系，推动以中介机构为运营主体的信用记录、信用采集、信用评估、信用公示、信用担保、信用风险防范、失信追究的社会化信用服务体系建设。

第四十三条 发展和规范各类行业协会、商会等行业自律性组织，支持其按照章程独立开展工作。

行业自律性组织应当维护中小企业的合法权益，向政府及有关部门反映中小企业的建议和要求。

鼓励行业协会、商会和各类社会中介机构为中小企业提供创业辅导、信息咨询、市场营销、投资融资、产权交易、技术支持、产品开发、人才引进、人员培训、对外合作和法律咨询等服务。

第四十四条 鼓励科研机构、大专院校发展面向中小企业的科技服务产业，从事技术中介、咨询、推广等服务活动，培训中小企业经营管理、市场营销、专业技术等方面的人员。

第四十五条 鼓励建立区域性的中小企业经理人才测评与推荐中心，促进中小企业职业经营者市场的发展。

第四十六条 支持中小企业充分利用世界贸易组织规则所允许的贸易救济措施，积极运用反倾销、反补贴、保障措施等合法手段，维护企业利益，保护产业安全。

第七章 权益保护

第四十七条 中小企业出资人的合法权益受法律保护，任何单位和个人不得非法改变企业的产权关系，不得非法占有或者无偿使用企业财产。

第四十八条 中小企业依法享有生产和经营自主权，任何单位和个人不得干涉和侵犯。

中小企业依法享有劳动用工权，在法律、法规规定的范围内，可以自主决定用工条件、形式、数量、期限和工资数额以及订立、变更、解除和终止劳动合同。

第四十九条 依法保护中小企业参与市场公平竞争的权利，任何单位和个人不得歧视，不得附加任何不平等的交易条件。

第五十条 中小企业因配合环境保护、城市规划、道路建设或者其他市政建设项目，经营活动受到影响或者需要拆迁的，政府及其有关部门应当协助解决资金、建设用地等问题，并依法给予补偿。

中小企业因自然灾害遭受重大损失时，政府以及有关部门应当给予适当救助。

第五十一条 规范行政许可行为，公开办事指南、许可条件和相关制度，除法律、行政法规规定外，一律不得对中小企业的设立设置前置性许可。

第五十二条 规范检查和检验行为，执行法定程序，除法律、法规规定外，不得对中小企业及其产品进行检查、检验。

政府及其有关部门依法进行的检查、检验，不得妨碍企业正常的生产经营活动。

第五十三条 规范行政收费行为，公示收费项目、标准、范围和依据。对于收费项目、标准、范围和依据发生变更的，应当在实施之日十日前公布。行政收费应当使用省级以上财政部门统一印制的财政收据。

任何机关或者单位不得在法律、法规和国务院财政、价格主管部门以及省人民政府规定的收费项目和收费标准之外，向中小企业收取费用。

对于违反前款规定收取行政事业性收费、检验和检测费等费用的，中小企业有权拒绝，已收取的应当立即返还，并支付自收取之日起至返还之日止的利息。

有关机关在行使审批权和登记权时，除依照法律、法规收取审批、登记环节的费用外，不得收取其他费用。

第五十四条 任何单位和个人不得以任何理由强制中小企业提供各种赞助或者接受有偿服务。

政府部门不得将行政职权转移到中介机构，不得为中小企业指定中介机构提供各种有偿代理和咨询服务，不得强制中小企业加入各种协会，不得向中小企业摊派订购报刊杂志。

第五十五条 任何机关和单位不得强制或者变相强制中小企业参加各类培训、达标、评比、鉴定、考核等活动。法律、法规另有规定的除外。

第五十六条 县级以上地方人民政府及其有关部门应当实行政务公开，为中小企业提供工商、财税、融资、劳动用工、社会保障等方面的政策咨询和服务，受理中小企业的投诉和举报。

政府及其有关部门对受理的投诉和举报，应当在三个工作日内作出自办、会办、转办或者督办的处理决定。自办的应当在十个工作日内办结。会办、转办和督办的，有关部门应当自会办之日或者接到转办、督办通知之日起二十个工作日内办结。投诉人要求答复的，承办单位应当在办结后及时给予答复。

因特殊原因不能按期办结的，经行政管理部门负责人批准，可以适当延长办理期限，但延长时间最长不得超过十个工作日，并告知投诉人。

第五十七条 政府及有关部门有下列行为之一的，由其上级行政机关或者监察机关责令改正，对直接负责的主管人员和其他直接责任人员依法给予行政处分：

（一）违法改变中小企业产权关系的；

（二）违法占有或者无偿使用中小企业财产的；

（三）违法撤换中小企业法定代表人的；

（四）违法向中小企业收费、摊派、检查或者进行行政处罚的；

（五）强制中小企业加入各种协会的；

（六）违法举办评比活动的；

（七）截留、挪用中小企业发展资金和其他专项资金的；

（八）对中小企业投诉事项推诿不办、查处不力或者违法处理的。

因前款行为给中小企业造成经济损失的，应当依法予以赔偿；构成犯罪的，依法追究刑事责任。

第八章 附 则

第五十八条 本条例自2006年3月1日起施行。

浙江省小企业贷款风险补偿试行办法

第一章 总则

第一条 为了认真贯彻落实《中华人民共和国

中小企业促进法》和国务院《关于鼓励支持和引导个体私营等非公有制经济发展的若干意见》，充分发挥地方财政资金的放大效应和导向作用，积极鼓励银行业金融机构加大对小企业信贷支持力度，切实缓解小企业的融资困难，促进我省经济持续、稳定、较快发展，特制定本试行办法。

第二条 风险补偿资金是鼓励和促进银行业金融机构增加小企业贷款的政府引导性专项扶持资金。

第三条 本办法所称的小企业，是指在本省境内依法设立，年销售收入在500万元以下，且金融机构贷款余额在200万元以下的生产型、科技型、就业型等各种所有制形式的小企业。

第四条 省财政厅和省中小企业局是风险补偿资金的主管部门，共同负责风险补偿资金使用的指导、管理和监督。省中小企业局主要负责风险补偿资金的业务指导，会同省财政厅确定风险补偿资金的具体支持方式和使用范围，并提出年度使用计划，报省政府批准。省财政厅主要负责年度风险补偿资金的预算管理，会同省中小企业局下达资金使用计划，并负责资金拨付。

第五条 风险补偿资金的使用，应当符合国家宏观经济政策、产业政策和区域发展政策，坚持公开、公平、公正的原则，确保风险补偿资金规范、安全和高效使用。

第二章 风险补偿资金的来源

第六条 风险补偿资金的来源：

（一） 省级财政预算安排的中小企业专项扶持资金；

（二）市、县（市）配套的财政资金。

第七条 市、县（市）财政资金与省实行自愿配套的原则，资金配套比例为1：1。

第八条 市、县（市）财政愿意出资配套的，可作为全省的试点，先进行小企业贷款风险补偿。自愿出资配套的市、县（市）应向省财政厅和省中小企业局出具配套资金的承诺书。

第九条 配套出资的市、县（市），应将上年度银行对小企业的贷款实绩和本年度贷款计划报省中小企业局备案。当年末根据试点市、县（市）小企业贷款实际增长额，经核实后，再确定省财政和地方财政配套出资的风险补偿资金数额，共同组成该市、县（市）小企业贷款风险补偿资金总额。

第三章 风险补偿资金的使用范围和标准

第十条 风险补偿资金主要用于对银行业金融机构当年新增小企业贷款而产生的风险进行补偿。对小企业增加贷款较多、风险控制较好的，也可适当用于奖励。

第十一条 风险补偿标准，以上一年度试点市、县（市）的小企业贷款实际余额为基数，按小企业贷款比上年末净增额的一定比例予以补偿。

第四章 风险补偿资金的管理与监督

第十二条 试点市、县（市）应由经贸（中小企业）、财政、人行、银监等部门，联合对当地银行业金融机构当年的小企业新增贷款实绩进行核实，并报省财政厅和省中小企业局。省财政厅、省中小企业局会同人民银行杭州中心支行、浙江银监局，对试点市、县（市）上报的新增贷款情况进行审核。

省风险补偿资金的发放数额，报经省政府批准后，由省财政厅拨付给省级银行业金融机构，再由省级银行业金融机构按具体的考核办法，下拨试点市、县（市）的银行业金融分支机构。试点市、县（市）财政配套的风险补偿资金，由财政部门直接全额拨付给当地的银行业金融机构。

第十三条 省级银行业金融机构应制定鼓励小企业贷款的具体管理、考核和补偿及奖励办法，积极配合省财政厅、省中小企业局管好、用好小企业贷款风险补偿资金。

第十四条 风险补偿资金必须专款专用。对弄虚作假、挪用等违反本试行办法的，将追究责任单位和有关责任人的责任，并将已拨付的风险补偿资金全额收回。

第五章 附 则

第十五条 2005年度小企业贷款风险补偿对象为工商银行浙江省分行和农业银行浙江省分行试点地区的分支机构。

第十六条 本办法自本年度起执行,由浙江省财政厅和浙江省中小企业局负责解释。

山东省人民政府办公厅转发省经贸委等部门关于实施促进中小企业成长计划的意见的通知

（鲁政办发 [2005]64号）

各市人民政府，各县（市、区）人民政府，省政府各部门、各直属机构，各大企业，各高等院校：

省经贸委、财政厅、统计局、中国农业银行山东省分行、中国工商银行山东省分行、国家开发银行山东省分行《关于实施促进中小企业成长计划的意见》已经省政府同意，现转发给你们，请认真贯彻执行。

关于实施促进中小企业成长计划的意见

山东省经济贸易委员会　山东省财政厅
山东省统计局　　中国农业银行山东省分行
中国工商银行山东省分行　国家开发银行山东省分行

为加快我省中小企业特别是成长型中小企业快速持续健康发展，根据《中小企业促进法》和国务院《关于鼓励支持和引导个体私营等非公有制经济发展的若干意见》（国发[2005]3号）规定精神，结合我省实际，确定组织实施促进中小企业成长计划。

一、　指导思想和基本目标

（一）指导思想。以邓小平理论和“三个代表”重要思想为指导，认真贯彻党的十六大和十六届三中、四中、五中全会精神，树立和落实科学发展观，围绕建设制造业强省，选择一批最具成长性的中小企业，集中扶持，优先服务，促进成长，培育一批支柱产业、一批大型企业集团和一批知名品牌，为建设“大而强、富而美”的社会主义新山东做出贡献。

（二）基本目标。运用山东省成长型中小企业评价方法（SDGEP评价法），从全省优势行业和规模以上制造业中小企业中，选择一批最具成长性的中小企业作为金融、财政、中介服务机构重点扶持服务的对象，通过整合利用财政、金融、担保、培训、人才、政策等优势资源，用5年时间，促使1000家成长型中小企业做精、做专、做大，从而带动全省制造业持续快速健康发展。

二、主要内容

（一）中小企业资金扶持计划。银行要为入选企业优先提供资金支持。省农业银行在计划实施期间每年按不低于当年新增信贷投放30%的额度用于符合信贷条件的中小企业信用需求，支持成长型中小企业的发展。省工商银行在计划实施期间，每年按不低于全部增量流动资金贷款60%的额度用于符合信贷条件的中小企业信用需求，支持成长型中小企业的发展。省开发银行优先为入选企业提供小额贷款。除信贷资金提供保障外，银行还将为入选企业提供全方位优质金融服务。主要包括根据资金市场形势和企业信用等级，贷款利息给予优惠；为入选企业优先提供新的金融产品、融资服务；为入选企业提供节省财务成本或提高理财收益的金融创新产品；为入选企业提供国际结算业务支持，促进成长型中小企业外向型经济发展。

省中小企业发展专项资金重点支持入选企业和为其服务的担保机构。省经贸委中小企业办公室、财政厅根据中小企业发展专项资金安排情况，对银行贷款支持的成长型中小企业有重点地给予贴息支持。同时，积极引导中小企业信用担保机构，为成长型中小企业提供信用担保服务。对参与实施促进中小企业成长计划的担保机构，省开发银行优先给予政策性贷款支持，省财政优先落实有关支持政策。

（二）中小企业经营者素质培训计划。省经贸委中小企业办公室要充分利用国家发改委中小企业“银河培训工程”、农业部乡镇企业“蓝色证书培训工程”和国家、省的有关创业、就业扶持政策，有计划地为成长型中小企业提供专业培训，提高中小企业主要经营者和管理人员的业务素质。省财政厅要加强对入选企业会计、财务工作的指导和管理，促进有关财税扶持政策的落实，省统计局要加强对入选企业统计工作的指导和管理，不定期开展业务培训。银行要为入选企业提供财务管理、国际业务等方面的培训，以提高企业经营管理、理财水平和国际市场拓展能力。各级中小企业主管部门要充分利用社会优势资源，为成长型中小企业提供信用评价、信息化建设等多方面的政策咨询和信息服务。

（三）中小企业上市融资辅导计划。省经贸委中小企业办公室要协调发展改革、证监等部门，充分发挥律师、审计、评估等社会中介服务组织的作用，为成长型中小企业提供上市咨询、上市辅导和投融资服务，鼓励和支持成长型中小企业直接融资，拓展融资渠道。

（四）中小企业信用建设计划。省经贸委中小企业办公室要组织建立中小企业信用服务平台，对企业进行信用等级评定，建立企业信用档案，提升成长型中小企业信用等级，促进中小企业的信用建设。省经贸委、中小企业办公室、财政厅要根据企业信用等级情况给予不同比例的财政贴息支持，银行要根据企业情况和条件给予不同的贷款利率优惠。

（五）中小企业信息化推进计划。建设中国中小企业山东网，逐步延伸到设区的市、县（市、区）和中心镇，形成覆盖市、县（市、区）和主要乡（镇）的面向中小企业服务的电子商务平台。开展中小企业网上博览,免费为入选企业进行网上宣传。同时，组织推荐IT企业，为成长型中小企业信息化建设提供技术支持和管理服务。

三、实施步骤

实施促进中小企业成长计划，是积极扶持中小企业的一项新的工作实践，也是一项系统工程。为积极有序地推进这项计划实施，2005年分三个阶段推进：

第一阶段（2005年8~9月）前期准备阶段。一是与银行确定合作意向。促进中小企业成长计划以中国农业银行山东省分行、中国工商银行山东省分行和国家开发银行山东省分行为主要合作对象，具体事宜由省经贸委中小企业办公室与省分行协商。二是筛选确定一批最具成长性的中小企业。由省经贸委中小企业办公室和省统计局运用山东省成长型中小企业评价办法，对全省规模以上制造业中小企业连续4年的经济指标进行评价、评估、排队，选择确定1000家最具成长性的中小企业，在征求市、县主管部门和合作银行意见后确定公布。三是制定实施意见，做好宣传发动，明确目标、任务和工作程序。

第二阶段（2005年9~11月）启动实施阶段。对成长型中小企业给予信贷资金支持和中小企业发展专项资金扶持并开展相关培训、辅导、咨询工作。

第三阶段（2005年11~12月）完善提高阶段。一是建立中小企业信用服务平台，对成长型中小企业开展信用评价。二是建立山东省成长型中小企业统计管理体系，加强动态监控，对银行、财政支持企业进行追踪监控和动态评价。三是积极整合社会资源，积极为成长型中小企业提供各类融资咨询、风险投资、人才培训和信息化建设等社会化服务。四是总结交流实施促进中小企业成长计划的工作经验，研究制定2006年的实施计划。

四、加强组织领导

中小企业是经济发展的后备资源，是我省未来繁荣的希望和基础所在。实施促进中小企业成长计划是加快中小企业发展，落实省委“一二三四五六”的总体要求和工作思路，特别是贯彻“三个亮点”、“三个一批”战略的具体举措。组织实施促进中小企业成长计划，能使政府部门整体把握中小企业的发展状况和变动趋势，研究制定有针对性的政策措施；使金融机构能够以此为放贷参考依据，评定中小企业的信贷等级，决定信贷规模，实施重点支持；使成长型中小企业能够进一步分析自身的成长源和潜力点，明确主打产品，提高企业核心竞争力。各级财政、统计部门、中小企业主管部门和有关银行要统一思想，明确职责，充分发挥各自职能优势，密切合作，通力配合，积极推进中小企业成长计划的实施。

河南省人民政府办公厅转发省中小企业服务局关于建立健全全省中小企业社会化服务体系若干意见的通知

（豫政办[2005]74号）

各省辖市人民政府，省人民政府有关部门：

省中小企业服务局制定的《关于建立健全全省中小企业社会化服务体系的若干意见》已经省政府同意，现转发给你们，请认真贯彻执行。

关于建立健全全省中小企业社会化服务体系的若干意见

为促进中小企业和非公有制经济持续、协调、健康发展，依据《中华人民共和国中小企业促进法》、《国务院关于鼓励支持和引导个体私营等非公有制经济发展的若干意见》（国发[2005]3号）等法律政策规定，结合我省实际，就加快建立健全以政府为主导、社会广泛参与的中小企业社会化服务体系提出如下意见。

一、充分认识建立健全中小企业社会化服务体系的重要性和紧迫性

中小企业的健康发展，对于繁荣城乡经济、增加财政收入、扩大社会就业、改善人民生活、促进经济发展，发挥着越来越重要的作用，已成为经济发展的新增长点和安排劳动力就业的主渠道。目前，由于面向中小企业的社会化服务机构少，服务范围窄、水平低，服务市场不规范，造成中小企业创业难、融资难、获取信息和技术支持难，严重制约着中小企业整体素质的提升和市场竞争力的增强。因此，抓紧建立健全中小企业社会化服务体系，为中小企业提供社会化、专业化和规范化服务，是促进中小企业进一步发展壮大的当务之急。各省辖市政府、省直有关部门务必提高对建立健全建立中小企业社会化服务体系的重要性和紧迫性的认识，充分发挥积极性和创造性，围绕中小企业发展需求，积极探索和建立健全以政府主导、社会各方面广泛参与的中小企业社会化服务体系。

二、建立健全中小企业社会化服务体系的基本思路、目标任务和基本原则

（一）基本思路：以服务各类中小企业为宗旨，以营造良好的经营发展环境为目的，强化政府服务意识，整合社会服务资源，加强服务机构建设，拓展服务领域，规范服务行为，促进服务市场形成，为中小企业创业、发展提供切实有效的各类服务。

（二）目标任务：从2005年开始，用3年左右时间，初步形成以政府公共服务、非营利性机构公益性服务和中介机构商业化服务为一体的满足中小企业基本需求的社会化服务体系。有效配置服务资源，大力开发服务产品，着力创建服务品牌，全面提高服务质量，形成规范的服务市场和完善的服务供应机制。

分阶段目标是：2005年，通过各级政府协调，对政府部门所属的社会服务资源进行整合、改组和扶持，初步建成为中小企业提供公益性服务的载体；省辖市和50%的县（市、区）建立起中小企业信息网络平台和融资担保机构，形成政府公共服务资源为中小企业服务的机制。

2006年，对公益性服务机构进行投资主体多元化改造，以技术支持、创业辅导、管理咨询、人才培训、法律维权等内容的服务全面展开；对社会中介机构的服务进行规范，初步形成对中介机构的引导、带动机制。

2007年，以公益性服务机构为骨干、以中介服务机构为依托的社会化服务体系基本形成，各项服务覆盖全省；信用信息征集和信用评价实现资源共享；行业协会、中介机构的服务行为全面规范，服务质量得以提高，服务的市场化初步建立。

（三）基本原则：

1.整合资源，分步推进。立足本地优势，突出重点，整体规划，打破部门、行业、地域界限,实现合理社会分工、资源充分利用,促进各类服务机构联动服务和规模化发展。从建立信息网络和解决融资难入手，先易后难，急用先建，分期分步推进，逐步完善。

2.分类指导，规范服务。对公益性服务机构和社会中介机构进行分类指导和规范，引导其准确定位，按照法律、法规、政策提供服务。保证体系各部分能够相互配合，共同发挥作用。

3.政府扶持，市场化运作。依据《中华人民共和国中小企业促进法》和国发[2005]3号文件规定,各级政府应在本级财政预算中设立扶持中小企业发展专项资金，对中小企业服务体系建设给予重点扶持；以市场为导向，推动公益性和商业性服务有机结合。政府财政全额供给的服务机构原则上实行无偿服务，其他服务机构按照企业自愿、规范行为、有偿服务、合理收费的原则，实行市场化运作。

三、中小企业社会化服务体系的基本框架

按服务主体和服务性质确定由以下三个层面构成:(一)政府公共服务。政府各部门依据国家法律法规和政策规定提供的职能服务；政府各部门转变职能推出的公共服务项目；各级财政资金扶持、支持的服务项目。(二)公益性服务。公益性服务机构受其主管部门委托提供的非营利性服务；行业协会、商会、联合会等社会组织向政府反映中小企业的需求和建议,按政府要求和企业需要开展的行业自律和依法维权服务。(三)商业性服务。社会各类中介机构以及科研院所、大专院校按市场规律从事的商业化服务。

四、建立健全中小企业社会化服务体系的主要内容

（一）建立健全融资担保服务体系。建立中小企业融资担保体系是帮助中小企业解决融资难的重要措施。各级政府应依据《中华人民共和国中小企业促进法》安排专项资金支持本级中小企业融资担保体系建设，尽快建立由政府出资启动、吸纳社会资金参股或控股、具有法人资格的担保机构，为中小企业融资提供担保服务；实行投资主体多元化，鼓励民间资本进入融资担保领域，创办商业性的民营贷款担保机构；支持中小企业采用会员制等形式组建自我服务、自担风险、不以营利为目的的互助性担保机构；逐步建立和完善担保资金补充制度和风险补偿制度,形成担保资金稳步发展的长效机制。

搭建银企信息交流沟通平台,促进银企合作。各级中小企业工作部门要联合金融管理部门和金融机构,定期或不定期举办项目推介、金融政策和金融知识的宣传、咨询、培训等活动,加强金融机构与企业之间的合作,为企业融资提供便利、创造条件。

（二）建立健全信用服务体系。省中小企业服务局会同省直有关部门及金融机构，组建河南省中小企业信用评价委员会，建设以企业信用征集、信用评价、信用监督等为主要内容的中小企业信用服务体系。开展信用培训服务，增强中小企业经营管理人员的信用意识和信用管理能力；提供信用管理服务，指导企业建立信用档案，搞好信用管理制度建设，提升信用管理水平；充分利用工商、金融、统计、质量技术监督、海关、税务、财政、劳动保障、司法等各方面的信息资源，建立起中小企业信用数据库，形成信息齐全、查阅方便、公开透明的中小企业信用信息查询系统，实现政府部门、金融机构对中小企业信用评价的协调联动和信息交流与共享。

（三）建立健全人才培训服务体系。各级中小企业工作部门要根据中小企业的不同需求，对企业经营者和员工开展多种形式的培训服务,形成政府引导、社会支持和企业自主相结合的培训机制。主要依托大专院校、各类培训机构，重点开展法律法规、产业政策、经营管理、职业技能和技术应用、安全知识等方面的培训。已设立培训中心的市、县（市、区）要发挥其主导作用，创新培训方式，增强服务功能，提高培训质量；有条件的中小企业要积极建立自己的培训机构和场所，提高培训能力，开展员工培训,建立和完善培训与待遇相联系的激励机制；市与市、县（市、区）与县（市、区）、企业与企业之间，或与外省市之间可开展联合协作培训，省、市、县各级中小企业工作部门要负责做好协调工作，形成自主培训与互助培训、单项培训与综合培训、一般培训与高层次培训相结合，优势互补、资源共享、全省一体化的培训服务格局。各级政府应对培训工作给予适当补贴和资助。

（四）建立健全信息网络服务体系。各市、县（市、区）中小企业工作部门要加快建立适合现阶段需要的中小企业地方信息网站,各级政府应对此给予资金、政策等方面的支持。省辖市中小企业工作部门在2005年上半年完成，中小企业发展比较好的县（市、区）在2005年底完成，其余县（市、区）在2006年上半年完成；加快对现有信息网络进行改造升级，提高设备和维护人员的技术水平和信息服务能力，使之尽快适应中小企业信息化发展的需要；加快推进中小企业上网工程，到2007年,80%规模以上的中小企业应建立起适合自己需要的信息网站,全省将建成以中国中小企业河南网为核心，以市、县（市、区）局分网（站）为支撑，以中小企业自建网站为基础，以社会知名网站和重要行业网站为补充，纵向和横向互动互联的中小企业信息网络服务体系。通过信息网络服务体系开展电子政务和商务服务，发布法规政策信息、市场供求信息、各行业前沿技术和最新科研成果、投资融资项目和产权交易与合作等网上各类项目服务。

（五）建立健全创业辅导服务体系。以公益性服务机构为主要载体，本着“创办小企业、开发新岗位、以创业促就业”的要求，各级中小企业工作部门要充分利用和整合社会资源，建立创业辅导服务体系。一是广泛联系高等院校、科研院所、金融机构和社会中介组织，形成紧密配合、互相协作的长效机制，为中小企业的创办者、经营者提供创业咨询、创业辅导、政务代理、贷款担保、技术攻关和工商、财税、劳动用工、社会保障等方面的业务咨询与服务，并实行跟踪指导，以确保创业成功。二是要加大对各类中小企业工业园区、民营科技园区、东西合作示范园区、创业园区的支持力度，加强指导，完善服务设施，提高服务能力，充分发挥企业聚集优势和"孵化器"功能，以各种优惠政策和有效服务吸引创业者到园区开办企业，提高创业成功率。

（六）建立健全管理咨询服务体系。开展企业管理诊断和咨询是解决中小企业管理水平低、人才缺乏的重要途径。现阶段要重点加强企业战略管理、质量管理、成本管理、财务管理、人事管理、物流管理、市场开拓、技术创新、技术改造和信用管理等诊断咨询服务。其基本形式，一是各级中小企业工作部门要组织专家学者、优秀企业厂长（经理）组成专家顾问团，根据企业需求，定期不定期地进行巡回诊断、咨询和辅导；二是积极联系大专院校、科研院所、行业协会、学会等机构与企业直接挂钩，促进产、学、研一体化，形成管理咨询服务的有效机制；三是充分利用各种媒体，开设管理咨询服务互动平台，邀请专家学者及时为企业无偿解疑答难。此外，各级中小企业工作部门要积极探索其他为中小企业提供管理咨询服务的有效方式。

（七）建立健全技术支持服务体系。指导和支持有条件的中小企业和企业园区建立技术研发中心，在产业集中度较高和具有一定产业优势的地区建立若干个公共技术支持服务平台，为中小企业新产品研发、试制、设备检验以及生产工艺改造等提供技术支持服务；引导和鼓励中小企业根据需要联合组建行业或区域性技术研究和服务机构；鼓励各类科研机构、大专院校的实验室和测试中心向中小企业开放，满足中小企业共性技术的需求；帮助中小企业与国内外科研机构、大专院校开展产学研对接活动，做好先进技术的引进、推广和吸收消化工作；充分利用信息网络和各种有效途径向中小企业发布促进科技进步的有关政策、中外科技发展动态、新产品开发指南、专利科技成果；帮助和指导企业争取享受国家、省各类科技优惠政策和资金支持，增强科技实力。

（八）建立健全法律政策服务体系。针对中小企业布局分散、信息不灵、政策棚架、法治环境不健全等实际情况，帮助中小企业建立健全法律顾问制度和法人治理结构，增强依法治企能力；组织引导法律服务机构为中小企业提供法律帮助，开展维权服务；在各级中小企业工作部门设立法律政策服务热线，建立网上法律咨询平台，为中小企业提供法规政策信息和法律咨询服务；各级中小企业工作部门要加强法律政策服务力量，并建立健全维权投诉中心，与司法部门协作配合，搞好企业维权服务。各地要继续推行行之有效的成功经验和做法，为企业开展维权服务。要引导企业依法经营，正确运用法律手段，通过非诉调解、仲裁、行政复议、行政诉讼、民事诉讼等合法渠道，寻求法律帮助和服务。

五、推进中小企业社会化服务体系建设的保障措施

（一）加强组织领导。中小企业社会化服务体系建设是新时期中小企业工作的一件大事，是促进中小企业健康发展的重要举措，任务重，难度大，涉及面广。各级政府要加强领导，加大支持力度，由中小企业工作部门牵头，协同财政、科技、人事、民政、劳动保障、质量技术监督、工商、商务、税务、统计、金融等相关部门，尽快把服务体系建立起来，切实把服务体系建设作为服务中小企业的重点，加快研究制定支持服务体系的政策措施，积极协调有关部门和机构开展对中小企业的服务工作，帮助中小企业排忧解难，为中小企业发展营造良好的外部环境。

（二）加大资金投入。各级政府应按照《中华人民共和国中小企业促进法》和国发[2005]3号文件的规定，在本级财政预算中建立中小企业发展专项资金，对中小企业社会化服务体系建设给予重点支持。重点扶持一批服务机构示范单位，对管理规范、服务效果突出、社会贡献大的服务机构给予嘉奖，带动社会化服务体系积极为中小企业提供服务。服务机构示范单位的确认办法由省中小企业服务局另行制定。

（三）坚持创新和发展。各级中小企业工作部门要积极收集中小企业服务机构设立、业务开展及服务体系建设中遇到的问题和相关信息，及时向当地政府和上一级工作主管部门提出有针对性的政策建议。政府各有关部门要积极支持、密切配合，营造良好的服务环境，共同促进中小企业服务体系建设；要紧紧围绕企业需求，不断创新服务体系，打造服务品牌；不断拓展有需求的服务项目，提高服务质量，满足中小企业和非公有制经济对服务的各项要求，促进其健康发展。

（四）加强对市、县（市、区）服务体系建设工作的指导。省中小企业服务局和相关部门要指导市、县（市、区）有关部门，结合本地实际，研究制定本级中小企业社会化服务体系建设实施方案，并组织好落实。

河南省中小企业服务局关于河南省中小企业产业结构调整的指导意见

（豫中小企[2005]65号）

近年来，我省中小企业、非公有制企业、乡镇企业（以下简称中小企业）发展迅速，已成为我省经济持续快速增长的重要力量。但是，随着经济全球化的迅速发展和我国市场经济的不断完善，我省中小企业产业结构与市场需求的矛盾日益突出，直接影响着中小企业的发展。主要表现在：资源开发型产业比重大，加工链条短；新兴产业、技术密集型产业成长缓慢；初加工产品多，高科技、高附加值产品少，市场竞争力不强等。为加快中小企业产业结构调整，实现产业结构优化升级，提高中小企业的整体素质和市场竞争力，促进全省经济持续快速健康发展，特提出如下指导意见，请结合本地实际，认真贯彻执行。

一、产业结构调整的指导思想和原则

产业结构调整的指导思想是：树立科学发展观，坚持以国家产业政策和市场为导向，以企业为主体，以科技进步和技术创新为动力，以全面、协调、可持续发展为核心，以产品结构调整为重点，以提高企业的综合竞争能力和经济增长的质量与效益为目标，走科技含量高、经济效益好、资源消耗低、环境污染少、人力资源优势得到充分发挥的新型工业化道路，进一步促进我省中小企业持续快速健康发展。

产业结构调整坚持以下原则：

——坚持以国家产业政策为导向的原则。要严格执行国家产业政策，关停并转国家明令禁止的产业、淘汰的技术、污染严重又无力治理的行业和严重浪费能源、资源的产业、产品。大力发展当前国家重点鼓励发展的产业、产品和技术。

——坚持科技进步和技术创新原则。始终把科技进步和技术创新作为产业结构调整的第一推动力，促进企业建立技术创新机制，搞好引进技术的消化吸收，用先进适用技术改造传统产业，大力开发高技术含量、高附加值的新产品。

——坚持可持续发展原则。要树立科学的发展观，产业结构调整必须有利于资源的深度开发、综合利用和生态环境的保护。大力发展绿色产业、环保节能产业和循环经济，提高资源利用率，努力实现经济、社会与生态效益的和谐发展。

——坚持企业为主体、市场机制运行和政府优质服务相结合的原则。企业是市场竞争的主体，也是产业结构调整的主体。中小企业应主动捕捉市场信息，根据市场需求主动进行调整。同时，政府要加强指导、协调和服务，充分运用市场机制和经济手段为产业结构调整创造良好的外部环境，保证调整目标的实现。

——坚持发展特色经济原则。产业结构调整要因地制宜，以产品结构调整为重点，充分发挥本地资源、经济、市场、技术等方面的比较优势，突出重点，发展特色经济，培育和壮大产业集群、专业化生产和流通基地，逐步形成具有竞争优势和区域特色的主导产品和支柱产业。

二、产业结构调整的方向和重点

产业结构调整的总体方向是：根据国家的产业政策，优先发展高新技术产业，利用高新技术和先进适用技术改造传统产业，着力推进优势资源的精深加工，增加产品的科技含量和附加值，提高产品的质量和档次，发展最终消费品；重点支持市场前景广阔、经济和社会效益好的企业和产品；大力发展农产品加工业；加快发展第三产业。同时，坚决压缩过剩的生产能力，淘汰技术落后、质量低劣和污染严重的产品。

（一）大力发展主导产业

1.机电工业。围绕农业科技和现代高效、生态农业建设以及提高农业产业化水平的需要，大力发展先进适用的种植业养殖业机械、收获机械、农牧产品深加工机械和成套设备；依托大型企业集团或优势名牌产品，按照专业化、规模化原则，重点发展为重大或成套技术装备、输配电设备、汽车等重点产业配套服务的零部件制造加工基地；面向提高城乡居民生活水平和质量的需求，加快发展安全、可靠、高效、节能、舒适、快捷的家用电器产品和塑料、橡胶、电子、印刷、文化、日用化学等产业所需的技术装备产品；积极发展节约资源和资源综合利用、循环利用设备、城镇垃圾处理和大气、水资源污染防治设备；优先发展高新技术产品，按照实现产业升级的目标，发展机电仪一体化、智能化产品和重要、专用机械基础件，提高产品的技术含量和附加值。

2.化学工业。重点发展涂料、染料、医药中间体和食品添加剂、饲料添加剂、防腐剂、保鲜剂、水处理化学品、油田化学品、电子化学品、造纸化学品、皮革化学品、胶粘剂等精细化工产品和高附加值的有机化工产品。大力发展以农产品为原料的化工制品，拉长农产品加工链条。化肥工业要抓好现有氮肥企业的节能、降耗、技术改造，以煤为原料的氮肥企业应加快新型造气技术的改造；大力发展高浓度氮肥、磷肥、钾肥及各种专用复合肥料生产，努力调整化肥产品结构。积极开发高效、低毒、安全新品种农药，易回收、可降解农膜。大力发展新型精细无机化工产品、新型生物化工产品、新型信息化学品、新型高效催化剂、工程塑料及通用塑料的高性能化产品、有机硅产品、有机氟产品、新型膜材料及制品、无机纳米材料、生物活性饲料及肥料、与高等级子午线轮胎生产及配套的专用材料等。

3.食品工业。充分发挥我省农产品资源丰富的优势，重点发展农产品深加工和储藏、保鲜、运输业，提高农产品加工深度，拉长产品和产业链条。重点培育、壮大一批各具特色的大型农产品加工龙头企业，特别是加工能力大、科技含量高、出口创汇多、对农业生产带动能力强的大型龙头企业。以生产高质量的绿色食品为中心，积极采用生物技术和工程化食品技术，开发新资源、新产品，增加花色品种，向方便、营养、安全、卫生、天然、保健的食品工业化方向发展，采用现代技术改造和提升传统食品产业，不断提高产品的质量和档次。重点开发和利用生物工程技术、速冻技术、冷冻干燥技术、分离技术、食物成分重组技术、气调保鲜技术、辐照技术、微波技术、挤压膨化技术、超细磨技术、高压灭菌技术、超临界萃取技术和微电子技术等。

4.医药工业。化学制药业，大力推进原料药的规模生产，做好原料药的深加工，积极开展新型剂型的研究和应用，加大新型抗生素药品的引进和生产力度，重点扶持采用国内先进技术生产的替代进口药品。生物制药业，大力发展以动物、微生物组织、器官或生物体为原料，采用生化技术提取制备的生化药物和生物制品，重点扶持以基因工程、蛋白质工程为特征的现代生物工程药物；同时大力发展生物诊断试剂的生产与研发。中药工业，按照国家中药现代化发展规划，重点发展中药饮片,中药中间体和特色中成药及广泛应用现代技术的中成药。医疗器械工业，在继续发展一般性医疗器械、卫生材料、 医药中间体、药用辅料、包装材料生产的同时，大力发展特殊医疗器械的生产和研发。加大对有特色的健康产品的支持力度。

5.冶金工业。钢铁工业要大力发展高技术含量、高附加值和替代进口的钢材品种，推进钢铁产品升级换代，努力提高板材管材和特种钢的比例。有色金属工业要把建设世界铝工业基地作为有色金属工业的主要目标，提高产业的集中度和核心竞争力。大力发展高精度铝板带箔、大型工业型材等精铝深加工产品，拉动铝工业发展。利用技术优势和生产潜力，积极发展黄金、铜、钼、铅、锌等有色金属的深加工。大力发展新型、高档耐火材料，积极开发中、低品位铝土矿选矿、提纯、煅烧工艺技术。

6.建材工业。积极采用先进技术，搞好深加工，延长产品链条，增加品种规格，发展替代进口产品。加快对现有水泥行业技术改造，鼓励发展日产4000吨以上新型干法水泥，提高高标号水泥比例，促进水泥工业的结构优化升级。大力发展电子、汽车、医用等特种玻璃、高性能玻璃等，提高玻璃深加工能力。积极发展新型节能墙体材料、新型保温隔热材料、新型防水材料、新型建筑密封材料、新型建筑装饰材料、化学建材、利废建材、高档卫生洁具和节能、节地、高强、轻质、保温性能好的新型建材产品。积极开发高技术陶瓷和非金属矿超细、改性深加工技术及装备。

7.建筑业。积极开发建筑节能关键技术、新型建筑结构系统、墙体吸收噪声技术与材料、高层建筑与空间结构设备、建筑施工关键设备、住宅高性能外围护结构材料与部件、建筑隔震减震材料、市政设施用复合管道等产品。建筑施工企业要积极采用先进的设备和施工技术，加强管理，提高职工素质，打造精品工程，提高施工资质，积极参与城市道路、公路、铁路、港口、水电等国家重点基础工程建设。积极参与城镇园林绿化及生态小区、集中供热、供气及经济适用住房建设。

8.轻纺工业。要加强技术改造，提高技术创新能力，扩大生产规模，提高产品质量，争创名牌产品，不断开发新产品，以满足工农业生产及城乡人民群众的多元化消费需求。

（1）造纸工业。大力发展新闻纸、高档书写纸、胶印书刊纸、信息用纸、办公用纸、涂布纸、中高档生活用纸、特种纸和A级牛皮箱板纸、A级高强度瓦楞原纸等高档包装纸。加快低档印刷书写纸、凸板纸、白板纸等产品的升级换代。积极调整用浆结构，逐步提高木浆比例，鼓励林纸一体化生产和再生纸生产。加快大型成套造纸机械设备和纸张深加工设备的开发、研制和生产。坚决限制质量低劣的黄板纸、箱板纸、瓦楞纸、卫生纸的生产。

（2）皮革工业。鼓励以制革业为基础，促进畜牧业、皮革业联合发展，建立优质原料皮基地，积极开发利用新的原料皮资源。大力发展鞋面革、鞋里革、服装革、包袋革、家具革和汽车坐垫革等。积极推广采用皮革后整理加工技术，大力发展皮鞋及皮革制品等终端产品，增加产品的附加值，提高经济效益，以品牌带动制革产业的发展。鼓励发展以饲养动物为主的皮毛加工业，提高大宗产品（山羊、绵羊、狗、兔皮等）的染整技术、粗皮细作技术，进一步提高高档原料皮（水貂、蓝狐、貉等）加工技术，增加产品附加值。

（3）包装工业。积极开发为农副产品、工业产品、装饰品、工艺品配套的包装纸、袋、盒、箱、绳、带等各种包装用品和包装机具，积极开发新型包装材料和新型复合材料。

（4）纺织工业。发挥优势，做大做强纺纱、织造两大行业。采用紧密纺及无梭织机等先进技术和设备，把引进与采用国内先进设备结合起来，加快淘汰落后工艺设备，实现“三无”（即无接头、无卷、无梭）或提高“三无”比重，促进产业升级。大力支持服装、装饰及产业用纺织产品的发展，采用定牌生产及兼并、联合等方式，创名优拳头产品，实施品牌战略。积极开发功能化、差别化纤维，提高印染后整理技术。

（5）日用化学工业。大力发展酶制剂、新型助剂，开发和推广无磷洗衣剂、洗衣粉；积极开发适用于工农业生产的各种表面活性剂、助剂、织物调理剂；逐步减少糊式电池、镍镉电池比例，禁止发展汞电池，大力发展无汞碱性锌锰电池、镍氢电池、锂离子电池等高性能电池；香精香料生产应重点采用新技术，发展天然香料生产；化妆品要提高原料质量和产品质量，增强花色品种，拓展中高档产品。

（二）积极发展高新技术产业

1.电子信息产业。积极采用信息网络技术，把信息网络技术与企业的基本建设、技术改造、技术进步有机结合起来。根据国民经济和信息化的需要，积极发展电子信息产品、基础元器件和电子原材料产品。鼓励生产光缆、光电器件、敏感元器件及传感器、电子专用材料，路由器、集线器、网关、网卡等网络设备，鼓励开发各种应用软件的开发与生产、计算机辅助设计、辅助测试、辅助制造、辅助工程系统等产品。

2.新材料产业。加快发展超硬材料、高纯超细微粉材料、优质高档耐火材料、新型合金材料、有色金属复合材料、精细化工和新型高分子材料、新型刹车材料、高性能涂料、新型催化材料等，形成产业规模。积极推动纳米材料及纳米技术的产业化。

3.生物工程技术产业。积极发展微生物发酵和酶催化为核心技术的生物化工、生物医药、生物农药、生物兽药、生物食品、生物肥料、生物饲料和生物降解材料技术产业，形成产业化规模。

4.先进环保产业。重点开发城市生活垃圾处理技术及成套设备、城市污水处理利用成套工艺设备、汽车尾气净化技术、烟气脱硫工艺及成套设备、大型高效除尘器、高浓度工业废水及工业危险废物处理处置设备、水处理药剂生产与应用的工艺与设备、环境与污染源监测仪器及自动监测系统、工业固体废弃物资源综合利用、石油类污染控制技术与设备、难处理金矿资源综合利用技术等。

（三）积极发展具有一定技术含量的劳动密集型产业

积极发展具有一定技术含量的玉雕、丝毯、档发及制品、速冻食品、纺织、服装、鞋帽等劳动密集型产业，努力开发、引进先进适用技术，提高产品质量，增加花色品种，扩大生产规模，拓宽就业渠道，加快农村富余劳动力转移步伐。

（四）大力发展优势、特色产业

在巩固卫生材料、起重机械、阀门、造纸机械、建筑机械、汽车配件、电线电缆、普通水泥、耐火材料、钢卷尺、玻璃钢制品、玻璃制品、布鞋胶鞋、办公家具、玉雕、丝毯、皮毛加工等优势、特色产业的同时，要切实抓好产品的适应性调整，通过技术改造，促进传统产品的更新换代，提高产品的技术含量和附加值。各地要充分发挥当地的资源优势，大力发展具有地方特色和优势的拳头产品，形成专业化生产，社会化协作，系列化配套，市场化销售等具有鲜明特色的产业格局。依托群体工业优势，辐射带动同行业和相关产业的发展。努力培育壮大一批在全国同行业中有较大影响、市场占有率高的优势、特色产业和专业生产基地，形成产品优势、规模优势、产业优势和区域特色优势，促进工业园区和小城镇建设，壮大县域经济。

（五）积极发展种植业、养殖业和饲料加工业

1.种植业。大力发展农业产业化、贸工农一体化龙头企业。积极发展工厂化农业和观光农业。大力发展花卉生产，重点发展名贵稀有品种、鲜切花和造型盆景，积极开发生产草坪植物、绿化花卉和观赏植物。大力发展园林设计、绿化、施工业。

2.养殖业。积极发展工厂化养殖，提高生猪、禽、牛、羊等集约化饲养水平，大力发展外向型养殖业。突出发展奶类生产，建立优质奶源基地。积极采取有效措施，减少各类药物、化学物质、激素残留和污染对畜产品卫生质量的危害，确保食品安全。加强大型养殖场环境污染治理。积极研制开发高效疫苗、低毒低残留的鱼药、蚕药、蜂药等新兽型药及各种新剂型。

3.饲料工业。大力发展配合饲料、浓缩饲料、蛋白质饲料和预混合饲料等饲料加工业，促进粮食转化增值。积极研制、开发、生产安全、无污染饲料添加剂新品种，鼓励采用生物技术和中药生产饲料添加剂，严禁滥制、乱用饲料添加剂。

4.畜产品加工业。提高加工技术，扩大生产规模，提高加工深度，增加花色品种，扶植建立畜产品加工龙头加工企业。积极研制、开发、引进畜产品保鲜、加工、储运等关键技术。大力开发分割肉、冷鲜肉、小包装及快餐食品。稳步发展传统蛋制品加工业，大力开发蛋粉、液体蛋等新型蛋制品。积极发展乳品加工业，加快纯牛奶、酸奶、奶酪、风味牛奶、酸乳饮料和强化乳饮料等系列产品。加强对畜禽内脏、血、皮、骨、筋的综合利用和深度加工，提高畜产品加工的综合效益。

（六）加快发展第三产业

在继续发展交通运输业、零售业、饮食业、物资供销业、文化娱乐业的同时，大力发展为生产和生活服务的新兴产业，包括现代物流、通讯业、房地产业、公用事业、居民服务业、旅游业、咨询业、信息服务业、市场开拓、筹资融资、贷款担保、风险投资、技术创新、人才培训等服务业；为提高科学文化水平和居民素质服务的行业，包括教育、文化、广播电视、科学研究、医疗卫生、体育、城市改造与服务和社会福利业等行业，积极参与国有企事业单位后勤服务系统改革。

（七）淘汰、禁止、限制发展的产品和生产能力

1.严格执行国家《当前部分行业制止低水平重复建设目录》和《淘汰落后生产能力、工艺和产品目录》（第一、二、三批）。淘汰和禁止发展污染严重、低水平、小规模的企业，坚决制止严重污染环境的“15小”企业、“新5小”企业死灰复燃。

2.坚决遏制无市场或市场已趋于饱和、技术含量和附加值低的一般性工业项目的重复建设。关停或压缩落后生产工艺和破坏资源的小企业。

三、产业结构调整的主要措施

（一）加快科技进步和技术创新，推动产业结构调整。鼓励有条件的企业建立自己的科研机构，增强产品和技术开发能力；引导企业走产学研相结合的道路，积极与科研单位、大专院校和科技人员合作，不断开发新技术、新工艺、新材料、新装备、新产品，以提高产品的技术含量和附加值，推动产品换代、技术和设备更新，加快改造传统产业，实现产业结构的优化和升级。抓住国内外产业结构调整和相互分工协作的机遇，积极发展为装备工业、大型企业、跨国公司配套的高科技产品和科技型企业，形成一批技术含量高的劳动密集型企业和高新技术中的劳动密集型企业。重点培育一批在产品和技术结构上小而专、小而精、小而特、小而新、小而强，具有自主知识产权的中小型科技企业，增强市场竞争能力。

（二）实施名牌战略，提高市场占有率，加

快产业结构调整。引导中小企业加快产业产品结构调整、技术升级和自主创新，塑造正确的品牌观念，增强打造民族品牌的危机感和紧迫感，积极实施和推进名牌战略。企业要主动研究市场，开拓市场，加强营销策划和广告宣传，扩大产品的知名度，增强竞争力，提高市场占有率，形成一批名牌产品和品牌企业。对国家和省认可的名牌产品生产企业，要扩大生产规模，加快科技进步和技术创新，提高产品质量，进一步增强品牌效益和市场竞争力。重点扶持一批拥有名牌产品或独特优势产品、资本实力较强、经济效益较高、经营机制好的企业（集团），带动相关产业的发展。

（三）深化企业改革，加强企业管理，带动产业结构调整。积极推进中小企业改革改制改组步伐，逐步建立现代企业制度。要抓住有利时机以联合、兼并、租赁、购买、参股、控股等形式扩大生产规模，积极引导组建跨地区、跨行业、跨所有制的企业集团，增强企业活力。引导企业加强企业管理，推动企业从管理思想、管理模式、管理体系、管理内容、管理方式、管理方法和管理手段进行全方位创新，全面提高管理水平，努力实现管理组织高效化、管理制度规范化、管理手段现代化。把建立现代企业制度和管理创新作为创造市场的基本动力，带动产业结构调整。

（四）加强对外合作与交流，推进产业结构调整。巩固和深度开发日本、东南亚、港澳等传统市场，重点开发欧美市场，大力开发俄罗斯、东欧、中东、拉美和非洲等市场，培育新的出口区域。加快中小企业出口产品由初级工业制成品为主，向高技术含量、高附加值、深加工制成品转变，培育和扶持一批名牌出口产品。鼓励企业在境外建立资源开发型、技术开发型、贸易型实体以及技术研发机构，带动和扩大国内设备、技术和产品出口。加大对外招商引资力度，多渠道、多形式吸收外商投资，切实改善投资环境，把引进外资和引进技术、引进智力紧密结合起来，着力提高招商引资水平，大力发展三资企业，强化对外商投资企业的服务。积极争取外贸发展基金、中小企业开拓国际市场资金的支持，引导企业扩大生产规模，提高出口产品质量，拓宽出口渠道，增加出口创汇。

（五）加强服务体系建设，促进产业结构调整。一是信息服务。充分利用“中国中小企业河南网”为全省中小企业提供国家政策法规、产业导向、行业发展动态、经济发展趋势、投资融资、最新科技与成果、产权交易和合作项目、市场需求、推介产品、人才供求等信息服务。二是管理咨询服务。积极组织社会上专业化程度高、服务质量好的咨询、认证机构和知名专家，为中小企业开展管理咨询、企业诊断、企业策划服务和质量认证服务，全面提升企业的管理水平和整体素质。三是技术创新服务。充分利用省内外大专院校、科研机构、大企业技术中心等技术资源，通过组织产学研对接等形式，为企业提供技术指导、项目论证、产品开发、科技攻关等服务，帮助企业采用高新技术和先进适用技术，改造传统产业，促进产业技术升级。四是市场开拓服务。鼓励各类贸易、商会、协会等组织，为企业提供产品洽谈、展销、订货、进出口代理、招商引资、营销策划等服务。五是教育培训服务。加快建立河南省中小企业的人才开发系统，确立一批培训基地，采取讲座、短训、函授、脱产等多种方式，重点抓好创业者、经营者、中高层管理人员、关键技术研发人员的培训。联合大专院校，通过学历教育、中长期培训，脱产或在职培训等形式，及时为企业提供各类实用人才。六是创业服务。积极探索建立和完善创业辅导体系，建立各种“孵化基地”，促进新兴中小企业、非公有制企业的创立，开发就业岗位，缓解就业难的社会压力。

（六）加快工业园区建设，发展产业集群，引导产业结构调整。要坚持实事求是，量力而行，因地制宜，因势利导，科学规划，合理布局，规模适度，有序发展的原则，引导和支持中小企业向园区集中。要加强对产业集群发展的引导和规划，形成有特色、有规模、体系完整科学的产业集群。把工业园区建设与发展产业集群、小城镇建设、城市建设结合起来，合力建设，统筹规划，共同发展。严格遵守国家土地管理法规、土地利用总体规划和城镇发展总体规划，整合现有的各类工业园区，发挥规模效应。撤销或合并规模偏小，主导产业优势不突出，发展缓慢的各类园区。加强对工业园区的管理，按照高起点规划、高标准建设、高效能管理、高质量健康发展的目标，修订完善园区发展规划，加快基础设施配套建设，加大园区招商引资力度，改善园区软环境建设，落实各项优惠政策，促进工业园区健康发展，为中小企业提供发展平台，提高企业的聚集度，充分发挥群体产业优势，引导中小企业产业、产品结构调整。

（七）大力拓宽融资渠道，支持产业结构调整。要加快全省中小企业信用担保体系建设，努力建立起以省、市、县政府政策性担保机构为龙头，商业性担保和民间互助性担保为两翼，多层次担保、联保、互保的全省中小企业信用担保体系，积极为符合条件的中小企业提供信用、贷款担保。加强与金融机构合作，创建政、银、企合作平台，为中小企业提供集中授信、信用评级、资产评估、贷款、担保的“一条龙”服务，为信用良好的企业开辟融资绿色通道。指导、帮助企业做好主板上市、中小企业板上市和香港板上市的培育准备工作，支持有条件的企业发行债券等。积极争取财政资金，加大对中小企业的扶持力度。组织有条件的企业争取省工业和农业结构调整资金、科技三项经费、“火炬计划”资金、中小企业科技创新资金、县域经济发展资金，用好国家中小企业发展专项资金，支持产业结构调整。

（八）树立科学发展观，大力推进循环经济发展。把科学发展观作为中小企业可持续发展的指导思想，大力节约资源、能源，加强污染治理和环境保护，引导企业做好资源的高效利用、综合利用和再生利用，提高资源的利用效率，鼓励企业循环式清洁生产、建设绿色工厂。加强对有色金属、煤炭、化工、医药、建材、纺织、轻工等重点行业的能源、原材料、水等资源消耗管理，实现能量的梯级利用、资源的高效利用和循环利用，努力提高资源的产出效益。机械制造、家用电器等行业要优先采用资源利用率高、污染物产生量少以及有利于产品废弃后回收利用的技术和工艺。包装行业要大力压缩无实用性材料消耗。加强对冶金、有色金属、煤炭、石化、建材、造纸、酿造、印染、皮革、食品等废弃物产生量大、污染重的重点行业的管理，提高废渣、废水、废气的综合利用率，加强污染治理，切实保护环境。综合利用各种建筑废弃物及秸秆、畜禽粪便等农业废弃物，积极发展生物质能源，推进沼气产业化，推动不同行业通过产业链的延伸和耦合，实现废弃物的循环利用。积极推进废钢铁、废有色金属、废纸、废塑料、废旧轮胎、废旧家电及电子产品、废旧纺织品、废旧机电产品、包装废弃物等的回收和循环利用，不断完善再生资源回收、加工、利用体系，使全省中小企业初步建立起资源消耗低、环境污染少、经济效益好的工业化格局。

（九）提高认识，加强领导。中小企业产品、产业结构调整是一项重大的系统工程，也是今后一个时期中小企业工作的一项中心任务。各级中小企业管理部门和广大干部职工，一定要充分认识加快中小企业产业、产品结构调整的重要性、紧迫性和长期性、艰巨性，统一思想，转变观念，增强责任感，切实抓紧抓好中小企业产业、产品结构调整工作。要切实加强领导，把中小企业工作的着力点转移到产业、产品结构调整上来，摆上重要议事日程，明确工作目标、任务和责任。要从实际出发，常抓不懈，为中小企业的产业、产品结构调整工作提供具体的指导和服务，真正把结构调整落实到企业、项目和产品。要加强研究国家和省发布的产业政策、市场信息和投资导向信息，正确引导产业发展方向。要深入调查研究，及时发现并协调解决调整中出现的困难和问题，保证产业结构调整工作顺利进行。要认真贯彻落实《中华人民共和国中小企业促进法》和《国务院关于鼓励支持和引导个体私营等非公有制经济发展的若干意见》（国发[2005]3号），加快中小企业产业结构调整，为进一步促进全省经济持续健康快速发展做出更大的贡献。

河南省中小企业服务局、中国人民银行郑州中心支行印发关于加强民营暨中小企业信用制度建设的指导意见的通知

各省辖市中小企业局、人民银行各市中心支行：

《关于加强民营暨中小企业信用制度建设的指导意见》已经省政府同意，现印发给你们。根据省政府要求，省中小企业局、人行郑州中心支行计划在部分省辖市组织开展民营暨中小企业信用制度建设试点，请有关省辖市积极配合。各省辖市中小企业局、人行各市中心支行要结合本地实际，积极探索加强民营暨中小企业信用制度建设的新路子，认真总结经验教训，并及时做好报告工作。

关于加强民营暨中小企业信用制度建设的指导意见

为了深入贯彻落实《中华人民共和国中小企业促进法》和《国务院关于鼓励支持和引导个体私营等非公有制经济发展的若干意见》，引导民营暨中小企业（简称中小企业，下同）增强信用观念，改善信用状况，创造良好的融资环境，提高中小企业的整体素质和综合竞争力，现就加强中小企业信用制度建设提出以下意见。

一、充分认识加强中小企业信用制度建设的重要意义和作用

信用是市场经济的基石，是建立社会主义市场经济体制、规范社会主义市场经济秩序的基本保证。中小企业是全省国民经济的重要组成部分，也是全省社会信用体系的重要基础。中小企业信用水平的优劣，不仅影响全省中小企业持续健康发展，而且影响全省国民经济的发展和河南省的整体形象。加强中小企业信用管理工作，建立符合现代市场经济发展要求和规范有序的中小企业信用制度，既是中小企业自身发展的迫切需要，也是建立和完善社会主义市场经济体制重要而紧迫的任务。它对于增强中小企业信用观念，提高中小企业信用水平，提升中小企业的整体素质和综合竞争能力；对于抵御中小企业信用风险，改善中小企业与金融机构关系，争取金融机构支持，降低交易成本和交易风险；对于建立中小企业信用长效管理机制，优化投资和贸易环境，形成统一、开放、有序的市场体系和经济秩序，营造和谐信用的社会环境，推动全省社会信用体系建设，具有重要的意义和作用。

近年来，全省中小企业的信用制度建设有了一定加强，信用水平有了一定的提高，在树立河南省企业良好形象中发挥了积极作用。但是，还

有一些中小企业信用状况较差，信用水平较低，由信用引发的矛盾和问题仍比较突出。个别中小企业在经营活动中不同程度地存在着不讲信用，违约合同，商业欺诈，拖欠账款，恶意逃债，扰乱了市场经济秩序；制假贩假，产品质量低劣，损害了消费者利益；随意拖欠贷款，恶意逃废银行债务；财务失真，不向职工支付劳动报酬，逃税欠税，违反财经纪律等现象。随着我国社会主义市场经济体制日趋完善，中小企业要在日趋激烈的国内外市场竞争中求得生存和发展，提高全省中小企业的整体素质和综合竞争能力，就必须加强中小企业信用管理工作，尽快建立和完善全省中小企业信用制度。

二、加快中小企业信用制度建设的指导思想、基本指导原则和主要目标

1.指导思想：坚持以邓小平理论、“三个代表”重要思想为指导，按照社会主义市场经济发展的要求，从加强中小企业信用制度建设入手，制定和完善全省规范统一的中小企业基本信用制度，建立中小企业信用信息共享制度、监管机制和评价机制，全面提高中小企业信用水平，进而推动全社会信用环境的改善，增强中小企业的整体素质和综合竞争能力，促进中小企业持续、快速、健康发展，为实现中原崛起和小康目标做出重要贡献。

2.基本指导原则：一是政府推动、市场运作和社会广泛参与相结合。遵照建设“信用河南”的要求，充分发挥各级政府及各职能部门的作用，统筹规划，统一标准，分工协作，建立和完善中小企业信用制度、评价制度和奖罚制度体系；积极发挥行业协会等中介机构在为中小企业提供资信调查和信息咨询方面的作用，调动社会各界的积极性，依法建立开放的中小企业征信体系，逐步实现信用建设的专业化、标准化和征信的市场化运作。二是制定政策，创造环境，加强监管，提高信用。加强中小企业信用管理工作，建立和完善全省中小企业信用制度，提高中小企业信用水平，改善中小企业的信用服务环境，推进中小企业信用体系建设。三是突出重点，注重实效。坚持以加强中小企业信用制度建设为重点，以建立中小企业信用体系为方向，以提高中小企业信用水平为目的，分层推进，增强可操作性和有效性。

3.主要目标：从建立健全全省规范统一的中小企业基本信用制度入手，构建中小企业信用信息的专业化服务平台，实现全省企业信用资源的社会共享；建立奖惩结合的企业信用监督管理机制；通过加强企业信用建设，强化信用管理，使全省中小企业整体素质有一个新的提高，为中小企业生产经营、融资担保、银行贷款等提供重要依据。在此基础上，通过中小企业基本信用制度和基本框架体系的建设，逐步建立起全省中小企业信用体系的运行机制，全面推进我省中小企业信用体系建设。

在制度规范上，初步建立起中小企业信用的监管体制、征信制度、评价制度、披露制度、服务制度、奖惩制度等，使中小企业信用体系建设的主要方面有法可依，有章可循。

在运行系统上，初步建立起中小企业信用管理系统、科学公正的信用评价系统和公开便捷的信用查询系统，不断提高管理与服务水平，逐步满足社会对中小企业信用服务的需求。

在信用活动上，通过宣传教育、需求培育、失信联防等活动，进一步增强全社会的信用意识，营造信用环境，创造信用文化。

在运行机制上，初步建立起中小企业信用运行机制，全面发挥信用体系对于中小企业工作的规范、引导、督促功能，对市场中的制假售假等违法行为充分发挥警示和惩戒作用。

三、加强中小企业信用制度建设

（一）中小企业基本信用制度

中小企业信用是中小企业依法经营、履约情况、履约能力、法人信用等方面的集中体现。全省中小企业基本信用制度是对中小企业信用行为和信用活动的一般规定。现阶段主要包括以下内容：

1.金融信用：企业借贷或举债后能按期还本付息和依约清偿债务，在银行等金融机构中有良好信用。

2.合同信用：企业在经营活动中要严格执行《合同法》规定，切实履行合同条款，在客户中有良好信用；严格按照公开、公正、平等竞争的要求，严守商业道德。

3.纳税信用：企业应按国家税法规定，如实申报收支情况，认真履行纳税义务，按时足额缴纳应缴税款。

4.质量信用：企业应按照国际标准、国家标准或行业标准组织活动，不生产经营假冒伪劣产品，无质量欺诈和违法行为。

5.服务信用：企业经营活动中应主动热情、耐心周到、举止端庄、文明服务，坚持做到信用承诺和服务及时到位，不违背消费者的意愿、借故拖延和拒绝提供服务，并接受消费者投诉中心和消费者协会的监督，配合做好服务协调工作。

6.劳动保障信用：企业应严格执行《劳动法》和其他有关法律法规，与劳动者签订用工合同，按规定支付劳动者报酬，缴纳劳动者社会养老保险金、失业金、医疗保险金等，维护职工合法权益。

7.财务统计信用：企业必须严格执行《会计法》，根据企业经营实绩，真实地向社会公开企业经营成果；必须严格执行《统计法》规定，准确反映生产经营情况。

8.价格信用：企业应严格执行《价格法》，根据其经营条件建立、健全内部价格管理制度和价格台账，商品实行明码实价，坚决杜绝随意作价、哄抬物价、价格欺诈、价格暴力等价格违法行为。

9.环保信用：企业必须严格执行《环境保护法》，无污染环境行为，做到达标排放。

10.安全生产信用：企业必须遵守《安全生产法》和其他有关安全生产的法律、法规，加强安全生产管理，建立、健全安全生产责任制度，完善安全生产条件，确保安全生产。

中小企业基本信用制度与社会经济发展水平密不可分，随着经济发展水平的不断提高，中小企业基本信用制度将会不断发展和完善。

（二）中小企业信用标准制度

中小企业信用等级采用3等9级标准制度，即AAA、AA、A、BBB、BB、B、CCC、CC、C，根据企业信用评价指标综合得分情况评定。

为实现中小企业信息的互联互通，保障资源共享，避免重复建设和资源浪费，以现行有关中小企业的法律法规为基础，由社会中介评级机构遵循客观、公正、独立以及定性与定量、静态与动态相结合的原则，充分考虑国情省情以及指标的可获得性等因素，制定具体的量化指标，建立中小企业信用等级评价指标体系。

（三）中小企业信用信息征集制度

企业信用信息内容主要应包括：企业身份、企业经营和财务状况、社会公共活动、企业行为等方面的信息。同时也包括企业同意征集或法律法规未禁止披露的其他信用信息。

中小企业信用信息征集原则：应当遵循客观、公正和审慎的原则，征集的企业信用信息应当是合法、有效、真实的数据或文字资料，不得征集或者披露虚假信息；提供信息单位应当遵循合法、公正、真实、准确、及时的原则，不得提供虚假信息。在征信活动中应当保持提供信息单位所提供信息内容的原始完整性，依法、客观和公正征集信用信息，保障信息质量，维护国家经济安全，维护社会公共利益，维护企业合法权益。

中小企业信用信息征集渠道：中小企业信用信息来源于政府、行业和社会三个方面。政府信息主要是各级政府和部门的基础监管信息；行业信息包括行业协会的评价；社会信息包括新闻媒体舆论监督信息、信用调查机构的调查报告、认证机构的认证情况、消费者的投诉情况等。中小企业信用信息应当包括一定时期的静态信息和动态信息。

政府有关部门按照各自的职责对中小企业的信息进行记录，行业协会按照协会章程对会员的信息进行记录和收集，社会信用服务中介机构按照委托要求进行信息征集。

中小企业信用信息征集方式：

（1）依法或按照约定，从政府机关、司法机关及具有行政管理职能的事业单位获取。

（2）依法或按照约定，从金融机构、行业组织、公用事业单位及中介组织获取。

（3）通过媒体公开的渠道获取。

（4）通过企业自愿提供本企业信用信息的渠道直接获取。

（5）通过其他合法渠道获取。

中小企业信用信息提供要求：中小企业及相关单位应该做好生产经营信息记录，保证信息真实全面，并依法公开其信用信息，促进信用信息的资源共享。中小企业工作部门负责向政府各有关部门征集中小企业基础信息、信用状况记录信息，各有关部门要积极支持配合。

（四）建立中小企业资信评级制度

1.中小企业资信评级机构：由省中小企业局、人民银行郑州中心支行根据评级工作实际情况，遴选确定社会中介评级机构进行中小企业资信评级工作。

2.中小企业资信评级原则：坚持独立、公正和审慎的原则，严格按照标准和程序进行评价，保证评级结果的合法性和权威性。

3.中小企业资信评级指标：社会中介评级机构根据企业资信评级的总体要求，采取定性与定量相结合制定中小企业资信评级指标体系，报省中小企业局、人民银行郑州中心支行审定后执行。

4.中小企业资信评级办法步骤：

（1）申报：由企业对照评定内容、标准和有关规定，提出评价申请，并提供企业相关事实材料。

（2）推荐：各级中小企业工作部门会同本级人民银行对企业申报材料与同级政府有关职能部门进行充分沟通，按照违法违纪淘汰的原则确定参评企业，并推荐给社会中介评级机构。

（3）评级：社会中介评级机构对推荐的企业进行评级。评级结果向社会进行公布，并进入社会公共查询系统。社会中介评级机构对评级结果实行动态管理，年度评级工作结束后，对故意隐瞒违法违纪事实、新发生风险的企业按照规定适当予以降级处理。

5.中小企业资信评级报告：应包括被评级企业的基本情况、支付能力、经营状况、风险预测、评级结果等内容。

6.对中小企业资信评级工作的监督管理：由省中小企业局、人民银行郑州中心支行会同省直有关部门及省级金融机构组成"河南省中小企业资信评级专家委员会"（以下简称专家委员会）。专家委员会对社会中介机构评级结果进行抽检。中小企业资信评级工作前期主要靠政府推动进行，待条件成熟后，完全实行市场化运作。

（五）中小企业信用披露制度

1.中小企业信用披露主体：中介评级机构定期向社会披露中小企业信用信息，供社会随时查阅中小企业信用状况。省中小企业局在网站上开辟联动的中小企业信用专栏及专项中小企业信用管理系统，综合披露中小企业信用信息，全面展示我省中小企业信用状况。

2.中小企业信用披露原则：中小企业信用披露应当遵循依法、客观与公正的原则，维护国家经济安全，保守国家秘密、商业秘密和个人隐私。

3.中小企业信用信息披露的内容：企业基本情况、企业经营状况、企业资信情况、企业荣誉记录、企业不良记录、企业同意披露或者法律、法规未禁止披露的其他信用信息。

4.企业有权无偿查询本企业的信用信息。企业认为本企业信用信息与事实不符的，可以向资信评级机构提出更正申请，资信评级机构应当及时核实，并自受理之日起10日内做出更正或不予更正的书面答复，不予更正的应当说明理由。企业对资信评级机构的答复有异议的，可以向企业信用征信监督机构申诉。

四、大力扶持信用优良中小企业的发展

1.对诚信信用优良的企业要给予宣传、支持和表彰，建立长效保护和激励机制。企业和企业主要管理者的评先评优或授予优秀企业家、劳动模范等各类称号，均应是A级以上诚信企业。对严重违反中小企业管理制度，制假售假等严重失信的企业，实行重点监管，采用信用提示、警示、公示及其他行政处罚方式进行惩戒；构成犯罪的，依法追究其刑事责任。

2.各金融机构对A级以上诚信企业应简化手续，搞好授信服务，提高审贷效率，重点给予贷款扶持，并给予贷款利率优惠。担保机构应优先对A级以上企业提供融资担保、再担保服务。

3.扶持中小企业发展的各类资金，以及工业结构调整资金、技术改造资金、科技三项费用、县域经济发展资金、农业和高新技术产业化专项资金等优先考虑A级以上诚信企业。

4.在参与政府采购和参加各类竞标活动中，对A级以上的诚信企业进行适当加分。

5.对于AAA级诚信企业，可以优先享受国家和本省的相关税收优惠政策；企业发行债券、股票上市，发展与改革部门优先核准；工商部门简化年检手续；质监部门优先推荐其产品为国家免检产品或省重点保护产品；海关报关简化手续；土地部门优先审批其项目用地，符合《划拨用地目录》的可采取划拨方式提供，生产经营用地，可采取出让、租赁等方式提供，按政府规定的下限标准收取费用；除依法进行的检查外，未经批准，严禁对A级及以上诚信企业进行各种检查等。

五、加快中小企业信用体系建设的保障措施

（一）加强组织保障，明确相关责任

省中小企业服务局、人民银行郑州中心支行要在主管省长的领导下，会同有关部门建立中小企业信用制度建设联系办公会议制度，负责指导和协调全省中小企业信用体系建设工作。各级中小企业工作部门要会同有关部门对全省中小企业信用制度建设框架进行总体设计，并对各部门、各行业、各省辖市的具体建设方案组织协调；政府其他部门依照职责对中小企业信用制度建设进行指导和管理；行业协会对其会员的中小企业信用制度建设进行行业指导和服务；消费者对中小企业信用体系建设进行社会监督。各级财政、金融、税务、工商、民政、质量技术监督、公安、外汇管理、海关等部门要加强合作，形成合力，积极制定和落实好中小企业信用制度建设的各项政策措施，保证政策到位，人员到位。各级各部门要加大科技投入，积极参与政府公共信用信息交换平台的建设，充分利用电子政务等手段建立中小企业信用信息网络，保障信息资源共享；要积极支持和鼓励中小企业信用的基础设施建设和信用服务机构的发展，不断提高中小企业信用体系建设的科技水平；要加强中小企业信用体系建设的经费保障。

（二）加强法制建设，提供制度保障

中小企业信用制度建设涉及中小企业建设的诸多方面，要逐步建立健全中小企业信息管理制度，不断提高中小企业信用法制建设水平。各中小企业监管部门要在调查研究的基础上，积极推动有关中小企业信用法律、法规的制定与完善，保障中小企业信用制度建设依法进行。

（三）加强舆论宣传，营造信用氛围

各级各部门要在认真贯彻《公民道德建设实施纲要》和中宣部、全国整顿办等六部委《关于开展社会诚信宣传教育的工作意见》和中央文明办、全国整顿办等五部委《关于联合开展“共铸诚信”活动的通知》的基础上，结合实际情况制定具体的宣传工作方案，积极开展多种形式的中小企业信用宣传活动，形成人人讲信用，人人重信用，守信为荣，失信为耻的良好社会氛围。中小企业要开展重合同、守信誉、依法经营的活动，倡导文明经商，形成有效的企业自律；行业协会要积极普及中小企业信用基本知识，提高全民诚信意识，维护消费者合法权益。

（四）实施诚信工程，提高企业诚信水平

中小企业是建立全省中小企业信用制度建设的主体，应当进一步提高对信用价值的认识，结合ISO9000等认证体系的建设，建立企业内部信用管理机制及信用风险管理制度，重视培养信用管理人才，加强经营行为自律，把维护自身形象和提升企业价值有机联系起来。要积极参与全省中小企业信用制度建设，提供真实、准确的基本信用情况，凡不提供信用基本情况的中小企业，不享受省政府扶持各类中小企业的资金扶持、减免税收、土地等优惠政策，商业银行在受理其贷款时从严审查。省中小企业局要会同有关部门在全省中小企业系统组织实施诚信工程建设活动，具体办法由省中小企业服务局会同有关部门制定。

湖北省实施《中华人民共和国中小企业促进法》办法

（2005年9月30日湖北省第十届人民代表大会常务委员会第十七次会议通过）

第一条 为了实施《中华人民共和国中小企业促进法》，结合本省实际，制定本办法。

第二条 省人民政府应当按照科学发展观要求和国家中小企业发展方针，制定本行政区域内促进中小企业发展的政策，将中小企业发展纳入国民经济和社会发展规划，为中小企业的创立和发展创造良好环境。

市、州、县(区)人民政府结合本地实际，完善和落实具体措施，支持和促进中小企业的发展。

第三条 县级以上人民政府负责中小企业工作的部门组织实施有关中小企业的法律法规、政策和规划，对中小企业工作进行综合协调、指导和服务。

县级以上人民政府有关部门按照各自的职责对本行政区域内的中小企业工作进行指导和服务。

第四条 县级以上人民政府应当强化服务意识、改进服务方式、创新服务手段，通过公共网络信息平台，及时向社会公布有关中小企业产业政策、发展规划、投资重点和市场需求等方面的信息，建立、完善促进中小企业发展的工作协调机制。

第五条 中小企业应当遵守国家产业政策，保护环境，节约资源和能源，依法经营和纳税，诚实守信，不得损害国家利益、社会公共利益和侵犯职工合法权益。

中小企业应当建立健全各项管理制度，提高企业管理水平，增强自我发展能力，逐步建立现代企业制度，完善法人治理结构。

第六条 县级以上财政预算应当依法设立中小企业科目，安排扶持中小企业发展专项资金。省级扶持中小企业发展专项资金按照财政预算收入状况予以安排，并逐年增加。

第七条 扶持中小企业发展专项资金用于促进中小企业服务体系建设、技术创新，补充中小企业发展基金和扶持中小企业发展的其他事项。

扶持中小企业发展专项资金由负责中小企业工作的部门提出使用计划并指导实施，财政部门监督专项资金的使用情况。

第八条 设立省中小企业发展基金。基金由省级财政预算安排的扶持中小企业发展专项资金、基金收益、捐赠和其他资金组成。

省中小企业发展基金的使用管理办法，由省人民政府制定。

第九条 省设立的科技型中小企业技术创新基金和中小企业国际市场开拓资金，应当按照规定用途全部用于支持科技型中小企业技术创新和中小企业开拓国际市场。省有关部门应当定期对上述基金、资金使用情况进行专项审计和监督检查。

中小企业出口创汇较多的大中城市，可以设立中小企业国际市场开拓资金，支持当地中小企业开拓国际市场。

各级财政预算安排的科技三项经费，应当安排一定比例的资金用于支持中小企业技术创新。

对符合国家产业政策的农副产品加工中小企业，应当给予农业产业化专项资金的扶持。

第十条 金融机构应当在国家产业政策和信贷政策的指导下，对中小企业加大信贷支持力度，拓宽融资渠道，创新金融服务方式，提高金融服务质量。

鼓励商业银行和城乡信用社根据国家金融政策引进民间资本和外资，增强资本实力，增加对中小企业的信贷支持。支持发展面向中小企业的区域性中小银行和合作金融组织。

第十一条 鼓励政策性银行依托地方性商业银行等中小金融机构和担保机构，开展对中小企业的转贷款、担保贷款等业务。

第十二条 鼓励典当业和融资租赁业发展，为中小企业提供短期和中长期融资。

支持具备条件的中小企业依法开展股权融资、项目融资以及法律、法规未禁止的其他方式的直接融资。

第十三条 县级以上人民政府应当根据国家信用担保行业准入条件，安排一定资金推进中小企业信用担保体系建设，推动对中小企业的信用担保，为中小企业融资创造条件。

县级以上人民政府出资的中小企业信用担保机构，应当实行政企分开和市场化运作。

鼓励行业协会等社会团体和企业出资组建信用担保机构；鼓励中小企业组建互助担保机构，开展互助担保。

省人民政府出资的省中小企业信用再担保机构，主要以市、州、县（区）中小企业信用担保机构为服务对象。

第十四条 鼓励各类担保机构为中小企业提供信用担保，对不以盈利为主要目的的中小企业信用担保和再担保机构从事担保业务的收入，按照国家规定落实税收减免政策。

对符合条件、已经办理信用担保的中小企业，金融机构应当优先给予贷款。

第十五条 县级以上人民政府应当将中小企业建设用地纳入城镇建设和土地利用总体规划以及土地利用年度计划，予以合理安排。中小企业占用耕地，按照占补平衡的原则，能够开垦出与所占用耕地的数量和质量相当的耕地的，经国土资源部门验收合格后，不再缴纳耕地开垦费。

第十六条 经济技术开发区、高新技术开发区、工业园区应当创造良好创业环境，提供优质服务,吸引中小企业向园区集聚，形成主业突出、产业集聚、分工配套、各具特色的产业集群。

第十七条 县级以上人民政府应当引导和支持中小企业创业基地建设。对国家和省扶持的创业基地，所在地政府应当积极安排配套资金。

第十八条 鼓励大型企业以资金、技术、实物等各种形式创办中小企业,开发上下游产品，完善产业链。

国家机关及事业单位离岗分流人员、失业人员、大中专毕业生、退役军人、留学归国人员、科研人员等创办中小企业，有关部门应当积极创造条件，进行创业辅导和培训，税费减免等各项政策按照有关规定执行。

财政部门对承担中小企业职业技能培训的有关高校、技工学校和培训机构给予一定补贴。

第十九条 县级以上人民政府及有关部门应当对中小企业的创办、发展予以帮助和扶持，及时为创业人员提供工商、财税、融资、劳动用工、社会保障、环境资源等方面的服务。

第二十条 鼓励和支持非公有制企业进入垄断行业、基础设施、公用事业、社会事业、金融服务业、国防科技工业以及法律法规未禁入的其他行业和领域，并与其他所有制企业享受同等待遇。

第二十一条 对初创小企业，可以按照行业特点降低注册资本限额，允许注册资金分期到位，减免登记注册费用。法律、法规另有规定的除外。

第二十二条 各级税务部门应当落实国家扶持中小企业发展的税收优惠政策，指导和帮助符合条件的企业申办减免税手续。

第二十三条 鼓励和扶持中小企业争创名牌，对获得国家名牌产品、驰名商标、名牌出口商品、免检产品、原产地域保护产品的企业由省人民政府给予奖励；企业可以从成本中列支一定数额的资金，用于奖励创品牌的有功人员。

第二十四条 鼓励和支持中小企业加快技术进步，经认定的高新技术企业及高新技术产品，享受国家和省的有关优惠政策。

各级人民政府应当引导和支持中小企业与高等院校、科研机构建立产学研协作关系，推进联合开发和技术攻关；鼓励和支持有条件的中小企业建立研究开发机构，提高企业自主开发能力，推动技术创新。

中小企业用于研究开发新产品、新技术、新工艺的各项费用不受比例限制，计入成本。

第二十五条 鼓励和支持技术要素参与股权投资和收益分配；除法律、法规另有规定外，经投资各方约定，技术入股可以不受比例限制。

高新技术成果完成人和从事高新技术成果产业化的科技人员、管理人员获得的奖金和股权收益，再投入高新技术成果产业化项目的，享受有关税收优惠政策。

第二十六条 政府采购部门应当公开发布采购信息，为中小企业获得采购合同提供指导和服务，在同等条件下向中小企业优先安排政府采购。

第二十七条 鼓励和支持中小企业开展自营进出口业务，对进出口经营资格实行备案登记制，简化相关手续。

各级人民政府及有关部门应当为中小企业开展对外考察、招商、商品展销等经济活动提供便利。

第二十八条 鼓励有条件的中小企业到境外设立贸易机构、兴办实业、开展带料加工装配业务。对企业作为实物投资的出境设备、器材、原材料及散件，凭有关凭证享受国家出口退税和资金、外汇管理等支持政策。

第二十九条 县级以上人民政府及有关部门应当加强中小企业服务体系建设，支持设立中小企业综合服务机构和社会中介服务机构，整合服务资源，规范服务行为，为中小企业的创立发展、技术创新提供优质服务。

中小企业综合服务机构联系、引导社会中介服务机构，建立健全面向中小企业的服务系统。社会中介服务机构为中小企业提供创业辅导、企业诊断、信息咨询、市场营销、投资融资、贷款担保、产权交易、技术支持、人才引进、人员培训、对外合作、展览展销和法律咨询等服务。

中小企业有权自主选择社会中介服务机构为其提供服务。

第三十条 负责中小企业工作的部门应当指导和协助中小企业建立自我约束、自我服务的自律性组织，支持其维护中小企业的合法权益，为中小企业开拓市场、提高经营管理能力提供服务。

第三十一条 县级以上人民政府及有关部门应当推进建立适合中小企业特点的信用征集、评级发布、失信惩戒等信用制度。建立和完善中小企业信用档案数据库，实现中小企业信用信息共享。

第三十二条 中小企业应当依法同职工签订劳动合同，按时足额支付职工工资，保障职工享有休息休假、劳动安全卫生、女工特殊保护等权益，为职工办理养老、失业、医疗、工伤、生育等社会保险。

第三十三条 任何单位和个人不得侵犯中小企业的财产权、自主经营权及其他合法权益，不得对中小企业实施下列行为：

（一）侵占、毁损或者非法查封、扣押、冻结其合法财产；

（二）违法收取行政事业性费用，摊派各种费用、劳务；

（三）违反法律、法规实施罚款、没收财物、责令停产停业等行政处罚；

（四）违反法律、法规实施检查、年检、年度复核及审验；

（五）非法强制中小企业参加各类评比、达标、培训，并收取费用；

（六）其他侵犯中小企业合法权益的行为。

第三十四条 各级人民政府及有关部门应当建立和完善受理中小企业对违法行为的举报、投诉机制，公布受理程序和方式，依法查处侵犯中小企业合法权益的违法行为。

第三十五条 国家机关及其工作人员违反本办法第三十三条规定或者在中小企业管理工作中玩忽职守、滥用职权、徇私舞弊的，由其所在单位或者上级主管部门、监察机关责令改正；情节严重的，对直接负责的主管人员和其他直接责任人员给予行政处分；对中小企业合法权益造成损害的，依法承担赔偿责任；构成犯罪的，依法追究刑事责任。

第三十六条 本办法自2005年12月1日起施行。

湖南省《关于鼓励支持和引导个体私营等非公有制经济发展的实施意见》

（湘政发[2005]12号）

各市州、县市区人民政府，省政府各厅委、各直属机构：

近年来，特别是2003年全省民营经济工作会议和省委、省政府《关于加快民营经济发展的决定》（湘发[2003]7号）下发后，我省非公有制经济得到了较快发展，为全省经济社会发展作出了重大贡献。各级各部门要紧紧抓住难得的发展机遇，毫不动摇地继续鼓励、支持和引导非公有制经济发展。要进一步解放思想，转变观念，加强引导，加大扶持，强化服务，优化环境，坚决消除影响非公有制经济发展的各种障碍，促进我省非公有制经济快速、健康发展。根据《国务院关于鼓励支持和引导个体私营等非公有制经济发展的若干意见》（国发[2005]3号），结合本省实际，提出以下实施意见。

一、放宽非公有制经济市场准入

（一）坚持平等准入、公平待遇原则。允许非公有资本进入法律法规未禁止的所有行业和领域，任何地方和部门不得擅自设置限制条件。凡允许外资进入的行业和领域，鼓励国内非公有资本加快进入，并放宽股权比例限制等方面的条件。允许香港、澳门永久性居民中的中国公民依照内地有关法律法规和行政规章，来湘设立个体工商户，无需经过外资审批。在投资核准、融资服务、财税政策、土地使用、政府采购、资质认定、人才引进、职称评聘、证照办理、收费标准、对外贸易和经济技术合作等方面，非公有制企业与其他所有制企业享受同等待遇。凡采取招投标方式选择经营者的项目，包括基础设施和市政公用事业领域中的投资、建设、经营项目以及文化教育卫生体育领域等公共资源型经营性项目，都要按照“公开、公平、公正”的原则，实行项目招投标制度，为非公有制经济平等竞争创造条件。

除国家法律法规规定的行业外，非公有制企业登记其他前置审批一律取消。对法律法规规定的前置审批和依法设立的其他审批、核准和备案事项，公开相应的制度、条件和程序，实行透明化管理，规范化服务。

由省经委对我省出台的限制非公有制经济市场准入、平等竞争方面的有关法规和政策进行清理，按程序报省人大常委会和省政府依法依规予以废止和修订。

（二）鼓励非公有资本进入公用事业和基础设施领域。积极稳妥地开放市政公用行业市场，推行特许经营制度。鼓励非公有资本采取独资、合资、合作等多种形式，依法参与供水、供气、供热、污水处理、垃圾处理等经营性市政公用设施的建设，形成多元化的投资结构；允许跨地区、跨行业参与供水、供气、供热、公共交通、污水处理、垃圾处理等市政公用企业经营；逐步建立和实施以城市道路为载体的道路养护、绿化养护和环卫保洁综合承包制度，通过招标发包方式选择市政设施、园林绿化、环境卫生等非经营性设施日常养护作业单位或承包单位。鼓励非公有资本投资公路、水路运输业和交通基础设施建设。支持非公有资本积极参与普通公路、高速公路建设，内河航道的建设与整治，车站、港口、码头等基础设施的投资建设与经营。鼓励非公有制企业参与市政公用、基础设施建设企业、事业单位的产权制度和经营方式改革。在规范转让行为的前提下，具备条件的公用事业和基础设施项目，可以向非公有制企业转让产权或经营权。

（三）鼓励非公有资本投资教育事业。积极发展多元投资办学，鼓励非公有资本依照《民办教育促进法》投资兴办民办学校。鼓励发展民办非义务教育特别是民办职业教育，支持非公有资本参与薄弱高中学校的改造和改制，积极发展民办优质教育。允许民办学校举办者取得合理回报，对办学投资不要求取得合理回报的，享受与公办学校同等的国家税费优惠政策。鼓励银行对办学质量高、还贷能力强的民办学校提供贷款支持。对产权明晰的民办教育机构，属于非学历教育的，收费标准自定并公示；属于学历教育的，继续按省人民政府湘政发[2002]12号文件规定执行。

（四）鼓励非公有资本投资科研领域。鼓励开发类科研院所改制成非公有制科技企业。在改制过程中，属于职务发明的技术成果和专利技术，在投资入股或组建公司时，完成成果的科技人员享有部分知识产权。鼓励非公有制科技企业参与国有科研机构改组改制，参与本省重大科技项目攻关和实验室、研究中心的建设。

（五）鼓励非公有资本投资医疗卫生领域。允许非公有资本采用多种形式参与基本医疗服务主体框架外的公立医疗机构的改制。鼓励非公有资本投资兴办各类医疗卫生机构。对非公有资本投资新建的经营性医疗机构，以及经营性医疗机构购置由政府专项审批许可的大型医疗设备的，在符合执业标准及装备条件的基础上，区域卫生规划控制方面可适当放宽。

（六）引导、支持非公有资本投资文化体育产业。贯彻落实《国务院关于非公有资本进入文化产业的若干规定》（国发[2005]10号）除法律法规尚未允许进入的文化传媒的部分领域外，文化传媒产业的其他领域要加大开放力度，积极吸引非公有资本投入。允许以个人声誉和版权、经理人资质等无形资产作价参与组建文化企业。鼓励非公有资本采用多种形式兴办影视制作、发行、放映、演艺、娱乐、体育经营等文化体育事业。

（七）允许非公有资本进入电力、电信、铁路、民航、石油等行业和领域。允许非公有资本进入金融服务业。允许非公有资本进入国防科技工业建设领域。

（八）鼓励非公有制经济参与国有经济结构调整和国有、集体企业重组。大力发展国有资本、集体资本和非公有资本等参股的混合所有制经济。鼓励非公有制企业通过并购和控股、参股等多种形式，参与国有企业和集体企业的改组改制改造。对属竞争性领域的国有企业和垄断性领域中除法律法规规定的业务外，非公有制经济进入的股权比例不受限制。非公有制企业并购国有企业，参与其分离办社会职能和辅业改制，在资产处置、债务处理、职工安置、社会保障、土地使用、税费收缴等方面，参照执行国有企业改革的相应政策。

二、加大对非公有制经济的财税金融支持

（九）加大财税支持力度。省财政从2005年开始在预算中设立中小企业专项资金，用于扶持中小企业发展，以后根据财力情况，逐年增加。各市州及有条件的县市区也应在本级财政中设立中小企业专项资金，并逐步扩大资金规模。财政预算安排的挖潜改造资金、科技三项费用、三产业发展引导资金、中小企业国际市场开拓资金、外经贸发展促进资金等专项资金，对非公有制经济一视同仁，同等对待。农业产业化龙头企业贴息资金、乡镇企业发展资金，主要用于扶持非公有制经济。在税收政策上，非公有制企业与公有制企业一样，财务制度健全的非公有制企业与国有企业享受同等的税收优惠政策。

（十）加大信贷支持力度。国有商业银行、股份制商业银行没有设立中小企业信贷部门的要尽快设立。鼓励省外金融机构来湘设立分支机构，鼓励股份制商业银行在市州中心城市设立分支机构。人民银行在湘机构要充分利用贷款利率、再贷款、再贴现等政策工具，引导金融机构扩大对非公有制经济的信贷投入。国有商业银行、股份制商业银行要改进信贷考核和奖惩管理方式，逐步提高对非公有制经济的贷款比重。城市商业银行要紧密结合本地实际，加大对非公有制经济的信贷支持。农村信用社要在满足农户小额贷款的前提下，适当集中资金，支持县域经济发展。政策性银行要扩大服务范围，依托城市商业银行、担保机构等，开展以非公有制经济为主要服务对象的转贷款、担保贷款业务。积极组织开展银企对接活动，为企业融资创造条件。

（十一）拓宽直接融资渠道。鼓励企业通过股权融资、项目融资等方式筹集资金。积极帮助符合条件的企业在国内A股市场和中小企业板上市；引导支持规模较大、实力较强的企业到海外主板上市；鼓励科技型、高成长型企业到境外创业板上市。在法律允许的范围内。妥善处理非公有制企业改制上市前的税收、资产权属和股权规范等历史遗留问题。建立健全创业投资机制，支持中小投资公司的发展，引导民间资本通过合法途径对企业进行直接和间接投资。构建产权交易、股份托管、质押典当等地方性资本交易市场，健全产权交易和监管制度，推动各类资本的流动和重组。允许符合条件的非公有制企业依照国家有关规定发行企业债券。

（十二）鼓励金融产品和服务创新。各商业银行对信用优良的非公有制企业应及时授信，在有效期和额度范围内可以循环使用。建立完善适应非公有制经济特点的信用等级评估和授信制度，积极拓展实物资产抵押贷款业务，探索工业产权、非专利技术等无形资产质押贷款业务。积极开办循环贷款、并购贷款、分期还款流动资金贷款、法人账户透支、出口退税账户托管贷款、个人委托贷款和国际国内保理等到新的融资品种。积极提供银行承兑汇票、信用证、贴现、支付结算、网上银行等金融服务。积极推动保险公司开发适合非公有制企业特点的各类保险产品，为企业提供优质服务。

（十三）建立健全信用担保体系。要建立以政府财政资金为引导、非公有资本为主体的多元出资的中小企业信用担保机构。各市州、县市区原则上要建立一个政府出资支持的中小企业信用担保机构。鼓励和支持非公有制经济设立商业性或互助性信用担保机构。各类担保机构都要坚持自主经营、自负盈亏，实行市场化运作，积极开展担保、再担保业务。要加强对担保机构的指导和监管，建立风险控制和风险补偿机制，成立担保行业协会，引导和支持担保业健康发展。凡经担保机构承保的贷款，协作金融机构要简化审批程序，建立绿色通道，加快发放进度，并适当减少利率上浮幅度或执行基准利率。中小企业信用担保机构担保资金放大倍率为5~10倍。担保机构与协作金融机构要按照互惠互利的原则，合理确定风险分担比例。中小企业信用担保和再担保机构为中小企业担保的业务收入，3年内免征营业税。省经委要分别会同人民银行长沙中心支行、省财政厅制定全省中小企业信用担保管理办法和信用担保风险补偿资金管理办法。

三、完善对非公有制经济的社会服务

（十四）加快社会化服务体系建设。各级政府要加大对为非公有制经济服务的中介服务机构的支持力度，坚持社会化、专业化、市场化原则，整合社会服务资源，拓展服务领域，创新服务方式，培育服务市场，建立健全与非有制企业发展相配套的社会服务体系。支持发展创业辅导、筹资融资、市场开拓、技术支持、信息服务、管理咨询、人才培训、资产评估等各类社会中介服务机构，对非盈利性的服务机构和公益性的服务项目，各级政府应给予适当补助。发展和规范行业协会和商会，充分发挥行业协会和商会在发展非公有制经济中的协调服务、参谋咨询、桥梁纽带和资源整合等作用。整顿中介服务市场秩序，规范中介服务和收费行为，为非公有制经济营造良好的服务环境。服务体系建设的具体指导意见由省经委会同有关部门制定。

（十五）积极开展创业服务。各级政府要支持建立创业服务机构，建立完善创业项目库，为初创企业提供信息咨询、市场开拓、技术支持等方面的服务。要进一步落实就业和再就业政策，加大对自主创业的政策扶持。对初创小企业，可按行业特点降低公司注册资本限额，允许注册资金分期到位，减免登记注册费用。通过开展创业培训、贷款担保与贴息、场地扶持、信息服务等措施，鼓励扶持自主创业。大力发展创业辅导基地，对留学归国人员和大中专毕业生创办的高新技术企业，除按国家有关规定享受相应的优惠政策外，在创业资金、土地供应等方面给予政策支持，对在创业方面做出重大贡献的给予奖励。

（十六）支持开展企业经营者和员工培训。各级各有关部门要将非公有制企业经营者和员工培训纳入人才培训整体规划，并给予适当补贴和资助。逐步建立政府引导、社会支持和企业自主相结合的培训机制。充分发挥大专院校、职业学校、各类培训机构的作用，重点开展法律法规、产业政策、经营管理、职业技能和技术应用等方面的培训。根据非公有制经济的不同需求，有计划地选送企业经营者到各级行政学院（校）培训，组织出省出国考察和开展国际交流。引导、扶持企业对职工进行专业技能培训和安全知识培训，提高企业员工素质。

（十七）加强科技创新服务。大力支持科技创新活动，各类科技计划的申报、立项、资金安排及项目管理等，非公有制企业与公有制企业享受同等待遇，经认定的非公有制高新技术企业与公有制高新技术企业享受同等优惠政策。

各级政府要在重点产业集群和产业园区，资助建立研发中心、检测中心和信息中心等共性技术和公共服务平台，鼓励非公有资本兴办各类科技型企业孵化器。鼓励非公有制科技企业与高等院校、科研院所建立合作关系，联合兴办各类科技开发机构，进行产学研联合攻关。鼓励支持有条件的非公有制企业组建高新技术研发中心、工程技术中心，设立博士后工作站、实验基地。

大力培育技术市场，支持有条件的中心城市建立技术交易场所，促进科技成果转化和技术转让。鼓励科技中介服务机构积极为非公有制企业提供科技信息、科技咨询、技术推广等专业化服务。鼓励国有科研机构向非公有制企业开放实验室。盈利工业企业研发新产品、新工艺和新技术所发生的费用，比上年实际发生额增长10%以上（含10%），其当年实际发生的费用除按规定据实列支外，可再按其实际发生额的50%直接抵扣当年应纳税所得额。鼓励有专长离退休人员为企业提供管理和技术服务。切实保护单位和个人知识产权，资助非公有制企业发明专利的申报和保护工作。

（十八）支持企业开拓国内外市场。建立并逐步完善面向全社会开放的信息服务系统，积极为非公有制企业提供国内外市场信息。鼓励和引导非公有制企业参加各种商品展销会、博览会、经贸洽谈会，提高企业和产品的知名度，扩大市场占有率。在进出口许可证、出口退税和对外投资、进出口信贷、出口信用保险以及利用各类外贸促进资金（基金）等方面，非公有制企业与其他企业享受同等待遇。引导支持企业实施出口品牌战略，积极开展境外知识产权保护和申报国际体系认证工作。鼓励企业到境外设立企业（机构）、对外承包工程、开展境外加工贸易和劳务合作等。改进政府采购办法，政府采购应当在兼顾公平竞争、同质同价的基础上，优先向中小企业购买商品或服务。

（十九）推进企业信用体系建设。建立适合非公有制企业特点的信用征集体系、评级发布制度以及失信惩戒机制，推进建立企业信用档案试点工作，建立和完善非公有制企业信用档案数据库，实现企业信用信息的交流与共享。对经第三方信用机构评估资信等级较高的企业，有关登记审核机构应简化年检、备案手续，金融机构在授信额度、贷款利率等方面给予优惠。强化企业信用意识，健全企业信用制度，建立企业信用自律机制。

四、维护非公有制企业和职工的合法权益

（二十）维护非公有制企业的合法权益。依法保护非公有制经济的财产权、知识产权、自主经营权的其他合法权益。任何单位不得随意查封、冻结、没收非公有制经济的财产和资金。任何单位和个人不得平调非公有制经济的合法财产，不得侵占其合法经营场所，不得非法改变财产的权属关系。非公有制经济合法权益受到侵害提出行政复议时，行政复议机关应当依法受理，公平对待，公平裁决。

（二十一）保障职工合法权益。企业要尊重和维护职工的各项合法权益，要依照《中华人民共和国劳动法》等法律法规，在平等协商的基础上与职工签订规范的劳动合同，并健全集体合同制度，保证双方权利与义务对等；必须依法足额支付职工工资，工资标准不得低于或变相低于当地政府规定的最低工资标准，逐步建立职工工资正常增长机制；必须尊重和保障职工依照国家规定享有的休息休假权利，不得强制或变相强制职工超时工作，加班或延长工时必须依法支付加班工资或给予补休，因工作需要安排职工在法定节假日工作的，应依法支付加班工资并不得以补休替代支付工资；必须加强劳动保护和职业病防治，按照《中华人民共和国安全生产法》等法律法规要求，切实做好安全生产与作业场所职业危害防治工作，改善劳动条件，加强劳动保护。要保障女职工合法权益和特殊利益，禁止使用童工。

（二十二）推进社会保障制度建设。非公有制企业及其职工要按照有关规定，参加养老、失业、医疗、工伤、生育等社会保险，缴纳社会保险费。参加社会保险的企业从业人员，在不同企业和不同地区之间流动时，要按规定转移社会保险关系，其前后缴费年限合并计算。已参加养老保险的企业职工下岗失业后从事个体经营、创办企业或在非公有制企业就业的，按规定继续参加基本养老保险后，其原缴纳养老保险费的年限和以后缴纳养老保险费的年限合并计算。按照国家和省有关规定建立住房公积金制度。鼓励灵活就业人员参加养老保险和医疗保险。社会保障等部门要根据非公有制企业量大面广、用工灵活、员工流动性大等特点，不断总结经验，稳步推进职工社会保障制度建设。

（二十三）建立健全企业工会组织。非公有制企业要保障职工依法参加和组建工会的权利。企业在开业投产或成立满一年后尚未建立工会组织的，上级工会应当督促、指导职工依法组建工会，任何组织和个人不得阻挠。企业工会组织实行民主管理，依法代表和维护职工合法权益。企业必须为工会正常开展工作创造必要条件，依法拨付工会经费，不得干预工会事务。

五、引导非公有制企业提高自身素质

（二十四）贯彻执行国家法律法规和政策规定。非公有制企业从事生产经营活动，必须依法获得安全生产、环保、卫生、质量、土地使用、资源开采等方面的相应资格和许可。建立安全、环保、卫生、劳动等责任制度，主动调整和优化产业、产品结构，加快技术进步，提高产品质量，降低资源消耗，减少环境污染。支持投资高新技术产业、现代制造业、现代农业、现代服务业和提升传统产业，鼓励发展具有区域经济比较优势的产业和就业容量大的加工贸易、社区服务、农产品加工等劳动密集型产业。

（二十五）规范企业经营管理行为。非公有制企业要建立完善各项规章，建立各项责任制度，强化生产、营销、质量等管理，并安排资金，保证必要的投入；要建立健全企业会计核算制度和统计制度，如实编制财务报表，依法报送统计信息。省直有关部门要根据促进非公有制经济发展的需要，进一步研究改进和完善个体工商户、小企业的会计、税收、统计等管理制度。

（二十六）完善企业组织制度。非公有制企业要按照法律法规的规定，建立规范的公司制企业、合伙企业和个人独资企业。公司制企业要按照《公司法》要求，完善法人治理结构，建立现代企业制度。探索建立有利于个体工商户、小企业发展的组织制度。鼓励非公有资本组建创业投资公司和创业投资管理公司。

（二十七）提高企业经营管理者素质。非公有制企业出资人和经营管理人员要自觉学习国家法律法规和方针政策，学习现代科学技术和经营管理知识，增强法制观念、诚信意识和社会公德，努力提高自身素质。引导非公有制企业积极开展扶贫开发、社会救济和"光彩事业"等社会公益性活动，增强社会责任感。各级政府和省直有关部门要重视非公有制经济的人才队伍建设，在人事管理、教育培训和政府奖励等方面，与其他所有制企业实行同等政策。

（二十八）鼓励有条件的非公有制企业做强做大做优。各级政府要大力支持有条件的非公有制企业通过兼并、收购、联合等方式，进一步壮大实力，发展成为主业突出、市场竞争力强的大公司大集团。鼓励非公有制企业实施品牌发展战略，继续执行争创国家、省名牌产品和驰名、著名商标的优惠政策。国家和省关于企业技术改造、科技进步、对外贸易以及其他方面的扶持政策，对非公有制企业同样适用。

（二十九）加强对非公有制经济发展引导力度，促进专业化生产和特色经营，推动产业集群发展。省中小企业工作部门要根据国家产业政策和产业发展目录，结合区域经济发展的特点和状况，贯彻科学发展观，制定产业发展规划和产业政策指导目录，提出和定期公布全省非公有制经济的扶持重点，引导和支持企业从事专业化生产和特色经营，向“专、精、特、新”方向发展。要根据实际情况，对“五个一批”和“小巨人”计划企业实行动态管理。要研究制定具体扶持措施，抓好实施工作。省非公有制经济工作领导小组要将实施“五个一批”和“小巨人”计划作为考核非公有制经济工作的重要内容之一。各级政府要以工业园区为载体、专业市场为依托，通过优先安排土地、协调解决资金、提供公用设施等措施，促进非公有制企业向园区集中，推动园区产业集群的形成。要鼓励中小企业围绕10大优势产业开展多种形式的经济技术合作，建立稳定的供应、生产、销售、技术开发等协作关系，延伸产业链，形成优势产业集群。

六、改进政府对非公有制企业的监管和服务

（三十）改进监管方式。各级政府要根据非公有制企业生产经营特点，完善相关制度，依法履行监督和管理职能。各有关监管部门要按照《行政许可法》的要求改革审批和监管制度。运用告知承诺、过程监督等创新方式，推进综合执法。加强对非公有制企业守法教育。加大对市场经营行为监管和执法力度。发挥消费者权益保护等社会组织作用，多渠道拓宽对非公有制企业经营和产品的社会监督。加强监管和执法队伍建设，提高队伍素质。监管和执法部门要及时向社会公布有关监管信息，实行执法公示制度。

（三十一）加强劳动监察和劳动关系协调。各级劳动保障部门要高度重视非公有制企业劳动关系问题，加强对企业执行劳动合同、工资报酬、劳动保护和社会保险等法规、政策的监督检查，切实维护企业职工合法权益。建立和完善非公有制企业劳动关系协调机制，健全劳动争议处理制度，及时化解劳动争议，促进劳动关系和谐，维护社会稳定。

（三十二）规范行政机关和事业单位收费行为，省财政厅会同省物价局组织有关部门，进一步全面清理现有涉及非公有制企业的收费项目。不符合规定的收费、集资和罚款项目，专门针对非公有制经济的所有歧视性收费项目一律取消，并向社会公布。要严格执行收费公示制度和收支两条线的管理规定，企业有权拒绝和举报无证收费的不合法收费行为。中介服务机构受行政机关委托对非公有制经济进行检查、审查、审验等，其费用由委托单位支付，不得向企业收取任何费用。中介机构提供服务时，按照“自愿有偿”原则和有关规定收取费用，禁止强制服务和强制收费。严禁任何协会、学会、研究会等利用行政机关对企业进行年审强制企业入会，收取会费或管理费。各级政府要加强对各类收费的监督检查，严肃查处乱收费、乱罚款及各种摊派行为。

（三十三）规范对非公有制经济的检查评比。禁止向非公有制经济乱检查、乱评比、乱培训、乱拉赞助。对非公有制经济进行监督检查，必须依照法律法规的规定进行。推行同城（市县）一次检查制度。除法律法规规定和经省政府批准外，任何单位不得举办全省和行业性的针对非公有制经济的各种评比和变相评比，不得要求非公有制经济业主和企业参加强制性收费培训。

（三十四）进一步规范行政机关及其工作人员的行政行为。各行政机关要根据非公有制经济发展的需要，通过加强效能建设，建立健全岗位责任制、服务承诺制、首问责任制、限时办结制、行政过错追究制度等，强化服务意识，改进服务方式，创新服务手段，坚持依法行政，努力提高行政水平，规范行政行为。在省监察厅设立省非公有制经济投诉中心。由监察厅牵头，对省政府有关职能部门和行业进行政风、行风评议，评议结果向社会公布。对评议不合格的部门主要负责人给予相应处理，并限期整改。各市州、县市区要进一步建立健全政风、行风评议制度和非公有制经济企业投诉机制。各级行政机关及其工作人员违反有关规定，乱作为、不作为的，由其所在单位或者上级主管部门、监察机关责令改正；情节严重的，对直接负责的主管人员和其他直接责任人员按有关规定处理。

七、加强对发展非公有制经济的指导和政策协调

（三十五）加强对非公有制经济发展工作的指导。省非公有制经济工作领导小组要建立工作协调机制和联席会议制度，定期或不定期召开部门联席会议，研究解决制约全省非公有制经济发展的重大问题，提出具体政策措施，加强部门协调配合，形成促进全省非公有制经济健康发展的合力。省经委负责全省中小企业和非公有制经济发展的统一协调、指导、服务和管理工作，承担省非公有制经济工作领导小组的日常工作。省发改委要将非公有制经济发展纳入国民经济和社会发展规划。省工商联要充分发挥政府在管理非公有制经济方面的助手作用。省统计局要会同省中小企业局改进和完善现行统计制度，及时准确反映全省非公有制经济发展状况。省工商行政管理局等省直部门要在各自职能范围内做好服务、协调和监管工作。

（三十六）营造良好的舆论氛围。各级各部门和新闻媒体要坚持正确的舆论导向，大力宣传党和国家鼓励、支持和引导非公有制经济发展的方针政策与法律法规，宣传非公有制经济在社会主义现代化建设中的重要地位和作用，宣传和表彰非公有制经济中涌现出的先进典型，真正把非公有制经济企业经营者和从业人员作为中国特色社会主义建设者，给予其应有的社会地位和舆论支持，形成有利于非公有制经济发展的良好社会舆论环境。省政府每两年表彰和奖励一批发展非公有制经济先进单位和个人。

（三十七）认真做好贯彻落实工作。省非公有制经济工作领导小组要完善考核办法，做好对各市州非公有制经济工作的年度目标管理和考核奖励工作。各市州、县市区政府也应建立非公有制经济目标管理制度，安排专项资金对部门和重点非公有制企业实行考核奖励。

各市州、省直各部门和中央在湘单位要加强调查研究，抓紧制订和完善促进非公有制经济发展的具体措施和办法，认真解决非公有制经济发展中遇到的新问题，确保党和国家的方针政策落到实处，促进我省非公有制经济持续快速健康协调发展。

广西壮族自治区党委、自治区人民政府关于加快县域经济发展的决定

（桂发[2005]13号）

县域经济是国民经济的重要组成部分，在我区经济社会发展中具有十分重要的作用。为加快我区县域经济发展，实现富民兴桂新跨越和全面建设小康社会目标，特作如下决定：

一、加快县域经济发展的总体要求

1.指导思想。以邓小平理论和“三个代表”重要思想为指导，全面贯彻中央决策和自治区的部署，认真落实全面、协调、可持续的科学发展观，按照构建社会主义和谐社会的要求，围绕富民、强县、奔小康的目标，进一步解放思想，抓住机遇，求真务实，开拓进取，以发展非公有制经济、开放型经济、劳务经济为重点，以产业结构调整为主线，以体制创新、机制创新和科技创新为动力，以工业区和项目建设为载体，以招商引资和激活民间投资为突破口，加快工业化、城镇化和农业产业化步伐，培育壮大优势产业和特色经济，推动县域经济迅速发展。

2.基本原则。坚持以人为本，着力扩大就业，提高城乡居民的收入水平和生活质量；坚持以市场为导向，依托资源优势，大力发展特色经济；加快推进工业化、城镇化、农业产业化，充分发挥工业的主导作用和城镇的辐射带动作用，统筹城乡和产业发展；坚持激活内力和借助外力相结合，在扩大对外开放中增强自主发展能力；坚持在国家产业政策指导下，因地制宜，选择可行的产业发展路子，对资源消耗大、污染严重、安全生产缺乏保障的项目要坚决取缔；坚持尊重群众的首创精神，调动好、发挥好、保护好各方面的积极性，推动有创业愿望和能力的人员创业。

3.目标任务。从2005年起，县域生产总值、财政收入、城镇居民人均可支配收入年均增长幅度高于全区平均水平；农民人均纯收入年均增长幅度高于全国平均水平。经过5年左右的努力，绝大多数县(市)形成一批税收达500万或1000万元以上的骨干企业和2~3个竞争力较强的支柱产业；全区县域平均生产总值达到30亿元以上，其中10个以上县(市)超过80亿元；大多数县(市)财政实现基本自给；县域城镇登记失业率控制在上级政府下达的年度控制率以内，农村劳动力向非农产业转

移每年提高2个百分点左右，争取使农村富余劳动力转移就业与我区工业化城镇化进程相适应；城乡居民生活水平不断提高；涌现一批特色鲜明、发展势头好、增长后劲足的经济强县(市)。

二、加快县域经济发展的工作重点

4.大力发展个体、私营等非公有制经济。把非公有制经济作为县域经济的主体，采取更灵活、更优惠、更有力的措施，深化改革，扩大开放，经过5年左右的努力，非公有制经济占县域经济总量80%左右。依法保护非公有制企业的合法权益，确保合法私有财产不受侵犯，营造全民创业的良好环境。着力发展非公有制经济，积极发展混合所有制经济，完善企业法人治理结构。建立完善产权交易市场。改变以租赁、承包代替改制的做法，鼓励、支持非公有制企业通过多种行之有效的方式规范地参与国有企业和集体企业改制改组。两年内完成县域国有和集体企业产权制度改革。加快乡镇企业体制、机制创新和规模以上乡镇企业的技术改造，促进产品更新换代和产业优化升级。贯彻平等准入、公平待遇原则，允许非公有资本进入法律法规未禁入的行业和领域。允许外资进入的行业和领域，也允许国内非公有资本进入，并放宽股权比例限制等方面的条件。在投资核准、融资服务、财税政策、土地使用、对外贸易和经济技术合作等方面，对非公有制企业与其他所有制企业一视同仁，实行同等待遇。积极支持非公有制企业调整结构，在调整中上规模上水平，大力引导非公有制经济向具有资源优势、市场竞争力和发展潜力的产业聚集，逐步实现非公有制经济的集约化。

5.大力推进工业化。实施工业强县战略，以特色经济特别是特色农产品加工和优势资源型工业为重点，围绕中心城市、大型企业集团发展专业化配套工业和劳动密集型工业，积极培育和发展非资源型工业特别是高新技术产业，做大做强县乡工业，经过5年左右的努力，工业增加值在县域生产总值中的比重提高到30%以上。优先发展农产品加工业，在主要农产品生产基地建立起较为完备的加工体系，培育优势企业和名牌产品，形成“小产品、大产业”的格局，每个县(市)农产品加工转化率达到25%以上，把农产品加工业培育成县域经济的主导产业。集中力量建设工业区，有条件的县(市)要形成具有产业特色和一定规模的工业区，各乡镇也要因地制宜，抓好工业区建设。充分发挥工业区作为项目引进窗口、项目建设载体的作用，引导各类项目和乡村工业向工业区聚集。推进县域企业的重组、并购和嫁接改造，扩大和提升县域企业的规模及竞争力。

6.大力推进城镇化。在加大县域基础设施建设力度的同时，以县城和重点镇建设为重点，以市场化运作为手段，以企业为主力军，以发展非农产业为主体，通过产业聚集，加快城镇建设。力争经过5年左右的努力，全区县域城镇化率达到32%以上，大多数县(市)建成2个以上年生产总值超5亿元、财政收入超2000万元、镇区常住人口超2.5万人、功能较为完善的城镇。切实做好县域城镇总体规划和控制性详规的编制，提高规划设计水平，凸显城镇特色和风格。积极稳妥地调整乡镇建制。加快城镇公共设施建设，强化城镇的综合功能。健全管理机构，加强城镇综合管理。把加快城镇建设与发展特色经济结合起来，坚持产业兴镇。通过项目招商、组建公司、合作经营等多种形式，实现企业与城镇共同发展。用市场机制促进产业聚集，推动城镇基础设施建设，加快旅游、现代物流、商贸服务、金融保险、科教文卫等第三产业的发展。抓好县城和重点镇建设，发挥其示范、带动和辐射作用，使城镇成为县域经济发展的重要平台和新的经济增长点。

7.大力推进农业产业化。面向市场，立足资源优势，以畜牧、水产、蔬菜、水果、糖蔗、粮油、桑茶、中药材、林产品、烟叶、花卉等优势和特色产品为中心，在两、三年内形成一批在国内外市场有竞争力的知名品牌农产品，培育一批全区共有品牌. 创国家和自治区级名牌产品100项以上。抓好优势和特色产品基地、现代农业科技示范园和现代农业实验区建设，引导大宗农产品生产向优势产区集中，推进优势农产品生产经营的规模化和区域化。坚持“扶优、扶强、扶大”原则，壮大、改造、发展、引进多管齐下，经过5年左右的努力，各县(市)都要形成一批规模大、效益好、组织化程度高、辐射带动力强的龙头企业，并建立密切而稳定的龙头企业与农户之间“利益共享、风险共担”的利益联结机制，带动农户增加收入。积极推行农产品标准化生产，建立健全农产品市场准入制度，按标准化生产的农产品占总产量的比重有大幅度提高。加快农业社会化服务体系建设，大力发展农产品行业协会和农村专业合作经济组织，完善科技、生产资料供应、农产品流通、农业信息等服务。建设一批区域性和全国性的农产品批发市场，形成布局合理、设施完备的农产品市场网络，建设鲜活农产品运销“绿色通道”。两年内完成县级供销合作社改革，发挥基层供销合作社的带动作用。

8.加快发展开放型经济。把扩大开放作为加快县域经济发展的突破口，以“中国——东盟博览会”为平台，以泛珠三角经济区建设为契机，加大招商引资力度，主动承接广东等发达地区产业转移，加强县域内外的经济技术合作。各县(市)要依托本地优势，整合项目资源，动员一切社会力量，多渠道、多形式、多层次开展招商引资工作，做到县县有项目，乡乡有项目，有条件的村也有项目。积极吸引外资进人农业领域，投资特色农业资源开发和农产品精深加工。以企业、中介组织为招商主体，推行业主招商、代理招商、联合招商。拓宽招商引资渠道，积极引进外地资本和企业，特别是非公有资本和非公有制企业。既要积极引进资金，又要注重引进管理、技术、人才等生产要素。各市要定期在媒体上公布县乡招商引资和项目建设情况。对招商引资作出突出贡献的部门和个人，给予表彰和奖励。鼓励和引导有条件的县域企业适应全球经济一体化的要求，在努力开拓国际市场、不断扩大产品出口的同时，积极到境外投资办厂，参与国际工程承包和资源开发等。

9.加快发展劳务经济。把发展劳务经济作为农民增收的重要渠道，加大劳务输出力度，不断提高农民工资性收入占纯收入的比重。努力探索"政府引导、市场配置、专业化培训、企业化运作、规范化经营、一体化服务"的农村劳动力转移就业的新路子。推进农村劳动力全方位、多层次、宽领域转移就业，加强两广劳务合作，扩大向广东劳务输出规模，拓展向其他沿海发达省市劳务输出规模，拓宽农村劳动力向二、三产业转移的渠道，广辟外出务工经商的转移渠道，开拓国外特别是东盟国家劳动力就业市场。建立城乡统一的劳动力市场，打破身份限制，实行城乡居民平等就业。以提高农民转移就业技能为中心，加强对外出务工农民的职业技能培训，提高其职业技能水平，增强其外出就业、稳定就业的能力。整合就业培训资源，提高培训质量，培育劳务品牌。加强对劳动力转移的服务和管理，切实保障外出务工农民的土地承包经营权和劳动保障法律法规所规定的一切权利，保障务工农民的合法权益。鼓励农民离土离乡、落户城镇；积极探索在县城和其他自治区重点镇规划建设务工经商农民居住小区的有效形式。鼓励外出务工人员返乡创业。

三、加大政策支持力度，为县域经济发展注入新动力

10.扩大县(市)投资管理权限。按照责权统一、运转协调的原则，除国家另有明确规定外，最大限度授予县(市)投资管理权限。对企业不使用政府性资金(包括财政预算投资资金、国债资金、纳入预算管理的专项建设资金、国际金融组织和外国政府贷款等主权外债资金、法律法规规定的其他政府性资金)在广西境内投资建设的项目，属重大项目和限制类项目的，除跨县项目和涉及重要资源利用及重大生产力布局、生态环境保护、公共利益和公共安全项目外，其它项目全部下放项目所在县人民政府投资主管部门核准，属非重大和非限制类项目的，原则上按属地原则向项目所在县人民政府投资主管部门备案。

11.完善自治区对市、市对县(市)的财政体制。自治区下达的各项资金分配，凡能直接落实到县(市)的一律落实并下达到县(市)。自治区财政安排对各县(市)的各项转移支付补助资金和专项补助资金，各市财政不得截留和挪用。除中央要求的配套比例外，降低对各县(市)专项转移支付的县级配套资金比例。按国家规定收取的各项规费，自治区及市收取部分向符合规定使用范围的县(市)级项目倾斜安排。

12.加大财政投入。自治区及有条件的市、县(市)在本级财政预算中，设立中小企业发展专项资金，用于支持中小企业发展。自治区在本级财政每年安排一定资金用于支持县域经济发展。自治区基本建设资金、财政专项资金以及国债项目的申报向县域倾斜，重点扶持一批发展潜力大的县(市)。运用财政贴息、补助等办法，支持县域发展龙头企业、专业合作经济组织、支柱产业和特色经济。加大对自治区级小康示范镇、重点镇的扶持力度。增加对农村社会保障的投入，逐步把农村特困户纳入最低生活保障范围，加快五保村建设，支持新型农村合作医疗制度和疾病预防控制体系建设，建立城乡居民重大疾病医疗救助制度。

13.完善土地使用制度。城镇尤其是县城、重点镇周边国有农、林场的土地，纳入城镇总体规划和土地利用总体规划，用于工业发展和城镇建设用地，并依法办理有关手续。稳妥推进农村集体建设用地使用权流转，已依法批准为建设用地的农村集体所有土地在自愿、有偿和所有权不变的前提下，依法进行使用权流转(商品住宅除外)，流转的用途必须符合土地利用总体规划。允许以农村集体建设用地使用权入股兴办企业，参与经营性收费公路、码头、港口等基础设施建设。妥善解决被征收土地农民的就业、住房等问题。自治区、市、县(市)分别从土地有偿使用纯收益中提取一定比例，用于给因征地而导致无地的农民建立社会保障。盘活存量建设用地，通过土地整理新增耕地的60%，可作为建设用地折抵指标。因旧村改造、迁村并点新增的耕地，允许在本县(市)范围内置换成建设用地指标。旧城改造腾出的土地，可作建设项目用地或土地置换的周转用地。实行产业化经营的畜禽饲养地、农业设施用地和养殖水面用地，经依法批准，可修建必要的非永久性附属设施。

14.对自治区重点镇给予用地倾斜。在重点镇城镇规划区范围内，符合土地利用总体规划的建设项目，可分批次供地。列入自治区重大项目的，可作为局部修改土地利用总体规划的依据(涉及基本农田调整的除外)。重点镇的符合产业政策的工业项目和基础设施、公共设施、公共建筑建设项目需征收土地的，按自治区重大项目建设用地的有关优惠政策办理，优先安排用地指标。自治区每年安排重点镇一定用地指标，单列专项下达。重点镇工业区、城镇基础设施和公用设施建设用地，可依法有偿使用农民集体土地，允许以经依法批准的集体建设用地土地使用权依法投资入股兴办企业。

15.加大对工业和基础设施、公用设施建设的用地支持。市确定的县域重点工业项目和所有基础设施、公用设施建设项目，需征收土地的，享受自治区重大项目建设用地的有关优惠政策。耕地开垦费、森林植被恢复费按国家或自治区最低标准征收。建设项目经依法批准占用耕地，已采取措施实现先补后占的，不再收取耕地开垦费。实行工业用地地价补贴办法，允许各地从经营性项目用地出让纯收益中，按5%的比例提取工业用地成本调节资金，专项用于工业区项目用地地价补贴。工业项目可采取出让、租赁、作价出资或入股的方式取得土地使用权。对于已经依法取得的工业用地，在符合规划、不改变原用途的前提下，提高土地利用率和增加容积率的，原则上不调整土地出让金。一次性交纳土地出让金有困难的，在法定期限内经批准可缓交或分期交纳。

16.加快用地审批速度。市国土部门对县(市)人民政府上报的建设用地报件，5个工作日内完成审查上报；自治区国土部门对所受理的用地申请，15个工作日内完成审查。涉及林地的，林业部门要做好服务工作，县(市)林业主管部门对所受理的使用林地申请，10个工作日完成审查上报，自治区林业主管部门在15个工作日内完成审核。

17.拓宽建设资金筹措渠道。在基础设施、市政设施领域推行BOT投资方式。加快市政设施的收费改革，全面推行污水和垃圾处理收费制度。鼓励有实力的企业以收购、兼并、参股等形式，参与县域基础设施、市政设施建设。经依法批准，政府还贷公路收费权以及码头、电站和城镇基础设施等的经营权可以质押、公开转让或拍卖，其收入转投基础设施建设。捆绑申请县域建设项目的国债资金和财政专项资金。鼓励市政公用企业结合公司制改革，以股权、收费权质押融资等方式筹集建设资金。

18.放宽市场准入条件。对公司制中小企业实行注册资本认缴制，在注册登记时，注册资本未达到法律法规规定的最低限度的，首期实缴资本可按认缴金额的10%出资，其余资本缴足期限为三年。投资者可根据需要，申办出资额不设底限的合伙企业和个人独资企业。注册资本达到200万元以上的企业或注册资本达到100万元以上的高新技术、持有自治区著名商标、自治区级“守合同重信用”以及获自治区名牌产品的企业，可申请冠广西区名。核心企业注册资本最低限额达到500万元或集团合并注册资本达到1000万元的企业集团，可申请冠市名。异地创办个体工商户和私营企业，不受户籍限制，在法律法规允许的范围内，凭本人身份证直接到注册机关办理登记手续。在县域创办的民营科技型、农产品加工型、扶贫型企业以及下岗失业人员创办的企业，涉及前置审批的，可先办理登记注册，由工商行政管理部门核发有效期一年的营业执照，经营范围中注明“筹建”二字，在有效期内，按前置审批部门的规定申办相关手续。区外产业转移项目的环境保护、安全生产、设备工艺经改进能达到国家产业政策和国家环保要求的，可核发有效期营业执照，经营范围中注明“筹建”二字。支持农副土特产品注册商标。简化前置条件审批事项，除国家法律、法规规定的前置审批项目外，不再设立前置审批事项。前置审批项目必须向社会挂牌公示。改革后置审批方式，积极推行现场审批、现场年检等办法。对依法经营、照章纳税、连续三年未受到行政机关处罚的企业，经申请和有关机关批准，可免予年检(审)，但税务登记证年检、出口货物退(免)税认定表审验、增值税一般纳税人年审除外。对免于工商登记的农村流动小商小贩，免收工商行政管理的各项收费。下岗失业人员和城镇退役士兵从事个体经营(除国家规定的特殊项目外)，自工商部门批准其经营之日起，下岗失业人员凭《再就业优惠证》、城镇退役士兵凭《城镇退役士兵自谋职业证》三年内免交有关登记类、证照类和管理类的各项行政事业性收费。下岗失业人员和城镇退役士兵从事个体经营活动，其雇工7人(含7人)以下的(除国家限定的行业外)，自领取税务登记证之日起，三年内免交营业税、城市维护建设税、教育费附加和个人所得税。严禁以任何理由强行要求或变相要求个体工商户和私营企业加入各种协会或其他自治组织。

19.加大金融支持。支持金融机构在县乡发展分支机构，增加中小企业贷款的发放比例，进一步推进邮政储蓄改革工作。稳步推进农村信用社改革试点。积极引导金融机构扩大县域经济信贷投放力度。鼓励非公有资本参股组建投资公司及风险投资机构。允许非公有资本参与地方金融机构的股份制改造，或采取股份制形式创办金融机构。帮助金融机构进一步推广小额农贷、联保贷款等信贷方式，鼓励金融机构开发适应中小企业和县域经济特点的信贷品种，积极推行商业汇票承兑、贴现业务，扩大抵押和质押贷款范围，探索中小企业以适销库存产品、适用原材料和可靠的应收款作为贷款抵押的办法，合理确定中小企业贷款期限和额度。健全贷款营销的约束和激励机制，建立和完善适应非公有制经济和中小企业特点的分类信用评级和授信制度，对符合条件的企业发放信用贷款，对符合有关规定的企业，经批准可开展工业产权非专利权技术等无形资产的质押贷款试点。加强金融生态环境建设，建立健全信用担保体系，营造诚实守信的社会环境，增强县域对银行授信的吸引力。除国有企业外，对非公有制企业等抵押财产价值的评估，由借贷双方协商选择评估单位进行评估。经贷款方认可或由贷款方自行评估，适当降低抵押财产和抵押登记费用。

20.加大教育和人才支持。支持县域发展义务教育、职业教育和成人教育。增加经费投入，巩固“普九”成果，到2007年全面实现“两基”目标。建立农民技术培训体系，实施县乡实用人才工程和农民教育培训工程，使农村劳动力普遍接受职业技术教育，掌握1~2门实用技术和转移就业技能。把职业教育与培训经费纳入各级财政预算。重点办好一所职业教育中心，鼓励、支持大力发展民办职业教育。对经批准承担劳务职业技术培训的教育机构(合民办)，自治区财政视财力情况和培训人数给予一定的补助。市、县(市)财政也要安排相应的培训补助经费。自治区各高等学校通过产、学、研相结合的形式，围绕特色产业，支持和促进县域经济的发展。拓宽引智渠道，切实做好大中专和技工学校毕业生的就业服务工作，鼓励各类人才以多种方式服务县域经济。加强企业经营管理人才培训，加快急需的技能人才培养，加大专业技术人员继续教育力度。

21.强化科技支撑。围绕特色产业，依托大型企业或龙头企业，建立和健全公共技术中心、检测中心等科技服务体系，建设科技示范基地。县域中小企业在先进适用技术的引进、转化及生产过程中，其技术开发费按照实际发生额计入成本。自治区每年安排一定的技改资金用于县域中小企业技术进步贷款贴息和补助，重点支持以高新技术和先进适用技术改造提升传统产业，发展优势和特色产品的科技项目。健全农村技术推广体系和农村信息服务网络。大专院校、科研院所向定点帮扶县(市)转让科技成果、形成产业化生产的，优先安排项目用地，并可分期缴付土地出让金。支持科技生产要素参与分配，鼓励科技人员通过项目承包、兼职、担任技术顾问、技术入股等形式，为县域企业提供科技服务。

22.加大农村商品流通工作力度。多渠道筹集资金，加快农产品批发市场建设。开拓农产品市场，发展农产品物流业，促进工业品下乡和农产品进城的双向交流。抓好农产品加工，培育农产品产销一体化龙头企业。整顿和规范农村市场经济秩序，营造良好的市场环境。加强农村消费品市场管理，完善农资服务体系。

23.加快推进户籍管理制度改革。取消按农业户口、非农业户口登记常住户口的办法，以经常居住地登记常住户口，建立全区统一的户口登记管理制度。实行以具有合法固定住所为基本条件的户口迁移条件准入制。凡在县(市)城区、建制镇按规定办理城镇常住户口的居民，在入学、参军、就业、社会保障等方面与城镇居民按规定享受同等待遇。

24.协调劳动关系。全面贯彻《劳动法》，建立健全劳动合同制度、集体合同制度、劳动保护制度、劳动保障制度，依法维护企业和劳动者的合法权益，建立和谐稳定的劳动关系，促进县域经济的发展。

四、加强领导，为县域经济发展提供组织保障

25.明确领导责任。自治区及各市党委、政府要切实加强对县域经济工作的领导，建立支持县域经济发展的长效机制。为统筹协调县域经济发展，自治区成立县域经济发展工作领导小组，领导小组下设县域经济发展工作办公室和县域经济发展10佳县(市、区)评比工作办公室，县域经济发展工作办公室设在自治区发展改革委，县域经济发展10佳县(市、区)评比工作办公室设在自治区统计局。区直部门和中直驻桂单位，每个单位联系一个县(市)，指导、帮助所联系的县(市)正确理解和贯彻落实本《决定》精神，为联系县(市)经济发展出谋献策，理顺思路，共谋发展大计；为联系县(市)招商引资；为联系县(市)的同志到自治区以上机关办事协调关系，排忧解难；帮助所联系的县(市)党委抓好党的建设。挂钩联系工作与县域经济发展同步考核，实行同责同奖同罚。市直部门也要建立相应的挂钩联系制度。县(市)党政主要负责人要切实抓好县域经济发展。

26.加强县乡领导班子和基层组织建设。深化干部人事制度改革，加强县乡领导班子建设，重点选配好党政正职，并保持领导班子的相对稳定。加大县(市)干部到区外发达地区挂职学习力度。加强干部双向学习交流、选派厅级后备干部到县(市)、县处级后备干部到乡(镇)、县(市)党政领导到区直部门挂、任职锻炼。选拔一批德才兼备的干部到县(市)任职。深入开展“三级联创”活动，进一步加强基层组织建设，为加快县域经济发展提供强有力的组织保证。

27.完善自治区垂直管理部门的协管体制。自治区垂直管理部门要把执行国家法律、政策、部门规定与支持地方经济发展统一起来，自觉接受地方党委、政府的领导。自治区垂直管理部门在县(市)、乡(镇)延伸机构领导干部的任免要征求所在县(市)、乡(镇)党委的意见。对支持和服务县域经济不力、地方意见较多的延伸机构的领导，其上级主管部门应及时予以调整。

28.建立激励机制。完善县域经济发展考核指标体系和评价办法，把考评结果作为奖惩和任用干部的重要依据。自治区每半年公布一次各县(市)经济发展的主要指标，每年公布一次各县(市)经济发展排序(按桂发[2003]25号关于广西经济发展10佳县(市、区)考评办法确定)。对被评为全区“10佳县(市)”或位次前移五位以上(含五位)的县(市)及其挂钩联系单位，分别给予表彰和奖励。对在全区各县(市)经济发展排序中连续两年每年倒退十位以上(含十位)县(市)的党政主要领导，在综合考核的基础上，进行必要调整。

29.改进领导方法。坚持因地制宜和分类指导，科学制定不同类型县(市)经济发展战略和规划。坚持抓两头、带中间、促全面，努力做到经济相对发达的县率先发展，中等县迅速崛起，欠发达县跨越发展。建立健全重大决策专家咨询制度。今后，自治区及各市凡出台与县(市)相关的重大政策措施，应征求县(市)意见。

30.狠抓工作落实。区直有关部门和各市要根据本《决定》精神，出台相关的实施办法，并抓好落实。

本《决定》适用于市辖区。

四川省《中华人民共和国中小企业促进法》实施办法

（2005年4月6日四川省第十届人民代表大会常务委员会第十四次会议通过）

第一章 总则

第一条 根据《中华人民共和国中小企业促进法》等法律法规，结合四川省实际，制定本实施办法。

第二条 本实施办法所指中小企业，是符合国家有关中小企业划分标准的各种所有制和各种形式的企业。

第三条 本省对中小企业实行积极扶持、加强引导、完善服务、依法规范、保障权益的方针，为中小企业创立和发展创造良好环境。

第四条 省人民政府负责制定全省中小企业政策，对中小企业发展进行统筹规划。省人民政府应当建立中小企业政策制定前的征询、听证制度，听取中小企业的意见和建议。县级以上人民政府应当把发展中小企业纳入当地国民经济和社会发展总体规划，立足地区实际，制定促进中小企业发展的具体措施。

第五条 省人民政府负责中小企业工作的部门组织实施国家和省制定的中小企业政策和规划，对全省中小企业工作进行综合协调、指导和服务。

省人民政府有关部门根据国家、省制定的中小企业政策和规划，在各自职责范围内对中小企业工作进行指导和服务。

县级以上人民政府及其所属的负责中小企业工作的部门对本行政区域内的中小企业进行协调、指导和服务。

县级以上人民政府有关部门在各自职责范围内对本行政区域内的中小企业进行指导和服务。

第六条 省人民政府负责中小企业工作的部门会同省统计行政主管部门按照中小企业划分标准，制定全省中小企业统计指标体系，建立中小企业统计制度，准确反映中小企业发展状况。

第七条 中小企业应当在生产经营活动中做到依法经营、照章纳税、诚实守信、公平竞争。严格遵守国家有关安全生产、职业卫生、社会保障、资源开采、土地使用、环境保护、产品质量、劳动合同、劳动报酬、劳动保护、会计、统计等法律、法规。

中小企业应当加强内部管理，依法建立健全财务管理、会计核算、用工和分配等各项管理制度。依法报送财务、会计、统计报表。

第八条 各级人民政府及其有关部门，要根据中小企业生产经营特点，完善相关制度，规范监管行为，提高监管人员素质，提高监管水平，加强劳动监察和劳动关系协调，规范对企业的收费行为。

第二章 资金支持

第九条 省人民政府应当在本级财政预算中调整资金结构，安排中小企业发展专项资金，支持中小企业发展。

县级以上人民政府应当根据实际情况，调整资金结构，为本地区中小企业发展提供财政支持。

中小企业发展专项资金的使用管理应当遵循公开公正、定向使用、科学管理、加强监督的原则。

中小企业发展专项资金使用管理办法由省人民政府另行规定。

第十条 中国人民银行在四川的分支机构根据国家政策做好信贷指导工作，鼓励金融机构调整和完善信贷结构，引导金融机构加大对中小企业的信贷支持。

第十一条 各商业银行和信用社应当在国家产业政策和信贷政策的指导下，运用多种金融工具，调整信贷结构，改善信贷管理，适当简化贷款手续，减少审批环节，完善授权、授信和评级制度，为中小企业提供信贷、结算、汇兑、转账和财务管理等方面的服务。

政策性金融机构应当在其业务范围内，采取多种形式，拓宽服务领域，增加对中小企业的金融支持。

第十二条 鼓励金融服务创新。对符合有关规定的企业，经批准可开展工业产权和非专利技术等无形资产质押贷款试点。改进保险机构服务方式和手段，开展面向中小企业的产品和服务创新。支持中小企业依照有关规定使用国际金融组织贷款和外国政府贷款、捐赠。

第十三条 对中小企业以资产抵押办理银行贷款，有关部门和单位应当适当降低收费标准、减少中小企业融资成本，为中小企业融资创造有利条件。

第十四条 县级以上人民政府及其有关部门应当鼓励、支持中小企业以股权融资、项目融资等方式筹集资金，以及通过法律、行政法规允许的融资方式直接融资，拓宽直接融资渠道。

鼓励、引导融资租赁业健康有序发展，发挥融资租赁在改善中小企业融资中的作用。

第十五条 各级人民政府及其有关部门应当引导、支持民间资金进入风险投资领域，运用税收政策鼓励各类依法设立的风险投资机构对中小企业投资。

第十六条 省人民政府及其有关部门应当为中小企业进入证券市场、发行债券做好指导和服务，依法促进产权交易市场发展，规范交易行为，为中小企业结构调整、资产重组、优化资源配置拓宽渠道。

第十七条 县级以上人民政府应当推进中小企业信用制度建设，加快建立适合中小企业特点的信用征集体系、评级发布制度以及失信惩戒机制。推进建立企业信用档案，建立和完善中小企业信用档案数据库。

第十八条 县级以上人民政府及其有关部门应当推进和组织建立中小企业信用担保体系，推动建立担保机构的准入制度、信用评估和风险控制制度，加强对信用担保机构的监管。

鼓励中小企业信用担保机构成立自律性组织，加强行业内部的协调和自我约束，规范行业行为。

第十九条 县级以上人民政府出资资助建立的中小企业信用担保机构应当实行政企分开和市场化运作，政府及其有关部门不得操作具体担保业务。

省人民政府出资建立的中小企业信用担保机构，为列入全省中小企业信用担保体系的各类中小企业信用担保机构提供再担保服务。

中小企业信用担保管理办法由省人民政府根据国家有关规定另行制定。

第二十条 县级以上人民政府及其有关部门应当支持中小企业依法自愿开展多种形式的互助性融资担保。

第三章 创业扶持

第二十一条 县级以上人民政府及其有关部门应当把中小企业发展用地依法纳入土地利用总体规划和年度计划，根据中小企业发展需要安排必要的场地和设施，支持创办中小企业。

第二十二条 各级税务机关应当及时向社会公布国家和本省促进中小企业发展的相关税收优惠政策，运用税收政策鼓励、支持中小企业的创办和发展。

下列符合国家政策规定的中小企业，在税收政策规定的期限内减征、免征企业所得税，实行税收优惠：

（一）失业人员创办的中小企业；

（二）当年吸纳失业人员达到国家规定比例的中小企业；

（三）符合国家、省支持和鼓励发展政策的高新技术中小企业；

（四）在少数民族自治州、县和省级以上贫困县创办的中小企业；

（五）安置残疾人员达到国家规定比例的中小企业；

（六）农村外出务工返乡人员、大中专毕业生、复转军人创办的中小企业；

（七）其他符合政策规定的中小企业。

第二十三条 各级人民政府及其有关部门应当鼓励、支持社会各类投资者依法以工业产权、非专利技术、高新技术成果等无形资产参与投资创办中小企业。

第二十四条 各级人民政府及有关部门应当建立政务信息公开制度，为中小企业创立提供工商、财税、融资、劳动用工、社会保障、市场、价格等方面的政策咨询和信息服务。

第四章 技术与市场

第二十五条 县级以上人民政府有关部门应当根据国家产业政策和产业技术政策，编制本行政区域内中小企业技术创新规划。

县级以上人民政府及其有关部门用于技术进步的专项资金，应当对中小企业技术创新予以支持。

第二十六条 县级以上人民政府及其有关部门应当鼓励、支持建立区域性、行业性技术中心，支持有条件的中小企业建立企业技术中心，为中小企业技术进步提供服务。

第二十七条 县级以上人民政府及其有关部门应当充分利用现有的各类园区建立中小企业技术创新基地、产业化基地和科技企业孵化园。

第二十八条 各级人民政府及其有关部门应当鼓励中小企业增加研究与开发投入，引进技术人员，采用先进技术，更新技术装备，提高技术创新能力和产品科技含量。

鼓励和引导企业之间的专业化分工协作，建立稳定的协作配套关系。

中小企业技术创新项目以及为大企业产品配套的技术改造项目，可以享受贷款贴息政策。

第二十九条 各级人民政府及其有关部门应当促进中小企业信息化建设，鼓励、支持中小企业运用现代化信息技术改造生产工艺、改善经营管理，推动企业信息化水平的提高。

第三十条 改进政府采购办法，在政府采购中中小企业应当和其他企业享受同等待遇。

第三十一条 各级人民政府及其有关部门应当支持、指导中小企业改造、重组企业物流源，鼓励、引导民间资金投资建立区域性商品交易中心和行业性产品购销中心，为中小企业提供产品交易服务。

第三十二条 各级人民政府及其有关部门应当鼓励中小企业开展自营进出口业务和有条件的中小企业到境外投资，支持中小企业参与国际竞争。

中小企业作为实物投资出境的设备、原材料以及零部件依法享受出口退税及资金、外汇等政策支持。

第三十三条 各级人民政府及其有关部门应当鼓励中小企业开展质量管理体系、环境管理体系等标准认证，支持中小企业制定或参与制定技术标准，为中小企业开拓市场创造条件。

第五章 社会服务

第三十四条 各级人民政府及其有关部门应当推动中小企业服务体系建设，鼓励社会各方面力量，建立各种类型的中小企业服务机构，促进综合服务机构和专业服务机构共同发展。

第三十五条 各级人民政府根据实际需要扶持建立的中小企业服务机构，应当联系行业协会、商会、社会中介组织等为中小企业的创办和发展提供优质服务。

第三十六条 中小企业服务机构可以按照中小企业需要，提供信息咨询、创业辅导、技术支持、企业诊断、投资融资、贷款担保、产权交易、资产评估、人才引进、人员培训、市场营销、法律咨询、法律援助、对外合作和展览展销等服务。

第三十七条 县级以上人民政府应当根据中小企业发展的需要，整合社会资源，创新培训方式，规范培训市场，提高培训质量，形成政府引导、社会支持和企业自主的培训机制。符合资助条件的培训，政府应当给予补贴。

第六章 权益保护

第三十八条 中小企业的合法财产及其合法权益受法律保护，任何单位和个人不得侵犯，不得非法改变企业的财产权属关系。

因国家建设需要，征收、征用中小企业合法使用的土地或者拆迁其经营场所、生产设施、生活设施，应当按照国家有关规定给予补偿、安置。

第三十九条 中小企业享有自主经营权，依法从事生产经营活动，任何单位或者个人不得非法干预。

法律法规未禁止或者限制的生产、经营行

业，都应当允许中小企业进入。

第四十条 中小企业有权依法订立、变更和解除劳动合同，依法自主决定用工条件、形式、数量、期限。

中小企业在行使用工自主权时，应当依法同职工签订劳动合同，按时足额支付职工工资，保障职工享有休息、休假、女工特殊保护等权益，为职工办理养老、失业、医疗、工伤、生育等社会保险。

第四十一条 禁止任何国家机关及其工作人员以非法限制中小企业法定代表人或经营管理人员人身自由的方式解决经济纠纷。

第四十二条 任何国家机关、社会组织及其工作人员不得强制或者阻挠中小企业参加自我约束、自我服务的自律性组织。

第四十三条 对中小企业进行检查，必须以法律法规为依据，行政执法部门的例行检查计划，应经同级人民政府批准。行政执法部门因接到投诉、举报等依法对中小企业实施的检查，应当经本部门行政负责人批准。

第四十四条 各级人民政府有关执法部门和司法机关应当依法打击侵犯中小企业的各种违法犯罪行为，为中小企业发展提供良好的法制环境。

第四十五条 国家机关及其工作人员违反本实施办法，对中小企业有下列情形之一的，由其所在单位或者上级主管部门、监察机关责令改正；情节严重的，对直接负责的主管人员和其他直接责任人员给予行政处分；造成损失的，依法承担赔偿责任；构成犯罪的，依法追究刑事责任。

（一）违法行使职权，擅自对中小企业进行检查，或者未按规定时间将检查情况和处理结果归档的；

（二）强制或者变相强制中小企业接受指定产品或者服务的；

（三）收费时不出示收费许可证、不按标准收费、不开具省人民政府财政主管部门统一印制的收费票据、不如实填写规定内容以及违法对企业摊派或者要求赞助的；

（四）违反法律、法规的规定，对中小企业罚款的；

（五）侵占、毁损或者非法查封、扣押、冻结、没收合法财产的；

（六）接到举报、投诉，拒绝履行法定职责或者不在规定时限内做出处理的；

（七）其它侵犯中小企业合法权益的行为。

第四十六条 对违反本办法规定擅自增加中小企业负担以及其他侵犯企业合法权益的行为，中小企业有权拒绝或者向市、县级人民政府负责中小企业工作的部门和监察、法制部门检举、控告，由有权机关依法予以查处。

第七章 附 则

第四十七条 本办法自2005年7月1日起施行。

青海省人民政府关于鼓励支持和引导个体私营等非公有制经济加快发展的若干政策措施

（青政[2005]47号）

改革开放以来，我省个体私营等非公有制经济(以下简称非公有制经济)得到长足发展。积极发展非公有制经济，有利于繁荣城乡经济、增加财政收入，扩大社会就业、改善人民生活，优化经济结构、促进经济发展。毫不动摇地鼓励、支持和引导非公有制经济发展，是培育和增强我省自身发展能力，构建和谐社会的必然选择。各级政府要结合青海实际，坚持“三个代表”重要思想和“三个有利于”标准，坚决破除一切妨碍非公有制经济发展的思想观念，坚决革除一切束缚非公有制经济的体制弊端，以“政治平等、政策公平、法律保障、放手发展”为目标，不断营造有利于非公有制经济发展的政策环境和社会氛围，促进我省非公有制经济持续、快速、健康发展。

为贯彻落实《国务院关于鼓励支持和引导个体私营等非公有制经济发展的若干意见》(国发[2005]3号)，结合本省实际，制定如下政策措施。

一、进一步放宽非公有制经济市场准入政策

(一)放开投资领域

1.鼓励、支持非公有制资本在产业发展规划的指导下进入电力、石油、通信、铁路、国防科技工业建设等领域，积极促进垄断性行业和领域引入竞争机制，实行投资主体多元化的改革。

(1)鼓励、支持非公有制资本参与电力产业开发。

(2)鼓励、支持非公有制资本参与石油产业开发，进入风险勘探和开发领域，以多种方式参与省内老油田、边际油田改造；收购低产油井，自主开采、加工、出售产品。

(3)鼓励、支持非公有制资本进入煤液化、煤气化、煤焦化等煤炭资源深加工产业。

(4)鼓励、支持非公有制资本参与通信产业开发，参与通信基础设施建设，重点扶持发展通信衍生服务项目。

(5)鼓励、支持非公有制资本参与铁路、民航开发建设、运营管理，参股投资省内自有铁路(专线、专用)建设；鼓励拓展铁路、航空领域新的服务项目，以独资、参股、联营等方式，参与公路、水运基础设施建设和经营，并允许其买断经营权。

(6)鼓励、支持非公有制资本参与矿产资源勘查开发。除法律、法规另有规定外，非公有制资本可采用独资、合作、转让等形式取得矿产资源的探矿权、采矿权。

(7)鼓励、支持非公有制资本进入国防科技工业建设领域，参与军民两用高新技术开发及其产业化，重组、改造停产或破产军工企业。

(8)鼓励非公有制资本进入旅游资源开发建设领域，以独资、参股、控股、合作、联营等方式参与旅游资源开发，可将投资权、建设权、经营权一并授予符合特许经营资格的非公有制企业。

2.鼓励非公有制资本进入公用事业、基础设施和生态环境保护开发领域，以独资、参股、控股、合作、联营等方式，参与城镇水、热、燃气、公共交通、城镇道路、排水、污水处理、垃圾处理、防洪、照明、公厕保洁、园林、绿化等市政公用事业、基础设施的投资、建设与运营；参与现有市政公用企业、事业单位的产权制度和经营方式改革；具备条件的，可参与危险废物收集、贮存、处置。在规范转让行为的前提下，具备条件的公用事业和基础设施项目，可将投资权、建设权、经营权分别或一并授予符合特许经营资格的非公有制企业。

3.鼓励非公有制资本进入社会事业领域，在规范运作、加强政府监管、社会监督、维护公众利益的前提下，可以投资兴办教育、科研、医疗卫生、文化、体育、社区服务等非盈利性社会公益服务机构，以独资、参股、控股、合作、联营等多种方式从事上述社会事业的盈利性经营；可进入文化产业的文艺表演团体、演出场所、博物馆和展览馆、电影电视剧制作发行、广播影视技术开发运用、出版物印刷、可录类光盘生产等领域；可参与文艺表演团体、演出场所等国有文化单位的公司制改制；可以参与、建设、经营、改造文化企业国有资本控股51%以上有线电视接入网，参与有线电视接收端数字化改造。

4.鼓励非公有制资本进入金融服务业，以多种形式参与股份制商业银行、城市商业银行、城市和农村信用社等金融机构的增资扩股；参与银行、证券等金融机构的改组改制。

5.鼓励、支持非公有制经济参与国有经济结构调整和国有企业重组，通过租赁、参股、控股、兼并、收购等形式，参与国有企业、集体企业的资产重组，推动产权结构调整。

(二)放宽注册登记条件

1.非公有制企业注册资金，可用知识产权、非专利技术等无形资产出资，也可以用人力资本(管理才能、技术专长)、有转化潜能的智力成果(专利发明、技术成果、注册商标)、高新技术出资入股，由各出资人约定出资比例。

2.非公有制企业组建企业集团，母公司注册资本达到1000万元人民币，并有三个子公司即可注册登记。

3.放宽科研人员创办科技型企业和下岗失业人员创办非公有制企业的登记条件。其注册资本、生产场地等条件尚有欠缺，但在一年内能够完善的，可核发有效期为一年的营业执照，条件具备后，换发正式营业执照。

4.放宽经营范围。非公有制企业注册资本达到300万元人民币的，对其经营范围按行业大类核准。

5.放宽非公有制企业冠名条件。无论是个人独资、合伙企业，还是有限责任公司，只要符合企业名称规定，申请冠以省、州、地、市区划名的可以核准办理；新开办的非公有制企业，母公司注册资本达到1000万元人民币的，可冠“集团”名称；有进出口经营资格的非公有制企业，名称中可以使用“对外贸易”、“国际贸易”等字样。

二、加大对非公有制经济财政金融支持力度

(一)安排财政专项扶持资金

1.省财政每年安排中小企业发展专项扶持资金，重点用于：

(1)支持企业技术创新。

(2)支持中小企业信用担保体系建设。

(3)国家中小企业发展基金和科技型中小企业技术创新基金的配套。

(4)高新技术产业化项目。

(5)支持各类中介服务组织发展和人才培训。

(6)支持中小企业开拓国际、国内市场。

(7)支持信息服务体系建设。

(8)重点扶持项目贷款贴息等。

2.省专项扶持资金管理办法由省经委、省工商局和财政厅共同制定，审计、监察机关监督专项扶持资金使用。

3.州、地、市、县(区)年度财政预算中，设立非公有制经济(中小企业)科目，建立中小企业发展专项扶持资金，支持非公有制经济(中小企业)发展。

(二)改善金融服务

1.人民银行要引导、支持商业银行扩大对非公有制企业的贷款及授信额度，并积极增加对城市商业银行的再贷款。

2.金融机构要增加对市场前景好、诚信度高的企业贷款支持，积极开办专利权、知识产权、法人股权、仓储货单、合同订单、动产、应收账款、出口退税托管账户等形式的抵(质)押贷款等贷款品种，满足企业不同类型的融资需求。

3.积极试行非全额担保和非完全抵押贷款，扩大票据业务和对非公有制企业的授信服务，探索信用贷款，增加贷款投放。

4.鼓励政策性银行依托地方商业银行等中小金融机构和担保机构，开展以非公有制企业为主要服务对象的转贷款、担保贷款等业务。

5.积极开展银企合作项目推介活动。

(三)拓宽直接融资渠道

1.开展非公有制企业股权融资试点。

2.支持有条件的非公有制企业以各种方式在国内外上市融资和发行企业债券。

3.推进非公有制企业重组国有和集体企业；鼓励非公有制企业跨所有制、跨地区、跨国并购，引进资金、技术、管理嫁接改造；通过租赁设备、厂房等多种形式进行融资。

4.有关部门要积极协助符合条件的非公有制企业申请国债贴息资金、国家科技计划研发经费、专项扶持资金、外国政府贷款及国际金融组织贷款等政策扶持和信贷资金。

5.在政策、业务等方面支持典当行业发展，为非公有制经济提供融资服务。

(四)加快建立信用担保体系

1.各级政府要鼓励和支持政策性、商业性担保机构的发展，逐年扩大规模。

2.省财政建立中小企业融资担保资金。鼓励有条件的地区建立中小企业信用担保基金和区域性信用再担保机构。

3.支持各类企业、社会团体、自然人以独资、股份制或会员制等形式，组建多元化、多层次、不同类型的担保机构。

4.鼓励保险公司探索开展对非公有制经济(中小企业)担保机构的保险业务。

三、实施非公有制经济发展优惠政策

(一)税收支持政策

1.所得税

(1)设在我省境内，符合国家和我省鼓励类产业的企业，在2010年以前，其主营业务收入占企业总收入70%以上的企业，减按15%的税率征收企业所得税。

(2)新办生产性企业(国家明令限制的除外)、商贸流通企业，自生产经营之日起，5年内免征企业所得税，期满后减按15%的税率征收企业所得税5年；新办交通、电力、水利、邮政、广播电视基础产业的企业，5年内免征企业所得税，期满后减半征收企业所得税5年。

(3)新建基础设施、生态环境建设和高新技术项目(单独核算)，自该项目生产经营之日起，8年内免征企业所得税，期满后减半征收企业所得税2年。

(4)企业研制开发新技术、新工艺所发生的各项费用，可计入管理费用，在税前一次性扣除。研制费用比上年增长幅度在10%以上的企业，可再按实际发生额的70%抵扣应纳税所得额。

(5)从事能源、交通、环保等基础设施建设的企业，在生产经营过程中发生的机器设备维修费、大修理费，可在发生的当年一次性在税前扣除。

综合开发利用资源的企业属于国家和我省鼓励类产业项目的，在生产经营过程中使用的机器设备、固定资产可以采取加速折旧方法计提折旧。

(6)投资新办农牧产品生产、加工、流通服务企业，从投产之日起，免征企业所得税5年。省级重点龙头企业进行新产品开发，3年内免征企业所得税；允许省级重点龙头企业按企业盈利的5%至10%税前列支风险基金，专款专用。对发展农牧业产业化中符合对当前国家重点鼓励发展的产业、产品和技术目录中规定项目的，在2010年以前，减按15%的税率征收企业所得税。

(7)兼并、收购省内国有生产性企业的企业，自生产经营之日起，5年内免征企业所得税，期满后减半征收企业所得税3年。兼并、收购国有非生产性企业(娱乐业、桑拿、按摩、网吧除外)，自经营之日起，3年内免征企业所得税，期满后减半征收企业所得税3年。

(8)新办科技型企业自认定之日起，8年内免征企业所得税，期满后减半征收企业所得税2年。企业进行技术转让以及在技术转让过程中发生的技术咨询、技术服务、技术培训所得，年净收入在50万元人民币以下的，暂免征收企业所得税，超过50万元人民币的部分，减半征收企业所得税。

(9)经批准投资举办基础教育、高等教育、特殊教育的，暂免征收企业所得税。投资兴办医院的，自经营之日起，3年内免征企业所得税，期满后减按15%税率征收企业所得税5年。在农村牧区举办医疗机构的，暂免征收企业所得税。

(10)对新办独立核算的咨询业(包括科技、法律、审计、会计、税务等咨询业)、信息业、技术服务业以及物业管理、社区服务的企业或经营单位，自经营之日起，2年内免征企业所得税，期满后减半征收企业所得税3年。

(11)新办旅游资源开发企业，自经营之日起免征企业所得税6年，期满后减按15%的税率征收企业所得税。

本规定减半征收企业所得税是指：按15%优惠税率计算出应纳所得税额后减半执行；本规定仅限于内资企业，遇国家税收政策发生重大调整，以新政策为准。

2.营业税

对中小企业信用担保和再担保机构以及社会资本从事担保业务的收入，按照《国务院办公厅转发国家经贸委关于鼓励促进中小企业发展若干政策意见的通知》(国办[2000]59号)精神，三年内免征营业税。

3.增值税

投资新办或与农村集体经济组织合资、合作兴办农畜产品生产、加工或流通等农牧业产业化项目的，首次纳税之日起3年内，由财政按年度企业实际上缴增值税地方留成的80%，作为财政扶持资金返还企业，用于扶持企业发展。

4.其他税收支持政策

(1)新办生产性企业，首次纳税之日起，5年内免征车船使用税、房产税或城市房地产税、车船使用牌照税，免征建设期内土地使用税。

(2)新办个体工商户，自生产经营之日起二年内营业税起征点提高至3000元。

(3)新建基础设施、生态环境建设和高新技术项目(单独核算)，首次纳税之日起，10年内免征车船使用税、房产税或城市房地产税、车船使用牌照税，免征建设期内土地使用税。

(4)兼并、收购省内国有生产性企业，10年内免征车船使用税、房产税或城市房地产税、车船使用牌照税。

(二)土地使用和矿产资源开发优惠政策

1.土地使用优惠政策

(1)建设项目应依法有偿使用国有土地，法律、法规另有规定的除外。企业应通过招标、拍卖或挂牌方式，取得商业、娱乐和商品住宅等各类经营性用地国有土地使用权；其他建设用地可采取协议出让方式取得国有土地使用权。

(2)生产性企业以协议出让方式取得国有土地使

用权，按协议出让国有土地使用权最低出让金标准，缴纳土地出让金，企业可以先缴纳应缴部分的30%，其余在5年内分期缴纳。

(3)从事基础设施建设或公益性等建设项目，依照国家规定可以使用国有划拨土地的，经土地行政主管部门核准，以划拨方式供地。

(4)使用国有荒山、荒地等未利用地从事造林、种草等生态建设或农牧业综合开发项目以及兴办社会公益事业的，土地使用权期限50年，在使用期限内可以依法继承。使用期满后，原使用权人优先受让；达到合同约定的投资金额或符合生态建设条件的，土地使用权可以依法转让抵押。

(5)农村集体经济组织在符合土地利用总体规划和村镇建设规划前提下，可以采取租赁、作价入股等方式，利用村、镇建设用地参与项目开发。

(6)对公路建设中占用菜地的，免征公路建设环节征收的林业采伐许可证费、林业建设保护费、育林基金。

2.矿产资源勘查开发优惠政策

(1)符合产业政策和省资源勘探开发规划，在本省勘查、开发矿产资源的，可以通过招标、拍卖等方式取得探矿权、采矿权外，也可通过依法申请批准的方式取得探矿权、采矿权。探矿权人、采矿权人可以采取出售、作价出资、合作勘查或开采、上市等方式依法处置探矿权、采矿权，也可按有关规定出租或抵押探矿权、采矿权。矿业权持有人转让、出售矿业权时，在同等条件下，政府有优先回购权。

(2)勘查矿产资源，符合下列条件的，可以申请减缴或免缴探矿权使用费：

①石油、天然气、煤层气、铀、富铁矿、优质锰矿、铜、钾盐、铂族金属、地下水等矿产资源的勘查。

②大中型矿山企业为寻找接替资源申请的勘查。

③政府主管部门认定的其他情形。

探矿权使用费，第一个勘查年度可免缴，第二至第三个勘查年度可减缴50%，第四至第七个勘查年度可减缴25%。

(3)运用新技术、新办法提高综合利用水平(包括低品位、难选冶的矿产资源开发及老矿区尾矿利用)的矿产资源开发，采矿权使用费在矿山基建期和矿山投产第一年可免缴，矿山投产第二至第三年可减缴50%，

第四至第七年可减缴25%，矿山闭坑当年可免缴。

(4)投资者投资开采矿产资源，经主管部门确认符合下列条件的，矿产资源补偿费可享受下列优惠：

①开采回收矿产资源主要矿种以外的伴生矿产的，免缴5年伴生矿产的矿产资源补偿费。

②采用先进技术开采省内现有技术难以开发利用的矿产资源的，免缴矿产资源补偿费。

③采用本省尚未使用的先进技术开采回收矿产资源共、伴生矿产的，免缴或减缴共、伴生矿产的矿产资源补偿费。

④利用老矿区尾矿提取矿产品的，可免缴或减缴矿产资源补偿费。

(5)投资开采矿产资源的，允许将下列费用计入递延资产，在开采阶段分期摊销：

①用于探明可供开采矿床的地质勘查费。

②以出让方式取得矿业权缴纳的探矿权、采矿权价款。

四、完善对非公有制经济的社会服务

(一)放手发展各类市场中介服务组织

坚持社会化、专业化、市场化原则，支持会计、法律、保险、资信评估、海关报关、税务代理、海外市场代理等各类公共服务机构的发展，为非公有制经济提供创业辅导、企业诊断、信息咨询、管理咨询、市场营销、投资融资、贷款担保、产权交易、技术支持、人才引进、人员培训、对外合作、展览展销和法律咨询等服务。

对非公有制资本投资兴办的非盈利性社会公益服务机构，在享受优惠政策的同时，各级政府还应以购买服务的方式，大力扶持其发展。

(二)建立信息服务体系

1.设立中小企业信息网，逐步开发建立省、市、县三级企业信息服务平台和企业数据库，实现信息共享、联动服务。鼓励、支持非公有制企业加快信息化建设。

2.建立面向全社会的信息发布制度，为非公有制经济提供国家产业政策、国内外市场等信息。

3.对进入开发区、示范区、工业园区的非公有制企业，开展工商登记、产品试制、人才培训、市场策划、技术开发、形象设计、营销管理等方面的创业辅导服务。

4.发挥各类培训、研发机构的作用，发展为非公有制经济服务的技术创新、科技示范和科技企业孵化基地。

(三)加强非公有制经济组织的人才队伍建设

1.省有关部门要把非公有制经济人才工作纳入全省人才长远规划，根据非公有制企业发展需要，编制人才需求计划，帮助非公有制企业引进紧缺急需人才，根据非公有制企业的不同需求，开展多种形式的企业家培训。

2.非公有制企业的专业技术人员和管理人员可按规定参加专业技术职务任职资格的考试、评审和职业资格的考试、注册。技术工人可通过职业培训和职业技能鉴定获取国家职业资格证书。

3.非公有制企业的人事档案按国家有关规定由市、县(区)人才中心和职业介绍中心保管，有一定规模和具备条件的非公有制企业，经组织人事、劳动部门授权，也可以自行管理，组织人事、劳动部门负责监管。

4.大专院校、成人教育机构、职业学校、各类培训机构要积极开展法律、法规、产业政策、经营管理、职业技能和技术应用等方面的培训，为非公有制企业培训各类所需人才。

5.企业要定期对职工进行专业技能培训和安全技术培训。非公有制企业用于员工培训的经费，可按职工工资总额的1.5%提取，列入成本开支。

6.各级政府和教育部门要采取有效措施，使辖区内的非公有制经济从业人员子女接受义务教育，收费标准与当地居民子女同等对待。

7.鼓励事业单位专业技术人员和管理人员在完成本职工作的前提下，在非公有制经济组织中兼职兼薪。

8.鼓励有专长的离退休人员为非公有制企业提供技术服务。离退休专业技术人员受聘于非公有制经济组织、从事专业技术工作、且符合申报条件的，可参加专业技术职务任职资格评审，所评资格不与原单位工资、福利待遇挂钩。

(四)鼓励和支持非公有制经济科技创新

1.鼓励技术创新。对列入省重点培育的非公有制企业，给予省专项扶持资金贷款贴息支持。非公有制企业组织开发的具有自主知识产权、市场前景较好的科技成果产业化项目，纳入省科技计划资金、技术改造贷款贴息资金等专项资金支持的范围。

2.培育名牌产品。对取得中国驰名商标和中国名牌、被列为国家外贸重点支持的名牌出口商品的非公有制企业，省政府给予一次性奖励；对取得省著名商标和省名牌产品的非公有制企业，由企业所在地(州、市)政府给予一次性奖励。

3.培育技术市场，促进科技成果转化和技术转让。科技中介服务机构要积极为非公有制企业提供科技咨询、技术推广等专业化服务。引导和支持科研院所、高等院校与非公有制企业开展多种形式的产学研联合。鼓励国有科研机构向非公有制企业开放试验室，充分利用现有科技资源。

(五)加强企业信用建设

1.尽快建立企业、经营者、中介机构为营运主体，适合非公有制企业特点的信用征集体系、评级发布制度以及失信惩戒机制。推进建立企业信用档案试点工作，建立和完善非公有制企业信用档案数据库，逐步建立覆盖全社会的信用信息共享网络。

2.强化企业信用意识，加强非公有制企业诚信教育，引导企业守信经营。建立完善行业自律、群众参与、社会监督、依法管理的企业信用管理体系。

(六)支持开拓国际国内市场

1.支持非公有制企业创办中外合资、合作企业，鼓励企业以技术、实物投入和产品出口，到国外组建加工企业，开办商业贸易网点。

2.鼓励非公有制企业在境外申报知识产权。

3.发挥商会、行业协会及中介组织作用，鼓励非公有制企业参加政府组团的经贸推介活动，加强对非公有制企业的出口指导，支持非公有制企业开拓国际市场。

4.对国家、省政府及其有关部门举办并要求参加的重要展会，在统一布展和组织费用方面，从专项扶持资金中给予适当补贴。

(七)鼓励支持有实力的非公有制企业做大做强

省政府每两年确定一批具有市场竞争实力的优秀企业，在政府出版物、网站、权威媒体以及政府组织的相关活动中进行广泛宣传，对其参与国有企业重组，在专项扶持资金等方面给予优先。具体认定条件和扶持政策，由省经委会同有关部门制定。

五、提高非公有制企业自身素质

(一)引导和规范企业经营行为

1.完善企业组织制度。引导企业建立完善的个人独资、合伙、公司制企业；鼓励具备条件的非公有制企业进行股份制改造；鼓励非公有制经济通过股东出资、引进外资、职工持股等多种形式，建立多元和开放的产权结构。

2.健全会计核算制度，规范财务管理，确保会计资料真实、准确、完整，依法报送统计信息。

3.做好标准化认证工作。质量认证和计量标准化部门要指导帮助企业做好认证认可工作，督促企业建立完善的质量保证体系，要严格按照相关标准组织生产。

(二)提高经营管理者素质

鼓励引导非公有制企业投资者和管理人员自觉学习法律、法规和方针政策及先进的管理经验，参加各种形式的培训班，建立科学的管理和决策机制，提高驾驭市场的能力。

(三)加强知识产权保护

涉及商标注册、专利申请、科研新产品申报等相关部门，要及时敦促、帮助企业进行注册、申报和标准认定；加强产品原产地保护；保护企业和个人知识产权。非公有制企业申请发明专利，各级知识产权部门联合给予资助。

(四)推进和完善社会保障体系

非公有制企业要依法与从业人员签订劳动合同，按规定参加养老、失业、医疗、工伤、生育社会保险，切实维护职工的合法权益。

(五)鼓励、支持参与社会公益事业发展

对教育事业和其他公益事业的捐赠以及救济性的捐赠，在计征个人、企业所得税时，按税法规定予以扣除。

(六)建立健全企业工会组织

非公有制企业要保障职工依法参加和组建工会的权利。企业工会组织实行民主管理，依法代表和维护职工合法权益。企业要为工会开展工作创造必要条件，依法拨付工会经费，不得干预工会事务。

六、加强非公有制经济发展的环境建设

(一)规范行政行为

1.各地、各部门必须认真落实执行本政策措施的各项规定和要求，履行职责，在制定涉及非公有制经济主体重大利益关系的政府规章、经济贸易政策措施和作为行政管理依据的规范性文件前，应当充分征求、听取他们的意见，必要时应当公开举行听证会。

政府规章、经济贸易政策措施以及作为行政管理依据的规范性文件，必须在其施行前1个月向社会公布。制定机关应当定点设立咨询和查阅点。非公有制经济主体享有免费向有关政府、行政机关查询政府规章、经济贸易政策措施以及作为行政管理依据的规范性文件，并索取相关资料的权利。

2.进一步提高办事效率。行政职能部门在单位内部实行一个窗口对外的集中办公；各州、地、市、县政府要尽快建立起“政府行政审批中心”，将有行政许可项目的职能部门集中起来，实行集中办公、分别受理、一站式服务。

3.施行行政服务承诺。凡进入“行政审批中心”的部门，都应将其职责、许可的事项、依据、条件、数量、程序、时限、承办责任人，承诺服务的标准、期限，以及收费标准、需要提交的全部材料的目录和申请书、监督、投诉方式等对外公布。办理许可项目在5个工作日内完成(法律、法规另有规定的除外)，并承担事后监督责任。

4.对非公有制经济主体依法要求行政机关解决的问题，行政机关应当受理，协调相关部门解决非公有制经济在发展过程中遇到的困难和问题。凡属于本行政机关职责范围内的，行政机关应当明确办理的时限并在时限内依法办理完毕，不得相互推诿责任或者刁难当事人；对不属于本行政机关职责范围内的事项，行政机关应当积极协调相关部门办理；对不符合法律、法规、规章和政策规定的事项，行政机关应当认真解释、说明，必要时应当出具书面材料。

5.各级政府、政府各部门及其工作人员要从立党为公、执政为民的高度，充分认识发展非公有制经济的重大意义，加强学习、转变观念，自觉提高依法办事效率，依法行政的能力和水平，积极、主动地服务于非公有制经济。

发展和改革、国土资源、建设、交通、水利、农牧、环保等行政管理部门应当为投资企业和重点投资项目提供全程服务，主动跟踪联系，解决非公有制经济在建设或生产经营过程中的政策性问题，为其提供相关法律、法规、规章和政策咨询、解释等服务。

6.禁止对非公有制经济的乱检查行为。对非公有制经济实施监督检查，必须有法定依据。推行行政机关联合监督检查制度，减少对非公有制经济正常生产、经营活动的干扰。

对非公有制企业具有法定监督检查管理职权的行政机关，应当制定监督检查计划，并严格依照监督检查计划实施监督检查管理行为。具有管理公共事务职能的组织必须在法定授权或者行政机关委托的范围内，依法对非公有制经济实施管理职能。

除法律、法规、规章有特别规定外，或者行政机关因查办案件的需要外，对依法经营、照章纳税、无违法不良记录、信用良好的非公有制企业，行政机关不再安排例行检查；对同一企业行政机关不得重复实施监督检查管理行为；对上级行政机关已经做出监督检查安排的，下级行政机关一律不得重复做出监督检查安排。

7.坚决制止“三乱”。严格实行“收支两条线”管理，严禁对非公有制经济主体乱收费、乱摊派、乱罚款。各地、各部门要对涉及非公有制经济主体的收费进行认真清理，对凡不符合规定的行政事业收费、政府性基金等项目，以及各种摊派性收费一律取消，不得以任何理由保留。

对非公有制企业与公有制企业实行同等收费政策，取消针对非公有制企业的各种歧视性收费规定。凡是国务院和省政府及有关部门在企业治乱减负工作中，已经公布取消的涉及企业的行政事业收费、政府性基金和集资、罚款等项目，一律适用非公有制企业，各地区、各部门必须坚决贯彻执行，不得以任何形式变换名目再向非公有制企业收取。

今后凡涉及非公有制经济主体的行政事业收费、政府性基金等新增项目，必须按照国务院和省政府批准公布的标准执行，未经批准和公布的项目，一律不得实施征收。实施收费必须持有价格行政主管部门颁发的《收费许可证》，使用省财政部门统一制发的行政事业收费票据。

8.行政机关和具有管理公共事务职能的组织不得强制非公有制经济主体代收各种费用。街道办事处、居民委员会、村(牧)民委员会等基层组织不得向所在区域内的非公有制经济主体以各种名目进行摊派、收费、拉赞助。

9.中介服务机构接受行政机关的委托对非公有制经济主体进行检查、检验检测、审查审核、咨询、评估等活动，不得向其收取任何费用，所需检查、检验检测、审查审核、咨询、评估等费用由委托机关支付。

禁止中介服务机构利用行政机关的职权，强制非公有制经济主体接受服务或者强行收费。中介服务机构必须按照“自愿有偿”的原则提供服务，根据规定标准收取费用。

(二)简化行政许可程序

1.实行授权登记。非公有制经济中的个体工商户、独资企业的注册登记，改变以往工商所初审、县级局审批发照的方式，授权工商所直接进行注册登记。

2.放手发展小商业。农牧业区流动经营者和进城自产自销农牧产品的，免于工商登记和收取有关税费；城市社区服务业中从事小维修、小作坊、小家政、小报刊经营的经营者，办理营业证即可经营，法律、法规另有规定除外。

3.自由选择登记机关。非公有制企业办理注册登记手续时，自由选择注册登记机关。

4.充分运用电子政务，逐步实现网上办公。各级政府要认真受理投资者以信函、传真、电子数据交换和电子邮件等方式提出的行政许可申请。政府各部门之间应当尽快做到信息互通和资源共享，提高政府办事效率，降低管理成本，创新管理方式，方便人民群众。

5.简化项目审批。凡符合产业政策，产业规划，不属于政府投资的项目，区别不同情况实行核准或备案制；对非公有制企业进出口经营资格实行备案制。

6.简化证、照年审手续。对年度诚信企业实行免检，涉及食品卫生、安全生产管理、环境保护的，按法律、法规规定执行。

(三)贯彻平等准入、公平待遇原则

在投资核准、融资服务、财税政策、土地使用、对外贸易和技术合作、职称评定、办理证照、科研项目申报、专项扶持资金使用、进出口配额和出口退税等方面，对非公有制企业与其他所有制企业一视同仁，实行同等待遇。

(四)自愿参加各种组织和活动

非公有制经济主体加入有关协会、团体，实行自愿原则，任何单位不得利用职权强行要求其参加或向其强行收取会费。

禁止行政机关和具有管理公共事务职能的组织向非公有制经济主体乱评比、乱培训和乱拉赞助。除法律、行政法规另有规定或国务院、省政府批准外，不得针对非公有制经济主体举办地区性、行业性的各种活动，不得以任何形式强制其参加各种培训、接受服务、购买指定产品，不得借评比、培训名义向其收费、拉赞助。

(五)切实保障非公有制经济的合法权益

1.各级政府及其有关部门必须依法保护非公有制经济主体的合法权益，任何单位和个人不得侵犯其合法私有财产。

2.省政府法制办、省经委、省工商局等部门要抓紧进行立法调研，通过修改和完善我省保护非公有制经济合法权益的制度，将我省保护非公有制经济合法权益工作纳入法制轨道。

3.凡非公有制经济投资者符合投资地政府规定的落户条件，公安机关应当及时为其办理落户手续。

(六)努力营造有利于非公有制经济发展的舆论环境

要大力宣传党和国家鼓励、支持和引导非公有制经济发展的方针政策与法律法规，宣传非公有制经济在社会主义现代化建设中的重要地位和作用，宣传和表彰非公有制经济中涌现出的先进典型，形成有利于非公有制经济发展的良好社会舆论环境。

七、建立非公有制经济发展指导和协调机制

(一)加强对发展非公有制经济工作的领导

省政府成立加快发展非公有制经济领导小组，负责研究、协调指导全省非公有制经济发展中的重大问题，督促检查各地非公有制经济目标任务完成情况。领导小组办公室设在省经委，负责拟定全省非公有制经济发展规划和相关的政策措施，并组织实施；负责全省非公有制经济的运行和规范发展，并按照目标责任制的要求，进行组织协调和督促检查，定期或不定期召开会议，及时沟通情况，研究落实有关工作，负责向领导小组报告工作。各地也要成立相应工作机构。

(二)充分发挥工商业联合会(商会)、个私协会等社团组织的作用

各级工商联(商会)要做好政府管理非公有制企业方面的助手，在非公有制经济领域发展较为集中的行业大力发展和规范行业协会、同业公会等自律性组织，联络和指导他们实现自我教育、自我服务、自我管理、自我发展的目标。充分发挥工商联(商会)、个私协会在组织展销活动、帮助拓展国内外市场、推动行业振兴、保护合法权益、沟通政企、提高非公有制经济自身素质等方面的重要作用，做好非公有制经济人士的思想政治工作，帮助和引导非公有制经济做实、做强、做大。

八、实施本政策措施的保障

(一)各级政府负责本政策措施的实施

各级政府要将非公有制经济的发展纳入国民经济和社会发展规划，加强对非公有制经济的监测和分析。省政府有关部门要尽快研究制定促进非公有制资本进入垄断行业、市政公用事业和基础设施、社会事业等领域的具体办法。各地、各部门要结合实际，依照各自职责，在2005年10月1日前制定本地区、本部门实施本政策措施的具体措施或办法。省政府每年对落实情况进行一次全面检查。

各地、各部门要高度重视本政策措施的贯彻落实，建立各级非公有制经济发展目标考核责任制，作为政府和领导班子年度政绩考核目标内容。

各地区、各部门及其所属单位，不得以任何理由拒不执行本政策措施规定。上级政府对下级政府、各级政府对其所属部门违反本政策措施规定的，应当予以纠正，责令限时改正。各级政府和有关部门对下级政府及其所属部门落实执行本政策措施各项规定中出现的问题，一经发现或经举报查证属实，应当依法追究其主要负责人的领导责任。

(二)建立投诉举报机制，加大监察力度

监察机关依法监督检查各级行政机关对本政策措施的落实情况，对落实不力、落实不完全、不兑现承诺、设置障碍，导致本政策措施规定无法兑现，以及相互推诿责任或在落实政策中刁难当事人的，必须依照行政工作人员行政过错责任追究制度的规定，从严给予行政处分或辞退，同时追究其主要负责人的领导责任。

监察机关要尽快与相关单位联合建立非公有制经济投诉举报机制，设立并公布举报电话或电子邮箱、网址，及时受理和查处非公有制企业的投诉或举报，公布查处结果。要把服务非公有制经济作为行风评议的重要内容。

九、本政策措施的施行和解释

(一)本政策措施自发布之日起实施。本政策措施在执行中的具体运用问题由省人民政府相关部门负责解释

凡省内非公有制经济主体均适用本政策措施规定。享受本政策措施各项优惠政策的企业和个人，应当遵守税收、环境保护、安全生产、国土资源和工商行政管理等有关规定，并自觉接受相关行政管理机关的监管。

(二)凡以往我省有关政策、规定与本政策措施不一致的，自本政策措施实施之日起一律停止执行。

本政策措施未涉及的政策规定，仍按本省现行有效的其他政策规定执行；在本政策措施施行之前，已经享受本省有关优惠政策而优惠期限未满的，仍按原优惠政策规定执行。

宁夏回族自治区党委、人民政府关于支持非公有制经济发展的若干意见

（宁党发[2005]43号）

近年来，我区非公有制经济得到了较快发展。为认真贯彻落实《国务院关于鼓励支持和引导个体私营等非公有制经济发展的若干意见》（国发[2005]3号）精神，进一步加快我区非公有制经济发展，特制定本意见。

一、放宽非公有制经济市场准入

（一）取消非公有资本市场准入限制。除国家法律法规禁止的以外，自治区区域内所有生产和经营的行业与领域都允许非公有资本进入，并在投资核准、融资服务、财税政策、土地使用、对外贸易和经济技术合作等方面，与其他所有制企业同等待遇。

（二）允许进入金融服务业。积极探索、引导非公有资本进入区域性股份制银行和合作性金融机构。允许实力较强、符合条件的非公有制企业经审批发起成立股份制金融机构。

（三）取消股权比例限制。鼓励、支持非公有资本以独资、合资、合作和项目融资等方式进入自治区区域内所有生产和经营的行业与领域。鼓励非公有制企业通过并购和参股控股、等多种形式参与国有企业改组改制改造。非公有制企业并购国有企业，在其分离办社会职能和辅业改制，在资产处置、债务处理、职工安置、社会保障、土地使用、税费缴纳等方面，参照执行国有企业改革的相应政策。

二、加大金融支持力度

（四）建立健全信用担保体系。鼓励、支持发展各类担保机构，解决非公有制企业贷款难问题。允许担保机构适当提高担保手续费和呆坏账准备金比例。担保机构资本金在1000万元以上、积极为中小企业开展担保业务、担保资金规模较大、成效显著的，给予相应税收优惠政策。各类担保机构都要规范运作，有效防范风险。

（五）提高对非公有制企业贷款比重。金融机构应根据非公有制经济在全区经济总量中所占的比重确定相应的贷款规模。建立对非公有制企业的资信评估制度，对符合条件的企业发放信用贷款。鼓励银行与贷款担保机构合作，成为担保机构的主办行或承办行，共同发展贷款担保业务。探索技术专利权、工业产权等非实物资产抵押贷款。积极支持符合条件的非公有制企业申请外国政府贷款和国际金融组织等各类政策性扶持资金。鼓励金融机构积极主动为非公有制企业提供融资租赁、公司理财、账户托管等服务。

（六）支持股份制银行在我区设立分支机构。积极创造条件，以政府信用和可配置的资源，吸引、支持全国性或区域性股份制银行在我区设立分支机构，充分发挥股份制银行机制灵活、服务意识强的特点，为非公有制企业提供贷款支持。稳定国有商业银行在各县设立的分支机构。

（七）拓宽直接融资渠道。鼓励非公有制企业以股权融资、项目融资等方式筹集资金。积极推荐符合条件的非公有制企业申请股票上市。允许符合国家产业政策、信誉良好、实力较强的非公有制企业依照国家有关规定发行企业债券。支持实力较强的非公有制企业通过海外上市、外资入股等方式从国际资本市场融资。

（八）建立健全创业投资机制。积极支持具备条件的企业依法联合成立行业资产经营公司。与信托公司合作通过信托投资方式，吸纳民间资金，使其转化为投资资本。允许企业法人与自然人作为发起人，共同发起设立产业投资公司，从事对实业企业进行股权投资。投资公司可以股权、可转换优先股、可转换债券等准股权方式对未上市公司进行投资。

三、建立完善社会服务体系

（九）建立社会化服务体系。鼓励和支持各类社会中介机构为中小企业提供创业辅导、投资融资、市场开拓、技术支持、评估认证、信息咨询、会计审计、法律服务、人才培训、人才交流、人事代理、劳动就业等各类服务。中介机构提供服务要按照“自愿、有偿”原则和有关规定收取费用，禁止强制服务和强制收费。禁止将行政机关应当依法履行的管理事项转移给中介机构变相收费。

四、维护非公有制企业和员工的合法权益

（十）维护企业及经营者合法权益。非公有制企业的合法财产及其合法权益受法律保护，任何单位和个人不得侵犯，不得非法改变企业的财产权属关系；非公有制企业手有自主经营权，依法从事生产经营活动，任何单位和个人不得非法干预。保护非公有制企业土地使用权，因国家建设需要，征收、征用非公有制企业合法使用的土地或者拆迁其经营场所、生产设施和生活设施，应当按照国家有关规定给予补偿、安置。对损害权益的行为依法处理，保护创业者的积极性。

（十一）切实保障员工合法权益。非公有制企业招用人员应依法签订规范的劳动合同，并在平等协商的基础上健全集体合同制度。建立员工工资正常增长机制，按时足额发放，工资不得低于政府规定的最低工资标准。尊重和保障员工享有的国家规定的休息、休假权利。加强劳动保护和职业病防治，切实改善有毒有害和危险工种的劳动安全条件。充分保障女员工的合法权益和特殊利益。禁止使用童工。严格按照国家和自治区有关规定，为员工办理养老、失业、医疗、工伤、生育等社会保险，并按时足额缴纳社会保险费。

五、引导非公有制企业提高自身素质

（十二）引导企业依法诚信经营。非公有制企业要遵守国家法律法规，依法经营，照章纳税。严格执行有关技术法规，自觉遵守环境保护和安全

生产等有关规定，降低资源消耗，减少环境污染。非公有制企业从事生产经营活动，必须依法获得安全生产、环保、卫生、质量、土地使用、资源开采等方面的相应资格和许可。要强化生产、营销、质量等管理。建立安全、环保、卫生、劳动保护等制度，并保证必要的投入。建立健拿严格的会计核算制度，依法如实编制财务报表，报送统计信息。加快建立适合非公有制中小企业特点的信用征集体系、评级发布制度以及失信惩戒机制，推进建立企业信用档案工作，建立和完善非公有制企业信用档案数据库。

(十三)推动企业建立现代企业制度。鼓励非公有制企业通过互相参股、职工持股、吸引外部资金等方式改组改制为多元投资结构得股份有限公司。引导非公有制企业建立健全法人治理结构，建立现代企业制度，转换经营机制，改善经营管理方式，科学民主决策。

(十四)不断提高企业经营管理者和员工素质。把企业经营管理者和专业技术人员培训纳入全区企业干部培训和继续教育计划。企业经营管理者要自觉学习国家法律法规和方针政策，学习现代科学技术和经营管理知识，增强法制观念、诚信意识和社会责任感，提高自身素质。利用区内外教育资源，采取政府补贴、企业资助等方式，培训企业员工，提高员工素质。

六、营造和优化发展环境

(十五)优化法制和政务环境。全面清理和修订各种不利于非公有制经济发展的法规、规章、规范性文件。坚决禁止乱收费、乱罚款、乱摊派。不准强迫非公有制企业加入任何协会组织，不准强行向非公有制企业拉赞助、收会费，不准强行向非公有制企业摊派接待、广告、报刊杂志等费用，不准要求或变相要求非公有制企业购买指定的设备和服务。

(十六)加强非公有制企业党的建设和工会建设。加强非公有制企业党建工作，做好发展党员工作，具备条件的非公有制企业都要建立党的组织。依法建立健全工会、共青团、妇联等群团组织。对优秀非公有制企业家和个体工商户要给予表彰奖励。各级党委、政府召开的有关会议，应邀请非公有制重点骨干企业参加，有关政策法规要及时传达到非公有制企业。

(十七)营造良好的舆论氛围。有关部门和新闻媒体要采取多种方式，大力宣传鼓励、支持和引导非公有制经济发展的政策法规。加大对非公有制企业及其名牌产品的保护和宣传力度。

七、加强和改进政府管理

(十八)建立强化非公有制经济协调管理机构。进一步加强和完善县以上非公有制经济发展领导小组和办公室的工作，切实发挥组织、推动、指导、督查和协调服务作用。指导协调全区中小企业的改革与发展，组织实施国家和自治区有关非公有制经济的政策法规，协调相关部门对非公有制经济的指导和服务。

(十九)加强部门间的协调配合。各级人民政府要将非公有制经济发展纳入国民经济和社会发展规划，进一步加强组织协调和支持服务工作。建立促进非公有制经济发展的工作协调机制，加强部门之间配合，形成促进非公有制经济健康发展的合力。各级发改委和经委要对非公有制经济发展动态进行监测和分析，及时向社会公布有关产业政策、发展规划、投资重点和市场需求等方面的信息。外事部门要对非公有制企业人员对外交流提供便利。统计部门要改进和完善现行统计制度，建立统计指标体系，及时准确反映非公有制经济发展状况。人事、劳动、工商、税务、商务、科技、农牧、国土资源、环保、文化、教育、民政、公安等部门要按照职责分工，积极主动为非公有制企业提供服务。积极发挥工商联作为政府协调管理非公有制经济发展的桥梁和助手作用。

各级政府和有关部门要根据国务院和自治区政策规定，结合本地区、本部门实际情况，尽快制定具体实施办法。

自治区过去有关规定与本意见不一致的，以本意见为准。

第七篇 调查研究

北京市中小企业信用资源挖掘及其信用评估中的应用建议

——北京市中小企业信用风险要素研究报告摘录

一、挖掘北京市中小企业信用资源的建议

（一）规范信息披露制度，提高其质量及透明度

为使投资人及时了解融资者的经营和财务状况变化，通过市场来约束融资企业的经营行为，必须建立完善的信息披露制度。但是，提高信息披露透明度的责任不应全落在监管者身上，还应包括财务信息的提供者、机构投资者、证券分析师和评级机构。而且，所披露的信息内容应更详细，比如提供合并报表、现金流量表和有无表外负债。在行业内具有领导地位的公司应在信息披露和公司治理方面树立榜样，由他们牵头建立更好的市场规则。

（二）实施信用工程，建立企业信用数据库

企业信用信息主要有两个来源：一个是掌握企业相关信用数据的部门，主要有工商、税务、海关、法庭、技术监督机构、金融机构等部门，另一个来源是掌握自身信用信息的企业。北京市在建立企业信用体系的初始阶段，应以中小企业为切入点，实施信用工程，在充分发挥银行信贷登记咨询系统、中小企业信用担保体系和工商登记年检系统等现有信用体系作用的基础上，探索建立部门间联合的信用信息征集与信用评价体系。并且，应通过政府机构的宣传和推广，让企业认识到信用和信用服务对其规避风险的重要性，在此基础上推广信用文化，使企业主动选择各自信任的信用中介服务机构提供自己的信用信息。

（三）引导中小企业加强信用管理，强化中小企业信用基础

公司信用管理是管理的基础，这是中小企业迅速成长的源动力，其核心工作是完善公司治理结构，有助于高层管理人员及时发现和解决问题，避免重大损失，同时让投资人和债权人树立信心。中小企业要遵循诚实守信、公平竞争原则，依法开展生产经营活动，自觉接受工商行政管理等有关部门的监督管理。此外，中小企业要依法建账，确保会计资料真实完整，严格按照国家统一的会计制度规定进行会计核算，不得账外设账，不得授意、指使、强令会计机构和会计人员违法办理会计事项，禁止一切弄虚作假行为。中小企业还要加强财务管理，建立财务预决算制度，严格按照国家统一的财务制度建立内部财务管理办法。

（四）加强信用评估，促进信用中介机构的发展

尽管目前北京市信用评级行业取得了一定的发展，但现有评级机构在评级经验、操作体系、队伍建设等方面与国际知名评级机构尚有差距。因此，我们应着手制定中小企业和中介机构信用评价标准，结合北京市企业信用担保体系建设工作，开展对担保机构和中小企业的信用评价，同时借鉴国外的信用评估模型，利用日新月异的统计学技术，开发和完善符合北京地区中小企业特点的各种信用评估模型，使信用中介服务更加科学、准确。并且，还应创造有利于中介机构公平竞争的市场环境，重视发挥中介机构在提升中小企业信用水平中的作用。

二、北京市中小企业信用资源在信用评估中的应用建议

中小企业信用资源是企业信用评估的基础，信用资源能否有效组合在很大程度上影响着评价结果的准确与否。北京市应结合中小企业扶持政策、地理环境、区域特点等方面的优势，在进行详尽细致的需求分析的基础上，研究开发具有不同特点的中小企业信用评估模型。中小企业信用评价一方面属于企业信用评价这一大概念，可以从企业信用评价中演绎而得；另一方面又具有自身特点。如何结合中小企业信用评价特点来建立中小企业信用评价指标体系，构建中小企业信用评价方法，则是我们要重点探讨的问题。

结合北京市中小企业发展和信用现状，中小企业信用资源在信用评估中的应用可遵循 3 个原则。

（一）关注两个优势

两个优势即中小企业所处的环境优势和自身优势。北京市作为我国首都，不仅经济发展优于其他地区，而且还有人才、技术、政策、机遇优势。同时，中小企业也具有适应性强、机制灵活、成本结构低等优势特点。因此，中小企业评估不能过分偏重弱势因素，更要看重它未来的成长性。

（二）区别 3 种需求

目前，北京地区甚至全国在评估企业信用时，选取的指标因素大同小异，唯一区别就是在权重确定上，这种做法的不足是没有结合评估目的。例如，金融机构重点关注企业的偿债能力，企业主体则重点关注未来的投资收益，而政府部门则是通过评价企业的信用等级，实行分类监管。并且，许多评级主体实行“拿来主义”，缺乏针对性。因此，中小企业信用评估应区分 3 种需求，做到特征、动态、需求相统一。

（三）注重 4 个方面

注重 4 个方面即中小企业信用评价指标的设立与评价方法的构建应注重中小企业的未来、创

新、成长、发展4个方面。这是由中小企业的特点决定的。首先，中小企业经营状况容易大起大落，现在经济状况不佳，并不代表未来仍然不及格。其次，中小企业的优势之一是经营高度灵活，尤其在进入知识经济时代的今天，创新已经具有了决定性的意义，因此，应高度重视对企业创新能力的评价。第三，企业信用来自于其未来经济能力的增长。中小企业应重视创新，但也应该注意创新项目的经济成长性，因此，应高度重视对企业经济成长性的评价。最后，发展可从技术、经济、环境3个方面来理解。从技术上看，发展性是指一项创新技术是否可以带来进一步的技术创新；从经济上看，发展性是指新技术是否具有良好的市场推广价值；从环境方面看，发展性是指新技术是否具有良好的环保意识。因此，应高度重视对企业发展性的评价。

三、开发中小企业信用资源、推进首都中小企业发展的其他建议

（一）继续研究制定促进中小企业发展的政策措施

中小企业信用资源是政府部门制定扶持政策的基石。主管部门通过了解这些信息，可以及时发现其中的不足，进而采取措施消除一切妨碍中小企业发展的思想观念、体制弊病、政策规定和不合时宜的做法，努力营造中小企业社会上有地位、政治上有荣誉、经济上有实惠的良好发展氛围。

（二）建立科学的中小企业价值评估体系

中小企业信用资源是企业信用评估的基础。中小企业尤其是科技型的中小企业在创立初期，通常缺少稳定的赢利模式，即便在正常运营之后，仍存在较大的风险性，这对投资主体来说很不公平。建立科学的中小企业价值评估体系，可以在高科技企业发展的不同阶段对企业的价值作出科学合理的评估和预期，为投资者提供透明的信息。其次，作为目前中小型高科技企业融资最佳途径的风险投资基金，其最终目标就是当企业在二板市场上市时或在企业并购重组时售出自己的股权以获得高额回报，科学的价值评估体系可以为此提供准确的依据。

（三）加大中小企业信用担保体系建设

北京市信用担保业协会在过去工作中仍然存在一些问题，如对政府和担保机构之间的沟通交流不够、担保业基础信息建设不完善等。中小企业信用资源的进一步开发，及时发现担保过程中存在的不足，如担保信息的需求，从而进一步规范北京市担保体系，建立再担保机构，从而更好的解决中小企业融资难的问题。

（四）重视企业信用文化和企业信用体系建设

信用是市场经济的基本行为准则，信用形象的自我完善是维持良好社会信用关系和社会秩序的基础。加强信用体系建设，有利于进一步开发中小企业信用资源，充分展示信用价值，提高信用水平，有利于增强企业在金融机构的评估级别，提高市场形象，不仅可以解决融资难这一难题，更有利于企业提高市场竞争力。

（北京信用管理有限公司）

关于台湾支持促进中小企业发展的考察报告

在我国台湾地区的经济发展中，中小企业起了举足轻重的作用。抗击亚洲金融风暴，中小企业功不可没。促进台湾产业结构升级，中小企业起了不可忽视的重要作用。2005年6月，天津市城市集体经济联合会组织中小企业代表团赴台湾考察，所见所闻所思，使我们感到台湾支持促进中小企业发展的做法，对我们很具有借鉴意义。

一、中小企业对经济社会发展具有关键性作用

台湾的中小企业多源于家庭工厂和家庭商店，在台湾曾有“蚂蚁雄兵”之称。中小企业长期活跃于台湾的各个行业，吸收了台湾2/3以上的就业人口，创造了近半数的生产总值。台湾1989年在9大行业中，拥有77.8万家中小企业，占企业总数的97.39%。由于产业结构升级，企业规模日趋扩大，内外合作范围拓展，经济环境变化，台湾在1991年立法时放宽了中小企业认定标准：制造业雇员为200人以下，商业服务业为50人以下；制造业实收资本从4000万元放宽到6000万元新台币，商业服务业实收资本从4000万元放宽到8000万元新台币（相当于人民币1000～2000万）。

目前，台湾拥有中小企业114万家，占企业总数的97.7%，中小企业就业人口占总就业人数的77.86%，生产总值占社会生产总值的47.58%。台湾中小企业所创造的经济奇迹，带动了过去40年来台湾经济的发展。对此，台湾中小企业处前负责人曾作如下的概述：中小企业一向为台湾各行各业结构上最重要的一环，对于拓展外贸、创造就业、促进所得均化，以及联结上、下游分工等方面均扮演关键角色，并对建构以中产阶级为主的社会结构提供重大贡献，实为台湾经济得以发展、社会得以进步的主要动力。

二、制定政策法律支持促进了中小企业发展

1991年台湾颁布实施了《中小企业发展条

例》，立法宗旨是协助中小企业改善经营环境，推动相互合作，辅导其自立成长，促进其健康发展。条例分6章40条，与《中小企业促进法》内容相近，但他的内容更详细、更具体，可操作性更强。条例规定了中小企业界定标准、辅导政策与措施、中小企业发展基金与用途、主管机关与辅导体系、融资与保证、指导服务机构设置与实施、中小企业开发公司设立以及税捐减免、政府采购、兴办公共工程等。

围绕条例的贯彻实施，还制定了一系列具体的法规、政策和措施。如《促进产业升级条例》，《中小企业辅导准则》，《提升中小企业财务竞争力专案辅导办法》，《创业投资事业范围与辅导办法》，《中小企业合作会法草案》，《鼓励公营、民营机构设立小企业创新育成中心要点》，《台湾银行加强办理中小企业放款方案》等等。这些法规、政策、措施都与中小企业的组织形态、产业形态、金融形态相关联，是面对阻碍发展的重大问题所采取的支持促进举措。家庭工厂、家庭商店如果不进行产业升级，很有可能永远只是小作坊、小店铺。在此基础上发展起来的制造业、高新技术产业，如果不及时走出去，进行联合开发或联合经营，只是单打独斗，成功的概率极小。家庭工厂在发展初期可以自筹资金，滚动积累或向亲友拆借等，但进入成长期后，要想实现永续发展，做大做强，必须注重发挥社会资本、金融资本的作用。打通中小企业产业升级的关键环节，必须扎扎实实地解决资本市场、创业投资、信用担保、创新育成、联合互助、财务辅导、融资支持等一系列问题。台湾制定的法律政策特点是理论性少、实用性强。台湾从政府到社会服务机构，不断地听取中小企业建议，不断地协调解决中小企业遇到的难点问题，不断地出台政策法规和重大措施。这是台湾中小企业得以持续发展的一个重要原因。

台湾为解决中小企业融资问题先后出台了若干政策法规和重大措施，但时至今日，台湾一大批中小企业仍面临融资难问题。台湾从2005年7月1日起将实施《台湾银行加强办理中小企业放款方案》，这是鼓励银行向中小企业放款的配套措施。该方案由金融管理委员会邀集行政院经建会、财政部、经济部、中小企业信用保证基金、中小企业协会及银行业公会等，经多次会商后制定，总的目标是在一年内（2006年6月30日前），台湾银行向中小企业放款余额较上年同期增加2000亿元。配套措施包括：中小企业信用保证基金增加1000亿元批次信用保证额度；金融管理委员会决定：开放简易型分行办理中小企业放款，银行对中小企业放款适用75%风险权数上限的由1000万元提升到4000万元；财政部对公股银行办理中小企业放款绩效优良者（由金融管理委员会评选）年终奖励时予以加分；行政院经建会协助中小企业扎根专案贷款，除了经建会中长期资金办理外，允许银行以自有资金用相同利率办理；其他奖励政策，主要是针对设立分支机构、简易分行变一般分行、扩大服务范围、营业设施变更等审核手续等方面。以上目标、措施连续3年有效。

三、建立中小企业支持服务组织

台湾中小企业社会化支持服务组织主要包括5个方面。

（一）在“行政院”设立中小企业政策审议委员会

中小企业政策审议委员会是中小企业政策辅助部门，由“行政院”设立并聘任委员，设兼职委员19~21人，“经济部”部长任主任委员，当然委员14人，由“经济部、内政部、财政部、交通部、教育部、国防部、中央银行、行政院金融监督管理委员会、行政院劳工委员会、行政院环境保护署、行政院经济建设委员会、行政院公共工程委员会”、台北市及高雄市副职担任。同时吸收产业界、学术界代表出任委员5~7人，任期3年。中小企业政策审议委员会负责审议的事项主要包括中小企业经营环境的改善及发展事项，中小企业的认定标准，中小企业融资与保证事项，中小企业的税制，中小企业的公共采购和公业工程的配合发展事项，其他有关中小企业健康发展的事项。

（二）在“经济部”设立中小企业处

中小企业处是台湾中小企业主要的行政主管机关。中小企业主管机构几经变化，1981年开始在经济部设立中小企业处至今。目前在编人员160人，其职能是：中小企业发展计划及法规拟定，中小企业辅导考核，中小企业调查、研究，中小企业生产技术改进、训练及相关事项，中小企业经营管理的改善及融资辅导，其他有关中小企业发展辅导事项。台湾目前推行的中小企业十大辅导体系主要由中小企业处承办。中小企业“马上问题”解决中心由中小企业处承办。即将召开的台湾中小企业发展会议由中小企业处筹备。

（三）设立支持促进中小企业发展的基金

主要有4项基金。

⑴中小企业发展基金。“经济部”依法设立中小企业发展基金，用于支持中小企业辅导计划，办理金融机构、信用保障机构不能提供的融资及保证，投资中小企业开发公司和其他促进中小企业发展的用途，如支持受灾企业恢复生产等。基金来源为台湾财政预算经费、其他专案基金、企业及个人捐赠、基金孳息及其他收入。基金由中小企业发展基金管理委员会负责管理。

⑵中小企业信用保证基金。从1974年开始设立，是“财政部”主管的非赢利的财团法人，是协助中小企业融资的专职机构。主要职能是配合

政府政策，针对担保品不足问题，为中小企业提供信用保证，使中小企业能顺利从金融机构获得所需资金，凡是符合保证对象的中小企业，均可通过其往来银行直接利用信用保证基金的保证服务。基金与49家银行签订了信用保证业务，服务单位2000多个，使台湾的中小企业获益很大。中小企业信用保证基金来源主要是各级政府捐助、金融机构捐助和历年积累。1990年基金总额达近百亿元，每年有800亿的保证业务，成效显著。基金信用保证业务每项最高1亿元（新台币），最低（青年创业贷款）60万元。短期贷款担保为1年，中长期贷款担保为5年，工业贷款担保一般1000万～1500万，商业项目不等，外销项目700万元，小规模商业150万元。担保手续费按不同项目打折，基本费用为0.75%。新出台的《台湾银行—强向中小数放款方案》中，中小企业信用保证基金的配合措施包括：增加1000亿批次信用保证额度，并取消企业设立期限不少于6个月、营授比率（授信金额/营业收入）须小于100%、授信上限为1亿元、工业园区投资者送保不受设立期间等限制，使用统一发票的中小企业小额简便贷款送保及归户金额从300万提高到500万元。

(3)中小企业互助基金会。中小企业信用保证基金并不能如愿以偿地解决融资困难，20世纪90年代中期，台湾经济部采取了一项重要措施，即设立中小企业互助基金会。基金会属于财团法人，初期规模为1.2亿元，中小企业发展基金捐助6000万元，其余由中小企业及各界捐助。中小企业申请入会时缴纳2万元会费，以后依能力增缴0.5万～5万元不等的费用，累积到120万元后即停止，并存续享有权力。基金的宗旨是开展中小企业储蓄互助保险，在企业遇到困难时，基金会向企业提供特别融资保证，防止连锁倒闭。基金会规定，基金会可向会员提供1000万元以下的信用保证，并免除不动产担保，向银行办理贷款。必要时会员可以直接向基金会申请互助贷款，借回累积月缴费用的70%，在必要时基金会还可组织会员开展连保式贷款。

(4)创业投资基金。台湾的创业投资事业非常活跃，也很成功，规模仅次于美国居第2位。创业投资基金(Venture Capital Fund)是指由一群具有科技或财务专业知识和经验的人士操作，并且专门投资在具有发展潜力以及快速成长公司的基金。创业投资是以支持“新创事业”，并为未上市公司提供股权资本的投资活动，它不以经营产品为目的。创业投资有效地支持了中小企业创业，它有别于公开流通的证券投资活动，是辅导企业创业或再创业的风险投资行业。台湾从1983年开始引进创业投资事业，90年代不断探索完善。台湾的创业投资基金是以公司形态成立，但不是运作基金的公司，是基金管理公司或“基金管理团队”，其形式有创业投资公司，财务、科技、管理顾问公司，也有开发公司，到2002年，194家创业投资公司的资本总额为15000多亿元，20年间曾向中小企业投入1000多亿元资本，为台湾科技产业提升和快速发展起了重大作用。台湾创业投资基金由“行政院”开发基金管理委员会管理。1983年以后按《创业投资基金管理规则》审核管理，2001年将管理规则变革为创业投资业范围与辅导方法，由以管理为主转为以服务为主。创业投资基金的资金来源是2001年底，“行政院”科技顾问组通过了一项“筹措1000亿元基金发展创业投资的提案”，现已付诸实施，“行政院”开发基金出资占三成，民间筹资占七成。民间筹资的主要来源是产业界（含产业公会）、上市公司、银行、保险业、海外法人机构及富人。该提案称：通过技术、人才、市场、资金全方位整合，进一步带动相关新创事业发展。开发基金管理委员会近日作出决议，开发基金投资50家创业投资公司，投资80.61亿元，转投963家新公司。对投资项目实行随到随审，设立对外服务网站，并对派出董事、监事实施责任保险等保护措施。开发基金继续推动创业投资业走出台湾，开展技术转让，扩大交流与合作，促进台湾技术与产业升级。

（四）构建为中小企业提供支持服务的社会机构

(1)中小企业联合辅导中心。台湾的中小企业在初创发展阶段，绝大多数企业面临财务结构与经营基础薄弱及资金筹措困难的矛盾，1982年台湾银行、土地银行、合作金库、中小企业银行等7家银行捐助基金成立了中小企业联合辅导中心。其宗旨是配合政府制定辅导中小企业的政策，对中小企业提供综合辅导，协助具有发展潜力的中小企业取得必要的融资，改善财务管理，培训专业人才，强化经营体质，提升竞争力。中心以财团法人注册并运营。中心为中小企业提供融资诊断服务、上市（柜）辅导服务、财务诊断及专案辅导、人事管理规划、培训专业人才、会员财务顾问和经营管理服务。中心以“热诚、专业、效率”为经营理念，不断拓展服务范围、服务对象。

(2)中小企业创新育成中心。台湾科技大学、台湾大学、交通大学等均创建了中小企业创业育成中心。经济部中小企业处为促进中小企业转型升级，设立专案基金，鼓励学术机构成立创新育成中心，利用科研机构的科技优势、设备设施、空间资源，为中小企业提供良好的创业发展环境。中心协助中小企业创新技术产品开发、提供实验及设备设施服务、提供科技咨询服务、提供科技培训、辅导中小企业创业成功等。

(3)中小企业研究中心。该中心由台湾经济研究院设立。亚洲金融风暴之后，台湾中小企业经营条件受到严重冲击，重振中小企业竞争力，迫切需要研究解决中小企业发展中的重大问题。1997年设立台湾中小企业研究中心，广泛深入地分析中小企业发展趋势，研究中小企业面临的困境，探索解决问题的途径。近年来又设立了网站，将中小企业资讯及研究成果系统地向广大中小企业及社会介绍，充分发挥政府财经智库的功能。

(4)中小企业银行。为了帮助中小企业融资，台湾专门设置了为中小企业服务的专业银行。早在20世纪40年代后期，台湾就出现了许多区域性的合会储蓄公司。合会的会员们分期缴纳会金，由合会储蓄公司统一管理，用抽签或者投标的方式来付给会员。随着台湾经济发展，民间合会的经营范围不断扩大，民间的合会与中小企业之间存在着天然的密切联系。1975年，台湾“财政部”和台湾省政府决定把台湾合会储蓄公司改组为“台湾中小企业银行”，其资本主要来自于台湾省政府和台湾银行。台湾中小企业银行属于公营金融机构，业务范围遍及台湾全省。1982年，台湾“财政部”规定：由行政院开发基金拨付20亿元，台湾省政府分年编列预算，使得该行的资本额在5年内增加到50亿。台湾中小企业银行的服务对象集中在那些具有发展潜力，但是由于缺乏资信，难以从商业银取得贷款的企业。1978年以后，台湾又按地区分别成立了台北区、新竹区、台南区、台中区、高雄区、花莲区、台东区等7家中小企业银行。这些中小企业银行是民营银行，基本上没有政府的股份，是在原来民间的各种合会基础上重组发展起来的，其营业区域和原来各区的合会储蓄公司一样。财政部规定，这7家中小企业银行属于专业性银行，不以盈利为目的。建立中小企业银行的宗旨是全力疏通中小企业的融资渠道。主要业务有3个方面：为中小企业提供融资担保、发放低息贷款和提供辅导。中小企业银行至少要将70%以上的贷款发放给中小企业，向大企业放款不得超过5%。

(5)信用合作社。信用合作社是世界性的合作金融组织。台湾发展信用合作社坚持自有、自营与自享原则，目的是调节基层金融，促进地方经济发展。台湾合作金库是合作金融的中心机构，随时收受基层合作金融机构的过剩资金，并配合其资金需要，适时提供融资，并受央行委托办理基层合作金融机构的业务检查工作。1992年1月，在货币性金融机构的总资产中，信用合作社与农渔会信用部占9.2%，中小企业银行只占8.2%。1990年底，信用社和农渔会的分支机构共1517个，是一般银行的2.1倍，是中小企业银行的5.4倍，可见它分布之广，支撑面之大。从市场占有率来看，1981～1990年，基层金融机构在全部金融机构中的存款比例从29.9%上升至36.5%，放款比例则从19.5%上升至28.0%。而在基层金融机构中，信用合作社与农渔会占放款额的65%。台中第二信用社始建于1911年，原以信用组方式存在，1946年改制为台中第二信用社至今。90多年来，第二信用社坚持“我为人人，人人为我”的合作精神，为社员提供存款、放款、汇兑、代理业务等服务，与社员一起成长。社员5万人，股金12亿元，已吸收存款419亿，放款257亿，绩效名列前茅。这家信用社早期是人工作业、挨家挨户服务，目前是电脑作业、自动化服务，营业单位不断扩充。

(6)中小企业协会。台湾的协会比较多，其地位和作用十分明显。从上到下设有商会，与之相连的是产业公会。为中小企业服务的协会很多，其中最有影响力的是中小企业协会，在各县市都有设立。中小企业协会是社团法人，始建于1972年，其宗旨是促进中小企业提高经营素质，共同提升竞争力，提供经营管理及教育训练。其经营理念是不断创新服务，发挥桥梁纽带作用，用心、敬业、尽心尽力为中小企业提供最好的服务。现任理事长由三胜制帽有限公司董事长担任。协会除了设秘书处以外还设立了活动中心、推广中心、特案中心、训练中心、发展中心，职责分明，协调有力，活动频繁，极富影响力。中小企业协会曾代表我国台湾地区出席波兰国际中小企业发展大会，配合中小企业处召开创业经验交流会，并办理中小企业磐石奖、小巨人优胜奖、绩优中小企业辅导奖及表彰活动。协会不断培训中小企业经营管理人才，不断举办中小企业合作交流活动，曾组织中小企业赴浙江地区考察交流，曾配合中小企业处拟定中小企业人力协助执行计划，建立“中小企业通”网和广播节目，并办理视讯教学，办理中小企业法规调整及权益维护计划等，每年举办中小企业新春团拜。协会有威（望）有位（地位）有为（作为）。

（五）建立区域性中小企业服务机构

台湾分南部、中部、北部三区设立中小企业服务组织。各县市都建立了中小企业服务中心。这些中心一般联合公营、私营相关机构，共同对中小企业在经营诊断、生产销售、技术管理、财务结构、市场信息、咨询及其他相关业务等方面为中小企业服务。这些服务不以盈利为目的，一切围绕着中小企业发展和企业需求运转，服务项目、服务方式比较实在、实用。为了促进对中小企业的辅导服务，从1996年开始，中小企业处在县市推行中小企业荣誉指导员（企业服务志工）制度，选聘服务热忱之企业负责人、经理人及各方专业人才投入县市，担任企业志工，协助政府支持促进政策的实施，反映企业意见要求，促进企业间交流合作，协助落实辅导方案，这是利用自助互助机制，突破中小企业发展瓶颈、提升竞争力的切实举措。各县市建立中小企业荣誉指导员协进会，与中小企业服务中心一并开展服务。

四、日趋完善的中小辅导（服务）体系

台湾对中小企业管理的核心不是管理与约束，而是辅导与服务。台湾支持促进中小企业发展的着眼点是推进中小企业升级转型，进而提升台湾的竞争力。与此相关联的劳工就业、青年创业、品质提升、污染防治等问题一并解决。1981年，在经济部中小企业处成立的同时修订了《中小企业辅导准则》。此前的辅导服务侧重于提高技术水平、改善经营管理、扩大内外市场、便利融资、促进合作与联合经营等。此后的辅导服务，更贴近发展需要，更体现时代特色，逐步形成了十大辅导体系，由经济部统筹运作。

⑴财务融通辅导。台湾中小企业财务融通辅导体系于1992年由经济部成立，其目标是指导协助中小企业改善财务结构及提供资金融通。该体系的主要功能包括督促金融机构加强办理中小企业融资；建立中小企业发展基金，为有发展前途但不能从银行或信用保证基金获得融通资金的中小企业服务；举办专项贷款；对中小企业提供信用担保，分担金融机构对中小企业的融资风险；为中小企业提供融资诊断、投资及财务服务等。2004年，中小企业处设立中小企业财政金融服务团，选聘第一批中小企业财政金融顾问100多人，这些人都是在财政金融方面有经验、有专业特长、有辅导阅历能力的人士，一年一聘，按照中小企业财政金融顾问设置及工作要点运作，核心工作是诊断服务、辅导方案落实，服务项目有的是申请受理，主要是由马上就办办公室转来或各相关服务组织转来或由县市服务机构转来。服务团不收费，不收回馈，尊重服务者权力，承诺资讯保密，目前已全面开展服务。

⑵经营管理辅导。依据《产业升级条例》，指导协助中小企业提高经营效率，有效运作人力资源，提升产业竞争力。实施经营诊断服务，主要项目包括生产、物流、组织人事、产品开发、现场、质量等管理。有一次性服务和短期服务，也有个案服务或示范性服务。由中小企业处主办，工业局、商业司协办。

⑶资讯管理辅导。依据《产业升级条例》，协助中小企业建立现代化经营环境，提升电子化企业的竞争力；协助中小企业利用电脑及相关资讯技术，搜集经营资讯情况，建立健全资讯管理制度，提升电子企业品质及效率。服务内容包括中小企业信息化、电子化咨询服务，中小型软件产品推广，按行业个案辅导，协助中小企业了解相关信息，推行电子商务，培训电子化人才，协助企业办理电子化说明书等。由中小企业处主办，工业局、商业司、技术处协办。此外，台湾设立资讯产业网意图很明显，就是促进上、下游产业共同发展，促进中小企业参与重点产业和项目的投资。经济部全球资讯网介绍中小企业政策措施、中小企业白皮书，并为中小企业提供网上辅导服务。

⑷互助合作辅导。台湾经济部中小企业处于1991年建立了中小企业互助合作辅导体系，目的是通过创造良好的合作环境和合作机会，扩大企业间的交流与合作，利用企业的比较优势，提高竞争力。中小企业互助合作辅导体系的主要任务有以下7项：第一，结合相关辅导机构，成立合作辅导中介机构，提供综合性合作辅导，组成合作交流会；第二，培训合作交流辅导人才；第三，宣传合作观念；第四，举办合作资讯交流、管理经验交流和联谊活动，增强信任以创立合作机会，办理合作交流会成果展等；第五，进行产业情况及合作可行性调查，分析成员间经营情况，寻求共同利益点，策划各项合作方法，并据此拟定具体的合作计划；第六，办理实质合作；第七，推广宣传合作成果。

台湾中小企业源于私营企业，但是台湾从上到下都有一种强烈的合作发展理念，1995年开始研究制定《中小企业合作会法（草案）》，规定4家以上中小企业可以设立一个企合会，企业对企合会出资不得超过注册资本的40%，企合会是独立经营的法人，会员按出资额承担有限责任，企合会享有税收优惠。台湾给互助合作下的定义是：具有合作意愿的企业组成小组，以寻求共同的合作方向，拟定具体而明确的目标，并促成商机。小组成员在资讯交流、专题讨论或相互观摩中，通过团体运作及人力资源开发等方式，根据潜在市场及可行性分析，研究提出具体合作计划，以共同开发、引进新技术、共同生产制造、合作营销，及共同运送等实质合作手法，共同创造新商品、新事业。台湾在推动中小企业互助合作辅导时，按合作交流会和实质性合作会运作。自愿参加，由执行机关批准。交流会按产业、区域或发展需要组织，主要为会员提供资讯交流、学习互访、专题研讨、企划及执行、提升企业价值观、研究促进合作事宜、合作项目等服务。实质性合作会辅导包括拟定共同开发规则，协助合作会拟定合作生产和经营政策，合理利用外部资源，享受合作事业补贴（每案补贴政府承担70%，最高75万元）。互助合作辅导由中小企业处主办，由工业局、贸易局、商业司、技术处协办。很受中小企业欢迎。

⑸品质提升辅导。推动中小企业获得品质（质量）认证，协助中小企业全面提升产品质量和服务质量。辅导内容主要包括协助中小企业落实质量管理制度，以顺利通过认证（ISO9000:2000版等质量认证标准）；培训中小企业质量管理人才、提升产品及服务质量；协助中小型商业提升服务质量；定期办理各项质量管理推广宣传活动、成功案例示范发表等相关交流活动。主办单位是中小企业处，协办单位是工业局　。

⑹市场营销辅导。由内部市场和外部市场两部分组成。由商业司、贸易局主办，中小企业处协办。辅导的宗旨是协助中小企业开拓内外两个市场，帮助中小企业排除营销方面的障碍，培训内外贸易人才，提升中小企业竞争力，较好地完成出口拓销计划。内贸辅导项目主要包括人力资源、商品、市场、促销、顾客服务、物流等项管理。外贸辅导项目侧重于强化出口融资、出口保险，利用现代物流服务拓展进出口渠道，实施品牌战略，发挥经贸团体作用，扩大经贸交流活动，拓展出口商机，开展进出口网络服务等。

⑺工业安全辅导。工业安全辅导的本质是中小企业互助合作辅导。目的是塑造中小企业合作环境，扩大中小企业交流，创造合作机会，提高中小企业开发能力，提升竞争力。辅导服务的范围是合作会。交流会需15家以上企业，4家以上的合作会申请实质合作案辅导，12家以上在同一区域内的企业申请聚集型产业辅导。辅导内容包括资讯交流、市场分析、拟定合作计划、引进新

技术、开发新产品、合作营销、联合运输等。该项辅导由中小企业处承办。

⑻研究发展辅导。其宗旨是促进中小企业新产品、新技术、新设计、新材料开发水平超越台湾同一行业一般技术水准。辅导对象是民间传统工业者。辅导内容包括研究开发新品辅助资金，扩大服务，提高传统产业研发及普及率，促进传统产业持续发展。主办单位是工业局，协办单位是技术处、中小企业处。

⑼生产技术辅导。其目的是提高小企业中传统产业的自动化水平，促进电子产业开发、应用及服务，培训人才，提升竞争力。辅导对象是制造业企业及其他企业的技术处。辅导内容包括协助中小企业提升自动化应用能力、电子化应用能力、产品开发技术能力、引进新技术。主办单位是工业局，协办单位是技术处、中小企业处。

⑽污染防治辅导。其目的是提升中小企业环保技术水平，辅导产业界符合环保法规。辅导对象是有污染但可以改善、能防治的中小企业。辅导内容包括污染防治技术推广，污染防治资讯，污染防治培训，产业环保法规贯彻实施。重点是废水改善、废气监控、防污染新材料应用、土壤及地下水整治、温室气体灭量等技术辅导。主办单位是工业局，协办单位是中小企业处。

五、切实帮助中小企业解决困难和问题

访问我国台湾中小企业的最大感受是，帮助企业办事、为企业服务的组织多，政策优惠。中小企业有了困难，切实能得到帮助。20世纪80年代台湾就推出了专案贷款，利率低或无息，带有政府资助性质，包括政策性工业贷款、促进自动化或电脑化贷款、青年创业贷款等。一般由公营银行执行，中长期贷款有的带有宽限期，项目由银行审核，呆账责任由银行承担，多数项目都能获得信用保证。这解决了中小企业很大困难。后持续推行10项辅导体系，系统地为中小企业提供支持、帮助、服务，而且多数实行免费服务。

尽管如此，台湾仍有相当一部分中小企业的融资问题按正常融资渠道和辅导程序仍难以解决，尤其是许多急需资金的项目。根据行政院经建会有关会议决定，经济部中小企业处已设立“马上解决问题中心”，与中小企业联合辅导中心、中小企业信用保证基金等辅导单位共同推动中小企业融资双轨制。双轨制的第一轨是企业向银行申请贷款，信用保证基金以授权或专案方式提供信用保证，银行予以融资。按第一轨运作遭拒贷后，按第二轨运作，即企业向中小企业处请求协助，中小企业处结合辅导单位共同进行诊断审议，透过信保基金核发保证函，协助中小企业取得资金。“马上解决问题中心”通过两种方式帮助企业融资，一是一般性诊断辅导，由辅导单位做成建议案，提供企业改善参考，企业按辅导方案取得资金。二是辅导单位做联合诊断辅导，按联合诊断报告送经审议后办理融资。联合诊断指财务、技术、经营管理等综合性诊断。联合诊断的对象一般是被拒贷的企业或项目。

“马上解决问题中心”除协助中小企业取得资金外，同时办理中小企业申诉及求助案件。这个服务窗口以最快捷的途径，在最短的时间内向有需求的中小企业提供最有效的帮助或协助。

“马上解决问题中心”的职能包括受理中小企业各项紧急求助，寻求专业人员协助，立即回应中小企业；推动振兴产业新投资优惠融资计划，协助中小企业解决投资、融资需求；推动融资保证双轨制，协助金融机构向具有发展潜力的新创立的中小企业提供贷款；对新申请贷款条件不足的中小企业提供经营改善意见，安排协调相关辅导机构提供协助与辅导；设置服务窗口，研究服务案例，强化服务辅导。

“马上解决问题中心”已成功地协助中小企业解决了各种紧急求助问题，2004年协助服务725项，其中双轨制案件237件，2005年上半年受理案件比去年同期有较大幅度缩减。例如，花莲市亚威运动休闲开发公司为用户需求，决定扩充游泳馆，急需资金，但不具备贷款条件，2004年底向中小企业处求助，“马上解决问题中心”及时了解情况后，组织先后两个月运作，取得预想贷款5000万元，解了燃眉之急。“马上解决问题中心”为台湾中小企业发展作出了很大贡献。

台湾支持促进中小企业发展由来已久，这些比较成熟的做法是多年来积累并逐步完善的，我国台湾地区与我们有所不同的是，其财政状况好，支持力度大。我们不能与之相比，但是，从支持促进的指导思想上，从服务体系的建设上，从机构设置上，从政策法律建设上，从帮助中小企业办实事上，我们都应当认真地思考、研究、学习、借鉴。经过比较，更有利于找到我们的差距。当今世界，政体不同，文化有差异，但支持促进中小企业发展的理念、政策、法律却有许多共同之处，借鉴加创新可能是一条捷径。

（天津市城市集体经济联合会）

以创业促就业 以创业促发展

建立创业辅导基地是件大事。《中华人民共和国中小企业促进法》指出：“政府有关部门应当积极创造条件，提供必要的、相应的信息和咨询服务，在城乡建设规划中根据中小企业发展的需要，合理安排必要的场地和设施，支持创办中小企业。”党的十六届三中全会提出：“把扩大就业放在经济社会发展更加突出的位置，实施积极的就业政策，努力改善创业和就业环境。”《国务院关于鼓励支持和引导个体私营等非公有制

经济发展的若干意见》要求：“各级政府要支持建立创业服务机构，鼓励为初创小企业提供各类创业服务和政策支持。”季允石省长在今年召开的全省民营经济工作会议上强调：“有条件的市、县，要积极创办创业辅导基地，为中小企业初创者提供创业支持，解决初创阶段企业遇到的突出困难，提高创办企业的成功率。”我们要充分认识建立创业辅导基地，支持创办中小企业的重要性、紧迫性，并切实抓出成效。

一、为什么要建立创业辅导基地

（一）有巨大的市场需求

让我们看三组数字：一是全面建设小康社会，要求城镇化率达到50%。2003年我省的城镇化率仅为33.5%，也就是说要达到小康社会标准，必须将1122万农村人口转为城镇人口；二是2004年全省城镇新增就业人员38.16万人；三是目前全省农村约有700万富余劳动力需要转移就业，城镇有一批下岗待业人员需要重新就业。另外，全省每年还有20多万的大中专毕业生、复转军人需要安置就业。如此众多的就业者，很需要社会给他们提供一个舞台、一个场所，提供一些必要的扶持和帮助，应该讲创业辅导基地是应运而生，并具有巨大的市场需求和广阔的发展前景。经济学告诉我们，有需求就有赢利空间。需求越大，赢利空间越大。可以预料，建厂房、租厂房将成为一个前景十分看好、效益非常可观的产业。

（二）有巨大的社会效益

(1)建立创业辅导基地有利于减轻创业者初创阶段遇到的突出困难。一个创业者初办企业，按正常情况必须经历征地、建厂房、登记注册等程序，不仅要经历漫长的时间，而且没有几百万、上千万元资金，就开不了工。许多创业者或者知难而退，或者经历漫长的跑手续、建厂房和积累资金时间，严重影响了创业。有了创业辅导基地，创业者只要交点租金，有点必要的设备和流动资金便可以起步了，有效地解决了初创阶段的突出困难，大大降低了创业门槛。

(2)建立创业辅导基地有利于布局结构调整。建立创业辅导基地，把众多的企业甚至同一产业聚集到一个地方生产，可以较好地解决以前创办乡镇企业“村村点火、处处冒烟”的问题，可以有效地解决城镇目前存在的分散建厂的问题。企业集聚，特别是产业集聚可以实现资源共享，便于关联配套和专业化协作，便于走小而精、小而专、小而特之路，能够大大降低生产成本，提升企业竞争力。

(3) 建立创业辅导基地有利于产业结构调整。新产业都是由创业者创造出来的。建立创业辅导基地，可以方便创业者创造出更多的新产业、新企业、新产品、新技术、新服务等，可以有效地促进产业结构调整，使消费者更多地使用到新产品，更好地享受到新服务。

(4)建立创业辅导基地有利于吸引京津创业者。如果在廊坊或离京津较近的一些市、县建立创业辅导基地，可以充分利用地价便宜、起步容易、交通方便等优势，既可以吸引北京、天津的创业者前来创业，又可以吸引想到北京、天津创业又难以进京津的创业者前来创业。这是一个很大的市场。如果能建设一个创业城，吸引东方大学城的学子就地创业、就业，经济效益、社会效益会更好。

(5)建立创业辅导基地有利于催生小企业。小企业在就业方面发挥着重大作用。小企业的数量和质量决定着一个地方的就业水平。建立创业辅导基地可以较快地催生一大批小企业，只有小企业数量多了，质量高了，才能较多地增加就业岗位，使更多人实现就业、再就业；才能缓解就业压力，促进社会稳定。

(6)建立创业辅导基地有利于增加和提升创业者。创业者在发展方面发挥着重大作用。创业者的数量和质量决定着一个地方的经济社会发达程度。经济发达地区都是创业活跃地区，只有创业者数量多了，质量高了，才能从根本上提高广大群众的致富能力；才能更多地创造财富，更快地扩大富裕面，更大地拉动消费，更好地繁荣市场；才能培植新的经济增长点，增加财政收入，增强综合实力，加快经济社会发展。

（三）有巨大的企业效益

解决住房难问题使房地产商获得了巨大商机，催生了一大批房地产开发企业，并获得了良好效益，这已经成为历史。解决创业难问题，使房地产商又面临着新的巨大商机，必将促使一批房地产开发企业由盖住宅转为盖厂房，并获得更好的效益，这将成为现实。应该讲天山企业集团有先见之明，在这方面带了个好头。我认为就企业自身讲，盖厂房比盖住宅效益会更好。搞创业辅导基地，一方面扶持了创业者，培养出一批高收入的人员，反过来又可以拉动住宅楼的销售；另一方面，通过创业辅导基地可以发现一些很有发展潜力和经济效益，但又急需资金帮助的创业者，可以有选择地参股经营，拓展新的发展空间，促进企业做强做大。

总之，建立创业辅导基地，以创业促就业，以创业促发展，是一件利国、利民、利企业的好事，是一件政府关注、百姓关心、社会需要、创业者企盼的大事，是一件具有巨大市场潜力和社会效益、企业效益的大有可为的事业，是一件适应当前创业形势，并具有强大生命力的新生事物。

二、怎样建立创业辅导基地

目前，建立创业辅导基地主要有4种方式。

(1)在城乡规划的工业区、科技园区内由企业或事业法人出资建设一个有一定规模的创业辅导基地，这就是石家庄市天山企业集团模式。我们把这种做法称作：企业出资，建设一个基地，吸引一批创业者，催生一批小企业。

⑵政府出资，由一个事业单位做法人新建或购买一个适合创业的场所作为创业辅导基地，这就是唐山、秦皇岛模式。我们把这种做法称作：政府出资，基地搭台，创业者唱戏，小企业受益。

⑶将破产企业的厂房稍加改造，开展创业辅导，进行场地出租，这就是邯郸模式。我们把这种做法称作：破旧立新，一个企业倒下去，一批小企业建起来。

⑷将企业的闲置厂房或社会上适合进行创办小企业的房屋稍加改造，开展创业辅导，进行场地出租。我们把这种做法称作：变废为宝，旧瓶装新酒，闲房创新业，在帮别人创业中提高自身效益。

目前看这四种形式是一个新生事物，应该鼓励大家创新。希望大家探索更多的方式，为更多的创业者提供方便，帮助更多的中小企业茁壮成长。

三、创业辅导基地提供哪些服务

创业辅导基地是为创业者提供创业场所和创业服务的新型载体，是集经营性和公益性于一体的服务平台，是催生小企业的大型“工厂”，是扶持中小企业成长的摇篮。创业辅导基地首先要为创业者提供场地租赁服务和物业管理服务，这两项是最基本的服务。不具备这两项就不能称作创业辅导基地。但仅此两项还远远不够。应该尽可能多地为创业者提供多方面的服务，一般还需要做好8个方面的工作：政务代理服务，信息咨询服务，创业指导服务，项目推介服务，技术支持服务，融资担保服务，人员培训服务和法律援助服务。如果有条件，还可以搞一些其他方面的服务。总之，要为创业者提供一些必要的支持、帮助，营造一个好的环境。一切服务都要根据创业者的需要，先从最必要的服务做起，逐步完善。帮助和支持都是互相的、互赢的，在帮助别人中也发展了自己。有些帮助支持可以是无偿的，有些帮助服务则可以适当收费。

四、政府主管部门应做好哪些工作

创办创业辅导基地是促进民营经济更快更好发展的一件大事、好事。这项工作应该往深里做、往实里做，务求尽快见到实效。当前要重点抓好10项工作。

⑴营造一个有利于创业的良好环境。

⑵完善一套支持创业的政策办法。

⑶探索一种公共财政支持创业基地建设和创业服务的方式。

⑷建设一批创业辅导基地。

⑸建立一支创业辅导师队伍。

⑹树立一批创业辅导典型。

⑺扶持一批创业者。

⑻创办一批中小企业。

⑼形成一个创业辅导网络。

⑽加大创业辅导工作宣传力度。

五、让更多的人认识、重视创业辅导工作

创新是一个国家和民族进步的灵魂，创业是这个灵魂的核心。人们通过创业不仅促进了经济发展，推进了技术进步，增加了社会财富，同时也使认识和思想得到了升华。活跃、旺盛的创业活动是经济社会进步的强大动力。

就业是老百姓的一件大事，对有些人讲也是件难事。扩大就业是构建和谐河北的重要内容，也是当前急需解决的社会问题。仅靠安置就业、自发就业的传统做法难以缓解目前巨大的就业压力。一般讲，在需要就业的人群中约有20%左右的人具有一定的创业能力。给这部分人以必要的扶持帮助，通过他们的创业来吸纳就业人员，可以使就业人口呈几何级数增长。一些发达国家的经验表明，这是一条积极的扩大就业的路径。目前，一些初创业者面临着不少困难，主要是缺乏创业场所、创业资金和创业服务，使他们迟迟不能起步。创业辅导基地的主要功能就是集合生产要素和服务资源，为创业者搭建创业平台，提供创业场所和创业服务。这样可以使创业者节约大量创业资金，用较短的时间和较低的成本实现快速起步，快速积累资本，进而较快地完成由创业到发展的转变，从而带动更多的人就业。实践证明，建立创业辅导基地，就是扶持创业者，催生小企业；就是培植新的经济增长点，促进经济发展；就是扩大就业，促进社会稳定。大家都想创业当老板，大家都能充分就业之时，便是经济大发展、快发展之日，便是富民强省之日。让我们以扎实工作和实际行动为此而努力吧。

（河北省中小企业局局长　路富裕）

关于优化企业规模结构加快发展中小企业的调研报告

按照2006年省政府重点调研课题分配给我局的调研内容，结合目前我省中小企业发展面临的主要问题，我们组织开展了以规模以下工业企业为重点，以“优化企业规模结构，加快发展中小企业”为主题的调研工作，分6个调研课题组，由局长和各位副局长带队，深入到全省11个设区市50多个县（市、区）的300多家企业，通过召开座谈会、问卷调查等多种形式，进行了全面系统的调查研究。现将情况报告如下。

一、关于发展及规模结构情况

（一）基本运行特点

截至6月底，全省非国有经济单位个数178.56万个，比上年同期增长6.9%，其中民营企业16.2万家，个体工商户162.3万个；从业人员1260.1万人，同比增长12.1%，其中民营企业554.7万人，个体经营户从业人员705.4万人。

⑴各项经济指标增长，民营经济凸显活力。1～6月，民营经济完成增加值3527.7亿元，同比增长28.3%；实现营业收入12884亿元，同比增长28.8%；实缴税金264.1亿元，同比增长27.8%。其中，民营企业完成增加值1931.4亿元，同比增长29.9%；实现营业收入7017.8亿元，同比增长30.5%；实缴税金187.2亿元，同比增长27.8%。

⑵工业高位运行，效益稳定增长。全省民营工业企业9.7万个，从业人员438万人，完成工业增加值1585.9亿元，同比增长28.5%；实现营业收入5612.4亿元，同比增长26.7%；实现利润总额441.6亿元，同比增长19.7%；实缴税金153.2亿元，同比增长24.1%。

⑶规模以下工业平稳增长。截至6月底，规模以下工业经济单位达51.88万个，其中民营企业8.89万个，工业个体户42.99万个；从业人员578.6万人，其中民营企业283万人，工业个体户295.6万人。完成增加值1630.6亿元，同比增长23.1%，比民营工业总体增幅低5.2个百分点。

⑷规模企业快速扩张，实力不断增强。规模以上工业企业7755个，比上年末增加了77个。规模以上工业企业完成增加值743.6亿元，实现利润总额199.3亿元，上缴税金91.9亿元，分别比上年增长了30.3%、22.8%和29.6%，占全部民营工业企业总量的46.9%、41.4%和60.1%，比上季度分别提高了0.3、3.7和4.3个百分点。

⑸第三产业蓬勃发展，贡献份额增加。第三产业单位个数达到117.4万个，从业人员达到405.3万人，分别比上年同期增长5.8%和14.3%。其中，个体户服务业112.1万个，从业人员337万人。第三产业实现营业收入3677亿元，实缴税金62.2亿元，分别比上年增长36.5和42.3%，分别比民营经济平均增幅快了7.7和14.5 个百分点；第三产业贡献的税金占全部民营经济的比重达23.5%，比上年末提高了4.1个百分点。

⑹落后地区加快发展，各市民营经济全面开花。几年来，各级都把发展非国有经济作为促进县域经济发展的突破口，县域经济总体实力普遍增强，11个市非国有经济增加值占当地生产总值的比重都超过了40%。9个市民营经济增加值增速达20%以上，基础较差的区域发展更加迫切，民营经济总量排在后四位的衡水市和承德市，增加值增速达30%以上。

（二）拉动增长的因素

⑴市场需求趋旺，企业赢利逐月增加。上半年全省民营（非国有）经济完成工业增加值在全部民营经济增加值中所占比重达70%以上，继续保持了产销衔接良好、效益稳定增长的势头。许多行业受市场需求拉动，生产经营旺盛，采矿业、建材业、食品加工业等产销两旺，如承德市采矿业中规模以上企业比上年增加了56个，水泥吨价上升40～60元，井陉钙镁产量占全国1/3，轻钙吨价上涨50元，氧化镁、碳酸镁每吨提价500元，利润均有不同幅度增加。钢铁产业价格回升，吨钢、吨材利润较年初增加300～400元。

⑵固定资产投资增势不减，企业实力不断扩张。近年来民营企业投入快速增加，已成为项目建设的主体，而且呈现出投资方向多元化、规划起点高、建设速度快的特点，为民营经济发展积蓄了较强的后劲。今年上半年，预计全省民营经济固定资产投入近700亿元，同比增长30%以上，11个市中有 7个市投入增长达30%以上，投入总量超过100亿元的有4个市，普遍呈现出投资项目总量多、单体规模大、科技含量高、三产及农字头项目多、建设进度快、区域分布广的特点。如据初步统计，投资千万元以上的项目石家庄有106个，廊坊183个，承德107个，邯郸300多个；石家庄所辖25个县（市、区）千万元大项目没有空白点，而且集中在医药、精细化工、电子、装备制造业等高附加值、高科技方向；唐山市今年共有17个千万元以上的农业产业化加工项目开工或建成投产，乐百氏、均瑶、伊利、蒙牛、三鹿等全国知名乳业落户唐山，形成了乳制品主导产业；邯郸市围绕“四大”战略，以大产业为脊梁、大基地为依托、大园区为平台、大项目为支撑，优化产业投资结构，上半年投入达152.9亿元，同比增长42.1%。

⑶ 出口产品结构调整，外贸出口保持快速增长。1～6月，民营企业累计出口创汇39.2亿美元，占全省出口总额的63.8%，比上季度提高了15个百分点；同比增长22.5%，比全省平均增幅高8.5个百分点，民营企业成为出口创汇的主力军。其中，私营企业累计出口16.6亿美元，同比增长27.7%。从民营企业出口产品看，机电产品和纺织服装仍占主要份额，高新技术产品出口增长加快。

⑷产业集群加快发展，成为各地区增长亮点。近年来，各地从自身资源和产业优势出发，加快培育地方特色，涌现出一批具有县域特色产业集群。区域特色的产业呈现出三大态势：一是产业依托力增强，实现了产业与园区、市场相互依托共荣的局面；二是产业指导力度加大，各级政府和行业协会形成合力，强化对主导产业的扶持、引导和宣传；三是产业影响力增强，在国内国际市场上的占有率不断提高；四是龙头企业得到壮大，依托产业集群，催生了一批骨干龙头企业，带动了产业链的延伸和整体规模的提升。全省年营业收入5亿元以上的产业集群达到167个，完成增加值、实缴税金分别占全省非国有经济总量的1/4强，成为带动民营经济增长的排头兵。

二、关于扶持创业问题

（一）创业过程中的总体情况

通过与部分规模以下工业企业和当地工商、税务、土地、科技、技术监督等政府职能管理部门及金融机构座谈，总的来看，各级政府和有关部门在贯彻落实《国务院关于鼓励支持和引导个体私营等非公有制经济发展的若干意见》（国发［2005］3号）、《河北省人民政府贯彻落实国务院关于鼓励支持和引导个体私营等非公有制经济发展若干意见的实施意见》（冀政［2005］39号）等国家和省支持民营经济发展政策措施方面做了大量工作，制定了一系列措施办法。普遍反映我省的创业发展环境较过去有了很大改善，规模以下工业企业数量有了较快增加。如衡水市2005年全市规模以下工业拥有经济单位50.6万个，比上年增加15%；藁城市今年1～3月份新增工业企业150家，规模以下企业占全市企业总数的50%。

（二）创业过程的主要制约因素

⑴创办企业存在一定难度。新创企业在登记注册、审批、年检等方面手续较复杂，主要表现在前置审批项目较多。据工商部门反映，我省在新办工业企业注册登记方面共有各类前置审批达390多项，而北京市只有72项。如在新办企业注册资金要求方面，北京市工商管理部门采取在指定银行开设专用账户，只要企业注册资金入账就可办理工商登记。而我省目前采取的是企业资本金进入银行临时账户后，还需要有关部门出具验资报告才可办理工商登记，费时费钱，表现出我省部分政府职能管理部门思想不解放、创新意识差。

⑵财政支持创业的资金规模偏小。我省已建立的扶持中小企业发展资金中，还没有用于资助创办小企业的专项科目。下岗失业人员小额担保贷款规模小，受益面窄。衡水市桃城区目前约有下岗失业人员1000多人，2004年该区通过向市有关部门申请，仅对10个人发放了小额贷款担保资金20万元。另外，我省目前每人贷款额标准依然为2万元，而北京市已提高到100万元。中小企业科技创新资金不足，按照国家规定，各级政府应从当年财政收入中提取1%作为企业科技三项费用。衡水市桃城区2004年实现财政收入3.2亿元，按照要求，可提取300万元，而实际上仅为20万元。

⑶创业辅导体系建设不完善。为创业者提供服务的机构，无论在数量上、服务产品上还是服务规模上，还远远不能满足需求。特别是创业缺场地的问题普遍存在。创业培训力度不够，绝大多数创业者没有接受过创业辅导和培训。

三、关于企业扩大规模做大总量问题

（一）企业扩大规模做大总量的几个特点

⑴企业规模由弱小向骨干龙头发展。2005年，全省规模以上非国有企业达到8452家，增加1948家，其中亿元以上企业达到820家，规模以上企业营业收入占全部非国有经济的比重达30.6%，规模以上民营企业带动作用明显增强。廊坊市“十五”期间民营企业经济总量年均增速达24.8%，2005年中小企业户均资本142.4万元，形成年营业收入1000万元以上的龙头骨干企业324家，其中亿元企业110家。保定市民营规模以上企业1025家，亿元以上企业81家，分别比“九五”末增加了365家和59家。新奥集团2005年完成销售收入62.1亿元，上缴税金2.4亿元；霸州前进钢铁公司实现年销售收入25.5亿元，上缴税金1.6亿元；梅花味精实现年销售收入10.2亿元，上缴税金6738万元，生产规模在国内同行业中居首位；古城香业集团市场占有率达40%，立中集团生产的汽车轮毂占国内市场的1/5。一批企业已经成为行业的领头羊和区域经济的闪光点。霸州市到“十一五”末将培育纳税超亿元的“巨人企业”10个，纳税超千万元的企业20个，纳税超百万元的企业100个。

⑵企业布局由分散向工业园区聚集发展。全省10亿元以上的园区达到62个，成为民营经济的亮点，促进了工业化与城镇化同步发展。廊坊市拥有霸州胜芳工贸园区、大城摩托车配件园区和大城留各庄保温材料园区等22个亿元以上工业园区，入区企业6292家，从业人员10.5万人，累计基础设施投资达96.4亿元。大城县正在规划建设汽摩配件工业园、新型保温建材工业园、有色金属产业环保园等5大专业园区；霸州胜芳正在建设占地650亩、建筑面积50万平方米、总投资8.5亿元的国际家具博览城，对于相关主导产业的提升将起到带动作用；容城大河服装工业园总投资9.8亿元，已有50多家企业入驻。

⑶经营管理由家庭作坊式向集团化现代化发展。保定市现有2000多家企业通过改制完善了法人治理结构，400多家企业通过了国际质量体系认证。廊坊市有1009家民营企业通过了ISO9000系列认证，已有新奥集团、五丰福成、德利太阳能、华日家具、新奥安瑞科等5家企业完成了上市。民营企业积极参与企业改制、改组改造。如霸州市中小企业通过收购、兼并、先租后购等方式参与了29家国有集体企业改制，盘活了闲置资产，吸纳了1200余名下岗职工就业。大城县全振汽车配件公司聘用职业经理及高层管理人员并学习丰田生产模式，精细管理，降低成本，从而在原料涨价的情况下保证了利润。

⑷产业向集群化发展。2005年全省年营业收入5亿元以上的产业集群达到162个，共完成增加值1355亿元，实缴税金115亿元，分别占全省非国有经济总量的25.5%和25.6%。其中，超100亿元的产业集群5个，营业收入50亿元以上的产业集群31个，主导产业稳中有升，新兴行业崛起迅速，产业层次不断提升，成为区域经济发展的支撑。廊坊市机械加工、纺织、服装、食品、建材等十大传统优势行业占全市民营经济总量达到30.2%，形成了钢木家具、保温材料、胶合板等

7个年营业收入40亿元以上的产业集群。霸州市以钢木家具为主导，带动了钢铁、制管、玻璃等行业的发展，延伸了产业链条，同时还将打造北方西洋乐器出口基地和新能源示范基地。保定市10亿元以上的产业集群13个，容城服装、高阳纺织、安国药材、白沟箱包跻身省十大特色行业。清苑县形成了有色金属加工、手拉葫芦、猪鬃加工制品等三大传统产业。容城服装业2005年完成增加值占全县经济总量的56.5%，吸纳了6万多名农村富余劳动力就业，而且发展势头强劲。预计“十一五”期间年均增速达20%以上，2010年服装产值将达到14亿元。

⑸生产水平由简单加工向技术创新发展。2005年，我省民营企业研发机构达到488个，技术创新示范企业达到231家，省级名牌产品达到183个；河北省著名商标484件，占我省总量的73.1%；中国名牌产品达11个，占我省中国名牌产品的40.7%；中国驰名商标8个，占我省总量的1/3。保定市创中国驰名商标4个，省著名商标70个，民营科技企业发展到900多家。容城县9130套机器设备达到了国际先进水平。民营企业正逐步转变粗放高耗的增长方式，梅花味精集团投资新上了目前国内生产味精工艺最先进、科技含量最高的生产线，废水、废渣将全部转化为产品，实现了资源综合利用。

⑹由单纯追求经济利益向注重社会效益转变。近年来，民营企业在参与社会公益事业、健全完善企业职工社会保障机制、构建丰富独特的企业文化方面取得了一定成效。如梅花味精集团建立和完善了党的组织和工、青、妇组织，3400多名职工全部上了社会保险，稳定了员工队伍。

（二）企业扩大规模做大总量的制约因素

⑴民营企业自身素质较低。我省民营经济仍处于小规模、低档次、分散经营的初级阶段，重工业比重偏大，占规模以上民营工业增加值的64.1%，高能耗、高污染企业较多，电子信息、生物制药及现代物流服务业比重低，单体规模小。企业自主创新能力较弱，自主品牌少，知名度低。如容城服装企业有669家，注册商标423个，但没有一个中国驰名商标，而且很多企业都是借牌、贴牌加工。如容城津海服装集团贴牌生产金狐狸西服，每年仅商标使用费就需支付300万元。

⑵创业软硬件建设有待进一步优化。政策落实不到位，宣传力度不够，企业难以及时了解具体规定，并且在落实中出现不少“中梗阻”现象；财政支持不到位，目前还有一些市没有建立中小企业发展专项资金，部分县级机构尚未到位，在一定程度上影响了工作的衔接。

⑶社会化服务组织体系建设滞后。民营企业普遍存在投入不足、人才匮乏、技术力量薄弱、产品开发缓慢以及信息不畅等问题，这些问题仅靠企业自身难以解决，迫切需要得到社会服务组织的支持。目前，符合中小企业发展需求的各类社会服务组织尚不健全，在信用担保、技术推广、成果转化、智力引进、市场开拓、政策法规及信息服务等方面，还未形成社会化服务组织体系，客观上影响了民营经济的发展。对廊坊市企业的问卷调查统计显示，中小企业在法律维权、社会中介、创业辅导、融资担保、技术支持、市场信息服务方面有需求的分别占94%、79%、72%、92%、91%和89%，但对这些方面的服务满意率都在30%左右。

四、关于优化产业产品结构问题

在我省中小企业长期存在的产业产品结构不合理问题还比较突出。

（一）产业产品结构不尽合理的主要表现

我省中小企业特别是规模以下企业，产业结构存在资源开发型产业比重大，新兴产业、技术密集型产业成长慢，初、粗加工产品多，高科技、高附加值产品少，市场竞争力弱等问题。产品结构存在设备老化、名优特新产品少、产品档次低等问题。

（二）产业产品结构不尽合理的主要原因

⑴政策落实不到位。国家和省制定了许多针对中小企业的优惠政策，但中小企业特别是相对弱小的规模以下工业企业很难享受到。财政资金多支持大企业，很少支持小企业；金融部门扶持强的，不扶持弱的；许多部门只会“锦上添花”，很少“雪中送炭”，使优化产业产品结构工作困难很大。

⑵资金瓶颈制约。据调查，中小企业中95%以上的规模以下工业企业贷不到款，企业发展只能靠企业自筹资金和民间借贷，而民间借贷的利息又太高，有的高达3%～5%。金融部门对贷款项目和贷款对象的严格审核，企业自身资信低、信用差、抵押和反担保能力弱，民间借贷利息太高，给企业造成了生存危机，很难再谋求发展。在调查的25家企业中，2005年有一半以上企业没有固定资产投入，投入不足制约了企业产品结构调整。

⑶人才严重匮乏。25家被调查企业中，大专以上人员123人，占全部职工的7.9%，拥有初级、中级、高级技术职称的108人，仅占职工总数的6.9%，其中高级职称10人，占职工总数的0.6%。企业普遍反映大学毕业生受“人往高处走，水往低处流”传统择业观念影响，不愿意到小企业工作，企业招工只能在低层次人员中选择，导致企业既缺管理人才，又缺技术人才，甚至普通技术工人也很难招到。人才的匮乏造成了企业发展“后劲”不足。

⑷创新能力弱。所调查的25家企业中没有一项产品获省级以上名牌产品，20家企业没有获得专利，17家企业没有开发新产品，18家企业没有注册商标，24家企业没有研发机构。大部分企业技术开发和技术创新水平较低，研发投入不足。产值的形成主要以加工为主，多数企业靠传统技术或模仿和购买专利。创新能力较弱，造成企业

核心竞争力不足，产品难以更新换代。

五、关于企业投入问题

（一）企业投入情况

据统计，我省中小企业固定资产投资近几年逐年增长，但增幅不大。与经济发达的浙江省和经济结构相近、经济总量相当的河南省比较，2002～2004年3年平均增幅，我省为20.6%，浙江为32.3%，河南为49.9%。我省中小企业固定资产投资增速与浙江、河南两省差距较大。

在被调查的企业中，普遍存在固定资产投入不足、新上项目少、更新改造慢的问题，严重制约了企业发展。在调查的41家企业中，2003年有29家企业没有增加投入，增加投入的12家企业投资总额只有1670万元，其中8家企业共投入技改资金720万元；2004年17家企业没有增加投入，增加投入的24家企业投资总额3047万元，其中12家企业共投入技改资金803万元；2005年以来，23家企业没有增加投入，其余18家企业投资总额为2895万元，其中6家企业共投入技改资金290万元。

从近3个年份的情况看，企业投入不足、后劲乏力的问题比较突出。一是没有投入的企业数量多。2003年占被调查企业总数的70.7%，2004年占41.5%，2005年以来占56.1%。二是企业投入规模小。在增加投入的企业中，平均每个企业2003年投入139万元，2004年投入127万元，2005年投入160万元。三是技改资金比重低。技改资金占总投入的比重，2003年为43.1%，2004年为26.4%，2005年为10%。

（二）企业投入不足的主要原因

分析中小企业，特别是规模以下小企业投入不足、发展缓慢的原因主要有以下几个方面。

⑴自身能力弱。目前，小企业投资主要来源于自身积累，而我省的小企业大多未能完成资本的原始积累，“造血”功能不强，投入能力较弱。许多企业虽然办了几年、十几年甚至几十年，仍然家底很薄，面貌变化不大，拿不出多少钱扩大再生产。企业装备落后，产品技术含量低，更新换代慢，同行竞争激烈，利润空间很小。加之近年来煤电油运紧张，原材料涨价，更使小企业处于较低的盈利水平，不少企业勉强度日，少有能力增加投入。大部分小企业势单力薄，既没有能力吸引外资，又没有与大企业形成协作配套，无法融入国际国内大市场和相关产业链、价值链中，产品少而不专，企业小而不强。实践证明，这样的企业难以发展壮大。

⑵一些企业生产经营困难较大。相对而言，小企业面临的生产经营困难较多，而改制小企业（主要集中在城镇）困难更大。一些企业改制前就难以为继，改制过程中又出现人才、资金流失，老职工、退休职工多，企业负担重，经营困难，举步维艰。如保定市一家企业，现有职工76人，退休人员100多人，由于产品不对路，自1999年停产至今，靠出租场地收入缴纳医疗、工伤、失业等保险金，根本没有能力投入。另一家企业地处市区繁华地段，企业拆迁后5年因得不到承诺的补偿金而不能易地新建，不仅企业原有的客户、市场丢失，还带来职工安置等一系列问题。

⑶银行支持力度小。中小企业特别是规模以下小企业很少也很难得到银行信贷资金支持。在被调查的小企业中，2003～2005年，石家庄市区的10家企业，银行贷款占企业总投资的14.4%；正定县10家企业总投资中，银行贷款仅占4.5%；赵县、蠡县各10家企业，两年多时间没有得到银行贷款支持。小企业贷款难，除了企业信用等级偏低等不利条件外，主要原因是银行从自身效益和规避风险出发，贷大不贷小，贷强不贷弱。贷款门槛高，手续复杂，运作时间长，使企业不能及时获得贷款。同时，贷款费用高。贷款前评估部门先收取2‰～6‰的评估费，通过信用担保机构担保，还要交2‰的管理费，一般小企业承受不了。

⑷抵押条件苛刻。土地和厂房可以作抵押，企业的机器设备、货物不能作抵押，小企业之间也不能互相担保。小企业很少有自己的土地，许多是租地办企业，因没有土地使用证，即使有厂房，银行也不承认，这部分企业办不了抵押贷款。

六、关于企业发展环境问题

从上述几个专题的调研情况看，我省中小企业发展环境还存在一些比较突出问题，主要有以下几个方面。

（一）政策落实不够

⑴宣传贯彻力度不够，企业了解政策措施的渠道不畅。

⑵在政策落实过程中，存在部门之间互相扯皮推诿，许多政策在执行过程中被扭曲，有的甚至被束之高阁，使政策失效的现象。“中梗阻”、“小二管大王”的问题依然存在，造成政令不畅，政策难以落到实处。

⑶县级主管部门机构多变，力量薄弱，对企业缺乏应有的管理和服务。

（二）筹资融资困难

筹融资困难是企业反映最突出、最普遍的问题。被调查企业中，95%以上没有得到过金融部门的资金支持。保定市民营经济组织固定资产投入145.6亿元，其中银行贷款22.5亿元，仅占固定资产投入的15.5%。石家庄市现在虽有37家担保公司，但由于刚刚起步，贷款数量和额度有限，对民营企业的贷款担保也是杯水车薪，且自身的机制仍不完善，实际运作起来很困难。加之民营企业整体发展水平低，管理不规范，风险不确定，造成企业“贷款难”与银行“难贷款”的两难境地。

企业筹融资困难的主要原因：一是融资渠道狭窄。我省金融市场发育较差，特别是小企业最为集中的县区，金融机构仅有四大国有银行和农村信用社。且设在县级的国有银行多数取消了贷款权，即使开展业务也需向上级银行审批，程序繁杂。只有农村信用社一家金融机构开展对小企业信贷业务。二是门槛高。由于新创企业在金融部门基本上没有信用记录，且没有更多的资产可抵押，因此在企业发展初期难以取得金融部门的资金支持，主要靠自有资金、向亲友借款或民间集资的方式筹措。

（三）“三乱”现象依然存在

近年来，通过各级政府大力整治企业发展环境，对企业的“三乱”现象得到初步遏制，但还没有彻底根除，很多地方还不同程度地存在着对中小企业的“三乱”现象。总的来看，经济条件好的地方“三乱”现象少，落后地方“三乱”现象较多。如衡水一些企业反映，根据国家物价局、财政部《关于发布工商行政管理系统行政事业性收费项目和标准的通知》（[1992]价费字414号）规定，凡进入集贸市场进行商品交易的单位或个人，应向当地工商行政管理机关缴纳市场管理费。但企业产品全部销往外地，不进入集贸市场的，当地工商管理部门却同样收取市场管理费。企业还反映，交通管理部门对进入衡水的外地车辆经常进行检查罚款，造成送往本地企业的原材料、产品不敢进当地，须到山东德州接货，增加了企业运输成本。

（四）企业税负较高

企业税负高低直接影响着企业的自我积累能力和投入能力。与浙江和河南两省相比，我省企业税负相对较高。2002～2004年，我省民营企业上缴税金平均增幅为35.5%，浙江为21.6%，河南为19.8%。与同期增加值增幅相比,我省民营企业上缴税金增幅高于增加值增幅24个百分点，浙江省高3.5个百分点，河南省高2.6个百分点。2004年，我省民营企业上缴税金占增加值的比率为7.52%，河南省为5%。这一方面反映我省中小企业对财政收入贡献较大，另一方面也反映了我省企业税收负担相对较重。另外，石家庄市的一些企业反映税收负担不合理问题，当地税务部门解释是由于上级下达了税收目标。可见在税收征管工作中，的确有不合理现象。

（五）发展场地受限

由于受当地建设用地指标的限制，中小企业因难以申请到建设用地指标，不得不放弃扩大生产规模的计划。“十一五”期间，国家对土地管理实行严格控制，特别是对投资少、规模小的建设项目原则上不再单独供地，新办企业要申请用地已没有可能。在被调查的20家中小企业中，有9家因征不到地而影响了企业发展。在廊坊市问卷调查中，有93%的企业用地难，霸州市项目用地缺口达6000亩，部分计划开工项目不能按期施工。石家庄市企业涉及土地方面的收费项目达14项之多，一些工业园区企业建设用地报批手续繁多，时间较长，有的好项目因征地时间长而被迫下马和流失。

（六）整体素质不高

一是产业层次较低，劳动密集型、资源密集型、粗加工型企业较多；二是“五小企业”多，工艺装备落后，产品质量及科技含量低；三是相当一部分企业受家族化经营模式局限，难以拓展经营视野，扩大生产规模；四是创业者素质偏低。调查的20多家新办企业，80%以上的企业领办者属于某企业业务人员，积累一定资金和购销渠道后开始自办企业，“放下皮包创实体”。他们虽然有一技之长，但缺乏综合素质，制约着企业管理和技术的创新，影响了企业快速发展。尤其是创业初期，经营者全部精力均投入到跑资金、跑业务中，不了解国家有关法律法规和优惠政策，无法享受优惠，无法依法保护企业合法权益，规范企业经营行为。

七、关于加快我省中小企业发展的建议及对策

（一）进一步优化中小企业发展环境

全面落实《中华人民共和国中小企业促进法》和国家、省关于鼓励、支持和引导中小企业发展的一系列法律法规和方针政策，为中小企业发展创造良好的法制环境和政策环境。落实市场准入政策，消除阻碍中小企业发展的思想壁垒和政策壁垒，为企业更快更好发展创造良好环境。对企业实行“放水养鱼”，按规定减免各种税费，减轻企业负担。要在政府基层部门特别是经济管理和行政执法部门开展立党为公、执政为民思想教育，多开“绿灯”，少亮“红灯”，减少干扰。狠刹“三乱”歪风，减轻企业负担。

（二）加快完善政策支持体系

各级政府要认真贯彻落实《国务院关于鼓励支持和引导个体私营等非公有制经济发展的若干意见》以及《河北省人民政府贯彻国务院关于鼓励支持和引导个体私营等非公有制经济发展若干意见的实施意见》，并结合当地实际，出台鼓励扶持政策。各级各部门要制定支持中小企业、民营企业发展的配套政策措施，畅通政府部门与企业之间政策信息的传播渠道。充分利用现代传媒手段，扩大政策信息社会覆盖面。举办面向广大中小企业、民营企业的政策培训和辅导，提高企业经营管理者的政策知晓度。

（三）着力解决企业融资难问题

加快省、市、县（市、区）三级担保机构建设，扩大资本金规模，充分发挥担保体系作用，缓解中小企业贷款难问题。一是加大担保资金规模，到“十一五”末，全省中小企业担保资金总额力争到100亿元。搞好银企、银保对接，努力缓解企业贷款难问题。加大符合条件企业的上市辅导推动力度，力争让更多企业尽快上市，支持具备条件的企业发行企业债券。二是提高担保资金利用率。对在支持企业发展方面发挥较大

作用、具有较强影响力的担保机构，省级中小企业信用担保机构风险补偿资金要给予适当支持。落实国家有关支持担保机构税收优惠政策。

（四）提高中小企业信用度

建立和完善以信用登记、信用征集、信息发布和信用奖惩为主要内容的中小企业信用制度和激励约束机制。评选一批信用企业，推出一批诚信经理，树立一批示范企业。

（五）提高中小企业创办成功率

通过建设一批基地、建立两支队伍、实施三大举措，为创业者提供支持。采取财政出资建设创业基地、鼓励民营企业建设创业基地、组织破产企业改建创业基地等办法，力争今年全省建成100个创业辅导基地。在省和设区市建立起创业辅导员、创业辅导师两支创业服务队伍。由创业辅导员为创业者提供政务代理服务，免费办理各种手续，解决实际困难；由创业辅导师按企业需求提供咨询、技术、管理等方面的服务，提高创业成功率；由中小企业主管部门组织专业人员培训、远程教育培训，编发《中小企业创业指南》、《中小企业融资指南》、《中小企业管理指南》，为经营者和创业者提供指导服务。

（六）加强法律服务体系建设

积极开展好以政府为主导，以“金色阳光行动”为载体，组织法律服务机构参与的面向中小企业的法律服务活动，为中小企业提供法律支持，保护中小企业的合法权益。

（七）抓好信息服务体系建设

加快“河北省中小企业网”建设，实现省、设区市、重点县、重点企业四级联网，设立中小企业项目库、人才库、产品库、政策法规库、技术专利库等，形成电子服务平台，及时向企业和社会发布产业政策、市场行情、人才供求、技术交易、项目招商、出口展销等信息，为企业搞好信息服务。

（八）加快产业集群壮大提升

着力抓好50个中小企业产业集群的扩规模、上档次、创名牌工作。实施品牌战略，坚持专业化协作，依靠龙头企业带动，延长产业链条，实现集约化、集群化发展。一是将产业集群发展纳入各级国民经济和社会发展“十一五”规划，并与土地利用总体规划和城市规划相衔接，使产业集群得到更多的政策支持和更大的发展空间。二是在50家重点产业集群内逐步建立“四中心一协会”，即建立技术研发中心，实现技术资源共享；建立产品检测中心，实现关键设备资源共享；建立模具中心，实现关键技术共享；建立产业信息中心，实现信息资源共享；建立行业协会，加强企业协调和行业自律。

（九）提高对外开放水平

坚持“引进来”与“走出去”相结合，充分发挥“两环”区位优势，采取多种形式，组织引导企业参与京津冀、环渤海经济区经济技术合作项目的对接与洽谈活动，帮助企业引进资金、技术、人才。引导和组织企业参与东西部合作、振兴东北老工业基地和张承地区的扶贫开发活动，扩大经济技术协作。努力搭建和充分利用各种对外招商、经贸合作平台，组织和扶持企业参加各种招商会、项目洽谈会、商品展销会等，帮助企业开拓国际市场。

（十）加大金融支持力度

银行系统应转变经营观念，根据中小企业贷款业务的特点，积极开展制度创新。建立符合中小企业贷款业务特点的信用评级、业务流程、风险控制等制度。推出符合中小企业不同需求的贷款产品和金融服务，包括固定资产贷款和周转资金贷款。简化贷款手续，减少审批环节，缩短审批时间，提高服务水平，有效解决小企业贷款难问题，为中小企业快速健康发展提供资金保障。建议金融部门创新信贷方式。一是开展保全仓库业务。企业提出贷款要求时，金融机构让其货物放入指定仓库充当抵押物，根据市场价值确定折扣率，然后发放贷款。二是开展出口退税质押贷款业务。放贷前与企业签订协议，并对经国税部门认可的出口退税专户进行控制，在审查其返税凭证无误后，对企业发放贷款，贷款到期后直接从退税专户中划出。三是开展联保协议贷款。以5~7个企业组成联保单位共同担保需要贷款的民营企业。四是开展应收贷款质押业务。对中小企业质量较高的应收贷款进行质押，或对贷方开具的商业汇票进行贴现。

（十一）加大财政扶持力度

一是省、市、县（市、区）财政设立的中小企业发展专项资金，视财力情况，逐年有较大幅度增加。二是对高效益、高科技含量、高出口创汇、高成长型的中小企业加大扶持力度。三是支持中小企业服务体系建设。四是建立贷款、担保鼓励和补偿机制。在中小企业发展专项资金中，安排一定数额资金，专款用于鼓励各商业银行为中小企业贷款和各级信用担保机构的风险补偿，充分发挥财政资金的杠杆撬动和导向作用。

（十二）积极推进全民创业

广泛组织，深入发动，充分激发全省人民的创业致富热情，鼓励支持各类经营管理人员、科技人员、机关事业单位人员创办、领办企业，鼓励支持大中专毕业生、复转军人、城镇下岗失业人员、失地农民、归国留学生进行自主创业，并制定相应的鼓励支持政策。要加快创业服务体系建设，培育创建一批中小企业创业辅导基地，为创业者在场地厂房、政务代理、信息咨询、人才培训、权益保护等方面提供创业服务，解决创业人员初创阶段的突出困难。要建立健全省、市、县和企业四级创业培训网络，建立创业辅导员和创业辅导师两支队伍，搞好创业辅导培训，提高创业成功率。

（十三）实施中小企业成长工程

制定出台实施中小企业成长工程方案，重点抓好十个方面的工作：一是推进中小企业政策法规体系建设；二是培育中小企业服务体系；三是提高自主创新能力；四是推动中小企业结构调整；五是深化改革，提高经营管理水平；六是着力解决中小企业融资难问题；七是实施人才强国战略；八是提高对外开放水平；九是加强中小企业经营状况的监测分析；十是加强领导，明确责任。

（十四）大力提升中小企业整体素质

全面推进中小企业体制创新、技术创新、管理创新。一是中小企业主管部门要建立中小企业培训体系，充分发挥现有各级教育、培训基地的作用，有组织、有计划地分期分批进行以政治思想素质、职业道德素质、法律意识、科技创新意识为主的综合素质教育，提升整个中小企业经营者的整体素质。二是引导民营企业改革落后的管理模式，改变家族制的企业组织管理方式，逐步实现民主决策和科学决策的企业管理机制，以适应外向型、科技型、成长型企业的发展需要。三是帮助企业提高科技水平和员工素质。一方面加大对员工的业务素质培训，另一方面大力促进技术引进，加强联合攻关，不断提高员工的素质和产品的技术含量，走"科技兴企"之路。四是改革现有的人才管理模式。人才部门尽快建立健全人才引进和使用机制，加大人才的引进力度。通过引进一批高素质、复合型人才，解决人才尤其是高层次管理人才短缺的问题。降低人才中心和劳动部门的档案管理收费，改变个人档案与社会统筹不可分离的现状。五是完善中小企业合理的劳资关系。加大执法力度，依法查处违法行为，净化就业环境，规范用工行为，切实保障好劳动者的合法权益。

（河北省中小企业局）

培育中坚力量
带动整体跨越

——关于吉林省1000户
成长型中小企业发展情况的调查报告

为了尽快做大做强一批企业，进而带动全省中小企业的整体跨越，最近，我们组成11个调查组，对全省未来发展预期良好的1000户成长型中小企业进行了调查。现将情况报告如下。

（一）近几年来，千户成长型企业无论是在量的扩张，还是在质的提高上，都显现出异乎寻常的生机与活力，对于整个中小企业发展全局的影响和作用愈发突出

(1)从经济总量看，千户成长型企业保持了较快的发展速度，已成为全省中小企业大发展的重要增长点。据调查，近几年来，千户成长型企业发展速度不断加快。到2005年，千户成长型企业实现营业收入438.7亿元，比2002年净增长274.8亿元，年均增长28.7%；实现增加值111.2亿元，比2002年净增65.8亿元，年均增长24.9%；实缴税金18亿元，比2002年净增6.8亿元，年均增长17%。据统计，千户成长型企业占全省中小企业总户数的2.5%，但其营业收入、增加值和实缴税金却分别占全口径相同指标的12.7%、9.4%和30%。通化市120户成长型企业实现营业收入已占总量的35%，实缴税金则占总量的81%。而辽源市85户成长型企业，2005年实现营业收入比上年增长69.5%，占总量的50.4%；实现增加值比上年增长56.7%，占总量的36.8%；实缴税金比上年增长45.8%，占总量的45.9%；实现出口产品交货值比上年增长107.1%，占总量的99.8%。我们在调查中发现，这些成长型企业的快速发展，已对全省民营经济总量扩张起到了重要拉动作用。

(2)从经济实力看，千户成长型企业规模不断壮大，已成为全省民营经济大发展的潜力所在。据调查，千户成长型企业营业收入1000万元以上的有529户，其中5000万元以上的174户，1亿元以上的83户。截至2005年，千户成长型企业资产总值达532.6亿元，比2002年净增264.2亿元，年均增长22.3%。延边州70户成长型企业2005年户均营业收入3738万元、利润298万元、税金207万元，分别比上年增长27.4%、63.5%、17.5%。长春市204户成长型企业资产总额达73亿元，营业收入超1000万元企业114户，其中超1亿元企业11户。全省高成长型企业实力明显增强，目前营业收入5亿元以上的民营工业企业5户，其中最大的修正药业集团今年营业收入可达到26亿元。我们感到，这些成长型企业的发展是我省民营经济大发展的希望所在。

(3)从发展质量看，千户成长型企业技术创新步伐加快，已成为全省中小企业大发展的重要支撑。据统计，2005年，千户成长型企业科技投入达到3.3亿元，与2002年相比净增2.1亿元，年均增长33%。通过调查问卷显示，科技型企业达到142户，高新技术企业达到91户；省级名牌产品177个，国家级名牌产品58个。松原、白城两市71户成长型企业中，获省级名牌产品企业11户，获国家级名牌企业7户，有研发机构的企业33户。白山市的成长型企业每年用在研发上的资金大都占利润的10%以上。通化市120户成长型企业中，科技型企业28户，高新技术型企业26户，其中国家重点高新技术企业13户。调查中发现，一些企业研制开发的主导产品，有的是行业第一，有的是全国唯一，有的是填补国内空白。如长春市三意锅炉厂是全省唯一一家可生产A级锅炉产品的龙头企业，专利产品达到9个；梅河口兴业精密钢管厂研制的无缝精密钢管三项指标居全国第一；四平市精细化学品有限公司近几年来开发出18项科研成果，有11项填补了国内空白，有3项成果申报了国家专利；通化双龙集团生产的特36-5型白炭黑是唯一用于"神州五号"、"神州六号"飞船研制的产品。我们感到，正是这些成长型企业自主研发能力的不断增强，才使全省中小企业发展层次和发展水平的提升有了坚实的基础。

⑷从产业布局看，千户成长型企业的主导产业已具规模，并成为全省区域经济发展的生力军。调查发现，各地成长型企业一般都是以开发区、工业园区为载体，以主导产品为依托，有效推动了带有集群特色的汽车零部件生产、换热器制造、农副产品加工、君子兰种养、医药制品和食品加工以及冶金化工、石材建材、光电子信息等产业聚集区的形成。长春市为一汽配套和服务的成长型企业目前已达到213户，在光电子行业中，全市中小企业已发展到211家，从而形成了光电信息产业集群。在长春市5县（市）95户成长型企业中，从事农副产品加工业的就达40户。白山市现已形成页岩瓦、硅藻土、中草药和人参种植四大产业聚集区。临江市硅藻土行业已成为全市支柱产业，产值、利润均占全市的50%以上，产品占全国市场的75%以上。四平市换热器制造业已形成聚集带，全市共有48家换热器生产厂家，年产值达到10亿元以上。通化市依托中药材资源，突出发展医药产业集群，目前已经成为国家现代化中药产业基地、国家火炬计划生物产业基地和国家级长白山中药材基地。正是由于主导产业不断壮大，为区域化、专业化、规模化的产业集群的形成提供了重要的载体。

⑸从社会贡献看，千户成长型企业极大的增加了地方财政收入，且已成为城乡劳动力就业的重要阵地。据统计，我们所调查的成长型企业占中小企业总数不到3%，但其实缴税金却占总额的30%。长春市城区成长型企业中纳税超千万元的企业36户。不仅如此，成长型企业还为城乡劳动力就业提供了有效载体，甚至成为一些地区农民增收致富的主要渠道。我们在调查中感到，君子兰种养现已成为长春经济发展的新亮点，目前全市规模以上养兰户近2000户，带动养兰人员5万多人，年销售额可达20亿元。梅河口市现已建成亚洲最大的果仁加工基地，全市果仁加工企业145户，安置就业5万多人，加工高峰期可达8万人。与此同时，成长型企业还加快进入国有企业改革领域，从而有效推动了国有企业民营化的进程。在我们调查的千户企业中，有60%以上的企业是由国有企业改制或由中小企业直接参与国有企业改革而创建的。通化市29户国有企业改制重组后，盘活存量资产41.2亿元，带来增量资产68.9亿元，有2341名国有企业职工转换身份重新上岗。延边德全水泥集团兼并7户国有水泥厂后，盘活资产5.4亿元，安置国企职工2400人，2004年实现销售收入3.5亿元，实现利税6200万元。

（二）就总体而言，我省成长型企业发展中仍然存在一些亟待解决的问题

⑴产业和产品层次低。据调查，千户成长型企业中，资源型初级加工业占33%，普通制造业占31%，而科技型企业只占17%，高新技术型企业也仅占11%。这说明，我省中小企业大多分布在产业价值链的下游环节，仍以资源开发型和劳动密集型为主，产业层次和技术层次相对还较低。千户成长型企业中，70%以上的企业自主研发基础薄弱，缺少具有自主知识产权的产品。一些企业的发展质量还不高，创新能力不强，缺少知名品牌。一些企业技术和设备落后，还处于粗放型管理的低水平，企业整体素质不高。同时，有的企业还存在低效高耗、污染严重、资源浪费及重复建设的现象，缺乏可持续发展的能力。

⑵发展资金严重短缺。目前，全省中小企业固定资产投资满足率不足50%，流动资金满足率不足70%。去年，在全省中小企业固定资产投资的169亿元中，来自金融部门的贷款仅占3.4%。通过这次调查下发的“中小企业发展需求问卷”显示，有95%以上的企业贷款难、融资难。长春市城区160户成长型企业户均资金缺口500万元以上，5个县（市）95户成长型企业中获得银行贷款的企业只有8户。辽源市银行系统对工业的投资比去年同期减少10亿元左右，全市89户成长型企业生产流动资金和新项目开发资金缺口高达8亿元。全省一些产量大、效益好的中小企业也由于资金短缺影响了正常生产。

⑶企业人才仍然匮乏。我们在调查中感到，企业管理者素质低、员工素质低的问题仍很突出，特别是缺少知识型、创新型、复合型，能够驾驭市场经济大潮的企业家，缺少专业技术人才、高级管理人才、市场营销人才。长春市95户成长型企业中，初中以下学历人员占到37%，科技人员仅占8.5%。白山市73户成长型企业中，具有大专学历的仅占8%，本科学历的只占2%。一些成长型企业高端科技人才奇缺，通化市120户成长型企业中，高级科技人才仅占1%。辽源市89户成长型企业中，硕士生和博士生还不到0.1%。调查中也感到企业求贤若渴，但我们许多人才都聚集在党政机关、事业单位，由于缺少相应的人才释放政策，使企业很难获得人才。

⑷外部环境亟待改善。我们通过调查感到，目前制约成长型企业发展的体制性和政策性障碍仍比较突出，特别是在市场准入、土地使用、银行贷款、税费减免等方面，成长型企业尚未享受到应有的平等待遇。一些部门依然存在着权力化、利益化的问题，检查多、收费多、罚款多等影响发展的现象还不同程度存在；在项目审批、银行贷款上程序多、手续繁杂。一些企业反映，在外省贷款往往审批一周时间就可以了，而在我省则需要两三个月时间。许多企业都希望，各部门要多扶持、多帮助，真正为促进发展搞好服务。我们也感到，中小企业的政策支撑体系、服务体系和信用制度体系还很不完善，尤其是急需的融资担保、创业辅导、人才开发、市场开拓、技术对接、项目开发、法律咨询等方面的社会化服务体系还没有健全起来。

（三）通过调查情况的分析和研究，我们认为，当前和今后一个时期，各地应全面实施“中小企业成长工程”，进一步促进总量增长，加快规模扩张，提升发展质量，加快形成发展环境明

显改善、布局结构相对合理、管理和技术水平显著提高、市场竞争能力持续增强、吸纳就业能力不断扩大的成长型企业群体，以带动全省中小企业的整体跨越

围绕全省中小企业“十一五”发展目标，我们要继续把1000户成长型企业做大做强，成为细分行业小巨人。到2010年，千户成长型企业增加值要由现在的111.2亿元增加到330亿元，年均增长25%左右；实缴税金要由现在的18亿元增加到45亿元，年均增长20%；出口交货值要由现在的7.6亿元增加到19亿元，年均增长20%。加快主导产业、特色产业发展，形成一批专业化生产、社会化协作的产业集群。到2010年，全省初步形成汽车零部件、君子兰、换热器、食品加工、冶金建材、页岩瓦、医药、石化、石材、袜业等十大产业集群。产业集群内企业达到640户，从业人员达到18万人，增加值达到135亿元，实缴税金达到5.4亿元。还要放手发展成长性强、发展潜力大的其他产业，形成更多经济增长点。

为了实现上述发展目标，我们要从破解制约发展的突出问题入手，进一步加大扶持措施，努力实现成长型企业发展的新突破。

(1)突破瓶颈制约，加大对企业的资金扶持力度。一是加大各级财政扶持力度。建立起省、市、县三级发展资金、专项基金，形成整体资金扶持体系。二是搭建银企对接平台。实施千户成长型企业融资支持计划，搞好信用等级评价、担保、政策贷款贴息等服务，积极协调政策银行、商业银行为中小企业贷款。三是加快担保与信用体系建设。形成以省级担保机构为龙头，市县担保机构为骨干的全省信用担保体系。四是建立省中小企业股权托管交易中心。培育区域资本市场，畅通股权流转渠道，推动各类资本流动和重组。五是拓宽直接融资渠道。加强对融资中介机构的扶持，引导企业上市融资和发行企业债券，加快质押、典当行业发展，积极探索组建地方民营股份制银行。六是大力开展招商引资。抓住振兴东北老工业基地的有利契机，拓宽合作渠道和领域，积极构建“国际金融桥”和“南资北移”通道，吸引国外、域外资本来吉林投资兴业。

(2)加快人才培养，培育高素质的企业队伍。我们要从企业和企业家队伍建设入手，构建人才服务平台。抓好向先进企业的学习，组织同行业企业到省内外标杆企业考察，借鉴先进经验，提高本企业整体素质和发展能力；抓好企业紧缺人才培养，协调组织省内高校、技术职业学院为企业培训财务、营销、法律等专业技术人才和各类高技能人才。实施紧缺人才培养计划，开展“订单”式培养，有针对性地为企业培养一批急需人才；抓好企业家培养，实施1000名企业家培训计划，聘请国内著名企业策划专家、实战派专家授课，通过举办“中小企业家创业论坛”、“经营管理战略研讨班”、“职业经理人工商管理进修班”等形式，把规模以上企业厂长（经理）轮训一遍。与此同时，还要重点搞好816户转制国有企业经营管理者的培训；抓好人才引进，建立人才储备库，从机关事业单位、科研院所、大专院校、国有企业积极为企业推荐和引进一批管理人才、技术人才、市场营销人才、法律顾问和职业经理人；落实人才流动政策，建立人才引进机制，加快原料人才向企业人才转变。通过培养一批人才，开发一批人才，引入一批人才，加快各类人才向中小企业流动，为推进中小企业发展提供智力支撑。

(3)构建服务平台，提高对企业的服务水平。从企业实际需要出发，建立和健全服务产品齐全、服务手段先进、服务效果明显的综合性服务体系。一是抓好省级服务平台建设，利用省创业大厦，整合产权交易、担保、信息、人才、融资等各类社会服务资源，为中小企业提供全方位系列服务。抓好创业孵化基地建设，培养创业带头人，增强创办项目和发展企业能力。重点建设长春孵化器园，吸引1000硕士、博士和本科生进园创业。二是推进技术服务。以提高企业自主创新能力和核心竞争力为根本，着力推进企业技术创新，对成长型企业研发机构建设和新产品开发给予重点扶持；围绕主导产品和产业集群，构建现代公共技术服务平台，逐步建立起产品研发、工艺设计、模具制造、检验检测等技术创新支撑体系；搭建产学研对接平台，加速科研成果产业化进程；建立专家服务队伍，开展针对中小企业需求的技术服务。三是开展信息服务。推动实施信息化推进工程，进一步完善“中国中小企业吉林网”，形成省、市、县三级面向中小企业群体服务的信息网络。着重抓好千户成长型企业信息化建设，尽快实现互联；积极整合社会资源，共享信息，通过互联网，及时向企业提供产业政策、法律法规、筹资融资、市场开拓、技术转让、产品开发、人才引进、管理咨询、创业辅导等信息服务。四是抓好市场开拓服务。积极支持企业从事专业化生产和特色经营，通过扩大商品流通领域，开拓全国乃至世界的目标市场；组织成长型企业开展对外展洽、展销活动，推介一批我省知名品牌和名优新特产品；建立吉林中小企业产品展销厅，常年开展对外展示和展销活动；鼓励和支持中小企业扩大出口和“走出去”，进一步提高企业竞争力，扩大产品国际市场占有率。大力发展社会中介服务组织，建立面向全省中小企业的社会化服务市场。整合全社会服务资源，促成中小企业服务市场与全社会相关服务机构的合作，形成战略同盟的合作伙伴关系。通过直接加入式、参与加盟式、代理式、连锁式、辐射式等方式，优化组合，构筑强势服务群体，为中小企业提供社会化、专业化和规范化的综合服务。

(4)建立政策法规支撑体系，为企业发展营造良好环境。调查中，企业反映很大的是现行政策宣传不到位。因此，应加大政策的宣传和落实力度，使中小企业及社会各界了解掌握政策，自觉增强政策观念，运用政策解决实际问题。应彻底消除对民营经济的一切歧视性政策，进一步拓宽准入领域，赋予公平待遇，全方位加大对民营经济发展的政策扶持。应建立并实行常态的检查监督机制，着力解决影响政策落实的问题。要切实落实好国务院《关于鼓励支持和引导个体私营等非公有制经济发展的若干意见》和省委、省政府《关于进一步加快民营经济发展的决定》，特别是要抓紧制定产业结构调整政策、信用体系建设政策、融资扶持政策、全民创业扶持政策、技术创新扶持政策及社会化服务体系建设指导意见等，并采取切实可行的措施，真正把各项政策落实到发展中小企业的实践中去。

积极营造有利于发展的法制环境。做好立法工作，制定《吉林省中小企业促进法实施办法》。结合全省软环境治理工作，我们将与有关部门携手，进一步清理现有收费项目。配合人大、政协和执法执纪部门开展维权工作，切实减轻企业负担。抓好中小企业法律法规培训，加快建立起执法队伍和法律顾问队伍。构建全省法律服务体系，在省、市、县三级建立维护中小企业合法权益服务中心，开通服务热线，受理投诉案件，为中小企业提供法律咨询和法律援助。我们还要建立健全企业工会组织，依法维护职工合法权益。

通过这次调查，我们也看到，近些年来，全省各级党委、政府对发展中小企业高度重视，将其切实摆上战略位置，采取有效措施加大了推进力度；各有关部门以促进发展为己任，转变职能，强化服务，形成了推进发展的强大合力；各级主管部门加强工作指导和工作协调，积极主动为推进发展解决实际问题。可以说，我省中小企业发展已经形成了很好的基础。作为职能部门，我们要坚持以服务为本，为推进全省中小企业发展铺路搭桥，排忧解难。我们也认为，我省中小企业和民营经济要大发展，还需要政府扶持走一段路程，各级党委、政府应进一步树立亲商、扶商理念，全力推进中小企业发展。应把发展中小企业纳入全省各级党委、政府重要工作日程和领导目标责任制，特别是县乡党委、政府应实施“一把手”工程。应继续抓好合力兴企，建立工作推进组，对全省千户成长型企业实行重点帮扶。省、市、县党委和政府各部门都应联系1户重点企业或重点项目，形成齐抓共扶的新局面。为推进中小企业的大发展，省、市、县应形成强有力的组织领导体系和工作体系，特别是各级中小企业管理部门应充实力量，强化职能，为推进发展提供保障。

关于“十一五”期间黑龙江省非公有制经济发展新思路的调研报告

“十一五”规划期是黑龙江省加快经济发展的重要战略机遇期，加快非公有制经济发展将成为经济工作的主题。为深入分析当前的新形势，进一步明确“十一五”时期的发展思路，我们对非公有制经济问题进行了调研。

一、黑龙江省非公有制经济发展的基本态势

(1)非公有制经济已成为拉动国民经济增长的重要生力军。2004年，非公有制经济增加值已占全省生产总值的30.3%，非公有制经济增长速度高于全省经济增长速度3.5个百分点；来自非公有制企业的投资达614.2亿元，比上年增长44.5%，占全社会投资总额的40.5%。2005年前三季度，全省非公有制经济完成增加值1440亿元，同比增长20%；实缴税金58亿元，同比增长25.2%。

(2)非公有制经济已成为吸纳社会就业的主渠道。全省非公有制经济从业人员已达570多万人，不仅有效缓解了下岗失业职工和城镇新增就业人员的就业问题，而且还吸纳了大量农村剩余劳动力。2004年，全省新增就业岗位的50%以上是非公有制企业创造的。2005年上半年，仅城镇个体、私营企业就新增就业岗位20.1万个。

(3)非公有制经济已成为加快国企改革的重要推动力量。据不完全统计，仅2004年全省就有210多户非公有制企业通过不同形式参与国企改革，注入资金13亿元，盘活国有存量资产35亿元，安置下岗职工3万多人。2005年，哈尔滨市已有100户具有一定规模的非公有制企业以兼并、收购、参股、买断等多种方式参与国有、集体企业改革改组，共投入资金11.4亿元，安置职工20071人，盘活国有资产26亿元。

(4)非公有制经济已成为对外贸易的主要增长点。2004年，全省私营企业完成进出口总额比上年翻一番，达到38.07亿美元，占全省外贸进出口总额的56.1%。2005年前三季度，私营企业进出口总额达42.61亿美元，同比增长57.6%，占全省进出口总额的60.9%。我省对外投资企业中私营企业占90%以上。

(5) 非公有制经济已成为我省县域经济发展的主要力量。在县域经济发展比较好的县、市，非公有制经济增加值占县域经济生产总值的比重都超过了60%，税收的贡献也都超过了50%，很多非公有制企业已经成为立市、立县企业。大庆市龙凤区2004年非公有制经济占生产总值的比重已达75.2%，东宁县2004年非公有制经济占生产总值的比重已达83%。

二、黑龙江省非公有制经济发展面临的突出问题

⑴经济发展环境还不够公平宽松。尽管国家和省在发展非公有制经济方面出台了一系列政策，但政策仍是大原则，需要有关部门进一步细化。而且个别地区和部门在观念和行动上对非公有制经济还存在不同程度的歧视，对非公有制经济重视不够，在精力投入、工作推进上还没有像抓国企改革、抓招商引资那样抓非公有制经济发展。

⑵融资难、贷款难、担保难的“瓶颈”问题依然严重。从各级政府支持看，国发[2005]3号文件关于“在本级财政预算中设立中小企业发展专项资金”的扶持措施没有得到很好的落实，多数市、县没有建立专项资金。从金融支持看，由于金融机制不灵活，信用担保体系发育不健全，加之企业资信低，造成非公有制企业普遍贷款难。如大庆市中小企业、非公有制企业贷款额仅占全市贷款余额的10%。

⑶浓厚的社会创业氛围还没有形成。由于历史、人文等多方面原因，广大群众投资创业的积极性还没有被调动起来，创业意识不强，畏难情绪较大，崇尚竞争、鼓励创业、追求创新的社会氛围还不够浓厚。

⑷社会中介服务组织发展缺位。目前，我省社会中介服务组织不仅数量少，而且质量低，在管理水平、服务能力、市场衔接等许多方面还不能有效地为非公有制企业发展提供各种服务，社会化服务体系还未形成。

⑸工作体系不健全、不完善。全省非公有制经济的管理服务机构上下不对口，存在降格、弱化、断层的问题。县区一级多数没有独立机构，乡镇一级基本无专门机构和专人负责，无法正常开展工作。

三、加快黑龙江省非公有制经济发展的新思路

“十一五”规划期是我省非公有制经济发展的重要战略机遇期，计划到2010年增加值达到4000亿元以上，占全省GDP的比重由“十五”期末的33%左右上升到40%以上，力争达到50%。要实现快速健康协调发展，必须紧紧抓住发展机遇，应对各种挑战，不断创新发展思路。

⑴在推进创业富民和中小企业成长上实现新突破。一是启动实施全省中小企业创业富民示范工程。在抓好国家级试点的基础上，确定3～5个不同类型的市或县作为省级试点，以点带面，推动创业工作深入发展；推进创业基地建设，每年确定10个左右省级创业基地予以重点扶持，发挥示范作用；积极推进中小企业创业服务中心建设，组织社会中介服务机构，为创业者提供全方位服务。二是扶持骨干企业加快发展。按规模分级建立与骨干企业的沟通渠道，及时了解企业发展中存在的问题，采取联席会议的方式协调解决企业难题；继续坚持各级领导和政府部门联系骨干企业制度，加大工作协调力度，在信息、人才、科技、融资、项目支持等方面向骨干企业倾斜；落实骨干企业经营者的政治、生活待遇，总结和宣传优秀企业家的先进事迹，形成良好的社会氛围。三是探索和建立最具成长性中小企业培育、评价工作体系。开展成长型中小企业评价认定活动，研究具体扶持政策，不断壮大成长型企业队伍。

⑵在精心打造产业集群上实现新突破。一是依托现有园区发展产业集群。在突出已有优势和产业特色的基础上，注重科学规划和精心指导，努力打造一批突出产业集群特色的园区，促进产业集群的形成。每年重点建设好10个左右企业园区。二是依托资源和产业优势发展产业集群。鼓励引导非公有制企业重点在煤化深加工、北药开发、绿色食品、山特产品和木材加工等优势资源产业上做大做强。每年重点打造10个优势产业集群。三是依托“块状经济”发展产业集群。依托我省已有的“块状经济”和已形成的“一乡一业、一村一品”的格局，加强引导、重点扶持、政策倾斜，逐步把小商品做成大产业，形成大市场。

⑶在对外合作交流上实现新突破。把握国内经济梯度转移的机遇，发挥我省资源丰富、老工业基地改造、科技人才多和对俄经贸等比较优势，积极搭建和借助各种招商引资平台，将招商的重点放到引进种子企业、配套企业、品牌企业和核心技术上来，积极实施“走出去”和“引进来”战略，提升对俄经贸科技合作战略升级，力争在对俄能源开发、农产品加工、森林采伐等领域有新进展。

⑷在提升企业整体素质上实现新突破。一是推进技术创新。以发展“专、精、特、新”中小企业、非公有制企业为重点，引导鼓励企业通过自主创新、联合创新和引进消化吸收再创新，不断促进产品升级换代，提高市场竞争力。鼓励有条件的企业设立研发中心，暂时不具备条件的企业积极与科研机构合作，加快新产品开发和新成果、新技术、新工艺的推广步伐，加速培育具有自主知识产权的省内和国内知名品牌。二是不断创新人才培训形式。把“实用、实战、实效”作为教育培训的出发点和落脚点，按照“统一领导、集中管理、分级负责、分类培训”的原则，注重在扩大培训面、提高培训质量上下功夫。每年全省培训各类人才6万人次。三是积极推进体制和管理创新。鼓励和支持企业借鉴、吸收国内外先进的管理经验，加强内部管理，实现企业管理思想、管理体系、管理方式和管理手段的科学化和现代化。鼓励具备条件的企业推进股份制改造，建立多元开放的产权结构，健全激励和约束机制，建立现代企业制度，不断提高管理水平。四是加强非公有制企业精神文明建设。指导企业依法经营、诚实守信。加强企业

文化建设，开展以创建文明单位为载体的企业精神文明建设活动，努力提升中小企业的整体素质。五是围绕建设生态省和资源节约型、环境友好型社会，大力发展循环经济。

(5)在参与和推进社会主义新农村建设上实现新突破。一是积极参与小城镇建设工作。以小城镇建设为载体，引导农村二、三产业向小城镇集聚。抓住加快新农村建设、国家公共财政重点投向农业的机遇，鼓励引导具有一定实力的非公有制企业参与小城镇的基础设施和公用事业建设。二是大力开展创业富民活动。在农民中深入开展创业辅导活动，引导、鼓励和支持具有一定专长的农民创办微小企业和发展农村新型经济合作组织，促进农村剩余劳动力就近转移。三是强力推进农产品加工业。以优势农产品加工为重点，加快龙头企业发展，不断提高企业自主创新能力，不断延伸产业链条，增加农民就业，带动农民增收。

(6)在打造非公有制经济服务平台上实现新突破。一是稳步推进信息服务平台建设。在全省形成以省级网站为龙头、以地市级网站为基础、以县（区）级网站和重点企业网站为支撑的上下互动的信息网络和服务平台，实现网上交流和网下服务的有机结合，逐步建立项目申报、咨询、公示系统。二是大力推进融资服务平台建设。进一步完善与金融机构的合作机制，开展银企对接活动。依托政策性担保机构，充分发挥现有商业担保机构和企业互助性担保机构的作用。积极推进信用等级评价工作，利用黑龙江中小企业信息网建立企业信用信息数据库，建立贷款企业优质客户群，改善中小企业融资环境。开展中小企业、非公有制企业上市培训工作，引导和鼓励企业直接上市融资。三是加快人才服务平台建设。结合“银河培训工程”，突出抓好企业经营管理者的培训，开展企业职工职业技能培训和鉴定工作。建立和完善非公有制企业人才需求信息库和师资队伍信息库，采取网上招聘和其他对接方式，联合举办人才对接会，不断拓宽引进人才的渠道。四是积极推进技术创新服务平台建设。引导和鼓励中小企业与科研院所、大专院校、国际组织等机构开展产学研合作。加快中小企业公共技术服务平台建设，在有条件的市（地）和行业支持建立示范平台。逐步完善以企业为主体，以科技开发、中介机构为依托，以应用开发为重点的技术创新体系。五是继续推进合作交流服务平台建设。积极引导中介机构为中小企业、非公有制经济提供企业形象、调研策划、产品设计、市场推广、展览展销等服务。通过举办各类中小企业经贸合作洽谈会、推介会、展览展销会，促进我省企业与省内外的合作与交流。六是加快法律经济咨询服务平台建设。建立和完善各级中小企业协会组织，充分发挥社会中介组织作用，整合社会资源，建立和健全法律经济咨询服务平台，建立专家咨询团，为中小企业、非公有制企业服务。

（调研组负责人　黑龙江省中小企业局局长　贾玉梅
调研并执笔　贾玉梅　赵继会　邢伟　康明学）

江苏省民营经济发展环境问卷调查与分析的报告

为了解全省民营经济工作会议精神和省委、省政府鼓励民营经济发展政策措施的贯彻落实情况，听取民营企业对改善发展环境的意见和建议，2005年3月，在全省民营经济工作会议召开一周年之际，省中小企业局和省社科院中小企业研究中心在全省范围内，通过网上和行政管理两个渠道，对民营经济发展环境进行了问卷调查。

《全省民营经济发展环境调查问卷》共设计46个题目，其中前45题为选择题，最后一题为主观题。前45题大体分三部分：第一部分调查民营企业经营者和所在企业的基本情况，如企业所在地区、企业性质、企业2004年销售收入等情况；第二部分调查经营者对民营经济工作会议后一年来民营经济发展环境改观的总体认识；第三部分调查具体的政策、措施落实情况，是问卷的主体部分。我们要求答卷者对前45道题选择最合适的答案，最后一道题要求答卷者提出改善民营经济发展环境的意见和要求。

本次调查共发放问卷2000多份，收回有效问卷1495份（其中包含个别项目的空白选项）。样本企业覆盖苏南、苏中、苏北各地的民营企业，有较好的地区代表性，其中苏南占42.5%，苏中占14.9%，苏北占42.6%。样本企业中，私营企业占57.2%，个体工商户占10.7%，其他企业和机构占22.1%。样本企业以中小企业居多，年销售收入1000万元以下企业占近50%，1亿元以上的企业占13%。现将问卷调查及分析情况报告如下。

一、样本企业对发展环境总体满意

从收回的有效问卷看，大部分民营企业经营管理者对省委、省政府去年出台的两个文件有一定程度的了解。在回答“对省委、省政府2004年制定的《意见》和《规定》两个文件的了解程度”时，有34.6%回答“了解”，54.0%回答“听说过”，11.4%回答“不了解”。对民营经济发展环境，样本企业总的来说是满意的。

（一）民营经济发展环境得到进一步改善

绝大部分企业认为我省民营经济发展环境得到进一步改善。在有效问卷回答中，67.2%回答民营经济发展环境有所改善，27.3%回答有较大改善，仅有5.5%回答我省民营经济发展环境基本没有变化。

（二）民营经济发展空间进一步拓宽。

大部分企业认为，近一年来民营经济准入领域有所拓宽、准入门槛有所降低。在有效问卷回答中，认为民营经济准入领域有所拓宽的占73.1%，认为没有变化的占17.7%；认为准入门槛有所降低的占79.3%，认为没有变化的占15.0%。

（三）基本上做到了与国有、集体企业公平竞争

对民营企业在税收、资源使用、人才培养政策方面与国有、集体企业享受同等待遇问题，在样本企业中，认为民营企业与国有、集体企业在税收政策方面完全一视同仁、基本享受同等待遇的分别占18.3%、73.3%。认为民营企业与其他企业在资源使用政策方面完全一视同仁、基本享受同等待遇的分别占18.6%、72.6%。认为民营企业与其他企业在人才培养使用政策方面完全一视同仁、基本享受同等待遇的分别占20.9%、69.5%。认为民营企业与其他企业在享受有关优惠政策方面完全一视同仁、基本享受同等待遇的分别占19.8%、70.0%。

（四）行政许可行为逐步规范和行政事业性收费有所减少

行政许可行为逐步规范。在样本企业中，认为当地的行政许可事项已减少的占70.3%；认为当地的行政许可效率明显提高、有所提高的分别占25.1%、68.1%。

行政事业性收费有所减少。在样本企业中，认为行政事业性收费有所减少的占69.9%，没有变化的占27.3%，有所增加的只占2.8%。认为当地涉及民营企业的行政事业性收费按收费标准下限收取的占16.3%，在收费标准范围内收取的占79.8%；认为当地乱收费现象有所减少的占75.1%，不存在乱收费现象的占19.9%，乱收费现象较多的只占5.0%；认为企业交纳的各种收费与上一年比较有所减少的占78.2%，没有变化的占18.3%，增加较多的只占3.5%。

执收执罚行为逐步规范。在样本企业中，认为当地乱处罚现象有所减少的占68.1%，不存在乱处罚现象的占27.6%，乱处罚现象较多的只占4.3%；认为当地乱摊派的现象有所减少的占63.0%，不存在的占33.3%，较多的只占3.7%；认为企业摊派费用与上一年比较有所减少的占85.7%，没有变化的占12.6%，增加较多的只占1.7%；认为当地乱检查的现象有所减少的占66.3%，不存在的占28.5%，较多的只占5.2%；认为各种检查与上一年比较有所减少的占85.8%，没有变化的占10.1%，增加较多的只占4.1%。

（五）民营经济服务体系不断完善

在样本企业回答中，对各级政府为民营企业提供的服务感到满意、比较满意的分别占22.7%、71.8%，不满意的只占5.5%；对当地政府相关机构在简化民间资本境外投资核准手续和民营企业人员出国办理手续方面的服务手续比以前简化的占58.9%，没有变化的占21.8%；对各级政府及有关部门要及时向民营企业公布法律、法规、政策等各类信息，对各级政府政策透明度感到满意、比较满意的分别占22.8%、68.7%，不满意的占8.5%。

对当地的社会化服务体系总体感到满意。对当地为民营企业发展提供服务的社会服务体系感到满意、比较满意的分别占24.2%、67.4%，不满意的占8.4%。在问到“企业的主要经营管理人员2004年参加过培训、进修吗”时，认为参加过的企业占65.9%，没有参加的企业占34.1%。

各种强行招标、强迫代理、强迫指定供应商、刁难报复现象有所减少。认为当地强行招投标的现象有所减少的企业占59.0%，不存在的占37.0%，较多的只占4.0%；认为当地强迫代理的现象有所减少的占55.0%，不存在的占40.5%，较多的只占4.5%；认为当地强迫指定供应商的现象有所减少的企业占45.9%，不存在的占52.8%，较多的只占1.3%；认为当地刁难报复企业的现象有所减少的企业占48.4%，不存在的占49.6%，较多的只占2.0%。

（六）加快民营经济发展的良好氛围正在形成

对当地民营经济发展的氛围满意、比较满意的分别占23.3%、71.6%，不满意的只占5.1%；对当地的法制环境感到满意、比较满意的分别占26.6%、69.0%，不满意的只占4.4%。

二、样本企业对发展环境的主要意见

（一）对民营经济的扶持力度还不够

⑴金融扶持不足。在样本企业回答中，认为对民营企业信贷支持力度加大的只占42.1%，而认为没有变化和减小的分别占46.1%、11.8%；认为当地中小企业信用担保体系已经建立的只占48.4%，而认为没有建立、不知道的分别占27.3%、24.3%；认为当地中小企业信用担保体系发挥作用明显的只占21.7%，而认为没有充分发挥作用、没有发挥作用的分别占55.5%、22.8%。企业曾向银行或其他合法融资机构申请贷款并成功的企业占50%，没有申请的占23.0%，申请了但没有成功的企业占27.0%。从地区看，苏北40%、苏中50%的企业认为一年来对民营企业的信贷力度加大了，而苏南地区只有20%的企业认为信贷力度加大了，60%的企业认为信贷支持没有变化。

⑵财政扶持不足。在样本企业回答中，认为当地财政对民营经济扶持力度加大的占48.8%，没有变化的占46.9%，减小的占4.3%。

（二）已经取消的收费项目在一些地区仍在收取

2004年省委7号文件规定，取消市场物价调节基金、围垦造地专项资金；乡镇企业不再承担镇、村社会性负担；与行政管理行为相联系的所有证、照、牌等的制作工本费原则上免收。在样本企业回答中，有24.8%的企业回答仍需缴纳市场物价调节基金、围垦造地专项资金；有21.4%的企业回答仍继续向乡（镇）或村缴纳各种集资和承担社会负担。有51.4%的企业回答仍要交纳证照、牌等制作工本费。

（三）不少地方民营经济投诉中心还没有设立或没有起到作用

在样本企业中，认为所在地民营经济投诉中心或类似机构已经设立的占54.8%，没有设立的占16.9%，不知道的占28.3%；认为当地民营经济投诉中心或类似机构的作用明显的企业只占27.8%，认为没有充分发挥作用和没有发挥作用的分别占54.2%、18.0%。从地区看，苏北、苏中均有60%以上显示已经设立投诉中心，而在苏南地区只有25%的显示已经设立，绝大多数经营者不知道此类机构。

（四）商会、协会等各类中介组织的作用还没有充分发挥

在样本企业回答中，认为商会、协会等中介组织作用发挥明显的只占24.5%，认为没有充分发挥作用、没有发挥作用的分别占63.1%、12.4%。

三、结论与建议

汇总并分析近1500份调查问卷，我们欣喜地看到全省民营经济工作会议后，我省民营经济发展环境得到了明显的改观，民营企业经营管理者得到了各级政府的支持帮助和鼓励，他们对民营经济发展环境总体感到满意。但是也应看到，有些政策措施落实不到位，一些政策措施在地区之间的落实存在着明显的不平衡性。

调查问卷设置的最后一道主观题，调查经营者“对进一步改善民营经济发展环境的意见和要求”，回收的有效问卷中，400余份问卷对此问题作出了或简单或详细的回答。主要的意见和要求有：首先，80%的经营者要求各级政府要进一步加大对民营经济发展的扶持力度，重点在信贷、融资、税收等方面，应与国有、集体企业享受平等的待遇。其次，各级政府出台的政策措施宣传不到位、落实不到位，经营者不知道、不了解政策措施、实施细则，无法利用已有的政策维护企业合法权益。再次，一部分企业经营者要求切实减轻企业负担，控制各种形式的乱收费，特别是强迫企业加入社团组织和“搭车”收费，加重企业负担。最后，许多经营者对政府行政管理部门的服务也提出了要求，希望政府部门能切实为民营经济的发展着想，转变观念，真诚为民营企业服务。

针对民营企业及其经营管理者提出的意见和要求，我们提出如下建议。

（一）积极筹建我省中小企业银行或类似金融机构，切实解决民营企业融资难问题

中小企业融资的特点是融资需求总量大、涉及面广，但每笔贷款数额小且分散、周期短、随机性大，这就要求金融服务更加灵活、方便、快捷。但由于种种原因，国有商业银行一般难以做到。因此，金融服务成为制约我省中小企业、民营企业发展的一个瓶颈。要根据省委7号文件的要求，“鼓励民间资本参与包括城乡信用社在内的中小金融机构的重组改造。加快建立以民间资本为主的面向民营企业的商业银行。鼓励有条件的地方，在严格监管、有效防范金融风险的前提下，通过吸引社会资本和外资，积极兴办为农村民营经济服务的多种所有制的金融组织”。加快创造条件，加快推进我省成立面向中小企业服务的专门商业银行。

（二）加大政府扶持力度，促进中小企业、民营企业发展

按照省委、省政府的要求，引导和鼓励民营经济加快发展，要督促还没有建立扶持民营经济发展专项资金的市、县，按照省委7号文件关于“各级政府要安排扶持民营经济发展专项资金”的要求，尽快予以安排；已经安排的要按照民营企业发展所新增税收的若干比例，逐年予以增加。

（三）加大行业协会建设力度，充分发挥行业协会在民营企业发展中的作用

现有的行业协会大多脱胎于行业行政管理机关，与政府相关部门有着千丝万缕的联系，“政会不分”现象仍然存在，为企业服务的能力薄弱，一定程度上又增加了企业的负担。要借鉴学习上海的经验，明确行业协会不是政府部门的附属，而是由同业经济组织及相关单位自愿组成的非营利性的以经济为主的社团法人，让行业协会真正在民营企业发展中发挥作用。

（四） 建立宽松和谐的民营经济发展环境

切实改善民营经济发展环境，加强对民营经济发展环境的监测。加强各级民营经济投诉中心的工作，健全民营经济投诉网络，形成工作合力。要变被动受诉为主动受诉，通过走访、回访、座谈会等多种形式，接受群众和企业投诉。健全投诉中心工作责任制，进一步提高投诉的办理质量，保证举报的问题事事有结果，件件有回复。集中一段时间，组织力量开展专项治理，对违反省委7号文件、省政府40号文件规定的，要加大查处力度。各级监察机关要对政府各有关部门贯彻落实省委、省政府关于加快发展民营经济的各项政策措施情况，实施行政效能监察，确保各级政府部门贯彻落实各项政策措施不打折扣。

（江苏省中小企业局　江苏省社科院中小企业发展研究中心）

广东省民营企业人才状况问卷调查报告

为贯彻落实国务院《关于鼓励支持和引导个体私营等非公有制经济发展的若干意见》、省委省政府《关于加快民营经济发展的决定》及12个配套文件，根据省中小企业局《广东省中小企业和民营经济2004年工作情况及2005年工作意见》的工作安排，为探讨缓解民营企业用人难问题，2005年9月27日，省中小企业局向各地级以上市、县（区）中小企业和民营经济行政主管部门发出通知，在全省开展民营企业人才状况问卷调查，要求地级以上市组织10家以上、县（区）组织5家以上有代表性的民营企业填写调查问卷。

本次调查共发出或者委托发出问卷875份，回收有效问卷447份，回收率51.1%。在447份问卷中，按地域分，珠江三角洲99份，占22.1%，粤东117份，占26.3%，粤西120份，占26.8%，粤北111份，占24.8%；按行业分，制造业349份，占78.1%，农、林、牧、渔业45份，占10.1%，批发和零售贸易餐饮业17份，占3.7%,其他36份，占8.1%；按销售规模分，1亿元以上92份，占20.6%，5000万~1亿元83份，占18.6%，1000万~5000万元166份，占37.1%，1000万元以下106份，占23.7%。

本次问卷调查的基本情况及建议总结如下。

一、基本状况

（一）人才状况

民营企业拥有大专以上学历的人数低于全省平均水平。被调查民营企业中百名员工拥有大专以上学历15.3人，比全省法人单位19.3人①少4人。

1.高学历的人才少

447户企业拥有员工18.2万人，拥有大专以上学历的27813人，占15.31%，其中大专20305人，占11.18%；本科7055人，占3.88%；研究生391人，占0.22%；博士62人，占0.03%。

2.经济发达地区的企业更能吸引和留住人才

从地域分布看，百名员工拥有大专以上学历的人数，珠江三角洲最高，达22.2人；其次是粤西，为13.2人；最低的为粤北和粤东，分别只有10.4人和10.0人，不及珠江三角洲的一半。

3. 大企业对人才更具吸引力

从规模大小看，百名员工拥有大专以上学历的人数，年销售收入超1亿元的最高，达19.4人，而5000万~1亿元的为11.1人，1000万~5000万元的为10.7人，1000万元以下的为11.7人，分别只有超1亿元企业的57.22%、55.15%、60.31%。

（二）人才需求

1. 最缺的人才是专业技术人才和高级管理人才

在回答本企业最需要哪些人才时，39.37%的企业回答最需要专业技术人才，29.98%的企业回答最需要高级管理人才，20.81的企业回答最需要销售人才，6.71%的企业回答最需要一线岗位人才，3.13%的企业回答最需要财务人才。

(1)对专业技术人才的需要程度：从地区看，粤北和珠江三角洲的需求程度略高。粤北有45.95%、珠江三角洲有40.40%的企业回答最需要专业技术人才，而粤东和粤西的这一比例分别为35.90%、35.83%。从规模看，年销售收入大的需求略高。年销售收入1亿元以上有48.91%的企业回答最需要专业技术人才，5000万~1亿元的为43.37%，而1000万~5000万元和1000万元以下的这一比例分别为34.34%、35.85%。

(2)对高级管理人才的需要程度：从地区看，粤西和珠江三角洲的需求程度略高。粤西有37.50%、珠江三角洲有34.34%的企业回答最需要高级管理人才，而粤东和粤北的这一比例分别为24.79%、23.42%。从规模看，年销售收入越大需求程度越高。1亿元以上的有41.30%的企业回答最需要高级管理人才，5000万~1亿元的为31.33%，1000万~5000万元的为28.92%，1000万元以下的为20.75%。

2．对本科学历的人才特别青睐

在回答本企业最需要哪种学历的人才时，有41.19%的企业回答最需要本科学历的人才，而回答大专的为21.51%，高中的为14.87%，研究生的为13.73%，博士的为6.87%，初中的为2.95%。

(1)从地区看，粤西更青睐本科学历人才。粤西有47.50%的企业回答需要本科学历的人才，其次是珠江三角洲，为41.41%，而粤东和粤北的这一比例分别为36.75%、35.14%。

(2)从规模看，小企业对本科学历人才的青睐程度略低于大企业。年销售收入1000万元以下的只有34.91%的企业回答更青睐本科学历人才，而1000万~5000万元、5000万~1亿元、1亿元以上企业的这一比例分别为39.76%、40.19%、40.22%。

3.认为大专和高中学历的人才最好用

在回答本企业什么学历的人才最好用时，有39.01%的企业回答大专学历的人才最好用，其次是回答高中的，为36.28%，而回答本科的为19.73%，初中以下的为2.95%，研究生的为1.81%，博士的为0.22%。

(1)认为高中学历人才最好用的，粤北和小企业的比例最高。从地区看，认为高中学历人才最好用的，粤北的比例最高，达45.05%，而珠三角、粤西、粤东的这一比例分别为36.36%、34.17%、28.21%。从规模看，企业越小就越多认为高中学历的人才最好用。认为高中学历人才最好用的，年销售收入1000万元以下的比例最高，为41.51%；其次是1000万~5000万元的，为40.36%；而5000万~1亿元和1亿元以上的分别为28.92%、27.17%。

(2)认为大专学历人才最好用的，粤西和大企业的比例最高。从地区看，粤西有45%的企业认为大专学历的人才最好用，其次是粤东，为40.03%，而粤北和珠三角的这一比例分别为34.23%、32.32%。从规模看，规模越大就越多企业认为大专学历的人才最好用。年销售收入1亿元以上的有45.65%的企业认为大专学历的人才最好用，其次是5000万~1亿元的，为40.96%，而1000万~5000万元和1000万元以下的分别为36.75%、33.02%。

4.企业最愿意使用26~35岁年龄段的人才

在回答本企业哪个年龄段的人才最好用时，有63.96%的企业认为26~35岁的人才最好用，而最愿意选择36~45岁的企业有26.80%，25岁以下的企业有7.66%，46~55岁的企业有1.13%，56岁以上的企业有0.45%。

除粤北和小企业外，其他地区和规模的企业都认为26~35岁年龄段人才最好用。从地区看，粤北只有28.83%的企业认为26~35岁年龄段的人才最

注：①数据来自省统计局《广东省第一次全国经济普查主要数据（第一号）公报》

好用，而珠江三角洲、粤东、粤北的这一比例分别明显高于粤北，达67.68%、64.10%、60.83%。从规模看，年销售收入1000万元以下的只有26.42%的企业认为26～35岁年龄段的人才最好用，而1亿元以上、5000万～1亿元、1000万～5000万元企业的这一比例分别为66.30%、69.88%、60.24%，明显高于1000万元以下的企业。

（三）人才来源

1.高级管理人员以内部培养、选拔为主

高级管理人员的产生，70.34%的企业以内部培养、选拔为主，29.66%的企业以外部招聘为主。

以内部培养、选拔方式产生高级管理人员的比例，不同地区、不同规模企业的差异不大。从地区看，粤西和珠江三角洲的比例略高些，分别为76.67%、75.76%；粤北和粤东的比例略低些，分别为67.57%、60.68%。从规模看，年销售收入1000万元以下和1亿元以上的比例略高些，分别为72.64%、70.65%；1000万～5000万元和5000万～1亿元的比例略低些，分别为68.67%、67.89%。

2.人才开发遇到的最大困难是来源渠道不畅通

在人才开发方面，有68.40%的企业认为最大的困难是人才来源渠道不畅通，难以找到符合要求的人才，而认为最大困难是人才流失严重的，只有15.80%；认为最大困难是培训成本高的，只有8.13%；认为最大困难是人才信息沟通不够的，只有7.67%。

在认同人才开发最大的困难是人才来源渠道不畅通的企业当中，从地区看，粤北企业的比例最高，为71.17%，珠江三角洲企业的比例最低，为63.64%，而粤西和粤东企业的比例分别为68.33%、67.52%。从规模看，年销售收入1亿元以上企业的比例最高，为76.09%，而1000万～5000万元、1000万元以下、5000万～1亿元企业的比例分别为69.28%、64.15%、60.24%。

3.职业中介和交流会是人才来源的主要渠道

在所列出的人才来源的7个渠道中，有27.85%的企业主要是通过交流会，24.65%的企业主要是通过职业中介，而通过员工推荐的为19.86%，通过主动求职的为14.16%，通过大专院校的为8.68%，通过猎头中介的为0.46%。

4.人才市场尚未能完全满足企业的需求

在回答“企业能否从社会现有的人才市场按需招到人才”问题时，回答能招到所有职位合适人才的企业只占2.48%，基本上能招到的占53.15%，只能招到一部分的占36.94%，很难招到的占7.43%。

5.多数企业尚未与有关高校建立联系或者合作关系

与有关高校建立了联系或者合作关系的企业占31.58%，尚未建立联系或者合作关系的则达68.42%。在尚未与高校建立联系或者合作关系的企业当中，从地区看，粤东和粤北的企业多些，分别有72.65%、71.17%的企业尚未与高校建立联系或者合作关系，而珠江三角洲和粤西的这一比例低些，分别为62.63%、60.83%。从规模看，年销售收入1000万元以下且尚未与高校建立联系或者合作关系的企业比例最高，达74.53%，其他依次为：1000万～5000万元的为73.49%，5000万～1亿元的为60.24%，1亿元以上的为52.17%。

（四）人才流动

1.人才流动类型和动向

除一般员工外，流动最大的是专业技术人才；在清楚去向的流出人员当中，多数还是流向民营企业。

⑴在回答“哪些人员流动最频繁”问题时，有42.05%的企业认为一般员工流动最频繁，26.59%的企业认为专业技术人才流动最频繁，而认为销售人才流动最频繁的为20%，高级管理人才流动最频繁的为9.77%，认为财务人才流动最频繁的为1.59%。

⑵多数企业在回答人才流动去向问题时，有多达42.93%的企业不清楚员工流动去向；在清楚员工去向的当中，有35.62%的企业认为去了其他民营企业，13.01%的企业认为去了外商投资企业，有3.65%的企业认为去了股份制企业，有2.51%的企业认为去了政府机关，有2.05%的企业认为去了国有独资企业，有0.23%的企业认为去了国外。

2.离职原因

人才自动离职的原因多数是工资收入低。多数企业都非常关注对员工离职原因的分析。有79.91%的企业反映曾对员工自动离职的原因进行过分析。

至于员工自动离职的原因，认为是工资收入低的企业最多，有32.27%，其他依次是：不能发挥专长的，为20.35%；不适应企业文化的，为13.95%；个人家庭问题的，为10.47%；工作压力大的，为7.27%；奖罚不明和处事不公的，为4.94%；工作单调乏味的，为6.40%；缺乏学习机会的，为3.10%；人际关系不和谐的，为1.16%。

（五）人才激励

1.难以提供较高的薪酬和福利是人才缺乏的主要原因

在问卷列出的造成人才缺乏的7种原因中，认为难以提供较高的薪酬和福利是人才缺乏主要原因的企业最多，为32.27%，其他依次为：社会的歧视和偏见，为19.09%；地理位置偏僻，为18.18%；自身存在管理漏洞，为15.01%；晋升机制不合理，为7.27%；经营管理理念落后，为4.32%；培训意识不强，为3.86%。

其中，小企业对这个原因的认同率最高。年销售收入1000万元以下的企业中有38.68%认同难以提供较高的薪酬和福利是人才缺乏的主要原因，其他依次是：1000万～5000万元的，为36.75%；5000万～1亿元的，为27.71%；1亿元以上的，为18.48%。

2.提高薪酬和福利仍然是多数企业试图解决人才缺乏问题的主要做法

在问卷列出的解决人才缺乏问题的四项措施中，有46.29%的企业曾采取提高薪酬和福利的办法来解决，其他依次为：采取建立科学的管理和晋升激励制度的，为26.07%；采取改善工作环境的，为15.06%；采取加大培训力度和增加培训投入的，为4.72%。

采取提高薪酬和福利办法来解决人才缺乏问题，不同地区、不同规模企业的认同率差别不大。从地区看，珠江三角洲有52.53%的企业认同采取提高薪酬和福利的办法来解决人才缺乏问题，粤西、粤北、粤东的这一比例分别为45.83%、45.05%、41.88%。从规模看，年销售收入1000万～5000万元的有48.19%的企业认同采取提高薪酬和福利的办法来解决人才缺乏问题，1000万元以下、1亿元以上、5000万～1亿元的这一比例分别为48.11%、45.65%、39.26%。

3.解决人才缺乏的最有效措施是提高薪酬和福利

在问卷列出的解决人才缺乏的6条措施当中，认为提高薪酬和福利是最有效措施的企业最多，达35.96%，其他依次为：认为应制定合理的晋升和激励制度的，为24.27%；认为应完善社会环境的，为19.33%；认为应提高企业自身素质和管理水平的，为13.03%；认为应加大培训力度和增加培训投入的，为4.72%。

二、困难和要求

这次问卷调查还要求被调查者就“本企业在招聘人才时面临什么困难”和“需要政府在帮助民营企业解决人才缺乏问题上做些什么工作”问题作出书面回答。

（一）关于在招聘人才时面临困难的回答

关于这个问题，447份问卷中有326份作了书面回答，共反映面临的困难有476个（含相同的），分为14类。

⑴反映人才来源渠道不畅通的有154个，占32.35%。

⑵反映人才薪酬福利待遇不高的有67个，占14.08%。

⑶反映企业地理位置偏僻的有65个，占13.66%。

⑷反映人才信息来源不充分的有47个，占9.87%。

⑸反映应聘者要求过高的有28个，占5.88%。

⑹反映人才流失的有26个，占5.46%。

⑺反映企业地处落后地区的有24个，占5.04%。

⑻反映企业管理存在不足的有17个，占3.57%。

⑼反映社会治安环境差的有16个，占3.36%。

⑽反映人才培训力度不大的有7个，占1.47%。

⑾反映人才招聘成本过高的有6个，占1.26%。

⑿反映存在社会歧视的有5个，占1.05%。

⒀反映宣传力度不够的有2个，占0.43%。

⒁其他 有12个，占2.52%。

（二）关于对政府帮助解决人才缺乏问题的建议

关于这个问题，447份问卷中有305份作了书面回答，共向政府提出了408条建议（含相同的），分为11类。

⑴要求加强人才培训的有99条，占24.26%。

⑵要求改进人才服务的有53条，占12.99%。

⑶要求给予政策照顾的有50条，占12.25%。

⑷要求举办人才交流、招聘会的共有45条，占11.03%。

⑸要求加强人才信息交流的有42条，占10.29%。

⑹要求加强正面宣传的有36条，占8.82%。

⑺要求营造社会环境的有33条，占8.09%。

⑻要求加大扶持力度的有29条，占7.11%。

⑼要求建立激励机制的有15条，占3.68%。

⑽要求降低招聘成本的有3条，占0.74%。

⑾其他要求3条，占0.74%。

三、建 议

本次问卷调查从地区、行业、规模样本分布看，尽管来自珠江三角洲的样本相对少些，来自制造业的样本相对多些，但我们认为，这些不足在总体上并没有达到影响问卷调查结果代表性的程度，问卷调查结果基本上反映了我省民营企业的人才状况。

通过这次问卷调查，我们初步掌握了我省民营企业的人才状况，了解了民营企业的人才和政策需求，为我们提供了非常有价值的民营企业人才信息。为了进一步缓解民营企业的用人难问题，改善民营企业的人才状况，促使民营企业大发展、大提高，很有必要将问卷调查成果转化为政策，为此，本调查报告提出以下建议。

（一）要分清责任

从这次问卷调查分析结果来看，造成民营企业用人难的主要原因包括：人才来源渠道不畅通（32.35%）、人才薪酬福利待遇不高（14.08%）、企业地理位置偏僻（13.66%）和人才信息不充分（9.87%）。这些问题的解决，有赖于政府和企业，为此应分清责任：政府应重点解决人才来源渠道不畅通、人才信息不充分问题，在政策层面扫除障碍，在服务层面提高质量；企业应重点在提高人才薪酬福利待遇、丰富人才业余生活以淡化企业地理位置偏僻问题上多下功夫，在待遇层面采取激励措施，在管理层面坚持以人为本。

（二）要突出重点

从这次问卷调查分析结果来看，不同地区、不同规模的民营企业对人才的需求不同。对政府来说，缓解民营企业用人难工作要有针对性，应突出重点：重点关照欠发达地区的民营企业和小规模的民营企业，重点疏通年轻、中等学历的专业技术人才和高级管理人才流动的渠道，重点解决民营企业在提高人才薪酬福利待遇、办理有关人才调动手续过程中碰到的政策性障碍。

（三）要政策引导

从这次问卷调查分析结果来看，民营企业对人才的需求量大且具有明显的多样性，仅仅依靠政府单方面的努力难以满足广大民营企业对各种各样人才的迫切需求。作为政府应充分发挥其政策的导向功能，引导各种社会资源参与人才培训（24.26%）、改进人才服务（12.99%）、举办人才交流会招聘会（11.03%）和开展人才信息交流（10.09%），为此要开展针对高级管理人才的培训，引导社会培训资源开展针对专业技术人才的培训；要引导社会人才机构改进人才服务，多举办人才交流会招聘会，积极开展人才信息交流；要创新培训方式方法，积极探讨和实施例如国际劳工组织“创办和改善你的企业（SIYB）”等行之有效的培训等项目，提高民营企业人才质量。

（广东省中小企业局综合处）

民营企业用地难现状及对策建议

改革开放以来，广东民营经济经历了从小渐大、从弱到强的发展历程。党的十六大召开以后，民营经济面临更加有利的发展形势，新一届省委、省政府高度重视民营经济工作，召开了高规格的全省民营经济工作会议，成立了广东省中小企业局主管全省民营经济工作，出台了高含金量的《中共广东省委、广东省人民政府关于加快民营经济发展的决定》（以下简称《决定》）及12个配套文件，表彰了一批先进民营企业和优秀民营企业家。广大民营企业深受鼓舞，积极性空前高涨，民营经济得到了迅猛发展，民营企业的用地量也随之迅速增加。但由于各种各样的原因，个别地方也出现了民营企业“用地难”的现象，影响了民营企业的持续发展。为了掌握民营企业用地难的现状，进而提出解决民营企业用地难的政策建议，我们在全省各市对民营企业用地难的有关问题进行了一次调研，并有针对性地走访了一些企业。有关情况和建议如下。

一、民营企业用地难的基本状况

近年来，各地都制定了发展民营经济的各项优惠政策和扶持措施，清理、消除各种歧视性的规章和政策，为民营经济创造良好的发展环境。从省中小企业局对《决定》及12个配套文件落实情况的问卷调查结果看，“民营企业用地等方面的不公平待遇必须取消”一项，总体看完全落实的有25%，基本落实的有65%；“民营企业依法获得的土地使用权，可依法转让、抵押、出租、折价入股”一项，完全落实的有43%，基本落实的有51%；“经报市、县（市、区）人民政府批准，集体经济组织可自愿申请将集体建设用地转为国有建设用地，该建设用地补办土地使用权出让手续需缴纳的土地使用权出让金可以减半征收”一项，完全落实的有12%，基本落实的有73%。综合各方面的情况看，我省民营企业用地难的现象初步得到缓解，有些地区也反映已不存在民营企业用地难的情况。但是，在当前宏观调控的情况下，工业用地控制严格，一些地方工业用地指标紧张，供需矛盾非常突出，致使不少地方用地只能向公共建设项目或大型企业和外资企业倾斜，民营企业因规模和技术发展原因，较难取得条件较好的用地，因此，民营企业也存在一定程度的用地难现象。

（一）主要表现

民营企业用地难主要表现在以下几个方面。

(1)政策性调整使民营企业征用地难。由于国家加强对土地的宏观调控，在清理各类开发区的同时，对山岭、坡地尤其是水田实行严格管理，严把审批关。同时，群众对土地使用性质的概念和认识模糊，常混淆了“农用地”与“荒野地”的区别。不少农民都有抵触情绪，给征用土地工作增加了困难。如茂名市茂港区那贞工业用地中的富贵老爷车鞋服公司厂房建设用地，该地皮大部分已经征收，只剩少部分土地因当地群众漫天要价，还要求企业出款为该村建路，导致企业一拖就是三年不能建设。同时，由于严格控制用地指标，企业申请用地指标越来越难。如地处广州市的花都创盈有色金属有限公司，计划投资几千万元在赤坭镇建厂，投资合约、环保评估报告、筹建营业执照等已全部办妥，由于已签约的土地迟迟没有到位，使该公司蒙受几十万元损失，最后不得不另寻新址，使该镇的投资信誉大减。

(2)土地审批办证时间长，挫伤了民营企业的用地积极性。根据国务院《关于深化改革严格土地管理的决定》中“严格依照法定权限审批土地，农用地转用和土地征收的审批权在国务院和省、自治区、直辖市人民政府”的规定，土地管理部门的土地审批、发证制度越来越严格。据个别企业反映，征用农用坡地上报审批的手续正常情况下也要9个月时间，企业用地办证相当困难。如廉江市民营工业园开发652亩，第一期工程实施后前来要地的企业有70多户，但因能提供的土地有限，第一批安置入园的仅有19户。茂名市日化涂料有限公司的厂房建设用地，土地早已办好征用的相关手续，但是由于政策原因，一直未能办理土地使用证件，致使该企业一直未能投入建设。一些企业虽然已经有了用地指标，但由于手续繁、关卡多、时间长，迟迟不能拿到国有土地使用证。而没有土地使用证，办不到建筑施工许可证，就不敢进行现场施工，房地产证更不能办理，企业无法抵押贷款，影响了企业的发展。如广州市快尔日用品有限公司已交齐用地补偿款，但由于市国土局需要该公司所在的江高镇工业区全部办妥征地补偿，才能为各企业办理《用地批准书》，故迟迟不能办理工程验收和产权手续。

(3)政府的土地储备量少，难以满足民营企业迅速增长的用地需求。近年来，我省各地民营经济发展迅猛，每年全省新增私营企业近7万户，对土地的需求量相当大，各地政府土地储备却很少，对企业的用地问题只能通过征地解决。但是土地征用往往涉及农民利益，征地时间长，成本高，而不少市财政特别是县级财政非常困难，难以在短期内筹集资金补偿农民，从而影响了企业的用地。

(4)工业用地价格高，给民营企业用地造成了新的困难。随着经济发展，各市城区及城区周围的土地价格不断攀升，加大了民营企业的用地成本。虽然有些市为了招商引资，政府往往将高成本征用的土地，依靠财政补贴以零地价或较低价格转让给企业。但地方财政较紧张的市，政府补贴压力大，较难运作，只能由企业直接负担，造成企业投资成本加大。如湛江市麻章区、赤坎区由于土地评估价格高，以评估价为基数按比例需上缴国家、省、市的税费比较多，导致工业用地成本价每亩超过15万元。

(5)闲置土地处置难，加重了用地指标的压力。个别市反映，一些土地已办理使用证，占了用地指标，但长期不开发，土地权利人又不肯放手，或者要价高。虽然有关部门已出台盘活闲置土地的政策，但由于没有具体的强制措施，致使闲置土地难以盘活，出现“有地的人不开发，要开发的人无地用”的现象。据广州市有关部门反映，广东省农垦集团、京粤电脑总公司等企业10年前已在增城征用了土地，但至今大部分土地没有开发使用，造成土地资源的极大浪费，加大了当地民营企业的用地难度。

(6)民营企业择地办厂，出现区域性用地难现象。我省不少民营企业是以来料加工的劳动密集型企业，企业选址建厂的主要特点是以人口、交通、配套设施为标准，都要求集中在某一区域，造成区域性用地紧张。如珠江三角洲已有大量劳动密集型企业，由于聚集效应的影响，不少民营企业还是想到此建厂，但可用之地已经极少。还有高州市的劳保手套加工业，信宜市的毛纺织业等等都是劳动密集型企业，由于条件较好的地域已被开发，新增企业的选址办厂比较困难，出现了选择性用地难的现象。

（二）原因分析

我省部分地方之所以出现民营企业用地难的情况，原因是多方面的，但主要集中在下面几点。

(1)区域间发展不平衡。我省不少产业主产地集中于珠江三角洲和部分平原地区，但这些地区人多地少，经过近几年的高速发展，可供利用的土地已被大量开发利用，拓展空间十分有限。随着我省做强做大民营企业的各项政策措施的实施，用地矛盾进一步加剧。而山区、半山区地区虽有较大用地潜力，但由于缺乏产业基础，硬件设施配套不完善及所处的地理位置等因素影响，未能很好地形成承接产业转移的基地。

(2)规划管理相对滞后。由于多数民营企业走的是小规模扩张的发展路子，加上各地对乡镇规划建设的管理相对滞后，未能适应形势发展的需要，造成发展分散，土地利用率低。同时，有些企业布局不够合理，厂房绿化面积过大，空间利用率低，没有达到土地资源的最佳配置，造成土地资源的浪费，出现有的企业有地用不上，有的企业无地可用的现象。

(3)国家用地政策收紧。从2004年4月起，国家暂停了农用地建设审批、暂停调整土地利用总体规划、暂停涉及基本农田保护区的各类规划调整，严格用地审批制度，限制开发区建设，停止新增建设用地等政策措施，使各地的用地规划、报批受到限制，制约了工业园区的规划和建设。

(4)征用土地成本高。由于农民利益分配与征地发展之间存在矛盾，影响民营企业用地的问题时有发生。在征地时农民往往要求过高，有些地方还要求企业缴付较高的“保证金”，导致征地成本高昂。征地除了要缴纳农民补偿费用外，还要缴纳占征地成本30%的税费。一些区（县）由于无资金缴纳税费，便不能为企业办理《用地批准书》，使已建的厂房物业无法办理工程验收和产权手续等。

二、政府解决民营企业用地难的努力

为了解决民营企业用地难问题，近年来，全省各级政府在国家政策范围内，积极采取各项有效措施缓解民营企业用地难问题。

(1)制定、完善相关政策，缓解用地难题。近年来，为解决民营企业用地困难，营造民营企业发展的宽松环境，各级政府和职能部门在国家有关用地法规、政策允许的范围内，想方设法，积极采取措施，缓解民营企业用地难题。继省出台《广东省关于支持民营经济发展若干用地政策的实施办法》之后，各地纷纷出台了相关配套政策。江门市对民营企业用地问题制定了专门的实施细则，按照“统一规划、完善设施、提供服务”的总体要求，明确规定民营企业所获得的土地使用权在转让、出租、折价入股等方面享有优惠政策，使民营企业用地难问题基本得到解决，供求总体趋于平衡，有力地推动了全市民营经济的发展。饶平县政府对征用国有土地，工业园区内的企业以出让方式取得国有土地使用权的，出让金一律控制在每亩3万元以内，对民营企业用地在没办法征用时，采取灵活变通手法，与管区、农民协商，采用租赁方式等，妥善解决民营企业用地困难。

(2)盘活存量土地，拓宽用地渠道。各地切实抓好工业园区的开发和建设，对已购买土地而未进行基建的项目加紧与业主联系，了解原因，为其解决实际困难，协助项目早日投产。对一年以上的闲置土地，与业主协商，动员其将土地转让给具备优势条件的企业，或者收回闲置土地，重新招商建设。同时，还为民营企业牵针引线，将国有集体企业的闲置厂房和场地出租给民营企业发展生产，缓和了民营企业用地难问题，既促进了民营企业的发展，又为国有集体企业增加了经济收入。清远市规定凡在市高新技术产业开发区内购买的土地使用权，从购买之日起，超过两年尚未开发建设厂房的视为闲置土地；属项目投资10亿元以上，连片1000亩以上开发建设、办厂的，在6年内完成开发建设，没有开发建设完的土地视为闲置土地，由有关部门负责清理、登记、管理，报市政府批准后，交国土管理部门公开招标、拍卖。

(3)科学规划用地，提高土地利用率。各地开发区按照统一规划、统一征用、连片开发的原则，进行科学规划、合理利用、适度控制。省有关部门结合深入开展治理整顿土地市场秩序工作，将拟保留的102个工业园区（原有409个，包括民营科技园）所需的用地统一纳入土地利用总体规划。同时，对民营工业园区新增建设用地所需农用地转用和占用耕地指标统一纳入年度土地利用计划统筹安排，尤其对产业政策鼓励的科技含量高的民营企业用地所需用地计划指标进行统筹解决，并单独下达用地计划指标。各地也积极配合，对各种园区进行科学规划，合理利用。如鹤山市址山镇利用中心镇的发展优势，不惜出重金80多万元，委托广东省城乡设计院对镇域61.38平方公里面积进行规划修编。修编后将工业园定为城镇建设的工业部分，以120亩为一个工业方块，进入工业园发展的所有项目必须符合中心镇建设规划，在已使用的60多亩土地中，投资密度达到50万元/亩。

(4)妥善推进农村集体建设用地依法合理流转，积极盘活村级土地。2004年6月，省政府出台了《关于试行农村集体建设用地使用权流转的通知》，允许农村集体建设用地有序合理地流转，并规定了流转的原则、条件和审批程序等，有效盘活了农村集体存量建设用地。同时，不少地区根据各地村委会的实际情况，鼓励村级经济制定措施，通过直接出租土地和自建标准厂房、仓库等形式为民营企业提供生产经营平台及相应的配套设施，有效降低了企业的投资成本和风险。如鹤山市沙坪镇去年村级经济盘活土地约1000亩，共引进项目35个，总共投资6457万元，新建厂房商铺面积8.59万平方米，出租土地近4万平方米，有效地缓和了民营企业用地难的问题。

(5)加大软环境整治力度，提高政府办事效率。各地职能部门不断转变作风，改善服务，改革办事程序，大力推行“政府提速工程”，“一个窗口办事，一条龙服务”，减少办事环节，提高办事效率，使土地审批、办证工作的透明度不断提高，审批时间明显缩短。省政府高度重视新增建设用地审批办法，从政策上对减少用地审批环节、精减用地报批材料、缩短审批时间等方面作出规定。省国土厅对科技含量高的民营企业所需用地计划指标实行统筹解决，单独下达用地计划指标。

三、解决民营企业用地难问题的建议

为贯彻落实《国务院关于鼓励支持和引导个体私营等非公有制经济发展的若干意见》和省委、省政府《关于加快民营经济发展的决定》及有关配套文件的精神，较好地解决民营企业用地难问题，各地应按照“分类指导、梯级推进、协调发展、共同富裕”的方针，正确处理国土资源保护、开发与利用的关系，实行资源开发与节约并举，把节约放在首位，在提高资源利用效率的基础上，加强对民营经济发展用地的政策支持。

（一）远期建议

从长远来看，有效解决民营企业用地难问题，需要各级政府在以下几方面作出不懈努力。

(1) 创造公平、公正、公开的土地市场环境。各级土地行政主管部门要进一步构筑对所有企业一视同仁的用地政策和管理平台，完善土地使用权公开招标、拍卖、挂牌交易的各项工作制度、运作程序和监督检查机制；完善建设用地审批和土地市场交易信息定期公布制度；完善土地登记资料公开查询和土地法律法规政策咨询服务制度。

(2)简化新增建设用地审批手续。新增建设用地的报批可由土地行政主管部门直接向上级部门行文请示，已由县(市、区)级人民政府组织会审的，上级人民政府可不再召开用地会议重复会审。省级土地行政主管部门办理审查报批的时间缩短为20个工作日。尽快出台《广东省新增建设用地审批报批办法》，简化新增建设用地审批手续，提高工作效率。

(3)科学规划，合理调整。有条件的地方经报有批准权的人民政府批准设立民营工业园区或原有园区扩建的(包括民营科技园，下同)，所需用地必须统一纳入同级土地利用总体规划和城镇体系规划、城市(镇)总体规划。因设立或扩建工业园区确需调整现有土地利用总体规划的，由市、县(市、区)人民政府土地行政主管部门按“先进圈，后调整，总量不增加”的原则编制调整方案，报原规划审批机关批准。因工业园区具体项目建设需局部调整现有土地利用总体规划的，所需用地允许按土地利用总体规划的审批权限，由同级土地行政主管部门先办理用地预审，在办理农用地转用审批时一并报批土地利用规划局部调整方案。

(4)民营工业园区新增建设用地统一纳入年度土地计划。民营工业园区新增建设用地所需农用地转用和占用耕地指标统一纳入年度土地利用计划统筹安排，对符合集约用地原则且符合四类重点扶持发展的企业或其他鼓励发展的产业的工业园区新增用地，所需用地计划指标由省土地行政主管部门统筹解决。

(5)根据城镇规划和集约经营的要求，对现有建设用地进行位置和权属调换。建设用地进行位置调换，涉及使用农用地的，如果可以对原有建设用地进行复垦，可以保持建设用地总量不增加、农用地总量和耕地总量不减少的，可简化审批手续，由市、县(市、区)土地行政主管部门制定相关的土地调整方案、土地复垦方案和调地补偿安置方案等，按农用地转用和征用土地的权限，报有审批权的政府土地行政主管部门审核确认后实施。

⑹充分利用集体建设用地。经依法批准以乡镇村企业名义取得的集体建设用地，可由该企业申请土地登记，依法确认该企业的集体土地使用权。以农村集体经济组织名义依法取得的集体建设用地，农村集体经济组织已用于兴办企业或者与其他单位、个人以土地使用权入股、联营等形式共同兴办企业的，由该集体经济组织提出申请，经报市、县(市、区)人民政府批准，可按变更登记的规定，将集体土地使用权变更登记到企业名下。农村集体经济组织或经农村集体经济组织同意，依照规定转移集体建设用地使用权的，也可按变更登记的规定，将土地使用权变更到新企业名下。

(7) 严格把关，适度优惠。经市、县(市、区)人民政府批准，土地使用权出让金分期缴纳的用地单位，可按已缴出让金的份额申请办理土地使用权登记发证手续；划拨土地使用权可以设定抵押，在办理抵押登记前，应明确处置土地使用权时应补交的土地出让金数额；集体建设用地使用权可以依法设定抵押，但集体建设用地使用权人与农村集体土地所有权人不一致的，应经农村集体土地所有权人同意，该集体建设用地使用权才能依法设定抵押；集体经济组织可以自愿申请将集体建设用地转为国有建设用地，该建设用地补办土地使用权出让手续需缴纳的土地使用权出让金可以减半征收。同时，对工业园区新增建设用地需缴纳的新增建设用地土地有偿使用费，属于中央财政分成的30%和省级财政分成的20%，在规定期限内缴清后，即可办理用地批复手续，其余部分经批准可在一年内分期缴清。

（二）近期建议

从近期看，有效解决民营企业用地难问题，各级政府应重点做好以下工作。

⑴加大力度做好各类建设用地的清理工作。要对全省各类建设用地进行一次全面清理，摸清底数，为建设用地清理工作打好基础。

⑵加大执法力度，通力协作，整治违法用地行为。把查处违法用地作为整治用地秩序的工作重点，各地在认真组织自查的同时，积极做好自纠工作，坚决制止未经批准擅自出让、出租、私分集体土地行为。

⑶建立“会审联办”的用地审批制度，及时快捷地为民营企业提供用地服务。在建设用地管理上，严格把好审批关，坚持建设项目用地预审制度，实施建设项目用地“会审联办”制度，解决用地审批过程中存在的环节过多、流程过长、手续繁杂、效率不高的问题，及时快捷地为民营企业服务。

⑷切实做好闲置土地的清理处置工作。组织力量对全省已批未建的闲置土地进行清理，并做好盘活工作，加大处理力度，让闲置土地发挥效益，把闲置土地重新出让给民营企业，为民营企业进一步发展创造条件。

⑸积极稳妥地开展农村集体建设用地有序合理地流转。根据省政府出台的《关于试行农村集体建设用地使用权流转的通知》的有关规定，尽快出台《广东省集体建设用地使用权流转管理办法》等配套措施，进一步明确集体建设用地与国有建设用地的“同地、同价、同权”，规范集体建设用地流转，保护农民利益和保障民营企业建设用地。

（广东省中小企业局综合处）

广东省中小企业融资难问题调研报告

为贯彻落实《中共广东省委、广东省人民政府关于加快民营经济发展的决定》及12个配套文件，广东省中小企业局成立了课题组，从今年3～8月对中小企业“融资难”问题开展了为期近半年的专题调研。调研采用问卷调查和实地调研相结合的方式，针对中小企业和金融机构的不同特点，分别设计了企业类和金融类两套调查问卷。本次调研发放调查问卷1000多份，收回有效问卷798份（企业648份、金融机构150份），具有广泛的地域和行业代表性。收回企业问卷中珠江三角洲167家、粤东179家、粤西156家、粤北146家；收回金融机构问卷中珠江三角洲50家、粤东36家、粤西37家和粤北27家。问卷调研的对象既包括各类业绩良好的工业（占79.4%）和服务业（占9.6%），也涵盖了四大国有商业银行、股份制商业银行、基层信用社以及新兴的信用担保机构。在分析调查问卷的基础上，针对问卷没有反映或反映不够深入的问题，调研组分别走访了江门、河源、广州、东莞和汕头等5市，与近60家中小企业、20多家金融机构以及20多家担保机构的相关专业人员进行座谈，就中小企业融资难问题进行广泛的探讨与研究，实地访谈既了解了一些问卷不能反映的问题，也在一定程度上验证了调查问卷上所反映出来的共同问题，问卷和实地访谈相互补充。因此，课题组认为其数据能够准确反映出优良中小企业融资中普遍遇到的问题。

我们认为，解决中小企业融资难问题应指解决那些“有市场、有效益、严守信用、还贷能力强”的优良中小企业因自身发展需要而出现的融资困难。课题组本次调研所要研究的就是潜质好的优良中小企业融资困难问题。

本文分析了我省中小企业融资的状况及其基本特征，深层次发掘导致中小企业融资难的体制性、结构性、内在性、环境性等方面的障碍因素，提出从中小企业、金融部门以及政府等多个层面解决问题的对策建议。

一、广东省中小企业融资的现状和基本特征

中小企业融资难问题与需要资金的中小企业、供给资金的金融机构以及为资金供求双方提供服务的新型中介组织密切相关，因此，我们根据问卷调查和实地调查的信息，从中小企业的融资需求特征、金融机构的资金供给特点以及为中小企业与银行牵线搭桥服务的新兴融资担保体系等多个方面来反映我省中小企业融资的基本状况。目前，我省中小企业融资呈现出几个明显的特征。

(1)融资需求强烈，资金用途明确。在接受调查的中小企业中，最近3年曾经向银行申请过贷款的约占60%，企业所获资金主要是用于企业的长远发展和满足扩大再生产的需要，其中59.1%的中小企业用于扩大生产，用于维持正常生产和更新技术的仅占23.4%和13.6%。按企业销售额增速分类，中速增长（年增长率在20%～50%之间）和高速增长（年增长率大于50%）的中小企业中，资金用于扩大生产的比例更高，分别为71.4%和60.24%。这些数据说明，我省中小企业尤其是优质中小企业对资金需求十分强烈，资金问题已经成为制约中小企业成长发展的关键因素。

(2)企业负债水平较低，债务融资杠杆空间大。协助调查的中小企业平均资产负债率为39.1%，其中58.3%的中小企业资产负债率低于40%，与目前国际上的平均比率相比，多数企业债务比率偏低，这不仅说明我省中小企业对资金需求的满足程度低，而且也反映出我省中小企业增加融资、利用债务杠杆发展的潜力还很大。

(3)融资渠道单一，对国有商业银行依赖度高。目前，国有商业银行贷款仍然是我省中小企业资金的主要供给者，问卷统计显示，现有中小企业的全部负债资金构成中，比重最大的前三项来源分别是国有商业银行、亲朋好友（民间）借款以及信用社贷款，约占负债资金的80%，在融资过程中，有34.4%的中小企业首选的融资方式是商业银行贷款，单一、狭窄的融资渠道严重制约了我省中小企业的融资能力。

(4)贷款门槛高、条件苛刻。金融机构对中小企业的融资条件过于苛刻，绝大多数中小企业根本无法或很难达到现有金融机构信用贷款的评级要求，很难提供符合金融机构规定的抵押物种类或足额抵押物；在中小企业融资过程中，还存在抵押物折价过低且贷款数量少的问题。调查显示，金融机构对中小企业放贷总量的80%以上是通过抵押或担保机构进行放款的，中小企业抵押贷款占总贷款的平均比例为76.4%。在实际办理抵押过程中，金融机构接受的抵押物主要是个人住房，厂房、设备、原材料等中小企业拥有优势的资产则很少被金融机构特别是被国有商业银行接受，即使被接受，这些抵押物的折价也相当低，近半的金融机构反映贷款额与抵押物的价值之比低于50%，而以设备作抵押物的，获得的贷款金额甚至只有设备原价值的约10%，甚至一些金融机构根本就不接受中小企业的设备抵押。

(5)贷款期限短，数量不足。最近3年，商业银行向中小企业贷款占总贷款的比例平均为56.24%，相对于中小企业对当地GDP、税收及就业等方面的贡献而言，金融机构对中小企业的融资支持（贷款比例）显得过小，而且还存在着贷款期限过短等结构性问题。绝大多数中小企业获得的贷款基本属于一年以内的短期贷款，短期贷款比例占总贷款的85%以上，金融机构基本不提供或很少提供中小企业长远发展所急需的中长期贷款。在融资贷款的实际操作过程中，大多数中小企业必须提前3个月筹措还款资金，名义上的一年期贷款实际只有9个月，提高了中小企业的融资成本，降低了使用贷款的时效和效率。

(6)贷款手续复杂、审批时间长。商业银行特别是国有商业银行基层的权限太少，省级分行对基层银行贷款控制严格，批准手续繁琐，成功率低。调查显示，高达70%的中小企业认为国有商业银行申请贷款的手续复杂，中小企业第一次成功申请贷款平均需时28天，老客户也需要20天；如果基层权限受限，需上级审批，从审批到放款平均需要43天。商业银行放贷的审批过程和审批时限对资金要求急、周转快的中小企业极为不便。

(7)新兴担保机构的融资潜力大。从2003年开始，专门为中小企业资金需求与供给牵线搭桥服务的新兴融资担保机构逐步发展，到目前为止，能够正常营业的担保机构只有101家，绝大部分分布在广州、深圳、东莞等珠江三角洲发达地区。在接受调查的中小企业中，有近80%的中小企业认为当地担保机构的数量太少，80.96%的中小企业充分肯定担保机构的作用。截至2004年底，我省中小企业信用担保机构共为4780户中小企业提供14224次融资担保，担保总额317亿元，其中2004年底的在保余额只有94.1亿元，担保资本只放大了1.16倍，远远低于国家有关担保放大5～10倍的规定。我省尚有90%的担保能力、近700亿元的担保融资潜力有待发挥。

(8)借贷成本高，企业负担重。所有金融机构对中小企业的贷款利率都在基准利率的基础上上浮，上浮幅度平均达18.4%，与国外的情况相反。在有担保机构保证的情况下，贷款利息仍然上浮，而且中小企业还要向担保机构支付2%～3%的担保费用，与大中型企业相比，中小企业实际上的融资成本要高很多。

二、广东省中小企业融资难形成的原因

造成我省中小企业融资困难的原因是多方面的，既有中小企业自身的原因，又有商业银行管理制度方面的原因；既有与全国其他地区相同的原因，又有我省特殊的原因，同时也存在政策缺失、支持力度不够的因素。

（一）中小企业（资金需求方）方面的原因

⑴企业经营管理水平较低。我省的中小企业多为民营企业，家族色彩比较浓厚，管理方法相对落后，管理人员的素质和管理能力等各个方面都难以达到金融机构的要求，管理层的现代企业意识、金融风险观念和信用意识不强，缺乏对企业发展的长远规划，经营行为短期化，随意性大，对金融机构的现代管理制度和方法也缺乏认同，适应商业银行信贷要求的主动性和积极性不够。

⑵企业规模小，抗风险能力弱。协助调研的中小企业2004年平均资产规模为4210万元，资产在2000万以下的中小企业占64.66%。就总体而言，我省中小企业的规模比较小，抗风险能力相对较弱。

⑶大部分企业缺乏合适的抵押、质押物。调查问卷显示，目前80%的金融机构选择土地和厂房作为抵押物，但我省大部分的中小企业存在着土地、厂房等证件不全的问题，很多中小企业的厂房是租来的，企业设备的变现能力也不高，抵押价值低，根本无法提供合适的抵押物。

⑷ 企业财务制度不完善。调查反映，多数中小企业缺乏独立的财务人员，缺乏完整的、连续的财务报表，能连续3年提供合格财务报表的中小企业很少，存在多本账目的现象并不少见，受调查的金融机构普遍认为现有的财务状况混乱严重影响对中小企业放贷。究其原因，除了部分中小企业为降低成本、逃税、取得结算和价格方面的优势人为制造“多本账”因素之外，税赋不合理也是一个重要因素，作为民营化的中小企业税赋相对较重，其税赋待遇不如外资企业，政策上不如大型企业，客观上降低了中小企业的盈利能力，而过低的盈利能力当然会影响到金融机构对中小企业的贷款。

⑸中小企业缺乏主动适应商业银行对财务制度的合理要求的意识，财务审计部门也没有发挥信用中介的监督作用。毫无疑问，准确反映企业盈利能力的规范的财务报表是商业银行贷款必须考虑的因素。但是，我省相当一部分中小企业没有认识到这是商业银行规范化管理的客观要求，没有主动配合银行提供准确、规范的报表，没有认识到建立企业财务信用的重要性，分别对税务、银行等不同部门提供不同的报表，“多本账”现象使得商业银行等金融机构不相信中小企业财务报表的真实性。部分财务审计部门也没有尽到财务监督义务，对中小企业（甚至大中型企业）的报表听之任之甚至共同作假，导致了金融机构对中小企业的信任危机，增加了中小企业的融资难度。

（二）金融机构（资金供给方）方面的原因

⑴经营目标的改变使得商业银行等金融机构更加关注城市、更加关注上规模的大企业。作为自主经营、自负盈亏的特殊企业，商业银行等金融机构理应保障其信贷资金的流动性和安全性，追求合理的盈利，盈利和风险控制目标的改变使得商业银行把资金（存款）从经济相对不发达、信用环境和信用记录不好的地区转移到经济发达、信用环境和信用记录更好的地区，部分股份制商业银行在不发达地区甚至只有办事处，成为纯粹吸收存款的分支机构。这样，拥有信贷最终决策权的上级（大多数是省级分行）与中小企业在业务性、信息上的联系与沟通更加困难，中小企业获得贷款的难度进一步加大。此外，大企业的贷款可为商业银行带来更多的利润，耗费更少的贷款成本，导致商业银行不重视中小企业的贷款需要，增加了中小企业的融资困难。

⑵国有商业银行信贷制度改革有些矫枉过正，内部权责不对等，致使我省部分金融机构宁肯采取保守的信贷政策。历史上，各商业银行或多或少都有一些无法收回的中小企业贷款，形成了一些不良资产，而中小企业也在银行部门留有不良的“信用记录”，特别是我省一些地区曾发生过重大金融事故，被部分国有商业银行列入了黑名单，这些地区的基层放贷审批权已经完全被收回到省级分行。商业银行特别是四大国有商业银行对放贷的条件极其严苛，似乎有些矫枉过正，甚至出现追求“零风险”的思想。此外，商业银行内部信贷责任追究制度日益强化也导致基层业务人员存在“不做不错”的“恐贷”心理，即使在权限以内也不愿意放贷。

⑶中小金融机构体系的缺失。调查材料显示，立足于当地中小企业的以信用社为代表的中小金融机构受到了中小企业的普遍欢迎。而对中小金融机构信贷业务的分析也证实了其主要业务对象是中小企业。这说明“大银行对大企业，小银行对小企业”的金融服务模式在我省确实客观存在。然而，无论是从掌握的信贷资源还是从中小企业所获信贷资金支持的实际数额来看，我省中小金融机构还远远不能与国有商业银行抗衡，还远远落后于我省中小企业对融资的实际需要。我省“大银行对大企业”金融体系基本形成，而“小银行对小企业”金融体系则远没有建立。

（三）融资担保体系方面的缺陷

作为2003年左右才逐步发展的专门为中小企业融资提供中介服务的新兴中介金融组织，我省融资担保体系存在一些不足，对中小企业的融资功能还未得到充分发挥。

⑴再担保机制的缺失。作为经济大省的广东省至今尚未建立再担保机制，担保机构的系统风险难以分散，限制了担保放大功能作用的发挥。此外，缺少再担保这个与基层担保组织利益攸关的机构，无法对担保机构进行有效监督，商业银行的风险就始终不能降下来。这是商业银行不愿意与其分担风险的根本原因之一。

⑵担保机构存在营运不规范现象。当前各种担保规章制度不完善，有少数担保机构存着担保资本金不实、对外投资过多、担保风险准备金不提或提取不足、担保风险集中度偏高、为争取客户而放松担保审查和风险控制等问题。这些都严重影响担保行业对银行的信用，是商业银行不愿与担保机构紧密合作的重要原因。

⑶一些部门对担保机构支持配合力度不够，

影响担保机构作用的发挥。目前，工商登记及其年检信息、贷款记录信息、纳税信息和财产登记信息等信息系统都不对担保机构开放，担保机构的反担保登记难以落实。很多合同登记部门只办理银行要求的抵押合同登记，不办理担保机构要求的反担保抵押合同登记。此外，担保机构也不能查询有关中小企业的社会公用信息。上述原因使得担保公司难以有效识别和控制担保风险。

（四）体制等其他方面的原因

除了上述3个方面的主要原因之外，调研过程中我们还发现了我省的一些特殊原因。

⑴中小企业厂房土地产权问题。土地产权问题可能是我省经济体制转型过程中一个比较特殊的问题，也是一个比较突出的问题。由于历史的原因，我省珠江三角洲地区企业大多长期租用集体土地，有些租期甚至长达30年、40年。这种现象在佛山南海等珠三角中小企业发达的地区较为普遍，企业通过与当地乡镇或村级管理单位签订土地租用合同，缴纳租金，取得土地的使用权，并且在租用土地上建造厂房。也就是说，实际上中小企业在这些土地上投入了大量资金，形成了实际上的固定资产，但是这些租用的土地和自建厂房不能按照国家规定办理房地产证，无法被正规商业银行用于抵押贷款，这些沉淀在土地上的“实际上的固定资产”却不能成为活钱，不能在中小企业向金融机构贷款过程中起任何作用。

⑵社会信用方面的问题。总体而言，我省社会信用信息系统不完整，缺少一个被金融机构普遍接受认可的中小企业商业信用评估系统，中小企业信用信息的收集和分享难以实现。某些地区由于以前发生过一些大骗案或不法行为，影响到整个地区中小企业的信用度等级，企业资金用途的真实性、合法性被商业银行怀疑，使得他们在这些地区的放贷都极其审慎。

三、缓解广东省中小企业融资难的基本思路和对策建议

中小企业融资困难的现象，是社会主义市场经济转轨过程中各种制度和体制矛盾在资金供求市场上的集中表现，应该看到，中小企业融资难现象具有普遍性、长期性和复杂性，并不仅仅是我省特有的现象，在全国甚至发达国家也都有这种现象。解决这些困难，必须在保证国家整个金融系统的稳定健康发展的基础上，在遵守国家金融法规、尊重商业银行等金融机构运行规律的基础上逐步推进。就短期来说，应该立足于继续发挥现有商业银行体系的主渠道作用，推动商业银行与中小企业的融资合作，进一步加强中小企业信用担保体系建设，加大财政支持力度，强化社会信息服务体系，组建融资信息中心，帮助优良的中小企业更容易、更方便地获得现有金融机构的资金支持。从长期看，则要注重培育社会信用环境，发展社会信用体系，以创造优良的融资环境，形成一个以国有商业银行、各股份制商业银行、社区型民营中小商业银行为主体，以高新科技企业摇篮的风险投资机制和中小企业迅速成长平台的二板资本市场为两翼，以业务多元而成熟的融资担保体系为润滑剂以及其他融资渠道并存的多元融资渠道格局。

（一）增强中小企业的内在实力，树立良好的外在形象和信誉

⑴要健全财务管理制度，严格按照会计法规和商业银行要求，建立全面、准确、真实的财务制度，定期向相关各方提供全面准确的会计信息，增加企业信息的透明度，树立企业的“信用形象”。

⑵要及时还本付息，主动消除金融机构对中小企业存在的误解和偏见，逐步建立和提高金融机构对本企业的信用记录，树立守信用、重履约的良好外在形象。

⑶要保持合理的贷款水平，制定有效的应收账款管理制度，加快资金回笼与周转，提高企业资金管理利用水平。

⑷要转变观念、提高管理水平，主动了解、适应商业银行等金融机构的信贷政策，增强与金融机构的沟通与联系，实现融资信息的互动。

⑸要不断增强中小企业的自身竞争力，创新企业经营理念。

（二）积极拓展中小企业融资渠道

融资渠道狭窄是导致中小企业融资难的一个重要因素。解决中小企业融资难问题，必须进一步探索多元化的融资方式。

⑴探索建立中小企业产权交易市场，为中小企业资产重组、产权多元化提供融资平台。

⑵引导中小企业直接融资。充分利用深圳交易所开通的中小企业板块的融资优势，鼓励引导我省中小企业上市融资，吸引社会闲散资金，为优质中小企业的发展壮大提供直接资金来源。

⑶积极开展租赁融资。租赁融资集信贷、融资、租赁于一身，兼有融资与融物的双重功能，通过租赁融资，中小企业可以用较少的资金取得所需要的生产设备及原材料，降低企业负债率。

（三）增加对中小企业的资助力度，提高政府资金利用效率，鼓励商业银行进行金融创新

目前，各种面向中小企业的资助基金数额不多，且大多是“政府与企业”这种一对一的比较直接的资助方式，地方政府在增加各种资助基金的数额的同时，更应考虑如何改革政策性资金扶持措施，提高政府财政资金使用的“乘数放大效应”。其次，一对一方式的资助应限于特定类型企业。同时，政府还应该鼓励商业银行进行各种金融创新，以满足中小企业的多样需求。

⑴坚持商业银行自主原则，由商业银行自主决定与控制风险。通过财政拨款与金融机构合作，运用财政贴息、风险分担等方法，鼓励商业银行把钱贷出去。

⑵有针对性地为某些特定中小企业提供有明确用途的短期应急贷款，将贷款对象严格限定于类

似于农副产品收购加工等季节性资金需求特征十分明显的中小企业。

(3)积极鼓励各商业银行开展仓单、动产等抵押和质押业务，尝试收购应收账款等适合中小企业的金融创新。政府部门应协调和组织各商业银行交流推广成功的经验。

（四） 构建多层次信用担保体系

(1)尽快建立省级再担保机制。建议由政府牵头，联合再担保营运机构、担保行业等相关机构，尽快建立我省再担保机制，真正落实风险分散，增强基层担保机构的担保能力。

(2)推进地市担保体系建设。没有担保机构的地区要以“政府参与、民间合资、自主经营”的原则尽快建立担保机构，财政税收等部门要对欠发达地区担保机构给予补贴和优惠，通过加大财政对风险准备金补贴的力度和落实税收减免等对担保行业进行支持。

(3)强化担保协会的功能。通过行业自律管理，对该行业的业务流程及业务标准等作出相关的具体指导，引导担保行业进行良性的竞争。同时，进一步细化担保行业的各种规范与制度，建立监督与奖惩制度，促进担保机构各种业务行为的规范化。

(4)优化政务环境。完善房管、国土、车管、船管、工商等部门对担保机构的抵押合同登记服务工作，逐步对担保机构开放有关部门的公用信用信息系统，开展企业信息查询服务。

（五）加快推进中小企业信用体系建设

(1)信用缺失、信息不对称是造成中小企业融资困难的一个重要因素，解决我省中小企业融资难问题，必须高度重视中小企业的信用体系建设。培育信用需求、规范信用市场、完善信用制度、营造信用环境，对于缓解中企业融资困难，提升中小企业整体素质和竞争能力，抵御信用风险具有重大的作用。当前，我们必须建立和完善中小企业征信系统和信用评价体系，积极培育信用中介服务机构，加快信用中介体系建设，整合工商、税务、质检、银行等各方面的信息资源建立信用数据库，逐步建立一套覆盖全省的通用信用查询系统。建立一套严格的信用奖惩机制，通过工商、税务等部门对优良中小企业的纳税状况、信用记录进行公开褒奖，并形成制度化，对中小企业的不良信用记录进行披露，形成全社会讲信誉、重信用的良好社会环境。

(2)积极建立一个为全省中小企业服务的对内、对外融资渠道信息服务中心。对外融资渠道信息方面，作为国内中小企业与国外投资机构的信息媒介，向外传递省内优良中小企业的各种经营信息与资金需求状况，对内进行各种国外融资渠道的信息传播。例如，该中心可以提供中小企业到境外特别是香港中小企业板块上市的各种信息与具体做法指导，并为希望通过此途径获得资金的中小企业提供联络、指引与咨询服务。在对内融资渠道信息方面，该机构提供3种服务：一是为各种高新科技中小企业与风险投资机构之间的各种信息提供一个交流的平台，协助解决高新企业创业期间寻找风险投资机构的问题；二是可以为我省部分实力强、管理能力强、信用良好、产销两旺的优质中小企业提供国内二板上市的各种动态消息与咨询服务；三是负责宣传各种政府为中小企业提供融资服务的相关信息，向中小企业提供申请政府各种资助基金的指引。

（六）加快金融信贷、税务、土地产权等体制的改革

当前，我省乃至全国都还存在着阻碍中小企业发展的体制性障碍，在某些领域甚至还很突出，应该通过各种方式和途径，深化金融、税务、土地产权等方面的改革，扫清我省中小企业发展的体制性障碍。

(1)在金融信贷改革方面。一是加快现有中小金融机构改革，探讨成立中小商业银行。大力规范省内农村信用社的经营,加快向农业商业银行转型的步伐，允许并鼓励民间资金参股,完善信用社的股权结构，调整基层社的信贷投放重点,进一步明确农村信用社和农业商业银行以中小企业特别是乡镇中小企业和个体私营企业为主要服务对象的宗旨。二是引进部分外资特别是港资银行，利用香港的商业银行对中小企业贷款的丰富经验及其熟悉国内情况的优势，根据加入WTO的有关协议和CEPA协议提出的加快引进部分香港商业银行的步伐，推动我省中小企业与外资银行的融资合作。三是修改国有商业银行企业信用等级评定标准，建立一套适合我省中小企业特色的信誉评价标准和风险评估标准，为一大批规模小，但业绩好、有发展前途的中小企业融资创造便利条件。四是完善金融放贷管理制度，完善信贷资金的授权授信制度，适当下放贷款审查、发放权限，为中小企业获得资金打开方便之门。五是健全社会信贷服务体系，培育信用评级、物业评估、报表审计、融资担保等方面的社会服务中介组织，解决银行与中小企业之间的信息不对称问题，加快银企间的信息传递。

(2)在税制改革方面。当前主要是要降低中小企业的税率，探索推行税费合一和国地两税合一，实行民营企业与外资企业同等的税率，减轻中小企业的税费负担。

(3)在土地产权改革方面。专题研究中小企业厂房土地产权问题，客观公正地对待农村集体土地出租所引起的厂房产权问题。例如，结合农村土地产权制度方面的改革探讨，研究是否可以根据租用土地上盖房产的评估价值，发放一种“特殊财产证明”，专门用于解决相当一部分中小企业类似于获得抵押贷款这类问题。在调研过程中发现，南海等地的许多当地农村信用社已经通过这样的方式解决了这些租用土地上盖房产的贷款抵押问题，这种“实事求是”的“非正规金融的非正规创新”不仅极大地促进了南海等地经济的快速发展，而且事实上也极大地促进了农村信用社等金融机构自身的发展，如果能够将其规范化、合法化，并且能够在其他地区推广，必将缓解我省乃至全国的中小企业融资困境。

（广东省中小企业局课题组）

关于加快推进广东省中小企业社会化服务平台建设的研究报告

为贯彻落实《中华人民共和国中小企业促进法》、《中共广东省委、广东省人民政府关于加快民营经济发展的决定》（粤发[2003]4号）和经省政府同意的《印发关于推进我省中小企业社会化服务体系建设的意见》（粤经贸（中小企）[2004]67号）的精神，了解和掌握我省中小企业服务平台建设的情况，研究解决中小企业服务平台建设存在的问题，按照科学发展观的要求，提出推进我省中小企业服务平台建设的意见和措施，健全、完善我省中小企业社会化服务体系，为我省中小企业的发展营造良好的外部环境，按照省经贸委党组的统一部署，省中小企业局组织了"广东省中小企业社会化服务平台调研"活动。

本次调研，我们请了省委政研室综合经济处和省中小企业咨询研究中心（华南理工大学工商管理学院）的有关同志共同参与。调研工作采用问卷调查和现场调研的方式进行。按照调查对象的不同，调查问卷分别设计了"广东省中小企业社会化服务平台建设调查问卷"企业类、政府类和中介机构3类问卷，并制定了相应的《访谈提纲》。全省21个地级市都按照要求组织、发放、收集和汇总问卷，共回收企业类问卷564份、政府类203份、中介机构类196份，共963份。课题组赴珠海、佛山、韶关、梅州、湛江、茂名、清远、揭阳等8个市开展现场调研。现场调研以座谈会为主，实地调查为辅，通过组织各市、县（市、区）中小企业行政主管部门负责服务体系建设的负责人、乡镇政府负责中小企业工作的负责人、当地中介机构和中小企业代表等就《访谈提纲》所列有关如何更好地满足中小企业的服务需求和加快推进中小企业服务体系的建设等问题进行讨论和座谈，听取他们的意见和建议，获取丰富的一手材料。

通过本次调研，从总体上了解了我省中小企业社会化服务平台的发展现状及主要特点，分析了我省社会化服务平台建设存在的主要问题，对我省中小企业社会化服务平台建设的发展思路进行了初步规划，提出了社会化服务平台建设的总体目标、工作要求和工作重点，就加快推进我省社会化服务平台建设提出了相应的对策和建议。

一、我省中小企业社会化服务平台建设的现状

2003年全省民营经济工作会议召开以来，我省各级党委政府高度重视中小企业社会化服务体系建设，以推进中小企业社会化服务平台建设为重点，做了大量卓有成效的工作，初步形成了以投资融资、技术支持、人才培训、信息咨询、市场开拓等五大服务平台为核心的，多层次、广范围的服务平台体系。我省中小企业社会化服务平台的建设，进一步优化了中小企业发展环境，有力地促进了中小企业和民营经济的发展提高。截至2005年9月底，全省私营企业达到43.4万户，比上年同期增长15.6%，从业人员623.07万人，同比增长9.7%；民营经济创造的生产总值为5216.7亿元，同比增长13.5%，税收收入823.86亿元，同比增长22.1%，出口209.6亿美元，同比增长62.3%。

总体上看，我省中小企业社会化服务平台建设主要有以下几个特点。

(1)管理和服务机构较为完善。纵向初步形成了以省、市、县三级中小企业行政主管部门、中小企业综合服务机构为主体的管理和服务机构框架。2003年2月，我省成立了省中小企业局，使全省中小企业服务体系的建设有了主管部门。此后，按照省委、省政府《关于加快民营经济发展的决定》（粤发[2003]4号）的要求，全省21个地级以上市政府先后成立或明确指定了中小企业和民营经济主管部门。省中小企业服务中心进一步明确了作为全省中小企业综合服务机构的职能，在政府与中小企业间发挥重要的桥梁和纽带作用。截至今年9月底，全省有15个地级市成立或指定了中小企业综合服务机构，其中10个地级市成立了市中小企业服务中心。据初步统计，全省121个县（市）区有90个已成立或者指定了县级中小企业综合服务机构，覆盖率超过70%。

(2)政策体系较为健全。两年来，省、市两级党委和政府围绕加快中小企业发展、促进中小企业服务体系建设出台了一系列政策性文件，为中小企业社会化服务平台建设创造了较好的政策环境。以省委、省政府或部门名义出台的政策性文件主要有《省委、省政府关于加快民营经济发展的决定》及12项配套文件、《关于推进我省中小企业社会化服务体系建设的意见》、《关于加快我省中小企业信用担保体系建设的意见》、《广东省中小企业社会化服务体系专业服务机构示范单位确认暂行办法》、《广东省中小企业社会化服务体系专业服务机构信息收集暂行办法》、《中小企业信用担保机构备案暂行办法》等。此外，各市也相继出台政策文件，明确主管部门、服务机构和职能，推动当地中小企业社会化服务体系和平台建设。

(3)资金扶持力度较大。根据《省委、省政府关于加快民营经济发展的决定》要求，从2003年起连续5年，省财政每年安排扶持中小企业专项资金2亿元，重点扶持方向之一就是中小企业信用担保体系建设和中小企业服务体系建设。2003年在省财政扶持中小企业专项资金中有服务体系建设资金1005万元，用于扶持中小企业服务机构建设、信息网络建设、人才培训等。2004年，省财政扶持中小企业专项资金扶持中小企业服务体系项目

资金达到2711万元（其中服务体系建设项目资金1371万，担保体系建设项目资金1340万），主要用于扶持综合服务机构建设、产业集群技术服务平台建设、人才培训项目、担保体系建设项目等，扶持资金比2003年增加一倍多。省内有16个地级市也参照省的做法，由市财政安排扶持中小企业专项资金。如揭阳、惠州、潮州等市从2003年起连续5年，每年安排专项资金1000万元；佛山市2003～2005年市区两级财政每年安排1.3亿元；韶关市从2003年起，每年按市本级财政一般预算收入的1%作为市直中小企业专项资金。政府财政资金的支持和投入，还调动了民营资本和其他资金的投资积极性。

(4)成效比较显著。在投资融资服务平台建设方面，我省的信用担保行业虽然起步晚，但发展较快，已踏入国内先进行列。据不完全统计，截至2004年底全省担保机构达101家，为中小企业累计担保总金额达344.23亿元，初步缓解了中小企业融资难问题。在技术支持服务平台建设方面，省中小企业服务中心已建立起七大技术服务基地，为中小企业提供了较好的技术支持。各地根据产业发展和产业集群特色建立起来的技术支持服务机构，也发挥了较好的服务作用。如佛山市的建筑卫生陶瓷生产力促进中心、江门市的水龙头技术创新中心、潮州市的广东枫溪陶瓷生产力促进中心、揭阳市的民科鞋业创新服务中心等。在人才培训服务平台建设方面，制定了全省中小企业培训工作方案以及《广东省中小企业培训师资人才招聘细则》、《广东省中小企业培训示范机构认定细则》和《广东省中小企业培训示范基地认定细则》，并确认了“广东省中小企业莱茵培训基地”等一批培训示范基地和示范机构。逐步建立和完善中小企业培训课程体系和师资库。组织举办各种类型、专业的培训班，2004年在14个地级市开办培训班18场，培训基层管理干部及企业家5000多名。在信息咨询服务平台建设方面，开通了“广东省中小企业服务网”，部分市也建立了本地中小企业信息服务网，为广大中小企业提供了较为完整、及时的信息服务。在市场开拓服务平台建设方面，通过组织和参加各类展销会和经贸洽谈会，如“中国中小企业博览会”、“中国东盟博览会”、“泛珠三角经济贸易洽谈会”、“第三届山洽会”等，有效地帮助中小企业开拓国内外市场。

二、当前我省中小企业社会化服务平台建设存在的主要问题

尽管我省中小企业社会化服务平台建设取得了初步成效，但与中小企业持续快速发展的需求仍有不相适应之处，建设的水平和质量有待进一步提高。目前，我省中小企业社会化服务平台建设存在的主要问题有以下几个方面。

(1)认识不足，行动缓慢。部分地区对中小企业发展和中小企业服务平台建设的重要性认识不足，在实际工作中对该项工作不够重视，支持不到位，政策不落实，致使中小企业服务平台建设步子迈得不大，速度不快，成效不理想。一些地区对中央和省有关扶持中小企业发展的鼓励优惠政策的宣传和执行力度不够，主动服务意识较差；有的地区虽已要求建立中小企业服务平台，但至今还未落实；有的地区虽然建立了中小企业服务机构，但只是搭了个架子，未积极开展具体工作；有的地区还处于等待观望状态。

(2)缺乏建设发展目标和规划。目前，全省推进中小企业社会化服务平台建设仍没有明确的目标，缺乏全面和科学的总体规划和专项规划。各地在建设过程中，各按所需，方向不明确，责任不明确，标准不统一，短期行为突出，随意性较强，影响了推进社会化服务平台建设的正常进程，阻碍了服务资源的优化整合和服务功能的发挥。同时，大部分地区中小企业发展工作和服务平台建设工作普遍存在多头管理、监管不协调、管理和服务方式不到位等问题。如在中小企业信用评价体系建设方面，政府有关部门、银行、社会有关组织在对中小企业的相关信息收集和管理上，自成系统，各自封闭，互相无法交流共享，造成信息采集难、核查难、成本大，增大了信用担保机构的经营风险，再加上部分企业存在欠债不还、自身素质不高、抵押物少等问题，影响了中小企业整体信用环境，成为中小企业融资难的一个重要原因。

(3)政策和资金扶持力度不足。与《中小企业促进法》相配套的地方性法规还不完善，未能为中小企业及服务机构的建设与发展提供有效的法制保障环境。各级政府扶持中介服务机构发展的优惠政策仍显不足，与推进服务平台建设的要求不相适应。省财政扶持中小企业专项资金用于扶持服务体系建设的资金较少，与其他兄弟省市相比，差距较大。如江苏省仅在信用担保体系建设，每年就投入2亿元，另外该省财政还安排1.3亿元专项资金支持包括服务体系、人才培训和技术创新等项目。由此可见，江苏省服务体系建设资金每年超过2个亿。又如，北京市安排中小企业专项资金5亿元，重点用于推动融资担保体系、信用体系和服务体系建设。部分地方政府没有设立中小企业发展专项资金，一些欠发达地区由于地方财政较为紧张，经费不足，投入较少，制约了中小企业服务平台的建设发展。

(4)区域间发展不平衡。总体上看，珠江三角洲等地由于经济发展水平较高，资金投入力度、建设力度较大，服务平台建设进展较快，各类中介服务机构发展迅速。而山区和两翼等欠发达地区，服务平台建设较为缓慢，社会化中介服务机构相对较少。特别是在信用担保体系建设方面，深圳、广州等珠江三角洲城市发展较快，收到较明显成效。但在东西两翼和山区，由于种种原因，担保机构数量少、规模小、担保资金少、营

运能力较弱等问题突出，担保机构的服务能力远未能满足中小企业投资融资要求，一些地市甚至连一家正规的担保机构都没有。

(5)服务机构服务能力不强，平均规模较小。从全省来看，山区和东西两翼的综合服务机构占了较大部分。由政府组织建立的综合性的服务机构由于人员编制较少，资金短缺，导致其开展服务内容和项目较少，服务功能不全，服务层次偏低，服务能力不强。全省还有相当部分的县（市、区）尚未建立综合服务机构，服务平台的建设进展较慢，发展滞后。而面向中小企业的社会化中介专业服务机构，由于成本和需求原因，发展缓慢，规模较小。根据调查，全省中介服务机构员工人数在10人以下的就占了49%，而超过50人的只有9%。

(6)服务机构高素质人才匮乏，服务水平有待提高。大部分服务机构存在人才总量不足和结构不合理的问题，如广州市大部分会计师事务所的会计师仅有10人以下，其中本科学历的不超过35%。高素质的服务人才匮乏，使大部分中介机构服务手段单一、服务层次低，只能为中小企业提供较为简单的服务。如目前大多数技术服务机构主要为企业提供技术培训、技术咨询、技术信息服务等服务，对于这些服务很多企业都可以通过其他途径得到满足。而对于企业迫切需要的产品研发、设计、质量检测等方面服务，大部分技术服务机构还不具备这些能力，没法起到中介机构的应有作用。同时，许多服务机构提供的服务与中小企业需求尚未实现有效对接。如在培训服务方面，各级政府及中介机构近几年虽然开展了不少培训活动，但主要是面对企业中高层管理人员，而针对企业需求较大的生产骨干和技术熟练工人的社会化培训活动偏少。

(7)服务机构市场化程度低，自我生存和发展的能力弱。很多中介服务机构仍然隶属或挂靠在政府部门和事业单位，不是独立自主的市场主体，员工工作积极性不高，人浮于事现象突出，主动为企业服务的意识不强，适应市场变化的能力较差。特别是我省的一些落后地区，服务平台建设处在起步阶段，中小企业发展层次不高，对各类中介服务需求不大，中介机构基本要靠财政供养，自我生存和发展的能力较弱。据清远、湛江、茂名等市反映，其市级的中小企业服务中心经费来源严重不足，收不抵支，根本难以正常运转。此外，政府对一些服务职能包办过多，如筹备会展、人才培训、质量监测等，也致使服务机构难以按市场化方式运作，影响到服务机构的健康发展。

三、加快推进我省中小企业社会化服务平台建设的目标、要求和工作重点

（一）目标

从2006年开始，通过3年左右的时间，我省中小企业社会化服务平台建设工作再上一个新台阶，形成服务功能更为完善，服务内容匹配化、服务方式市场化、服务手段现代化，多主体、多层次、全方位的社会化服务平台体系，促进中小企业发展环境的进一步优化，推动中小企业健康快速发展。

（二）总体要求

全面落实和树立科学发展观，贯彻《中华人民共和国中小企业促进法》和《中共广东省委、广东省人民政府关于加快民营经济发展的决定》精神，以满足中小企业服务需求、促进中小企业和民营经济发展为目标和导向，以现有社会服务资源为依托，以抓好五大服务平台建设为重点和突破口，以健全和完善法律法规为保障，加大政府组织引导和监督规范的力度，推动社会各方共同参与，努力构建和完善中小企业社会化服务体系，为中小企业发展营造良好的外部环境。

(1)要统筹规划，分步推进。全省对推进中小企业社会化服务平台建设工作要有一个统筹的安排和考虑，要明确远期目标和近期目标，做好发展规划编制工作，按规划的目标和措施，分期分步实施。

(2)要政府主导，多方参与。在推进建设发展过程中，政府始终要发挥主导性作用。实行“政府扶持中介机构，中介机构服务企业”方式，通过财政资金的适当扶持，采用市场化运作手段，引导中介服务机构（包括综合性服务机构和专业性服务机构）开展企业所需的服务项目，整合、规范服务资源，建立科学合理的服务体系结构，使我省的社会化服务体系为广大中小企业提供优质、高效的服务。与此同时，在通过政策和资金支持引导的同时，鼓励社会力量参与，引导社会资金投入，共同推进社会化服务平台建设。

(3)要部门联动，形成合力。中小企业社会化服务平台建设工作涉及面广、任务繁重，单靠一个部门开展工作是难以取得实质性成效的，需要各有关部门间的互相配合。中小企业行政主管部门要牵头负责，财政、科技、人事、劳动、质监、工商、外经贸、税务、统计、银行等各有关部门要积极主动配合做好工作。要形成协调联动的长效机制，在继续完善“民营经济联席会议制度”基础上，通过定期召开有关部门的各种协调会、研讨会等方式，共同商讨问题、研究对策、互通信息，实现部门间信息共享、资源共享、达成共识，形成合力。

(4)要结合实际，重点突破。首先，要结合我省实际，围绕中小企业融资难、用地难、立项难、创新难、信用缺失等实际问题，从解决实际问题、瓶颈问题出发，制定和完善政策。同时要统筹考虑政府财政资金的支持能力和投入方向，集中力量解决实际问题，发挥财政资金的最大效用。其次，在整个服务平台体系建设中要突出五大服务平台这一重点，这也是近3年内的重点任务和目标。在不断完善和提高五大服务平台的基础上，再兼顾其他服务平台的建设工作。再次，在

五大服务平台建设工作中也要相应地突出一些重点，不可一味求全求大，要在当前已有基础上，抓住重点和突破口开展工作，逐步完善和拓展服务范围。

(5)要以点带面，逐渐推开。我省深圳市作为全国中小企业服务体系建设试点城市，已经在服务体系建设方面取得较大成绩，珠江三角洲一些有条件的城市可以在充分总结和借鉴他们的经验的基础上推进中小企业服务体系建设和发展。与此同时，在全省范围内，也应确定一些省里的试点，可在珠江三角洲、山区和两翼各确定1～2个试点，省里在资金和政策方面加大扶持力度，鼓励他们在一些热点、难点问题上积极探索，取得经验后再全面推开。

(6)要分类指导，规范服务。首先，对全省三种类型的地区要实行分类指导。珠江三角洲要在完善和提高服务平台功能基础上，先行一步，发挥其辐射带动作用；两翼和山区要积极创造条件，加快发展步伐，省也要适当倾斜，加大支持力度。其次，对公益性服务机构和社会中介服务机构也要进行分类指导和规范，引导其准确定位，按照法律、法规和政策要求提供服务。

（三）工作重点

以投资融资、技术支持、人才培训、信息咨询、市场开拓等五大服务平台为工作的重点和突破口，在巩固原来工作的基础上，进一步整合各种资源，采取扎实有效的措施和手段，稳步推进五大服务平台建设，推动形成较为成熟和完善的服务网络。

(1)以加强信用担保体系建设为突破口，推进投资融资服务平台建设。当前重点要抓好几项工作，一是抓好省、市、县担保机构建设和发展，通过政策引导，鼓励民间资金参与建设，不断发展壮大担保机构，扩大担保资金规模，增强担保能力。二是促进再担保机制的形成，省财政扶持中小企业发展专项资金应考虑以一定的形式和金额支持再担保机构，担保机构也可以采用联合担保等方式分散风险。三是完善担保行业协会的功能和机制，强化行业自律，维护行业权益，促进行业发展。四是协调好中小企业与银行、信用担保机构的关系，各级中小企业服务中心可代表中小企业多与银行、信用担保机构进行联系，为保证三方的良好沟通发挥积极作用。五是推动中小企业诚信体系建设，逐步开展中小企业资信评级工作。

(2)以产业集群为依托，推进技术支持服务平台建设。在完善七大技术服务基地的基础上，根据我省产业集群特色，继续拓宽服务领域，为解决中小企业普遍的关键共性技术提供良好服务。各地也要根据产业集群的特色和实际，加大力度，推进建设有地方特色的技术服务中心。要重视发挥高校、研发部门的力量和作用，支持鼓励专业技术实验室、测试基地向中小企业开放。以中小企业信息平台为载体，做好中小企业技术信息服务工作。要加强部门合作，实现资源共享。中小企业行政主管部门要与科技、科研部门联手合作，充分整合各种社会资源，高效推进技术服务平台建设工作。

(3)以整合社会专业培训资源，巩固提高各级中小企业培训基地为重点，推进人才培训服务平台建设。鼓励和引导专业行业协会（商会）、高校培训中心、专业培训机构等机构开展企业个性化培训，整合全省的社会专业培训资源。巩固提高各级中小企业培训基地，更新培训内容，提高培训水平和层次，进一步加强中小企业示范基地和示范机构的认定工作。设计完善符合广大中小企业普遍需求的培训课程体系，建立中小企业人才培训师资库（讲师团）。按照“国家中小企业银河培训工程”计划要求，继续组织实施好中小企业的各项专门培训，坚持从企业对人才的实际需要出发，探索新的培训方式方法，推行就业培训、岗位培训和脱产培训相结合，理论与实践相结合，突出培训工作的时效性和实用性。推动培训资源在省内的合理流动，促进我省各区域全方位的开放和交流，扩大各地市、甚至是国内外的人才培训合作，吸引更多的培训资源，

(4)以建设完善“广东省中小企业服务网”为核心，推进信息咨询服务平台建设。一是要继续完善“广东省中小企业服务网”建设，用现代化、信息化手段，改变传统的人工操作的服务手段，形成信息服务互动网络化。改善和提高服务质量和水平，及时有效地向中小企业发布各类信息，缓解信息不对称的矛盾，帮助中小企业便捷地获取信息资源。二是要推动各市加快建立信息分网，以省网为龙头，形成覆盖全省中小企业的信息服务网络体系。对未开通信息分网的部分市，要加快建设进程，争取在明年各地级市全部建成开通中小企业信息服务网。各网站间通过联网实现信息互动，形成目标一致、上下一致、品牌一致的信息服务网络。三是要加强中小企业资料库、数据库、信息库建设。部门间要做到互通信息，中小企业行业协会也要发挥在数据、信息收集中的积极作用，及时更新各类资料和数据，为掌握和提供准确信息打好基础。

(5)以组织举办各类展销会和经贸洽谈会为有效载体，推进市场开拓服务平台建设。以中博会为龙头，重点打造集群品牌，做大做强集群品牌，并推广集群品牌，发挥集群营销的带动和促进作用。通过组织举办好各类展销会和经贸洽谈会，创造我省中小企业与国内外市场联系沟通的平台和载体，加大对外宣传和推介力度，帮助中小企业开拓国内外市场。

四、加快推进我省中小企业社会化服务平台建设的对策和建议

(1)提高认识，加强领导。各级党委政府、各有关部门要充分认识中小企业社会化服务平台建设的重要性和迫切性，高度重视推进中小企业社会

化服务平台建设工作，把之纳入重要议事日程，摆上突出位置，切实加强领导，做到思想认识到位、资金支持到位、政策落实到位、工作责任到位，科学谋划，完善措施，抓好落实，积极推进。一是要定期研究发展对策和措施，及时解决建设中遇到的主要问题和实际困难。二是要继续建立健全机构、机制，为社会化服务平台建设提供良好环境。三是要加强对政策贯彻落实情况的监督和检查，确保政策落实并收到实效。四是要强化各级行政主管部门职能，进一步发挥引导、规划、协调和扶持等职能作用。

(2)加快总体规划和专项规划的研究和编制工作。按照《中小企业促进法》的要求，根据我省实际，加紧中小企业社会化服务平台建设总体规划和五大服务平台建设专项规划研究和编制工作。省中小企业行政主管部门要在充分调查研究、广泛征求有关部门及中小企业意见基础上，科学合理编制发展规划，提出我省中小企业社会化服务平台建设的发展思路、发展目标和具体措施。编制规划要注意长短期规划相结合，长期规划可以2010年为期限，短期规划可以近3年为期限，建议突出“一年打基础，两年求突破，三年上台阶”的近期目标。各地也要结合当地实际，制定各地的发展规划，并实现上下规划的一致性。

(3)进一步加大资金扶持力度。首先，要进一步加大财政资金对中小企业社会化服务平台建设的支持力度。各级政府要根据财政增长的实际情况，逐步加大资金支持力度。资金规模要根据项目确定，列入年度财政预算，确保落实到位。要发挥政府投入的引导作用，调动民间资本的投资积极性，带动和鼓励社会力量多渠道增加对服务平台建设的投入。其次，逐步转变扶持中小企业发展专项资金的投放思路和方向，不断加大扶持服务平台建设资金的投入比例，集中财政资金用于扶持社会化服务平台建设的各项工作，致力搭建起政府的公共服务平台。再次，要考虑区域间的差距及欠发达地区的实际困难，适当向东西两翼及山区倾斜。

(4)进一步完善政策环境。在用好用足用活原有政策法规基础上，继续加大政策制定和出台的力度，通过不断完善促进服务平台建设的其他各项政策法规，形成较为成熟的政策法规体系，为中小企业社会化服务平台建设创造良好的外部环境。如要加快出台《关于优化中小企业信用担保机构开展业务的政务环境的若干意见》、《关于鼓励和引导担保机构到山区和东西两翼地区开展融资担保业务工作的意见》等政策性文件。要加紧研究建立各类服务机构资质评定制度，形成法律定位清晰、政策扶持到位、监督管理完善、市场竞争平等的良好发展环境。

(5)建立健全综合性服务机构网络，增强核心带动作用。要加快健全完善全省综合服务机构网络。各级政府要重视发挥综合服务机构在服务中小企业中的核心龙头作用和对其他服务机构的带动辐射作用，在机构设置、人员配备、财政支持及业务指导等方面要相对加大力度。对于还未建立中小企业综合服务机构的部分市、县，要加快步伐，争取在2006年以前各市均建立起中小企业综合服务机构，在2007年以前，各县（区）均建立起中小企业综合服务机构，基本形成覆盖全省的综合服务机构网络。各地要注重解决综合服务机构建设发展过程中的实际问题，加大扶持力度，保证办公经费，改善办公条件，积极为服务机构创造良好的发展环境。各级中小企业行政主管部门要从当前实际工作需要和服务平台长远建设出发，积极创造条件，通过各种方式，有计划、分期分批地组织当地服务机构从业人员参加学习、考察、培训、研修活动，不断提高服务机构从业人员的综合水平、业务素质和服务能力。各级中小企业综合服务机构也要明确自身职责，加强自身建设，大胆实践，研究创新，通过提高自身实力和水平，发挥在服务中的龙头引领作用。

(6)推进服务机构的社会化、市场化程度，增强和完善服务功能。以政府职能转变为突破口，围绕中小企业服务平台建设，逐步将一些事务性和服务性较强的管理工作转交给有条件的服务机构，促进服务机构的发展。逐步推进综合性、专业性服务机构与政府脱钩的步伐，推进服务机构的社会化、市场化，鼓励和支持他们增强自我发展和生存能力，积极参与市场竞争。以市场为导向，大力支持和鼓励社会力量、民间资本创办中介服务机构，提高中介服务机构的资信度，使其真正成为连接企业、政府和研究机构的桥梁。进一步加大对服务行业的规范和监督力度，维护行业间的公平合理竞争，为发展壮大各类服务机构创造条件。

（课题组成员：省中小企业局技术进步处姚德洪、吴晓春、孙海扬，省委政研室综合经济处王辉、林琨琅）

发展中小企业　推进农村工业化　全面建设社会主义新农村

——关于加快四川省农村中小企业发展的对策研究

构建农村和谐社会的重点在于发展农村经济。
统筹城乡发展的关键在于推进农业现代化。
全面建设小康社会的难点在于增加农民收入。

农村中小企业在推进农业现代化、发展农村经济、增加农民收入、全面建设社会主义新农村的历史进程中肩负重任。

党中央在统筹城乡发展、全面建设小康社会、积极构建和谐社会的重要历史时期作出建设社会主义新农村的重大战略部署，对一个有着

6600多万农村人口的农业大省——四川而言，具有十分重要的现实意义。为深入贯彻落实中央的决策和省委八届六次全会精神，促进农村经济社会的发展，为我省新农村建设在实施“十一五”规划的开局之年开好头、起好步，就如何加快我省农村中小企业发展、推进农村工业化、促进社会主义新农村建设这一课题，我们进行了专题调研。3个月来，省局调研组先后赴成都、德阳、绵阳、泸州、资阳、乐山、攀枝花、凉山等市州，对农村中小企业的发展情况进行深入调查了解，现场看、实地学；与企业家交谈，查阅第一手资料；听取当地党委政府和有关部门的情况介绍，走访了近百户企业，较全面地掌握了企业生产和发展现状。在此基础上，我们力求在“以工促农、以城带乡，统筹城乡经济发展，加快构建和谐社会，全面建设社会主义新农村”这一重要思想的指引下，准确把握我省农村中小企业发展现状，客观分析我省农村中小企业发展机遇和面临的困难，研究提出促进我省农村中小企业加快发展的对策措施。

一、农村中小企业在全面建设社会主义新农村中的重要使命

农村中小企业的发展演变经历了“社办企业—社队企业—乡镇企业”这样一个曲折漫长的历史过程。经过近半个世纪的艰苦创业和改革发展，我省农村中小企业取得了长足进步，其增加值占全省GDP的比重由1978年的3.2%增长到2005年的23.6%，工业增加值占全省工业增加值的比重由1978年的8.7%增长到目前的41.8%，入库税金占全省地方财政收入的比重由1978年的0.1%增长到目前的30.5%，从业人员占全省农村人口的比重由1978年的2.9%提高到目前的10.5%。农村中小企业为发展农业、繁荣农村、富裕农民作出了积极贡献，为推进农村城镇化、农业现代化注入了新的活力。历史的进程说明，发展农村中小企业是建设社会主义新农村的必然选择。

（一）农村中小企业是推进农村工业化的重要力量

统筹城乡经济社会发展，积极推进农村新型工业化，是农村全面建设小康社会的必由之路。当前，我国工业化正处于中期发展阶段，而农村工业化还徘徊在初级发展阶段，要推进农村新型工业化，必须找到一条实现途径。农村中小企业利用自身的机制优势、劳动力优势和后发优势，把城市工业化和农村工业化有机地结合起来，实现了城乡工业“两翼”齐飞，大大加快了农村新型工业化进程。2004年全省规模以上中小工业企业完成增加值1230.5亿元，销售收入2851.5亿元，利税总额298.9亿元，资产总额3974.6亿元，分别占全省规模以上工业企业总量的66.2%、62.8%、62.9%和58.9%，2005年我省乡镇企业实现工业增加值1076.7亿元，约占全省工业增加值的40%。

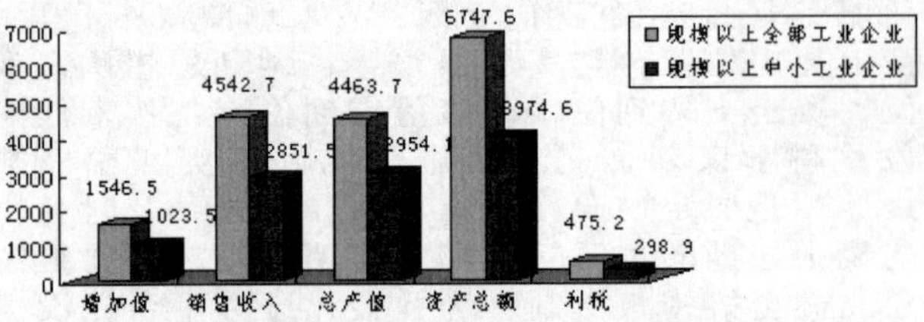

图1 2004年全省规模以上中小工业企业经济指标对比图

（二）农村中小企业是加快城乡一体化的重要支撑

农村中小企业向园区和小城镇的聚集，带动了农民的聚集，进而带动了服务业和市场的兴起，培植了小城镇的产业基础，壮大了小城镇经济，促进了小城镇建设，成为加快我省农村城镇化不可缺少的经济支撑。近年来，我省涌现出一大批经济强镇，经调查和分析，它们发展快、经济强的重要原因之一就是农村第二、第三产业发展快、实力强。2004年，我省共有乡镇企业园区179个，集聚企业8.4万个，从业人员71.6万人，营业收入729.7亿元，总产值719.2亿元，上缴税金20.9亿元。乡镇工业园区的发展成为加快我省农村城镇化的重要载体，农村第二、第三产业向城镇集中发展，农村非农人口向城镇转移，成为“工业反哺农业、城市反哺农村”的一个重要因素，有力地推动了城乡一体化进程。

（三）农村中小企业是实施农业产业化的带动力量

龙头企业是农民与市场的桥梁和纽带，是实现农业产业化经营的关键所在和核心环节。如资阳市的四海公司与澳士达公司带动了250多家良种扩繁场和13万户农民进行规模化、标准化养猪养羊；华通柠檬公司带动20万农户种植了1200万株柠檬树，产量占全国的70%；临江寺豆瓣公司、若男公司、乐至中药饮片公司带动了近60万农户，建成了规模位居全省前列的柑桔、韭黄、木耳等300多万亩农产品种养基地，拉动了农村经济发展。这些龙头企业正日益成为农业产业化经营的重要带动力量。

（四）农村中小企业是转移农村劳动力的主要渠道

农村中小企业起源于农业，植根于农村，服务于农民，与农业、农村、农民有着紧密的联系，是转移农村剩余劳动力最便捷、最有效、最稳定的主渠道。2005年，我省乡镇企业共转移农村剩余劳动力720万人，占全省已转移劳动力的48.3%。在经济较发达的县、乡、村，中小企业吸纳农村剩余劳动力的能力更强，有的地方90%以上的劳动力在中小企业务工。凡是一个农村家庭有1～2人在外务工的，基本上都进入了由温饱型向小康型转变的轨道。广安市398万农业人口中，剩余劳动力达150万人。通过大力发展农村第二、第三产业，使优势产业基地规模达到200万亩，20万农民就地当上了产业工人。“就地打工，不受背井离乡之苦，不仅能得到家庭的温

暖，而且挣的是现钱、活钱。”这是曾出国到以色列打工后，回乡自办园艺场经营的协兴村农民黄奇涛的感言，在他园艺场打工的20多名技术工人以前都是附近农民，现在每月工资800元左右，年收入近1万元。实践证明，根据我国目前的人均耕地占有量，农民要致富必须减少农民数量，减少农民数量必须转移农民，转移农民必须要大力发展第二、第三产业。正如温家宝总理指出的走“促进农村劳动力就地转移之路”，而乡镇企业和中小企业正是广大农民就近就地向第二、第三产业转移的主战场。

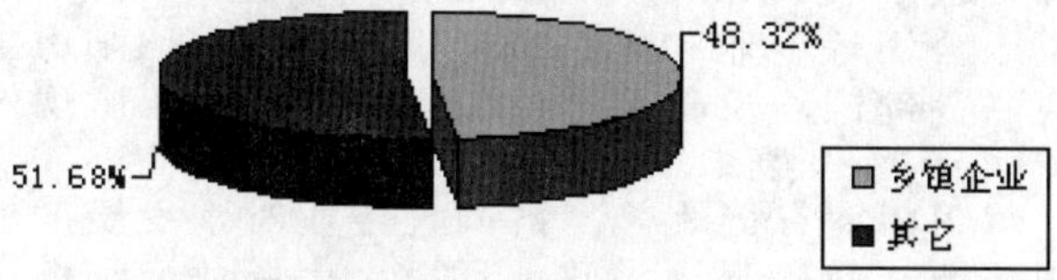

图2 2005年乡镇企业从业人员占全省已转移劳动力的比重

（五）农村中小企业是增加农民收入的主要途径

农民进入农村中小企业务工、从农村中小企业获取稳定的收入已成为农村家庭经济的重要来源之一。“十五”期间，我省乡镇企业向农民提供了总计1614.1亿元的工资性收入，其中2005年发放职工工资378.9亿元，农民人均乡镇企业工资收入574元，占全省农民人均纯收入的1/5，占全省农民工资性收入的58.1%。乡镇企业已成为我省农民增收的重要来源。

农村中小企业的发展过程，实际上就是通过整合农村各种资源、促进农民向第二、第三产业转移的过程，是引导农村外部资源和市场份额向农村转移的过程。农村中小企业的发展拓展了农村经济的发展空间，优化了农村的产业结构，改变了农民单纯依靠农业增收的格局，改变了农村经济和县域经济单纯依靠农业支撑的格局，对于放开农民手脚，搞活农村经济，保持农村稳定，加强农村基层组织建设，具有十分重要的意义。

二、农村中小企业的发展在全面建设社会主义新农村中面临难得的历史机遇

从农业支持工业，到工业反哺农业；从农村服务城市，到城市带动农村。工与农、城和乡，这两大关系正在实现着从未有过的历史性转变。新的起点蕴含着新的机遇，“十一五”期间，我省农村中小企业面临着十分有利的发展形势。

（一）发展中小企业已成为重要的世界性潮流之一

中小企业因其在国民经济发展中不可替代的功能和作用而受到世界各国政府与社会的普遍高度重视，它在世界范围内的迅猛发展不是一种简单的企业规模现象，而是现代社会、经济、政治、科学技术与文化发展理念的综合体现，是人类社会可持续发展的重要组成部分，中小企业的发展与经济全球化、信息化一起，成为20世纪80年代以来最重要的全球性发展潮流之一。在我国经济加快融入全球经济的同时，广大农村中小企业也将积极参与其中，迎来新一轮发展高潮。

（二）国际交流和地区间经济合作进一步加强

随着经济全球化的加速和中小企业的不断发展，许多发达国家和发展中国家都把合作目光投向我国中小企业。法国、德国、意大利、西班牙等国家与我国签署的政府合作协议中，都把推动中小企业合作作为重要内容，有的还签署了专门的中小企业合作备忘录。APEC、OECD以及世界银行、亚洲银行等国际组织，也积极地推动我国与其他成员国之间中小企业的交流与合作。随着西部大开发的实施，一些扶持政策的陆续出台和深入实施，将有力地增强我省中小企业发展的内在动力和对外投资的吸引力。未来3～5年，是我省承接产业转移的重要机遇期，东部沿海省市在加快资源密集型、劳动密集型产业转移的同时，出现产业链条整体转移的新趋势，这为我省农村中小企业吸引先进技术和先进管理理念提供了重大机遇。

（三）逐步完善的政策环境为农村中小企业健康发展提供了有力保障

近年来，国家出台了《中小企业促进法》、《关于鼓励支持和引导个体私营等非公有制经济发展的若干意见》，我省人大通过了全国贯彻《中小企业促进法》的第一个省级地方性法规——《四川省〈中小企业促进法〉实施办法》，省政府连续出台了《关于进一步加快民营经济发展的决定》和《关于进一步促进非公有制经济发展的实施意见》等一系列法律法规和政策性文件，省级有关部门也纷纷出台配套措施，在投资核准、融资服务、财税政策、土地使用、对外贸易和经济技术合作等方面放宽了限制，这将为农村中小企业在更大范围、更广领域、更高层次参与市场竞争提供了广阔的发展空间。

（四）我省农村中小企业已经积累了坚实的发展基础

经过多年的发展，我省农村中小企业综合实力大大增强，地位作用不断巩固，涌现出了一批在国际、国内市场上有一定竞争力的企业，成长了一批懂经营、善管理的企业家队伍，并且不断呈现企业规模化、管理现代化、产品品牌化等新的发展趋势。2005年，我省已有乡镇企业150多万户，职工720万人，实现营业收入6179.5亿元，增加值1739.8亿元，入库税金120.6亿元，出口产品交货值67.7亿元，为建设社会主义新农村奠定了坚实的基础。

三、增强新形势下发展农村中小企业的紧迫感和危机感

我国工业化所处的发展阶段以及我国农业和农

村发展所具有的特殊性、复杂性，决定了我国总体上已到了以工促农、以城带乡的发展阶段。在这样的战略背景下，应该看到，中小企业发展的宏观环境发生了较大变化，我省农村中小企业的结构性、素质性矛盾日益显现，既有企业自身的不足，也有来自外界的制约因素，主要体现在以下几个方面。

（一）内部因素

⑴资金缺乏。我省农村中小企业自有资本金普遍不足，经济实力不强，能满足银行贷款要求的可抵押资产不够，多数中小企业无法得到有效的资金支持，在很大程度上制约了企业扩大再生产。在调研过程中，德阳四汇建设有限公司、德钢集团、森普管材股份有限公司、崇州市天然气公司、王安铁艺公司、泸州鑫益实业有限公司、凉山州三牧乳业有限公司等90%以上被调查的企业反映的第一大问题就是融资难。有的企业有好的项目却因缺乏资金而导致项目落马，有的企业有丰富的市场资源却因贷不到款无法增加生产线而放弃大宗订单，有的企业有先进的工艺和雄厚的技术力量却因缺少资金而无法打入国际市场。据不完全统计，2004年，我省中小企业新增资金需求总量为563亿元，通过各种渠道融资277亿元，缺口286亿元，占所需资金总额的51%。资金短缺已成为阻碍我省农村中小企业发展的“拦路虎”。

⑵技术落后。我省有相当部分农村中小企业尚未认识到技术创新、技术进步的重要性，在技术改造方面还比较滞后。据粗略统计，我省有20%的中小企业使用的是20世纪90年代前期的设备，有34%的企业使用的是80年代后期的设备，有17%的企业还在使用80年代前期的设备，甚至还有近10%的企业仍在使用70年代的设备。企业技术创新经费投入仅占全部企业营业收入平均数的1.2%，平均每个中小企业技术发明或专利不足1件，82%的企业没有任何技术发明与专利，70%以上的产品定位为大路货。在调研中，森普管材股份有限公司的董事长认为，现在一些企业存在“三重三轻”现象，即“重技改、重成果、重现在，轻研发、轻基础、轻未来”，这不能不说是对当前农村中小企业在研发环节中存在问题的一个很好概括。

⑶人才匮乏。这是农村中小企业的一个弱质特点。我省农村中小企业大多是农民自发创办的，当企业发展到一定规模，面对更大的市场和更广阔的领域时，创办者原有的水平和能力已不能适应企业发展的需要。同时，由于农村中小企业大多地处县域或乡镇，与经济发达地区相比，待遇、工作、生活条件相对较差，难以吸引和留住人才，导致企业人才匮乏。德钢集团、立申公司等企业均反映到职工素质和专业人才问题，立申公司是一户出口型企业，因为缺少熟悉国际贸易规则和能准确分析国际贸易信息的专业人才，在对外贸易中蒙受损失。据统计，目前我省农村中小企业从业人员中，具有大专及大专以上文化程度的仅31.8万人，只占全部从业人员的4.5%；具有中专及技校文化程度的73.1万人，占全部从业人员的10.5%；高中（中专、技校）以下文化程度的有593.5万人，占全部从业人员的比重高达85.0%。具有较强创新意识和创新能力的高素质企业家群体明显不足，专业技术人员和高素质技工人才较为缺乏，将在很大程度上制约企业的发展和壮大。

（二）外部因素

⑴能源供应紧张。目前，经济发展和能源紧张的矛盾日益突出，一些地方电力供应已从阶段性短缺转为持续性紧张，给企业造成了巨大影响和损失。在调研中，川西蓄电池集团有限公司、康乐公司等企业和成都市中小企业局、德阳市工商联等部门均反映电力供应紧张导致企业出现停产、产品报废、合同违约等现象。

⑵环境有待改善。被调查企业对于发展的法制环境、政策环境、政务环境、市场环境和舆论环境普遍表示非常满意，但也有个别企业提出了一些值得重视的问题。如德钢集团提出加强治安管理，保障企业经营者人身安全问题；德阳万成机械制造股份有限公司提出个别职能部门办理手续透明度不高的问题；康乐公司提出简化办事程序问题；王安铁艺公司提出政策不连续问题；凉山州三牧乳业有限公司提出执法不规范问题；攀枝花高耗能工业园区提出园区配套政策需要进一步完善等问题。

⑶新“三乱”有所抬头。新“三乱”和旧“三乱”有必然的联系，背后都有权力因素支撑。经过多年的清理整顿，政府及有关部门向企业乱收费、乱罚款、乱集资和各种摊派的行为已得到了有效遏制，但是各类中介机构组织的乱评比、乱培训、乱排序现象却有上升苗头。企业普遍反映这些中介组织有“来头”，不应承不行，应承就要出钱参与，尽管结果不能让企业受益，但还得应酬。各类中介机构的来电来访、各类会议活动、广告赞助等让人应接不暇，加重了企业负担，干扰了企业的正常生产经营秩序。

⑷服务机构不健全，社会化服务体系尚未形成。目前，很多地方还缺乏为农村中小企业提供信息、融资、技术、管理、培训、人才等方面服务的相关机构，已有的社会化服务机构由于受观念、认识的影响，部分服务职能不能到位，中小企业所获得的支持和帮助有限。

四、引导农村中小企业规范发展为建设社会主义新农村作出新的贡献

经过上述分析，课题组认为，推进我省新农村建设，农村中小企业责无旁贷，也大有可为。我省农村中小企业在上一轮发展中已积累了一定基础和实力，“十一五”期间要继续实现新的发展和飞跃，关键是转变粗放型的增长方式，提升企业核心竞争力和自主创新能力；政府有关部门要进

一步完善服务体系，切实落实支持促进农村中小企业加快发展的政策措施，创造良好的外部环境。

（一）支持自主创新

一方面，由于我省人均资源相对不足，又处在资源消耗比较多的工业化阶段，经济规模迅速扩大，资源需求与日俱增，供求矛盾十分突出；另一方面，经济发展的困难主要不在于增长速度上不去，而在于优化经济结构、转变经济增长方式、提高经济增长的质量和效益。技术进步对转变经济增长方式起直接作用。要把增强自主创新能力作为调整产业结构、转变增长方式的中心环节，引导中小企业向“专、精、特、新”方向发展，走出一条掌握更多核心技术、拥有更多自主知识产权、涌现更多知名品牌的发展之路，从而破解资源环境对发展的瓶颈制约，改变单纯靠资源投入、靠资金投入、靠简单劳动支撑经济发展的局面，实现产业结构由高消耗向高效率、由粗加工向精加工转变的优化升级。

（二）畅通融资渠道

(1)鼓励金融产品和服务创新。金融机构要积极探索银企合作新模式，要改进对中小企业的资信评估，建立科学合理的中小企业信用评级办法、授信制度和授信额度；积极拓展实物资产抵押贷款业务，探索工业产权、非专利技术等无形资产质押贷款业务；建立对中小企业贷款营销的激励约束机制，鼓励商业银行积极为中小企业服务。

(2)加强对民间资本特别是有利于金融体系外民间资本投资的方向、途径、方式等的研究，化堵为疏，变民间资本“体外循环”为“体内循环”。

(3)拓宽直接融资渠道。加大对中小企业发行债券的引导和扶持，灵活运用中小企业板上市、海外上市、买壳上市等多种渠道，引导和鼓励中小企业通过资本市场直接融资。

(4)扶持发展各类中小企业信用担保机构。要积极试办由专业协会、同业协会、企业之间联合成立的具有独立法人资格、不以盈利为目的的互助担保机构和商业担保机构，加快建立中小企业信用再担保机构，建立和完善信用担保的行业准入、风险控制和损失补偿机制。

（三）建立人才机制

在知识经济条件下，市场竞争力强弱的决定因素由物质资本变为人力资本，企业竞争力说到底是人才的竞争。如何建立起有利于中小企业聚集人才的机制，应当引起高度重视。

(1)建立极具吸引力的人才政策。引进人才需要制定出更具吸引力的“引智”政策，在薪酬分配、户口迁移、住房安排、子女入学、手续办理等方面制定出更加优惠的措施，鼓励引进优秀的人才参与农村中小企业建设和管理。

(2)建立适合创业的人才环境。要利用农村生态环保的优势来营造人才资源的“洼地”效应，以发展眼光、竞争意识、博大胸怀和热忱态度诚招天下有识之士，让更多高层次、高素质的人才从四面八方流进我省，支援农村中小企业建设。

(3)建立富于活力的人才规则。实行引进与培养并举、自然与社科并重的人才任用制度；建立奖罚分明、升迁公开公正的激励机制；建立多元化、网络化、高效运作的人才市场，推动人才有序流动和合理配置，最大限度地发挥人才效应。

（四）落实政策规定

(1)建议省财政按照《中小企业促进法》及我省《实施办法》和国家、省促进非公有制经济发展的有关规定，设立中小企业发展专项资金，专门用于支持中小企业社会化服务体系建设。浙江、广东、江苏等省和我省的成都市均设立了金额不等的中小企业发展专项资金，少则几千万，多则上亿元，且每年按照一定比例增加，这些省市的专项资金使用成效十分显著。建议省财政安排一定资金专项用于支持中小企业发展，体现政府的引导和示范作用，鼓励、支持其他更多资金参与支持中小企业发展，真正起到四两拨千斤的作用。

(2)加快构建中小企业社会化服务体系。建议以省政府名义出台《关于加快我省中小企业社会化服务体系的若干意见》，重点支持中小企业信息服务、信用与融资担保、教育培训、科技创新、创业辅导、管理咨询、市场开拓、政策法律等八大服务体系建设。同时，加强对服务体系建设的组织领导，完善和落实服务体系建设配套政策，加强对各类服务机构的规范和引导。

(3)认真贯彻落实中央和省推出的一系列支持、鼓励非公有制经济、中小企业发展的政策措施。中小企业工作政策性强、情况复杂、难度较大，工作涉及面广，涉及财政、金融、税收、法制、科技、质监、工商、劳动等方方面面，促进中小企业的发展需要各地各部门共同努力。

（五）优化发展环境

(1)要规范行政执法行为，在依法行政、严格执法的基础上研究如何抓好科学执法、规范执法，创造公平竞争的市场环境。

(2)全面清理整顿中介市场。对现有的行业协会（商会）进行清理整顿，避免部门分割、重复办会；严格执行《中介服务收费管理办法》，对乱收费和缺乏诚信的中介机构予以曝光，对于乱收费行为性质恶劣的中介机构予以坚决取缔。

(3)要抓好减负政策制定与配套，规范政策制定程序，建立健全减负政策配套措施，落实减负工作责任。

建设社会主义新农村任重道远，我们应在这次调查研究的基础上，认真总结，分析提炼，研究制定出加快我省农村中小企业发展的工作规划和具体措施，为支持农业、繁荣农村、富裕农民发挥积极作用，为统筹城乡发展、构建农村和谐社会、建设社会主义新农村作出积极贡献！

（四川省中小企业局课题组）

贵州省非公有制经济现状调查研究报告

为了进一步促进我省非公有制经济的发展，省中小企业局（省非公办）委托省体改研究会组织人员开展全省非公有制经济现状调查，摸清非公有制经济发展状况，找出阻碍非公有制经济发展的主要问题，为制定全省“十一五”非公有制经济发展规划和省委、省政府制定促进非公有制经济发展的政策提供基础数据和政策依据。省体改研究会组织的调研组采取点面结合、搜集基础数据与走访座谈相结合、深入企业了解情况与拜访领导机关和职能部门听取意见相结合的办法，对全省非公有制经济的有关情况进行了为期3个月的紧张调研，先后走访了贵阳市中小企业局、云岩区商务局（非公办）、遵义市经贸委和非公有制经济相对集中的修文县扎佐工业园、清镇市医药工业园、黔南州龙里县谷脚医药食品工业园、惠水县长田工业园、安顺市经济技术开发区、遵义县虾子镇和汇川区医药工业园；拜访了省人大财经委、省政协经济委员会、省委统战部、省委研究室、省政府发展研究中心、省政府参事室、省工商联、省工商局、省统计局、省国税局、省地税局、省乡企局、省交通厅、省建设厅、省农业厅、省商务厅、省科技厅、省劳动厅、省人行、省银监局、省药监局、省招商局共22个部门和医药、食品、担保3个行业协会，搜集资料并听取他们对非公有制经济现状的介绍，同时征求他们对促进非公有制经济发展的建设性意见；参加了省工商联与省非公有制经济发展促进会共同组织的非公有制经济代表人士座谈会，云岩区政府组织的非公有制经济标准调研模式讨论会，遵义市经贸委组织的非公有制企业座谈会；还走访了益佰制药、益康制药、西洋肥业、北京华联超市、天方药业、科伦药业、永红食品厂、舒美达药业、三桥批发市场、恒和药业、众维中小企业担保公司、联盛药业、百花医药股份有限公司、金紫阳食品厂、遵义县辣椒食品厂、贵州龙企业集团共16户企业；同时，还收集了一些兄弟省市非公有制经济发展的相关资料。

本次调查把整个经济划分为公有制经济、非公有制经济和混合经济三块，调查的非公有制经济类型有个体工商户、私营企业（包括个人独资、合伙、私人有限责任公司）、港澳台和外商投资企业。这次调查的数据来源部分，其中企业户数、注册资本数据来自省工商局，从业人员数据来自省劳动厅，税收及规模以上工业企业的数据来自省统计局。为了验证用排除法计算的规模以上非公有制工业企业的有关数据的准确性，我们使用了本次工业普查一号公报中非公有制经济的资本构成比例，对各类企业工业总产值、工业增加值和实现利税进行逐一折算汇总，其计算结果除实现利税相差5个百分点外，其余两项的差距都不大。

现将此次调研主要情况整理报告如下。

一、全省非公有制经济发展的基本情况

（一）2004年全省非公有制经济发展现状

1.户数、注册资本及比重

据省工商局统计资料显示，2004年全省非公有制企业和个体工商户共有469843户，占全省各类型企业和个体工商户注册登记总户数的90.51%；注册资本600.03亿元，占全省注册资本总额的32.7%。非公有制企业（不含个体工商户）有36746户，占全省企业总户数86019户的42.72%；注册资本537.06亿元，占全省企业注册资本总额1772.12亿元的30.31%。在非公有制经济中，个体工商户有433096户，占总户数的83.43%，注册资本为62.9亿元，占注册资本总额的3.43%；私营企业有36105户，占总户数的6.96%，注册资本为418.36亿元，占注册资本总额的22.8%；港澳台和外资投资企业641户，占总户数的0.12%；注册资本118.7亿元（14.48亿美元按1∶8.2折算），占注册资本总额的6.47%（表1）。

表1 2004年全省不同经济类型企业比重

经济类型		企业户数(户)	比重(%)	注册资本(亿元)	比重(%)
总计		519115	100	1835.02	100
公有制经济		35627	6.86	537.64	29.3
其中	国有企业	17936	3.46	476.04	25.94
	集体企业	17165	3.31	56.39	3.07
股份合作企业		526	0.1	5.21	0.28
非公有制经济		469843	90.51	600.03	32.7
其中	私营企业	36105	6.96	418.36	22.8
	个体工商户	433096	83.43	62.9	3.43
外资和港澳台企业		641	0.12	118.7 (14.48亿美元)	6.47
混合经济		13646	2.63	697.34	38
其中	股份制企业	12704	2.45	687.47	37.46
	其他企业	942	0.18	9.87	0.54

2.工业总产值、工业增加值和实现利税及比重

根据省统计局的资料，用排除法（剔除国有、集体、股份合作、联营、国有独资、股份有限公司）计算，2004年全省有非公有制规模以上工业企业1069户，占全省规模以上工业企业总数的45.9%；完成工业总产值402.59亿元，占全省规模以上工业企业总产值的32.22%；完成工业增加值112.75亿元，占规模以上工业企业增加值的25.72%；实现利税35.7亿元，占规模以上工业企业利税总额的19.11%。

根据《第一次全省经济普查主要数据公报（第一号）》的“企业实收资本来源构成”，按

照非公有制经济的资本构成比例计算，2004年规模以上非公有制工业企业完成工业总产值415.2亿元，占全省规模以上工业企业工业总产值1249.7亿元的33.22%；完成工业增加值123.22亿元，占全省规模以上工业企业增加值438.4亿元的28.11%；实现利税42.59亿元，占规模以上工业企业利税总额168.78亿元的25.23%（表2）。

表2 按非公有制资本构成分摊工业总产值、工业增加值和利税

单位：亿元

	非公资本构成	工业总产值	非公有制	工业增加值	非公有制	实现利税	非公有制
合计		1249.7	415.2	438.4	123.22	168.78	42.59
国有企业	0.17	504.8	0.8582	212.48	0.3612	113.28	0.1926
集体企业	10.3	30.66	3.158	7.87	0.8106	2.55	0.2627
股份合作	70.91	17.17	12.1752	3.7	2.62	1.04	0.7375
国有联营	0.68	1.09	0.0074	0.36	0.0025	0.01	0.0001
集体联营	34.95	2.57	0.8982	0.69	0.2412	0.31	0.1083
国有与集体联营	4.17	1.64	0.0684	0.55	0.0229	0.14	0.0058
其他联营	67.32	1.19	0.8012	0.39	0.2626	0.08	0.0539
国有独资	0.1	144.36	0.1444	50.19	0.0502	12.39	0.0124
其他有限责任	48.52	70.57	82.7606	49.19	23.867	14.3	6.9384
股份有限	66.8	147.649	8.6235	49.4	33	21.29	14.2217
私营企业	95.22	183.77	174.9858	54.03	51.4474	17.79	16.9396
其他内资企业	67.56	0.71	0.479	0.16	0.1081	-0.08	-0.0005
港澳台投资	**79.62**	8.49	6.759	1.84	1.465	0.78	0.6210
外商投资	85.79	39.02	33.4753	10.45	8.9651	2.91	2.4965

3.从业人员及比重

据省劳动厅、建设厅、工商局、统计局联合会签的《城镇就业人员变动数据测算表》，2004年城镇就业人员（不含在城镇的农业从业人员）全省总计为366.37万人，私营、个体（港澳台和外商投资企业查不到从业人员数）从业人数为115.76万人，占31.60%，比上年增加17.88万人，增长18.27%；其中，私营企业就业人员为32.14万人，比上年增加5.97万人，增长22.81%；个体工商户就业人员为83.62万人，比上年增加11.91万人，增长16.61%（表3）。

表3 2004年城镇就业人员变动数据测算表

单位：万人

	序号	上期末	本期末	本期比上期增加
甲	乙	（1）	（2）	（3）
城镇就业人员总计	1	342.04	366.37	24.33
城镇累计新就业人数	2	22.23	29.7	7.47
城镇新增就业人数	3	17.81	21.53	3.72
一、单位就业人员	4	197.5	200.5	3
（一）本期新就业人数	5	9.02	13.2	4.18
（二）本期自然减员人数	6	4.46	4.05	-0.41
（三）本期其他因素减员	7	6.64	6.15	-0.49
二、私营个体就业人员	8	97.88	115.76	17.88
（一）个体就业人员	9	71.71	83.62	11.91
其中：安置下岗失业人员人数	10		1.14	
（二）个体本期新就业人数	11		8.57	
其中：本期就开业就业人数	12		8.57	
（三）私营企业就业人数	13	26.17	32.14	5.97
其中：安置下岗失业人员人数	14		0.09	
（四）私营企业本期新就业人数	15		4.93	
其中：本期新开业就业人数	16		4.93	
（五）本期自然减员人数	17		3.12	
三、社会公益性岗位和灵活形式就业人员数	18	46.66	50.11	3.45
（一）社会公益性岗位就业人数	19		0.81	
其中：安置下岗失业人员人数	20		0.81	
（二）其他灵活形式就业人数	21		49.3	
其中：安置下岗失业人员人数	22		3.86	
（三）本期新就业人数	23		3.0	
（四）本期自然减员人数	24		1.0	
（五）本期其他原因减员人数	25		1.5	

注：①城镇就业人员数不含在城镇的农业从业人员。②安置下岗失业人员数为本期新就业的下岗失业人员。③城镇累计新就业人数、新增就业人数包括2004年省内外各级城镇就业的农村劳动力。④城镇私营和个体就业及相关人数根据2003年全省城镇就业状况抽样调查、省统计局2004年人口1‰的抽样调查数据，对2004年省工商局相关数据进行调整、测算之后所得。

4.税收及比重

据统计，2004年全省完成税收247.15亿元，非公有制企业和混合所有制企业共完成税收131.41亿元，占全省税收的53.17%。《贵州统计年鉴》（2005）“主要社会经济指标结构”，2004年非公有制经济税收占全省税收的53.3%，比上年增加了3.6个百分点，公有制经济占46.7%，比上年减少了3.6个百分点。由此可见，这个数据与非公有制和混合所有制企业的税收之和相差不大。但是，剔除混合所有制企业后，2004年我省纯非公有制企业完成税收40.59亿元，比上年净增10.32亿元，增长34.14%，占全省税收的16.42%。其中，完成国税19.26亿元，比上年净增5.57亿元，增长40.36%，占全省国税的11.9%；完成地税21.33亿元，比上年净增4.75亿元，增长28.61%，占全省地税的25%。2004年各种经济类型企业中，与上年相比税收增长最快的是外商投资企业增长94%、私营企业增长73%、股份制企业增长37.4%（表4）。

表4　2004年按企业注册类型划分的税收情况

		税收总计（亿元）	其中 国税	其中 地税	比重（%）	2004年比2003年增长（%）
全省总计		247.15	161.81	85.34	100	26.7
公有制企业		115.75	83.48	32.26	46.83	17.6
其中	国有企业	106.95	80.33	26.62	43.27	19.4
	集体企业	8.36	2.81	5.55	3.38	-1.7
	联营企业	0.44	0.34	0.1	0.18	15.6
非公有制企业		40.59	19.26	21.33	16.42	34.14
其中	私营企业	8.33	6.24	2.09	3.37	73
	个体企业	27.11	9.02	18.1	10.97	21.7
	外商投资企业	3.59	3.03	0.56	1.45	94
	港澳台投资企	1.55	0.97	0.58	0.63	17.8
混合所有制企业		90.83	59.08	31.74	36.75	36.73
其中	股份制企业	87.02	59.07	27.95	35.21	37.4
	其他投资企业	3.81	0.01	3.79	1.54	23.6

（二）近几年非公有制经济发展的主要变化

1.个体工商户增速放缓，问题较多

据省工商局统计，截至2004年底，全省有个体工商户433096户，比2000年的369182户增加了63914户，增长17.3%，年均增长4.33%（图1下方曲线）；从业人员63.07万人，比2000年的53.35万人增加了97209人，增长18.22%，年均增长4.56%（图1上方曲线）；注册资金62.9亿元，比2000年的39.74万元增加了23.16亿元，增长58.28%，年均增长14.57%（图2）；户均注册资金1.45万元，比2000年的1.09万元增加了0.37万元，增长34.26%，年均增长8.57%，实力明显增强。

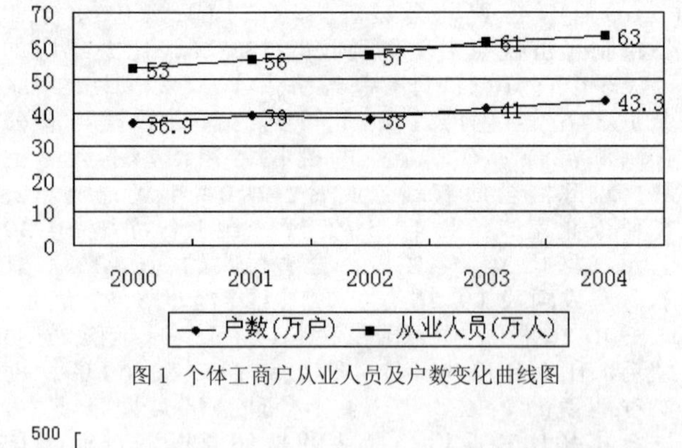

图1　个体工商户从业人员及户数变化曲线图

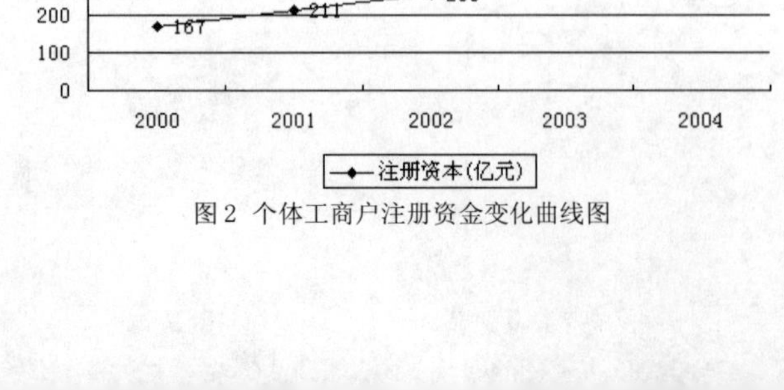

图2　个体工商户注册资金变化曲线图

全省个体工商户从业人员绝大多数是初中、小学文化，高中以上文化程度所占比例较小。由于从业人员素质普遍较低，违法违章经营情况十分突出。据省工商局统计，2004年全省个体工商户违法违章达19328户次，占总户数的4.4%，虽然同比下降57.6%，是近3年的新低，但依然不尽如人意。提高个体工商户从业人员文化素质和法制观念的任务十分艰巨。

2.私营企业增速加快，实力增强

据省工商局统计，截至2004年底，我省私营企业已达36105户，比2000年的19979户增加了1612户，增长80.72%，年均增长20.18%。从业人员367794人，比2000年的256143人增加了111651人，增长43.6%，年均增长10.9%。注册资本418.36亿元，比2000年的167.14亿元增加了251.22亿元，增长150.31%，年均增长37.58%（图3）。

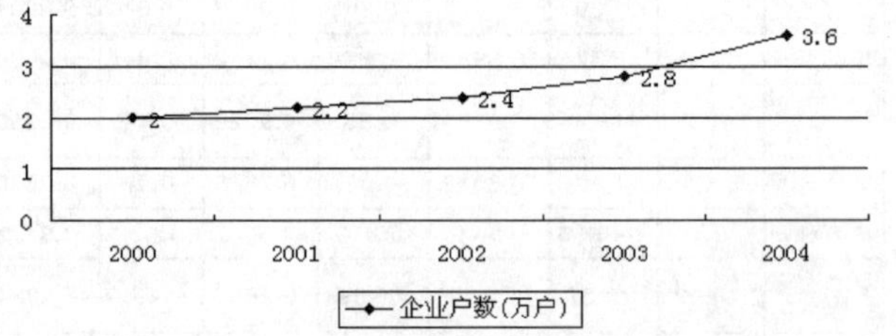

图3　私营企业户数变化曲线图

2004年全省私营企业户均注册资本115.87万元，比2000年的84.53万元净增加31.34万元，增长37.46%，年均增长9.37%（见图4）。其中，企业注册资本100万～500万元的有3522户，比2000年净增2120户，增加1.5倍；注册资本500万元以上的（其中亿元以上10户）有718户，比2000年净增453户，增加1.7倍，私营企业实力明显增强。

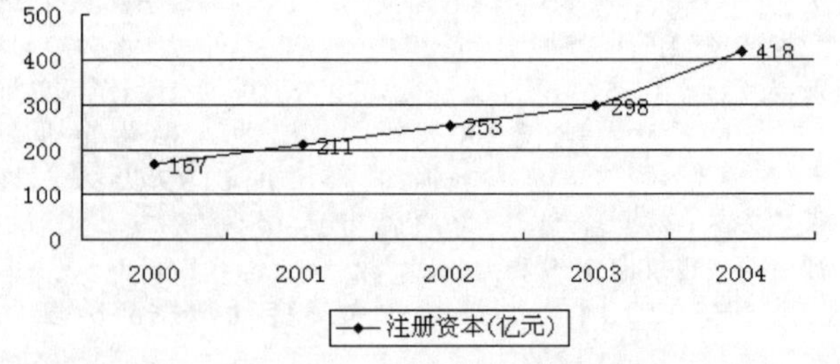

图4　私营企业注册资本变化曲线图

从城乡分布看，城镇私营企业增速快，户数多，所占比重较大；农村私营企业稳步增长。截至2004年底，城镇私营企业24694户，比上年同期增长43.24%，占总户数的68.4%；注册资本267.69亿元，比上年增长48.39%，占注册资本总额的63.99%，户均注册资本108.4万元。农村私营企业11411户，比上年增长5.08%，占私营企业总户数的31.6%。由于各地在乡（镇）及乡（镇）以下农村建立工业园区，而进入园区的企业固定资产投资较大，使农村私营企业户均注册资本高于城镇。2004年农村私营企业注册资本150.67亿元，比上年增长27.08%，户均注册资本132.04万元，比城镇私营企业户均高23.64万元。

3.外商及港澳台投资企业户数止跌回升，户均实力明显增强

截至2004年底，全省共有外商及港澳台投资企业641户，比上年同期增长7.74%，结束了连续下滑态势。其中，中外合资企业365户，同比增长6.1%；中外合作企业48户，同比增长11.63%；外商独资企业226户，同比增长9.7%；中外股份公司2户。投资总额22.34亿美元，同比增长6.39%；注册资本14.48亿美元，同比增长5.14%，其中外方9.95亿美元，同比增长5.86 %。

根据统计资料显示，2004年我省外商及港澳台投资企业户数比2000年的715户减少74户，减少10.35%，年均减少2.59%（图5）；注册资本比2000年的11.67万美元净增加2.81亿美元，增长24.08%，年均增长6.02%；户均注册资本比2000年的163.22万美元净增加62.68万美元，增长38.4%，年均增长9.6%。2004年注册资本在1000万～3000万美元的有47户，比2000年增加22户，增长88%；注册资本在3000万美元以上的由2000年的1户增加到2004年的5户，户均实力明显增强。

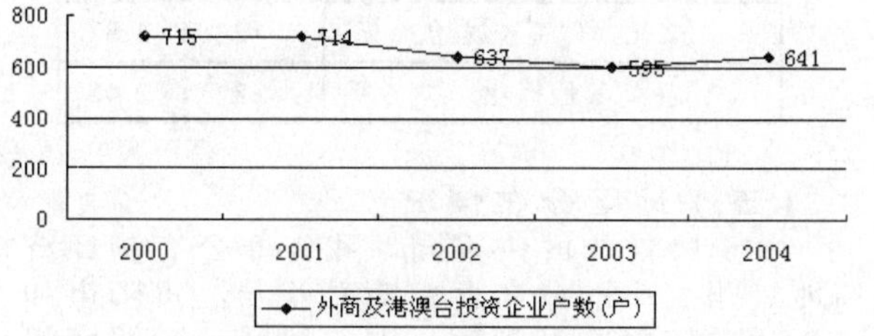

图5 外商及港澳台投资企业户数变化曲线图

从来黔投资的国家和地区看，亚洲国家和我国港澳台地区是主体。在641户企业中，外国投资企业300户，占46.8%；港澳台投资企业341户，占53.2%；亚洲投资企业435户，占67.86%；非洲6户，占0.94%；欧洲23户，占3.59%；北美洲105户，占15.91%；拉丁美洲14户，占2.18%；大洋洲23户，占3.59%；其他35户，占5.46%。

据统计，641户外资企业中，中方控股241户，占37.6%；外方控股388户，占60.53%；中外方股份持平12户，占1.87%。外国及我国港澳台地区企业常驻代表机构（贸易联络）32个，其中外国代表机构20个，年末实有外商投资企业设立分支机构（非法人）1050个。

4.私营有限责任公司异军突起，占据私营企业六成江山

随着市场经济的发展，面对竞争日益激烈的现实，多数企业选择了有限责任公司这一组织形式，近几年私营有限责任公司步入了发展的快车道。据统计，截至2004年底，我省私营有限责任公司有23129户，比上年增长27.3%，占私营企业总户数的64.06%；注册资本345.84亿元，比上年增长38.87%，占私营企业注册资本总额的82.67%；从业人员24.88万人，比上年增长30.36%，占私营企业从业人数的67.65%。私营有限责任公司按《公司法》要求建立了现代企业制度，规范了经营行为，从而进一步增强了企业的竞争力。从统计资料上看，2000～2004年，私营有限责任公司户数净增10742户，增长86.72%，年均增长21.68%；注册资本净增199.62亿元，增长136.52%，年均增长34.13%；从业人员净增11.17万人，增长43.59%，年均增长10.9%。四年来私营有限责任公司发展态势强劲（图6）。

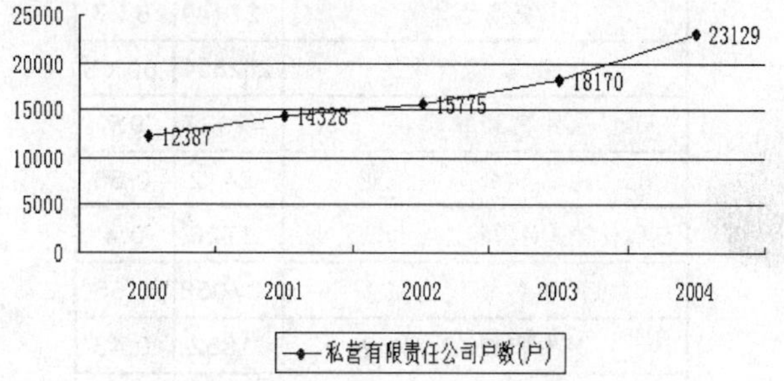

图6 私营有限责任公司户数变化曲线图

（三）产业分布情况

我省非公有制经济经历20多年的风雨，逐渐成熟起来，投资理念更加理性化，也更加务实。从产业分布情况看，个体工商户主要集中在第三产业；私营企业主要集中在第二产业和第三产业，其中第三产业略高于第二产业；港澳台和外商投资企业仍以第二产业为主（表5）。

表5 我省非公有制经济产业分布情况表

	个体工商户			私营企业			港澳台和外商投资		
	一产	二产	三产	一产	二产	三产	一产	二产	三产
户数（户）	2406	41372	389318	1128	11731	23246	14	3662	265
比重（%）	0.56	9.55	89.89	3.12	32.49	64.38	2.18	56.47	41.34
注册资本（亿元）	0.89	6.67	55.34	9.56	160.03	248.77	1489万美元	89114万美元	54242万美元
比重（%）	1.4	10.60	87.98	2.28	38.25	59.46	1.03	61.52	37.45
从业人员（万人）	0.40	7.17	55.50	1.24	15.97	19.57			
比重（%）		0.60	11.40	88.00	3.38	43.42	53.2		

随着党和国家西部大开发战略的实施和“三农”政策的进一步调整，为非公有制经济拓展了新的发展空间，在党的科学发展观的指引下，新一轮的产业、行业结构调整将会向更加合理、科学的经济结构目标迈进。

（四）行业分布情况

个体工商户较为集中的行业是：批发和零售业262853户，占60.69%；住宿和餐饮业42027

户，占9.7%；工业40884户，占8.56%；交通运输、仓储业27141户，占6.27%（表6）。这5个行业合计409815户，占94.62%。

表6 个体工商户行业分布情况

（单位：户，%）

行业	户数	比重
合计	433096	100
农林牧渔业	2406	0.58
采矿业	1456	0.34
工业	39280	9.07
建筑业	636	0.15
交通运输	27141	6.27
批发零售业	262854	60.69
住宿和餐饮业	42027	9.7
租赁和商务服务业	2412	0.56
信息传输、计算机服务和软件业	1726	0.4
居民服务和其他服务业	37058	8.56
卫生和社会福利业	1862	0.43
文化、体育和娱乐业	3589	0.83
其他行业	10649	2.46

私营企业较为集中的行业是批发和零售业12862户，占35.65%；工业7181户，占19.89%；采矿业3227户，占8.94%；居民服务和其他服务业1876户，占5.2%；信息传输、计算机服务和软件业1793户，占4.97%（见表7），这5个行业合计26939户，占74.62%。

表7 私营企业行业分布情况

（单位：户，%）

行业	户数	比重
合计	36105	100
农林牧渔业	1128	3.12
采矿业	3227	8.94
工业	7181	19.89
建筑业	3034	8.4
交通运输	596	0.17
批发零售业	12862	35.62
住宿和餐饮业	928	2.57
租赁和商务服务业	1610	4.46
信息传输、计算机服务和软件业	1793	4.97
居民服务和其他服务业	1876	5.2
卫生和社会福利业	111	0.31
文化、体育和娱乐业	263	0.73
其他行业	1496	4.14

港澳台和外商投资企业分布比较集中的5个行业是：制造业312户，占48.67%；房地产业101户，占15.76%；批发和零售业72户，占11.23%；居民服务和其他服务业25户，占3.9%；建筑业24户，占3.74%（表8）。这5个行业合计534户，占83.31%。

表8 港澳台和外商投资企业行业分布情况表

（单位：户，%）

行业	户数	比重
合计	641	100
农林牧渔业	14	2.18
采矿业	16	2.5
制造业	312	48.67
电力、燃气及水的生产和供应业	10	1.56
建筑业	24	3.74
交通运输	4	0.62
信息传输、计算机服务和软件业	17	2.65
批发零售业	72	11.23
住宿和餐饮业	12	1.87
房地产业	101	15.76
科学研究、技术服务业	4	0.62
居民服务和其他服务业	25	3.9
文化、体育和娱乐业	12	1.87
其他行业	22	3.43

（五）地区分布情况

由于所处的区位不同，我省非公有制经济在各地、州、市的分布存在明显差异。贵阳市和遵义市相对较多，安顺市、铜仁地区、黔西南州相对较少。

2004年，我省9个地、州、市中，私营企业户数比重超过10%的有两个地区。其中，贵阳市户数占41.25%，从业人员占36.52%，注册资本占33.8%；遵义市户数占14.31%，从业人员占13.77%，注册资本占18.69%。贵阳市与遵义市加起来，无论是户数还是从业人员和注册资本，均超过50%，占据了我省私营企业的半壁江山（表9）。

表9 2004年各地区私营企业基本情况

项目指标 地区	户数		从业人员		注册资本	
	绝对值（户）	比重（%）	绝对值（万人）	比重（%）	绝对值（亿元）	比重（%）
全省	433098	100	63.07	100	62.90	100
遵义市	85717	19.79	14.26	22.62	12.05	19.16
贵阳市	78931	18.23	11.08	17.57	20.74	32.97
黔东南州	56249	12.99	7.15	11.34	5.50	8.75
黔南州	42181	9.74	5.86	9.3	4.79	7.62
毕节地区	41855	9.66	5.43	8.61	2.71	4.31

续表

黔西南州	34225	7.9	3.88	6.15	3.59	5.71
铜仁地区	33628	7.77	4.88	7.74	6.36	10.11
六盘水市	30190	6.97	6.72	10.65	4.40	7
安顺市	30120	6.96	3.80	6.03	2.75	4.37

2004年，我省9个地、州、市中，个体工商户户数比重超过10%的有3个。其中，遵义市排名第一，户数占19.79%，从业人员占22.62%，注册资本占19.16%；贵阳市排名第二，户数占18.23%，从业人员占17.57%，注册资本占32.97%；黔东南州排名第三，户数占12.99%，从业人员占11.34%，注册资本占8.75%。贵阳市、遵义市、黔东南州加在一起，户数占51.01%，从业人员占51.51%，注册资本占60.88%，均超过了50%（表10）。

表10 2004年各地区个体工商业基本情况

	户数		从业人员		注册资本	
	绝对值(户)	比重(%)	绝对值(万人)	比重(%)	绝对值(亿元)	比重(%)
全省	36105	100	27.59	100	418.36	100
贵阳	14892	41.25	10.07	36.52	141.39	33.8
遵义	5166	14.31	3.80	13.77	78.21	18.69
六盘水	2381	6.6	2.30	8.32	19.50	4.66
黔东南	1972	5.46	2.60	9.41	17.67	4.22
毕节	1833	5.08	2.30	8.34	15.51	3.71
黔南	1621	4.49	2.60	9.42	20.30	4.85
黔西南	1462	4.05	1.30	4.72	17.20	4.11
铜仁	1461	4.05	1.42	5.17	14.43	3.45
安顺	1135	3.14	1.18	4.29	9.95	2.38

值得关注的是，私营企业和个体工商户在9个地、州、市的分布中，距中心城市贵阳仅2小时路程、交通十分便捷、素有贵州西部地区商品集散地之称的安顺市两项均排最后，而距中心城市（含周边省区）较远，交通并不便捷的铜仁地区、毕节地区、黔西南州却名列其前。

二、非公有制经济对社会的贡献

（一）对经济增长的贡献

2004年，全省规模以上工业企业2329户，其中非公有制企业（不含国有企业、集体企业、股份合作企业、联营企业、国有独资公司、股份有限公司）有1069户，同比增长24.45%，占总数的45.9%；全省规模以上工业企业完成工业总产值1249.7亿元，同比增长27.83%，其中非公有制企业完成402.59亿元，占32.21%，同比增长40.94%，增速比公有制企业高18.41个百分点；全省规模以上工业企业实现工业增加值438.4亿元，同比增长26.53%，其中非公有制企业实现112.75亿元，占25.72%，同比增长37.05%，比公有制企业增速快13.36个百分点；全省规模以上工业企业完成工业销售产值1202.18亿元，同比增长26.66%，其中非公有制企业完成377.06亿元，占31.36%，同比增长40%，比公有制企业增速快18.64个百分点；全省规模以上工业企业实现利税总额186.78亿元，同比增长37.47%，其中非公有制企业实现利税35.7亿元，占19.11%，同比增长74.91%，比公有制企业增速高44个百分点。规模以上非公有制工业企业生产总值占所在地区规模以上工业企业生产总值的比重，贵阳市为32.74%，安顺市为64.9%，黔南州为74.5%，铜仁地区为56.7%。快速发展的非公有制经济有力地支撑和促进了经济的发展。

（二）对财政收入的贡献

2004年全省税收总计247.15亿元，比上年增长26.7%，其中非公有制企业（不含公有制和混合所有制）为40.59亿元，同比增长34.14%，占全省税收的16.42%，公有制企业为115.75亿元，同比增长17.6%，占全省税收的46.83%；非公有制企业纳税总额增幅比公有制企业高16.54个百分点，其中非公有制企业缴纳地税21.33亿元，同比增长28.61%，占地税总额的25%；公有制企业缴纳地税32.26亿元，同比增长7.53%，占地税总额的37.8%。非公有制企业缴纳国税19.26亿元，同比增长40.79%，占国税总额的11.9%；公有制企业缴纳国税83.48亿元，同比增长21.99%，占国税总额的51.59%。地税增幅非公有制企业比公有制企业高11.85个百分点，国税增幅非公有制企业比公有制企业高18.8个百分点。2004年混合所有制经济纳税90.83亿元，占全省税收的36.75%，比上年增长36.7%，增速比公有制企业高10个百分点。值得关注的是，在混合所有制经济中，非公有制资本出资占股份有限公司的66.8%，占有限责任公司（不含国有独资公司）的48.52%，随着国有企业改革的深化和改制、重组步伐的加快，非公有制将在混合所有制中起主导地位。在一些县区市，非公有制企业纳税占税收总额的比例更大。2004年，赤水市占71.6%，汇川区占80%，红花岗区占79%，云岩区占90%。勿容置疑，非公有制经济已经成为县级地方财政的主要支柱。

（三）对社会就业的贡献

我国正处于所有制结构调整的攻坚时期，一方面，公有制企业下岗职工需要新的岗位安置、消化；另一方面，每年新增一大批大中专毕业生和社会劳动力需要就业安置。此外，还有大量的农村剩余劳动力向城市转移，需要提供劳动岗位。就业问题是关系社会稳定和建立和谐社会的重大问题，任务十分艰巨。由于非公有制经济的快速发展，为社会提供了大量就业岗位，吸纳了大量城镇就业人员，使其成为安置社会就业的主渠道，从而缓解了政府的压力，促进了经济的发展。据省劳动厅、建设厅、工商局、统计局提供的《城镇就业人员变动数据测算表》（表2）显示，2004年1~4季度，全省城镇就业人员（不含在城镇的农业从业人员）总计366.37万人，仅非公有制经济中的私营个体就业人员就达115.76万人，占31.6%。全省城镇就业人员比上年增加24.33万人，仅私营个体就业人员比上年就增加17.88万人，占增加数的73.49%。据统计，2004年单位职工总人数为192.67万人，比2000年的218.36万人减少25.69万人。其中，公有制单位职工人数为152.34万人，比2000年的194.13万人减少41.79万人，下降21.53%，年均减少5.38%；非公有制单位职工人数为40.33万人，比2000年的24.23万人增加16.1万人，增长66.45%，年均增长16.61%。2004年个体就业人员83.62万人，比上年增加11.91万人；其中安置下岗失业人员1.14万人，本期新就业人数8.57万人，占全省城镇新增就业人数的39.8%。私营企业就业人员32.14万人，比上年增加5.97万人，其中安置下岗失业人员900人，本期新就业人数4.93万人，占全省城镇新增就业人数的22.9%。非公有制经济发展较快的贵阳市，2003~2004年非公有制企业安置4.9万城镇人员就业，安置下岗失业人员3.5万人再就业，转移农村劳动力2.6万人就业。

（四）对投资拉动的贡献

随着非公有制经济的快速发展，非公有制经济的固定资产投资也驶入了快车道。据统计，2004年非公有制经济固定资产投资322.72亿元，占全省固定资产投资总额的37.13%，比上年净增65.59亿元，增长25.51%，而同期公有制经济固定资产投资比上年仅增长10.03%。正是由于非公有制经济的投资快速增长，才确保了我省社会固定资产投资总额比上年增加15.3%。2004年与2000年相比，我省全社会固定资产投资总额净增加466.75亿元，增长115.96%，年均增长29%。其中，公有制经济净增258.35亿元，增长89.58%，年均增长22.4%；非公有制经济净增209亿元，增长183.17%，年均增长45.8%。2000~2004年，4年间固定资产投资年增长速度，非公有制经济在20.2%~35.9%，而公有制经济在10%~18.9%，非公有制经济的年均增长速度明显快于公有制经济。非公有制经济固定资产投资占全社会固定资产投资总额的比重由2000年的28.35%提高到2004年的37.17%，4年比重提高8.82个百分点。

三、非公有制经济发展的主要经验

近年来，全省非公有制经济呈现了持续发展态势，成为我省国民经济发展的重要增长点。非公有制经济的发展有力地推动了全省国民经济的快速发展，同时为维护社会稳定和富民兴黔作出了重要贡献。我省非公有制经济发展的主要经验可总结为以下几个方面。

（一）加强领导、出台政策

我省各级党委、政府把非公有制经济的发展摆到突出的位置，明确地提出“五给”（政治上给信任、政策上给优惠、服务上给方便、发展上给支持、经营上给指导），“五不限”（不限发展比例、不限发展速度、不限经营方式、不限经营规模、不限经营范围）。为促进我省非公有制经济健康发展，省委、省政府于1996年12月下发了《关于进一步加快个体、私营经济发展的决定》，并根据该文的要求于1997年5月成立了由22个部门参加的“贵州省发展个体、私营经济工作领导小组”，办公室设在省经贸委。2004年9月16日，经省政府批准，省中小企业局（省非公有制办）正式挂牌成立，为副厅级工作机构，主要职责是负责全省中小企业、非公有制经济的改革与发展和综合协调、指导、服务工作。全省各级政府也在相关部门设置了非公有制办、非公有制处、非公有制科等，为非公有制经济发展提供了组织保障。为改善我省投资环境，省人大常委会于2004年9月审定颁布了《贵州省外来投资者权益保护条例》，省纪委、省监察厅也于同年发布了《贵州省危害经济发展环境责任追究办法》。贵阳市把发展非公有制经济列入重要议事日程，成立了由市委、市政府主要领导任组长，市直有关部门负责人，各区、市县主要领导为成员的市非公有制经济领导小组，加大了指导、协调和服务力度。定期（每季度一次）召开非公有制经济联席会议，了解、协调、解决市、区、县在非公有制经济发展中存在的问题，部署安排非公有制经济的发展工作。贵阳市在2003年下发了《市委、市政府关于加快发展非公有制经济的若干措施》（筑党发1号文件），又出台了《贵阳市加快县域非公有制经济发展的意见》、《贵阳市关于进一步加大招商引资工作力度的若干规定》和《贵阳市促进非公有制经济发展表彰奖励办法》，贵阳市人大还出台了《贵阳市非公有制经济发展办法》，把非公有制经济纳入计划管理，建立了发展基金，实施重点扶持，简化审批程序，鼓励支持发展。遵义市把确立非公有制经济的主体地位写进撤地建市后的第一届党代会报告，在统一认识的基础上，先后颁布了《中共遵义市委、市人民政府关于损害经济发展环境行为的责任追究办法》、《中共遵义市委、市人民政府关于进一步改善投资创业环境，全面推进招商引资工作的决定》，并把改善投资环境和招商引资纳入干部考核内容。黔南州制定了《个体工商户私营企业权益保护条例》，州公安局根据条例精神制定了安商、护商的30条措施，及时有效地保护投资者的合法权益。都匀市委、市政府于2004年下发了《关于促进非公有制经济发展的补充意见》，又于2005年制定了《都匀市非公有制重点企业挂牌保护暂行办法》，办法要求对荣获上年度“都匀市纳税大户”、“纳税重点企业”、“纳税先进户”、“诚信纳税人”等荣誉称号，并受到市委、市政府表彰奖励的非公有制企业进行挂牌保护，各执法、执纪部门依法切实保护挂牌企业的经营权、财产权及其业主的人身权不受非法侵害。办法同时还要求，挂牌保护企业的生产、经营场所，业主及其直系亲属、高级管理人员的住所和乘坐的车辆，未经执法部门主要负责人批准，不得随意检查、搜查。此办法为都匀市非公有制经济的发展构建了一个良好的法制环境。

（二）搞好服务

非公有制经济的发展，离不开政府、社会为其提供的有效服务。搞好服务是政府义不容辞的工作职责，只有搞好服务，才能促进非公有制经济的快速、持续、健康发展。

⑴维权服务。省政府2000年成立了由分管副省长任主任、副秘书长，省经贸委和省监察厅领导任副主任的贵州省非公有制经济投诉中心。省纪律检查委员会、省高级人民法院把支持、保护非公有制经济的发展放在重要位置，制定了具体措施，各级成立了非公有制经济投诉中心和减负办等，针对非公有制企业开展维权和治乱减负工作。贵阳市认真落实《中小企业促进法》的规定，建立了非公有制经济投诉中心和法律援助制度，以维护企业的合法权益。市政府设立了维权打假专项资金，每年投入300万元，用于全市维权打假的行动和宣传活动。如协助“老干妈”公司成功地解决了其商标被侵权一案，有效地维护了企业的合法权益。

⑵担保服务。目前，各类企业均存在着贷款难的问题，为支持企业融资，省经贸委、省中小企业局推动各地相继成立了各类担保机构。据省中小企业局统计，截至2004年底，全省共有担保公司39家，担保资金总额7.12亿元，累计为3700户企业担保5603笔贷款，累计担保总额35.28亿元。其中，绝大多数是为非公有制企业提供的担保。全省最大的众维中小企业担保公司于1999年成立，实收资本金1.2亿元，担保资金总额1.3亿元，1999~2004年累计为省内非公有制企业担保贷款总额约12亿元。贵阳市担保中心2003年为20户非公有制企业提供信用担保34笔，担保金额为3620万元。遵义市积极支持和鼓励民营经济组织设立市场化运作的信用担保公司，到目前为止，已建立了信用担保公司10家（其中只有1家为政府出资），注册资本总额为5342万元。2004年，担保公司为中小企业和个体工商户提供担保192笔，担保贷款金额为7328万元。10家担保公司累计为企业提供信用担保共623笔，累计担保金额22262万元。

⑶一站式办公服务。全省各地成立了招商引资“一站式服务中心”，实行超市化办公、一站式服务，极大地方便了投资者，提高了办事效率。省中小企业局建立了“中国中小企业贵州信息网”，主要为非公有制经济工作提供了一个信息交流平台。贵阳市还在政府网站上开辟全市非公有制经济发展网页，为非公有制经济的发展提供最快最新的信息服务。

（三）引导与扶持

在促进非公有制经济快速、持续、健康发展的同时，政府积极引导非公有制经济再上一个新台阶。一是引导非公有制企业上规模、上档次、上水平；二是引导非公有制企业加强企业文化建设，大力倡导“爱国、敬业、诚信、守法”；三是引导非公有制企业实施名牌战略，通过新闻媒介、发布会、广告等多种形式，提高非公有制企业名牌产品的知名度；四是通过表彰、奖励，引导非公有制企业为社会作贡献。贵阳市政府要求公务员“以尊重纳税人为荣，以服务纳税人为责”，对非公有制经济的发展进行总结、表彰，对纳税大户进行重奖。六盘水市委、市政府逐年加大对有突出贡献的非公有制企业的表彰、奖励的力度，2002年财政出资186万元、2003年出资386万元、2004年又出资400多万元，对非公有制企业、个体工商户及支持非公有制经济发展的部门、单位进行重奖。

全省各级政府还通过财政出资，引导和扶持非公有制经济发展，为非公有制企业提供培训、无偿资助或贷款贴息等支持。如省政府依法设立的省中小企业发展专项资金，在其管理办法中明确提出：“重点扶持利用国内民间资本新办的、符合国家产业政策的非公有制企业。”非公有制企业占全部支持项目的80%以上。贵阳市2001~2003年全市用于非公有制企业的技改、技改贴息、流动资金贴息达1.5亿元，仅2003年就为57户非公有制企业安排贴息资金2200万元；遵义市也加大了资金的扶持力度，2004年为非公有制企业安排技改贴息450万元；遵义市财政还投入贷款贴息资金81万元。这些扶持资金引导金融机构向非公有制企业倾斜，缓解了部分非公有制企业的资金困难。

（四）建立投资环境综合考评制度

根据原省体改委完成的世行三期课题成果，由省招商局牵头，省统计局企调队、省目标办参加，建立了我省投资环境考核评价制度。从2002年开始，按年度对全省9个地州市、9个县级市和11个国家和省级开发区进行了投资环境综合考评。考评结果列为目标考核内容，并以不同方式通报和公布，在全省引起了强烈的反响。排名靠前的地区不断总结经验，继续改进工作，吸引了大量的外来投资者到本地投资；排名挂末的地区引起震撼，纷纷带队考察，制定整改措施。从3年的评估结果看，我省各地州市县和开发区的投资环境均有了不同程度的改善。这项工作的开展对改善我省投资环境起到了积极的促进作用，应继续总结经验，改进工作，更好地为我省经济发展服务。

（五）建立工业园区

我省各级政府对工业园区的建设十分重视，基础设施的水、电、路、煤气、通讯全部由政府出资建设，为招商引资、企业入驻提供了良好的外部环境。龙里县谷脚医药工业园，园区面积为6.8平方公里，由黔南州政府和龙里县政府共同出资4000多万元进行基础设施建设，现有日供水量10000吨和5000吨的水厂各1座，4座变电站（110KVA2座、220KVA1座、35KVA1座），新建和改造园区公路15.3公里。目前已有40家企业入驻，累计引进国内外资金18.1亿元。2004年龙里县财政收入为1.48亿元，其中谷脚医药工业园区为龙里县财政贡献1.2亿元，占财政总收入的81%。修文县也投入3000多万元为扎佐医药工业园区修建基础设施。为了吸引企业入驻园区，减少入驻企业的建设成本，土地每亩价格为4.3万元，7000多元由入驻企业承担，其余部分由政府从入驻企业的税收中分期支付给扎佐国营林场。清镇医药工业园区由清镇市政府投入4000多万元进行基础设施建设，水、电送到厂门口，公路也修到厂门口，交通十分便利，环境清洁优雅。

从这次调查的工业园区看，入驻园区的企业绝大多数都是非公有制企业。园区相对较低的投资成本，相对较好的基础条件，明显宽松的软环境，特别是园区管委会的真诚服务，形成了显著的"洼地"效应，使园区建设成为我省非公有制经济发展的一个亮点。

四、非公有制经济发展中存在的主要问题

我省非公有制经济在各级党委、政府的重视关心下有了长足的发展。纵向比，成绩喜人；横向比，差距巨大。2003年，我省非公有制经济的销售收入和营业收入为141.4亿元，而广西省为610.95亿元，云南省为2545亿元，新疆维吾尔自治区则为1331.07亿元。从增加值上看，差距也很大。2003年，重庆市非公有制经济的增加值为851.3亿元，占37.84%；四川省非公有制经济的增加值为2012.35亿元，占36.9%；而我省2004年非公有制经济的增加值为363.44亿元，仅占26.8%。从以上数字不难看出，我省非公有制经济发展明显落后于周边省市。究其原因，我省非公有制经济的发展主要存在以下问题。

（一）环境不够好

与发达地区和周边省区相比，我省的投资环境存在着较大差距。虽然在2001年开展了综合整治投资环境的工作，取得了明显的效果，但由于各项改革工作的滞后，我省的投资环境（特别是软环境）仍然不尽如人意。

在行政环境方面，乱检查、乱罚款、乱收费、乱拉赞助及扰民的情况时有发生。据初步估算，现有20多个部门对企业有检查权，连气象局都可以检查企业是否有防雷设施。还有垄断行业欺行霸市，对投资环境造成了严重的负面影响。调查中反映频数最高的有电力、盐业、消防、质监等行业和部门。

在生产环境方面，过去一直宣传我省在能源和原材料方面的优势，但近几年这些方面的问题却十分突出。如西洋肥业是我省最大的非公有制企业，投资贵州主要是看重我省的磷矿资源优势。从2000年到现在，该企业在我省已累计投资15亿元，形成了年产100万吨复合肥和100万吨硫酸的生产能力，但因磷矿石供应问题，该企业只能达到80%的生产能力，2004年还多次因原料供应问题而停产。铁合金生产方面，很多客商看好贵州电力资源充裕且价格低廉，又有丰富的锰矿资源，纷纷入驻贵州，形成了300万吨的生产能力，占全国铁合金总产量1200万吨的1/4。但由于黔电送粤比重过大，贵州反而成为缺电省，电价逐步攀升，目前铁合金生产企业开工率只有20%～30%，再加上硅铁价格下降，亏损面高达50%以上。其他高耗能产业的情况大致相同。

在服务方面，一些部门和单位仍然存在着办事难的问题。服务意识差，办事程序复杂，效率低下，吃、拿、卡、要的情况时有发生。在上海3天能办成的事，在贵州一两个月都办不下来。虽然部分地区实行了"一站式"办公，但由于在窗口审核后还要拿回原单位去办理，两次循环审批流程过长，提高办公效率作用不明显。办事难问题突出，说明我省还未建立健全包括政府在内的公益性服务，社会的中介服务，以及信息提供、人才培训、法律维权等内容为一体的服务体系。

（二）政策不落实

尽管国家和各级党委政府在鼓励、扶持非公有制经济方面陆续出台了一些政策，各级领导对非公有制经济发展也很重视，但由于少数职能部门认识不到位，致使这些政策在具体执行中有相当一部分难以落到实处。例如，为促进安顺经济技术开发区的发展，省人大于1996年颁布了《贵州省安顺经济技术开发区管理条例》，但安顺撤地建市后，条例赋予开发区的许多职权又被市里一些职能部门按传统办法剥夺，大大影响了开发区为外来企业服务的功能，导致开发区"磁力"下降。例如，据贵阳某企业反映，应享受的电价优惠不能落实，按文件规定，2004年7月～2005年7月，供电部门多收该企业电费300多万元，企业与供电部门进行过多次协商，要求将多收部分退还给企业，到目前为止，供电部门分文未退。另据遵义市某企业反映，引资时，企业与政府签订的协议规定，水、电送到厂门口，但至今仍未落实，水是从另外一个老厂提供，还需二次加压，经常停水，给生产造成很大损失，电也是由这个老厂提供，经常停电，实际上新线路距厂只有100米，但政府和电力部门互相推诿，谁也不解决。另外，据清镇市医药园某外省入驻的制药企业反映，入驻时协议规定，提供煤气的优惠价格为0.59元/m^3，到目前尚未享受优惠价，仍按0.66元/m^3收取，经多次反映仍不能解决。垄断行业依仗其垄断地位拒不执行国家政策，权力部门各自为政、部门利益至上，政府协调不力、承诺不能兑现，这对于非公有制经济的发展是十分有害的。

（三）体制不顺、多头管理、资源分散

政府非公有制经济管理机构的设置目前还比较混乱，大多数设在中小企业局或经贸局，有的是设在商务局，个别设在乡镇企业局，上下不一致，管理不统一。各地的开发区和工业园区是非

公有制企业比较集中的地方，为非公有制经济的发展提供了较好的环境，但有些地方也存在着体制不顺的问题。如安顺开发区和龙里谷脚工业园区虽然都设有相对独立的管理委员会，但它仍不是政府机构，没有完整的行政职能。安顺开发区的技改、立项等问题，仍要报西秀区有关部门，然后由西秀区向市、省呈报。龙里工业园区管委会是个副县级事业单位，没有执法权，很多问题都协调不了。多头管理、职能交叉的老问题仍然存在，谁都管得了，谁都管不好，不仅降低了行政效率，也导致资源分散和浪费。不少省级有关厅局都不同程度地控制着一定数量的扶持资金，而这些资金是按部门和用途分类安排的，由于资金分散，相当一部分是撒了“胡椒面”，对重点企业和名牌产品不能进行有效的资金扶持。

（四）融资渠道窄、贷款困难

长期以来，融资问题一直是制约中小企业和非公有制经济发展的一个瓶颈。从人民银行对100户小企业的抽样调查显示，中长期资金总需求量约为60225万元，缺口25894万元，占43%；短期流动资金需求量约为46529万元，缺口17669万元，占38%。从办理银行贷款卡的情况看，2004年全省工商注册企业86019户（99%为中小企业），办卡企业为35194户，仅占40.9%，而其中大部分办卡企业因没有按期进行年审，不能申请银行贷款。据省银监局的统计，2004年个体、私营、三资企业贷款126.17亿元，占各项贷款总额1748.28亿元的7.22%；同期，国有、集体企业贷款为833.26亿元，占47.66%。公有制企业的贷款比重是纯非公有制企业贷款比重的6.6倍。贷款困难的原因，一是中小企业和非公有制企业自身素质较差，不能满足银行的贷款条件；二是现行银行授信体制和程序不利于小企业，银行管理制度存在缺陷；三是缺乏有效的担保。虽然我省已有39家担保机构，但是担保资金总量仅有7.12亿元，数量太小，难以满足企业的融资需求；四是融资渠道窄，除银行贷款外，直接融资渠道（如上市、发行债券、风险投资等）不畅。要解决中小企业和非公有制经济融资难的问题，必须加大制度创新和改革的力度，采取综合的解决办法。

（五）重招商、轻安商

招商引资是政府的一项十分重要的工作，它对于发展地方经济、安置劳动力就业、增加税收、稳定社会都起到了积极的作用。但是，通过这次对全省非公有制经济发展现状的调查发现，重招商引资、轻本土企业和已引进的企业的现象在我省普遍存在。只重视招商引资，而忽视了对本土企业和已引进企业的服务，对于下一步的招商引资工作是十分不利的。既要招商，又要安商和亲商。这方面也有做得好的，如普定县委县政府既重视招商引资，也重视本土企业和已引进的企业，并加大了对他们扶持、服务力度，县委书记带领四大班子主要领导，集体上门为9家企业解决生产经营中的困难和问题30个，使新、老企业都十分安心抓生产经营。

（六）非公有制企业的自身素质有待提高

在促进非公有制经济发展问题上，除外部环境和政府职能转变等方面存在的问题和不足以外，企业自身存在的问题和不足也是影响非公有制经济健康发展的重要原因，对这方面也应给予足够的重视。

(1)产权不清晰，治理机制落后。我省非公有制企业大多数是在20世纪80年代初期靠企业家的胆识抓住机会发展起来的（所谓胆商），或是靠各种关系获取稀缺资源发展起来的（所谓情商），少数是凭借自己的聪明才智，以市场为基础，依靠本省优势资源和产品发展起来的（所谓智商）。前两类企业大多处于管理的初级阶段，以家族制、个体业主制、合伙制和合作制为制度基础，经营权和所有权没有分离，治理机制落后，经营观念陈旧，管理水平低下，这种状况严重影响企业的持续、稳定发展。

(2)规模偏小，实力较弱。全省虽然也出现了神奇、益佰、老干妈等全国知名的大型非公有制企业，但整体规模仍然偏小，实力较弱。最新出版的《中国民营企业竞争力报告》以2002年销售额在10亿元以上及资产总额在4亿元以上为标准，选出了中国民营企业50强，候选企业107家。这些企业分布在全国18个省市自治区，贵州无一家企业入选。

(3)产业结构不合理，产品技术含量低下。全省非公有制企业主要集中在商贸、餐饮、娱乐等技术含量低的劳动密集型第三产业，第二产业主要集中在医药、食品等优势资源产品方面。第三产业比较分散，多数没有形成规模经济。第二产业还停留在我们有什么就做什么，而不是市场缺什么就干什么。非公有制高科技企业在第二产业中所占的比重不高，企业自主创新能力较弱，拥有的核心技术和自主知识产权不多，产品技术含量低下。

(4)人才短缺。与沿海地区相比，因教育落后，城市发展环境不理想，特别是许多非公有制企业建在县城，远离大城市和教育、科研中心，使非公有制经济单位拥有的人才占全省人才总量（108万）不足10%，与非公有制经济在全省经济中占有30%的比重不相称（省人事厅人才研究信息中心披露）。高素质人才难以引进，吸引来的人才不能长久留住，人才短缺严重制约了我省非公有制企业走出贵州，参与国内和国际市场的竞争。

(5)观念落后。社会主义市场经济体制的逐步建立和完善，要求企业的所有者和经营者及时转换思想观念，适应新的法制环境和市场环境，真正按市场规则办事，使自己的行为趋于规范。但我省相当一部分非公有制企业的所有者和管理者没有真正做到这一点，有的甚至仍然醉心于打政策的“时间差”和体制的“空间差”，仍然热衷于只顾眼前利益的短期行为或者固守“宁为鸡头，不为凤尾”、“子要亲生，财要自掌”的陈腐观念，往往错失市场机遇，不能把企业做大做强。

五、促进我省非公有制经济发展的若干建议

针对调研中反映的突出问题，根据国家发展改革委“十一五”期间中小企业和非公有制经济工作重点及实施“国家中小企业成长工程”的基本内容，结合我省实际，提出以下建议。

（一）把非公有制经济发展放在重要战略地位

我省是经济欠发达省份，与发达地区和周边省区的经济发展差距主要是非公有制经济的发展差距。因此，在确定我省经济发展战略重点时，必须把非公有制经济的发展放在重要的战略地位，放心、放手、放胆地发展非公有制经济。

⑴各级党委和政府要加强对非公有制经济发展的领导，把促进非公有制经济发展列入重要议程，主要领导亲自抓，建立高层例会制度，定期研究和协调解决非公有制经济发展中的重大问题。

⑵尽快出台我省贯彻落实《国务院关于鼓励支持和引导个体私营等非公有制经济发展的意见》的实施意见及配套政策措施，将国家鼓励非公有制经济发展的政策落到实处。

⑶在摸清底数的基础上，做好“十一五”期间贵州省中小企业、非公有制经济发展战略规划的编制工作，并将其纳入我省的“十一五”发展规划和实施计划中。

（二）以科学发展观统筹非公有制经济发展

非公有制经济发展必须在科学发展观的指导下进行，要高度重视技术创新和制度创新，合理利用资源，节能降耗，发展循环经济，保护环境，以人为本，尊重劳动者的权利，关心社会公益事业，共建和谐社会。

⑴积极推动非公有制企业的技术创新和技术进步。要重点支持公共技术服务平台的建设，在有条件的产业集群区域和重点行业建立示范平台，鼓励大学院校、科研院所、大企业等对外开放科研基础设施建设，为广大中小企业和非公有制经济提供技术研发、试验、检测等支持和服务。政府有关部门支持企业发展的各项资金应重点用于非公有制企业的技术创新和技术进步。

⑵根据国家产业政策、技术政策和环境保护的要求，在调查研究和摸清情况的基础上，关闭、淘汰、禁止和限制发展一批污染环境、技术装备落后、浪费资源和低水平重复建设、不具备安全生产条件的非公有制企业。

⑶加大劳动执法力度。对非公有制企业的有关人员进行劳动和社会保障方面的法律、法规培训，推动非公有制企业参加社会保险，与职工签订劳动合同。按照《工会法》的要求，在非公有制企业中建立工会组织，切实维护职工的合法权益。

（三）积极推进政府改革，为非公有制经济发展创造良好环境

企业创造财富，政府创造环境。在市场配置资源的条件下，生产要素的流动不受地域的限制，哪里投资环境好，哪里吸引的资金就多，哪里的经济就发展得快。调查分析表明，限制非公有制经济发展的主要原因并不完全是资金瓶颈或其他硬环境的问题，而是政府管理和服务所营造的软环境的优劣。积极推进政府改革，为非公有制经济发展创造良好环境，才是加快非公有制经济发展的根本性举措。

⑴加快政府行政管理体制改革，建立和完善服务体系。适时进行机构改革和职能调整，理顺行政管理体制，解决长期以来一直存在的多头管理和资源分散问题，按照国家发展改革委和省政府的要求，构建中小企业社会化服务体系，整合政府和社会各类为中小企业和非公有制经济服务的资源，为中小企业和非公有制经济发展提供良好的服务。

⑵推进机关、事业单位的干部人事制度改革，提高国家工作人员的整体素质。建立起干部能上能下、员工能进能出的用人机制，建立起人民群众、社会及舆论对政府工作的问责制度，从制度和机制层面保证公务员及其他国家工作人员忠实履行职责。加强培训和教育，提高公务员及其他国家工作人员的素质，切实保证投资环境第一要素的公务员及其他国家工作人员具有良好的思想和业务素质。

⑶废除行政性收费、罚款按比例提成和返还制度。建立公共财政制度，保证职能部门正常的行政开支。坚决废除行政性收费、罚款按比例提成和返还制度，所有收费和罚款由财政统一收取，进入国库。这是从体制、机制上解决乱收费、乱罚款和有效制约腐败的根本举措。

⑷建立综合执法制度。对省直有关部门通过政府和人大制定的政府规章和地方法规进行一次全面清理，废除其中不合理的检查、收费和罚款。为避免多头检查和多级检查，减少对企业的干扰，应规定一切检查均须通过主管部门协调，尽量采取联合检查的方式。建立各级政府的综合执法机制，将分散在各部门的行政执法权统一由各部门组成的综合执法组织行使。

⑸改进“一站式办公”的工作程序。“一站式”办公方便了企业办事，在原有基础上提高了办事效率，改善了政府的行政环境。但现行的“一站式”办公多是采取窗口接待、原单位办事的“两次循环审批”，工作效率不明显。建议改两次循环审批为一次审批，各职能部门派业务骨干进入“一站办”办公，并授予“一站办”直接的审批权（配发一套公章），使“一站办”更加名副其实。

⑹转变观念，提高服务意识。各级政府都应该把发展非公有制经济列入重要议事日程，纳入国民经济和社会发展总体规划。政府各部门及其工作人员要把促进非公有制经济发展看成富民强

国、解决就业、提供税收的主要手段，切实转变观念，提高服务意识，从各自的职能出发，形成合力，为非公有制经济发展搞好服务。

（四）鼓励非公有制经济参与国有企业改革

我省国有经济比重过高，大多数中小型国有企业在困境中挣扎，处于停产和半停产状态，大量社会资源闲置和浪费。引导和鼓励非公有制有经济参与国有企业改革，加快国有经济从竞争性领域退出，既盘活了存量资产，也为非公有制经济发展创造了有利条件，所有制结构更趋合理，经济更具活力。要制定非公有制经济参与国企改革的优惠政策，使优势非公有制企业能够通过参与国企改制尽快做大做强。在非公有制企业参与国企改革问题上，不能只重外来投资者，也要考虑本土企业，要给予同等的国民待遇，不能“招来女婿气走儿”。

（五）加快垄断行业改革，使市场在配置资源方面起主要作用

加快对资源性和垄断性行业的改革，整顿行业不正之风，改国家行政配置资源为市场配置资源，为非公有制经济发展创造良好的市场环境和必备的资源条件。

(1)加快垄断行业改革。要出台可操作的政策措施，鼓励非公有制经济进入垄断行业。同时要加大对垄断行业的监管力度，防止欺行霸市、哄抬价格、无理要求、乱提条件。垄断行业与用户要建立权利与义务对等的契约关系，废除霸王条款，规范供需双方行为，促使垄断行业不断提高服务社会的质量。

(2)统筹考虑西电东送与我省工业用电的合理需要。高耗能产业在我省工业增加值中占40%左右，要将我省高耗能非公有制企业用电列入调度和计划盘子，提供同等或优惠的电价，切实保证用电需求，支持本省工业发展。

(3)要用市场来配置资源。不能沿用计划经济手段来配置资源，要通过公平竞争，使非公有制企业能够通过市场获得发展所需的资源。

垄断行业和资源性国企的改革滞后和监管缺位，已成为影响投资环境的重要因素。加快改革，打破垄断，形成竞争，使市场对资源配置真正起到基础性作用，是治理行业腐败的根本措施。

（六）有计划、有重点地发展工业园区

土地是最重要的经济要素之一，城市建设用地十分稀缺，贵阳市的云岩、南明、小河等区已无工业用地可以征用，被迫到周边县市寻找发展空间，出现了在市区注册、在周边建厂、城区政府与周边县市政府按比例分税的工业“飞地”。龙里、惠水、清镇、修文、息烽等县市利用地处贵阳外围的区位优势，建立了若干工业园区，吸引了大批非公有制企业在园区办厂。如龙里谷脚工业园和修文扎佐工业园聚集了不少非公有制药品生产企业。我省丘陵广、土层薄、石头多，农业产出少，建立工业园区（龙里的谷脚工业园就是这种情况）既不占耕地，又提高了土地的产出效益，同时也解决了发展非公有制经济的土地供给，降低了用地成本，符合我省实际。发展工业园区有利于土地的集约利用，有利于降低用地成本，有利于为非公有制经济发展创造相对宽松的环境，有利于形成产业聚集、产生集群效应。因此，有计划、有重点地发展工业园区，是加快非公有制经济发展的好做法、好经验，有关部门要在办理园区用地手续等方面给予必要的政策支持。

（七）通过制度创新，扩大非公有制企业的融资渠道

融资渠道不畅一直是制约非公有制经济和中小企业发展的核心问题，非公有制企业的发展与金融市场化程度直接相关，金融市场化程度低，非公有制企业比国有企业更难获得国家商业银行的支持。由于我省金融市场发育不良，迄今为止，全国一些大的商业银行和股份制银行多没有在我省设立分支机构，深圳发展银行等省外金融机构来了又走，说明我省金融环境亟待改善。加快我省非公有制经济发展，必须进行制度创新，下大力气改善我省的金融环境。

(1)大力发展地方金融，着力改善我省金融环境。建议成立贵州省地方金融管理办公室（全国已有湖南等省区有这样的管理机构），研究制定我省地方金融的发展规划；配合银监局统一管理好农村信用社、省级信托、证券、融资租赁公司、典当行及信用担保机构等地方金融机构和类金融机构；大力发展民间资本投资的城市商业银行、城市信用社、农村信用社、小额贷款机构等区域性中小金融机构；积极引进省外、国外金融机构到我省设立分支机构。

(2)健全信用征集评价体系。由省政府牵头，中小企业局（非公有制办）、统计、工商、税务（国税、地税）、银行等有关部门参加，建立全省统一的中小企业和非公有制企业的信用信息征集评价体系。不要各搞一套信用体系（目前银行及工商部门都在建），造成资源分散，信息不互通和重复建设。健全信用信息征集评价体系，着力解决好政府、银行与中小企业和非公有制企业信息不对称问题，改善金融环境，为信用贷款创造条件。

(3)搞好资本市场建设。一是建立全省统一的产权交易市场。积极探索通过产权交易市场开展资产证券化业务，为企业转让部分产权和实现投资主体多元化服务；积极探索通过产权交易市场建立非上市股份有限公司股权流动平台，开展股票柜台交易，为非上市股份有限公司股权流动和股权融资服务①，为风险投资企业开辟新的退出通道。二是大力发展企业债券市场。鼓励符合条件的非公有制企业依照国家有关法律、法规发行企业债券，通过发债直接融通社会资金；建立债券交易平台，为企业发债提供服务。

(4)规范民间信贷。据省银监局调查，我省民间融资近500亿元，70%用于解决中小企业流动资

① 参见《中国投资协会通讯》2005年第4期“产权市场将融入多层次资本市场体系”

金不足，主要用于生产经营。民间信贷宜疏不宜堵，应尽快考虑制定我省的民间信贷管理办法，将其纳入省人大的立法计划，通过制定地方法规来规范民间信贷行为，为缓解中小企业融资难起到一定的补充作用。

⑸发展风险投资。风险投资对成长型中小企业的支持以及对解决民间高科技企业创业资金的需求有着不可替代的重要作用。要按照国家《创业投资企业管理办法》，在政府资金的引导下，发展创业投资企业，为成长型高科技非公有制企业提供风险投资，这是解决中小企业和非公有制企业融资难问题的一个重要方面。

⑹充分发挥政策性银行的作用。政策性银行应当在弥补金融市场不足、支持县域经济和中小企业发展、支持扩大就业等方面发挥应有作用。政策性银行可依托中小商业银行和担保机构，开展以小企业为服务对象的转贷款、担保贷款业务。

⑺扩大担保资金来源，发展民间担保机构。加大财政担保资金的投入，鼓励引进非财政资金，将现有的单一财政投资的担保公司改组为多元投资的担保公司。借鉴原集体经济的做法，发展行业内互助信用的会员制担保基金，多形式开展信用担保业务。

⑻重视典当行的融资作用。去年全省典当行共发生2368笔业务，其中有1526笔业务属中小企业、个体工商户及非公有制经济业主的个人典当，占总业务量的64％。实践证明，其方便、快捷、灵活的融资方式使典当行成为中小企业和非公有制经济融资的绿色通道。在规范的基础上适当发展典当行（公司），对于解决中小企业和非公有制经济融资问题有积极的作用。

（八）引导非公有制企业提高自身素质，尽快做大做强

我省非公有制经济发展处于初级阶段，除个别属大型企业外，绝大多数非公有制企业存在产权不明晰、治理结构和企业构架不尽合理、家族化经营、未建财务账、制度不健全、产品技术含量低、不守信用、缺乏社会责任、劳动用工及社会保障不规范等问题，严重影响了企业的健康和持续发展，影响了企业的融资能力，影响了非公有制企业的社会形象和公信力。非公有制企业在追求经济效益的同时，也要考虑社会效益，决不能弄虚作假，欺骗消费者，为谋一时之利，而自毁生存之基。

⑴加强正面引导。建立非公有制企业评比表彰制度，每年开展一次评定，按照实缴税金、实现利润、实现销售收入（回款数）或营业额、企业用工（包括本企业员工和其他用工）等指标分别进行排序，并根据不同的权重进行综合打分，评出省50强、地州市30强、县区市10强，并由当地政府对其给予表彰和奖励，每两年开展一次优秀民营企业家和优秀个体工商户的评比，对评出的优秀民营企业家和个体工商户进行表彰、奖励，对优秀非公有制企业及企业家要通过媒体正面宣传，给予重点扶持，使他们经济上有利、政治上有位、事业上有成。非公有制企业自身也要加强学习，约束自己的行为，使企业的生产经营活动符合法律的规范和社会的要求。

⑵加强培训。由政府无偿对非公有制企业提供公益性培训，重点是国家有关法律、法规和政策，国家宏观经济形势和产业导向，企业制度建设基础知识，企业管理、技术创新、创业辅导等基础知识。由社会中介机构提供更加专业化的市场化培训。

⑶严格执法，善意执法。对违反国家法律、法规，违反商业道德和社会信誉，制假售假，损害消费者利益的行为，要依法严厉惩处，使其付出必要的代价。如果执法不严，违规成本太低，使投机取巧者得利，就是对守法和诚信者的不公，也是对法律尊严的践踏。如果执法者徇私枉法，恶意执法，吃、拿、卡、要，权力寻租，滥用自由裁量权，也会使事物的发展走向反面，会培养和造就一批敌视社会的屡犯，其对社会的危害会更大。执法是为了维护社会公正，恶意执法是构建和谐社会、维护法律尊严和社会公正的大敌，必须坚决杜绝。对执法队伍中的害群之马，一定要毫不留情地将其清除出去，并依法追究其渎职责任。要扶优限劣，维护正常的社会经济秩序和良好的法制环境。

⑷推动产业结构、产品结构和企业组织结构的调整，提高企业的市场竞争和自主创新能力及对外开放水平。扶持一批“专、精、特、新”中小企业和非公有制企业，推动产业结构、产品结构和企业组织结构的调整，帮助企业做大做强，提高市场竞争力，实施企业创新工程和信息化工程，加强对产业集群和公共技术服务平台的规划和引导，提高企业自主创新能力，支持企业“走出去、请进来”，开展对外合作与交流，参加各种展销会和投资洽谈会，提高企业的对外开放水平。

（九）整合资源，加大政府对非公有制经济的扶持力度

资源分散，支持力度不够，是我省非公有制经济发展缓慢的一个重要原因。加大政府对非公有制企业的扶持力度，势在必行。

⑴加大政府引导资金的投入力度。仅靠每年2000万的中小企业发展专项资金，要撬动几十亿、上百亿的民间投资，力度太小。要加快我省非公有制经济的发展，实现省委、省政府确定的非公有制经济发展目标，必须引导民间资本加大投资力度。我省非公有制经济所作贡献与得到的财政支持资金相比，不成正比，不及国有企业所得到财政资金支持的1/10，非公有制企业反应强烈，认为仍然是所有制歧视，省中小企业发展专项资金至少要达到上亿元的规模，才能与我省非公有制经济发展的现状和规模相适应。下决心加大政府引导资金的投入力度是支持非公有制经济发展的重要举措，应尽快提到省委、省政府的议事日程。

(2)建立政府扶持资金的高层协调机制。以省政府非公有制经济办公室的名义不定期地召开联席会议，协调各资金管理部门，集中有限资金，重点扶持少数优势非公有制企业，使其尽快做大做强。

(3)通过联合重组，提高产业集中度。组织力量研究同行业联合重组的制度设计方案，引导非公有制企业通过联合重组，减少内耗和重复投资，实现资源共享和双赢，提高市场竞争能力，如制药企业的品牌共享（神奇就是一个响亮的品牌），销售队伍的共享（我省每个制药企业都有自己的销售队伍，有的药企仅销售队伍就有上千人），生产能力的共享（目前我省通过GMP改造的药企约有40%的生产能力处于闲置状态，完全可以通过委托加工扩大优势企业的生产能力，实现资源共享）。也可以通过制度创新，如采用泛股制，让品牌、药品批准文号、生产线等无形资产折成股份，组成联合企业，实现规模生产，提高经济效益。

（十）重视发挥民间商会、协会的作用

民间商会、协会在招商引资和维权方面能够发挥很大的作用。工商联作为党领导下的以非公有制经济为主体的人民团体和民间商会，具有统战和参政议政的优势。可授权工商联为非公有制经济的商会、协会的主管部门，赋予其统一指导、协调非公有制经济各类民间社团的职能，有利于促进民间商会协会的健康发展。同时，应尽快制定商会、协会的管理规定和地方法规，将商会、协会的管理纳入法制化的轨道。

毫不动摇地巩固和发展公有制经济，毫不动摇地鼓励、支持和引导非公有制经济发展，使两者在社会主义现代化进程中相互促进，共同发展，是必须长期坚持的基本方针，是完善社会主义市场经济体制、建设中国特色社会主义的必然要求。改革开放以来，我省非公有制经济健康快速发展，已经成为经济增长的重要推动力，成为吸纳就业的主渠道。非公有制经济的快速发展，为社会主义市场经济创造了一个多元竞争、充满活力的环境，活跃了城乡市场， 满足了人们生活多样化的需求，促进了农业产业化、城镇化进程，成为推进改革、加快结构调整的重要力量。

进一步加快发展非公有制经济是贯彻党的十六大精神、落实科学发展观，实践“三个代表”重要思想，发挥人民群众创业积极性，加快脱贫致富奔小康步伐的重要途径，是进一步解放和发展生产力、加快我省经济社会发展的重要基础，是发挥后发优势、加快我省实现经济社会发展历史性跨越的战略突破口。没有我省非公有制经济发展的历史性跨越，就没有我省经济社会发展的历史性跨越。积极引导和大力发展非公有制经济，是党和政府坚定不移的方针。

（执笔：王兰山、韩岳雷、孙瑞喜、康秀安）

云南省非公经济发展政策措施贯彻落实情况专项调研检查报告

按照省政府办公厅《关于开展促进中小企业（非公经济）发展政策措施贯彻落实情况专项调研检查的通知》（云府办电[2005]159号）的安排及要求，在全省16个州市开展自查的基础上，由省经委、财政厅、政府研究室、工商局等非公经济领导小组部分成员单位抽调32人组成6个调研检查组，分别深入到昆明、楚雄、玉溪、曲靖、红河、文山、大理、思茅、西双版纳、保山、德宏、昭通12个州市实地进行调研检查。这次调研检查，以贯彻落实《国务院关于鼓励支持和引导个体私营等非公有制经济发展的若干意见》和《中共云南省委、云南省人民政府关于加快非公有制经济发展的若干意见》等文件为依据，采取召开座谈会、听取情况介绍、实地考察等形式，共召开26个座谈会、查看91户企业，基本了解掌握了各地贯彻落实中央及省委、省政府相关政策措施的情况和全省非公经济发展的现况，收到了预期的效果。现将调研检查的情况综合报告如下。

一、“十五”期间全省非公经济发展的主要特点

“十五”期间，特别是省第七次党代会以后，省委、省政府按照党的十六大提出的“两个毫不动摇”精神，把发展非公经济摆到更加重要的位置来抓，于2003年4月召开了全省加快发展非公有制经济工作会议，明确了指导思想、发展思路和政策措施，响亮地提出“没有非公经济的大发展，就没有云南经济的大发展”的口号。出台了《中共云南省委、云南省人民政府关于加快非公有制经济发展的若干意见》（云发[2003]5号）文件，并督促33个省级相关部门制定下发了贯彻实施意见，还组织了3次跟踪督察，调整充实了专门的工作机构，为实现我省非公经济的大提高、大跨越、大发展提供了坚实有力的思想和组织保证。

“十五”期间，我省非公经济显现出发展速度加快、规模实力较快增强、社会贡献不断增大、企业素质进一步提升的良好势头。截至今年10月末，全省非公经济共有79.1万户（其中企业6.6万户），从业人员228.7万人，注册资金1574.3亿元，缴纳税金85.2亿元，完成社会消费品零售总额641.2亿元。归纳起来我省非公经济发展主要有以下特点。

(1)发展提速，经济总量强劲上扬。5年来，全省非公经济组织户数年均增长10%，其中企业户数年均增长28.9%，从业人员年均增长15%。截

至10月底，累计全省规模以上非公工业企业完成增加值322.4亿元，增速高于全省4个百分点，占全省规模以上工业企业增加值的39%。我省非公经济无论是经济总量还是增长速度，在西部省份排位已由原来的靠后跻身靠前。

⑵实力提升，经营规模持续扩张。自2001年以来，全省非公企业注册资本每年平均以25%的幅度增长。截至今年10月底，全省非公经济注册资金比2000年末增长2.9倍；私营企业户均注册资金由2000年的190万元上升为210.3万元；2000年末全省规模以上非公企业是687户，现增加为950户；注册资金上千万元的私营企业2000年是1338户，现增加到1774户。涌现了楚雄德胜钢铁、南磷集团、富源德鑫等一批“小巨人”企业集团。昆明绿大地、文山特安呐等一批科技含量高、发展潜力大的企业正在朝着上市的目标迈进。

⑶比重提高，地位作用明显上升。截至2005年底，全省非公经济实现增加值将占全省生产总值的35%，所占比重比2000年提高了14个百分点，已提前实现“三分天下有其一”的目标；社会消费品零售总额达641.2亿元，占全省的81.5%；上缴税金由2000年的30.1亿元上升到101.4亿元，增长1.8倍。非公经济的迅速发展，不仅增加了税收，促进了地方财政收入的增长，还加速了市场体系的发育和完善，加快了国有企业的改革发展和整个经济市场化发展水平的提高，促进了城乡人口和各种生产要素的流动与重组，推动了小康社会建设步伐，形成了人口和生产要素向城镇集聚的大趋势。城镇非公经济的就业人数占全省就业人员的比重由2000年的26.4%提高到50%以上。

⑷行业不断拓展，产业结构日趋合理。经过几年来的发展，除少数垄断行业外，全省非公经济生产经营领域几乎已涉及传统产业的各个方面，现正在逐步向文化教育、科技、基础设施、信息、社会服务等行业延伸，部分非公企业在生物医药、农业、房地产、商贸、服装、化工、建材、信息产业及国际贸易等领域占有相当地位。随着产业结构的调整，非公经济已逐步由传统产业向有一定科技含量的支柱产业、特色产业和高新技术产业等新兴产业方向拓展，并在电子信息、生物技术、新材料等高新技术领域开始发挥越来越重要的作用。昆明阳光数字技术股份有限公司拥有一批自主研发的国家级重点新产品，在同行业中具有了相当的实力和规模。昆明泰康消防器材公司投资近2000万元建立的N.M灭火剂生产线是我国目前规模较大、科技含量较高的生产线。楚雄太阳药业有限公司的辅酶Q10生产线利用废弃烟叶开发具有较高药用价值的下游产品，也是我国目前技术较先进、生产规模较大的生产线，产品远销到欧美、日本等发达国家。

⑸经营管理逐步规范，企业整体素质不断提升。通过这几年的发展壮大，特别是参与国有企业的改革和通过内部改制，我省一批非公企业的整体素质得到明显提升，正逐步由原来的小作坊、家族式企业逐步向企业法人治理结构、建立现代企业制度方向推进；由原来的业主一股独大已逐步向量化职工股权、设立股价制公司改制推进；由原来的“自家企业用自家人”的家族式管理，正逐步建立了工会组织，设立党群组织，积极吸纳和依靠员工的集体智慧和力量。重视人才、培养人才和依靠人才已让大批非公企业尝到了甜头。很多企业充分认识到，只有不断提高企业的整体素质，才能在市场竞争中立于不败之地。

二、全省非公经济发展政策措施贯彻落实的主要工作

“十五”期间，我省非公经济之所以得到快速健康发展，主要得益于邓小平理论、“三个代表”重要思想的指导和改革开放的好政策；得益于各级党委、政府及其相关部门解放思想、转变观念、提高认识、高度重视、大力扶持；得益于广大非公经营者的“自强不息、坚忍不拔、勇于创新、讲求实效”的拼搏精神。几年来我省针对非公经济发展主要抓了以下几个方面的工作。

（一）着力营造加快非公经济发展的浓厚氛围

省委、省政府召开的第三次全省加快发展非公经济会议上，书记、省长作了重要讲话，对非公经济的发展了作动员部署，把加快非公经济发展作为关系云南能否与全国同步建设小康社会的大事来抓，提出“思想上要解放，政策上更放宽，扶持上倾全力，治乱上出重拳，政治上要平等”的思路，吹响加快云南非公经济发展的号角。并出台了《关于加快发展非公有制经济的若干意见》等重要指导文件，省直相关部门配套出台了实施细则，各州市党委随即召开相应的工作会议，制定了贯彻落实意见。并通过各种传媒广泛宣传，在全社会形成发展非公经济就是发展生产力要加快市场经济体制的建立，就必须发展非公经济，要富民兴滇、脱贫致富就要发展非公经济的共识。省政府还先后组织了3次非公经济发展政策贯彻落实督查活动，昆明、楚雄、文山等州市（县）还组织干部到浙江、上海、江苏等发达的省市考察学习。进一步增强广大干部群众发展非公经济的紧迫感和责任感，全省上下已逐步形成了大力培育和扶持非公经济发展的良好氛围。

（二）着力优化加快非公经济发展的良好环境

⑴优化发展环境。各州市（县）均参照省设立了常抓非公经济发展的专门机构，部分州市书记、州（市）长兼任加快发展非公经济领导小组组长，基本形成主要领导亲自抓、分管领导具体抓、各部门共同抓发展的工作格局。同时，建立和完善了非公经济目标管理责任制和领导建立定点联系非公企业制度，把发展目标、税收目标纳入党委、政府和相关部门的年度考核内容，逐级签订了责任书，并严格考核，兑现奖惩。2004年玉溪市政府兑现各县区的目标责任奖达60万元。

(2)优化政策环境。主要在市场准入、参与国企改革、税收优惠、土地使用等方面，各地各部门对非公经济给予倾力支持。大理州国税局仅落实起征点一项，就使个体工商纳税户从24496户减为9510户，减免税收1234万元，落实符合减免税政策企业33户，减免税收929万元；文山州工商部门为下岗失业人员注册登记578人，共减免各种行政性收费68.7万元；玉溪市对国有、城镇、乡镇企业改制为私营企业的，原占用的市级财政周转金减免70%，私营企业借用的市级财政周转金按还一免一的原则给予减免，所欠占用费已全部豁免，几年来共豁免11801万元；临沧市优先安排外来投资用地，实行一次性实际投入资金500万元的，每投入100万元由当地政府赠送一亩土地的使用权；文山州对非公经济的注册登记、组建集团、投资领域、注册资本、名称直冠等实行“九放宽”。

(3)优化法制环境。全省上下已逐步形成切实保护非公企业的合法经营和经营者的合法私有财产就是支持非公经济的发展的共识。各地都设立了非公经济投诉中心，制定了相应的投诉办法和受理处理办法，仅今年以来全省共受理非公企业投诉106件，已查处71件，结案率达67%。曲靖市严肃查处了14户福利企业投诉沾益县政府以“扶贫兴教”为名强迫非公企业从2003年起每年拿出退税金额的25%赞助县政府的问题，为非公企业撑了腰。各地把“四乱”和“吃、拿、卡、要”行为作为重点加以整治。玉溪市规定，未经市政府同意或授权，任何部门不得对个体工商业和私营企业进行检查、考核、评比、开展升级达标等活动。到目前为止，全省已有467户非公企业得到各级政府的挂牌保护（其中省级93户、州市县级373户）。文山州、县两级共取消收费项目114项，降低收费标准38项，减轻企业不合理负担1751.76万元，取消行政事业性收费项目19项，涉及金额120多万元。各地政法部门也主动与非公企业建立定期联系制度，为企业的合法经营保驾护航。

(4)优化服务环境。各地结合贯彻实施《行政许可法》，切实转变职能，在简化办事程序、实行“一站式”为非公经济办理各种手续方式上取得实效。昆明市以“山灞”事件为警示，在全市范围开展整改活动，开展以办事效率、服务态度为主要内容的行风评议活动，促进机关作风的转变，提高各职能部门服务非公经济的质量和水平；曲靖市还在市直部门开展“人民满意服务部门”的创建活动，建立投资项目办理时限以及服务承诺等制度。思茅、大理、保山等地还加快社会化服务体系建设，积极为中小企业开展信息咨询、人才培训、网络宣传等服务工作。全省共为中小企业举办法律法规及政策、企业管理和营销知识、企业会计统计知识等培训班16期，组织到国内、省外考察学习5批（次），参加人数达2000余人次。

（三）着力创造加快非公经济发展的有利条件

(1)构建发展平台。各地把工业园区建设作为非公经济新一轮发展的平台来抓，倾注财力，多方筹资，加快园区基础设施建设，吸引投资者和企业到园区聚集发展。保山工业园区已完成固定资产投资4800万元，腾冲工业园区已引进企业33户，引进计划投资9.08亿元，其中28户企业已入园建厂，17户已建成投产，今年园区可完成工业产值3亿元，实现税收2400万元，从业人员达2800人。目前，楚雄、玉溪、保山、文山等州市的中小企业逐步向园区聚集，逐步形成块状集群发展的格局。

(2)拓宽发展空间。各地紧紧抓住深化国有企业改革的机遇，鼓励和引导非公企业积极参与国有、集体企业的改革，不仅使非公经济实现了低成本快速扩张，而且有效地促进了所有制结构的调整和资产重组，盘活了闲置资产，增添了活力。楚雄州非公经济参与了禄丰钢铁厂、州氮肥厂、州活塞销厂、州机械厂等国企的改制兼并收购重组，先后有100多户国有企业改制为民营企业，发展壮大了非公有制经济。

(3)增强发展后劲。自2003年省政府每年安排1个亿非公经济专项扶持资金以来，各州市（县）均根据财力安排数额不等的配套资金扶持非公经济发展。红河州在财力十分有限的情况下，为配合省实施“兴边富民工程”，仅去年就安排300多万元专项扶持资金，扶持12个非公经济项目。省非公办会同省级财政共对288个非公经济项目安排扶持资金12251万元，通过贷款贴息、补助等方式为非公企业的快速发展“加油”，调动数十倍的银行贷款，起到了“四两拨千斤”的作用。

（四）着力解决非公经济发展中的困难和问题

(1)采取多种方式筹措铺底金，支持建立信用担保机构，为非公企业缓解担保难题。到目前各级财政共投入7亿元资本金支持各类担保公司，共为1005户企业提供担保，累计担保总额130.3亿元，仅2004年度担保非公企业户数473户，占年度担保总户数的81%。玉溪市已成立12家融资担保机构，截至去年年底为非公企业担保责任余额达22868万元，为120户非公企业办理贷款担保，累计担保金额61021万元。

(2)积极搭建银企交流与合作平台，缓解非公企业融资难。由省经委牵头建立了云南省银企合作联席会议制度，定期召开银企合作联席会议，搭建银企见面交流平台，至今已召开了三次联席会议，驻滇银行和部分企业代表参加了会议。目前，已与广东发展银行昆明分行和国家开发银行云南省分行进行了合作，推进“民营企业100强”和中小企业信用担保体系建设工作取得成效。据有关部门统计，2003年末、2004年末、2005年6月，全省金融机构为中小企业本外币贷款余额分别为1008.07亿元、1176.72亿元、1380.75亿元，占金融机构同期全部本外币贷款余额的比重分别为33.3%、34%、37.6%，呈现逐渐上升趋势。

(3)实行各级领导挂钩帮扶责任制，与非公企业结成帮扶“对子”，政府领导定期不定期到企业面对面听取企业“诉苦”，及时帮助企业解决生产经营中遇到的难题，为企业出谋划策，为企业撑腰鼓劲。领导到非公企业查实情、办实事、解实难、鼓实劲已逐步蔚然成风。

三、我省非公经济发展进程中的主要问题和困难

当前，我省非公经济发展总体是好的，限制越来越少，空间越来越宽，正处于发展的重要时期。从国际上看，经济全球化趋势加快，科技进步日新月异，许多国家瞄准中国市场，为非公经济提供了更多的发展机会。从国内看，党中央、国务院对发展非公经济高度重视和扶持，其发展大环境越来越有利，越来越宽松。从本省看，国家实施西部大开发战略，特别是大湄公河次区域合作开发的契机，加之这几年快速的发展奠定了一定的基础，所有这些都为我省非公经济在新的历史条件下开创新局面、迈上新台阶提供了有利的条件和难得的发展机遇。但是非公经济在发展中也遇到一些困难和挑战，发展中的问题和困难也日趋显现。

(1)政策措施落实不到位。主要表现在中间一些环节（主要是一些部门）“肠梗阻”仍未完全畅通。加之市场准入限制多，政策不平等的因素也仍然存在。

(2)投资环境不尽如人意。“四乱”问题没得到有效遏制；政府部门不作为、乱作为的问题在个别地方仍然存在；“政府诚信”在个别县市被外来投资企业置疑；招商引资时当“孙子”，招进来以后当“老子”的做法在少数县市仍没有转变。

(3)贷款难的问题仍很突出。这方面的问题既有银行体制改革滞后的原因，也有企业财务信息不对称、信誉度不高等因素。

(4)社会化服务体系建设滞后。中小企业特别需要的创业辅导、企业诊断、技术支持、员工培训等政府服务和社会服务，要么基本没有，要么尚处于起步阶段。

(5)企业综合素质亟待提高。相当一部分经营者素质不高，企业人才匮乏，起步时可以应付，企业做大以后难以驾驭；企业法人治理结构不完善，管理制度不健全，管理粗放；部分经营者缺乏诚信，偷漏税款的问题时有发生；企业员工权益得不到保护，劳资关系紧张还相当普遍。

四、加快全省非公经济发展的对策建议

今后一个时期是贯彻党的十六大、十六届五中全会精神和中央“十一五”规划建议以及全面建设小康社会的重要时期，也是必须紧紧抓住并且可以大有作为的重要战略机遇期。非公经济的发展是云南经济的活力所在。大力发展非公经济，不仅是充分发挥体制机制优势的一个着力点，也是实现云南经济既快又好发展的一个重点和亮点。按照科学发展观和转变经济增长方式的要求，根据云南非公经济发展的特点及面临的全新形势，结合我省“十一五”经济社会发展规划，非公经济发展的指导思想应该着重放在抢抓机遇、深化认识、优化环境、增强服务上；在发展思路上，要以整体提升推进非公经济的大发展、大提高，对落后地区需要继续鼓励数量上的较大增长，对先进地区着重于质量的提高和企业素质的提升，推动非公经济跃上一个新的经济平台；在政策导向上，着力促使非公企业做强做大，政府重在提供制度、环境和服务，企业要努力增强综合实力，形成核心竞争力；在发展趋向上，要引导非公经济从依靠市场经济的“先发效应”转向依靠体制竞争和信用支撑，从依靠资源消耗和简单加工转向知识价值和技术创新，从注重有形商品、市场经营转向注重无形价值、网络经营，从主要依靠群众的首创精神转向依靠政府体制转轨和积极引导。基于上述指导思想和发展思路，针对我省非公经济发展的问题和困难应重点采取以下对策措施。

（一）下大力气营造公平有序的发展环境

进一步统一思想，从云南省能否与全国同步建设小康社会的高度和全省经济社会长远发展的高度，重视非公经济的发展。树立“政府创造环境，企业创造财富”的理念，按照一视同仁、公平、公正的原则，对现有不利于非公经济发展的政策、规章进行全面清理；对不符合市场经济要求、不符合政府职能转变以及对非公经济的不公平规定，坚决予以废止或修改；国家法律法规规定以外的各种审批，一律予以取消，扫除非公经济发展的体制性、政策性、观念性障碍，取消一切歧视性市场准入障碍。凡是法律法规和政策明确限制的领域外，都要向非公经济放开，决不能设置“玻璃门”。加大保护知识产权的力度，鼓励企业提高自主创新能力。严厉打击各类制假售假、合同欺诈、无照经营等无序竞争、扰乱市场经济秩序的行为，坚决打破地区封锁、部门垄断、行政干预等限制非公经济发展的不正当竞争行为，促进公平竞争。

（二）积极探索缓解非公企业融资难的有效途径

结合我省的实际，应重点在完善以下四个服务体系上下功夫。一是以信用担保机构为重点的中小企业社会化服务体系；二是以银行贷款为主的间接融资服务体系；三是以股票、债券为主的直接融资服务体系；四是以政府补贴资金为主的财税服务体系。当前应着重抓好信用担保服务体系和银行融资服务体系的建设工作。具体做法是：引导各类社会资源，逐步建立健全省、州（市）、县三级担保机构，帮助和扶持担保机构做优、做强，建立资本补充机制，吸纳社会资本

进入，壮大公司的资金实力，扩大经营规模，提高担保能力。要求公司制的担保机构按照现代企业制度的要求，完善公司治理结构，做到产权清晰、责任明确，不断提高现有担保机构的管理水平。同时要加强与银行合作，建立和协调银行拓展新业务，开发新品种，不断改进金融服务方式，开展信用等级评估工作，逐步扩大对非公经济的信贷规模。

（三）加快推进园区建设，搭建非公经济发展平台

工业园区既是推进新型工业化、发展循环经济的载体，也是有效加快非公经济发展的平台。一是以工业园区为平台，可以促使工业发展组团规模化、土地使用集约化、资源利用效能化、产业配套系列化，从整体上更容易促进实现企业技术进步、资源利用效益提高、机制创新等方面的飞跃。二是以工业园区为平台，可以创造有利于企业生存、发展的园区小环境，形成集聚效应，促进产业结构优化升级。夯实以园区整体招商、以产业定向招商、以区域品牌招商，有利于吸引省内外、国内外影响大、实力强的大企业、大集团，从而大规模引进境外资金、人才及先进的管理、技术等。三是以工业园区为平台，能够整合资源，降低基础设施成本，降低管理、治污成本。四是以工业园区为平台，可以有效避免产业雷同、产品趋同，发展循环经济，推进清洁生产，有利于非公企业由作坊式的小打小闹向上规模、上档次转变，由因陋就简、分散布局向相对集中、聚集发展转变，由粗放经营、量小质弱向集约经营、做大做强转变。五是以工业园区为平台，可以尝试非公企业进行同行业整合，组建联合集团公司，打造“航母”，做强主业，拉长产业链，提高企业竞争力。因此，要在抓好全省30个重点工业园区建设的基础上，因地制宜，根据各地的实际，在不占用基本农田的前提下，按照产业布局的规划，允许有条件的县、市都建一个产业特色基地，为非公企业的聚集发展提供载体。

（四）加快推进社会化服务体系的建设步伐

积极支持发展各类市场中介组织，加快建立执业标准和监督机制，建设公共性服务平台，为非公企业提供社会化、专业化和规范化的服务。一是建立政府指导机构和民间组织机构的服务体系，开展信息咨询、技术创新、创业辅导、人才培训、市场开拓和经营管理等中介服务，按市场需求，整合中介服务力量，规范各类中介机构的服务质量和收费标准。二是通过民办官助的形式设立权威性的民间信息服务中心、技术创新中心、投资咨询中心等，专门从事民间投资可行性研究、开发新产品以及社会性公共协调配套服务，以确保民间投资者能够找到适当的投资方向和项目。三是加快行业协会的改革与发展，广泛吸收非公企业入会，扩大行业协会的覆盖面和代表性，逐步赋予行业协会制定行业规范与标准，参与行业规划和资质审查，维护行业公平竞争和行业利益等职能。四是充分发挥中小企业信息网为非公企业服务的作用，实施非公企业上网工程，加快企业网站建设，积极开展电子商务。通过强化政府、社会的服务，帮助、引导非公企业进行制度创新，建立规范的产权结构和企业法人治理结构，通过组织创新、技术创新、机制创新增强企业的自主创新能力，从而提高综合素质，实现跨越式发展。同时，要加强对非公企业从业人员的思想教育，引导其成为社会主义建设的积极力量，加强非公企业的党建工作和文化建设，充分发挥党组织的凝聚作用和党员的先锋模范作用，加强对从业人员的职业道德教育和法制教育，引导他们文明经商、守法经营，为我省经济社会的发展作出新的、更大的贡献。

各国中小企业扶持政策的比较分析

中小企业在国民经济发展中不仅发挥着增加就业、培养企业家、活跃经济、为大企业配套、增加市场竞争性的作用，而且科技型中小企业是技术创新的活跃成分和主力。因此，一个多世纪以来，世界各国政府逐渐重视对中小企业的政策扶持，正是在政府政策的扶持下，各国中小企业才更加发展壮大，也越来越成为理论和政策的关注重点。然而，由于各国中小企业的地位与作用不同，发展阶段各异，面临问题各异，因此，各国中小企业政策类型、措施纷繁复杂。但是，在这纷繁复杂的中小企业政策发展过程中是否存在内部规律性呢？人们已经作了大量政策介绍、分析，本文试图从政策统计的角度分析中小企业政策发展的阶段性、连续性、关联性及趋势，尤其通过对发达国家中小企业政策的演变规律分析，为我国中小企业政策发展提供借鉴。

一、调查研究方法与样本说明

本文选择全球17个国家与地区（美国、加拿大、英国、德国、法国、意大利、欧盟组织、俄罗斯、日本、韩国、新加坡、马来西亚、菲律宾、泰国、中国香港、中国台湾、澳大利亚）作为研究样本，通过网络和文献收集这些国家和地区的历年中小企业扶持政策共896个，根据中小企业扶持政策的内容将其划分为8大类，即组织扶持政策、产业扶持政策、创新扶持政策、金融扶持政策、财税扶持政策、社会化服务政策、基础政策和其他扶持政策。各类政策样本分布如表1所示。

表1　国外17个国家与地区的中小企业政策样本分布

类型 / 地区	组织扶持	产业扶持	创新扶持	金融扶持	财税扶持	社会化服务	基础政策	其他	合计
亚洲	80	120	34	142	27	66	38	22	529
欧洲	23	14	26	59	34	29	25	4	214
美洲	17	9	12	38	23	6	21	10	136
大洋洲	1	1	4	1	3	4	1	2	17
合计	121	144	76	240	87	105	85	38	896

其中，组织扶持政策是指扶持中小企业的社会团体、企业联合组织、服务中介等机构的政策与法规。产业扶持政策是指扶持产业结构调整与提升、产业集群发展、发展区域经济、中小企业的经营支持等方面的政策措施。创新扶持政策是指促进与扶持中小企业开展技术创新的政策、法规与基金。金融扶持政策是指支持中小企业融资的有关政策法规，如政府专项基金、产业投资基金、风险投资基金、政策性银行、商业银行、中小企业金融机构、中小企业投资公司及第二板市场、产权交易、发行企业债券、中小企业融资体系和信用保证体系等政策与法规。财税扶持政策是指有关中小企业财政补贴、税收优惠、政府采购等政策措施。社会化服务政策是指有关扶持中小企业出口、市场拓展、信息网络、培训辅导、社会化互助、简化行政手续等政策与法规。基础扶持政策是指中小企业的基本法、市场公平竞争法、中小企业的定义标准、扶持中小企业发展的重要计划及政策法规等。其他扶持政策则包括保护商业秘密政策、环境保护政策、就业政策、扶持特殊企业的政策等。

二、中小企业政策演变的规律分析

对上述政策样本从时间、内容、对象、效果等纬度进行统计和聚类分析，我们归纳出中小企业扶持政策演变的一般规律。

（一）各国中小企业扶持政策数量呈增长趋势，政策类型从单一到系统

表2　中小企业扶持政策演变过程中的类型及数量

（单位：个）

类型 / 时间	组织扶持	产业扶持	金融扶持	创新促进	财税扶持	社会化服务	基础政策	其他	合计
～1870	0	0	0	0	0	0	0	3	3
1871～1890	0	0	0	0	0	0	1	0	1
1891～1910	0	1	0	0	0	0	0	0	1
1911～1930	4	5	0	0	0	0	1	0	10
1931～1950	12	8	18	1	0	1	12	0	52
1951～1970	42	27	39	6	10	8	11	5	148
1971～1990	31	64	64	29	38	36	27	8	297
1991～	32	39	119	40	39	60	33	22	384
合计	121	144	240	76	87	105	85	38	896

按照时间纬度把各国中小企业政策进行归类，结果如表2所示。结果表明各类中小企业政策数量呈现上升趋势，说明了各国政府对中小企业关注程度在上升。特别是在二战后，政策的数量和类型都有了质的飞跃，呈现出大幅度的增长趋势。主要有以下几方面原因：第一，垄断经济体制的崩溃促使对中小企业的认识转变。二战前，垄断体制在世界经济中占统治地位，在垄断经济体制下中小企业竞争力与发展潜力不能发挥，因而中小企业的重要性得不到认同。二战后，垄断经济体制的崩溃为广大中小企业的发展提供了广阔的空间，中小企业成为吸纳社会就业、提高市场竞争性、培养企业家的摇篮，得到各国政府、社会的认可。尤其是1969年英国联邦政府专门成立了Bolton中小企业调查委员会，并于1971发表Bolton调查报告以后，指出中小企业的贡献有创造就业机会、适度规模效率、满足多样性需求、做大企业外包、增加市场竞争性、新兴企业和产业的摇篮等，接着1973年熊马克（Schumacher,E.F）出版著作《小的是美好的》以后，使得中小企业受政府重视程度得到空前高涨，各国政府出台中小企业扶持政策与法规大幅增长。第二，技术创新周期缩短，中小企业的优势显现。20世纪70年代以来，新技术革命及其发展对现代社会物质生产方式产生了极为深刻的影响，尤其是电子技术的发展使得小规模、大批量生产成为可能，从而许多领域出现了生产规模小型化、分散化的趋势。同时，随着技术创新速度加快、产品更新换代周期缩短、市场需求多样化，中小企业因其经营灵活性，比大企业更具有市场适应能力，因此，中小企业成为各国技术创新政策的扶持对象。第三，科技型中小企业发展需要社会风险资本和政府政策性融资的支持。进入20世纪80年代，美国科技型中小企业的成功和电子、信息等新兴产业的蓬勃发展很大程度上得益于风险资本和技术创新基金的资助，因而，各国政府纷纷模仿美国政府的做法，出台扶持中小企业技术创新和新兴产业发展等政策。

二战以前，由于绝大部分国家都没有设立专门的中小企业政策机构，因而中小企业的扶持政策针对性强、政策范围窄、时效性短。例如，美国1890年的谢尔曼法、1941年TNEC政策、1912年意大利的1009法令、1924年日本出口商品工业组合法等都是针对中小企业的某一问题而制定的。但是，二战后许多国家设立了专门负责有关中小企业政策法规的制定、执行和监督的机构，这就使政策更加关注中小企业的基础性问题，例如法律地位、税收平等、融资权利等。例如，日本1947年通过了《中小企业振兴纲要》，1948年成立了中小企业厅，1949年6月通过了《国民金融公库法》，1953年8月通过了《中小企业金融公库法》，1958年7月实施了《中小企业信用保险公库法》，1963年实施了《中小企业基本法》等，政策向着扶持属于中小企业自己的金融机构、产业组织、基本法律等综合方向发展，这表明了各国中小企业在国民经济中的基础地位、长期发展战略地位得到了确立。

（二）中小企业政策与各国经济发展水平相适应

按照经济发展水平与时间两个纬度分析中小企业政策出现的数量和次序，结果表明，政策是呈梯度现象，与经济发展过程成正相关（表3）。最早涉及中小企业问题的法律是1833、1834年英国工厂劳动法，针对企业雇佣童工问题用法律形式进行规范。其次是美国1890年的谢尔曼法。日本真正与中小企业有关的法律是1924年的出口商品工业组合法，亚洲其他国家都是20世纪70年代以后才有涉及中小企业的政策法规。可见中小企业政策法规完善程度与市场制度健全程度有一点的相关性，反映了中小企业是市场经济的主要成分，企业的发展程度总是同社会生产力的发展水平相一致的。

表3 不同类型国家（地区）的中小企业扶持政策数量分布

（单位：个）

时间＼类型	欧盟	美洲	日本	亚洲(除日本)	澳大利亚	俄罗斯	合计
～1870	3	0	0	0	0	0	3
1871～1890	0	1	0	0	0	0	1
1891～1910	0	1	0	0	0	0	1
1911～1930	5	4	1	0	0	0	10
1931～1950	3	16	33	0	0	0	52
1951～1970	31	16	72	29	0	0	148
1971～1990	95	45	59	98	0	0	297
1991～	67	53	76	161	17	10	384
合计	204	136	241	288	17	10	896

而且，表3的数据表明，某些国家或地区的中小企业扶持政策在某一阶段呈飞跃式增长。例如，二战后的日本、70年代后的亚洲发展中国家（或地区）、70年代后的欧洲发达国家等，它们的中小企业扶持政策快速增长是与当时各国经济发展状况紧密相关的。

二战后，日本经济受到严重打击，由于物资严重匮乏，大企业难以迅速恢复生产，为了尽快恢复经济，日本政府出台了大量振兴中小企业的政策，促进其发展，并且制定了专门以中小企业为对象的产业政策。20世纪70年代以电子、计算机为代表的新技术革命的来临要求亚洲发展中国家和地区的工业化进程既要符合传统工业化对工业结构升级的要求，又要跟上现代化步伐发展高新技术产业，因此，出台了大量政策扶持中小企业发展，促进产业结构调整和产业升级，活跃市场经济。另外，70年代后，在Bolton报告的影响下，以英国为代表的欧盟国家仿效美国的做法，在风险资本、孵化器、融资等方面纷纷出台政策法规支持科技型中小企业的发展。

（三）各国扶持中小企业政策呈阶段性的特征

资本主义经济经历了自由竞争资本主义阶段、垄断资本主义阶段、二战后的国家干预经济阶段。根据不同阶段对中小企业扶持政策的数量进行统计，结果如表4所示。

表4 工业化进程阶段的中小企业政策数量分布

（单位：个）

政策阶段	组织扶持	产业扶持	金融扶持	创新促进	财税扶持	社会化服务	基础政策	其他	合计
自由化扶持阶段（～1945年）	8	9	6	0	0	0	9	3	35
保护性扶持阶段（1946～1972年）	53	34	56	8	12	12	17	5	197
系统性扶持阶段（1973年～）	60	101	178	68	75	93	59	30	664
合计	121	144	240	76	87	105	85	38	896

结果显示，中小企业扶持政策的第一阶段是在自由化扶持阶段。各国政府的中小企业政策目标是提高中小企业参与市场竞争能力、减小大中小企业间的差距、反对垄断、扶持市场竞争。例如，1890年美国的谢尔曼法，1945年美国国会参议院中小企业问题研究特别委员会推出的“维持自由竞争”的报告，1936年日本的商工组合中央金融公库法等都是从提倡竞争、提高中小企业竞争力为目的的。这个阶段中小企业政策的主要类型涉及产业基盘强化、合作组织、融资机构等。

第二次世界大战后至20世纪70年代是中小企业政策发展的第二个阶段，即保护性扶持阶段。二战后，大多数欧美国家对中小企业的认识都有所转变，开始对小企业采取保护政策。政策转变的原因有两个方面：一是垄断企业的吞并与政府的歧视不但没有消灭中小企业，反而使中小企业更顽强地生存和发展，中小企业能在多种不同社会生产力中生存与发展的能力以及在资源配置过程中表现出来的难以为大企业所替代的灵活性受到人们的重视；二是垄断的弊端逐渐暴露出来，人们认识到垄断限制、扭曲甚至破坏了市场机制是造成经济危机的重要原因之一。

在保护性扶持阶段主要形成了针对中小企业基本地位、专门管理机构等保护性政策措施，包括中小企业基本法律、中小企业专门管理机构、信用担保政策与机构等。例如，日本1948年设置中小企业厅，美国1953年通过《中小企业法》并成立中小企业局，日本1963通过《中小企业基本法》，德国1954年实施《中小企业信用担保法》，泰国1954年设立工业促进厅，韩国1960年在商工部设立中小企业科并于1966年成立中小企业局，菲律宾1962年设立家庭工业局，日本1963年通过中小企业现代化促进法，韩国1966年通过中小企业基本法，英国1967年内阁设立Bolton调查委员会，1970年我国台湾成立中小企业联合服务中心等等，从法律和政府常设机构的角度保护中小企业的发展。

从总体上说，这一阶段的中小企业政策在数量和类型上都在第一阶段的基础上有了较大的发展，政策类型涉及组织、财税、金融、创新、产业扶持、社会化服务等各个方面。这一阶段政策的类型主要是组织政策、金融政策和产业扶持政策，在所有出台的政策中，这三类的数量分别占到26.90%、28.43%和17.26%，三者之和占了总体的72.59%。另外，在这一阶段各国政府出台了大量扶持中小企业的立法，立法数占了所有政策数的51.78%，充分说明各国政府开始重视中小企业的发展，从立法和设立专门的管理机构，为扶持中小企业长期发展提供保障。

20世纪70年代以后，技术革命使资本主义经济出现了转折，出现了与生产、资本集中化和大型化并存的生产和资本分散化、小型化趋势，由此中小企业的绝对量和相对量不断上升。尤其是进入20世纪90年代以后，美国出现了以互联网为代表的新经济浪潮，改变了企业的经营思维方式和经济发展模式。传统意义上的工厂化、大批量生产方式受到挑战，知识密集型、组织扁平化的中小企业受到追捧。在这个时期，一些国家出台了大量扶持科技型中小企业的政策法规和文件。因此，在这个阶段，各国中小企业政策除了传统的金融、财税扶持政策外，产业扶持政策、创新促进政策和社会化服务政策的数量得到较快的增长，而且产业扶持政策的侧重点与上一阶段略有不同，除扶持特定产业外，还强调合理地调整产业结构和发展区域经济，社会化服务政策也是全面开花，政策类型趋于综合化。

（四）中小企业政策与产业政策有较高的相关性

从性质的角度，这些政策可以分为保护性政策和扶持性政策。保护性政策的基本假设是：中小企业是弱者，易于被大企业吞食、淹没，因而需要保护。这类政策包括反垄断法、反不正当竞争法、基本法、合作组织法等。例如，美国1890的谢尔曼法、1914年的克莱顿法、1934年的米勒－泰丁法、1936年的罗宾逊－帕特曼法、1950年的塞勒－凯福尔法，日本1937年的关于禁止垄断确保公正交易的法律，德国1958年的反对限制竞争法，1964年美国的机会均等法等等。扶持性政策的基本假设是：中小企业具有高成长性和强竞争优势，为了促进这种成长、推进经济发展，需要政策扶持。这类政策包括各种产业政策、金融政策、技术创新政策、人才政策、振兴计划、财政政策等，政策的数量很多、范围很广。

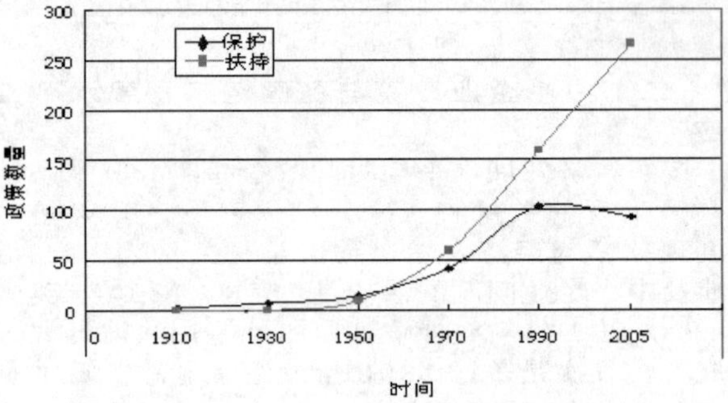

图1　保护性政策与扶持性政策的比较

把896个政策、法律和文件等按两类进行聚类，如图1所示。结果表示，在工业进程开始阶段的中小企业政策几乎都是保护性政策，到20世纪30年代后期才开始有扶持性政策出现，其中最关键的转折点是1950年前后。二战结束后，各国开始发展经济，出台了大量针对中小企业的扶持性政策，使得扶持性政策的数量开始超过保护性政策，并且直线上升。除了经济发展的直接需要外，另一方面原因就是各国政府逐渐认识到单纯的保护性政策对于克服中小企业自身的缺陷和弱点是不够的，中小企业必须依靠政府强有力的扶持政策才能较好地发展。进入90年代，中小企业得到较大的发展，中小企业的重要性、竞争力与发展潜力受到普遍的认可，因此，保护性政策数量逐渐趋向下降，各种扶持性政策数量一路攀升。

中小企业最容易进入的领域是那些需要固定资本投资量少、进入壁垒低的行业，新兴行业是中小企业淘金之地。因此，每次新兴行业的出现都会引发大量中小企业扶持政策的出现。例如，60、70年代电子产业开始兴起与发展，许多国家纷纷出台相应政策进行扶持，如日本1957年的电子工业振兴临时措施法、韩国1972年的技术开发促进法、1981年德国设立技术中心和技术孵化器、1981年台湾的产业自动化10年计划、1982年意大利的技术创新特别滚动基金、1983年美国小企业技术创新研究计划（SBIR）、1983年日本的高度技术工业积集地区开发促进法等等。

（五）中小企业政策的针对性和时效性

从各国的实践来看，由于历史、文化、经济发展水平等条件的不同，各国制定实施的中小企业政策所强调、突出的重点各异。同时，在不同的经济发展阶段和不同的经济环境中，同一国家的中小企业政策的目标和手段与其各自的实际相对应，呈现出较强的针对性和时效性。

表5列出了针对中小企业发展过程中遇到的3个主要问题——20世纪70年代石油危机、新经济的冲击下世界产业结构的调整以及1997年东南亚金融危机，各国政府出台的扶持中小企业发展的具有针对性的政策措施。

表 5　石油危机、新经济、东南亚金融危机时期的扶持政策

主要问题	具体政策
20世纪70年代石油危机	技术创新：日本：　两次修改了《中小企业现代化促进法》（1973、1974）；加拿大：《企业开发计划》（1977） 金融：日本：　《小企业等经营改善资金融资制度》（1973）、《国际通货形势变化下的中小企业紧急对策》（1973）、《紧急中小企业金融对策》（1974）、《第二次紧急中小企业金融对策》（1974）、《中小企业紧急对策》（1977）、《关于中小企业日元升值紧急对策》（1978）、《日元升值情况下中小企业对策临时措施法》（1978） 财税：英国：**1974**年，工党政府陆续推出减轻所得税、法人税、资本所得税等小企业扶持政策；1977年9月，成立了“利巴委员会”，通过对中小企业在税务负担问题方面的调查和研究，提出了在税收和金融方面对中小企业给予支持的政策；加拿大：《库存补贴法》（1976）、《资源补贴法》（1976）、联邦政府采购计划（1977）、《投资税减免法》（1978）、《制造与加工利润免税法》（1979）、《联邦税减免法》（1979） 产业结构：日本：　《大规模零售店法》（1973）、《中小零售商业振兴法》（1973）、《传统工业品产业振兴法》（1974）、《中小企业转换事业临时措施法》（1976）、《中小企业经营领域调整法》（1977）、《特定萧条地区中小企业对策临时措施法》（1978）、《产地中小企业对策临时措施法》（1979）；　韩国：《中小企业系列化促进法》（1975）；　法国：分别于1973年、1975年、1979年提出了密野拉莱报告、修德鲁报告、马约报告，对如何发展法国中小企业进行了论证，并提出了一系列政策方案；　德国：中小企业结构政策的专项条例（1976） 企业经营：美国：　《破产改革法》（1978）；日本：《防止中小企业倒闭破产法》（1977） 公平竞争：美国：　《哈特-斯科特-罗狄洛法》（1976）；　韩国：《物价稳定及公平交易法》（1975） 社会化服务：英国：　**1973**年，在全国10大城市设立了“小企业信息中心”
新经济的冲击下，产业结构调整	技术创新：日本：　《中小企业技术开发促进临时措施法》（1985）、《关于促进中小企业创造性事业活动的临时措施法》（1995）、《关于搞活特定产业集成的临时措施法》（1997）；　韩国：　《关于新技术事业支援法》（1989）、《中小企业技术创新促进法》（2001）；　加拿大：　技术伙伴计划（TPC）（1996）；　美国：　《小企业创新发展法案》（SBIDA）（1982）、小企业技术创新研究计划（SBIR）（1983）、《技术竞争力法案》（1987）、《加强小企业研究与发展法案》（1992）；　欧盟：《关于在经济竞争中充分发挥中小企业（含手工业企业）的经济活力和创新潜力的决定》（1994）、《有关欧盟中小企业的第三个多年度行动计划（1997～2000）》（1996）、第2002/1513/EC决议，即《关于欧共体为创建欧洲研究区和创新的研究、技术开发和示范活动的第六框架计划（2002～2006年）的决议》（2002年）；　美国：　《小企业技术创新法》（1982） 产业结构：日本　：《特定中小企业转产对策临时措施法》（1986）、《特定地区中小企业临时措施法》（1986）、《关于融合跨领域的中小企业者的知识、促进开拓新领域的临时措施法》（1988）、《关于特定中小企业开拓新领域，顺利地适应经济结构变化的临时措施法》（1993）、《关于促进中小企业创造性事业活动的临时措施法》（1995）；　中国台湾：《促进产业升级条例》（1990） 企业经营：日本：　《新事业创出促进法》（1998）；
1997年东南亚金融危机	国家战略：菲律宾：实施中小企业发展战略（1998年）；泰国：全国工业重组计划（1997）； 社会化服务：韩国：　建立APT型工场（1997）、设立中小企业专门人力就业推荐中心（1997）、建立中小企业专用公团（1997）、成立中小企业特别委员会（1998）、成立小商工人支援中心（1999） 金融：马来西亚：设立中小企业基金（1998年）；中国台湾:《扩大国内需求方案项目融资》（1998）、添置或更换机器设备或周转金贷款（1998）；泰国：　《投资促进法》（1997）、建立中小企业投资基金（1997）、建立泰国恢复基金（1997）、特批注册资本在0.4亿～1亿泰铢的中小企业在泰国股票交易所交易板挂牌，并免除新挂牌中小企业的资本利得税（1997）、农村工业发展项目中小企业贷款（1997） 财税：中国台湾:《政府采购法》（1998）、成立协助中小企业参与政府采购服务中心（1999）；　韩国：《小企业扶持特别法》（1997） 社会化服务：泰国：　小企业顾问发展工程（APEC－IBIZ）（1997）、激活泰国经济工程(ITB)（1997）、建立中小企业金融咨询中心（1997）、成立中小企业发展协会（1997） 经营领域：韩国：　《保护中小企业事业领域及增进企业间合作法》（1998）

以东南亚金融危机为例，危机发源地泰国政府为了减少金融危机给中小企业带来的影响，出台相应政策法规加以扶持。例如，1997 年出台《投资促进法》，鼓励和吸引外资，并于同年推出“小企业顾问发展工程（APEC－IBIZ）”和“激活泰国经济工程(ITB)”等法律，政府拨款 20 亿泰铢，对 2600 多家中小企业进行扶持，帮助他们提升生产、管理、质量和服务控制效率，应对市场竞争，走出金融危机带来的困境。1998 年，泰国政府制定“全国工业重组计划”，同年，建立中小企业投资基金和泰国恢复基金，并推出“农村工业发展项目中小企业贷款”项目，为中小企业提供资金支持；同年，建立中小企业金融咨询中心，处理中小企业的不良贷款，并成立中小企业发展协会，负责全国中小企业的发展。同年，特批注册资本在 0.4 亿～1 亿泰铢的中小企业在泰国股票交易所交易板挂牌，并免除新挂牌中小企业的资本利得税等等，上述政策有很强的针对性。

（六）各国中小企业政策具有持续性

各国中小企业政策在具有时效性的基础上，其政策本身又具有持续性、适应性和动态性，既能够解决中小企业发展中遇到的一般问题，又能够随着中小企业需求的变化而动态变化发展。连续性主要表现为以下几种形式：

⑴一个政策经过反复修改、修订。大多数国家的中小企业基本法律都是经过多次修订的，例如，日本中小企业基本法 1963 年制定，后修订两次；韩国中小企业基本法 1966 年制定，后修订 3 次；美国小企业法 1953 年制定，后修改 3 次。

⑵政策的关联性。一个国家的许多扶持政策间具有关联性，政策之间互相联系、共同起作用。例如，韩国 1961 年制定了《中小企业协同组合法》，1983 年 8 月韩国总统发布了《中小企业协同组合法施行令》，1983 年 11 月韩国工商部制定了《中小企业协同组合法施行规则》，三个法规都是对“协同组织”扶持政策的不断深化。又例如，日本 1946 年 11 月制定《商工协同组合法》，1949 年制定《中小企业协同组合法》，并于同年出台《关于根据协同组合法的金融事业的法律》，1956 年成立中小企业等生产协同组合中央会，1962 年制定《商店街振兴组合法》，1967 年创设协业组合制度，1999 年制定《商工组合法》，6 个法规的内容都是相关的。

⑶政策内容逐渐深化。相关政策之间不是简单的关联性，而是内容上的深化与改进。随着经济社会环境的变化，中小企业面临的问题、难点与需求也发生变化与拓展。一项政策能够通过不断的深化来满足中小企业的需要，一定程度上说明了该项政策制定得成功。例如，韩国 1982 年 12 月颁布了《中小企业振兴法》，并建立中小企业振兴公团，规定了优先扶持的业种、事业转换、创业支援、振兴基金等，以稳定中小企业的经营，实施金融、租税等优惠政策。同年，韩国政府还制定了《中小企业振兴长期计划》，进一

步明确了中小企业发展的基本目标、中小企业政策的基本方向、政策实行的手段和计划等。1983年8月，韩国总统发布了《中小企业振兴法施行令》，并于1987年8月作了修订。1983年12月，韩国商工部公布了《中小企业振兴法施行规则》，并随后根据中小企业发展情况，分别于1985年3月、1987年10月、1988年6月、1988年11月对《施行规则》进行了修改（表6）。

表6　中小企业政策持续性的例子

连续性的形式	国家	典型政策
政策修订	韩国	1961年制定《中小企业协同组合法》，分别是1963年7月、1973年1月、1976年12月、1978年12月、1982年12月5次修订；
	美国	1953年制定《小企业法》，分别于1958年、2001年、2004年3次修订；
	日本	1963年制定《中小企业现代化促进法》，分别于1969年、1973年、1975年3次修订；
政策间的关联性	韩国	1986年5月制定《中小企业创业支援法》，1986年7月制定《中小企业创业支援法施行令》，同年设立创业支援审议会，1989年制定《关于新技术事业支援法》；
	美国	1982年7月，美国国会通过《小企业创新发展法案》(SBIDA)，并于1983年建立了小企业创新研究计划"(SBIR)，1992年建立小企业技术转移计划（STTR），作为SBIR项目的补充；
	德国	1977年，出台《联邦政府中小企业研究与技术政策方案》，1978年，出台《中小企业研究和发展工作设想》；
	日本	1946年11月制定《商工协同组合法》，1949年制定《中小企业协同组合法》，并于同年出台《关于根据协同组合法的金融事业的法律》，1956年成立中小企业等生产协同组合中央会，1962年制定《商店街振兴组合法》，1967年创设协业组合制度，1999年制定《商工组合法》；
政策内容的深化	日本	1963年3月，制定了《中小企业现代化促进法》，于1973年修订该法，加入了有关"知识密集化"的条款，并设立了知识密集化融资制度；
	韩国	1982年12月颁布《中小企业振兴法》，并建立中小企业振兴公团。同年政府还制定了《中小企业振兴长期计划》。1983年8月韩国总统发布了《中小企业振兴法施行令》，并于1987年8月做了修订。1983年12月韩国商工部公布了《中小企业振兴法施行规则》，并随后根据中小企业发展情况，分别于1985年3月、1987年10月、1988年6月、1988年11月对《施行规则》进行了修改。
	加拿大	1947年制定产业研究支持计划（IRAP），该计划始于被认为是加拿大历时最长的也是最成功的支持中小企业技术创新的产业发展计划。1981年开始，该计划又生成了多个子计划：企业特殊问题咨询、企业技术人员帮助、研发项目协助等

（七）　各国中小企业扶持政策手段和类型的趋同性

中小企业政策是各国政府的中小企业观念的具体反映，抽象的观念只有反映到各种具体的政策载体上，才能对中小企业的发展起到直接的作用。经过上百年的政策演变，现阶段各国政府通过各种方法、途径扶持中小企业发展。虽然各国的经济发展历史、状况、政策目的和期望解决的问题存在差异，但是出台的政策有趋同化之势，即政策的类型、内容、范围逐渐趋向一致，说明各国中小企业政策存在相互学习借鉴、取长补短的情况。

在样本中抽取13个主要国家或地区的政策子样本，按照8种类型对它们进行分类，在不同时期出台某类政策的国家或地区数量如表7。结果表明，已拥有相同类型政策的国家或地区的比例在4个时间段不断上升，也说明了这些国家或地区中小企业政策在8个领域的覆盖面在增加，反映出了各国扶持中小企业的政策手段的多元化和政策类型的趋同性。同时，也说明了随着经济的发展，各国对中小企业的理念、认识逐渐趋于一致，即充分重视中小企业的作用与地位，积极扶持中小企业的发展。

表7　13个主要国家与地区的不同时期出台各种类型政策的国家数量及其比重

时间＼类型	组织扶持	产业扶持	金融扶持	创新促进	财税扶持	社会化服务	基础政策	其他	合计
~1950	3	3	5	1	0	1	2	1	16
	23.1%	23.1%	38.5%	7.7%	0.0%	7.7%	15.4%	7.7%	15.4%
1951~1970	10	4	8	2	4	5	4	2	39
	76.9%	30.8%	61.5%	15.4%	30.8%	38.5%	30.8%	15.4%	37.5%
1971~1990	7	7	9	8	8	10	5	3	57
	53.8%	53.8%	69.2%	61.5%	61.5%	76.9%	38.5%	23.1%	54.8%
1991~	9	8	11	9	9	12	8	4	70
	69.2%	61.5%	84.6%	69.2%	69.2%	92.3%	61.5%	30.8%	67.3%
合计	29	22	33	20	21	28	19	10	182
	55.8%	42.3%	63.5%	38.5%	40.4%	53.8%	36.5%	19.2%	43.8%

注：⑴13个国家与地区为俄罗斯、澳大利亚、加拿大、美国、日本、韩国、德国、法国、英国、意大利、中国台湾、泰国、中国香港。⑵表中绝对数据是国家和地区数，百分数为相应比重。

三、现阶段各国中小企业政策的分布特征分析

（一）　政策体系的完整性

世界中小企业政策经过100多年的演变、探索，从18世纪末19世纪初西方机器大工业时代对中小企业的完全排斥、淘汰，转向19世纪末20世纪初的保护政策，再到20世纪中开始的扶植政策，从最早单一问题导向型的政策到基本立法、产业开发的系统政策，政策数量呈阶梯形上升，说明了各国政府对中小企业发展的重视程度在增加，政策更加全面，形成政策体系。

（二）政策重心倾向金融与创新

在政策样本中选取1995~2005年10年的政策共305项，从各国政策数量出台的频率看，重心主要集中在金融、社会化服务、财税、创新促进4个方面。其中，金融政策占33.11%，社会化服务政策占14.43%，财税政策占10.82%，创新促进政策占10.16%。

⑴金融与财税扶持政策：各国对中小企业的资金支持，从20世纪70、80年代的直接财政补贴为主逐渐转向通过各种途径拓宽中小企业的融资渠道，改善中小企业的融资条件，例如，优惠税收、信用担保、二板市场、各种专项基金、政府和民间风险投资等等。

⑵社会化服务方面：现阶段许多国家正在努

力构建中小企业社会化服务体系，注重为中小企业提供信息和咨询服务，并且成立专门的咨询辅导机构，为中小企业的创业发展、商业筹划、企业管理、投资咨询等提供服务。

(3)创新促进方面：现阶段，中小企业创新成为各国政府关注的重要方面。各国政府政策从早期注重基础研究、R&D 逐步向工程化、营销、市场开拓、技术转移、孵化器和产业集群转变。政策更加关注技术创新的环境、技术扩散、技术交易市场、扶持高新技术产业发展、扶持区域创新体系等政策。

主要参考文献：

1. 陈德智. 创业管理[M]. 北京：清华大学出版社，2001 年.

2. 程惠芳，潘信路，虞晓芬. 欧美型与日本型中小企业政策比较. 中国中小企业，1995 年第 7 期.

3. 池仁勇. 科技型中小企业发展波浪及其推动力. 软科学，2003 年第 3 期.

4. 仇保兴.小企业集群研究. 上海：复旦大学出版社，1999 年.

5. 高超. 中小企业创业与发展的宏观环境建设.当代经济，2003 年第 2 期.

6. 顾颖，房路生. 中小企业创业影响因素研究——基于陕西省经验的案例分析. 西北大学学报，2006 年第 3 期.

7. 胡振虎，夏厚俊. 国外中小企业政策比较及政策借鉴，商业研究，2005 年 02 期.

8. 李伟.中小企业创业力分析.经济经纬，2006 年第 3 期.

9. 李志能，郁义鸿. 创业学. 上海：复旦大学出版社，2000 年.

10. 邱海平著. 中小企业的政治经济学. 北京：经济科学出版社，2002 年.

11. 沈运红，王恒山.提高科技型中小企业创业成功率的关键——创业选择. 商业研究，2006 年第 11 期.

12. 锁箭著. 中小企业发展的国际比较. 北京：中国社会科学出版社，2000 年.

13. 吴向鹏. 产业集群理论及其进展. 经济发展与改革. 2003 年第 2 期.

14. 杨莲芬. 引导利用民间资本发展浙江民营科技型中小企业创业金融. 浙江统计，2005 年第 11 期.

15. 张殿礼.中小企业创业的产业选择及持续发展.商业时代,2003 年第 10 期.

16. 朱静芬，史站中.中小企业集群发展理论综述.经济纵横，2003 年第 9 期.

17. 朱九龙，袁汝华，陶晓燕. 对中小企业发展存在问题的思考. 北方经贸，2002 年第 11 期.

（浙江工业大学浙江中小企业发展研究所　池仁勇）

我国民营中小企业发展成就

一、民营中小企业概念界定

近几年，国内学者对民营中小企业的研究有增无减，民营中小企业成为理论界经常讨论的话题，主要原因是民营中小企业的快速增长和强大的竞争力引起了人们的很大重视。国内学者对民营中小企业的研究可以综述如下。

国务院发展研究中心市场经济研究所副所长陈准认为，民营是相对于“官营”而言的概念。但是，经济学家晓亮认为，民营不是一个所有制概念，民营是以经营主体的不同来定义的一个概念，重点应突出一个“营”字。国有经济也可以采取民营的形式，实行国有民营，在所有制不变的情况下，采取由私人或民间机构来租赁、承包、委托经营国有企业。他将民营经济划分为七大块，即个体私营企业、乡镇企业、股份合作制企业、国有民营企业等。人们对民营中小企业的概念有 3 种角度，即广义、中义、狭义。广义的角度认为，只要不是国有、国营的企业都是民营企业。中义的角度认为，只要不是国营的企业，都是民营企业，这种观点比前面的观点所涵盖的范围要窄，其中除去了国有民营的那部分企业。狭义的角度认为，这是从所有制的层面进行界定，认为非公有的企业就是民营企业，包括个人独资企业、合伙企业、私营有限责任公司和私营股份有限公司等。民营中小企业的概念就是“民营”和“中小企业”之和。

纵观世界各国，不同国家在不同的经济发展阶段都有不同的划分企业大小的标准。表 1 列出了几个典型国家和地区的中小企业划分标准。

表 1　典型国家和地区的中小企业划分标准

国家、地区名称	企业类型	划分标准
美国	中小企业	制造业：一般行业从业人员500以下、航空制造业在1500以下；批发业：年营业额在500万美元以下，零售和服务业年营业额在100万美元以下
日本	中小企业	制造业从业人员300人以下，资本金在3亿日元以下；批发业从业人员100人以下，资本金在3000万日元以下；零售服务业从业人员在50人以下，资本金在1000万日元以下
欧盟	小企业	从业人员10～50人，年营业额700万欧元以下，年资产总额500万欧元以下
	中型企业	从业人员250人以下，年销售额4000万欧元以下，年资产总额2700万欧元以下
中国台湾	中小企业	制造业:资本金在4000万新台币、总资产额在1.2 亿新台币以下;矿业:资本金在4000万新台币以下;商业运输业等:年销售额在4000万新台币以下
韩国	中小企业	制造业、运输业:从业人员300人以下或资产总额5亿韩元以下;建筑业:从业人员50人以下或资产总额5亿韩元以下;商业服务业:从业人员50人以下或资产总额5000万韩元以下;批发业:从业人员50人以下或资产总额在2亿韩元以下

资料来源：根据〔德〕埃贝哈德哈默《中产企业》与我国中小企业对外合作协调中心《国外中小企业概况及有关机构》等资料整理。

2003 年 1 月 1 日我国开始实施了《中华人民共

和国中小企业促进法》，同年国家经贸委、国家计委、财政部、国家统计局发出了《关于印发中小企业标准暂行规定的通知》（国经贸中小企[2003]143号），对我国中小企业的划分标准作了规定。按照国家经贸委的规定，工业企业职工在2000人以下，或者销售额3亿元以下，或者资产总额在4亿元以下的都是属于中小企业。因此，我国工业企业中99%以下是属于中小企业。

二、我国民营中小企业的发展现状

作为非公有经济重要组成部分的民营经济，其主体是中小型企业。因此，民营经济的发展实际上就是民营中小企业的发展。

新中国建立后，我国民营经济的起步始于改革开放初期，当时为了改变所有制结构单一的状况，促进经济的发展，我国开始允许民营经济发展，并对民营经济从政策上给予优惠和扶持，初步形成了多种经济成分共同发展的局面。

改革开放以来，中国共产党对什么是社会主义的认识不断深化，认为根据中国的国情，中国进入马克思设想的共产主义第一阶段的社会主义还比较遥远，应该首先建立社会主义初级阶段的社会制度，实行以公有制为主体、多种所有制经济共同发展的基本经济制度。经过近25年的改革探索，以民营经济为代表的其他所有制经济逐步变成了“体制之内”重要的不可或缺的因素。

今天的民营经济与新中国成立初期的私营经济、国家资本主义经济具有明显区别。民营经济就企业数量而言，占全国企业的绝大多数，其中个体经济、个人独资企业和合伙企业是普通群众依靠自身力量发家致富的基本形式。民营经济中的股份制经济是民营经济发展的高级形态，它是一种混合经济，具有资本社会化的明显特征。民营经济就其本质而言，它是“民本经济”，是千千万万老百姓通过自主创业而从事的经济事业，是发展生产力、解放生产力的经济，是先进生产力的重要承担者，是人民群众实现共同富裕的重要手段，是创造社会财富的基本源泉。因此，它是中国特色社会主义内在的东西，是实实在在的社会主义经济，它要与整个社会主义初级阶段长期共存。今天的广大民营企业家绝大多数来自工农商学兵，他们作为新的社会阶层与20世纪50年代的工商业者有着明显不同，他们已经成为中国特色社会主义事业的建设者。

经过将近20年的发展，民营经济从无到有，从小到大，逐步形成了可观的经济规模和竞争力。民营经济与国有经济、集体经济构成了三足鼎立的格局。民营企业发展呈现出数量加速扩张和质的飞跃双重景象。

（一）民营企业的数量扩张十分明显

改革以来，民营企业无论从企业数量还是资金总量角度来看，都一直呈现快速增长的态势。截至2005年底，全国私营企业已达430万户，1998～2005年私营企业(含个人独资企业、合伙企业和私人有限责任公司及私人控股的股份有限公司)的从业户数增长了47倍，1989～2005年的年均增速为27.2%；从业人员5824万人，1989～2005年的年均增速为25%，其中投资者人数1109.9万人；注册资金61331亿元，1989～2005年的年均增速为51%（表2）。

表2 截至2005年底民营经济中私营企业发展情况一览表

年份	户数		从业人员		注册资金	
	户数(万户)	比上年增长%	人数(万人)	比上年增长%	金额(亿元)	比上年增长%
1989	9.1		164		84	
1990	9.8	7.7%	170	3.7%	95	13.1%
1991	10.8	10.2%	184	8.2%	123	29.5%
1992	14	29.6%	232	26.1%	221	79.7%
1993	23.8	70.0%	373	60.8%	681	208.1%
1994	43.2	81.5%	648	73.7%	1448	112.6%
1995	65.5	51.6%	956	47.5%	2622	81.1%
1996	81.9	25.0%	1171	22.5%	3752	43.1%
1997	96.1	17.3%	1349	15.2%	5140	37.0%
1998	120.1	25.0%	1709	26.7%	7189	39.9%
1999	150.89	25.6%	2021.6	18.3%	10287.3	43.1%
2000	176.18	16.8%	2392.7	18.4%	13307.7	29.4%
2001	202.85	15.1%	2713.9	13.4%	18212.2	36.9%
2002	244	20.3%	3247.5	19.7%	24756.2	35.9%
2003	301	23.4%	4299.0	32.4%	35305	42.6%
2004	365	21.3%	5017.2	16.7%	47936	35.8%
2005	430	17.8%	5824	16.1%	61331.1	27.9%
年均增速	27.2%		25%		51%	

数据来源：国家工商行政管理总局

1993～2005年，个体工商户的从业户数增长了39%。相对于民营经济注册资金，个体工商户从业户数的增长速度要慢一些（表3）。

表3 民营经济中个体工商户的从业户数变化情况

（单位：万户，%）

年份	户数	增长率
1993	1767	15.2
1994	2187	23.8
1995	2528	15.6
1996	2704	7.0

续表

1997	2851	5.4
1998	3120	9.4
1999	3160	1.3
2000	2571	-18.6
2001	2433	-5.4
2002	2377	-2.3
2003	2353	-1.0
2004	2351	-0.1
2005	2464	4.8

注：《个人独资企业法》1999年出台后，个体户数量开始减少。

在国家开放政策的鼓励下，外商直接投资增长很快，从1990年的35亿美元增加到2002年的527亿美元，年均增长25.4%（表4）。

表4 外商直接投资情况

（单位：亿美元，%）

年份	外商直接投资额	增长率
1990	35	
1991	44	25.2
1992	110	152.1
1993	275	150.0
1994	338	22.7
1995	375	11.1
1996	417	11.2
1997	453	8.5
1998	455	0.5
1999	403	-11.3
2000	407	1.0
2001	469	15.1
2002	527	12.5

数据来源：全国工商联研究室

比较表2与表4可以看出，从2001年开始，个体私营经济注册资金的增加量(约600多亿美元)明显高于外商直接投资的数量。

（二）民营企业个体规模逐渐扩大，资金与资产实力逐年增强

中国民营企业除了总量快速发展外，在个体质量方面也显著提升。根据全国第二次基本单位普查的资料，2001年全国民营企业拥有职工平均数为24人，比1996年增加6人（表5）。2002年底，全国工商联会员企业中营业收入总额1.2亿元以上1582家，营业收入总额第一位的企业为355亿元，50亿元以上21家，5亿元以上405家；净利润超过5亿元8家。资产总额第一位253亿元，50亿元以上15家，5亿元以上378家，净资产第一位70亿。从业人员达到1万人33家，最多一家就业10万人。纳税总额累计471亿元。

表5 个体私营企业中不同规模所占的比重（用企业人数为指标）

年份	50人以下	50~499人	500~4999人	5000人以上
1996	93.80%	5.40%	252户	1户
2001	90%	9%	3775户	17户

数据来源：国家工商行政管理总局

同样，根据全国普查的资料，从资本规模看，2001年平均每户资本金106万元，比1996年增长38万，增长55%。2001年资本金在100万元以下的占82.4%，16%的私营企业资本金在100万~1000万元，1000万~1亿的占总数的1.5%，1亿元以上的有562户。民营企业的资产实力也逐渐增强（表6）。

表6 私营企业和个体工商户的规模变化情况

（单位：人，万元）

年份	个体工商户		私营企业	
	户均人数	户均资本	户均人数	户均资本
1989	1.56	0.28	13.10	9.27
1990	1.58	0.30	17.33	9.68
1991	1.59	0.34	17.07	11.41
1992	1.61	0.39	16.62	15.83
1993	1.66	0.48	15.63	28.63
1994	1.73	0.60	14.99	33.50
1995	1.83	0.72	14.61	40.06
1996	1.86	0.80	14.29	45.80
1997	1.9l	0.90	14.41	53.50
1998	1.96	1.00	14.23	59.86
1999	1.97	1.09	13.39	68.18
2000	1.97	1.29	13.58	75.53
2001	1.96	1.41	13.38	89.80
2002	2.00	1.59	14.00	101.67

数据来源：国家工商行政管理总局

（三）民营企业的市场竞争力不断提高

民营企业发展之初，其优势主要表现为规模小、机制灵活，随着民营企业规模的扩大，民营企业家的视野更开阔，眼光更远大，民营企业在保持原有优势的同时，开始培育新的竞争能力，如组织能力、战略能力、技术水平等。

行业分布上，竞争型领域与垄断型相比较，非国有经济布局在竞争型领域的进展是最快的。根据国务院体改办研究所的相关研究，在家具制造业、食品加工业和医药制造业等27个非垄断的竞争型行业中，绝大多数行业的企业户数分布中，非国有经济占的比例均在60%以上。在增加值的分布上，24个行业的非公比重已经在50%以上，其中绝大多数在70%~95%，只有有色金属采选业等3个行业的非公比重低于50%。在烟草加工等垄断型行业中，国有经济总体还占主导地位，但在少数垄断行业如煤炭采选业，非国有经济也已经开始大量出现。

在市场化程度相对较高的第二产业整体中，民营经济正越来越表现出其强劲的竞争实力。进入2005年，民营工业增加值保持强劲增长势头，在2002~2005年的4个年度里分别增长16.5%、27.3%、30.5%和21.2%，进入2006年上半年度，规模以上非国有企业工业增加值更是增长17.7%，达到1997年以来的最高点（表7）。

表7 民营经济的工业增加值情况

（单位：亿元，%）

年份	2000	2001	2002	2003	2004	2005	2006-.1~6
全国规模以上工业增加值	25395	28329	32995	41990	54805	66425	39680
增长率	-	11.6	16.5	27.3	30.5	21.2	17.7
其中内资民营企业	5527	6549	8487	11553	16352	21385	-
增长率	-	18.5	29.6	36.1	41.5	30.8	-
占全国比重	21.8	23.1	25.7	27.5	29.8	32.2	-
其中私营企业	1319	2174	3256	5379	8290	11807	7411
增长率	-	64.9	49.7	65.2	54.1	25.3	27.2
占全国比重	5.2	7.7	9.9	12.8	15.1	17.8	18.7
其中三资企业	6090	7128	8573	11600	15241	18977	11218
增长率	-	17.0	20.3	35.3	31.4	24.5	19.0
占全国比重	24.0	25.2	26.0	27.6	27.8	28.6	28.3

数据来源：国家统计局

在市场经济的条件下，在公平竞争的环境下，即使没有更多的扶持与保护，民营中小企业都展示并不断增强了其市场竞争力，也昭示了在未来的全球化竞争的环境下，民营中小企业将是中国参与全球竞争的主力军。

（浙江工业大学中小企业发展研究所　池仁勇）

第八篇

实践探索

河北省百家成长型民营企业生产经营情况及促进其发展的工作措施

一、百家成长型民营企业经济运行的主要特点

(一)主要经济指标快速发展

百家成长型民营企业实现营业收入总计达430余亿元，比去年同期增长17.2%，增幅比全省民营经济高出2.7个百分点。上缴税金18.62亿元，比去年同期增长17.4%。

(二)企业规模明显扩大

百家成长型民营企业平均实现营业收入4.3亿元，是全省15.6万家具有法人资格民营企业平均营业收入549.9万元的78倍，实现营业收入平均比去年同期纯增加7400万元；平均从业人员2571人，是全省民营企业平均从业人数32.47人的79倍；每个企业固定资产平均达到6.35亿元，比去年同期纯增加3.23亿元，增幅高达103.2%。企业规模明显扩大，资产总额大幅度膨胀，经济实力快速增强。

(三)企业经营效益高速增长

百家成长型民营企业每个企业平均实现利润3857万元，是全省民营企业平均实现利润46.59万元的83倍，比去年同期利润增幅高达26.5%，每个企业平均纯增加利润950余万元，直接反映出了企业管理水平和盈利能力的明显提高。

(四)企业贡献率不断增大

百家成长型民营企业共缴纳税金18.62亿元，每个企业平均纳税1862万元。占全省民营企业个数0.6%的百家成长型民营企业所提供的税收占全省民营企业缴纳税金的8.2%，对全省经济发展的贡献率远远大于一般企业。

(五)企业人员素质明显增强

百家成长型民营企业从业人员共计257100余人，其中，大专以上学历人员达29597人，占从业人员总数的11.5%，比全部民营企业大专以上学历人员所占比重高出个8百分点；中专及以上学历人员44690人，占从业人员总数的24.8%，比全部民营企业中专以上学历人员所占比重高出个16.8百分点。百家成长型民营企业经营管理者多数参加了国家和省级组织的高层企业论坛、中央党校学习及各类培训，现代经营理念和综合素质明显增强，基本能适应企业经营管理的需要。

二、百家成长型民营企业存在的主要问题及主要原因分析

总体看，我省百家成长型民营企业经济实力高速扩张，市场竞争力较强，正处于快速成长期。但是，也存在一些不容忽视的问题，需要引以重视。

⑴固定资产投入不足，后续发展乏力。2005年前三季度百家成长型民营企业固定资产总投入28.1亿元，平均每个企业投入2810万元，比去年同期增幅8.2%，低于全省民营企业固定资产投入增幅近20个百分点。但百家企业中，有20家企业没有固定资产投入，占百家成长型民营企业的20%。

主要原因是民营企业融资难的“瓶颈”制约问题没有得到有效解决。2005年1~9月份，百家企业固定资产投入的28.1亿元中，来自金融机构贷款不足8.2亿元，仅占20.5%；引进外资共折合人民币8603万元，仅占固定资产总投入的3%，企业自筹资金的比例达到88.8%，反映出金融机构对民营企业贷款政策落实不到位，至少是对成长型民营企业支持和倾斜不够，同时说明民营企业受种种条件的限制，融资能力极弱，很难有持续的发展后劲。

⑵部分企业经营不善，已经停业或倒闭。到2005年9月，百家成长型民营企业中，已有保定绿色食品有限公司、秦皇岛燕大东群生物有机肥有限公司、衡水西海集团有限公司、宝新食品有限公司、金光实业有限公司5家企业停业或倒闭，所占比例高达5%。

究其原因，这些企业都是初创企业，主要靠自身盈利的积蓄逐渐投入，滚动发展，一旦遇到国家宏观政策调整、市场价格变化等风险，盈利能力急剧下降，难以为继。

⑶潜在成本上升因素，企业盈利空间变小。百家成长型民营企业提供的劳动者报酬总计为8.8亿元，人均月工资为544元，仅比全部民营企业人均月工资的538元高6元。许多企业反映，当前，在我省800元的月工资水平已经很难找到熟练的技术工人，在纺织、服装行业“用工荒”问题已经显现。而提高工资待遇，就间接加大了成本，降低了利润。另一方面，由于电力紧张因素，企业开工不足，导致生产效率降低。据晋州市部分企业反映，近两年，平均每年停电时间达60~70天之多，停电时只好组织职工学习和培训，并照常开工资，否则人员流失，损失更大。第三，原材料价格不断上升，市场成品价格下降，企业盈利空间明显变小。

⑷优惠政策落实不够到位，发展环境仍需进一步优化。国家及我省对发展民营经济制定了非常优惠的政策措施，但没有真正落实到位，“中梗阻”现象依然突出。一些企业反映，2005年3~4月份我省整治交通秩序期间，无论是高速公路，还是几条主要干线，都畅通无阻，但是5月

份以后，“关卡”又多了起来。其他方面也还存有不少问题。

三、对策建议

省百家成长型民营企业蕴含着巨大的发展潜力，支持其做大作强，既是培育新的经济增长点，扩大财源的需要，也是壮大龙头带动作用，调优经济结构，增强我省企业综合竞争力的重要途径。为此，应继续加大支持力度，促进其健康发展。

(1)落实扶持政策，创造宽松环境。各重点帮扶部门和单位要认真进行检查对照和反思，从百家成长型民营企业发展中遇到的困难，看一看近年来制定的诸多优惠政策、措施有哪些尚未落实，督促把政策落实到基层，把扶持措施落实到企业，切实消除“中梗阻”现象，让企业放心、放胆地去发展。

(2)通过贷款贴息，予以财力支持。按照中小企业促进法规定的支持范围，各级中小企业专项资金，应进一步加大对百家成长型民营企业的资金支持力度，对符合国家产业政策、发展潜力较大、效益突出、建设周期短的项目应给予必要的资金支持，以激励企业加大固定资产投入力度，增强发展后劲。资金支持方向应主要用于企业结构调整、企业技术进步等方面。支持方式以采用贷款贴息方式支持为宜。

(3)建立贷款风险补偿金，帮助解决融资困难。通过财政资金建立中小企业贷款风险补偿金的形式，对为中小企业提供贷款的银行给予奖励性风险补偿，减少为中小企业贷款的金融风险，打消商业银行在中小企业贷款上的恐惧心理和畏难情绪，充分发挥银行在小企业贷款上的主渠道作用，鼓励其在经营上向百家成长型企业倾斜。按照担保比例，向各级中小企业信用担保机构注入担保风险补偿金，用于对担保机构为中小企业提供贷款担保的奖励性风险补偿，减小担保机构的经营风险，增加其赢利空间。尤其强调各级中小企业信用担保机构，要以高度的责任感，在开展担保业务时，尽量照顾百家成长型企业的需求，千方百计帮助其解决融资“瓶颈”制约，不让优秀项目因为资金制约而“流产”，促进企业健康发展。

(4)及时调整“入围”名单，确保百家成长型企业质量。在加强对百家成长型民营企业统计分析和运行监测的基础上，加强对其主要经济运行指标的考核，发现问题及时予以指导，并实行动态管理，每年应进行一次调整，将不具备成长型、发展潜力不大的企业及时调整出局，确保进入省百家成长型民营企业都是发展前景好、潜力大、经济运行质量高、经营效益好、信誉度高、诚实可靠的企业，便于各级政府和部门扶持帮助，金融机构放心放贷支持，加快其发展，支持其做大作强，发挥其龙头带动作用，为我省国民经济跨越式发展做出更大的贡献。

立足中小企业大发展 做好服务扶持大文章

在“十一五”即将开局的关键时刻，国家发展改革委召开这次工作座谈会，学习贯彻全国有关会议精神，通报情况，总结交流工作经验，研讨明年的工作思路和重点，是非常及时、非常重要的。会议让我们吉林汇报一下工作，这是对我们的鼓励和鞭策，也是我们学习兄弟省市先进经验的极好机会。一年来，在省委、省政府的高度重视和正确领导下，在发展改革委中小企业司的具体指导和大力支持下，我们积极探索，埋头苦干，以服务为本，育小扶强，建园兴业，为中小企业创业与发展铺路搭桥、排忧解难，重点做了以下几方面工作。

一、着眼于促进中小企业大发展，大力开展创业服务

一年多来，我们贴紧中心，着眼发展大局，全力推进全民创业，取得了较好成效。

（一）扎实有效地开展了“创办小企业、开发新岗位、促进多就业”活动

此项工作已作为省政府的一项重要的常态工作，建立了创业激励机制，省政府每年拿出100万元对全省创业先进县进行表彰；举办了“创业促就业成果展示、项目推介”及“创业就业论坛”；开展了“三市一街创业示范试点”，总结、推广了吉林市“打通开发公益岗位、灵活就业、支持小型创业就业岗位、提供技术人才设备四个通道”和长春市“打造26条特色街路、实施无店不街、无街不店大创业”的经验；组织中小企业网上招聘，为大学毕业生提供784个就业岗位。全省今年实施创业项目1054个，新增企业10065户，安置就业人员85296人，其中，安排下岗职工50036人。

（二）推进创业辅导体系建设，为创业者提供良好的创业环境

考核、认定了162个小企业创业园和创业基地；考核、确认了11个中小企业创业培训基地；选聘了100名创业指导师。

（三）开展“万名国企下岗员工进民企活动”，促进中小企业吸纳就业

与省委宣传部、劳动和社会保障厅联合行动，集中开展创业就业服务“大篷车”进社区、进街道专项活动，送信息、送项目、送政策、送贷款、送岗位，收到了显著效果。

（四）多层次、多形式地开展创业培训，提高创业队伍素质

按照国家发展改革委的要求，按时、高标准、高质量地完成了银河培训任务。两年共举办

了12期银河培训班，培训重点企业经营管理者和创业者1670人；市、县服务机构培训32998 人；与省妇联、省劳动和社会保障厅联合实施了“千名创业女老板培训工程”；与省委组织部一起举办了企业高级管理人员赴香港培训班。这些培训，都做到了企业、政府、社会三满意。

二、着力构建中小企业社会化服务体系，为中小企业创业与发展提供良好的服务环境

一年多来，我们着眼于为中小企业群体创业与发展服务,构建了以省中小企业服务中心为龙头，以9个市州服务中心为骨干，以35个重点县(市、区)服务中心为支撑,以整合资源的165家社会中介服务机构为基础的多层次、多渠道、多功能、低成本、专业化的社会化服务体系，成立了全省中小企业服务机构联合体，初步形成了覆盖全省的中小企业服务网络，围绕信息咨询、资金融通、技术创新、市场开拓、法律援助和管理咨询等方面，贴近企业，主动开展专业化服务，取得了一定成效。

（一）建立和完善了中国中小企业吉林网，推动市、县信息网络建设，为企业提供信息服务

省局投资125万元，建立了网站并于今年5月正式开通运行；吉林、白山、通化三市分站于今年9月建成试运行；据40个服务中心的信息网点的不完全统计，为企业提供各类有价值的信息3.8万条。

（二）积极开展融资服务，努力为企业解决融资难问题

长春、白山、白城、梅河口、敦化等中小企业服务中心与开发银行建立了协作关系，作为开行贷款的借款主体，为企业贷款4.5亿元。双辽、前郭、蛟河等二十个县（市）中小企业服务中心通过选择优质项目，打造企业诚信体系，帮助企业以商招商，争取信贷支持等，为企业协调小额贷款1.5亿元。

（三）积极开展技术创新服务

各级中小企业服务中心配合主管部门，积极参与企业技术（产品）创新项目的考察、筛选、评审工作，共扶持创新项目94个，金额1345万元。

（四）以“中博会”为契机，帮助企业开拓市场

按照政府支持、服务机构操作的路子，出色地完成了两届“中博会”的组展参展工作,省政府拨专款60万元予以支持。我省在两届“中博会”共设展位106个，有八大行业、188户企业、335个产品参展。展会期间签约协议金额33亿元，合同金额6.6亿元，现场交易额2.7亿元。这项工作得到了企业的认可、司领导的鼓励和肯定、国家发展改革委的表彰。

（五）适时开展法律事务咨询服务，维护中小企业合法权益

各级中小企业服务中心都设置了企业维权的职能部门或专职人员，开通了法律咨询热线，并初步构建了以省律师协会为依托，以协会优选的各市州律师事务所为骨干的公共法律事务服务平台。全年为企业提供法律咨询560多件，代理诉讼案件、协调解决经济纠纷240多起，为企业挽回或避免经济损失3200多万元。近期，我们正在组建省中小企业维权中心，与省软环境办合属办公，完善维权服务体系，保护企业合法权益，促进企业发展。

三、加大政策财政支持力度，为加快发展提供政策保障

（一）在政策支持层面上，集中力量抓了“四个一”

⑴出台一个突破性政策文件。经过反复调查研究和多次协调，参考兄弟省份的经验和做法，我局代省委、省政府起草了《关于进一步加快民营经济发展的决定》（以下简称《决定》），1月27日正式出台。这个政策文件在市场准入、实行税收优惠政策、加大财政支持力度等方面都有很大突破，受到企业欢迎。

⑵开好一个动员会。今年3月29日，省委、省政府召开了有史以来规格最高（五大班子全部参加）、规模最大（各市州、县市、乡镇设分会场，参会及收听收看人数预计达百万人以上）、时间最短（整个会议时间45分钟）、效果最佳（电视、电台实况转播，社会反响非常好）的一次中小企业暨民营经济发展动员大会。省委书记、省长都发表了重要讲话，对深入落实“两个政策文件”（《若干意见》国发3号文件和我省的《决定》）做出明确部署，营造了良好的舆论氛围。

⑶搞好一个任务分解落实表。按照云坤书记和王珉省长要求，各地、各有关部门都要结合实际制定配套措施和实施办法，确保各项措施落实到位。根据政策内容，我局对两个政策文件进行了任务分解，确定了34个工作项目，并由省政府召开了63个部门参加的省中小企业联席扩大会议进行了安排部署。共有18个部门制定了21项配套性政策和措施。全省9个市州都先后制定了配套性政策。目前看，这些政策措施有力地推动了全省中小企业暨民营经济大发展。如长春市出台的促进全民创业35条优惠政策，对形成全民创业高潮发挥了重要作用。

⑷建立一个联席会议制度。为认真贯彻落实党中央、国务院关于发展中小企业的方针政策和法律、法规，及时了解、沟通和协调解决全省中小企业发展中遇到的困难和问题，指导全省开展中小企业工作，经省政府同意，建立了吉林省中

小企业工作联席会议制度，组长由主管副省长担任，每半年召开一次联席会议。这项制度的建立，为中小企业发展提供了有效的政府部门协调机制，也提供了组织领导保证。

（二）在财政支持层面上，设立了吉林省中小企业发展专项资金

尽管我省财力十分有限，老工业基地包袱沉重，国企改制任务艰巨，但省政府还是下决心，从2004年开始设立了吉林省中小企业发展专项资金，每年财政预算安排3000万元，支持中小企业开展技术（产品）创新、技术改造、全民创业和服务体系建设。2005年又增加500万元，达到3500万元，明年可望增加到5000万元。同时，省政府明年还将设立创业风险投资基金，进一步加大对中小企业暨民营经济的财政支持力度。长春市、吉林市、双辽市等市州、县市相应制定了配套性发展专项资金，省、市（州）、县（市）三级财政扶持体系正在形成。最近，为支持全民创业和中小企业发展，省政府同意从中企业发展专项资金中拿出一部分资金，将即将搬迁后的省财政厅办公大楼改造成吉林省创业服务大厦，为创业辅导、企业孵化、公共技术服务提供平台。目前，吉林市、通化市也都在财政的支持下建成了本市创业服务大厦，服务功能不断强化，服务体系建设取得了积极成果，在中小企业暨民营经济发展中发挥了重要作用。

四、加大人才融资服务力度，破解瓶颈制约难题

从目前我省中小企业暨民营经济发展的实际情况看，人才、融资是制约其加快发展和做大做强的最为突出的两大瓶颈难题，为此，我们紧密结合吉林的实际，采取有力措施使这两大难题正在逐步破解。

（一）在人才服务方面

⑴着重抓好千名民营企业家培养。目前已经开始与省委组织部、人事厅和省经委等部门联合采取举办“民营企业家创业成长论坛”、“经营管理战略研讨班”“职业经理人工商管理进修班”、国外考察等方式实施千名民营企业家培养工程，以此作为“千户成长型中小企业培育计划”的配套性人才支撑措施，每年培养300人，三年完成1000名民营企业家培养任务。

⑵协调有关部门，把中小企业暨民营经济人才工作纳入到全省人才工作的大盘子中。省委组织部提出了为民营经济组织提供人才服务的“八条措施”。与我局共同实施“企业经营管理人才短期培训项目”、“中小企业蓝色证书工程项目”、“中小企业经营管理人才培训工程”3个人才培训项目，重点提高我省中小企业经营管理人才的素质和能力。同时，协调省人事厅、省劳动厅等部门将中小企业暨民营经济组织专业技术人员继续教育、技术工人职业技能培训纳入其教育培训计划。

⑶注意在民营经济组织中选拔优秀人才。将民营经济组织中的各类优秀人才纳入省管优秀专家等高层次人才选拔培养范围，给予更多的政治待遇和社会地位。

⑷启动“人才为企业服务项目”。从党政机关事业单位中选派若干名干部担任中小企业联络员，为企业提供“贴身”服务，帮助企业协调解决困难和问题。

⑸搭建中小企业暨民营经济组织人才服务平台。协调省人事厅、省科技厅等部门制定政策措施，鼓励和支持有条件的民营经济组织创办博士后科研工作站、工程技术研究中心、重点实验室以及企业技术中心。同时，努力构建人才引进机制，为中小企业暨民营经济引进急需人才。近期我们和省教育厅协商一致，准备以创业大厦为平台，以省内外各类重点高校和重点企业实训实习基地为依托，创办省企业人才学院，推进多层次、多元化、订单式培训教育的深入开展，为中小企业大发展提供人才支持。

（二）融资服务方面

⑴构建以省担保公司为龙头，以9个市州级担保公司为骨干的信用担保体系。目前，全省信用担保机构发展到45户，注册货币资本达到20亿元以上，实现担保额40多亿元。

⑵抓好企业诚信建设。从2004年开始，我局会同省委宣传部、省工商行、省农行、省国税、省地税局、省环保局、省公安厅等9部门，在全省中小企业、民营企业中开展了“创建诚信守法企业活动”，的到企业积极响应和金融机构的普遍认同，截止到目前共评定154户企业为“诚信守法企业”。与此同时，大力推广长春市“全国中小企业信用服务体系建设试点城市”经验和做法。

⑶实施1000户成长型企业融资支持计划。为1000户成长型企业搞好企业信用评级、政策性贷款贴息、融资担保等服务，力争每年给予其30亿元贷款支持。目前，我局已完成了前期调研工作，并将情况向省政府作了报告。在刚刚结束的全省经济工作会议上，王珉省长强调，要突出抓好1000户成长型中小企业，通过加大各种扶持措施，尽快使其做大做强，发挥其在吉林经济“快走变快跑”中的引领作用。

⑷科学引导企业“上市”融资。2004年我们组织具有上市愿望的企业到香港、新加坡等地考察，并组织了中小企业上市融资培训班。今年11月份，我局与祥德国际投资（新加坡）有限公司联合举办了“吉林省中小企业融资暨境外上市交流会”，就中小企业香港上市、新加坡上市、日本东京上市等问题进行了探讨和交流，取得了良好效果，预计明年我省将有两家中小企业在境外上市。

⑸积极探索建立民营银行和吉林省中小企业股权托管交易中心，拓展融资渠道。此项工作目前虽尚处于调研和咨询论证阶段，但我们力争“十

一五”期间取得突破性进展。

五、2006年工作打算

（一）做大做强1000户成长型企业

与有关部门单位协作，制定吉林省成长型中小企业认定办法，开展长型中小企业认定工作。制定1000户成长型企业扶持措施。

（二）下大力气抓好全民创业

深入开展“创办小企业，开发新岗位，促进多就业”活动。抓好创业辅导培训和孵化器建设。在争取省和国家大力支持的同时，千方百计筹措资金，使“吉林创业服务大厦”早日运营。

（三）积极培育壮大产业集群

重点建立公共服务平台，提升产业层次，形成专业化分工，发挥集群效应。

（四）强化服务体系建设

通过载体建设，不断增强服务功能，创造服务品牌，提升服务水平。

明年是“十一五”的开局之年，也是中小企业发展的重要一年。我们要在国家发改委中小企业司和省委、省政府的正确领导下，按照这次会议的部署和要求，紧密结合吉林的实际，不断加大工作力度，促进我省中小企业暨民营经济实现快速、健康发展，在振兴吉林老工业基地中发挥应有作用。

（吉林省中小企业发展局）

关于江苏省中小企业技术服务平台建设的实践与思考

[摘要] 搭建中小企业技术服务平台，是推进中小企业技术创新的有效途径。通过技术服务平台，可以整合产学研等社会资源，为中小企业提供“一站式”共性技术服务，从根本上解决中小企业对技术创新的需求。从江苏推进中小企业技术服务平台建设的实践看，创建中小企业技术服务平台，至少需要思考这样几个问题：平台建设是否必要；平台究竟能发挥哪些功能；建立平台需要把握哪些关键点等。这些需要思考的问题也正是本文阐述的重点。

关键词：中小企业　技术服务平台

多年以来，由于诸多因素的影响，对中小企业的技术服务一直是一个薄弱环节，这在一定程度上制约了中小企业的健康发展。为了解决这个问题，近几年我省探索性地在产业相对集中的地区或依托优势产业，创建了一些区域性、行业性技术服务平台，经过一段时间的运作，初步走出了一条比较切合实际的路子，为广大中小企业解决了技术难题，受到了市场的认可和广大中小企业的欢迎。回顾总结我省在推进中小企业技术服务平台建设的做法和体会，有以下几方面的认识和思考。

一、搭建中小企业技术服务平台很有必要

中小企业技术服务平台，是指专门为中小企业提供技术开发、试验、推广以及产品设计、加工、检测等公共技术支持服务的机构以及有组织的定期服务活动。建立中小企业技术服务平台，帮助广大中小企业解决单靠企业自身无法解决的技术难题，对于促进中小企业又快又好发展壮大，提高企业技术创新能力和市场竞争力具有重要的现实意义。

(1)建立技术服务平台，是解决中小企业技术困难的主要方式。与大企业比，中小企业存在资产规模小、技术力量弱等劣势。面对激烈的市场竞争，广大中小企业更加关注的是生存与发展，对技术创新虽有强烈渴盼，但力所不及，技术进步滞后一直是制约中小企业可持续发展的重要因素。在计划经济向市场经济过渡时期，中小企业在生产发展过程中遇到的生产性、开发性一些技术难题，主要是依靠国有大企业的一些“星期天工程师”帮助解决。现今，一方面由于国有企业基本完成了改制，经济社会全部进入市场化运作，“星期天工程师”的功能逐渐淡出了市场。另一方面，随着信息化运用于工业化，企业技术升级速度加快，不少企业买得起先进设备，但仍然开发不出先进的产品，普遍存在“一类设备、二类管理、三类产品”的现象。这就需要社会化的技术服务平台为中小企业量身定制、提供服务。通过平台，可以整合产学研等社会资源，为中小企业提供“一站式”共性技术服务，从根本上解决中小企业的技术难题。

(2)建立技术服务平台，是产业集群技术进步的重要推动力。从技术服务平台在产业集群中的定位看，技术服务平台作为产业集群的重要主体之一，其天职就是为集群内企业提供技术服务，推动产业集群技术进步。从产业集群的现状和发展看，改革开放以来，在市场机制的推动和政府的引导下，产业集群发展很快，已经成为区域经济的特色和优势。到2004年底，我省具有一定规模和市场竞争力的重点产业相对集中区有200多个。但从整体上看，现有的产业集群大多为企业叠加，企业之间还没实现有分工、有合作的“无缝对接”，不少产业集群都是以低成本为基础的集聚，而不是以创新为基础，其创新能力与参与国内外市场竞争的要求不相适应。事实表明，不具有一定自主创新能力的产业集群，就不会形成持久的核心竞争力，在激烈的市场竞争中，就会变得一盘散沙。依托产业集群建立技术服务平台，

可为产业集群优化升级和转型提供技术支撑，为集群内企业产品研发、解决共性技术难题提供服务，这对提高产业集群的竞争力和根植力，促进产业集群技术进步都具有重要的推动作用。

(3) 建立技术服务平台，是完善中小企业社会化服务体系的基础环节。中小企业的成长一般可划为三个阶段：创业阶段、发展阶段和提升阶段。中小企业成长的三个阶段都需要社会提供服务，但不同阶段中小企业所需服务的重点是不同的。创业阶段，中小企业主要是需要创业指导服务；发展阶段，主要是融资服务；提升阶段，主要是技术、战略、人才等服务，这就需要搭建技术服务平台，为中小企业的提升提供服务。当前，各级中小企业管理部门着重抓了创业辅导体系和融资担保体系等社会化服务体系建设，而对中小企业提升阶段所需要的技术服务体系建设较为薄弱，满足不了广大中小企业加快技术创新和提升的需求。因此，建立中小企业技术服务平台，不仅是完善中小企业社会化服务体系建设的重要基础环节，也是广大中小企业加快提升的现实要求。

二、江苏中小企业技术服务平台建设的基本情况

指导中小企业科技工作，是各级中小企业管理部门的一项重要职能。但是作为中小企业的综合管理部门如何才能抓好中小企业科技工作的指导工作，也就是说指导中小企业科技工作的“抓手”在哪里，一直是我们思考和探索的难题。去年以来，我们在调研的基础上，提出了“两手抓”的工作举措，即一手抓中小企业技术服务平台建设，解决“面”上广大中小企业的技术需求。另一手抓中小企业知识产权的推进，从“典”上促进中小企业的科技工作。在推进中小企业技术服务平台建设方面，近几年，省里每年都拿出专门资金扶持平台的创立和增强服务功能，今年我们出台了《关于推进全省中小企业技术服务平台建设的意见》，召开了全省中小企业技术服务平台建设经验交流会，确定了23个省市指导的拟建平台。据初步统计，截止目前，全省依托产业集群或优势产业的技术服务平台有50多个。从各地上报的49家技术服务平台汇总情况分析，主要有以下突出特点：

(1)从设立主体看，以企业和政府投资为主。49家技术服务平台中，有18家是依托企业技术优势，由企业出资兴办的，占36.7%；有17家是依托政府部门设立的，占34.7%。两者合计占71.4%。另外，由个人出资兴办的10家，占20%；由协会和其他形式创办的4家，占8.6%。

(2)从运作模式看，以市场化运作为主。49家技术服务平台中，在工商部门注册登记的有33家，占67%；在政府有关部门（主要包括民政部门、编办等）备案或登记的有13家，占26%；没有登记或备案的仅3家，占7%。由此可见，49家技术服务平台中，93%都具有合法的独立市场主体地位。

(3)从成立时间看，以近年来成立的为主。49家技术服务平台中，2002年以来成立的有30家，占61%。其中，2004年成立的有10家，占20%。

(4)从机构性质看，以民营为主。49家技术服务平台中，民营的31家，占63%；事业单位8家，占16%；集体和国有的4家，占8%。

从全省看，我省中小企业技术支持服务平台建设仍处于起步阶段，南北发展极不平衡，技术服务平台的数量和质量还满足不了广大中小企业技术创新的需求。

我省中小企业技术支持服务平台主要发挥了两类服务功能：一是开展综合性技术服务。这类机构为集群内企业提供产品开发、技术咨询、成果推广、科技培训、专利代理申请等全方位服务。二是开展专业性技术服务，为企业提供产品研发、产品测试、生产工艺改进等服务。具体功能主要有：

(1)新产品研发。中小企业技术支持服务平台非常关注企业产品升级换代的需求及行业的发展方向，利用自身技术优势，积极帮助集群内企业进行新产品研发和技术改造工程，提升企业和集群水平。建湖县油田机械研发中心从2001年10月组建以来，为油田机械集群内企业开发研制、更新液压动力钳、固井工具、油管对焊接头、抽油杆扶正器、扶正体等10多种系列产品，新增产值超亿元，利税2000万元。张家港维达机电研究所有限公司成功开发出MSZ50、MSZ60B等一系列新型注吹中空成型机，提升了机械产业层次。

(2)提供专项技术服务。如产品检测、检验等。这是广大技术服务平台做的比较实在、开展比较多的一项工作，也是广大中小企业提高产品质量、走向国际市场迫切需要的。吴江盛泽镇是我国重要的丝绸纺织品集散地，拥有数百家纺织品织造和印染加工企业。江苏盛虹纺织品检测中心有限公司（注册地在吴江盛泽镇）成立前，广大纺织企业产品检测都必须前往上海等地，而且往往需要几天的时间，给生产企业和贸易商带来诸多便，甚至延误交货。检测中心成立后，增添国际先进的测试设备，引进高级测试专业人员，为企业提供美国、日本、欧盟标准的检测服务，大大缩短了企业出口产品的送检周期，深受中小企业好评。该中心也获得了中国实验室国家认可委员会的认可。

(3)提供技术信息。中小企业技术支持服务平台十分重视收集行业内新技术、新产品和设备供求信息，帮助集群、行业内企业尽快了解市场的技术和供求动态。张家港金陵纺织研究所有限公司定期组织行业的研发、检测技术人员进行座谈，使信息资源共享。盐城鑫富达电器电子技术研究所根据电器、电子成套设备产业集群内产品的现状，在充分进行市场调研的基础上，及时建议集群相关企业与法国施耐德公司进行技术商务合

作，引进交流低压开关柜制造技术，使产业集群内的企业低压开关柜制造技术和检测水平很快与国际大电器公司接轨。

(4)解决共性技术难题。中小企业技术支持服务平台贴近企业、贴近集群（产业），更了解企业、行业的技术需求和技术难题。因此，为中小企业解决共性技术难题已成为广大技术支持服务平台的一项重要工作。张家港宏宝五金技术研究所有限公司发现钳子生产过程中的鳃部冒油较为严重，有时为了消除这一现象，有些企业花费了大力气，但还是收效甚微。为解决这一难题，他们组织相关技术人员进行专项研究。连云港市宁连经济协作服务有限公司针对10多家企业在节能降耗上存在的问题，重点对DSM节电项目进行攻关，制定了切实可行的节能方案，并通过了专家的评定。据连云港诺贝生化科技有限公司反映，该公司实施DSM项目改造后，每年可节约电费154万元。

(5)培训员工。许多技术支持服务平台都设有专门的培训部（或培训中心），为中小企业培训技术人员或技术工人。2004年2月，吴江市金鼎钢构净化研究所与中国电子学会洁净技术分会合作举办"中国洁净室工程师培训班"，有103名企业经理、工程技术人员参加培训；4月，与市科技局共同举办"专利知识讲座"，参加听讲的有102人；6月、9月，又两次与吴江市建设局联手举办"吴江市建设专业理论知识培训班"，共为企业培训了258名技术人才；6月，还与成教合作，举办了一期"全国建筑施工企业项目经理培训班"，培训110名负责工程建设的项目管理人才。

三、建立技术服务平台需要把握好的几个要点

技术服务平台并不是现在的首创，过去在计划经济条件下，我国此类的事业单位很多，但由于缺少动力和活力，因此，社会作用并不明显。进入市场经济以后，不少事业单位性质的技术机构也进行了改制，但由于不了解企业的技术需求，难以有效发挥作用，也有不少事业单位的技术机构仍然躺在政府部门下属机构的温床上成为政府的包袱。我们在构思创建中小企业技术服务平台时就清醒地认识到决不能好心办坏事走老路，重复计划经济的运作模式。在调研的基础上，我们提出必须坚持"依托产业，政府引导，市场运作，注重实效"的指导思想，力争通过3~5年的努力，在全省产业集中度较高或具有一定产业优势的地区，建立一批为中小企业服务的技术服务平台，在全省初步形成以政府投入为引导、企业投入为主体、社会广泛参与的多元化中小企业技术服务支撑体系。在具体工作中，我们摸索出创建技术服务平台必须把握好四个要点：

(1)切入点——创建平台，必须依托产业集群或优势产业。从客观需要来看，产业相对集聚的区域，社会协作、专业化生产经营的格局已经初步形成，客观需要一些服务型机构提供产前、产中、产后的系列化技术服务，生产经营中的一些特殊技术工艺也需要从生产企业中分离出来，由部分专业技术服务机构去承担。依托产业建立技术服务平台，具有现实需求量大、服务半径小、专业程度强、成功概率高的特点。

(2)关键点——创建平台，必须市场化运作。在市场经济体制下，必须最大限度地运用市场配置资源。只有依靠市场化运作的技术服务平台才能有强烈的市场意识、竞争意识，敢于竞争，才能形成强大的生命力。技术服务平台必须坚持"自立、自养"的原则，独立自主、自负盈亏、自我发展，只有这样才能优化机制，形成自身的动力和活力。在具体操作上要把握好三条：一是在经济核算上必须是独立的法人组织，独立核算，自负盈亏。二是所有制资本结构上是100%的民资性质，公有资本不入股。三是技术服务是有偿服务，按质论价，买卖技术双方自愿平等交易。

(3)支撑点——创建平台，必须整合社会资源。技术服务平台作为广大中小企业和社会技术资源的桥梁和纽带，其内在功能就要求平台必须具备整合社会资源的功能，也只有依托社会资源为支撑，平台才能更好地发挥服务功能。支撑点之一，要选好一个关键人。选择好技术服务平台的负责人是平台成功与否的关键。这个人须具备对发展本产业的事业心、责任感，有一定的技术基础，有较好的创新思维与活动能力，并懂得市场运作的特点。支撑点之二，平台必须具备一定的技术装备硬件条件。先进的技术装备，是完善技术服务平台的物质基础。支撑点之三，平台必须依靠一批有水平的技术人才和借聘人才为软件依托。技术服务平台的成长发育除自身内在因素外，离不开外部的合作网络。如何充分利用外部的技术资源，与科研机构、大专院校以及同大企业挂钩协作，为中小企业提供技术创新和科技产业化服务，这是技术服务平台发展的一个重要依托。支撑点之四，平台在初创时期政府要给予必要的政策支持。技术服务平台尽管是迎合社会客观需求的产物，尽管依靠市场化运作方式有其机制活力，但是，这一新生事物的产生、成长至成熟必然有一个过程。因此在初创时期离不开政府的政策支持。

(4)落脚点——创建平台，必须注重实效。建立技术服务平台要从实际出发，必须从产业、行业和企业的实际需求出发，有需求，技术平台才有生命力和持久力。在实际工作中，必须克服盲目性，注重有效性，重点推进有需求、有条件、有前景的平台建设。平台自身要加强与中小企业的联系，实地了解企业的技术需求，始终贯彻按需服务的指导思想，最大限度地发挥好服务功能。

四、进一步推进中小企业技术服务平台建设的几点建议

我省中小企业技术服务平台是依托产业集群或优势产业应运而生的，从近2年的运作情况看，还有许多不完善之处，需要不断探索。

⑴要把中小企业技术服务平台纳入生产服务业层面进行培育和推进。必须抓住各级党委、政府大力发展生产服务业的机遇，从探索建立健全为制造业配套的生产服务业这个层次上培育和推进中小企业技术服务平台建设，使中小企业技术服务平台建设步入发展生产服务业这一规范体系，使之具有更大的发展空间。

⑵重视依托区域性行业协会（商会）创建中小企业技术服务平台。按市场化规律建设的行业协会，熟悉行业情况，能代表本行业企业需求，维护行业的企业群体利益。因此，在协会领导、指导下创建的行业性共性技术服务平台更能发挥服务企业的功能。

⑶引导技术服务平台炼好内功。关键是要重视三个“能力”建设：一是打造核心能力。技术服务平台要根据自身特点，明确自己的核心能力。二是拓展综合能力。技术服务平台在发挥核心服务能力的同时，要拓展综合服务能力。比如可以拓展人员培训、技术咨询、信息交流等服务。三是发挥合作能力。技术平台要加强与融资等其他平台的交流与合作，力争把技术服务平台建成“平台”的“平台”。

⑷进一步加强对中小企业技术服务平台的指导和服务。按照《中小企业促进法》第三十条 “政府有关部门应当在规划、用地、财政等方面提供政策支持，推进建立各类技术服务机构”的要求，建议国家尽快制定推进中小企业技术支持服务平台建设指导意见，每年安排一定资金对中小企业技术支持服务平台建设进行扶持。制定全国中小企业技术支持服务平台示范单位确定办法，确定一批国家级技术支持服务平台示范单位，带动全社会技术服务组织积极为中小企业提供服务。加强监督和管理，引导技术支持服务平台开展标准化服务，建立质量管理体系。建立健全技术服务平台绩效评价体系，完善统计体系。

（江苏省中小企业局：周毅彪　熊建国　余雷）

提升理念　创新举措　全力推动产业集群加快发展

镇江市为江苏省省辖市，是一座以中小企业为主体的新兴工业城市，位于上海经济圈和南京都市圈的交汇处，地理位置独特，区位优势明显，交通十分便捷。近几年来，我市紧紧围绕“两率先，两步走”的目标要求，充分利用自身的独特优势，扬长避短，集聚吸纳，把加快产业集群发展作为振兴区域经济、提升竞争能力的一项重大战略举措，在尊重市场规律的前提下，不断提升理念，创新思维，高起点规划，强行政推动，重环境优化，多路并举，全面促进，有力地推动了产业集群的健康快速发展，特别是眼镜、五金工具、工程电器等部分产业集群在行业内享有较高的知名度。如我市的眼镜产业集群，涵盖了高中低档光学镜、树脂镜、隐形眼镜、太阳镜和镜架、模具、脚套、鼻托、拉丝等配套产品，其中镜片产量占国内总产量的70%左右、世界总产量的45%左右，是世界最大的镜片生产基地和亚洲最大的眼镜产品集散地，素有“中国眼镜之乡”的美誉；工程电器产业集群聚集电力电器生产企业近400家，产品包括高低压开关柜、电力变压器、配电箱、母线槽、电力电缆等七大系列近千个品种，占国内市场份额的20%，是业内有名的“工程电器岛”。目前，全市重点发展的九大产业集群已聚集各类企业近3000家，吸纳就业人员35万多人。2004年，九大产业集群实现销售560亿元，占全市规模工业总量的55%，已经成为区域经济发展中最具活力的增长板块。产业集群的迅速发展，有效地提升了全市工业化的发展水平，工业经济发展的质量和水平进一步提高。今年1~9月，全市工业完成工业增加值265.3亿元，实现销售905亿元，利税68.9亿元，分别比上年同期增长23.6 %、25.5%和19.4%。我们的主要做法和体会是：

一、提升理念，创新思维，高度重视产业集群在区域经济发展中的重要作用

作为一种产业组织形式，当前，产业集群正在区域经济发展中大显身手。国内外的实践充分证明，产业集群已经成为区域经济发展的主要推动力量。大力发展产业集群，不仅可以提升产业组织的水平和层次，增强区域竞争能力，同时也是工业化发展到一定阶段的必然选择。产业集群已成为许多国家和地区指导经济发展的重要战略。

镇江地处长三角，与周边城市特别是与苏南板块的其他城市相比，产业同构、布局分散问题比较突出。如何利用区位、交通和资源优势，走出一条符合镇江地方实际的工业经济发展之路，一直是镇江市委、市政府高度重视并着力探索解决的一个重大课题。通过深入调研分析，我们发现，国内外经济发达地区经济快速发展的一条重要经验，就是以市场为导向，通过政府引导和政策激励，大力发展产业集群，在产业集群的形成和发展中不断激发企业的创新意识，降低企业的运行成本，在企业核心竞争能力增强的同时，进而提升区域经济竞争能力。同样，镇江要想在当前经济发展中有所作为，营造特色，打造优势，

就必须高度重视和研究发展产业集群，把产业集群作为推动区域经济发展的重大战略，并采取切实可行的措施狠抓落实，强力推进，加快发展。为此，我市在做好战略定位和规划编制的基础上，在全市上下大力营造加快发展产业集群的社会氛围，积极引导重点骨干企业充分发挥龙头带动作用，牢固树立社会分工观念，不搞大包大揽，在合理化的产业分工中不断做大做强；同时，积极引导中小企业摒弃“宁当鸡头、不当凤尾”的观念，甘当配角、当好配角，在打造产业链和价值链中获得效益、取得发展。特别值得一提的是，我市充分利用企业家协会这一平台，每年定期举办企业家论坛，广邀国内知名专家学者、政府高官，就企业发展的共性问题、企业家关注的重大问题进行专家讲座，释疑解惑。上个月，我们又成功举办了“产业集群发展论坛”，特邀国家发改委中小企业司领导、国内著名经济学家钟朋荣教授和产业集群规划专家沈青先生，围绕产业集群发展主题进行专题演讲，为我们进一步促进产业集群发展拓宽了思路，开阔了思维，提升了理念。

随着我市对产业集群理论认识的逐步加深及实践的不断深入，我市的产业集群发展也实现了两次大的跃升：即第一次由"分散办企业"到"集中办企业"，通过地理集聚、退城进区、"工业进园区"，企业在空间形态上由分散走向集中，逐步改变了乡镇工业“就地办厂”、“离土不离乡”的布局模式和“乡乡点火、村村冒烟”的布局特征，实现了产业空间布局的跃升。第二次由“集中办企业”到“集中做产业”，通过政府的规划引导和市场机制的作用，使企业集聚模式向产业集群方向发展，企业间的产业关联和协作进一步增强，产业群体的规模效应、品牌效应逐步膨胀，区域经济的竞争力大幅提高，实现了产业发展层次的跃升。

二、尊重市场，注重引导，全力推进产业集群加快发展

产业集群的形成和发展主要力量在于市场的推动、利益的驱动，但政府及其部门的适度作为则可以加速产业集群发展的进程。我们在尊重市场规律作用的前提下，通过政策扶持和行政推动等多种手段，积极引进集群发展的各种要素，引导产业集群持续、健康发展。

⑴精心培育发展主体。企业是产业集群发展的主体，是推动集群形成的主导力量。为推动和促进产业集群加快发展，我们十分注重产业集群发展主体的培育，采取多种措施推动和促进企业健康成长，在产业集群的快速发展中准确定位，特色发展。

产业集群的一个重要特征就是中小企业在相对区域内的大量集聚，中小企业是产业集群发展的主体力量。就镇江而言，大力发展中小企业，对于保持我市经济稳定增长，拉动民间投资，带动地区发展，增加就业岗位，实现科技创新等，都具有十分重要的现实意义。早在2001年，我市就在原国家经贸委的指导下，紧密结合地方实际，在全国率先出台了全面促进中小企业发展的《镇江市中小企业振兴纲要》，从战略高度上，规划中小企业发展目标，制定中小企业扶持措施，形成中小企业政策体系；针对中小、民营企业在主体资格、经济实力等方面存在的现实发展劣势，我市又于去年研究出台了《关于进一步加快民营经济发展的若干意见》，制定了八个方面29项配套政策，明确按照放心、放胆，放手、放开，放宽、放活的“六放”要求，全面放宽投资领域和准入条件，营造创业环境，发展创业文化，鼓励全民创业。2004年，全市中小民营经济实现工业增加值同比增长28.5%，高于全市GDP增幅13.8个百分点，占全市GDP总量的47.6%。

规模龙头企业是产业集群发展的支撑和核心。为加大我市产业龙头企业的培植力度，我市在“十五”出台的《关于加快培育发展规模经济》的基础上，结合新的发展要求，最近又研究出台了《关于加快培育工业规模企业的若干意见》，明确了优先生产要素供给、实行超目标税源奖励、创知名品牌奖励等多项优惠政策，鼓励和支持龙头企业通过兼并重组、产权重构等多种方式，实现低成本扩张，发展壮大主导产业，引导相关中小企业实行产品配套，延伸拉长产业链条，在自身做强做大的同时，带动中小企业同步发展。2004年，全市亿元以上工业规模企业实现销售636亿元，同比增长29.4%。大亚集团、索普集团、金东纸业、江奎电子等一大批重点骨干企业均已成为各自产业的龙头核心企业，在产业集群的发展中发挥着重要作用。

⑵加快建设专业载体。各类开发区和工业集中区是产业集群发展的重要载体。经过十多年的开发建设，目前，我市各级开发区已进入快速发展期，辐射和带动作用明显增强，成为全市最重要的经济增长点。在产业布局上，我们以以国家级“一园四基地”为依托，着重围绕机械、化工、造纸等优势产业，进一步提升规划水平，加大投入力度，为更大规模、更高层次的产业集群提供条件。各专业园区按照以专业融入区域经济分工合作、以特色打造竞争优势的思路，明确了自身产业定位和功能定位，为目标产业的发展提供了统筹、专业、贴心的环境。“园中园”、产业园区建设也得到快速发展，如丹徒精功汽车工业园、京口中盛粮油工业园、新区江奎产业基地等迅速兴起，为产业的集群发展提供了良好载体。

专业市场是推动产业集群发展的又一重要力量。市场和产业的相互促进，无疑将加速产业集聚，推动产业集群发展。根据我市重点产业集群的发展现状，我们突出专业市场建设，强化市场配套，努力为企业市场拓展、品牌创建提供条件。我市建设的华东灯具市场、眼镜市场、电力电器市

场等规模均居全国前列，其中，华东灯具市场年成交额达到25亿元，眼镜市场年成交额突破10亿元，在业界均具有较高的知名度和美誉度。

与此同时，我们还结合全市产业发展规划和各地资源优势，鼓励各县（市）区大力开展产业招商，以拉长和延伸产业链带动整体产业发展为目标，认真组织对项目的定向优选，重点引进投资规模大、经济效益好、关联度高、拉动作用强的重大项目，从而辐射、影响和带动相关的中小企业向核心企业靠拢，形成全新的产业集群龙头。通过有选择的产业招商，我市从无到有，先后引进发展了光电子、自行车、工程机械等相关产业，这些产业在龙头企业的带动和大量中小企业的配套发展下，产业集群发展趋势日趋明显。

⑶引导企业不断创新。创新是企业发展的灵魂，也是产业集群提高竞争能力的重要关键。在体制创新上，我们一方面坚持以市场为主导，不搞"拉郎配"，引导企业在竞争中形成相互依存的分工协作体系。针对中小企业创新实力不够、动力不足的状况，我市支持企业、科研单位联合组建了船舶、光电子等公共技术平台，大力构建区域创新体系。另一方面，大力推进国有企业产权改革，通过资产重组、产权重构，加快建立现代企业制度，通过制度创新，不断激发企业创新的内在动力。目前，我市拥有国家级重点高新技术企业20家，省市级企业技术中心33家，省市级工程研究中心17家，6家企业设有博士后流动站，3家企业建立博士后技术创新中心，有400多家厂办科研机构，形成了一批省级高新技术企业。集群中的龙头企业既是各自产业内的支柱企业，又是技术创新的核心企业。在产学研联合的问题上，我市以利益为导向，鼓励支持产学研和官、金、商，也就是政府、金融资本和社会资本形成合作机制。同时，我市还充分发挥各行业协会等中介力量在产业整合中的重要作用，鼓励和支持他们在加强集群企业的沟通联系、分工协作上提供更多更好的专业化服务。

三、有限作为，强化服务，全力营造产业集群发展的良好环境

产业集群的发展，有赖于核心企业的培育和带动、产业基础设施的建设和完善，同时，也离不开发展环境的不断优化。在具体实践中，我们坚持有限作为的原则，积极打造服务型政府，使政府的经济管理职能由微观层次逐步退出，并着重在宏观和中观层面上，为企业和产业的发展提供更好、更贴心的服务。

⑴抓发展规划完善。科学进行产业发展规划，是加快促进产业集群发展的前提。产业集群的发展规划主要涉及两个方面：一是产业发展定位，主要解决发展什么的问题，二是产业发展布局，主要解决产业空间分工的问题。特别是今年上半年，市委、市政府集中相关力量，对全市产业集群发展情况进行了专项调研，摸清了情况，找准了问题。下一步，我们将以我市"十一五"重点产业发展规划为主要依据，按照沿长江基础产业带和沿沪宁高速公路高新技术产业带相结合的"T"型构架布局，从区域整体发展出发，围绕资源优势、区位条件、发展基础、产业联动等要素，进一步优化产业选择，通过重点扶持、错位竞争等，实现产业集聚，促进集群发展。在集群产业的布局上，重点按照产业集聚性、产业的内在联系和产业的环境要求等因素，科学规划产业空间分布，实现重大项目向优势产业集中，优势产业向功能区集中，生产要素沿功能区分布。进一步打破城乡和行政区域界限，按照产业发展的需要，从产供销一体化、产学研结合、官金商合作等角度，加快构建分工有序、相互协作、前后配套、链接紧密、各具特色的区域产业集群发展体系。

⑵抓基础设施建设。主要是结合我市区位特点，重点建设大港口、大交通、大通关。这几年，我市在这方面投入很大，下一步还将继续加大投入力度。比如，港口吞吐量去年是5000万吨，我们正在实施扩建工程，力争到2010年突破1亿吨。

⑶抓服务体系构建。健全完善的市场要素，有利于产业集群的形成，有利于增强集群的黏着力，有利于集群企业如鱼得水、运转自如。我市目前形成的产业集群，不只是一个个生产企业的聚集，而且有中小企业服务中心、担保中心、行业协会、专业市场等穿插其间，发挥着技术支撑平台、信贷担保平台、国内外市场交易平台和与政府交流沟通平台等等多方面的重大作用。我们感到，缺乏服务体系的支撑，产业集聚不仅是低效益的，也是难以持久的。就制造业而言，加工环节的利润只有30%左右，而研发和销售环节的利润则占到70%。为此，我市在专业市场建设、发展第三方物流、提高社会信息化程度、金融服务、中介服务，特别是研究风险投资、高层次人才缺乏等问题上，进一步加大力度，加深研究，取得实效。

⑷抓发展环境营造。近年来，我市狠抓市场环境建设，加快市场体系完善，特别是在行政审批制度上，进一步加大了改革力度，大力削减行政审批项目，对办理程序、承诺时限、收费标准进行了集中清理整顿，实行了"两集中、两到位"：即部门行政许可职能向一个部门集中，部门行政许可处室向行政服务中心集中；部门行政许可项目进行政服务中心落实到位，部门对窗口工作人员授权到位。在社会信用体系建设上，积极打造"诚信镇江"，大力营造全社会讲诚信的良好氛围。创新思想观念，培养区域创业精神，努力培植产业集群发展根植的土壤。加强本土文化内涵的发掘，使主打产品与镇江悠久的历史文化、厚实的创业底蕴紧密结合起来，逐步形成特色产业集群发展的地方"植根性"，保持镇江产业

集群发展的独特竞争力。通过加快推进产业集群，做强做大龙头企业、特色行业和支柱产业，最终做强做大镇江工业，推动镇江区域经济更快更好地发展。

我市在推动产业集群发展、增强区域经济竞争能力上进行了积极探索，取得了一些成效，但这还是刚刚起步，离国家发改委的要求、产业集群发展的内在要求还有较大的差距。我们决心，按照本次会议要求，进一步解放思想，大胆探索，积极实践，为我市产业集群的健康持续发展，为区域经济竞争能力的不断增强做出应有的努力！

（镇江市经济贸易委员会）

积极开展创业辅导活动 促进中小企业健康成长

一、创业辅导取得的初步成效

为贯彻落实《中小企业促进法》有关创业辅导的规定，解决中小企业“成长的烦恼”，根据国家发改委中小企业司确定的重点工作格局，去年我局聘任了100名浙江省中小企业创业指导师，并充分利用和发挥社会中介机构资源，为在全省开展创业辅导工作提供了组织保证。经过一年的努力探索，创业辅导工作已打开局面，成效明显。

(1)创业辅导的工作面迅速扩大。目前全省已有绍兴市、嘉兴市、富阳市、临安市、建德市、桐乡市、安吉县、龙游县、云和县等20多个市、县开展了创业辅导活动，累计举办辅导活动40多场（次），辅导企业3000多家，参加人员达5000多人。在组织分片集中辅导的同时，还为300多家企业进行了包括人力资源、战略规划、生产运营、内部管理等带有公益性质的管理咨询诊断或现场答疑。

(2)创业指导师各司其职，各显其能。我局聘任的100名创业指导师，有四部分人员组成，其中，知名企业家56名，高等院校教授12名，中介服务机构的会计师、审计师、律师、咨询师28名，政府经济部门公职人员4名。他们既有热心为中小企业服务的炽热之心，又有各自的拿手绝招。而每个指导师的背后又有一个团队作支撑，能为企业提供各类辅导服务。今年以来，知名企业家、创业指导大师王水福、茅理翔冒着酷暑，紧密联系自身创业实践，分别为建德市、临安市近200名中小企业者作了辅导报告。

(3)创业辅导成为中小企业健康成长的助推器。一年多来的实践证明，创业辅导带来的益处显而易见，许多企业通过接受创业辅导，发展思路更加清晰，经营理念明显提升，企业活力显著增强，生命周期得到延长。建德市一家化工企业在接受合同风险辅导后，对合同重要性认识进一步加深，它是运用法律来维护企业利益的一种手段。因此在签订合同时十分慎重，字斟句酌，严防漏洞。今年该企业在签订一项合同时，修正了一字之差，挽回了100万的损失。安吉的企业经营者在听完《企业发展目标与绩效管理》课程后，对企业目标设定、绩效考核更加慎重。宁波更大集团轴承有限公司通过接受辅导，质量管理上了一个大台阶，产品一次性交付合格率从91.5%提高到96.2%，减少内部损失232万元。

(4)创业辅导已引起良好的社会反响。创业辅导活动不仅受到企业的欢迎和好评，从每次辅导的意见反馈看，满意率达98%，企业将我们的指导师形象地比喻为保健医生和良师益友。而且还受到新闻媒体、中介机构的关注。国家发改委中小企业信息、中国中小企业网、中国乡镇企业报、浙江日报、浙江工人日报、浙江市场导报、每日商报等报刊纷纷从不同角度刊登了创业辅导活动的情况。中介服务机构更是主动找上门，要求合作。聚成杭州分公司、香港行动成功国际教育集团大陆总部上海公司、上海共图企业管理咨询有限公司、杭州威联企业管理咨询公司等已与我局达成了合作共识，为进一步扩大指导师队伍储备了后备力量。

二、开展创业辅导的主要做法

(1)领导重视，组织到位，把创业辅导摆上培育经济增长源的突出位置。根据中小企业的服务需求，并从转变政府职能入手，我局十分重视创业辅导工作，不仅将创业辅导列入了工作责任制目标考核的重要内容，而且专门下发了《全省创业辅导行动方案》，指导全省开展工作。今年综合处有名同志被抽调到基层担任农村指导员，为了使创业辅导工作不因人员的变动而影响进度，局领导及时为综合处配备了新的人员，加强从事这项工作的力量。吴家曦局长不仅过问、关心、指导创业辅导工作，还亲自带领指导师下基层开展辅导活动。在经费紧张的情况下，局领导还研究决定对创业辅导工作进行资金补助。

(2)建立网络，整合资源，努力夯实创业辅导工作基础。随着创业辅导由点到面逐步推开，今年我局选择了两家素质好、服务优、公益意识强的咨询机构作为创业辅导服务中心，协助我们开展工作。并以此为样板，要求各市也相应建立创业辅导服务中心，使之创业辅导工作层层有人抓，服务更到家。两家服务中心积极安排咨询师和专业人员，腾出办公场地，制定工作计划，协助我局做了大量的公益性工作。此外，为了更好地开展创业辅导活动，我们以局里的门户网为平台，建立了创业辅导专家库，陆续编辑刊登了35名创业指导师的简介和30多条创业辅导活动的信息。

(3)精心试点，典型引路，逐步扩大创业辅导服务范围。一方面，由省局组织选点，抓好试点，通过树立典型，总结经验，为各地开展创业辅导提供学习榜样。另一方面，根据市、县提出的辅导需求，由省局选派创业指导师登门服务。通过两条腿走路，使创业辅导的受益面不断拓展。截至9月底，我们根据各市、县提出的需求，采取菜单式选课，面对面教学，有针对性地选派创业指导师登台主讲，其中，杭州久盛服务中心及创业指导师嵇国光参与创业辅导已达10多个场次，为800多名中小企业经营者提供了创业辅导，企业对这种送上门来的服务赞不绝口。

⑷强化管理，建章立制，推动创业辅导工作有序开展。去年聘任指导师后，我们先着手内部建设，摸清每位指导师的学历、经历、成功案例、指导特长等情况，编辑了指导师通讯录。同时，根据各位指导师的特长，将部分指导师分成七个指导小组，这样便于集体诊断时发挥团队作用，也能让指导师们取长补短，发挥各自优势，更好地为企业进行指导服务。此外，我们还制定了《浙江省中小企业创业指导师管理办法》、《省创业辅导服务中心管理办法》和《市（县）创业辅导服务中心管理办法》，对指导师提出了五项基本职责、三项工作载体，对辅导服务中心提出了具体规定和要求，使之有章可循，规范运作。为了保证辅导质量，每次辅导活动后，我们都发放意见反馈表，及时与指导师沟通意见，并将反馈情况整理归档，作为奖励的依据。

三、提升创业辅导活动的努力方向

我省一年多来的实践证明，开展创业辅导的需求很大，前景广阔。但这项工作尚处在探索起步阶段，需要在实践中不断加以完善和提高。下一步我们将从三个方面继续作出努力。

⑴坚持以点带面，提高创业辅导的普及率。我省中小企业量大面广，相当一部分企业尚处在初次创业阶段，开展创业辅导是一项长期的工作，既要长计划，又要短安排，切实把创业辅导纳入"企业服务年活动"之中。在现阶段，要继续抓好试点，认真总结经验，以典型引路，促进面上的创业辅导活动蓬勃开展，争取每年现场辅导企业不少于500家。要建立健全省、市两级创业辅导服务网络，坚持省、市、县上下联动、齐抓共管的原则，确保创业辅导服务落到实处。

⑶坚持因企制宜，增强创业辅导的向心力。要进一步拓宽创业辅导领域，丰富创业辅导内容。在辅导方式上，要根据辅导对象的多少，坚持集中上大课和个别帮扶相结合。在辅导内容上，要立足于针对性、实用性，采取菜单式选课，启发式教学，一次辅导重点解决一二个实际问题。在近期，我们将与省教育厅联合在高校推出创业辅导教育，启蒙大学生创业意识，激发创业热情，引导优秀毕业生自主创业。

⑶坚持标本兼治，激活创业辅导的创造力。一方面，要努力造就一支高素质的师资队伍。要通过培训、竞聘，不断优化创业指导师的结构，不断提高指导师的辅导水平。在重点抓好现有100名省级指导师队伍的基础上，逐步扩大指导师队伍；根据创业辅导的旺盛需求，市、县两级也要聘请相应的指导师。另一方面，要建立创业辅导的长效机制，从制度上保证创业辅导工作有效开展。这些机制包括：指导师的基本职责，创业辅导活动的台账制度，创业辅导的考评制度，等等。对信誉好、服务优、成效显著的社会服务机构、创业指导师由创业辅导主管部门给予一定的奖励。

（浙江省中小企业局）

打造区域管理品牌
提升企业核心竞争力

——浙江杭州萧山促进民营企业管理升级的实践

杭州市萧山区2003年研究制定了企业管理创星级活动基本规范与评价标准，经过近一年的管理专业培训、讲座、网上教学、企业沙龙等活动的开展，在萧山民营企业界初步形成一个学理念、重管理、比先进、争典型的良性互动氛围，对萧山转变经济增长模式，改造与提升传统产业，工业经济结构的调整起到积极的推动作用，涌现出一批领头雁与品牌企业，为塑造萧山企业管理区域品牌和提升企业的核心竞争力打下了坚实的基础。

一、萧山民营企业管理嬗变的发展因素

萧山区是浙江省的经济强区，民营企业起步早、改制早。但在新一轮经济发展角逐中，萧山工业经济粗放型、劳动密集型、成本领先战略及家族式管理的发展模式受到了严峻挑战。萧山区委、区政府科学、理性地审视了民营企业发展管理工作中普遍存在不足因素，做出推进萧山区工业企业管理创星级活动的决策与部署。萧山区虽然有万向集团、浙江传化集团等企业管理好的企业，但总体上说离现代企业管理差距较大：

（一）建立现代企业制度毕其功于一役

在市场经济转轨初期，萧山区内企业充分发挥改制的先发优势，利用机制灵、反应快的特点，抓住我国经济大发展的历史性机遇，实现了跳跃式的发展。但随着市场经济的不断完善，企业作为市场经济的主体，必须用现代企业制度来适应现代的市场经济，现代企业制度的特点是产权清晰、权责分明、管理科学、健全的决策、执行和监督体系，企业改制只完成了"产权清晰、权

责分明"，部分企业错误地把"改制"与建立现代企业制度等同起来，毕其功于一役，导致管理严重滞后与企业规模发展。

（二）家族型企业面临着家族化管理模式的变革

家族股东和家族经理合一的家族化管理，是区内企业管理的主要模式，这在民营企业创业的最初阶段，由于家庭成员的凝聚力、战斗力，使其有着存在的合理性。然而家族式企业又有它天生的局限性，例如家族成员特别是其中能干的成员毕竟有限，科学管理往往受亲情羁绊。随着企业规模不断扩大，很多企业都面临传统管理模式的变革，但受亲情、友情的牵制一直迈不开步伐或找不到突破口。

（三）技术创新能力薄弱

随着市场经济不断完善，同时受土地、能源、劳动力等资源的制约，萧山民营企业原来所拥有的规模优势和成本优势正在弱化，单纯依靠规模和成本的获利空间越来越小，很多行业都到了微利或亏损的边缘。重硬件投入，轻软技术注入，使企业缺乏自主创新能力，产品附加值低，难以走出微利或无利的困境。

（四）人力资源管理老套

萧山区企业普遍存在专业人才短缺现象，而人力资源管理相对落后，是这一弊端存在的直接或间接的主要原因：一些企业一方面引不进人才，而另一方面又在浪费人才，使人才无用武之地；也有些企业一方面在拼命的引进人才，而另一方面又留不住人才，使企业变成了社会的培训基地等等。由于人力资源管理缺陷，人才引进机制、激励机制没有形成，使人才永远感觉是外来人或过往客。

（五）企业文化建设缺失

"百年老店"之所以经受得住市场竞争，一是战略管理好，二是企业文化建设先进。萧山部分企业虽在这方面进行了一定的探索和实践，但忽视总结和提炼，没有形成企业自觉执行体系，企业文化真正动力未能充分发挥。

"管理创星"是一个循序渐进的过程。萧山坚持"一年打基础、两年抓推进，三年见成效"的做法，脚踏实地，循序渐进，即使企业乐于接受，易于操作，又使之成为企业转变经济增长方式、调整产业结构、提升核心竞争力的源动力。

二、强化服务功能，探索管理新模式

萧山区切实转变观念，强化服务举措，指导和推动企业提升管理水平。早在2003年下半年就制定出企业管理创星级活动方案，给企业一个更大的自主发挥的空间与舞台。

（一）强化服务意识，创新服务举措

在计划经济向市场经济转型的初期，政府为了强化企业管理，曾经采取了过多拘于形式的评价和考核，使企业不同程度地产生了一些消极、甚至厌烦情绪，政府后来从企业管理这项工作中淡出主要也是这个原因。现在把"企业管理"这项并不新鲜的工作赋以新内涵而重新做起，必须摆脱旧的工作模式，走出一条全新的工作路子：寓服务于整个过程，赋创新于所有活动，以得到企业、社会各界强有力的支持和共鸣，最终创建企业管理区域品牌。

（二）创建科学、客观的创星级活动基本规范

从经济发展决策高层获取权威性信息。多次到国家有关部门请教企业管理创星级活动的有关问题。为萧山区制定企业管理创星级活动基本规范提供了权威性的信息。从经济理论前沿获取前瞻性信息。向省内外知名高校以及台湾的管理学知名专家、教授请教，力求把国际先进的管理模式与中国的文化背景相融合起来，把经济学术理论前沿最新的管理观点与成果同萧山区企业管理创星级活动的实践结合起来，在企业管理老话题中赋予新内涵、新知识、新方法。从经济发展相关职能部门获取操作规范。区经济发展局、发展与改革局、科技局、人事局、财政局、安监局、环保局、劳动保障局、工商萧山分局、萧山国税局、质监萧山分局等10多个相关职能部门，统一思想形成共识，汇聚合力。从重点行业、企业获取第一手资料。深入到重点企业进行调研，如纺织、服装、印染、化工、机械、钢结构、羽绒等行业，有重点、不同层次地听取企业对管理创星级活动的看法、意见和要求。

2004年7月，企业管理创星级活动基本规范与评价标准，萧山区政府以萧政发[2004]112号文件正式发布了，该规范与标准涵盖企业发展战略规划、法人治理结构和组织结构、财务管理体系、质量管理体系、安全生产管理体系、环境保护管理体系、市场营销与品牌建设、科技进步与信息化建设、人力资源管理和绩效考核、企业文化建设等10大内容为萧山区企业管理创星级活动提供了一份科学、客观的操作蓝本。

（三）首选百家试点企业

为加强对工业企业管理创星级活动工作的领导，经萧山区委、区政府研究，成立以区委、区政府主要领导挂帅，的萧山区工业企业星级管理活动领导小组。通过企业自主报名，经各镇街推荐，并经萧山区工业企业星级管理活动领导小组审核，确定万向集团公司、浙江恒逸集团等100家工业企业为试点企业。把这100家企业作为管理创星级活动的支撑平台和服务平台，为其他企业提供示范。

（四）部门、镇街联手，创建共性服务平台

针对企业管理中存在的一些共性的、企业迫切需要解决的问题，实行部门联手，对100家试点企业，采取各种形式的报告会、讲座，作为服务企业的平台与载体。如为提高企业对现代化组织结构的进一步理解，邀请国家有关体制改革方面的专家，进行《规范和完善现代企业制度》的专题讲座；针对萧山以传统产业为主的特点，请来了美国硅谷专家教授，讲授《中国企业如何利

用高新技术提升传统产业》，并就企业提出的一些热点、难点、疑点问题进行现场解难释疑；针对企业在创建品牌、申报名牌等工作过程中存在的一些疑问，由工商萧山分局、质监萧山分局领导亲自走上讲台，直接为企业进行讲解；各镇街都成立了镇级企业管理创星工作领导小组，相继确定了管理创星试点企业，并开展了一系列活动：如该区的党山镇，列出了50家镇级管理创星试点企业，对50家企业管理的基本情况进行了调查，进行分类指导，如针对企业技术创新、品牌工作等共性的薄弱环节，邀请了区经发局、质监分局、工商分局等职能部门，进行现场解答；新塘街道针对辖区内羽绒企业多，安全生产矛盾突出等问题，建立了ABC分类管理办法，并对企业进行具体指导。

（五）实行捆绑式教育，创建人才培训平台

管理人才对于大部分企业来说确实非常欠缺。为培养管理人才，根据企业管理创星级活动基本规范，对100家试点企业管理层进行系统培训。企业根据实际情况，选派不同岗位的员工接受不同专业的培训。捆绑式培训：即课堂教育、远程教育和现场案例点评三结合的系统培训方式。课堂教育：由浙江大学以 “管理创星”活动基本规范十大内容设为十个专业，选派专家、教授对学员进行相当于研究生课程的专业理论教育和灌输一些现代企业管理前沿知识和成果，并利用双休日时间进行授课。远程教育：浙江企业经营人才网络学院根据“管理创星”活动基本规范的十大内容，在网上设置了一系列实践操作技能课程，每大类内容都设十门以上的操作课程，每门操作课程为5~6个学时，学员在选定专业后，根据专业规定学分要求和自身特点选择不同的网上课程，并利用业余时间在网上完成学习和考试；案例分析：浙江大学以萧山“管理创星”模范企业为案例，进行现场点评。

（六）与浙江大学联手，搭建专业性的研究、深化平台

为帮助企业建立一个自我完善、自我提高的长效机制，与浙江大学管理学院建立了长期合作意想：按企业管理创星实施标准的十个专业，每个专业由100家试点企业自主申报，确认为重点辅导对象。并利用浙江大学的师资力量和研究队伍，与企业进行对接，一个专家与每一家企业进行一个专业类别的指导，建立起长期的指导关系。如企业文化建设，共有25家企业申报重点辅导对象，根据浙江大学的六位专家所从事研究的领域不同结合每家企业文化建设的不同特点，分别建立帮教对象，企业在专家的指导下不断完善和改进。在按季度编制工作计划的基础上，每季度采用企业沙龙的形式，进行一次工作交流和检查，这样既为企业提供了长期的服务平台，又在企业间建立了无形的竞争机制，同时也使管理部门及时掌握企业管理发展动向。在沙龙活动的交流、点评过程中，自然筛选出单项先进模范和工作进步奖企业。

（七）树立先进典型，创建经验示范和交流平台

2004年萧山区工业企业管理创星级活动领导小组认定19家管理创星级活动先进企业。通过新闻媒体、教学案例、经验介绍将其好的做法进行扩散，给其他企业更多的启发和引导。并作为培训案例，进行经验介绍和现场点评，形成企业间互相交流、互相学习、共同提高的良好氛围。如在打破家族化管理方面，传化集团就是一个典型的案例。该企业在发展初期，经历了从家庭作坊到家庭型企业、家族型企业、裙带型企业几个阶段，从20世纪90年代进行家族化改革，用人唯才不唯家，唯能不唯亲，使广大德才兼备的人才有了提拔任用和施展才华的机遇，为传化"引人、用人、留人"机制的建立创造了良好条件。

三、形成合力，创建萧山管理区域品牌

管理是永恒的主题，也是系统工程，它的主体是企业，而它的影响力却是全社会的，所以必须提高对企业管理工作重要性的认识，强化工作力度，建立长效企业管理创星机制，力促企业管理上台阶，努力争创萧山管理区域品牌，提高萧山企业的核心竞争力。

（一）转变认识，强化服务，提高工作效率

要把管理创星工作，当作工业经济的主要工作来抓，要切实转变管理是企业自身事的想法，树立管理与发展同样重要的思想，只有在管理规范基础上的发展，才是有效发展。各职能部门，要在区企业管理创星工作领导小组的指导下，强化工作职能，落实工作措施，创建服务平台，实行工作汇报制和工作检查制，切实把各项工作职能落到实处。各镇、街道对辖区内的企业实行分类指导，滚动推进，把管理创星工作列入镇街目标考核的重要指标，努力提高企业管理创星工作效率。

（二）创建萧山管理区域品牌

萧山管理创星活动设定了三部走目标：首先是形成萧山“管理创星”模式；其次是树立一批萧山企业管理的典范；第三是通过管理经典模式、经典模范企业的扩散与提升，带动群体企业提高管理水平，提高核心竞争力，促使一批企业形成自己的管理理论，塑造萧山管理的区域品牌。争取全国性的或全省的管理创新活动在萧山举行，让更多的人、更多的企业了解萧山，把萧山的管理品牌推向全国。

（三）形成萧山特色的民营企业管理理论

在搭建与塑造萧山区域管理品牌过程中，通过政府职能部门的引导，企业自主的完善和提高，形成一套适合企业自身发展的科学、有效的管理体系，建成企业管理模式与理论，企业的管理水平和竞争力得到大幅度提高，不仅塑造了萧山区域的管理品牌，而且更在业界与市场亮出了萧山企业的管理品牌。要对这些企业的管理理论

进行总结、提炼，形成企业自身的理论体系，创建萧山工业经济发展的又一先发优势。

（四）设立全区企业管理专项资金，创建管理创星的长效机制

企业管理是一项长期、系统的工作，需要企业反复地提炼、不断地上升，让企业有一个不断积极向上、不断完善的奋斗的目标，形成企业与企业之间的良性竞争。萧山区正在设立全区管理创星专项资金，一是用于全区性的各种平台建设：如共性服务平台、人才培训平台、专家咨询平台、企业沙龙等管理创星工作载体的建设；二是用于每年的优秀企业管理成果奖和先进模范奖；三是用于管理创星先进典型的宣传、提炼和推广应用。

绍兴纺织产业集群公共服务平台建设日臻完善

近年来，浙江省绍兴县发挥生产力促进中心等核心机构带动作用，积极搭建纺织产业集群的公共服务平台，建立健全中小企业社会服务体系，使以纺织为主导产业、经济规模占全县工业总量73.3%的绍兴县，不断发展成长为中小纺织企业的集聚区域和特色经济区域。绍兴纺织业生产力促进中心，以调整经济结构、实施染整革命、推动产业升级为指导，通过科技中介服务带动全方位、多层次的公共服务平台建设，提升了集群中广大中小纺织企业的自主创新能力，提高了区域经济竞争力，为完善产业集群的公共服务起到了带动、示范和借鉴作用。

一、绍兴纺织产业集群公共服务的基本情况

近年，绍兴县委、县政府提出了打造“国际纺织中心”的宏伟目标，明确了促进区域公共平台建设的战略目标。绍兴县纺织业生产力促进中心以承担区域经济科技创新服务和公共服务平台建设为己任，抓住机遇，以管理创新和服务创新为动力，以开发核心技术、拓阔服务领域，构筑网络化服务平台，引导面料开发潮流，推动产业升级为抓手，以推进中小企业信息化和国际化为工作重点，全面提升自身服务能力，在为纺织行业提供更多、更快、更好的服务，为推动区域经济快速健康发展中发挥了积极的作用。

绍兴纺织业生产力促进中心是专业从事纺织印染高新技术研究开发、推广应用、技术中介、市场服务的科技开发服务型企业，是我国第一家民营生产力促进中心。十多年来，通过不断实施科技创新，日益拓展和深化服务内容，逐步完善和强化服务体系，从应用软件到开发软件，又继而到软硬件系统集成，从小规模区域性服务到大规模专业化全国辐射，已成为国内纺织产业集群的服务品牌。目前中心已拥有总资产一亿余元，4.2万平方米的科研开发大楼，员工250余名，其中计算机博士、纺织印染硕士、机电一体化高级工程师、高级程序员，激光应用花样设计处理等各类专业技术人员占80%以上。

二、绍兴纺织产业集群公共服务的目标及措施

1．绍兴纺织产业集群公共服务的目标。绍兴县纺织产业集群的公共服务体系建设，以“聚才、创新、奉献”为理念，集成社会资源，整合优势，形成“科学的运行机制，出类拔萃的核心技术，强健的服务网络”。在纺织业生产力促进中心的带动下，围绕解决产业技术难题，积极开发和推广有利于产业结构升级的共性技术，关键技术及配套技术，形成服务手段先进、服务功能齐全、服务领域广泛、服务特色鲜明的纺织产业集群服务体系。

2．绍兴纺织产业集群公共服务的具体措施。为加速科技成果转化，促进产学研结合，帮助产业集群内的广大中小企业全面提高管理水平、技术水平和人才素质，以纺织业生产力促进中心为核心机构的产业集群公共服务，主要包括以下具体措施：

（1）利用优势，积极开发纺织CAD系列软件。中心通过印花CAD技术的推广应用，逐步形成了自己的服务品牌和技术优势。在此基础上，将充分发挥地域优势、技术优势、中试基地优势及科研成果产业化优势，不断开发纺织行业CAD系统，每年申请自主版权软件不少于2个，3年后，拥有自主版权软件不少于10个，内容涵盖织物模拟仿真、印花、提花、家纺、经编、绣花、服装等纺织全行业，以满足企业需求，同时提高自身研发实力，确立行业龙头地位。

（2）开辟科技合作渠道，提高成果集散能力。产学研结合极大地增强了中心创新实力，中心拥有多项国际、国内先进水平的技术成果和专利产品。中心不仅要加强已有的合作，还要进一步扩大合作领域，特别是加强与国内大院、大所及国外同行的技术合作。本着互相学习、互惠互利、共同发展的原则，按照优势互补、资源共享和服务协作机制，建立以中心为纽带的纺织设计全程服务协作网。由科研院所、高等院校、中介机构、国外科研机构、企业相互依存、多方互动的技术支撑体系，推动纺织业技术进步和促进科研成果的转化。

（3）加大共性技术开发力度，为产业升级提供支撑。针对中小企业的广泛需求，如何提供共性技术支撑和导入新技术，是产业集群持续发展中面临的重大课题。绍兴生产力促进中心不断加

大扶持力度，完善相关重点服务项目：一是不断开发纳米功能性纤维、竹纤维、甲壳素纤维、负氧离子纤维等新纤维的基础上，研究解决相应组织结构，染整工艺等技术难题，探索制订相应工艺、技术、产品质量标准，逐步形成工业化生产；二是开发提升纺织柔性制造能力的软件及自动化控制系统，在原有激光制网设备的基础上，进一步完善提升产品系列，并在纺织CAD的基础上开发数码织造设备、印染数控设备，打造纺织高科技产品自主品牌。

（4）实施信息技术对印染业全方位渗透计划。针对印染行业硬件强、软件弱的现状，结合中心在印花领域推广CAD/CAM的成功经验，及对印染行业的深入了解，组织实施对印染业全方位渗透计划，以信息化、自动化提升印染业柔性制造水平。一是实现印染全过程CAD/CAM一体化工程，目标是拥有测色、分色、计量等三大系列自主产权软件，自行研发颜色检测匹配、染液自动计量等仪器设备，开发染整生产线在线监测，自动调控成套装置，并在生产线上推广应用。二是研究、推广节能、清洁、先进的生产方法和绿色染整工艺，引入科学生产方法，先进管理理念，现代化的仪器设备，采取节能、节水、余热利用等措施，探索以物理方法取代化学方法的染整技术（如等离子处理，超温界CO2方法处理等）。三是研究推广提高面料档次的新型整理工艺，如纳米技术在染整工艺上的应用，功能整理——抗紫外线、抗静电、抗菌、抗水、拒油、阻燃、保暖、高温抗绉整理、固色整理、纤维素酶处理等。四是掌握相关检测、评价纺织品的方法及标准，争取参与标准制订，特别是绿色环保标准的制订，参与检测评价，以获得掌握市场的主动权。

三、按照市场机制搭建公共服务平台

绍兴生产力促进中心根据企业需求，在整合社会资源优势的基础上，探索建立了技术、人才、咨询、培训、信息等多元化、全方位的公共服务平台，逐步完善了产业集群的社会探索建立了技术、人才、咨询、培训、信息等多元化、全方位的公共服务平台，逐步完善了产业集群的社会服务体系。

纺织技术服务平台：建立从原料、工艺、织造、印染、服饰全行业技术服务体系，为企业提供原料分析、工艺制定、织物设计、花样设计、分色制版、激光制网、中样制作、服饰设计等多种专业服务。

成果转化服务平台：为全行业组织技术信息发布、技术交流、技术合作、技术招标、技术转移、技术展览等科技交流活动，积极促进大专院校、科研院所的科技成果转化和推广，帮助国内外有技术优势的企业进行市场开拓和技术促进，担当联系企业与科研单位的桥梁，发挥企业技术创新支撑和技术市场开拓的先锋作用。

人才推介服务平台：向中小企业推荐各类技术、管理人才，建立专家人才库、管理人才库、技术人员人才库及企业需求库，为企业提供人才引进专业服务，同时按系统集成的新概念，组成“稳定型”、“松散型”、“联络型”三支专业服务队伍，为中小企业提供多元化、多层面的专业性服务。

技术培训服务平台：继续发挥自身技术开发优势，在现有CAD应用、纺织品设计、贸易培训的基础上拓宽培养领域，提升培训质量，与中国印染协会联合开展印染后整理技术培训，与法国力克公司联合开展服装CAD应用技术培训，与科技部培训中心合作，举办纺织CAD应用国际培训班，通过量大面广的培训工作，促进企业的技术进步和产业升级。

企业咨询服务平台：建立热线电话，吸收社会中介机构，组建专业咨询队伍，组建专利事务所、科技评估事务所，力争参股，使中心真正具备能及时提供科技、经济、人才、政策、法律、市场管理方面的综合服务能力，实现“联万家企业，促生产发展”的宏伟目标。

国际合作服务平台：大力开展海外合作，努力沟通与港、澳、台地区及欧美同行联系，为中小企业拓展国际合作渠道、引进技术及专门人才，帮助中小企业了解国际市场，熟悉国际贸易规范，组织展览展销活动，逐步建立市场开拓工作机构。

制造业信息化服务平台：依托国家“863”项目，搭建“中国纺织制造网”，研制开发“全程一体化企业建模思想”的“纺织业网络化制造服务平台”。开辟《纺织资讯》、《商业机会》、《企业风采》、《产品展示》、《纺织科技》、《纺织技术培训》、《难题招标》、《纺织论坛》等多个栏目，推出“远程设计，协同制造”等服务项目，置入丰富的CAD资源，实现网络共享，使得买卖双方可以在互联网上进行共同设计、工序操控及共同规划，使多个生产基地可以在同一平台上进行合作生产。以提高企业生产效率和快速响应能力。

在每年出版发行《中国轻纺面料花样图集》的基础上，增发《中国面料流行趋势》，并通过各种新技术、新产品推广会等形式，最大限度地激活技术存量，建立起以现代信息技术为依托的智能化信息技术体系，为企业提供快速、准确的市场经营信息，帮助企业根据市场需求进行科学决策，提高经营和管理水平。

除大力开展信息与信息化服务、咨询服务、培训服务等共性服务外，还积极树立服务品牌，提升整体服务能力，以逐步形成科学、系统、完善、独具特色的服务体系，为集群内中小企业提供系统和完善的服务。

德州市推出信用金融一体化服务

为了探索从根本上解决民营企业贷款难的有效途径，加快中小企业信用制度建设，德州市今年探索推出信用金融一体化服务，取得较好成效。

一、信用金融一体化服务的主要内容

银行与中介组织——德州市企业信用评估咨询中心（以下简称评估中心）实行信息共享，由评估中心按照银行贷款要求的企业信息和社会所需要的相关信用指标，整合各类信息资源，为企业建立信用信息数据库，并以此为基础进行信用评级。对需要贷款且被评估为高等级别的企业（二级以上），评估中心出具信用评估报告，作为对企业信用担保的承诺。一旦企业不能按期归还贷款，评估中心将从在银行设立的专户划拨资金及时代偿，而后再依法向企业追偿。目前经协商，银行对贷款额100万元以下的项目（以后视情况逐步提高）减少或取消贷前考察，凭信用评估报告直接与企业签订合同发放贷款。

二、信用金融一体化服务的运行机制

信用金融一体化服务以市场化运作为基础，以政府监管为保证。主要突出三个环节。

(一)市场运作，政府监管

对企业信用的科学评估是信用金融一体化服务的关键。承担这项职能的评估中心是在民政局登记注册、由民营企业家出资组建的股份制中介服务机构，独立承担风险，独立承担民事和法律责任。主要有三项职能：一是整合各方面的信用信息资源，建立包括社会相关信息和银行贷款所需信息在内的企业信用信息数据库，建立一个多方信息共享的公共服务平台，并以此为基础开展企业信用评级；二是建立信用评估、信息披露和信息查询制度，通过德州民营经济网站和设立查询热线等形式，面向社会提供企业信用信息查询等相关配套服务；三是以评估中心出具的信用评估报告为主要依据，为信用企业提供贷款担保服务，并与典当、拍卖行合作，以签订合同委托代理形式开展拍卖、典当业务，及时化解信用担保带来的风险。为确保企业信用评估公平公正，市民经委(中小企业局)作为监管顾问单位向评估中心派驻代表，对其经营行使监管权。

(二)免费评估，有偿使用

为调动企业参加信用评估的积极性和不增加企业负担，评估中心对企业信用评估实行免费服务，包括免费进行信用评级，免费将企业信息录入信用信息数据库，免费在相关媒体依法披露企业信用信息。对社会所需的企业相关信用资料按市场机制实行有偿使用，包括有偿为企业出具有担保责任的信用评估报告书，有偿查询涉及企业因道德不良或经营不善而产生的相关信息，有偿使用企业信用查询热线电话，有偿回复社会有关方面信函查询企业信用信息。

(三)信息共享，服务企业

评估中心将来自工商、质检、金融、税务、劳动、政法等方面及企业自身的经营管理信息实行联合征信，录入全市统一的企业信用信息数据库，并以此为基础组织专家评审委员会进行信用评级。评估中心既面向社会提供查询等配套服务，也向银行提供企业贷款所需的相关信息，实行信息共享。银行通过采用评估中心的评级结果及相关信息，补充或替代了内部评级，从而减少或取消对企业的贷前考察，有效降低成本和缩短企业贷款办理周期。同时由于评估中心对向银行推荐的信用企业负有担保责任，大大提高企业获贷的几率。

三、信用金融一体化服务的主要效果

按照信用金融一体化服务的模式，评估中心在年初与工商银行德州市分行成功试点的基础上向各金融机构全面推开，效果较好。目前，已将全市1153家规模以上民营企业全部录入信用数据库，以此模式落实贷款39笔，2400万元。实践证明，信用金融一体化服务是推进中小企业信用制度建设的有益探索，不仅将德州市中小企业信用制度建设推向一个新水平，还将市内各商业银行支持民营企业发展以及银行内部改革推向一个新水平。

(1)有利于支持企业发展。评估中心建立的企业信用信息数据库，既包含了社会所关注的产品质量、重合同守信用、纳税等信用信息，也包含了银行贷款所需的企业相关信息，一般情况下每年更新一次。企业要贷款时，评估中心凭企业信用信息数据库的相关信息，经论证可行，即对信用二级以上企业出具信用评估报告，银行对报告中的企业信用信息真实性审查后，与企业签订合同发放贷款，缩短了审贷周期。从已办理贷款的情况看，最长时间10天左右，最短的仅用3天，真正体现便捷服务。另外，推进企业信用制度建设，提高企业信用管理水平和信用能力。

(2)有利于银行降低成本和防范风险。银行通过企业信用信息数据库信息共享，不仅降低对中小企业信贷考察决策的成本，同时由于评估中心负有对企业的担保责任，一旦出现风险即行代偿，保证了银行贷款的安全性。

(3)有利于提高企业的信用意识。评估中心只对信用二级以上企业出具具有担保责任的信用评估报告，不仅办理贷款快捷方便，而且在手续费、保证金及贷款利率等方面享受优惠，而信用等级低的企业则加大了融资成本。以诚实信用争取融资，以融资提升信用，形成引导企业诚实守信、争创高等级信用企业的良性循环。

⑷有利于中介组织作用的发挥。随着市场机制的不断完善，社会分工越来越细，中介组织的作用也会越来越突出。信用金融一体化服务的一个重要特点，就是由评估中心这种专业性中介机构来承担对企业信用信息的征集和评级及建立信用信息数据库等工作，与金融机构通过信息共享形成有机的一体。另外，目前全国的信用评估机构，普遍是只评估不直接承担评级后果，而该市的评估中心一旦出具信用评估报告即承担责任，从而有效地提高信用评价工作的公信度。

（山东省德州市中小企业局）

服务企业为本 企业需求至上

——河南省中小企业服务局成立两年以来的主要工作经验

河南省中小企业服务局成立两年以来，在省委、省政府和主管副省长的领导和关心支持下，把服务企业作为最高工作理念，紧紧盯着企业的迫切需求，克服困难，积极探索，努力工作，取得了初步成效。

一、找准定位

省中小企业服务局的成立，是形势发展的需要，是机构改革的产物，寄托着省委、省政府和广大中小企业的殷切期望。找准职能定位，是新机构科学运转的前提。局领导班子经过认真分析后认为，本局的职能定位只能而且必须是“服务”，依据有三：一是随着社会主义市场经济体制的确立，市场机制的作用越来越大，企业呈现出股份化、民营化趋势，政府与企业的关系有了质的变化，直接管理企业的职能显著弱化；二是中小企业占全省企业总数的99.9%左右，对经济增长、社会就业、市场供给、外贸出口、财政收入、人民生活的贡献很大，但却处于弱势地位，发展中面临诸多困难和问题，迫切需要政府搞好服务，帮其排忧解难；三是工业行业管理部门全部撤销，而行业协会、中介组织又发育滞后，社会化服务体系很不健全，迫切需要加大工作力度，加快服务体系建设步伐。基于这一认识，局领导班子明确提出，要牢牢树立以服务为宗旨的思想，坚持服务企业为本，企业需求至上；我们的一切工作都要立足于服务企业，不再追求审批、管理职能，要想企业所想，急企业所急，紧盯着那些企业需要而自己又办不了的事情，千方百计搞好服务，为中小企业排忧解难，促进中小企业健康发展。

二、端正理念

局领导班子把服务企业作为最高工作理念，明确提出：企业的需要就是我们工作的范围和努力方向，企业普遍性的迫切需要就是我们的工作重点；要带着对中小企业的深厚感情去为企业服务，多做扶弱、助小、帮困、雪中送炭的事情；要有的放矢，加强调查研究，了解企业需求，增强服务工作的针对性；要突出重点，抓住最根本的、事关全局和长远的、企业要求最迫切的事情，紧抓不放，抓出成效；服务既要注重效率和质量，又要注意不给企业增加负担，省局原则上实行无偿服务，组织社会化服务要坚持“企业自愿、规范运作、有偿服务、合理收费”的原则；要善于运用市场机制和经济手段，应该市场化运作的事情，如担保资金的使用运作、经贸洽谈活动的组织等，必须按市场经济规律办事；要增强工作合力，注重发挥科研单位、商会、协会和中介组织的作用，依靠社会力量搞好服务；要增强责任感、使命感，迎难而上，不等不靠，努力克服没有手段、没有经验、职能交叉、工作条件差等实际困难，大胆探索，勇于创新，创造性地开展工作；要树形象、上水平，各项工作都要高标准、高效率、高质量，争创一流，树立中小企业工作部门的良好形象，以有为换有位。从两年来的实践看，我局的各项工作较好地贯彻了上述理念。

三、突出重点

两年来，我局围绕中小企业、民营企业发展过程中存在的主要矛盾和问题，着重做了以下几个方面的工作。

（一）加大宣传力度，狠抓政策的完善落实

⑴制定相关配套政策。近年来，国家为鼓励中小企业、非公有制经济发展先后出台了《中华人民共和国中小企业促进法》和《国务院关于鼓励支持和引导个体私营等非公有制经济发展的若干意见》。按照国务院的要求和省领导的指示精神，省局拟定了《河南省实施<中华人民共和国中小企业促进法>办法（草案）》和《河南省人民政府贯彻落实<国务院关于鼓励支持和引导个体私营等非公有制经济发展的若干意见>的实施意见》的送审稿。

⑵加大了对民营企业的表彰宣传力度。今年初，省委、省政府召开了高规格的全省民营企业表彰大会，我局借此东风，配合协助省内主要新闻媒体，大力宣传全省非公有制经济发展中的先进典型和成功经验，努力营造有利于非公有制经

济发展的政策环境。

(3)加强调查研究。先后组织开展了对各地贯彻落实国家和省里出台的关于非公有制经济发展的政策措施和《中小企业促进法》的情况；企业融资难的深层次原因及对策；企业生产经营环境、收费、社会负担和权益保护情况；当前企业生产经营中存在的困难和问题；产业集群发展情况；民营企业市场准入情况；落实民营企业平等待遇情况；中小企业、民营企业的技术研发能力及科技水平情况；民营企业管理现状等9项专题进行调研，摸清了问题，分析了原因，了解了企业需求，掌握了企业发展中存在的共性和突出问题，为领导决策、进一步完善和落实有关政策提供了依据。

（二）采取多种措施，缓解中小企业、民营企业融资难

融资难是中小企业的第一难，75%的中小企业、民营企业反映融资困难。我局把缓解中小企业融资难作为重中之重，做了一些力所能及的工作。

(1)加快中小企业信用担保体系建设。根据国务院关于加快建立健全信用担保体系的要求，我局会同省财政厅、人行郑州中心支行起草了《关于加快建立和完善中小企业信用担保体系，促进非公有制经济和中小企业发展意见》，制定下发了《河南省中小企业信用担保机构监督管理暂行规定》，这些对促进信用担保体系健康有序发展和规范运作，起到了积极的作用。到2004年末，我省已成立各类担保机构39家，其中由政府出资或由政府出资参股的政策性担保公司31家，注册资本14.8亿元，其中政府出资5.98亿元，占注册资金总额的40.4%；担保机构累计为2357家中小企业提供了2858笔融资担保业务，累计担保额41.6亿元，使被担保企业新增销售收入约52.2亿元，新增利税7.65亿元，增加就业机会4.5万个，取得了良好的经济效益和社会效益。2005年，全省各类担保机构可达50家以上，注册资本金有望突破20亿元。

(2)积极推动政府、银行、企业、担保机构合作。我局会同人行郑州中心支行印发了《关于加强和改善金融服务，支持民营暨中小企业发展的指导意见》，制定了一系列诸如加大信贷力度、拓宽融资渠道、鼓励金融产品创新、完善金融服务功能、推进金融机构与担保机构合作、加强金融机构与省直部门协调等方面的扶持措施。还完善了中小企业、民营企业贷款项目库，建立了与金融机构定期衔接项目的融资机制。今年9月，省政府召开了有省内各银行业金融机构、非银行业金融机构和投资机构、部分担保机构、各省辖市中小企业局和60家民营暨中小企业负责人参加的全省中小企业资金供求银企衔接座谈会。会上共向金融、投资、担保机构推荐了134家企业的136个优质贷款项目，申请贷款金额66.49亿元。会后，我局积极与省建行、省工商行、中信、浦发等金融机构沟通协调，落实省政府中小企业资金供求银企衔接座谈会精神，与中信实业银行郑州分行签订《支持民营暨中小企业发展全面合作框架协议》，会同省工商银行、中信实业银行分别召开了支持民营暨中小企业发展服务签约会，与一批中小企业签订了服务合作协议，落实了一批资金。

(3)积极推进中小企业信用制度建设。这是一项事关长远的、十分重要的基础性建设。我局主动探索，会同人行郑州中心支行下发了《河南省民营暨中小企业诚信工程实施方案》，启动了中小企业诚信工程，旨在从加强民营暨中小企业基本信用制度建设入手，建立适合民营暨中小企业特点的信用信息共享机制、监督机制和评价机制，全面提高民营暨中小企业的诚信水平、整体素质和融资能力。此项工作得到了人民银行总行的充分肯定和赞扬。

(4)加大招商引资力度。一是组织参加了第二届中国中小企业博览会暨中法中小企业博览会。组成了500多人的代表团，参展企业59家，设有展位56.5个，总签约金额9.6亿元。我省汽车、摩托车展区获得大会组委会最佳组织奖，河南卫华集团有限公司等7家参展企业获得优秀参展企业奖。二是会同驻马店市连续8年举办全国乡镇企业东西合作经贸洽谈会。今年洽谈会参会人员10000多人，其中省外代表、客商2700多人。在洽谈会上，我省共计签订投资建设在1000万以上合同项目501个，投资总额157亿元，其中引进省外、国（境）外资金118.74亿元；与大专院校、科研单位在产品开发、科技成果转让、人才引进等方面达成了一批协议。

同时，我们会同省直有关部门和单位，积极做好推动民营企业改制上市的培训、培育、辅导和协调工作，积极做好推动民营企业产权交易、股权融资等工作，也取得了一定成效。

（三）积极推进中小企业服务体系建设

(1)加强对中小企业服务体系建设的指导。我局起草了《全省中小企业服务体系建设指导意见》，省政府办公厅已正式批转施行。会同省委组织部下发了《关于加强中小企业、非公有制企业经营管理人员教育培训工作的意见》。

(2)加强培训服务。一是正在组织实施民营暨中小企业培训规划，积极推动全省各市举办企业领导干部培训班。今年，全省举办中小企业、民营企业领导干部培训班103期，培训企业负责人14670人。二是圆满完成国家发改委下达的全年银河培训计划。我局集中举办了厂长(经理)、人力资源管理、财务、政策法规、融资、创业辅导、质量管理、信息网络、沼气产业化、中介机构等培训班13期，培训各类人员2540人，邀请国家发改委、清华大学等省内外专家、教授前来授课，取得了良好效果。同时，依托中国中小企业河南网，开办网上民营暨中小企业创业讲堂，把资本运营、人力资源管理、市场营销、现代企业领导艺术与方法等12门课程通过视频方式进行远程视频教学辅导。我局的培训重视效果，全为免费，深受企业好评，得到国家发改委中小企业司和省委组织部的赞扬和肯定。

(3)加强信息服务。重点搞好省、市、县三级中小企业信息服务平台建设。一是帮助55个市县中小企业工作部门建成了分网站，并提供虚拟主机和数据库服务，各分网站之间实现信息互动和资源共享，已实现了政务信息上下交换与发布自动化。目前，市县局开通网站总数82家。同时，为32家企业建立了企业网站。二是超额完成了2005年全国中小企业网上百日招聘大学生的任务，我省有1042家企业在网上发布了招聘信息，提供1710个职位、10118个就业岗位。参加网上招聘的企业数量、招聘人数居全国各省市第一位。三是利用信息服务平台向国内外宣传企业1.6万家，其中帮助企业建立网站数据库1.5万家。国内外采购商从中国中小企业河南网上获得产品供求信息后，供需双方签订合同1500多份，合同金额约为87亿元。四是利用网站发布劳务供需信息，2005年发布各种劳务工需求25.8万人，实际输出11.2万人，为我省农村劳动力转移做出了重要贡献。五是网站现有一级信息栏目52个，二级信息栏目287个，每天发布信息200多条，初步形成了动态、资料、服务三大类信息。根据国家发改委和省政府办公厅的评估认定，我省中小企业信息网站在全国各省（市、区）中小企业和我省省直部门网站中均排名第一。

(4)加强人才服务。我局分别同省、市人才交流中心联合举办了全省中小企业人才招聘会。两次人才招聘会共有300余家企业参与，提供就业职位7000多个，11000余名大中专毕业生及其他人才到会求职，3600余人签订了就业意向。

(5)加强创业服务。认真贯彻“以创业促就业”的方针，制定了创业辅导工作方案，向国家发改委申报了一批创业辅导重点项目。开展创业服务工作试点，总结了郑州、漯河等省辖市创业服务中心为企业提供服务、促进创业企业发展的经验和做法。

(6)加强企业管理咨询服务。相当一部分中小企业管理水平不高，这是我们的一个软肋。在市场经济条件下，如何提高中小企业管理水平，需要努力探索。为此，我局组建了有省内知名企业家、北京和省内知名中介机构参加的河南省中小企业民营企业管理咨询团，以社会公益服务为主，有计划、有重点地开展企业管理的咨询、诊断和培训工作。此举在全国中小企业工作系统尚属首创。

（四）加强对中小企业发展的宏观指导

一是实行局领导班子成员联系重点企业制度。加强调研指导，协调解决企业生产经营中存在的困难和问题，指导企业加强管理，推进机制和管理创新。二是立足于探索好的经济发展形式和中小企业发展模式，认真总结了全省产业集群发展和工业园区建设的经验，了解了发展现状、态势和存在问题，提出了工作建议。三是积极引导中小企业进行产业、产品结构调整，研究制定了《河南省中小企业产业结构调整的指导意见》。国家发改委中小企业司以简报形式转发了这个文件。四是立足长远，与国家发展战略研究会合作，开展了我省中小企业发展战略研究。

（五）建立健全中小企业和非公有制经济统计体系

在完善全省非公有制经济和中小企业定期报表制度的基础上，建立了信息直报制度，选取了30个县（市、区）和200个骨干民营企业实行统计数据直报，了解企业发展过程中的困难和问题，及时对全省中小企业和非公有制经济发展进行分析、监测，为指导工作提供依据。

四、带好队伍

（一）强化使命意识，增强责任感

要求全体干部充分认清发展中小企业、非公有制经济对我省全面建设小康社会、实现中原崛起所具有的重要地位和作用，增强历史使命感和责任感，增强工作信心和自豪感，勤奋敬业，以不辱使命、不负重托。

（二）大兴学习之风，提高人员素质

我局成立后，工作范围更广了，如果还仅仅停留在过去的工作思路上、模式里，不学习、不思考、不创新，没有一种只争朝夕、时不我待的紧迫感，就不能适应当前的形势。为此，我们要求每个同志要学习掌握与本职工作密切相关的政策法规、经济发展动态、市场运行规律等经济知识，精通本职业务；利用中小企业网站，为大家创造了良好的学习条件；多次聘请清华大学、北京大学和国内知名院校从事经济研究工作的专家和学者进行授课，不断更新知识储备，增强驾驭市场经济的能力；并从省政府办公厅请来具有多年从事机关工作经验的同志传经送宝，提高机关“三办”能力，拓宽视野、扩大知识面。

（三）加强制度建设，转变机关作风

我局先后制定和完善了《河南省中小企业服务局机关自身建设指导意见》、《河南省中小企业服务局工作规则》等一系列的规章制度。一是局领导班子成员率先垂范、做出榜样，凡是要求同志们做到的事情，领导班子成员要率先做到；凡是禁止同志们做的事情，领导班子成员首先坚决不做；努力做到处事公道，关心同志，鼓励干事创业，充分调动工作的积极性、创造性，增强凝聚力和向心力，形成了一个和谐愉快的工作环境，同志们的精神状态良好，工作积极性高涨。二是倡导求真务实、干事创业的精神。积极鼓励支持肯干事、能干事、干成事的同志；严格实行工作目标责任制，奖优罚劣，对真正干事创业、做出突出成绩的人给予表彰、重用；对工作不力、无所作为者追究责任。三是树立团结合作之风。倡导胸怀坦荡、以诚相待、互相尊重、互相支持，处室之间加强合作、信息共享，形成了团结共事的好风气。四是艰苦奋斗、廉洁从政。强化公仆意识，发扬无私奉献精神，用共产党员、公务员的标准严格要求自己，树立我局机关良好的外部形象。

五、任重道远

我局成立以来，虽然做了一些工作，有了一些成效，但与省委、省政府的要求和广大中小企业、民营企业对我们工作的期盼相比，差距还比较大。我们的许多工作尚处于探索、起步阶段，加之没有什么工作手段和经验，要使工作大见成效，任务仍相当艰巨。一是，进一步完善、落实发展中小企业、非公有制经济有关政策措施的任务还很重；二是，破解中小企业面临的融资难、人才和技术短缺、企业管理水平低等突出难题的任务还很重；三是中小企业服务体系、信用体系建设的任务还很重；四是对中小企业产业结构调整、增长方式转变、管理水平提高的工作指导还很不够；五是对中小企业、民营企业发展动态的统计、监测、分析能力还很低。这些，都有待于我们加大工作力度，大胆探索创新，逐步加以解决。同时，也恳请省委、省政府给予更多的关心、支持和指导，借鉴其他省的做法，创造必要的工作条件。

湖北省积极营造和谐的银企协作关系

为引导金融机构进一步加大对中小企业的支持力度，湖北省采取有效措施，积极营造和谐的银企合作关系，形成了银企良性互动的好局面。

（一）搭建一个平台

针对企业急剧膨胀引发的技改资金、流动资金不足，而企业与银行又缺乏沟通的实际，湖北省政府于近日组织召开了由各金融机构分管信贷行长和信贷处长，各市、州、直管市、林区经委负责人，重点中小企业及民营排头兵企业负责人参加的全省银企协作会，为银企长期合作搭建平台。银企协作会上，45家重点中小企业共获银行贷款23.59亿元。省开发银行还与潜江市、监利县政府签订了合作协议。

（二）实施“双百”工程

在全省组织实施了"双百"工程(100家重点中小企业、100家民营排头兵企业)，明确重点，有关方面集中力量培大培强骨干企业。特别是各金融机构积极调整政策，转换经营理念，创新服务品种，加大对中小企业的信贷支持力度。今年以来各金融机构新增贷款比去年全年贷款总量多10%；百家重点中小企业完成销售收入、实现利润同比分别增长29.4%和10.02%；百家民营排头兵企业销售收入、实现利润同比分别增长5.7%和11.63%。

（三）强化三个理念

一是引导金融机构树立创新理念，积极开发适合中小企业需要的贷款品种，不断满足中小企业多样化、个性化的资金需求。二是引导金融机构树立主动服务理念，牢固树立以客户为中心的经营理念。三是引导金融机构树立责任意识，坚持信贷管理原则性和实际操作灵活性相统一，把解决中小企业贷款难当作分内之事，把对中小企业服务看成银行自身发展之需，把为中小企业贷款视为责任和机遇，通过转换经营思路，扶持一批成长性强的中小企业尽快发展成为新的经济增长点。

（四）提升四个能力

一是引导企业提高科学管理能力，采用现代管理制度，尤其是要根据银行放贷要求改进财务管理制度，确保企业财务规范透明。二是引导企业提高诚信经营能力，努力塑造诚信文化，打造诚信品牌，创造良好的贷款条件，激发银行的贷款积极性，并及时偿还贷款本息，赢得金融机构的信任和大力支持，真正使银企双方实现"双赢"。三是引导企业提高科技创新能力，增强企业的核心竞争力。四是引导企业多元化融资能力，以银行为主渠道，开展多种形式的资本运作。

（五）营造五个环境

首先，各级政府和有关部门要优化行政服务环境，加快由"管理型"向"服务型"转变。其次，优化环境中小企业公平竞争的市场环境。第三，优化税费环境，在注册变更、商标、税务登记、土地变更登记、房产变更登记等方面，减少收费，切实保护中小企业的利益。第四，营造银企交流环境，搭建银企沟通交流的平台，通过企业自荐、政府推荐、银行自选，推动银企合作增强实效，不断深入。第五，打造全社会信用环境，加强信息征集和管理，营造守信者受尊重、失信者受惩戒的社会氛围。

加大工作力度 完善政策措施 促进湖北中小企业、非公经济健康发展

今年以来，在国家发展改革委的正确指导下，湖北全省上下认真贯彻党中央、国务院关于推进中小企业、非公经济发展的方针政策，采取一系列措施，促进了中小企业、非公有制经济健康发展。预计2005年，全省中小企业达到20.2万家,比去年新增2万家，占全省企业总数的99.6%；从业人员达到1450万人，新增31万人，约占全省二、三产业从业人员的80%；实现增加值3626亿元，增长12%，约占全省地方生产总值54%。全省规模以上中小型工业企业预计完成增加值1029

亿元，增长21%，占全省规模以上工业增加值的52%；实现销售收入2891亿元，增长28%，占全省规模以上工业企业销售收入51%。非公有制经济发展加快，个体私营企业达到114万户，比去年增加3.8万户，注册资金达到2166亿元，首次突破二千亿元大关。预计全年个体私营企业实现营业收入2736亿元，比去年增长51%。中小企业、非公经济已成为湖北国民经济的重要力量、工业经济的半壁江山、创业就业的主渠道。

围绕促进中小企业、非公经济发展，我省重点抓了以下几个方面的工作。

一、完善政策法规，加强指导引导

完善政策法规，是加强对中小企业、非公有制经济宏观指导的重要方法。近年来，省委、省政府每年制定下发扶持中小企业、非公经济发展的政策文件，从改善行政和财政管理体制、优化中小企业发展环境、加大政策扶持力度等方面，对支持民营中小企业发展及国有中小企业改制重组提出明确要求，作出具体规定，政策法规不断完善，逐步形成体系。今年8月，省委、省政府以鄂发[2005]15号印发《关于进一步加快个体私营等非公有制经济发展的若干意见》；9月，省人大公布了《湖北省实施<中小企业促进法>办法》，并于12月1日正式施行。这些政策法规，为中小企业、非公经济发展创造了良好的外部环境。

省委、省政府每年还通过召开工作会、办公会、座谈会等多种方式，研究部署中小企业、非公有制经济工作，督促各级党委、政府和省直部门解决企业发展中的突出问题。先后成立了由省政府领导挂帅、各有关部门参加的"促进中小企业发展领导小组"、"非公经济部门联席会议"、"县域经济部门联席会议"等议事、协调机构，及时研究处理中小企业、非公经济发展中的重大问题。去年以来，省委、省政府先后召开全省县域经济工作会议、全省民营经济工作会议、全省县域经济暨民营经济工作会议。三次会议，均由省长作主题报告、省委书记作总结讲话，分别表彰了101位优秀社会主义建设者、10个民营经济发展先进县市区、12个县域经济发展先进单位、20个优秀民营企业，省政府两年共拿出700万元奖励先进单位，在全省形成了比学赶超、加快发展的良好氛围。

二、推进创业基地建设，促进创办中小企业

不断创办新企业、开发新岗位，是中小企业保持旺盛生命力、促进社会发展进步的根本所在。2003年底，国家发展改革委在武汉召开"全国创办小企业、开发新岗位现场会"，推广武汉市依托都市工业园、利用国有企业闲置场地支持创办中小企业的经验。去年以来，我省大力推广"武汉经验"，在十堰、荆门、随州等市举办创业基地试点，并在全省民营经济工作会议上，组织各级党政主要领导现场参观武汉市都市工业园。今年又扩大了创业试点范围，在全省17个市州、直管市举办20个创业基地试点，并制定了《湖北省创业示范基地考核办法》，定于明年命名一批省级创业示范基地。据调查统计，我省初步建成创业基地或园区188个，其中重点基地54个，规划面积29万亩，已开发建成11万亩，入住企业5000多个，固定资产总投入112亿元。武汉市已建立创业服务中心36个、各类创业孵化器1233个，汉正街都市工业园2003年兴建以来，已完成投资3.53亿元，孵化企业130多家，为全省中小企业、非公有制经济的创业发展，不断提供新经验、注入新动力。

为进一步推动各类创业基地的建设与发展，今年我们总结推广了武穴市武穴办事处因地制宜兴办民营工业创业小区的经验。目前，武穴办事处12个村级单位共兴办创业小区10个，入驻工业企业近百家，安置下岗职工和失地农民3000人，实现产值和上缴税收分别占全处工业总产值的65%和财政收入的54%，展现了小园区办出大工业的活力。

三、培育市场主体，支持骨干企业做强做大

企业是社会主义市场经济的主体，是国民经济实力、活力与竞争力决定性因素。针对湖北中小企业规模小、实力弱、辐射和带动力不强的问题，省委、省政府提出：支持一批国有骨干企业改制为民营企业，培育一批民营企业成为带动湖北经济发展的排头兵，扶持一批中小企业成为核心竞争力强的市场主体。对于这项工作，省政府拿在手里紧抓不放，年初制定目标，年底考核检查，工作专班按月分析情况，省长办公会按季度检查督办，省长罗清泉先后四次主持办公会，听取有关部门情况汇报，督促工作落实。经过两年培育，纳入考核的100家民营排头兵企业和100家重点中小企业发展态势良好：

预计今年百家重点中小企业实现销售收入116亿元，比上年增长29%，高于全省规模以上工业企业平均水平5个百分点；百家民营排头兵企业实现销售收入262亿元，增长18%，高于去年3.28个百分点。两百家重点企业，大多数企业通过了质量体系认证，有25家企业被认定为湖北省高新技术企业；65家企业的产品被评为湖北名牌，福星牌钢丝绳、爱帝牌内衣、劲牌保健酒被评为中国名牌。

为进一步加大中小企业的工作力度，建立中小企业成长梯队，省政府今年启动了中小企业成长工程，初步规划：经过3~5年培育，使全省规模以

上工业企业由目前的6000多家达到1万家，并有一批小型企业成长为中型企业，一批中型企业成长为大型企业（按资产总额、销售收入考核，下同）。经过一年培育，预计今年可新增规模以上企业659家，新增大型企业40家、中型企业180家。

四、探索建立产学研合作机制，推进中小企业科技进步与创新

加强产学研联合，是加快技术成果转化、推进中小企业科技进步与创新的重要途径。近年来，省政府每年安排2000万元中小企业技改贴息专项资金，引导企业与大专院校、科研单位开展产学研合作，实施技术改造；今年设立的2000万元中小企业发展专项资金，也主要用于支持企业技术创新项目。省经委成立以来，每年坚持编制中小企业技术改造导向计划，为产学研合作提供项目支撑。列入今年技改导向计划的项目共345项，总投资116亿元，项目建成后，可年新增销售收入360亿元、利税64亿元、出口创汇6.28亿美元。根据调查，这些项目进展顺利，不少项目已竣工投产、发挥效益。

为推动建立中小企业产学研合作机制，今年4月中旬，省政府组织32所大专院校（科研单位）、1000多家中小企业的2000多名企业家和专家参加，举办了“湖北省首届中小企业—大专院校产学研合作洽谈会”。会上，院校展示和推介了最新技术成果，中小企业发布了技术难题信息，省政府对武汉大学化学实验室等首批24个“湖北省中小企业共性技术研发推广中心”进行授牌，与会各方代表围绕产学研合作进行交流探讨和项目洽谈，共签订合作项目128个，总投资15.4亿元，初步搭建了产学研合作平台。为巩固成果、加强合作，省政府于7月份召开全省中小企业技术进步现场会，检查产学研合作项目实施情况，交流推广中小企业技术创新的经验，表彰技术进步先进单位。

五、加强银企协作和信用担保体系建设，积极为重点企业融资搞好服务

融资难、贷款难、担保难，是制约中小企业发展的突出矛盾。为破解难题，省政府每年组织召开中小企业银企协作会议，建立金融机构与重点中小企业对话交流机制，加强了金融部门与中小企业的协作互信关系。今年的银企协作会后，各银行对45家重点企业承诺的23.6亿元贷款全部落实到位，缓解了中小企业融资难、贷款难。

为切实推进全省中小企业信用担保体系建设，省政府批转省经委、省财政厅、省工商局、人行武汉分行共同制定的《关于加快建立全省中小企业信用担保体系的意见》，对加快建设信用担保体系提出明确要求。每年组织召开全省中小企业信用担保体系建设工作会议，先后推广了仙桃、武汉、黄石、谷城等地建立担保机构、服务中小企业发展的经验。目前全省担保体系建设进展顺利，省、各市州和60%的县市都建立了担保机构，省、市、县三级担保和再担保体系初步形成。据统计全省共有担保机构105家，注册资本24亿元，已为1500多家中小企业提供担保服务3966笔，担保贷款总额60亿元，受担保企业新增销售收入35亿多元、利税5亿多元、就业5万多人。

六、加大扶持力度，健全工作体系

各级政府扶持中小企业、非公经济发展的力度逐年加大。省财政设立了中小企业科目，今年扶持中小企业发展的专项资金达到4000万元，明年将达到6000万元；每年安排民营经济奖励资金300万元，今年达到500万元。为加强中小企业信用担保体系建设，省财政筹集1.6亿元，支持32个扩权县市建立担保机构；省政府与国家开放银行协调，争取开行投放1亿元软贷款，支持成立省级再担保公司——湖北中企担保公司，目前正在筹划增加5亿元软贷款规模，支持市州、县市重点担保机构充实资本金，扩大担保规模。

为加强对中小企业、非公经济发展的组织领导和工作协调，省政府在2003年机构改革中，专门成立省经委，与省中小企业发展局合署办公，并在经委机关内设立中小企业处、县域经济处、科技信息处等机构，专门负责中小企业、非公经济发展的综合协调和服务指导工作。在去年以来的市州县机构改革中，各地都按照省政府要求，设立了经委或经济局，全省上下形成了支持和服务中小企业、非公经济发展的完整工作体系。

七、开展针对性培训，提高企业负责人和专业技术人员素质

近两年，我们按照国家“银河培训工程”的要求，多次免费举办企业经营管理、财务、统计和医药化工技术等专业知识培训，受到企业普遍欢迎。为使更多的中小企业职工和民间创业人员有机会接受免费培训，今年我们与湖北电视台等单位合作，举办了《崛起的力量——中小企业创业创新知识电视培训》。电视培训面向社会大众，针对中小企业发展中的热点难点问题，组织省内知名专家讲课，精心制作了“政策法规解读”、“创业服务与企业成长”、“中小企业融资与上市”等十个专题，在湖北电视台黄金时段播出，受到基层和企业的普遍欢迎。为满足广大职工深入学习研究的需要，我们将培训内容制成

光碟，编印成书，由武汉大学出版社出版发行。

回顾一年来的工作，尽管我们为中小企业、非公经济发展做了一些应该做的工作，取得了一定成效，一些工作得到国家发展改革委中小企业司和湖北省委、省政府的充分肯定，但与兄弟省市特别是沿海发达省份比，还有很大差距。这次会议之后，我们将虚心学习兄弟省市的经验，认真落实国家发展改革委关于促进中小企业、非公有制经济发展的各项工作部署，进一步做好中小企业、非公有制经济发展工作。

（湖北省经济贸易委员会）

重庆市建立完善统计监测体系促进非公有制经济和中小企业发展

为掌握、了解非公有制经济、中小企业发展情况，更好地为市委市政府指导经济发展提供决策依据，重庆市从2003年开始，在全市探索和建立了中小企业、民营经济统计报表和运行分析体系，现将其主要做法介绍如下。

一、重庆市开展中小企业和非公有制经济统计的主要工作

2003年9月，市政府赋予中小局民营经济工作职能后，即着手思考在全市开展中小企业、民营经济、乡镇企业“三位一体”的统计和经济运行工作。

（一）领导高度重视，把建立统计体系提上重要工作日程

做好统计工作是履行好中小企业局职能的基础和前提，要建立和完善民营经济、中小企业、乡镇企业统计指标体系，首先是要制订出一套较为科学、系统的报表制度。为此，中小局党组高度重视，把统计工作视为开展工作的基础工程，要求从事统计工作的业务处室务必做好这方面的工作。常务副局长多次听取经济运行处关于统计工作的汇报，并多次在全市的区县局长会议和年报工作会上反复强调搞好统计工作的重要性和紧迫性。同时在局机关统计工作经费安排、统计业务处室办公设备配置、人员充实等方面予以倾斜，保证了全市民营经济、中小企业、乡镇企业统计工作的顺利开展。

（二）开展调研，收集情况

为做好统计体系的建立，深入部分区县调研，了解基层中小企业、民营经济的发展情况和统计工作情况，了解统计资料的收集，掌握统计的渠道和资料汇总方法，也知道了他们的一些实际困难和苦衷，为制订统计制度奠定了一定的基础。

（三）根据实际和上级要求，建立中小企业非公经济及民营经济统计报表体系

借鉴自己多年乡镇企业统计工作的经验，结合重庆实际，本着既要全面反映全市中小企业、民营经济实际情况，又要便于操作和收集的原则，2003年和2004年分别制订出了一套中小企业、非公经济、民营经济的统计年报表和定期报表。今年，又修订制定了2005年报和2006年定期报表制度，报表分为综合报表和企业基层报表。为了减轻企业负担，每个企业只填报一张报表。乡镇、区县作为综合单位，根据这张基层企业报表，编制生存若干张综合汇总报表，满足不同需求者的需要和上报（重庆主城近郊区由于企业较多，对限额以下的第三产业，则采取抽样调查方式统计后，再汇总上报）。

（四）召开座谈会，广泛听取意见

报表制度初步制订出来之后，召集了部分区县中小企业局（乡镇企业局、经委统计科长和业务人员的座谈会，听取他们的意见和建议，而后对这套报表制度不断进行了修改和完善。

（五）申报审批，取得报表合法性

在制订出全市非公经济、民营经济及中小企业统计报表之后，按照统计报表报批程序，分别于2003年和今年向市统计局进行了申报（统计局批准后的报表有效时限为2年）。市统计局经反复征求相关业务处室、调查队和有关领导意见后，进行了审批备案，从而取得了这套报表的合法性。

（六）制发报表软件，统一布置年报

在制订出了《全市中小企业、非公经济、乡镇企业、民营经济统计制度》之后，采取招投标形式，在三家软件开发公司中，以质优价廉的原则，选中了一家电脑软件开发公司，开发出了一套适合年报和月报报表的软件。今年根据新的报表制度，对软件进行了修订和完善。最近3年，对中小企业、非公经济、民营经济和乡镇企业统计制度进行了布置，并对电脑软件操作进行了培训。参加年报布置会的有各区县分管领导，经济运行科科长和具体从事统计财务工作的同志。

（七）分类指导、协调督促

市局一年一度的年报会后，各区县进行了贯彻落实。但由于种种原因，在2003年年报中，不少区县贯彻起来难度很大。针对这种情况，立即开展了分类指导、协调工作。属于领导力度不够、体制不顺的区县，局领导分别到了大足、潼南、铜梁和南川、涪陵、梁平等相关区县，与区县政府领导沟通，协调和加强了此方面的工作；属于技术性问题的，由经济运行处的同志和抽调部分熟悉业务的区县同志前往指导帮助。经过近年的不断努力，区县统计工作已基本步入良性循环的轨道。

（八）收集数字，分析汇总

年报实行一户一表制，逐级上报，即只要是企业，不论是非公有制企业、民营企业，还是中小企业或乡镇企业，企业只填报一张企业年报

表，上报至乡镇（或街道办事处），乡镇（街道）经发办将企业报表录入计算机，计算机根据编码，自动分别生成非公经济、民营企业、中小企业、乡镇企业汇总表后再上报至区县中小企业局，区县中小企业局汇总后上报至市中小企业局。而对民营经济中的个体工商户的报表，则由区县局根据乡镇（街道）上报的数字分析评估汇总后报重庆市局。即市中小企业局在电脑中既能查询到一户一表的具体数字，也能知道区县的汇总统计数字。月报、季报等定期报表，则市局只要求区县局上报汇总数字，而不需一户一表上报。通过近3年的大量工作，各区县均能够把非公经济、民营经济、中小企业、乡镇企业的统计年报数字报送到市局，并由市局进行汇总，市局年报汇总结果表明：乡镇企业统计数字收集较理想，其主要经济指标比预想的要好。而非公经济、民营经济和中小企业的统计数字比我们新掌握的实际发展情况要少。针对这种情况，我们又对部分区县、镇、乡、街道和企业进行了走访调查，与市工商局、统计局等相关部门进行了衔接和协商，发现中小企业、非公经济、民营经济汇总数与实际情况有出入，明显地存在少报现象。为此，在上述工作基础上，我们对中小企业、非公经济、乡镇企业、民营经济的统计数据进行了评估和适当调整，并对外公布。

（九）利用统计资料，做好经济运行分析

为了给市委市政府指导非公经济、中小企业发展提供决策参谋，也为了更好地宣传非公经济、中小企业的发展，我们运用所收集的统计数字，收好季度、半年和全年的经济运行分析，并不定期为市级有关部门和有关新闻媒体提供非公经济、中小企业的发展动态和热点难点问题，充分发挥了统计信息的职能，为社会各界关心、支持、服务非公经济的发展起到了重要作用。

（十）建立统计评价考核机制，调动区县发展非公有制经济的积极性

为了调动区县发展非公有制经济、中小企业的积极性，我们利用统计信息资源，制定了《重庆市民营经济发展综合考核办法》和《重庆市民营企业50强评选办法》，并以《重庆市人民政府办公厅关于印发贯彻市委市政府〈关于进一步加快民营经济发展的决定〉的系列配套管理办法和规定的通知》（渝办发[2004]136号）下发区县执行。其考核对象为各区县（自治县、市）党委、政府主要领导、分管领导、民营经济发展指导部门主要负责人。市政府每年对区县（自治县、市）民营经济发展情况进行一次综合考核，评选出10名“民营经济10强区县”和5名“民营经济发展奖”的区县。对评选出的民营经济10强区县（自治县、市），由市政府授予“重庆市民营经济10强区县”称号，颁发荣誉牌匾和奖金，奖励10强区县第1名10万元、第2名8万元、第3名6万元、第4至第10名各5万元。对评选出的获民营经济发展奖的区县（自治县、市），由市政府授予“区县民营经济发展奖”称号，颁发荣誉牌匾和资金各奖励资金3万元。奖励资金由市财政拨付。获奖区县（自治县、市）民营经济发展指导部门的其他个人资金，按不超过单位责任人资金额度的60名计发，资金自筹。民营企业50强每年评选一次，由市政府授予“重庆市民营企业50强”称号，并颁发荣誉奖牌。

（十一）整理出版统计资料，为有关领导和部门服务

近年来，我们利用所收集汇总的中小企业、非公经济、民营经济、乡镇企业年报资料，经筛选、整理，每年印刷出版了《非公经济、民营经济、中小企业、乡镇企业统计资料》，免费发放到市级有关领导、市级有关部门、本局各位领导、各处室、各区县党政主要领导和分管领导、区县中小企业工作部门，为他们了解、指导非公经济、中小企业、乡镇企业提供服务。

（十二）整合社会资源，编制《重庆市非公有制经济中长期发展规划》

为了进一步加强对全市非公有制经济的规划、协调、服务、监督，促进全市非公有制经济发展，在深入区县、市级部门、企业调研的基础上，利用所收集和掌握的有关统计数字和资料，历时一年多时间，先后十几次反复讨论、修改、论证，编制了《重庆市非公有制经济中长期发展规划（2005~2010）》，经市政府常务会议讨论后，市政府以《重庆市人民政府关于印发重庆市非公有制经济中长期发展规划（2005~2020年）的通知》（渝府发[2005]84号）文件下发各区县（自治县、市）人民政府、市政府各部门、有关单位贯彻执行，作为指导全市今后若干年非公有制经济发展的规划。

二、中小企业、非公经济、民营经济统计工作中存在的主要问题

从收集2003年和2004年的民营经济和中小企业的统计年报数字来看，全市40个区县均向市局报送了报表，但仍存在着一些困难和问题。

（一）存在的主要困难和问题

⑴存在少报现象。如某民营企业，向街道上报区县及市局的营业收入，与在申报民营企业50强时所报出的营业收入悬殊。据我们对部分镇、乡和企业的调查，均认为至少有30%左右的少报。

⑵漏报现象在近郊区较普遍。如某区有4个街道长期没有统计职能，没有统计机构和统计人员，对中小企业和非公经济、民营经济基本没有报表。重庆主城近郊区的漏报现象尤为突出，其他区县的企业也存在着漏报的现象。

⑶有的数字缺乏逻辑性。有的地方由于统计人员不熟悉业务，加之时间仓促，报送的统计数字经不起推敲，数字之间缺乏逻辑性。

（二）产生问题的主要原因

一是思想障碍。不少区县很看重上报数字开头几年的基础性，宁小而不愿报大，力求压数字压基数，以应付考核。企业普遍担心露底，害怕税务等部门检查等。二是体制障碍。在新体制、新机制、新人员、新制度面前，工作适应性较差。加之部份乡镇机构又不健全，统计人员空缺；即使有统计机构和人员的地方，对基层的指导又力不从心，不少地方事情太多，穷于应付。三是素质障碍。主要表现为区县统计人员业务参差不齐，有的新手对统计业务和电脑不熟悉；硬件条件缺乏，许多乡镇无计算机进行统计业务工作，还有的统计人员业务不熟。四是约束力度不足。区县局收集本地区的中小企业、非公经济、民营经济的统计数字时，需依靠横向部门的配合和支持；对乡镇上报数字的约束力度较差；而市局对区县也主要是指导和服务，缺乏刚性手段进行调控。五是过程反映。要实现全市的中小企业、民营经济的统计工作制度化、规范化，尚有一个过程，此项工作在我市才进行3年的磨合，如再经过一段时期的努力，可望达到较好水平。

三、继续做好非公与中小统计监测工作的思路

（一）继续做好统计工作“三位一体”的报表及运行分析，并在提高工作质量上下功夫

（二）探索建立“3＋3”统计报表模式

即承袭原民营经济、中小企业、乡镇企业"三位一体"统计制度的基础上，按照局工作职能要求，加大对非公有制经济、都市（楼宇）工业园和3153工程（即利用3年时间、重点扶持1000家重点骨干企业，使500家企业进入中型企业行业、30家企业进入大型企业行业）监测报表力度，并在今年的年报中实施，并力争2005年统计年报工作有新进展。

（三）充分利用统计信息资源库

一是争取“3+3”的统计信息与实际情况更加接近上有新起色，使考核体系更能反映实际发展情况；二是在运用数据信息库资源上有新起色，把现有的统计资料用好用活；三是加强同市级有关部门的配合与合作，在争取我局地位上有新起色。要主动出查，加强同市统计局、市工商局、市外经委等单位的合作与沟通，运用有关的信息资源，为搞好运行分析提供支撑。

（四）进一步完善统计制度和统计体系建设

做好对2003年、2004年统计年报的"回头看"工作，要总结已取得的经验和成功作法，并加以推广，找出工作中的薄弱环节，可解刮几个典型区县抓基层统计工作的作法，探讨摸索出更加科学规范的统计手段，以使统计制度和统计方法日渐完善。

（五）加强硬件建设和人员培训

主要是积极指导帮助乡镇配备微机和实行电算化操作，并培训其统计人员的统计理论、统计制度、统计法规、统计分析和微机方面的业务知识。还要继续培训统计抽样调查知识，为在中小企业、非公有制经济统计中实行抽样调查奠定基础。

青岛市创建民营经济统计体系的主要做法

一、深入调查研究，确立民营经济统计新口径

目前，我国各省市对民营经济的概念界定不统一，在国家和省没有出台统一的民营经济统计体系前，青岛市积极组织开展民营经济统计体系建立工作。一是加强学习，按照省市政府提出的加快民营经济发展的部署和要求，认真贯彻落实省、市领导讲话精神，切实把建立民营经济统计体系工作抓实抓好。二是借鉴广东等先进省市经验，对照先进地区有关民营经济方面的经济指标，结合本市实际，制定符合本市特点的民营经济统计指标和核算范围。三是完善规范民营经济概念，建立了全市统一规范的较为科学合理的民营经济新的统计口径。

二、加强协调，组织建立民营经济统计分析体系

民营经济各类统计指标涉及多个政府职能部门，如工商局、国（地）税局、外经贸局、经济合作办、科技局、统计局等，掌握分析全市民营经济运行情况需要各有关部门的密切配合和协作，为此首先积极协调有关部门，切实加强与各部门的协作配合，多次召开协调会，逐步确立了由各职能部门加工整理、市统计局核算把关、市中小企业局统一整合汇总的工作思路。2005年2月份以市政府文件出台了《青岛市民营经济统计实行办法》，从而确立了民营经济统计数据资料相关数据的收集、加工、整理、分析工作的分工和责任，明确了青岛市民营经济的统计口径和测算范围，初步建立了较完善规范的青岛市民营经济统计新体系。

三、各部门配合协作，认真搜集整理汇总各项数据指标

（民营）非公有经济涉及多个部门（工商、国地税、外经、经济合作办、科技局、统计局等），掌握分析全市民营经济运行情况需要各有关部门的密切配合和协作，新的民营经济统计办法以市政府文件下发后，通过各部门的协作配合，结合统计局统计办法，严格审核把关，确保了各有关部门按照新的民营经济统计口径，以现有资料为基础，加工完成相关数据的收集、整理和分析。

四、加强对重点民营企业动态监控监测

为及时、全面、准确掌握全市民营经济运行情况和发展态势，深入了解产业、行业发展动态，在全市建立了重点民营企业联系制度。重点民营企业联系制度的基本内容，一是建立部门联系企业制度。根据经济发展变化及工作重点，定期组织重点联系企业座谈会，听取企业的意见和建议，研究、协调解决企业发展中的各种问题。二是建立信息互通渠道。通过充分利用信息简报或民营经济专报等不定期向重点联系企业提供有关产业政策和经济运行信息，加强引导，使重点联系企业优先获取相关信息。三是建立企业经济运行监测系统。重点联系企业按月定期报送各自经济统计数字，市经贸委中小企业发展局汇总分析后据此发布行业和产业发展指导意见。

五、逐步建立健全各区市民营经济统计指标体系

为了解掌握各区市民营经济发展动态和变化规律，把握各区市民营经济的发展动态，更好的为市委、市政府提供决策服务，为企业发展服务。在建立完善市级民营经济统计体系的同时，我们相继建立了各区市民营经济运行情况报告制度。通过积极协调各区市主管部门，参照市的办法，于7月份在全市12个区、市逐步建立起青岛市各区市民营经济统计体系，确立了各区市民营经济运行情况报告制度。为使这项工作落到实处，我们督促协调各区市主管部门充分认识开展这项工作的重要意义，切实加强领导，明确专人负责，使这项工作得以顺利展开。同时，通过建立对各区市的考核制度和季度经济运行调度会制度，调动各区市抓民营经济工作的积极性，及时了解掌握各区市民营经济发展情况，总结交流先进经验，找出差距和不足，从而形成本市民营经济全面发展的良好局面。

六、民营经济统计体系建设成效显著

建立民营经济统计分析体系，制定出台《青岛市民营经济统计实行办法》，将民营经济统计纳入全市统计体系，较好的解决了长期存在的民营统计无标准规范，无责任单位和无数据来源的“三无”现象。通过运用掌握的数据资料，加强民营经济运行监测和预警预报，及时做好资料的审核、分析、汇总工作，及时分析民营经济主要指标运行情况及发展变化趋势，形成了全市权威统一的民营经济运行情况分析报告，通过发布信息专报，实行资料共享，为市委、市政府领导决策和企业经营提供服务。

第九篇

年度推荐企业

北京恒有源科技发展有限公司

恒有源科技发展有限公司是在中关村科技园区注册的高新技术企业，主要技术领域是能源与环境科学，致力于可再生能源的研制与开发。其原始创新的单井抽灌“中央液态冷热源环境系统”首选浅层地能作为建筑供暖替代能源，解决了人们生活中的三大基本问题：供暖、制冷、生活热水，被专家誉为“21世纪取代传统供暖（冷）方式的有力竞争者”。

公司以系统成套服务为特色，建立了研发、设计、制造、安装、运行服务和物资供应的服务链，近年来已在全国许多地区建成了各种类型的“中央液态冷热源环境系统”，总建筑面积超过350万平方米。

北京兴大豪科技开发有限公司

北京兴大豪科技开发有限公司是专业从事缝制、针织设备电控系统的研发、生产和销售的高新技术企业，发展历史始于1986年。公司总部位于北京中关村科技园区内，拥有30000平方米的研发、生产基地。

公司专注于缝制、针织设备机电一体化领域，以振兴民族工业为己任，坚持产品自主研发，通过持续创新和锲而不舍的精神，引领和推动缝制、针织设备电脑控制行业快速发展，已发展成为国内最大的缝制设备电脑控制系统供应商。公司具备大规模的研发、生产、销售、服务一体化综合能力，年生产能力达10万台（套），产品国内市场占有率达到70%以上，国际市场占有率达到60%。产品出口到东南亚、中东、拉美、南亚、非洲等30多个国家和地区。

北京星光影视设备科技股份有限公司

北京星光影视设备科技股份有限公司是资产重组后成立的拟上市公司，是北京市认定的“高新技术企业”，具有国家机电设备安装工程专业承包一级资质。

公司主要生产影视舞台照明灯具、吊挂设备、调光和控制设备、数字电视转播车、摄像机专用大容量锂离子电池、LED显示屏等产品；承接国内外各种类型的电视演播室、电影摄影棚、电教室、舞台、剧场、礼堂等灯光工程及室外照明工程的设计、施工；并有先进的演出设备租赁。公司通过了ISO 9001质量管理体系认证；荣获企业信用“AAA”等级证书。

北京康比特威创体育新技术发展有限公司

北京康比特威创体育新技术发展有限公司是中国第一家、也是最大的一家研发、生产、销售运动营养食品的高新技术企业。长期为我国国家及各省市专业运动员和健身人群提供安全有效的系列化运动营养食品和专业化技术服务，在2001、2004年两届奥运会上中国国家队使用的运动营养品中，康比特公司产品所占份额均在50%以上，为我国运动员夺取金牌、取得世人瞩目的成绩做出了突出的贡献。康比特运动营养食品的市场份额稳居国内同行业之首。同时康比特公司是我国运动营养食品行业标准及国家标准制定的主要起草单位。

北京太空板业有限公司

该公司为科技部火炬计划项目，高新科技企业，北京市重大产业化示范项目，全国工商联直属会员企业，建设部钢结构住宅围护结构科技开发项目，住宅产业商会会员企业。该企业的产品及服务为太空板及其建筑结构体系。太空板是一种拥有二十余项专利的节能环保建筑板材，其特点是保温，承重，装饰，耐火，耐久等功能一体化实现，将板材整体与建筑主结构机械连接，便达到了建筑物强制节能65%的要求，并拥有较好的实用性能，并通过这样的方式形成外墙体，屋盖等成套体系，形成太空板围护结构成套解决方案，从而形成具有中国特色的住宅（建筑）产业化发展模式。

天津汽车模具有限公司

天津汽车模具有限公司是中国最大的民营汽车模具企业，是汽车车身装备系统的开发企业，是一个具备完整车身装备设计和制造能力的企业集团。其拥有的“天汽模”、“TQM”商标是国内外知名的汽车模具品牌。

天汽模具公司是一个技术雄厚的高新技术研发型企业，现有员工520人，大学以上学历占员工总数的70%，并拥有一支200多人组成的专业研发队伍，其中特贴专家、授衔专家、博士后、硕士、高级工程师、高级技师以上高级人才50多人。公司负责人胡津生，2001年担任天津汽车模具有限公司总经理。几年以来，在企业内部大胆推行改革改制，用短短几年时间，使模具公司发展成为享誉海内外的知名企业，企业各项经济指标以每年超过20%的速度增长，产值、利润翻了几番。2004年公司被天津市政府评为天津市优秀企业。

天汽模具公司以国际先进水平的CAE/CAD/CAM技术、40多台大型龙门数控加工中心的规模和20多年的现代汽车模具的生产经验，具有1500标准套/年、开发4~5个车型主要覆盖件模具、检具、夹具的设计制造能力。

作为国内最主要的模具企业，20年来天汽模具公司的用户遍及国内主要汽车厂商，为中国汽车的自主开发和发展作出了重要贡献。自2004年起，直接向欧美出口的模具又成为企业发展的最大增长点。天汽模具公司的产量、销售额、利润都以每年超过30%的速度增长，企业正迅速成长为最有竞争力的世界级汽车模具供应商。

天津市经纬电材有限公司

天津市经纬电材有限公司1999年在天津市津南双港开发区建厂，总经理董树林同志率领全体员工以科学、务实、高效、追求卓越全面发展的理念办厂，经过几年拼搏奋斗，以年均产量30%的速度递增，现在，公司已成为年生产电磁线能力达5000吨，具备自营进出口权的中外合资企业。

公司专业制造铜杆以及各种型号、规格的铜铝圆、扁裸线、纸包膜包线，130至220级聚酯、改性、亚胺、缩醛圆、扁漆包线，玻璃丝包线、束丝线、铝绞线等为主导产品的电磁线。

公司技术力量雄厚，设备精良，工艺先进，检测手段完备，产品以优良的质量畅销全国各地以及韩国、台湾、印尼、墨西哥等数个国家及地区，深受新老客户欢迎。

公司占地2万余平方米，员工300余人。公司已通过ISO9001—2000质量体系认证以及美国UL 认证。

公司实施一流的管理、一流的产品、一流的服务进而追求一流的业绩。热诚欢迎国内外客户与我们合作，我们将竭诚为您提供优质的服务。

天津天海同步器有限公司

天津天海同步器有限公司是中国最大的汽车同步器专业生产企业，员工人数750余人，总资产3亿元，年产值2亿元。专业生产轿车、微型车、轻型车、中型车、重型车同步器系列产品，为国内40多家重点变速箱主机厂配套，为国外迪尔、博格瓦纳、卡拉罗、哥特拉克等公司OEM配套。被评为天津市优秀企业、中国齿轮行业优秀企业。

总经理吕超，先后获得“天津市星火带头人”、“天津市优秀企业家”、“中国齿轮行业优秀企业家”、“全国第四届乡镇企业家”等荣誉。同时他还兼任着中国齿轮专业协会常务理事、中国汽车工程学会齿轮加工委员会副主任、静海县青年企业家协会会长、静海县政协副主席、天津市政协委员等众多社会职务。

公司认真贯彻ISO/TS/16949质量管理体系，以“持续改进，用户满意”为质量方针，努力实现产品“零缺陷”的目标，引进精益生产方式，执行准时化生产，实施ERP与JIT相结合的管理模式，通过组织再造、流程再造、绩效考核，促进了企业管理进步。

天津天隆农业科技有限公司

天津天隆农业科技有限公司是从事农业高新技术研究及产业化的高新技术企业，注册资本3415万元，是天津市水稻技术工程中心和国家杂交水稻工程技术研究中心天津分中心的依托单位，国家人事部批准的博士后工作站，天津市专利重点扶持企业，开发区文明企业，袁隆平院士是公司首席科学家。公司下属有种业、米业、矿业和生物产业，拥有试验中心和相关产业生产线，在天津、海南和江苏分别拥有试验和良种繁育基地。“资源整合、创新能力、品牌意识、和谐管理”已成为天隆公司运营的成功经验；“知识、汗水、灵感、机遇”是天隆科研人员的座右铭；“禾下乘凉梦，神州稻花香”是天隆人的奋斗目标。

天津天仪集团仪表有限公司

天津天仪集团仪表有限公司（简称天仪公司）成立于2003年，是对天津仪表集团中的骨干企业进行重组改制而成的高新技术企业，注册资本一亿元。公司包括三个产品事业部、两个控股子公司。厂区面积83779平方米，建筑面积28021平方米，现正实施新的工业园建设。职工427人，其中技术人员182人。

公司主要生产工业自动化仪表和环境气象仪器两大类产品。自动化仪表包括DCS控制系统、执行器、流量仪表、仪表盘柜等，是国内仪表行业的知名企业。气象仪器包括电子探空仪、自动气象站、气象测定设备，是国内规模最大实力最强的气象仪器生产基地。

公司董事长、总经理高明璋担任中国仪器仪表协会常务理事和自动化仪表协会副理事长。

通过资源整合，使优质资源在最佳效益点上发挥效用，通过内引外联，增强产品技术创新能力，使天仪公司实现了跨越式发展。从2003年销售收入3354万元，增至2005年的15613万元，预计2006年比2005年有20%以上的增长。期间有多项新产品投入市场。公司还承担了列入国家863计划的基于EPA协议的总线型电磁流量计、电动执行机构、变送器的设计研发项目，已经通过验收。

内蒙古元盛集团

内蒙古元盛集团由内蒙古元盛投资担保集团股份有限公司及其下属11个控（参）股公司组成，总注册资本4.8亿元，是自治区规模最大、资金实力最强的专业担保机构，主要开展担保、再担保、投资及咨询业务。

为了更好地发挥担保在经济发展中的作用，根据担保业自身的特点，结合自治区经济发展的客观实际，元盛集团按照“政府推动、市场动作、循序渐进”的思路，以盟市区划为基础，以重点工业园区为依托，构建了全区的担保、再担保体系。担保、再担保体系的建设和集团化动作，首在优化资源配置，发挥担保、再担保的综合优势，提高经营水平，降低行业风险，确保担保机构在全区的合理书面和有序竞争，支持银行扩大信贷投放规模和范围，更好地服务于各地党委、政府的中心工作，为中小企业融资提供更快、更便捷的服务。

元盛集团将本着为企业增效、为政府分忧的宗旨，提高队伍素质，拓展业务领域，创新担保品种，强化内部管理，继续建立和完善自治区信用担保体系，引导和促进自治区金融生态环境建设，为自治区经济和社会发展做更新的、更大的贡献。

内蒙古北方建设机械有限公司

内蒙古北方建设机械有限公司坐落于塞外“青城”——呼和浩特市的金山开发区。近年来，为进一步扩大规模，公司在开发区内投资建立了占地面积230亩的现代化北方工业园。公司本着“诚信、和谐、求实、创新”的企业精神，秉承“为人至诚，为业至精”的经营理念，致力于工程建设机械的研发、制造，并竭诚为用户提供一流的产品和专业周到的技术服务。

公司集科、工、贸于一体，主要研发、制造的产品品种有：HBT系列混凝土输送泵、HZ（L）S系列混凝土搅拌站（楼）、JS系列强制式混凝土搅拌机、HP系列混凝土配料机、QTZ系列塔式起重机等近30个品种。

近年来公司一直在探索、在追求、在努力，尤其是得到了广大用户的厚爱与支持，使公司得到了长足的发展，但公司深知任重而道远。

讲诚信　公司以诚信作为立企之本。以诚信服务于客户，一贯奉行“用户至上”，视用户不仅是上帝，更是朋友。不追求短期利益，而与用户交知心朋友，真诚合作，实现双赢。以诚信来塑造新型银企关系，公司连续多年被农行内蒙分行授予“AAA”级资信企业。

重科技　公司注重新产品的开发，近年来不断引进多名业内高级专业技术人员，依托高科技的设计手段，以研发、制造一流的产品为目标，不断开发出性能更优、可靠性更强、价格更合理的产品，不断满足广大客户的需求。公司同样注重产品的改进与完善，一切以用户满意为出发点和落脚点，公司深信：产品没有最好，只有更好。公司于2003年被评为“内蒙古科技创新示范企业”。

抓质量　公司坚持贯彻“满足顾客，创品牌；持续改进，争一流”的质量方针，不断完善质量管理体系，视质量为生命，以品质来铸就北方建机的品牌。公司于2002年通过了ISO9001：2000质量管理体系认证，并于2003年被自治区政府授予非公有制企业“质量先进单位”。

强管理　公司不断完善与建立了一整套规范的管理体系，确保零件加工、产品装配、用户服务都在有效控制之中。对产品售后服务制定出了标准化流程，24小时服务，迅捷回应，及时为用户排忧解难。坚持以制度约束行为；以期达到行高效的目的，同时也强调人本管理，提倡和谐协作，最大限度地发掘出员工的潜质与创造力。

“让用户满意——我们永远的追求”，这是公司奉行的经营哲学，感谢您昨日对公司信任与支持；更期望明天与您牵手，共创美好的未来。

内蒙古福瑞中蒙药科技股份有限公司

内蒙古福瑞中蒙药科技股份有限公司位于内蒙古乌兰察布市集宁区，地处美丽富饶的乌兰察布大草原，不仅中药材资源丰富，而且交通便利，京包、集二、集通铁路线交汇，110、208国道和京包高速公路横贯。

公司下设4个子公司，即内蒙古福瑞药业有限责任公司、内蒙古福瑞大药房连锁有限责任公司、呼和浩特市福瑞药业有限责任公司、北京福瑞兆福中蒙药生物研究所有限责任公司，已初步成为了集科研、生产、销售为一体的现代化医药企业。公司生产基地拥有各类大中型生产设备200多台（套），可同时进行冻干粉针剂、片剂、胶囊剂、橡胶膏剂四大类50多个品种药品的生产，达到了制药行业的先进水平，2000年10月率先通过了国家食品药品监督管理局组织的GMP认证，成为自治区首家通过GMP认证的药品生产企业，2002年被国家科技部认定为高新技术企业。在营销领域，公司目前已在全国建立了以医院、OTC两大系统为主的销售网络，拥有一支训练有素的专业销售队伍和一个覆盖全国主要省市的高效运转的销售网络。公司经营业绩突出，自1999年以来，一直被当地政府评为先进企业、纳税先进单位，为纳税信用A级纳税人。

为了拓展药品销售领域，让百姓吃上安全有效、价格合理的放心药，2001年公司本着“惠泽百姓，奉送健康”的经营宗旨，组建成立了内蒙古福瑞药业有限责任公司、福瑞大药房有限责任公司，并新建了完全符合GSP标准的库房、计算机网络化管理的物流配送系统和质量检验、检测中心及其他配套设施，2002年通过了国家食品药品监督管理局组织的双GSP认证。福瑞药业迅速成长为自治区最大的医药流通企业，形成了以内蒙古为中心辐射全国的自主销售网络。

在企业发展中，公司始终以高新技术为先导，坚持特色医药与产业规模化的发展思路，培育市场主打产品和优势品牌，形成专业化、特色化、规模化产品的格局，以增强企业的竞争能力。公司主导产品复方鳖甲软肝片，1999年获国家科技进步三等奖，2001年被内蒙古自治区科技厅认定为高新技术成果，2003年被国家食品药品监督管理局批准中药保护，被国家专利局授予发明专利。此外蒙医药是内蒙古独特的文化遗产，今后5年，公司将进一步加强蒙药和治疗肝病新药的开发研究，实现中蒙药产业现代化，使企业成为全国蒙药生产企业的龙头，同时在肝病治疗领域进入全国先进行列。

呼和浩特市电动工具厂

呼和浩特市电动工具厂是中国电动工具行业的重点骨干企业之一，也是内蒙古自治区唯一生产电动工具的企业。它的前身为天津兴业电动工具厂，1965年由于国家调整经济格局，由天津搬迁到呼和浩特市。它是具有40多年生产电动工具历史的老国有企业，是电动工具行业的开创者之一，也是中国电动工具行业协会的发起厂之一，现为中国电动工具行业协会的副理事长单位。

40多年来，呼和浩特市电动工具厂经过几代人的艰苦创业、几经改造、扩建，自行研究开发出了“宇宙”牌系列电动工具，其产品共计四个系列，包括：金属切削类、建筑道路类、沙磨类、牧业机械类，有近20个品种规格。其主导产品为角向磨光机、电钻、手持式直向砂轮机及混凝土振动器。产品覆盖中国北方的各个省区，其产品质量、服务理念及品牌效应在全国享有很高的声誉。

呼和浩特市电动工具厂多年来始终贯穿质量兴业，以质量求生存，以质量求发展的经营理念。迄今为止，产品已通过了长城认证、3C认证，并根据国家技术监督总局的要求，建立起了ISO9001-2000质量管理体系。

具体技术成果和优秀表彰如下：

1982年JIZ-ND2-1OA电钻获省级技术成果三等奖。

1982年高频直联插入振动器与4JB-105变频机获市科技成果二等奖。

1990 年获自治区先进企业。

1991年获自治区先进企业。

1991年获国家二级企业档案管理合格证。

1996 年获自治区先进企业。

1997 年65金刚石钻孔机获内蒙古科技三等奖。

1998 年ϕ 50振动器获市科技三等奖。

内蒙古宏裕科技股份有限公司

内蒙古宏裕科技股份有限公司始建于1997年，是国家定点的农药生产厂家。公司现占地20万平方米，建筑面积2.18万平方米，总资产2.2亿元，净资产1.25亿元，已形成年合成和加工1.5万吨农药的生产规模，产值可达4亿~5亿元人民币。公司共有固定员工281人，具有高级技术职称的8人，大、中专以上学历40人，年人均工资900元。公司下设1个农药研究中心，公司集科研、生产、检测、销售和售后服务于一体，自成立以来已取得了良好的经济效益和社会效益。2003年实现销售收入10300万元，利润1025万元。2004年实现销售收入12230万元，利润1115万元，2005年实现销售收入19160万元，利润1783万元，呈现良好的发展势头。

公司主要产品有96%以上乙草胺原油、99%、90%、50%乙草胺乳油、90%~95%异丙草胺原油、72%异丙草胺乳油、90%以上乙羧氟草醚原油、10%乙羧氟草醚乳油、75%滴丁·乙乳油等19个除草剂品种。主要用于玉米、大豆、花生、棉花、马铃薯等农作物除草，由于质量好、价格低、高效、低毒、对人畜安全及不污染环境等特点，深受农民欢迎，近几年现金直销，还供不应求。

90%乙草胺乳油获得内蒙古自治区石油化学工业厅“科技进步一等奖”；内蒙古自治区政府“科技进步三等奖”；2000年公司被内蒙古自治区科委认定为高新技术企业。2002年公司产品通过ISO9001质量管理体系认证。2002年72%异丙草胺乳油被国家五部委认定为“国家重点新产品”，同时获得呼伦贝尔科技局科技进步一等奖。获得国家农业部乡镇企业局“2003年度诚信守法乡镇企业”和国家石油和化学工业协会、中国化工企业管理协会“优秀私营化工企业”颁发的证书。被呼伦贝尔市工商局评为“守信用重合同企业”。银行信用等级近四年连续被评为“AAA”级，2004年被内蒙古自治区地方税务局评定为“A级纳税信用企业”。2005年被内蒙古自治区科学技术厅评为明星民营科技企业；96%乙草胺原药及99%乙草胺乳油项目被国家发改委列入国家农药结构调整国债项目；99%乙草胺乳油项目被列为国家火炬计划项目，被自治区政府评为名牌产品，吊桥牌商标被评定为内蒙古自治区著名商标。

企业的优势：一是有科研实力雄厚的农药研究中心，产品科技含量高，技术国内领先，生产成本低，市场优势明显；二是当地水、电、煤资源充足，价格低，三是企业地处国家西部，产品是国家鼓励发展的产品，享受国家免税政策，发展前景广阔。

辽宁中兴矿业集团

辽宁中兴矿业集团有限公司是国家计委等部委命名的大型企业，全国科技进步示范单位、中国优秀民营科技企业、全国创名牌产品重点企业、中国十佳诚信企业，是辽宁省高新技术企业，通过了ISO9001质量体系认证，是国内生产出口镁质耐火材料的科技型骨干企业。

公司占地面积25万平方米，拥有资产总额5亿元，职工1000人，其中专业技术人员170余名，具有国内先进的生产与试验设备近千台套，生产定型与不定形两大系列40余种产品，年生产能力25万吨。

公司以“资源有限、创新无限”为经营理念，坚持科学发展观，依靠诚信开拓发展空间，使企业不断发展壮大。公司自主研制开发的产品中有六项填补国内空白，三项填补世界空白。其中电炉炉底捣打料、铁合金电炉炉底捣打料、优质镁铬砖等多项产品获国家级新产品、农业部科技进步一等奖等称号，并被列入中国高新技术产品出口目录、国家级火炬计划和国家级星火计划，公司90%以上产品属于高科技产品，为我国耐火材料技术进步做出了突出贡献，尤其为提升我市镁制品传统产业奠定了坚实基础，企业走向了科技之路，越走越宽阔，越走越兴旺。到2005年，公司总资产超过5.6亿元，实现销售收入4.3亿元，上缴国家税金1200万元。出口创汇1500万美元,是鞍山地区缴税与出口创汇大户，为地区的经济发展与科技进步做出了突出贡献。几年来公司董事长王生连续被评为海城市劳动模范、纳税先进个人、鞍山市劳动模范、省优秀科技工作先进个人、全国乡镇企业家称号，并在2004年、2005年分别被评选为中国首届民营企业10大新闻人物、中国10佳诚信企业家称号。

公司的经营理念和宗旨是：资源有限，创新无限；质量第一，诚信服务。

多年来，我们以科技、信誉和环境构建的发展空间，凝结了全体职工的远见与智慧，体现了现代的技术意识、传统的道德理念、全心的环境思维与企业发展战略的完美融合。正是这种融合，为中兴集团铺起了一条充满光明与希望的可持续发展之路。我们深信在我们公司全体职工的积极努力下，在公司领导的正确领导下，我们中兴集团公司这条路必定会在我们脚下越走宽广，越走越壮观，越走越辉煌！

抚顺永茂工程机械有限公司

抚顺永茂工程机械有限公司始建于1996年，是一家隶属于抚顺永茂实业集团有限公司的中外合资的集科、工、贸于一体的大型民营企业公司。公司注册资金500万美元。截至2005年末公司拥有员工466人，资产总额为15,205万元，负债总额5,687万元，账面净资产9,518万元，公司资产负债率为37.4%。抚顺永茂工程机械有限公司近年来生产经营规模不断发展壮大，2005年实现产品销售收入23,069万元，实现利税3,800万元，较上年实际预计增长一倍，2005年产品出口创汇925万美元。主要经营范围：设计、制造和销售ST、STT、STL系列塔式起重机等建筑机械设备及其他工程机械产品。

公司拥有雄厚的产品开发设计能力，有多名享受国家津贴的塔机行业资深专家，拥有较强的生产加工能力和完善的检验、检测设备与手段，拥有目前国内最大的塔机试验场。公司已于1999年通过ISO9001质量体系认证，并于2003年顺利通过了ISO9001：2000版质量认证体系的认证转版评审。永茂塔机连续两届（六年）荣获了全国用户委员会“用户满意产品”；2005年获辽宁省名牌产品及辽宁省自主出口名牌产品，永茂商标也被评为辽宁省著名商标。这些为永茂产品进一步扩大市场份额、更好地树立永茂品牌形象提供了有利的保障。

近年来，公司本着“生产一批、储备一批、研发一批”的原则，不断引进和吸收国内外先进技术，大力开发新产品。永茂公司不但有自主研发的优质塔式起重机系列产品，同时又完善的质量管理和生产加工制造管理体系，而且具有完善的国内国外市场销售网络体系。公司在北京、上海、西安、广州、哈尔滨、沈阳等地设立常年办事机构，同时在美国、比利时、新加坡、韩国、香港等国家和地区设立长期代理机构，这些进一步扩大了公司的市场覆盖面，增加了公司的出口创汇。2005年出口创汇实际达925万美元，预计2006年出口创汇可突破2000万美元。

相信在不久的几年里，永茂将凭借“可靠的产品性能、合理的销售价格、良好的售后服务”进一步不断地拓展国际国内两个市场，抓住机遇，苦练内功，力争在3~5年内实现塔机产销量国内同行业第一，同时跻身世界塔机行业的前列。永茂公司将真正成为塔式起重机行业的国际级知名企业，“永茂”的品牌也将成为世界级的品牌，永茂将为中国的装备制造业争光。

振国集团

振国集团实业公司是由中国首届“10大杰出青年”、中华人民共和国“中青年有突出贡献专家”王振国教授、研究员、主任医师1986年在他创办的吉林省“通化长白山药物研究所”基础上发展起来的，现已形成集科、工、贸、医、农为一体化的科技实业公司。集团下属吉林省通化振国药业有限公司(国家GMP认证企业)、珠海市振国医药科学研究所有限公司、珠海经济特区天仙保健品有限公司、上海振国肿瘤防治研究所有限公司、北京振国肿瘤研究中心、香港国际医药实业公司、日本东京王泷综合研究所、美国振国生物科学研究所、通化振国肿瘤防治院、珠海振国肿瘤康复医院、上海振国医院、北京振国中医肿瘤专科医院(在建)。总资产5亿元。

集团主要利用长白山天然名贵药材进行抗癌、防衰老和其他顽症难病药物的研究、开发、生产、销售、医疗。集团先后与美国国家癌症中心、中国科学院药物研究所及中国中医研究院广安门医院、吉林大学基础医学院、东北师范大学生命科学学院等28个国内外科研院校、医疗单位138位专家合作，研究开发以“王振国牌”系列抗癌中药为主的10个剂型、35个品种，部分产品销往70个国家和地区，深得广大癌症患者的认可。

集团发明的科研成果在国际上获得了6项大奖。1989年在第38届尤里卡世界发明博览会上，集团学术带头人王振国研究员以他发明的抗癌新药“复方天仙胶囊”荣获“世界个人发明最高研究奖”、“将军勋章”、“骑士勋章”。这是中国自1986年参加尤里卡评奖以来首次获得的最高荣誉，2005年销售收入10057万元，实现税金2602万元，利润870万元，累计上缴税金2亿元，出口创汇2300万美元，连续5年被吉林省委、省政府评为私营企业“纳税状元”。由于业绩突出，公司被国家授予“中国民办科技优秀单位”，是“国家重点高新技术企业”。董事长王振国被评为中国首届“十大杰出青年”、中华人民共和国“中青年有突出贡献专家”、“中国优秀民办实业家”、“中国民营科技产业开拓奖”、“2004年度全国十大科技英才”。1991年江泽民总书记莅临通化，视察通化长白山药物研究所，并亲笔题写了所名。

目前，集团在国家列项的科研项目有：国家星火计划项目“天仙营养液二次开发”、国家火炬计划项目“白花蛇舌草静脉注射液”(国家二类抗癌新药)、国家863计划引导项目“注射用银甘黄(冻干粉针)”、国家二类抗癌新药“缝裂层孔菌深层发酵提取抗癌免疫增剂Pus”、国家六类抗癌新药“麝蟾胶囊”、“参白注射液”。上述研发项目进展顺利，预计2007年将陆续投放市场。振国集团注重把科研成果转化为生产力，并形成了产业化生产，为发展医药支柱产业，加快区域经济发展，增加地方和国家财政收入做出较大的贡献。

处在二次创业初始阶段的振国集团正在实施“1234”工程，一是实现“一个目标”，即到2010年把集团建成在国内具有较强竞争实力的企业集团，为创建“百年基业”夯实基础；二是进行“两项调整”，即调整产业结构、调整产品结构；三是搞好“三项改革”，即改革营销体系、改革工资奖金分配制度、改革选人用人机制；四是实施“四大战略”，即人才兴企战略、科技提升战略、管理创新战略、连动营销战略。

吉林省长白山宏瑞平贝母科技发展有限公司

吉林省长白山宏瑞平贝母科技发展有限公司成立于2004年，公司注册资金50万元，资产总额580万元，系民营股份有限公司。现任总经理李建友为法人代表，大学文化，经济师。自1980年开始从事经管工作，曾创建双福综合厂、靖宇镇福利厂、龙泉加油站、大连五彩城、宏发宾馆等多家民营企业。为社会福利事业做出很大贡献，管理经验丰富，具有开拓、进取、实干精神，曾多次被省、市、县表彰，获县最具实力的私营企业家之一，白山市企业家，2000年获国家第七届“创业之星”，吉林省首届“创业之星”荣誉称号。公司多年来，在发展中药材产业化生产的创业中取得了较大成绩，新组建的吉林省长白山宏瑞平贝母科技发展有限公司已初具规模。

公司实有职工58人，其中管理人员6人，大专以上学历6人，高级职称2人，中级职称3人。

公司主要产品以长白山道地中药材——平贝母为主的中药材种植，中药材加工。现已建成长白山平贝母无公害规范化生产基地1200亩，其他中药材（五味子、细辛）300亩。计划2008年发展种植中药材总面积3000亩，可向社会提供成品原料药平贝母56吨（干品），向农户提供平贝母种栽32万公斤，在靖宇县乃至白山市平贝母种植行业处领先地位，其种栽市场占有率在靖宇县可达60%。

公司现已建成长白山平贝母无公害规范化生产基地1200亩，其中种源基地200亩，主要经营范围为：培育、销售长白山平贝母种栽；平贝母及中药材种植、加工、销售；中药材种植科技咨询服务。公司现拥有一座50吨中药材初加工厂，可加工各种中药材80吨（干品）。目前，公司总资产580万元，其中固定资产为216万元。

公司的研究成果吸引了美国慧伦生物工程有限公司投资进行贝母多糖、贝母甲、贝母乙、人参多糖、五味子多糖提取技术的研究，并已取得突破性进展。公司产、学、研相结合的生产经营模式初具规模。

企业与国内专家对中药材市场进行了全面考查后，认为长白山平贝母种植与加工发展前景广阔，计划在“十一五”期间，在全国最大的贝母集散地——靖宇县建立吉林省最大的长白山平贝母生产基地，进行优良品种选育、种植与加工。

该基地建成后，可以消化全县平贝母及部分

中药材，每年加工项目可增加工业产值1460万元。利税总和486万元。并可安排120名下岗职工就业，其经济效益和社会效益十分可观。同时也将推动靖宇县县域经济发展，改变农业产业结构，带动农民脱贫致富，做出一定的贡献。

通化变压器制造有限公司

一、企业基本情况

通化变压器制造有限公司是国内首家研制生产矿用隔爆型变压器的生产厂家，始建于1957年，公司前身为通化市变压器厂。该厂于2000年转制后，组建现公司，公司位于吉林省通化市佐安路84-67号，公司占地面积为3.65万平方米，建筑面积为1.8万平方米，公司拥有全部资产为7078万元，其中固定资产1137万元，现有员工350名，其中专业技术人员50名，公司自1980年开始研制生产出我国首台500kVA矿用隔爆型移动变电站以来，已累计生产各种矿用变压器1万余台，单台容量已达到200万kVA，是我国矿用变压器重点制造厂家。

公司主要产品有矿用隔爆型移动变电站及矿用隔爆型干式变压器、电力变压器、绕包绝缘干式变压器等，年生产能力为75万伏安，产品遍及全国30个省市区。

公司建立了科学严格的管理制度和管理体系。设有管理部门10个，生产车间4个，各部门的管理人员均具有丰富的理论和实践经验。

2002年公司通过IS09001：2000质量管理体系认证。

公司设有专门的变压器研发机构，有国内知名的专家和一批设计经验丰富的工程技术人员，具有较强的大容量矿用隔爆型变压器的设计制造能力。目前，公司已完成了2500kVA、3150kVA矿用变压器的设计，并已通过国家有关部门审查。

2004年，公司被省、市政府授予“安置下岗职工先进企业”称号和我市“纳税大户”称号。公司董事长邢耀斌同志被授予省劳动模范和市劳动模范称号。2005年董事长邢耀斌同志被评为“吉林省再就业优秀个人”称号。

二、企业生产经营情况

企业近年生产经营情况见下表：

年　度	产　值（万元）	销售收入（万元）	利　润（万元）	税　金（万元）	同行排序
2003年	2651	2266	63	100	5
2004年	5507	4829	315	230	3
2005年	12536	11488	1236	512	2

2005年公司共完成产值1.25亿元，实现销售收入1.14亿元，实现利润1235万元，上缴税金512万元。

2005年全国矿用隔爆型变压器产量约为520万千伏安，产值大约为14亿元。我公司产量为47万千伏安，占产量的9%，在全国同行业中占第2。

企业的发展战略是围绕核心产品做强、做大、做盈，在确保公司经济效益不断增长的情况下，稳步改造，重点创新，使企业成为国内一流的煤矿专用设备制造企业。

随着社会的发展和时代的进步，公司领导及所有职工有信心把公司做强做大，会以扎实的工作和奋发向上的气概再创新的业绩。在全面提高企业效益的同时，在重质量、守信益、创名牌上取得新的成绩。

上海中大科技发展有限公司

上海中大科技发展有限公司是一家以“实验室经济”为依托的跨地区高新技术企业，业务覆盖感光性高分子材料、智能纺织品、生物医卫材料、纺织品检测等领域。

控股及关联公司、机构现有：上海中大（市级）技术中心、上海中大印染材料工业有限公司、洁润丝纺织面料应用研究所、洁润丝健康纺织品国际标准产业研究工作室、上海中大洁润丝织物涂层工业有限公司、全国纺织行业评价促进中心、全国纺织行业高新技术开发推广中心、上海中纺伊纺织技术检验服务有限公司、上海普提行文化有限公司、上海中印文化信息传播有限公司等。公司总部、技术中心设在上海：在浙江绍兴、山东潍坊设有分公司，在山东青岛、山东青州、上海金山分别设有生物材料、制版设备、特种纱线生产基地，在国内外设有30多家技术服务中心。

近年来，上海中大科技先后被评为中国优秀民营科技企业、全国纺织和谐企业建设先进单位、中国纺织文化十大品牌企业、中国纺织企业文化建设知名企业、上海市首批知识产权示范企业、上海市专利试点企业、上海市非公有制企业“五好”党组织和上海市非公有制企业党建工作示范点；并荣获中国纺织工业科学技术贡献奖、上海市科技企业创新奖、国家重点新产品、上海市高新技术成果转化项目百佳、上海市科技进步奖、上海市优秀发明一等奖、发明产品推广实施金奖等，连续多年被评为上海市“守合同重信用企业”。

上海中大科技发展有限公司大力实施知识产权战略，注重技术原创、技术储备、品牌建设和核心竞争力的形成。拥有上海市企业技术中心和中国唯一的特种纺织面料开发基地、高分子感光制版开发基地。其“中大洁润丝”品牌被评为上海市著名商标、“ZHONGDA感光性高分子制版材料”则被评为上海市名牌产品，截至2005年底，其专利和核心技术达到200多项。

目前，中大公司联合中国纺织信息中心、国家纺织产品开发中心、上海市青浦区人民政府、世界500强之一伊藤忠公司等积极建设中国纺织工业{上海}产业创新平台——集产品研发、产品检测、信息服务、教育培训、现代物流、交流展示六大内容和服务功能。

“健康我们人生、我们健康人生、共同健康人生”是上海中大科技发展有限公司对纺织业发展的不懈追求。

上海日之升新技术发展有限公司

上海日之升新技术发展有限公司，成立于1996年，是一家专业从事高分子合金新材料的研究、开发、生产、销售的上海市高新技术企业。公司在近10年的发展过程中，依靠党的政策和科技创新，从无到有已一跃而跻身于国内高分子合金、改性新材料行业三甲和2004、2005年度上海市民营科技100强企业的行列。

公司刚成立时,注册在上海青浦重固镇福泉经济小区，注册资本50万元。当时，面对资金、人才、市场匮乏的现状，公司坚持走“产、学、研”、“技、工、贸”相结合的发展道路，以“科技创新创造新价值，优化管理提升生产力”的经营理念，从技术咨询、服务入手，为客户提供选材技术支持。1996年5月，公司在苏州建立第一个生产基地，拥有第一条生产线（年生产规模500吨），开始了自己研制、生产、销售的历程。1998年5月，公司在上海松江建立了第2个生产基地，生产能力达1000吨。1999年3月公司迁址至闵行莘庄工业区，注册资本增资到216万元（第一次增资）。在闵行区良好的经营环境下，公司步入快速、健康、可持续发展。2000年5月，公司依靠自我发展的积累，实现了第2次增资（注册资本为1000万元）。同年的10月，公司又成功地与韩国锦湖化学石油株式会社合资成立上海锦湖日丽塑料有限公司，开创了国内民营小企业与国外跨国公司合资经营的成功先河（合资初期注册资本100万美元，公司占50%股份；2004年2月，注册资本增加到194.18万美元，公司所占股份比例不变），开始向规模化经济发展。目前，两家公司的生产能力达35000吨，拥有合金相溶剂、改性PP专用料、无卤阻燃尼龙、Pc/ABS合金、HRPS、苯乙烯等10大类、100多个系列产品。2005年公司销售收入35000万元，实现利税1800万元。

上海神开石油化工装备集团有限公司

上海神开石油化工装备集团有限公司，成立于1993年，属机电仪一体化的石油装备先进制造业，为民营股份制企业。主导产品有综合录井仪、钻井参数仪、氢焰色谱仪、钻井井控系统、石油产品分析仪器等石油勘探仪器设备。

2002年，公司以振兴上海石油装备行业为契机，购并上海电气集团下属的3家国有企业（上海第一、第二、第四石油机械厂）和一家市级研究所（石化研究所），这些企业都有着辉煌的历史。但随着改革开放的深入，原有的体制和观念已不适应企业的发展而濒临倒闭。公司购并这些企业后，以创新的经营理念深入到企业的管理中，极大地提高了员工的积极性和创造性，使原有的品牌和市场得以恢复和发展。（3家国有企业从购并前的年销售1600万元到2005年销售6841万元，年均增长47.53%）。

公司经过多年不断的创新与发展，实现销售年均增长41.9%。为了进一步发展及规范管理，于今年成立了集团公司。

上海乐美文具有限公司

上海乐美文具有限公司，创立于1998年，是乐美（集团）有限公司的子公司。上海乐美文具有限公司主要以研发、中试、新产品生产为主，公司注册资本为320万美元，主要生产文化用品等产品，如书写笔、油画棒、圆珠笔、白板笔、记号笔、水彩笔等等。近10多年的发展，上海乐美文具有限公司已随着乐美集团公司的发展，成为集产品研发，生产，销售于一体的跨地域的、中国最具发展潜力的大型文具企业集团。销售网络已遍及全国，产品远销美国，韩国，台湾，欧洲等40多个国家和地区，产销量雄踞全国同行业前列。“乐美文具”已成为国内外文具行业10大品牌之一企业。2005年集团总销售额超过6亿元，其中：上海公司销售额为4.6亿元。据协会统计“真彩”中性笔在制笔行业产、销量排名第一，“真彩”油画棒在文教体育用品行业产、销量排名前3名。

公司是中国制笔协会和中国文教体育用品协会的副理事长单位，是专利保护协会的副会长单位。历年来荣获“国家免检产品”、“上海名牌产品”、“上海市高新技术企业”、“青浦区高新技术研发中心”、“中国10大文具品牌”称号，并成为上海市的第四批专利试点企业。“真彩”作为乐美文具的主品牌，代表着中国大众书写工具和美术画材的最高品质水平。2004年、2005年更作为文具行业唯一品牌入选“中国10大新锐品牌”和“2004年中国最有价值品牌排行榜”，品牌无形资产超过10亿元。

江西变电设备有限公司

江西变电设备有限公司前身为江西变电设备总厂，始建于是1968年。下辖江西第二变压器厂、江西互感器厂、江西电力计量器厂，是原国家电力公司和国家机械局定点专业生产变压器、互感器、箱式变电站等变电设备的重点骨干中型企业。先后获得“全国用户满意企业”、“全国引进外国智力先进单位”、“中国质量万里行质量诚信示范单位”、“江西省优秀企业”、“江西省文明单位”、“江西省先进科技民营企业”等荣誉称号。

公司拥有主要生产设备400多台套，包括引进德国海德里希公司无填料浇注设备、包令茨舍费尔公司数控缠绕设备以及瑞士进口的0.001级精密检测仪器等一批先进的生产设备和检测设备，是全国最早引进世界先进浇注设备的厂家之一。

公司技术力量雄厚，现有高中级技术人员280多名。公司从德国、瑞士引进了多项变压器制造技术，并长期聘请国际电工委员，德国变压器专家奥托逊博士和舒豪斯博士为高级技术顾问，并坚持以集团技术开发中心、博士后工作站为依托，不断提高变电设备产品开发、制造能力，是环氧树脂干式变压器和互感器国家标准、导则的起草、编审单位之一。公司生产的干式变压器先后被评为“江西省名牌产品”、“全国用户满意产品”、“中国名牌产品”。所有变压器产品均获“国家免检产品”称号。

公司产品畅销全国各地，并远销亚洲、欧洲、非洲等国家。在国内外设有销售公司100多家，建立了售后服务网络体系，并在美国、韩国、越南、香港、泰国等国家和地区建立了销售机构。国内许多国家重点工程均使用该公司产品，如澳门输水工程、广州恒运电厂、南京绿口国际机场、海拔4500米的西藏羊湖电站、上海杨树浦电厂等都使用了公司的大容量产品，其中西藏第二期农网改造工程均选用本公司产品，并深受好评。

公司通过ISO9001：2000版质量体系认证及ISO：14001环境管理体系认证，具有年生产干式变压器200万KVA、油浸式变压器300万KVA、组合式变电站800台、美式箱变1500台、互感器和计量器6000台的能力，年产值可达7亿元，2005年度出口产值达6000万元。

公司产品达35大系列2000多种规格。产品均通过了国家级型式试验和省部级技术鉴定，并被国家经贸委列入《第一批、第二批、第三批及补充全国城乡电网建设与改造所需主要设备产品及生产企业推荐目录》，被电力部水电利规划设计管理局、电力部成套设备局推荐为《水电工程主要机电设备》、《300MW火电机组主要辅助设备》的首选产品。

公司在设计、开发、生产、检测、安装、服务等环节严格按ISO9001质量体系要求，实施标准化管理。公司以“人民电器，为人民服务”为宗旨，坚持“以人为本，名牌兴业，实现技术创新、制度创新和管理创新”的发展方针，重视科技、重视人才、重视市场建设；坚持以管理创新为发展主线，建立了产权清晰、管理制度健全规范的现代化企业管理体系和网络化的人机管理系统。今后，公司将继续以顾客需求为重点，精心设计、细心制造、诚心服务，积极发挥企业名牌、技术优势，永远与客户、商家携手合作，开拓创新，共铸辉煌。

崇义章源钨制品有限公司

崇义章源钨制品有限公司位于“世界钨都”江西省赣州市的崇义县，创建于1990年，是集钨的探矿、采矿、选矿、冶炼、制粉、硬质合金及工具制造、钨材生产和深加工、贸易为一体的民营企业，并拥有自营进出口经营权。公司现有员工1600余人，其中有中高级技术人员180余人，注册资金12348万元，总资产5.45亿元人民币。公司拥有四个矿山和五个钨加工厂，主要生产钨精矿、仲钨酸铵、氧化钨、钨粉、碳化钨粉、硬质合金、钨材、凿岩钎头等产品。公司按照ISO9001质量管理体系标准建立了质量体系并取得了认证证书。2005年，公司实现销售收入4.5亿元，创汇703万美元，上交税金5989万元，为当地的经济发展和社会和谐做出了突出贡献。并先后有5个产品被认定为“高新技术产品”，有6项科技成果获得了国家专利。纳米级钨粉和纳米级碳化钨粉的研制先后获得省科学技术成果鉴定。

公司所取得成绩主要是做了以下几个方面的工作：一是依法经营，建立健全现代企业制度，加强质量管理，促进生产稳步发展。二是依靠科技，狠抓技术创新，努力打造“章源”品牌。三是以人为本，广纳人才，在发展中不断增强员工队伍。四是注重安全生产，加强环境保护，努力建设和谐平安企业。2005年，“章源”商标被省著名商标认定委员会认定为“江西省著名商标”；“章源”牌钨粉、碳化钨粉被认定为“江西省名牌产品”。近年来，公司先后被授予“江西省优秀高新技术企业”、“江西省优秀企业”、“江西省一级诚信企业”、“江西省安全生产10佳诚信企业”、“全国诚信守法乡镇企业”等30多项殊荣。

多年来，黄泽兰董事长先后荣获 “先进私营业主”、“优秀（明星）厂长、经理”、“江西省优秀民营科技企业家”、“中国优秀民营科技企业家”、“全国劳模”等多项殊荣。

江西齐峰水泥有限责任公司

江西齐峰水泥有限责任公司是2001年10月改制而成立的一家民营企业，是井冈山下崛起的一颗民企新星，是江西省重点民营企业。拥有现代化的日产2000吨熟料新型干法水泥生产线和年产35万吨的机械化立窑生产线，现有资产总额2.1亿元，注册资金7600万元，企业总占地面积500余亩。公司已通过ＩＳO9001－2000国际质量体系认证，“齐峰”牌水泥商标被评为江西省著名商标。先后荣获国家建材协会授予的“质量、服务双达标百佳诚信企业”，连续多年被省政府授予“优秀私营企业”、“用户满意企业”、“省A级纳税信用企业”等荣誉称号。

公司主要产品有：“齐峰”牌ＰＣ32.5级、ＰＯ32.5级、ＰＯ32.5Ｒ、ＰＯ42.5级、ＰＯ42.5Ｒ、ＰＯ52.5级等水泥。其产品适应于道路、桥梁、大坝、高层建筑、高速公路、地下坑道等工程，素以早强高、性能稳、袋重足、价格平而闻名。产品销往本省各市县，并远销浙江、福建、广东、湖南等地，曾被大量应用于京九铁路和赣粤、井泰、武吉等高速公路以及井冈山华能电厂等国家重点工程建设项目。主要设备及生产方式：新型干法水泥生产线采用国内先进的充气梁式篦冷机、立磨、辊压机联合粉磨等大型设备，生产控制实行ＤＣＳ集散控制系统，自动化程度高，劳动生产率高。机械化立窑水泥生产线全部实行微机配料。公司各项主要经济技术指标均达到国内同行业先进水平。吨水泥熟料耗标煤126公斤，吨水泥综合电耗小于70度，出厂水泥袋重合格率100%，安定性合格率100%，富余强度100%，在历年的行业检查评比中成绩优异，公司化验室被评为江西省“甲级化验室”。2005年度在江西省水泥企业对比验证和全省第一次水泥化学分析大对比中名列前茅。

几年来，公司通过引进先进技术和工艺，加大技改投入，企业规模不断扩大，经济效益快速增长。我们的主要做法是：

一是抓管理，强队伍。2001年10月，公司改制时年生产水泥能力只有6.5万吨，且设备陈旧老化，职工情绪不稳。面对困境，公司从狠抓企业班子建设，提升员工队伍素质入手。一方面，对技术、管理等关键性岗位，面向社会广招人才，为公司注入新的活力。另一方面，采取“请进来、走出去”等多种方式，深入开展岗位练兵、岗位自学、互帮互学等活动，对员工进行业务培训，努力打造一支“诚信务实、精干高效、开拓进取”的高素质员工队伍。同时，狠抓规范管理，按照ＩＳＯ9001－2000国际质量管理体系标准，制定了《工作标准》、《质量手册》、《程序文件》、《员工守则》等一系列管理制度，使公司的生产经营很快走上正轨，企业焕发勃勃生机。

二是抓技改，促发展。企业要发展，科技要先行。公司始终把科技进步贯穿于企业发展的全过程。企业改制以来，先后与合肥水泥设计院、武汉理工大学、华新水泥研究所等5家科研院所建立了协作关系，投入1000多万元对落后的生产设施、工艺环节进行技术改造和配套完善，运用新技术改造扩建了生产线，使公司立窑年生产能力达到35万吨，并采用非水泥熟料晶种煅烧工艺，引用国外新品助磨剂等新工艺、新配方，使产品质量稳步提高，经济效益大幅度增长，一跃成为吉安市民营企业纳税大户。2004年，经过对水泥行业发展形势的科学调查和论证后，公司投资1.6亿元在安福工业园区另辟新址，新上一条日产2000吨熟料新型干法水泥生产线。该项目已竣工投产，公司年生产能力可提高到135万吨，每年可为国家新增税收3000余万元。

三是抓根本，塑形象。只有坚持以人为本，切实维护好员工的合法权益，企业才能获得长足的发展动力。为此，公司一方面由工会代表全体员工与公司签订了集体劳动合同，并足额拨缴工会经费。另一方面给予员工高于当地同等企业的工资待遇，并按照《中华人民共和国劳动法》等有关规定给员工发放了相应的劳动保护用品，为员工办理了社会养老保险、职工互助保险和意外伤残保险，使员工的合法权益得到保障。近年来，公司大力关心支持社会公益事业，先后资助20余万元用于新修学校、敬老院等公益设施和资助贫困失学儿童完成学业，树立了良好的社会形象。

江西济民可信集团

江西济民可信集团有限公司是一家集科研、生产、销售为一身的大型民营医药企业集团，目前旗下拥有10家子公司，集团现有员工总数逾2600人。

集团成立6年来，企业经营呈稳健快速发展势头，年销售收入从起初的2615万元增至2005年的12亿元，累计实现税收4.5亿元，利税年均增幅达70%以上。并先后多次获得中国优秀民营科技企业、江西省先进民营科技企业、先进私营企业、江西省优秀企业、工业销售收入20强、工业纳税20强等荣誉称号，并跨入了全国医药企业百强行列。

随着集团公司“大整合、大营销，大发展”战略目标的强势推进，济民可信集团正倾力打造中成药优势龙头企业，将金水宝品牌做精、做特、做新、做强、做大、做长。济民可信集团正朝着技术现代化、产业多元化、管理科学化、经营国际化的方向快速发展。

李义海董事长（总裁），现任“中华全国工商业联合会、中国工商联理事会常务理事”、“江西省政协常委”、“宜春市人大代表”、“南昌市工商联常务理事”、“南昌市青年企业家协会荣誉会长”、“江西省企业联合会、省企业家协会常务理事”，并获得“2006中国医药行业10大创新人物”、“中国优秀民营科技企业家”、“江西工业10佳创业能人”、“南昌市10大杰出青年企业家”等荣誉称号。

九江财兴卫浴实业有限公司

九江财兴卫浴实业有限公司属民营股份制企业，是一家集机加、弯曲、焊接、抛光及电镀为一体的卫浴铜管件专业制造企业。公司占地面积55000平方米，厂房面积45000 平方米，拥有员工1100人。2005年总产值2.2亿元，出口创汇1800万美元，总资产1.2亿元，CX财兴品牌已于2005年10月正式批准为江西省出口知名品牌。公司先后获得“全国诚信守法经营企业”、“江西省外贸出口先进单位”、“江西省先进私营企业”、“江西省再就业先进企业”、“江西省一级诚信企业”、“九江市纳税大户”、“企业文化建设先进单位”等荣誉称号。

公司拥有主要生产机床设备469台，其中精密数控机床20台，数控铣床1台，引进台湾世界先进的全自动电镀线，引进美国575型三坐标测量机，配备了电子光谱仪等先进的检测仪器设备，能确保生产和产品检测需要。

公司技术力量雄厚，有高、中级技术人才110名，具有丰富的加工经验和研发能力，公司以发展国产卫浴铜管配件为己任，创一流国货精品为目标，首开薄壁铜弯管配件生产之先河，填补国内空白，获得“薄壁异型铜管出口形成模”和“薄壁异型方铜弯管机”两项发明国家专利。本公司研发的健康环保太阳花洒荣获2003年国际厨卫产品与技术展览会设计创新大奖。本公司具有根据不同客户不同要求开发生产各种管件新产品，能为世界同业知名大公司提供合格的OEM件。公司全面推行了5S管理、ERP系统，通过了ISO9001：2000质量体系认证，能为客户提供高质量的产品和完善的售后服务。

目前公司已形成出水口、冲压面板、浴室铜管件、排水、太阳花洒五大系列，1000多个品种。产品70%以上远销欧美、澳洲、东南亚等国家和地区，已与世界著名的同业大公司保持着长期稳定密切的合作关系，产品在国际市场上有较高的知名度和美誉度。2005年以来出口创汇在本市名列前茅。

九江财兴卫浴实业有限公司从2002年以来，正以每年递增40%的速度快速发展，其成功的基本经验可概括为“以人为本，以信而立，以质取胜，以新求进。”

卫华集团有限公司

前身是河南省卫华起重机有限公司，创建于1988年。是一家以研发、生产、销售“卫华”牌电动葫芦、单梁起重机、双梁起重机、门式起重机、桥式起重机、冶金起重机、钢结构等产品为主营业务的大型企业集团。集团控股河南卫华重型机械股份有限公司、新乡市卫华起重机有限公司、郑州卫华钢结构有限公司、新加坡易通起重机及设计公司等九家子公司。现有员工2200余人，其中高级专业技术、管理人员460余人，总占地面积82余万平方米，总资产7.45亿元，拥有各种生产检测设备1500多台（套）。产品畅销全国30多个省市自治区，部分产品远销印度、伊朗、孟加拉、阿尔及利亚、印尼、越南、泰国、韩国、日本、中东及非洲等国家和地区。2005年实现销售收入7.2亿元.卫华集团单、双梁起重机产销量位居全国第1，电动葫芦产销量位居全国第2，综合实力位居全国起重机行业3强，成为国内起重机行业产销量最大，最具竞争力的企业之一。先后荣获 “中国机械500强”、“中国起重运输设备20强”、“中国知名起重机10佳品牌”、“中国驰名品牌”、“全国诚信守法企业”、 “河南省优秀民营企业”、“河南省质量管理先进企业”、“河南省名牌产品”、“河南省免检产品”、“河南省著名商标”、“河南省高新技术企业”等150多项殊荣。还摘取了全国起重行业唯一的“全国质量管理先进企业”的桂冠。通过了“ISO 9001国际质量管理体系”、“ISO 14001环境管理体系”、“OHSAS18001职业健康安全管理体系”等认证。

河南省瑞光印务有限公司

河南省瑞光印务股份有限公司是专业从事图书、报刊、商标和包装装潢印刷的企业，通过了ISO9001：2000 质量管理体系认证，企业信用AAA级。公司创建于1983年10月，1997年进行股份制改造，1998年1月，河南省印刷行业中首家股份有限公司——河南省瑞光印务股份有限公司正式成立并开始运作，仅股份制改造后的1998~2004年，公司已向国家缴纳各项税金5686万元，为国家和地区经济发展作出了一定的贡献。公司先后被授予“全国诚信守法乡镇企业”，河南省“产品质量优、经营讲诚信”单位、河南省优秀民营企业、河南省关爱员工先进企业、河南省最佳信用民营企业，列郑州市政府百家重点非公有制企业之一，为郑州市“职业道德建设十佳单位”，获郑州市“发展非公有制先进企业”等荣誉称号。

河南黄河实业集团股份有限公司

河南黄河实业集团股份有限公司始建于1979年，从3000元起步，发展为国家大一型企业，总资产23亿元，员工4000多人，产品有六大类146个品种，主导产品有人造金刚石和金刚石制品，人造金刚石年生产能力达12亿克拉，是国内最大的金刚石生产基地，国内同行业第一，世界第三。公司拥有国家级企业技术中心、企业博士后科研工作站，是国家高新技术企业。下属成员企业22个，分布于长葛、郑州、上海三地。公司今后发展的总体指导思想是：以长葛为基础，以郑州为窗口，以上海为依托，以人才求发展，以人造金刚石为主业。计划到2010年实现100亿元的销售收入目标，冲击人造金刚石世界第1，为经济建设作出更大的贡献。

河南省西峡县通宇冶金保护材料有限公司

河南省西峡县通宇冶金保护材料有限公司是一家集科研、试制、生产、经营为一体的技术开发型工业企业。主要生产预熔型连铸结晶器保护渣、保温覆盖剂、中包吸渣保温剂、增碳剂、引流剂、精炼三脱剂、不定型耐火材料等6大系列120多个品种。产品畅销国内130多家钢铁企业，并部分出口到菲律宾、马来西亚等国家，年综合生产能力达16万吨。公司现有员工1200余人，主要生产、检测化验设备100余台（套）。公司已于2003年4月通过ISO9001－2000国际质量体系转换认证，实施有效地质量监督和质量保证，将为用户提供满意产品和优质服务。2002年7月公司被河南省科技厅认定为“高新技术企业”，主导产品高拉速小方坯连铸颗粒保护渣被河南省科技厅授予“高新技术产品”称号；2003年度公司被国家农业部授予“全国诚信守法乡镇企业”荣誉称号；2005年元月公司被河南省委，省政府授予“河南省优秀民营企业”称号。

河南邦杰实业集团有限公司

河南邦杰实业集团有限公司以畜牧养殖及肉类食品综合加工为主导，集制革制鞋、彩印包装、商业销售、汽保维修、综合酒店、科研开发等为一体的多元化、综合型企业集团。现有邦杰食品股份有限公司等五个控股子公司、6个分公司及一个省级技术开发中心。企业技术装备精良，现拥有国内外先进生产设备600多台套，年屠宰生猪能力100万头，屠宰黄牛8万头，羊12万只，分割鸡1200万只，配套有2000吨位冷库两座，铁路专用线一条，是国家储备牛肉、猪肉的生产及储备单位和活体储备单位，是国家出口食品加工厂。邦杰肉类主导产品有八大类800多个品种规格，分别是西式高温灌肠系列、中式高温软包装系列、中西式低温产品系列、中式菜肴系列、预冷保鲜肉品系列及速冻食品系列等，市场已形成以中原为中心，辐射东北、西北、华北、华东、华南的网络体系，畅销全国20多个省、市、自治区，出口俄罗斯、阿联酋、香港、澳门等国家和地区。集团长期注重产品质量保证，先后通过ISO9001国际质量体系认证、ISO14001环境管理体系，HACCP认证、QS认证等，被国家质量技术监督局考核确认为全国质量管理先进企业，是国家级质量效益型先进企业。2002年，邦杰牌火腿肠被认定为“中国名牌产品”和“国家免检产品”。2003年，被认定为“河南省食品工业第一品牌”、“国家安全食品”等。邦杰集团是国家农业产业化重点龙头企业，中国食品工业重点企业，中国肉类工业50强，河南省百户重点企业之一。

长沙楚天科技有限公司

长沙楚天科技有限公司始建于2000年，是一家主要从事医药、食品包装机械研究、开发、生产与销售的机电一体化高新技术企业，系湖南省明星民营科技企业、湖南省私营企业100强、湖南省小巨人计划企业、中国工业行业排头兵企业、长沙工业行业20强企业。

楚天总部位于长沙市CBD中心的新世纪大厦，拥有行政与销售办公场地1000余平方米。生产基地坐落于长沙宁乡经济开发区，占地80亩，是一家现代化花园式的工厂。楚天现有员工近500人，其中大专以上的各种专业技术管理人员165人，享受国务院津贴的高级专家两名，其他科研人员50余名。2005年公司总资产已逾1亿元，年产销近2亿元,利税总额2000多万元，连续4年荣获“长沙市利税大户”称号。

楚天致力于高科技产品的开发，是中国安瓿、口服液、抗生素瓶联动线最大的制造企业，拥有8大类60多个规格200多个品种的制药包装机械。其主导产品有安瓿瓶洗烘灌封联动机组、抗生素瓶冻干粉针洗烘灌封联动机组、抗生素瓶粉针分装洗烘灌封联动机组、口服液瓶洗灌封联动机组、塑料瓶大输液生产线、高速玻瓶大输液生产线、软袋大输液生产线、双室软袋大输液生产线、液体灌装生产线等。全行100余家规模企业，楚天生产规模排位第2。与楚天同品种生产的同业对手企业20余家，楚天市场占有率高达50%，本领域产销规模排位行业第1。产品覆盖了全国各地，并走向东南亚和前苏联地区等国际市场，拥有客户上千家。楚天的技术研发实力和产品技术已位居行业领先地位，拥有110项专利技术，每年仍以新诞生30-50件专利的速度在递增。2006年，楚天被认定为湖南省企业技术中心。

2006年，公司已征地100亩，在现楚天科技工业园北端进行二期工程建设，构建3个现代化车间和一座中国药机研发中心，总建筑面积为56000平方米，总投资1.6亿元。项目建成后，楚天将成为亚洲地区最大的制药和食品机械研发与生产基地 。

楚天规划在2010年产销突破12个亿，利税3个亿，税收超亿元。计划2010年前后在深圳版块上市成功，将楚天打造成一个公众型公司。以高档制药机械、印刷机器、尖端医疗设备、现代生物制药为主导产业，做全国驰名商标乃至世界知名品牌，成为科工贸于一体的国际化企业财团。

长沙金龙铸造实业有限公司

长沙金龙铸造实业有限公司成立于1993年，总部位于长沙县金井镇是一家集科、工、贸为一体的高科技铸造企业，注册资金3000万元，固定资产8000万元，员工1000余人，“金龙牌”铸件是湖南省名牌产品和著名商标。公司是2005年湖南省首批重点支持的“小巨人”企业，并由中国中小企业对外合作中心和长沙市人民政府联合授予为“长沙工业铸造基地”，2005年9月，“金龙牌”铸件被评为首批“湖南省出口名牌”。产品出口欧洲、中东等国，年出口额达500万美元，拥有自营出口权。

公司以井盖系列、管件系列和机械系列三大系列铸件为主导产品，拥有专利8项。生产铸件按材质分为灰铁（牌号：150、200、250等）、球墨铸铁（牌号：400-600）、铸钢及合金铸钢等，铸件最大重量达5吨，最大尺寸为2米×2米×2米，主要设备有一条意大利进口的年产铸件为6000吨的树脂砂生产线，4座5吨冲天炉，2台2吨电炉，年产铸件3万吨，抛丸机4台，热处理炉6台套，一台直读光谱仪及系列检测设备，拥有1200平方米的机加工车间。公司通过了ISO9001质量认证体系和ISO14001环境管理体系认证，并获得SGS认证和英国劳氏管理认证。

湖南五江轻化集团有限公司

湖南五江轻化集团有限公司是一家集科、工、贸于一体，拥有自营进出口权的大型民营企业，现有职工9000多人，其中各类专业技术人员2200余人，博士生3人。集团下辖19家生产企业、15家国内销售公司和1家进出口公司，总资产11.57亿元，年产销能力30亿元，年出口创汇700多万美元，在湖南省民营企业500强综合类中排名第二，系国家经贸委300家重点调度扶持民营企业和湖南省经贸委10家重点调度扶持民营企业，省“优秀非公有制企业”和湖南省银行业协会“守信用企业”。

公司产业主要包括轻工、化工、高科技、房地产、贸易、牧业六大板块。公司是全国最大的保温瓶生产基地、屈指可数的搪瓷生产企业，于2001年通过了ISO9001：2000国际质量体系认证，其产品于2004年通过了3C认证，被评为湖南省名牌产品、中国质量过硬服务放心信誉品牌，远销美、意、日、德等40多个国家和地区。公司具有雄厚的科研和新产品开发实力，公司自主研发的高科技产品碧波尔热水器国内领先、国际先进；感光干膜国内首创；氢能产品环保节能属国家最新鼓励发展的高新技术产业；不锈钢复合板价格低，美观装饰、强度等性能卓越；天华牧业是国家农业部安格斯种牛基地，湖南省农业产业化龙头企业。集团房地产公司在涟源建设的购物中心是湘中地区最大的购物超市，与湖南清泉集团在娄底联合开发的春园商业步行街，被誉为中南商业第一街，世界零售业巨头沃尔玛已强势入驻；在经济技术开发区内的五江国际建材城是娄底区域内商业地产设计领先、规模最大的项目。

公司坚持“高起点创卓越质量，高素质创知名品牌，高效益创一流企业”的原则，与时俱进，开拓创新，再铸辉煌！

益阳资江电子元件有限公司

益阳资江电子元件有限公司于1993年由湖南艾华科技集团有限公司与台湾永开有限公司合资创办的一家生产铝电解电容器的合资企业，坐落在山青水秀的益阳市金银山。经过10多年的奋力拼搏，公司取得了突飞猛进的发展，凭借“人诚品真，科技创新”的核心价值观和“为世界提供一流品质的铝电解电容器”的企业使命，面对日益激烈的市场环境，培育“人诚品真，科技创新”为核心价值观的企业文化。依靠科技创新，建立公司的研发体系，公司形成了以工程技术研究中心为核心，各专业课题（项目）组为基础，公司技术部和社会科研力量为支持的科研开发体系，不断推出新产品；通过技术改进，提高技术装备水平，确保产品质量，设备创新，主要采用3种方法:一是改手动操作为自动化，近两年，公司添置全自动钉卷机100台套，自动卷边机10台，自动测试上料机40台。 二是自制高技术高水平的配套产品贴片机100台，每台节省资金4万元，经过生产运行效果很好。三是引进国外先进设备，变几道工序为一道工序，降低人工成本，提高产品质量。今年年初，公司用170万元从韩国引进两台全自动老化机，使插板、老练、下架、测试四道工序一起完成，减少80%的操作人员，同时节约了能源消耗。如2005年，对自动测试机进行全面升级改造，一次购买先进的YC208B全自动测试机36台，淘汰自动测试机26台，新设备采用电脑控制，精度高、准确性好、可调性好，生产效率高达每台班5万只产量，一人可操作3台机器。为产量、质量的提升打下了良好的基础。

品牌创新，品牌营销拓展市场，创品牌就是产品质量的提升。公司经过几年的努力，节能灯、镇流器用“铝电解电容器”产品以其优异的产品质量，得到了德国欧司朗、荷兰飞利浦、美国GE、日本松下、日本东芝等国际知名企业认可。Aishi牌铝电解电容器已成为国际节能灯生产知名企业首选产品。如，某知名节能灯生产厂的一幅产品宣传广告，画面中将其节能灯露出Aishi牌铝电解电容器，来表示他的产品使用的铝电解电容器是可信赖的品牌。

公司十分重视管理创新，先后通过ISO 9000质量管理体系认证，ISO 14000环境管理体系认证和GB/T28001职业健康安全管理体系认证。2006年进行三标一体的整合。公司积极导入《卓越绩效评价准则》标准改进管理，并加强做好供应链管理，与供应商达到双赢；与此同时积极的开展技术创新、产品研发创新、品牌创新、资源利用创新、营销创新、设备创新、服务创新。为走向国际市场，挖掘出了源源不断的无限动力，2005年，完成年产值和年销售收入1.67亿元,比上年的1.07亿万元增长35.9%,上交国家税收745万元，2006年1~9月已完成产值和销售收入1.8亿元,比上年同期增长40%左右，上交国家税收768万元。2004年被省科技厅认定为“湖南省高新术企业”；2005年由省委、省政府授予“湖南省优秀非公有制企业”；2006年由中国电子元器件协会评选为“第19届中国电子元件百强企业”。

目前，企业生产经营形势很好，产品供不应求，多层次、多方位的销售服务网络已全面铺开，产品行销美国GE公司、德国欧司朗公司、荷兰飞利浦公司、中国长虹、欧普公司、TCL公司、创维、台和、台达等国内外知名电器厂家，公司呈现出欣欣向荣、蒸蒸日上的一派生机。

资兴东江鱼集团有限责任公司

资兴东江鱼集团有限责任公司是根据中央积极推进农业产业化的指示精神，依托东江湖这一独特自然资源，经资产重组与扩建成立的一家集水产科研、种苗孵化、饲料生产、水产养殖、加工、销售及旅游休闲观光于一体的农业产业化国家重点龙头企业、全国农产品加工业示范企业和湖南省“131”工程企业。公司现有员工810人，注册资本2100万元，联结带动农户2.2万户，户年均增收2500元。有效发挥了龙头企业的功能和作用。

公司与中国农业科学研究院、湖南省水产科学研究所、长沙理工大学、湖南农大、湖南师大等科研院校建立长期合作关系，成立了专门的水产科研机构——湖南淡水鱼工程技术中心。先后建立了鱼种鱼苗孵化基地、网箱养殖基地、大库放养基地、名贵鱼冷水鱼养殖基地、特种水产养殖基地和淡水鱼加工基地。

公司是东江湖渔业资源的唯一合法经营主体，公司经营的产品均来源于风光旖旎、水质达国家一级饮用水标准的东江湖。东江湖流域30万亩水面通过了无公害水产品产地认定、13个水产品通过了无公害水产品认证，8个品种通过了绿色有机食品认证。

公司积极推行ISO9001、QS、HACCP等质量管理体系。主导产品有鱼种鱼苗系列、鲜活鱼系列、鱼制品系列、鱼副产物加工产品系列、鱼饲料系列等。“东江湖”商标被评为湖南省著名商标，产品被评为湖南省名牌产品，并先后六次获得中国·湖南（国际）农博会金奖。

国投海南水泥有限责任公司

国投海南水泥有限责任公司位于海南岛西北部昌江县境内，是海南省规模最大、工艺装备最先进的水泥生产企业之一。公司另在澄迈县金江镇建有一座年产100万吨水泥的粉磨站。昌江厂区距海口196公里，东方八所港52公里，三亚204公里；金江粉磨站距海口56公里。昌江、金江两厂区均紧邻环岛西线高速公路和粤海铁路，两厂区内建有专用线与粤海铁路相连，交通十分便利。

公司矿产资源丰富，石灰石储量超过1亿吨，可供使用100年以上。

公司目前拥有两条窑外分解生产线，日产熟料5000吨，可年产水泥200万吨。生产线核心主机设备、计量系统、控制技术均从具有世界先进制造水平的公司引进。

公司目前定员近450人，其中高级职称5人，中级职称22人，初级职称62人，技术力量雄厚。

公司现在主要生产P O42.5R、P O42.5、P O32.5R、P O32.5、P C32.5、P F32.5等六个品种的水泥，产品质量稳定，被广泛用于粤海铁路、环岛高速、机场、洋浦港码头、海口市污水处理中心、南山文化苑、海军基地、新大洲工业园、国家粮食储备库等重点工程上，并受到一致好评。公司生产的“海岛”牌水泥是岛内公认的优质产品，也是目前岛内唯一的水泥国家免检产品。

海南金鹿农机发展股份有限公司

海南金鹿农机发展股份有限公司是海南省一家

生产、经营农用拖拉机及农机产品的龙头企业，公司的宗旨为致力于农机事业，以海南市场为主，辐射泛珠江区域，开拓东盟市场。在海南、广东、贵州、云南建有5个制造基地，为“三农”（农村、农业、农民）提供快捷、价廉、质优、服务好的农机产品。

主导产品金鹿牌工农–16K型系列拖拉机及各类农机产品生产能力30000台/年，金鹿牌工农–16K型后驱动拖拉机在海南省同类产品中市场占有率达95%以上，荣获国家实用新型产品专利，分别被评为海口市科技进步三等奖、海南省科技进步四等奖，2005年获“海南新型工业10佳杰出开拓企业”称号；2006年获“海南省名牌产品”称号。产品除在国内销售外，每年以50%的增长速度出口东盟市场。

公司2006年设立了“金鹿农机助学基金”，用于资助贫困学生，基金的来源由公司每售出一台金鹿拖拉机，即从中提取20元人民币作为金鹿农机助学专项基金。2006年获“支持海南省希望工程圆梦行动贡献单位”及“支持希望工程爱心企业”称号。

海南现代彩印包装有限公司

海南现代彩印包装有限公司，是海南现代科技集团下属骨干企业，始建于1996年，注册资金500万元，总投资1亿元人民币，位于海南省海口市，占地50亩，厂房面积1万平方米，是海南省内规模最大、设备最先进、生产技术及管理水平一流的国内著名的软包装印刷企业。是广州立白集团、东莞徐福记食品公司、海口椰树集团等国内著名企业长期定点供应商。

公司拥有国外进口与国内最先进的3条软包装彩印生产线。其中，10色双收双放高档凹版印刷机1台，8色高档凹版印刷机2台，高速干式复合机3台及相配套的其他后加工设备30多台。主要产品有洗涤用品包装袋、食品包装膜（袋）、药品包装膜（袋）、各类标签等，产品种类齐全，结构多样，远销全国各地，并出口到澳大利亚等国家，年销售额超亿元，每年以30%以上的增长率高速发展。

公司的管理和技术人员具有较高的文化素养和富有多年印刷包装行业知识及管理的实战经验，是一支具有很高专业水准、团结合作、开拓进取的优秀团队。

公司致力于“诚信、协力、超越”的企业文化建设。坚持走科技创新之路，采取“抓名牌、促品牌”的营销战略。经过10年的打造与磨炼。已通过ISO9001–2000质量体系认证，荣获国家药品监督管理局颁发的（I类）药品包装用材料注册证书。先后获得“中国包装优秀企业”、“海南省高新技术企业”、“海南工业行业排头兵”等各种荣誉称号。

“崇尚环保，追求完美”是公司服务于社会的理念。以“科学管理，精益求精，竭诚为顾客提供精美的产品和优质服务”的质量方针，创造出优质的产品，我们将与各界朋友携手共进，共展宏图。

海南三叶制药厂公司

海南三叶制药厂公司是以制药为主体，医药营销贸易、零售连包装印刷、医药化工和仓储物流为一体的股份制企业，总资产7亿元。拥有冻干粉针剂、颗粒剂、干混悬剂、胶囊剂、乳膏剂、片剂和口服制剂等近百个规格品种，两个GMP认证药品生产企业、三个GMP认证药品经营企业、一个医药印刷包装企业通过ISO9001–2000Z质量体系认证。“强必林”、“欣可诺”荣获“海南省名牌产品”、“海南GSP医药物流商城”成为全国首家“GSP共享仓库”单位、注射用加替沙星项目列入“国家火炬计划”，公司荣获全国用户满意企业、全国精神文明建设先进集体、全国文明单位和全国“五一劳动奖状”等荣誉。吴明总经理荣获海南省的杰出青年、创业企业家、功勋企业家和海南省劳动模范荣誉。

公司坚持“以人为本，科技兴企，营销先导，管理先行，质量为先”经营战略，突出“创新共赢模式，实现厂商价值一体化”行动理念，导入IT技术创建DPS营销终端网络，以质量与诚信强固和提升营销市场终端的运营体系、网络和保障机制，构建“经营差异化，管理人性化，机制个性化，文化亲情化”平台。以科技、资源优势拓展关联产业链接接，启动总投资13亿元的50万平方米的“三叶数码城”项目，荣获国家科技部“全国城市数字智能化示范项目”。导入CITY MALL理念，运用数码信息技术与城区服务对接，打造医药、科技、物流仓储、商业交易、办公居住与休闲的人文环境，建成后将形成年50亿的资金流、医药信息流和商业物流为一体的综合商业城区。公司热忱欢迎投资商加盟合作开发。

海南龙泉集团有限公司

海南龙泉集团创建于1993年7月25日，是集餐饮、酒店、娱乐、贸易、教育、食品加工、房地产开发、种植养殖等为一体的多元化、综合性大型企业集团。拥有餐厅、酒店等下属企业近30家，拥有文昌鸡养殖基地3个，总占地面积近5000多亩，位于文昌东路镇的龙泉文昌鸡基地被指定为文昌鸡（出口）示范基地，并被国家农业部指定为“文昌鸡生产标准示范创建基地”。公司董事长符史钦担任海南省政协委员、中国企业文化研究会常务理事、中国光彩事业促进会理事、中国烹饪协会常务理事、海南光彩事业促进会副会长、海南省归国华侨联合会常务理事、海南省华商联谊会常务副会长、海南省总商会常务理事、海口市总商会常务理事、海南省餐饮酒店行业协会理事长、海南省烹饪协会副会长等。

近年来，龙泉集团不遗余力借原产地标记注册打造海南文昌鸡品牌，打开出口通道，取得了显著成绩，为海南文昌鸡出口海外作出了极大贡献。2005年10月，在韩国首尔举行的第八届世界华商大会上，龙泉文昌鸡品牌宣传引起了与会代表的极大关注；2006年1月21日龙泉文昌鸡成功进入香港市场，9月20日打进了澳门市场。3月16日“龙泉文昌鸡北京推介会”在人民大会堂隆重举行，原全国人大常委会副委员长铁木耳·达瓦买提，国家农业部总经济师朱秀岩，海南省委常委、宣传部长周文彰，副省长林方略，北京市有关部门部门，北京市各大宾馆酒店负责人100余人出席了推介会。同年还在香港、澳门、北京和武汉相续举行了隆重的文昌鸡产品推介会。

13年龙泉创业路，正因为坚持“以人为本，精益求精”、“善于学习，勤于思考，勇于实践，敢于创新”的龙泉理念与精神，在2005年全国餐饮企业评比中，龙泉集团还是保持“全国餐饮百强企业”行列。龙泉集团在多来的经营发展过程中，创造的不仅仅是经济财富，更创造了显著的社会效益。

重庆三温暖电气有限公司

重庆三温暖电气有限公司成立于1995年，是专业从事中央供热系统产品的研发、制造、销售为一体的现代化企业，是中国第一家生产中央热水器的专业制造商，亦为重庆市家用电器工业协会副会长单位。现有厂房5000余平方米，机械加工及检测设备180台，职工200余人，中高级工程技术人员50多人。

公司以“保护环境、改善人类生活标准”为己任，关注行业高新技术，先后与意大利、法国等国的知名企业合作，产品档次保持与欧美同步。产品囊括：商用型燃气热水炉、商用型电热水炉、商用型空气源热水机组、家用型燃气热水器、家用型电热水器、家用型空气源热水器、灶具、油烟机、保洁柜等9大类共200多个品种。燃气类容积式热水器容量从125L~700L，电热水器容量从120L~800L。广泛适用于家庭、学校、别墅、宾馆、会所商务中心、美容美体中心、游泳池、娱乐中心等场所。

公司掌握了热水器行业尖端技术，拥有雄厚的技术实力，已通过ISO9001国际质量体系认证、中国强制性产品CCC认证、取得“全国工业产品生产许可证”。2000年公司被中国质量万里行授牌“质量定点示范单位”。2004年重庆市人民政府给公司颁发“高新技术企业认定证书”。2005年公司被重庆市中小企业局授予“重庆市诚信守法中小企业”称号。公司2004年~2006年间共获得中华人民共和国国家知识产权局五项专利。几年来，公司逐年发展，一步一个台阶，一年一个样，当前正在争取出口订单。我们公司的定位是：以建立现代企业制度为契机，以不断开发新品，提高产品科技含量，追求品质与视觉的完美结合，不断满足顾客需求为己任，以做大做实做强为目的，发挥好三温暖人的聪明才智，为走出重庆、走向中国，走向世界作出我们应有的贡献。

重庆山外山科技有限公司

重庆山外山科技有限公司是一家专业从事数字医疗设备研究、开发、生产、销售及服务的高新技术企业，是重庆市高新区投资重点扶持的企业，是国内最大的血液净化设备研发和生产基地。

公司研发、生产的SWS系列血液净化设备，拥有完全自主知识产权和专利技术。公司设有市级技术中心，该中心拥有一大批优秀人才和专家教授，具有较强的开发创新能力。公司还聘请了全国知名专家为公司提供技术支持和开发指导，从而保证了公司产品在技术上的国内领先地位，并与世界先进水并驾齐驱。

公司董事长兼总经理高光勇，现任重庆市软件行业“10佳英才”，重庆市医疗器械行业协会副会长，重庆市生物医学工程学会常务理事，中华医院管理学会血液净化专委会委员。

重庆山外山公司自2001年成立以来，总结出一条经验：靠科技自主创新打造市场核心竞争力。公司现已获得授权的发明专利1项，实用新型专利1项；已进入实质审查程序的发明专利1项；已初步审查合格的发明专利5项；已申请并获受理的实用新型专利6项。总计发明专利7项，实用新型专利7项，共计14项。

重庆精鼎药材科技开发有限公司

重庆精鼎药材科技开发有限公司是致力于中国西部地区原生药材——金银花深层次开发，发展地区民族经济的医药科技企业。公司以金银花产品开发为主要产业，通过提供人工栽培、规范化种植技术并经营高效的良种繁育、原药购销、精深加工建立功能多元化、使用快捷化、生产规程化、产品品牌化、营销战略化的生产经营模式，为用户提供高效、可靠、经济、适用的金银花系列产品。

公司为重庆市农业产业化市级重点农头企业。公司以诚信经营和服务为助推，以科技为先导快速发展，在市场实践中不断壮大，目前已成为享誉渝东南乃至川黔湘鄂交界区域的金银花专业制造厂家。“妙泉牌”金银花露荣获中国重庆名优农产品展销会“最受消费者欢迎产品奖”。

公司宗旨：以市场为本，以客户为尊。永远追求新技术、新产品、新服务。

重庆良奇灯饰电器制造有限公司

重庆良奇灯饰电器制造有限公司是根据《中华人民共和国公司法》注册设立的股份制企业，坐落于重庆市特色工业园区铜梁县金龙工业园区内。公司成立于2000年，成立之初只是开发生产灯杆产品，现已跨行业发展，研究生产了农机、家用秸秆制气炉、节能锅系列等近100种产品。公司现有3000万元固定资产，200余名员工的队伍，其中中高级工程技术人员36人，现有厂区面积30000余平方米，拥有大型折弯机、车床、等离子切割机等先进设备。公司于2003年通过了ISO9001：2000国际质量体系认证。2006年被重庆市科委授予“市级重点新产品”企业；中国轻工产品质量保障中心授予“质量服务信誉AAA品牌”。

公司特别重视科技攻关、企业自主创新和新产品研发工作。公司与重庆大学合作进行科技攻关，现已研制出3类18个品种的家用秸秆制气炉，并开发出烤火炉、热水器、红外线灶具、切柴机等配套产品，初步形成了生物质能源利用的产业链。目前公司拥有自有专利技术13项，已申报注册“良奇三木”商标。公司产品呈现出强大的生命力，已销往全国20多个省市自治区及非洲、东南亚等国家。欢迎来人、来电垂询。

重庆雁山机械制造（集团）有限公司

重庆雁山机械制造（集团）有限公司是一家新兴的民营企业，始建于1990年，现有4个全资子公司，资产上亿元，员工600余人，其中具有中高级职称的技术及管理人员约占员工总人数的12%。公司主要以机械制造为导向，集研发、生产、销售为一体，为汽车、摩托车、通用机械及其他机械设备领域提供配套服务，另生产兽药等药品。汽车领域：主要为各型重型车（重型卡车、客车）、轻型卡车、微型车、轿车等提供各类变速齿轮系列产品；与美国阿文美驰公司、重庆青山公司、綦江齿轮公司等10余家国内外知名企业有广泛合作关系。

摩托车及通机领域：摩托车方面主要为成车提供发动机齿轮系列、离合器系列、整车外观件等，遍及50CC至750CC，产品技术及市场占有率处于国内领先地位；通机方面主要提供各型齿轮、平衡轴等系列产品。合作伙伴主要有力帆集团、隆鑫集团、宗申集团等，同时出口东南亚、俄罗斯、南美等国家和地区。

公司专业从事齿轮开发制造多年，拥有较为丰富的齿轮专业知识和经验、成熟的技术工艺体系和较强的设计创新能力，在制造过程中广泛采用国外先进技术工艺和设备，拥有自营进出口权。公司一贯重视质量管理，已通过ISO9001：2000国际质量体系认证，目前正积极准备申请TS16949、ISO14001的认证。

公司在2005年创造了产值31836万元，收入30775万元，利润3075万元的成绩；2006年1~9月份，就已经创造了产值30508万元，收入29335万元，利润2582万元的优异成绩。

企业荣誉主要有：全国青年文明号、全国诚信守法乡镇企业、重庆市民营企业五十强、重庆市守合同重信用企业、重庆市百户重点私营企业、重庆市小巨人企业等。

公司法人代表曾山，现为重庆市政协农委委员、重庆市沙坪坝区政协常委、重庆市中小企业协会副会长、重庆市私个协副会长、沙坪坝区工商联合会副会长、沙区企业诚信协会副会长。先后被评为重庆市10大优秀青年企业家、重庆市10大杰出青年乡镇企业厂长（经理）、10佳文明市民。

重庆明天机械有限公司

重庆明天机械有限公司成立于2003年，占地面积约27000平方米。公司现有员工300人、其中高6人、高级会计师3人、工程师20 人、技工180人；是一家具有高度社会责任感的民营企业，公司一贯坚持超越满足顾客的期望的质量方针，切实贯彻执行了QS9000、TS16949、Q1等质量体系与ISO14001环保体系。

公司现主要生产有：汽车车身大型外观覆盖件系列、低盘零部件系列、发动机悬挂系列、发动机挂钩与支架系列、机油盘焊接总成系列。公司现主要的客户：长安汽车有限公司、长安福特马自达有限公司、南京福特马自达等国内主机配套厂家，公司具有自出口经营权，现有产品出口到北美、印度、南非等国家。

公司主要从事汽车整车冲焊零部件设计开发与制造，公司成功的为长安集团设计开发制造了发动机托架焊接总成，并通过了20000公里路试，得到了长安集团的认可，从而为替代进口的发动机托架部分打下了基础。公司还开发制造了启动机隔热罩总成、发动机悬挂总成系列、并设计开发的多个产品已实现了批量投产。

成都市新筑路桥机械股份有限公司

成都市新筑路桥机械股份有限公司位于四川省成都市新津川浙合作工业园区，公司占地面积13万平方米，注册资金5500万元，固定资产总额3.7亿元。公司现有员工1000余人，其中研发人员占员工总数的21%以上。公司主要从事桥梁伸缩装置、橡胶支座（盆式、板式）、预应力锚具等公路铁路桥梁构件产品和多功能道路材料摊铺机、搅拌设备、铣刨机等路面施工养护机械设备及橡胶沥青路面新材料的研发、生产、销售和服务，下属多个专业化的产品制造基地，具有较强的研发和制造能力。

公司和公司产品近年来多次被中国质量管理协会和全国用户委员会评为“全国用户满意企业”和“全国用户满意产品”，“新筑牌”注册商标被评为“四川省著名商标”。公司生产的桥梁构件产品、路面施工养护机械设备和橡胶沥青路面新材料达到国内领先技术水平，广泛应用于国内外公路、铁路、机场、水利及市政等工程，客户遍布全国各地及东南亚和中东地区，备受各界高度赞誉。

“新鸿鹄之志，筑天地通途”是我们的追求。新筑人正按照科学发展观的要求，实施产业升级和战略调整，在可持续环保型公路养护设备、材料的研发制造和养护施工行业及高速铁路和高速公路建设行业中取得了重大突破和发展。新筑人将以为社会创造价值，为客户提供筑养路方面更全面、系统的集成解决方案为己任，以更优质的产品和服务为中国交通建设作出新的贡献。

贵阳南明老干妈风味食品有限公司

成立于1996年，拥有员工2000余人，管理、技术人员246人。公司秉承“诚信为本，务实进取”的精神，通过9年的艰苦创业，企业已经发展成为全国知名企业、国家级农业产业化经营重点龙头企业。目前老干妈公司已形成日产量120万瓶辣椒制品的生产能力，主要生产风味豆豉、油辣椒、鲜牛肉末、水豆豉、风味腐乳等20余个系列产品，是目前国内生产及销售量最大的辣椒制品生产企业，产品还出口到美国、澳大利亚、加拿大、新西兰等30 多个国家和地区。公司通过了ISO9001：2000质量体系、ISO14001：1996环境管理体系和HACCP认证，产品通过了“绿色食品”认证。2005年企业产值突破10亿元，上缴国家税金1.4亿元，“老干妈”荣获“中国名牌产品”称号，企业“油辣椒”产品标准上升为国家标准。公司董事长陶华碧女士虽然只有初小文化，但以零起家、看准了油辣椒的市场前景，以情感人，增强了企业凝聚力，以诚经商，用责任来维护企业声誉。她曾获全国“三八”红旗手、全国巾帼建功标兵、中国百名优秀企业家等称号。

贵州味美食品工业有限公司

成立于2001年，是一家专业从事天然调味品、食品添加剂和医药保健品的研究、开发、生产及销售的非公有制高科技实体，公司拥有自己的研发中心。目前拥有员工129人，其中中层以上管理人员17人，博士2人，硕士3人，本科学历14人，其中技术开发人员占员工比例5%。主要生产调味油系列、食用调和油系列、功能性食品（软胶囊系列）和方便小菜系列。其中，姜油、葱油已获得国家知识产权局的专利保护，具有中国独家生产、经营、销售的权利，蒜油专利已进入实审阶段。公司通过了全国工业产品生产许可证（QS）、ISO9001：2000国际质量体系认证及HACCP食品安全体系认证。

公司现已发展成为中国国内市场以及东南亚等市场上调味油及食品添加剂的主要供应商之一。主要客户有顶新集团、华龙集团、日本日清食品株式会社、爱芬食品、新加坡志成油脂、瑞士奇华顿等国际知名食品企业，产品远销到韩国、英国、澳大利亚、美国、土耳其等十几个国家和地区。是“阿里巴巴”网站的主要发起人和形象代言企业，获得首届CCTV “全国十大网商”的荣誉称号。

贵州信邦制药股份有限公司

成立于1995年元月，是一家是以生产纯天然中成药物为主的制药企业。公司立足于贵州少数民族地区独特的中草药资源优势，已发展成为注册资本6510万元，总资产规模3.3亿元的高科技专业制药企业。公司现形成了集种植、科研、生产、营销为一体的完整的产业链条。拥有员工470人，其中工程技术人员143人，质量管理人员24人。

公司拥有国药准字号的品种有34个，胶囊、颗粒、片剂、滴剂、口服溶液剂等生产线都通过了GMP认证，形成了年产片剂10亿片、胶囊1亿粒、颗粒6000万袋、口服溶液剂500万瓶、滴剂500万瓶的生产规模。建有覆盖全国31个省市的营销网络，“信邦”注册商标荣获“贵州省著名商标”称号。公司拥有中、西药新药研究与开发的药物研究公司、工程技术研究中心和国内一流的中药制剂机械设备和完善的检测仪器，技术力量雄厚，拥有专利技术2项。公司拥有中药材种植基地，其中何首乌、太子参两个中药材品种通过GAP认证，成为贵州省首家通过GAP认证的企业，也是国内首家一次性通过两个品种GAP认证的企业。

公司董事长张观福现任省政协常委（第7届、第8届）、省青联副主席、省非公有制经济明星企业家、省首届10大青年企业家。

贵州百花医药集团

组建于2004年3月，是集新药研发、药品生产、药品批发、医学研究及治疗、中药材种植、投资理财于一体的现代化企业集团。集团拥有参股、控股企业共10家，现有员工1100余人，注册资本1亿元人民币。2004年11月通过国家GMP认证，现拥有能生产15种剂型的9条生产线。建设有2万余亩的吴茱萸、茯苓、鱼腥草GAP基地。以贵州百花医药集团为生产基础，依托浙江大学、中国中医科学院、重庆中药研究院、贵阳中医学院、遵义医学院等一批省内外高等院校、科研院所的科技资源建设了“遵义市医药科技工程研究开发中心”（含药物质量监测中心），该中心正在进行2个三类、4个六类、5个八类新药的研究。

公司拳头产品有百花杜仲降压片、百花八味和胃口服液（国家火炬计划项目）、百花六味防脱生发酊、百花消炎止咳片等。公司2005年销售收入为1.12亿元，与四年前改制时相比，增长111.2倍。2005年，分别被贵州省科技厅和遵义市政府授予“贵州省高新技术企业”和“遵义市中医药现代化重点企业”称号。

贵州东太农业股份有限公司

成立于2005年6月，是经贵州省人民政府批准成立的贵州省第一家农业股份制公司，公司注册资金1260万元，拟作为正在注册的东太农业集团的母公司，目前，公司经营范围涉及农副产品批发市场建设及运营、气调贮藏保鲜、生态植物园建设、林业开发等产业，已初步构成集基地、贮藏、市场、物流为一体的东太农业产业链。

为解决农业开发投入大、见效慢的问题，实现“以短养长，反哺农业”，东太农业股份有限公司积极发展多种经营，开展广告、投资担保、物流服务等辅助产业。2006~2010年间，贵州东太农业股份有限公司将以农产品市场建设为龙头，联结农产品加工和观光农业，建设农产品质量检验检测系统，信息网络系统和电子商务系统，使之成为高起点、大规模、高科技、高档次的国家级农业产业化龙头企业。

公司董事长姜流现任铜仁地区青年企业家协会会长等、是贵州省第9届政协委员、荣获团中央、农业部授予“全国优秀青年乡镇企业家称号”。

云南澜沧江啤酒企业集团有限公司

云南澜沧江啤酒企业集团有限公司创建于1985年1月。21年来，公司坚持以邓小平理论和“三个代表”重要思想为指导，立足“农”字作文章，坚持“业系农业，厂系农村，心系农民”为立业宗旨和发展方向，坚持“老老实实做人，实实在在做事”为做人做事准则。目前，全集团现拥有总资产12.4亿元，员工5000多人，三大主导产业年产规模为啤酒20万吨、白酒7万吨、原生茶饮料10万吨及原生绿茶1800吨、原生普洱茶1500吨、原生CTC红碎茶1000吨，主要产品有澜沧江啤酒、云南老窖、澜沧江清酒、高粱醇酒、澜沧江小白、澜沧江原生茶饮料、原生普洱袋泡茶及麦芽等80多个澜沧江系列产品，销售覆盖全省129个县（市）市场，省外部分市场及泰国、缅甸、老挝等国外市场。是目前我省最大的啤酒、白酒、原生茶生产销售企业，是一个典型的以农村为依托，以农副产品深加工为载体，以农民增收为目的，以市场为导向，集约型发展的地方民营企业，是农业产业化经营省级重点龙头企业。2005年，全集团实现销售收入5.6亿元，上缴税金3400多万元，被省人民政府列为“重点扶持的10户生物加工产业企业”，云南省工业企业联合会授予“云南省百强企业第44强”；被云南省农村劳动力转移及劳务输出工作领导小组办公室授予“云南省农村劳动力转移就业培训基地”；被云南省国家税务局表彰为“全省500万元以上纳税人之第38位”。

“十一五”期间，集团公司继续实施“强化大集团，建设大市场，树立大品牌”发展战略。全集团计划到2010年实现销售收入突破15亿元，计划啤酒年产量突破50万吨，白酒和原生茶饮料达到生产规模。在今后的工作中，我公司始终坚持“业系农业，厂系农村，心系农民”发展方向不动摇，全面贯彻落实科学发展观，不断自主创新，为我省全面建设小康社会和社会主义新农村建设再作新的贡献，真正把“澜沧江”打造成为“云南的、中国的、世界的”知名品牌。

云南南磷集团股份有限公司

云南南磷集团是一家集磷产品及其他化工产品的开发、生产、经营、进出口贸易为一体的综合性集团公司，在管理、生产、营销、人才、质量、品牌经营上精益求精，诚信为本，坚持走新型工业化发展与出口贸易相结合的道路，保证了企业健康持续地发展。创造了的企业品牌Yunphos已成为一个走出国门、客户遍及全球的业内知名品牌。

目前南磷集团有下属全资子公司及各类合资企业15家，逐步形成以昆明为中心，辐射多个地区的黄磷、赤磷、磷酸生产加工基地。其中，中外合资企业3家，外方均为国际知名企业，由于衍生产品的引入，为南磷集团在磷系列产品的深加工方面走出一条崭新的路子，也为云南省的磷加工只能生产初级原料，而无进一步深加工弥补了空白。集团现有职工1800人，拥有年产黄磷10万吨、磷酸7.5万吨、磷铁10000吨及赤磷2000吨的生产能力。

为进一步加强出口基地建设，积极参与国有企业改制与重组的号召，先后在罗平、陆良、寻甸参与国有企业改制。2005年集团共实现工业总产值114660万元，出口创汇11000余万美元，年缴纳各种税金15900余万元，黄磷出口量在全国出口总量中占到40%以上，自1997年起连续九年成为中国黄磷最大的出口商，多次受到各级政府的嘉奖，为云南经济发展做出了积极的贡献。

云南爱迪科技有限公司

云南爱迪科技有限公司成立于1991年初，是以IT技术为核心、产品平台为依托、客户服务为中心的IT综合解决方案提供商。公司以技术增值平台、营销平台、运营平台为功能模块，细分30余个服务机构和业务团队。

公司主营系统集成、软件开发与软件服务、电子信息产品加工制造及连锁销售、信息技术培训等业务。主要产品包括："爱迪"牌微型计算机、笔记本电脑、服务器，自有软件产品、代理SONY、IBM、HP产品等。提供包括软件开发、网络集成、智能化工程设计实施、电子产品代加工、IT高端人才教育培训等在内的各项客户服务。

公司以昆明总部为基础，营销网络分布于云南市场，业务辐射北京、上海、内蒙古、长沙等地，是一个全国性的IT公司。企业从业人数230人，企业资产4000万元，年均销售收入上亿元。

相关大事：

2003年通过CMM2国际软件成熟度认证；

2003年通过国家计算机3C认证证书；

2003年"爱迪"商标获得云南省著名商标证书；

2004年取得了ISO9001：2000国际质量体系认证证书；

2004年取得国家进出口企业资格证书；

2004年获得云南省非公办《2004年度非公经济发展专项资金扶持计划》扶持；

2005年成为云南省电子信息产业10户重点扶持企业之一；

2006年取得信息产业部颁发的计算机信息系统集成资质三级资质。

通变电器有限公司

通变电器有限公司始建于1955年，其前称为通海县农业机械厂，企业体制为县属国有企业。1958年更名为通海机械厂，1980年已经拥有180余名职工，100万元固定资产，当年完成工业总产值132万元，1982年，通变的领导班子毅然丢下了已经初具生产规模的电机产品的生产，集中全部力量，对变压器产品进行深度开发。

1997年9月试行改革，组建了"云南通变电器集团股份有限公司"，开始了二次创业的新起点。2000年，公司在经营局面稳定发展的良好形势下，实施组建了总投资额约2000万元的"润思雅"绿色食品有限公司，为通变企业扩大经营，实施战略调整，达到了国家税收增收企业资产增值，员工收入增加的目的。同时，顺利地完成了由国有企业向民营企业体制转换的再度改制，2003~2005三年中企业的各项经济指标不断攀升。2005年，企业当年完成工业产值5.01亿、销售4.9亿，应缴税金1389万元，实现利润911万元。

近10年中，公司先后完成了几番重大技术改造的项目，相继开发了S7、S8、S9、S10、S11等一大批性能优良、节能效果显著的变压器产品，完善了生产110kV及以下电压等级，单机容量达63000kVA变压器产品的必备条件，顺利通过了贯彻ISO9001国际标准的质量体系认证，组建了市级机电产品技术研发中心，企业被评定为省级高新技术企业。通变逐步跻身于国内变压器行业强手之林。

时代在发展，社会在进步，我们将牢牢把握市场机遇，毫不松懈地抓紧抓好企业各方面的工作，赢得发展，赢得未来。

昆明滇虹药业有限公司

昆明滇虹药业有限公司坐落于昆明国家高新技术产业开发区，前身为滇虹天然药物厂，于1993年注册成立，1997年与美国大东企业合资，正式注册为中美合资昆明滇虹药业有限公司，中方云南滇虹药业集团股份有限公司控股。

历经12余年的发展，一个1993年仅能生产单一产品的小厂，今日已成长为7个剂型通过国家GMP认证，10个品种均拥有自主知识产权，拥有研发、生产、营销、管理专业人员2000余名的生机无限的民营制药企业。2005年度上缴国家税金5500余万元，迄今累计纳税额超过3亿元，综合排名跃居云南制药企业第二位。

通过巨资投入和持续的创牌、护牌工程，滇虹药业注册商标“康王”以其广泛的美誉度和影响力，于2006年元月被认定为“中国驰名商标”，“康王”成为国内医药产业的响亮品牌。滇虹“康王”旗下产品包括知名品牌“皮康王”、“康王发用洗剂”和被列入“国家基本医疗保险药品目录”的“骨痛灵酊”、“余麦口咽合剂”、“丹莪妇康煎膏”等，系列药品以质量可靠、疗效确切赢得众多患者青睐，销售网络覆盖全国、东南亚国家及非洲地区。在云南省年销售过亿的8个品种中，滇虹药业的“皮康王”、“康王发用洗剂”以稳定的销售增长占据2席，“康王”品牌拥有了越来越广泛的社会知名度和美誉度。由此公司也正式确立了植根于品牌的“以药品为主体，以化妆品和保健品为两翼”的产业发展战略，立足制药的同时，更拓宽发展道路，在健康产业以良好的发展态势傲视同侪。

滇虹药业被云南省人民政府列为“省重点制药企业”，被中华全国工商联和国家税务总局评为“诚信纳税”企业，被全国总工会和中华全国工商联评为“双爱双评”先进企业，多次荣获国家有关部委、省市区各级政府表彰奖励，多次接待国家和国外领导人、省市领导的参观访问。依托高质量的产品优势和良好的企业文化积淀，滇虹领导者思路开阔、决策英明，滇虹人进取向上、充满生机。秉持“以人为本、艰苦奋斗、科技兴药”的企业理念，怀着“关注健康，造福人类”的企业追求，滇虹愿与社会各界人士携手，共襄医药产业美好未来。

兰州黄河嘉酿啤酒有限公司

兰州黄河企业股份有限公司系1993年9月经甘肃省体改委批准设立，由兰州黄河企业集团公司牵头发起设立的股份制企业。经中国证监会证监批准，公司于1999年5月在深交所公开发行A股上市。目前，公司注册资金为1.6亿元左右。

公司属于以生产和销售啤酒产品为主的工业制造企业，主要产品为各种规格、档次的黄河系列啤酒、黄河梦系列饮料、麦芽等。公司拥有兰州黄河啤酒有限公司、兰州黄河高效农业发展有限公司、兰州黄河科技风险投资有限公司、兰州黄河麦芽有限公司和酒泉西部啤酒有限公司五个控股子公司，总资产7.8亿元人民币。

公司啤酒年生产能力25万吨，并于2000年通过了ISO9002国际质量体系认证，产品被北京钓鱼台国宾馆指定为国宴用酒，已成为行销全国30个省市区市场骨干品牌之一，并拥有部分周边国家市场。2001年10月公司投资8000万元引进了世界先进水平的纯生啤生产线，也是目前西北地区惟一的一条纯生啤酒生产线。2002年2月，黄河啤酒商标被国家工商总局认定为中国驰名商标，成为甘肃省第一个民用消费品中国驰名商标。

兰州黄河始终把以人为本作为根本理念，把开拓创新作为根本动力，把科学管理作为根本要素。面临“入世”和“西部开发”为契机，黄河人将不断坚定理念、释放动力、重视要素、抢抓机遇，争取为甘肃的经济建设做出卓越贡献。

甘肃奇正实业集团有限公司

奇正集团创建于1993年，是以研制、开发、生产、销售新剂型藏药为宗旨的高新技术企业，现已发展成为集科、工、贸为一体的大型民族药业集团。

奇正集团发扬“向善利他，正道正业”的企业精神，立身民族药业，不懈追求诚信，为社会提供药理科学、安全有效、用料纯正、使用方便的藏医药产品和保健品。

奇正集团下属10家企业，其中甘南佛阁藏药有限公司、西藏林芝奇正藏药厂、甘肃奇正藏药有限公司3家药厂均通过了国家药品监督管理局的GMP认证，为传统藏药的现代化生产建立了稳固的质量保证体系。

“奇正消痛贴膏”解决了传统外敷膏药药物活性成分不能长久保存和药效不能充分发挥的两大难题，实现了外敷药制剂的一次革命。1998年3月，“奇正消痛贴膏”荣获“第26届日内瓦国际发明与新技术博览会金奖”，被国内外媒体称“藏药科技史上零的突破”。1998年12月，“奇正消痛贴膏”和奇正精品藏药系列12种产品荣获“香港首届世界华人发明博览会金奖”。2001年1月，“奇正消痛贴膏的开发与生产”荣获国家科技进步二等奖，又一次填写了西藏科技史的空白。连续3年，“奇正消痛贴膏”取得了全国外用药贴剂销量排名第一的好成绩。

奇正集团建立了遍布全国的三级营销网络，拥有30个销售分支机构，经过对国际市场的研究和持续开发，目前，奇正集团已经将多种产品销往多个国家和地区。奇正集团销售收入继2002年突破2亿元后，持续增长。

1997年，奇正集团董事长雷菊芳被授予国家光彩事业奖章；1999年，董事长雷菊芳被评为全国“十大扶贫状元”；2000年4月，董事长雷菊芳当选中国光彩事业促进会副会长，2002年3月，董事长雷菊芳获评首届海内外有影响力的“《中国妇女》时代人物”，2003年1月，董事长雷菊芳获评中国科协“中国西部开发突出贡献奖”，董事长雷菊芳光荣当选为第10届全国人大代表。

甘肃建新实业集团

甘肃建新实业集团是国内有色金属行业具有一定经济实力的民营企业集团。现有在册职工540多人，从业人员1400余人。总资产6.4亿元，其中固定资产3.5亿元，年实现销售收入6亿元，年实现税金2000多万元，年实现利润3000万元，年出口创汇2000多万美元，被国家对外经济贸易合作部赋予自营进出口资格单位。经营项目有：生产销售铅、锌精矿粉，内销和出口锌锭，铅锌矿的开采、浮选，日处理铅锌铜原矿5000多吨；另外还兼营石油、煤炭的开采，经济林的开发，高科技农业开发和房地产开发等项目，形成了贸、工、农，产、供、销为一体的经营格局。

为落实国家关于“西部大开发要以生态建设为重点”的战略决策，把资源开发与生态建设结合起来，在甘肃徽县建立了占地面积2000多亩的经济林开发区，已种植了银杏、落叶松、白杨等林木，预计5年后将会产生经济效益，并形成一定规模的生态效应，在海南省经营5000亩土地进行高科技农业开发、水产品养殖、农作物种植、旅游开发等项目，这些项目的投资开发不但会成为公司永久性的经济资源，而且是受益社会，造福万代的生态建设和社会公益事业。

近年来，公司发展迅猛，经济实力得到加强，已成为颇具实力的民营企业集团和创税大户，为国家、为社会做出了巨大贡献，企业先后被评为“中国民营企业500强”、“甘肃省50强私营企业”、“甘肃省AAA级信用企业”、甘肃省“全省发展非公有制先进企业”、全国工商联及国家税务总局等三部局授予“诚信纳税会员企业”。

刘建民董事长兼总经理，先后被省、地、县及国家有关部门授予“优秀企业家”、“优秀乡镇企业家”、“先进民营企业家”、“先进个体劳动者”、“中国经营模范”等称号，并担任甘肃省个体劳动者协会常务副理事，甘肃省工商联执委，政协徽县常委等社会职务。

庆阳市陇东农副产品集团

庆阳市陇东农副产品集团有限公司是以经营农副产品为主的生产加工开发型企业。主要经营的产品有：光板瓜子（仁）、雪白瓜子、无壳瓜子、葵花子仁、杏干、苦杏仁、松子仁、黑红西瓜子、核桃仁、黄花菜、干鲜果以及各种豆类产品。

公司占地面积80,000多平方米，建筑面积为18,000平方米。本部设有六个职能部门：生产部、采购部、进出口部、质检部、财务部、业务开发部。另外，在大连口岸设有办事处。多年来培养了一批懂企业管理，精业务技能的专业人才。公司现有资产1.2亿元人民币，其中固定资产8,200万元，农副产品年产值1.5亿元，年产量1.5万吨。

农副产品加工配套设施齐全，有分选机、筛选机、破壳机、清杂机、去石机、烘干机、真空包装机，比重机，色选机，金属探测仪等一系列先进完善的设备。质检部专门配置了精密的检验仪器，在生产加工过程中跟踪监测，使产品质量能够得到保证。并且通过了ISO9001质量管理体系认证。

赵杰总经，被省、地区评为“优秀企业家”，并荣获“2005年度省级和全国劳动模范”。

天水华圆制药设备科技有限责任公司

天水华圆制药设备科技有限责任公司是一家专注于经营微波能应用产品以及制药设备开发、生产、销售的外商投资企业，是甘肃省科学技术厅认定的高新技术企业，中国制药装备行业协会会员，中国医药设备工程协会会员，甘肃省先进企业，科技型中小企业技术创新基金项目国家资助企业。公司的主导产品为微波能应用设备、全自动包装生产线、全自动制丸生产线三大系列，60余种。获得国家专利实用新型20多项。微波能应用和制丸机系列产品在制药行业处于领先水平。

天水华圆制药设备科技有限责任公司是一家专注于经营微波能应用产品以及制药设备开发、生产、销售的外商投资企业，是甘肃省科学技术厅认定的高新技术企业，中国制药装备行业协会会员，中国医药设备工程协会会员，甘肃省先进企业，科技型中小企业技术创新基金项目国家资助企业。公司的主导产品为微波能应用设备、全自动包装生产线、全自动制丸生产线三大系列，60余种。获得国家专利实用新型20多项。微波能应用和制丸机系列产品在制药行业处于领先水平。产品已覆盖全国六大区32个省、市、自治区的五百多家企业，并远销日本、韩国、朝鲜、泰国、马来西亚、香港等国家，深受国内外用户的青睐。

德海（宁夏）实业集团

德海（宁夏）土畜产品集团股份有限公司成立于1998年9月，现已发展成为现代化的企业集团。公司从创立之初就严格按照《公司法》建立现代企业制度，实现科学化、规范化管理，以现代企业标准规范企业行为，下设八个公司产权明晰，管理制度健全，生产经营稳定，取得了良好的经济效益和社会效益。为自治区政府确定的30家非公有制重点骨干企业之一和商务厅确定为17

家重点出口创汇企业之一；宁夏轻纺工业50户重点企业之一；商务部企业诚信AA①和进出口示范单位；中国AAA级重质量守信用企业；中国质量万里行全国先进单位、自治区诚信十佳企业；自治区中外企业发展促进会诚信经营文明发展先进企业；自治区绒毛加工“龙头”企业；吴忠市农业产业化重点龙头企业。在全国畜产品行业2700家企业评选中，被国家畜产品流通协会选定为全国重点羊绒加工企业；国家商品检验检疫局确定为中国定点存放水洗厂。德海公司的无毛绒产品在国内外有很高的信誉，拥有全球化的经营网络，产品远销26个国家和地区，并与上百家外商建立了合作关系。目前年加工、生产量占全世界羊绒年产量的10%。

公司董事长马海科现任中国畜产品流通协会副会长；自治区8届政协委员；全国工商联9大代表；宁夏回族自治区工商联常务委员；宁夏工商商会会长；宁夏工商商会企业信用担保基金管理中心主任；全国首届优秀环境科技实业家称号；自治区首届优秀环境科技实业家称号；宁夏羊绒商会常务副会长；宁夏民营企业家协会副会长；自治区环境科学学会副理事长；宁夏绒毛皮革工业协会常务副会长。撰写的《羊绒产业发展与生态环境安全》荣获全国优秀论文特等奖。其本人以骄人的业绩，为宁夏羊绒产业的发展做出了很大的贡献，得到社会各界的广泛赞誉。

宁夏红枸杞产业集团

宁夏红枸杞产业集团有限公司创立于1996年，公司成立后，充分挖掘当地枸杞资源优势，经过多年的研发，发展成为以枸杞、葡萄深加工为主营业务的农产品深加工科技企业。公司坚持以科技打造品牌、以质量开拓市场、靠信用树立形象的方针，凭借严格的管理，不断整合多种资源，先后通过了ISO9001、ISO14001、HACCP以及绿色食品A级认证。经过多年的发展，已成为宁夏回族自治区优势骨干企业、国家级农业产业化重点龙头企业，今年被自治区人民政府确定为扶贫龙头企业。2005年公司被评为“中国最具竞争力100强企业第53名”，宁夏红枸杞果酒与五粮液、茅台等名酒一起入选“中国最具影响力20强酒类品牌”。

公司现有职工1760人，拥有资产7.5亿元。2005年实现产值45150万元，实现利税12000万元。2006年底，将实现产值49250万元，实现销售收入46110万元，实现利税12500万元。

企业技术力量雄厚，拥有一支高素质的专业技术队伍，并配备了高效液相色谱仪、气相色谱仪、原子分析仪等先进的仪器设备，组建了“宁夏枸杞工程技术研究中心”和“博士后科研工作站”。它既是培养科技人才的基地，又是引进优秀人才的通道，为企业科技工作者提供了施展才华的广阔平台。

为了适应市场快速增长的需求，公司从意大利引进宁夏红枸杞果酒专用生产线，建造了现代化综合车间，按照GMP格式标准进行控制和生产，枸杞果酒产量达到年产20000吨。公司积极调整经营结构，充分挖掘利用枸杞的药用价值、文化价值，以宁夏红枸杞果酒为主导产品，相继开发出了12°、18°、28°、38°多种规格和档次的宁夏红枸杞果酒，形成了以一品牌为主转向多品牌发展，以区域市场转向全国市场和开拓国际市场的发展战略。

企业营销网络已遍布全国所有省、市、自治区的260多个中心城市。在产品畅销国内市场的基础上，公司积极拓展海外市场，实施“走出去”战略和“出口品牌”战略。2004年8月，公司投资123万美元在英国开曼群岛注册“宁夏红中宁枸杞公司”等两家子公司为涉外公司，成为具有自主出口创汇能力的公司。2005年，公司进一步拓展海外市场，在美国、新加坡等7个国家和地区注册了分公司，在40多个国家注册了商标，在韩国、香港、澳门等国家和地区开展了产品展览、广告宣传，扩大了产品在境外的知名度。2005年，宁夏红枸杞果酒销往日本、韩国、加拿大、香港等国家和地区。

“宁夏红科技园”是公司“十一五”期间的重点开发项目区，也是自治区人民政府确定的重点支持项目。“宁夏红科技园”将建成集枸杞文化博览、观光、旅游、加工、销售、服务等为一体的现代化工业生态园。项目建成投产后，将形成一个集枸杞文化博览、观光、加工一体化，开放式的4A级旅游景点。可实现年产值514756万元，实现利税150000万元，可解决劳动力就业6000人。

宁夏红枸杞产业集团有限公司董事长张金山，获2004年世界经理人杂志“蒙代尔世界经理人未来领袖成就奖”、中国光彩事业奖章、2002年获中华全国总工会授予“五一”劳动奖章，是首次全国民营企业家获此殊荣的4位得主之一。2004年获全国酿酒行业百名先进个人、2005年被授予全国农业产业化先进工作者称号和中国小康建设10佳人物称号。首次荣获宁夏十大经济人物殊荣、2006年获宁夏十大新闻人物殊荣等。现任宁夏红枸杞产业集团有限公司董事长、总裁并担任宁夏中卫市政协副主席、自治区工商联常委、自治区科协常委、宁夏回族自治区政协委员等职。

奇正藏药集团

奇正藏药集团在西藏创业12年整，有幸走近藏医药殿堂。在西藏12年创业的切身体会是：没有传承，传统产业就缺失了灵魂，没有创新，传统产业就没有了生命力，只有融合古老文明和传统智慧，创新现代市场理念，才是推动藏药行业整体进步的根本路径。创新是把感悟和技术转化为能够创造新的市值，实现藏药潜在的经济和社会价值的过程。奇正藏药集团一直追求提升创新能力，不断提高对藏药的理解，发现最能体现藏药智慧与功效的瑰宝。

消痛贴膏是奇正藏药集团通过自主创新研制的外用湿敷贴剂，既汇集了外用膏剂和涂搽剂的优点，又克服了它们的不足之处，是奇正藏药集团自主研制的一种外用新剂型。消痛贴膏一经上市就受到了广大患者的欢迎，多年来为奇正藏药集团创造了巨大的社会效益和经济效益。

消痛贴膏获得"第26届日内瓦国际发明与新技术博览会金奖"、"香港首届世界华人发明博览会"金奖、国家科技进步二等奖等多项国际、国内大奖，被列入国家中药保护品种和国家保密技术产品。1999年消痛贴膏销售额突破了1亿元大关，2003年超过了2亿元，2004年达到3亿元，连续多年排名全国外用贴剂第一名，2005年销售额是3.47亿元。国内市场占有率达到23%。消痛贴膏还成功地打入了国际市场，出口到香港、欧洲及东南亚国家。截至到2005年，奇正藏药集团累计纳税超过了2亿元。

消痛贴膏研制成功后，奇正藏药集团对其加强了自主知识产权的保护，申请了国家专利，申报了国家技术保密，还对产品进行诀窍保密，消痛贴膏已经获得了专利证书和国家保密证书。

通过消痛贴膏的成功上市，奇正藏药集团树立了以提升企业自主创新能力为核心的研发体系。改善创新环境：建立国家企业技术中心，购进国内一流的研发设施，为开展自主创新活动创立了舒适的工作环境；加大研发投入：2003年、2004年、2005年的研发投入分别是840万元、860万元、1500万元，为开展自主创新活动提供了保障；培养创新人才队伍：自主创新，是一项复杂的系统工程，需要一大批不同类型的人才，奇正藏药集团把培养和吸引技术创新人才作为一项重要的战略任务来实施，建立了专家队伍体系，培养了一大批中、藏族科研人员，集团现有科研人员100多人，为开展自主创新活动打下了基础；实施激励机制：包括精神激励和物质激励两个方面，为创新贡献者提供得到社会承认、实现自我价值的有利条件，根据贡献的不同支付报酬，对特殊贡献者给予特殊奖励，通过实施激励机制为开展自主创新注入了活力。奇正藏药集团依靠制度性规范，建立健全创新机制，激励全体员工保持对新方法、新事物强烈的好奇心，鼓励员工不遗余力、穷尽方法，在职务工作中保持创新意识与创新行为。努力为员工提供创新机会、职务空间和资源条件，对基于创新的失败保持宽容心和平常心，把基于创新的失败看作是企业的财富。

奇正藏药集团坚持开展实施自主创新战略，现已形成外用贴剂、橡胶膏剂、巴布剂、涂膜剂、软膏剂、喷雾剂、散剂、颗粒剂、胶囊剂、滴丸剂、片剂、以及传统藏药水丸剂等10多个系列精品藏药；拥有55个藏药品种，1个青藏绿色保健品，其中5种产品被列入"国家中药保护品种"；有10项国家专利，1项美国专利，1项香港专利，已经申请并被国家知识产权局受理的专利24项，其中发明专利13项；主持制定国家标准9项；"奇正"商标被评为国家驰名商标。西藏奇正藏药集团是国家高新技术企业，2006年被认定为国家企业技术中心，是首批藏药企业入选国家创新型试点方案企业，现已发展成集产、学、研、销为一体的大型藏药制药集团。

西藏诺迪康药业股份有限公司

西藏诺迪康药业股份有限公司是西藏雪域高原上诞生的第一家高新技术制药上市企业，于1999年7月14日正式创立，并于1999年7月21日在上海证券交易所上网交易。西藏药业现有员工1000余人，总资产8.2亿元，并有西藏诺迪康医药有限公司、西藏金罗汉医药有限公司、成都诺迪康生物制药有限公司、四川诺迪康威光制药有限公司、西藏康达药业有限公司、西藏诺迪康藏药材开发有限公司、四川本草堂药业有限公司等下属子公司、技术中心和中科院西高·诺迪藏药现代化研究中心。

公司秉承"科学成就健康，健康成就未来"的理念，以科技兴业。西藏药业被认定为西藏自治区高新技术企业，2001年国家科学技术部认定西藏药业为国家火炬计划重点高新技术企业，2004年被评为优秀民营科技企业。公司的红景天及制剂的开发、重组人脑利钠肽、金罗汉止痛涂膜剂、酶联免疫反应加速仪等项目先后被确定为国家火炬计划项目，红景天及制剂的开发项目和金罗汉止痛涂膜剂项目更是被评为重点国家级火炬计划项目。公司与中国医学科学院医药生物技术研究所合作开发的依博素项目为国家863计划重大专项项目，同时还获得了国家新药基金、国家自然科学资金等资助

在开发现代化藏药的同时，公司注巨资于生物制品和传统药品的研发，并构建了林芝种植基地和四个生产基地及覆盖全国的营销网络。涵盖生物制品、藏药和中药、化学药的产品系列，奠定了西藏药业持续发展的基础，其中具有自主知识产权的国家重点新产品生物制品一类新药新活素，填补了该领域的国内空白，并荣登"2005年中国医药科技十大新闻" 榜。

公司始终将自主创新作为发展的不竭动力，在近几年来的发展中确定了如下方向：

1.积极适应藏药产业化、规模化发展的要求，在西藏自治区带头走上传统藏药现代化改造，现代藏药规模化生产经营的道路，整体提升藏药的科技含量。

2. 瞄准基因工程药物的巨大发展前景，自主进行生物制品类治疗药物、基因诊断试剂等产品的

研究开发，积极开展前沿基因工程产品的研制。

3．利用生物组织培养技术，开展珍稀名贵藏药材人工培育研究工作，建立藏药材种植基地，既保护环境又带动当地经济的繁荣。

4．联合中科院西北高原生物研究所、中国医学科学院、军事医学科学院等科研单位，以及国外一些著名的大学和科研机构华人学者建立了长期稳定的技术合作关系，奠定了企业技术持续创新发展的基础。

5．公司通过培养、引进人才，营造良好的用人机制和企业文化氛围，培养了一大批科研、生产、管理和营销人才，这是公司长期高速稳定发展的基础和动力。

附　录

国家发展和改革委员会中小企业司

国家发展和改革委员会中小企业司的主要职责是：研究中小企业、非国有经济发展的有关问题，促进多种所有制企业公平竞争，共同发展；研究提出扶持中小企业发展的政策和具体措施，加大对中小企业发展的宏观指导和扶持；指导和促进中小企业的对外合作，健全完善中小企业服务体系；协调中小企业和非国有经济发展中的问题。

一、具体职责

⑴负责中小企业、非国有经济的宏观指导、综合协调和服务。负责组织实施《中小企业促进法》，研究制定配套政策措施并组织实施，监督检查实施情况，督促中小企业依法经营，维护其合法权益。

⑵研究制定并组织实施促进中小企业、非国有经济发展的政策措施，促进多种所有制企业公平竞争，共同发展。研究制定中小企业、非国有经济发展战略和中长期规划，监测分析中小企业、非国有经济发展动态，协调解决发展中的重大问题。

⑶建立和完善创业辅导体系，改善创业环境，鼓励创办中小企业，发展非国有经济，增加就业岗位，促进和扩大就业。

⑷指导中小企业改革，促进制度和管理创新，促进建立和发展中小企业产权及相关要素市场；促进中小企业加强经营管理，提高经营者素质。

⑸研究提出中小企业专项资金年度预算建议；制定中小企业专项资金年度计划并组织实施；推动建立中小企业发展基金，确定基金使用方向。

⑹研究提出中小企业、非国有经济技术进步政策，建立和完善中小企业技术创新支撑体系，为中小企业提供技术服务；指导中小企业园区、创新基地建设；推动中小企业信息化。

⑺研究提出改善中小企业、非国有经济融资环境的政策措施，负责中小企业在香港创业板上市的有关审核工作，引导和推动民间资金和风险投资机构投资中小企业；引导和规范信用与担保行业发展，促进建立和完善信用与担保制度。

⑻研究提出促进中小企业服务体系发展的政策措施，加强中小企业咨询、培训、市场开拓等服务体系建设，规范中小企业服务市场。协调落实中小企业获得政府采购份额的有关工作。

⑼负责与国外政府和国际组织间的合作交流；指导和推动中小企业对外经济技术合作；促进中小企业专业化协作、区域合作与协调发展。

⑽承担全国推动中小企业发展工作领导小组办公室工作，委领导交办的其他事项。

二、处级机构

⑴综合处

负责全司业务综合；研究提出中小企业市场开拓、培训等服务体系发展政策措施，建立中小企业服务人员和机构的执业资格制度，规范中小企业服务市场。负责与国外政府和国际组织间的合作交流，促进中小企业对外经济技术合作，支持其参与国内外展览、展销活动。组织建立中小企业培训体系和信息服务网络。研究提出司内规章制度；负责全司文电运转、保密、文秘、重要文件督办和档案管理；协调、组织筹备全国性会议和全司重要活动；负责信息简报的编辑和司内政务信息化建设；承办人事、外事及新闻宣传工作；承担全国推动中小企业发展工作领导小组办公室工作。

⑵政策与规划处

研究提出促进中小企业发展的政策措施，组织制定《中小企业促进法》相关配套政策，监督检查有关中小企业法律法规的贯彻实施情况；了解掌握中小企业的重要信息，研究分析中小企业发展动态；研究提出中小企业发展战略、中长期规划；研究提出中小企业发展专项资金年度预算建议，协调落实年度资金，编制年度中小企业资金使用计划，并对执行情况进行汇总分析、督促检查；推动建立中小企业发展基金，研究确定基金使用方向。

⑶非国有经济处

监测分析非国有经济发展动态和行业、区域发展特点，研究提出促进非国有经济发展的政策措施、产业发展方向和重点，促进建立公平的市场竞争环境，协调解决发展中的重大问题。指导重点非国有企业的发展，促进产业集群的优化升级；促进非国有企业参与西部大开发、老工业基地改造和国有企业战略性改组，促进所有制结构的优化。指导中小企业改革，促进制度和管理创新；指导中小企业、非国有企业加强管理，提高经营者素质；督促中小企业、非国有企业依法经营，维护其合法权益。

⑷融资担保处

研究提出改善中小企业、非国有经济融资环境的政策措施，促进建立和拓宽中小企业融资渠道，协调解决中小企业融资的有关重大问题；负责中小企业在香港创业板上市的有关审核工作；推动建立中小企业投资公司，引导、推动民间资金和风险投资机构投资中小企业；促进中小企业信用担保体系建设，引导和规范信用与担保行业发展，制定并实施中小企业信用担保支持计划；负责推进中小企业信用制度建设，建立和完善信用信息征集及评价体系。

⑸服务与创新处

研究提出中小企业、非国有经济创业辅导、管理咨询等服务体系建设及技术进步政策措施，建立和完善创业辅导体系，扶持新兴中小企业创立，鼓励创办吸纳就业型中小企业，改善创业环境，增加就业岗位；推动中小企业的专业化生产和为大企业的产品配套；培育建立中小企业咨询等服务体系；协调落实中小企业获得政府采购市场份额的有关工作；推动中小企业信息化建设；推动区域中小企业的经济技术合作与协调发展；

推动新技术、新产品开发与推广，支持建立中小企业技术创新服务机构，指导中小企业园区和创新基地建设。

(6)对外合作处

研究提出推动中小企业对外经济技术合作政策措施；加强东部地区、中部地区和东北老工业基地中小企业之间的合作交流；鼓励和支持中小企业开拓国际市场，支持其参与国内外展览、展销活动，扩大出口和引进外资、技术和智力；负责组织与国外政府和国际组织间的合作交流。

通讯地址和办公地址

通讯地址： 北京市西城区月坛南街38号

邮编 100824

办公地址：北京市西城区三里河东路5号中商大厦8层

国家发展和改革委员会中小企业对外合作协调中心

国家发展和改革委员会中小企业对外合作协调中心是国家发展和改革委员会直属事业单位，对外称“中国中小企业对外合作协调中心”，1985年由国务院批示成立，负责协调各地区及各主管部门有关中小企业的对外合作业务，调查研究国外中小企业的基本情况、政策措施和发展经验，开辟合作渠道，向国内外中小企业提供服务。

中心自1986年成立以来，先后隶属原国家经委、原国家计委、原国家经贸委和国家发展和改革委员会。二十年来，中心与中小企业一起成长，根据形势的发展变化，不断调整自身定位，拓展服务领域，为促进中小企业国际交流与合作发挥了重要作用。

一、主要工作任务

1．调查研究国内外中小企业发展情况，向政府职能部门提出建议；

2．组织实施双边、多边政府间涉及中小企业发展的合作项目；

3．组织实施国际组织、地区性组织与中国中小企业有关的活动；

4．针对中国中小企业发展现状，组织开展国际商务交流、人力资源开发、咨询、信息等服务；

5．编辑、出版《中国中小企业》杂志和《中国中小企业发展年鉴》；

6．负责中国中小企业国际合作协会的日常管理工作；

7．负责APEC中小企业服务联盟秘书处工作；

8．完成政府交办的其他任务。

二、团队与组织机构

中心有一支熟悉政策、了解国内外中小企业情况、热爱中小企业事业、有良好职业修养、具有专业服务技能的队伍。中心领导熟悉中国经济工作大局和有关政策，注重学习调研，有强烈的创新意识。业务人员具备一定的政策修养，有良好的服务意识、工作经验和多层次的工作渠道，熟练掌握英、日、德、俄语等语言工具和现代化办公技能。

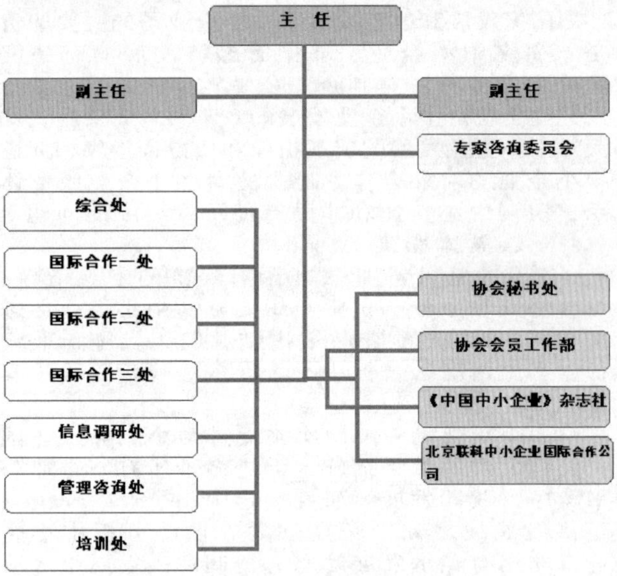

三、公共资源和战略伙伴

中心积累了丰富的公共资源，建立了广泛而良好的政府、企业和媒体关系。中心不仅和联合国开发计划署、联合国工业发展组织、国际劳工组织、世界中小企业协会等国际组织发展合作关系，也和国内外企业团体、学术和教育机构、金融法律等专业化服务机构开展密切合作，利用不同方面的资源，发挥各方面优势，合力促进中小企业发展。

四、部分工作成果

1．调查研究建言献策

中心认真调查研究国内外中小企业发展的情况，向政府提出政策建议。

中心承担中央政府和有关国际组织委托的重点课题，参与中华人民共和国《中小企业促进法》立法调研及地方政府发展中小企业的调研项目，创办了中国中小企业发展论坛及其他区域性、专题性论坛。近期研究课题主要有：

《APEC成员体在华投资建立的中小企业经营环境调查》

《中国中小企业经济发展指数研究》

《中国中小企业自助组织研究》

《中国中小企业经营管理者素质及培训需求调研》

《中国中小企业走出去对策研究》

《利用外资设立民营企业担保基金研究》

《东北老工业基地非公有制经济发展研究》

2．国际合作项目

中心组织实施促进中小企业合作发展的双边、多边政府间项目，如中俄21世纪友好委员会、中意、中德等涉及中小企业合作的项目。中心接受国家委托，参加亚太经济合作组织（APEC）中小企业项目，负责组织国内企业和服务机构参加APEC活动。2001年中国轮值主办APEC活动，中心策划主办了中小企业工商论坛暨展览，并提出成立中小企业服务联盟和中国永久承办APEC中小企业技术交流会的倡议。APEC中小企业服务联盟于2003年正式成立，中心作为中国政府的委托机构，承担联盟秘书处工作和技术交流会的组织工作。

3. 国际商务交流

为满足中小企业需求，中心积极搭建国际商务交流平台，通过举办国际中小企业新技术新产品展览会、中国国际中小企业商品博览会、中国中小企业产品展览会(莫斯科)、APEC中小企业技术交流暨展览会、中小企业商机博览、西班牙中小企业服务日、中意经济论坛等活动，为中小企业提供商机，受到国内外企业界的欢迎和重视。中心还针对企业需求，组织多种赴外专题考察活动，同时接待国外政府和民间有关中小企业的来华考察交流活动。

4. 人力资源开发

中心根据中小企业特点和需求，不断创新，逐步形成了适合中小企业的多方位、系列化人力资源开发项目，创办了中国中小企业竞争力讲堂和中国中小企业大讲堂，推出了中国中小企业竞争力工程，组织国内中小企业管理人员赴日、韩、以、意、德等国学习培训，邀请以、日等外国专家来华讲学。同时，接受政府委托，组织开展援外培训，介绍我国改革开放及发展中小企业的政策和经验。

5. 咨询服务

中心为国内外中小企业提供产业调查、市场分析、投融资、企业管理、企业诊断、法律等方面的咨询服务。中心的专家咨询委员会由各方面专家学者组成，两院院士王大珩先生担任专委会名誉主任。中心和境内外专业咨询机构建立了广泛而紧密的合作关系，为中国中小企业进入国际市场、国外中小企业进入中国提供实际的支持帮助。经原国家经贸委批准，中心与地方政府合作创办了天津中小企业发展园等多个为中小企业服务的专业园区。

6. 信息服务

中心负责《中国中小企业》杂志和《中小企业简报》的编辑工作，并编辑出版了《中国中小企业发展年鉴》、《中国中小企业手册》、《中小企业对外合作指导丛书》、《中国行业企业百强》、《中国中小企业推荐目录》等书籍，通过杂志、书刊、简报、网络等方式为中小企业提供信息服务。

五、联系方式：

中国北京东城区新中西街2号新中大厦5层
邮编: 100027
电话: +86 10 6500 5917
传真: +86 10 6500 5908
电子信箱: ccbcc@chinasme.org.cn
网址: www.chinasme.org.cn

各地中小企业主管部门

北京市发展改革委

北京市发展改革委设中小企业处（减轻企业负担办公室），其职能是研究本市所有制结构调整的重大问题，提出调整目标和政策措施、建议；研究中小企业、非国有经济发展的情况，提出相关政策和具体措施，指导中小企业开展对外经济合作工作，协调建立和完善中小企业服务体系；负责组织减轻企业负担工作。处室编制6人。

中小企业主管部门领导名单：

北京市发展改革委主任：丁向阳

北京市发展改革委委员：张燕友（主管中小企业工作）

北京市发展改革委中小企业处处长：郭俊峰

联系电话：010-66415588

网址：www.bjsme.gov.cn

天津市中小企业发展协调委员会

2004年9月，天津市政府成立了“天津市中小企业发展协调委员会”，主要负责全市中小企业发展的统筹规划、政策制定、综合协调和指导服务工作。协调委员会由副市长杨栋梁任主任，副市长崔津渡、只升华任副主任，成员单位由市政府21个有关委、局组成。协调委员会在市经委设办公室。

一、主要职责

(1) 贯彻落实国家有关发展中小企业的法律法规和方针政策，组织起草实施发展中小企业的地方性法规和规章。研究提出扶持中小企业发展的政策。负责对全市中小企业的综合协调、指导和服务。

(2) 组织有关部门编制中小企业的发展战略、中长期发展规划并推动实施，指导和推进中小企业产业结构、组织结构和产品结构的调整。

(3) 协调市政府各行业管理部门依法维护中小企业的合法权益，保护中小企业依法参与公平竞争与公平交易的权利，优化中小企业发展环境。

(4) 监测、分析中小企业运行态势，拟定并落实中小企业发展调控目标和措施，协调解决中小企业发展中的重大问题。

(5) 指导和推进全市各类中小企业改革与发展，推进现代企业制度的建立；指导中小企业开展科技进步、新产品开发和技术改造工作；指导中小企业开展国外经济技术交流与合作。

(6) 提出中小企业发展专项资金年度预算，负责制定中小企业发展专项资金使用和管理政策。

(7) 指导中小企业服务体系建设，建立和完善创业辅导体系，改善创业环境；指导、规范为中小企业提供服务的各类中介组织的工作。

二、组成单位及组成人员

协调委员会21个成员单位包括市经委、国资委、发展改革委、农委、商务委、建委、交委、教委、科委和市财政局、税务局、工商局、劳动和社会保障局、规划和国土资源管理局、房管局、统计局、民政局、人民银行天津分行等。

协调委员会的组成人员是：

主　任：杨栋梁　(市委常委　副市长)

副主任：崔津渡　(副市长)

　　　　只升华　(副市长)

秘书长：王治平　(市经委主任)

办公室主任：薄　云　(市经委副主任)

其他21个成员单位的有关负责人共同是协调委员会的组成人员。

三、对外联系方式

电话：022-23300543

传真：022-23325994

河北省中小企业局

2003年4月18日，河北省中小企业局在原省乡镇企业局的基础上改组成立，承担指导中小企业改革与发展职能、全省民营经济指导服务职能、原省乡镇企业局的职能。

一、主要职责

⑴贯彻落实国家有关发展中小企业（含乡镇企业、民营企业，下同）的法律法规和方针政策，组织起草发展中小企业的地方性法规和规章，研究提出扶持中小企业发展的政策；负责对全省中小企业的综合协调、指导和服务。

⑵拟定全省中小企业的发展战略、中长期发展规划并组织实施，指导和推进中小企业产业结构、组织结构和产品结构的调整。

⑶监测、分析中小企业运行态势，承担中小企业分类、信息收集和发布等工作，拟定并落实中小企业发展调控目标和措施。

⑷指导和推进中小企业改革与发展，指导中小企业开展科技进步、新产品和技术改造工作。

⑸指导中小企业开展国外经济技术交流与合作，指导中小企业对外贸易工作。

⑹指导中小企业服务体系建设，指导、规范为中小企业提供服务的各类中介组织的工作，促进金融机构建立与中小企业的融资渠道。

⑺承担河北省民营经济领导小组办公室的日常工作。

⑻承办省政府交办的其他事项。

二、联系方式

值班电话：0311-87903844

传真：0311-87903476

地址：石家庄市裕华西路377号

邮编：050051

三、职能处室

1. 办公室

协调局机关日常工作，负责文字综合、文秘、信息、信访、机要、保密、档案、保卫和机关后勤工作，承办人大代表建议和政协委员提案。

2. 政策法规处

组织起草发展中小企业的地方性法规和规章，研究提出扶持中小企业的政策和管理办法的建议，负责中小企业行政执法。

3. 规划财务处

拟定中小企业中长期发展规划及调控目标；负责中小企业统计，监测、分析中小企业运行态势；负责中小企业分类、信息收集和发布；指导中小企业财务和融资工作，促进金融机构建立与中小企业的融资渠道；会同有关部门负责扶持中小企业资金的监管；负责机关财务工作。

4. 改革与发展指导处

指导中小企业的改革与发展，指导中小企业服务体系建设，指导、规范为中小企业提供服务的各类中介组织的工作。

5. 产业与科技指导处

指导和推进中小企业产业结构、组织结构、产品结构的调整和乡镇工业园区建设，负责烟花爆竹企业的新建、扩建、改建的审批，指导中小企业科技进步、新产品开发和技术创新。

6. 农业产业化处

拟定全省农业产业化年度规划，提出促进全省农业产业化发展政策的建议，协调国家和省直有关扶持农业产业化政策的落实，协调做好省农业产业化重点龙头企业的有关工作，协调省直农口部门搞好农业产业化重点项目建设及生产配套设施。

7. 对外经济合作处

指导中小企业对外经济技术交流与合作，指导中小企业参与国际贸易和开拓国际市场，指导地区间、企业间的协作联合。

8. 人事教育处

负责局机关和直属单位的人事劳动、机构编制的管理，指导中小企业职工教育培训，组织协调本系统专业技术职务任职资格评审，负责系统内综合性表彰、奖励，负责局机关老干部工作。

山西省中小企业局

山西省负责指导、管理、服务中小企业的政府职能部门是省中小企业局。2003年政府机构改革中，中共山西省委、山西省人民政府下发了《关于印发山西省人民政府机构改革方案的通知》（晋发[2003]27号），根据文件精神，山西省乡镇企业管理局（民营经济发展局）改组为山西省中小企业局（保留山西省乡镇企业管理局的牌子），为正厅级建制，是省人民政府指导、管理、服务中小企业、乡镇企业和非国有经济的直属机构。

2004 年 4 月，山西省中小企业局正式挂牌。

2004 年 6 月，山西省人民政府办公厅印发了《山西省中小企业局职能设置内设机构和人员编制方案》(晋政办发[2004]43 号)，方案规定：

一、划入的职能

⑴省乡镇企业管理局（省民营经济发展局）的全部职能。

⑵原省经贸委承担的中小企业管理服务职能。

二、主要职责

⑴贯彻执行国家和省有关中小企业的法律法规和方针政策；研究提出扶持全省中小企业发展的政策，组织或参与起草有关中小企业的地方性法规和规章，并组织实施。

⑵贯彻执行国家和省产业政策，研究拟定全省中小企业的发展战略和发展规划，指导和推进中小企业产业结构的调整；指导全省农副产品加工业的发展；指导全省中小企业发展园区建设。

⑶监测、分析、预测全省中小企业运行态势，编制并组织实施中小企业近期发展调控目标和措施，指导协调解决中小企业发展中的重大问题 。

⑷指导全省各类中小企业的改革、改组、改造，推进现代企业制度的建立；指导中小企业融资上市工作；促进建立和发展中小企业产权及相关要素市场，指导中小企业的股份制改造；建立和完善创业辅导体系，改善创业环境，配合有关部门做好再就业工作。

⑸对全省各种经济成分的中小企业实行宏观指导、协调和服务，规范企业行为；研究提出中小企业技术进步的政策，指导中小企业技术改造和新技术、新设备、新产品开发等工作；建立完善中小企业技术创新支撑体系，指导中小企业创新基地建设，推动中小企业信息化工作；参与指导、管理民营科技企业，向有关部门推荐、申报符合资格认定条件的民营科技企业和科技型中小企业创新基金项目。

⑹研究提出改善中小企业融资环境的政策措施，协调解决中小企业融资的有关重大问题；研究提出政府扶持中小企业资金的筹集、管理、使用建议，负责省级乡镇企业发展基金、中小企业发展基金和省级财政扶持中小企业、非国有经济、乡镇企业专项资金的管理使用；参与省级基本建设资金、技改资金、能源基金和中小企业国际市场开拓资金等有关中小企业扶持资金的管理使用，并向有关部门推荐、申报相关资金项目。

⑺ 指导全省中小企业经营管理人员和职工的教育培训及人才、智力引进工作，指导全省中小企业外事、外经、外贸工作，组织中小企业开展国内外经济技术交流与合作，指导中小企业外资引进、利用工作。

⑻指导中小企业服务体系建设，建立和完善创业辅导体系，改善创业环境，促进和扩大就业；指导、规范为中小企业提供服务的各类中介组织的工作，扶持各类公益性中介服务机构发展；协调落实中小企业获得政府采购份额的有关工作。

⑼配合有关部门做好中小企业环保节能、环境监测、安全生产、劳动用工、职业卫生、质量管理、社会保障等工作。

⑽配合有关部门做好全省中小企业党建、工会等工作和精神文明建设工作，指导本系统各类协会、学会和社团工作。

⑾承担省人民政府交办的其他事项。

三、内设机构

根据上述职责，省中小企业局设置 8 个职能处(室)。

1. 办公室(挂省推动非公有制经济发展领导组办公室牌子)

综合协调机关日常工作，负责机关文字综合、文秘、信息、宣传、督查、档案、机要、信访、提案、保密、印鉴、会务、保卫、财务、行政、后勤等工作。

2. 政策法规处

组织或参与起草有关中小企业的地方性法规和规章，监督检查有关中小企业法律法规的执行情况；研究提出有关扶持中小企业改革与发展的综合性政策建议；指导各类中小企业改革，引导中小企业建立现代企业制度；促进建立和发展中小企业产权及相关要素市场，指导中小企业的股份制改造和上市工作；指导中小企业服务体系建设；督促中小企业依法经营，维护其合法权益；指导本系统各类协会、学会和社团工作。

3. 发展规划处

研究提出中小企业发展战略、中长期规划和年度目标；研究提出中小企业扶持资金的筹集、管理和使用办法，负责省级中小企业发展基金、乡镇企业发展基金和省级财政有关专项扶持资金、省级基本建设资金、技改资金和能源基金等其他有关中小企业扶持资金的项目管理和初审、申报；负责本系统基建项目管理；指导中小企业的外事、外经、外贸工作；组织中小企业开展国际经济合作与交流，参与组织中小企业国际市场开拓资金项目的申报工作。

4. 产业指导处

贯彻执行国家和省的产业政策，研究提出中小企业的产业发展方向、重点和有关政策，指导中小企业产业结构和布局结构调整；指导全省农副产品加工业的发展；指导地区间、企业间的协作联合，组织开展招商引资、产品展销等活动；指导全省中小企业发展园区建设；负责中小企业类型划分和认证工作；负责中小企业诚信建设工作；配合有关部门做好中小企业环保节能、安全生产、劳动用工等工作；负责管理省副食品基地建设基金。

5. 经济监测处

监测、分析、预测全省中小企业运行态势和发展特点，组织对中小企业经济运行中出现的重大问题进行调查研究，并提出对策和建议；会同有关部门研究制定中小企业统计制度，并组织实施；负责中小企业统计数据、报表的汇总、分析工作和经济信息的收集、整理、分析和发布工作；研究提出中小企业创业辅导服务体系建设的政策措施，建立和完善创业辅导体系，配合有关部门做好再就业工作。

6. 科教质量处

研究提出全省中小企业职工和企业管理人员的培训政策和措施，制定教育培训计划和年度计划并组织实施；指导全省中小企业人才开发、引进以及职工教育、职称评审、技术进步、产品开发等工作；建立完善中小企业技术创新支撑体系，指导中小企业创新基地建设，参与中小企业新技术、新产品鉴定的有关工作和重大科技成果的推广应用；组织开展国际、国内技术交流与合作，推进中小企业的产学研联合工作；参与指导、管理民营科技企业，负责民营科技企业的申报工作和科技型中小企业创新基金项目的申报；配合做好中小企业质量管理工作。

7. 融资财务处

研究提出改善中小企业融资环境的政策措施，协调解决中小企业融资的有关重大问题；指导中小企业直接融资工作，引导、推动民间资金和风险投资机构投资中小企业；负责推进中小企业信用制度建设，会同有关部门建立和完善信用征集及评价体系；指导中小企业信用担保体系建设工作，引导和规范信用与担保行业发展，制定并实施中小企业信用担保支持计划；协调落实中小企业获得政府采购份额的有关工作；负责局直属企、事业单位的财务管理工作。

8. 人事处(机关党委)

配合有关部门做好全省中小企业党建、工会等工作和精神文明建设工作；负责局机关和直属单位的机构编制、劳动工资、干部人事工作；负责局直属单位专业技术人员的职称改革等工作；负责本系统出国人员的政审工作。负责机关和直属单位的党群工作。

纪检、监察机构按晋办发[2000]16号文件执行。

四、人员编制

省中小企业局机关行政编制为35人，共有公务员44名。其中，局长1名，副局长4名，纪检组长1名。正副处长职数18名（含机关党委专职副书记1名，省推动非公有制经济领导组办公室副处级职数1名）。另核定机关工勤人员编制7名。

离退休人员管理处负责机关离退休人员的管理工作。正处级建制，编制4名，处级领导职数2名。

五、其他事项

（1）省乡镇企业管理局机关人员、下属单位一并成建制划入省中小企业局。

（2）原省经贸委中小企业处4名人员编制整体划入省中小企业局。

（3）原省经贸委管理的省中小企业服务中心（正处级，全额事业编制10名）成建制划入省中小企业局。

目前，山西省人民政府非公有制经济办公室和县域经济办公室也设在省中小企业局。

六、领导班子

周明定　局党组书记、局长
潘忠赋　局党组成员、副局长
王　宏　局党组成员、纪检组长
陈晓东　局党组成员、副局长
赵志杰　局党组成员、副局长
王怀荣　副局长

内蒙古自治区经济委员会

内蒙古自治区经济委员会下设中小企业与开发区处，其主要职责是指导全区工业企业的改革与发展，组织协调工业企业经济技术交流合作，外引内联和企业重组工作；研究拟订、促进中小企业经济发展的政策措施并组织实施；组织工业企业经营管理人员和专业人员培训；负责自治区级工业开发区的审核、监管和协调服务工作。

一、分管领导

自治区经济委员会副主任　韩瑞峰
中小企业与开发区处负责人：
处　长：张树德
副处长：王　玮
电　话：0471-4826484　4825120
传　真：0471-4825146
邮　编：010098
地　址：内蒙古呼和浩特市敕勒川大街1号党政综合楼

二、十二盟市及自治区计划单列市中小企业职能部门设置情况

呼和浩特市经委中小企业科
包头市经委中小企业处
鄂尔多斯市经委企业科
巴彦淖尔市经委企业科
乌海市经委中小企业科
阿拉善盟经委企业科
锡林郭勒盟经委中小企业科
乌兰察布市经委企业科
赤峰市经委企业科
通辽市经委个体私营科
兴安盟经委企业科
呼伦贝尔市经委企业科
二连浩特市发展改革委企业科
满洲里市经济局企业科

辽宁省中小企业厅

辽宁省中小企业厅下设11个处室，有办公室（老干部处）、综合法规处、发展规划处、科技处、统计信息处、产业指导处、国际合作处、融资担保处、改革指导处、机关党委、投诉中心。

领导班子成员有：厅长刘铭，副厅长单成繁、陈铁城、韩杰，厅长助理金东海。

大连市中小企业局

根据《中共辽宁省委 辽宁省人民政府关于印发大连市人民政府机构改革方案的通知》(辽委[2004]21号)和市委、市政府决定,组建大连市经济委员会(大连市中小企业局),正局级建制。大连市经济委员会(大连市中小企业局)是主管工业行业规划、产业政策制定、经济运行调节、技术改造投资管理、促进中小企业发展的市政府工作部门。

一、主要职责

⑴监测、分析全市工业经济运行态势,调节全市工业经济日常运行;根据全市工业经济发展战略目标,编制并组织实施近期工业经济运行调控目标、政策和措施,组织解决工业经济运行中的重大问题及协调解决全市经济运行中的重大问题,并向市政府提出意见和建议;定期向市政府、省和国家报告全市工业经济运行情况。

⑵组织实施国家工业产业政策,并监督、检查执行情况;指导工业产业结构调整,提出重点产业、重点产品、重点企业的调整方案。

⑶组织拟定全市工业经济发展产业规划、主要指标和法规政策,并组织实施和监督检查;实施产业管理,收集、整理、分析和发布工业经济信息。

⑷研究企业技术进步的方针、政策,指导技术创新、技术引进、技术改造、重大装备国产化和重大技术装备研制以及新产品开发和新技术推广工作;负责组织产学研联合、高新技术产业化的工作;组织实施循环经济、资源节约和综合利用、环保产业、清洁生产、再生资源等工作,负责经济运行资源保障工作,实施能源管理和市场监管,优化资源配置。

⑸负责全市工业企业利用外资工作,编制全市工业利用外资规划;研究制定全市工业利用外资的有关政策、法规和措施;组织全市工业企业开展招商引资、国际化经营及与国际组织、国外政府等之间的交流。

⑹组织制定和实施委(局)属工业企业改革方案,协调解决改革中的重大问题;负责对企业实行宏观管理和指导,规范企业行为规则;参与指导企业直接融资工作。

⑺贯彻执行国家、省、市电力法律、法规,负责全市电力行政管理工作;负责电力行业行政执法和监督工作。

⑻贯彻执行国家和省、市盐业法律、法规;负责全市盐业行政管理,负责全市食盐专营任务的落实及食盐行业生产企业管理和行政稽查工作。

⑼贯彻执行国家对黄金资源实行保护性开采的法规政策,监督检查实施情况;依法负责黄金矿产开采的审批和生产管理。

⑽负责制定全市中小企业、乡镇企业、民营企业发展规划;拟定促进其发展的法规、政策和措施,协调解决发展中的重大问题;指导全市集体、乡镇企业改革与发展;对全市县域经济和区街经济工作进行宏观指导和服务。

⑾承办市委、市政府交办的其他事项。

二、内设机构

根据上述职责,大连市经济委员会(中小企业局)设置13个职能处室。

⑴办公室

⑵经济运行处(市扭亏增盈领导小组办公室)

⑶产业政策与规划处(市履行禁止化学武器公约办公室、市行业协会办公室)

⑷技改与科技进步处

⑸中小企业处

⑹盐业管理处(市黄金管理办公室)

⑺资源处

⑻电力处

⑼企业发展指导处(市减轻企业负担工作领导小组办公室)

⑽国际合作处

⑾工业园区管理处(市工业产业结构调整领导小组办公室)

⑿装备行业处(军工办)

⒀党办

⒁纪委(监察室)

⒂老干部处

三、联系方式

地址:大连市人民广场1号

邮编:116012

电话:0411-83631509

电子信箱:dljw_jlzx@dl.gov.cn

网址:www.jw.dl.gov.cn

吉林省中小企业发展局

吉林省中小企业局是政府机构改革中,在原乡镇企业管理局(民营企业发展局)基础上重新组建的,是负责指导和促进全省中小企业及非国有经济发展的行政机构。

一、主要职责

⑴负责全省中小企业、非国有经济的宏观指导、综合协调和服务;贯彻落实《中小企业促进法》,研究制定配套政策措施并组织实施,监督检查实施情况,督促中小企业依法经营,维护其合法权益。

⑵研究制定并组织实施促进中小企业、非国有经济发展的政策措施,促进多种所有制企业公平竞争,共同发展。

⑶建立和完善创业辅导体系,改善创业环境,鼓励创办中小企业,发展非国有经济,推动全民创业,增加就业岗位,促进和扩大就业。

⑷指导中小企业改革,促进制度和管理创新,促进建立和发展中小企业产权及相关要素市场;促进中小企业加强经营管理,提高经营者素质。

⑸研究提出中小企业专项基金年度预算建议,

拟订中小企业专项资金年度计划并组织实施；推动建立中小企业发展基金，确定基金使用方向。

(6)研究提出中小企业和非国有经济技术进步政策，建立和完善中小企业技术创新支持体系，为中小企业提供技术服务；推动中小企业信息化。

(7)研究提出改善中小企业和非国有经济融资环境的政策措施，负责提出中小企业、非国有企业上市和发行企业债券的初审意见，引导和推动民间资金和风险投资机构投资中小企业；引导和规范涉及中小企业的信用与担保行业发展，促进建立和完善相关的信用与担保制度。

(8) 研究提出促进中小企业服务体系发展的政策措施，加强中小企业咨询、培训、市场开拓、人才引进等服务体系建设,规范中小企业服务市场,协调落实中小企业获得政府采购份额的有关工作。

(9) 指导和推动中小企业对外经济技术合作，促进中小企业专业化协作、区域合作与协调发展。

(10) 承办省政府和省经济委员会交办的其他事项。

二、内设机构

根据上述主要职责，省中小企业发展局内设6个职能处(室)：办公室（人事处）、政策法规处、发展规划处、融资服务处、服务与创新处、创业指导处，并另设机关党委。

三、 领导班子成员

局　长：倪连山

副局长：李元财

副局长：郑建林

四、联系方式及网址

办公室电话：0431-8905715

中国中小企业吉林网：http//www.smejl.gov.cn

黑龙江省中小企业局

一、主要职责

依据《黑龙江省机构编制委员会关于印发黑龙江省中小企业局职能配置内设机构和人员编制规定的通知》(黑编[2003]2号)，省中小企业局的主要职责是：

(1)贯彻落实《中华人民共和国中小企业促进法》等法律、法规及国家有关发展中小企业的方针、政策；拟定有关发展中小企业的地方性法规、规章、政策草案。

(2)研究制定全省中小企业发展战略、发展规划，并组织实施。

(3)指导全省中小企业的改革发展、产业和产品结构调整、科技创新、技术改造、新产品开发、市场开拓、对外经济技术合作与交流、招商引资、担保体系服务体系建设及融资上市工作，协调解决全省中小企业发展中遇到的问题。

(4)负责全省中小企业的统计，分析、预测、监测中小企业经济运行态势并提出相应政策调控措施。

(5)指导全省中小企业职工教育培训和人才、智力引进工作。

(6)指导全省中小企业贯彻落实国家劳动安全、职业卫生、社会保障、资源环保、质量管理、财政税收及金融等方面的法律、法规和政策。

(7)指导全省乡镇企业和个体私营企业的发展，研究拟订有关发展规划、鼓励政策和管理办法，建立健全乡镇企业和个体私营企业服务体系。

(8)承办省政府交办的其他事项。

二、处室设置

(1)办公室

(2)人事教育处（机关党委合署）

(3)发展规划处

(4)企业指导处（省发展非公有制经济工作领导小组办公室）

(5)合作服务处

(6)科技创新处

(7)综合法规处

(8)纪检组、监察室

三、领导班子成员名单

党组书记、局长：　贾玉梅

副书记、副局长：　韩国信

党组成员、副局长：　关　心

赵　磊

赵继会

助理巡视员：赵　梅

四、对外联系方式及网址

地址：黑龙江省哈尔滨市南岗区花园街229号

邮编：150001

电话：0451-53637435（传真）

电子邮箱：hljxqj@vip.163.com

网址：www.smehlj.gov.cn

上海市促进小企业发展协调办公室

一、主要职责

上海市促进小企业发展协调办公室隶属上海市经济委员会，是上海市人民政府批准设立的专司全市中小企业发展事务的行政机构。其主要职能是：

(1) 根据市委、市政府要求，研究本市小企业发展的长远规划，制定和落实小企业发展的总体设想和专门计划（如小企业技术创新计划、教育培训计划、结构调整规划、出口促进计划、产业指导目录等。

(2) 负责研究制定和协调本市促进小企业发展的政策及扶持措施。

(3)汇总和分析全市小企业的情况。

(4) 落实、运用市政府促进小企业发展的各项资金。

(5) 加强对市小企业两个服务中心及区（县）小企业服务机构的业务指导。

(6) 组织、指导本市小企业各项改革试点（如小企业融资服务体系和信用体系的设立，小企业破产试点）。

(7) 对小企业发展过程中的难点、热点问题进行协调。

(8) 在调查、研究基础上，提出本市小企业法规的立法建议。

二、处室设置

⑴主任室

⑵综合规划部

⑶政策法规部

⑷融资担保部

⑸企业服务部

⑹行政秘书部

三、领导班子成员名单

市经委副主任：傅新华

市小企业办主任：陈沛霖

市小企业办副主任：沈 惠 许慧敏

四、对外联系方式及网址

地址：上海市徐汇区大木桥路108号7楼

邮编：200032

电话：021-64036622

传真：021-64220924

网址：http://www.ssme.gov.cn

江苏省中小企业局

2002年，省政府决定在省经贸委（乡镇企业管理局）增挂省中小企业局的牌子，江苏省中小企业局的主要职责如下。

一、主要职责

负责综合指导、协调、促进全省民营经济和中小企业的发展与改革。贯彻落实国家发展民营经济和中小企业的法律法规和方针政策，拟订发展民营经济和中小企业的地方性法规、规章和政策措施，并组织实施；制定全省民营经济和中小企业发展战略和中长期规划并组织实施；监测、分析民营经济和中小企业运行态势；指导和推进民营经济和中小企业的结构调整和技术创新；指导和促进民营经济和中小企业开展国内外经济技术交流与合作；指导和推进民营经济和中小企业服务体系建设；促进金融机构建立与民营经济和中小企业的融资渠道，承担中小企业发展基金、担保基金、再担保基金的建立和管理方面的有关工作。

二、领导班子

副局长：周毅彪

副局长：张乐夫

三、内设机构

江苏省中小企业局下设四个处室。

1. 综合管理处

协助局领导协调局机关各处工作，负责全局业务综合；落实国家和省有关民营经济和中小企业法规、方针、政策，拟订促进和扶持民营经济和中小企业发展的地方性法规和政策；承担全省民营经济和中小企业系统的行政复议工作；组织民营经济和中小企业发展与改革中重大问题的调查研究，提出中长期发展战略和规划；负责民营经济和中小企业发展扶持资金的预算、管理与监督工作；负责文电处理、政务信息、提案建议办理、信访、保密、档案和行政事务等工作。

2. 发展与服务处

指导民营经济与中小企业改革和制度创新，提高经营管理水平；指导和推进建立民营经济和中小企业服务体系工作；协同有关部门，研究提出民营经济和中小企业融资、担保、信用环境的政策措施；协同有关部门，开展民营经济和中小企业创业辅导，组织开展民营经济和中小企业企业家队伍培训工作。

3. 信息与科技处

负责民营经济和中小企业经济信息的统计、管理与发布，负责民营经济和中小企业经济运行情况的综合分析，指导民营经济和中小企业科技进步、技术改造工作，指导民营经济和中小企业的财务、会计、统计和内部审计工作。

4. 合作与产业处（省中小企业国际合作协调中心）

推进民营经济和中小企业开展国内外经济技术交流与合作，指导民营经济和中小企业调整产业、产品和布局结构，配合有关部门组织和指导民营经济和中小企业劳动、卫生、环保和节能等方面的工作。

四、对外联系方式

单位地址：南京市北京西路16号苏兴大厦

邮政编码：210008

联系电话：025-86635039

传真电话：025-83328173

电子邮箱：lisz@jsetc.gov.cn

网 址：www.jste.gov.cn

浙江省中小企业局（浙江省乡镇企业局）

一、主要职责

⑴负责《中华人民共和国乡镇企业法》的贯彻实施，依法维护乡镇企业的合法权益；受委托组织起草有关发展乡镇企业（中小企业）的地方性法规、规章草案，经审议通过后组织实施；参与制定农村劳动力进入第二、第三产业就业规划并组织实施；指导乡镇企业（中小企业）参与农业产业化经营。

⑵指导乡镇企业（中小企业）的改革与发展，研究提出有关扶持政策；指导产业结构、产品结构和组织结构调整，提高竞争力；引导乡镇企业（中小企业）向工业小区集中。

⑶指导乡镇企业（中小企业）发展开放型经济，推动乡镇企业（中小企业）对外经济技术合作和交流。

⑷会同有关部门指导乡镇企业（中小企业）的计划、统计、财务、审计、资产评估和集体

资产管理工作。

(5)指导乡镇企业（中小企业）建立现代企业制度，加强企业管理、质量管理和安全生产管理；指导乡镇企业（中小企业）科技进步、新产品开发和技术改造。

(6)指导、规范为乡镇企业（中小企业）提供服务的各类中介组织，会同有关部门建立、健全乡镇企业（中小企业）的融资、技术、培训、信息、创业辅导等服务体系。

(7)按照有关环境保护法律、法规和国家产业政策的要求，指导乡镇企业（中小企业）做好环境保护工作。

(8)管理局直属事业单位，指导有关协会工作。

(9)承办省政府、省经贸委交办的其他事项。

二、内设机构

1. 办公室

协调局机关政务工作，负责会务、文秘、信息、督查、宣传、机要、保密、档案、信访工作，负责局机关行政、后勤、财务、保卫等工作。

联系电话：0571-85156579

2. 政策法规处

对国家和省有关发展乡镇企业（中小企业）的方针、政策、法规的执行情况进行检查；草拟有关发展乡镇企业（中小企业）的地方性法规、规章草案和政策建议；指导乡镇企业（中小企业）改制工作，协调解决改制中的倾向性问题；依法负责乡镇企业（中小企业）登记备案工作；指导《农村经济导刊》的业务工作。

联系电话：0571-85153469

3. 财务统计处

研究提出乡镇企业（中小企业）中、长期发展规划，并监督检查执行情况；指导乡镇企业（中小企业）财务、统计、内审、资产评估和集体资产管理工作；负责乡镇企业（中小企业）经济运行信息管理；负责各类生产指标统计和财务统计，负责经济运行质量分析及跟踪；参与、支持乡镇企业（中小企业）发展、扶持资金的有关工作；负责局机关和事业单位的经费管理；对局属单位依法进行审计监督；建立和完善支持乡镇企业（中小企业）发展的投融资体制和信用担保体系。

联系电话：0571-85158865

4. 综合处（省经贸委中小企业处与其合署）

指导中小企业的改革与发展，会同有关部门建立、完善中小企业服务体系，指导中小企业工业小区建设和安全生产管理，引导中小企业发展第三产业和管理创新，推进地区间经济技术合作，参与制定全省中小企业划分类型标准。

联系电话：0571-85158580

5. 科技创新服务处

研究提出乡镇企业（中小企业）科技进步的发展规划，并组织检查、督促落实；指导乡镇企业（中小企业）的高新技术开发、新产品开发、技术改造工作；帮助企业开展科技人才引进工作；引导乡镇企业（中小企业）加强产品质量管理；指导乡镇企业（中小企业）做好环境保护工作；负责科技创新和科技服务体系建设工作。

联系电话：0571-85151469

6. 对外经济合作处

研究提出乡镇企业（中小企业）外向型经济发展规划，并组织实施；指导全省乡镇企业（中小企业）的外贸、外经、外资及出口基地建设工作；组织对外经济技术交流与合作；负责对外宣传、外事接待、出国团组报批、出口企业产品展览工作。

联系电话：0571-85154640

7. 人事教育处

负责局机关及直属单位的机构编制、人事和劳动工资管理工作，负责局机关和直属单位的离退休干部管理服务工作，指导直属单位及乡镇企业（中小企业）系统专业技术人员管理工作，开展相关专业的专业技术职务评聘工作，制定并组织实施乡镇企业（中小企业）人才培养和职工教育培训发展规划，指导人才开发服务体系建设工作。

联系电话：0571-85157858

机关党委

负责局机关和直属单位的党群工作。

三、对外联系方式

地址：浙江省杭州市环城北路296号

邮编：310006

网址：www.zjsme.gov.cn

宁波市经济委员会

宁波市经济委员会主要承担以下职责。

(1)贯彻执行国家、省有关国民经济和安全生产的法律、法规及方针、政策，监测、分析全市工业经济运行态势，调节工业经济的日常运行；编制并组织实施近期工业经济运行调控目标、政策和措施，协调解决经济运行和安全生产中的重大问题，并向市政府提出意见和建议。

(2)依据国家产业政策，组织制订和实施市工业经济发展的对策措施；受委托研究起草工业经济管理和安全生产管理的地方性法规、规章草案，并在审议通过后组织实施；收集、整理、分析和发布经济和安全生产信息。

(3)组织制定和实施全市工业发展规划、工业布局调整规划及工业产业结构调整方案，并监督检查执行情况；提出重点行业、重点产品的调整方案；研究确定、组织培育市重点骨干企业；负责机械冶金、纺织、医药、轻工、化工、电子、建材的行业管理工作。

(4)负责管理全市乡镇企业工作；指导乡镇企业的计划、统计、财务工作，配合有关部门指导乡镇企业的审计、环保等工作；指导全市乡镇企业的改革和集体资产的财务管理；指导县（市）、区工业园区建设与乡镇企业块状经济发展。

(5)规划竞争性行业投资布局，定期公布项目投资引导目录；负责限额以上和涉及国家、省、市有关政策的技改项目报批工作；指导全市重大技术改造项目的组织实施工作。

(6)制定并实施全市国有企业改革的方针、政策，指导国有企业实施战略性改组，推进现代企业制度建设；组织开展全市整顿与规范市场经济秩序工作；负责市政府重点扶持的大企业、大集团的规划与培育工作；指导国有企业的扭亏和减负工作；参与指导企业直接融资工作；指导中小企业的改革与发展和法律顾问工作。

(7)指导全市工业企业利用外资工作（包括外商直接投资项目）；提出工业企业利用国外贷款的投向；负责重要工业品和原材料的进出口管理工作；参与研究提出工业企业开拓国际市场、实施市场多元化战略的政策建议，指导企业开展国际化经营，指导生产企业境外带料加工、装配业务；组织开展工业产品销售的重要会展活动；组织本市工业对外贸易工作。

(8)管理全市企业技术创新、引进和设备招标工作；组织制定并实施全市企业高新技术发展及运用高新技术改造传统产业的规划和计划；协同有关部门做好全市高新技术工业企业的认定工作；负责工业企业市级新产品试产计划、市级技术进步优秀企业及市级优秀新产品奖的审定；参与市科技三项经费的合理配置；开展与国外的技术交流和合作。

(9)负责全市节能资金的筹措、管理，负责散装水泥管理和墙体材料改革工作，审核全市技术改造项目中的有关节能内容，参与管理全市能源、原材料等重大建设项目的有关工作。

(10)负责全市安全生产管理、职业安全监察、矿山安全监察工作。

(11)负责和指导委机关及直属单位党的建设、精神文明建设、组织人事、宣传教育、纪检监察和群团工作，按干部管理权限研究并提出配备；调整领导班子的意见；组织实施对工业经济管理干部和企业管理人员的培训工作；指导工业企业人事制度改革、人才开发管理等工作；负责和指导委机关老干部和系统内的老干部工作；组织实施全市工程技术人员职称评审和继续教育工作。

(12)指导各县（市）、区工业经济管理部门的工作，联系、指导工业方面各类行业协会、学会等社会中介组织。

(13)制定企业安全生产规程和安全技术标准，协调有关部门的安全生产规定制定工作；综合管理全市安全生产工作，分析和预测全市安全生产形势，拟订全市安全生产工作规划，依法行使安全生产监督管理职权。

(14)负责全市伤亡事故统计工作；组织、协调重大事故的调查处理，受市政府委托对重特大事故调查报告进行批复。

(15)组织实施企业的安全生产条件和有关设备检测检验、安全监督管理工作；负责安全培训、安全评价、安全咨询服务等社会中介组织的资格认可工作，并进行监督检查。

(16)组织实施“工程项目的安全实施与主体工程同时设计、同时施工、同时投产使用”的安全监督检查工作；监督检查企业职业危害的防治工作；对重大危险源的监控和重大事故隐患的整改进行监督检查；组织对不具备安全生产基本条件的生产经营单位的查处工作；组织、指导、协调化学品应急救援等工作。

(17)拟订全市安全生产科研规划；组织、指导安全生产重大科学技术研究和技术示范工作。

(18)组织全市安全生产宣传教育工作；负责全市安全生产监察人员的培训、考核及安全管理技术人员执业资格的管理工作；负责组织特种作业人员的培训、考核和安全资格认证工作。

(19)开展安全生产方面的国际交流与合作。

(20)承担市安全生产委员会办公室的工作。

(21)承办市政府交办的其他事项。

安徽省经济委员会中小企业发展局

一、主要职责

指导中小企业、个体私营和民营经济改革与发展，并负责有关的综合协调和服务工作。

二、联系方式

联系电话：0551-2883095　2880457　2887309

地址：安徽省合肥市宣城路103号

邮编：230001

福建省经济贸易委员会（福建省乡镇企业局）

一、主要职责

(1)研究提出并组织实施新型工业化发展战略；贯彻执行并监督检查国家工商领域产业政策执行情况；起草工业、商贸方面的有关法规、规章并组织实施与监督检查；拟订全省工业、商贸业布局、产业发展、结构调整的规划、目标、导向目录和政策措施并组织实施；拟订并组织实施现代物流业发展规划；根据部门预算要求，负责安排省“挖革改”资金；参与全省国民经济和社会发展规划、中长期规划和年度计划的拟订。

(2)负责监测、分析近期国民经济运行态势，收集、整理、分析和发布经济信息，调节国民经济日常运行；编制并组织实施近期国民经济运行调控目标、政策和措施，组织解决经济运行中的有关重大问题；建立重点行业、重点企业、重点产品运行调度机制和经济运行应急调度机制并组织实施；促进工商企业扩大出口，引导工商企业开展国际间经济技术合作与交流和国际化经营。

(3)起草、拟订并组织实施轻纺、电力、冶金、石化、建材、煤炭、医药、机电、流通、贸易和有关服务业等行业的发展规划、行业法规、组织实施行业标准，实行行业管理；负责国家法律、法规规定由行业归口管理的工业产品生产、经营许可证的发放和管理；办理履行《禁止化学武器公约》的有关事务；负责典当行业的监督和管理工作；联系、指导、管理全省经济社团、工商领域行业协会等社会中介组织。

(4)负责管理地方管理权限的工商领域投资项目，会同省发展与改革委员会上报国家管理权限的工商领域投资及国债项目；制定工商领域投资项目利用政府资金的政策和使用管理办法，组织实施项目的管理和监督；贯彻执行国家利用外资的政策，组织开展工商领域吸引外资工作，指导工商企业利用外资工作。

(5)拟订全省内贸发展规划，研究提出流通体制改革意见及有关政策措施，培育发展城乡市场，推进流通产业结构调整和连锁经营、商品配送、电子商务等现代流通方式的发展；研究起草规范流通秩序、市场运行的法规、政策；监测分析市场运行和重要商品的供求状况，组织实施重要消费品市场调控和重要生产资料流通管理；组织协调全省城市副食品生产供应；组织协调全省治理“餐桌污染”、建设“食品放心工程”工作。

(6)负责企业工作，对各种类型的企业（含乡镇企业）实行宏观管理和指导，规范企业行为；指导企业改革与发展，研究提出企业改革的政策措施、优化所有制结构和企业组织结构的意见与建议；拟订鼓励中小企业发展的政策措施，促进中小企业服务体系的建立与完善；指导企业建立现代企业制度；管理企业内部法律顾问工作；组织开展职业经理培训工作，负责工商企业智力引进工作。

(7)研究提出全省企业技术进步的政策、措施，指导技术创新及重大装备国产化和重大技术装备研制工作；组织实施省级新产品开发、“产学研”联合、“五新”项目推介工作；组织、协调、指导企业信息化工作；指导资源节约和综合利用工作，管理全省稀土资源开发与推广应用；组织协调工业环境保护和环保产业发展。

(8)研究提出省际、区域经济技术协作意见、政策措施并组织实施；组织开展省际、区际间的区域性横向经济技术协作活动；指导协调省际、省内、区域、企业的经济技术协作；管理省外驻闽办事机构；承担福建省人民政府对口支援办公室的日常工作。

(9)负责驻闽部队支前和军供的协调、服务工作；承担省整顿和规范市场经济秩序工作领导小组综合办公室日常工作；承担省社会信用监督管理办公室日常工作。

(10)承办省政府交办的其他事项。

二、处室设置

(1)办公室
(2)综合处
(3)政策法规处（省减轻企业负担办公室）
(4)计划财务处
(5)人事处
(6)工业发展促进处
(7) 经济运行处（省工交生产总调度室）
(8)技术进步处
(9) 企业处（省企业兼并破产和职工再就业工作办公室）
(10)中小企业处
(11)能源处
(12)环境和资源综合利用处（省稀土办公室）
(13)商业发展与市场建设处
(14)市场调节处（省副食品基地办公室、省建设食品放心工程联席会议办公室）

三、领导班子成员名单

徐　钢　中共福建省经贸委党组书记
　　　　福建省经贸委主任
钟安平　中共福建省经贸委党组副书记
　　　　福建省经贸委副主任、省支前办主任
陈炎生　中共福建省经贸委党组成员
　　　　福建省经贸委副主任
　　　　福建省安全生产监督管理局局长
胡渡南　中共福建省经贸委党组成员
　　　　福建省经贸委副主任
李　清　中共福建省经贸委党组成员
　　　　纪检组长
张金铸　中共福建省经贸委党组成员
　　　　福建省经贸委副主任
马鉴康　中共福建省经贸委党组成员
　　　　福建省经贸委副主任
郑李亭　中共福建省经贸委党组成员
　　　　福建省经贸委副主任
郑新聪　中共福建省经贸委党组成员
　　　　福建省经贸委副主任

四、对外联系方式及网址

办公地点：省政府大院 8 号楼二、三、四层
通讯地址：福州市华林路 76 号
邮编：350003
传真/电话：0591-87857032　　87833668
网址：www.fjetc.cov.cn

厦门市民营经济工作领导小组办公室

厦门市民营经济工作领导小组办公室（以下称民营办），是全市民营经济工作领导小组的办事机构，依托市经发局办公。民营办设主任 1 名，由市经发局局长担任；设常务副主任 1 名，由市经发局分管局长担任；设副主任若干名，由市委办公厅、市政府办公厅、政法委、计划发展委、财政局、工商局、总商会等部门领导担任；成员由领导小组各成员单位和相关职能单位指派的 1 名处级干部组成。民营办的日常工作由市中小企业管理办公室承担。

一、工作职责

（1）认真贯彻厦门市民营经济工作领导小组的议定事项，向领导小组报告工作。

（2）宣传贯彻有关民营经济的政策法规，督

查各相关职能部门执行民营经济政策法规的情况，宏观指导和管理民营企业，培育、建立和完善民营企业的社会化服务体系，建立、完善市领导和民营企业的联系和沟通渠道，研究、提出解决影响民营企业经营和民营经济发展的重大问题的意见、建议和政策措施。

（3）协调各相关职能部门共同消除对民营经济的不平等待遇，规范并监督实施各部门扶持民营经济发展的配套实施细则和办事程序，推动有利于民营经济发展的法治环境、政务环境、舆论环境的形成。

（4）贯彻执行国家和市产业政策，以产业政策为导向，及时收集、整理、分析和发布经济信息，定期公布项目投资目录，引导民营经济健康有序发展。

（5）承办领导小组全体成员会议和专题会议的相关工作。

（6）承办领导小组交办的其他事项。

二、领导班子

主任：陈津

常务副主任：柯继安

三、对外联系方式

办公地点：厦门市湖滨北路61号市府东楼九层903室

邮编：361022

联系电话：0592-5054290　　5052399

厦门市中小企业管理办公室

根据厦委发[2003]14号文精神和市政府常务会研究意见，为整合政府管理中小企业职能，顺应中小企业提出的有关政府工作部门协调管理中小企业工作，在市经济发展局增挂“厦门市中小企业管理办公室”（简称中小办），与市民营经济工作领导小组办公室合署办公。中小办作为全市负责中小（民营）企业管理工作的机构，根据《中华人民共和国中小企业促进法》的有关精神，综合考虑全市贯彻实施《中华人民共和国中小企业促进法》的工作进展情况，进一步调动和依托经发局企业处“宏观协调和管理各经济成分企业”的职能，以及直接与国家发展改革委中小企业司对口争取国家扶持中小企业发展专项资金等优惠政策对全市中小（民营）企业的扶持。

主任：罗晓芹

办公地点：厦门市湖滨北路61号市府东楼九层903室

邮编：361022

联系电话：0592-5052399

江西省中小企业局

根据《中共江西省委、江西省人民政府关于印发〈省人民政府机构改革实施方案〉的通知》（赣发[2000]15号）和中共江西省委决定，江西省中小企业局为省经济贸易委员会管理的副厅级行政机构。

一、职能调整

1.划入的职能

省经贸委承担的全省中小企业行政管理职能。

2.划出的职能

将原省乡镇企业局承担的有关安全生产监督管理职能，交给省安全生产监督管理局。

二、主要职责

根据以上职能调整，省中小企业局的主要职责是：

⑴负责对全省中小企业的规划、指导和服务；贯彻落实国家有关发展中小企业的法律法规和省有关发展中小企业的方针政策；组织草拟有关发展中小企业的地方性法规、规章和政策。

⑵研究提出全省中小企业的发展战略、中长期发展规划和扶持政策；指导中小企业产业结构、产品结构和组织结构的调整；引导中小企业向工业园区和工业小区集中，负责对县及县以下工业园区与工业小区的规划、指导和服务。

⑶监测、分析中小企业运行态势，拟订并落实中小企业发展预期调控目标和措施。

⑷指导和推进中小企业改革；指导中小企业加强基础管理工作；指导中小企业开展科技进步、新产品开发和技术改造工作；指导中小企业搞好市场营销，提高市场竞争能力。

⑸组织和指导中小企业开展国内外经济技术交流与合作；指导中小企业对外贸易、出口基地建设和申报自营出口经营权工作；开展与国际中小企业组织的交流与合作。

⑸建立以技术支持、管理咨询、信息服务、创业指导、人才培训与交流等为主要内容的社会化服务体系，为中小企业获取技术、市场、项目、人才、信息和开展电子商务活动提供服务。

⑹依法开展行政执法和检查工作，维护中小企业的合法权益。

⑻指导、规范为中小企业提供服务的各类中介组织和有关协会的工作。

⑼承办省政府、省经贸委交办的其他工作。

三、内设机构

根据以上职责，省中小企业局内设6个正处级职能处室。

1. 办公室

负责内外联系、综合协调工作；负责局机关文秘、政务信息、督查、机要、保密、档案、信访工作；负责管理局机关财务及办公自动化、电子网络建设等工作。

2. 发展规划处

研究拟定中小企业发展战略、中长期发展规划和年度计划；指导中小企业产业结构、产品结构的调整和技术改造工作；负责中小企业经济运行监测和经济运行质量分析；指导和推动企业建立健全信用制度；建立和完善中小企业信用担保体系；协调行业管理工作；负责全省典当行业的管理和指导。

3. 企业管理处

指导中小企业体制创新、制度创新、科技创新、管理创新工作；指导中小企业贯彻质量标准、计量标准和开展创名牌产品活动；负责中小企业科技及人才的信息收集、整理和咨询服务；指导中小企业开展新产品试制、鉴定工作；组织中小企业申报省部级新产品、国家“星火”计划项目；指导科技服务体系建设；指导中小企业的安全生产、环境保护工作；开展创业指导和申报企业集团的咨询服务工作；指导、规范为中小企业提供服务的各类中介组织和有关协会的工作。

4. 政策法规处

负责拟订有关中小企业改革规划和实施方案；提出有关发展中小企业的地方性法规、规章草案和政策建议；承担有关中小企业的政策调研、材料拟稿、对外宣传工作；依法开展有关中小企业法律法规的行政执法检查工作，维护中小企业的合法权益。

5. 外经贸处

组织、指导中小企业开展国内外经济技术交流与合作，开展产品展销活动，开拓国内外市场；引导中小企业向工业小区、城镇聚集，负责对县及县以下工业园区与工业小区的规划、指导和服务；指导中小企业对外贸易、出口基地建设和申报自营出口经营权。

6. 人事培训处

负责机关及下属单位机构编制、人事、劳动工资及离退休人员管理；组织、指导中小企业开展人力资源开发、教育培训工作；协同人事部门做好非国有中小企业职称评定工作；指导中小企业经营者培训工作；指导省中小企业局培训中心工作。

机关党委负责局机关及下属单位的党群工作。

四、人员编制

省中小企业局行政编制30名，为老干部服务单列编制2名。

领导职数：局长1名，副局长3名；正处级职数7名，副处级职数3名，处级纪检员1名。

山东省中小企业办公室（山东省乡镇企业办公室）

一、 机构概况

根据《中共山东省委、山东省人民政府关于山东省人民政府机构改革实施意见》(鲁发［2000］9号)，在省经济贸易委员会内设立山东省中小企业办公室，同时挂山东省乡镇企业办公室牌子，负责全省乡镇企业、个体私营企业的规划、指导、协调、服务工作。

根据上述主要职责，省中小企业办公室（省乡镇企业办公室）设4个职能处和机关党委。

二、 主要职能

(1)贯彻国家有关发展中小企业的方针、政策和法律法规，研究提出全省中小企业的发展战略、规划和政策法规，会同有关部门监督实施。

(2)根据国家的产业政策，指导中小企业合理布局和产业、产品结构调整，提高产品质量和经营管理水平。

(3)指导中小企业体制改革，对全省中小企业发展中的重大问题提出政策建议。

(4)指导全省个体私营经济的发展，研究拟订有关发展规划、鼓励政策和管理办法。

(5)指导中小企业的财务会计、内部审计、质量、安全、环境保护、资产管理和资产评估等工作；组织指导中小企业对外经济技术交流与合作，协调和指导中小企业利用外资和出口创汇工作。

(6)负责全省中小企业统计工作；研究掌握中小企业的生产动态，汇集、分析和发布有关经济技术信息，提供信息咨询服务。

(7)组织指导中小企业的科技进步和技术创新，负责乡镇企业技术改造项目审核申报工作；指导中小企业的职工教育培训工作。

(8)组织指导直属企事业单位的改革，推动直属事业单位逐步走向社会、进入市场；组织实施机关人员分流工作。

(9)承办省经济贸易委员会交办的其他事项。

三、 处室简介

根据上述主要职责，省中小企业办公室（省乡镇企业办公室）设4个职能处和机关党委。

1. 综合处（挂人事处牌子）

协助办公室领导组织协调机关日常工作；负责机关文秘、档案、信访、接待、保密和会议组织安排；管理机关行政经费，监督管理机关和事业单位的国有资产；负责机关和直属单位的人事管理及离退休干部服务工作；组织指导直属事业单位的改革，推动直属事业单位逐步走向社会、进入市场；组织实施机关人员分流工作。

2. 政策调研处

贯彻实施国家发展中小企业的法律法规和方针政策，研究拟定发展我省中小企业的地方性法规和政策措施，研究拟定鼓励个体私营经济发展的具体政策方法；指导中小企业改革，转换经营机制；对全省中小企业发展中的重大问题进行调查研究，提出政策建议；负责综合性材料的起草工作。

3. 规划发展处

研究提出中小企业的发展战略、规划和有关政策措施；指导中小企业合理布局和产业、产品结构调整，提高产品质量和经营管理水平；指导中小企业财务会计、内部审计、资产管理和清产核资工作；协调、指导中小企业对外贸易和出口创汇工作；组织协调中小企业引进国内外先进技术、装备和项目、资金；负责全省中小企业的统计工作；汇集、分析和发布经济技术信息，提供信息咨询服务。

4. 科技管理处

研究拟定中小企业科技进步规划和政策措施；组织指导中小企业的技术创新和技术改造工作，负责乡镇企业重点技术改造项目的审核申报；指导中小企业科技服务体系建设和职工教育培训工作；会同有关部门对中小企业产品质量及实施行业规章、技术规范及标准的情况进行监督检查；指导中小企业安全、环境保护、节能及资源综合利用工作。

四、 机关党委

负责机关及直属单位的党群工作，日常工作由综合处承担。

五、 领导班子成员

山东省中小企业办公室分党组书记 主任：尹静雯

分党组成员 副主任：乔 平

分党组成员 副主任：曲荣先

青岛市中小企业发展局

根据中共青岛市委、青岛市人民政府《关于青岛市人民政府机构改革的意见》(青发[2004]12号)，组建青岛市中小企业发展局，挂青岛市乡镇企业局牌子，为市经贸委下设的副局级机构，负责全市中小企业发展工作。

一、主要职责

⑴贯彻落实国家有关中小企业发展的方针、政策和法律、法规，参与制订中小企业的发展战略、中长期发展规划和政策、法规，研究提出扶持中小企业发展的办法措施并组织实施。

⑵指导和推进中小企业改革及产业结构、组织结构和产品结构的调整；负责提出中小企业有关专项资金年度预算建议，并组织实施；指导中小企业开展科技进步、新产品开发和技术改造工作。

⑶组织指导中小企业开展国内外经济技术交流与合作。

⑷组织中小企业服务体系建设，为中小企业创业提供政策咨询和信息服务；推进和组织建立中小企业信用担保体系，指导中小企业融资和信用评价工作；引导和规范信用与担保行业发展。

⑸组织实施国家和省、市级农产品加工龙头企业的评选、审核和管理工作，提出农产品加工龙头企业专项扶持资金年度计划并组织实施；指导中小企业管理经营者教育培训工作。

⑹负责全市中小企业统计、信息收集和发布等工作；推进中小企业信息化。

⑺承办市经贸委交办的其他事项。

二、内设机构

根据以上职责，市中小企业发展局设3个职能处室。

1. 规划发展处

贯彻国家有关中小企业发展的方针、政策和法律、法规；参与研究提出中小企业发展战略、中长期规划；提出中小企业有关专项资金年度预算建议并组织实施；推动建立中小企业发展基金，研究确定基金使用方向；组织实施国家和省、市级农产品加工龙头企业的评审，提出专项扶持资金年度计划并组织实施。

2. 企业协作处

负责全市中小企业的统计、信息收集和发布工作；监测分析中小企业发展动态和行业、区域发展特点；指导中小企业结构调整，推动区域经济技术合作与协调发展；指导中小企业改革和管理创新；组织实施国家和省、市级中小企业优秀企业家及企业的评审；指导中小企业开展国内外经济技术交流与合作和对外贸易工作。

3. 创业服务处(挂融资指导处牌子)

组织中小企业服务体系建设,为中小企业创业提供政策咨询和信息服务；指导中小企业开展科技进步、新产品开发和技术改造工作；研究提出改善中小企业融资环境的政策措施，引导和推动民间资金和风险投资机构投资中小企业，推进和组织建立中小企业信用担保体系,引导和规范信用与担保行业发展。

三、人员编制和领导职数

市中小企业发展局行政编制20名，工勤人员编制2名。其中，局长1名(市经贸委副主任兼)，副局长1名(正处级)；处长3名，副处长4名。

河南省中小企业服务局

一、机构名称

河南省政府设立河南省中小企业服务局，专门为全省中小企业、非公有制经济发展服务，是省政府直属机构，行政编制59人。

二、主要职责

（1）贯彻落实国家发展中小企业、非公有制经济的法律、法规和政策；拟订促进全省中小企业、非公有制经济发展的地方性法规、规章和政策，监督检查执行情况。

（2）拟订全省中小企业、非公有制经济发展战略和中长期规划；配合有关部门做好中小企业、非公有制经济的统计工作；监测分析中小企业、非公有制经济发展动态，协调解决发展中的有关问题，维护企业合法权益，优化企业发展环境。

（3）指导中小企业、非公有制经济服务体系建设；建立和完善创业辅导体系，改善创业环境；联系和引导各类社会中介机构为中小企业、非公有制经济提供服务；协调中小企业获得政府采购份额的有关工作。

（4）提出中小企业发展专项资金年度预算建议并负责资金的使用管理；提出支持中小企业、非公有制经济发展有关资金的政策建议。

（5）拟订改善中小企业、非公有制经济融资环境的政策措施，拓宽融资渠道；协调中小企业享受政府贴息贷款政策的落实；引导和推动民间资金、风险投资机构和其他金融机构投资中小企业、非公有制经济；推进中小企业、非公有制经济信用担保体系和信用制度建设，建立信用信息征集与评价体系。

（6）指导中小企业、非公有制经济开展科技进步、新产品开发和技术改造工作；指导中小企业、非公有制经济的产业、产品结构调整；积极推动中小企业、非公有制经济向集群化、园区化发展。

（7）指导中小企业改革，促进制度和管理创新，促进建立和发展中小企业产权及相关要素市场；促进中小企业加强经营管理，提高经营者素质。

（8）指导和推动中小企业、非公有制经济的区域性合作、专业化协作和对外合作、招商引资。

（9）承担省城镇集体工业联合社的日常工作。

（10）承办省政府交办的其他事项。

三、处室设置

省中小企业服务局设8个职能处（室）。

1. 办公室

协助局领导组织协调机关日常工作，负责会务、文秘、机要、保密、档案、新闻宣传、信访、信息、提案议案处理及重要文件的起草工作；组织制定机关内部管理的各项规章制度；负责机关后勤、保卫工作。

2. 人事处（机关党委）

负责局机关和直属单位的机构编制、教育培训、人事和党群工作；负责局机关离退休人员的服务和管理工作；负责机关及所属单位的精神文明建设。

3. 发展规划处

研究拟订全省中小企业、非公有制经济中长期发展规划和年度发展目标；指导中小企业、非公有制经济的产业、产品结构调整；会同有关处室提出中小企业发展专项资金的使用意见；引导中小企业、非公有制经济向集群化、园区化发展。

4. 企业指导处

指导中小企业改革，促进制度、管理创新，促进建立和发展中小企业、非公有制经济产权及相关要素市场；促进中小企业加强经营管理，提高经营者素质；建立和完善创业辅导体系，促进新兴中小企业、非公有制经济的创立；协调中小企业获得政府采购份额的有关工作；配合有关部门做好中小企业、非公有制经济的环境保护、安全生产、职业卫生工作。

5. 财务统计处

配合有关部门做好中小企业、非公有制经济的统计工作；监测分析中小企业、非公有制经济发展动态，协调解决发展中的有关问题；提出中小企业发展专项资金年度预算建议，负责资金的管理；监管直属企业的国有和集体资产。

6. 政策法规处

拟订全省发展中小企业、非公有制经济的法规、政策和措施，并监督检查执行情况；优化企业发展环境，维护企业合法权益；负责省城镇集体工业联合社的日常工作。

7. 融资服务处

研究提出改善中小企业、非公有制经济融资环境的政策措施，拓宽融资渠道；协调中小企业、非公有制经济享受政府贴息贷款政策的落实；引导和推动民间资金、风险投资机构和其他金融机构投资中小企业、非公有制经济，指导、推动中小企业融资工作；推进中小企业、非公有制经济信用担保体系和信用制度建设，建立信用信息征集与评价体系，实现中小企业、非公有制经济信用信息查询、交流和共享的社会化；指导和推动中小企业、非公有制经济的区域性合作、专业化协作、招商引资、出口创汇。

8. 科教信息处

指导中小企业、非公有制经济开展科技进步、新产品开发和技术改造工作；建立和完善中小企业、非公有制经济技术创新体系，并指导各类技术服务机构为其提供技术服务；建立和完善中小企业、非公有制经济的咨询、培训、网络信息等服务体系；指导中小企业、非公有制经济的教育培训工作。

四、领导班子成员

党组书记、局长范立新，主持局全面工作。

党组成员、副局长温同文，分管企业指导处、财务统计处、省乡镇企业造纸产品质量监督检验站。

党组成员、副局长张新芳，分管发展规划处、科教信息处、省技术交流站和省乡镇企业科技信息所。

党组成员、副局长王传捷，分管办公室、融资服务处、局机关后勤服务中心、省中小企业信用担保中心、省轻工招待所；协助李庆贵局长分管省城镇集体工业联社，联系局属企业。

党组成员、纪检组长王茂志，分管纪检监察、局机关党委、工会、政策法规处；协助李庆贵局长分管党风廉政建设、人事处工作。

副巡视员郭根法，协助温同文副局长、张新芳副局长工作。

副巡视员王永连，协助王传捷副局长、王茂志副局长工作。

五、对外联系方式

地址：郑州市红专路98号

邮编：450003

电话：0371-65717134（传真）

网址：www.smehen.gov.cn

E-MAIL:sjbgs@smehen.gov.cn

湖北省经济委员会（中小企业发展局）

一、主要职责

(1) 监测、分析全省国民经济运行情况，调节国民经济日常运行；组织重要物资的紧急调度和交通运输协调工作，协调解决日常经济运行中的突出和重大问题，并向省政府提出意见和建议。

(2) 贯彻落实国家和省关于国民经济、县域经济、中小企业、乡镇企业发展的方针、政策和法规，制定发展规划；参与草拟相关的地方性法规，指导相关的行政执法和减轻企业负担工作。

(3) 指导、促进中小企业、乡镇企业结构调整，指导企业实施名牌产品战略；收集、整理、分析和发布经济信息；承担省履行《禁止化学武器公约》工作领导小组的具体职能；负责磷化、盐业、医药食品、医药储备、煤矿、包装业的行政管理工作。

(4) 指导湖北省中小企业技术改造、技术创新、新产品开发和技术开发机构建设，为中小企业提供各类信息、咨询及技术转让和转化等服务工作，推动中小企业信息化建设。

(5) 制定中小企业教育培训规划并组织实施，建立和完善中小企业创业辅导体系；指导中小企业人才引进工作；协助有关部门做好中小企业的职称评审工作。

(6) 指导湖北省中小企业、乡镇企业改革重组等工作，推进企业管理和制度创新，促进建立和发展中小企业产权及相关要素市场。

(7) 研究改善中小企业、乡镇企业融资环境的政策措施，引导和推动民间资金和风险投资机构投资中小企业；引导和规范信用担保行业的发展，促进建立和完善信用与担保制度。

(8) 监测分析中小企业、乡镇企业和县域外经济发展动态，协调解决发展中的重大问题；负责中小企业、乡镇企业统计工作。

(9) 组织指导中小企业、乡镇企业开展对外经济技术交流与合作；指导开展招商、引资、引智工作；组织指导开展国内外展览、展销活动。

(10) 承担全省煤炭行业管理职能。

(11) 承办上级交办的其他事项。

二、处室设置

根据上述主要职责，湖北省经济委员会（省中小企业发展局）设13个处（室）：办公室，政策法规处，经济运行处（省治理“三乱”减轻企业负担领导小组办公室、煤炭管理处），科技与信息处(省履行《禁止化学武器公约》工作领导小组办公室)，交通协调处，电力处(省“三电”工作办公室)，县域经济处，中小企业处(乡镇企业处)，对外经济合作处，人事教育处，机关党委，监察室，离退休干部处。

三、领导班子成员名单

许克振	主任（局长）
肖大鑫	副主任（副局长）
李祠金	副主任（副局长）
王兴於	副主任（副局长）
刘进文	副主任（副局长）
刘金章	纪检组长
陈旭东	巡视员
张中伟	副巡视员
程守义	副巡视员

四、对外联系方式及网址

办公室电话：027-87235832

网址：http://www.hbec.gov.cn

http://www.hbsme.gov.cn

湖南省经济委员会

主任：胡衡华

分管副主任：蒋志方

业务处室：中小企业发展促进处（民营经济服务处）

联系电话：0731-2212827

中小企业服务指导处

联系电话：0731-2214842

主要职责：贯彻落实国家关于促进中小企业发展的方针、政策，研究提出促进全省中小企业发展的政策措施，协调中小企业发展的重大问题；拟订中小企业发展战略、中长期发展规划和年度计划并组织实施；指导和推进中小企业产业结构、组织结构和产品结构的调整；指导中小企业的改革工作；管理全省中小企业发展资金；抓好中小企业信用担保体系和服务体系的建设；拟订政府重点扶持中小企业的项目及资金投入方向，扶持中小企业的发展；组织开展创业扶持。

网址：http://www.sme.gov.cn/index.htm

广东省中小企业局

广东省中小企业局2003年2月份挂牌成立。主要职责是贯彻落实国家有关发展中小企业的法律法规和方针政策，组织草拟有关发展中小企业的地方性法规、规章，研究提出扶持中小企业发展的政策，负责对全省中小企业的综合协调、指导和服务等。

深圳市中小企业服务中心

一、 机构名称

深圳市中小企业服务中心（加挂深圳市生产力促进中心牌子）为深圳市贸易工业局下属的副局级事业单位，是为各类民营及中小企业提供综合协调服务的机构。

二、 主要职能

（1）贯彻落实国家和省、市有关发展中小企业的法律法规和方针政策，配合相关部门草拟有关发展中小企业地方性法规、规章与政策。

（2）协调联系相关部门和机构，推进构建为中小企业提供创业扶持、融资担保、技术支持、信息咨询、市场开拓和人才培训等多方面、多层次的社会化服务体系。

（3）协助主管部门监测、分析中小企业经济运行态势，向主管部门提出近期调控目标和措施；承担中小企业分类、信息收集和发布等工作。

（4）根据产业发展政策及投资导向目录，引导中小企业调整产业结构和产品结构。

（5）协助推进中小企业改革与发展，推动中小企业开展科技创新、技术改造和产品开发工作。促进企业推行全面质量管理及质量标准。

（6）组织中小企业开展国内外经济技术合作与交流，促进国内外先进技术的推广应用；帮助中小企业拓展国内外市场。

（7）促进金融机构建立与中小企业的融资渠道，推进中小企业投融资市场的完善；协助主管部门与财政等部门管理中小企业发展专项资金。

（8）建立和完善与企业对话沟通制度，为中小企业提供相关业务指引服务。

（9）承办主管部门等交办的其他事项。

三、 处室设置

深圳市中小企业服务中心内设3个部（副处级）。

1. 综合部

负责本中心文秘、行政事务和综合协调工作；组织和协调为中小企业提供服务的综合信息平台的规划与建设；负责协助开展中小企业运行监测和质量分析，承担中小企业分类、信息收集和发布工作；负责对外宣传工作；负责编制市中小企业发展专项资金年度计划。

2. 协调服务部

配合相关部门拟订促进我市中小企业发展的法规、政策以及中小企业发展战略和发展规划并组织实施；负责组织和协调中小企业服务体系规划与建设；根据投资项目引导目录，引导中小企业投资方向；协调解决中小企业发展中的重大问题；协调、指导融资担保业务发展和相关资金的管理工作；协调中小企业为大企业提供配套产品；协调银企关系，促进金融机构和中小企业建立融资渠道；联系协调各类中介组织为中小企业提供服务。

3. 技术推广部

指导和推动中小企业技术创新、技术改造和产品开发工作；推动中小企业建立现代企业制度；指导中小企业开展国内外经济技术交流与合作，开拓国内外市场；负责中小企业管理人才培训的规划并组织实施；负责创业辅导、技术改造等相关资金的管理工作；配合科技部门推进中小企业科技开发工作。

四、 领导班子成员

中心主任：顾宏伟

中心副主任：杨宇清

五、 对外联系方式及网址

地址：深圳市福田区新洲路3009号七楼

电话：0755-82975805

传真：0755-82975804

网址：www.szsmb.gov.cn

广西壮族自治区中小企业局

广西壮族自治区中小企业的行政管理部门为广西壮族自治区中小企业局。广西壮族自治区人民政府办公厅桂政办发[2004]75号文件指出：“……自治区经济委员会，为负责全区工业发展和工业经济运行调节的自治区人民政府组成部门。自治区经济委员会加挂自治区中小企业局牌子。”自治区经济委员会（中小企业局）设办公室、政策法规研究室、工业规划处、经济运行处、技术改造投资处、重工业处、轻工业处、中小企业发展处、能源工业处、高新技术产业处、资源节约与综合利用处、工业区建设处、糖业与农产品加工处、广西国防科学技术工业办公室、人事处、教育培训处等16个职能处室。其中，中小企业发展处具体负责对全区中小企业民营企业发展实行宏观指导和管理。

广西壮族自治区经济委员会（中小企业局）领导班子成员：主任冯祖华，副主任李万富、管炳六（分管中小企业）、杨和荣、石文怀，纪检组长蒋维　,副巡视员朱彦萍、周华德。

广西壮族自治区经济委员会地址：广西南宁市民乐路1号自治区政府大院

邮编：530012

电话：0771-2803041（办公室）

传真：0771-280016

中小企业发展处负责人：处长张杰

副处长：黄振成　　吴胜周

电话：0771 — 5864067

传真：0771 — 5864157

Email:xqjgx@163.com

地址：南宁市星湖路43号南湖大厦

邮编：530022

海南省发展与改革厅

一、机构设置

2003年海南省机构改革，原省经济贸易厅被撤销。中小企业工作职能于2003年下半年由原省经济贸易厅企业管理处划转省发展与改革厅经济运行处承担。根据省政府琼府办［2003］75号文规定，经济运行处主要职能有：经济运行、产业政策、结构调整、中小企业、非公经济、国防科工委民爆行业管理等工作。因此，海南省中小企业管理职能设在海南省发展与改革厅，由经济运行处兼管。目前经济运行处职能由原先对口国家一个部委局（即经贸委经济运行局），到现在要对口国家两个部委三个司局办（即国家发展改革委经济运行局、中小企业司，国防科工委民爆行业监督管理局）。处室定编人员6名。

二、机构职能

研究中小企业、非国有经济发展的有关问

题，提出扶持其发展的政策和具体措施，指导和协调其发展中的问题，促进全省多种所有制企业公平竞争，共同发展；指导和促进全省中小企业的对外合作，健全、完善中小企业服务体系。

三、联系方式

厅长	许晓民	0898-65367568
主管厅长	冯鸣	0898-65342403
处长	郑柏安	0898-65332517
副处长	唐明	0898-65343624
主任科员	麦宏山	0898-65343624

重庆市中小企业发展指导局

2003年2月，“重庆市中小企业发展指导局”正式挂牌成立，实行一个机构、两块牌子的管理体制。9月，重庆市委、市政府制定出台《关于进一步加快民营经济发展的决定》，明确“原重庆市个体私营经济领导小组即日起更名为重庆市民营经济发展领导小组，充实力量，强化职能，统筹协调处理民营经济发展的重大问题。领导小组办公室改设于市中小企业发展指导局”。2005年9月，重庆市政府制定出台了《贯彻国务院关于鼓励支持和引导个体私营等非公有制经济发展的若干意见的实施意见》，将“重庆市民营经济发展领导小组”更名为“重庆市非公有制经济发展领导小组”，领导小组办公室改设于市中小企业发展指导局。至此，形成了“一、三、二”的管理体制，即一个机构，挂重庆市中小企业发展指导局、乡镇企业局、非公有制经济发展领导小组办公室三块牌子，履行指导、服务两大职能。

一、主要领导名单

姓名	职务	联系电话(区号：023)
张福华	党组书记、局长	86885686
吴锡鹏	副局长	86885688
赵吉林	副局长	86885788
谢卫东	副局长	86885798
马奇昌	副局长	86885698
廖静	纪检组组长	86885685

二、主要职能部门及负责人

部门	负责人	职务	联系电话
办公室	刘春平	主任	86885800
	黄长宝	副主任	86885680
	廖冰	副主任	86885680
人事处（老干处）	刘大文	处长	86885767
	穆上	副处长	86885681
财务审计处	黎学英	处长	86885690
	冯庄	副处长	86885690
企业发展指导处	林朝	处长	86885705
	杜宏俊	副处长	86885702
	沈山	副处长	86885703
科技教育处	邱昌富	处长	86885706
经济运行处	代修超	处长	86885696
	孙长清	副处长	86885689
	蒋纪群	副处长	86885689
政策法规处	金鸿	处长	86885799
	郭平	副处长	86885699
外经外贸处	彭光荣	副处长	86885693
机关党委	刘安军	副书记	86885682
监查室	李建平	主任	86885683

四川省中小企业局（四川省乡镇企业局）

一、主要职责

(1)负责《中华人民共和国乡镇企业法》、《中华人民共和国中小企业促进法》等相关法律、法规的贯彻实施，组织实施国家和省有关发展乡镇企业、中小企业的地方性法规、规章和相关政策；维护乡镇企业、中小企业的合法权益，依法对中小企业进行规划、指导、监督、协调和服务。

(2)研究提出乡镇企业、中小企业发展战略，负责编制乡镇企业、中小企业中长期发展规划和年度计划；协同有关部门制订和实施城乡劳动力进入第二、第三产业转移规划。

(3)指导乡镇企业、中小企业的改革，提出乡镇企业、中小企业发展中重大问题的政策建议，促进乡镇企业、中小企业参与市场公平竞争，共同发展。

(4)根据国家产业政策，指导乡镇企业、中小企业产业结构、产品结构、组织结构、布局结构等的优化调整；引导和推动乡镇企业、中小企业建立现代企业制度；会同有关部门研究提出促进农产品加工营销业发展的政策措施，指导农业产业化龙头企业建设工作。

(5)指导乡镇企业、中小企业科技进步、技术创新、技术改造，建立和规范乡镇企业、中小企业技术创新支撑体系，为乡镇企业、中小企业提供技术信息服务，协同有关部门对乡镇企业、中小企业质量和标准工作进行指导。

(6)研究提出改善乡镇企业、中小企业融资环境的措施意见，建立和规范乡镇企业、中小企业信用担保和融资体系，负责中小企业信用担保体系的组织实施和行业监管；引导和推动民间资金和风险投资机构投资乡镇企业、中小企业。

(7)研究提出促进乡镇企业、中小企业服务体系建设的措施意见，加强乡镇企业、中小企业咨询、市场开拓等服务体系的建设，规范乡镇企业、中小企业服务市场。

(8)负责乡镇企业、中小企业统计和信息服务工作，对乡镇企业、中小企业经济运行情况进行分析和预测，发布经济技术信息，提供信息咨询服务；指导乡镇企业、中小企业资产评估、财务会计、内部审计和信息网络建设工作；负责乡镇企业、中小企业发展基金的管理和使用。

(9)指导乡镇企业、中小企业外事、外经、外贸工作，推动乡镇企业、中小企业对内、对外经济技术合作与交流；指导乡镇企业、中小企业工业园区建设。

⑽负责实施乡镇企业、中小企业专业技术职称及职业技能鉴定工作；指导乡镇企业、中小企业人才培训、交流工作。

⑾指导乡镇企业、中小企业协会（学会）工作。

⑿承办省政府交办的其他事项。

二、处室设置

1. 办公室

协助局领导协调局机关各处工作，起草重要报告、综合性文件；负责有关重要会议的组织工作；负责局机关文秘、机要、保密、保卫、信访、档案、目标管理、计划生育、行政后勤管理等工作；负责信息网络建设和管理工作。

2. 政策法规处

监督检查贯彻执行国家和省发展乡镇企业、中小企业的有关法律、法规、政策的情况，并提出处理意见和建议；负责调查研究、组织协调或参与起草乡镇企业、中小企业协调发展的综合性政策、法规和规章；拟订乡镇企业、中小企业深化改革的规划和方案，促进乡镇企业、中小企业建立现代企业制度并协同有关处室组织实施；负责乡镇企业、中小企业的治乱减负调研和参与督促检查工作；负责并指导乡镇企业、中小企业宣传工作；组织本局新闻发布会。

3. 规划财务处

研究提出乡镇企业、中小企业的发展战略，负责编制乡镇企业、中小企业中长期发展规划和年度计划；负责乡镇企业、中小企业统计工作，对乡镇企业、中小企业经济运行情况进行分析和预测；发布乡镇企业、中小企业经济信息；指导乡镇企业、中小企业资产评估和管理；负责乡镇企业、中小企业专项资金和机关财务的管理工作。

4. 发展指导处

根据国家有关产业政策，研究乡镇企业、中小企业产业发展方向，指导乡镇企业、中小企业结构调整和改制工作；会同有关部门研究提出促进农产品加工营销业发展规划和政策措施，推广典型经验，指导农业产业化龙头企业建设工作；协同有关部门对乡镇企业、中小企业的质量、计量和标准化工作进行指导；协助有关部门做好乡镇企业、中小企业安全生产工作。

5. 科技服务处

负责乡镇企业、中小企业科技进步和技术创新工作，编制发展规划；拟定促进乡镇企业、中小企业科技进步和创新的有关政策措施并组织实施；组织和协调大专院校、科研院所及有关部门为乡镇企业、中小企业提供科技信息服务；建立和规范乡镇企业、中小企业咨询、技术信息、市场开拓等服务体系。

6. 经济合作处

研究提出外向型乡镇企业、中小企业发展规划并组织实施；指导乡镇企业、中小企业开展经济技术协作工作，组织乡镇企业、中小企业开展国内外经济技术合作与交流；促进乡镇企业、中小企业专业化协作和区域化合作；组织乡镇企业、中小企业参与国内外展览、展销活动；参与制定小城镇发展规划；指导乡镇企业、中小企业工业园区建设。

7. 融资与担保指导处

研究提出改善乡镇企业、中小企业融资环境的措施意见，促进建立和拓宽乡镇企业、中小企业融资渠道，协调解决乡镇企业、中小企业融资的有关重大问题，引导和推动民间资金和风险投资机构投资乡镇企业、中小企业；负责推进乡镇企业、中小企业信用制度建设，建立和完善信用信息征集及评价体系，引导和规范乡镇企业、中小企业信用与担保体系建设；负责中小企业信用担保体系的组织实施和行业监管。

8. 人事教育处

负责局机关和直属事业单位人事、机构编制、劳动工资等工作；归口管理系统的干部培训和先进个人及先进单位评选、推荐工作；组织和指导乡镇企业、中小企业的职称改革和专业技术职务的评审、考核和人才交流；指导乡镇企业、中小企业人才的培训工作，研究提出培训政策和措施；指导乡镇企业、中小企业协会（学会）工作。

纪检组（监察处与其合署办公）负责局机关和直属单位纪检监察及党风廉政建设工作。

机关党委负责局机关和直属单位的党群工作。机关党委办事机构的设置方式由局党组按照省委规定确定。

三、领导班子成员名单

局　长：王文义

副局长：李小康

副局长：张国斌

副局长：梁治辉

机关党委书记、纪检组长：黄国彬

四、对外联系方式

电话：028-83221993

网址：www.scsme.gov.cn

贵州省中小企业局

2004年9月，贵州省中小企业局（贵州省非公有制经济办公室）挂牌成立，下设综合处、政策法规处、中小企业发展处、非公有制经济处，龙超亚同志担任局长（主任），蔡赤丁、李娟同志担任副局长（副主任）。

一、主要职能

（1）贯彻实施《中华人民共和国中小企业促进法》，对各种经济成分的中小企业实行宏观管理和指导，规范企业行为规则；贯彻执行国家和省委、省人民政府有关推动中小企业改革发展的法律法规及政策；研究起草我省中小企业改革与发展的法规和政策；对中小企业发展有关政策、法规执行情况进行监督。

（2）指导全省中小企业的改革、改组、改造和加强企业管理工作。

（3）制定全省中小企业发展战略规划；提出对中小企业的扶持政策及配套措施；推进中小企业信用建设；管理和使用国家和省财政下拨的中小企业发展资金；负责省非公有制经济投诉中心工作。

（4）负责典当行设立和终止的审批；对全省典当行实施监督和管理。

（5）组织和指导建立、健全全省中小企业服务体系；协调和指导全省各类为中小企业服务中介组织的工作；组织和指导全省中小企业开展对外交流合作。

二、机构设置

1. 综合处

负责文秘、会务、机要、保密、督办、党群、行政事务及接待工作；负责机关目标管理工作；负责对全省中小企业运行和发展情况的调度分析；负责局重要报告和文件的起草工作；承担全省推动中小企业发展工作领导小组办公室工作；组织和协调综合性的调研活动，组织和指导全省中小企业开展对外交流与合作，支持和组织中小企业参与国内外展销活动；负责全省中小企业信息网络工作。

2. 政策法规处

参与或负责全省有关促进中小企业发展的法律、法规及政策的制定、协调与实施工作；研究和提出贯彻《中小企业促进法》的相关配套政策措施，提出促进中小企业发展的扶持政策，监督检查有关中小企业法律法规的贯彻实施情况；归口负责省政府宏观调控部门、专业经济部门有关中小企业发展的行政性法规和部门规章的综合协调工作；负责推进中小企业信用建设；促进中小企业信用担保体系建设；负责典当行设立和终止的审批，对全省典当行实施监督和管理。

3. 中小企业发展处

研究和制定全省中小企业发展战略规划，促进中小企业技术进步和新兴产业发展；对全省中小企业改制工作进行指导、监督，规范企业行为规则，协调解决改革改制中出现的问题；推动和促进中小企业加强企业管理，提高管理水平；探索中小企业投融资、市场准入、营销网络建设、现代物流服务的有效途径；协调金融机构建立中小企业融资渠道，促进建立扶持中小企业的发展资金、担保基金、管理使用国家和省财政用于中小企业发展的各项资金；负责中小企业对外招商引资的组织及协调工作。

4. 非公有制经济处

研究制定非公有制经济发展中的政策措施，协调、督促和检查非公有制经济政策的贯彻落实，为非公有制经济发展创造公平环境，协调非公有制经济发展中的重大问题；指导非公有制企业的发展，指导非公有制企业加强企业管理，提高经营管理者素质，促进非公有制企业依法经营，维护其合法权益；负责非公有制经济投诉中心工作；负责联系为中小企业提供服务的各类中介组织，建立健全中小企业服务体系，建立完善中小企业创业辅导体系，组织指导中小企业培训工作。

三、对外联系方式

联系电话：0851-6829209

网站：www.smegz.gov.cn

各市（州、地）中小企业、非公有制经济管理由本地区经贸委（局）负责。贵阳市2005年3月30日设立中小企业局（非公有制经济办公室），局长由刘功夫担任。

云南省经委（云南省中小企业局）

2004年，原云南省经济贸易委员会按照省政府批准的机构改革方案实施机构改革后，成立了云南省经委并加挂省中小企业局、省乡镇企业局、省非公有制经济领导小组办公室牌子，2005年，16个州、市相继进行机构改革，均按省里的模式成立经委并加挂中小企业局、乡镇企业局、非公有制经济领导小组办公室牌子。

一、主要工作职能

⑴贯彻落实国家有关中小企业、非公经济的法律法规和方针政策，组织草拟有关中小企业、非公经济发展的地方性法规、规章，研究提出扶持中小企业、非公经济发展的政策。

⑵负责对全省中小企业、非公经济发展工作的宏观指导、综合协调和服务。

⑶制定全省中小企业、非公经济的中长期发展规划并组织实施，指导和推进中小企业、非公经济组织结构、产业结构和产品结构的调整。

⑷监测、分析中小企业、非公经济运行态势，拟定并落实中小企业、非公经济发展预期调控目标和措施。

⑸研究提出改善中小企业、非公有制经济融资环境的政策措施，促进建立和拓宽中小企业、非公有制经济融资渠道。

⑹保障中小企业和非公有制经济在市场准入、市场竞争中的合法权益。

⑺研究提出中小企业、非公有制经济专项资金年度预算建议并组织实施。

⑻推动和建立中小企业发展社会化中介服务体系，研究提出中小企业服务体系和信用担保体系建设的政策措施。

⑼促进中小企业、非公有制经济创业辅导、管理咨询、市场开拓和信息化建设等服务机构建设。

⑽协调落实中小企业获得政府采购市场份额的有关工作。

⑾维护非公有制经济发展合法权益和组织、协调、监督、检查全省企业的减负治乱工作。

⑿承办省加快发展非公有制经济工作领导小组和维护非公有制经济合法权益委员会交办的各项工作。

2003年4月，云南省委、省政府召开了全省加快发展非公有制经济工作会议之后，从省级到16个州、市，将原个私经济领导小组调整为加快发展非公有制经济工作领导小组，调整充实了办公室工作人员，部分改善了工作条件，并在领导小组和办公室分别加挂维护非公经济合法权益委员会和非公经济投诉中心的牌子。各级非公办按照组织领导到位、政策落实到位、工作措施到位的要求，建立健全了工作职责、目标考核办法、重点企业发展项目现场办公制度、非公经济发展督查和定期汇报等一系列规章制度。已逐步形成党委统一领导、政府组织协调、部门抓好落实的工作格局。

三、主要领导

云南省经委主任、省中小企业局局长、省非公办主任：刘绍忠

云南省经委副主任、省非公办常务副主任：许坚

云南省中小企业局局长助理、省非公办副主任：刘健

联系地址：昆明市东风东路209号

联系电话：0871-3395360　3326546（传真）

甘肃省中小企业局

一、主要职责

甘肃省中小企业局是甘肃省政府主管全省中小企业和非公经济工作的直属机构，其主要职责是：

⑴贯彻落实国家有关中小企业和非公经济的法律法规和方针政策，拟订我省有关的地方性法规、规章和政策，并组织实施。

⑵拟订全省中小企业和非公有制经济发展战略和中长期发展规划，并组织实施。

⑶指导全省中小企业和非公有制经济的项目建设、结构调整、市场开拓、集聚区建设和农产品加工企业发展。

⑷会同有关部门筹集、管理、使用扶持中小企业和非公经济发展的各类专项资金。

⑸指导全省中小企业和非公有制经济改革，创新经营管理制度，加强企业管理、劳动保护、安全生产、环境保护和精神文明建设。

⑹指导中小企业和非公有制经济技术改造和新技术、新产品开发，建立和完善技术创新体系，指导其实施品牌战略。

⑺组织指导全省中小企业和非公有制经济开展招商引资、经济技术交流与合作，发展外向型经济。

⑻指导、规范为中小企业和非公经济提供服务的各类中介组织发展，发展产权等相关要素市场，建立完善融资担保、创业辅导等服务体系。

⑼组织指导全省中小企业和非公有制经济职工教育培训、职业技能鉴定、职称评聘和人才智力引进工作。

⑽会同有关部门建立中小企业和非公经济统计制度并组织实施，监测、分析经济运行态势，收集、发布有关信息，拟订、落实调控目标和措施。

⑾承办省委、省政府交办的其他工作。

二、内设机构

（1）办公室
（2）政策法规处
（3）人事处
（4）财务处
（5）信息统计处
（6）经济合作处
（7）科技教育处
（8）农业产业处
（9）工业经济处
（10）商贸流通处

三、联系方式

电话：0931-8825918

地址：兰州市城关区广场南路51号11层　中小企业局

邮编：730000

网址：www.sme-gs.gov.cn

青海省中小企业指导局

青海省中小企业指导局（前身为中小企业处）为省经济委员会内设处级单位，成立于2000年5月，从成立之初至2003年底，主要围绕省属国有企业结构调整和指导、促进全省中小企业改革与发展等职能开展各项工作。随着政府职能转变和机构改革的需要，2004年4月，将原省乡镇企业局相关职能划入中小企业处，成立了中小企业指导局，编制由5人扩大为8人。

一、主要职能

指导和协调中小企业、乡镇企业、非公有制经济的发展和改革，促进多种所有制企业公平竞争，共同发展；研究拟订扶持中小企业发展的地方性法规、规章和政策；提出中小企业结构调整、产业升级的指导意见，指导推动全省中小企业跨地区、跨行业的交流与合作；建立和指导中小企业服务体系，参与中小企业发展基金的使用管理；负责监管全省典当行业。

5年来，在有关部门的大力配合和支持下，中小企业指导局以服务为宗旨，坚持开拓、务实、高效、服务的方针，面向全省各类所有制中小企业，做好政策引导和指导服务工作，着力于帮助企业协调解决改革和发展中遇到的困难和问题，有力地促进了全省中小企业和非公有制经济的发展。

二、领导班子成员

李广青	局　长	0971-6138587
陈　宏	副局长	0971-6151750
吴可安	副局长	0971-6132830
办公室电话及传真		0971-6150716

宁夏回族自治区经济委员会

根据《宁夏回族自治区人民政府办公厅关于

印发自治区经济委员会主要职责、内设机构和人员编制规定的通知》（宁政办发[2003]235 号）精神，宁夏中小企业管理部门设在自治区经济委员会，下设中小企业处。

一、主要职责

研究提出我区工业领域中小企业的发展规划，指导中小企业的改革与发展；推进现代企业制度的建立；参与指导中小企业融资工作；提出我区中小企业的扶持政策；组织中小企业对外合作；促进和健全中小企业服务体系；组织中小企业对外合作，协调解决非国有企业在生产经营中的有关问题。

二、对外联系方式

处 长：乔 亮
电 话：0951-5059459
传 真：0951-5059459
E-mail：nxzxqy@126.com

新疆生产建设兵团发展和改革委员会

新疆生产建设兵团发展改革委下设中小企业处。

联系方式

办公室：0991-2890136
主管副主任：郭毅峰
具体机构：中小企业处 （4 人）
电话：0991-2896271（传真）
处 长：邵卫东 0991-2899084
副处长：袁 华 0991-2899084

新疆维吾尔自治区经贸委

新疆维吾尔自治区中小企业政府职能部门设在自治区经贸委，对口处室是自治区经贸委企业处。

领导班子名单

王永明 自治区主席助理、自治区经贸委主任
高烈卿 自治区经贸委副主任
买买提·乌斯满 自治区经贸委副主任
杜北伟 自治区经贸委副主任
帕拉提·阿布都卡迪尔 自治区经贸委副主任
贺建军 自治区经贸委副主任
张宏伟 自治区经贸委副主任
肖春泉 自治区经贸委副主任
王晓宁 自治区经贸委副主任

西藏自治区发展改革委

2004 年，自治区机构改革以来，在自治区发展改革委正式设立中小企业处，负责全区中小企业、非公经济发展的有关问题，促进多种所有制企业公平竞争，共同发展；研究提出扶持中小企业发展的政策和具体措施，加大对中小企业发展的宏观指导和扶持；指导和促进中小企业的对外合作，健全完善中小企业服务体系；协调中小企业和非国有经济发展中的问题。

一、领导班子和成员名单

主管副主任：何本云
中小企业处
处长：杨谦让 0891-6333887
副处长：边巴卓玛 0891-6333867
主任科员：尼玛 891-6335700
ni_zha@sina.com

二、联系方式

地 址：西藏自治区拉萨市北京中路 22 号
邮 编：850000
传 真：0891-6328943

各地中小企业服务机构

北京市中小企业服务中心

电话：64058636
北京信用担保业协会（社团法人）
电话：88464398

天津市中小企业服务中心

天津市中小企业服务中心是经天津市人民政府批准设立，由天津市经委组建，于 2001 年 6 月正式成立的，专门为中小企业提供全面服务和沟通中小企业与政府间联系的非营利性事业单位。

按照市政府的要求，作为全市中小企业社会化服务体系的核心机构，中心的基本职能主要有：向政府有关部门反映中小企业情况；配合政府有关部门落实中小企业扶持政策；维护中小企业合法权益；为中小企业的创立、生存和发展提供全面的社会化服务；联系或委托各类社会服务机构为中小企业提供服务等。

中心致力于为中小企业提供产权结构调整、各类人员分流、建立现代企业制度和强化公司治理方面的政策、法律以及相关知识（包括工商、财税、金融、产权交易、土地转让等方面的规定和办理程序）的咨询、培训与策划等服务，以及小企业创业和相关手续办理方面的咨询、培训与策划；在传播先进管理知识和管理理念和推广科学管理方法、优化管理资源利用、提升经营管理水平方面，为中小企业提供咨询、培训等服务；在推广新技术、新材料、新工艺、新产品方面，为中小企业提供政策、信息服务和技术交流、市场导引；在投资、融资、信用担保等方面，为中小企业提供信用评价、投资融资咨询、策划及

服务；组织中小企业对外考察、交流、展览、展示和参加境外开展的经营管理培训等。

中心从事中小企业服务工作的人员均为具有中、高级经济类专业职称，并具备中小企业经营管理实际工作经验的人员。中心广泛联系政府部门、大专院校、科研院所、授权投资主体等，具备强大的技术业务后援，能为中小企业提供范围广、层次高、既科学又实用的各类服务。

办公地址：天津市河西区解放南路富裕广场4号楼4门9层

联系电话：022-23235215

传真电话：022-23235215

邮　　编：300202

E-mail：zxqf 10 @ eyou.com

网　　址：tjzxqf @ yahoo.com.cn

天津市城市集体经济联合会

天津市城市集体经济联合会创建于1992年8月，是由天津市多种形式集体经济组织和从事集体经济工作人员自愿参加、互助合作、联合组成的非营利性社会团体，是天津市中小企业服务体系的主要成员，主管机关是天津市经济委员会。

联合会现有会员2000多家，理事单位335家，常务理事93人。按照第二届会员代表大会确立的方向、目标，联合会构建了8个服务平台，尽心竭力，为中小企业和集体经济的改革发展服务。

沟通服务平台。通过召开理事会、座谈会和深入基层听取会员和企业意见，以“情况反映”向政府反映国际合作经济走势、全国集体经济改革发展重大动向，天津中小企业和集体经济的情况、建议、呼声和要求。

调研服务平台。在全国会议及媒体上发表关于集体经济发展趋势、改革创新、集体资产管理、股权管理、中小企业产权制度改革、中小企业融资、贯彻新公司法等论文；参加国家发展改革委中小企业司组织的全国深化集体经济改革研究。

政策法律服务平台。汇集中小企业和集体经济法律法规政策，设立法律政策咨询服务热线，与法律服务机构建立合作关系，免费为中小企业提供法律咨询服务，支持会员单位的法律诉讼工作。

改制咨询服务平台。起草、修改、完善改革改制示范文本文件；为企业提供改制培训，与法律和财会中介服务组织合作，为中小企业和集体经济提供改制服务。

管理咨询服务平台。与部分管理咨询组织建立合作关系，对困难的中小企业免费提供管理咨询服务，对发展中的中小企业，按项目实施半公益性管理咨询服务活动。

资源开发服务平台。为企业和会员提供融资中介服务；利用会员优势开展协调服务；开展会员间的交流、合作、联合，促进资源开发和配置，发布经济技术及招商合作项目。编印《天津中小企业集体经济信息合作服务》，免费为会员和企业发布改革、管理、产品、技术、服务信息，学习服务平台。实施银河培训工程和市财政资金资助的中小企业经营管理人员培训项目，举办中小企业入世、改制、基础管理、产业集群、营销管理、财税管理、经理人等培训班。

信息服务平台。主办《联合与创新》网站（www.tucea.com）工作，编辑《联合与创新》月刊，宣传中小企业方针政策、法律法规，透析经济走向，聚焦改革发展路径，传播经营新理念、管理新智慧，交流改革、创新、经营、管理经验。

地址：天津市和平区建设路青岛道13号

电话：022-23329470

网址：www.tjweiluocable.com

邮箱：weiluocable@126.com

天津市中小企业信用担保中心

天津市中小企业信用担保中心经市政府批准，成立于1999年9月，是列入原国家经贸委确立的第一批全国中小企业信用担保体系试点范围的专业机构，也是天津市成立的第一家专门为中小企业融资提供服务的担保单位，属于“独立核算、自主经营、自负盈亏”的事业法人单位。公司实行市场化运作、企业化管理，通过小额流动资金贷款担保、小型技术改造措施项目贷款担保、信用证与承兑汇票结算方式担保、履约与投招标保函担保等多种形式为全市各类中小企业融资提供服务。目前与担保中心合作的金融机构有四大国有（股份制）银行、天津市商业银行和浦发银行、招商银行等股份制银行，共十大银行40多个分支机构。截至2005年底，担保中心使用1个亿担保资金累计为中小企业提供了34.8亿元担保贷款。资金到位后，新增销售收入72.2亿元，新增利税7.1亿元，安置了1.6万个就业岗位。充分体现了信用担保机构支持中小企业发展的经济杠杆作用。

中心成立以来，完全按照国家有关部门下发的文件规范运作。一是不以盈利为目的，中心服务宗旨是“服务至上、诚信为本、销售信用、经营风险”，为中小企业融资提供优质服务，促进中小企业经济增长。二是服务范围界定在中小企业，业务内容以信用担保为主，不存在超范围经营和抽逃基金的行为。三是坚持支持企业融资与防范风险相结合的原则，在办理担保业务的“事前评估、事中监控、事后追偿”三大程序中，做好各项工作。四是严格执行担保行业财务会计制度，建立健全各项规章制度，为担保行业可持续发展强化管理。

地址：天津市河西区解放南路华厦富裕广场4-4-8

电话：23235210

邮编：300202

邮箱：23235210@sohu.com

天津泰达小企业信用担保中心

天津泰达小企业信用担保中心成立于2002年5月，是经天津经济技术开发区管委会批准成立的事业法人，注册资金1亿元人民币。实行“政策性资金、法人化管理、市场化运作”的运作模式。

天津泰达小企业信用担保中心的成立，为推动天津经济技术开发区战略发展目标的实施，优化区内发展招商环境，促进区域经济发展起到了积极的作用。同时，也为在开发区内发展的中小企业提供了一个良好的融资、履约担保服务平台。

天津泰达小企业信用担保中心服务对象主要是在开发区内注册的高科技和高成长型的中小企业，同时兼顾具有一定发展前景和一定赢利能力的其他类型的中小企业。

天津泰达小企业信用担保中心的服务宗旨是：充分发挥开发区扶持中小企业发展的政策导向作用，以推动开发区担保事业的发展为指导思想，为中小企业提供良好的金融服务。

地址：天津开发区天大科技园F座2层

电话：25324236

邮编：300457

网址：www.tdxq.com

天津市科技创业服务中心

天津市科技创业服务中心是天津市科学技术委员会所属的、专门扶植科技型小企业发展的新型科技服务机构。中心通过提供完善的软、硬件条件，创造宽松的局部优化环境，支持具有高新技术特色的小企业的成长，为高新技术产业的发展培育新的生长点，促进高新技术成果的商品化，培育高新技术企业和企业家。

天津市科技创业服务中心坚持以服务为主的思想，不以赢利为目的，对进驻的企业提供多种优质低价的服务，促其发展，服务项目多达60余项，进驻中心的高新技术企业可享受市新技术产业园区的一切优惠政策。中心时刻准备为前来创业的企业和企业家提供尽善尽美的服务。

天津市科技创业服务中心不仅为国内企业提供服务，还欢迎国外中小科技企业进驻，是被国家科委批准的国际企业孵化器，同时还建立了天津市留学生科技创业园，帮助海外留学人员回国创办高新技术企业。

天津市科技创业服务中心成立于1989年，是中国第一批成立的创业中心之一。按照标准的孵化理论，天津创业中心从成立伊始，就致力于为新办企业提供适宜发展的共享空间， 兴建起了11000平方米的孵化场地，于1991年5月8日正式启用。这是中国第一个按照孵化器要求建成的创业中心大楼。天津创业中心在完善设施的基础上，严格遵循以服务为宗旨的指导思想，曾被原国家科委副主任、现全国人大科教文卫委副主任委员李绪鄂同志称为“正宗的创业中心”。1997年被国家科委批准认定为首批国家高新技术创业服务中心之一。

多年来，中心进驻了百余家高新技术企业，并使数十家中外企业成功地从这里毕业，完成了从“鸡蛋”到“雄鸡”的孵化过程。

电话：022-87970205

传真：022-87970535

网址：www.incubation.cn

内蒙古自治区中小企业服务中心

内蒙古自治区中小企业服务中心是按照积极贯彻落实原国家经贸委《关于培育中小企业社会化服务体系若干问题的意见》(国经贸中小企业[2000]372号)以及《中华人民共和国中小企业促进法》，建立健全中小企业服务体系，为中小企业提供服务这一宗旨，在自治区政府的指导和支持下，在原自治区新技术推广站的基础上挂牌成立的。

服务中心的指导思想和目标是向政府有关部门反映中小企业情况；配合政府有关部门落实中小企业扶持政策；维护中小企业合法权益；为中小企业的创立、生存和发展提供全面的社会服务。

服务中心的主要工作任务是咨询服务；信息服务；技术开发与推广；培训服务；投资融资、贷款担保；完成政府部门及其他机构委托的工作。

电话：0471-6925501 6266739

传真：0471-6266739

邮箱：nmxjs@163.com

地址：内蒙古呼和浩特市新华大街24号

邮编：010010

通辽市中小企业创业基地

通辽市中小企业创业基地建设起始于2001年12月，基地工作人员61人。运营单位(法人)是通辽市中小企业服务中心，由通辽市经济委员会管理。

基地占地面积60平方公里，建筑面积13000平方米。

参与服务机构4个，参与服务人员350人，基地入驻企业户数238户，从业人数27000人。其中，小企业户数235户，从业人数8000人；新创办2年内的企业户数60户。基地内企业主要从事行业是轻工、制造、医药、化工等。

基地提供服务的重点内容是代理服务、人才推荐、创业辅导、技术培训、市场开拓、信息查询、管理咨询、其他服务。

联系人：吴力军
电话：0475-8212681
传真：0475-8212677
地址：通辽市科区东顺路73号

包头科达中小企业服务基地

基地建设起始于2002年6月，基地工作人员25人。

运营单位（法人）名称：包头科达立新技术产业投资有限公司

归口管理：包头稀土变新区管理委员会

占地面积：6044.6平方米

建筑面积：11345.6平方米

基地入驻企业户数120户，从业人数1136人。其中，新创办2年内的企业户数106户。

基地内企业所属行业是：稀土应用、生物制药、医疗器械、节能环保、化工、机电、工业自动控制、机械制造、精密模具、乳制品行业、通讯技术、IT等。

参与服务的机构5家，参与服务的人员43人。

提供服务的重点内容是：代理服务、人才推荐、融资服务、创业辅导、市场开拓、信息咨询、管理咨询等。

联系人：周
电话：0472-6978868
传真：0472-2268868
地址：包头稀土高新区留学人员创业园B201

黑龙江省中小企业干部学校

黑龙江省中小企业干部学校是经省政府批准成立的全额拨款事业单位，隶属于省中小企业局，正处级单位，编制20人。

主要职责是面向全省中小企业、乡镇企业，开展对各级业务主管部门在职干部和骨干企业厂长（经理）的干部继续教育；对企业的生产、管理和技术骨干进行政策法规、工商企业管理知识及专业技术等方面的短期培训；对全省乡镇企业从业人员开展中等职业技术教育；对全省乡镇企业部分工种的技术工人开展技能培训；承担国家部委的各项培训任务；通过与大专院校开展联合办学，为企业培养具有大专以上学历的高级管理和技术人才。

主要负责人：兰立树
电话：0451-82628073

黑龙江省中小企业技术创新服务中心

黑龙江省中小企业技术创新服务中心由国家科委批准成立，为中小企业提供公益性、扶持性技术服务的事业单位。隶属于省中小企业局。

主要职责是建立中国中小企业黑龙江网，搜集和传递中小企业所需的科技信息，如有关科技、产业政策和法规、各行业技术领域的动态和发展趋势、国内外新产品、新技术、新材料、新工艺推广应用、扩散科技成果转化项目和市场动态分析情况、网员单位之间经济与技术交流等；沟通中小企业与政府部门、科研单位、行业协会的关系，为中小企业技术创新提供全方位服务，加快科研成果向现实生产力的转化；提供国家和地方政府扶持中小企业发展资金的信息和申报途径，协助沟通中小企业与政府部门之间的关系，帮助企业争取享受有关扶持政策；向政府有关部门推荐科技含量高，具有发展前景的优秀项目；帮助中小企业与大专院校、科研单位合作，推动产、学、研工程，促进科技发展转化；组织推广新产品、新技术、新材料、新工艺，提高产品档次、产品质量和市场竞争力，帮助中小企业实现产品、技术更新换代；根据企业需求，组织开展多种形式的技术培训、研讨会、专题讲座、项目推荐会等，提高中小企业的技术素质；开展技术咨询工作，为中小企业申报各类国家扶持资金项目编制可行性报告并组织评估论证，为中小企业提供办理生产许可证、准产证、质量体系认证、科技成果和新产品鉴定、企业标准等前置服务和咨询服务，协助中小企业完成科技成果、科研立项、新产品和专利的查新检索工作，联系和引导各类社会技术服务机构，整合优势资源，为中小企业提供技术转让、技术诊断、创业辅导、企业策划、产品交易、融资等具体服务，开展对外交流合作服务。沟通国内外中小企业服务机构与我省中小企业的联系，促进国内外中小企业在资金、技术、项目等方面的合作，接受政府部门委托，完成农业特有工种的初、中、高、技师、高级技师的职业技能培训与考核鉴定工作。

主要负责人：吴谊花
电话：0451-53630946　　53637478
传真：0451-53630946

黑龙江省中小企业宣传中心

黑龙江省中小企业宣传中心是经省编委批准成立的全额预算拨款事业单位。其主要职能是负责制定全省中小企业、非公有制企业宣传计划和工作要点，并组织实施；负责宣传贯彻《中华人民共和国中小企业促进法》、《中华人民共和国乡镇企业法》等法律、法规及国家和省委省政府有关发展中小企业、非公有制企业的方针、政策；负责省发展民营经济工作组宣传报道工作及招商引资、对外交往等重大活动信息发布与交流；负责总结推广中小企业、非公有制经济的发展经验，及时反映企业在发展中所遇到的问题和建议，保护企业的合法权益，定期发布全省中小企业、非公有制企业的发展情况；负责全省中小企业、非公有制企业系统的宣传、通讯、网络组建和宣传队伍的培训，定期检查宣传报道工作；负责组织、协调国家和省内有关新闻单位，搞好对全省中小企业、非公有制企业的宣传报道，改善企业发展环境；负责全省战线思想政治工作、精神文明建设及承办主管部门交办的其他事项。

单位负责人：魏林

联系电话：0451-53630579

地址：哈尔滨市南岗区花园街229号

邮编：150001

黑龙江省中小企业协会

黑龙江省中小企业协会是2003年经过省民政部门正式批准成立的，主管部门是黑龙江省中小企业局。

本协会是以中小企业、非公有制企业经营管理者为主体，包括部分专家、学者及其他热心支持中小企业、非公有制经济发展的各界人士组成的全省性、非盈利性的群众团体。现有理事会员企业600余家，其中常务理事200多家。主要职能是接受主管部门的委托，负责对全省中小企业、非公有制企业进行行业指导、服务和协调等管理工作；沟通政府与企业之间的联系，充分发挥桥梁纽带和参谋助手作用；研究、探讨中小企业、非公有制企业经济理论，宣传、推广现代企业管理经验及各类先进典型；采取多种形式，开展继续教育活动，对企业管理者及相关人员进行岗位培训，加强和完善企业经营管理者队伍建设，提高企业管理人员和技术人员的素质，提高企业的整体管理水平；组织理事会员企业与国内外著名企业、团体和政府部门开展交流活动及贸易合作。开展经济、技术、信息咨询服务。依法维护理事会员企业的合法权益；组建专业委员会，制定行业规则和行业条约，协调同行业企业之间的关系。指导、协调基层协会工作；组织全省中小企业、非公有制企业评优、评模以及进行表彰奖励。做好政府委托的其他工作。

单位负责人：魏林

电话：0451-53630579

地址：哈尔滨市南岗区花园街229号

邮编：150001

上海市小企业（生产力促进）服务中心

上海市小企业（生产力促进）服务中心是由市政府批准设立，市财政全额拨款的非盈利性事业单位，是本市专司中小企业发展的公共服务机构，是市政府扶持和促进中小企业发展的“桥梁”。

上海市小企业（生产力促进）服务中心，受市政府授权，按照市场经济“公开、公平、公正”的原则，组织、协调社会资源，建立社会化服务网络，为以加工制造业和都市型工业为主的中小企业提供综合性的全方位服务，包括接受政府委托，为中小企业提供各种公务服务；协助有关部门，共同为中小企业提供所需的有效服务；积极创造条件，直接为中小企业提供优质服务；组织联络社会中介机构，热心为中小企业提供各类服务。作为公共服务机构的上海市小企业（生产力促进）服务中心，在市促进小企业协调发展办公室的业务指导下，联通区县、行业和社会各类服务机构，通过存量资源调整、社会各方参与，调动和吸引各方面的力量，根据中小企业的需求，为其提供信息传递、创业指导、技术咨询、企业诊治、辅导培训、市场开拓、职称评定、法律支持和组织国内外展览展销活动等服务。

地址：上海市徐汇区大木桥路108号6楼

邮编：200032

电话：021-64220836

网址：www.pdsc.org.cn

上海市小企业（贸易发展）服务中心

上海市小企业（贸易发展）服务中心是由市政府批准设立，市财政全额拨款的非赢利性事业单位。上海市小企业（贸易发展）服务中心以商业和贸易型的第三产业中小企业为主要服务对象，提供综合性的全方位服务。

主要职能是协调现有各类服务资源，与其他社会中介机构共同为中小企业提供信息传递、创业指导、人员培训、市场向导、法律支持、经贸洽谈和组织参加国内外展览展销活动等服务，发挥政府与中小企业之间的桥梁作用。

地址：上海市徐汇区大木桥路108号5楼

邮编：200032

电话：021-64220825

网址：www.tdsc.net

江苏省中小企业发展中心

江苏省中小企业发展中心是江苏省经济贸易委员会、省乡镇企业管理局、省中小企业局下属的全民事业单位。中心为全省中小企业发展服务，负责调研提出省中小企业服务体系建设发展规划，为省中小企业提供政策指导、创业导向、金融支持、对外交流、法律咨询、信息沟通及培训等服务。中心下设综合发展部、咨询培训部、对外合作协调部和研究室。中心主任缪鸣，副主任施福元、李胜玉、黄顺芳、徐吉明。

电话：025-83737871

地址：南京市西康路18号河海大厦2楼

邮编：210024

邮件：js2020@126.com

江苏省民营企业发展促进会

江苏省民营企业发展促进会是经江苏省民政厅核准成立并注册登记的、具有独立法人资格的社团组织。江苏省民营企业发展促进会业务主管部门是江苏省经济贸易委员会、江苏省中小企业局。促进会宗旨是团结、服务全省广大民营企业，为发展社会主义市场经济，实现全省经济建设和精神文明贡献力量。其业务范围主要是教育会员守法经营，发展经济；组织会员交流经验，改善管理；为会员提供各种信息、咨询、培训、经贸考察与合作交流活动；在企业与政府之间发挥纽带、桥梁作用，反映会员意见与建议，协助会员解决困难和问题，维护会员合法权益。民营企业发展促进会会长于登，秘书长胡学成。

地址：南京市北京西路70号22号楼
邮编：210013
电话：025-83391445　83391749
传真：83391445

福建省中小企业服务中心

福建省中小企业服务中心为财政核拨的福建经贸委直属事业单位，正处级，人员编制8人。主要职责是承担中小企业（乡镇企业）科技推广、示范、项目论证、技术交流、信息技术服务和统计等工作。

电话：0591-87833147（传真）

厦门市中小企业服务中心

厦门市中小企业服务中心是经厦门市编委批准设立，隶属于厦门市经济发展局，致力于为中小企业发展提供各类服务的全民事业单位。中心以社会性、公益性、服务性为基本准则，以为中小企业提供公平、公正、公开的规范化服务为宗旨，推进中小企业技术进步，转换经营机制，提高企业经济效益。

一、主要任务

⑴ 参与制定中小企业服务体系建设发展规划，提出政策性建议。

⑵联系、引导各类社会中介机构为中小企业提供服务。

⑶加强与政府的联系，反映情况、提供信息，促进政府与企业的交流。

⑷为中小企业提供融资担保信息咨询、培训、市场开拓、技术创新、信用评价等服务。

二、内设机构

⑴融资部。宣传国家有关产业、金融政策，帮助企业建立银企信贷关系，满足企业在生产经营中的资金需求；组织银企、银保合作与交流活动，建立企业、银行、担保公司、政府部门之间的合作平台；为中小企业提供融资政策咨询、上市咨询与辅导服务。

⑵技术部。提供技术创新的政策、技术、资金、人才等信息的咨询服务；企业创业指导、企业诊断、企业管理等方面的咨询服务；企业项目策划，组织中小企业申请创业基金、技术创新及技术改造等国家及地方的政府扶持基金；与相关机构的协作，促进中小企业技术创新、成果转化、产品开发；组织中小企业参加各种展览定货会；政务代理服务等。

⑶培训部。宣传落实有关企业扶持政策，反映企业呼声，维护企业合法权益；组织中小企业对外交流、出国培训和商务考察，提供中小企业创业指导；建设中介机构服务体系；组织中小企业经营者、管理人员、专业技术人员的各类培训。

⑷信息部。依托厦门中小在线（www.smexm.gov.cn）网站，开展面向全市中小企业的政务信息、服务交流以及电子商务等方面的服务；为中小企业管理、服务部门的职能延伸提供网络平台基础；联合信息化相关机构，共同推进全市中小企业的信息化进程。

主任：李闽豫
地址：湖滨南路86号之一8楼
邮编：361004
电话：0592-2237226
传真：0592-2219236

厦门中小在线信息服务有限公司

厦门中小在线信息服务有限公司是由厦门市中小企业服务中心出资，依据《公司法》于2004年9月21日注册成立的企业法人单位。

公司以厦门中小在线（即中国中小企业厦门网www.smexm.gov.cn）的建设运营为载体，借助网络平台为全市范围内的中小企业提供创业辅导、企业诊断、信息咨询、市场营销、投资融资、产权交易、技术支持、人才引进、人员培训、对外合作、展览展销和法律咨询等方面服务；引导各类社会中介机构、协调各区企业服务中心共同为中小企业提供服务；联合大专院校、科研机构等技术研究力量，开展各类技术攻关、开发、咨询、转让和项目评估等服务，推进产学研联合，促进技术创新及科技成果产业化；向全市中小企业提供包括网站建设、电子邮箱、分类信息、电子商务、网络教学等增值服务。

地址：厦门市湖滨南路86号之一8楼
邮政编码：361004
服务咨询：0592-2233959　2233393
技术咨询：0592-2233373
传真：0592-2219236
电子邮箱：smexm@163.com

江西省中小企业服务中心

江西省中小企业服务中心（江西省中小企业培训中心）位于南昌市高校园区南昌大学对面，占地8118平方米，建筑面积7973平方米，现有学员宿舍楼6层，建筑面积5439平方米；综合楼4层，建筑面积832平方米；还有一栋5层服务大楼，建筑面积1652 平方米。2005年8月经省编委审批，成立了江西省中小企业服务中心，与江西省中小企业培训中心合署办公，现有在编人员39人。

中心是一个为全省中小企业发展提供全面服务的非盈利性服务机构，以岗位技能和经营管理培训为重点，与国家银河培训工程相结合，坚持从企业对人才的实际需求出发，合理、科学地制定培训计划，严格按照计划组织实施，做到理论教学与实践操作相结合，把培训与职业技能鉴定结合起来，突出培训工作的实用性和时效性，不断提高企业员工的职业技能水平，同时逐步加大对企业管理人员和企业家的培训力度，提升企业的经营管理水平。

法定代表人：匡兵
联系人：沈虹　杨晓伶
联系电话：0791-8340420　　8333525
传真：0791-8333525
E-mail：jxzxqyfwzx@sina.com

江西省中小在线信息服务有限公司

江西省中小在线信息服务有限公司。利用现代网络通讯手段，向外联通各综合门户网站和专业网站，向内联通全省11个设区市99个县、1万个重点企业和各级各类服务机构，实现落地服务项目与在线服务项目相结合，不断采集、分析、发布中小企业相关信息，让信息互联互通互享，实现入网会员企业、中介机构、政府部门之间网络化、远程化的信息管理模式。

法定代表人：舒石
联系人：熊先生
联系电话：0791-8115954
传真：0791-8115832
E-mail：service@jxsme.gov.cn

江西省中小企业信用担保有限公司

江西省中小企业信用担保有限公司是经省政府批准设立的企业法人担保机构，成立于2004年1月。主要职责是针对中小企业融资难问题，面向全省中小企业提供流动资金贷款担保、工程履约担保和银行票据担保等业务，促进广大中小企业快速发展。公司建立了规范的担保业务操作流程和管理规程，内设资信评估部、担保业务部、综合部等部门。公司按照企业化管理、市场化运作的原则，积极和有关部门沟通，争取各方对中小企业担保工作的理解和支持。公司和多家金融机构签订了担保业务合作协议，成立两年多来，为60余家中小企业提供了累计达1.559亿元的流动资金贷款担保。

法定代表人：孙坚
联 系 人：官兆平
联系电话：0791-6270741

江西省工业园区中小企业融资服务中心

江西省工业园区中小企业融资服务中心是经省政府批准设立的事业法人机构，成立于2005年10月。主要职责是承担全省工业园区中小企业融资服务工作。宗旨是积极缓解工业园区中小企业融资难问题，协助金融机构开展面向工业园区中小企业流动资金贷款业务，促进我省中小企业健康发展。一年多来，经中心推荐，省中小企业信用担保有限公司担保，省中小企业局与省开发银行联合开展的工业园区中小企业打捆贷款融资项目，目前共为奉新、新余、德安、安义、万年等6个工业园区的61家中小企业发放了流动资金贷款1.21亿元。

法定代表人：孙坚
联系人：方文九
电话：0791-6253346

河南省民营企业投诉中心

河南省民营企业投诉中心负责受理和处理民营企业、中小企业和非公有制企业投诉机构。其主要职责是受理民营企业的投诉并协调有关部门进行调查处理，通报民营企业投诉受理、处理情况，为民营企业提供法律、政策咨询服务等。

地址：郑州市红专路98号
邮编：450008
电话：0371-65749154
E-mail：mytszx @ smehen.gov.cn

河南省中小企业信用担保服务中心

河南省中小企业信用担保服务中心是由河南省人民政府独家出资5000万元人民币成立的事业法人，依法登记注册，独立承担法律责任，实行企业化管理。

中心的宗旨是为各市担保机构和中小企业提供优质服务。以科学的态度和严谨的制度为保证，坚持支持发展与风险防范相结合，按照市场经济运行规律和现代企业制度规范要求，把中心建设成一个高质量、高效率、高素质的集体。

担保对象是在河南省境内依法设立的、管理规范的担保机构和符合国家产业政策、产品适销对路、管理规范的各类所有制中小企业。

经营范围是贷款担保与再担保、合同履约担保、其他业务担保、担保资金管理与运作、评估、验资、审计、会计及中介咨询服务等。

地址：郑州市纬二路23号200号楼5楼
中心主任：逯军
电话：0371-5949245　5949247　5947817
传真：0371-5924847　5949247
E-mail：hndb2003@yahoo.com.cn

河南省技术交流站
（河南省中小企业技术创新服务中心）

河南省技术交流站为省中小企业服务局直属事业单位。主要任务是组织新技术的推广和交流，开展技术咨询活动，举办技术讲座和培训，收集和交流国内外生产技术情况，提供市场产品信息和技术情况，为中小企业提供技术创新服务，并为开发新产品做好调研工作。2002年，为适应新形势，经批准加挂“河南省中小企业技术创新服务中心”的牌子，实行一个机构两个牌子。

站长：黄安甫
电话：0371-65953768
地址：郑州市纬二路23号

农业部纸及纸制品质量监督检验测试中心和河南省乡镇企业造纸产品质量监督检验站

该中心是省中小企业服务局直属的事业单位，1990年通过省级计量认证，1996年、2001年计量认证复审合格，1998年通过省级审查认可（豫技监发[1998]221号），2003年通过省级计量认证/审查认可复审。部级中心于2000年通过国家质量技术监督局和农业部的计量认证/审查认可。主要承担有关部门指定的纸及纸制品质量监督抽查检验、优质产品的评选和复查检验；受有关部门委托，对实施生产许可证和质量认证的纸及纸制品进行检验，以及对重要新产品投产和科研成果鉴定检验；承担造纸企业升级、产品检验和产品质量分等分级检验，为企业提高和改善产品质量提供数据和技术改进措施；负责有关纸及纸制品质量的仲裁检验和其他委托检验；对有关造纸企业进行技术指导和人员培训；研究新的纸及纸制品检测技术和方法；承担或参与纸及纸制品方面的国家标准、行业标准的制定、修订和有关标准的试验验证工作；积极向有关部门和领导反映纸及纸制品质量信息及技术标准执行情况。

主任：李树仁
地址：河南省郑州市红专路98号
邮编：450008
电话：0371-65721132（传真）
E-mail：zaozhizhan2004@yahoo.com.cn

河南省中小企业民营企业协会

协会的宗旨是以《中华人民共和国宪法》为根本准则，遵守国家的法律、法规和社会道德风尚，遵照党和国家有关方针政策，积极为本会会员和全省中小企业、民营企业和乡镇企业行业服务，为促进全省非公有制经济的发展和两个文明建设,为振兴河南经济作贡献。

协会成立以来，坚持以服务为宗旨，上联系政府和有关部门，下联系广大中小企业、民营企业、乡镇企业和企业家，开展全方位、多功能的服务活动，为企业排忧解难，做了大量卓有成效的工作，起到了桥梁纽带和参谋助手的作用，为促进全省中小企业、民营企业、乡镇企业的发展作出了积极的贡献。

现有团体、个人会员600名，理事150名；名誉会长1名；总顾问2名，顾问20名；会长1名，常务副会长4名，副会长20名，秘书长1名。

法人代表：耿玉印
地址：河南省郑州市红专路98号
邮编：450008
电话：0371－65728849　65719554
传真：0371－65706918
E-mail：xh@hnte.gov.cn
yxzxh@371.net

河南省企业信用担保协会

河南省企业信用担保协会是全省信用担保机构、各类经营性企业、协议银行、相关中介机构及其他法人和个人自愿发起组织的非盈利性的行业协会。

主要任务是以信用担保为平台，以会员资信管理为核心，推动全省信用担保体系的建立和完善，促进全社会信用工程建设；以确保自身信用和防范信保风险为基础，独立负责地开展各种社会活动；以提高河南省担保行业水平和社会信用为使命，逐步规范担保业务行为，组织开展行业行为自律，提高行业工作水平；以推动河南省经济发展为根本目的，协助政府实施行业管理，发挥桥梁和纽带作用，反映担保机构的呼声，维护担保机构的合法权益；为会员提供学习、培训、交流、借鉴、中介咨询等项服务。

地址：郑州市纬二路23号院200号楼5楼

邮编：450003
电话：0371-5949247　5947817
传真：0371-5949247　5924847

河南省工艺美术行业协会

河南省工艺美术行业协会是由全省工艺美术行业企事业单位自愿组成，具有行业性、地方性、非营利性的社会团体组织。

协会宗旨是在中国工艺美术协会、中国玩具协会的指导下，配合政府指导、协调和促进本行业发展及技术进步，为会员服务，维护会员的合法权益。

法人代表：张玉
电话：0371-63917681
地址：河南省郑州市文化路4号
邮编：450014

湖北省中小企业协会

湖北省中小企业协会是湖北省中小企业及其干部职工自愿组成的全省行业性、地方性、非营利性社会团体。其宗旨是接受中国共产党的领导，一切活动以《中华人民共和国宪法》为根本准则，遵守国家的法律、法规和政策，坚持四项基本原则，坚持改革开放，坚持以经济建设为中心，遵守社会道德风尚。在政府和主管部门的领导下，积极为会员服务，维护中小企业的合法权益，促进中小企业物质文明和精神文明建设，振兴经济和实现社会主义现代化。该协会业务主管单位是湖北省中小企业发展局，社团登记管理机关是湖北省民政厅。

该协会的业务范围是教育会员自觉遵守党和政府的方针、政策和法规，维护安定团结大局，讲求职业道德，履行应尽的社会责任；为行政主管部门当好参谋、助手，协助其进行各项方针、政策的调查研究，了解中小企业发展中遇到的新情况、新问题，提出意见，供领导机关指导工作；为中小企业服务，反映企业的意愿和要求，维护会员和企业的合法权益。根据需要和可能，组织人才培训、信息交流和咨询服务，帮助企业提高技术和管理水平；为会员获取国内外市场、科技、人才信息，积极开展经济、技术、贸易交流与合作服务；开展中小企业理论研究和学术交流，积极宣传中小企业的地位和作用；承办党政机关委托的任务。

地址：湖北省武汉市武昌水果湖东一路5号5层
电话：027-87368334

湖北省中小企业信用担保协会

湖北省中小企业信用担保协会是湖北省内经注册登记的各类中小企业信用担保机构自愿组成的全省性、行业性、非营利性社团组织。其宗旨是遵守宪法、法律法规和国家政策，遵守社会道德风尚，以确保会员自身信用为基础，建立和完善信用担保体系，逐步规范担保行业行为，实行行业自律；发挥桥梁和纽带作用，反映会员呼声，维护会员合法权益，提供担保推介及配套服务，缓解企业融资等困难，提高产品市场竞争能力，推进湖北经济持续发展。该协会接受业务主管单位湖北省经济委员会、社团登记管理机关湖北省民政厅的业务指导和监督管理。

该协会的业务范围是制定该行业的行规行约，搞好行业自律；为会员单位融通资金和开展业务提供信用担保推介服务；为会员单位提供政策法规、科技创新、国际合作等信息咨询服务；根据会员单位需要，提供培训、考察、协调、维权等服务；组织开展银行、担保机构及企业合作与发展的学术研讨及经验交流活动；有关行业发展的其他服务活动；承办党政机关委托的任务。

地址：湖北武汉市武昌区水果省委大院省经济委员会办公楼132室
电话：027-87838693

湖北省经济委员会（中小企业发展局）信息中心

湖北省经济委员会（中小企业发展局）信息中心是湖北省经济委员会（中小企业发展局）所属事业单位，为全省中小企业发展提供信息服务。其主要职能是指导全省中小企业信息网络的建设规划及实施；建立健全全省中小企业信息采集指标体系，提高信息技术装备水平，全面推进办公自动化，强化信息服务手段，提高信息服务质量，加强信息队伍建设。

地址：湖北省武汉市武昌水果湖东一路5号
电话：027-87814811
网址：www.hbsme.gov.cn

湖北中企投资担保有限公司

湖北中企投资担保有限公司是经湖北省人民政府批准设立，以投资担保为主要业务的省级专业投资担保公司，注册资本金1.41亿元。

公司的经营宗旨是以国家和湖北省产业政策为导向，以建立和完善全省信用体系和融资担保体系、促进全省中小企业发展为己任，充分发挥政府资源和政策资源的优势，搭建中小企业投融资平台；推进中小企业的创立和发展，促进企业技术进步和科技成果转化；促进资金融通，提升企业信用；培养和建立科学规范的信用体系，推进社会信用建设，为地方经济建设和社会发展服务。

服务对象和条件是依法设立、合法合规经营的各种所有制中小企业，符合国家产业政策和环境保护标准；企业连续正常生产经营一年以上；会计基础工作规范，能提供真实完整的会计信息；产品有市场，企业有效益；有良好的信用记录；企业和企业法人具有一定的可用于抵押的有形或无形资产。

公司业务分为担保业务、投资业务、咨询服务三大类。

担保业务包括贷款（融资）担保，即对企业提供专项贷款担保、流动资金贷款担保、资产（股权）过户过桥担保、开立银行承兑汇票担保、信用证开证担保、房地产领域与地价款交纳和国有土地使用证办理为核心的转换担保业务；再担保，即对省内市、县符合条件的政策性担保机构、商业性担保机构和民间互助性担保机构提供再担保；个人贷款担保，即对创业者和相关人士提供个人消费贷款担保、出国留学贷款担保、个人创业贷款担保及房产抵押贷款担保；交易履约担保，即对商品购销中为一方当事人向另一方当事人提供的履约保证；财产诉讼保全担保，即对经济案件中的财产诉前保全、财产诉中保全及法院调解裁定进行担保；工程建设合同担保，即对房地产开发项目中的工程建设合同进行担保，包括投标担保、业主工程款支付担保、承包商履约担保、承包商付款担保。

为不同企业量身订做金融担保产品，竭诚为各类中小企业融资提供及时周到的担保解决方案。

投资业务包括企业直接投资，即对成长性高、资金短缺、发展前景看好的中小企业及地方担保机构以投资开发、参股控股的方式进行投资；金融债券投资，即运用自有资金进行国债、金融债券、企业债券投资；其他投资，即为中小企业改制、收购兼并、资产重组、产业整合等提供投资服务。

咨询服务包括企业财务顾问服务，即为企业提供会计、审计、财务顾问、投资顾问、法律咨询服务；提供企业融资方面的善意信息和改善融资条件的建议，度身订制可操作性的投融资方案；信息咨询服务：通过公司的资源和建立的项目库、人才库等，根据企业需求，开展政策、投资、技术、人才、资信等各项信息咨询服务；国际贸易救济服务：为企业在国际贸易活动中涉及的反倾销、反补贴纠纷提供预警信息、应诉咨询、应诉开展等相关服务。

地址：湖北省武汉市武昌水果湖东一路7号

电话：027－87273595

湖南省中小企业服务中心

省经委直属事业单位成立于2004年12月，核定编制8名，其中主任1名，副主任2名。主要职责是向省人民政府和政府有关部门反映中小企业情况，配合有关部门落实中小企业扶持政策；维护中小企业合法权益；为中小企业的创立、生存和发展提供社会服务；受政府有关部门委托，联合或委托区域、行业和各社会服务组织为中小企业服务。

主任：罗华

副主任：蒋卓

地址：湖南省长沙市车站南路699号金贸大厦

邮编：410007

电话：0731-4160190

湖南省中小企业信用担保有限责任公司

湖南省中小企业信用担保有限责任公司由湖南省中小企业服务中心、湖南财信投资控股有限责任公司于2004年12月共同发起设立，首期股本7867万元。主要业务范围是为全省中小企业流动资金贷款、发行债券、票据贴现等融资提供担保、合同履约担保和省政府批准的其他担保业务；对符合条件的市州、县区担保机构的担保业务进行再担保及其他相关业务；开展与担保或再担保业务相关的法律咨询、市场策划、信息服务、产权交易、投资中介、会计审计、资产评估、资信评估、人才培训等业务。

董事长：罗华

总经理：张友良

副总经理：邹志新

地址：湖南省长沙市车站南路699号金贸大厦

邮编：410007

电话：0731-4160728

广西民营企业商会

广西民营企业商会成立于2005年月3月12日，经广西壮族自治区经委审批，自治区民政厅核准登记，为法人社团，业务主管部门是广西壮族自治区经济委员会。

广西民营企业商会是广西中小企业组成的行业性社会团体，目前有会员单位200多个。广西民营企业商会的宗旨是高举邓小平理论伟大旗帜，坚持四项基本原则，在党和政府的领导下，全心全意为会员服务。团结全区乡镇企业干部和职工，为发展广西中小企业，振兴广西工业经济而奋斗。广西民营企业商会的工作业务范围是教育会员自觉执行党的方针、政策，讲究职业道德，遵纪守法；向政府反映会员的要求和意愿，维护会员的合法权益；组织开展学术交流活动；搞好中小企业人才培训；承办自治区经委委托的任务。

现任会长：林伟

副会长：宁俊、黄家棣、陈国全、王劲芳、谢万年、黄少红等

常务副会长兼秘书长：张杰

地址：南宁市星湖路43号南湖大厦四楼

邮编：530022

电话：0771-5854346　5864057

传真：0771-5864157　5864067

广西壮族自治区乡镇企业培训中心

广西壮族自治区乡镇企业培训中心于1986年经自治区人民政府批准成立，由自治区编委确定编制，定为正处级事业单位，编制25人，财政全额拨款，系原自治区乡镇企业管理局直属单位。1994年2月5日，农业部乡镇企业司批准，成立"农业部乡镇企业南宁培训中心"，两块牌子，一套人马，合署办公，是农业部乡镇企业全国九大培训基地之一。2003年4月，培训中心获得国家安全生产二级培训机构资格。2004年11月23日，经农业部人事劳动司批准，成立"农业行业特有工种职业技能鉴定站"。

培训中心现有干部职工19人（在职15人、退休4 人）。具有大学本科8人、大专6人、中专4人、高中1人。获得高级职称1人，中级职称10人，高级技工1人。教师的专业有地矿、采矿、机械制茶、食品工程、电子声像、工业自动化、电子商务及计算机应用等，具有较丰富的教学经验和管理能力。

百年大计，教育为本，企业发展，人才第一。广西壮族自治区乡镇企业培训中心自成立以来，牢固树立为机关、为企业服务的思想，根据广西乡镇企业发展的需要，竭尽所能，采取灵活多样的培训形式，先后举办各种培训班285期，为各市、县乡镇企业主管部门和企业培训领导干部、管理和技术人员近2万人。培训中心主动围绕区党委和区政府、区乡镇企业主管部门的中心工作，努力做好自己的本职工作，充分发挥自身的职能作用。10多年来，培训中心主要开办了水泥物理、化学检验、砖瓦生产技术、建筑系列工程职称、企业领导骨干、贫困地区乡村企业骨干、政策法规、烟花爆竹、企业经营管理、安全生产、环保、食品检验、WTO、农产品加工等培训班。近两年来，培训中心还在自治区经委指导下承办了国家发展改革委下达的国家银河培训之中小企业创业培训工程，为提高企业主管部门领导和企业厂长、经理、管理人员的业务素质及政策法规、思想政治素质、经营管理能力，使乡镇企业、中小企业走出困境，从小到大，从弱到强，健康稳步地发展努力搞好服务，发挥了应有的作用。

地址：广西南宁市星湖路43号

邮编：530022

电话：0771－5854739

农业部建材产品质量
监督检验测试中心（南宁）

农业部建材产品质量监督检验测试中心（南宁）是在广西乡镇企业建材产品质量监督检验站、广西建材产品质量监督检验二站的基础上成立的。

广西乡镇企业建材产品质量监督检验站成立于1988年，为全额拨款独立法人的事业单位，定编15人。1993年通过了广西质量技术监督局组织的计量认证和审查认可，增挂广西建材产品质量监督检验二站的牌子，1996年、2002年两次通过了复评审，计量认证号[2002]量人（桂）字（R0162）号，授权号桂质监认字（17）号。2003年通过了国家农业部和国家认证认可监督管理委员会组织的计量认证和审查认可，再增挂了农业部建材产品质量监督检验测试中心（南宁）的牌子。

目前，农业部建材产品质量监督检验测试中心（南宁）是三块牌子一套人马，中心现有人员18人，大专以上学历15人，工程师以上职称9人，其中高级工程师3人。拥有固定资产120万元，主要设备60多台套，实验室面积520平方米，配备了较强的技术资源和物质资源。中心秉持热情、公正、准确、及时的宗旨，对内狠抓建立健全质保体系并使其有效运转，确保检验结论准确率达到100%，对外不断扩大业务范围，依靠热情周到的服务，赢得顾客的青睐，拥有一批稳定的客户群，为社会各界提供水泥、烧结砖、普通混凝土小型空心砌块、轻集料混凝土小型空心砌块的监督检验、对比验证检验、仲裁检验、各类委托检验、放射性核素限量检验、人员培训等服务。

地址：广西南宁市星湖路43号南湖大厦

邮编：530022

电话：0771－5890271

E-mail:gxje-kq@sina.com

广西乡镇企业协会

广西乡镇企业协会成立于1990年月12月12日，1999年经广西乡镇企业管理局审查，区民政厅核准重新登记，为法人社团。广西乡镇企业协会现在的业务主管单位是广西壮族自治区经济委员会。

广西乡镇企业协会是全区乡镇企业工作者组成的行业性社会团体，目前有单位会员和个人会员各200多个。广西乡镇企业协会的宗旨是高举邓小

平理论伟大旗帜，坚持四项基本原则，在党和政府的领导下，全心全意为会员服务。团结全区乡镇企业干部和职工，为发展广西乡镇企业，振兴广西农村经济而奋斗。广西乡镇企业协会的工作业务范围是教育会员自觉执行党的方针、政策，讲究职业道德，遵纪守法；向政府反映会员的要求和意愿，维护会员的合法权益；组织开展学术交流活动；搞好乡镇企业人才培训；承办党政机关委托的任务。

近几年来，广西乡镇企业协会高举邓小平理论，以“三个代表”重要思想为指导，结合本地区乡镇企业的实际情况，解放思想，开拓创新，充分发挥了协会的桥梁纽带作用，开展了一系列为广大乡镇企业服务的活动，为全区乡镇企业的发展作出了自己的贡献。

(1)大力宣传乡镇企业在解决“三农”问题上的重要作用。协会通过创办刊物，宣传党和国家发展经济的方针、政策、路线；宣传党为解决“三农”问题而制定的各项政策、法律；宣传广西各级党委政府为发展广西经济尤其是为发展广西乡镇企业，为解决“三农”问题所作的努力；同时，为广大企业家提供丰富的信息以及各种企业管理方面的知识，为提高企业的综合素质发挥了积极的作用，深受广西乡镇企业工作者的欢迎。

(2)组织企业家赴发达国家和国内先进地区考察和学习与交流，提高企业的经营管理水平。近几年来，广西乡镇企业协会积极与发达地区联系，互相交流。一是与中央党校联系，组织企业家赴中央党校学习，到目前为止已经组织了多批企业家200多人前往中央党校学习，学习党的方针政策、WTO的知识和先进的企业管理知识等。二是组织企业家前往发达国家进行考察。近几年来，协会为开拓企业的视野，组织企业家前往西欧发达国家和日本进行企业考察。三是组织企业家前往国内发达地区进行交流与学习。四是组织企业家往浙江、广东等地进行考察与交流。

(3)组织全区企业家进行学习、培训。几年来，协会深感广西企业家的素质有待提高，因此，积极组织企业家进行学习。培训他们的企业管理知识，提高他们的素质，一直以来是协会坚持不懈的一项重要工作。协会请来了我国著名的经济学家、清华大学的张玉杰教授、魏杰教授、樊纲教授，北京大学的黄恒学教授以及艾丰教授等前来广西讲课，为广西企业家传授企业管理等方面的知识。

(4)与全国兄弟协会开展交流，进行联谊，互通有无，进行合作。

(5)与区内各兄弟协会进行合作，开展培训等。

(6)关心企业家的身心健康，组织企业家进行健康咨询活动。

(7)维护企业家的权益。

总之，广西乡镇企业协会自成立以来，积极开展活动，主动为企业家提供各种服务，深受广大企业的赞赏与欢迎，真正成为了企业家与政府联系的桥梁与纽带。展望未来，广西乡镇企业协会将紧密地团结在以胡锦涛为总书记的党中央周围，以“三个代表”重要思想为指导，积极开展各项活动，为广西企业家提供优质服务，为广西经济的发展作出自己应有的贡献。

现任会长：岑鸿平
常务副会长：谢金榜
秘书长兼联系人：黄乃忠
会址：南宁市星湖路43号南湖大厦308室
邮编：530022
电话：0771-5854438　5854631
传真：0771-5894257

广西投融资担保有限责任公司

广西投融资担保有限责任公司成立于2002年11月，是经广西壮族自治区人民政府批准设立的国有独资非营利性中小企业信用担保公司。公司的经营范围是对中小企业投资；用自有资金为企业提供贷款担保及再担保；为高新技术项目及其企业担保；为企业提供信息服务及产品展销、展示服务。公司注册资本1.4亿元，全部是财政预算安排，由广西壮族自治区人民政府全额出资，用于支持各类中小企业和高新技术企业发展的政府专项资金，目的是解决符合担保条件的中小企业和高新技术企业贷款难的问题。

公司成立3年来，累计担保企业243个，累计担保总额约6亿元，累计安排就业人员达5700多人，受保企业累计新增销售收入44亿元，累计新增利税近4亿元。公司担保扶持面涉及轻工、化工、冶金、建材、医药、机械、电子、农业和商业等10多个行业，担保业务覆盖南宁市、柳州市、桂林市、北海市、钦州市、防城港市、河池市和百色市等8个地级市，大力支持了南宁市工业园、北海市工业园和桂林市工业园的发展，开辟了为中小企业和高新技术企业融资的新渠道，引起了当地党委和政府的重视，扩大了知名度、提高了美誉度。

地址：广西南宁市天桃路24号大厦
邮编：530022
电话：0771－2841208
E-mail:gxtrzdb@126.com

海南省发展与改革厅培训中心

主任：潘正标
电话：0898-65349088
传真：0898-66751183

海南省企业管理协会

秘书长：赵国平
电　话：0898-66513781
传　真：0898-66513780

海南省企业信用评价中心

主任：冷明权
电话：0898-65355546
传真：0898-65391520
地址：文明东路187号华山大厦B座21楼
网址：http:www.hixypj.com
　　　http:www.0898-114.com

海南金誉信用信息管理服务有限公司

联系人：钱芳
电话：0898-66800757
手机：13322001072

海南省中小企业信用担保有限公司

法人代表：罗玉吨
地址：海口市南宝路36号3楼
邮编：57026
电话：0898-66512098
传真：0898-66754366

海口市中小企业信用担保有限公司

联系人：王建新
电话：0898-68581910
地址：海口市珠江广场帝豪大厦1108室
邮编：570125

海口市担保投资有限公司

法人代表：雷立
总经理：王治平
电话：0898-66775229
传真：0898-66796256
地址：海口市龙昆北路30号宏源证券大厦11楼
邮编：570105

海南省中小企业联合会

秘书长：沈军
电话：65373408
传 真：65230301

重庆市西南中小企业创业服务中心

重庆市西南中小企业创业服务中心（以下简称中心）是经重庆市中小企业发展指导局批准成立的为重庆市及西部中小企业提供创业指导及服务的重点专业机构。中心拥有一批业务能力强、综合素质好、专业水平高、经验丰富的专业人才队伍，同时引进具备国际一流水平的资深专家人才，专职为广大中小企业的成长和发展提供战略决策参谋和专家智囊级服务。

中心在中小企业局的支持和指导下，秉承一贯为广大中小企业提供全面、细致、深入服务的宗旨，本着为企业多跑路、多办实事的服务理念，着实为企业提供专业化、个性化、高效的服务，为企业营造一个良好的经营软环境，让企业能以有限的人力、物力、财力投入取得效益最大化，同时免去企业在相关部门的繁琐手续之苦和舟车劳顿之累，为企业抓住商机节约宝贵的时间，并为其拓宽发展的天地提供强有力的智力支持。

中心在创业咨询及培训、法律咨询服务、岗位及技能培训、劳务托管、劳务租赁、劳务输出、融资方案制定、融资渠道选择等方面具有强势品牌优势，同时根据企业的实际情况，为其提供诸如争取政府对企业优惠扶持政策及代理事务咨询、民营企业改制方案制定与操作、中小民营企业管理诊断及系统改进方案制定与操作等方面的特色服务。

重庆市西南中小企业创业服务中心凭借其良好的服务平台、一流的员工队伍、优质的服务水平、最佳的服务效果及创新的发展思路，将成为企业发展的新型战略合作伙伴。

重庆市西南中小企业创业服务中心将与广大企业携手共创事业的辉煌！

经营理念：以顾客为中心，以人为本，鼓励创造，为组织提高管理绩效提供增值服务。

质量方针：提供全方位、优质与高效的服务，并承担相应的社会责任与义务。

服务宗旨：诚信做事　高效服务。

地址：重庆市江北区红黄路9号帝豪丽都322室
邮编：400020
电话：023-86885880　86885881
　　　13228675906
传真：023-86885882
联系人：蒋老师　熊老师

黎阳四方科技有限责任公司

黎阳四方科技有限责任公司成立于2001年5月31日，是中国中小企业贵州信息网承担单位，是由贵州黎阳航空发动机公司和自然人出资共同组建的高新技术企业。公司拥有良好的社会背景、雄厚的经济实力和优秀的管理、技术人才。公司从创建之初就紧紧抓住国家发展信息化的契机，致力于推进中小企业信息化工作。公司现有员工40人，其中具有本科学历以上的人数28人、硕士2人、博士1人。公司承办的中国中小企业贵州信息网成立于2005年2月5日，是贵州省中小企业局主办的政府公益性信息服务网站，为政府和中小企业之间架设桥梁，促进和支持中小企业、非公有制经济健康发展。网站的定位是一个面向中小企业提供信息服务的网络体系，一个中小企业服务体系的基础工作平台，一个中小企业管理工作的信息化支撑平台，一个分布全国的服务体系。

地址：贵阳市都司路128号乡企城千千代商务楼15F1号
邮编：550002
电话：0851-5807490 5807491
5807493 5807494
传真：0851-5807495
网址：www.lysfkj.com

贵州省众维中小企业信用担保有限公司

贵州省众维中小企业信用担保有限公司是省人民政府1999年出资设立的国有独资专业担保公司。主管部门为贵州省经贸委，监督部门为贵州省财政厅，公司注册资本1亿元，是目前贵州省最大的为中小企业服务的专业担保机构。众维公司作为贵州省担保行业的“龙头型”担保公司，累计贷款担保占贵州省贷款担保总量的31%左右，截至2005年年底，共为164户企业（全部为中小企业）提供357笔贷款担保，其中首次获银行贷款企业72户，担保金额10.8亿元，被担保企业累计实现产值578579万元、销售收入432480万元、利润22741万元，向国家缴纳税金21578万元，受保企业职工12000人。

地址：贵阳市延安中路1号振华科技大楼15层
电话：0851-6811397 6821609

贵州科信生产力促进中心

贵州科信生产力促进中心是经贵州省科学技术厅批准，由贵州黎阳航空发动机公司出资组建的独立企业法人。科信生产力促进中心坚持以技术服务为主的营运方式，立足于贵阳国家高新技术产业开发区，是面向全省企业特别是全省中小企业、非公有制企业的技术创新机构。“科信”是省科技厅和贵阳高新区管委会推动企业科技进步的重要助手，是连接科技界和企业界的桥梁。主要从事咨询服务、信息服务、技术服务、培训服务、创业服务。“科信”坚持在不以赢利为目的的前提下，不断扩大服务职能。

地址：贵阳市都司路128号乡企城千千代商务楼15F1号
邮编：550002
电话：0851-5807490 5807491
5807493 5807494
传真：0851-5807495

贵州省轻纺工业设计院

贵州省轻纺工业设计院成立于1979年，长期从事食品工业、纺织工业、农产品加工、林产品加工等轻纺工业的工程设计、规划、技术服务、产业规划、工业区规划等。业务范围内的工程咨询资质为甲级，承担工程专业设计为甲级，建筑设计乙级，并具有乙级环境评价资质。现有职工51人，其中一人在读工程项目管理博士，一人具有项目管理硕士学位，90%以上具有大学本科学历，14人具有高级职称，32人具有中级职称，还和省内相关大专院校、科研院所建立了密切的合作关系。

贵州省轻纺工业设计院承担过国家重点项目贵州茅台酒厂集团有限公司历次扩建、技改及科研项目，贵州省大多数酒厂、食品厂扩建和棉纺厂、丝织厂、毛麻纺织厂的技改及科研项目，还承担过贵州省一些标志性建筑、公用设施设计及施工监理，民用建筑设计及施工监理，小区规划，区域环境保护规划，贵州省部分专项发展规划。该院承担过历年贵州省世界银行扶贫工程项目、历年贵州省农业综合开发工程项目、历年贵州省扶贫工程项目，项目遍及贵州省，部分项目到广西、四川、河南、云南、陕西等省份。

地址：贵州省贵阳市兴关路40号
邮编：550000
电话：0851-5562311 19809486416
Email：zjjmpm@21cn.com

贵州省遵义市生产力促进中心

贵州省遵义市生产力促进中心组建于2004年4月，是遵义市由政府主办的唯一的综合型生产力促进中心，隶属遵义市科学技术局，为财政全额拨款事业单位。该中心是为中小企业开展技术创新等服务的非盈利性的科技服务机构,是贵州省科学技术情报学会理事成员单位。中心建有贵州资源信息网遵义区域网和遵义科技信息网站，拥有400

平方米的办公房，办公设施齐备。现有在职职工25人，其中高级职称人员3人，中级职称人员4人,初级职称人员12人。同时集聚了数十名教授、博士和资深专家、工程技术人员在中心周围，为我市中小企业开展服务。中心下设办公室、信息中心、企业创新服务部、企业策划服务部和对外交流与合作服务部5个部门。

中心的服务范围和主要服务内容是为企业提供管理咨询、宣传策划、资产运作、人才引进、招商引资、对外交流和技术培训等服务；承担政府公共服务项目的研究工作；发行《遵义科技》双月刊、《网络快讯》周刊，为政府及企业提供信息服务；开展技术项目评价，引进技术合作项目，推进以企业为主体的产学研合作；创立遵义市创业科技风险投资机构并参与管理。

地址：贵州省遵义市上海路凤凰花园4栋2楼
邮编：563002
网址：www.zykj.gov.cn
E-mail：zykj-gov-cn@vip.sina.com
电话：0852-8928000

惠水县中小企业服务中心

惠水县中小企业服务中心成立于2004年9月，基本职能是向县政府及有关单位及时反映各类中小企业发展情况；配合政府有关部门落实中小企业扶持政策，维护中小企业合法权益；广泛联系社会各方面，为中小企业的创立、生存和发展提供全面的社会服务；接受政府及部门的委托，联系或委托各类服务组织为中小企业提供服务。惠水县中小企业服务中心下设综合协调服务及招商引资部、融资信用担保服务部、市场信息和人才技术服务部。截至2005年，惠水县中小企业服务中心共举办各种培训班五期10个班，累计培训人数332人。

地址：贵州省惠水县经贸局
电话：0854-6225275
传真：0854-6221040（传真）

曲靖市中小企业服务中心

曲靖市中小企业服务中心是在曲靖市委、市政府和市经委、市民政局的鼎力支持下，于2005年1月24日成立的一家民办非企业单位。中心始终依据《中华人民共和国中小企业促进法》的有关法规，结合国家发展改革委提出的“创办小企业、开发新岗位、创业促就业”的有关精神，结合曲靖中小企业的服务需求而指导工作。

中心属于自筹资金、自负盈亏的服务机构。自成立以来，由几名股东先后投资390多万元，业务逐步走向规范化。中心一直以协助政府解决社会问题，充分发挥民办非企业组织的优势作用为己任，为中小企业提供法律咨询、营销策划、市场开发、创业辅导、融资担保、下岗人员再就业培训、农民技能培训、大中专生就业前培训、国家职业经理人培训、青年就业创业培训、管理咨询、产品推介、展览展销、商务传播及其他相关服务项目。

曲靖市中小企业服务中心具备专业的人才服务团队，拥有21名具备各种技能和特长的专业服务人员，其中具有国家认证的国家职业经理人4名，创业指导师2名，企业培训师4名，注册会计师2名，注册税务师1名，心理咨询师2名，公共营养师2名，经济师、会计师各1名，网络建设、技术人员数名。主要开展以下几个方面的服务项目：人才培训服务；信息网络服务；管理咨询、市场开拓服务；创业辅导、创业孵化服务；推行规范化管理，申请成立曲靖市中小企业发展促进会；其他服务项目。

曲靖市中小企业服务中心一直本着服务在心的理念，力求为地方中小企业提供尽可能的便利，使曲靖市中小企业服务中心成为联系企业与个人的纽带。经过一年多的发展，曲靖市中小企业服务中心已建成一定规模和影响力的企业服务平台，在促进地方中小企业信息交流、管理培训上作出了应有的贡献，另外还向省内外输送了大量的优秀人才，缓解了地方就业压力，解决了社会富余劳动力的就业问题。现逐渐扩大服务面，开展大学生就业创业指导工作，开发大学生管理潜能，改变工作方式，以创业促就业的新理念在更宽更广范围内解决社会问题。目前，中心的阶段性的工作目标已制定，并聚集了不少高层次的人力资源，具备从事中小企业服务的软硬件资质。中心会秉承“为企业提供实战性的训练，增强企业的核心竞争力，使企业能做大、做强、做久”的经营理念，聚集优势力量，使曲靖市中小企业服务中心成为地方中小企业的“加油站”，协助曲靖的中小企业走上新的发展道路。

电话：0874-3292118　3297766
传真：08741-3292118
联系人：张　玲
中心主任：周志南
0874-6663669　13808741166
地址：云南省曲靖市麒麟东路81号6楼

青海省中小企业技术创新服务中心

青海省中小企业技术创新服务中心是根据国家《关于培育中小企业社会化服务体系若干问题的建议》及青政[2005]47号《关于鼓励支持和引导个体私营等非公有制经济发展的若干政策和措施》文件精神，经青海省经济委员会[2005]409号文件批准，以股份合作制形式注册登记成立的由政府指导、完全市场化运作的省级中小企业服务机构。中心以本省中小企业为服务对象，以“多层次、多渠道、多方位”的服务特征开展工作，业务上接受省经委中小企业指导局指导。

中心的服务宗旨是面向全省中小企业，想企业所想，急企业所急，服务企业之所需，遵循市场经济规律，适应企业发展需求，努力满足全省各类中小企业在管理、技术、人才、信息、改革等方面的综合需要，为促进我省中小企业持续、稳定、健康成长而努力。

一、中心服务范围

⑴项目咨询。建立专家咨询评估体系，为政府宏观调控、科学决策提出咨询意见和建议，配合有关部门做好对中小企业项目开发、建设的咨询调研工作。为中小企业新建项目、技术改造项目提供工程咨询服务、编制项目可行性研究报告及项目建议书。

⑵信息咨询服务。利用网络平台资源优势，为中小企业在互联网上发布信息，推介企业和产品。为中小企业提供国家政策法规、行业发展动态和各行业前沿技术的最新成果、市场需求信息、人才资源等服务，帮助企业提高市场预测和快速反应能力，提高企业管理水平。

⑶管理咨询。管理咨询是中心在发展过程中一个新的服务项目。中心为全省各种经济成分的中小企业在成立、发展、终止、改制等各个阶段提供管理诊断及咨询一条龙服务，并为中小企业融资提供策划、编制《商业计划书》服务。

⑷创业辅导。为新创建的中小企业或即将创业的人士提供法律、政策、经营管理等方面的咨询，帮助中小企业有效持久地运作和发展。编写服务指导，为中小企业的设立、发展、技术、市场、财务、改革、调整、注册登记提供咨询服务，同时为企业提供各种法律咨询、代理及专业服务。

⑸培训服务。建立名师专家库，为中小企业提供管理、营销、战略规划、项目申报、人员岗前培训等多种培训，提高企业管理水平。

⑹人才引进服务。根据企业需要，采取多种形式，帮助中小企业引进管理、生产经营、技术创新等各类人才。

⑺技术创新服务。与省内外高校、科研院所建立互助平台，根据企业实际问题和需求，提供新产品试制，新项目研究开发、实验、中试，以及生产工艺改进、技术引进、技术协作服务，提高企业科技水平与产品技术含量。

⑻市场开拓服务。适时组织中小企业参加产品展销、洽谈、推介活动，加强与外地的交流与合作，及时发布市场信息，充分发挥市场导向功能。

⑼会议策划与组织服务。为商务会议及中小企业项目发布、论证、异地交流等提供服务。

二、联系方式

地址：西宁市胜利路53号（青旅商务大厦708、711、713室）
邮编：810001
电话：0971-6164238
传真：0971-6164238
E-mail：webmaster@smeqh.com.cn
网址：www.smeqh.gov.cn

宁夏经济管理干部培训中心

宁夏经济管理干部培训中心成立于1978年12月，位于银川市西夏区学院西路296号，占地面积2万平方米，建筑面积6000平方米，拥有12间标准教室以及阶梯教室、图书资料室、会议室、多媒体教室等教学设施，拥有72间标准学员宿舍以及回汉餐厅、浴室、多功能厅等生活服务设施；拥有一支专兼结合的师资队伍，其中具有高级职称的教师15人。

宁夏经济管理干部培训中心主要开展企业经营管理人员工商管理培训、企业经营管理人员专业性短期培训、企业管理岗位资格培训、公务员和专业技术人员继续教育培训、企业安全生产管理培训、企业管理人员出国商务考察培训和其他满足企业需求的培训，是宁夏企业管理培训的主要基地，是全国企业培训体系的重要组成部分。

宁夏经济管理干部培训中心成立以来，以企业经营管理人员为主要对象，以岗位任职资格为基本任务，以企业经营管理实务为主要内容，先后开展了全区企业厂（矿）长、经理、国家统考培训、企业现代化管理培训、企业领导干部岗位任职资格培训、“六大”体制改革培训、新财会制度培训、自治区“3331”计划培训、国家“九五”、“十五”企业经营管理人员工商管理培训、国家中小企业银河培训、经委主任培训、企业管理人员出国商务考察培训以及企业内训，累计培训学员20000余人次，为促进宁夏企业发展和经济建设发挥了积极作用。

地址：宁夏银川市西夏区校园西路296号
邮编：750021
电话：（0951）7888905
传真：（0951）7888912
E-mail：njgpzhx @126.com

银川市中小企业信用担保中心

为改善银川地区中小企业的融资环境，切实为各类中小企业提供信用担保服务，促进银川市经济建设的进一步发展，根据银川市人民政府[1999]86号《银川市中小企业信用管理暂行办法》的规定，银川市中小企业信用担保中心（以下简称中心）于1999年8月6日正式成立。目前，中心是国家经贸委列入全国首批104家中小企业信用担保体系试点范围的担保机构之一。

中心现有员工6人，设担保部、综合部，已到位担保资金3000万元。中心成立4年来，在中共银川市委、市人民政府的关心支持和银川市中小企业信用担保资金监督管理委员会的监督指导协调下，认真贯彻国家经贸委、自治区和银川市有关文件精神，从银川地区中小企业的实际出发，以培植市场信用、支持中小企业发展为己任，积极探索信用担保工作的有效形式，切实为广大中小企业提供信用担保服务，较好地改善了中小企业的融资环境，取得了良好的经济效益和社会效益。截至目前，已为银川地区160多家中小企业提供贷款担保2亿元，受保企业遍及银川市三区两县的冶金、化工、建材、造纸、建筑、商贸、服装、科技开发、种植养殖、农产品加工、餐饮服务等诸多领域，为广大中小企业提供了资金支持，有力地促进了企业的创新和持续发展。

中心经过4年来的运行，初步探索出一套为银川地区中小企业提供信用担保服务的有效办法，并通过建章立制，不断规范完善信用担保操作程序等工作，确保了担保资金的安全和保值、增值。中心的工作引起了广大中小企业的普遍关注，得到了市政府及有关部门的肯定和赞扬。2001年5月，国家经贸委中小企业司组织信用担保中心进行专题调研，对中心自成立以来，卓有成效地开展信用担保服务，支持中小企业发展，给予了高度的评价。

中心目前已与银川市商业银行、中国农业银行宁夏营业部、中国建设银行银川支行等三家金融机构开展了良好的合作关系。随着广大中小企业的进一步发展，我们今后将逐步增加担保品种，拓宽融资渠道，力争为企业提供优质、便捷的担保服务，为银川市经济和社会发展迈上新台阶作出积极贡献。

电话：0951－6091628　6093128
传真：0951－6093128
E-mail：zlm@ycdb.com
网址：www.ycdb.com

银川高新技术产业开发总公司

银川高新技术产业开发总公司是管委会为了扶持中小型科技企业和高新技术产业投融资的需要，于1994年成立的国有独资企业。公司主要经营高新技术产业开发、引进、项目孵化、技术交流与为中小型科技企业提供服务等业务。几年来，承担了开发区为高新技术产业基础设施的建设和管理、融资、投资和管委会重点项目的建设管理。组织了开发区创新孵化园、中小企业创业园等园区的建设与管理，现有直接投资的核心孵化基地2万多平方米，规划在建孵化厂房约10万平方米，企业自己投资，总公司统一管理的建成面积近5万平方米。扶持参与投资了正科电子技术有限公司、宁夏信息化设备招标中心、宁夏黄河旅游文化有限公司、银川高新区投资有限公司、亚太食品有限公司、高新区设计院等7家公司，投资总额4262万元。截至2005年底，公司资产总额50275.25万元。公司现有职工15名，本科5人，专科8人，中专2人。

联系电话：0951-5044711

新疆中小企业服务中心

新疆中小企业服务中心以促进中小企业的制度创新、管理创新和技术创新为宗旨，通过整合社会资源，为新疆中小企业提供多品种、全方位、高层次的综合服务，以此推动新疆中小企业通过深化改革、建立现代企业制度、增强创新意识来不断提高企业的竞争能力和综合实力。主要业绩包括中小企业技术创新服务，与新疆电信有限公司联合对全疆16个地州市7198家中小企业信息化程度及互联网应用的实际情况进行了调查；参与筹备并组织了自治区经贸委与新疆电信有限公司共同举办的“新疆万户企业上网工程”电视电话会议，全疆84个地、州、市、县经贸委和各地企业代表共计1000多人参加了该会议；向各地州市、各行业和企业进行了新疆中小企业专家人才的征集和收集工作，为建立新疆中小企业信息网专家库做好了准备；成功开通了新疆中小企业信息网；与新疆电信有限公司联合举办了新疆中小企业信息化论坛；成立了新疆中小企业信息化联盟；成功开发了各地州市经贸委和自治区各有关企业通过新疆中小企业信息网上报企业经济运行数据软件，并在试运行中；承担2006年新疆产学研展洽会会务、展览工作。积极开展各项培训工作，2003~2006年组织培训了3800余人；受国家发展改革委中小企业司委托，与国家发展改革委中小企业对外合作协调中心联合举办了“中国中小企业大讲堂——新疆行”。先后为乌鲁木齐现代石油化工有限公司、新疆卡西尼科技有限公司、新疆派　泰克石油科技有限公司等公司开展了有关基础管理、战略管理方面的管理咨询服务。

新疆维吾尔自治区
投资信用保证有限责任公司

新疆维吾尔自治区投资信用保证有限责任公司的主要业务是为自治区国有中小企业技术改造、财源建设和高新技术项目贷款、流动资金贷款提供信用保证服务，为借款、买卖、货物运输、加工承揽经济活动提供保证担保，为社会提供融资、咨询服务，是新疆最大的政策性担保机构。公司累计为200余家企业提供担保支持，最终获得银行同意并发放担保贷款的中小企业有110家，担保贷款总额约86750万元。2005年度，受保企业因此实现销售收入360813.77万元，实现新增就业4896人。以新疆金石沥青股份有限公司为代表的一批中小企业，在公司担保支持下已成长为行业龙头，在新疆乃至全国都拥有较高的品牌和产品知名度。

新疆维吾尔自治区
中小企业信用担保服务中心

新疆维吾尔自治区中小企业信用担保服务中心的主要业务是为自治区中小企业提供信用担保服务，为中小企业短期流动资金、技术创新项目贷款等提供担保，为符合条件的地州市中小企业信用担保中心提供联保及再担保，提供与贷款担保相配套的中介服务，开展行业监管与指导。该中心2005年开展担保和联保，共为61户中小企业提供担保10524万元；积极开展和推动了下岗再就业担保业务；按季开展了行业统计分析工作，配合自治区经贸委企业处开展了担保执业人员培训及企业免税工作等；搭建了我区“一体两巽三层”的中小企业信用担保体系框架，推动全区中小企业信用担保体系建设。

乌鲁木齐国经信用保证有限责任公司

乌鲁木齐国经信用保证有限责任公司的主要业务是为乌鲁木齐市中小企业提供流动资金贷款担保和下岗失业人员小额贷款担保，与国家开发银行新疆分行合作融资贷款业务。该公司现已办理中小企业贷款担保41笔，担保金额21700万元；办理下岗失业人员小额贷款担保385笔，担保金额671.5万元。公司2005年被市政府指定为中小企业融资贷款平台，负责办理委托担保贷款业务。

伊犁州中小企业信用担保服务中心

伊犁州中小企业信用担保服务中心于1999年12月8日成立，主要业务是为经营的中小企业提供相关的信用担保、招商引资、资产变现、政策咨询、管理咨询、信用中介、法律援助、投资指导等服务。截至2005年底，累计为伊犁州直中小企业提供融资担保13860万元,所担保项目涉及农业科技成果推广、新型墙体建材推广、耐磨建材、包装、生物工程、环保、粮油加工和流通、保健食品等领域。为中小企业提供信息咨询70余次，提供法律援助20余次，为政府决策提供企业管理诊断1次，为中小企业举办了“产学研”洽谈会一次（会上企业与大专院校签订技术支持等项目34个），为社会提供了300个就业岗位，改善了中小企业融资环境。

奎屯市贷款担保基金服务中心

奎屯市贷款担保基金服务中心的主要业务是为中小企业及个体私营业者提供贷款担保，该公司自成立至2005年底，为中小企业担保贷款18837.60万元，缓解了全市融资难及贷款难的问题。2003年开展了信用评估工作，开办了中小企业信用资信信息数据库，提升了中小企业信用度，解决创业、再就业岗位350人次。

博乐鑫乐担保有限责任公司

博乐鑫乐担保有限责任公司的主要业务是为中小企业提供流动资金贷款担保。该公司自2000年1月成立以来,累计为100多户中小企业提供贷款担保5469.25万元,直接为博乐市中小企业新增销售收入1.2亿元,新增企业利润1500万元,新增就业人数1150人,提升了中小企业信用和融资能力，累计已毕业企业60多个。近几年来，公司担保资金放大倍数为7~8倍，担保损失率控制在0.01%以内，赢得了金融部门和中小企业的信任。2001年9月，鑫乐担保公司被国家经贸委列入全国担保体系试点单位。

新疆大学国家大学科技园

新疆大学国家大学科技园为科技人才创新、创业提供平台，促进丰富的智力资源与其他社会资源的优化组合，是新疆创新人才的培养基地，技术创新的示范基地，高新技术企业孵化基地。目前，科技创业园内已入驻企业55家。园内在孵项目重点涉及电子信息技术、现代农业技术、特色医药、节能等领域，已形成跨学校、跨学科、跨专业的多种民营企业集合的创业园。2005年新疆大学国家大学科技园开工建设智能化的孵化器大厦——新疆科学大厦。该大厦共34层，总建筑面积4万平方米，所处位置具有浓厚的科技与商业氛围。大厦预计2007年即可投入使用，建成后可为入驻企业提供12600平方米的孵化场地。新疆科学大厦将凭借其良好的外观设计及其独有的地理位置，形成 一块独特的集产、学、研、资于一体的高新技术产业化聚集地。

乌鲁木齐高新技术产业
开发区高新技术创业服务中心

乌鲁木齐高新技术产业开发区高新技术创业服务中心以“营造环境、优化服务、招商引资、招研引智、有效引导”为指导，以提高产业竞争力为中心，以培育具有新疆特色的高新技术产业为重点，以创新和优化创业环境为手段，为在孵企业营造良好的创业环境，提供技术开发、生产经营、资金筹措、信息咨询、人才培训、国际交流与合作等综合配套服务，努力把创业中心建成孵化高新技术企业、促进成果转化、培育新的经济增长点的基地和懂技术、会经营、善管理的复合型人才成长的摇篮。

大事记

中小企业大事记

（国家发展改革委中小企业司）

1.2005年1月12日，国务院总理温家宝主持召开国务院常务会议，讨论并原则通过《国务院关于鼓励支持和引导非公有制经济发展的若干意见》和《北京城市总体规划（2004～2020年）》。

2.2005年1月14日，中国国家发展改革委与美国商务部在北京签署了《中华人民共和国国家发展改革委与美利坚合众国商务部关于中小企业合作与发展协议书》。中国国家发展改革委副主任欧新黔和美国商务部副部长阿尔多纳斯出席签字仪式，并在协议书上签字。

3.1月17～18日，中国中小企业信息网在京召开第三次中国中小企业信息网建设研讨会。国家发展改革委中小企业司陈燕海副司长、王建翔处长出席了会议，北京中小在线信息服务有限公司负责人主持会议，施耀强总经理在会上通报了中小企业信息网2004年工作情况和2005年工作计划，来自全国33个省、区、市的中国中小企业分网、专业分网主持部门及服务部门，跨国公司的有关专家等80多名代表参加了研讨会。

4.2005年2月9日，国家发展改革委马凯主任、欧新黔副主任在办公厅师荣耀主任等的陪同下，来到中小企业司，亲切看望全司同志，并向大家拜年。

5.2005年2月18日，国家发展改革委中小企业司党支部召开了全体党员干部学习会议，专门邀请牛玉儒同志生前的战友和助手、内蒙古自治区呼和浩特市委常委、秘书长兰恩华同志，作新时期优秀共产党员的楷模牛玉儒同志先进事迹报告。

6.2005年2月22日上午，中国中小企业博览会组委会秘书处特邀请全国有关行业协会（联合会）在北京召开了第2届中国中小企业博览会暨中法中小企业博览会（以下简称第2届中博会）行业协会组展工作座谈会。同日，第2届中博会组委会第一次会议预备会在北京召开。

7.2005年2月28日，第二届中博会组委会第一次会议在北京召开。来自国家发展改革委、商务部、国家工商总局、广东省人民政府、广东省经贸委、中小企业局，以及香港贸易发展局、中国中小企业国际合作协会、中国个体劳动者协会等单位的组委会和秘书处成员共38人参加了会议。

8.2005年3月1日，“中国中小企业网上百日招聘高校毕业生”活动正式启动。国家发展改革委副主任欧新黔在会上作了重要讲话，并和教育部副部长赵沁平共同为百日招聘活动点击开通。该活动于6月10日圆满结束。活动期间，招聘信息与求职信息在中国中小企业信息网和中国高校毕业生就业服务信息网上免费发布，供中小企业与高校毕业生浏览查询和在线联系。

9.2005年3月24日上午，国家发展改革委召开贯彻落实《国务院关于鼓励支持和引导个体私营等非公有制经济发展的若干意见》部门工作座谈会，来自37个部门和单位的代表以及中小企业司的相关同志参加了会议。国家发展改革委副主任欧新黔主持会议。会议就贯彻落实《若干意见》重要举措分工方案进行了讨论。各部门和单位代表分别提出了意见和建议。

10.2005年3月29日上午，国家发展改革委副主任欧新黔与来访的韩国中小企业厅厅长金成珍会谈并共同签署了《中华人民共和国国家发展改革委和大韩民国中小企业厅关于中小企业合作谅解备忘录》。中韩中小企业合作在强化工作机制、拓宽合作领域方面又迈出了实质性的一步。

11.2005年4月13日，第二届中博会新闻发布会在京召开。五家主办单位和法国驻华使馆代表通报了第2届中博会进展情况，并回答了记者提问。同日，第2届中博会动员会在北京召开。中博会组委会副主任、国家发展改革委副主任欧新黔同志，中博会组委会执行主任、广东省人民政府副省长游宁丰同志出席了会议并分别作了重要讲话。会议由广东省人民政府副秘书长林英同志主持。国家发展改革委、财政部、商务部、国家工商行政管理总局、广东省人民政府的有关领导同志、全国各行业协会代表和各地中小企业主管部门代表共150人参加了会议。

12.2005年4月16～18日，国家发展和改革委中小企业司与世界银行学院在北京共同举办“中小企业融资政策国际研讨培训班”。中小企业司副司长狄娜、助理巡视员王黎明到会讲话，并与世界银行专家进行了座谈。

13.2005年4月18～22日，全国中小企业服务中心联合体组织成员单位共21人，赴香港、深圳考察学习。先后对香港生产力促进局、贸易发展局、工业贸易署、科技园和深圳市中小企业服务中心进行了考察、交流、座谈。

14.2005年4月28日，国家发展改革委中小企业司助理巡视员王黎明等一行人在辽宁省、沈阳市政府有关部门领导的陪同下，视察了沈阳市中小企业服务中心和沈阳市大学生创业园。

15.2005年5月3日，首场中法经贸活动——“第一次中法中小企业合作洽谈会”依托第16届中法经贸混委会这个官方活动平台举行。中国商务部部长薄熙来和法国外贸部长级代表洛斯分别率领中法中小企业代表团参会，并发表演讲和现场解答企业提问，巴黎工商会主席埃尔·西蒙致欢迎辞，法国企业国际促进署莫里斯署长在会上介绍了上海博览会有关情况，商务部外贸发展事务局贾国勇副局长在会上介绍了第二届中博会有关情况；会上还举行了中化集团与道达尔集团合作备忘录和黑龙江丹峰磨料磨具集团有限公司与圣戈班高功能塑料欧洲公司合作项目的签约仪式。中国31家中小企业和法国250家中小企业共300多人参加了合作洽谈会。

16.2005年5月20日，中国中小企业发展年鉴工作会议在厦门市隆重召开，来自国家发展改革委中小企业司、中小企业对外合作协调中心以及全国各地经贸委、发展改革委的中小企业发展年鉴工作负责人和联络员参加了会议。

17.2005年5月26日下午，温家宝总理与正式来华访问的克罗地亚总理萨纳德在人民大会堂举行会谈，指出“努力为两国中小企业合作创造条件”。会谈后，两国总理出席签字仪式并共同签署了《中华人民共和国和克罗地亚共和国关于建立全面合作伙伴关系的联合声明》。随后，中国国家发展改革委副主任张晓强与克罗地亚驻华大使博里斯·韦利奇共同签署了《中华人民共和国国家发展和改革委员会和克罗地亚共和国经济、劳动和企业部关于中小企业合作谅解备忘录》。

18.2005年5月27日，由国家发展改革委、国务院振兴东北地区等老工业基地领导小组办公室主办的“促进东北地区等老工业基地非公有制经济发展政策报告会”在鞍山国际会议中心与鞍山国际会议中心隆重举行。此次会议为期一天半。来自国务院有关部门代表、国家发展改革委有关领导、东北三省发展改革委、振兴办、经委、中小企业局（厅）代表、东北三省地级市发展改革委（振兴办）、经委、中小企业局代表、各地级市中小企业局选派的民营企业家代表以及鞍山市各界代表260余人参加了此次会议。此次会议主题是“宣讲国家促进非公有制经济发展和振兴东北地区等老工业基地的政策措施，交流促进非公有制经济的做法和经验，推动东北地区等老工业基地实现全面振兴”。

19.2005年5月31日上午，“鼓励支持和引导非公有制经济发展”网上座谈会在人民网强国论坛多媒体演播室举行。国家发展改革委中小企业司助理巡视员王黎明以嘉宾身份介绍了《关于鼓励支持和引导个体私营等非公有制经济发展的若干意见》的内容和重要意义，并回答部分网友提问。

20.2005年5月31日，国家发展改革委副主任欧新黔在河南省郑州市召开全国产业政策工作会议期间，考察了河南省中小企业。在听取河南省发展改革委工作汇报后，还听取了河南省中小企业服务局局长李庆贵作的有关河南省中小企业工作情况的专题汇报。

21.2005年6月6日，第2届中博会组委会秘书处在广州召开了第2届中博会筹备情况通报会。

22.2005年6月8日下午，中国中小企业信息网开通了网上产品交易平台（com.sme.gov.cn），为中小企业提供快捷的产品信息和公平的电子商务服务，支持中小企业开拓国内外市场、促进中小企业健康发展。

23.2005年6月13～16日，国家发展改革委中小企业司助理巡视员郑昕一行就依托产业集群、优势产业的中小企业技术服务平台建设情况在江苏省无锡、苏州进行了专题调研。江苏省中小企业局周毅彪副局长等一行陪同调研。

24.2005年6月16日，全国中小企业服务中心联合体委员单位工作会议在上海市召开。会议由主任委员单位沈阳市中小企业服务中心张世忠主任主持，北京市、天津市、上海市、广东省、山西省、武汉市、杭州市中小企业服务中心负责人参加了会议。国家发展改革委中小企业司韦向群处长出席了会议。会议讨论并通过了“联合体”下半年工作计划等事项。

25.2005年6月17日，全国中小企业服务中心联合体在上海市举办了服务机构工作经验交流会。北京市、天津市、上海市、广东省、山西省、武汉市、杭州市中小企业服务中心等18个成员单位负责人(代表)及贵州省中小企业局、云南省经委、厦门市中小企业服务中心等单位的代表计30余人参加了会议。国家发展改革委中小企业司韦向群处长、陈滨调研员出席了会议。

26.2005年6月29日上午，中小企业培训管理及业务知识培训班在北京吉林大厦召开。会议由国家发展改革委中小企业司综合处张伟同志主持，中小企业司副司长王黎明在开班式上讲话，并就认真组织银河培训工程提出了要求。中小企业司综合处王建翔处长出席会议。全国各省市中小企业主管部门负责培训工作的负责人和培训机构的负责人参加培训班。

27.2005年7月6日，中博会组委会秘书处在北京召开第二届中博会筹备情况通报会暨全国联络员会议，通报第2届中博会前段筹备工作情况，部署下一步工作，并要求继续发挥政府主管部门和有关行业协会两个方面的积极性，全力以赴做好招展招商和组团参会工作，确保第2届中博会顺利举办并取得圆满成功。

28.2005年7月13日上午，国家发展改革委中小企业司主办的“国家中小企业发展专项资金项目申报工作培训班”在贵阳举行。会议由国家发展改革委中小企业司助理巡视员郑昕主持。出席会议的领导有国家发展改革委中小企业司副司长陈燕海，贵州省经贸委副主任、党委书记金隆昆，贵州省中小企业局局长、省非公有制经济办公室主任龙超亚。

29.2005年7月14日下午，国家发展改革委中小企业司助理巡视员郑昕和政策规划处一行5人，在贵州省中小企业局副局长李娟同志的陪同下到遵义市考察，并听取了遵义市经济贸易委员会主任郭世刚的工作汇报。

30.2005年7月19日下午，国家发展改革委副主任欧新黔在发展改革委中小企业司副司长陈燕海等同志的陪同下视察、参观了中关村科技园区。随后参加了中关村高新技术园区融资担保工作座谈会，参加会议的还有国家发展改革委中小企业司副司长陈燕海，北京市副市长、中关村管委会主任范伯元，中关村管委会副主任任冉齐，北京市发展改革委副主任仇建章等。

31.2005年7月27日，第2届中博会组委会秘书处在广州召开第2届中博会第2次全国联络员会议，听取自7月6日第一次全国联络员会议以来各省（区、市）、行业协会、广东省各市招展招商进展情况通报，并进一步衔接落实各项筹备工作。

32.2005年8月8日上午，中小企业信息化联盟新闻发布会在北京隆重召开。国务院信息化办公室曲维枝副主任、国家发展改革委欧新黔副主任、信息产业部苟仲文副部长到会并发表了重要讲话。

33.2005年8月8日~12日，在国家发展改革委中小企业司的大力支持下，中国中小企业对外合作协调中心、中国中小企业竞争力讲堂组委会和河南省中小企业局联合举办的“中国中小企业竞争力讲堂·财务管理培训班”在开封举办，来自全省200个中小企业工作部门和企业的负责人338人参加了培训。

34.2005年8月19日，国家发展改革委和信息产业部组织实施的“中小企业信息化推进工程”巡回培训首期班在青岛成功举行。国家发展改革委中小企业司助理巡视员郑昕作了重要讲话。

35.2005年8月23日，由国家发展改革委和信息产业部启动的“中小企业信息化推进工程”的主要活动——中小企业管理信息化建设巡回培训第二站在宁波举行。

36.2005年8月23~25日，中国中小企业竞争力讲堂北京重点班在国家行政学院成功举办。国家发展改革委中小企业司助理巡视员王黎明、国资委行业协会管理办公室主任陈国卫、中国中小企业对外合作协调中心主任袁普、中国中小企业国际合作协会副秘书长秦志辉、清华大学经济管理学院党委副书记、副院长杨斌教授、中国农业大学MBA中心主任付文阁博士及国家行政学院和来自全国21个省市的优秀中小企业厂长、经理代表及部分中小企业政府主管部门、服务机构领导等200人出席开班式。

37.2005年8月25日，国家发展改革委中小企业司和信息产业部信息化推进司于北京召开了国家中小企业信息化推进工程实施工作协调会。国家发展改革委中小企业司助理巡视员郑昕在会上作了重要讲话。中国中小企业信息化联盟成员代表及媒体代表参加了会议。

38.2005年8月29日上午，国家发展改革委中小企业司王建翔处长和中小在线总经理施耀强一行与正在中国进行访问的联合国开发计划署南南合作局局长周一平先生一行在中国国际经济技术交流中心进行了会谈。双方就举办南南合作贸易论坛、加强公共部门与私营部门的伙伴关系（PPP）及促进中小企业发展等问题进行了交流，取得了共识。

39.2005年8月30日，中博会组委会秘书处召开中博会第三次全国联络员会议，进一步落实中博会的布展、接待、会务、宣传、论坛等各方面的筹备工作。

40.2005年9月2日下午，国家发展改革委机关党委金德本书记、办公厅师荣耀主任、人事司孙霖司长等专程到中小企业司视察先进性教育活动巩固和扩大整改成果及“回头看”工作，特别查看了中小企业司保持共产党员先进性教育活动专题展板。

41.2005年9月5日，全国非公有制经济统计制度与生产经营分析专题研讨培训班在山西太原举行。来自国家发展改革委、国家统计局和全国各省市的代表共60多人参加了培训班。国家发展改革委中小企业司助理巡视员王黎明出席会议并作了重要讲话。山西省中小企业局局长周明定参加会议并致欢迎辞。

42.2005年9月8日上午，中博会组委会在广州举行新闻发布会。国家发展改革委中小企业司助理巡视员王黎明出席会议。

43.2005年9月12日，第2届中博会第二次组委会会议在广东召开。会议由广东省人民政府副省长游宁丰主持。国家发展改革委欧新黔副主任和其他来自主办单位的30位领导参加了会议。

44.2005年9月12~15日，国家发展改革委、财政部、商务部、国家工商行政管理总局、广东省人民政府、法国经济财政和工业部联合主办的第二届中国中小企业博览会暨中法中小企业博览会在广州国际会议展览中心举办。国家发展改革委副主任欧新黔在开幕式上宣读了中共中央政治局委员、国务院副总理曾培炎为中博会开幕专门发来的贺信，中共中央政治局委员、广东省委书记张德江宣布第2届中国中小企业博览会暨中法中小企业博览会开幕。第2届中博会共有3520家国内外中小企业参展，吸引了国内外19.8万人次前来参观、洽谈和采购，总成交额达426亿元。第2届中博会的成功举办，得到中央及有关部委的充分肯定，引起了中央领导的高度重视。

45.2005年9月21日，国家发展改革委中小企业司司长王远枝出席“中小企业国际合作与交流”上海论坛，并与博鳌亚洲论坛秘书长龙永图以及著名经济学家厉无畏就“政府部门与非政府机构鼓励、推动中小企业开展国际合作交流”进行了探讨。

46.2005年9月26~28日，第三届APEC中小企业服务联盟论坛在浙江省宁波市举行。

47.2005年9月28日上午，贯彻落实中小企业信用担保行政许可工作座谈会在南京召开，国家发展改革委中小企业司王远枝司长在会上作了重要讲话。

48.2005年10月11日，中国非公有制经济年度盛会——“2005中国非公有制经济发展论坛”在安徽省合肥市举行。全国人大副委员长、民建中央主席成思危，全国政协副主席、民建中央副主席张榕明，全国工商联副主席辜胜阻，国家发展改革委中小企业司司长王远枝，全国著名专家、学者张维迎、温铁军，安徽省政协主席方兆祥，安徽省常务副省长任海深，安徽省委常委、合肥市委书记孙金龙等出席了开幕式。

49.2005年10月20~22日，“全国产业集群发展专题研讨培训班”在江苏常州召开。国家发展改革委中小企业司助理巡视员王黎明发表了重要讲话。

50.2005年10月25日，国家发展改革委在北京召开第一届东亚促进中小企业发展与投资高层研讨会的新闻发布会，中外有关媒体的记者参加了发布会。国家发展改革委中小企业司司长王远枝通报了第一届东亚促进中小企业发展与投资高层研讨会筹备工作的有关情况，并与外交部共同回答了中外记者的提问。新闻发布会由国家发展改革委研究室副主任李朴民主持。

51.2005年10月27～28日，第一届东亚促进中小企业发展与投资高层研讨会在北京举行，这是落实第8次东盟和中日韩领导人会上提出的合作倡议的具体行动。会议在促进东盟和中日韩各国中小企业交流与合作，改善东亚地区中小企业投融资环境，探索建立多层次、宽领域中小企业投融资体系及互动机制，推动东亚经贸与投资合作等方面进行了沟通和交流，并有实质性的推动作用。会议通过了《北京宣言》。

52.2005年10月23日，中国中小企业大讲堂——长三角无锡行在无锡隆重召开。国家发展改革委中小司助理巡视员王黎明，国家发展改革委中小企业对外合作协调中心主任袁普等有关领导和嘉宾出席会议。

53.2005年10月21日，首届“中部六省中小企业发展论坛”在太原举办。山西省中小企业局局长周明定、河南省中小企业服务局局长李庆贵、江西省中小企业局局长谢碧联、湖北省经济委员会副主任刘进文、湖南省经济委员会副主任刘送保、安徽省中小企业发展局纪检组长夏小飞在会上作了经验介绍。

54.2005年11月8日上午，中小企业司召开贯彻落实《国务院关于鼓励支持和引导个体私营等非公有制经济发展的若干意见》（国发[2005]3号）进展情况座谈会，通报了国发[2005]3号文件贯彻落实的进展情况，研究布置了新闻宣传和法规清理等相关工作。国防科工委、教育部、卫生部、国家工商总局等43个部门和单位交流了贯彻落实工作的进展情况、存在问题以及下一步工作部署和打算。

55.2005年11月10～11日，国家发展改革委中小企业司和科技部高新技术发展及产业化司共同主办的中国中小企业创新发展高级研讨会在浙江省宁波市举行。国家发展改革委副主任欧新黔、科技部副部长马颂德将出席会议并作重要讲话。大会开幕式由国家发展改革委中小企业司助理巡视员郑昕主持。

56.2005年11月21日，由国家发展改革委中小企业司和信息产业部信息化推进司共同主办的“2006年中小企业信息化推进工程工作通气会”在国家发展改革委第四会议室召开。中小企业司助理巡视员郑昕在会上通报了2005年已经开展的中小企业信息化推进工程工作，2006年的工作设想，以及进一步做好中小企业信息化推进工作的建议，参加会议的还有信息产业部信息化推进司发展处任利华同志。

57.2005年11月21日，由国家发展改革委中小企业司政策与规划处组织，湖北省经委承办的国家北方地区中小企业发展专项资金项目实施情况座谈会在武汉召开，来自北京等18个省、市、区中小企业主管部门的有关同志参加了会议。这次会议的主要内容是了解各地区2004年发展专项资金项目完成情况，通报2005年发展专项资金项目审核情况，布置发展专项资金项目实施情况的监督检查要求，讨论研究下一步发展专项资金项目工作安排。

58.2005年11月22日，由江苏、浙江、上海三省市的中小企业工作部门和上海市农委共同举办的第三届长三角中小企业合作与发展论坛在上海举行。论坛以“科技创新与中小企业发展”和“构建城乡一体化发展战略”为主题，长三角区域的中小企业工作机构、服务机构、企业代表以及专家学者近200名代表出席了会议。

59.2005年11月22日，中国中小企业博览会座谈会在海南省海口市召开。国家发展改革委中小企业司、广东省人民政府、广东省中小企业局、国家工商总局、海南省人民政府、海南省发展改革厅的领导同志出席了会议。会议由国家发展改革委中小企业司助理巡视员王黎明同志主持。

60.2005年11月24日，由国家发展改革委中小企业司、中国民主建国会中央财政金融委员会主办的2005中国信用·融资·担保高峰论坛在上海隆重举行。国家发展改革委中小企业司副司长狄娜出席会议并作重要讲话。

61.2005年12月1日，由国家发展改革委、科技部、深圳证券交易所、深圳市人民政府联合主办的第四届中小企业融资论坛在深圳召开，会议主题为自主创新战略与创新型中小企业发展；促进科技和资本结合的资本市场制度建设；后股权分置时代的中小企业板创新与发展。

62. 2005年12月1日，国家发展改革委中小企业司副司长王黎明一行赴清华大学继续教育学院，就进一步加强合作，共同推动中小企业银河培训工程、联合筹办“中小企业经营者MBA课程研修班”等相关合作事宜，与汪劲松副校长、康飞宇常务副院长等进行了广泛而坦诚的交流。双方在合作内容、培训模式、组织方式、工作目标等方面初步达成一致。

63. 2005年12月19～23日，国家发展改革委中小企业司与国家信息中心共同举办了中欧“中小企业公司治理”专题讲座。国家发展改革委中小企业司副司长王黎明出席专题讲座，并进行授课。

64. 2005年12月25～26日，2005年全国中小企业和非公有制经济工作座谈会在北京召开。座谈会由国家发展改革委中小企业司王远枝司长主持，来自全国各省、自治区、直辖市、计划单列市和试点城市发展改革委、经委（经贸委）、中小企业局（办、厅），以及财政部、农业部、劳动和社会保障部、商务部、国家工商总局等国家有关部门共182名代表参加了会议。会上，国家发展改革委欧新黔副主任作了重要报告，对“十五”时期和今年的工作作了全面系统的总结，对“十一五”时期和明年的工作作了全面的安排部署；中小企业司司长王远枝作了总结讲话。

国家发展改革委
中小企业对外合作协调中心大事记

1．主办第一届中国－西班牙“中小企业”活动日和参加中西工商企业峰会

11月9日，第一届中国－西班牙中小企业活动日合作研讨会在西班牙马德里召开。这是我国驻西班牙使馆为配合胡锦涛主席对西班牙的国事访问而举办的系列交流活动之一，由中心与西班牙外贸协会、西班牙商会最高理事会、西班牙AFFIRMA商务咨询公司联合举办。中、西两国政府部门负责中小企业发展的官员和两国中小企业家100多人出席研讨会。我国驻西班牙大使和西班牙外贸局执行副主席安赫尔·马丁作了发言，包国强副主任作为中国代表团团长作了大会演讲和现场交流。国家发展改革委组织的访西代表团是在委领导的直接关心下，用较短的时间组织的，访问活动取得了成功。代表团访西期间，还参加了第一届中－西工商企业峰会，胡锦涛主席在峰会上作了重要讲话。

2．举办莫斯科“中国中小企业纺织品、服装展览会”

由国务院批准，国家发展改革委主办的“中国中小企业纺织品、服装展览会”于6月16～19日在莫斯科全俄展览中心举行。本次展览会参展摊位147个，展览面积4000平方米，是继1999年在莫斯科成功举办“中国中小企业产品展览会”后又一次大型经贸活动。国家发展改革委甘智和副秘书长和委经贸司、办公厅等有关司局领导、湖南省副省长、俄罗斯经济部代表出席了展览会开幕式。本次展览会参展企业（单位）106个，组织参展的省市15个。本次展览会产品丰富、品种齐全，很多产品受到俄罗斯消费者的喜爱。仅就湖南省、吉林省、江苏省的初步统计，展会期间签订合作项目60余项，总金额达3.6亿元。在展会期间还举办了“中俄中小企业经贸合作交流”论坛等项活动。

3．举办第3届APEC中小企业服务联盟论坛和联盟委员会会议

第3届APEC中小企业服务联盟论坛于9月26～28日在浙江省宁波市举行，参加会议代表650多人（其中出席论坛300人，出席银企洽谈350人），分别来自中国香港、日本、韩国、马来西亚、中国台北、美国、俄罗斯、越南、墨西哥、中国内地等10个APEC经济体的20个中介机构和驻华使馆（亚美尼亚政府团也出席了论坛）。中国中小企业国际合作协会副会长朱焘和宁波市副市长出席了论坛并致辞。会议邀请来自韩国、日本、墨西哥、中国等APEC成员体的8位专家就“完善服务体系，构筑服务平台”主题进行了演讲，交流了中小企业服务体系建设的经验。论坛期间，召开了第二次联盟委员会会议，联盟委员会成员介绍了各自工作的情况，明确了下一阶段的工作目标。会议取得圆满成功。

4．举办中小企业竞争力讲堂和大讲堂

2005年，我们在竞争力讲堂和大讲堂的基础上继续创新发展，完成了2005中国中小企业竞争力讲堂北京重点班（国家行政学院）和中国中小企业大讲堂长三角行（无锡）等活动。讲堂作为成功典型案例，已被财政部收录到《公共财政框架下的中小企业发展》一书。发展改革委中小企业司领导对讲堂作了肯定性的批示。讲堂组委会还面向全国推出“中国中小企业竞争力工程”，免费为企业构建自有的“企业网络学院”，提高培训的针对性和有效性。

5．组织参加、承办国际会议和展览

⑴组织中国企业代表团于8月28日～9月14日前往韩国大邱市，参加第12届APEC中小企业部长会议工商论坛和展览活动。本次参会人数合计97人，有3人在大会上作了演讲；参展展位15个，参加项目洽谈企业34家。为了更好地展示我国企业风采，本次论坛邀请中国科学院自动化所教授田捷先生作为参会嘉宾，代表我国作了大会发言。

⑵举办中欧企业合作会议。10月18日，我们和青岛市人民政府共同主办首届中国－欧盟企业合作会议。有200余个欧方企业代表和400余家中方企业参加。

⑶应外交部的邀请，参加中意政府委员会第一届联席会议。中心作为中意政府委员会的成员单位，在会议期间会同发展改革委中小企业司领导一起参与双边中小企业合作文件的起草工作，明确了今后的合作方式。双方拟于2006年共同举办“中意论坛”。

⑷参加“中国小型企业成功经验和对土耳其商机”研讨会。研讨会于12月2～3日在伊斯坦布尔举行。中国驻土大使专程从安卡拉前来参加此次研讨会并致辞，土耳其贸易部长作了长篇讲话，土耳其中小企业基金会会长、中国驻伊斯坦布尔总领事出席会议，土耳其200余名工商界人士等参加了两天会议和洽谈。土耳其中小企业基金会会长由土耳其中小企业司司长陪同单独会见了中国代表团，赞扬中国中小企业取得的成就，双方表示了合作愿望。

⑸主办第二届中小企业商机博览会。2005年继续举办第2届博览会，并具体负责中小企业论坛的组织工作。俞晓松、吴敬琏、广西壮族自治区副主席以及越南副总理等出席了博览会。博览会设展位1188个，有34个国家和地区及国内25个省、自治区、直辖市的992家企业到会参展。期间共签订投资合作合同项目156项，投资总额151.16亿元。

⑹配合国家有关部门筹办并组织实施“2005北京国际可再生能源大会”、“中国——美国政策对话会议”、“中国——西班牙可再生能源研讨会”、“中国——澳大利亚能源对话会议”、“第九届中国国际投资贸易洽谈会”东盟国家投资环境和中小企业发展研讨会等一系列国际会议。

6．开展国际经贸交流、考察活动

2005年，中心共组织出访团组8个，访问了韩国、俄罗斯、德国、瑞典、芬兰、土耳其、英国、意大利、巴西、阿根廷、西班牙、法国、智利、秘鲁等10多个国家和地区，出访人数达376人。通过这些出访活动，增进了中心与国外相关单位的业务联系，也为企业开拓国际市场提供了服务。2005年，中心还接待了日本亚洲交流协会访华团，韩国政府第11次访华研修团，斯洛伐克煤炭防瓦斯爆炸专家讲习团，尼日利亚、蒙古、西班牙、印尼、越南中小企业代表团等，增进了了解，为进一步开展经贸合作创造了条件。

7．做好第4届APEC中小企业技术交流暨展览会的立项审批和筹备工作

我们在2004年成功举办第3届APEC中小企业技术交流暨展览会后，提出2006年继续举办第四届APEC中小企业技术交流暨展览会。在发展改革委中小企业司、外事司的指导和帮助下，我们完成了在APEC秘书处立项、委内审批和国务院报批工作，起草了筹展工作方案和筹展工作通知，完成了第一次筹备展会的有关工作。

8．做好信息服务工作

(1)继续做好《中国中小企业》杂志的编辑、出版和经营工作。杂志能够坚持正确的舆论导向，紧紧围绕发展改革委中心工作，及时宣传国家有关法律和政策，每期稿件严格按程序采编和审稿，没有出现问题。杂志社不断改进杂志的形式和内容，使杂志的可读性和知名度有所提高。杂志社作为中心和协会的一个宣传阵地，积极配合中心和协会的工作开展宣传，如对广西玉林博览会进行报道，对中小企业大讲堂以及大讲堂无锡行进行报道等，有力地推进了中心和协会的品牌建设。

(2)完善中心网站建设。中心网站作为中心与中小企业交流的窗口，在完成改版升级后，加强了对网站的建设维护，制定了网站信息采编的有关规定，完成了为中心（协会）业务发展服务的任务。同时，联盟网站自2004年5月20号开通后，克服种种困难，进行了维护和完善。

(3)继续编辑、出版《中国中小企业发展年鉴》。《年鉴》从1995年开始策划、编辑、出版，为宣传中小企业的重要地位和作用，推动我国中小企业事业发展起到了积极作用。2005年，我们出版了《中国中小企业发展年鉴》（2004～2005）。该书收录了2003年1月1日～2004年12月31日间的相关文献、资料，记述了这一阶段我国中小企业改革与发展的重大事件和取得的主要成就，共170万字。该书在量和质方面均有明显提高。

(4)继续做好《中国中小企业“走出去”服务指南》的编辑工作。为做好“指南”的编辑工作，争取中心参与“走出去”战略工作的主动性，经多方考察，选择了美国CDP公司作为我中心实施“走出去”服务指南编辑工作的战略合作伙伴，并于2005年10月9日签署了战略合作协议，启动了编写工作。

(5)编纂、出版《中国行业企业百强》。建立一个权威、实用的企业数据库是我们多年来的努力目标。《中国行业企业百强》是新中国成立以来我国第一部系统收录、全面推介当前各行业代表性工业企业及其主导产品的特大型丛书，涉及400多个行业，4万多家企业。我们在国家统计局提供数据的基础上，组织了60多人的专门队伍对数据进行核实和补充。经过努力，该书的前两册已于9月出版，近2万家企业入编。

9．做好研究和咨询服务工作

(1)做好中小企业课题研究工作

①在财政部资金的支持下，我们完成了“中国中小企业经济发展指数”课题研究工作，建立了我国第一个反映中小企业经济发展景气的中国中小企业经济发展指数。2005年7月26日，在北京召开了指数发布会，因该发展指数具有较高的权威性和公信力，吸引了社会各界对中小企业的关注，取得了良好的社会效益。

②完成了“帮助中小企业获得政府采购对策研究”课题。在2004年大量实地调查基础上，2005年初，课题组专家完成了总报告。根据研究工作计划，课题组在发展改革委中小企业司的领导下，专门开会对总报告进行讨论，并根据讨论意见进行补充修改。该课题已按要求结题。

③配合发展改革委外资司开展“利用外资设立民营企业担保基金研究”。在外资司主持下，我们起草了《利用外资设立中国民营企业担保基金技术援助项目建议书》，在较短时间内提出了相应方案，同时开展了相关前期工作。目前亚行理事会已正式批准为该项目提供70万美元技术援助赠款，各项工作正按计划展开。

④基本完成“如何开展中小企业国际合作”课题研究，已进入结稿阶段。

⑤配合东北办开展“东北非公经济政策调研课题”项目，已取得阶段性成果。

(2)开展融资服务和法律服务

①努力创造条件为企业融资提供服务。我们以IFC、荷兰开发银行、中信嘉华银行、中国国际金融公司等为依托，联系推荐了一批优质企业，带领资金方到天津新技术产业园区、河北省石家庄、保定等地实地考察企业，受到企业和资金方的欢迎和赞扬。

②实施中小企业法律保障计划。我们借鉴国际成功经验，与高博隆华律师事务所合作，推出了中国中小企业法律保障计划（SMELPS），确定了保障计划的总体设计、组织架构和运营模式。目前各项筹备工作已经就绪，中国中小企业法律保障网站的设计、建设、试运行已经结束。

(3)做好中小企业园区服务工作

经过这几年的努力，中心在指导、参与中小企业园区建设方面取得了很大的进展。目前，我们负责指导协调的园区有天津中小企业发展园、宁乡中小企业科技工业园、湖南京阳中小企业现代物流示范基地、湖南星沙中小企业国际物流园、黑龙江东北亚中小企业国际合作园等。在园区建设方面，中小企业形成了集群发展的特色，园区的建设和服务对中小企业工作是一个推动。

10．做好培训服务工作

⑴开展涉外培训服务工作。在发展改革委外事司的支持下，我中心承办了商务部委托的涉外培训项目。2005年，共接待了白俄罗斯、阿尔巴尼亚等国经济官员参加的7个研修班，培训人员350人。涉外培训工作不但加强了中国在国际经贸活动中的影响，加强了中小企业对外合作与交流，而且使中心的业务工作也得到了拓展。

⑵进行信息化专题培训。我们会同SAP、IBM、Oracle等知名跨国企业推出中小企业信息化建设系列巡讲活动，就"搜索企业盲区，填补管理漏洞"、"易捷之道，卓越之旅"、"跨越数字鸿沟，实现利润增长"等专题进行培训，受到了企业的普遍欢迎。

⑶编辑出版了《中国重点行业发展分析》和《信息化下的企业运营和管理》等竞争力讲堂培训专用教材。着手编辑《中国中小企业培训工作指导手册》，为将来形成科学的培训工作服务体系打下坚实基础。

11．继续开展协会建设和会员发展工作

⑴在协会建设方面，进行了协会年审、协会证书更换等工作；与国资委协会办保持日常联系，组织、修改和报送协会先进典型等国资委要求的材料；和兄弟协会保持联络和信息交流；做好外界咨询和对外交流等工作。

⑵继续进行协会会员的发展工作。自协会会员工作部成立以来，共发展会员28个。其中，理事及常务理事14个，普通会员14个。

地方中小企业主管部门大事记

北京市

2005年10月起，在全市范围内开始实施创业、管理、融资"三大培训工程"。

2005年10月起，在石景山区启动中小企业创业服务试点。

2005年10月27～28日，承办首届东亚促进中小企业发展与投资高层研讨会。

2005年12月28日，北京市发展改革委与北京银行共同签署《支持北京市中小企业发展合作协议书》，启动北京市中小企业融资服务平台。

天津市

3月25日，天津市第14届人民代表大会常务委员会召开第19次会议，听取并审议市政府关于天津市中小企业发展情况的报告。副市长杨栋梁出席会议。受市政府委托，市经委主任王治平作了《关于我市中小企业发展情况的报告》，报告对前一阶段全市中小企业工作进行了总结，并提出了下一步天津市中小企业要重点开展的10项工作。市经委副主任薄云率中小企业处旁听了会议。

4月4日，根据市科委的安排，为便于企业进行政策查找、项目申报、网上投诉，天津市科技创业服务中心开通了天津市科技型中小企业技术创新资金网站，网址：www.innofund.tj.cn。

4月15日，天津市科委正式委托天津市科技创业服务中心承担天津市科技型中小企业技术创新资金管理服务中心工作，协助做好文件起草、组织发动、咨询服务、项目受理、评审准备、监理验收、上传下达、上下衔接、其他服务机构管理，以及网络管理和网站管理等综合服务与管理工作，并对其如何开展工作提出了具体要求。

4月25日，天津市科委正式认定天津市科学研究所、天津市新技术产业技术园区国际创业中心、天津泰达国际创业中心、北方技术交易市场、西青区科技生产力促进中心为2005年市创新资金工作的中介机构，协助企业完成项目材料的组织、编写和申报工作。并与他们签订了《中介服务机构认定表》、《中介机构注册承诺书》，根据市科委要求各单位作出了相应的承诺。

4月29日，市经委组织召开天津市中小企业协调委员会成员单位工作会议，进一步落实中小企业发展工作措施。会议首先传达市委书记张立昌和市人大主任房凤友对市经委主任王治平受市政府委托，在市人大常委会第十九次会议上作的《关于我市中小企业发展情况的报告》的批示精神，并就落实《报告》中关于2005年加快中小企业发展的各项工作及措施与各成员单位做了进一步研究。中小企业发展协调委员会21个成员单位联络部门负责人和工作人员参加了会议。

5月8日，科技部科技型中小企业技术创新基金管理中心下发国科企金[2005]017号文，批准天津市科技创业服务中心为2005年度创新基金投资补贴类创业项目服务机构，成为天津市惟一一家创业项目服务机构。

5月11日，中共中央政治局委员、市委书记张立昌到天津郁美净集团公司、天津中环半导体股份有限公司进行调研并作了重要讲话，提出了中小企业工作在年内要有较大突破的具体要求。

5月12日，市经委主任王治平组织召开市经委、市国资委两委领导和全体处长会议，深刻学习领会市委书记张立昌到中小企业进行调研的重要讲话精神。王治平主任对推动中小企业发展工作提出了具体要求,并决定从5月13日起，两委领导带领分管处室深入到各集团公司，督导和帮助搞好中小企业工作。

5月16日，为落实市委书记张立昌到中小企业进行调研时作出的重要指示，市经委主任王治平带领有关处室，利用一天时间到天津市塑料集团有限公司，与该集团全体领导研究行业发展和中小企业搞活的具体措施。同时，深入到行业内的塑料研究所、四维公司，与企业负责人具体研究企业的加快发展问题。

6月28日，天津市工商系统第一家打假维权联合会在东丽区诞生。

7月1日，天津市颁布《关于鼓励支持和引导个体私营等非公有制经济发展若干问题的意见》（津政发[2005]55号）。

7月18日，天津市担保业协会首届会员代表大会在华苑新技术产业园区海泰大厦三楼报告厅召开。市经委副主任薄云出席会议并作重要讲话。新技术产业园区管委会、市财政局、市社团局和担保机构负责人参加了会议。

8月2日，天津市中小企业发展协调委员会办公室组织有关单位，将国家和天津市关于促进中小企业发展的相关政策进行了整理，编辑完成了《中小企业适用法律法规政策汇编》。

8月30日，天津市担保行业协会成立。协会接受市经济委员会的业务指导和监督管理，其宗旨和任务是组织开展行业行为自律，发挥桥梁和纽带作用，反映担保机构的呼声，维护担保机构的合法权益等。

9月8日，天津市14届人大常委会第22次会议审议通过了《天津市实施〈中华人民共和国中小企业促进法〉办法》，并于11月1日起施行。

9月12～15日，第2届中国中小企业博览会暨中法中小企业博览会在广州举行。市经委组织全市40余家中小企业参加了此次博览会。

10月20日，天津市中小企业经济发展协会举办了"贯彻《天津市实施〈中华人民共和国中小企业促进法〉办法》（以下简称《实施办法》）大会"。市经委副主任薄云出席会议并讲话。各区（县）经贸委负责人、集团公司部门负责人、部分中小企业管理者及经营者80余人参加会议。

11月1日，《天津市实施〈中华人民共和国中小企业促进法〉办法》于即日起施行。当天，天津日报、今晚报、天津电视台、天津人民广播电台等媒体集中刊登播发《实施办法》和《实施办法》解读等相关内容，努力营造全社会关注中小企业发展的氛围。同时，将《实施办法》及其解读编印了3万册单行本，通过各委办局、新三区、各区县经贸委、各工业总公司、各行业协会等渠道发放给广大中小企业，使广大中小企业能及时、方便地使用该法。

11月3～4日，市经委组织召开中小企业信用担保培训工作会议。国家发展改革委中小企业司领导和人民银行天津市分行、交通银行天津市分行有关领导出席会议。全市担保机构负责人和业务主管共60多人参加了会议。

11月9日，2005年度国家科技型中小企业技术创新基金首批立项项目公布，天津市有36个项目上榜，获得支持金额共计2265万元。

11月28日，天津市担保业协会网站www.tjdb.com.cn正式开通，为天津市中小企业融资贷款提供网上服务。

12月13日，市经委组织2005年度市级企业技术中心年度考核评价工作培训。向本年度新认定的51家市级企业技术中心讲解市级企业技术中心评价指标体系，提出2005年度市级企业技术中心快报及年度考评网上填报工作的具体要求，并邀请市地税局负责同志讲解了国家有关科技投入抵扣所得税的政策。

12月29日，市经委召开发展都市工业座谈会，研究进一步加快都市工业和中小企业发展的政策和措施，并听取市内六区关于加快都市工业和中小企业发展的意见和建议。副市长杨栋梁出席会议并讲话。市经委主任王治平主持会议。市经委全体领导和有关处室负责同志及市内六区区长和区工业经委（或经贸委）主任30人参加会议。

河北省

1月8日，河北省中小企业局对秦皇岛神腾食品有限公司董事长李振友等57名全国乡镇企业家进行通报表彰。

1月26日，河北省中小企业局对2004年度系统先进单位、先进个人通报表彰。

1月，农业部乡镇企业局为中小企业局配备了第二批价值25万元的打印机、传真机，进一步改善了信息直报的统计手段。

2月28日～3月25日，配合省审计厅对中小企业局机关及直属企业单位省中小企业担保中心、省中小企业服务中心、省中小企业杂志社、省中小企业新技术推广站等2004年预算执行情况进行了审计，机关、直属单位均无严重违规违纪行为。

省财政同意2005年比2004年增加1000万元中小企业专项资金，2005年3月起下达了1500万元专项资金的预算计划。

3月，中小企业局代省政府制定《河北省人民政府贯彻落实国务院鼓励支持和引导民营经济发展若干意见的实施意见》。

3月2日，召开了全省中小企业局长会议，总结了2004年取得的新成绩，提出2005年力求新突破。

4月22日，召开了全省民营经济工作会议，季允石、宋恩华在会上作了讲话，总结经验、肯定成绩、表扬先进、分析形势，并研究进一步发展的政策措施。

5月，联合司法系统、总工会系统，组织省直、石家庄市、邢台市、邯郸市、武安市三级22家服务单位的律师、会计师、咨询师、税务师等专业工作者和民营企业负责人等共128人，在邯郸市召开了"金色阳光行动"法律服务现场会。

6月，和省统计局联合印发民营经济主要指标通报制度。

6月，召开指定和完善加快我省民营经济发展配套政策措施调度会，协调省直各部门出台鼓励支持民营经济发展的配套政策措施。

7月5日，任命高英华同志为中小企业服务中心主任兼《中小企业管理与科技》杂志社社长职务，苏向军同志为杂志社副社长，免去省中小企业服务中心副主任职务。

8月3日，召开了全省设区市（扩权县）中小企业局长培训班暨座谈会，会上，路富裕局长作了题为《找准定位，抓住重点推动中小企业工作再上新台阶》的讲话。

9月16日，农业部下发《关于表彰全国乡镇企业系统统计财会先进集体和优秀统计财会工作者的决定》我局被授予全国乡镇企业统计财会先进单位荣誉称号。

9月26日，河北省发展和改革委员会对省中小企业局等四部门机关办公楼改造工程初步设计给予批复。

12月26日，任命赵庆国同志为省中小企业信用担保服务中心副主任，免去贾胜忠同志省中小企业信用担保服务中心副主任职务。

12月，组织重点企业赴香港、新加坡进行境外上市考察。

国家财政支持我省10个项目，共计700万元，资金额度居全国各省之首，2005年12月资金已拨付到位。

山西省

1月10日，省局召开省中小企业局领导干部述职述廉大会。省检查组、局机关全体工作人员、直属单位党政一把手参加了会议。

1月19日，省局在省科技会议中心召开全省中小企业系统总结表彰大会。省政府常务副省长范堆相、省委副书记薛延忠参加了会议并作了重要讲话。会议表彰了2004年度全省中小企业工作先进单位和个人。

2～7月，按照中共中央《关于在全省开展以实践“三个代表”重要思想为主要内容的保持共产党员先进性教育活动的意见》（中发[2004]20号）、省委贯彻《意见》的《实施意见》（晋发[2005]1号）和省委保持共产党员先进性教育领导小组的《实施方案》（晋先组发[2005]1号）的部署和要求，我局精心组织实施，经过学习动员、分析评议、整改提高三个阶段，扎实有效地完成了先进性教育活动的全部工作。局系统共有421名党员参加，覆盖面达到100%，群众满意度达到96.913%，基本达到了“提高党员素质，加强基层建设，服务人民群众，促进各项工作”的目标要求。

2月2日，在太原金辇酒店四楼会议室，召开了“陈忠孝当选2004年中国农村新闻人物座谈会”。姚新章副主任、吕日周副主席参加了座谈会。陈忠孝为长治市常平集团董事长，被农民日报社、人民日报、新华社等20多家中央主流媒体联合推选为2004年度惟一一位中国农村新闻人物。

3月2日，省中小企业局与省妇女联合会联合下文（晋企发[2005]2号），授予贺仙娥等25名同志“山西省优秀女民营企业家”称号。

3月22～23日，省局在山西饭店举办“全省中小企业管理创新论坛——企业可持续发展之道与分割营销策略”报告会。省政府常务副省长范堆相出席了论坛开幕式。论坛邀请我国著名经济学家、金融投资专家、亚洲投资论坛峰会董事温元凯教授和我国营销大师、北京赞伯营销管理咨询中心董事长路长全作了专题报告。全省上有一定规模的中小企业、民营企业厂家经理、省局机关全体工作人员、省局直属单位负责人等约300人参加了论坛。

3月，省局局长周明定率领导班子会见了前来调研的省外办主任李悦娥一行，双方进行了座谈。

5月30日，省长助理刘俊谦到省中小企业局视察工作。他听取了省中小企业局局长周明定有关工作系统基本情况、全省民营经济发展情况及下一步工作思路和近期重点工作的汇报，对省中小企业局的工作给予了充分肯定。

5月30日，山西省中小企业系统政风行风评议工作电话会议召开。会议的主要任务是贯彻落实省政府2005年民主评议行风工作会议精神，安排部署全省中小企业系统民主评议政风行风工作，动员全系统广大干部职工统一思想，明确任务，扎扎实实做好评议工作。省局及直属单位领导干部在太原主会场，各市、县中小企业系统领导干部在各地分会场参加了会议。省纪委纠风室主任潘少英参加了会议并作了重要讲话。

6月1日，山西省中小企业国际商会正式成立，并召开了第一次会员代表大会，选举产生了商会常务理事、会长、副会长、秘书长。山西省中小企业国际商会是由山西省内从事国际商务及其相关活动的人士、企业和团体自愿结成的地方性、非营利性、联合性的社会团体，目前共有企业会员236个。

6月2日，由山西省中小企业局和中国黄河电视台联合主办的风云晋商高峰论坛在省委党校开幕。开幕仪式由省中小企业局党组书记、局长周明定主持，省委副书记薛延忠、省政协副主席吕日周出席了开幕仪式。薛延忠副书记作了重要讲话。会议邀请原外经贸部党组成员、副部长，中国入世首席谈判代表，博鳌亚洲论坛秘书长，对外经贸大学校董事会副主席，北京大学、清华大学和南开大学的客座教授龙永图先生作《WTO与企业竞争力》的主题演讲。在开幕式上，薛延忠副书记、吕日周副主席和龙永图先生为省中小企业发展促进会揭牌。

6月6日，中共山西省委、山西省人民政府出台了《关于加快发展县域经济的若干意见》（晋发[2005]18号，以下简称《意见》）。《意见》共4部分20条，对我省发展县域经济的总体思路、指导原则、发展目标、发展重点、优惠政策、扶持措施、组织领导等方面作出规定。

6月10日，国家发展改革委中小企业司调研组到我局进行调研，目的是为编制“十一五”规划作准备，省局领导班子和各处室负责人与调研组进行了座谈。会后，调研组赴晋中、临汾等地进行了实地调研。

6月30日，举办了全省中小企业系统上半年工作汇报会，各市局局长、县局局长代表、各处处长和局直属事业单位参加了会议。

7月10~13日，联合国工业发展组织、全球环境基金、中国农业部项目办、山西省中小企业局在临汾市举办了山西省乡镇企业节能与温室气体减排培训与交流会。山西省中小企业局赵志杰副局长主持并参加了培训班。我省GEF项目10个技术推广企业的技术骨干70多人参加了培训与交流，听取了国际铸造专家斯达夫先生的讲授并接受了现场指导。这次GEF项目培训与交流对我省乡镇企业节能与温室气体减排工作产生了较大影响和推动。

8月3~6日，全省中小企业创业服务试点县现场会在永济召开，各地市中小企业局（民营经济发展局）分管副局长和科长、各试点县中小企业局局长和县创业辅导机构负责人、各试点县分管副县（市、区）长等共100多人参加了会议。赵志杰副局长参加会议并作了重要讲话。此次会议召开的主要目的是进一步推进我省11个中小企业创业辅导服务试点县工作，推动全省中小企业创业辅导服务体系建设迈出新步伐。会上，省局公布了第一批“山西省中小企业创业服务试点县”，并为永济市举行了“中小企业创业服务试点县”授牌仪式。省局和各试点县还签订了2005年创业服务工作目标责任书。

8月15~19日，由国家农业部、全国工商联、黑龙江省人民政府联合主办的全国乡镇企业、民营企业振兴东北老工业基地暨对俄经贸洽谈会在黑龙江省牡丹江市召开。山西省代表团由省局局长周明定为团长、副局长赵志杰为副团长，共组织100多户企业260多人参会。本着经贸洽谈、产品展销的宗旨，以展现山西乡镇企业、民营企业形象为目的，集中展示了我省特色农副产品、医药、民用陶瓷等产品。大会期间，共签订销售协议15项，协议金额1.5亿元,并组织了山西企业与牡丹江市企业的对接活动，宣传了山西省投资环境，扩大了山西乡镇企业、民营企业产品的知名度和影响力，取得了丰硕的成果。

8月25日，省局召开了民主评议政风行风听证对话会。会议邀请了省政协、省行评办领导、省中小企业局聘请的政风行风监督员和基层中小企业管理部门同志、企业家代表及新闻媒体共50余人出席。与会代表普遍对省局领导所作的解答表示满意，会议收到了预期的效果。

9月12~15日，第2届中国中小企业博览会暨中法中小企业博览会在广东省广州市举行，由省中小企业局牵头、省展发革改委、省财政厅、省商务厅、省工商局联合承办的山西代表团参加了会议。

9月15日，于幼军代省长在省政府办公厅秘书长王清宪陪同下，轻车简从，到省中小企业局进行工作调研。于省长一行认真听取了局长周明定有关全省民营经济、县域经济发展情况、《全省中小企业、民营经济十一五规划》编制情况和贯彻落实省委、省政府《关于加快发展县域经济若干意见》（晋发[2005]18号）、筹备召开全省县域经济工作会情况，并作了重要讲话，要求在四方面对民营企业加强引导，同时在服务上下功夫。

9月24日下午17时，山西省中小企业局局长周明定，副局长陈晓东、赵志杰，政策法规处处长杨维平，科教质量处处长石缠荣，中小企业服务中心主任姚大云一行6人，走进山西省广播电视总台综合新闻节目电台直播间，参加《政风行风热线》节目，针对中小企业普遍关注的融资问题、人才培训问题、维权问题、发展民营经济问题等话题，接受群众的咨询和建议，与群众直接对话，为群众答疑解惑。

10月21~25日，由省中小企业局承办的“中部六省中小企业发展论坛”活动在省城太原开幕。山西省委副书记薛延忠，省委常委、常务副省长范堆相出席了论坛开幕仪式，并为论坛标志揭幕，范堆相常务副省长作了重要讲话。出席论坛开幕仪式的领导还有省委办公厅副秘书长李平社、省政府办公厅副秘书长王茂设、6省中小企业局局领导。省、市、县三级中小企业局局长、省直有关单位负责人及山西省中小企业局系统中层以上干部260余人参加了论坛开幕仪式。

此次论坛是由山西省中小企业局发起，经中部六省中小企业管理部门协商举办的。论坛的目的在于落实国务院提出的“中部崛起”发展战略，加强区域经济合作，促进中部地区中小企业、民营经济、县域经济发展。活动在六省轮流举办，每年举办一次，首届论坛由山西省中小企业局承办，论坛主题为“中部崛起与县域经济”。论坛期间组织了学术报告、政策研讨、经验交流、参观考察等活动，达到了增进联系、加强合作、共商崛起、促进发展的目的。著名经济学家艾丰出席并作了专题报告。

10月22日，全省中小企业系统三级局长会议在省城太原召开。省、市、县三级中小企业管理部门负责人、省局机关全体人员及局属单位负责人共200余人参加了会议。省局领导根据各自分工分别就六大服务体系建设、调查研究、经济运行监测与分析、非公有制党建、民主政风行风评议等工作进行了安排部署。周明定局长作了总结讲话，通报了今年前三季度全省民营经济发展情况并传达了于幼军代省长在省局现场办公时的讲话精神。

12月，为进一步掌握全省中小企业、民营经济发展趋势，总结“十五”以来的发展经验，研究新问题，为“十一五”发展提供新思路，并综合考评各市局2005年度工作情况，省中小企业局组织人员开展了全省中小企业、民营经济大调查。

内蒙古自治区

9月15日，自治区经委组织全区20多家中小企业赴广东参加中国中小企业博览会暨中法博览会。

10月28～30日，自治区经委召开全区中小企业及工业园区工作会议。

辽宁省

1月20日，省中小企业厅机关召开全体党员大会，动员布置全厅保持共产党员先进性教育活动，刘铭厅长在会上讲话。

1月21日，省中小企业厅机关举行2004年度总结表彰大会，对在2004年度优秀公务员、优秀工勤人员、先进工作者、先进单位和优秀共产党员予以表彰。刘铭厅长在会上作总结讲话。

1月24日，印发关于表彰辽宁省最佳诚信企业的决定（辽中小企[2005]5号）。

1月25～27日，全省中小企业乡镇企业矿建工作会议在沈阳召开，单成繁副厅长在会上讲话。

2月1日，全省中小企业局长会议在沈阳召开，刘铭厅长在会上作重要讲话。

2月17日，为贯彻省政府安全生产紧急电视电话会议精神，省中小企业厅发出通知，要求各市中小企业和乡镇企业对本地区烟花爆竹生产企业立即进行一次安全大检查，做好安全监管工作。

2月22日，韩国中小企业振兴公司代表团来省中小企业厅访问。

3月13～19日，应省中小企业厅邀请，日本中小企业学会代表团来辽宁省访问，并对沈阳、鞍山中小企业进行考察。

3月16日，党组印发了《关于丛振林等同志任职的通知》（辽中小企党组字[2005]7号）。

3月17日，韩杰同志任省中小企业厅副厅长（辽人任字[2005]5号）。

3月25日，丛振林等6名同志任中小企业厅党支部书记（辽中小企党组字[2005]3号）。

3月29日，省中小企业厅机关召开保持共产党员先进性教育第二阶段动员会，刘铭厅长作了转段动员讲话。

4月5日，省中小企业产业指导、企业改革会议在沈阳召开，韩杰副厅长在会上讲话。

4月7日，全省融资担保工作会议在沈阳召开，刘铭厅长在会上讲话。

4月7日，全省中小企业科教质量工作会议在沈阳召开。

4月10～18日，刘铭厅长率辽宁省中小企业经贸代表团出访日本。

4月16日，省烟火协会即省外烟花爆竹生产企业供货备案会议在沈阳召开。

4月19～23日，中小企业厅厅长助理金东海率团出访朝鲜。

4月25～30日，由韩杰副厅长带队，一行4人到浙江中小企业局等部门考察。

4月29日，印发关于全省民营经济“十五”规划工作方案的通知（辽中小企办发[2005]16号）。

5月9日，印发《辽宁省中小企业厅服务机构认定暂行办法》。

5月12日，在沈阳召开辽宁省中小企业新加坡上市专题研讨会，单成繁副厅长在会上讲话。

5月20日，全省民营经济统计信息工作会议在沈阳召开，陈铁城副厅长出席会议并讲话。

6月6日，省中小企业厅孙家汉同志被省直工委评为2005年度优秀共产党员，王安伦同志被评为优秀党务工作者。

7月11日，召开省非公有制经济国际合作及对外交流工作会议，刘铭厅长在会议上讲话。

7月28日，全省中小企业局长会议在沈阳召开，刘铭厅长在会议上讲话。

8月10日，由省中小企业厅、抚顺市政府主办的“辽宁抚顺大企业与中小企业协作配套会议”在抚顺召开，刘铭厅长参加会议并讲话。

8月22日，省中小企业厅与日本西北贸易株式会社在厅会议室举行委托授权签字仪式，为辽宁省中小企业局与日本建立招商咨询信息平台创造了良好的条件。

8月23日，在沈阳召开全省中小企业服务体系建设工作座谈会，陈铁城副厅长在会上讲话。

8月28日，由单成繁副厅长带队，辽宁省中小企业厅赴欧洲专业招商小组一行6人，对法国、意大利等欧洲国家进行了专业招商和考察。

9月2日，省中小企业厅组团参加了牡丹江对俄经贸洽谈会。

9月19日，印发《关于表彰辽宁省优秀民营企业家的决定》（辽中小企发[2005]33号）。

9月23日，印发《关于表彰全省中小企业科教质量工作先进集体先进个人的通知》（辽中小企发[2005]36号）。

9月23日下午，陈铁城副厅长在辽宁凤凰饭店向两家韩国公司颁发招商引资委托书。

9月25～28日，省中小企业厅与省政府驻上海办事处联合举办的“辽宁省中小企业融资洽谈会”在上海召开。

10月24日，公布辽宁省中小企业专精特新产品金奖获奖企业名单的通知（辽中小企办发[2005]75号）。

10月25日，辽宁省中小企业大讲堂首讲式新闻发布会在沈阳辽宁大厦隆重举行，来自全省各市的中小企业局负责同志、企业厂长（经理）和省优秀民营企业家、服务机构代表500多人参加了会议。

11月2日，辽宁科技项目与民营资本对接洽谈会在沈阳召开。

11月3日，辽宁省部分中小企业与日本富山县贸易投资访问团进行洽谈和对接。

12月8日，2005年度省中小企业厅档案管理处被评为优秀单位（辽档发[2005]20号）。

12月17日，省保密局通知，2005年度省中小企业厅被评为保密工作优秀单位。

12月30日，2005年度中小企业厅被评为老干部管理工作先进单位（辽老发[2005]8号）。

2006年1月17日，在2005年度工作目标责任制年终考评中，中小企业厅被评为达标单位（辽直发[2006]1号）。

2006年3月2日，2005年度中小企业厅被评为提案办理工作先进单位，李君、杨洪嘉两位同志被评为先进个人（辽政办[2006]16号）。

大连市

2005年3月，市委、市政府出台《关于加快民营经济发展的若干意见》（以下简称《意见》），这是大连市首部指导民营经济发展的规范性文件。意见分为7个部分30条。前言阐述推动民营经济发展的意义、指导思想和目标，第一节至第七节在放宽市场准入、优化发展环境、加大财政支持、拓宽融资渠道、鼓励投资创业等方面均有创新和突破，为民营经济发展提供了政策支持。

5月9日，《大连市实施〈中华人民共和国中小企业促进法〉办法》由大连市人民政府令第67号公布，自2005年7月1日起施行。办法以政府规章的形式对本市中小企业将享受到的各项政策、资金支持、技术支持、社会化服务、创业扶持等作出规定，从立法、执法、守法等方面来促进中小企业的发展。

5月10日，大连市财政局、中小企业局印发《大连市民营企业和中小企业发展专项资金管理暂行办法》。市本级财政预算安排1亿元资金专项投入，专项用于支持民营企业和中小企业发展。包括技术改造项目补助资金、高科技项目补助资金、信用担保奖励资金、名牌产品驰（著）名商标奖励资金、中介机构服务补助资金、上级专项配套资金等，对民营、中小企业的技术创新、出口创汇、安置就业、创业扶持、市场开拓和民营中小企业服务体系建设等12类项目给予不同程度的一次性补助。

2005年3月，市政府首次评选出民营企业综合实力百强。该评选初定两年一评，凡是在大连市行政区划内依法设立的民营企业，销售收入或营业收入达5000万元以上，且实际缴纳税金达300万元以上的企业均可申报。评定主要从民营企业经济运行和创新性上进行评分。对于百强企业认定年度及上一年度有生产假冒伪劣商品的，有偷漏税行为的，发生重大安全生产事故、重大环境污染事故和重大质量安全事故的，严重侵犯职工合法权益的民营企业，有上述任一行为将被取消申报资格。大连万达集团股份有限公司、大连华农豆业股份有限公司、大连实德集团有限公司名列前3名。

2005年末，市政府评出12个民营经济之最。万达集团因营业收入101.3亿元和捐资3442万元获得营业收入最高企业和社会捐资最多企业；亿达集团因实缴税金1.5亿元获得纳税额最高企业；振邦集团有限公司因获1个省科技进步二等奖、1个省科技进步三等奖、1个市科技进步二等奖而获得科技创新能力最强企业；大杨集团有限责任公司因出口创汇1.16亿美元而获得出口创汇额最高企业；大连獐子岛渔业集团股份有限公司和珍奥集团股份有限公司因“獐子岛”牌海产品和“珍奥”牌核酸被国家评为“中国驰名商标”而获得创最佳品牌企业；大连轮胎厂有限公司因在大连投资已到位资金7亿元获来大连投资建设最大工业企业；大连大雪集团有限公司因引进外资已到位3075万美元获引进外资最多企业；大连傅氏企业集团有限公司因当年在美国上市募集资金1200万美元而获国外上市募集资金最多企业；联合创业担保有限公司因当年担保总额13.45亿元获担保额最大机构；大连华丰家具有限公司因安置再就业2520人获安置再就业最多企业；沙河口区天河科技服务创业中心因在孵企业79户、毕业17户获孵化企业最多机构称号。

2005年，市委、市政府通过采取政策引导、大力推动担保机构发展、实施奖励等措施，缓解民营企业和中小企业融资难题。当年全市担保机构总数达到49家，总注册资本金29.1亿元，从业人员424人；其中48家为公司制法人单位，1家为分支机构。属于政府出资成立的有12家，合计注册资本金为8.1亿元；民间资本成立的有37家，总注册资本金21亿元。当年新批准设立民营信用担保机构16家，并将中国经济技术投资担保有限公司大连分公司纳入本市担保体系中。

2005年，全市担保机构为民营中小企业担保1.05万户，担保笔数1.17万笔；实现收入1.23亿元，其中担保费收入7163.2万元。实现担保总额54.9亿元，累计担保责任余额为44.3亿元。间接经济效益达17.4亿元（销售收入及营业收入增加额），新增就业岗位3677个。当年市政府对7户符合奖励条件的担保机构进行奖励664万元，

2005年1月28日，大连市中小企业服务中心正式挂牌。服务中心本着“政府扶持中介，中介服务企业”的宗旨，设立了人才交流、技术支持、信息咨询、市场开拓、资金融通、法律援助、创业辅导、企业诊断、人员培训、产权交易等社会化公共服务平台，为民营企业和中小企业提供了良好的服务，受到了企业的欢迎。

2005年，全市民营企业拥有市以上名牌202个，其中省名牌91个，占全市总数的71.1%；中国名牌2个，占全市总数的1/4。民营企业拥有市以上著名商标318个，占全市总数的83.8%；其中省著名商标127个，中国驰名商标3件，占全市总数的50%。全市通过质量管理体系认证的民营企业达1500多户。

2005年12月9日，商务部表彰2005～2006年度“重点培育和发展的出口名牌”，本市冰山、大杨创世、珍奥核酸、达伦特4个品牌入围，占辽宁省入围数的80%。其中，大杨创世、珍奥核酸、达伦特等3个品牌属于民营企业。

2005年，民营企业和企业董事长分别在国内外各类评选中连获殊荣。9月，由中国企业联合会、中国企业家协会、中国工商联合会主办的第

2届中国优秀民营企业和中国优秀企业家活动评选揭晓。万达集团被授予中国优秀民营企业称号。当年万达集团股份有限公司董事长兼总裁王健林被评为2005CCTV10大中国经济年度人物。大连金玛企业集团董事长王延河被评为2005年度中国10大改革人物。在6月全国优秀女企业家评选活动中，大杨集团董事长李桂莲、大连国立百川集团有限公司董事长孙涵被评为2005年度中国杰出创业女性。

吉林省

1月25日，王珉代省长在省第10届人大第3次会议上所作的《政府工作报告》中指出，推动民营经济大发展。树立亲商、富商、安商、扶商观念，营造尊重财富、崇尚创业的致富氛围，通过放宽市场准入条件、简化和规范审批登记手续、落实税收优惠政策、加大财政支持力度、拓宽民营企业融资渠道、鼓励民营企业参与国企改革、建立健全服务体系等，推动民营经济大发展。充分发挥市场在民营经济发展中的“孵化器”作用，围绕吉林省汽车零部件、建材、药材、农产品等方面的优势，兴建一批有特色的集散市场、物流园区和商业街区，为发展民营经济搭建载体、创造条件。针对沿海发达地区土地、电力供应紧张和实行“找商选资”后民营资本流动的新情况，积极构建“南资北移通道”，兴办民营经济园区，用优良环境、优质服务和区域市场吸引大批民营企业在吉林投资兴业，发展壮大吉林省民营经济。

1月29日，吉林省委、省政府出台了《关于进一步加快民营经济发展的决定》。

2月24日，吉林省地税局、吉林省国税局联合出台了《40条民营经济税收优惠政策》。

3月29日，吉林省委、省政府召开“吉林省加快民营经济发展动员大会”，表彰优秀民营企业家和纳税超千万元民营企业，王云坤书记和王珉省长作了讲话。各市(州)党委书记、分管市(州)长、中小企业局长，各县(市、区)分管县(市、区)长、中小企业局长，省直、中直各部门、单位主要负责同志，省中小企业联席会议成员单位处级以上干部，受表彰的优秀民营企业家、纳税超千万元的民营企业代表等近1000人出席会议。各市(州)、县(市、区)、乡镇、街道(社区)有关部门干部约500万人收看大会实况。

5月24日，部分民营企业座谈会在长春召开。省中小企业发展局、省软环境办公室、省政府减负办公室、省民营企业协会主持会议，长春国贸集团、吉林远东集团、中东集团、春莲园艺工程公司等14家民营企业代表出席会议。

6月1日，吉林省政府召开落实《国务院关于鼓励支持和引导个体私营等非公有制经济发展的若干意见》及《省委省政府关于进一步加快民营经济发展的决定》协调会。吉林省政府副秘书长慕海平主持会议，省直46个部门参加会议。会议将两个文件涉及的34个工作项目，按照主办单位及协办单位，逐条落实到46个部门。

6月8日，吉林省中小企业服务体系建设现场经验交流会在双辽市召开，省政府副秘书长慕海平讲话。各市州局长、各县(市、区)分管县(市、区)长出席。

6月10日，吉林省中小企业协会会员代表大会暨一届一次理事会在长春召开，王云坤书记发信致贺，牛海军副省长讲话。省人大副主任李介车当选名誉会长。

8月，吉林省人大李士学副主任等人大代表考察吉林省中小企业信息网站。

9月11～15日，吉林省中小企业局组织部分企业到广州参加中国国际中小企业博览会。

10月14～19日，国务院振兴东北办非公经济发展情况调研组来吉林省调研，省中小企业局局长倪连山介绍民营经济发展情况，副局长郑建林陪同调研组到长春、通化、白山、吉林等市座谈。

10月17日～11月5日，吉林省中小企业局全体成员分成十个调研组，对全省9个地区的1000户成长型中小企业展开为期两周的调研工作。

10月31日，吉林省中小企业“十一五”规划论证会在长春召开，中小企业局局长倪连山、副局长郑建林讲话，中小企业局发展规划处主持。吉林省社科院、省政府研究室、省经团联、长春税务学院、吉林农业大学等部门的专家出席。

11月11日，吉林省中小企业局主持召开部分民营企业家座谈会，局长倪连山讲话。

11月23日，吉林省信用担保协会成立大会暨第1届理事会在长春召开，省长助理王祖继出席，局长倪连山、副局长李元财、副局长郑建林出席。大会选举产生了会长、常务副会长、秘书长，选举常务理事33人，理事72人。

11月26～27日，吉林省中小企业融资暨境内外上市交流会在长春召开，局长倪连山讲话，副局长郑建林主持。祥德国际投资管理(新加坡)有限公司总经理及香港交易所、新加坡交易所、东京交易所专业人士参加会议。

黑龙江省

1月8日，由国家农业部乡镇企业局组成的检查组一行5人对2004年度减轻企业负担工作进行检查验收。检查组由国家乡企局副局长卢永军带队，分别走访了国有、民营、外资等企业，并于1月9日在经委召开了企业家座谈会，刘兴阁副局长出席了会议，会议由市长助理张显友主持，黑天鹅集团、北方威特家具、世亨制药、均信投资担保公司等10户企业参加了座谈会。会上企业老板畅所欲言，发表了对省、市经济发展环境的意见和建议，同时也感谢政府对企业发展从各个方面提供的支持。检查组对减负工作给予了充分肯定，并对下一步工作提出了新的要求。

1月17日，沈阳市中小企业局王彦副局长、大庆市中小企业局石局长到哈尔滨市中小企业局参加市中小企业协会成立大会，交流工作经验。

1月18日，组织召开哈尔滨市中小企业协会成立大会，市人大张振藩副主任、市政协杨亚光副主席、市政府市长助理张显有参加会议，与会的企业及相关市直机关共300人。

3月17日，由刘英俊为组长的考核组代表市委组织部、市纪委，对2004年局领导班子建设和党风廉政目标责任制实施情况进行考核。考核组共20人，为期一天，党组书记马建民在全局机关大会上述职。考核组主持填写了测评卷，听取了廉政建设目标责任制实施情况汇报并与领导班子进行分组谈话，之后考核组与党组进行交流意见。这次考核对哈尔滨市中小企业局工作给予充分肯定。

3月22日，王玉林副局长、韩青彦处长到政协汇报《关于全市乡镇（民营）企业系统龙头企业发展情况》。

3月25日，常忠军副局长带领刘丽华等陪同省中小企业局领导到开发区调研，召开企业家座谈会。

3月31日，叶福元副局长主持协会召开了政府科技项目扶持资金、金融知识培训。

4月15日，哈尔滨市中小企业局召开班子民主生活会，全体班子成员参加。

4月20日，省人民银行3人到哈尔滨市9家民营企业调研。

4月21日，王玉林副局长带领韩清彦处长等人到翔鹰集团、许继电工、乐秦药业等监督检查工作。

4月28日，叶福元主持“树形象、上品牌、打造诚信中小企业”服务活动宣传动员大会。

5月10日，马建民局长、常忠军副局长参加了由市中小企业局、市科技局、省科学院联合召开的“哈尔滨市推进产学研结合项目对接会”，王世华副市长、夏绍裘副秘书长到会，全市有70多户企业120多人参加了会议。会上哈尔滨市庆源技术开发公司、哈尔滨高泰食品有限公司、哈尔滨泰科公司等12家企业的科研项目与科研院校签订了合作开发协议。

5月12日下午，民建哈尔滨市委主委、市政协副主席肖鸿麟，民建市委秘书长常振海带领民建市委机关有关处室负责人来到市中小企业局，与局领导马建民、王玉林、刘兴阁、常忠军会面，双方介绍了各自单位的职能、职责及近两年来的工作运行情况。经过座谈协商，市中小企业局与民建哈尔滨市委一致同意结成友好联系单位，开展对口联系工作，并达成共识。哈尔滨市中小企业局和民建哈尔滨市委于当日签订“关于对口联系工作的协议”。

5月18～20日，省中小企业局局长贾玉梅率领有关人员深入到五常市、呼兰利民开发区、南岗科技园区、双城开发区，走访了葵花药业、华雨集团、哈尔滨长泰高级润滑油有限公司、九洲电气股份有限公司、润通集团、中强能源科技有限责任公司等14户企业调查研究。重点调研哈尔滨市宣传和贯彻《国务院关于鼓励支持和引导个体私营等非公有制经济发展的若干意见》和省委6号文件情况，了解非公有制经济当前生产运营情况和安全生产情况，查找并解决政风行风方面存在的问题，了解机构建设情况。在走访过程中，听取了五常市政府、呼兰利民开发区、南岗科技园区、双城市政府等单位领导关于本地区民营经济发展情况的汇报，并就所调查的内容在双城市召开了民营企业家座谈会。

5月25日，与省中小企业局等4家单位联合在哈尔滨国际会展中心组织大型人才招聘会，哈尔滨市200多户企业参加，11000人签订意向性协议。

5月26日，公开选拔干部竞聘演讲。

5月27日，由省政协经济委副主任宋守业任组长，省政协常委徐衍民、省政协委员姜培玉等任成员的省政协视察组一行10人来哈尔滨市中小企业局就非公有制经济情况进行视察。

6月17日下午，哈尔滨市中小企业局马建民局长、常忠军副局长及相关业务部门负责人在友谊宫会见了香港大顺集团董事长王爱云一行10人的东北投资考察代表团，双方就投资环境、投资政策、政府服务及企业发展前景交换了意见。马建民局长就香港大顺集团和哈尔滨市三A集团联手将东北地区的纯天然、纯绿色食品以三A国际集团（香港）有限公司名义推向国际市场表示支持和赞赏。

6月20日，潍坊市委副书记赵兴涛同志率领潍坊市党政考察团一行19人来哈尔滨市考察学习非公有制经济发展的做法和经验，重点考察哈尔滨市贯彻落实《国务院关于鼓励支持和引导个体私营等非公有制经济发展的若干意见》的情况、扶持非公有制经济发展的政策措施以及非公有制经济服务体系建设的经验和做法。下午，市中小企业局副局长刘兴阁同志参加了市委组织召开的座谈会。会上，刘兴阁副局长汇报了哈尔滨市非公有制经济发展的情况。会后，考察团参观了光宇集团、九洲电气、南岗区园区建设办公室、哈尔滨哈达果菜批发市场等民营企业。

6月27～28日，马建民局长及各位副局长听取8区11县（市）中小企业非公有制经济上半年经济运行情况汇报。

6月30日，王玉林副局长、韩清彦处长到五常市营城子镇扶贫帮乡，调查农民生活情况。

6月30日，刘兴阁副局长带领王原有处长前往道外区与朱区长沟通，经协商，团结乡和平村同意撤诉，解决了巴彦县黑山镇制砖设备纠纷一案。

7月1日，王玉林副局长带领迟书滨处长等相关人员到五常市营城子乡扶贫点慰问。

7月18日，组织近50户协会会员企业参加与意大利威尼托大厦商会项目对接洽谈会，马建民局长、叶福无副局长参会，并与意大利威尼托大厦商会签订友好协议。

7月23日上午，马建民局长、王玉林副局长带队参加省电台的“行风热线”。

7月23日，在宾县二龙山泉宾馆召开中小企业局上半年工作总结与下半年工作安排会议。会上，党组书记、局长马建民作了题为《巩固成果，乘势而上，努力开拓我局工作新局面》的报告。报告总结了全局上半年主要工作，对下半年的工作提出了总体要求。会议由常务副局长王玉林主持。副局长刘兴阁、常忠军、叶福元，助理巡视员刘国庆出席会议并在前台就座。

7月27日，马建民局长、王玉林副局长到延帮、方正、宾县调研，调查了解行风热线群众反映的延寿砖厂在改制中出现的问题。

7月29日，局长马建民、副局长王玉林在市资产公司约见市中小企业局所属企业军转干部汪照信，为防止其越级上访做该人稳控工作。

8月2日，全市中小企业人才培训工作会议在市委党校召开，省局主管副局长韩国信、人事教育处处长王伟民、调研员赵义参加了会议。市局局长马建民、人事处全体工作人员参加了会议。

8月9日，叶福元副局长带领哈尔滨市创新教育集团董事长、哈尔滨智通科技有限公司总经理等一行6人赴沈阳市、大连市、吉林省学习考察非公有制经济统计、创办小企业、开发新岗位及协会工作。

8月9日，市中小企业协会与沈阳市中小企业协会签订友好合作协议。

8月11日，常忠军副局长带队赴牡丹江参加“全国乡镇企业、民营企业振兴东北老工业基地暨对俄经贸洽谈会”，进行布展准备。

8月12日，市局协会与大连市中小企业联合会签订友好合作协议。

8月15～17日，马建民局长率团赴牡丹江参加“全国乡镇企业、民营企业振兴东北老工业基地暨对俄经贸洽谈会”，科技处组织54家企业190人参展进行经贸洽谈，参展产品包括5类282种，会上有哈尔滨市绿色天食品有限公司、哈尔滨市三月集团户企业签约，签约金额3.16亿元。

8月18日，由叶福元副局长带队，组织哈尔滨市30多家中小企业参加了德国柏林经济促进公司在黑龙江省召开的贸易促进说明会。

8月19日，叶福元副局长陪同德国客商考察了哈尔滨身心健康高新技术有限公司、哈尔滨新打高分子材料技术股份公司。

8月22日，刘兴阁副局长到省中小企业局，参加了由省局组织召开的民营企业家座谈会，听取企业家的意见。

8月22日，马建民局长、王玉林副局长在市局会议室会见了欧洲欧瑞斯资本投资有限公司亚洲董事长罗伯特·宾勇先生一行，就欧瑞斯公司为中小企业提供融资和管理咨询服务，同时拟在中国东北地区设立中小型企业服务的欧瑞司基金一事进行了坦诚、友好的会谈，交换了很好的意见。

8月23日，刘兴阁副局长组织召开省委、省政府《实施意见》征求意见座谈会，组织10位企业家参加座谈。

8月24日，叶福元副局长陪同省委、省政府调研组到阿城市组织企业家召开座谈会，对省委、省政府《实施意见》征求意见。

8月25日，王玉林副局长带领有关处室人员到双城市万隆乡开展帮扶救灾对接。

9月14日，市改善办与市中小企业局共同主持召开部分中小企业家座谈会。民营企业王洋公司、哈公路运输等10户企业董事长、厂长（经理）参加会议并发言。

9月23日，在市局会议室由政策法规处组织召开了区、县（市）主管部门领导会议，研究部署关于协助开展东北地区非公有制经济发展调研工作，王玉林副局长、刘兴阁副局长和刘国庆助理巡视员参加了会议并作了指示。

9月27日，由市中小企业局主办，协会和创新集团承办的“中小企业发展论坛——财富在中国是怎样炼成的”在哈尔滨市华融饭店举行。会议聘请温元凯、王忠明、陈放作了精彩演讲。市政协副主席杨亚光出席论坛并致词。市直相关部门的领导参加了论坛。市局马建民局长，王玉林、刘兴阁、叶福元副局长参加了论坛并为主讲嘉宾赠送纪念品和鲜花。

9月28日，王玉林副局长在资产公司约见企业军转干部汪照信，做该人“十一”期间的稳定排查工作。

10月8日，叶福元副局长参加了奥地利萨尔斯堡州项目招商会，会上组织全市10多户协会会员对接。

10月9日，市局组织8户民营企业参加省党风巡视组在友谊宫召开的民营企业家座谈会。省委党风巡视组组长于洋、组员肖建华出席并主持座谈会。

10月12日，由迟书滨处长带队一行3人到黑龙江省鹤岗市中小企业局，学习考察该局网站建设情况。

10月24～26日，应牡丹江市政府邀请，哈尔滨市政府与牡丹江市政府共同召开经济技术合作洽谈会，由哈尔滨市中小企业局、哈尔滨市工商业联合会负责组织有实力、有意向、有发展前景的企业赴牡丹江市先期进行考察、洽谈。马建民局长率队赴牡丹江市进行实地考察，并与牡丹江市有关企业接触洽谈。

11月4日，以市委、市政府名义，由市中小企业局承办，在友谊宫多功能厅召开学习贯彻《若干意见》和省委《实施意见》企业家座谈会。会上王颖副书记主持并讲话，丛国章副市长参会。局全体人员参加会议。

11月10日，叶福元副局长接待韩国京机道客人，介绍了哈尔滨市中小企业协会情况。

11月11日，王玉林副局长在市资产公司解决处理所属企业军转干部汪照信所提有关要求一事。

11月11日，常忠军副局长出席哈尔滨康旭科技公司举行的为哈市中小企业“添翼计划”活动，并作讲话。

11月22日，叶福元副局长参加在教育宾馆召开的韩国京机道招商会。

11月22日上午9时，在市局会议室由王玉林副局长代表哈尔滨市中小企业局向国务院振兴东北地区等老工业基地领导小组办公室调研组和省中小企业局领导汇报哈尔滨市非公有制经济发展情况。下午，调研小组和省局的领导与哈尔滨市部分民营企业家进行了座谈，了解哈尔滨市发展非公有制经济工作的现状、存在的问题、发展方向和亟待解决的难题。23日上午，领导小组又召开了有关哈尔滨市直部门人员座谈会（经委、工商联、科技局、商务局、劳动和社会保障局、工商局、税务局、银行等）。

11月23日，国务院振兴东北地区等老工业基地领导小组办公室与市直有关部门人员座谈。

11月25日，王玉林副局长、韩青彦处长陪同省局两名领导到巴彦、木兰、通河、方正、依兰等县考察2005年项目贴息情况。

11月24～25日，马建民局长，常忠军、叶福元副局长分别带领水资源协调组成员深入到全市26户饮用水生产企业了解饮用水生产情况。

12月13日，马建民局长和刘兴阁副局长参加了市政府常务会议，马建民局长在会上汇报了关于贯彻落实全省非公有制经济工作会议精神的情况。

12月15日，哈尔滨市中小企业职业技能鉴定站（烟花爆竹行业工作站）在尚志市正式启动。刘国庆助理巡视员与人事教育处同志到尚志市对18名烟花爆竹行业的职工进行了考核和评定。

12月15日，市政府法制办到市中小企业局对关于依法行政执法责任制工作进行检查，刘兴阁副局长接待，检查组的同志对市中小企业局执法责任制的情况表示满意，并给予了充分的肯定。

12月18日，国务院减负办刘贵学局长率领的检查组一行4人，对哈尔滨市5年减负工作进行检查验收。市减负办各成员单位参加了会议。会上，王原有处长作了简要工作汇报，检查组对哈尔滨市和市中小企业局的减负工作给予了充分肯定，并对下步工作提出了新的要求。

12月20日，王玉林副局长、刘国庆助理巡视员到通乡街道办事处慰问，之后又深入到两个低保户家庭慰问，并分别为他们送去了慰问金及米、面、油等生活必需品。

12月30日下午，王玉林副局长在市资产公司与我局原所属企业军转干部汪照信谈话，做该人元旦、春节期间解困与维稳工作。

上海市

1月14日，上海市经济委员会和《文汇报》社联合策划的《文汇报》“中小企业专版”创刊。市政府副秘书长、市经委主任徐建国题写了创刊寄语。

1月25日，“上海市都市产业（工业）园区沙龙成立暨揭牌仪式”在市中小企业总会隆重举行。

2月1日，市“一办两中心”与上海电视台第一财经频道、纪实频道合作，推出的每周一档5～10分钟中小企业系列电视专题片《企业纪实》开播。

3月2日，“上海市社会诚信体系建设联席会议2005年第一次全体会议”召开。

3月3日，上海联合产权交易所“拟上市企业服务中心”正式签约成立。

3月15日，市小企业办组织召开“区县中小企业工作机构联席会议”。

3月16日，市经委在南翔镇召开“推进工业向园区集中暨郊区都市型工业园建设现场会”。副市长胡延照出席会议。会上确定了嘉定、闵行、金山、青浦、奉贤、宝山等首批9个郊区都市型工业园示范基地。

4月1日，市贸发中心编撰出版《上海市中小企业融资手册》。

4月8日，市生产力中心组建金融服务联合体，推出“中小企业融资通”服务产品，并开通“962511”中小企业融资服务热线。

4月14日，市小企业办召开“区县中小企业服务机构联席会议”。

4月19日，上海联合产权交易所专利交易中心、商标交易中心、版权交易中心的延伸平台在杨浦区上海知识产权园正式启动。

4月25日，上海市专利交易中心在上海知识产权园挂牌成立。副市长严隽琪出席了揭牌仪式。

5月17日，作为2005年上海科技节系列活动之一，“科技咨询服务与中小企业科技创新现场咨询交流会”在上海科学会堂举办。

5月27日，市贸发中心举行《2005～2006精英企业合作指南》发书典礼。

6月5日，上海百货商业行业协会联手“新闻晚报”主办了“2005百货零售业经营创新与品牌建设论坛”。

6月6日，市劳动保障局、市总工会、市工商联共同举办的“民营企业招聘周”活动启动。市、区县工商联合会组织了近千家民营企业，在为期一周的招聘活动中提供了1万余个就业岗位。

6月10日，“2005年全国中小企业网上百日招聘高校毕业生活动”圆满结束。市小企业办在市经委的领导下做了精心组织，活动期间上海共组织622家企业发布招聘信息，可提供5981个就业岗位，位居全国第3位。

6月13日，国家发展改革委中小企业司在上海举办“中小企业服务体系建设（管理咨询）培训班”开班仪式。全国各省市中小企业主管部门和中小企业服务机构的有关人员共160人参了6月13～17日的培训，期间参观考察了市中小企业总会。

6月21日，市工商业联合会、解放日报联合举办以“科教兴市——民营企业的使命和发展机遇”为主题的科教兴市论坛专题研讨会。市人大副主任、市工商联会长任文燕到会致辞。

6月23日，市小企业办、市贸发中心和上海市财务会计管理中心联合举办为期2天的《小企业会计制度》培训活动。

7月20日，市小企业办与人行上海分行、市金融办、市征信办、市工商局举行上海中小企业资信评级试点工作座谈会。中小企业资信评级试点工作正式启动。

7月30日，由市“一办两中心”与上海电视台第一财经频道合作推出的电视专题系列宣传片“品牌企业”开播。每周六首播二次，周日重播二次。

8月15日，市小企业办召开“市区县经委、中小企业工作机构联席会议”。

8月18日，由上戏、社科院、文广集团和上实集团联合发起的“上海市创意产业协会”在上海戏剧学院挂牌成立。

8月18日，由市小企业办组织，市财政局、人民银行上海分行、上海银监局、工商银行上海分行、上海银行、上海农村商业银行、中投保上海分公司等单位参与的“上海中小企业融资服务考察团”到浙江省学习考察中小企业融资服务工作。

8月23日，市小企业办举办“国家中小企业银河培训工程上海工作站”揭牌和首个培训班开班仪式。

9月12日，市小企业办牵头组建上海企业展团参加了9月12～15日在广州举办的“第二届中国中小企业博览会暨中法中小企业博览会”。展团共有44家企业（58个展位）参展。市小企业办获得本届中博会“优秀组织奖”。

9月19日，上海中小企业资信评级试点工作圆满完成。全市共有98家中小企业参与了资信评级，其中有74家中小企业被评为A级以上。

9月21日，世界贸易中心协会和上海世界贸易中心协会共同在上海举办“中小企业国际合作与交流”上海论坛。

9月21日，上海市科委在友谊会堂召开“科技企业自主创新推进会”，从评选出的2004年度上海市民营科技企业100强中，重点表彰了10家自主创新领先企业。

9月28日，“上海中小企业法律服务中心”在市中小企业总会成立。

10月1日，由上海百货商业行业协会出台的《上海百货零售企业价格促销行为自律规范》正式施行。

10月18日，2005上海“诚信活动周” 启动仪式在上海影城举行。上海市个人信用联合征信系统暨个人信用网上服务平台网站开通仪式亦同期举行。

10月21日，“全国科技型中小企业融资工作研讨会”在上海召开。

10月30日，市小企业办与上海热线创业频道在市中小企业总会共同主办“第一届上海市中小型创业项目洽谈咨询交流会”。

11月4日，上海市信息化委员会、韩国信息通信部信息通信政策局在上海召开了“中韩中小企业信息化（上海）论坛”。

11月8日，市“一办两中心”在中小企业总会举行“上海中小企业品牌建设推进委员会”首次会议（暨成立仪式）。市经委副主任乐景彭出席会议并讲话。

11月12日，上海餐饮行业协会主办的“上海国际餐饮博览会”在光大会展中心隆重举行。市人大、市政协、市经委、市旅游委、市社会服务局和世烹联、中国饭店协会、中国烹饪协会等领导都出席了餐博会开幕式。

11月16日，由市劳动局、市总工会、市团委、市教委和市信息委联合主办的“2005上海市职业技能竞赛”开赛。

11月17日，“2005法中企业家商贸合作洽谈会”在上海科技馆举行。法国经济财政工业部外贸部长级代表拉嘉德、上海市副市长周禹鹏、中国商务部部长助理傅自应、法国前总理拉法兰出席开幕式。300名法国中小企业家和700多名来自上海、江苏、浙江的中国企业家参加洽谈会。

11月21日，展示并交易上海及长三角地区高新技术成果的大型展览“2005（上海）长三角高新技术成果展示交易洽谈会”在上海举行。

11月22日，由市小企业办和市农委共同主办的“第三届‘长三角’中小企业合作与发展论坛”在上海隆重开幕。胡延照副市长到会致词。市经委乐景彭副主任出席。

11月24日，由国家发展改革委中小企业司、民建中央财政金融委员会主办，市小企业办、中科智担保集团股份有限公司等单位协办的“中国信用·融资·担保高峰论坛”在上海成功举办。

11月24日，由世界华人企业家协会和上海市工商联等联合主办的“2005年长江经济论坛暨国际经贸洽谈会”在沪召开。

11月28日，“上海市促进中小企业发展工作会议”在市中小企业总会隆重召开。胡延照副市长出席会议并作重要讲话，市政府副秘书长、市经委主任徐建国主持会议，市政府有关部门分管领导、各区县政府分管领导、各区县经委和相关部门负责人以及各类中小企业服务机构负责人、新闻媒体记者百余人参加了会议。

12月3日，“上海国际创意产业项目运作交流会”在沪举行。

12月10日，由市劳动和社会保障局及上海图书馆举办，市就业促进中心和东方宣教服务中心等承办的为期一个月的“东方讲坛·开业生涯”系列讲座暨现场咨询服务活动在上海图书馆圆满落下帷幕。

12月12日，市生产力中心受市人事局人才开发处和市经委组织人事处的委托，举办西部地区“中小企业管理”培训班。

12月16日，在国家发展改革委、市经委、市工商联的支持下，市小企业办和市贸发中心等单位联合举办“2005中小企业金融服务与创新论坛”，并举行“上海实力企业、上海成长型企业”企业代表的授牌仪式。

12月22日，市“一办两中心”牵头组建的

“上海区域经济发展服务联盟”在上海知识产权园成立。市经委助理巡视员夏雨、杨浦区副区长马杰富、市工商联秘书长苏霖等领导及联盟体成员单位负责人、有关区县商会会长、长三角地区驻沪办事处主任等出席成立大会。

12月28日，由市“一办两中心”与中国发展研究院主办，市经委、市工商联、中国名牌培育委员会、市名牌办支持的“上海市中小企业名牌战略推进论坛暨上海市中小企业品牌孵化基地揭牌仪式”在上海市人大培训中心举行。

江苏省

1月8日，省中小企业局与江苏大学联合举办的“首届江苏省民营企业高级经营管理人员工商管理研修班”举行开学仪式。

1月22日，省乡镇企业管理局、省中小企业局在南京召开各市局局长以及受农业部乡镇企业局表彰的部分县（市、区）局局长会议。会议总结交流2004年各市乡镇企业、中小企业和民营经济发展情况，研究2005年工作目标和思路，部署2005年民营经济工作。

1月22日，省中小企业局与省委统战部、省工商联联合在南京举办非公有制经济代表人士迎新春茶话会，通报省2004年民营经济发展情况，听取企业家们对进一步贯彻落实省委2004年7号文件和省政府2004年40号文件的意见。

2月20日，江苏省民营经济投诉中心成立，向社会公布投诉电话，正式开展工作。副省长李全林出席中心成立新闻发布会，对做好民营经济投诉工作提出要求。同时，召开各市民营经济投诉机构负责人座谈会，交流工作情况，研究做好民营经济投诉中心的有关工作。

3月上旬，国家发展改革委安排的白俄罗斯政府管理官员在华培训班（第三期）赴江苏省培训考察。在南京开办了三期讲座，并组织赴无锡、苏州考察江苏省民营经济。

4月12日，对全省中小企业信用担保机构基本情况进行调查和分析，撰写的省中小企业信用担保体系建设情况汇报，分别报送国家发展改革委中小企业司和省政府办公厅。该信息被国务院办公厅作为专题信息采用。

4月12～14日，省中小企业局组织全省150多名中小企业代表，在副省长李全林的带领下，与意大利工业家联合会在罗马共同举办了《中国江苏—意大利中小企业合作与发展论坛》，在意大利都灵、维琴察、米兰举办了机械行业、汽车零部件技术研讨会和对口经贸洽谈会。通过这次赴意经贸洽谈活动，促进了江苏省中小企业与意大利中小企业的合作，并在进出口贸易方面取得实质性成果。

5月10日，省中小企业局与意大利亚历山大省签署经济技术合作协议，作为江苏省与意大利合作交流活动的重要组成部分，旨在推动江苏省和意大利在新能源技术、环境保护、物流等方面的合作。

6月1日，省中小企业局与省发展改革委共同举办第二届中德经济接触论坛。

6月16～19日，根据国家发展改革委的安排，省组织中小企业代表团参加在莫斯科举办的中国中小企业服装展览会。

7月19～21日，省民营经济发展促进会在青岛海尔商学院组织举办全省民营企业家及民营企业高级管理人员培训班，共有150余人参加培训。

8月12～13日，省中小企业局与国家开发银行江苏省分行联合在姜堰市召开全省中小企业融资研讨会，总结推广开展中小企业贷款和担保体系建设试点工作经验，研讨解决中小企业融资难的对策措施。副省长李全林到会并讲话。各市中小企业局主要负责同志，分管融资担保工作部门负责人及部分县中小企业局、担保机构共100余人参加会议。

8月15～17日，根据农业部的要求，江苏省组织近200家民营企业参加在黑龙江省牡丹江市举办的全国乡镇企业、民营企业振兴东北老工业基地经贸洽谈会。

9月12～15日，江苏省组织130家中小企业赴广州参加第2届中国中小企业博览会暨中法中小企业博览会。在本届中博会上，江苏省共洽谈项目1185个，达成合作意向576个，意向性合作金额9.23亿元，协议金额2.86亿元。

10月12日，江苏省中小企业驻日本福冈代表处挂牌。

10月20日，国家发展改革委中小企业司产业集群发展研讨培训班在常州举行。全国各省、自治区、直辖市中小企业管理部门、产业集群管理机构负责人近200人到会。

10月21日，省中小企业局在阜宁组织“民营企业发展创新讲座暨苏南—盐阜民营企业家交流会”。邀请上海同济大学王健教授、苏南严介和等3位企业家到阜宁授课，邀请苏南近20位企业负责人与阜宁有关企业进行交流和考察。盐城、阜宁地区民营企业负责人、阜宁县党政部门负责人260多人听取讲座和进行交流。

11月22日，省中小企业局与上海市农业委员会、上海市促进小企业发展协调办公室、浙江省中小企业局联合举办的第3届“长三角中小企业合作与发展论坛”在上海举办。这次论坛的主题是“中小企业技术创新”。副局长周毅彪在论坛上作主题发言。

12中旬，省中小企业局与江苏电信有限公司联合举办中小企业信息化推进业务培训班，为中小企业培训信息化人员，并对全省中小企业信息化推进工程工作进行部署。

安徽省

1月12日，省中小企业发展局开始对各地上报的“安徽省中小企业促进工程”重点项目、企业、产业集群、创业基地进行调研。

1月20日，省中小企业发展局召开全省中小企业、民营企业代表迎春座谈会，征求企业界代表对省中小企业发展局工作的意见和建议，共商2005年省中小企业发展与改革大计。

4月13日，全省国有、集体中小企业改革调度会在合肥召开，会议听取各市改制进展情况、改革中存在的突出矛盾和问题的汇报，对下一步国有、集体中小企业改革工作进行了调度和安排。

4月14日，省中小企业发展局领导班子向省人大汇报工作，省人大常委会副主席周本立及财经委员会负责同志听取汇报，并就今后省中小企业改革与发展提出意见和建议。

4月15日，省中小企业发展局领导班子向省政协汇报工作，省政协副主席卢家丰及经济委员会负责同志听取汇报，并就今后省中小企业改革发展提出意见和建议。

4月27～28日，省中小企业发展局在合肥举办“中小企业开拓国际市场、改制与海外融资报告会”，数名国内知名学者、教授应邀到会作专题报告。

5月27日，经省政府同意，省政府办公厅转发省中小企业发展局《关于实施安徽省中小企业促进工程意见》，明确了工程的总体规划和主要内容，提出了工程实施的具体要求和保障措施。

6月16日，中国工商银行安徽省分行、安徽省中小企业发展局联合印发入围“启明星工程”名单，标志着由中国工商银行安徽分行、安徽省中小企业发展局联合开展，旨在支持省中小企业发展的“启明星工程”正式进入实施阶段。

6月16～19日，省中小企业发展局局长刘战平率安徽参展团，参加了在俄罗斯举办的“2005年莫斯科中小企业纺织品、服装展览会”。

7月20日～21日，省中小企业发展局在马鞍山召开“全省中小企业发展局局长会议”，贯彻省委、省政府“抢抓机遇，乘势而上，奋力崛起”的号召，分析省中小企业上半年经济运行形势，研究发展中存在的问题，部署下半年工作任务。

8月31日，中国建设银行安徽分行、安徽省中小企业发展局联合印发了《关于联合实施“中小企业金融促进工程”的通知》，旨在进一步加大建设银行对全省中小企业的支持力度，促进全省中小企业快速发展。

8月31日～9月11日，省中小企业发展局副局长常启斌率团，对德国萨克森州等地中小企业发展情况进行了为期12天的考察，并与德国联邦政府中小企业促进机构开展了工作交流和座谈。

9月10～13日，省中小企业发展局局长刘战平率团，参加了“第17届大连国际服装博览会暨中国服装出口洽谈会”。

9月12～15日，省中小企业发展局副局长任兆祥率代表团，参加在广州举行的“第2届中国国际中小企业博览会暨中法中小企业博览会”。

9月18～20日，省中小企业发展局组织各部门参加省政府在合肥举办的中国国际徽商大会，并在会议期间举办了高层论坛、皖鲁中小企业经贸洽谈会，与山东省中小企业办公室签订了经贸合作协议书。

12月3日，《安徽省中小企业发展规划》通过中德专家咨询会议论证。

12月8日，完成《安徽省中小企业发展规划》送审稿。

福建省

4月7日，在漳州市宾馆召开闽港中小企业合作专题会，张金铸副主任参加了会议。

4月15日，在福州召开了福建中小企业融资担保与在闽港资银行合作工作座谈会，香港贸发局驻闽办事处主任林志强、在闽香港银行（汇丰、恒生、东亚、平安、集友）及省有关担保机构负责人参加会议，张金铸副主任参加并讲话。会议除进一步促进相互了解外，主要是为了贯彻落实省委、省政府关于闽港合作“八大服务平台”建设，发挥港资银行和省中小企业担保机构各自优势，搭建中小企业融资担保服务平台。会议决定，港资银行对中小企业担保机构提出的关于开展中小企业融资担保合作的意见进行认真研究；委托香港有关单位，在港举办福建中小企业担保机构业务培训，经常开展双方交流活动。

6月26日～7月2日，由张金铸副主任带队组团赴香港举办“闽港企业合作项目说明会”。

7月29日，福建省信用担保协会在福州成立，国家发展改革委融资担保处周平军处长到会祝贺并讲话，张金铸副主任参加了会议。

8月16日，在省经贸会展中心召开了《中小企业服务体系建设工作座谈会》，交流各地中小企业服务体系建设工作情况，部署全省中小企业服务体系建设工作，张金铸副主任参加了会议。

8月28日～9月7日，澳门特区投资贸易促进局和福建省经贸委共同组团赴莫桑比克参加“马布多国际投资贸易洽谈会”，张金铸副主任参加。

11月3～4日，在宁德市宏迪宾馆召开了全省乡镇企业工作会议，会上讨论修改全省乡镇企业农产品加工业“十一五”发展规划，布置全省乡镇企业2005年度统计汇总工作，农业部乡镇企业局调研员刘学勤同志到会讲话，郑玉亭副主任参加了会议。

11月21～25日，由郑李亭副主任带队，组团参加“2005香港中小企业国际市场推广日”活动。

厦门市

2005年1月12日下午，市民营办和厦门商报在报业大厦联合举办"贯彻落实《关于大力促进民营经济发展的意见》座谈会"。

2005年1月14日上午，厦门市经发局组织召开了一季度工业生产调度保障会。徐模副市长出席了会议并作了重要讲话。市经发局陈津局长、市电业局李同智局长到会发言。

2005年1月24日上午，厦门市项目与资金（社会资本专题）对接会在厦门市人民会堂多功能厅隆重召开。

2005年3月13日上午，市民营办联合市委统战部、市经发局和市总商会等成员单位在市政府东楼二楼大会议厅举办了宣传贯彻《国务院关于鼓励支持和引导个体私营等非公有制经济发展的若干意见》（国务院[2005]3号文）大型专题报告会。全市400余家民营企业、540名企业代表参加报告会。

2005年3月15日上午，为了更加深入地学习贯彻《国务院关于鼓励支持和引导个体私营等非公有制经济发展的若干意见》（国务院[2005]3号文），在3月13日举办宣传贯彻《国务院关于鼓励支持和引导个体私营等非公有制经济发展的若干意见》大型专题报告会的基础上，市民营办、市委统战部和市总商会再次联合召开市19家民营企业参与的专题座谈会。

2005年3月19日上午，厦门市经济发展局联合厦门电业局在厦门金雁酒店金鹰厅召开"厦门市百家企业节能工程"启动仪式暨动员会，市直相关部门、各区经贸局、重点用能企业主要负责人、相关新闻媒体等共约100人参加了会议。

2005年3月23日，在厦门市中小企业服务中心组织带领下，厦门中小企业家代表团一行29人到温州进行为期3天的商业交流考察活动。

2005年3月29日，厦门市中小企业管理办公室在市政府东楼二楼大会议厅隆重举办了第二届厦门市中小企业融资论坛，全市400余家企业参加了此次论坛。

2005年4月4日下午，徐模副市长在市政府副秘书长林守章和市经发局副局长柯继安等陪同下，莅临厦门中小在线指导工作。

2005年4月22日上午，市民营办、中小办檀庄龙等4人到九三学社厦门市委就该委在市政协十届三次会议关于如何发展中小企业、民营经济提案涉及的几个问题，向该委员会曾昭文副主委进行了汇报。

2005年4月26日上午，厦门市经发局、市中小办在市经发局九楼会议室召开申请"联合国采购注册供应商"新闻发布会。

2005年4月26日下午，香港生产力促进局总经理李启伦先生及该局驻广州首席代表何卫宁先生在省经贸委中小企业处徐敏处长等领导的陪同下，莅临厦门市中小企业管理办公室、厦门市中小企业服务中心考察指导工作。

2005年5月12日上午，厦门市经济发展局与中国人民银行厦门中心支行在厦门人民会堂国际厅联合举办"厦门市银企合作论坛"。中共厦门市委经发局工委许昌尧副书记、厦门各银行代表及企业代表近200人到会。

2005年5月20日，中国中小企业发展年鉴工作会议在厦门市隆重召开，来自国家发展改革委中小企业司、中小企业对外合作协调中心及全国各地经贸委、发改委的中小企业发展年鉴工作负责人和联络员参加了会议。

2005年5月26日上午，厦门市经济发展局与纺织服装商会共同召开纺织服装企业应对欧美设限措施座谈会，市财政局、厦门海关、厦门出入境检验检疫局及翔鹭化纤、升汇纺织、斯美泰、建宇等十余家纺织服装企业的代表参加了本次座谈。

2005年6月9日下午,由百度主办、厦门易尔通网络科技有限公司协办的2005百度网络营销体验之旅厦门站活动在厦门金雁酒店金鹰厅成功举行。来自企业、政府及新闻媒体的500多人到场参加本次活动。

2005年6月19日，大型公益培训活动"创业者家园"之"海尔兵法"开班,由海尔企业文化研究中心主任杨克明博士主讲。

2005年7月11日，国内第二家由政府部门推出的循环经济专业网站——"厦门循环经济网"正式开通。

2005年7月15日，大型公益培训项目"创业者家园"之"非人力资源经理的人力资源管理"培训班在湖滨南路81号光大银行大厦13楼如期举行。来自90多家企业的148位总经理、经理和部门主管免费参加了此次培训。

2005年7月22日，由中国中小企业国际合作协会与厦门市中小企业管理办公室共同举办，厦门市中小企业服务中心、厦门中小在线信息服务有限公司联合承办的"中小企业经理人管理能力研修班"在厦门宾馆明宵厅举行。来自全市各个行业的经营管理者和专业技术人员115人参加了这次公益活动。

2005年7月28日，市经发局召开了欧盟电子电气"两指令"与中国相关法规研讨会，来自厦门、漳州等地相关电子电气企业的主管领导和业务人员共100多人参加了本次研讨。

2005年8月15日，厦门中小在线进行了一次全新改版，并取得了较大的成功。改版当天实现了当日访问流量突破30000次（实际流量33261次）、当日最高在线人数突破200人（243人）和网站世界排名突破万名大关（排名9946名）的三大突破。

2005年8月18日上午，"厦门市创业者协会"在鹭江道98号市建行大厦4楼会场隆重召开协会成立暨第一届会员大会。

2005年8月26号，由厦门市中小企业服务中心联合用友软件股份有限公司厦门分公司共同承办的“企业经营模拟训练营”公益培训在三江大厦13楼举行。来自本市中型企业的总裁、运营总监、市场总监、财务总监、研发总监等高管人员36人参加此次培训。

2005年9月17日，由厦门市中小企业管理办公室主办，由厦门经理学院和厦门市中小企业服务中心共同承办、厦门中小在线协办的“国家银河培训工程”之中小企业创业与发展（厦门）研修班隆重开班。有意向在厦投资或已初步创业者、中小企业业主及其经营管理骨干等200多名学员报名参加了本次研修班。

2005年9月23号，厦门市经济发展局、法国BV公司联合厦门市纺织服装同业商会及厦门中小在线在华侨大酒店共同举办了“欧美纺织品技术壁垒及其应对措施”研讨会，来自厦门、泉州、晋江、石狮等120多名企业主管领导及分管人员参加。

2005年9月28日，由省经济贸易委员会、省财政厅主办，厦门市中小企业服务中心和厦门中小在线联合承办的“税收政策宣讲”在厦门三江大厦举行。来自全市的企业负责人、财务主管约100人参加了此次培训。

2005年10月22日，厦门市经济发展局和中国质量与品牌杂志社联合主办的“中国新品牌对话厦门”大型公益性高峰论坛在厦门市政府东楼举行。厦门市企业董事长、总经理（厂长）、品牌总监、营销总监、企划总监等约500人到会参加。

2005年11月5～6日，由全国人大环资委、国家发展改革委、科技部和国家环保总局共同发起的“中国循环经济发展论坛”2005年年会在厦门国际会展中心国际会议厅隆重举行。来自全国各省、自治区、直辖市人大和政府部门以及科研院校、企事业单位、社会团体的400余名代表出席会议。

2005年11月5日，厦门地区首期国际财务管理师（IFM）培训班开学典礼在长升大酒店隆重举行，来自国际银行、象屿集团、国贸、会计师事务所、厦门航空等20多家企业的财务总监、财务经理参加了此次首期培训。

2005年11月15日下午,市人大贯彻《中小企业促进法》实施办法立法调研组一行12人在市人大法制委蔡峰影主任委员的带领下，莅临厦门中小在线考察、指导工作。

2005年11月16日，由省经贸委和省财政厅联合主办、厦门中小企业服务中心和厦门内联企业协会承办的“民营企业创业”大型公益培训系列之“企业执行力”第一期培训班在南方饭店隆重开班。来自市各行各业的民营企业精英和创业者约120人踊跃参加了此次培训。

2005年12月12日，由福建省经贸委和福建省财政厅主办、厦门市中小企业服务中心和百伦（厦门）企业管理咨询有限公司承办的“民营企业创业”大型公益培训之“人力资源管理”培训班在少年儿童图书馆隆重开班。来自市中小（民营）企业的总经理、副总经理、人力资源经理、主管等100余名高层管理人员参加了此次培训。

2005年12月14日，由国家发展改革委和信息产业部发起，厦门市经济发展局主办，中国中小企业信息网、厦门市中小企业服务中心、厦门中小在线承办的大型信息化公益培训会在厦门宾馆明霄厅隆重举行。100多家中小企业，150多名单位负责人、信息化建设负责人、网络管理人员、财务管理人员参加了此次培训。

2005年12月23日，“民营企业创业”大型公益培训系列“民营企业制度问题及解决方案”培训班在会展酒店正式开班。各民营企业董事长、总经理等高层管理者约100人参加了培训。

2005年12月17～26日，国家发展改革委、中宣部、全国人大环资委等13家单位在北京展览馆联合举办全国“2005建设节约型社会展览会”。市经济发展局、市循环办牵头组织企业参展，并荣获最佳组织奖和最佳设计奖。

2006年1月10日上午，市局召开厦门市2005年度国内招商引资新闻通报会，市经发局、火炬高新区管委会领导，各区招商、经贸局长，厦门日报、晚报、商报、厦门电视台、广播电台和驻厦新闻媒体记者共30余人出席了会议。

2006年2月7日，首届“闽商聚厦门”活动迎来了36家外地闽商组成的代表团，共120多名闽商参加。

2006年2月21日上午，全市工业经济工作会议在市政府东楼二楼会议室召开，叶重耕副市长出席会议并作重要讲话，市经发局陈津局长布置2006年工业经济发展目标及主要措施，会议由市政府蔡寿国秘书长主持。各区分管副区长、各区经贸局、市直相关部门、150家重点工业企业代表等近200人出席了会议。

2006年2月24日，由福建省经济贸易委员会与香港专家顾问服务协会共同主办，厦门市经济发展局与香港生产力促进局承办，厦门市中小企业服务中心、厦门市创业者协会、厦门中小在线信息服务有限公司协办的“福建中小企业走向国际研讨会暨香港专家咨询服务日”活动在厦门宾馆隆重召开。来自全省各地市经贸系统的有关负责人以及本市的民营企业董事长、总经理等高层管理者约200多人参加了研讨会。

2006年2月25日，民营企业创业之“中小企业财务管理”在厦门经理学院开班，来自100家企业的230多名财务经理或老总参加了此次培训。

2006年3月6日下午，由市民营经济工作领导小组主办，市经发局和总商会联合承办的市民营经济工作座谈会在金雁酒店隆重召开。市领导欧阳建、郭安民、叶天捷、叶重耕，市委副秘书长黄乔生、市政府副秘书长曹放出席会议，市直各部门、各区经贸委负责人、市重点民营企业家代表及新闻媒体记者共80多人参加了座谈会。

2006年4月6日下午，国家开发银行福建省分行与市经发局联合召开国家开发银行中小企业融资项目新闻发布会，正式启动建立在“中小企业风险补偿基金”基础上，由国家政策性银行、中小企业服务机构、担保机构和商业性银行等四方共同参与，旨在破解中小企业融资难题的中小企业融资项目。厦门市各大银行、金融机构、相关市直部门、各区经贸委、新闻媒体和中小企业代表近200人到会观摩、咨询。

2006年4月8日上午，市经发局在国际会展中心303会议室举行“中外汽车零部件与机电产品采购说明对接会”，引起了国内外客商的极大兴趣和关注，来自欧、美、日、韩及中东、东南亚、港台等16个国家（或地区）的企业和来自我国内地的企业共同参加了采购活动。

2006年4月14日上午，国家西部开发办公室张亚丹司长一行莅临厦门市中小企业服务中心和厦门中小在线调研指导工作。张司长此行专门针对国家拟成立中小企业协会的有关事宜征询地方有关部门和企业的意见。

2006年4月27日下午，厦门市思明区委、区政府在京闽中心酒店26楼1号会议室隆重召开“思明区首次中小企业投融资专场座谈会”。市政府有关部门、市各大银行金融机构、担保机构负责人，新闻媒体及市中小企业代表近80人到会参加。

2006年4月29日，市经发局召开厦门市民营及中小企业工作讨论会，来自各区经贸局、市中小企业服务中心、中小在线等单位的30多位代表参加了本次讨论会。

2006年5月18～21日，由厦门市经济发展局牵头组织，厦门市中小企业服务中心、厦门市凯跃展览服务有限公司具体实施，组织了由10家企业、14个展位、35位参展工作人员组成的参展团，参加了第四届APEC中小企业技术交流暨展览会。厦门市荣获技展会组委会评选的优秀组织奖。

2006年5月26日，由福建省经贸委和福建省产学研协调领导小组办公室联合主办，厦门大学和厦门市经济发展局联合承办的全省化工、电子信息行业产学研现场会在厦门大学隆重召开。现场会吸引了100多家厦门企业代表、全省9地市相关部门负责人、省内各高校科研院所专家学者共500多人参加。

2006年5月29日，市经发局召开了市2006年度上半年重点技术创新、产学研项目、企业技术中心立项责任书现场签订会。全市24个技术创新项目和10个产学研项目获得了1400万元专项资金的支持。

2006年5月30日下午，市民营办(市经发局)召集各成员单位处级联络员召开工作座谈会，主要研究讨论2006年度重点民营企业评选、民营经济统计办法、今年第二季度民营经济工作会议议题和优秀民营企业家评选等项工作。

2006年5月31日上午，市经发局召集思明区经贸局、同安区经贸局、火炬管委会、湖里招商服务中心相关负责人以及14家入驻“二区一园”企业（含拟入驻企业）代表，在市政府东楼会议室召开了一场入驻“二区一园”企业座谈会。

2006年6月20日，由市民营经济工作领导小组办公室（市民营办）、市经济发展局联合厦门日报社共同主办的厦门民营经济发展论坛在报业大厦隆重召开。市政府副秘书长、市民营办副主任曹放，市经发局副局长、市民营办常务副主任柯继安，市总商会常务副会长郑剑飞以及市知名企业家代表受邀参加了论坛。

2006年7月12日，由厦门企业和企业家联合会、厦门日报社、厦门市中小企业管理办公室主办的厦门百强企业论坛暨授牌仪式在金雁酒店举行，厦门市副市长裴金佳、厦门市政协副主席庄威出席。

2006年7月6～13日，在市民营经济工作领导小组副组长吴凤章同志的带领下，由市委副秘书长王纯民、市政府副秘书长曹放及市民营办和相关企业人员组成的厦门赴安徽民营经济考察团一行，在安徽进行了为期8天的考察学习。

2006年7月22日，由国家发展改革委中小企业司主办，厦门市中小企业管理办公室、厦门市经济发展局主持，厦门市中小企业服务中心、厦门中小在线承办，厦门商报协办的“国家中小企业银河培训工程”公益培训之“组织优化、流程再造以及岗位说明书制作”在厦门音乐岛酒店开班。来自市各企业的总经理、人力资源总监等130多名中高层管理者参加了本期培训班。

2006年8月5日上午，由国家发展改革委中小企业司和市经发局主办，由厦门市中小企业服务中心与厦门中小在线信息服务有限公司共同承办的“国家中小企业银河培训工程”之“厦门中小企业存在的问题及解决方案”开班。来自市中小（民营）企业的100余名中高层管理者参加了本期培训班。

2006年8月12日，由厦门市经济发展局、财政局共同主办，厦门市中小企业服务中心、厦门中小在线、厦门市创业者协会共同承办的2006年度厦门市“创业者家园”公益培训首期“创业升华管理”开班暨厦门市创业者协会成立一周年庆典系列活动在厦门国家会计学院隆重举行。

2006年8月15日，全国中小企业信用担保机构业务操作第一期培训班在厦门隆重开班，来自上海、山东、安徽、浙江、江苏、江西、福建、宁波、青岛、厦门等华东片区的中小企业信用担保机构业务人员及各地中小企业主管部门负责人共300余人参加了本期培训班。

2006年8月18日上午，厦门市担保典当行业协会成立大会在厦门金雁酒店隆重召开。

2006年8月19日，由国家发展改革委中小企业司主办，厦门市经济发展局、厦门市中小企业管理办公室主持，厦门市中小企业服务中心、厦门中小在线承办，厦门商报协办的“国家中小企业银河培训工程”公益培训之“职业经理人实战经验研讨班”在厦门音乐岛酒店隆重举行。来自全市中小（民营）企业的100余名中高层管理者参加了本期培训班。

江西省

2005年3月1日~6月10日，省中小企业局与省发展改革委、省教育厅联合开展了“2005年全省中小企业网上百日招聘高校毕业生活动”。

2005年5月15~21日，由省中小企业局牵头，联合省工商局、省社科院组成3个调研组，深入南昌、赣州等6个设区市的部分非公有制企业开展专题调研。

2005年6月8日，举办了“打造江西民营经济竞争优势”高层论坛，全国政协副主席、工商联主席黄孟复出席论坛，省政府副省长孙刚发表主题演讲。

2005年6月15日，经省政府同意，联合国家开发银行江西省分行下发了《关于开展工业园区中小企业融资服务试点意见的通知》（赣中小企字[2005]7号），标志着江西省工业园区中小企业融资服务试点工作正式启动。

2005年7月12日，代省政府起草了《关于进一步提高全省工业园区发展水平的意见》，并以赣府厅发[2005]40号文件下发。

2005年9月12~15日，组织企业参加第二届中国中小企业博览会暨中法中小企业博览会。

2005年9月28日，在广东东莞举办了“江西省工业园区专项招商引资活动”。

2005年11月3日，江西省中小企业局、国家开发银行江西省分行在南昌市举办国家开发银行奉新工业园中小企业融资项目签约仪式，省委副书记、省政府常务副省长吴新雄和省政府副省长凌成兴出席了签约仪式，吴新雄作了重要讲话。

2005年11月28日，在江西赣州市召开了“全省工业园区厂房建设现场会”。

山东省

2005年9月2日，山东省人民政府办公厅转发实施由省中小企业办公室会同省财政厅、统计局、中国农业银行山东省分行、中国工商银行山东省分行、国家开发银行山东省分行联合下发的《关于实施促进中小企业成长计划的意见》，确定运用山东省成长型中小企业评价方法（SDGEP评价法），从全省优势行业和规模以上制造业中小企业中，选择一批最具成长性的中小企业作为金融、财政、中介服务机构重点扶持服务的对象，通过整合利用财政、金融、担保、培训、人才、政策等优势资源，计划用5年时间，促使1000家成长型中小企业做精、做专、做大，从而带动全省制造业持续快速健康发展。

2005年9月12~15日，由山东省中小企业办公室代表省政府组团参加国家发展改革委、财政部、商务部、国家工商总局、广东省人民政府及法国经济财政和工业部联合主办的第2届中国中小企业博览会暨中法中小企业博览会，取得了丰硕成果。江西省参展企业共与海内外客商签订合同或意向协议200余项，总金额达14.5亿元人民币。山东代表团共获得三项组织奖：汽车摩托车行业优秀组织奖、陶瓷行业最佳组织奖和食品饮料行业优秀组织奖。

2005年10月22日，山东省担保行业协会成立大会在济南召开，会议选举山东省中小企业办公室分党组书记、主任尹静雯同志担任省担保行业协会会长。同时成立了省担保行业协会理事会，签订了《山东省担保行业自律公约》，标志着全省担保行业进入了自律规范发展的新阶段。

2005年10月26日，山东省中小企业成长计划启动仪式暨2005山东中小企业成长论坛在济南成功召开。省长韩寓群、副省长王仁元、国家农业银行行长杨明生出席了会议。会上，省政府与中国农业银行签订了全面合作协议，农业银行承诺今后5年提供300亿元新增贷款额度用于扶持中小企业，省工商银行承诺每年按不低于全部增量流动资金贷款60%的额度用于中小企业，省开发银行承诺优先为中小企业提供小额贷款。全面实施中小企业成长工程是国家发展改革委确立的“十一五”期间的一项重点工程。山东省成为在全国率先开展这项工作的省份之一。

2005年11月1~2日，全省民营经济现场会议在青岛召开。王仁元副省长到会作了重要讲话。他主要讲了3个方面的意见：一是以实施中小企业成长计划为重点，推动民营经济又快又好发展；二是以推进三项创新为重点，大力提高民营企业竞争力；三是以创造发展环境为重点，积极推进政府职能转变。会议强调指出，全省上下要以党的十六届五中全会和省八届十一次全委会议精神为指导，围绕提高民营经济竞争力，进一步加快服务体系建设，落实扶持政策，研究部署促进民营经济健康快速发展的措施。切实转变发展观念，强化发展措施，提高发展质量，推动全省民营经济在新的起点上实现新的跨越。

河南省

1月10~11日，中共河南省委、河南省人民政府在河南黄河迎宾馆隆重召开民营企业表彰大会。省委书记徐光春，省长李成玉，省委副书记支树平、王全书、陈全国，省政协主席范钦臣，省委常委、常务副省长王明义，副省长史济春、刘新民出席会议。省委、省政府有关部门的领导，省直各委、厅、局的主要负责同志，省各金融部门、驻豫金融单位、主要新闻媒体的代表，各省辖市政府常务副市长、中小企业（民营企业）局长和部分企业代表共300多人参加了大会。省委书记徐光春、省长李成玉分别发表了重要讲话。省委、省政府作出了《关于表彰明星优秀民营企业和优秀民营企业家的决定》，授予郑州宇通企业集团等20家企业“河南省明星民营企业”、河南汇通集团等100家企业“河南省优秀民营企业”、张铁山等30名企业家“河南省优秀民营企业家”称号，对他们进行了大张旗鼓的隆重表彰，并向30名优秀民营企业家各奖励近30万元的帕拉丁小轿车1台。

3月25日，省委书记徐光春对中共河南省委政策研究室《内部参阅》（第四期）刊登的河南省中小企业服务局报送的《当前民营企业家最关心的问题》作了重要批示，省委常委、副省长王明义、副省长刘新民也分别作出批示。

3月29日～4月4日，省领导王明义、刘新民等带队，省中小企业局、省优化办、发改委、财政厅、工商局等12个省直部门组成7个调查组，对全省民营企业发展环境进行了调查。

4月12日，河南省省直机关精神文明建设指导委员会命名河南省中小企业服务局为市级文明单位。

4月30日，省中小企业局在郑州商城饭店举办了学习贯彻《国务院关于鼓励支持和引导个体私营等非公有制经济发展的若干意见》大型报告会。国务院政策研究室工交贸易司司长、非公有制经济政策起草小组组长陈全生详细介绍了国务院非公有制经济政策的出台背景并重点解读了有关条文和中小企业如何利用政策进行融资的问题。各省辖市、部分县（市、区）中小企业局的负责同志、200多家企业的负责同志和省局部分同志约600人参加了报告会。

6月20日，省局、人民银行郑州中心支行联合发出了《关于印发河南省中小企业诚信工程实施方案的通知》。《方案》就实施中小企业诚信工程的重要意义、指导思想、主要目标、主要内容、信息征集办法、评价办法、信息披露、奖惩与扶持办法、监督管理、参评要求等提出了明确的指导性意见，启动了中小企业诚信工程。

7月12日，人民银行郑州中心支行、省局联合下发了《关于加强和改善金融服务支持民营暨中小企业发展的指导意见》，从金融机构如何提高对民营暨中小企业金融服务水平，贯彻和落实好国家的产业、财政及货币信贷政策，拓宽民营暨中小企业融资渠道，创新金融产品，完善金融服务功能，建立和完善信用担保体系，构建适合中小企业发展的金融服务体系，完善金融机构内部风险控制机制，改善金融生态环境，增强中小企业融资能力等方面提出了明确的指导性意见。

8月31日，河南省人民政府办公厅转发了河南省中小企业服务局《关于建立健全全省中小企业社会化服务体系若干意见》（豫政办[2005]74号），提出了中小企业社会化服务体系的基本思路、目标任务、基本框架，逐步建立融资担保、信用、人才培训、信息网络、创业辅导、管理咨询、技术支持、法律政策等8大中小企业社会化服务体系，并制定了加强领导、加大投入等4项保障措施。

9月6日，河南省人民政府召开了有省内各金融机构、投资机构、非银行业金融机构和60家民营企业参加的全省中小企业资金供求银企衔接座谈会，河南省中小企业服务局向金融机构推荐了134家企业的136个优质贷款项目。

9月12～15日，河南省组成了以省政府副秘书长王春生为团长、18个省辖市有关部门和企业500多人参加的河南省代表团，参加了“第二届中国中小企业博览会暨中法中小企业博览会”。参展企业59家，设有展位56.5个，总签约金额9.6亿元。河南省代表团获得大会组委会优秀组织奖，河南汽车、摩托车展区获得最佳组织奖，河南卫华集团有限公司等7家参展企业获得优秀参展企业奖。

9月26～28日，由河南省人民政府、国家农业部联合主办，河南省中小企业服务局、农业部乡镇企业局和驻马店市人民政府共同承办的2005年全国乡镇企业民营企业东西合作经贸洽谈会暨农产品加工贸易博览会在驻马店市召开，全国有22个省、市、自治区和计划单列市，以及美国、韩国、加拿大等11个国家和我国港、澳、台地区的企业代表，65家著名高校和科研单位的代表，中央和省内新闻单位的记者参加，参会人员1万多人，其中省外代表、客商2700多人。参加产品展示展销的企业800多家，参展产品5000多种。洽谈会上全省签订投资建设在1000万以上合同项目501个，投资总额157.08亿元，其中引进省外、国（境）外资金118.74亿元；签订贸易合同27个，贸易额1.95亿元，现场销售额3000多万元。

10月10日，省局与中信实业银行郑州分行签订《支持民营暨中小企业发展全面合作框架协议》，双方在支持民营暨中小企业改革与发展、构建信用结构、推荐优质项目、向具备条件的贷款企业提供贷款支持、与担保机构建立合作关系、研究制定适合中小企业的担保贷款办法、防止逃废债务行为、提高信贷资产质量、防范和化解信贷风险、打造金融安全区、建立信贷工作联系制度和定期磋商机制、沟通情况、反馈信息、加强合作、共同发展等方面达成一致意见。

11月11日，河南省中小企业民营企业管理咨询团成立大会和企业管理咨询报告会在郑州商城饭店召开。河南省人大常委会副主任、河南省中小企业民营企业协会总顾问张以祥，河南省政协经济委员会副主任方刚、谢伟民等领导出席会议，18个省辖市、35个扩权县（市）的中小企业工作部门局长、管理咨询团成员单位和200多家企业共350多人参加了会议。

12月7日，省政府办公厅对全省政府系统互联网网站评估情况进行了通报。全省48个省政府部门（直属机构）中36个单位建立了网站，省局网站获得68.8的高分，排名第一，是省直机关中唯一一家处于提高阶段的政府性网站。

湖北省

2月23日，利用国家开发银行湖北省分行软贷款，注册成立“湖北省中企投资担保公司”，注册资金1.41亿元。担保公司面向全省中小企业开展担保和再担保业务。

3月28日，省经委印发《关于2005年促进百家重点中小企业、百家民营排头兵企业发展的意见》，提出了此项工作的指导思想、工作目标和主要措施，文件在附件中公布了全省重点扶持的100家中小企业、100家民营企业名单，要求全省经委系统强化和落实责任，切实帮助企业解决实际问题，为企业发展创造良好环境。

4月10日，由省政府主办，省经委、省教育厅、省科技厅承办的“全省首届中小企业—大专院校（科研院所）产学研合作项目洽谈会”在武汉科技会展中心隆重举行。参加这次会议的代表共有2000多人，他们分别来自全省17个市、州、林区和有关部门，在鄂32所大专院校、科研院所，其中，中小企业1000多家1300多人，专家教授近400人。省领导任世茂、辜胜阻、王守海、丁凤英等分别出席了会议主要活动。会上，授予武汉大学化学实验室等24个单位为“湖北省中小企业共性技术研发推广中心”，并签订合作项目128个，总投资15.4亿元，初步搭建了产学研合作平台。

4月21日，省经委印发《关于实施中小企业成长工程的意见》，筛选500家成长性好的企业给予重点培育，要求各级经委系统明确目标要求、强化工作措施、建立激励机制，推进成长工程取得扎实成效。当年年底，全省规模以上工业企业达到6699家，比上年净增645家，改变了近年来徘徊不前的局面。

4月28日，为进一步加快湖北县域中小企业、非公经济发展，省委、省政府在荆门召开全省县域经济暨民营经济工作会议。中共中央政治局委员、省委书记俞正声作重要讲话，省长罗清泉作主题报告，省委副书记黄远志宣读表彰县域经济发展先进县市（区）的决定，副省长任世茂宣读表彰优秀民营企业的决定。省委常委、常务副省长周坚卫主持会议。省领导王生铁、邓道坤、胡永继等出席。

5月23日，中国服装协会近日评出2004年度百强服装企业。武汉市的爱帝、红人、猫人、佐尔美等5家企业入围销售收入与利润“双百强”，创历次评选企业入围数之最。

5月31日，被中国纺织工业协会授予“中国非纺织布制造品名镇”称号的仙桃市彭场镇，在5平方公里面积内聚集了116家与无纺布有关的企业，形成了一条完整的企业链，吸纳职工1.2万人，年出口产品超过1.2万个集装箱，出口货值达1.5亿美元，占全国无纺布制品出口总额的40%。

6月1日，湖北省第一家鸡蛋科技专家大院在新洲区李集街张店挂牌成立。科技专家大院实行“专家＋龙头企业＋农户”模式运作，重在为全区9个鸡蛋养殖小区和养鸡大户提供科学养殖服务。

6月15日，经民航总局批准，东星航空有限公司在湖北筹建，这是中部地区第一家、国内第四家获准组建的民营航空公司。

6月25日，欧盟6国驻华商务官员携手来武汉，开展中国·武汉—欧盟经济合作交流活动，协助武汉中小企业“走欧洲”，拓展市场空间，促进中小企业快速发展。

7月15日，省财政厅、省经委以鄂财企发[2005]29号印发《湖北省中小企业发展专项资金管理办法》，对中小企业专项资金的申请、申报、审核、审批以及支持方式、监督检查等作出明确规定。当年，省政府确定安排2000万元中小企业专项资金，采取无偿资助或贷款贴息的方式支持中小企业发展，以后根据财政状况逐年增加。据不完全统计，全省市州、县市两级政府当年安排扶持中小企业发展的专项金超过1亿元。

7月25日，省经委内部刊物《经济工作动态》第42期印发《建区兴工促创业——武穴市武穴办事处民营工业创业小区情况调查》，总结了武穴办事处因地制宜兴办民营工业创业小区，以小区聚集企业、促进创业、带动发展的经验。武穴办事处共有12个村级单位共兴办创业小区10个，入驻企业上百家，安置下岗职工和失地农民3000多人，创造的工业产值和上缴的税收分别占全处工业总产值和财政收入的65%、54%，展现了小园区办出大工业的活力。

7月26日，民营资本红安旅游投资开发有限公司与有关部门签订协议，前期投入3000万元，共同开发红安县红色旅游资源。这是民营资本首次进入和开发湖北红色旅游资源。

8月8日，中共湖北省委、湖北省人民政府印发《关于进一步加快个体私营等非公有制发展的若干意见》（鄂发[2005]15号），鼓励经济实力较强、诚实守信的非公有制企业进入商业银行、城市信用社、证券和保险公司等金融机构，对初创的公司制非公有制企业允许注册资本最低限额为3万元，注册资本超过3万元，一次到资有困难的可在两年内分期到位，对初创的小企业，减免登记注册费用。

8月17日，武汉72家餐饮企业联合签名，倡议创建“节约型餐饮”。呼吁政府制定行业公约，节约一度电、一滴水、一滴油、一粒米，使用节能型设施和燃料，制定节约计划、落实具体措施，不使用一次性餐具，提倡客人理性消费，提倡客人打包等。

8月25日，省经委与人行武汉分行联合召开银企协作会议，各金融机构分管信贷的行长和处长，各市、州、直管市、神农架林区经委和有关市县政府的负责人，76家重点中小企业、民营企业负责人等160余人参加了会议。任世茂副省长和阮成发副省长就银企协作，共同促进全省中小企业、非公经济发展作了重要讲话，省经委主任许克振介绍了全省中小企业、民营企业发展情况，通报了企业资金需求情况并提出银企协作建议；人了银行武汉分行马天禄副行长介绍了金融部门贯彻实施货币信贷政策，积极支持全省中小企业和民营企业发展的情况。国家开发银行省分行与潜江市、监利县政府签订了贷款协议。各银行承诺，对45家重点中小企业、民营企业给予23.59亿元的贷款支持。

8月31日，百步亭集团投资拍摄的电影《汉口夏日》开机仪式在汉口举行。这是民营企业百步亭集团继投资拍摄《武当》、《遍地英雄》、《天下第一媒婆》等多部电视连续剧之后的新作。

9月8日，民营企业东星集团公司涉足电信业，开展呼叫中心业务的申请获国家信息产业部正式批准，业务覆盖北京、上海、武汉等国内12大城市。这是旅游界首个全国联网呼叫中心。

9月21日，武汉市民办非企业单位发出自律宣言，倡导诚信服务，勇于承担社会责任，为社会公益事业发展贡献力量。

9月21日，"大桥鸡精"摘得2005年"中国名牌"桂冠。鸡精品类首次列入中国名牌评选目录，武汉民营企业亚太调味品公司的"大桥鸡精"荣登名牌殿堂。

9月24日，"崛起的力量——中小企业创业创新知识电视培训"在湖北电视台开播。电视培训节目由省经委与湖北电视台、湖北武大中小企业技术服务中心联合举办，组织省内知名专家授课，针对中小企业创业发展中的难点、热点问题，民营企业创业之"中小企业财务管理"在厦门经理学院开班，来自100家企业的230多名财务经理或老总参加了此次培训。

9月26日，2005年中国民营企业发展论坛、中国民营经济东湖论坛在汉开幕，近百家民营企业与会，共同探讨当前民营经济发展新机遇。湖北省、武汉市领导苗圩、任世茂、李宪生等出席开幕式，中国企业家联合会常务副会长张彦宁主持开幕式。

10月18日，湖北省工商局统计，截至9月底，全省个体工商户突破百万户，达到101.1万户，注册资金204.8亿元，户均注册资金首次突破2万元。

11月7日，省经委印发《湖北省中小企业、民营企业社会化服务体系建设的指导意见》，明确了全省中小企业、民营企业社会化服务体系建设的指导思想、总体目标、基本原则和基本框架，提出了建设创业辅导、融资担保、技术创新、信用评价、人才培训、信息咨询、法律咨询服务、行业协会等八大服务体系。

11月8日，省长罗清泉主持省长办公会，听取省经委《关于〈湖北省中小企业"十一五"发展规划〉编制情况》的汇报，罗省长要求，要将中小企业、非公经济发展纳入全省经济和社会发展规划，待全省总体规划完成后，对中小企业"十一五"规划作进一步修改，由省经委印发全省中小企业管理系统。

12月1日，《湖北省实施〈中华人民共和国中小企业促进法〉办法》今日起实施。办法规定，放宽市场准入，鼓励和支持非公有制企业进入垄断行业、基础设施、公用事业、社会事业、金融服务业、国防科技工业及法律法规未禁入的其他行业和领域，并与其他所有制企业享受同等待遇。

12月5日，湖北省民营企业代表座谈会在武汉召开。座谈会由罗清泉省长主持，省委书记俞正声作了讲话，他强调指出，促进民营企业发展，最关键是要建立公开、严密、科学、高效的政府办公制度，平等对待民营企业，切实为民营经济发展创造良好的条件。

12月18日，民间资本打造的田汉大剧院开门迎宾，田汉铜像同日揭幕，首场演出与观众见面。田汉大剧院由军威文化传媒集团斥资3000万元，在闲置多年的武汉重型机床厂工人俱乐部基础上改建而成。

12月25日，在国家发展改革委召开的全国中小企业、非公经济工作座谈会上，省经委副主任刘进文在大会作题为"加大工作力度，完善政策措施，促进湖北中小企业、非公经济健康发展"的典型发言，介绍了湖北省促进中小企业、非公经济发展的工作经验。

湖南省

1月28日，省工商联举行民营企业家新春联谊会，省政协主席胡彪，省委常委、省委统战部长石玉珍，省人大副主任周时昌，副省长徐宪平，省政协副主席龙建国等省领导和省人大代表、省政协委员中的非公有制经济人士、省工商联直属会员300多人参加了联谊会。

3月4日，省妇联和省工商联联合召开湖南省"十佳女民营企业家"、"优秀女民营企业家"表彰大会，省委副书记戚和平、省人大副主任庞道沐、副省长贺同新、省政协副主席章锐夫等领导出席会议并给获奖者颁奖。邓浩一、王玉庆、钟金莲等50名女民营企业家受到表彰。

3月30日，省非公有制经济领导小组副组长、副省长徐宪平召开会议，专门听取了省经委、省工商局、省工商联关于非公有制经济工作有关情况的汇报。会议要求抓紧国务院3号文件贯彻实施意见的起草、全省非公有制经济发展经验交流暨表彰大会和全省非公有制经济银企洽谈会的筹备，并抓好理顺服务体制、加快担保体系建设和企业信用体系建设等工作。

4月11日，省非公有制经济领导小组副组长、省政府副秘书长李妙和主持召开非公有制经济工作碰头会，省经委、发展改革委、农办、财政、科技、劳动、工商、税务、人行、银监、工商联等部门参加了会议。会议就贯彻国务院3号文件精神和筹备全省非公有制经济发展经验交流暨表彰大会等工作进行了研究部署。

5月8日，省非公有制经济领导小组组长、省委副书记、常务副省长于幼军主持召开领导小组全体成员会议。领导小组副组长郑茂清、徐宪平、李妙和出席了会议。会议听取了有关部门的汇报，评选确定了全省非公有制经济发展经验交流暨表彰大会表彰对象名单，并就大会有关问题进行了研究。

5月16日，省非公有制经济领导小组副组长、省政府副秘书长李妙和主持召开会议，征求对《湖南省人民政府关于鼓励支持和引导个体私营等非公有制经济发展的实施意见》(草案)的修改意见。省经委、建设、财政、劳动、科技、人事、工商、税务、工商联等部门参加。

7月4日，省政府召开常务会，讨论通过《湖南省人民政府关于鼓励支持和引导个体私营等非公有制经济发展的实施意见》。

7月29日，省委、省政府在长沙召开全省非公有制经济发展经验交流暨表彰大会。各市州党委分管非公有制经济工作的副书记、市州政府分管非公有制经济工作的副市长，市州经委主任、工商局局长、工商联会长，各县(市、区)政府县(市、区)长，省直有关单位负责人和受表彰对象共300多人参加会议。会上，周伯华省长作了工作报告，杨正午书记作了重要讲话。会议贯彻了《国务院关于鼓励支持和引导个体私营等非公有制经济发展的若干意见》，总结交流了近年省非公有制经济发展的成绩经验，表彰奖励了浏阳市等12个“发展非公有制经济先进县(市、区)”、长沙经济技术开发区等8个“发展非公有制经济优秀开发园区”、长沙市岳麓中小企业作用担保有限公司等10个“服务非公有制经济先进单位”、长沙远大空调有限公司等30户“优秀非公有制企业”、何清华等30名“优秀非公有制经济企业家”。

9月30日，省政府在长沙召开全省非公有制经济银企洽谈会，省非公有制经济领导小组副组长、副省长徐宪平到会作了重要讲话。洽谈会共签约项目242个，签约金额209.7亿元。

广东省

2005年1月，由广东省人民政府游宁丰副省长率领，国家发展改革委、商务部、国家工商总局和省发展改革委(中小企业局)负责同志组成的第2届中国中小企业博览会暨中法中小企业博览会赴法工作小组，于15~21日赴法国开展对接工作。省经贸委副主任、省中小企业局局长刘焕泉，省中小企业局副局长陈向新及省中小企业局改革发展处主要负责同志参加了工作组。

2005年2月2日，中国中小企业广东信息网建设座谈会在广州召开。

2月24日，根据省政府指示精神，省中小企业局于2004年9~12月在全省各市开展了民营企业用地难有关问题的调研，并对各市反映的情况和省有关调查情况进行综合分析，撰写了《民营企业用地难现状及对策建议》的调研报告，并上报游宁丰副省长。

2005年3月1日，遵照张德江书记在首届中博会期间关于加强粤吉两省中小企业交流与合作的指示精神，广东省中小企业局与吉林省发展中小企业局进行了密切的联系和沟通。经充分协商，两省中小企业局于2005年3月1日在长春市签订了合作协议，内容包括两省局将在建立工作联系机制、吉林省向广东省派送干部挂职锻炼、建立融资合作平台、建立中小企业投资推动机制、建立两省中小企业服务体系和民间组织的交流互动机制、中博会举办期间组织两省中小企业合作对接等6个方面加强互动和务实的合作。根据《协议》，两省局还制定了2005年合作方案。

3月8日，为贯彻交流近两年来省政府扶持中小企业发展专项资金支持技术改造、技术创新、服务体系和担保体系建设工作的好经验，探讨加强专项资金管理的有效办法，省中小企业局和省财政厅于2005年3月8日联合召开省财政扶持中小企业发展专项资金管理工作座谈会。

3月9日，为总结交流前两年全省中小企业技术改造、技术创新、服务体系建设、担保体系建设和融资工作的好经验，发掘推广工作典型，探讨加强省财政扶持中小企业发展专项资金监管的有效办法，省中小企业局于2005年3月9日召开全省中小企业技术工作座谈会。会议总结了2004年全省中小企业技术进步工作，研究部署了2005年工作计划，讨论了2005年专项资金的支持重点并总结交流了各地技术进步工作的典型经验。

3月11日，省经贸委、省促进民营经济发展联席会议办公室举行了“贯彻落实《国务院关于鼓励支持和引导个体私营等非公有制经济发展的若干意见》座谈会”，座谈会由省经贸委主任陈冰主持，省人大财经委、省发展改革委、省经贸委、省劳动保障厅、省工商局、省金融办、省中小企业局、省工商联、省政府研究中心的领导，民间社团、专家学者及民营企业代表共40多人出席了座谈会，从市场准入、金融支持、社会服务、劳动就业、提高企业素质等方面展开讨论，对如何贯彻实施《若干意见》提出建议。

3月14日，省中小企业局印发了《关于建设中国中小企业广东信息网地市网站的指导意见》。

3月16日，广东省筹办第二届中国中小企业博览会暨中法中小企业博览会联席会议(简称筹办会)第一次会议在省政府迎宾厅召开，中博会组委会副主任、执行主任，广东省副省长游宁丰出席了会议并作重要讲话。会议由省政府副秘书长、中博会组委会秘书长、筹办会办公室主任徐尚武主持，中博会组委会秘书处主任、省经贸委主任陈冰和省经贸委副主任、省中小企业局局长刘焕泉分别介绍了前期筹备情况及下一步工作意见，与会代表就有关事项进行了讨论。广东省筹办会各成员单位负责人及筹办会办公室主要业务组有关人员共50多人出席了会议。

3月28日，省中小企业局制定印发《2005年广东省中小企业培训工作方案》，指导各地各有关单位认真制定适合本地区实际的培训工作计划，积极开展中小企业培训工作，全面提高中小企业综合素质，推动全省中小企业快速发展。

3月28～29日，省中小企业局召开全省中小企业服务中心工作座谈会。会上，省中小企业局介绍省有关中小企业服务体系建设的政策措施文件，通报了第2届“中博会”筹办情况，介绍了专业服务机构示范单位的推荐与评选办法。各地中小企业服务机构汇报和交流了服务体系建设的情况和经验，讨论了如何加强全省中小企业服务体系建设和2005年省财政扶持专项资金的使用、扶持重点，商讨建立了全省中小企业服务机构信息联络员制度。

2005年4月，经国务院批准，中国中小企业博览会（以下简称“中博会”）每年在广州市举办。第二届中国中小企业博览会暨中法中小企业博览会由国家发展改革委、财政部、商务部、国家工商行政管理总局、广东省人民政府与法国经济、财政和工业部联合主办，于2005年9月12～15日在广州市举办。中博会组委会于2005年4月13日在北京召开新闻发布会，5家主办单位和法国驻华使馆代表通报了第二届中博会进展情况，并回答了记者提问。

《广东省促进中小企业发展条例》列入省人大常委会印发《广东省2005年立法计划》预备项目。

为贯彻落实中共中央政治局委员、省委书记张德江同志关于“广东要继续大力发展中小企业，省中小企业局要在为中小企业服务中不断总结经验”的重要批示，省中小企业局召开“全省中小企业和民营经济行政主管部门（中、东、西、北片）工作座谈会”，了解、掌握各地中小企业、民营经济、乡镇企业发展情况，总结、交流中小企业工作经验，研究部署中小企业和第2届中博会工作。

湛江市政府、省社会科学院、省中小企业局在湛江举办湛江产业发展论坛。

2005年5月，为学习浙江省促进中小企业成长的先进经验和成长型中小企业研究的评价内容、做法、途径以及推广应用等工作，省非公经济成长型中小企业发展研究课题组由省中小企业局陈向新副局长带队，一行于2005年5月17～18日赴浙江省中小企业局进行学习考察。

5月20日，第二次省促进民营经济发展联席会议召开。会议由游宁丰副省长主持，通报了民营经济发展情况和对省委、省政府《关于加快全省民营经济发展的决定》及12个配套文件的专项督查情况，研究贯彻《国务院关于鼓励支持和引导个体私营等非公有制经济发展的若干意见》，并分析当前发展民营经济中碰到的具体问题，欧广源副书记作了指示。

省中小企业局开展中小企业“融资难”问题、省财政扶持中小企业发展专项资金扶持和创新项目实施情况两个主题调研。

2005年6月28日，省经贸委批准成立广东省中小企业发展促进会。

2005年8月19日，制定实施《广东省经贸委、省财政厅、省国税局、省地税局、省金融办、省工商局、人民银行广州分行中小企业信用担保机构示范单位确认暂行办法》。

2005年9月12～15日，由国家发展改革委、财政部、商务部、国家工商行政管理总局、广东省人民政府及法国经济财政和工业部、法国中小企业部主办，国家发展改革委中小企业司、财政部企业司、商务部外务事务管理局、国家工商行政管理总局个体私营监管司、广东省中小企业局、法国经济财政和工业部中小企业促进署承办的“第2届中国中小企业博览会暨中法中小企业博览会”开幕式于2005年9月12日上午9时在广州国际会展中心举行。第2届中博会共有3520家国内外中小企业参展，吸引了国内外19.8万人次前来参观、洽谈和采购，总成交额达426亿元。第2届中博会的成功举办，得到中央及有关部委的充分肯定，引起了中央领导的高度重视。温家宝总理指示，要认真总结经验，不断探索，把中博会办成中国国际中小企业博览会，更好地促进中国中小企业与国际中小企业的合作和发展。

9月27日，为加强全省中小企业培训工作，省中小企业局经过公开上报、专家评审、实地考察，决定认定汕头经济管理干部学校等4个单位为“广东省中小企业培训示范基地”，认定广东省中小企业服务中心等9个单位为“广东省中小企业培训示范机构”。

2005年12月，完成2005年全省中小企业、民营经济工作总结。2005年，全省民营经济实现生产总值8602.49亿元，增长14%，比全省GDP增幅高1.5个百分点，占全省GDP的比重接近40%。

深圳市

1月7日，中心主任顾宏伟、深港生产力基地建设领导小组办公室主任俞晶接待香港生产力促进局杨国强总裁、初维民副总裁一行，双方就深港生产力基地的建设与发展、深港联席会议机制的建立等问题进行了深入探讨和交流。

1月14日，接待青岛市中小企业发展局刘勇副局长一行，详细介绍市中小企业融资担保体系建设情况，并陪同考察深圳市中小企业信用担保中心和中融信担保有限公司。

3月7日，组织学习贯彻《国务院关于鼓励支持和引导个体私营等非公有制经济发展的若干意见》座谈会，副市长张思平、市政协副主席廖军文出席会议并作重要讲话，座谈会由市政府副秘书长张绮文同志主持。政府各相关部门、中介机构、民营企业家代表和各阶层专家学者共50多人参加了座谈会。

3月11日，组织召开“深圳市促进工业设计产业发展座谈会”。会议由市中小企业工作领导小组办公室俞晶副主任主持，全市工业设计界30余名专家学者应邀参加了会议。

3月15日，接待珠海市经贸局考察小组一行，市中小企业工作领导小组、市民营经济发展领导小组办公室俞晶副主任就全市关于促进民营经济和中小企业发展的措施、中小企业社会化服务体系和信用担保体系的建设等方面情况作了全面介绍。

3月22日，顾宏伟主任做客深圳广播电台《民心桥》节目，就市政府有关民营和中小企业服务政策等与市民进行“面对面”的交流，并解答企业和市民提出的相关问题。

4月1日，组织召开“2005年深圳市实施民营担保机构担保风险补偿政策发布会”，顾宏伟主任出席会议并作了重要讲话，来自全市30余家担保公司的负责人参加了会议。

4月14日，中心和深圳市企业家联合会、福田区企业家协会联合承办的中德经济技术合作洽谈会圆满结束，顾宏伟主任主持会议，市贸工局张金生副局长和市知识产权局的蓝航伶处长分别为德国商务考察团介绍了深圳市的投资环境以及专利保护情况，德国商务考察团负责人介绍了德国来访企业的情况。全市近80家中小企业与德国23家企业进行了自由配对洽谈，取得了良好的效果。

4月14～15日，举办市中小企业上市培育工程第三期改制上市培训班。本期培训班为期两天，培训对象是市改制上市重点培育企业。

4月18日，接待吉林省中小企业局副局长周永泽一行，中心主任顾宏伟、市中小企业工作领导小组办公室俞晶副主任向同行介绍了深圳市民营及中小企业的发展状况和服务体系的建设情况。

6月2日，由深港生产力基地承办的“国际汽车电子技术趋势暨深圳、香港、长春汽车工业发展研讨会”成功举行，出席会议的主要领导有深圳市委常委、常务副市长刘应力，市政府副秘书长王敏，长春市政府常务副市长崔杰，香港特区政府工商科技局常务秘书长何宣威，创新科技署署长郭谭佩仪，香港生产力促进局董事局主席梁君彦，总裁杨国强等。深圳市贸工局副局长张万杰代表深圳市出席了三地政府界科技、经贸部门官员就汽车电子产业发展前景举行的高峰论坛。中心主任顾宏伟、深港基地建设领导小组办公室主任俞晶出席了会见和宴会。

6月9日，由市中小企业上市培育工程领导小组办公室主办，兴业银行深圳分行、深圳市聚创中小企业研究院承办的第四期中小企业改制上市培训班在市民中心开课。

6月16日，由市中小企业上市培育工程领导小组办公室主办，国泰君安咨询服务（深圳）有限公司承办的第五期中小企业改制上市培训班在市民中心开课。

6月17日，深圳深港生产力基地有限公司第一届第一次董事会在市民中心会议室召开，董事会由董事长初维民主持，副董事长顾宏伟、董事俞晶、葛明等出席会议。董事会的召开标志着合资公司将迈入正式运营的新阶段。

6月23日，由市中小企业上市培育工程领导小组办公室主办，平安证券有限公司承办的第六期中小企业改制上市培训班在市民中心开课。

6月28日，中心在市民中心会议室组织召开了市中小企业培训工作座谈会，来自市、区中小企业管理部门、培训机构、培训基地等40多家单位的代表参加了本次座谈会。中心主任顾宏伟出席座谈会并作了讲话。会议讨论并通过了2005年深圳市民营及中小企业培训工作方案，发布了《深圳市中小企业培训示范机构认定细则》、《深圳市中小企业培训示范基地认定细则》及《深圳市中小企业培训师资人才招聘细则》。

9月8日，市政府为大企业颁发便利直通车服务证，50强民营企业列入其中，享受大企业便利直通车服务。

9月12日，组织企业参加在广州举办的第二届中国中小企业博览会暨中法中小企业博览会，参展企业265家，共385个摊位。

10月19日，由中小企业创业辅导示范基地等单位联合召开创业辅导促进会发起筹备大会，大会通过了协会章程和有关决议。

11月11日，中心组织召开深圳市50强民营企业座谈会，启用了深圳市50强民营企业信息系统。

11月20日，中心与北大民营经济研究院联合举办2005深圳民营经济高峰论坛，顾宏伟主任主持会议，陈应春副市长出席会议并作重要讲话。

12月10日，召开“蓝色通道”公共技术服务平台协调会，为开通“蓝色通道”公共服务平台打下坚实基础。

12月26日，召开深圳市信用担保同业公会成立大会。顾宏伟主任主持会议，陈应春副市长出席会议并作重要讲话。

广西壮族自治区

1月份，组织对横县等10个发展县域工业试点县工业规划的评审工作，各试点县工业规划均已通过自治区级专家评审。

组织召开了广西民营企业商会筹备工作会议，落实成立广西民营企业商会的有关事宜。

按照国家发展改革委要求，自治区经委（中小企业局）组织全区各市经委开展中小企业担保体系、中小企业创业方案等6个中小企业服务体系专项调查活动，并将结果上报国家发展改革委。

为完善国家发展改革委支持我区的5个中小企业项目资金的有关手续，自治区经委（中小企业局）发文至各有关市和企业，抄报税务部门备案。

根据《国家发展改革委、教育部关于联合举办2005年全国中小企业网上百日招聘高校毕业生活动的通知》（发改企业[2005]100号）要求，自治区经委（中小企业局）组织全区各市经委开展广西中小企业网上百日招聘高校毕业生活动。

审核1家企业成立股份制公司有关材料并上报自治区政府审批，批准1家企业进行成立股份制公司的筹备工作方案。

办理了广西乡镇企业经济、工程技术高级职务资格评审委员会的组织上报工作。

2月份，按照自治区经委（中小企业局）领导的要求，收集、整理、汇总了中小企业一季度开工项目100多个，并报自治区发展改革委技改处。

根据国家发展改革委要求，完成并上报了中小企业创业工作方案和中小企业培训工作总结。

组织2004年获国家发展改革委中小企业专项资金支持的5个项目单位通过国家中小企业网上报有关项目资料。

继续做好全区中小企业网上百日招聘高校毕业生活动有关工作，目前，广西中小企业网上百日招聘高校毕业生活动已正式启动，全区在网上开展招聘的企业已达54家，共为高校毕业生提供了174个职位、367个工作岗位。

审核了广西麒麟股份有限公司等3家要求成立股份制公司的企业上报的相关材料。

3月份，召开全区民营企业商会成立大会，成立了广西民营企业商会。

组织各市经委、中小企业局推荐申报第二批发展县域工业试点县。

自治区经委分派4个小组检查第一批县域工业试点县今年1～3月开工的新上项目情况，帮助企业解决实际问题。

申报了一批县域工业支持项目，包括第一批县域工业试点县和其他县的项目。

向区政府办公厅提供了北海银湾科技产业股份有限公司和燕京啤酒（桂林漓泉）股份有限公司发行新股的审核意见。

完成了广西乡镇企业“十一五”规划（初稿）。

完成了广西“十一五”工业规划的县域经济专题规划（初稿）。

草拟了《自治区人民政府关于加快非公有经济发展的实施意见》（初稿），并征求了部分市、县和企业家的意见。

4月份，承办了在河池宜州市召开的“全区县域工业经验交流暨民营企业投融资会议”，大会由自治区经委管炳六副主任主持，河池市市长杨才寿致欢迎词，自治区经委冯祖华主任作了主报告。大会给2004年（11个）和2005年（14个）全区发展县域工业试点县授予了命名牌匾，11位发展县域工业试点县的代表和3位企业家代表作了经验介绍发言。广西各市经委主任、中小企业科长，25个试点县的县委书记或县长以及县经贸局、中小企业局局长，企业家代表，自治区有关部门领导、委有关处室处长，广西民营商会理事以上单位代表等，共计350人参加了会议。

举办了一期由第二批发展县域工业试点县有关人员参加的“发展县域工业试点县工业规划编制培训班”，共有77人参加了培训。

组织召开了由第一批11个发展县域工业试点县规划编写组成员参加的《广西县域工业规划选编（第一辑）》定稿校核工作会，11个县的编写人员最后校核审定了各自的县域工业规划稿。

向区政府办公厅报送了覃刚等6位自然人发起设立广西金象投资股份有限公司的审核汇总意见。另据区政府办公厅的要求，向区直有关部门发出了关于赖可宾等5位自然人发起设立广西永凯糖业股份有限公司的征求意见函。

为国家发展改革委提供了5个广西中小企业资金发展项目。

组织报送了一批主要来自发展县域工业试点县的技术改造投资类资金扶持项目。

派员到北京参加了由国家发展改革委、财政部等6部门召开的关于举办第二届中国中小企业博览会暨中法中小企业博览会的新闻发布会。

根据国家发展改革委的文件要求，开展了一次全区中小企业信息化建设情况调查，并上报了调查报告。

5月份，根据自治区郭声琨副主席的指示，有关人员到宾阳、田林等县进行了关于非公经济发展情况及非公企业市场准入问题的调研。

召开了“第一批发展县域工业试点县重点企业座谈会”，发展县域工业试点县的代表和企业家代表主要就民营企业的市场准入问题作了发言，对政府和有关部门如何帮助支持企业发展提出了建议。广西各市经委领导或中小企业科长，第一批11个试点县经贸局领导，各重点企业代表共计62人参加了会议。

组织编辑、校核并印刷出版了《广西县域工业规划选编（第一辑）》一书。

向区政府办公厅报送了赖可宾等5位自然人发起设立广西永凯糖业股份有限公司的审核汇总意见。另向区政府金融办回复了关于同意曾庆华等19位自然人发起设立广西柳州运力专用汽车股份有限公司的函，给区供销合作联社回复了关于同意广西富满地农资股份有限公司改制方案的批复。

向财政部、国家发展改革委专题汇报了2004年中小企业发展专项资金项目完成情况，与区财政厅共同开展了中小企业服务平台调查，并给财政部报送了调查报告。

向区党委办公厅、督查室分别提供了有关全区县域经济发展情况及其加快发展的政策措施建议的材料和区非公经济发展情况的报告。

派员参加了国家发展改革委中小企业司在厦门市召开的《中国中小企业发展年鉴》工作会。

6月份，自治区经委在桃源饭店召开了保持共产党员先进性教育活动总结及2003～2004年度先进基层党组织优秀共产党员和优秀党务工作者表彰大会。

根据郭声琨副主席的指示，调查并起草了关于自治区中小企业信用担保体系建设情况的汇报材料。

组织广西的中小企业和民营企业报名参加赴欧美考察中小企业发展情况的活动。

根据自治区政府办公厅的要求，代拟了《关于征求广西著名商标、名牌产品、免检产品表彰及奖励管理办法》，并向区直有关厅局征求意见。

组织广西中小企业赴俄参加了“莫斯科中小企业纺织品展览会”。

派员参加了国家发展改革委召开的中小企业培训工作会（上海）和银河培训工作布置会（北京）。

开展“第2届中国中小企业博览会暨中法中小

企业博览会”（广州）的筹备工作。

7月份，起草了关于加快广西非公有制经济发展的政策性文件（草案）。

办理了成立自治区非公有制经济工作协调领导小组的相关事宜。

向区政府和区政府办公厅分别报送《关于广西投融资担保有限责任公司增资扩股的请示》和《同意北海正五实业有限公司改建为广西正五海洋股份有限公司的函》。

派员参加国家发展改革委召开的第2届中国中小企业博览会暨中法中小企业博览会第一、第二次联络员会议及工作布置会，并积极组织企业参会参展。

派员赴贵阳参加国家发展改革委召开的2005年中小企业发展专项资金项目申报工作布置会。

根据国家发展改革委的要求，为《中国中小企业发展年鉴》提供了广西的相关资料。

积极组织有关企业参加在南宁举行的由越南国家工商会主办的“越中企业论坛”。

向自治区农业厅推荐了2个自治区产业化重点龙头企业项目。

认真落实《中共广西壮族自治区常委会2005年工作要点》确定的工作任务，并向区党委作专题书面汇报。

8月份，根据国家发展改革委和财政部的要求，大力发动、组织各市企业申报2005年国家中小企业发展专项资金项目，按照《中小企业发展专项资金管理办法》规定，召开项目评审会对各市申报项目进行审核，并将评审出的20多个项目按要求填写制作成标准资料上报。张杰处长分别到国家发展改革委、财政部汇报，争取有关部门倾斜支持广西中小企业发展。

积极组织、发动各市有关部门和广西特色企业参加第二届中国中小企业博览会暨中法中小企业博览会，广交朋友、互通贸易、促进交往、宣传广西，同时派员参加国家发改委召开的联络员会议。

根据国家发展改革委的通知要求，积极组织有关县经贸局报送欠发达地区的基本情况并汇总上报国家发展改革委。

派员参加国家发展改革委在北京举办的第三期中国中小企业创业辅导培训班。

通过调查研究，向区政府报送了以自治区人民政府名义印发中小企业信用担保机构设立与变更事项的请示。

与广西人才交流协会、中国广西人才市场等联合举办了“上海交通大学EMBA企业管理名家论坛”。

为了更好地发展中小企业，依据有关政策和部分省市的做法，向区政府上报了关于请求安排中小企业发展专项资金并列入明年部门财政预算的请示。

根据委领导会议的布置，积极组织全区各“县域工业试点县”的经贸局、中小企业局报送发展县域工业试点县2006年中小企业新上、技改和扩建项目。

9月份，根据国家发展改革委、财政部的要求，继续发动、组织各市企业申报2005年国家中小企业发展专项资金项目，按照《中小企业发展专项资金管理办法》的规定，召开项目评审会对各市申报项目进行审核，并将评审出的27个项目按要求填写制作成标准资料上报。

根据国家发展改革委、财政部的文件要求，自治区经委中小企业处与广西乡镇企业培训中心共同上报广西2005年组织800名中小企业人员参加创业培训的资料。

派员参加国家发展改革委在南京召开的中小企业信用担保行政许可工作座谈会。

组织全区企业参加了在广州举办的第2届中国中小企业博览会暨中法中小企业博览会，广交朋友、互通贸易、促进交往、宣传广西。第二届中国中小企业博览会暨中法中小企业博览会（以下简称博览会）经国务院批准，由国家发展改革委、财政部、商务部、国家工商总局、广东省人民政府、法国经济财政和工业部联合主办，于2005年9月12～15日在广州国际会议展览中心举行。广西代表团共有212人参会，由自治区政府办公厅、自治区经委、自治区财政厅、自治区商务厅、自治区工商局、自治区招商局及14个市的代表组成，杨道喜副主席为广西代表团团长，何国林副秘书长为副团长，管炳六副主任为代表团秘书长，张杰、黄振成为联络员。参展企业36家，展位24个，共有254个产品参展。各市普遍重视这次参会参展工作，分管的副市长、副秘书长及相关部门的领导都参加了本次博览会。部分市还视财力情况拿出了一些资金补助参会参展的企业，这对企业是一个很大的鼓舞，企业参会参展的积极性很高，到9月9日，还有企业报名要求参展。这反映了企业渴望扩大交流、加快发展的愿望。博览会分9个专业展区，我区重点参加医药展区，主要突出现代中药这个南药品牌，突出我区的优势资源和特点。本届博览会广西代表团共签订11个投资项目合同，总额5.5亿元；22个购销合同，总额6.4亿元。13日下午，广西代表团在中国大酒店举行重要项目签约仪式。广西南宁鹏浚化工贸易有限公司与深圳市超美化工科技有限公司签约在南宁投资5000万元人民币，建设汽（柴）油清净剂生产基地；广西防城区开发有限公司与阿拉伯联合酋长国涛佛科国际贸易有限公司签约在防城市投资300万美元的果蔬加工项目；培力（南宁）药业有限公司与广州康优保健品有限公司签订五个年度销售回款1.5亿元的销售合同；广西康华药业有限责任公司与深圳通健药业有限公司签下年销售2000万元的销售合同。在展区现场，广西亿康药业有限公司第一天就与广州锦发医药公司签了30万元的苍鹅牌鼻炎宁购销合同。此外，桂林天和药业与马来西亚向阳药业、美国瑞福祥（西岸）、美国瑞福祥（东岸）达成购销意向协议。广西灵峰药业、广西花红药业、桂林三金药业等均达成购销意向协议，北海国发与中山医科大学达成科技成果转让意向协议。

通过调查研究和广泛征求有关厅局的意见，向区政府报送了《关于下发广西民营企业获中国驰名（广西著名）商标、中国（广西）名牌产品和国家免检产品称号的表彰及奖励管理办法的请示》。

经研究向自治区政府办公厅报送了《关于广西平桂飞碟股份有限公司发行新股意见的函》。

根据《广西壮族自治区发改委关于进一步完善县域经济工作联系机制的通知》（桂发改地区[2005]349号）的要求，向区发改委报送了县域经济工作联系人名单。

根据自治区发展改革委的文件要求，经过调查研究，向自治区县域经济工作办公室报送了《自治区经委贯彻落实〈自治区党委、自治区人民政府关于加快县域经济发展的决定〉工作方案》。

根据委领导会议的布置，继续积极组织各"县域工业试点县"的经贸局、中小企业局报送发展县域工业试点县2006年中小企业新上、技改和扩建项目。

举办了中小企业信息化体验之旅活动，全区在南宁、柳州、桂林分三处共组织800多名企业人员参加了中小企业信息化工程的培训。

指导筹备成立广西家具行业协会，并发动各市相关企业参加协会。

根据区人事厅和委人事处的布置，开展2005年广西壮族自治区乡镇企业专业技术资格评聘工作。

与自治区人事厅EMBA项目办公室一道积极组织企业人员报读上海交通大学EMBA硕士学位班。

10月份，根据国家发展改革委通知要求，派员参加了北京第一届东亚促进中小企业发展与投资高层研讨会。

根据国家发展改革委通知要求，上报了广西产业集群发展情况汇报材料，并派员参加了全国产业集群发展专题研讨会。

派员参加了自治区金融办牵头的、区直有关部门参加的到重庆、浙江、山西等地考察外省（市）中小企业融资担保体系建设情况的活动。

经研究审核有关材料，向自治区金融办发送了《关于柳州市公共交通有限责任公司改建为柳州恒达巴士股份有限公司的函》，向象州县经贸局下发了《关于成立广西象州县投融资担保有限责任公司的批复》。

在调查研究的基础上，草拟广西县域经济发展"十一五"规划和乡镇企业发展"十一五"规划。

根据自治区经委领导会议的布置，继续积极组织各"县域工业试点县"的经贸局、中小企业局报送发展县域工业试点县2006年中小企业新上、技改和扩建项目。

派员参加了柳州市中小企业信用协会成立大会暨工作座谈会。

11月份，根据国家发展改革委中小企业司通知要求，派员到海口市参加中国中小企业博览座谈会。

根据自治区主席办通知要求，为《政府工作报告》提供广西非公经济发展主要措施及2006年非公经济发展工作思路。

根据自治区政府办公厅的批示要求，经调研和广泛征求自治区工商局、国税局、地税局、财政厅、质监局、发展研究中心等部门意见，向自治区政府报送了《关于下发广西民营企业获中国驰名（广西著名）商标、中国（广西）名牌产品和国家免检产品称号的表彰及奖励管理办法的请示》。

根据自治区经委领导的指示，向自治区财政厅发送了《关于请求将广西民营企业获中国驰名（广西著名）商标、中国（广西）名牌产品和国家免检产品奖励资金列入自治区财政预算的函》。

根据广西投融资担保有限责任公司请示的要求，经研究向自治区政府上报了《关于广西投融资担保有限责任公司增值实行投资主体多元化的请示》。

派员参加了由自治区人事厅组织的、国家人事部安排的"浙江·广西'民营经济发展'公务员对口培训班"学习。

根据工作布置，在调查研究的基础上，草拟了《关于做好2006年县域工作意见》。

根据国家发展改革委要求，对2004年国家中小企业发展专项资金项目进行跟踪、监督，并上报了《广西2004年国家中小企业发展专项资金项目总结》。

根据自治区经委统一工作部署，收集整理2006年全区中小企业挖潜改造资金项目情况，并汇总报委技改处。

根据自治区经委工作布置，草拟了全区中小企业2005年工作总结和2006年工作计划，并提供了有关中小企业服务体系和担保体系建设情况。

根据农业部部署，草拟了区乡镇企业"十一五"发展思路。

为加快发展中小企业，根据美国加利福尼亚州越南华裔联谊会的邀请，以商会名义积极发动企业家和政府官员组团到美国考察中小企业发展情况。

12月份，派员参加国家发展改革委在北京召开的中小企业和非公经济座谈会。

根据国家发展改革委中小企业司通知要求，积极组织各市经委、中小企业局发动企业参加全国中小企业管理现状调查问卷填报活动。

办理了《关于设立广西王者通讯投资股份有限公司的请示》、《关于设立广西康科生物股份有限公司的请示》、《关于燕京啤酒（桂林漓泉）股份有限公司发行新股意见的函》和《关于同意广西花红药业有限责任公司改建为广西壮族自治区花红药业股份有限公司的函》等公司的改制和扩股批准意见。

自治区经委中小企业处组织召开了由各市经委（中小企业局）分管乡镇企业统计工作的领导和统计工作人员参加的2005年度广西乡镇企业统计年报布置会。

根据农业部布置，继续修订区乡镇企业"十一五"发展思路。

自治区经委7月份上报农业部的全国乡镇企业系统统计财会先进集体（9个）和优秀（先进）统计财会工作者（25人）、全国乡镇企业科技教育质量先进单位（9个）和个人（18人）的评审材料均获农业部下文批准。为此，向各市经委转发了农业部《关于表彰全国乡镇企业科技教育质量工作先进单位和先进个人的通报》（农企发[2005]10号）和农业部办公厅《关于表彰全国乡镇企业系统统计财会先进集体和优秀（先进）统计财会工作者的决定》（农办企[2005]8号）两个文件。

海南省

2005年以来，在省委、省政府和中国海洋石油总公司的领导下，在东方市委、市政府的直接支持下，中海石油化学有限公司认真贯彻建设海南新型工业省的方针和中国海洋石油总公司“下游”发展战略，围绕公司年初制定的计划目标开展各项工作，生产经营、项目建设、改革和发展工作均取得了良好的成绩。

2005年2月12日，吴仪副总理在海南省委书记汪啸风、省长卫留成等领导的陪同下视察了海南洋浦经济开发区。

2005年1月21日，在人民大会堂隆重举行的首次“中国保健行业名牌产品”授牌仪式上，中国保健协会公布了首批“中国保健行业名牌产品”目录，椰岛鹿龟酒名列榜首，再次成为在座专家和经济界人士关注的焦点，成功获得首批“中国保健行业名牌产品”称号。

2005年2月24日，第3届全省银行表彰金融贷款诚信企业暨企业诚信论坛在海口环岛大酒店隆重举行。

2005年2月24日，海南省人大《关于加强信用建设的决定》颁布一周年。

3月10日，椰岛公司在总部会议大厅召开了“质量兴企，创中国名牌”动员大会，总公司领导与来自总公司各部门、海口酒厂、老城酒厂、洋浦淀粉厂、销售公司等单位的员工供应商代表共300多人出席了大会，海南省质量技术监督局、海口市质量技术监督局、九千认证中心等单位的领导应邀出席了大会。

在3月30日举行的三星（海南）光通信项目竣工典礼上，韩国电子三星株式会社社长李基泰向省长卫留成赠送“诚信政府”的感谢牌匾。

2005年4月18日，海南惟一的全国环保百佳工程，充满后劲的海南最大水泥企业国投海南水泥二期技改扩建完成。

6月23日，在本会（刊）创意承办的“2005海南财富与环境暨循环经济发展论坛”上，椰树集团董事长王光兴畅谈名牌保护与创造财富的关系。国宴饮料椰树牌天然椰子汁和矿泉水就是椰树集团生产的名牌产品。

6月29日，以科技、节能、环保、资源综合利用为导向，海南省最大规模水泥生产线昌江华盛天涯水泥日产5000吨新型干法回转窑水泥熟料生产线投入生产。

2005年7月18日，将为海南企业带来全新商业机会的“优号”新闻发布会在海口文华大酒店隆重举行。

7月，海南DC商业城荣获华南区IT卖场第8名殊荣，海南DC商业城荣获2005中国电脑商500强之IT卖场50强。

8月，海南天涯水业（集团）公司成功实现与具有世界500强背景的企业中法水务合作，成立三亚中法供水有限公司。

8月12日上午，海口市质量兴市工作动员大会召开，海口市农业、工业、旅游业等重点行业都确立了质量目标，至2010年，医药企业全部通过GMP认证，纺织业10种产品将达到国际先进水平，同时帮助中小企业积极脱困。

8月，海南亚洲制药集团快克荣获中国驰名商标。

2005年9月14日，海南省商务厅对在2004年度省外贸出口和自营生产企业出口业绩好、在出口工作中作出突出贡献的55家企业给予表彰和奖励；对出口工作中做出良好业绩的47家企业给予通报表扬。

9月16日下午，交通银行海南分行成功举办中秋银企联谊会暨重大授信项目签约仪式。

9月，甘泉牌白砂糖被再次授予海南名牌产品称号。

2005年9月，海润珠宝公司先后组建了珍珠科学馆、珍珠科技公司、珍珠加工配送基地，形成了业内特有的“海润模式”。

10月24～29日，汪书记、卫省长率领海南党政代表团赴上海、江苏、浙江等省市考察。

11月22日，省委书记汪啸风在华能海南发电股份有限公司总经理阎友宁陪同下视察中国华能集团投资的海口火电“大代小”工程工地。

12月8日，国投海南水泥有限责任公司二期技改扩建工程投产仪式在海南昌江厂区隆重举行。

12月6日，海南省人民政府出台了《关于鼓励支持和引导个体私营等非公有制经济发展的若干规定》。

重庆市

2005年1月16日，重庆市人民政府王鸿举市长就市中小企业局与市工商联联合上报的《关于2004年全市民营经济联系会议情况的报告》作出了重要批示：“工商联与中小企业局精诚合作，各自发挥自己的优势，又互济互补，互为依托，为民营企业服务，联席会议就是一种好的工作方式。新一年中，希望在维权、融资、调解、评先导向、业主自律等方面，按照落实科学发展观，维护社会主义市场经济秩序的要求，取得更多的实效，赢得中小企业更多的信任，促进民营经济更快、更好地发展。”

2005年1月20日，按照党中央和重庆市委的统一部署，市中小企业局成立了局机关（第一批）保持共产党员先进行教育活动领导小组，张福华局长任组长，吴锡鹏副局长任副组长，其他局党组成员为成员；并下设办公室，吴锡鹏副局长担任办公室主任。市中小企业局保持共产党员先进行教育活动正式拉开了序幕。

2005年1月27日，经局长办公会审议通过，向全市各区县（自治县、市）印发了《2005年全市非公有制经济、中小企业发展工作要点》，提出了本年度的指导思想、目标任务和工作要点，并要求各地认真贯彻执行。

2005年2月2日，为促进市工业进入更高的发展层次，由过去单纯追求发展规模、速度、效益，转变为在追求速度、效益的同时，更加追求工业与周边环境和谐发展；同时也为城区和中心城市的非公有制经济、中小企业拓展新的发展空间，市政府印发了由市中小企业局起草的《重庆市人民政府关于推进都市工业园（楼宇）建设的意见》（渝府发[2005]20号），在全市掀起了发展都市工业的热潮。

2005年3月26日，市中小企业局印发了《共产党员先进性具体要求》，从局党组、党组成员、局机关、处室、个人等5个层面提出了保持共产党员先进性的具体要求。

2005年4月14日，2005年3月，市委、市政府将“小企业创业基地”建设纳入当年全市八大“民心工程”项目之一。市中小企业局按照这一要求，印发了《关于认真抓好“民心工程”推进小企业基地建设工作的意见》，要求全市各区县（自治县、市）积极创建市级小企业创业基地，促进公众创业和就业。

2005年4月21日，市中小企业局在南川市举办了以“质量在我心中”为主题的“古佛酒杯”首届重庆市中小企业质量知识竞赛。全市40多个区县（自治县、市）组织代表队参赛，竞赛出了一、二、三等奖，活动取得了圆满成功，对推动全市中小企业重视产品质量、提高质量意识起到了积极作用。

2005年5月10日，市政府召开了全市民营经济暨都市工业工作会议。会议审议了《重庆市民营经济中长期发展规划》和《重庆市都市型工业发展规划》，并提出了相应的修改意见。张福华局长汇报了全市都市工业的发展情况，市委常委、常务副市长黄奇帆到会并作了重要讲话。

2005年5月25日，市政府印发了《重庆市人民政府关于表彰2004年度全市民营经济工作先进单位的通报》（渝府发[2005]53号），对2004年度被评为“重庆市民营经济十强区县”的九龙坡区等10个区县（市）、被评为“重庆市区县民营经济发展奖”的万州区等5个区（市）和被评为“重庆市民营企业50强”的重庆力帆实业（集团）有限公司等50家民营企业进行了通报表彰。

2005年6月16日，市中小企业局召开了保持共产党员先进性教育活动群众满意度测评大会，测评结果为：满意率为98.08%，基本满意率为0.92%，不满意率为1%。

2005年7月14日，市中小企业局召开了全市各区县（自治县、市）中小企业（经委、乡镇企业局）局长会议。会议对2005年上半年全市非公有制经济、中小企业工作进行了小结，研究部署了下半年的主要工作，并对主城区和各中心城市都市工业发展情况进行了探讨和交流。

2005年9月11日，市政府出台了由市中小企业局起草编制的《重庆市人民政府关于印发重庆市非公有制经济中长期发展规划（2005～2020年）的通知》（渝府发[2005]84号），该规划在全市开始正式实施。市中小企业局在《重庆市非公有制经济中长期发展规划》编制过程中，注重以科学发展观为指导，提出了发展思路、中长期目标、产业重点、企业培育、项目策划和创造外部环境等方面的规划建议，对策措施具有针对性和可操作性，对进一步推动和促进全市非公有制经济中长期发展具有重要指导作用。

2005年9月11日，市政府出台了由市中小企业局与市政府研究室起草的《重庆市人民政府贯彻落实国务院关于鼓励支持引导个体私营等非公有制经济发展的若干意见的实施意见》（渝府发[2005]85号）。这一政策性文件的出台和贯彻落实，为进一步加快全市非公有制经济、中小企业发展提供了强有力的政策支持和制度保障。

2005年9月29日，在中央和市委的统一部署下，市中小企业局作为第一批共产党员先进性教育活动单位，开展的保持共党员先进性教育活动历经学习动员、分析评议、整改提高、巩固和扩大成果四个阶段，于近日正式宣布结束。整个教育活动中，全局上下严格操作，提前谋划，活动开展得广泛深入、规范有序、有所创新、扎实有效，达到了“提高党员素质、加强基层组织、服务人民群众、促进各项工作”的目标要求。活动中，坚持把学习贯彻始终，牢牢抓住“三个代表”重要思想这条主线，把握先进性这个主题，共收集意见和建议1118条，经梳理为58条意见，制定了局党组、支部整改方案和党员个人整改措施以及五个层次的党员先进性要求；建立了以党员学习、党员教育、党员管理、党员联系群众、党内民主参与“五个机制”为重点，包括28个具体制度的使党员“长期受教育、永葆先进性”的长效机制；完成了机关党委、部分党支部、工会、共青团、机关妇委会等的换届选举，完善了党、群基层组织；进一步调整完善了全局的工作思路，形成了“一、二、三、四、五”的基本工作思路；结合自身工作实际创造性地提出了体现自身特点的以“提高指导水平、提高服务质量、提高办事效率，让基层满意、让企业满意、让职工群众满意”的“三提高、三满意”为主要内容的主题系列实践活动。通过先进性教育活动，提高了全局贯彻党的路线方针政策的自觉性，增强了用科学发展观指导服务非公有制经济、中小企业发展的能力。在群众满意度测评中，全局的群众满意率和基本满意率达到了99%，得到了市委先教办的充分肯定。

2005年9月29日，为调动全市人民为市加快非公有制经济发展献言献策的积极性，市中小企业局与市政府人民建议征集办公室联合承办了由市政府主办的“加快发展非公有制经济”的人民建议专题征集活动，为期两个月，评选出了16名获奖者，在全市人民群众中掀起了关心和支持非公有制经济发展的高潮，取得了很好的效果。

2005年12月12日，市中小企业局根据各地都市工业发展的情况，经局长办公会研究，正式批准认定了12家首批市级都市工业楼宇，并报市政府批准认定12家首批市级都市工业园。至此，全市的都市工业发展已经进入良性发展轨道，并初具规模。

2005年，全市共有非公有制经济产业活动单位51.7万个，其中非公企业7.5个，个体工商户44.2万户；从业人员达到565.4万人，占全市第二、第三产业从业人员的比重达到65.9%；实现增加值1593.1亿元，比上年增长22%，占全市地区生产总值的比重由2004年的48.9%提高至51.8%，对全市经济增长贡献率达到71.04%；拉动全市经济增长8.2个百分点；实缴税金161亿元，比上年增长25.8%，占全市入库税金总量的比重达到42.4%；固定资产投资完成额1208.5亿元，比上年增加26%，占全市固定资产投资比重达到60.2%；出口产品交货值19.15亿美元，比上年增长24.79%，占全市总出口比重由上年的73.6%提高至76%；提供劳动报酬526.4亿元，比上年增长18.2%，全市非公经济从业人员年均劳动报酬从上年的7890元提高至9310元。全市中小企业13.8万户，比上年增加1525户，比2000年增加1.0万户；从业人员337万人，比上年增加13万人；实现增加值1030亿元，同比增长19.9%，比2000年增长1.2倍，“十五”期间年均增长16.3%，比同期全市地区生产总值增速快2.3个百分点;占GDP的比重由上年的30.98%提高到33.6%，比2000年提高4.1个百分点；实现利润总额184亿元，同比增长12.3%；实缴税金180亿元，同比增长27.6%。

四川省

1月9日，省委书记张学忠同志在省中小企业局报送的工作总结上作出重要批示：“中小企业、乡镇企业是县域经济的主体，也是工业经济中最具活力的组成部分，在促进经济发展、推动技术创新、吸纳就业和稳定社会等方面发挥着重要作用，我省中小企业局成立近一年来，做了大量工作，取得初步成效。新的一年里，希望进一步牢固树立和认真落实科学发展观，切实履行职责，积极营建中小企业服务体系，帮助企业解决实际困难，推动我省中小企业、乡镇企业快速、健康发展。”

1月11日，省长张中伟同志在省中小企业局报送的工作总结上作出重要批示：“中小企业局成立以来，按照省委、省政府的要求，深入调查研究，理清工作思路，明确工作重点，做了大量工作，成效明显。望在新的一年里，扎实工作，开拓创新，搞好服务，努力为中小企业健康发展营造良好的环境。”

1月12日，召开全省乡镇企业、中小企业工作暨表彰会议。

1月24日，四川省商务厅、四川省中小企业局召开全省中小企业开展国际化经营工作联席会。

1月31日，四川省经济委员会、四川省中小企业局召开工作座谈会。

2月2日，召开四川中小企业新春座谈会，邀请全省40多家来自不同行业的企业家代表参会，听取意见，共谋四川中小企业发展。

3月22日，国家开发银行四川省分行和四川省中小企业局联合召开中小企业融资联络员培训会。

4月5日，举办《国务院关于鼓励支持和引导个体私营等非公有制经济发展的若干意见》报告会。

4月6日，四川省十届人大常委会第十四次会议审议通过《四川省〈中小企业促进法〉实施办法》。

4月11～12日，举办中小企业开拓国际市场报告会。

4月22日，召开“全省中小企业信用与担保协会”成立大会。

4月28日，“中国中小企业四川网”建设项目被列为《四川省2005年重点高技术产业发展计划》。

5月17日，召开全省乡镇企业中小企业主管部门负责人工作会议。

5月18日，世界银行集团国际金融公司中小企业部发展专家莉莉安娜·德·莎女士（Liliana de sa）到省中小企业局考察中小企业发展情况。

5月20日，四川省中小企业局与国际金融公司中国项目开发中心IFC-CPDF联合主办，四川省中小企业信用与担保协会、成都市信用担保协会和成都市小企业信用担保有限责任公司赞助承办2005中小企业信用担保国际（中国·成都）研讨会。

5月24日，成都市被确定为“中英中小企业扶持政策体系项目”实施试点城市。

5月24～25日，国务院“乡镇企业扩大农村富余劳动力就地转移”调研组到四川省就发展乡镇企业促进农村富余劳动力就地转移情况进行专题调研。

5月31日～6月3日，举办中—荷中小企业生态与农产品加工及市场开拓培训班。

6月8日，向省政府副省长杨志文同志作工作汇报。

6月21日，召开机关第四次党员大会。

6月23日，四川省人大办公厅、四川省人民政府办公厅联合召开《四川省〈中小企业促进法〉实施办法》新闻发布会。

3月～6月，开展2005年全国中小企业网上百日招聘高校毕业生活动。

7月1日，《四川省〈中小企业促进法〉实施办法》正式施行。

7月5日，四川省财政厅、四川省经济委员会、四川省中小企业局联合印发《四川省中小企业发展专项资金项目申报管理实施办法》。

7月14～15日，召开全省乡镇企业、中小企业工作会。

8月24日，举办国家银河培训工程"四川省中小企业发展战略培训班"。

9月28日，召开"四川省大专院校、科研机构、中小企业科技项目及创业投资项目推介会"。

10月26日，召开四川省中小企业信用担保联盟成立大会。

11月18日，四川省经济委员会、四川省信息产业厅、四川省中小企业局联合召开成立四川省中小企业信息化联盟会议。

11月15日，召开四川省中小企业协会成立工作会议。

11月21日，评审出2005年度四川省中小企业科技创新项目59项，其中一等奖39项，二等奖14项，三等奖6项。

11月25日，四川省中小企业局、四川省工商联联合召开"四川省最具成长型中小企业100强"评选大会。

贵州省

2005年1月17日，贵州省中小企业局（省非公有制经济办公室）召开了成立以来的第一次"全省非公有制经济工作座谈会"。会议认真贯彻胡锦涛总书记在贵州考察时的重要讲话精神，进一步宣传贯彻落实《中华人民共和国中小企业促进法》、《国务院关于鼓励支持和引导个体私营等非公有制经济发展的若干意见》，并就如何加快发展贵州省非公有制企业、进而推动全省经济的发展，政府怎样更好地为非公有制企业提供服务进行座谈商讨。

2005年4月5日，召开"全省中小企业、非公有制经济工作会议"。会议总结交流了2004年贵州省中小企业、非公有制经济工作，部署2005年全省中小企业、非公有制经济发展，并座谈讨论省中小企业、非公有制经济的发展重点、对策及对贯彻落实国务院"非公经济36条"的意见和建议。

2005年2月5日，开通"中国中小企业贵州信息网"。到2005年年底，访问量突破60万次，在全国排名第4位。

宣传贯彻落实国务院"非公经济36条"。分别于2005年1月5日和3月1日，组织各有关部门、单位、企业，在《贵州日报》开辟专版对国务院"非公经济36条"进行宣传贯彻。在2005年6月22日、23日和29日，召开了贯彻执行国务院"非公经济36条"征求意见座谈会，分别听取非公有制企业、商会、专家和省老领导的建议和意见。

2005年3月17日，全局党员和干部职工赴非公有制企业——贵州西洋肥业调研，开展保持党员先进性教育活动，听取企业对省中小企业局（省非公办）履行工作职责的意见和建议。

2005年6月23日，举办"贵州中小企业信息化建设研讨会暨办公自动化系统演示会"。

2005年6月底，试运行与省统计局联合制定的《贵州省中小企业、非公有制经济统计体系建设方案》。

与贵州省经济体制改革研究会合作，组成课题组，对贵州省非公有制经济发展现状进行调查，并撰写出《贵州省非公有制经济现状调查研究报告》。

组织省中小企业及非公有制企业参加由国家发展改革委与教育部组织的"2005年第三届全国中小企业网上高校毕业生就业工作招聘活动"。截至6月活动结束，全省有160余家企业在网上招聘，设立360个工作岗位，招聘了近1500人，在全国排名第15位。

2005年8月30日，邀请中国著名策划大师王志纲先生在贵阳举办"中小企业市场化发展"专题报告会。

2005年9月15～18日，组团参加第2届"中国中小企业博览会"，贵州代表团共组织了51家企业参展，共设42个展位，总成交额达4.5亿元。

2005年11月3日，召开"全省典当工作暨培训会议"。

2005年12月17日，召开"全省中小企业信用担保工作暨培训会"。

云南省

在1月27日召开的全省工业经济工作会议上，李新华副省长代表省政府与各州市签订了《2005年云南省非公有制经济发展目标责任书》，审核兑现了2004年度非公经济发展目标考核的奖励。

2月1日，下发了《2005年全省中小企业和非公经济发展工作指导意见》。

为认真贯彻省委、省政府《关于实施"兴边富民工程"的决定》（云发[2005]号），会同有关处室研究制定了《关于做好"兴边富民工程"的工作意见》，确定从2005年起到2007年，每年拿出不低于2000万元的资金，对全省8个州市的25个边境县（市）的工业园区建设项目、重点企业技术改造项目、非公经济和乡镇企业扶持项目给予重点支持，积极推动边境县（市）工业经济加快发展，以此促进区域协调发展。

3月24日，由省委副书记、常务副省长秦光荣同志主持召开了"省非公经济领导小组第12次会议"，会议以贯彻落实《国务院关于鼓励支持和引导个体私营等非公有制经济发展的若干意见》为主题，听取了省非公办2004年推动全省非公经济发展情况、2005年的工作安排意见的汇报，审议了2005年促进非公经济发展的有关重大工作事项。

为认真贯彻落实《国务院关于鼓励支持和引导个体私营等非公有制经济发展的若干意见》（国发[2005]3号）文件，按照省非公经济领导小组第12次会议要求，结合近两年来贯彻落实《中共云南省委、云南省人民政府关于加快非公有制经济发展的若干意见》（云发[2003]5号）文件的情况，研究制定了省《关于贯彻落实〈国务院关于鼓励支持和引导个体私营等非公有制经济发展的若干意见〉的意见》，在广泛征求16个州市经委（非公办）和省级53个部门意见的基础上，形成送审稿上报省政府审批实施。

按照国家发展改革委等五部委《关于举办第2届中国中小企业暨中法中小企业博览会的通知》要求，于9月12~15日组织了包括食品、医药、建材行业33户企业参加的"第2届中国中小企业博览会暨中法中小企业博览会"，使全省参展企业获取了相关领域的前沿技术和有价值的商业信息，为全省非公企业积极开拓国内国外两个市场，开展对外交流与合作，搭建了一个良好的发展平台。

10月25日~11月11日，根据徐荣凯省长等领导对《关于促进中小企业融资工作的调研报告》的有关批示精神和省政府办公厅有关通知要求，省非公办牵头组织了4个专项调研检查组，深入8个重点州市及企业就贯彻《中小企业促进法》、国发[2005]3号、云发[2003]5号的落实情况进行专项调研，重点对市场准入、信贷支持、土地使用、创业扶持、维权保护等方面的落实情况进行了督促检查，并形成了《专项调研检查报告》。

11月20~25日，会同有关处室组织了一批成长性好、资质优良、有发展潜力和上市融资意向的非公中小企业赴香港参加了为期一周的上市融资相关知识培训。

11月30日，为认真学习贯彻党的十六届五中全会精神，交流落实科学发展观、加快技术创新、促进民营工业企业做优做强的经验，以省政府名义召开了"全省民营工业企业加快发展座谈会"，李新华副省长及省长助理、省国资委主任刘才明到会并作重要讲话，30户重点民营工业企业负责人参加了会议。

结合云南省加快推进新型工业化、大力发展县域经济和实施"兴边富民工程"的工作重点，在上下配合、坚持原则、认真审查、突出扶持重点的基础上，对2005年度各州市推荐上报的80个非公经济重点项目共安排扶持资金2555万元。其中，涉及县域经济试点县项目24个，安排扶持资金810万元；"兴边富民工程"项目21个，安排扶持资金581万元。

为加快云南省贯彻落实《中小企业促进法》的立法工作，于9月和10月赴贵州及江苏两省开展了立法调研考察工作。

为认真贯彻落实党的十六届五中全会精神，全面落实科学发展观，启动了《云南省中小企业（非公经济）"十一五"发展规划纲要》的编制工作。

甘肃省

《中共甘肃省委、甘肃省人民政府贯彻〈国务院关于鼓励支持和引导个体私营等非公有制经济发展的若干意见〉的实施意见》（省委发[2005]63号）文件下发执行。

省委、省政府召开了全省非公有制经济暨表彰大会。

省乡镇企业管理局加挂"省中小企业局"牌子，在全省建立了乡镇企业、中小企业和非公有制经济三位一体的管理服务体系。

开展了以非公有制经济企业为主的评议政府活动。

青海省

3月份开始，通过对全省各地区中小企业基本情况、行业分布、改革发展的现状、存在问题的全面调查，初步确定了100个重点扶持的成长型中小企业。进一步加强与国家开发银行的合作，利用中小企业融资平台为藏羊地毯公司、青海伊佳服饰公司等企业协调落实了9000万元贷款项目，各项目已陆续投产，经济和社会效益显著。组织各地开展中小企业发展专项资金项目的申报工作，从各地上报的114个项目中，认真筛选出14个项目，在对筛选的项目进行实地考察的基础上，于8月30日通过审查、论证后上报国家发展改革委和财政部审批。11月4日，财政部批准省中小企业发展专项资金9个项目共550万元资金。

4月，与省委组织部等六部门共同下发了《关于调整我省离休干部无固定收入遗属生活困难补助费标准的通知》，先后为省属企业412名离休遗属办理了审批手续。

5月18日，会同省国资委向省政府上报了《关于对青海四维信用担保有限公司实施增资扩股给予财政支持的请示》。经省政府批准，由现四维担保公司的第一大股东青海企业技术创新投资管理有限公司申请国家开发银行青海省分行担保机构专项贷款，作为资本金注入四维担保公司。

6月，由省中小企业局牵头并组织起草了《青海省人民政府关于鼓励支持和引导个体私营等非公有制经济加快发展的若干政策措施》，并于8月16日以省政府47号文下发各地执行。《政策措施》从市场准入、资金支持、政策优惠、社会服务、素质提高、环境改善、指导协调、措施保障等方面对发展非公有制经济作了具体规定。

8月5日，在省政府召开的加强金融服务支持中小企业发展专题会议上提交了《关于进一步扩大和完善我省中小企业融资平台功能的方案》和《关于设立青海省中小企业发展资金的建议》。其中，《关于进一步扩大和完善我省中小企业融资平台功能的方案》于10月初经省政府批准实施。

8月16日上午，在西宁市举行了《关于鼓励支持和引导个体私营等非公有制经济加快发展的若干政策措施》的新闻发布会。

8月30日~9月14日，举办了“国家中小企业银河培训工程”2005年青海省中小企业经营管理人员培训班，全省县级以上经贸部门及中小企业经营管理人员共406人参加了三期共15天的培训学习，取得了良好效果。

9月中旬，由省中小企业局牵头，与省法制局、省工商联等有关单位人员赴广东、福建、四川进行了“中小企业促进法实施办法” 和中小企业发展情况的专题调研，并形成了调研报告，向省政府提出了今后发展省非公有制中小企业的具体建议。

9月25日，向国家发展改革委、财政部上报了《关于申请2005年中小企业服务体系（培训服务）专项补助资金的请示》，争取国家资金36.8万元。

9月12~15日，组织省内10家企业参加了第2届中国中小企业博览会。展会期间，就32个项目247个产品与国内外客商进行了广泛交流，分别同广东荣康药业有限公司等7家企业签约成交额2300万元，比首届中博会增加1936万元。

10月10日，与商务厅、省工商局联合向省政府上报了《关于建设“信用青海”的意见》。

完成了2005年典当行发展规划，组织上报了4户新增典当行申报材料并已获国家商务部批准。全省典当行已发展到13户。同时，完成了典当行的年审工作。

通过积极争取，中国中小企业信息网青海省分网建设工作已基本完成，拟在年内正式开通运行。

认真贯彻“两办”通知，切实解决省属破产企业遗留问题，接待群众来访，维护社会稳定，2005年共处理上访事件40余次520多人，及时办理群众来信11件。

2005年共办理省人大代表、省政协委员提案6件。

宁夏回族自治区

2005年3月，对全区非公有制工业骨干企业进行了调研，撰写了《关于对我区30户非公有制工业骨干企业调研的报告》，提出了加快30户企业发展的意见和建议，被自治区党委《参阅信息》采用。

2005年5月，根据自治区政府要求，组成了政府考察组，对广东、浙江、江苏、内蒙古四省区非公有制经济发展情况进行考察学习，形成了《关于赴广东等省区考察学习非公有制经济发展情况》的调研报告。

2005年8月，完成国家《中小企业年鉴》宁夏部分的编撰工作。

2005年8月，开通了“中国中小企业宁夏网”，为我区中小企业搭建了一个整合社会资源、优化资源配置、实现资源共享的信息服务平台。

2005年8~9月，在自治区五市举办八期“国家中小企业银河培训工程”培训班，参加培训人员1100余人。培训内容包括工商管理培训、创业者培训等。

2005年9月，组织宁夏代表团参加第2届中国中小企业博览会暨中法中小企业博览会。

2005年9月，对全区中小企业进行了深入的调查研究，完成了《促进宁夏中小工业企业发展研究报告》。

2005年10月，制定出台了《自治区党委、人民政府关于支持非公有制经济发展的若干意见》（宁党发[2005]43号），为加快非公有制经济发展提供了有力保证。

2005年，引进民营资金，鼓励支持引导民营企业在永宁工业园开工建设中小企业孵化基地，并为其争取资金380万元。

2005年，为加快区中小企业的发展，争取国家中小企业发展专项资金，全区8个中小企业项目享受到专项资金扶持。

2005年12月，编制了《宁夏中小企业暨非公有制经济“十一五”发展规划》，提出了“十一五”期间中小企业暨非公有制经济发展的指导思想、目标任务和具体措施，并被中国中小企业信息网采用。

新疆维吾尔自治区

2004年4月~2005年1月，自治区顺利完成了第一批驻疆中央企业分离办社会职能试点工作。接收中油集团公司58所中小学、4个公安机构，涉及资产总额2.78亿元，在职职工6290人，离退休职工1933人，争取到中央财政转移支付资金4.6亿元。

2005年1月18日，国务院召开全国电视电话会议，安排部署第二批中央企业分离办社会职能工作，新疆维吾尔自治区接受的是国家电网公司、中国国电集团公司、中国华电集团公司及新兴铸管集团有限公司等4户企业驻疆6家单位的6所学校，移交在职人员174人，离退休人员82人。按照国务院的工作部署，自治区积极开展了第二批驻疆中央企业分离办社会工作。3月14日，自治区召开第二批中央企业分离办社会职能工作会议，安排部署第二批驻疆中央企业分离办学校工作。12月26日，第二批中央驻疆企业分离办中小学移交签字仪式在乌鲁木齐举行。乌鲁木齐市、巴音郭楞自治州、昌吉回族自治州人民政府、阿克苏地区行署分别与国家电网公司新疆电力公司、中国国电集团公司新疆红雁池发电有限公司、中国华电集团公司苇湖梁发电有限公司、新兴铸管集团新疆七五五服装厂签署了企业中小学移交协议。自治区党委常委、自治区副主席艾力更·依明巴海出席签字仪式并作了重要讲话。

1月15日，自治区经贸委会同新疆医科大学研究决定，将商业联办整体划转自治区中医医院，并授权自治区贸易行办机关服务中心和自治区中医医院于2005年2月3日签订了经双方上级主管部门审核通过的划转协议。经请示自治区领导同意，自治区经贸委于2005年3月2日批复新疆商业联办整体划转自治区中医医院（新经贸企改函[2005]43号），将新疆商业联办整体划转自治区中医医院。根据整体划转协议，与自治区编办协商将商业联办自收自支事业编制共63名划转自治区中医医院。

1月19日，自治区经贸委会同财政厅、国资委、工商局、劳动保障厅、总工会等有关部门召集会议，对计算机技术服务公司遗留问题进行了专题研究，并以《关于对新疆计算机技术服务公司遗留问题处理意见的请示》（新经贸企改[2005]40号）上报艾力更·依明巴海副主席。

1月，自治区劳动厅、自治区经贸委、总工会共同研究向自治区人民政府督查处就自治区劳动和社会保障厅等单位下发的新劳社字[2004]69号文实行劳动争议先行调节制度有关情况进行了说明。

1月，向自治区领导上报《关于将新化化肥有限公司股权划转中国化工建设总公司的意见》（新经贸企改[2005]19号）。

1月，根据国家发展改革委要求，开展了中小企业服务中心、中小企业技术服务机构、中小企业协会的调查，并将调查报告上报国家发展改革委。

1月，根据国家发展改革委的要求，报送了2004年自治区中小企业培训工作总结和2005年培训工作计划。

2月7日，向自治区人民政府上报《关于解决新纺集团公司职工有关费用的请示》，请自治区人民政府协调解决该企业取暖、医保所需费用137.53万元。

3月2日，自治区经贸委经研究后批复，同意独山子石化总厂进出口贸易总公司重组为有限责任公司（新经贸企改函[2005]42号）。

3月，对国有企业管理的职能划分、企业党组织管理及破产企业的问题向自治区党委、自治区人民政府上报《关于自治区区属国有企业管理体制有关问题的请示》（新经贸企改[2005]85号）。

3月，对自治区人民政府办公厅转来的《自治区国有高新技术企业股权激励试点工作实施办法》提出了建议。

3月，根据自治区主席助理、经贸委主任王永明的批示，将昌吉州经贸委《关于协调新疆昌棉有限责任公司部分职工上访有关问题的报告》转于中国石油独山子石化总厂，要求敦促新疆炼化建设有限公司尽快研究经营等根本问题，提出解决的办法和措施。

3月，根据国家发展改革委要求，对全区担保机构基本情况进行了普查，对中小企业信息化建设情况进行调查，并分别将调查情况报国家发改委。

3月，自治区经贸委下发了《关于成立自治区经贸委系统企业关闭破产工作领导小组的通知》（新经贸企改[2005]142号），成立了经贸委系统企业关闭破产工作领导小组。组长由自治区经贸委党组成员、副主任姚建新同志担任，副组长由自治区经贸委党组成员、纪检组长贺建军担任。之后，各行办也相继成立了各自的关闭破产工作组。

新疆包装装潢总公司于2005年4月8日由乌鲁木齐中级人民法院裁定，依法进入破产程序，乌鲁木齐化工厂7月28日进入破产程序，新疆建材陶瓷厂、新疆美亚牛仔布厂于9月26日由乌鲁木齐市中级人民法院依法裁定进入破产程序。

根据3月27日自治区党委副书记、常务副主席张庆黎主持召开的会议精神，自治区主席助理、经贸委主任王永明于3月28日召开经贸委系统各行办主任、处长会议，安排部署经贸委系统各单位排查有关企业稳定情况，及时提出解决办法，消除不稳定隐患，3月29日自治区经贸委将排查情况上报自治区人民政府办公厅（新经贸企改[2005]92号）。

3月5日~6月10日，积极组织自治区企业参加了“全国中小企业百日网上招聘”活动，共有190户中小企业登录中国中小企业信息网发布了招聘信息，提供了909个工作岗位。

4月22日，根据自治区信访局《关于请自治区协调解决新疆电池厂南疆分厂有关问题的报告》（新信呈字[2005]1号）及自治区党委常委、副主席艾力更·依明巴海的批示精神，由自治区经贸委牵头，组织召开了专题研究新疆电池厂南疆分厂在改制中的遗留问题的协调会议。并形成纪要和情况汇报，上报了自治区人民政府。9月16日，根据自治区党委、自治区副主席艾力更·依明巴海《关于新疆电池厂南疆分厂改制遗留问题情况的报告》上的批示，9月20日，自治区经贸委会同乌鲁木齐市政府、市经委、市体改办召开会议，研究新疆电池厂南疆分厂改制遗留问题，形成三点意见并以电报形式发往巴州人民政府，同时积极与自治区信访局、乌市信访局联系，加强沟通，做好对该厂上访职工代表的政策解释工作。

4月20日，向自治区区属国有企业产权管理领导小组上报《关于将新疆榆泉酒厂整体划转移交昌吉市管理的请示》（新经贸企改[2005]141号），建议将榆泉酒厂整体划转移交昌吉市，实行属地管理。

4月22日下午，由经贸委党组成员、副主任姚建新同志主持召开了关于新疆军区三户保障性企业移交地方重组管理的协调会，会议就7235造纸厂、7439昆仑汽车修理厂、7454三宫工程机械修理厂分别移交当地政府进行破产重组与新疆军工破产办、国资委、财政厅、国土资源厅、劳动和社会保障厅、联强集团进行了协商沟通，待新疆军区研究提出意见后，上报自治区人民政府决定。

4月29日上午，为进一步掌握了解经贸委系统关闭破产企业工作进程和“五一”节前破产企业职工稳定工作，自治区经贸委系统关闭破产领导小组的工作人员，前往新疆美亚牛仔布厂和新疆包装装潢工业总公司进行了调研。要求企业抽调人员在企业成立信访接待工作组，及时了解职工反映的各种问题，化解各种矛盾。同时，加强对破产企业的政策宣传力度，编印宣传手册，让职工了解有关政策，进一步做好破产企业稳定工作。

按照自治区党委常委、政法委书记侯长安的批示精神，2005年5月19日，自治区党委政法委会同自治区党委政法委、自治区经贸委、轻工行办、自治区高级人民法院、乌鲁木齐市中级人民法院、银监局等部门专题研究破产企业新疆包装装潢公司、新疆盐湖化工厂因欠款纠纷案被法院判决后强制执行引发的问题。会议要求自治区政法系统和有关部门要从支持国有企业改革的大局出发，为破产企业做好服务，进一步规范市场经济秩序，防止国有资产流失，维护债权人和职工的合法权益，保持社会稳定，提供优良的法制环境。

5月17~18日，自治区党委常委、自治区副主席艾力更·依明巴海率领自治区经贸委、各行业管理办公室、财政厅、劳动和社会保障厅、国土资源厅、政府办公厅三处、乌鲁木齐市中级人民法院等有关部门领导到自治区经贸委系统所属关闭破产企业新疆美亚牛仔布厂、新疆包装装潢工业总公司、乌鲁木齐化工厂、新疆建材陶瓷厂和军队保障性破产企业7454工厂进行调研。听取了经贸委和各行办关于破产企业工作进展情况的汇报，实地检查了各破产企业前期准备工作，要求各企业关闭破产工作组要按照自治区的总体安排，进一步明确工作职责，制定详细的破产工作计划，加快工作进程。

5月，对乌鲁木齐市市长专线办公室转来的关于新疆副食集团职工安置问题的上访信进行了答复。

5月，对自治区建设厅实施自治区城镇住房解危解困工程意见提出修改建议（新经贸企改[2005]195号）。

向自治区国资委就新疆木材运输公司和木材总厂兼并改制等问题提出建议。

7月，对哈密铁路学校幼儿园医院移交地方政府管理运行中存在的问题形成处理意见，报自治区人民政府办公厅秘书五处。

7月19~20日，自治区经贸委、自治区金融办、中国证监会新疆监管局、深圳证券交易所在乌鲁木齐举办了新疆中小企业上市融资论坛、新疆中小企业改制上市培训班，并同时套开了自治区经贸委召开的自治区中小企业座谈会，各地州市经贸委、有关部门及企业的近200人参加了此次论坛。

7月21日、25日，自治区经贸委、纺织行办、新纺集团会同乌鲁木齐市建委、乌鲁木齐市环保局，召集白云棉纺织厂、广汇动力三分公司等用热和供热单位召开现场办公会议，专题研究白云棉纺织厂锅炉并网和职工过冬问题，落实并网费用和并网建设等具体问题。

8月8日，乌鲁木齐市中级人民法院召开了乌鲁木齐化工厂破产及拟任乌鲁木齐化工厂清算组成员第一次工作会议。要求清算组严格按照国家法律规定认真做好破产清算工作。9日，由自治区石化行办牵头，召集乌鲁木齐化工厂清算组、工作组成员研究该企业破产清算组职责的划分，破产清算期间中介机构的聘请，包括审计、评估、清算及有关破产工作等问题。

8月，成立了自治区经济体制改革工作联席会议制度，自治区经贸委是该联席会议的成员单位。李明副主任是成员之一，企业改革处李鸣处长任联络员。

8月，为促进中小企业发展，规范中小企业发展专项资金的管理，自治区经贸委与自治区财政厅联合制定印发了《新疆维吾尔自治区中小企业发展专项资金管理暂行办法》。

为提高中小企业经营者素质，解决中小企业人才短缺和大中专毕业生就业问题，按照国家发展改革委要求，免费为1269名中小企业经营管理者及服务机构从业人员开展了工商管理、项目投资、上市融资及创业辅导等培训工作，超额完成了年初培训1000人的计划目标。

8月，根据国家发展改革委要求，对自治区列入国家扶贫开发工作重点的27个县的小企业发展基本情况进行了调查，并将调查情况报国家发展改革委中小企业司。

9月27日，经贸委对行办、各破产企业下发了《关于加强自治区成立50周年大庆和国庆节期间安全保卫有关工作的通知》，要求各单位结合实际，制定切实可行的预防突发事件的紧急预案，并制定了节日期间24小时值班表及领导带班制度，加大工厂工业区和生活区治安巡逻的覆盖面、频率和密度及重点部位的值班联防力量。

9月20~23日，自治区经贸委领导分头带队与各行办领导前去新疆美亚牛仔布厂（9户）、新疆建材陶瓷厂等13户破产企业，就目前企业破产进展情况，热点、难点问题，企业稳定、安全生产等工作进行了检查。从总的情况来看，各企业党委高度重视，行动迅速。

9月，在自治区50年大庆前夕，经贸委和有关部门协调解决了部分企业困难资金，如新疆包装装潢工业总公司、乌鲁木齐化工厂和新疆建材陶瓷厂三家企业发放了多年欠发职工的生活费、医疗费及老干部费用共计580万元。积极向政府申请，帮助解决新纺集团下属的美亚牛仔布厂（9户）困难职工节日补助费35万元在节前发放到职工手中。各行办积极开展为困难职工送温暖、献爱心活动。将慰问品一一送到困难户手中，使困难职工度过一个祥和、安定的节日。

9月，完成了军队三户破产企业资产等清理登记工作。7235工厂、7439工厂两企业搬迁费上报财政部审核。10月底，完成了三户军队保障性企业移交工作中的财务对账工作及移交协议的起草工作。巴州政府组成工作组正式接收了7235工厂。

12月底，三户企业职工安置方案测算批复完毕，职工安置费和经济补偿金于春节前全部发放到职工手中，节后开展了资产评估和资产审计工作。

9月，会同自治区财政厅从各地州申报的56户企业项目中筛选出15个符合国家申报条件的项目，申报国家中小企业专项资金，共有10个项目得到国家的重点支持，支持额度620万元；10月，我们筛选出11个“专、精、特、新”项目作为第一批自治区中小企业专项资金扶持项目，共安排资金支持额度560万元；12月，对17个项目作为第二批中小企业专项资金扶持项目，支持额度925万元。

积极与自治区地税局、财政厅协调，办理国家中小企业信用担保机构试点免征营业税工作。目前，已有8户中小企业担保机构享受免征营业税政策。

9月12~15日，由自治区人民政府副秘书长玉素普·哈斯木任团长，自治区经贸委副主任李明任副团长，率领22个中小企业参加的新疆代表团参加了第2届中国中小企业博览会。自治区代表团按照“三个为主”即以推动中小企业“走出去”促进新疆与内地经贸合作为主，以展示新疆制造整体形象为主，以推广新疆优质农副产品为主的指导思路，博览会期间，签订外销合同7000万元，签订意向性协议5亿元，取得了良好的效果。

8月30日~9月1日，自治区经贸委承办了全国中小企业信用担保机构培训班，有关企业管理人员和担保机构等部门相关人员共计200人参加了培训，此次培训为切实推进自治区中小企业信用担保体系建设，提高担保机构从业人员控制风险能力和业务水平，规范担保业务操作等起到了一定的积极作用。

9月13日，为进一步加快落实国有企业办中小学退休教师的待遇问题，自治区人民政府办公厅下发了《关于加快落实国有企业办中小学退休教师的待遇问题的通知》(新政办发明电[2005]321号)。自治区分离办社会职能工作领导小组办公室于5月、10月分别发文要求各地州市、各有关部门按照自治区人民政府明电的要求，积极落实文件精神。6月，由自治区经贸委牵头会同自治区财政厅、人事厅、教育厅组成调研组，就各地州的进展情况进行了专题调研，并形成调研报告上报自治区人民政府。12月，又对工作进展情况进行了督查，就进展情况、存在的问题及建议报告自治区人民政府。

10月，对自治区民政厅《关于加强城市居民最低生活保障工作的意见》、《关于建立健全城乡社会救助体系的意见》提出了修改意见。

10月，将中国中小企业信息网新疆分网建设情况上报国家发展改革委。一年以来，自治区中小企业信息网启动并加快了网站建设工作。截至目前，已投入资金100余万元，完成了网络基础平台、企业基础数据库、企业建站和会员管理系统等工作。

2005年10月8日，自治区经贸委副主任李明主持会议，专题研究自治区经贸委系统破产企业工作及三户军队保障性企业移交工作的有关问题。会议要求各行办、各破产企业一切工作都要紧紧围绕年底终结这个中心，按照分工，突出重点，强化责任，加快破产工作进度，积极配合相关部门主动开展工作。对于军队三户保障性企业移交工作，由新疆军区做好清产核资和人员界定，军地双方共同拟订移交协议，尽快移交属地管理。

10月11日，经贸委会同国资委专题研究解决部分困难和破产国有企业冬季取暖费问题，提出了解决资金的渠道，并向自治区人民政府作了专题汇报。

10月17日，新疆建材陶瓷厂、新疆美亚牛仔布厂清算组成立大会在乌鲁木齐市中级人民法院召开。10月，两户破产企业完成了清算组公章刻制、清算组账户设置，并通过乌鲁木齐市中级人民法院开始委托中介机构对资产土地进行评估审计。

11月，根据自治区人民政府办公厅《关于转发进一步促进中小企业发展若干意见的通知》(新政办发[2004]55号)精神，《关于成立自治区推动中小企业发展工作领导小组的通知》(代拟稿)上报自治区人民政府。

11月，向自治区发展个体私营经济协调领导小组办公室提供2005年自治区中小企业及非公有制企业发展基本情况和2006年工作要点(新经贸企改函[2005]559号)，并对《自治区个体私营及发展“十一五”规划建议》提出了修改意见(新经贸企改[2005]405号)。

12月，向国家发展改革委申报将新疆维吾尔自治区作为非公有制经济和中小企业统计监测分析工作试点省区的请示(新经贸企改[2005]446号)。

12月底，新疆包装装潢工业总公司、乌鲁木齐化工厂、美亚牛仔布厂、建材陶瓷厂职工安置费和经济补偿金全部发放完毕，资产评估工作已基本完成。

中国电信商务领航 破解企业信息化难题

目前，信息化程度低导致企业决策失误增多、效率低下、市场反应慢，成为了制约企业进一步发展的重要原因。资金紧张和专业人才的短缺，更使企业信息化建设成了烫手的山芋。同时，面对增长乏力的困局，企业越来越意识到信息化的价值，对信息化应用的需求也越来越迫切。他们要求信息服务商为其提供整体的、便捷的信息化解决方案，降低企业成本，提高运营效率。

商务领航为企业客户提供全方位全程综合信息服务解决方案，它依托中国电信品牌、产品、服务、网络、渠道、客户资源优势和企业信息化综合服务平台，聚合业界优秀的硬件、软件和服务提供商，携手共建了企业信息化服务联盟，将众多 IT 软、硬件产品与中国电信的基础通信业务和增值业务相融合，搭建一个专业的、安全的、高效的电信级网络和服务平台，为客户提供全方位的、一站式的信息化解决方案，满足客户信息化建设与应用的各项需求，有效控制企业管理成本，免除维护通信设备、网络和应用系统的后顾之忧，加速企业信息化进程。

企业客户在业务发展过程中，信息化需求主要集中在通信服务、信息服务、行业服务和商务服务等几个方面。为了进一步降低企业信息化的门槛，商务领航推出了三版系列应用以及多款套餐组合，为中小企业信息化建设提供了更加便捷、更加实惠的解决方案。具体包括：提供便利、优惠的通信管理手段为核心的“通信版”系列应用；以提供丰富、多样的网络和信息应用提升宽带价值为核心的“信息版”系列应用；以满足各行各业个性化、多样化的需求特点而推出的“行业版”系列应用。中小企业无需引进专业人才，只需购买相应的套餐产品就可及时享用可靠、稳定、专业、高效的电信级信息化服务，企业的信息化发展步入了崭新的发展阶段。商务领航已成为推动中小企业健康、快速发展的一剂良方。

“以前出差回来，总是第一时间赶到办公室，处理几天来搁置的公文和其他日常事务，现在成为商务领航客户，通过网上办公，所有的公文都能随时处理、流转，所有的日常事务都能及时解决，即使出差在外也不例外，工作效率和对外部事件的反应速度大大提高。”杭州世界休闲博览会有限公司的王总对此深有感触，中国电信商务领航解决了他们的燃眉之急。

除了办公应用外，商务领航还提供各类企业管理软件，大大提升了企业的运营效率。例如，“企业展台”为企业提供了公司宣传、产品展示、买卖方即时在线沟通或留言的商务平台等，既有效加强了企业的对外宣传推广力度，又大幅节约了企业的宣传费用；“网络传真”为每个用户分配一个传真信箱，并配有专用的传真号码，用户可以通过电脑或传真机进行传真存储和一到多点的群发，并能方便地对发送失败的传真进行重发，方便了异地办公，并真正实现了“无纸化”企业办公模式。

商务领航特点：

企业用户只需要支付低廉的月租费即可享用长期的、稳定的、专业化的、高质量的电信级信息化服务，而无需以昂贵的代价独立建设 IT 软件和硬件环境，单独斥资购买各种企业信息化应用软件，以及后续繁琐的系统升级和维护工作。

* “租赁”式的全新信息化服务消费理念
* “即开即用”的信息化服务使用模式
* 丰富多样、完善的信息化解决方案

商务领航之通信版：

针对中小企业客户的通信需求，商务领航推出了通信版系列应用，以丰富的信息应用业务为填充，并用低廉的资费满足客户多样化的通信需求。

超级无绳：两个电话（固定电话和小灵通）拥有同一号码，接受呼叫时，两个电话同时振铃，确保不漏接重要电话，不错过任何商机。

企业彩铃：当有电话呼入时，企业彩铃业务可以在呼叫等待的同时，向呼入方介绍企业的主要产品和业务，不错过任何一个对外宣传企业形象、拓展商务的机会。

企业总机：为用户提供了高效率低成本的内外部沟通方式。不需增加额外的成本投入，每月只需交纳少量的服务费，用户完全就可以拥有属于自己的企业总机。

商务领航之信息版：

针对中小企业的信息化网络办公需求，商务领航的信息版应用中提供了一系列优惠、实用、高效的企业信息化解决方案，如：在线杀毒、企业邮箱、网络硬盘、网络传真、自助建站、域名服务、网络版企业短信、企业展台、供求信息发布、网上开店、OA 系统等，用户可以根据自身发展的需要，选择不同的套餐组合，只需很少的投入，就可轻松获得网络化协同办公所带来的高效办公体验。

商务领航之行业版：

针对行业客户需求的定制化、多样化、复杂化等特点，商务领航从客户实际需求的角度出发，以加快客户信息化建设速度、提升客户竞争力为根本出发点，设计并完善了一系列针对性的行业解决方案，如：电子报税解决方案、酒店行业解决方案、信息商厦解决方案、数字校园解决方案、会展行业解决方案等等。

中小企业通信系统要素

一、中小企业的高速发展与通信系统

作为全球经济体中最为活跃和最具成长性的中

小企业，面临着巨大的竞争压力的同时，也面临着最多、最大的发展空间。如何将自身的优势更为有效的发挥，同时尽可能地降低自身发展过程中的风险，是每个中小企业主面对的最大困惑和挑战。在一个中小企业成长的过程中，必然经过创建过程中的艰苦奋斗、逐步立足市场时的优势扩张，进入更高层次竞争的自身转变等过程。当您的企业希望在现有基础上有所突破，一种全新的、更高效率的工作方式、更加有竞争力的员工的加入，打造有别于竞争对手的竞争优势将成为您取得进一步成功的关键。

通信系统，包括企业的数据、后台业务平台、员工、以及您经过大量努力获得的客户之间的通信是否顺畅、高效率，将成为成就您企业再次腾飞的关键。以下将简单分析中小企业通信系统与企业成长之间的密不可分的关系，并希望为您提供一些有益的帮助。

二、轻重缓急
我真的需要那些网络和通信功能吗?

对于任何一个企业，包括大型企业和中小企业，在对通信的要求方面是基本相同的；唯一的区别只在于系统的容量等。这就是我们所常说的一句话：麻雀虽小、五脏俱全。

对于大多数经过了初期创业，希望进入更高的竞争领域的成功中小企业来说。您的客户数据、财务数据、进货、出货、客户关系管理是否可以满足客户和您自己的要求？您是否迫切的希望能有一个更好的平台将这一切整合在一起，给客户、同时也是给自己一个更好的感觉？而不是像创业之初那样完全靠手工的记录，一切以降低成本为行事原则。

如果您对上述的问题有所感触，基本可以说明您的确需要将公司提升一个更高的层次了，企业内部管理系统要求您的通信系统提供更好的支撑。这些支撑包括：

* 数据网络：您的客户数据和财务数据需要一个可靠的数据网络，这是一切的基础

* Internet 接入：为您和您的员工提供与客户、供应商的联系，包括您的网站

* 防火墙和安全：防止非法的入侵，保护您公司数据安全的必不可少的保障

* 电话系统：专用的电话系统将为您的公司带来更高的通信效率和更加良好的客户体验

* 无线网络：为您公司的员工提供更为灵活的网络通信服务

* 分公司系统和 VPN：如何将您的分公司和分公司员工紧密的联系在一起，必须利用Internet 将您的各个分公司通过 VPN 连接在一起，提供除了数据通信外更高效率的语音通信服务

* 如何管理和升级：您也许会担心，原有的代管内部支持的同事，是否有时间、有能力应付这一切复杂的系统；这些系统采购后如何集成；事情是不是会变得更加复杂和不可预知

三、最佳实践，一体化通信平台

没错，看过以上的分析，这些通信系统全部是您想要的，也是必须的。但问题在于：

* 这么多的系统，有没有人能够支持

* 要选很多的产品，每个产品都有那么多的厂商，怎么选择

* 即便选定了产品，怎么集成

* 我们是不是需要一个大机房来安装这些系统

* 电话怎么办，这可是最常用的东西

如果能有一个公司，一个产品能把这一切全部解决，就可以解决您的几乎全部的问题。

* 支持可以找厂家或代理商，我们的人也可以简单学一点儿，应付日常工作

* 一个产品能做全部的事情，不用再费力的选产品，还要找集成商

* 把各个功能放在一起，就不需要很多的地方来安置这些宝贝了

* 电话也能集成的里面，直接进入IP 电话的时代了

四、不妨问问思科
了解最新的一体化通信方案

从网络诞生之初，思科就一直处于网络的核心并一直引领着网络技术和她的用户经历了各种变迁。在今天，企业又将面临向新的业务模式转型的关键阶段，思科再次责无旁贷的担负起自己责任——帮助企业明确未来的趋势并顺利实现转型。

思科公司的答案是非常肯定的，从2004 年上市到现在，思科系统公司在全球已经销售了超过200 万台专门为中小企业设计的集成产品——ISR（多业务服务器）。思科ISR 提供完全集成以上全部功能的All in One 解决方案，在一个小机箱中包括了全部的功能模块，您可以根据实际的要求任意调整配置。

在一个ISR 机箱中，包括：

路由器	以太网交换机
VPN	防火墙
网络安全	IP 电话系统
无线局域网	

这就是您需要的通信平台，不再高深莫测、不再复杂、不再无法管理……

您可以继续为企业的发展继续努力，把通信的一切放心地交给思科

案例分析:

思科统一无线网络助力中小企业腾飞

随着市场经济的发展，中小企业在国民经济发展中的位置越来越重要，如果依据国家统计局对中小企业的核定标准，到目前为止我国中小企业已经超过几千万家，占全国企业总数的99%。去年，中小企业（SMB）总产值和进出口额均占GDP的六成以上，同时提供了七成以上的就业机会。中小企业不仅是国民经济的巨大贡献者，也在伴随信息化进程的深入，展露出未来信息化建设主体的潜力。

中小企业面临的挑战

同时，在今天的客户经济时代，中小企业能否迅速而有效地通过客户选择的沟通方式向他们提供服务，对于它的成功至关重要。中小企业需要一个关键业务系统，它不仅能提供您的客户希望使用的沟通渠道，而且还能提供各种应用，让这种沟通尽可能地方便而有效。

当今的企业需要随时、随地保持连接。移动改变了中小企业处理业务的方式。实时交流、即时消息、寻呼、语音服务、差旅中网络接入和办公室中的实时网络接入等都在改变商业环境。在竞争日趋激烈的商业环境中，中小企业需要能对客户的要求迅速响应并立即获得成效。

因此，无线网络现在对中小企业来说极为关键。许多最终用户正在受益于使用无线连接带来的自由性和灵活性，而中小企业管理人员则意识到了关键移动应用可使企业获得竞争优势。很多中小企业正部署无线网络来提高员工生产率、增强合作和改进客户响应能力。

中小企业通常规模不大，资金也不充裕，所以在忙于其核心业务的同时，没有太多精力和财力针对办公中的无线和有线网络，视频、语音和数据等应用分别建设不同的网络。然而，中小企业的需求并没有因为规模小而减少，它们与大型企业一样，需要灵活多样、安全可靠、价格合理的通信网络。

同样，随时保持连接需求的增长对中小企业的网络提出了新挑战，中小企业必须在资金紧张和资源日趋减少的环境中满足不断提高的无线联网需求。一方面中小企业网络管理员发现，如果公司没有一个正式批准建立的无线网络，员工将部署自己的未经公司授权的无线接入点，从而将整个网络置于安全风险之中。另外一方面在企业建立的无线网络中，网络管理员需要为企业提供受保护的安全的无线接入。他们需要一个具备先进无线射频技术的，能有效支持当今业务应用的无线基础设施。他们需要在无线网络上仍然保持其等同于有线网络的安全性，并同时奠定好基础，以便平稳地集成新的应用。

和所有先进技术的推广一样，一体化的无线通信方式首先在大企业中得到尝试与应用。随着网络融合技术的日臻完善，在大企业为其远程的分支机构广泛部署这类解决方案的时候，一体化无线网络也开始走向中小企业。且不说一体化无线网络被看作是下一代无线网络的发展趋势，仅就中小企业自身的规模、资金状况以及网络应用特征来看，融合了无线与有线网络架构，视频、语音与数据应用的一体化无线网络也是一个性价比最优的方案。

目前就整个业界而言，也只有思科才能够提供覆盖无线和有线网络从数据到语音和视频，以及安全的全套解决方案。那么如何规划和设计出一个优秀的中小企业一体化通信网络方案，真正实现小企业大优势的解决方案，也将是一个更加精巧、复杂的任务。所有这些您都不用担心，思科将帮助中小企业解决一切，思科的中小企业一体化无线网络解决方案完全满足您的业务需要。

思科统一无线网络

思科统一无线网络是业界惟一的统一有线和无线解决方案，能够经济有效地解决中小企业所面临的WLAN安全、部署、管理和控制问题。这一强大的解决方案由最出色的无线和有线网络组件构成，以较低的总拥有成本，提供了可扩展、可管理和安全的无线局域网络。它拥有创新的无线射频功能，支持对于核心业务应用的实时接入，并能提供成熟的企业级安全连接。通过思科统一无线网络，中小企业的无线局域网完全具备与有线局域网相同的安全性、可扩展性、可靠性、易部署性和可管理性。

思科统一无线网络是一个集成化的端到端解决方案，涵盖了无线局域网的所有层次，从客户端设备和接入点，到网络基础设施、网络管理，乃至集成先进的无线服务与贴心的全球24小时产品支持。它提供了业界最佳的无线局域网安全性、创新性功能和最大的投资保护。它是惟一将创新的接入点技术和屡获大奖的集中管理系统、智能控制、实时定位服务，以及范围广泛、可互操作的思科兼容客户端设备相集成的解决方案。无论是实施高度集成的网络设计，还是简单的重叠网络，思科统一无线网络所具有的灵活性使中小企业网络管理员能根据自身机构的需要设计、实施和维护网络。

思科统一无线网络简化了网络部署、运行和管理，从而可以降低中小企业整体运营开支。凭借此解决方案，通过一个中央管理控制台能方便地管理数个、数百乃至数千个位于中央或远程地点的接入点。不论是采用高度集成的网络设计还只是简单的网络覆盖等，思科统一无线网络的灵活性允许网络管理员根据其特殊需要而设计网络。

利用思科无线轻型和自主接入点、控制器、网桥、客户端适配器、天线和管理工具，中小企业机构能够方便、迅速地根据需要扩展局域网服务，包括智能网络特性，如威胁防御、服务质量(QoS)、虚拟局域网和访客网络。所有Cisco Aironet(r)产品都是思科统一无线网络的组件。通过简化网络部署、运行和管理，这些产品降低了总拥有成本，缩减了总运营开支。

思科统一无线网络能够部署在公司办公室、生产厂房、仓库、零售商店、医院、教育机构、金融机构、地方和国家政府部门以及全球其他地点。它支持多种用途的Wi-Fi业务应用，包括实时数据访问、无线话音（VoWLAN）、视频监视、移动医疗、库存管理、零售点POS、资产跟踪和网络查看等。

思科统一无线网络为移动用户和差旅管理人员提供了公共热点、酒店、会议中心和机场等地点的移动网络接入。通过它能实时访问多种企业环境，为园区和分支机构提供安全的移动性和访客接入。客户可放心地部署思科统一无线网络，确信其投资能得到保护。

中小企业采用思科统一无线网络的优势

中小型企业需要快速地为新设的办公室/工厂提供网络支持，需要行动中的精干的销售队伍时刻保持数据、语音通信能力，需要提高响应速度以改进客户服务……

思科特别针对中小型企业的这些需求，随时随地为中小企业网络的用户提供安全的无线网络接入。伴随企业无线需求的演进和扩展，思科一体化无线网络可以帮助客户的无线局域网络轻松拓展。您的员工无论在会议室讨论计划，在生产线解决产品问题，在会客区接待客户，还是在仓库组织发货，有思科一体化无线网络的帮助，都可以及时处理订单变更，修改投标报价，再不会漏接重要的客户来电。支持无缝漫游的无线网络将使您的员工时刻连通，充分释放他们的工作才能。

思科一体化无线网络解决方案能够提高员工的生产效率和反应能力，消除不利于提高生产效率的障碍，无论是在办公室、家里还是在路上，员工都能随时访问各种信息和应用。利用该解决方案，员工能够在大楼、分支机构、咖啡厅或者其他地方建立独立的无线网络，可以在大楼之间传输数据、话音和视频，也可以提供成本低于租用线路的站点到站点链路。无论怎样配置，思科一体化无线网络都能提供与有线网络等同的安全性、可扩展性和可管理性。

思科一体化无线网络解决方案能够延长员工与网络资源连接的时间，无论是在办公室、会议室还是在公共区域，员工都能与网络保持连接。该解决方案不但能提高员工的生产效率和协作能力，使员工能够更加有效地与客户和同事交流，还能使企业加强与客户和合作伙伴的联系。

思科一体化无线网络解决方案旨在帮助全球的中小企业获得成功。它能够促进中小企业利润增长，包括理顺运作流程，增加创收机会等。利用切实可行的思科一体化无线网络解决方案，中小企业可以获得以下好处：

* 建立移动工作环境，突破时间和距离障碍，按照要求而不是位置访问信息；

* 保护企业免遭网络安全威胁，提高网络可用性，不需要增加支持人员就能有效管理网络；

* 将数据、话音和视频融合到同一个网络上，降低成本，并提高企业的灵活性。

* 不需要像大公司那样投入很多网络资金就可以为客户提供更多创新服务，从而增强竞争优势；

* 由于员工能够在办公室、家里或路上安全地访问信息，因而能加快决策速度、鼓励协作并促进任务圆满完成；

* 能够通过个性化、协作和面向客户的服务提高客户忠诚度，使员工能够快速对客户的要求作出反应；

* 利用电子商务增加收入机会；

结束语

展望未来，借助于思科一体化无线网络解决方案，中小企业将能够充分利用无线技术，并更快和更有效率的将这些先进技术集成到日常网络运行维护中。

通过部署一体化无线网络解决方案，思科已经帮助无数中小企业实现了办公系统、管理系统、生产系统与运作流程的无缝集成，最终使得这些中小企业节约成本和提高效率！

浙江网通宽带商务e动力实现供电式的中小企业信息化实施之路

浙江省目前共有中小企业约108万家，占全省企业的95%以上,浙江全省88%的经济增长贡献来自于中小企业。浙江民营企业开始逐步由小到大，由内贸向外贸，由作坊式的简单加工向分工细化的机械化规模生产过渡。这些变化对企业的生产、经营、管理都提出了许多新的课题，需要信息化手段来支撑企业的供销管理、库存管理、财务管理、人力资源管理。

但是，当前中小企业在信息化建设过程中存在许多困难：首先是人才问题，中小企业很难找到一批IT业的高级人才，同时中小企业本身提供的环境也很难留住这些人才；其次是中小企业管理尚未定型，随着企业的高速成长，变动也很大，而应用软件在企业应用的前提是管理程序化；第三是目前市场上的中小企业信息化解决方案过于昂贵，中小企业承担不起；此外一般的软件企业对中小企业的后续服务往往很难跟上。因此，传统的模式在中小企业信息化的实施过程中陷入了困境。

根据浙江中小企业信息化发展的现状，浙江网通以科学发展观为指导，坚持走差异化发展的道路，依托企业自身优势，以中小企业信息化为突破口，累计投资2000多万元、采用国际上最先进的技术打造了以应用租赁方式提供企业信息化服务的ASP公共平台，推出了基于ASP的各类信息化管理应用产品，同时充分发挥运营商强大的产业链凝聚作用，与具有技术实力和行业应用优势的IT企业广泛开展合作，通过建立联盟的方式，发挥多方优势，推出了适合中小企业需求的信息化整体解决方案，为中小企业的发展提供宽带商务e动力（ePower）。

EPower有三大块组成：第一块是基础通信业务，如网通宽带、语音和组网产品；第二块是通用增值业务，如视频监控、呼叫中心、IDC等；第三块是ePower的亮点——ASP应用，如已经推出的CRM（客户关系管理）、SCM（进销存管理）、OA(办公自动化)、外贸管理等应用。企业不用买专门的软件，只要申请网通在ePower上的帐号，就可租用网通与合作伙伴提供的各种应用。相比传统的信息化产品，ePower界面更友好，操作更简便，完全可以做到根据企业发展的不同阶段和需求，提供更高标准的安全保障和量身定做的企业信息化产品，大大节约企业购买软硬件、建设机房、招聘IT人员等信息化成本，

浙江网通的信息化管理应用（ASP）实际上是企业信息化管理外包租赁模式，通过中小企业信息公共服平台，企业用户不需要再配备专用人才，进入门槛低，无负担，投入少，无风险，方便，实用，非常适合浙江遍地开花的中小企业。

自2005年9月产品发布以来，经过一年多的推广，累计发展用户已超过1.3万多户。同时根据浙江块状经济显著的特点，在全省共创建了8个“百家企业信息化示范区”，每个示范区有100家企业使用了网通的信息化产品。目前，我们的产品在慈溪的家电制造业、余姚的外贸业、永康的五金业、平湖的市场、绍兴的轻纺城等多个块状经济区域内都已形成良好影响力。系统内管理的产品种类已超过3万种，客户记录18570条，降低因窝工、库存流失、重复采购造成的客户企业直接损失近6 0万元，而因为使用了网通信息化产品提升了企业的管理效率、管理效能、执行力、客户满意度而带来的间接收益数以百万计。

浙江网通感到根据浙江经济特点，专注区域和行业，通过重点区块和重点行业率先突破，创建示范区，最终实现行业客户和示范区复制策略来推进中小企业实现信息化的效果较好。比如宁波附海镇，是中国三大“家电之乡”之一，主要生产饮水机、电风扇、取暖器、洗衣机，行业单一，在只有23平方公里的弹丸之地，有家电制造企业800多家，几乎每8户家庭就有1家企业，且产业链完整，很多企业没有专门的IT部门和IT人员，内部管理水平不高。企业老板有信息化的意识，但在真正接受和应用信息化产品时还有一些犹豫。浙江网通选择在此重点突破，率先发展了宁波慈溪伟达、三一网络等几家当地有影响力且具有行业代表性的客户，然后以树立标杆，示范推广的方式，效果显著，很多中小企业很快就跟进应用信息化产品。经过近4个月的努力，目前在当地已经有100多家企业使用上了网通信息化管理产品。

用客户的话说：“不用掏很多钱去买软件，不用专门的IT维护人员，不用改造公司的任何系统，只要租赁网通的管理系统，学会如何使用，就一下子踏上了信息化的道路”。应该说，浙江网通率先以信息化服务外包的模式真正解决了中小企业实施信息化难的问题，实现了供电式的中小企业信息化实施之路，方便大量中小企业快速享受全方位的信息化服务，切实帮助客户提高了管理水平和市场竞争力，促进了当地经济的发展，信息化推进工作得到了当地各级政府的高度认可。

精细管理　敏捷经营

——面向中小企业的用友ERP-U8解决方案

一、系统概述

用友ERP — U8，是面向成长型的企业，在总结40余万客户的应用经验、吸取国内外先进管理理念、融合经济发达地区企业实践的基础上，提供的一套具有普遍适应性的完整全面的ERP软件。其组成部分包括：涉及到财务会计、管理会计、客户关系管理、供应链、生产制造管理、人力资源、OA、决策支持、企业应用集成以及集团应用10个产品体系，在软件功能体现了3个层次的管理特征：以精确管理为基础，以规范业务为先导，以改善经营为目标，最终实现用友ERP — U8“精细管理，敏捷经营”的核心理念。

二、目标客户

用友ERP — U8所面向的客户具有以下核心特征：

* 产值规模：其核心目标企业为产值1000万－2亿元的企业。

* 企业类型：单一企业为主，或兼有外地办事处；

* 销售模式：直销、分销（有关的业务处理）

* 重点支持如下行业市场

行业类型		重点支持的行业
离散制造	机械制造类	汽车及配件、机械设备、仪器仪表、机械零部件、专用设备、汽车总装（支持中小型汽车制造）
	电子电器类	计算机及配件、电子、家电、电器、通信设备
	服装类	鞋帽服饰、玩具、家具
	家具类	家具、地板
流程制造	食品饮料类	食品、饮料、纯净水、乳制品，酒业
	制药类	制药
	化学化工	化工、塑胶、日用化工、硅酸盐（陶瓷/水泥/玻璃）
	纺织类	纺织、印染
商品流通		批发、零售、专业店、专卖店经营模式
行政事业		政府、科研机构、协会
服务业		房地产、旅游、出版、图书

三、应用特点

用友ERP-U8具有3层管理特征，即：以精细管理为基础，以规范业务为先导，以战略支持为目标。

（一）精细管理

用友ERP-U8在业务操作的层次上，更加突出了关于业务模式、业务关联控制的内容。比如，从财务管理中资金的精确管理，到库存物料价值的准确分析，再到整个供应链的执行过程，包括预警机制、信用控制机制、价格管理等等，以及针对不同角色而设置的个性化的应用环境等，都突出了精细管理的特点。

用友ERP-U8，在积累财务管理的基础上，向企业业务运作管理方面的扩展，呈现了自己的特点。应用特点主要表现在，财务管理上的适用与灵活；生产管理上的科学统筹，特别是对于离散行业的支持灵活自如；供应链管理的全程集成；人力资源管理的示范指标体系模版等。用友ERP-U8，借鉴先进的经营管理方法与经验，提供了有效的经营分析工具，提供了改善经营的策略，比如，对于经营各环节的状况进行及时反馈和跟踪，对于关键环节如库存、销售、资金运用等进行预警。

（二）规范业务

用友ERP-U8，在建立业务规范上主要体现在以下几个方面：首先，遵循国家财务制度的相关规定，形成了处理财务事务的规范化流程和标准化功能。其次，在采购管理、库存管理、销售管理、GSP质量管理，积累了国内企业运作的经验，拥有了典型的业务流程处理模式。再次，在生产管理中，严格遵守MRP的规则，对于保证制造企业产品按期交付、成本准确核算提供了可靠的运作机制。另外，用友U8人力资源管理，除了能够满足人力资源管理的日常业务需求外，还提供了业绩考核、资源规划等高级管理功能的典型标准和模板。对于业务经营中的异常状况进行严格的审批控制管理。比如通过系统权限、数据期限、金额权限等，控制业务的操作范围，保证重大业务的规范处理。

（三）战略支持

管理驾驶舱和集团管理的功能，提供了企业战略决策支持的方法、技术和工具。

U8管理驾驶舱，面向企业高级决策者，通过优秀的应用和技术框架，从企业整体信息化的角度出发，整合并抽取各个业务层面与高级决策者和战略目标相关的信息，形成闭环反馈式管理。

U8管理驾驶舱，提供了企业整体运行的系统指标，提供了经营决策的可靠依据。包括的关键业务指标有：财务运营指标、库存周转率、销售业绩评估，生产成本分析等，并提供了分析录制、目标管理等工具。提供了杜邦指标分析、沃尔比重分析等分析技术。

U8绩效管理，采用平衡记分卡/KPI管理思想，帮助企业从财务、运营、顾客、成长性4个视角评价绩效、监控运营。通过绩效管理系统可以全方位透视企业各部门运营状况。并可针对绩效评估状况进行讨论、协调和反馈，针对问题指标可以追溯其产生的原因和责任人。

对于集团企业，提供了关于全面预算、资金管理、集团合并报表、专家分析等功能，可以及时制定集团企业经营计划，控制并分析、调整集团业务经营状况，提供财务专家分析报告。

四、技术特点

* 技术构架上，采用3层架构设计，可以提高效率与安全性、降低硬件投资成本。

* 系统管理工具上，提供了安全备份计划、层级递进的权限管理机制、数据快照备份技术、升级工具、总账工具、远程配置工具，使数据保存统一、安全、高效。

* 通过WEB应用，支持采购、销售、库存、存货、财务、资金的远程应用，极大地提高了企业对于异地资源的利用效率。

* 在微软的终端服务模式下可以远程使用软件而对带宽几乎没有要求，更神奇的是在Citrix公司产品平台上使用时，U860软件可以当作B/S结构的软件使用，用IE浏览器即可运行，56K调制解调器拨号上网即可使用。这样使得其部署和使用更具灵活性。

* U8EAI具有信息总线功能，主要的功能是实现了U8系统的对外标准接口，其他的软件系统可以和U8系统进行挂接，实现协调工作，数据共享，使软件的价值最大化。通过U8EAI可以实现U8模块之间的数据交互，第三方软件与U8系统各模块的交互，甚至于U8不同账套之间的数据交互及多套U8数据的交互。

五、产品地图

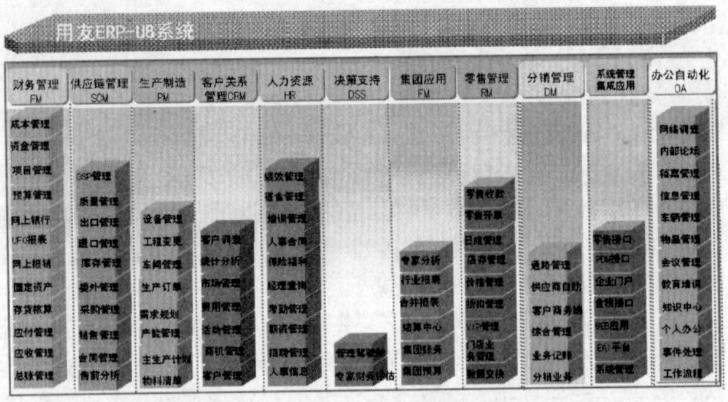

用友 ERP-U8V870 产品地图

六、应用价值

用友 ERP-U8 产品典型功能领域的价值体现：

U870典型应用领域部署	价值体现	典型应用角色
决策支持	√增加管理可视性 √降低决策风险 √挖掘信息价值 √经验再利用	CEO/CFO/COO
财务会计/集团财务会计	√降低工作负荷 60% √缩短结账周期90% √缩短收账期	会计/出纳/CFO
管理会计/集团管理会计	√降低资金运作成本 √减少管理成本 √降低财务风险 √实现绩效综合评价	财务主管/预算主管/CFO
销售管理	√提高发货准确率 √降低营销费用 √降低退货率 √减少销售前置期 √合理快速报价 √提高预测准确率 √减少盲目促销 √提供准确的销售分析	销售主管/销售人员/COO
客户关系管理	√增加客户满意度 √增加收入机会 √把握客户需求 √合理准确执行价格政策 √科学分析客户信用	销售主管/销售人员/COO
库存管理	√提高库存准确性 √减少库存呆滞 √提高库存周转率 √降低盘点差异率	库存主管/库管人员/COO
采购管理	√降低采购成本 √缩短采购周期 √保证物料质量 √减少库存 √降低采购风险 √提高采购订单执行可视性	采购主管/采购人员/COO
供应商管理	√合理评价供应商 √合理选择供应商 √保证优质货源	采购主管/采购人员/COO
生产制造管理	√个性化定制 √降低生产成本 √缩短提前期 √销售订单可视性 √提高产品合格率 √提高交货准确率	生产主管/车间管理人员/COO
人力资源管理	√提高员工满意度 √优化人员结构 √提高员工素质 √提高人工产出	人力资源主管/招聘主管/培训主管/考核主管/人力资源部门人员/授权员工
企业门户	√提高协同效率	所有系统授权人员

H3C 助力连锁销售业信息化网络建设

H3C 商业企业网络解决方案旨在帮助商业企业获得成功，通过将网络价值引入企业的生产、销售、运营、管理以及客户服务等方方面面，帮助不同规模、行业和发展需求的企业打造灵活、协同、智能的安全网络，凭借网络价值赢得未来。本文以连锁销售行业为例，为企业用户的信息化网络建设提供方案借鉴。

一、需求分析

在现阶段，中国的连锁销售业已得到极大的发展，逐渐从萌芽、起步到现在的成熟，但整体仍旧面临诸多问题。

从外部环境来看，在流通市场日益繁荣的同时，市场竞争也越来越激烈，企业的优胜劣汰也更加频繁。连锁企业如果要想取得更大的发展，就必须最大可能的降低商品的销售成本，加快流通资金和商品的周转率，才能够创造较好的经济效益，在激烈的市场竞争中立于不败之地。

从企业内部来看，目前中国连锁企业普遍在操作层面采用的信息化技术比较多，比如收银、收货、库房管理等环节，而信息技术在管理层的应用情况，如销售统计分析等方面应用得很少，而在决策层的应用则更少。因此一方面造成大量有价值的数据的浪费，不能在企业加快资金及商品周转率方面发挥应有的价值；另一方面，企业管理层和决策层由于无法获取诸多实时数据及历史数据而造成决策困难甚至是决策失误，为企业带来巨大损失。

为解决此问题，最重要的核心问题就是数据的实时传递及安全存储。

＊ 数据的实时传递：各类实时数据，如各店面的当日销售数据、配送中心的物流数据等，能及时地传递到企业管理层，以便他们从宏观层面及时了解整个企业的运作状态，以作出正确的分析和决策。

＊ 数据的安全存储：各类历史数据，如客户信息、历年产品销售数据等，需要安全可靠地存储起来，以便日后分析整理及支持决策。

目前，典型的连锁销售业一般由企业总部、分支门店、配送中心、售后服务点及客服中心等五大部分组成。企业总部实施整体管理，包括各店面销售情况、产品配送等。为实现此目的，它迫切需要大量实时及非实时数据进行支撑，主要包括：

＊ 各店面产品实时销售数据，包括每个店面每种商品销售数量、金额等，以便实时掌握整体销售状况；

＊ 各产品配送中心产品情况，包括产品库存、各店面配送数量、在途或已抵达目的地的产品及数量等，以便整体调配；

＊ 客户信息管理，包括名称、购物清单、消费金额、地域分布等，以便有针对性地进行产品促销。

要实现以上目标，必须有一张安全可靠的网络作为支撑。以此为基础，实现各种数据的自由流动及存储共享，以数据为中心支撑企业日常运营。而企业管理层基于各种数据，才能实现管理方式的彻底转变，真正实现企业的数字化管理、数字化运营。

二、方案设计

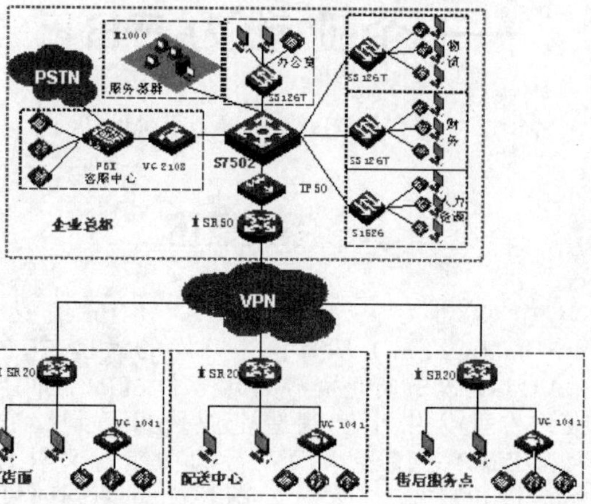

（一） 局域网络

1.公司总部

网络核心采用S7502作为核心，连接服务器群和公司总部的接入层交换机。

公司总部的各个部门，如办公室、物流中心、人力资源和财务等，依据其对网络的依赖程度采用不同性能的交换机接入，具体如下：

* 办公室、物流中心和财务等部门都是对网络依赖比较多的部门，采用H3C的S3126T交换机接入；

* 人力资源对网络资源访问比较少的部门采用S1526系列交换机；

* 服务器群组，包括资料服务器、OA服务器、财务服务器等，直接连接到核心的S7502的千兆接口上。

2.分支网络

分支机构的交换机可以视情况选择S1526、S1026T、S1024R等设备。在分支店面等对设备要求比较高的场所可以采用S1526交换机，S1526交换机采用WEB方式管理，操作简便，功能强；对设备要求不高的企业分支机构就可以采用S1024R交换机。

（二）网络出口

总部及分支网络的出口分别部署H3C的MSR50及MSR20系列路由器，作为Internet的出口设备，同时也用于连接各分支机构。MSR系列多业务开放路由器是H3C公司专门面向行业分支机构和企业而推出的新一代网络产品，集数据安全、语音通信、视频交互、业务定制等功能于一体，能够在企业网络应用不断丰富的形势下将多元业务方便的部署于同一节点。此外，MSR 50还提供了丰富的安全功能，包括Firewall、IPSec VPN、MPLS VPN等。该系列产品可以为行业分支机构提供高性能、多业务的一体化网络方案，也可以作为企业的核心网络设备，完成数据、语音、视频等多种流量的广域网交互。

（三）安全防护

由于企业总部的服务器上有很多关于客户信息和财务报表的关键敏感性数据，所以选择Tipping-Point 50来提高整网的安全性。具体部署在MSR50路由器和核心的S7502之间。Tipping Point入侵防御系统能够阻止蠕虫、病毒、木马、拒绝服务攻击、间谍软件等；通过深达第七层的流量侦测，TippingPoint入侵防御系统能够在发生损失之前阻断恶意流量，有效保证网络安全。

（四）VPN 接入

在企业公司的总部配置MSR50路由器作为Internet出口设备，在各分支机构，如店面、配送中心、售后服务点等，根据规模配置MSR30或20系列路由器作为出口设备。

H3C MSR系列路由器支持IPSec VPN、MPLS VPN等多种VPN，同时基于专门的安全数据连接设计技术，采用内置硬件加密功能的CPU和主板上内置的硬件加密引擎（NDE），提供最高达500Mbps的加密性能及每秒最多3000个隧道的处理能力，有力保证转发和加密同步高性能。

企业的分支机构主要是分支店面、配送中心、售后服务点等。分支店面和总部的通信主要是企业分支机构访问OA系统的一些信息，配送中心和售后服务点主要是访问公司的资料服务器，整体数据量都不大，故出口路由器建议采用H3C的MSR2021。

MSR2021除了丰富的VPN特性之外，自身还附带8个二层以太网交换口，相当于一台小型交换机，大大降低了成本，非常适合小型店面使用。

（五）存储系统

存储系统采用H3C的Neocean IX1000存储产品。因为对于连锁企业，它有大量资料及数据需要可靠存储与备份，具体有：

* 用户资料，这些资料有利于以后的回访和反馈问题的解决；

* 企业内部OA系统内的诸多资料；

* 企业内部重要数据，如财务报表、销售数据等。

由于这些数据信息对企业来说至关重要，所以需要专门的存储系统来保存。H3C IX1000面向具有丰富业务需求的企业用户，提供IP SAN/NAS一体化数据存储功能、CDP连续数据保护、基于块增量的远程复制、广域SAN等丰富的数据管理功能。依靠自身强大的广域网数据管理能力，IX1000能够部署到任何有IP网络连接的地点，形成全网WSAN解决方案，轻松实现多地区、多层次的数据集中分发服务，非常适合连锁销售业这种多点分布的公司模式对于存储的需求。

（六） VOIP 部署

1. 客户服务中心

原有PSTN话机及PBX保留，通过部署VG21-08，将PBX连入IP网络。同时，在VG20上连接PSTN网络，进行备份。

2. 分支机构

在各分支机构都配置VG10－41语音网关。VG10-41有一个FXO口，4个FXS口，FXS口可以直接连PSTN电话机，FXO口在有需要出局的分支机构可以连接当地PSTN网。这样，当分支机构与异地客户等进行通话时，可以先通过VOIP线路到达与客户同一地区的其他分支机构，然后再通过当地分支VG的FXO口接入PSTN网络，将长途电话变为市话，节省电话费用。

三、实施效果

基于H3C公司成熟稳定的产品，连锁销售业可以成功构建个性化企业网络，真正实现企业的数字化运营。

* 数据实时传递并支持企业管理决策：各类实时数据能够及时地传递到企业管理层，方便他们对企业整体运营状况的宏观掌控。

* 基于实时精确的数据，企业针对各种突发事件的处理能力有了极大提升，应对自如，彻底改变过去束手无策或感性决策的局面。

* 通过了解各店面的当日销售数据、每种商品销售数量、金额等信息，企业管理层可以针对各店面下达不同的销售任务及策略。

* 通过精确掌握每个配送中心的物流数据，包括产品库存、各店面配送数量、在途或已抵达目的地的产品及数量等信息，企业管理层能对配送产品种类及数量进行及时调整，将产品配送到真正能够为企业创造利润的地方。

* 数据安全存储并支持多个业务系统：各类数据存储安全可靠，并可以支撑企业其他业务系统，如客户关系管理系统CRM、数据分析及挖掘系统等。

* 存储并分析客户信息，包括名称、文化程度、购物清单、消费金额、地域分布等，企业可以有针对性地对某地区某特定客户群制定个性化的促销方案，更好地服务客户并为企业创造利润。

* 存储并分析历年产品销售数据，如产品品牌、价格区间、产品类别等信息，企业可以有针对性地制定采购计划及销售计划，避免了产品积压甚至退货等各种因素造成的成本损失，加快资金及产品周转速率，为企业创造更高利润。

* 通过VOIP实现内部免费通话，同时将长途变为市话，大大节约了通讯费用；快速及时的数据传递，有力支撑上层决策并使决策快速传达到下级分支机构，使企业整体运作效率有了极大提升。

目前，H3C商业企业解决方案已经得到广泛应用并取得了良好口碑。今后，H3C将会用更多实际行动关注广大企业用户基础网络的铺设，帮助用户打造自己的核心竞争力，携手企业用户描绘出我们共同成长的宏伟蓝图！

东信达软件
——企业动力ERP

“投资小，见效快”

一、系统概述

《企业动力》管理软件，是东信达公司（www.dxda.com）从其自主开发的大型ERP系统——AUTOETS企业资源管理软件基础上推出的浓缩版，专业为中小型制造企业量身而制。它既拥有大型ERP系统强大而完善的功能，又具有操作简单、性价比高、易于实施等优点，同时随着各行业版的推出，目前已经覆盖10大主体行业：机械、电子、家具、灯饰、化工、设备、医药、服装布业、印刷、五金。自2001年第一版面市以来，一直以其出色表现备受中小企业青睐：3000多家成功客户的信赖和支持，比《企业动力》曾经和即将获得的任何荣誉都更珍贵。

二、系统特点

（一）软件实用　性价比高

《企业动力》管理软件采用最成熟的技术研发而成，从目标客户——中小制造型企业的实际需求出发，不苛求运行环境，以保证用户无须对现有软硬件环境作额外升级，即可将系统快速投入使用；同时以东信达公司雄厚技术力量作支撑，以大型ERP软件AUTOETS为背景，在拥有全面功能的同时，保持业内极具竞争力的价位，从而极大节省用户投资，大大降低了中小型企业的使用门槛。

（二）界面友好　操作简捷

《企业动力》管理软件是中小型企业管理软件的开路先锋，依靠东信达公司先进的技术、丰富的经验和卓越的创新精神，成为为中小制造型企业量身制作的优秀ERP软件。界面采用使用者非常熟悉的WINDOUW GUI技术，可以同时执行多项任务；流程清晰，菜单、按钮使用灵活，完全采用MDI（多文档）风格；有丰富的快捷按钮和快捷键；在线帮助能指引用户熟练使用整个系统……总之，企业动力系统的设计始终围绕着“用户就是上帝”的基本准则，为用户呈现出友好的使用界面。

（三）精确计算　控制成本

以“一个BOM，两个计划（销售计划、采购计划），三张单（订单、采购单、生产单）”为核心的《企业动力》管理软件通过其核心模块：“MRP计划”模块对库存、采购需求、生产需求作出精确计算，以“零库存”为理念，避免浪费，将资源利用效率最大化，从而有效控制并节省成本。

同时，《企业动力》管理软件以其人性化的设计将成本控制精确到每一个细节：比如，对生产过程中产品质量的跟踪；对经营各环节的状况进行反馈和协助分析；对库存状况、客户情况等进行及时预警，等等。

（四）全面管理　提高效率

《企业动力》管理软件以其完善的流程设计实现规范整个业务运行模式的效果。它由包括“产品配置”、“生产管理”、“销售管理”、“采购管理”等在内的11个相互协作、共同作用的模块组成，贯穿采购、生产、销售全过程，将企业内部各个部门紧密联系在一起，将各部门的功能和资源高度整合，使企业整体运营效率得以大大提升。

同时，《企业动力》中融入了先进的管理理念和方法，借鉴了成功企业的运作经验，这使得其流程设计和整体管理精神趋近完美，为企业改进经营方式提供有效辅助机制。

（五）接口开放　信息共享

《企业动力》管理软件采用ODBC开放式接口，可将数据转换成EXCEL、DBASE以及文本文件等多种格式，以满足用户对数据保存、备份处理和二次开发的需要；同时，可将系统中数据信息同第三方软件结合，实现导入导出功能；所有模块使用共同的数据库，使得信息可以在企业内部自由流通，达到信息共享。

（六）功能强大　升级方便

《企业动力》管理软件涵盖了全方位的企业管理，功能强大；同时可以根据企业具体需求，平滑升级或灵活进行二次开发。

三、系统结构

（一）清晰而严谨的流程设计：

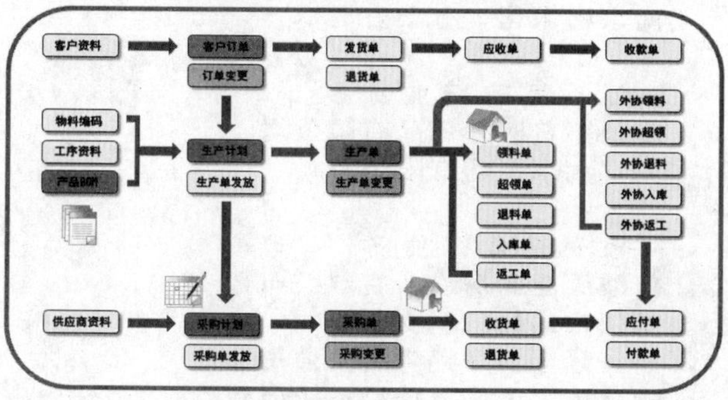

（二）产品配置模块：

提供产品的BOM（bills of material）录入，其中包括产品的物料构成和加工工艺描述，能方便快速地建立各种产品BOM。可以自动计算BOM成本，包括计划成本和各种核算情况下的实际成本；通过“图文档设置”进行图纸和文件管理；通过“特征件”实现产品物料构成中替代件的管理；提供产品、材料在不同配置下的加工价格管理；可以设置虚拟产品、材料。这一模块中各项功能的综合应用，可以简化人工操作投入，以更加灵活地处理复杂生产问题。

（三）销售管理模块：

管理从报价、订单到发货、收款的整个销售过程；同时，可以有效管理客户资源。

功能亮点：

* 提供报价管理、产品出货管理、产品退货管理、销售发票管理、收款管理，并在其中每一关键步骤设立“审批”与“反审批”按钮，保证在销售业务流程顺利进行的同时，存在有效的监督和控制机制。

* 提供客户资料录入、客户等级评估、销售预测等功能，记录客户信息，降低销售风险，防止客户流失。

（四）采购管理模块：

主要任务是处理物料的各项采购业务。管理整个采购流程，并提供供应商资料的管理。

功能亮点：

* 可以帮助企业实现仓储限量，以降低采购成本；

* 可以结合质检模块实现来料的质量控制；

* 可以方便地管理供应商报价：在采购单中自动调用或者查询物料历史单价情况。

（五）生产管理模块：

主要任务是根据生产计划安排的结果，执行生产任务。

功能亮点：

* 依据预设的产品工艺路线产生制程计划，确定计划生产日期、计划完成日期、具体生产车间等信息；

* 按照流程卡进行每日制程汇报，记录生产进度情况；

* 结合检验模块通过IPQC制程检验严格监控生产中质量状况。针对质量不良产成品，系统提供返修过程控制，详细记录返修情况。产品生产完成后通过检验合格、包装及包装检验，进行成品入库处理；

* 提供员工产品合格率输入处理，并可生成计件工资计入员工工资；

* 提供生产退料处理，避免物料浪费

（六）仓库管理模块：

管理货品入库、出库。

功能亮点：

* 协助进行库存盘点、仓库月结，方便掌握物料流入流出讯息；

* 提供实时物料查询，及时了解物料库存状况；

* 仓库分类管理，设有“待检仓”、“不良品仓”，有效控制入库物料质量。

（七）MRP计划模块：

作为《企业动力》管理软件的核心模块，“MRP计划”的作用举足轻重。它联结销售、生产、采购模块，通过引用预设的BOM配置订单工程，自动精确计算一个订单下的生产需求、采购需求，并将其下发到相关部门生成生产单和采购单，从而实现供产销一条龙管理。

功能亮点：

* 计划倒排法采用了先进的“JIT”思想，着眼于准时交货，有利于减少库存积压，加大流动资金周转率；

* 对自动产生的生产计划、采购计划，可以人工方式加以增补删改；

* 可以针对不同物料设定不同补货周期，因此可对物料使用差异补货的方式，更方便物料仓储和周转管理；

* 实现数量少、多品种、多规格、多版本的混合生产计划，对系列化生产提供更为便利的计划手段。

（八）质检管理模块：

系统将质量管理功能与采购、仓储、生产等环节的相关功能集成，实现对物料的质量控制。用户可以通过使用采购、生产、车间、委外等系统的质量检验过程来完成相关的管理功能。系统提供全面品质控制：IQC来料检验单、委外检验单、IPQC检验单、包装目检、成品QA检验、成品包装PQC检验，并产生各类品质分析图表。

（九）财务管理模块、人事管理模块、设备管理模块：

对企业中的人力资源、资金、生产设备进行专门的管理。

（十）系统管理模块：

设置系统基本数据，对整个系统进行宏观管理。

功能亮点：

* 定义和设置用户权限，保护信息安全；

* 提供完整的系统自动备份机制，严密保护数据安全。

四、技术参数

数据库：Ms SQL Server2000 / Sybase SQL AnyWhere

版本和模块配置：

产品号	产品名	功能模块														
		采购管理	销售管理	仓库管理	财务管理	生产管理	成本管理	质检管理	MRP计划	人力资源	固定资产	变更管理	决策管理	用户开发包	高级排产	商业智能
07-1	豪华版	■	■	■	■	■	■	■	■	■	■	■	■	■	■	■
07-2	高级版	■	■	■	■	■	■	■	■	■	■	■	■	■		
07-3	行业版	■	■	■	■	■	■	■	■	■	■	■				
07-4	标准板	■	■	■	■	■	■	■	■	■	■					
07-5	生产版	■	■	■	■	■	■	■								
07-6	商贸版	■	■	■	■											

五、成功案例

（一）机械行业：

新会联兴高频设备有限公司
佛山市南海三龙达重工实业有限公司
东风酒店设备工程有限公司
宁波东力电气技术有限公司
上海正特焊接器材制造有限公司

（二）电子行业：

东莞市协信电子科技有限公司
广州雷讯电子有限公司
郑州驰骋信息技术有限公司
南京展高通讯电子公司
杭州宇松电子有限公司

（三）家具行业：

厦门尚宏理容椅业有限公司
金鼎家私
顺德富其家具有限公司
肇庆粤美家私有限公司
成都瓯江家具有限公司

（四）服装布业：

志达布业
南海朗汇制帽厂
普宁吉祥岛制衣厂
珠海灏源制衣有限公司

（五）化工行业：

合肥鸿明塑料制品有限公司
北京中企爱尔环保装饰材料制造有限公司
汕头市万润塑料制品有限公司
安特普工程塑料(苏州)有限公司
南京盛东化工有限公司

（六）医药行业：

广州阳普医疗用品有限公司
浙江大冢制药有限公司

（七）五金行业：

宁波天驰厨房设备有限公司
温州市诺托五金有限公司
浙江景宁洁净钢管有限公司
佛山市顺德区万佳泓不锈钢制品有限公司
上海科星五金有限公司
东莞富祥五金制品有限公司

（八）摩托车行业：

广州林叶机电科技有限公司
广州市雷利诺摩托车有限公司
广州大奔摩托车工业有限公司
广州市峰光实业有限公司
重庆市爱华机电有限公司

桐乡市诚信担保有限责任公司

桐乡市诚信担保有限责任公司是以政府投资为引导，依照《中华人民共和国公司法》组建、按照市场化运作、实行企业化管理的一家担保机构。公司成立于2000年4月，由10个股东组成，公司的注册资本从成立伊始的1000万元，到2006年3月调整到5000万元。

公司于2000年5月初正式挂牌运作，经营宗旨是：坚持依法经营，坚持社会效益和自身效益并重，主要为桐乡市中小企业的发展提供高效、优质服务。贷款担保原则：以政府产业政策为导向，对具有发展潜力的中小企业提供信用保证，协助其获得银行、信用社贷款，扶持和促进中小企业快速健康发展，在申请担保活动中，遵循平等、自愿、公平和诚实信用原则。担保范围：流动资金贷款、科技型企业技改贷款、出口型企业信用证贷款、入住园区企业的建设性投资贷款、城镇改造基础设施贷款以及下岗失业人员再就业贷款。

在运作过程中，坚持支持发展与防范风险相结合，政府扶持与市场化操作相结合，开展担保与提高信用相结合，服务于全市中小企业、个体工商户及其业主。经过6年多的运作，截至2006年底，为全市中小企业提供贷款担保1164笔，累计提供担保为10.87亿元，解除贷款担保960笔，解除担保金额为8.76亿元，在保余额为2.11亿元。公司业务涉及工行桐乡市支行、农行桐乡市支行、中行桐乡市支行、建行桐乡市支行、浦发银行桐乡市支行、信用联社、商业银行和杭州商业银行。

公司在运作过程中，一方面边实践边探索，建立健全各项管理制度，完善运作机制，加强调查研究，协调部门关系，特别是风险防范、风险规避制度的建立，使公司运作至今，尚未发生贷款代偿风险。2001年公司被列入全国第二批中小企业信用担保体系试点单位，2002年至2005年连续4年被嘉兴市人民政府授予“优秀中小企业担保机构”，被选举为嘉兴市担保协会副会长单位，浙江省信用与担保协会副会长单位，今年又被评为省“十佳信用担保机构”，同时在申报国家“中小企业发展专项资金”项目中，获取专项奖励资金50万元，从而大大提升了公司的形象。6年多来，公司实现贷款担保代偿零风险，不仅增加了自身的积累，而且加速了担保业务的快速发展，实现了社会、企业、贷款银行和担保公司的共赢。

福建省南平市聚成资信担保有限公司

针对中小企业“融资难、寻保难”应运而生的南平市聚成资信担保有限公司，为南平市首家商业性中介担保机构，成立于2002年8月。

公司以“诚实守信，方便群众”为宗旨，认真贯彻执行国家信贷政策和担保法规，以服务经济、服务社会、服务中小企业为鲜明的市场定位，与银行金融机构紧密合作、稳健经营、重视风险管理，重点为符合国家产业政策的科技型、创汇型、资源综合利用型、农副产品加工型、就业型及社区服务型的各类所有制性质的中小企业提供专业化、规范化的资信服务和信用担保(如短期流动资金贷款担保、商业票据担保、工程招投标担保、资产保权业务担保等)以及提供企业管理、项目评估、信息咨询服务。

公司坚持依法经营，遵循诚实信用、平等自愿原则，为客户提供快捷、方便、优质的服务。为福建省信用担保协会第一届常务理事单位。

聚财有道祈助民企锦上添花
成事在人愿为客户雪中送炭

地址：福建省南平市滨江路延寿楼三楼
邮编：353000
电话：0599-8852222
传真：0599-8830158 8838631
E-mail:jcdb88@163.com

大连市企业信用担保有限公司

大连市企业信用担保有限公司（以下简称企信担保）是由市、县两级财政共同出资组建的政策性担保机构，注册资金为3.28亿元，主要业务是为中小企业提供融资担保服务。

（一）公司的历史

2000年，作为“中英辽宁国有企业重组和企业发展项目”的子项目，大连CGF（Credit Guarantee Funds）成立，英国国际发展署提供了资金支持，英方专家对员工进行了长期培训。

2002年，企信担保成立，CGF并入企信担保，担保基金由500万元增加至2亿元，并确立了“政策性资金、企业化管理、市场化运作”的经营模式。

2004年，企信担保再次增资到2.78亿元，进入快速发展时期，合作银行大幅增加，业务规模迅速扩大，行业影响也日益重要。

2007年初，公司再次增资到3.28亿元。

（二）公司的业务

企信担保的融资类业务品种非常齐全，可以为中小企业在流动资金、贸易融资、固定资产投资、国企改制、管理层收购、融资租赁等方面的融资需求提供担保，此外在诉讼保全、贸易履约、工程履约等非融资领域也提供担保服务。截至2006年末，公司担保金额累计达到33.8亿元。

（三）公司的管理

企信担保通过不断的研究和摸索，逐渐将国际先进理念与本地中小企业实际结合起来，总结出一套行之有效的业务操作标准和风险控制手段。

企信担保的法人治理结构健全、制度体系完善，各项工作的开展井然有序。企信担保的业务流程严谨且顺畅，从咨询、立项、初审，到复审、审保会合议、总经理审批，再到出账、监管、终结，构成完整的业务链条，对于每个环节的工作标准和工作方法，都有具体的规定和指引，保证公司业务低风险、高效率运行。

（四）公司的团队

企信担保是一支年轻而优秀的团队。现有员工32人，一半是近年毕业的年轻学生，一半是来自财政、金融系统的成熟人才，平均年龄33岁。

经过英方专家培训的业务骨干构成了企信担保的核心团队，公司既注重传帮带，又注重营造个性思维空间，使新员工很快成熟，公司以“诚信、责任”为核心价值观开展企业文化建设，引导员工为实现自身价值而主动挑战工作目标。高素质、有凝聚力的团队，成为自身发展的持久动力。

经过5年发展，企信担保树立了良好的担保品牌和公司形象。2005年，公司被评为首批“全国十大最具影响力的担保机构”。企信担保愿继续与社会各界携手并肩，为促进中小企业发展、为社会信用体系建设发挥更大的作用。

中国网通“宽带商务”解决方案

“宽带商务”是中国网通针对企事业单位提供综合通信及信息服务的客户品牌。“宽带商务”从产品、技术、服务等多层面帮助客户全面提升内外部通信和信息化应用能力，提高营销水平，抓住更多商机，让客户的事业不断升级。“宽带商务” 产品分为“基础通信产品”、“通信增值产品”、“信息化应用产品”三类，其特点是：低成本、安全可靠、实施方便、量身定做。“宽带商务”在保证客户高效稳定沟通的同时，最大化地降低客户成本，客户不需要自行投资建设信息化应用系统；依托中国网通强大的软硬件平台和完善的维护体系，保证系统稳定运行以及数据安全；客户申请后只需简单的设置就可以使用信息化应用产品，达到了传统电话业务一样即开即用的效果；中国网通会和企业一起分析信息化需求，为企业定制最合理的方案。

在具体的工作实践中，考虑到中小企业数量多、分布广、成长快、变化快、总体需求相近、个体存在差异的特点，中国网通创造性地提出并实施了中小企业信息化解决方案。一方面在建设上运用“标准化模块＋个性化定制”的ASP解决方案，另一方面在运营上采取 “一个界面对客户”的“企业IT专家”的解决方案。实践证明，这种解决方案是可行的，而且是有效的。

简单的说，就是由我们为广大中小企业搭建共同的信息化所需要的所有网络基础设施及软件、硬件运行平台，负责所有前期的实施、后期的维护等一系列服务，统一以网通界面服务客户，合作伙伴仅在后台支撑，保证产品的长期服务能力，降低合作伙伴的变动风险；企业无需购买软硬件、建设机房、招聘IT人员，只需前期支付一次性的项目实施费和定期的ASP服务费，即可通过互联网享用信息系统。这样的结果：一是可以有效降低使用门槛，充分共享资源，有效降低建设成本，缩短建设周期；二是可以有效满足客户需求，通过个性化定制实现灵活的应用服务；三是能提供电信级的安全保障以及本地化的长期专业支撑服务，减轻中小企业的后期维护压力；四是可将基础通信、增值通信与信息化应用产品打包，提供“一揽子”解决方案；五是能实现远程访问和跨区域数据共享，企业管理人员可通过网络随时了解经营情况。

目前，中国网通的“宽带商务”已使客户获益匪浅。

浙江慈溪伟达塑胶制品有限公司（以下简称伟达公司）是一家专业从事五金阀门生产的小型制造企业，产品主要销往北美市场，年销售额近500万元。伟达公司在实施“宽带商务”之前，除了个别员工使用Office软件做订单之外，没有使用其他信息化管理软件，仓库部门不做手工帐，仅仅是简单地把原始凭证送到财务会计那里，由会计进行登记处理；管理者不知道仓库里有多少库存，每次都要去现场察看。原始落后的管理手段严重阻碍了企业的发展。 “宽带商务”协助伟达公司理清了公司的库存状况，公司的管理人员登录系统后，就能够快速、准确地获得当前的详细库存资料；同时，各种订单的执行情况也变得清晰可见，订单录入系统后，伟达公司的管理人员能够及时掌握订单的执行情况，随时调整生产计划；此外，“宽带商务”还帮助伟达公司改进了生产过程的管理，推行生产流程卡，提高了产品合格率。通过实施和使用“宽带商务”，伟达公司不但大幅度地提升了自身的管理水平，而且使得公司的管理者对企业管理有了新的认识。

三一网络公司为了更好地维系客户关系，进行精细化服务，在综合考虑升级成本、安全、可靠性等因素之后，该公司选择了中国网通 “宽带商务”的客户关系管理CRM）、进销存管理、视频会议和网络传真四项应用服务。经过一段时间的运行，三一网络公司的运营和销售管理发生了明显变化：CRM 系统解决了客户资源的保护与客户关系的维系，所有信息定时备份，安全可靠；系统提供客户事件记录功能和强大的查找功能，可以快速准确地了解到与客户的接触信息，及时对维系方式做出计划、调整和改进；CRM 有效地防止了渠道冲突的发生，为客户资源的分配提供了依据；系统的共享功能，还能最大限度地发挥团队协作办公的能力；此外，系统还保证了新老员工交接工作规范有序，最大程度地保护了公司的客户资源。三一网络公司表示，中国网通成功地突破了中小企业信息化发展的难题，切实帮助他们有效提高了管理水平和市场竞争力，是中小企业信息化的最佳合作伙伴。

河北正大房地产中介公司（以下简称“正大公司”）是一家拥有200多家分店、260多台计算机的连锁房地产中介公司。正大公司利用“宽带商务”产品的“个性应用设计”功能，自主设计出适合于自己企业实际业务的“房屋信息管理系统”，该系统包括房屋的出租、出售、求租、求购等各类信息，灵活定制的个性需求页面和功能，能够方便快捷地输入和查询所有的房产信息，并且方便地进行老客户的回访，房情通知、房市沟通、客户关怀等活动，提升了服务形象，促进了业务的发展。

中国建设银行股份有限公司

——创新中小企业金融业务，开拓中小企业客户未来

中国建设银行股份有限公司（中国建设银行）是一家在中国市场处于领先地位的股份制商业银行，主要经营领域包括公司银行业务、个人银行业务、资金业务，及多种金融产品和服务等，并且致力于为客户提供全面的商业银行产品与综合服务。

目前，中国建设银行在《银行家》2006年公布的全球银行按一级资本排名中，名列中国银行业榜首，在世界大银行中列第11位。中国建设银行在2006年全球领先企业榜中为第65名，列中国第二位。在《亚洲周刊》2006年7月公布的亚洲银行300强排名中，在“利息收入净值最高的银行”和“纯利最高的银行”两项排名中均列第一位，被誉为“亚洲最赚钱的银行”。

近年来，中国建设银行认真贯彻落实国务院、国家发改委、人民银行、银监会关于支持中小企业发展的政策措施，认真践行“以客户为中心”的经营理念，把发展中小企业金融业务作为银行持续发展的战略选择，不断加大对中小企业法人客户和个体工商业者的金融服务力度，被中国银行监督管理委员会评为“2006年全国银行业金融机构小企业贷款工作先进单位”。

（一）全新理念的中小企业业务

2004年以来，中小企业在国民经济中的作用日益明显，并已经成为我国经济发展、市场繁荣和扩大就业的生力军，也是技术与机制创新的主体力量。中国建设银行积极响应党中央、国务院扶持中小企业健康发展的要求，满足市场需要，成立了专门的中小企业业务机构，全力构建专业化的小企业服务及运营管理体系，为更好服务于中小企业客户奠定坚实基础。

2006年，中国建设银行把发展中小企业业务纳入战略发展纲要，积极倡导、认真践行“以客户为中心”经营理念，把加强对中小企业的金融业务能力作为支持业务发展、加快自身信贷结构、客户结构调整的重要手段，全力构建“专业化、标准化、全方位”的中小企业业务运营及管理模式。即构建专业化、垂直管理化的业务机构及经营管理团队，以统一的业务流程和质量规范，为中小企业客户提供全方位、多层次的金融服务支持。坚持“不唯成分、不唯规模、只唯质量”的客户服务原则，坚持“全面服务、专业规范、提高效率”的经营理念，推动中小企业业务稳定健康发展。

（二）创新的、符合国际先进模式的业务运行模式及经营机制

十六届五中全会关于“十一五”规划建议，将发展各类所有制的中小企业作为扩大就业、推进产业结构优化升级、促进经济增长和构建和谐社会的重要举措。加强和改善对中小企业的金融服务不仅是商业银行的重要社会责任，也是商业银行实现持续发展的内在需要。近年来，建设银行高度重视对中小企业的金融服务工作，将发展中小企业金融服务纳入《中国建设银行业务发展战略纲要》，制定了系列配套政策和措施。2006年，又在借鉴外资银行先进管理经验的基础上，在建立专业化组织架构、职责定位、销售管理、资源配置、流程梳理、风险管理、绩效考核及产品策略等方面进行进一步优化，引入六西格玛流程管理模式对小企业业务流程进行梳理和改进，进一步提高金融服务能力。

建设银行构建和优化中小企业金融业务模式主要体现以下几方面：一是专业化的机构及人员配置，即采用三维矩阵式机构设置的组织管理体系，将客户、产品与风险相结合，经营重心下移，设立中小企业经营中心，组建由客户经理、风险经理和信贷经理组成的专业经营管理团队，对中小企业实行专业化服务。二是标准化的业务流程。借鉴国际商业银行中小企业经营模式和管理经验，引进中小企业工厂化流水线作业方式，运用六西格马管理工具，走标准化的路子，形成全行统一的服务标准和业务规范，简化流程、提高效率。三是集中化的后台专业操作。即将销售和操作相分离，中后台业务实行集中统一专业处理，提高效率，减少环节，降低操作风险。四是全方位的客户服务。即中小企业客户可在我行享受到全方位、多层次的金融服务支持，如顾问

式服务、理财式服务、各类融资服务等，为中小企业提供全面的综合服务。

在政策和机制创新方面：一是适应中小企业特点，建立了专门的企业信用评级体系和客户评价办法。在关注中小企业财务信息的同时，更加侧重对客户软信息的分析评价，全面、准确地把握中小企业信用状况。二是根据收益覆盖风险的原则，建立中小企业贷款风险定价机制。对不同行业、不同担保方式、不同借款人的中小企业贷款实行不同的综合定价，使中小企业贷款利率更有弹性，通过利率杠杆作用和风险补偿制度，鼓励中小企业贷款经营机构的积极性，使更多的中小企业获得贷款，实现银行和企业双赢。三是提高中小企业贷款的拨备水平，建立适应中小企业信贷业务风险补偿机制。对中小企业贷款核销实行差别化政策，在对中小企业贷款足额提取拨备基础上，建立中小企业客户贷款预期损失冲销制度，通过利率杠杆降低信贷风险。四是建立与中小企业信贷文化相适应的激励与约束机制。对中小企业贷款经营业务实行独立考核，突出对信贷人员和贷款机构的正向激励，鼓励其在有效控制风险的前提下发挥主观能动性。五是建立专门的统计指标体系和会计核算体系，独立考核中小企业金融服务的经营业绩，并实行定期通报制度。在现行的会计核算体制下，设专门的中小企业业务会计科目，同时建立适应中小企业业务需求的统计制度和信息管理系统，将中小企业存量客户划分出来，与新拓展的中小企业客户一起，单独核算，及时监测、考核中小企业金融服务的经营业绩。

（三）专业化、量身定制的小企业客户服务品牌及产品

建设银行针对中小企业的经营特点、金融需求特征、风险特征，创建了“成长之路”和“速贷通”两个专门的中小企业金融业务品牌。目前，“速贷通”和“成长之路”两大品牌已成为中国建设银行进入中小企业市场的两把利刃，2006年累计发放贷款达到近200亿元。

“速贷通”是对因财务信息不充分而难以达到银行信用评级和授信要求，但具有迫切信贷需求的中小企业提供融资便利的服务品牌。其独特优势表现为业务流程及融资条件的方便快捷，不设门槛，在落实足额有效抵质押的情况下，可以不进行评级授信，采取高效快捷的“柜面式”操作，实行限时服务。2006年“速贷通”业务被国家发改委中小企业协会和银行业协会评为“最佳中小企业融资方案”，得到市场客户的认可和好评。

“成长之路”采用专门的评价体系和标准，侧重于对中小企业软信息的评价，简化授信材料，实行差别化的、快捷的信贷审批流程，切实解决了中小企业的融资难题。2006年建设银行相继推出了中小企业联贷联保贷款、中小企业贸易链融资贷款、中小企业法人帐户透支等诸多产品，极大丰富了“成长之路”品牌，最大限度地为中小企业提供融资解决方案。

根据企业的生命周期、行业特点及产品特色，结合中小企业经营和金融需求特点，中国建设银行还制定了专门针对中小企业的三大金融产品系列，分别将使用频率最高的主要产品打包，以供为中小企业设计全方位服务方案时使用。

1.初创型中小企业产品：主要针对处于发展初始阶段的中小企业，为之提供非融资性结算为主的服务，当企业发展到一定程度后视情况给予授信，支持其继续发展。该产品系列主要包括:速贷通、个人助业贷款、龙卡商务卡透支等融资类产品；以及网上银行、销售结算网络、Callcenter单位客户服务、现金管理、财务顾问等其他类产品。

2.成长型中小企业产品：主要针对基本完成了原始积累、市场前景明朗的中小企业。对处于这个时期的企业，将适度加大信贷支持力度，同时扩大产品的覆盖程度。该产品系列主要包括：成长之路系列五大产品、不动产抵押贷款、动产质押贷款、最高额抵押贷款、联贷联保贷款、保理、速贷通、银行承兑汇票贴现、保证业务、进出口贸易融资等融资类产品；以及外汇资金业务、现金管理、财务顾问、工程造价咨询、企业年金托管等其他类产品。

3.成熟型中小企业产品：主要针对基本上可以直接从资本市场融资或从银行获得融资的中小企业。对处于这个时期的企业，将着重加大银企合作力度，使其保持竞争优势。并全方位提供各类适合小企业的金融产品，特别是投融资顾问、改制上市顾问、并购顾问、资产管理顾问、债务管理顾问、企业诊断、战略顾问等增值服务产品，以此满足客户的深度金融需求。

（四）专业化的客户服务

2006年，中国建设银行先后组织召开了“中国建设银行加强小企业金融服务记者座谈会”和“2006珠三角、长三角和环渤海地区中小企业发展论坛”，并应邀出席了“第三届中国国际中小企业博览会暨中意中小企业博览会”。通过多渠道的交流，增进了客户对中国建设银行小企业金融业务的了解，提升了中小企业金融产品的社会知名度。

在积极满足市场和客户对金融产品的需求外，建设银行还努力为企业提供全方位多种金融服务的支持，提供良好的金融服务平台，深入推进中小企业的社会化服务工作。进一步整合社会资源，选择有资质的机构作为合作伙伴，开办中小企业培训、管理咨询、企业理财服务，探索为中小企业提供企业诊断、项目评估、质量体系认证等新的服务项目，把中国建设银行的金融、信息优势转变为企业的经营管理优势，培育和扩大优质客户群体，助推中小企业的快速发展。

经过几年来的努力，中小企业已经成为建设银行的主要客户群体。在全行信贷客户中，中小企业客户数占85%以上，贷款余额约占全部公司类客户贷款40%以上。在建设银行的一些分行中，中小企业信贷业务已经成为信贷业务的主体。如建设银行浙江省分行近三年来，累计向中小企业发放贷款2000亿元，中小企业新增贷款占全部对公新增贷款的70%以上。中小企业业务的良好健康发展，有力地促进了建设银行市场细分、差别化经营步伐的迈进，将进一步促进建设银行市场竞争力的积极提升。

浙江省中小企业局培训中心

主任、校长、站长：楼成法

浙江省中小企业（乡镇企业科技教育）培训中心坐落于杭州西子湖畔高新技术开发区和高等教育文化区内，占地面积共18.9亩，建筑面积15000平方米。中心创建于1985年，是浙江省中小企业（乡镇企业）系统的人才教育培训基地，也是农业部全国乡镇企业杭州培训中心、国家发改委“银河培训工程”杭州培训基地，又是浙江广播电视大学经贸分校，2003年经劳动和社会保障部、农业部批准设立了浙江省乡镇企业特有工种职业技能鉴定站，多块牌子，一套班子，行政隶属于浙江省中小企业（乡镇企业）局。现有教职工30余人，外聘教师、培训师100余人。为适应发展需要，中心设有教室29个，300座位的报告厅1个，并配有标准客房、大小餐厅等后勤服务设施，宽带专用网、多媒体教室、直播课堂、视听阅览室、VOD点播系统等教学设施均全面投入使用。

中心依托浙江中小企业迅猛发展的区位优势，积极开展适合于中小企业发展的各类培训项目，努力发挥多年来建立的完善配套的集培训、考察、挂职、餐饮、住宿于一体的培训网络和“长三角”培训链优势，以开拓办好中小企业、乡镇企业系统内人员培训为己任，以积极巩固“经贸分校”学历教育为培训技术平台，以全面提高后勤保障服务为培训基础支撑，每年接待全国系统内来浙培训考察人士近万人次，得到了社会各界的关心、理解、好评与支持。尤其是改革开放20年以来，浙江经济取得了长足的发展，显现出蓬勃的生机和活力，以“温州模式”为代表的浙江中小企业创业之路更具吸引力，全国各地来浙考察的同行纷至沓来、络绎不绝。

目前，全体员工以百倍的信心，愿与全国中小企业系统加强合作，积极开展各类培训项目，为全国中小企业（乡镇企业）系统及浙江省中小企业、乡镇企业的发展培养适用性人才，为促进浙江省中小企业、乡镇企业教育事业乃至全社会大众化教育培训事业的发展作出应有贡献。

地址：杭州市文三路555号
邮编：310013
电话：0571—85124375
网址：www.zjxqkjpx.net

广州市融资担保中心

GUANGZHOU FINANCIAL GUARANTEE CENTER

广州市融资担保中心（以下简称市担保中心）是在广州市委、市政府支持下，于1999年12月经市机构编制委员会以穗编字［1999］113号文批准成立的事业单位，隶属于广州市财政局，资本金30,000万元，现运作的担保资金45,000万元。

市担保中心成立的目的是为广州市的经济建设和事业发展服务，按照“政策性资金、法人化管理、市场化操作”的要求，与有关银行达成“风险共担、利益共享”的业务开展机制，为促进民营企业、中小企业等符合政府经济政策要求的企业（项目）发展起到不可替代的作用。市担保中心是广州市民营经济工作领导小组成员、广东省信用担保协会副会长单位、广东省第一批担保机构信用评级中被评为AA＋等级单位、广东省中小企业信用担保机构示范单位。

目前，市担保中心按照政府的政策要求，在积极稳妥地推进广州市中小企业融资及下岗失业人员小额贷款担保工作的同时，将大力拓展政策性农业担保和中小企业信用再担保工作。

市担保中心与合作银行签订服务协议

交通银行广州分行刘昌明行长与市担保中心颜允平主任在授匾仪式上

地址：广东省广州市大德路187号机电大厦八楼　邮编：510120
电话：020-83352195（资信评估部）020-83352192（综合管理部）
传真：020-83352192　网址：http://www.gzfgc.org

成都合力创业担保有限公司

2006年中小企业论坛会董事长付尤东发言

总经理：董祖刚

成都合力创业担保有限公司于2003年12月注册成立，是四川省中小企业信用与担保协会和成都市信用与担保业协会的副会长单位、理事单位及成都建筑业协会常务理事，信用等级A+。

公司注册资本10063万元，现下设业务部、风险管理部、法律合规部、保全部、财务部、行政部等管理部门，拥有工商管理硕士、高级经济师、会计师、注册会计师、注册经济师、注册律师、高级职业经理人等一批现代管理人才为核心组合的专业担保团队，业务经营以担保、融资服务为主导，涵盖资产管理、咨询、投资顾问、风险投资、证券等多个领域。

公司与中国银行、农业银行、工商银行、华夏银行、兴业银行、商业银行、深圳发展银行、民生银行、国开行、农信联社等一批国有商业银行、政策性银行、股份制银行建立了良好合作关系，开辟了与美国布莱特伯瑞国际有限公司（USA BRADBURY INTERNATIONAL LTD.）、欧中经贸（EUROPE－CHINA ECONOMIC&TRADE REVIEW）、欧中联合商会等国内外财团、基金组织的合作渠道，在企业与银行之间和企业与企业之间构筑起了一座信任、沟通与共谋发展的桥梁，为民营经济的发展和成都市信用担保体系的建设做出了一定贡献。2005年，国家发改委政研室、银监局、民建中央和国家发改委中小企业司狄司长等领导先后到我公司考察调研，给予了很高的评价。2006年获成都市消费者协会授予的“2005年度诚信示范企业”的称号，被成都市财政局和成都市中小企业局确定为成都市中小企业信用担保机构的三家“示范单位”之一。

中共市委何绍华到公司视察工作时与董事长、总经理及各位股东合影

2006年公司论坛

深圳市高新技术投资担保有限公司

董事长：陈　虹

深圳市高新技术投资担保有限公司（简称“高新投”公司）成立于 1994 年 12 月 29 日，是深圳市委、市政府为实施“科教兴市”战略，创建多渠道、多层次的投融资服务体系，探索科技与金融有机结合的新路子，发起设立的独立法人企业。是中国最早成立的专门为高新技术产业提供贷款担保、股权投资和咨询评估的专业性服务公司之一，是深圳科技风险投融资体系的重要组成部分。公司股东有深圳市投资控股有限公司、深圳市科技和信息局、市发展和改革局、市贸易工业局。截止 2006 年 12 月 31 日公司总资产 9.15 亿元人民币，净资产 6.35 亿元人民币。

经营宗旨：扶持深圳高新技术产业的发展，促进深圳产业结构调整和优化；加速科技、经济一体化的进程，促进深圳的经济发展。

经过 13 年的艰辛创业，公司始终坚持“服务第一、社会效益和经济效益并重”的方针，充分发挥“放大、启动、引导”的功能，积极为深圳市科技型产业的发展提供融资担保服务。截止 2006 年 12 月底，共为全市 2,000 多家科技型企业的 4,000 多个高新技术项目提供了贷款担保服务，累计提供贷款担保资金 130 亿元人民币。支持了华为公司、比亚迪、好易通、航盛电子、大族激光、比克电池、沃尔核材、金蝶软件、科兴生物、同洲电子、科陆电子、世纪人通讯等一大批高新技术企业的成长壮大，产生了巨大的社会效益和经济效益，在全国同行中树立了“高新投”的知名品牌，被业界誉为连通科技与金融的“金桥”。

FUJIAN SANMING PRODUCTIVITY CENT

集成优势，创新机制增活力
优化管理，优质服务促发展

至诚服务

真诚—为客户着想　坦诚—向客户摆明情况　忠诚—信守服务承诺

三明市生产力促进中心于1998年8月经市政府批准成立，是以中小企业创新发展为服务主体的社会化科技中介服务机构。中心重视网络体系建设和人力资源建设，积极联合社会科技力量，先后组建了“联合型生产力促进中心”和“制造业信息化技术服务联盟”，努力为我市中小企业提供多元化服务，在科技管理咨询、项目调研、人才培训、信息技术推广应用、节能降耗技术推广应用、电子化信息服务、知识产权服务、技术市场中介服务等方面取得一定成效。同时，在“联合型生产力促进中心”的管理运作机制、服务规范化建设等方面进行了有益探索。2000年3月，被省科技厅认定为“福建省重点生产力促进中心”；2001年1月，被国家科技部认定为“国家示范生产力促进中心”； 2002年8月，通过中国方圆委审核认证中心组织的ISO9001：2000质量管理体系认证。

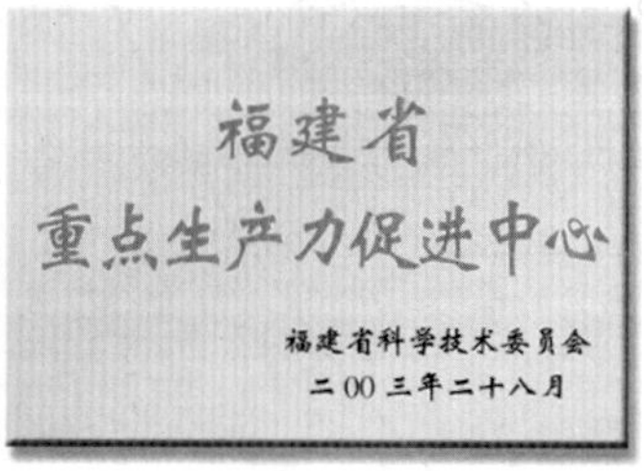

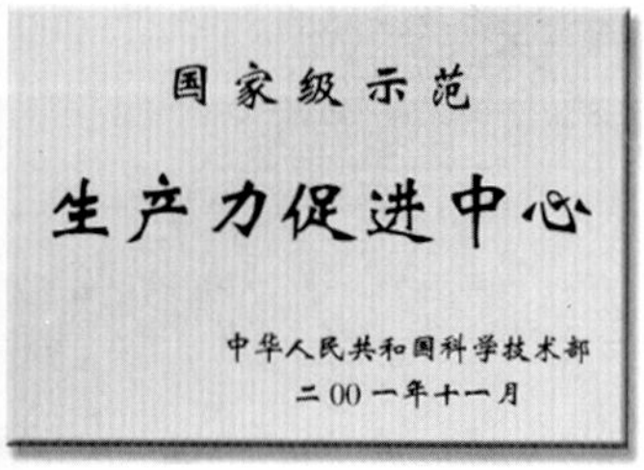

网联世界　服务三明

三明科技信息网（SMINFO）（www.sminfo.cn）

明网（www.a0598.com）　服务中小企业　服务大众生活

三明产学研网(SM618)　(www.sm618.cn)

三明专业人才服务网　(rc.sminfo.cn)

三明星火网（SMSP）(www.smsp.org.cn)、

三明制造业信息化网（SMMIE）（www.smmie.com）

地址：福建省三明市杜鹃新村18幢 邮编：365000
传真：0598—8242957 8216036　E-mail：smpc@sminfo.cn
咨询部、知识产权部：8216039　培训部：8216036
信息部、信息技术部：8233595　翻译部：8241131
综合部：8242957